De Gruyter Lexikon
Satztypen des Deutschen

Satztypen des Deutschen

Herausgegeben von
Jörg Meibauer
Markus Steinbach
Hans Altmann

DE GRUYTER

ISBN 978-3-11-048214-0
e-ISBN 978-3-11-022483-2

Library of Congress Cataloging-in-Publication Data
A CIP catalog record for this book has been applied for at the Library of Congress.

Bibliografische Information der Deutschen Nationalbibliothek
Die Deutsche Nationalbibliothek verzeichnet diese Publikation in der Deutschen Nationalbibliografie; detaillierte bibliografische Daten sind im Internet über http://dnb.dnb.de abrufbar.

© 2013 Walter de Gruyter GmbH Berlin/Boston
Druck und Bindung: Hubert & Co. GmbH & Co. KG, Göttingen
Satz: Dörlemann Satz GmbH & Co. KG, Lemförde
Gedruckt auf säurefreiem Papier
Printed in Germany

www.degruyter.com

Vorwort

Nach vier Jahren des Schreibens, Kommentierens, Überarbeitens und Formatierens freuen wir uns, das Handbuch „Satztypen des Deutschen" vorlegen zu können. Der Begriff des Satztyps ist fundamental für die Sprachwissenschaft, so fundamental wie die Begriffe Wortart oder Affix. Dennoch hat es bisher kein Handbuch gegeben, das den derzeitigen Wissensstand über Satztypen enthält. Wir ändern das hier mit Blick auf die deutsche Sprache. Unter Satztyp verstehen wir zum einen die Hauptsatztypen wie z.B. den Deklarativsatz, Interrogativsatz, Imperativsatz, zum anderen aber auch Nebensatztypen wie den mit *ob* oder *dass* eingeleiteten Nebensatz. Nirgendwo zeigt sich die Berechtigung der für die moderne Sprachwissenschaft zentralen Grundüberzeugung, dass man zwischen der Form und der Funktion sprachlicher Einheiten unterscheiden solle, so deutlich, wie bei den Satztypen. So sind die Hauptsatztypen aufgrund ihrer speziellen morpho-syntaktischen und prosodischen Ausstattung systematisch mit einer speziellen Semantik (dem „Satzmodus") verknüpft, die wiederum ein bestimmtes Potenzial sprachlicher Handlungen eröffnet. Bei den Nebensatztypen fehlt im Normalfall ein solches Potenzial, stattdessen übernehmen Nebensätze eine bestimmte syntaktische Funktion.

In diesem Handbuch werden nicht nur die formalen und funktionalen Eigenschaften der verschiedenen Satztypen des Deutschen auf dem neuesten Stand der Forschung dargestellt, sondern darüber hinaus wird auch gezeigt, welche Rolle Satztypen zum Beispiel in Dialekten, in der Sprachgeschichte, im Spracherwerb, in der Gebärdensprache und in der Schule spielen. Ingesamt wird dadurch eine breite Sicht auf die Satztypen im Deutschen eröffnet.

Auf ein starres Gliederungsschema und terminologische Vorgaben für die einzelnen Beiträge haben wir weitgehend verzichtet. Auf diese Weise werden durchaus individuelle Zugänge der Autorinnen und Autoren zu ihrem Gegenstand deutlich. Wir hoffen, dass dies die Leserin und den Leser zu einem weiterführenden Vergleich der Ansätze anregen möge.

Es bleibt uns nur, uns bei den Autorinnen und Autoren, beim de Gruyter-Verlag (insbesondere bei Daniel Gietz, Angelika Hermann, Wolfgang Konwitschny und Susanne Rade) und bei den studentischen Helferinnen und Helfern Anna-Christina Boell, Sina Jahnke, Sven Müller und Elisabeth Volk für die überaus professionelle und herzliche Kooperation und Unterstützung zu bedanken. Wir würden uns freuen, wenn sich der Band als ein nützliches Werkzeug für Forschung, Studium und Lehre erweist.

Im Februar 2013 *Jörg Meibauer* (Mainz), *Markus Steinbach* (Göttingen), *Hans Altmann* (München)

Inhaltsverzeichnis

Vorwort —— V

1. Kontroversen in der Forschung zu Satztypen und Satzmodus —— 1
   Jörg Meibauer, Markus Steinbach und Hans Altmann

2. Deklarativsätze —— 20
   Wilhelm Oppenrieder

3. E- und W-Interrogativsätze —— 51
   Horst Lohnstein

4. *Ob*-VL-Interrogativsatz —— 84
   Malte Zimmermann

5. Assertive Frage und Echofrage —— 105
   Marga Reis

6. Imperativsatz —— 120
   Melanie Wratil

7. Optativsatz —— 146
   Patrick G. Grosz

8. Exklamativsatz —— 171
   Franz d'Avis

9. Infinite Hauptsatzstrukturen —— 202
   Hans-Martin Gärtner

10. Selbstständige Verb-Letzt-Sätze —— 232
    Hubert Truckenbrodt

11. Unselbstständiger *dass*- und *ob*-VL-Satz —— 247
    Katrin Axel-Tober

12. *d*- und *w*-Relativsätze —— 266
    Anke Holler

13   **Adverbial eingeleitete Verbletztsätze** —— 301
     Gisela Zifonun

14   **Uneingeleiteter V1- und V2-Satz** —— 317
     Ulrike Freywald

15   **Satzwertige *zu*-Infinitivkonstruktionen** —— 338
     Irene Rapp und Angelika Wöllstein

16   **Asymmetrische Koordination** —— 356
     Ingo Reich

17   **Subjektsätze** —— 372
     Wilhelm Oppenrieder

18   **Genitivobjektsätze** —— 400
     Heide Wegener

19   **Dativobjektsätze** —— 419
     Heide Wegener

20   **Akkusativobjektsätze** —— 441
     Karin Pittner

21   **Präpositionalobjektsätze** —— 458
     Eva Breindl

22   **Prädikativsätze** —— 482
     Ljudmila Geist

23   **Adverbialsätze** —— 501
     Karin Pittner

24   **Attributsätze** —— 526
     Anke Holler

25   **Koordination und Subordination** —— 536
     Ingo Reich und Marga Reis

26 **Satztyp, Prosodie und Intonation** —— 570
    Hubert Truckenbrodt

27 **Satztyp und Korrelat/Platzhalter/Bezugsausdruck** —— 602
    Jussara Paranhos Zitterbart

28 **Satztyp und Modalpartikeln** —— 627
    Maria Thurmair

29 **Satztypen und die linke/rechte Peripherie** —— 652
    Günther Grewendorf

30 **Satztyp und Semantik** —— 680
    Magdalena Kaufmann

31 **Satztyp und Pragmatik** —— 712
    Jörg Meibauer

32 **Satztyp und Sprachwandel** —— 738
    Renata Szczepaniak

33 **Satztyp und Dialekt** —— 764
    Helmut Weiß

34 **Satztypen und Gebärdensprache** —— 786
    Annika Herrmann und Markus Steinbach

35 **Satztyp und Spracherwerb** —— 815
    Petra Gretsch

36 **Satztyp und Typologie** —— 846
    Ekkehard König und Peter Siemund

37 **Satztypen und Sprachkontrast** —— 874
    Attila Péteri

38 **Satztyp und Didaktik** —— 902
    Anke Holler und Markus Steinbach

Adressen der Beiträger —— 925

Register —— 929

1 Kontroversen in der Forschung zu Satztypen und Satzmodus

1 Einleitung
2 Hauptsätze: Satztyp und Satzmodus
3 Nebensätze: Integration und Desintegration
4 Zur Konzeption des Bands
5 Auswahlbibliografie

1 Einleitung

Wenn wir in diesem Band von ‚Satztypen' reden, meinen wir Typen von Hauptsätzen und Typen von Nebensätzen. Typen von Hauptsätzen, wie zum Beispiel der Imperativsatztyp, sind typischerweise mit Illokutionen verbunden, in diesem Fall mit der Aufforderung. Für Nebensätze, zum Beispiel einen *dass*-Satz, gilt das im Allgemeinen nicht. Den Bezug eines Satztyps zu typischen Bedeutungseigenschaften oder Funktionen dieses Satztyps hat man auch unter dem Begriff des ‚Satzmodus' (oder der Satzmodalität) zu fassen versucht. Hauptsätze weisen einen solchen Satzmodus auf, Nebensätze (im Allgemeinen) nicht.

Doch da der Begriff ‚Satzmodus' ganz unterschiedlich verstanden wird, ist er als Titel eines Bandes, der über Typen von Sätzen im Deutschen und deren Funktionen Auskunft geben soll, wenig geeignet. Auch der traditionellere Terminus ‚Satzart' erscheint als ungeeignet, weil er mit der typischen Vermischung zwischen Form und Funktion assoziiert ist. So wurden Sätze wie *Du musst Hausaufgaben machen!* der Satzart ‚Aufforderungssatz' zugewiesen, weil man damit eine Aufforderung realisieren kann. Es besteht aber heute Einigkeit darüber, dass es sich dabei um einen Deklarativsatz handelt.

Neutraler und Missverständnissen weniger ausgesetzt erschien uns der Terminus ‚Satztyp'. Satztypen sind aber ganz zweifelsfrei sowohl Typen von Hauptsätzen als auch Typen von Nebensätzen. Hätte man nicht einfach einen Band über Form und Funktion von Hauptsätzen machen und diesen dann „Satzmodi des Deutschen" nennen können? Zweifellos, aber dann wären die Nebensätze weggefallen. Und das wäre schade, denn es gibt sehr viele gute Gründe, diese einzubeziehen. Diese Mitberücksichtigung der Nebensätze weitet den Blick auf die Beziehung zwischen Satztyp – Satzmodus – Illokution und bereichert die aktuelle Debatte erheblich. Wir hoffen, dass dies in der folgenden Einleitung, aber auch im ganzen Band deutlich wird.

Dieser einleitende Überblick ist wie folgt aufgebaut: Zunächst gehen wir auf die Begriffe ‚Satztyp' und ‚Satzmodus' in Bezug auf die Hauptsätze ein und skizzieren die wichtigsten Stationen und Positionen der Forschung. Dann folgt ein Abschnitt zu den Nebensätzen, in welchem wir die Aspekte der Integration und Desintegration in den Hauptsatz in den Mittelpunkt stellen. Schließlich geben wir einige Hinweise zur Auswahl und Anordnung der Artikel in diesem Band. Zum Abschluss folgt eine Auswahlbibliografie. Nicht auf alle Titel in dieser Bibliografie wird in dem folgenden Text verwiesen.

2 Hauptsätze: Satztyp und Satzmodus

Kein Zweifel, der Begriff ‚Satztyp' ist ein wichtiger grammatischer Begriff, etwa so wichtig wie der Begriff ‚Wortart'. So ist es im Rückblick verwunderlich, dass es bis in die 70er Jahre des letzten Jahrhunderts hinein relativ wenig systematische Forschung dazu gab. Der Stand der traditionellen deutschen Grammatikforschung wird in Flämig (1964) zusammengefasst. Flämig unterscheidet aufgrund der Verbstellung zwischen der Kernform (Zweitstellung der Personalform), der Stirnform (Spitzenstellung der Personalform) und der Spannform (Endstellung der Personalform) von Sätzen. Diesen Formen werden die vier ‚Satzarten' Sagen, Fragen, Heischen und Rufen zugeordnet.

Trotz der wegweisenden Idee von John Searle, dass Satztypen ‚illokutionäre Indikatoren' für Typen sprachlicher Handlungen sein könnten (Searle 1969), hat die in den 70er Jahren in der germanistischen Linguistik rezipierte Sprechakttheorie den Zusammenhang zwischen Satztypen und Illokutionen nicht besonders stark beachtet. Die vorgelegten Sprechakttaxonomien zeigten wenig Verwandtschaft mit den vorgelegten Satztyptaxonomien, allenfalls war ein Einfluss der sogenannten ‚performativen Analyse' (Annahme eines verborgenen performativen Matrixsatzes) zu erkennen (vgl. Searle 1976). Auch in der zeitgenössischen Rezeption der Generativen Grammatik (seit Chomsky 1965) spielte das Verhältnis zwischen Satztyp und Illokution keine Rolle.

In den 80er Jahren änderte sich diese Situation, und man kann verschiedene Gründe dafür erkennen. Der wesentliche Grund war, dass man in der Sprachwissenschaft den Blick auf die Interaktion zwischen den Ebenen und Komponenten der Sprachbeschreibung weitete. So konnte man zum Beispiel danach fragen, welcher Bezug zwischen der Intonation und dem Satztyp besteht (Altmann 1984), ob Satztypen mit bestimmten kognitiven Einstellungen verbunden sind (Bierwisch 1979), oder inwiefern Satztypen ‚illokutionäre Indikatoren' im Sinne Searles sind. Damit hat man eine alte und fundamentale Fragestellung der Sprachwissenschaft aufgenommen, nämlich wie das Verhältnis von Form und Funktion zu beschreiben sei.

Vor allem aber war man interessiert, ‚modulare' Modelle des Form-Funktions-Verhältnisses zu errichten, bei denen Satztypen eine zentrale Rolle spielten. Besonders einflussreich waren dabei die Ansätze von Wunderlich (1976) und Bierwisch (1980). Bierwisch (1980) entwarf ein Modell, das zwischen dem grammatischen System, dem konzeptuellen System und dem Interaktionssystem unterschied und damit Bedeutungsaspekte auf mehreren Ebenen erfasste, ohne dabei allerdings zu einer konkreten Beschreibung der Satztypen und ihrer Funktionen zu kommen.

Altmann (1987, 1993) hat sich in seinen grundlegenden Arbeiten zum ‚Satzmodus' im funktionalen Bereich an dieses Modell angelehnt und zugleich an Arbeiten von Lang (1982) zu propositionalen Einstellungen angeknüpft. In seinen Arbeiten hat er sich aber weitgehend von detaillierteren semantischen und pragmatischen Fragestellungen ferngehalten und sich auf formale Aspekte (Morphosyntax und Intonation) konzentriert. Im syntaktischen Bereich hat er dabei Modellvorstellungen zur Interaktion der syntaktischen Mittel genutzt, die er bei der Untersuchung verschiedener grammatischer Themen entwickelt hatte. In der germanistischen Linguistik sind Altmanns Arbeiten recht einflussreich geworden. Nicht nur sind sie mit Erfolg in einer Reihe von weiteren, zum Teil sprachvergleichend orientierten Forschungsarbeiten verwendet worden (Luukko-Vinchenzo 1988, Scholz 1991, Thurmair 1989, Winkler, Eberhard 1989), sie haben auch einen gewissen Einfluss auf die Darstellungen in Grammatiken des Deutschen gehabt.

Exemplarisch sei hier auf die Rezeption in der Duden-Grammatik verwiesen. In der 3. Auflage von 1973 (Bearbeitung: Paul Grebe) werden die Satzarten Aussagesatz (einschließlich Ausrufesatz), Aufforderungssatz (Begehrens-, Wunsch-, oder Befehlssatz) und Fragesatz (Entscheidungsfragen, Ergänzungsfragen und rhetorische Fragen) unterschieden (Duden-Grammatik 1973: 476). Hier sieht man eine für Teile der Grammatikografie typische Vermischung von Form und Funktion: Zum Beispiel ist die rhetorische Frage kein eigener Formtyp (Meibauer 1986). Anders in der 8. Auflage von 2009 (Bearbeitung: Peter Gallmann): Hier unterscheidet man die fünf ‚Satzarten' Aussagesatz (Deklarativsatz), Fragesatz (Interrogativsatz), Ausrufesatz (Exklamativsatz), Wunschsatz (Desiderativsatz) und Aufforderungssatz. Diesen Satzarten werden ‚Äußerungsarten' wie zum Beispiel Versprechung oder Ratschlag (also Sprechakttypen/Illokutionen) zugeordnet (Duden-Grammatik 2009: 887–894).

Gehen wir kurz auf die Frage der „richtigen Benennung" von Satztypen ein. Es ist ja auffällig, dass zum Beispiel in der Duden-Grammatik (2009) vom ‚Desiderativsatz' (statt vom Optativsatz) oder vom ‚Aufforderungssatz' statt vom Imperativsatz die Rede ist. In der Tradition der Grammatikschreibung hat man oft von ‚Satzarten' wie zum Beispiel ‚Aussagesatz', ‚Fragesatz' und ‚Aufforderungssatz' geredet. Oft wurde dann ein Aufforderungssatz als „Satz, mit dem man eine Aufforderung realisieren kann", verstanden. Der Satz *Du musst noch Bier einkaufen* ist in diesem Sinne ein Aufforderungssatz. Aber hier handelt es sich um eine Vermischung von Form und Funktion, wie vor allem Näf (1984) eindrücklich gezeigt hat. Um dieser Vermischung schon rein terminologisch vorzubeugen, ist es nützlich, zwischen formal bestimmten Satztypen und Funktionen zu unterscheiden und formal bestimmte Satztypen grundsätzlich mit lateinischen Namen zu benennen, so dass man von Deklarativsatz, Interrogativsatz, Imperativsatz, Exklamativsatz und Optativsatz redet. Durch Hinzufügung z. B. einer Bezeichnung für den Verbstellungstyp (also Verb-Erst, Verb-Zweit, Verb-Letzt) lässt sich der gemeinte Satztyp noch genauer bezeichnen (z. B. Verb-Zweit-Deklarativsatz vs. Verb-Erst-Deklarativsatz). In diesem Handbuch folgen wir grundsätzlich diesem Verfahren. Ein wichtiger Nebenaspekt dieser terminologischen Diskussion ist die Festlegung einer einheitlichen, in sich konsistenten Terminologie für den schulgrammatischen Unterricht, die sowohl wissenschaftlich wie auch didaktisch gut begründet ist (vgl. dazu Artikel 38 in diesem Band).

Im Zuge dieser Diskussion wurde der missverständliche Begriff der ‚Satzart' durch den eindeutig formorientierten Begriff des Satztyps ersetzt. Man beachte dazu auch den Begriff des ‚Formtyps' in Altmann (1987). Andere, wie zum Beispiel Zaefferer (1987), haben eine Unterscheidung zwischen ‚Satztypen', ‚Satzarten' und ‚Satzmodi' ins Feld geführt. Die Idee dabei war, dass man bestimmte Satztypbegriffe bestimmten Ebenen der Sprachbeschreibung zuordnet. Wir verfolgen diesen Weg nicht und beziehen uns in der folgenden Diskussion nur auf die Begriffe ‚Satztyp' und ‚Satzmodus', die unseres Erachtens ausreichend sind, die formale Seite begrifflich abzudecken (siehe auch Brandt et al. 1992).

Die Einführung des Begriffs ‚Satzmodus' in die grammatische Debatte geht maßgeblich auf Altmann (1984, 1987, 1993) zurück. Nach Altmann (1993: 1007) ist ein Satzmodus „ein komplexes sprachliches Zeichen mit einer Formseite, normalerweise eine oder mehrere satzförmige Strukturen mit angebbaren formalen Eigenschaften, und einer Funktionsseite, also der Beitrag dieser Struktur(en) zum Ausdruck propositionaler Einstellungen [...] oder zur Ausführung sprachlicher Handlungen." Zum Beispiel werden der V1-Interrogativsatz und der W-Interrogativsatz als „satzförmige Strukturen mit angebbaren formalen Eigenschaften" den Funktionen „S will wissen, ob/für welches X p der Fall ist" und/oder „Fragehandlung" zugeordnet. Der Satzmodus ist also das komplexe Zeichen mit der Formseite und der Funktionsseite.

Vor allem die Idee, dass der Satzmodus ein ‚komplexes Zeichen' sein soll, ist nicht immer geschätzt worden – vermutlich wurde die versteckte Anlehnung an den klassischen Zeichenbegriff des Strukturalismus als Rückfall begriffen und demgegenüber eine moderne, stärker „modulare" Sicht favorisiert, die zwischen den beteiligten Ebenen genau unterscheidet, wodurch sich der Bedarf nach dem Konzept des „komplexen Zeichens" als obsolet erweisen würde.

Vielmehr hat man oft unter ‚Satzmodus' die Semantik eines Satztyps verstanden, also das, was ein bestimmter Formtyp, wie z.B. der Imperativsatztyp, semantisch (im Sinne der ‚Modalität' eines Satztyps) kodiert (vgl. Grewendorf/Zaefferer 1991, Pasch 1989, 1990).

Für Altmann (1987, 1993) sind Satztypen syntaktische Einheiten, die gekennzeichnet sind durch syntaktische Mittel wie Füllung mit bestimmten syntaktischen Einheiten (wie zum Beispiel w-Wörter, Modalpartikeln und Komplementierern), Verb- und w-Wort-Stellung und morphologische Markierung des finiten Verbs sowie einen bestimmten Intonationstyp. Zum Beispiel finden wir im Imperativsatz *Mach doch die Tür zu!* die Modalpartikel *doch*, Erststellung des finiten Verbs mit Imperativmorphologie und fallende Intonation.

Die Semantik würde Altmann nicht unter die Markierungsebenen rechnen, abgesehen vielleicht von einzelnen lexikalischen Einheiten wie beispielsweise Modalpartikeln, deren Bedeutung unmittelbar relevant ist für die Satztypenspezifische Bedeutung. Wie schon aus seinem Satzmodusbegriff folgt, beschränkt sich Altmann in seinen Studien nicht auf einzelne Satztypen wie ‚Deklarativsatz', sondern geht immer von einer Menge von Form-Varianten mit deklarativer Bedeutung aus, die systematisch, d.h. formal und funktional, aufeinander bezogen werden können. Zum Beispiel sind der V2-Deklarativsatz (*Ein Mann geht zur Theke*) und der V1-Deklarativsatz (*Geht ein Mann zur Theke*) auf eine bestimmte propositionale Einstellung und eine bestimmte sprachliche Handlung bezogen.

Forschungen zu Satztypen bzw. zum Satzmodus wurden in verschiedenen Projektzusammenhängen durchgeführt. Zu nennen sind das ehemalige Zentralinstitut für Sprachwissenschaft (ZISW) in Berlin an der Akademie der Wissenschaften der DDR (Studien zum Satzmodus I-III), der schwedisch-deutsche Forschungsverbund „Sprache & Pragmatik" in Lund (mit einer eigenen Literaturreihe „Sprache und Pragmatik") sowie das Graduiertenkolleg „Satzarten: Variation und Interpretation" in Frankfurt am Main. In diesen Zusammenhängen wurde eine Reihe von Modellvorstellungen entwickelt, von denen Brandt et al. (1992) wahrscheinlich die bekannteste und einflussreichste ist, da sie einen Versuch darstellt, die gesamte Spanne zwischen Syntax und Pragmatik zu modellieren. Darüber hinaus gibt es neuere formalsemantisch orientierte Ansätze mit eigenem (semantischem) Profil, zum Beispiel Lohnstein (2000, 2007), Truckenbrodt (2004, 2006a) und Zaefferer (2006).

Eine typische Sicht auf den Satzmodus im Sinne der Funktion von Satztypen, wie sie von Hans Altmann, Manfred Bierwisch, Ewald Lang, Wolfgang Motsch, Renate Pasch (vgl. Motsch/Pasch 1987, Pasch 1989, 1990) vertreten wurde, war, dass die durch die Satztypen kodierte Bedeutung eine propositionale Einstellung sei. Es fand also eine Zuordnung von Typen propositionaler Einstellungen zu einem oder mehreren Satztypen statt. Zum Beispiel entspricht dem Entscheidungs-Interrogativsatz die propositionale Einstellung ‚Sprecher möchte wissen, ob p' und dem Ergänzungs-Interrogativsatz (W-Interrogativsatz) die propositionale Einstellung ‚Sprecher möchte wissen, für welches x gilt: p'. Bei mehreren Arten von Exklamativsätzen wie zum Beispiel in (1a, b, c) spielt hingegen die propositionale Einstellung ‚Sprecher staunt, in welchem Maße p der Fall ist' eine Rolle:

(1) a. Ist DIE aber cool!
    b. Wie COOL die ist!
    c. DIE ist aber cool!

Dieser sogenannte ‚Einstellungsansatz' wurde von Brandt et al. (1992) und in mehreren weiteren Arbeiten von Marga Reis und Inger Rosengren angegriffen. In diesen Arbeiten wird stattdessen der sogenannte ‚Referenzansatz' favorisiert, der davon ausgeht, dass der Satzmodus in einem bestimmten Referenztyp besteht, z. B. dem der offenen Proposition bei W-Interrogativsätzen. Diese beiden Ansätze müssen aus unserer Sicht keinen Widerspruch darstellen, sie betonen eher unterschiedliche Aspekte des Satztyp-Illokutions-Zusammenhangs, nämlich die Art und Weise des Gegebenseins eines propositionalen Gehalts (semantischer Ansatz) gegenüber dem Ausdruck einer Sprechereinstellung (pragmatischer Ansatz mit semantischen Korrelaten). Dies gilt jedenfalls, solange man keine unwiderlegbare Evidenz dafür hat, dass „Sprechereinstellung" ein Konzept ist, das mit Satzmodus nicht sinnvoll in Beziehung gesetzt werden könnte.

Flankiert wurde die Kritik am sogenannten Einstellungsansatz von notorischen Bedenken, dass die genaue Durchführung einer Satztypbestimmung auf der Grundlage der vier Markierungsebenen (a) Stellungseigenschaften, (b) morphologische Markierung, (c) lexikalische Füllung, (d) intonatorische Markierung zu einer zu großen Zahl an Satztypen führen würde. Als prinzipiell überlegen wurden Ansätze dargestellt, die ein möglichst reduziertes Satztypenarsenal vorsahen. So hat Inger Rosengren mehrfach dafür plädiert, Optativsatz und Exklamativsatz nicht als eigene Satztypen anzusehen (Rosengren 1997), da es sich dabei nur um intonatorische Varianten von Deklarativ- und Interrogativsätzen handele. Eine kritische Haltung zum Satztyp ‚Exklamativsatz' nimmt auch d'Avis (Artikel 8 in diesem Band) ein, der aber in seinen eigenen Beschreibungen auch nicht-intonatorische grammatische Unterschiede zwischen Deklarativ- und Interrogativsätzen einerseits und Exklamativsätzen andererseits verzeichnet. Zudem wurde zu Recht darauf hingewiesen, dass die Reduktion von Satztypen kein wissenschaftlicher Wert per se ist (vgl. etwa Pafel 2012).

Wenn man von der Funktion ausgeht, ergibt sich ein zusätzliches Problem, nämlich im Fall des Exklamativsatzes die Fixierung dessen, was man unter ‚exklamativ' versteht, durch eine Art intuitives Vorverständnis. In vielen Fällen versteht man darunter alles, was irgendwie expressiv ist. Das Problem ist, dass Expressivität natürlich auch in anderen Satzmodi vorkommt (z.B. in vielen rhetorischen Fragen und kontrastiven Aussagen). Das gleiche Problem stellt sich aber auch in allen anderen Satzmodi: Denn natürlich kann man auch mit Deklarativsätzen Fragen stellen, Aufforderungen machen, usw. Man muss also in allen Fällen eine Vorstellung haben, was eine direkte (‚gerade') Verwendung eines bestimmten Satztyps ist und was eine indirekte (‚ungerade') (siehe Artikel 31 in diesem Band). Weder kann also eine primär formorientierte Bestimmung von Satztypen ohne eine Vorstellung über die Funktionen auskommen, noch umgekehrt eine funktional orientierte ohne eine Vorstellung über die zugeordneten Formtypen.

Die Kritik am sogenannten Einstellungsansatz ging Hand in Hand mit einer gewissen theoretischen und methodologischen Orientierung, die mit den Schlagwörtern ‚Ableitungsansatz' versus ‚Zuordnungsansatz' bezeichnet wurde (vgl. Reis 1999). Während der Ableitungsansatz das illokutionäre Potenzial eines Satztyps aus allgemeineren Gesetzmäßigkeiten ‚ableitet', schafft der Zuordnungsansatz bloße ‚Zuordnungen' von sprachlichen Eigenschaften. Hier findet sich ein Echo der alten Unterscheidung zwischen Beschreibungs- und Erklärungsadäquatheit, die das generative Programm befeuert hatte. Entsprechend hat der ‚Ableitungsansatz' einen Modellhintergrund in der generativen Grammatik, während ‚Zuordnungsansätze' aus heutiger Sicht eher einem konstruktionsgrammatischen Ansatz entsprechen würden. Die Konfrontation dieser beiden Ansätze ist nicht nur deshalb nicht überzeugend, weil ‚Zuordnungen' auch im generativen Paradigma stattfinden (z.B. die Zuordnung von Merkmalen zu Operatoren), sondern auch deshalb, weil auch Kombinationen von verschiedenen Ansätzen sinnvoll sein könnten (vgl. Jacobs 2008).

Im generativen Paradigma sind prosodische Eigenschaften wie zum Beispiel Akzent und Intonation keine formalen Eigenschaften auf Augenhöhe mit zum Beispiel der Verbstellung oder dem Verbmodus, da die prosodischen Eigenschaften erst bei der phonologischen Interpretation den syntaktischen Strukturen zugeordnet werden. Entsprechend wird etwa der Exklamativakzent nicht als ein satztypenkonstituierendes Merkmal gewürdigt (siehe Artikel 26 in diesem Band). Konsequenterweise wird auch die Annahme von sogenannten ‚Mischtypen' wie zum Beispiel der assertiven Frage (mit ihrer Mischung aus Merkmalen der Deklarativsatzstruktur und steigendem Intonationsmuster vom Entscheidungs-Interrogativsatz) abgelehnt.

Für die generativen Ansätze spielt dagegen die Frage eine wichtige Rolle, wie syntaktische Merkmale (zum Beispiel das w-Merkmal) oder Projektionen (zum

Beispiel die ForceP, siehe Artikel 29 in diesem Band), aber auch bestimmte Bewegungen wie die V-zu-C-Bewegung, theoretisch und empirisch zu rechtfertigen sind. Die Art und Weise der Beweisführung ist hier jeweils stark abhängig vom zugrunde gelegten Modellhintergrund, der trotz einer Orientierung am generativen Paradigma stark variieren kann.

Die Tatsache, dass nicht jeder Satztyp mit jeder Modalpartikel kompatibel ist, hat Altmann dazu geführt, die Modalpartikelselektion vorläufig als ein Formmerkmal zu betrachten, wobei der Satztyp die Modalpartikel-Selektion steuert. Hinter dieser Tatsache steht auf jeden Fall eine bestimmte Art der Bedeutungsverträglichkeit. Ob diese aber eher lexikalischer Natur oder syntaktischer Natur ist, ist umstritten. Es gibt auch Hinweise darauf, dass zumindest einzelne Modalpartikeln die funktionale Variante eines Satztyps steuern könnten, z.B. bei Optativsätzen wie *Wäre er doch in Düsseldorf geblieben!* (vgl. Jacobs 2008, Grosz 2012 sowie Artikel 7 und 28 in diesem Band).

Genauso werfen die selbstständigen Verbletztsätze Fragen auf. Die bis 1980 vorherrschende Auffassung, dass es sich dabei im Grunde um Ellipsen handelt (mit Verb-Erst- oder Verb-Zweit-Sätzen als Matrixsätzen), wird seit Weuster (1983) mehrheitlich abgelehnt (vgl. Meibauer 1989, Oppenrieder 1989, Winkler, Edeltraud 1989 sowie Artikel 4 und 10 in diesem Band). Dennoch bleibt die Frage, wie diese Satztypen motiviert sind und welcher Zusammenhang besteht zwischen den selbstständigen Verbletztsätzen wie (2a) und ihren gewöhnlichen Gegenstücken wie (2b, c).

(2) a. Ob sie (wohl) gefrühstückt hat?
    b. Hat sie gefrühstückt?
    c. Ich weiß nicht, ob sie gefrühstückt hat.

Man hat auch gemeint, dass eingebettete Sätze keinen Satzmodus haben können. Dies wird aber von manchen Forschern bestritten. Zu beachten ist, dass unselbstständige *ob*-Verb-Letzt-Sätze in vielen Fällen Verb-Erst-Entscheidungs-Interrogativsätze im indirekten Bericht wiedergeben und damit also einen Reflex der Funktion eines Entscheidungs-Interrogativsatzes transportieren. Ferner treten Modalpartikeln, die oft als Selbstständigkeits-Indikatoren betrachtet werden, bei bestimmten unselbstständigen (= eingebetteten) Verbletzt-Sätzen auf (vgl. Thurmair 1989, Kwon 2005, Coniglio 2011).

Ein weiterer Teilbereich des ganzen Formtypenspektrums sind infinite Konstruktionen wie in (3), die hier nicht umfassend behandelt werden können.

(3) a. Ich und heiraten!
    b. Her mit dem Geld!
    c. Den Rasen nicht betreten!

Auch diese Strukturen wurden bis ca. 1980 als Ellipsen von Verb-Erst- und Verb-Zweit-Sätzen behandelt. Zu infiniten Hauptsätzen wie (3c) gibt es am meisten Forschung, vgl. Fries (1983) und Gärtner (Artikel 9 in diesem Band). Aber auch in Bezug auf die anderen Typen von Konstruktionen fragt sich, ob sie einen ‚Konstruktionsmodus' aufweisen können, was ihr Bezug zu den Illokutionstypen ist, und in welchem Verhältnis sie zu den kanonischen Satztypen stehen (zu Beispiel (3a) vgl. Artikel 16 in diesem Band).

Schließlich ist eine so alte wie wichtige Frage in der Forschung zum Satztyp und Satzmodus, wie Satztypen auf Illokutionen zu beziehen sind, welchen Status explizit performative Konstruktionen haben (der Form nach sind sie ja Verb-Zweit-Deklarativsätze), und was mit der Satzmodusgeltung bei einer indirekten („ungeraden" bei Altmann) Verwendung passiert (vgl. Artikel 31 in diesem Band).

3 Nebensätze: Integration und Desintegration

Es gibt einen wichtigen inhaltlichen Grund, Nebensätze in diesem Band mit zu behandeln. Dieser Grund hat mit dreierlei Beobachtungen zu tun.

Erstens lässt sich zeigen, dass abhängige Sätze in einer Dimension der ‚Integration versus Desintegration' zu bewerten sind, wobei zunehmende Desintegration mit zunehmender illokutionärer Selbstständigkeit einhergeht. Dies kann man an einer Reihe von Nebensatztypen zeigen, zum Beispiel den appositiven (nicht-restriktiven) Relativsätzen (Artikel 12 in diesem Band), den *weil*-V2-Sätzen (Antomo/Steinbach 2011) oder bestimmten Konditionalsätzen (Artikel 23 in diesem Band; dort auch die einschlägige Literatur). So ist ‚Relativsatz' ganz klar eine syntaktische Kategorie des Nebensatzes, die aber eine eigene satzmodale und illokutionäre Charakteristik aufweisen kann.

Zweitens können abhängige Nebensätze formale Eigenschaften von selbstständigen Hauptsätzen aufweisen und umgekehrt. Der Verb-Zweit-Nebensatz in (4a) hat beispielsweise dieselben morphosyntaktischen Eigenschaften wie der entsprechende Verb-Zweit-Deklarativsatz in (4b). Umgekehrt hat der selbstständige *ob*-Verb-Letzt-Satz in (5a) dieselben formalen Eigenschaften wie der unselbstständige Verb-Letzt-Nebensatz in (5b). Die formalen Eigenschaften des Nebensatzes korrelieren mit dem im vorherigen Absatz genannten Grad der Desintegration eines Nebensatzes: Nebensätze, die formale Eigenschaften eines Hauptsatzes aufweisen, sind typischerweise weniger stark integriert, und Hauptsätze, die formale Eigenschaften eines Nebensatzes aufweisen, haben normalerweise eine eingeschränkte illokutionäre Verwendungsbreite.

(4) a. Barbie glaubt, Ken kommt nicht mehr.
    b. Ken kommt nicht mehr.

(5) a. Ob Ken noch kommt?
    b. Barbie fragt sich, ob Ken noch kommt.

Drittens besteht zwischen vielen Nebensätzen und ihren sie subordinierenden Matrixsätzen eine enge syntaktische und semantische Beziehung über die in den Matrixsätzen enthaltenen Matrixverben, die qua Valenz die Form und Funktion der subordinierten Sätze (zumindest teilweise) dirigieren und qua Verbsemantik die Art, wie hier unter Umständen eine Illokution und deren Inhalt reportiert wird (z. B. bei Verben des Fragens, Verben des Sagens usw.).

Man könnte im Bereich der Satztypen gewiss auch eine Grenze ziehen zwischen selbstständigen Sätzen, denen man zweifelsfrei Satzmodus und eigenständige illokutionäre Geltung zusprechen würde, und unselbstständigen Sätzen, aber diese Grenze ist umstritten. Man denke daran, dass bis vor ca. 40 Jahren die selbstständigen Verb-Letzt-Sätze und die infiniten Hauptsatzstrukturen als Ellipsen von selbstständigen Sätzen eingestuft wurden. Erst später hat man den Ellipsenbegriff soweit verschärft, dass man nicht nur Bedeutungsgleichheit, sondern auch Gebrauchsgleichheit zwischen Ellipsen und ihren kompletten Rekonstruktionen forderte. Dennoch kann der Bezug zwischen selbstständigen Sätzen und ihren unselbstständigen, abhängigen Gegenstücken besser in den analytischen Blick genommen werden, wenn sowohl Hauptsatztypen als auch Nebensatztypen zusammen betrachtet werden.

Wie schon erwähnt ist bis heute umstritten, ob alle Sätze, ganz unabhängig von ihrem syntaktischen Status als oberster oder nichtoberster Teilsatz in einem Satzgefüge, Satzmodus haben. Schon oben wurde darauf hingewiesen, dass *ob*-Sätze Indirektheitstypen von Verb-Erst-Entscheidungs-Interrogativsätzen sind, dass man also mit ihnen über Verwendungen von Verb-Erst-Entscheidungs-Interrogativsätzen berichten kann. Zum Beispiel bezieht sich *ob sie kommt* im Rahmen des Satzes *Ken fragte Barbie, ob sie kommt* auf eine Redesituation, in der Ken Barbie fragte: *Kommst du?*

Wenn man dieses Kriterium der indirekten Verwendung ausdehnt auf alle Satztypen im Satzmodussystem, dann ergibt sich, dass für die übrigen Nebensatztypen die Zuordnung zu einem der selbstständigen Satztypen sehr unklar ist. So kann mit *dass*-Verb-Letzt-Sätzen über die Verwendung von Verb-Zweit-Deklarativsätzen, Verb-Erst-/Verb-Zweit-Imperativsätzen, *dass*-Verb-Letzt-Optativsätzen und -Exklamativsätzen und Verb-Erst-/Verb-Zweit-Exklamativsätzen berichtet werden; die Unterscheidung wird nur durch die jeweils passenden Matrixverben geleistet (wobei über die Transparenz und Fairness solcher Redeberichte hier nichts weiter gesagt werden soll). Ähnliches gilt für die mit *d*- oder *w*-Pronomina eingeleiteten Relativ- und indirekten Fragesätze (wobei auch hier die Ambiguitätsfälle nur durch die jeweils passenden Matrixverben aufgelöst werden).

Neben dieser Fähigkeit, über das Satzmodus- oder Illokutionspotenzial verwendeter Sätze zu berichten, scheinen andere unselbstständige Sätze etwa in der Art von Parenthesen zum Ausdruck propositionaler Einstellungen zu dienen; darauf deuten jedenfalls Modalpartikeln und Satzadverbien, die in ihnen enthalten sind, hin. Ein typischer Fall ist der appositive Relativsatz, z. B. *Ken, der ja bekanntlich in Barbie verknallt war, ging nicht zu Britneys Party.*

Dass Integration/Desintegration bei der Beantwortung der Frage nach dem Satzmodus der Nebensätze eine wichtige Rolle spielt, wird in mehreren Beiträgen zu diesem Band herausgearbeitet. Allerdings unterscheiden sich die Autorinnen und Autoren in der Sicherheit des Zugriffs auf weitere semantische und pragmatische Konzepte, die noch eine Rolle spielen könnten.

In formaler Hinsicht spielen bei der Bestimmung der Integration folgende Faktoren eine Rolle: die topologische Position eines Satzes, sein Verbstellungstyp, etwaige Korrelate im Matrixsatz, die Selektion durch Matrixsatzprädikate und prosodische Desintegration (z. B. durch Pausen). Zum Beispiel argumentiert Zifonun (Artikel 13 in diesem Band) anhand der adverbial eingeleiteten Verbletzt-Sätze, dass die syntaktische Desintegration an der linken Peripherie charakteristisch sei für epistemische oder illokutionsbezogene Verwendungen von Nebensätzen. Auch die Bewegung des Verbs in die C-Position wird gelegentlich mit der Markierung illokutionärer Selbstständigkeit in Beziehung gebracht (vgl. Artikel 14 in diesem Band).

In funktionaler Hinsicht wird die eigene illokutionäre Geltung eines Nebensatztyps manchmal, zum Beispiel bei appositiven (nicht-restriktiven) Relativsätzen, mit einer selbstständigen Fokus-Hintergrund-Struktur in Verbindung gebracht (Artikel 12 in diesem Band). Rapp/Wöllstein (Artikel 15 in diesem Band) nehmen im Fall satzwertiger Infinitivkonstruktionen die alte Idee auf, dass Modalpartikeln illokutionäre Selbstständigkeit signalisieren.

In Bezug auf den Satzmodus von Nebensatztypen – als umstrittener Kategorie – sind die Stellungnahmen insgesamt eher verhalten, unter anderem auch, weil hier die theoretische Orientierung durchschlägt (aber auch manchmal nicht weiterzuführen scheint): So zeigt Axel-Tober (Artikel 11 in diesem Band), dass Altmann (1993) den abhängigen Satztypen keinen Satzmodus zuschreibt, da damit keine propositionale Einstellung ausgedrückt wird/werden kann – was bei enger Auslegung von *ausdrücken* im Sinne einer konkreten Sprechhandlung für einen großen Teil der unselbstständigen Sätze auch stimmt. Bei Brandt et al. (1992) ist der Satzmodus dagegen bereits in der Satzstruktur angelegt, da die abstrakten syntaktischen Merkmale [+w] und [-w] für den *ob*- und *dass*-Satz in SpecC oder C^0 lokalisiert werden.

Die Verb-Letzt-Stellung ist eine wichtige Subordinationsmarkierung, man kann sie als den prototypischen Fall betrachten. Wie aber einerseits Verb-Letzt-Sätze auch selbstständig auftreten können (und dann nicht-prototypische Lösungen sind, vgl. Beispiel (5a) oben), so können umgekehrt Sätze mit Verb-Erst-Stellung und Verb-Zweit-Stellung wie zum Beispiel (4a) auch unselbstständig auftreten, obwohl diese Verbstellungstypen im prototypischen Fall Selbstständigkeit von Sätzen signalisieren (Artikel 14 in diesem Band). Schon wegen des Problems der Trennung dieser Varianten müssen die unselbstständigen Versionen hier mitbehandelt werden.

Während bei den selbstständigen Sätzen im Satzmodussystem Form und Funktion eng miteinander verknüpft sind, weisen Nebensätze in Bezug auf das satzmodusspezifische Funktionsspektrum starke Überlagerungen auf (so dass dieser Aspekt für eine Gliederung wenig tragfähig ist), in Bezug auf die möglichen syntaktischen Funktionen, die die einzelnen Nebensätze typischerweise erfüllen (also Subjekt, Akkusativobjekt, Dativobjekt, Genitivobjekt, Präpositionalobjekt, Attribut, Adverbial und Prädikativ), treten aber alle Formtypen in nahezu allen syntaktischen Funktionen auf, so dass dieser Aspekt über alle Formtypen verstreut wäre. Wir gehen daher so vor, dass wir für die wichtigsten syntaktischen Funktionen jeweils eigene Artikel aufnehmen, die zeigen sollen, welche Nebensatztypen jeweils in dieser syntaktischen Funktion auftreten können, auch wenn dadurch gewisse Wiederholungen unvermeidlich sind.

Anders als bei den selbstständigen Sätzen unter Satzmodusaspekt ist die vorwiegend syntaktisch orientierte Beschreibung der Nebensätze weitgehend unkontrovers, der Forschungsstand und der Beschreibungskanon sehr einheitlich, lediglich bei der Randkategorie der Genitivobjektsatzes (vgl. Artikel 18 in diesem Band) waren noch Lücken aufzufüllen. Im Gegensatz dazu ist das Thema der Korrelate bei unselbstständigen Sätzen (vgl. Artikel 27 in diesem Band) nach wie vor umstritten, nicht zuletzt wegen divergenter Terminologien.

4 Zur Konzeption des Bands

Mit Absicht wurde dieser Band so konzipiert, dass neben den wichtigsten Satztypen weitere Dimensionen in den Blick genommen werden, zum Beispiel Satztypen und Spracherwerb, Sprachwandel und Sprachvergleich. Darüber hinaus wird in diesem Band der Begriff Satztyp an den Schnittstellen der Grammatik (Lexikon, Prosodie, Semantik und Pragmatik) und unter einer sprachvergleichenden Perspektive (Dialekt und Typologie) untersucht. Die einzelnen Artikel lassen sich folgenden Gruppen zuordnen:

Die Artikel 2–10 befassen sich mit Hauptsätzen. Als Hauptsätze bezeichnen wir neben den Grundtypen Deklarativsatz, Interrogativsatz, Imperativsatz, Optativsatz und Exklamativsatz auch Sätze, die mit assertiven Fragen und Echofragen verbunden sind, sowie die selbstständigen ob-VL-Sätze, sonstigen selbstständigen VL-Sätze sowie die infiniten Hauptsätze.

Die Artikel 11–15 behandeln verschiedene Arten von Nebensätzen, nämlich den unselbstständigen *dass*- und *ob*-VL-Satz, den w- und d-Relativsatz, den adverbial eingeleiteten VL-Satz, und zwei notorische Problemfälle, nämlich den uneingeleiteten V1- und V2-Satz und die satzwertigen Infinitivkonstruktionen.

Die nächste Artikelgruppe (Artikel 17–24) geht auf die Rolle von Sätzen als Satzglieder ein. Behandelt werden Subjektsätze, Genitivobjektsätze, Dativobjektsätze, Akkusativobjektsätze, Präpositionalobjektsätze, Prädikativsätze, Adverbialsätze, Attributsätze.

Arten der Verknüpfung von Satztypen und die Relation zwischen Satztypen in Satzgefügen werden in den Artikeln 16 und 25 behandelt. Solche übergreifenden Dimensionen spielen darüber hinaus auch im Artikel 26 zur Rolle der Prosodie, Artikel 27 zu Korrelaten (Platzhaltern, Bezugsausdrücken), Artikel 28 zu Modalpartikeln und Artikel 29 zur linken und rechten Peripherie eine zentrale Rolle.

Die weiteren Artikel erläutern einerseits die Bezüge zwischen Satztyp und Semantik und Pragmatik (Artikel 30 und 31) und diskutieren andererseits weitere diachrone, typologische und angewandte Aspekte von Satztypen wie Sprachwandel, Dialekt, Gebärdensprache, Spracherwerb, Typologie, Sprachvergleich und Sprachdidaktik (Artikel 32–38).

Insgesamt kann durch diesen Versuch, ein breites Panorama von Fragestellungen abzudecken, gezeigt werden, dass ‚Satztyp' tatsächlich ein wichtiger grammatischer und pragmatischer Grundbegriff der Sprachwissenschaft ganz allgemein ist.

Wie man bei genauerer Lektüre der Artikel merken wird, verrät sich gelegentlich, trotz einer gemeinsamen Orientierung an fachlichen Fragestellungen, eine Bevorzugung bestimmter theoretischer Einstellungen. Wir haben zwar der Verständlichkeit aller Beiträge für ein breiteres Lesepublikum viel Aufmerksamkeit gewidmet, haben aber bewusst versucht, ein breites Spektrum der vorhandenen Ansätze zu repräsentieren, zumal nach wie vor wichtige Termini und Grundpositionen umstritten sind. Die stärker theoretisch orientierten Beiträge dienen genauso wie die eher deskriptiv-theorieneutralen Darstellungen einer Profilierung dieses Bands, der damit zu einer umfassenden Repräsentation der Vielfalt und Fruchtbarkeit aktueller germanistisch-linguistischer Forschung im Bereich von Satztypen und Satzmodus beiträgt.

Der Blick sollte auch nicht beschränkt bleiben auf die Verhältnisse in der deutschen Sprache, sondern die Satzmodus-Verhältnisse in anderen Sprachen sollten sowohl durch sprachvergleichende Artikel wie auch durch entsprechende Exkurse in den Einzelartikeln immer wieder über das Deutsche hinaus gelenkt werden.

Weitere Forschungen zu den Satztypen und Satzmodi, gerade auch mit den Methoden der Korpusanalyse und der experimentellen Linguistik, werden weitere Facetten dieses faszinierenden Forschungsgegenstands ans Licht bringen. Was wir mit dem vorgelegten Band tun konnten, war, die germanistisch-linguistische Forschung in diesem Gebiet zu dokumentieren, so dass die weitere Forschung daran anschließen und darauf aufbauen kann.

5 Auswahlbibliografie

Akmajian, A. (1984): Sentence Types and the Form-function Fit. In: Natural Language & Linguistic Theory 2, 1–23.

Altmann, H. (1984): Linguistische Aspekte der Intonation am Beispiel Satzmodus. In: Forschungsberichte des Instituts für Phonetik und sprachliche Kommunikation der Universität München (FIPKM) 19, 132–152.

Altmann, H. (1987): Zur Problematik der Konstitution von Satzmodi als Formtypen. In: Meibauer, J. (Hg.), Satzmodus zwischen Grammatik und Pragmatik. Tübingen: Niemeyer, 22–56.

Altmann, H. (1993): Satzmodus. In: Jacobs, J./Stechow, A. von/Sternefeld, W./Vennemann, T. (Hgg.), Syntax. Ein internationales Handbuch zeitgenössischer Forschung. Berlin: de Gruyter, 1006–1029.

Altmann, H./Batliner, A./Oppenrieder, W. (Hg.) (1989): Zur Intonation von Modus und Fokus im Deutschen. Tübingen: Niemeyer.

Altmann, H./Hofmann, U. (2008): Topologie fürs Examen. Verbstellung, Klammerstruktur, Stellungsfelder, Satzglied- und Wortstellung. 2. Aufl. Göttingen: Vandenhoeck & Ruprecht.

Antomo, M./Steinbach, M. (2010): Desintegration und Interpretation. *Weil*-V2-Sätze an der Schnittstelle zwischen Syntax, Semantik und Pragmatik. In: Zeitschrift für Sprachwissenschaft 29, 1–37.

Bartels, C. (1999): The Intonation of English Statements and Questions. A Compositional Interpretation. New York: Garland.

Bierwisch, M. (1979): Satztyp und kognitive Einstellung. In: Slovo a slovesnost XL, 118–123.

Bierwisch, M. (1980): Semantic Structure and Illocutionary Force. In: Searle, J.R./Kiefer, F./Bierwisch, M. (Hgg.), Speech Act Theory and Pragmatics. Dordrecht: Reidel, 1–35.

Brandt, M./Reis, M./Rosengren, I./Zimmermann, I. (1992): Satztyp, Satzmodus und Illokution. In: Rosengren, I. (Hg.), Satz und Illokution. Bd. I. Tübingen: Niemeyer, 1–90.

Brandt, M./Rosengren, I./Zimmermann, I. (1990): Satzmodus, Modalität und Performativität. In: Zeitschrift für Phonetik, Sprachwissenschaft und Kommunikationsforschung 43, 120–149.

Chomsky, N. (1965): Aspects of the Theory of Syntax. Cambridge, MA: MIT Press.

Coniglio, M. (2011): Die Syntax der deutschen Modalpartikeln: Ihre Distribution und Lizenzierung in Haupt- und Nebensätzen: Berlin: Akademie Verlag.

Davies, E. (1986): The English Imperative. London: Croom Helm.

d'Avis, F. (2001): Über ‚w-Exklamativsätze' im Deutschen. Tübingen: Niemeyer.

d'Avis, F./Gretsch, P. (1994): Variations on „Variation": On the Acquisition of Complementizers in German. In: Tracy, R./Lattey, E. (Hgg.), How Tolerant is Universal Grammar? Essay on Language Learnability and Language Variation. Tübingen: Niemeyer, 59–109.

d'Avis, F. (2012): Normalität und Sprache – Normalvorstellungen und ihre Rolle in bestimmten Konstruktionen des Deutschen. Manuskript, Johannes Gutenberg-Universität Mainz.

Donhauser, K. (1986): Der Imperativ im Deutschen. Hamburg: Buske.

Duden-Grammatik (1973). Duden. Grammatik der deutschen Gegenwartssprache. 3. Aufl. Hg. von P. Grebe. Mannheim: Bibliographisches Institut.

Duden-Grammatik (2009). Duden. Die Grammatik. Unentbehrlich für richtiges Deutsch. 8. Aufl. Hg. von der Dudenredaktion. Mannheim: Dudenverlag.

Fiengo, R. (2007): Asking Questions. Using Meaningful Structures to Imply Ignorance. Oxford: Oxford University Press.

Finkbeiner, R. (2012): *Na ja, normal und normal*. Zur Syntax, Semantik und Pragmatik der *x-und-x*-Konstruktion im Deutschen. In: Zeitschrift für Sprachwissenschaft 31, 1–42.

Flämig, W. (1964): Grundformen der Gliedfolge im deutschen Satz und ihre sprachlichen Funktionen. In: Beiträge zur Geschichte der deutschen Sprache und Literatur (Halle) 86, 309–349.

Fries, N. (1983): Syntaktische und semantische Studien zum frei verwendeten Infinitiv und zu verwandten Erscheinungen im Deutschen. Tübingen: Narr.

Fries, N. (1988): *Ist Pragmatik schwer!* Über sogenannte „Exklamativsätze" im Deutschen. In: Deutsche Sprache 16, 193–205.

Fries, N. (1992): Interjektionen, Interjektionsphrasen und Satzmodus. In: Rosengren, I. (Hg.), Satz und Illokution. Bd. I. Tübingen: Niemeyer, 307–341.

Fries, N. (1992): Zur Syntax des Imperativs im Deutschen. In: Zeitschrift für Sprachwissenschaft 11, 153–188.

Gärtner, H.-M. (2001): Are there V2 Relative Clauses in German? In: Journal of Comparative Germanic Linguistics 3, 97–141.

Gärtner, H.-M. (2002): On the Force of V2 Declaratives. In: Theoretical Linguistics 28, 33–42.

Ginzburg, J./Sag, I. (2000): Interrogative Investigations: The Form, Meaning, and Use of English Interrogatives. Stanford, CA: CSLI.

Grebenyova, L. (2012): Syntax, Semantics and Acquisition of Multiple Interrogatives. Who Wants What? Amsterdam: Benjamins.

Gretsch, P. (2000): Fokale Ellipsen in Erwachsenen- und Kindersprache. Tübingen: Niemeyer.

Grewendorf, G./Zaefferer, D. (1991): Theorien der Satzmodi. In: Stechow, A. von/Wunderlich, D. (Hgg.), Semantik. Ein internationales Handbuch der zeitgenössischen Forschung. Berlin: de Gruyter, 270–286.

Grosz, P. (2012): On the Grammar of Optative Constructions. Amsterdam: Benjamins.

Gunlogson, C. (2003): True to Form: Rising and Falling Declaratives as Questions in English. New York: Routledge.

Harnish, R.M. (1994): Mood, Meaning and Speech Acts. In: Tsohatzidis, S.L. (Hg.), Foundations of Speech Act Theory. London: Routledge, 407–459.

Jacobs, J. (1991): Implikaturen und ‚alte Information' in *w*-Fragen. In: Reis, M./Rosengren, I. (Hgg.), Fragesätze und Fragen. Tübingen: Niemeyer, 201–221.

Jacobs, J. (2008): Wozu Konstruktionen? In: Linguistische Berichte 213, 3–44.

Karttunen, L. (1977): Syntax and Semantics of Questions. In: Linguistics and Philosophy 1, 3–44.

Kaufmann, M. (2011): Interpreting Imperatives. Berlin: Springer.
König, E./Siemund, P. (2007): Speech Act Distinctions in Grammar. In: Shopen, T. (Hg.), Language Typology and Syntactic Description I. Cambridge: Cambridge University Press, 276–324.
Köpcke, K.-M./Panther, K.-U. (2008): A Prototype Approach to Sentences and Sentence Types. In: Annual Review of Cognitive Linguistics 6, 83–112.
Kwon, M.-J. (2005): Modalpartikeln und Satzmodus. Untersuchungen zur Syntax, Semantik und Pragmatik der deutschen Modalpartikeln. LMU München. [http://edoc.ub.uni-muenchen.de/4877/]
Lang, E. (1982): Einstellungsausdrücke und ausgedrückte Einstellungen. In: Růžička, R./Motsch, W. (Hgg.), Untersuchungen zur Semantik. Berlin: Akademie Verlag, 305–341.
Lang, E./Pasch, R. (1988): Grammatische und kommunikative Aspekte des Satzmodus – Ein Projektentwurf. In: Linguistische Studien 177, 1–24.
Liedtke, F. (1993): Imperativsatz, Adressatenbezug und Sprechakt-Deixis. In: Rosengren, I. (Hg.), Satz und Illokution. Bd. II. Tübingen: Niemeyer, 49–78.
Liedtke, F. (1998): Grammatik der Illokution. Über Sprechhandlungen und Realisierungsformen im Deutschen. Tübingen: Narr.
Lohnstein, H. (2000): Satzmodus – kompositionell. Zur Parametrisierung der Modusphrase im Deutschen. Berlin: Akademie Verlag.
Lohnstein, H. (2007): On Clause Types and Sentential Force. In: Linguistische Berichte 209, 63–86.
Luukko-Vinchenzo, L. (1988): Formen von Fragen und Funktionen von Fragesätzen. Eine deutschfinnische kontrastive Studie unter besonderer Berücksichtigung der Intonation. Tübingen: Niemeyer.
Meibauer, J. (1986): Rhetorische Fragen. Tübingen: Niemeyer.
Meibauer, J. (1987a): Probleme einer Theorie des Satzmodus. In: Meibauer, J. (Hg.), Satzmodus zwischen Grammatik und Pragmatik. Tübingen: Niemeyer, 1–21.
Meibauer, J. (1987b): Zur Form und Funktion von Echofragen. In: Rosengren, I. (Hg.), Sprache und Pragmatik. Lunder Symposium 1986. Malmö: Almqvist & Wiksell, 335–356.
Meibauer, J. (1989): *Ob sie wohl kommt?* – Zum Satzmodus von selbständigen Sätzen mit Endstellung des finiten Verbs. In: Kątny, A. (Hg.), Studien zur kontrastiven Linguistik und literarischen Übersetzung. Frankfurt/Main: Lang, 11–33.
Meibauer, J. (1990): Sentence Mood, Lexical Categorial Fillling, and Non-propositional *nicht* in German. In: Linguistische Berichte 130, 441–465.
Meibauer, J. (1991): Existenzimplikaturen bei rhetorischen w-Fragen. In: Reis, M./Rosengren, I. (Hgg.), Fragesätze und Fragen. Tübingen: Niemeyer, 223–242.
Meibauer, J. (1994): Modaler Kontrast und konzeptuelle Verschiebung. Studien zur Syntax und Semantik deutscher Modalpartikeln. Tübingen: Niemeyer.
Michaelis, L. (2001): Exclamative Constructions. In: Haspelmath, M./König, E./Oesterreicher, W./Raible, W. (Hgg.), Sprachtypologie und sprachliche Universalien. Ein internationales Handbuch. 2. Halbband. Berlin: de Gruyter, 1038–1050.
Motsch, W./Pasch, R. (1987): Illokutive Handlungen. In: Motsch, W. (Hg.), Satz, Text, sprachliche Handlung. Berlin: Akademie Verlag, 11–79.
Motsch, W./Reis, M./Rosengren, I. (1990): Zum Verhältnis von Satz und Text. In: Deutsche Sprache. Zeitschrift für Theorie, Praxis und Dokumentation 18, 97–125.
Näf, A. (1984): Satzarten und Äußerungsarten im Deutschen. Vorschläge zur Begriffsfassung und Terminologie. In: Zeitschrift für germanistische Linguistik 12, 21–44.

Önnerfors, O. (1997): Verb-erst-Deklarativsätze. Grammatik und Pragmatik. Stockholm: Almqvist & Wiksell.
Oppenrieder, W. (1989): Selbständige Verbletztsätze: Ihr Platz im Satzmodussystem und ihre intonatorische Kennzeichnung. In: Altmann, H./Batliner, A./Oppenrieder, W. (Hgg.), Zur Intonation von Modus und Fokus im Deutschen. Tübingen: Niemeyer, 163–244.
Oppenrieder, W. (1991): Zur intonatorischen Form deutscher Fragesätze. In: Reis, M./Rosengren, I. (Hgg.), Fragesätze und Fragen. Tübingen: Niemeyer, 243–261.
Ormelius-Sandblom, E. (1997): Die Modalpartikeln *ja, doch, schon*. Stockholm: Almqvist & Wiksell.
Pafel, J. (1991): Zum relativen Skopus von w- und Q-Phrasen (w/Q-Interaktion). In: Reis, M./Rosengren, I. (Hgg.), Fragesätze und Fragen. Tübingen: Niemeyer, 145–173.
Pafel, J. (2011): Einführung in die Syntax. Grundlagen – Strukturen – Theorien. Stuttgart: Metzler.
Pafel, J. (2012): Wie viel an syntaktischer Struktur ist notwendig? Zur Syntax deutscher Sätze und zu den Interfaces der Syntax. In: Linguistische Berichte 230, 183–228.
Pasch, R. (1989): Überlegungen zum Begriff des „Satzmodus". In: Studien zum Satzmodus III, Linguistische Studien, Reihe A, Arbeitsbericht 193. Akademie der Wissenschaften der DDR – Zentralinstitut für Sprachwissenschaft, 1–88.
Pasch, R. (1990): „Satzmodus" – Versuch einer Begriffsbestimmung. In: Zeitschrift für Phonetik, Sprachwissenschaft und Kommunikationsforschung 43, 92–110.
Portner, P. (1997): The Semantics of Mood, Complementation, and Conversational Force. In: Natural Language Semantics 5, 167–212.
Portner, P./Zanuttini, R. (2000): The Force of Negation in Wh Exclamatives and Interrogatives. In: Horn, L.R./Kato, Y. (Hgg.), Negation and Polarity: Syntactic and Semantic Perspectives. Oxford: Oxford University Press, 193–231.
Poschmann, C. (2009): Echo-Fragen. Eine fokusbasierte Metarepräsentations-Analyse. Dissertation, Johannes Gutenberg-Universität Mainz.
Reis, M. (1991): Echo-w-Sätze und Echo-w-Fragen. In: Reis, M./Rosengren, I. (Hgg.), Fragesätze und Fragen. Tübingen: Niemeyer, 49–76.
Reis, M. (1992a): The Category of Invariant *alles* in Wh-Clauses. In: Tracy, R. (Hg.), Who Climbs the Grammar-Tree. Tübingen: Niemeyer, 465–492.
Reis, M. (1992b): Zur Grammatik und Pragmatik von Echo-w-Fragen. In: Rosengren, I. (Hg.), Satz und Illokution. Bd. I. Tübingen: Niemeyer, 213–262.
Reis, M. (1993): Satzfügung und kommunikative Gewichtung. Zur Grammatik und Pragmatik von Neben- vs. Unterordnung am Beispiel ‚implikativer' *und*-Konstruktionen im Deutschen. In: Reis, M. (Hg.), Wortstellung und Informationsstruktur. Tübingen: Niemeyer, 203–249.
Reis, M. (1995): Über infinite Nominativkonstruktionen im Deutschen. In: Önnerfors, O. (Hg.), Festvorträge anläßlich des 60. Geburtstags von Inger Rosengren. Lund, 114–156.
Reis, M. (1997): Zum syntaktischen Status unselbständiger Verbzweit-Sätze. In: Dürscheid, C./Ramers, K.H. (Hgg.), Sprache im Fokus. Festschrift für Heinz Vater zum 65. Geburtstag. Tübingen: Niemeyer, 121–144.
Reis, M. (1999): On Sentence Types in German. An Enquiry into the Relationship between Grammar and Pragmatics. In: Interdisciplinary Journal for Germanic Linguistics and Semiotic Analysis 4, 195–236.
Reis, M. (2003): On the Form and Interpretation of German *Wh*-Infinitives. In: Journal of Germanic Linguistics 15, 155–201.
Reis, M./Rosengren, I. (Hgg.) (1991): Fragesätze und Fragen. Tübingen: Niemeyer.
Rehbein, J. (1999): Zum Modus von Äußerungen. In: Redder, A./Rehbein, J. (Hgg.), Grammatik und mentale Prozesse. Tübingen: Stauffenburg, 91–142.

Rizzi, L. (1997): The Fine Structure of the Left Periphery. In: Haegeman, L. (Hg.), Elements of Grammar. Handbook in Generative Syntax. Dordrecht: Kluwer, 281–337.

Roguska, M. (2008): Exklamation und Negation. Berlin: Logos.

Romero, M./Han, C.-H. (2003): On Negative Yes/No Questions. In: Linguistics and Philosophy 27, 609–658.

Rosengren, I. (Hg.) (1992): Satz und Illokution. Bd. I. Tübingen: Niemeyer.

Rosengren, I. (1997): Expressive Sentence Types – A Contradiction in Terms. The Case of Exclamation. In: Swan, T./Westvik, O.J. (Hgg.), Modality in Germanic Languages. Historical and Comparative Perspectives. Berlin: de Gruyter, 153–183.

Rost-Roth, Martina (2006): Nachfragen. Formen und Funktionen äußerungsbezogener Interrogationen. Berlin: de Gruyter.

Sabel, J. (2006): Typologie des W-Fragesatzes. In: Linguistische Berichte 206, 147–194.

Scholz, U. (1991): Wunschsätze im Deutschen – Formale und funktionale Beschreibung. Satztypen mit Verberst- und Verbletztstellung. Tübingen: Niemeyer.

Schwabe, K. (1988): Die Repräsentation satzartiger situativer Ellipsen unter besonderer Berücksichtigung ihres Modus. In: Studien zum Satzmodus I (Hg. E. Lang), Linguistische Studien, Reihe A, Arbeitsbericht 177. Akademie der Wissenschaften der DDR – Zentralinstitut für Sprachwissenschaft, 254–289.

Schwabe, K. (1989): Überlegungen zum Exklamativsatzmodus. In: Studien zum Satzmodus III, Linguistische Studien, Reihe A, Arbeitsbericht 193. Akademie der Wissenschaften der DDR – Zentralinstitut für Sprachwissenschaft, 89–117.

Schwabe, K. (1992): Doch eine grammatische Kategorie „Exklamativ"? In: Zeitschrift für Phonetik, Sprachwissenschaft und Kommunikationsforschung 45, 17–29.

Searle, J.R. (1969): Speech Acts. An Essay in the Philosophy of Language. Cambridge: Cambridge University Press.

Searle, J.R. (1976): A Classification of Illocutionary Acts. In: Language in Society 5, 1–23.

Sökeland, W. (1980): Indirektheit von Sprechhandlungen. Eine linguistische Untersuchung. Tübingen: Niemeyer.

Studien zum Satzmodus I (Hg. E. Lang), Linguistische Studien, Reihe A, Arbeitsbericht 177. Akademie der Wissenschaften der DDR – Zentralinstitut für Sprachwissenschaft (1988).

Studien zum Satzmodus II, Linguistische Studien, Reihe A, Arbeitsbericht 185. Akademie der Wissenschaften der DDR – Zentralinstitut für Sprachwissenschaft (1988).

Studien zum Satzmodus III, Linguistische Studien, Reihe A, Arbeitsbericht 193. Akademie der Wissenschaften der DDR – Zentralinstitut für Sprachwissenschaft (1989).

Thurmair, M. (1989): Modalpartikeln und ihre Kombinationen. Tübingen: Niemeyer.

Thurmair, M. (1991): „Kombinieren Sie doch nur ruhig auch mal Modalpartikeln!" Combinational Regularities for Modal Particles and their Use as an Instrument of Analysis. In: Multilingua. Journal of cross-cultural and interlanguage communication 10, 19–42.

Truckenbrodt, H. (2004): Zur Strukturbedeutung von Interrogativsätzen. In: Linguistische Berichte 199, 313–350.

Truckenbrodt, H. (2006a): On the Semantic Motivation of Syntactic Verb Movement to C in German. In: Theoretical Linguistics 32, 257–306.

Truckenbrodt, H. (2006b): Replies to the comments by Gärtner, Plunze and Zimmermann, Portner, Potts, Reis, and Zaefferer. In: Theoretical Linguistics 32, 387–410.

Weuster, E. (1983): Nicht-eingebettete Satztypen mit Verbendstellung. In: Olszok, K./Weuster, E. (Hgg.), Zur Wortstellungsproblematik im Deutschen. Tübingen: Narr, 7–87.

Wilson, D./Sperber, D. (1988): Mood and the Analysis of Non-declarative Sentences. In: Dancy,

J./Moravcsik, J./Taylor, C. (Hgg.), Human Agency: Language, Duty and Value. Stanford, CA: Stanford University Press, 77–101.

Winkler, Eberhard (1989): Der Satzmodus „Imperativsatz" im Deutschen und im Finnischen. Tübingen: Niemeyer.

Winkler, Edeltraud (1989): Selbständig verwendete V_E-Sätze. Ein Überblick. In: Studien zum Satzmodus III, Linguistische Studien, Reihe A, Arbeitsbericht 193. Akademie der Wissenschaften der DDR – Zentralinstitut für Sprachwissenschaften, 118–158.

Wratil, M. (2005): Die Syntax des Imperativs: Eine strukturelle Analyse zum Westgermanischen und Romanischen. Berlin: Akademie Verlag.

Wunderlich, D. (1976): Studien zur Sprechakttheorie. Frankfurt/Main: Suhrkamp.

Wunderlich, D. (1984): Was sind Aufforderungssätze? In: Stickel, G. (Hg.), Pragmatik in der Grammatik. Jahrbuch 1883 des IdS. Düsseldorf: Schwann, 92–117.

Zaefferer, Dietmar (1984): Fragesätze und Fragen im Deutschen. Zu ihrer Syntax, Semantik und Pragmatik. München: Fink.

Zaefferer, D. (1987): Satztypen, Satzarten, Satzmodi – Was Konditionale (auch) mit Interrogativen zu tun haben. In: Meibauer, J. (Hg.), Satzmodus zwischen Grammatik und Pragmatik. Tübingen: Niemeyer, 259–285.

Zaefferer, D. (2001): Deconstructing a Classical Classification: A Typological Look at Searle's Concept of Illocution Type. In: Revue Internationale de Philosophie 2, 209–225.

Zaefferer, D. (2006): Conceptualizing Sentence Mood – Two Decades Later. In Brandt, P./Fuss, E. (Hgg.), Form, Structure, and Grammar. Berlin: Akademie Verlag, 367–382.

Zanuttini, R./Portner, P. (2003): Exclamative Clauses: At the Syntax-Semantics-Interface. In: Language 79, 39–81.

Zifonun, G./Hoffmann, L./Strecker, B. et al. (1997): Grammatik der deutschen Sprache. 3 Bde. Berlin: de Gruyter.

Zimmermann, I. (2007): German w-clauses at the Left and Right Periphery. In: Späth, A. (Hg.), Interfaces and Interface Conditions. Berlin: de Gruyter, 141–155.

Zimmermann, M. (2004): Zum *Wohl*: Diskurspartikeln als Satztypmodifikatoren. In: Linguistische Berichte 119, 253–286.

Jörg Meibauer, Markus Steinbach, Hans Altmann

2 Deklarativsätze

1 Einleitung: Deklarativsätze als sprachliche Zeichen
2 Funktionen von Deklarativsätzen
3 Formale Merkmale der Satzmodi
4 Formale Merkmale der Deklarativsätze: Wortartkategorien
5 Formale Merkmale der Deklarativsätze: Modusflexion des Verbs
6 Formale Merkmale der Deklarativsätze: intonatorische Charakteristika
7 Formale Merkmale der Deklarativsätze: Stellung des finiten Verbs
8 Exkurs: Ist es sinnvoll, einen eigenen Satzmodus Exklamativ anzusetzen?
9 Literatur

1 Einleitung: Deklarativsätze als sprachliche Zeichen

Die Deklarativsätze gehören zur Trias der klassischen Satzmodi (bzw. Satztypen oder Satzarten; in der Terminologie orientiere ich mich weitgehend an Altmann (1993)), zusammen mit den Imperativsätzen (unterschiedlicher Formen, mit denen der 2.Ps. als zentralem Typ) und den Interrogativ- bzw. Fragesätzen (mit den zwei Untertypen des Entscheidungs- und Ergänzungsfragesatzes).

Deklarativsätze bilden die unspektakuläre Hauptmasse von formal vollständigen und illokutiv selbständigen Sätzen. Sie erscheinen aufgrund ihres häufigen Einsatzes zu Zwecken der Informationsübermittlung als der ‚normalste' und häufigste Satztyp: Gerade in geschriebenen Texten, die der Reflexion auf Sprache besonders gut zugänglich sind, dominiert die Mitteilungscharakteristik und damit auch das Auftreten von Deklarativsätzen. Zudem sind sie unter dem Gesichtspunkt des Gebrauchs sehr vielseitig: Mit ihnen lassen sich im Prinzip alle illokutiven Akte vollziehen – im Gegensatz zu den in dieser Hinsicht deutlich eingeschränkteren anderen Satzmodi. Formal gesehen haben sie jedoch keinen herausragenden Status gegenüber anderen Satzmodi. Entsprechend stehen in so unterschiedlichen Satzmodusmodellen wie dem von Altmann (1993) oder auch dem von Lohnstein (2007) die anderen Satzmodi (wie viele auch immer man annimmt) gleichberechtigt neben dem Deklarativsatzmodus.

Die vielseitige Verwendbarkeit macht es nicht ganz einfach, eine Art Kernbedeutung herauszuschälen. Klar ist aber, dass die Mitteilungsfunktion von besonderer Bedeutung ist (etwa in schriftlichen Texten, aber natürlich auch im mündlichen Gebrauch). Formal gesehen sind Sätze mit Zweitstellung des Finitums und einem davorgeschalteten frei besetzbaren Vorfeld die üblichen, aber nicht die einzigen Vertreter der Deklarativsätze.

Im weiteren Verlauf werden diese zwei zentralen Gesichtspunkte, unter denen Deklarativsätze betrachtet werden können, Kernbedeutung und formale Charakteristik, genauer beleuchtet werden. Zugrunde liegt die Auffassung, dass mit einem spezifischen Ensemble von Merkmalen, die die formale Seite eines Satzmodus konstituieren, eine Bedeutungs- oder Funktionscharakterisierung verbunden werden kann, Satzmodi also letztendlich sprachliche Zeichen mit einer wahrnehmbaren ‚Außenseite' und einer mit dieser verknüpften ‚Innenseite', nämlich einer nahegelegten assertiven (oder anderen, s. Abschnitt 2) Interpretation, sind – wenn sie auch nicht dem prototypischen Fall eines Wortzeichens entsprechen. Eine solche Charakterisierung liegt letztendlich der klassischen Auffassung der Satzarten zugrunde (mit der Benennung als einem Hinweis auf die ‚Innenseite'), findet sich aber auch ganz prominent in den neueren Satzmodusmodellen. Unterschiede zeigen sich darin, ob man nur der Gesamtheit der formalen Merkmale Zeichencharakter zubilligt (analog zu monomorphematischen Wörtern), wie bei Altmann (1993), oder mit den verschiedenen Merkmalen jeweils spezifische Bedeutungsbeiträge verbindet (analog zu polymorphematischen Wörtern), wie bei Lohnstein (2007) (allerdings verbindet sich dort eine ambitionierte theoretische Herangehensweise mit einem traditionell-eingeschränkten Satzmodusmodell, das etwa völlig von Exklamativen oder illokutiv selbständigen Verb-Letzt-Sätzen absieht, so dass die Eleganz und Einfachheit des Modells in seiner Zuordnung von formalen und funktionalen Eigenschaften nicht zuletzt einer recht selektiven Betrachtung des Systems der Satzmodi geschuldet ist). Hier lege ich die erste Vorstellung zugrunde, da sie, wie zu sehen sein wird, den formalen Charakteristika in ihrer Verbindung mit der Grundfunktion am ehesten gerecht zu werden scheint.

Die Idee, die Satzart und die damit verbundenen Bedeutungseffekte von eher inhaltlichen Aspekten eines Satzes zu trennen, ist alt und allgemein verbreitet. Sie tritt nicht nur in der grammatischen Literatur auf, die zumindest die drei klassischen Satzarten Deklarativsatz, Imperativsatz und Interrogativsatz (in zwei Varianten) unterscheidet und von den restlichen grammatischen Erscheinungen auf der Ebene des (selbständig verwendbaren) Satzes absondert, sondern auch im Bereich der Sprachphilosophie plädieren zwei so unterschiedliche Gruppen wie Logiker im Anschluss an Frege und Sprechakttheoretiker wie Searle dafür, Sätze in einen inhaltlichen Teil (den propositionalen Gehalt) und einen davon ziemlich unabhängigen Modusteil zu trennen.

Mit dieser Trennung ist die Annahme verbunden, dass die zwei Teile auch weitgehend unabhängig voneinander sind und entsprechend beschrieben werden können. Demnach sind satzmodusrelevante formale Charakteristika zunächst einmal dadurch gekennzeichnet, dass sie nichts zur Bestimmung des propositionalen Gehalts des Satzes beitragen. Die von diesem unabhängige Formvariation sollte dem Satzmodus zugeschlagen werden können (zumindest teilweise, denn ein drittes System, das mit diesen beiden verknüpft ist, aber weitgehend unabhängig von ihnen variiert, ist das der ‚informationellen Gliederung').

Der Deklarativmodus – wie auch die anderen Satzmodi – ist dementsprechend durch formale Merkmale gekennzeichnet, die gewissermaßen diejenigen sprachlichen Ausdrücke überformen, die gewählt werden, um einen propositionalen Gehalt (und eine spezifische informationelle Gliederung) deutlich zu machen; die Interpretation dieser Satzmodus-Merkmale geht andererseits als ein wichtiges Element in den zu rekonstruierenden ‚kommunikativen Sinn' (wie er etwa von Bierwisch (1980) verstanden wird) der Äußerung ein.

Damit stellt sich für die Beschreibung der Satzmodi, hier den deklarativen Typ, zum einen die Aufgabe, diejenigen Merkmale herauszupräparieren, die die formale Seite des sprachlichen Zeichens konstituieren. Diese sollten in ihrer Gesamtheit hinreichend sein, um die Abgrenzung zu anderen Satzmodi zu gewährleisten (zu diesem Zweck muss parallel geklärt werden, welche anderen Elemente zum System der Satzmodi gehören sollen, zu denen daher ein paradigmatischer Gegensatz besteht), andererseits sollten auch nur diejenigen Merkmale berücksichtigt werden, die wirklich für Konstituierung wie Abgrenzung benötigt werden (insbesondere der Status intonatorischer Charakteristika ist hier generell umstritten). Zum anderen sollte auch im Rahmen einer im Schwerpunkt formalen Untersuchung (wie sie hier beabsichtigt ist) zumindest unterstützend die interpretatorische bzw. funktionale Seite geklärt werden. Dies ist offenbar schon aufgrund des Zeichencharakters von Satzmodi geboten. Mit dem Funktionspotenzial wird die kommunikative raison d'être des Satztyps erfasst: Durch die Verwendung eines bestimmten Satztyps sollen den Adressaten einer sprachlichen Äußerung möglichst eindeutig bestimmte Interpretationsprozesse nahegelegt werden. Entsprechend stabilisiert die Funktion den jeweiligen Formtyp – nur bestimmte Kombinationen von Merkmalen ermöglichen solche Interpretationswinke. Allerdings sind Satzmodi formal häufig nicht allein durch ein einziges, sondern durch eine ganze Familie von unterschiedlichen formalen Merkmalsbündeln vertreten, für deren Zusammenhalt diese gemeinsame Funktion sorgt (sie können daher als verschiedene Alloformen zu einem abstrakten Satzmodus verstanden werden). Solche unterschiedlichen Merkmalsensembles finden sich auch, wie noch zu sehen sein wird, beim Satzmodus Deklarativ. Ebenso ist für die Frage, wieviele Satzmodi man überhaupt ansetzen möchte, die inhaltlich-funktionale Abgrenzung relevant. Seit die neuere Satzmodusforschung in Schwung gekommen ist (etwas verzögert nach der Rezeption der Sprechakttheorie Searles mit ihrem Konzept der illokutiven Indikatoren), wurden die klassischen drei (bzw. vier) Satzmodi häufig als nicht mehr ausreichend angesehen. Jedenfalls ist zu klären, wie das Paradigma ‚um den Deklarativsatz herum' aufgebaut ist. Insbesondere kritisch ist hier der Status von Sätzen, mit deren direktem Gebrauch wie bei den typischerweise mitteilenden Deklarativsatzverwendungen etwas über ‚die Welt' zu verstehen gegeben wird, die aber zusätzlich ‚exklamativisch' interpretiert werden müssen. Ich werde am Ende kurz darlegen, dass sich tatsächlich recht gute Argumente für einen Satzmodus Exklamativ finden lassen, der eine andere Funktion als der Satzmodus Deklarativ hat. Je nachdem ob man einen eigenen Exklamativmodus (unterschiedlicher Reichweite) annimmt oder ein Freund des klassischen Dreiersytems der Satzmodi ist, variiert jedenfalls auch der Umfang des Begriffs Deklarativsatz.

2 Funktionen von Deklarativsätzen

Zunächst soll versucht werden, den gemeinsamen funktionalen Kern des Satzmodus Deklarativ herauszupräparieren, der die unterschiedlichen Alloformen zusammenhält.

Die Funktionsbestimmung folgt hier (in Übereinstimmung mit vielen anderen Ansätzen) dem Konzept einer minimalistischen Festlegung der wörtlichen, d.h. verwendungsunabhängigen Bedeutung im Anschluss an die Überlegungen, die im Zusammenhang mit Grices Bedeutungs- bzw. Implikaturenkonzept entwickelt wurden (vgl. etwa Levinson 1983; gegen ein solches Zweistufenmodell argumentieren insbesondere Vertreter der Relevanztheorie, z.B. Carston (2002), aber auch andere, die von pragmatischen, d.h. aus der Verwendungssituation stammenden Einflüssen auf die wahrheitskonditionale wörtliche Interpretation ausgehen, etwa Recanati (2010), die sich aber demgemäß zunächst auf die außersemantische Fixierung des hier nicht im Zentrum stehenden propositionalen Gehalts beziehen). Allen Deklarativsätzen kommt damit qua (Allo-)Form eine allgemeine, in allen Verwendungen erkennbare Bedeutung bzw. Funktion zu, die durch zusätzliche interpretatorische Effekte erweitert oder sogar ‚überschrieben' werden kann, aber jedenfalls an irgendeinem Punkt der Rekonstruktion des kommunikativen Sinns eine Rolle spielt (eine Klassifikation von Sprechakttypen, die mit Deklarativsätzen vollzogen werden können, bietet Rehbock (1989)).

Für die Bestimmung des Funktionstyps zentral sind zunächst Fälle, in denen Deklarativsätze mitteilend oder ‚aussagend', assertiv verwendet werden (zu verschiedenen Möglichkeiten, Assertionen zu charakterisieren, s. etwa die Beiträge in Brown/Cappelen (2011), für eine Gesamtschau aus philosophischer, linguistischer und kognitiver Perspektive s. Jary (2010)).

(1) Schwarze Farbvarianten treten vor allem in Gebirgsgegenden auf.
(2) Die Volksversammlung ordnete die Befestigung des Hafens an.

Eine Charakterisierung von Assertionen, die sich recht gut auf andere Verwendungen von Deklarativsätzen ausweiten lässt, ist die seit langem vor allem von Stalnaker (etwa Stalnaker 1978, 2011) vertretene. Sie legt das Schwergewicht nicht auf die ‚kommunikativen Pflichten' der Äußernden (die ihre Assertionsakte rechtfertigen können müssen, s. die verschiedenen Vorschläge in Brown/Cappelen (2011)), sondern hebt hervor, dass es sich bei ihnen um Informationsangebote handelt: Mit Assertionen präsentieren deren Produzenten den Adressaten (oder auch einer unbestimmt gelassenen Menge von Rezipienten) vollständig spezifizierte und in ihrer Polarität festgelegte Propositionen. Hier wird die eben erwähnte pragmatische Fixierung des propositionalen Gehalts wichtig – deiktische Ausdrücke bekommen eine spezifische Interpretation zugewiesen, Ambiguitäten werden kontextgerecht aufgelöst und die Bedeutungen indirekt – etwa metaphorisch – verwendeter Ausdrücke durch ‚pragmatische Modulation' (Recanati 2010) interpretatorisch verwertbar gemacht. Relevant ist im vorliegenden Zusammenhang nur, dass dieser Typ von Gehalt Assertionen (und die restlichen Verwendungen von Deklarativsätzen) charakterisiert. Den Adressaten wird angeboten, den dergestalt präsentierten Gehalt ihrem jeweiligen ‚Wissensbestand' hinzuzufügen, der als eine Menge von ebensolchen Propositionen aufgefasst werden kann, die zu einem bestimmten Zeitpunkt als Basis für Schlüsse und Handlungen genutzt wird. Diese Basis wird durch eine solche hinzugefügte Proposition entweder lediglich spezifiziert oder Inkompatibilität mit Propositionen aus der vorhandenen Wissensmenge kann dazu führen, dass diese inkompatiblen Propositionen aus dem ‚Wissensbestand' entfernt werden – hier kommen natürlich die erwähnten Rechtfertigungspflichten der Assertierenden ins Spiel, die für die Übernahme des entsprechenden Gehalts notfalls plausible Gründe liefern müssen.

Eine typische Verwendung ist in diesem Zusammenhang sicherlich die als Antwort auf eine Frage. Die festgelegte Polarität passt als zweiter Zug zu Entscheidungsfragen, die Lückenlosigkeit zu Ergänzungsfragen. Allerdings sind nicht alle im weitesten Sinn assertierend verwendeten Deklarativsätze potentiell in expliziten und direkten Antworthandlungen verwendbar. Insbesondere Modalpartikeln können für Unverträglichkeit mit diesem Kontext sorgen (und natürlich werden in einer Antworthandlung häufig nur die informationstragenden sprachlichen Elemente – eingeschränkt durch bestimmte syntaktische Vorgaben – realisiert).

Diese erste direkte Interpretation eines Deklarativsatzes kann in weiteren Schritten den Anstoß zu zusätzlichen Implikaturen bieten, die erst eine angemessene Interpretation im Kontext erlauben.

(3) (A: Wohin radeln wir jetzt?)
B: Der Tisch ist noch nicht abgeräumt.

Der geläufigste Fall sind wohl die Verwendungen des Deklarativsatzes, in denen etwas über ‚die Welt' mitgeteilt wird (im Sinn von Searles (1979) klassischer Charakterisierung von Assertiven als einer Anpassung des sprachlich Ausgedrückten an die Welt, eine Variante einer Adäquationstheorie, die in diesem Fall den propositionalen Gehalt des Deklarativsatzes und eine – möglicherweise fiktive – Welt in Beziehung setzt).

Verschiedene modifizierende Ausdrücke wie Bezugnahmen auf Informationsquellen oder einschränkend zu interpretierende Satzadverbiale (*vermutlich, vielleicht, so viel ich weiß* usw.) dienen dazu, die Rechtfertigungsstandards für Assertionen einzuhalten, indem sie deutlich machen, wie weit die Begründungspflichten der Assertierenden im jeweiligen Fall gehen (manchmal – wie beim Klatsch – legt auch nur der Verwendungskontext solche Einschränkungen nahe).

(4) Anna hat sich angeblich/sagt Leo/meines Wissens/so schließe ich aus ihrem Verhalten wieder mit Chantal versöhnt.

Zu dieser letzten Gruppe gehören sicherlich auch Aussagen über Zukünftiges, sei es über eine möglicherweise morgen stattfindende Seeschlacht oder den nächsten Fußballweltmeister (die je nachdem, welche Eingriffsmöglichkeiten in den Weltverlauf dem Äußernden zugeschrieben werden, als mehr oder weniger wahrscheinlich bzw. auch als Selbstverpflichtung durch den Äußernden interpretiert werden).

Inwieweit bewertende Äußerungen in Deklarativsatzform einen Bezug auf ‚die Welt' haben, ist umstritten – als Kundgabe subjektiver Bewertungseinstellungen (die als solche zur Welt gehören) oder im Zusammenhang mit objektiven ‚Werttatsachen' (s. Kutschera 2010).

(5) Anna ist [meiner Einschätzung nach] recht hübsch.

Auch in diesem Fall verwendet eine Person, die sprachlich ein Werturteil formuliert, einen Deklarativsatz, um einen vollständig spezifizierten wertbezogenen propositionalen Gehalt zu präsentieren. Die Besonderheit liegt jedoch darin, dass im Sinn dieser doppelten Verständnismöglichkeit neben der Übernahme der Wertproposition selbst die Registrierung der ‚subjektiven' wertsetzenden Instanz, d.h. der Proposition, dass die Sprecherin von (5) dieses Werturteil fällt, wohl eine verhältnismäßig große Rolle spielen kann. (Vielleicht liegt dies auch nur daran, dass Bewertungen häufiger umstritten sind als wertfreie Mitteilungen über ‚die Welt', deren Quellen im Zusammenhang mit assertiven Rechtfertigungspflichten und den Gründen für die Übernahme einer Proposition in den Wissensfundus natürlich ebenfalls eine Rolle spielen).

Ganz davon zu trennen ist der Gebrauch von Deklarativsätzen zu performativen Zwecken – unabhängig davon, ob der Sprechakt sehr eng in einen Komplex von anderen Handlungen oder Handlungsvoraussetzungen eingebunden ist, wie etwa bei den klassischen offiziellen Taufhandlungen, oder ob der Sprechakt ohne eine solche institutionelle Einbettung vollzogen werden kann, unabhängig auch davon, ob die expliziteste Form vorliegt.

(6) Ich verspreche dir, dass ich dich am Samstag besuchen werde.

(7) Am Samstag besuche ich dich ganz bestimmt.

Zweck der performativen Sprechakte bzw. ‚Deklarationen' ist es bekanntlich, ein (soziales) Faktum in die Welt zu setzen (s. Searle (2010) zur Herstellung der ‚sozialen Welt' durch derartige Sprechhandlungen). Insofern ist es verständlich, dass – wenn keine spezialisierte Form für derartige Zwecke zur Verfügung steht – diejenige Satzform gewählt wird, die genau dazu dient, einen Bezug zu Fakten oder Situationen in der Welt herzustellen. Nur sind die Fakten oder Situationen in diesem Fall nicht unabhängig von der sprachlichen Handlung gegeben, sondern die Präsentation und die nachfolgende, ihren Faktenstatus ratifizierende Eingliederung in den Wissensfundus der Zuhörer setzt diese Fakten überhaupt erst in die Welt. Im sozialen Bereich sind performativ verwendete Deklarativsätze also nicht ‚weltabbildend', sondern ‚weltschaffend' (entsprechend sind mit dieser Verwendung ganz andere kommunikative Verpflichtungen verbunden als mit der assertiven Verwendung).

Ein häufiger Sonderfall ist die einführende Präsentation von Geboten, Verboten oder Erlaubnissen in Deklarativsatzform (meistens mit deontisch zu interpretierenden Modalverben oder entsprechenden Konstruktionen als Elementen des propositionalen Gehalts):

(8) (Und Gott redete alle diese Worte. ...) Du sollst keine anderen Götter neben mir haben.

(9) Der Parallaxenfehler ist tunlichst zu vermeiden.

Andererseits kann auch assertierend an bestehende Normen erinnert werden (mit *ja eh* als nur assertionsverträglicher Modalpartikelkombination):

(10) Du musst dich ja eh an der Pforte anmelden.

Nicht ganz unproblematisch für die Systematisierung der Satzmodi ist im ersten Fall, dass trotz der Deklarativsatzform aufforderungstypische Modalpartikeln verwendet werden können (bzw. bei *doch* in (13) keine assertionstypische Interpretation vorliegen muss) – vermutlich weil Gebote usw. so etwas wie stehende Aufforderungen sind.

(11) Diese Passage darf/kann ruhig sehr laut gespielt werden.

(12) Ich darf JA nicht einschlafen.

(13) Der soll sich mal/doch nicht so aufspielen.

Andererseits lassen sich – anders als bei direkten Aufforderungen – deklarativsatztypische kommentierende Satzadverbiale, vielleicht auch Modalpartikeln zusätzlich einfügen, was zum weiterhin bestehenden ‚Präsentationscharakter' passt.

(14) Diese Passage darf/?kann interessanterweise/sicher ruhig sehr laut gespielt werden.

(15) Leider darf ich JA nicht einschlafen.

Fazit: Der Begriff der Präsentation einer in ihrer Polarität entschiedenen vollständigen Proposition, als Angebot an Rezipienten zur Eingliederung in ihre ‚Wissensbasis' (eine Menge von Propositionen, die diesen als Grundlage für theoretische und praktische Schlussfolgerungen dient), scheint mir den gemeinsamen funktionalen Nenner aller dieser unterschiedlichen Verwendungen von Deklarativsätzen am ehesten zu erfassen.

Da die Charakteristika des Formtyps nicht wie bei Wörtern in kompakter Form vorliegen, sondern nur ein sehr rudimentäres Gerüst eines vollständigen Satzes darstellen, kann man sich fragen, wie der ‚Zusammenhalt' dieser Teile zu gewährleisten ist. Eine naheliegende Idee, die die Zuordnung von Form und Bedeutung extrem einfach und direkt hält (im Sinn einer möglichst einfachen Syntax-Semantik-Schnittstelle, wie sie den minimalistischen Ansatz kennzeichnet), ist, der Bedeutung ein einheitliches formales Gegenstück zuzuordnen (etwa als Operator in einer ForcePhrase im ‚kartographischen Ansatz' von Rizzi (1997), vgl. Artikel 29 in diesem Band), der seinerseits die Oberflächeneigenschaften des Satzmodus steuert. Sehr nahe an der wahrnehmbaren syntaktischen Oberfläche sind dagegen Vorschläge, die die formale Seite als ein Merkmalsbündel auffassen (wie im Altmann-Modell), dessen Elemente sozusagen über den Satz verstreut aufzufinden sind (bzw. kann man nach konstruktionsgrammatischer Vorstellung den formalen Typ als eine extrem unterspezifizierte Satzform auffassen, die mit anderen Konstruktionstypen ‚verschnitten' wird, um schließlich die vollständig spezifizierte syntaktische Struktur zu ergeben).

3 Formale Merkmale der Satzmodi

Für die formale Seite des Satzmodussystems ist charakteristisch, dass es kein ‚phänomenales Einzelmerkmal' gibt, das den Formtyp Deklarativsatz konstituiert, sondern aus mehreren Bereichen von formalen Markierungen ausgewählt wird. Insbesondere der paradigmenhafte Zusammenhang der verschiedenen Formtypen der Satzmodi führt dazu, dass Abgrenzungen zwischen diesen nicht nur über spezifische positive Markierungskombinationen, sondern auch über negative Festlegungen zustandekommen.

Für diese Formtypen (wie für Konstruktionen generell) sind im Deutschen drei bzw. vier Merkmalsdimensionen relevant: eine (kombinierte) kategoriale (Wortart und eventuell Flexion), eine topologische und eine intonatorische.

Die kategoriale Dimension legt fest, dass zum einen die An- bzw. Abwesenheit von Elementen bestimmter Wortarten satztypbestimmend ist, zum anderen auch flexivische Subkategorien eine Rolle spielen können. Für die Satztypkennzeichnung sind im Deutschen das finite Verb mit seinen (satz)modal interpretierbaren flexivischen Subkategorien Indikativ, Konjunktiv I und II sowie Imperativ relevant, zum anderen w-Ausdrücke, die in einen satzmodusrelevanten w-Teil und verschiedene damit verknüpfte allgemeine Bedeutungscharakteristika zerfallen, die sich etwa auch in Indefinitpronomina (wie *(irgend)wer*) bzw. in entsprechenden indefiniten Konstruktionen (wie *aus irgendeinem Grund*) finden. Lässt man Verb-Letzt-Sätze als Formen von Satzmodi zu, so gehören auch die Satzeinleiter *dass*, *ob* und *wenn* zum Inventar. Die entsprechenden Ausdrücke dienen allerdings nicht allein der Konstituierung eines Satztyps (im Sinn von Satzmodus), sondern haben noch andere wesentliche Funktionen beim Strukturaufbau. Satztypen konstituierende Partikeln, die nur auf diese Aufgabe spezialisiert sind, scheint es im Deutschen nicht zu geben, Modalpartikeln entfalten ihre differenzierende Kraft innerhalb einzelner Satztypen bzw. Satzmodi (für deren Identifizierung sie jedoch als mögliche Kriterien gebraucht werden können).

Die entsprechenden Wörter sind auch topologisch ausgezeichnet. Die w-Ausdrücke nehmen die herausgehobene Spitzenposition im Satz ein (bis auf wenige Ausnahmen). Finite Verben stehen mindestens in den zentralen Formtypen der Satzmodi ebenfalls entweder an der Spitze oder wenigstens direkt nach dem pragmatisch ausgezeichneten Vorfeld.

Am schwersten zu fassen ist die intonatorische Dimension, da hier kategoriale Unterschiede nicht so einfach an der realisierten ‚Oberfläche' abzulesen sind. Differenzierend werden hier globale Melodieverläufe (die im Prinzip phonologisch dekomponierbar sind, etwa in verschiedenen Ansätzen, die mit Tonsequenzen arbeiten, s. Ladd (2008)) und spezifische Akzentuierungsmuster, die auf diesen globalen Verlauf gelegt werden, verwendet.

4 Formale Merkmale der Deklarativsätze: Wortartkategorien

Für Deklarativsätze als (typischerweise, s.u.) syntaktisch vollständige Satzstrukturen gilt, dass sie ein finites Verb enthalten. An der weiteren – negativen – Bestimmung, dass sie keinen w-Ausdruck (im hierarchiehöchsten Teilsatz) aufweisen dürfen, so dass eine formale Abgrenzung gegenüber den w-Verb-Zweit-Interrogativ- und -Exklamativsätzen garantiert ist, lässt sich zeigen, dass die Differenzierungkraft der Merkmale zum Teil von sehr kleinteiligen Konstruktionscharakteristika abhängt. Die entsprechenden w-Ausdrücke entfalten ihre satztypbestimmende Kraft zusätzlich zu den propositionalen Bedeutungsaspekten, die die einzelnen w-Ausdrücke, etwa *wer* und *warum*, voneinander unterscheiden und sie mit den restlichen Proformen verbinden. Bekanntlich gibt es bei vielen w-Ausdrücken eine zweite Lesart, die sie als Kurzformen von Indefinitpronomina wertet, z. B. *(irgend(et))was* oder *(irgend)wer*: Diese haben entsprechend nur eine propositionale und keine satzmodusrelevante Interpretation. Stehen derartige Vorkommnisse von *was* oder *wer* am Beginn eines Verb-Zweit-Satzes, so werden sie als satzmodusrelevante w-Elemente verstanden und sind als solche nicht mit dem Deklarativmodus verträglich (die Satzzeichen sind im Folgenden als Hinweis auf die Interpretation als Deklarativ- bzw. Interrogativmodus aufzufassen).

(16) a. Wer hat angerufen?/*.
b. Es hat wer angerufen.

Die Variante als Indefinitpronomen ist nur außerhalb der Vorfeldposition verfügbar (vgl. 16b).

Selbst eigentlich die Interpretation vereindeutigende Zusätze helfen kaum.

(17) a. Immer versagt wer – und meistens sind es nicht die Schlechtesten – bei der Prüfung.
b. ??Wer – und meistens sind es nicht die Schlechtesten – versagt immer bei der Prüfung.

Allerdings ändert sich das Interpretationspotenzial, sobald dieses Einzelwort erweitert wird, z. B. durch ein PP-Attribut. In diesem Fall wird die Akzentuierung relevant: Der Satzmodusanzeiger muss auf dem w-Wort selbst akzentuiert werden (dies gilt zumindest dann, wenn keine eindeutige ‚Frageintonation' verwendet wird), das Indefinitpronomen auf dem PP-Attribut (übliche Akzentuierung in der komplexen NP).

(18) a. Wer von der UNI hat angerufen*?/.
b. WER von der Uni hat angerufen?/*.

(19) a. Was mit SchokoLAde mögen die Kinder*?/.
b. WAS mit Schokolade mögen die Kinder?/*.

Eine adjektivische Erweiterung ist wohl nur mit der Indefinitvariante verträglich (oder es verbleibt charakteristischerweise nur das eigentliche w-Wort an der Satzspitze).

(20) a. Was SCHLAUes hat er gesagt.
b. ??WAS Schlaues hat er gesagt? vs. Was hat er Schlaues geSAGT?
(21) a. Wer SCHLAUer könnte uns hier weiterhelfen.
b. ??WER Schlauer könnte uns hier weiterhelfen?

In der Indefinitlesart sind die entsprechenden Komplexe auch als verkürzte Antworten auf Ergänzungsfragen zulässig.

(22) Wer hat denn angerufen?
Wer von der UNI./*WER von der Uni./Irgendwer./*Wer.

Für die einfachen w-Wörter ist keine derartig differenzierende Akzentverteilung verfügbar, so dass hier die w-Lesart dominiert, sobald sie die satzmodusrelevante Position vor dem Finitum besetzen.

Zudem kann in den eindeutigen Fällen von Indefinitinterpretation die w-Frage-Charakteristik auch nicht durch einen fragetypischen Melodieverlauf aktiviert werden. Vielmehr entsteht in diesem Fall eine assertive Frage/Echofrage.

(23) a. A: Was SCHLAUes hat er gesagt? Sehr überraschend!
b. A: Was hat er Schlaues geSAGT? B: Keine Ahnung!

Wie schon kurz angedeutet wurde, gibt es Ausdrücke, die zwar nicht satzmoduskonstitutiv sind, aber sich doch nur mit bestimmten Satzmodi vertragen und insofern wenigstens als diagnostische Kriterien für das Vorliegen eines Satzmodus genutzt werden können. Dies gilt für die häufig als satzmodusabhängig eingestuften Modalpartikeln (Altmann 1993, Thurmair 1989), auch wenn oben zu sehen war, dass bei der ‚einführenden' Präsentation von Geboten und Verboten (z. B. (8) und (9)), im Gegensatz zur rein ‚erinnernden' (Beispiel (10)) die illokutive Interpretation als Aufforderung entsprechende Modalpartikeln zulässig macht. Ansonsten findet man in Deklarativsätzen eine Anzahl von typischen Modalpartikeln.

Ähnlich wie spezifische Modalpartikelverwendungen kommt auch das Auftreten von kommentierenden Satzadverbialen (*leider, glücklicherweise* usw.) als Diagnoseinstrument für das Vorliegen von Deklarativsätzen in Frage.

(24) Das ist ja/halt/eben/doch/eh leider Apfelwein.

5 Formale Merkmale der Deklarativsätze: Modusflexion des Verbs

Beim Verbmodus, der zu verschiedenen satzmodusrelevanten Unterkategorien beim finiten Verb führt, ist der Indikativ mit dem Deklarativmodus verträglich, ebenso wie der Konjunktiv II als Anzeige etwa für präferierte, aber (noch) nicht bestehende Sachverhalte (bzw. vollständige, in ihrer Polarität entschiedene Propositionen).

(25) Max wäre gern Elefantenpfleger (geworden).

Die beiden Imperativformen der zweiten Person, die pragmatisch bedingtes ‚Pro-Drop' der Subjektspronomina *du* und *ihr* zulassen, sind dagegen in Deklarativsätzen ausgeschlossen. Schwieriger ist die Verwendung des Konjunktiv I einzuordnen. Dieser tritt in zwei größeren Verwendungskreisen auf, die beide etwas mit Sprecherdistanzierung zu tun haben: Zum einen sind (zumindest eindeutige) Konjunktiv-I-Formen noch am System des Redeberichts beteiligt und zeigen dabei an, dass eine andere Instanz als der Sprecher selbst eigentliche Quelle einer sprachlichen Äußerung (bzw. eines Gedankens) ist: Passen die sonstigen Merkmale eines Satzes zum Deklarativsatztyp, so kann er durchaus auch funktional als ein solcher behandelt werden, mit der Besonderheit, dass die mit dem jeweiligen Sprechakttyp, etwa der Assertion, verbundenen kommunikativen Pflichten vom aktuellen Sprecher auf die ursprüngliche Äußerungsinstanz verschoben werden.

(26) (Max hat wie üblich gefehlt.) Er habe seine Schuhe nicht finden können.

Zum anderen werden Konjunktiv-I-Formen in Aufforderungskontexten eingesetzt. Zunächst gilt dies für den *Sie*-Imperativ und den Adhortativ/Kohortativ, bei denen allerdings die Konjunktiv-I-Formen fast überhaupt nicht als solche erkennbar und von den Indikativformen zu unterscheiden sind (nur die Form *seien* vs. *sind* ist eine Ausnahme). Beide gehören funktional gesehen ganz klar zum Imperativmodus (neben den üblichen Verb-Erst-Formen finden sich auch wenige Fälle mit einer Art Vorfeldfüllung, die zu potentiellen Abgrenzungsproblemen zu Deklarativsätzen führen).

(27) (So/Nun/*Mit den Fingern) Essen Sie doch, Ganghofer!

(28) (So/Nun/*Mit dem Erreichten) Seien wir doch zufrieden!

Kritisch sind hingegen die Konjunktiv-I-Formen der 3. Ps. Sg. Sie werden, was ihre traditionelle Bezeichnung als Heischeformen schon andeutet, ebenfalls in Aufforderungskontexten verwendet, allerdings unterscheiden sie sich aufgrund ihrer allgemeineren Adressierung von den direkten Aufforderungen. Die Möglichkeiten der Überschneidung mit dem Deklarativsatz beginnen dort, wo Verb-Zweit auftritt.

(29) Man nehme ein Pfund Salz!
(30) Jeder trage des anderen Last!
(31) Der Senat möge Folgendes beschließen/beschließe Folgendes!

Mit derartigen Verwendungen ist immer noch der Funktionstyp Aufforderung verbunden: Wer sich unter die potentiellen Adressaten rechnet, steht unter der (bedingten) Verpflichtung, sich so zu verhalten, dass der propositionale Gehalt ‚realisiert' wird. Noch peripherer im Bereich der Aufforderungen ist der reine Ausdruck von Präferenzen, ohne dass die Realisierung einer greifbaren Person(engruppe) anheimgestellt wäre (gute und schlechte Wünsche; häufig mit dem Konjunktiv I von *mögen*).

(32) Dein neues Lebensjahr möge dir Gesundheit bringen/bringe dir Gesundheit!
(33) Die Hand möge dir verdorren/verdorre dir!

Die Grenze zu den Deklarativsätzen ist hingegen überschritten, wenn die entsprechenden Konjunktiv-I-haltigen Verb-Zweit (oder Verb-Erst-)Strukturen analog zu den oben genannten performativen Verwendungen gebraucht werden, insofern sie ein Faktum als durch die sprachliche Äußerung realisiert nahelegen. Wie bei den üblicheren indikativischen (explizit) performativen Äußerungen wird eine vollständige und in ihrer Polarität entschiedene Proposition präsentiert, die aufgrund der besonderen Äußerungsumstände (insbesondere der Kompetenzen des Sprechers) als dadurch ‚realisiert' gilt.

(34) Zugegeben sei, dass ich die Probleme unterschätzt habe.

Ein eindeutiger Fall sind etwa die Setzungen am Beginn von mathematischen Beweisführungen.

(35) Gegeben sei ein gleichschenkliges Dreieck.

Dazuzuzählen sind aber auch andere ‚Setzungen' (die nicht als bloße Wünsche interpretiert werden können).

(36) Darum sei (hiermit) der Zöllner auch bedankt.
(37) Es werde Licht.

Offenbar werden durch die Verwendung mancher Verb-Zweit-Sätze mit Konjunktiv-I-Formen genauso wie durch performative Verwendungen von indikativischen Deklarativsätzen die mit dem propositionalen Gehalt erfassten möglichen

Fakten tatsächlich in die Welt gesetzt (wobei wir sublunaren Tröpfe in der Art der zu schaffenden Fakten stark eingeschränkt sind, die entsprechenden kreativen Akte daher fehlschlagen können). Wenn Deklarativsätze zu performativen Zwecken verwendet werden können, dann sind auch diese nicht adressatengerichteten Heischesätze Deklarativsätze – die durchaus auch als Verb-Erst-Varianten auftreten können.

(38) Sei n eine Primzahl.

Im zugegeben etwas randständigen Bereich der Heischesätze kommt es also offenbar zur Berührung von (peripheren) Deklarativ- und Imperativsatztypen.

Je nach Situationseinbettung lässt sich dem klassischen Zitat mit Imperativcharakteristik (Bitte)

(39) Ich sei, gewährt mir die Bitte, in eurem Bunde der dritte!

eine performative Variante (mit wie üblich vorausgesetzter Vollzugsberechtigung des Sprechers) gegenüberstellen

(40) Ich sei hiermit in eurem Bunde der dritte.

Ähnlich fakteneinführend sind auch Verb-Zweit-Varianten von Irrelevanzkonditionalen, die allerdings mit ihren Partnersätzen asymmetrisch zusammenhängen, insofern diese zwar allein für sich auftreten können, jene aber nicht (anders als die typischen Deklarativsatzvorkommnisse).

(41) a. Die Frauen seien blond oder braun – ich liebe sie alle.
b. Ich liebe alle Frauen (sie seien blond oder braun).

6 Formale Merkmale der Deklarativsätze: intonatorische Charakteristika

Auch die intonatorischen Eigenheiten der Deklarativsätze sind vor dem Hintergrund des Gesamtsystems der Satzmodi zu sehen. Als positive Charakterisierung kann ein global fallender Melodieverlauf, auf dem fokussierungsrelevante Akzente sitzen, gewertet werden. Intonatorische Erscheinungen, die charakteristisch für einen anderen Satzmodus sind, dürfen hingegen nicht auftreten. Dies betrifft zum einen den so genannten Exklamativakzent (s. Abschnitt 8), zum anderen den Gesamtverlauf der Satzmelodie, die keine eindeutig ‚fragetypischen' Merkmale (wie einen deutlichen Anstieg der Tonhöhe am Äußerungsende oder zumindest einen markanten Tonhöhenanstieg um den Fokusexponenten herum) aufweisen sollte. Die Kreuzung der ansonsten typischen Deklarativsatzmerkmale mit solchen fragetypischen Intonationscharakteristika ergibt im Altmann-Modell den Mischtyp der assertiven Fragen, in anderen Ansätzen gehört ein Teil der Echofragen dazu. Es handelt sich um eine Mischung aus einer sozusagen versuchsweise präsentierten Proposition (ohne dass der Sprecher für die mit einer Deklarativsatzverwendung ansonsten verbundenen kommunikativen Verpflichtungen einstehen könnte) und der entscheidungsfragetypischen Aufforderung, zwischen Zutreffen oder Nicht-Zutreffen zu unterscheiden. Auslöser für Äußerungen dieses Typs sind offenbar unverträgliche Informationen auf Seiten des Sprechers, dessen Hintergrundwissen in den eindeutigsten Fällen zunächst nur zum (Nicht-)Zutreffen der Proposition passt, während andererseits diese Einschätzung durch neu hinzukommende Informationen erschüttert wird, etwa bestimmte sprachliche Äußerungen eines Gesprächspartners. Die assertive Frage soll die Auflösung dieser Dissonanzen befördern.

(42) A: Anna kommt (nicht).
 B: Sie/Die kommt (nicht)?
 A: Ja. Hast du das nicht gewusst?

Üblicher sind sicherlich Kurzversionen, bei denen ein (Satz-)Adverbial, das sich auf den Wirklichkeitsgehalt einer Äußerung bezieht, mit einer fragetypischen Intonationskontur versehen wird.

(42') B: Echt?/Wirklich?/Ohne Scheiß?

Allerdings gibt es auch Fälle, bei denen eigentlich keine Fragehandlung mehr vorliegt, sondern eher der Kontrast zwischen einem nicht zutreffenden, aber erwartbaren und einem zutreffenden überraschenden Informationsstand hervorgehoben werden soll.

(43) A: Wir gehen heute ins Theater.
 B: Wir gehen heute ins Theater? Mensch, toll! Das finde ich ja echt nett von dir.

Noch näher an der Funktion von Deklarativsätzen liegen diejenigen Beispiele, bei denen die fragetypischen Intonationsmerkmale als Indikatoren von Unsicherheit dienen – der Sprecher traut seinen eigenen Informationen nicht völlig und bittet daher um eine Bestätigung von deren Richtigkeit.

(44) a. Sie sind Mister Bronto?
 b. Sie sind Mister Bronto, oder/nicht/gell?

Vergleichbar sind hier Fälle mit deklarativsatztypischem fallenden Melodieverlauf und angeschlossenen intonatorisch als Frage markierten ‚question tags' wie in (44b) (die in den obigen Beispielen ausgeschlossen sind).

In solchen Konstruktionen sind die zwei Funktionen gewissermaßen entmischt – auf eine Sachverhaltspräsentation erfolgt der Hinweis, dass es sich nicht um eine vom Sprecher vollständig zu rechtfertigende Assertion handelt, sondern nur um eine begründete Vermutung. Insofern könnte man in (44b) auch statt des Tags ein passendes Adverb wie *gewiss*, *wohl*, *sicher*, *vermutlich* usw. einsetzen. Beispiel (44a) zeichnet sich aber dadurch aus, dass die Vermutungsinterpretation weder durch einen nachgeschickten zweiten Äußerungsteil noch propositional nahegelegt wird, so dass es immer noch am plausibelsten scheint, auch bei solchen deklarativsatzähnlichen Fällen dennoch weiterhin von einem Vorkommnis eines spezifischen Mischtyps und nicht von einer Variante eines Deklarativsatzes auszugehen.

7 Formale Merkmale der Deklarativsätze: Stellung des finiten Verbs

Die für die Bestimmung der formalen Charakteristik des Deklarativsatzes entscheidenden Merkmale bzw. Merkmalsebenen fallen je nach Ansatz unterschiedlich umfangreich aus. Ein zentrales Merkmal für den prototypischen Deklarativsatz des Deutschen ist jedoch durchgängig Verb-Zweit, d.h. die Stellung des Finitums in der strukturellen Zweitposition bzw. nach einem relativ beliebig gefüllten Vorfeld, dem wiederum ‚felderexterne' Äußerungsbestandteile vorausgehen können, die zunehmend weniger in den Satz integriert sind (Linksversetzung, Freies Thema nach Altmann (1981), aber auch die koordinativen (Satz-)Verknüpfer).

(45) ((Und) der Haifisch,) der hat Zähne.

Das Vorfeld als pragmatisch ausgezeichnete Position für anknüpfende, aber auch eng fokussierte Ausdrücke, enthält typischerweise Konstituenten, vor allem satzgliedhafte ((46) und (47)), aber auch Prädikatsteile eventuell mit links, aber auch rechts an diesen angrenzenden Ausdrücken ((48) und (49)).

(46) Der Mensch lebt nicht vom Brot allein.

(47) Am Anfang schuf Gott Himmel und Erde.

(48) Den Abfall wegräumen darf ich wieder ganz allein.

(49) Saufen, (so) dass/bis man ins Koma fällt, kann man doch auch hier.

Allerdings ist die Verb-Zweit-Stellung in zweifacher Hinsicht ungenügend für die Etablierung eines eigenständigen Formtyps. In der einen Richtung ist sie nicht hinreichend, da andere Satztypen ebenfalls über dieses spezifische Formmerkmal zu charakterisieren sind. Dies gilt mindestens für den klassischen Typ des w-Interrogativsatzes (50) bzw. den nicht-klassischen Typ des w-Verb-Zweit-Exklamativsatzes (51), aber auch für (mindestens) einen Subtyp unter den nicht-klassischen Exklamativsätzen (52) sowie für im Prinzip mögliche Nebenkonstruktionen bei den zentralen Imperativsätzen der 2. Person, die eine Konstituente vor dem imperativisch markierten Finitum zulassen (53).

(50) Wer hat (denn/eigentlich) die schönsten Schäfchen?

(51) Wie schön sind (doch) diese Schäfchen!

(52) DER hat vielleicht/aber schöne Schäfchen!

(53) Du verschone mich mit deinen Schäfchen!

Durch Ausschluss der für diese anderen Typen charakteristischen formalen Besonderheiten muss entsprechend der Formtyp Deklarativsatz weiter eingegrenzt und damit stabilisiert werden (keine satzmodusrelevanten w-Ausdrücke (s. Abschnitt 4), kein Exklamativakzent auf einem Hintergrundausdruck (s. Abschnitt 8), keine eindeutige Imperativflexion des Finitums (s. Abschnitt 5)).

In der anderen Richtung ist die Festlegung auf Zweitstellung des Finitums aber auch nicht notwendig, da es Varianten mit Erststellung des Finitums gibt, die sich aufgrund ihrer satzmodusrelevanten Bedeutung bzw. Funktion als spezielle Alloformen zur Klasse der Deklarativsätze rechnen lassen (s. u., ebenso finden sich auch vollständig finitum- bzw. genauer verblose Strukturen).

All dies führt zu dem Schluss, dass es sicherlich nicht ratsam ist, den Satztyp Deklarativsatz allein an der Position des finiten Verbs festzumachen. Andererseits ist die Zweitstellung des Finitums bei der zentralen Alloform das einzige unumstrittene positive Kennzeichen, so dass sich die Bevorzugung dieses spezifischen Merkmals durchaus nachvollziehen lässt.

Tatsächlich gibt es jedoch gar nicht so wenige Strukturen, die aufgrund ihrer funktionalen Charakteristik zu den ‚präsentativen' Deklarativsätzen zu rechnen sind, obwohl sie mit einem Finitum in der Spitzenposition beginnen (s. Önnerfors 1997), also ohne Vorfeld auftreten, so dass zunächst einmal im Prinzip eine Überschneidung mit der Form der Entscheidungsfragesätze, vielleicht auch der Imperativsätze denkbar ist.

Erster Fall: Hier fehlt nicht nur ein Vorfeld, sondern auch ein valenznotwendiger Ausdruck. Subjekte (55)/(56) und direkte Objekte (54) mit ‚strukturellem' Akkusativ (nicht hingegen Dativobjekte (57) oder Objekte mit ‚inhärentem' Akkusativ (58)), die als anknüpfende Hintergrundausdrücke (54), als semantisch und damit auch informationell ‚leere' Elemente (55) oder als Bezeichnungen für (manche! s.u.) Gesprächsbeteiligte (56) fungieren, können weggelassen werden, da sie problemlos aus dem Kontext rekonstruiert werden können.

(54) (Das) Weiß ich schon.
(55) (Es) Wäre auch zu schade um diesen schönen Käse.
(56) (Ich) Bin gleich weg.
(57) (Dem) ??Hab ich das gerne geschenkt
(58) (Mich) ??Interessiert das nicht.

Deklarativsatztypische Modalpartikeln sind zulässig, ebenso die Hinzufügung von ‚question tags'.

(59) Hat er ja/doch schon gesagt.
(60) Hat er halt/eben übersehen.
(61) Hat er eh noch nicht gekauft.
(62) Hat er wohl übersehen, oder?

Sehr nahe kommt die Struktur einem Entscheidungsfragesatz allerdings dann, wenn das nicht realisierte Vorfeldelement auf einen floatenden Quantor zu beziehen ist – der natürlich auch als alleiniges Subjekt oder direktes Objekt interpretiert werden könnte. Der propositionale Gehalt kann allerdings eine Fragelesart eher unwahrscheinlich machen, wie in (64), ansonsten muss wohl ein steigender Tonhöhenverlauf realisiert werden, um die Fragevariante zu vereindeutigen (wie oben sollen auch hier Satzzeichen die relevante Satzmodusinterpretation anzeigen).

(63) Stehen alle zu Ihrer Verfügung./?
(64) Habe ich alle selbst gemalt./?
(65) Habe ich das allen gerne geschenkt*./?

Da Dativobjekte von dieser Vorfeldellipsenkonstruktion ausgeschlossen sind, kann das Beispiel (65) nur als vollständiger Entscheidungsfragesatz aufgefasst werden.

Zu einer solchen Überschneidung kommt es auch, wenn ein transitives Verb eine objektlose Verwendung zulässt.

(66) Hat wer gegessen./?

Hier sorgen ebenfalls intonatorische Unterschiede und Kontextadäquatheit für eine Vereindeutigung.

Die Abgrenzung gegenüber Imperativsätzen kann demgegenüber nicht auf intonatorische Charakteristika zurückgreifen, so dass bei bestimmten formalen Konstellationen die Deklarativlesart, die sich ja auf eine relativ periphere Formvariante stützen müsste, gegenüber der in einem solchen Fall unproblematischeren Imperativlesart verliert. So kann das Subjektspronomen *ihr* kaum weggelassen werden, wenn der Satz ein Handlungsprädikat im Präsens enthält ((67) und (68)). Auch die Verwendung spezifischer Modalpartikeln als naheliegendster Möglichkeit, die Interpretation als Deklarativsatz sicherzustellen, hilft hier kaum weiter.

(67) Fangt erst um halb acht Uhr an*./!

(68) a. ??Lest ja eh die Zeitung.
     b. Lest ihr ja eh.

(69) Wart/??Seid ja alle einverstanden.

Unerwarteterweise sind aber auch entsprechende Varianten mit weggelassenem Distanz-*Sie* trotz ausgeschlossener Aufforderungslesart nicht zulässig.

(68') *Lesen$_{Adressat}$ ja eh die Zeitung./!

(70) Hast/Habt/*Haben$_{Adressat}$ eh keine Chance.

Diese Verb-Erst-Varianten sind jedenfalls gut in die Reihe der formal bestimmten Deklarativsätze zu integrieren. Nach Rekonstruktion der Vorfeldfüllung ist ein üblicher Verb-Zweit-Satz mit fallendem Melodieverlauf vorhanden. Eine Füllung des Vorfelds mit einem ‚expletiven' Element ist nicht möglich (das *es* in (55) hat natürlich Subjektstatus).

(71) *Es/Da/Jetzt hab ihn schon gesehen.

Scheinbare Gegenbeispiele führen unter der Hand einen neuen Konstruktionstyp ein (wenn die ‚absolute' Variante eines transitiven Verbs verwendet wird).

(66') Es hat wer gegessen.

Eine weitere Verkürzung subjektloser Strukturen ist im Zusammenhang mit dem Verb *sein* als Finitum möglich, allerdings wohl nur in der Verwendung als Kopulaverb (wo es ein reiner Träger von verbalen Flexionsmerkmalen ist), wenn bezüglich des Tempus und Modus keine Interpretationsprobleme auftreten (das wegfallende Kopulaverb ist typischerweise als Präsens- und Indikativform zu werten). Die Verkürzung ist nur im Zusammenhang mit einem Subjekt der dritten Person möglich, besonders wenn dieses als ein Neutrum mit Bezug auf Propositionen oder Sachverhalte ergänzt werden kann.

(72) Das ist schön für dich. → Ist (doch/ja) schön für dich. → (doch/?ja) Schön für dich.

(73) Das ist mir egal. → Ist mir (doch) egal. → Mir (doch) egal.

(74) Das ist nicht zu glauben. → Ist (ja) nicht zu glauben. → (?Ja) Nicht zu glauben.

(75) A: Mit Anna hat es leider doch nicht geklappt.
B: Sie ist zu hübsch für dich. → Ist (eh) zu hübsch für dich. → (Eh) Zu hübsch für dich.

Rechtsversetzte Verdeutlichungen sind möglich:

(76) Schön für dich, dieser Erfolg.

(77) Zu hübsch für dich, diese Frau.

Eine kopulalose, allerdings nicht subjektlose Variante der Deklarativsätze tritt recht häufig bei extraponierten Subjektsätzen auf, deren Platzhalter im Vorfeld weggelassen wird:

(78) Es (Das?) ist schön für dich, dass du eingeladen worden bist. → Ist schön für dich, dass du eingeladen worden bist. → Schön für dich, dass du eingeladen worden bist.

Wie zu sehen ist, sind im Prinzip deklarativsatztypische Modalpartikeln zulässig, ebenso ‚question tags'.

(79) Ziemlich clever, oder?

Aufgrund ihrer Verwandtschaft mit den um das Vorfeld gekürzten Strukturen sind solche Satzreste nie als direkte Frage interpretierbar (sichtbar an der Unzulässigkeit der typischen Modalpartikeln), ein steigender Melodieverlauf passt hier nur zu einer Echofrage bzw. assertiven Frage (die ihrerseits kaum mit Modalpartikeln verträglich sind).

(80) a. Ist das etwa/denn zu schwer für dich? → *Etwa/Denn zu schwer für dich?
b. A: Das ist zu schwer für ihn.
B: Zu schwer für ihn? Dass ich nicht lache!

Allerdings betrifft dies nur die kopulalosen Strukturen, nicht alle Bruchstücke von Sätzen.

(81) A: Heute wird uns ein Überraschungsgast besuchen.
B: Besucht uns/Ist es etwa Maria? → Etwa Maria?

Davon zu unterscheiden sind Verkürzungen, die adressatenzugewandte Subjekte betreffen. Für diese scheinen, wie oben erwähnt, Vorfeldellipsen nicht in allen Fällen problemlos möglich zu sein. Wie daher zu erwarten ist, kommt es auch nicht zur weitergehenden Kürzung um ein Kopulaverb. Andererseits sind genau in diesen Fällen verkürzte direkte (nicht-assertive) Fragevarianten zulässig.

(82) Stolz (drauf), dass die Sache geklappt hat?

Lässt sich eine verkürzte Struktur sowohl auf eine Einstellungsbekundung durch den Sprecher mit Bezug auf eine Proposition als auch auf eine Einstellungserfragung beim Partner zurückführen, dann sind tatsächlich beide Varianten möglich (aber nur in der korrekten Zuordnung).

(83) Ärgerlich, dass es nicht geklappt hat./?

Einen zweiten – problematischeren – Fall stellen diejenigen Beispiele dar, bei denen das unbesetzte Vorfeld nicht gleichzeitig mit dem Fehlen eines Subjekts oder Objekts verbunden ist.
Dies sind zum einen Beispiele des folgenden Typs.

(84) (Mit dem nahrhaften Blut ihrer Opfer aber schlürfen die Mücken auch Fremdkörper ein, die mitunter eine immunologische Herausforderung sind.) (*Es) Müssen sie sich doch mit ihrem Rüssel durch eine Haut voller Bakterien bohren.

Es handelt sich um eine eher selten auftretende, formal wie funktional sehr genau umschreibbare Konstruktion: Die Modalpartikel *doch* tritt obligatorisch auf; ein expletiver Vorfeldfüller wie *es* ist nicht zulässig; der entsprechende Satz bezieht sich als Begründung auf eine vorhergehende Behauptung. Eine funktionsäquivalente Verb-Zweit-Variante lässt kein *doch* zu (stattdessen könnte ein *nämlich* eingefügt werden), so dass es sich tatsächlich um eine sehr spezifische Konstruktion (im Sinn der Konstruktionsgrammatik) aus der Familie der Deklarativsätze handelt, die durch eindeutige Verb-Erst-Stellung ausgezeichnet ist.

Die andere Gruppe ist nicht durch derart spezifische Charakteristika bestimmt. Es handelt sich um Verb-Erst-Strukturen, die in engagiert vorgetragenen Erzählungen auftreten, mit der Textsorte Witz als typischem Vertreter.

(85) Kommt der Papst in den Himmel.

Anders als in den vorigen Beispielen ist die Besetzung des Vorfelds durch ein expletives Element wie *jetzt* oder *da* nicht vollständig ausgeschlossen (passt aber nicht zum konventionellen Textmuster des Witzes).

(86) ?Da kommt der Papst in den Himmel

Allerdings schwächt sich mit dieser Veränderung der pragmatische Effekt, der mit dem leeren Vorfeld verbunden ist – die Verhinderung einer ‚neutralen' Assertion –, zumindest ab.

Die Vorfeldfüllung mit dem neutralsten expletiven Element *es* ist in vielen Fällen nicht zulässig (und verhindert ansonsten den erwähnten Eindruck des engagierten Erzählens).

(87) a. (Da/Jetzt/*Es) geh ich gestern zum Tengelmann, (da/jetzt/*es) ist der zu!
 b. (Es) steht ein Pferd vor der Apotheke und kotzt.

Andererseits besteht eine Gemeinsamkeit mit den Fällen der Verwendung eines Vorfeld-*es* darin, dass die thematisch anknüpfende Kapazität des Vorfelds nicht genutzt wird, so dass eine Art Vollfokussierung des gesamten Satzinhalts erreicht wird. Entsprechend lassen sich auch kaum längere Ketten solcher Verb-Erst-Deklarativsätze bilden, da mit jeder neuen Äußerung potentielle Hintergrundinformation erzeugt wird, die ihrerseits aus Gründen der Kohärenz nicht ignoriert werden kann. Als Folge müssen verhältnismäßig schnell Äußerungen eingestreut werden, die auch Ausdrücke mit Hintergrundstatus enthalten und daher nicht mehr als vollfokussierte Verb-Erst-Strukturen erscheinen können.

(88) Geh ich gestern zum Tengelmann. Treff ich die Frau Müller. Erzählt mir die von ihrem Neffen. ?Hat der ein Einserabitur gemacht.??Studiert der jetzt Medizin. *Geht der dazu nach Heidelberg.

Es handelt sich bei diesen Strukturen um einen eigenen Subtyp aus der Deklarativfamilie, der allerdings ein deutlich eingeschränkteres Verwendungspotenzial hat als die üblichen Verb-Zweit-Strukturen. Sie sind ziemlich eindeutig einem mündlichen Register zuzuordnen (bzw. ahmen mindestens dessen Charakteristika nach) und treten dort typischerweise in einem Kontext des engagierten Erzählens auf (in (89b) legt der erste Satz genau diesen Kontext nicht nahe, so dass der folgende Verb-Erst-Deklarativsatz der Textsorte unangemessen scheint – der Asterisk ist in diesem Sinn zu lesen).

(89) a. Ich geh heute auf den Markt. Kostet ein Bund Petersilie 2 Euro.
 b. Die Preise auf dem Markt sind ziemlich hoch. *Kostet ein Bund Petersilie 2 Euro.

Diese Beschränkungen sind dafür verantwortlich, dass die meisten deklarativsatzverträglichen Modalpartikeln bei diesen Verb-Erst-Deklarativsätzen nicht zulässig sind (z.B. *ja, eh, eben/halt*).

(90) Geh ich gestern zum Tengelmann. Treff ich *ja/*eh/*halt/doch/doch glatt die Frau Müller.

Die verwendbaren Modalpartikeln sind exklamativverdächtig, lassen sich aber wohl doch am besten als deklarativsatzbezogen interpretieren (s. Abschnitt 8).

Eine weitere Variante eines Verb-Erst-Deklarativsatzes ist eine sehr eng umschriebene Konstruktion mit *sollen* und marginal auch mit *mögen* (Önnerfors (1997: 136 ff.), der auch noch andere vergleichbare hochspezialisierte Verb-Erst-Varianten aufführt).

(91) Sollen sie ihn (doch) haben.

Weitgehend ausschließen kann man nach den üblichen Annahmen Verb-Letzt-Varianten (vgl. Altmann (1993: 1020), Oppenrieder (1987: 180 f., 187, Fußnote 28)). Der einzige marginale Typ wird danach durch *wo* eingeleitet und enthält eine (fast) obligatorische Modalpartikel *doch*.

(92) a. Anna hat sich leider ein Bein gebrochen. Wo sie doch/??Ø gestern noch vom Skiurlaub geträumt hat.
 b. [Sprecher wendet seine Aufmerksamkeit Anna zu, die ersichtlich ein verletztes Bein hat] So ein Mist!/??___ Wo du doch gestern noch vom Skiurlaub geträumt hast.
 c. Anna hat sich leider ein Bein gebrochen. Wo sie sich doch so sehr auf den Skiurlaub gefreut hat./??Hat sie sich doch (so sehr) auf den Skiurlaub gefreut.

Offenbar sind Verwendungen solcher Verb-Letzt-Sätze kaum initial möglich (und ähneln in dieser Hinsicht den ebenfalls nur als nicht-initialer Zug möglichen Strukturen mit Verb-Erst und *doch*), vgl. (92b).

Auffällig ist zudem, dass solche Strukturen wohl immer zumindest als ‚expressiv' interpretiert werden (anders als die in dieser Hinsicht eher neutralen Verb-Erst-Strukturen mit *doch*, die sich kaum außerhalb neutral-begründender Kontexte finden), womöglich auch zur Familie der Exklamativsätze gezählt werden können. Zumindest lassen sie ohne weiteres einen Graduierungsanzeiger wie *so* zu, vgl. (92c).

Nicht ganz erwartet (und damit erklärungsbedürftig) ist aber, dass die naheliegendste Form eines selbständigen Verb-Letzt-Deklarativsatzes, eine mit dem (ansonsten ja vor allem ‚präsentativ' interpretierten) Komplementierer *dass*, nicht aufzutreten scheint. Die entsprechenden Konstruktionen werden bei passendem propositionalem Gehalt als Aufforderungen (bzw. Wünsche) verstanden.

(93) Dass du dir JA die Hände wäschst!

(94) Dass den doch gleich der Schlag trifft!

Ansonsten werden sie exklamativisch interpretiert, d. h. nur wenn man Exklamativität als sekundäre Überformung einer deklarativtypischen Grundfunktion ansieht, ist die Analyse als Verb-Letzt-Deklarativsatz möglich. (97) ist vielleicht noch am wenigsten expressiv-exklamativisch zu verstehen.

(95) Dass die Frau Mittermaier (aber auch) so wahnsinnig /?sehr nachtragend ist!

(96) Dass der keinen Broccoli mag!

(97) Dass du nur gesund zurück bist!

Zum peripheren Bereich der Deklarativsätze können aber vielleicht Verb-Letzt-Sätze gerechnet werden, die für eine Art subsidiärer Sprechakte verwendet werden, indem sie Bedingungen oder Begründungen für den eigentlich beabsichtigten Sprechakt formulieren. Sie sind daher wohl als ‚präsentativ' zu verstehen, gehören also von ihrer allgemeinen Funktion her in den Umkreis der Deklarativsätze.

Sie sind etwa im Prinzip mit deklarativsatztypischen Modalpartikeln (die allerdings zur entsprechenden adverbiellen Relation passen müssen) oder auch Satzadverbialen verträglich, während die auf diese Weise eingeführten nachfolgenden Sätze ihre typgerechten Modalpartikeln enthalten können. Hier finden sich vor allem bestimmte konditional zu interpretierende Verb-Letzt-Sätze, aber auch solche mit kausaler Bedeutung.

(98) Wenn du eh/schon/*ja da bist – hilf mir doch mal beim Aufräumen!

(99) Wenn ich dich schon/eh/*ja am Telefon habe – wann schaust du denn mal wieder bei mir vorbei?

(100) Weil/Da wir ja eh/*schon in die selbe Richtung müssen – kann ich Sie denn ein Stück mitnehmen?

(101) a. Weil es gerade passt – kannst du mich zur U-Bahn fahren?
b. Auch wenn es gerade leider nicht sehr gut passt – kannst du mich zur U-Bahn fahren?
c. Obwohl es gerade leider nicht sehr gut passt – kannst du mich zur U-Bahn fahren?

Die klarsten Fälle zeigen eine eindeutige funktionale Inkongruenz zwischen Antezedens o. ä. und folgender Äußerung. Es liegt eine Art metasprachliche Adverbialbeziehung vor, die die übliche Einbettung der ersten Konstruktion in die zweite als unplausibel verhindert (der Satzeinleiter *falls* scheint in der integrierten Konstruktion immerhin etwas akzeptabler zu sein).

(102) a. Wenn/Falls Sie Durst haben – in der Flasche ist noch Apfelsaft.
b. *Wenn/??Falls Sie Durst haben, ist in der Flasche noch Apfelsaft.

Umgekehrt kann ein normales ‚objektsprachliches' Bedingungsgefüge nicht mit einem unintegrierten Antezedens formuliert werden.

(103) *Wenn die rote Lampe aufleuchtet – du bleibst stehen/die Batterie ist bald leer.

8 Exkurs: Ist es sinnvoll, einen eigenen Satzmodus Exklamativ anzusetzen?

Wie schon wiederholt erwähnt ist für die Festlegung des Umfangs des Deklarativmodus nicht unerheblich, wie man den Status der Strukturen einschätzt, die bei Altmann (1993) unter dem Titel der Verb-Zweit- und Verb-Erst-Exklamativsätze zusammengefasst werden. Diese Erweiterung des klassischen Dreiersystems der Satzmodi wird immer wieder als problematisch gesehen (bei Lohnstein (2007) erscheinen sie gar nicht, König/Siemund (2007: 316f.) sind skeptisch gegenüber solchen ihre Meinung nach formal nicht eindeutig zu fassenden peripheren Satzmodi und Önnerfors (1997: 170ff.) rechnet entsprechende Verb-Erst-Strukturen rundheraus zu den Deklarativsätzen). Es stellt sich also die Frage, wie vernünftig es ist, einen eigenen Satzmodus Exklamativ anzusetzen, der auf der einen Seite formal durch spezielle Merkmalsbündel (im nicht-propositionalen Bereich) ausgezeichnet ist, auf der anderen Seite eine eindeutige, vom Deklarativmodus unterschiedene Grundfunktion hat.

Dass man formale Spezifika ansetzen kann, die einem eigenständigen Satzmodus Exklamativ angehören, scheint jedenfalls nicht unplausibel. Als eindeutig in diesem Sinn können Fälle von Verb-Zweit-Konstruktionen gewertet werden, in denen ein in seiner Realisierung wie bezüglich seiner Platzierung ausgezeichneter Akzent auftritt, der mit einer für diesen Satzmodus typischen (unerwarteten) Extremwert-Interpretation auf einer Graduierungsdimension verbunden ist: Die Graduierungsdimension selbst gehört zum propositionalen Gehalt (muss aber nicht sprachlich realisiert sein), die unerwartet extreme Ausprägung dagegen gerade nicht (sie wird vielmehr vom Satzmodus beigesteuert und lässt sich dementsprechend nicht oder nur schwer ‚propositionalisieren').

(104) DIE ist aber (*sehr/??auffällig) nett!

(105) DER benimmt sich vielleicht (*sehr/??ungewöhnlich) komisch!

Der Akzent ist durch einen auffälligen steigend-fallenden Melodieverlauf und durch eine starke Längung der Trägersilbe gekennzeichnet (und lässt sich dadurch recht gut von ‚normalen' Fokusakzenten wie auch kontrastiven Akzenten unterscheiden). Zudem liegt er auf einem nicht-fokussierten Ausdruck im Vorfeld (der sich aufgrund seiner Bedeutung nicht gut zum Fokusexponenten eignet und in den hier interessierenden Fällen auch nicht mit einer kontrastiven Fokussierung verbunden werden kann). Der normale Fokusakzent (auf *nett* bzw. *komisch*) ist demgegenüber kaum wahrnehmbar, der Exklamativakzent kann aber notfalls auf einem Fokusexponenten realisiert werden (z. B. bei Verben, die semantisch gesehen nullstellig sind, sobald die Nennung der Graduierungsdimension unterbleibt).

(106) a. Das/*Es SCHÜTtet vielleicht!
 b. DAS schüttet vielleicht (*sehr/??unglaublich) heftig!

Als weiteres Charakteristikum ist zu bemerken, dass das Finitum hier ohne besondere interpretatorische Effekte von der zweiten an die erste Stelle verschoben werden kann.

(104') Ist DIE aber (*sehr/??auffällig) nett!

(105') Benimmt sich DER vielleicht (*sehr/??ungewöhnlich) komisch!

(106') Schüttet DAS vielleicht! vs. ??SCHÜTtet das vielleicht!

Zu erwähnen ist schließlich noch, dass für die hier vorliegenden Konstruktionen die beiden Modalpartikeln *vielleicht* und *aber* charakteristisch sind. Wenn man das Auftreten von Modalpartikeln vom Satztyp abhängig macht, hat man zumindest einen gewissen Hinweis darauf, dass hier ein eigener Satztyp vorliegen könnte.

Eine ähnliche Interpretation lässt sich durch Alloformen erzielen, bei denen der graduierbare Teil des propositionalen Gehalts in der Form eines *w*-Ausdrucks erscheint, der an der Spitze eines Verb-Zweit- oder Verb-Letzt-Satzes steht.

(107) (Oje, oje!) Wie rührt mich dies!

(108) (Joj, joj, Mamám!) Was die alles kann!

Den *w*-losen graduierenden Exklamativen lassen sich jeweils entsprechende *w*-Exklamative zuordnen (deren Eigenheit sich u. a. darin zeigt, dass sie nicht als erster Zug in einem Frage-Antwort-Paar auftreten können):

(104'') Wie nett die ist!

(109) a. Kennt DER/DER kennt vielleicht viele Leute!
 b. Wen der alles kennt!

Bei den graduierenden w-losen Varianten ist insbesondere der unproblematische Wechsel des Verbstellungstyps auffällig. Als Alternative zur Annahme eines eigenständigen Exklamativmodus bleibt eigentlich nur der Schluss, dass es sich auch bei den Verb-Erst-Varianten um (exklamativisch überformte) Deklarativsätze handelt – mit der Folge, dass Verb-Erst-Deklarativsätze gar nicht so selten sind. Gegen eine derartige Einordnung spricht schon, dass mit dem Wechsel vom typischen Verb-Zweit zu Verb-Erst beim Deklarativmodus ansonsten recht eindeutige Effekte verbunden sind – die Verwendung ist auf bestimmte Kontexte eingeschränkt (s. Abschnitt 7). Für den Wechsel bei den exklamativisch interpretierten Strukturen lassen sich keine derartigen Effekte nachweisen (dass, wie Önnerfors (1997: 175) meint, die Verb-Erst-Variante die ‚eindrücklichere' ist, ist für mich nicht nachvollziehbar – dabei wird nämlich der ebenfalls sehr ‚signalisierungsstarke' initial realisierte Exklamativakzent unterschlagen, der in einem rein schriftsprachlichen Korpus natürlich unter den Tisch fällt). Vielmehr ist die Stellung des Finitums tatsächlich vollkommen frei. Auch die (weitgehende) funktionale Übereinstimmung mit den w-haltigen Varianten lässt sich am einfachsten dadurch erfassen, dass alle diese Strukturen Alloformen eines Exklamativmodus sind. Dessen grundlegende Funktion ist nicht die der Präsentation einer vollständigen Proposition, sondern zentral ist offenbar die Kundgabe einer Art Überraschungseinstellung, die sich auf den (durch den Satzmodus) nahegelegten Ausprägungsgrad einer zum propositionalen Gehalt gehörenden (104) oder auch erschlossenen (106) graduierbaren Eigenschaft bezieht, der von einem erwarteten Wert (deutlich) abweicht. Mindestens die Modalpartikel *aber* macht diesen Kontrastcharakter recht deutlich. Die merkwürdige Akzentposition verweist darauf, dass nicht die normalen Regularitäten der informationsbezogenen Fokussierung gelten, d.h. es geht nicht um die Auswahl aus einem Alternativenbündel, die präsentiert wird. Wenn Äußerungen mit einer derartigen Form überhaupt informativ sind, dann zunächst in Bezug auf diesen Überraschtheitsaspekt. Anders als Deklarativsätze sind sie aber nicht primär partnerbezogen. Die Äußerung eines solchen Exklamativsatzes unabhängig von irgendwelchen Gesprächspartnern ist kein Sonderfall und zählt auch nicht unbedingt als Selbstgespräch (wie die Äußerung von Deklarativsätzen in derartigen Situationen). Zwar wäre die Kundgabe einer Überraschungseinstellung im Prinzip auch mit einer bloßen exklamativischen Überformung von Deklarativsätzen vereinbar, die formalen Spezifika legen aber nahe, dass hier bestimmte Formen im Dienst dieser Funktion grammatikalisiert wurden, also die für Satzmodi typische feste Verbindung von Funktion und Ausdrucksmitteln, die nichts mit dem propositionalen Gehalt zu tun haben, vorliegt.

Selbstverständlich gibt es daneben tatsächlich die Möglichkeit, Ausdrücke, die zu bestimmten Satzmodi gehören, im weitesten Sinn expressiv-‚exklamativisch' zu überformen (und damit emotionale Beteiligung, vor allem Überraschtheit anzudeuten). Dies kann durch lexikalische, aber auch prosodische Mittel geschehen.

(110)   Was singen SIE denn da für komische Lieder?

(111)   Sind SIE etwa für diesen Saustall verantwortlich?

Beide Male liegen echte Fragen vor (mit den typischen Modalpartikeln *denn* und *etwa*), auf die ganz reguläre Antworthandlungen möglich sind (wenn auch nicht immer notwendig, wie man dies bei einer expressiven Überformung und den dadurch häufig nahegelegten indirekten Interpretationen ja auch erwarten kann).

Eine expressive Überformung liegt bei den Imperativsätzen wohl schon dann vor, wenn (expressiv) betonte Modalpartikeln auftreten.

(112)   Geht JA/BLOSS nicht weiter!

(113)   Legen Sie soFORT das verdammte Messer weg!

Auch hier verliert die Äußerung nicht die durch den Satztyp nahegelegte Interpretation als direkte Aufforderung.

Schließlich sind natürlich auch Deklarativsätze expressiv verwendbar, ohne dass sie deshalb als echte Exklamativsätze interpretiert werden müssten – dies ist allerdings sicherlich der strittigste Fall. Die Abgrenzung von den Exklamativsätzen ist dann am leichtesten zu treffen, wenn man (wie oben) für diese die Möglichkeit einer interpretatorischen Erweiterung der Proposition fordert, die zu einer Extremwert-Interpretation führt. Die exklamativtypische Einstellung bezieht sich in diesem Fall auf den erschlossenen (und so nicht erwarteten) extremen Ausprägungsgrad einer graduierbaren Eigenschaft. Ein Bezug auf einen (nicht erwarteten) ungraduierten Sachverhalt entspricht hingegen dem Verhältnis von Proposition und darauf gerichteter (präsentierender) Einstellung beim Deklarativsatz. Eine Stütze für diese Abgrenzung findet sich im Verhalten von selbständig verwendeten expressiven *dass*-Sätzen, bei denen eine graduierende Interpretation nur bei ‚Propositionalisierung' möglich ist, d. h. wenn zumindest das Proelement *so* explizit auf einen kontextuell gegebenen hohen Ausprägungsgrad verweist.

(114)   a. Dass die Frau Mittermeier so (unglaublich) nachtragend ist!
        b. Dass die Frau Mittermeier nachtragend ist!

Wird hingegen bei den Verb-Zweit-Strukturen der Extremwert propositionalisiert, so lassen sich die typischen Modalpartikeln nicht mehr verwenden, vielmehr liegt dann ein normaler Deklarativsatz vor (ohne Exklamativakzent, andere Interpretation der Partikeln) – und die Verb-Erst-Variante kann nurmehr als Frage interpretiert werden.

(115) a. DAS ist aber schwer!
  b. Das ist aber ziemlich/ungewöhnlich/sehr SCHWER.
  c. Ist das aber ziemlich/ungewöhnlich/sehr SCHWER?

Auch die Parallele mit den *w*-haltigen Strukturen geht natürlich verloren, sobald man sich aus dem Bereich der Fälle mit erschlossenem Extremwert begibt.

Allerdings stehen manche der verbleibenden lediglich expressiv überformten Deklarativsätze vor allem aufgrund der Verwendung spezifischer Modalpartikeln einer konventionalisierten Exklamativinterpretation recht nahe. So wird durch die Modalpartikelverwendung der ‚Gegensatzpartikel' *doch* (häufig im Verein mit *glatt*) die für Exklamative typische Kundgabe einer Einstellung der Überraschtheit angezeigt, die sich hier allerdings auf eine vollständig spezifizierte Proposition (ohne erschlossene Graduierung) bezieht – bei dazu passender normaler Fokusakzentuierung.

(116) a. Der hat doch glatt alle vier SÄUe!
  b. Hat der doch glatt alle vier SÄUe!

Wie bei den echten (graduierenden) Exklamativsätzen kann auch hier die einfache Ersetzbarkeit der Verb-Zweit- durch Verb-Erst-Stellung als ein Merkmal gezählt werden, das die Einordnung bei den Deklarativsätzen weiter erschwert (allerdings nicht verhindert, da es eben Verb-Erst-Varianten von Deklarativsätzen gibt und dementsprechend das Vorhandensein von Verb-Erst nicht automatisch aus dem Bereich der Deklarativsätze herausführen muss – die im Erzählungszusammenhang verwendbaren Verb-Erst-Deklarativsätze (s. Abschnitt 7) sind ja durchaus typischerweise als lebhaft-expressiv zu verstehen), vgl. (116b).

Diese ‚Satzexklamative' nehmen daher eine Zwischenstellung ein, die sie entweder in die Peripherie der Grad- bzw. Extremwert-Exklamativsätze oder die der Deklarativsätze stellen lässt.

Vollends problematisch wird es jedoch bei den nur als Verb-Zweit-Varianten auftretenden Sätzen mit der Modalpartikel *ja*, die zumindest in einer Verwendung auch so etwas wie Expressivität im Sinn der Anzeige eines Erwartungsbruchs markiert.

(117) a. Der ist ja ganz nass!
  b. *Ist der ja ganz nass!
  c. *DER ist ja ganz nass!

Die Modalpartikel *ja* wird in Deklarativsätzen verwendet, um anzuzeigen, dass die Proposition im Prinzip bekannt ist (bzw. es wird so getan, als sei dies der Fall), aber aus irgendwelchen Gründen noch einmal explizit aktiviert wird (s. Thurmair 1989: 104ff.). Die Proposition ist also in dem Sinn pragmatisch präsupponiert, als sie ‚eigentlich' schon zum gemeinsamen Wissensbestand der an der Kommunikation Beteiligten gehört (bzw. gehören sollte). Dieser Präsuppoiertheitseffekt tritt aber auch bei den ‚expressiven' Interpretationen von *ja* auf. In diesem Fall beruht er aber nicht auf einem beliebig zustandegekommenen Wissen, sondern auf der Wahrnehmung einer Situation. Wie im anderen Fall wird die kommunikativ eher überflüssige Assertion mit einer durch *ja* (im Sinn von ‚es ist tatsächlich so') induzierten zusätzlichen Bedeutung versehen – Erinnerung bzw. Anzeige von Überraschtheit (die für den Eindruck von Expressivität sorgt). Beide Varianten lassen sich etwa für das folgende Beispiel plausibel machen – mit genau diesem Zugänglichkeitsunterschied für das Wissen um die Proposition.

(118) Er ist ja schon groß.

Trotz der ziemlich eindeutigen Spezialisierung sowohl in formaler wie funktionaler Hinsicht bei den Fällen mit erschlossenem Extremwert, die für eine Gleichbehandlung eines Exklamativmodus mit den klassischen Satzmodi spricht, wird der Exklamativ nicht selten mit einer expressiven Überformung von Deklarativsätzen gleichgesetzt. Besonders überraschend ist dies etwa in der Darstellung von Önnerfors (1997: 170 ff.), der zunächst die formalen wie die funktionalen ‚Alleinstellungsmerkmale' der Verb-Erst-Exklamativsätze herausarbeitet, um dann dennoch von bloßen Verwendungsweisen von Deklarativsatzstrukturen zu sprechen. Dahinter steht wohl u. a. die Absicht, möglichst sparsam mit den Satzmodi (als sortalen oder ‚Wesensbestimmungen') umzugehen, während man um eine Vielzahl von Verwendungskategorien nicht so leicht herumkommt, oder ein generelles Misstrauen gegen die konstruktionsbildende Kraft von intonatorischen Phänomenen (beides zeigt sich bei Fries (1988)). Je nachdem, ob man den Pro- oder den Kontra-Exklamativmodus-Argumenten größere Überzeugungskraft zugesteht, und damit je nach Zuschnitt des Satzmodussystems hat, der Deklarativmodus jedenfalls einen mehr oder weniger großen Umfang.

9 Literatur

Altmann, H. (1981): Formen der „Herausstellung" im Deutschen. Rechtsversetzung, Linksversetzung, freies Thema und verwandte Konstruktionen. Tübingen: Niemeyer.
Altmann, H. (1993): Satzmodus. In: Jacobs, J./Stechow, A. von/Sternefeld, W./Vennemann, T. (Hgg.), Syntax. Ein internationales Handbuch zeitgenössischer Forschung. Berlin: de Gruyter, 1006–1029.
Bierwisch, M. (1980): Semantic Structure and Illocutionary Force. In: Searle, J.R./Kiefer, F./Bierwisch, M. (Hgg.), Speech Act Theory and Pragmatics. Dordrecht: Reidel, 1–35.
Brown, J./Cappelen, H. (2011) (Hgg.): Assertion. New Philosophical Essays. Oxford: Oxford University Press.

Carston, R. (2002): Thoughts and Utterances. The Pragmatics of Explicit Communication. Oxford: Blackwell.
Fries, N. (1988): Ist Pragmatik schwer! – über sogenannte Exklamativsätze im Deutschen. In: Sprache und Pragmatik 3, 1–18.
Jary, M. (2010): Assertion. Basingstoke: Palgrave Macmillan.
König, E./Siemund, P. (2007): Speech Act Distinctions in Grammar. In: Shopen, T. (Hg.), Language Typology and Syntactic Description. Vol. I: Clause Structure. 2nd ed. Cambridge: Cambridge University Press, 276–324.
Kutschera, F. von (2011): Wert und Wirklichkeit. Paderborn: mentis.
Ladd, D.R. (2008): Intonational Phonology. 2. Aufl. Cambridge: Cambridge University Press.
Levinson, S. (1983): Pragmatics. Cambridge: Cambridge University Press.
Lohnstein, H. (2007): On Clause Types and Sentential Force. In: Linguistische Berichte 209, 63–86.
Önnerfors, O. (1997): Verb-erst-Deklarativsätze. Grammatik und Pragmatik. Stockholm: Almqvist & Wiksell.
Oppenrieder, W. (1987): Aussagesätze im Deutschen. In: Meibauer, J. (Hg.), Satzmodus zwischen Grammatik und Pragmatik. Tübingen: Niemeyer, 161–189.
Recanati, F. (2010): Truth-Conditional Pragmatics. Oxford: Clarendon Press.
Rehbock, H. (1989): Deklarativsatzmodus und pragmatische Interpretation. In: Sprache und Pragmatik 15, 1–69.
Rizzi, L. (1997): The Fine Structure of the Left Periphery. In: Haegeman, L. (Hg.), Elements of Grammar. Dordrecht: Kluwer, 281–337.
Searle, J.R. (1979): A Taxonomy of Illocutionary Acts. In: Searle, J.R. (Hg.), Expression and Meaning. Cambridge: Cambridge University Press, 1–29.
Searle, J.R. (2010): Making the Social World. Oxford: Oxford University Press.
Stalnaker, R.C. (1978): Assertion. In: Cole, P. (Hg.), Syntax and Semantics. Bd. IX: Pragmatics. New York: Academic Press, 315–332.
Stalnaker, R.C. (2011): The Essential Contextual. In: Brown, J./Cappelen, H. (Hgg.), Assertion. New Philosophical Essays. Oxford: Oxford University Press, 137–150.
Thurmair, M. (1989): Modalpartikeln und ihre Kombinationen. Tübingen: Niemeyer.

Wilhelm Oppenrieder

3 E- und W-Interrogativsätze

1 Einleitung
2 E- und einfache W-Interrogativsätze
3 Syntax
4 Semantik
5 Pragmatik
6 Literatur

1 Einleitung

Interrogativsätze konstituieren eine Klasse von Satzkonstruktionen, die in allen Sprachen der Welt auftreten. Die Bezeichnung ist vom lateinischen ‚interrogare' (dt. fragen) abgeleitet und bezeichnet – etwas allgemein ausgedrückt – ‚Fragesätze'. Die zwei im Titel genannten Hauptklassen von Interrogativsätzen bezeichnen den Entscheidungsinterrogativsatz (E-Interrogativsatz) wie in (1a), auf den mit ‚Ja' oder ‚Nein' geantwortet werden kann, und den Ergänzungsinterrogativsatz (W-Interrogativsatz) wie in (1b), der als Antwort das mit dem W-Wort ‚Wann' gekennzeichnete Frageziel erwartet:

(1) a. *E-Interrogativsatz:* Hat Fritz gestern ein Loch gegraben?   Ja/Nein
    b. *W-Interrogativsatz:* Wann hat Fritz ein Loch gegraben?   Gestern

Terminologisch lässt sich eine gewisse Vielfalt bei Interrogativsätzen feststellen. So wird der E-Interrogativsatz gelegentlich auch als ‚Satzfrage' oder ‚J/N-Frage' bezeichnet, und für den W-Interrrogativsatz werden auch häufig Bezeichnungen wie ‚Bestimmungsfrage', ‚Satzgliedfrage' oder ‚Konstituentenfrage' verwendet.

Eine genauere Betrachtung des Form- und Funktionszusammenhangs (vgl. Altmann 1987) führt jedoch zu einer etwas differenzierteren Begrifflichkeit, da nicht alle Sätze, die als Fragen verwendet werden, auch Interrogativsätze sind. So kann etwa eine Satzkonstruktion, die morphosyntaktisch der Struktur des Deklarativsatzes entspricht, als Frage gedeutet werden, wenn sie ein steigendes Tonmuster hat:

(2)
    Fritz hat ein Loch gegraben?

Obwohl also die morphosyntaktischen Formeigenschaften von (2) auf einen Deklarativsatz hinweisen, führt die steigende Intonationskontur doch zur Interpretation als Frage. Altmann (1987) bezeichnet diese Konstruktion als ‚assertive Frage' und klassifiziert sie – gemäß ihrer assertiven und fragenden Eigenschaften – als ‚Mischtyp'.

Generell muss eine Unterscheidung vorgenommen werden, die den Begriff der ‚Interrogativität' eines Satzes der semantischen Kategorie des ‚Satzmodus' zuordnet und den Begriff ‚Frage' der pragmatischen Kategorie der ‚Illokution', die abhängig von der Verwendungsweise determiniert wird (vgl. u.a. Bierwisch 1980):

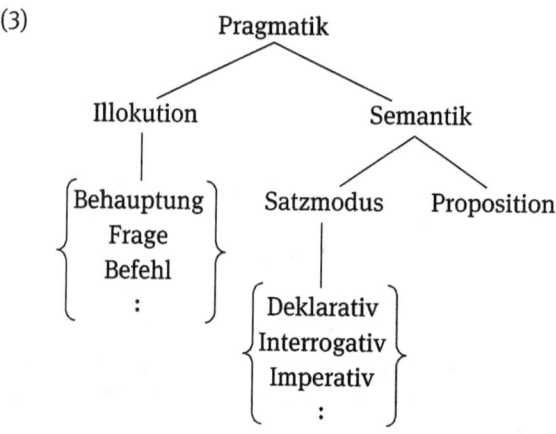

‚Interrogativität' lässt sich damit als eine semantische Eigenschaft charakterisieren, die zur wörtlichen Bedeutung gehört. Die pragmatische Eigenschaft eines Satzes, eine Frage zu sein, kann sich direkt aus dieser semantischen Eigenschaft ableiten, sie kann sich aber auch durch Verwendung weiterer Mittel aus nicht-interrogativen Satzmodi ergeben.

2 E- und einfache W-Interrogativsätze

2.1 Selbständige Varianten

Die prototypischen Fälle von Interrogativsätzen sind ‚E-Interrogativsätze' wie in (4a) und ‚W-Interrogativsätze' wie in (4b):

(4) a. Hat Fritz gestern ein Loch gegraben?
    b. Wann hat Fritz ein Loch gegraben?

E-Interrogativsätze eröffnen einen binären Alternativenraum, indem sie das Bestehen oder Nicht-Bestehen des von der Proposition ausgedrückten Sachverhalts (‚dass Fritz gestern ein Loch gegraben hat') thematisieren. Ergänzungsinterrogative eröffnen einen n-fach differenzierten Alternativenraum, da sie – wie etwa im Falle von (4b) – eine Menge von Zeitintervallen, wie etwa ‚gestern', ‚vorhin', ‚letzte Woche' thematisieren und eine Auswahl aus dieser Alternativenmenge als mögliche Antwort zulassen.

Alternativfragesätze wie (5) sind mehrdeutig. Sie können als Entscheidungsfrage verstanden werden, so dass eine Antwort wie (5a) möglich ist. Meistens ist damit aber gemeint, dass aus den angebotenen Alternativen eine ausgewählt wird, so dass (5b) die angemessenere Antwort ist:

(5) Nehmen Sie Tee oder Kaffee?
    a. Ja, ich nehme Tee oder Kaffee.
    b. Ich nehme Kaffee.

Die Mehrdeutigkeit von (5) lässt sich auf eine Skopusmehrdeutigkeit zurückführen (von Stechow 1993), denn bei (5a) liegt ‚oder' im Skopus des Frageelements, bei (5b) ist es umgekehrt.

2.2 Eingebettete Varianten

Zu den selbständigen Verwendungen in (4a) und (4b) existieren eingebettete Konstruktionsvarianten wie in (6a) und (6b), die die gleichen Alternativenräume eröffnen wie ihre selbständigen Entsprechungen:

(6) Peter fragt sich, ...
    a. ... ob Fritz gestern ein Loch gegraben hat.
    b. ... wann Fritz ein Loch gegraben hat.

Dem selbständigen Entscheidungsinterrogativsatz in (4a) entspricht als eingebettete Variante der mit ‚ob' eingeleitete Komplementsatz in (6a). Bei dem eingebetteten Ergänzungsinterrogativsatz in (6b) befindet sich – geradeso wie bei seiner selbständigen Entsprechung in (4b) – eine [+w]-Phrase am linken Satzrand. Bei selbständigen Interrogativsätzen befindet sich das finite Verbum nicht in Endposition, sondern am linken Satzrand.

Diese sog. ‚indirekten Fragesätze' sind zwar auch Interrogativsätze, indem sie jeweils die gleichen Alternativen wie (4a) und (4b) eröffnen, sie sagen aber lediglich etwas über das epistemische System des Matrixsubjekts-Referenten ‚Peter' aus, das im Falle von (6a) binär und im Falle von (6b) n-fach partitioniert ist. Sie ‚stellen' aber keine Fragen und auf ihre wörtliche Bedeutung kann man nicht antworten.

Die Möglichkeit zur Einbettung von E- und W-Interrogativ- und deklarativen dass-Komplementsätzen wird zu wesentlichen Teilen von der lexikalischen Semantik der jeweiligen Hauptsatzverben bestimmt. Dabei sind bestimmte Realisierungsvarianten nicht möglich:

(7) a. *Karl fragt, dass Fritz ein Loch gräbt.
    b. *Karl glaubt, wer ein Loch gräbt.
    c. *Karl glaubt, ob Fritz ein Loch gräbt.
    d. *Karl wundert sich, ob Fritz ein Loch gräbt.
    e. *Karl zählt auf, ob Fritz ein Loch gräbt.
    f. *Karl zählt auf, dass Fritz ein Loch gräbt.

Das Verb ‚fragen' erlaubt einen W- oder E-Interrogativsatz als Komplement, nicht aber einen mit ‚dass' eingeleiteten Satz (7a). Das Verb ‚glauben' erlaubt umgekehrt nur einen ‚dass'-Komplementsatz und weder W- (7b) noch E-Interrogativsatz (7c). Demgegenüber erlaubt das Verb ‚wissen' alle drei Varianten. Das reflexive Verb ‚sich wundern' lässt sich mit einem ‚dass'-Komplementsatz und auch einem W-Interrogativsatz verbinden, nicht aber mit einem E-Interrogativsatz (7d). Und das Verb ‚aufzählen' lässt sich nur mit einem W-Interrogativsatz konstruieren, nicht aber mit E-Interrogativ- (7e) oder ‚dass'-Komplementsatz (7f).

2.3 Eigenschaften von Interrogativsätzen

2.3.1 Lexikalische Eigenschaften

Bei W-Interrogativsätzen im Deutschen befindet sich am linken Satzrand ein ‚W-Ausdruck'. W-Ausdrücke sind entweder Fragepronomina (auch W-Pronomina genannt – abgeleitet von engl. wh-pronoun) oder Phrasen, die ein Fragepronomen enthalten. In beiden Fällen charakterisiert man diese Ausdrücke mit Hilfe des Merkmals [+w]. Pronomina und Phrasen, die das Merkmal [+w] nicht besitzen, werden mit dem Merkmal [−w] ausgezeichnet (zu weiteren Differenzierungen siehe Holler 2007):

(8) [+w]-Pronomina:
    wann: Zeitintervalle
    wo: Orte
    warum: Gründe

Vorangestellte [+w]-Phrasen können im Prinzip von jeder syntaktischen Kategorie sein, also NP, AP, PP, VP, wie (9) zeigt. Dabei gibt es jedoch Beschränkungen verschiedener Art, wie (10) deutlich macht (vgl. Trissler 2000, Heck 2004, Reis 2006):

(9) mögliche [+w]-Phrasen:
[$_{NP}$ Welcher Mann] hat ein Loch gegraben?
[$_{AP}$ Wie tief] war dieses Loch?
[$_{PP}$ Mit welchem Spaten] hat Fritz das Loch gegraben?
[$_{VP}$ Wie tief gegraben] hat Fritz das Loch eigentlich?

(10) nicht-mögliche [+w]-Phrasen:
a. *[$_{VP}$ Was gegraben] hat Fritz?
b. *[$_{VP}$ Wann zufrieden] ist Fritz mit der Tiefe des Lochs?

Bei der Voranstellung komplexer [+w]-Phrasen findet sog. ‚pied piping' statt, d.h. dass das [+w]-Merkmal – analog zu einem Rattenfänger – weitere Elemente einer Phrase mit an die linke Peripherie zieht. Die Existenz interrogativer VPs ist im Deutschen allerdings fraglich (10). An den Pied-Piping-Konstruktionen ist bemerkenswert (und klärungsbedürftig), dass die Gesamtphrase das [+w]-Merkmal nicht vom Phrasenkopf im Sinne der X-bar-Theorie erhält, sondern wird – wie etwa in der Präpositionalphrase ‚mit welchem Spaten' – von dem attributiven ‚welchem' in der als Argument der Präposition fungierenden Nominalphrase geliefert.

Seit Katz/Postal (1964) nimmt man in der Forschung mehr oder weniger einhellig an, dass auch der gesamte Interrogativsatz mit einem (Satztyp-)Merkmal [+w] markiert ist, so dass zwischen dem [+w]-Satztypmerkmal und dem [+w]-Phrasenmerkmal unterschieden werden muss. Beide Merkmale treten bei der syntaktischen Strukturbildung in eine systematische Interaktion. Jedoch bilden Konstruktionen, bei denen der gesamte [+w]-Interrogativsatz an der linken Peripherie steht, keine Interrogativsätze (11), obwohl dieser [+w]-Interrogativsatz die Anforderung ([+w]-Selektion) an den Komplementsatz erfüllt (12):

(11) Wer das Loch gegraben hat, fragt Otto.

(12) Otto fragt, wer das Loch gegraben hat.

2.3.2 Topologische Positionen

Analysiert man den linken Satzrand deutscher Interrogativsätze gemäß des Modells der topologischen Felder, so ergibt sich eine einfache Systematik für eingebettete und selbständige W-und E-Interrogativsätze, denn sie sind hinsichtlich der linksperipheren Position für die [+w]-Charakteristik scheinbar identisch strukturiert (zu verschiedenen Variantenbildungen der Zuordnung vgl. Wöllstein 2010, Pafel 2011). Bei selbständigen wie eingebetteten E-Interrogativen ist das

Vorfeld unbesetzt, während es bei W-Interrogativen eine [+w]-Phrase enthält, die aus dem Mittelfeld vorangestellt wurde. Bei den selbständigen Sätzen befindet sich darüber hinaus das finite Verbum in der linken Satzklammer (lSK), während es bei den eingebetteten Varianten in Endstellung, d.h. in der rechten Satzklammer (rSK) und damit in seiner SOV-Grundposition verbleibt:

(13) Topologische Felder:

	Vorfeld [+w]	lSK	Mittelfeld	rSK
eingebettet:	∅	ob	Fritz gestern ein Loch gegraben	hat
	wer$_i$		t$_i$ gestern ein Loch gegraben	hat
	wann$_i$		Fritz t$_i$ ein Loch gegraben	hat
selbständig:	∅	Hat$_j$	Fritz gestern ein Loch gegraben	t$_j$
	Wer$_i$	hat$_j$	t$_i$ gestern ein Loch gegraben	t$_j$
	Wann$_i$	hat$_j$	Fritz t$_i$ ein Loch gegraben	t$_j$

2.3.3 Flexionsmorphologie

Für alle Arten von E- und W-Interrogativsätzen gilt, dass sie nur mit den ‚epistemischen' verbalen Modi ‚Indikativ' und ‚Konjunktiv 2' konstruiert werden können, nicht aber mit den ‚faktischen' verbalen Modi ‚Imperativ' und ‚Konjunktiv 1':

(14) Indikativ:
    a. Gräbt Fritz ein Loch?
    b. Wer gräbt ein Loch?

(15) Konjunktiv 2:
    a. Grübe Fritz ein Loch?
    b. Wer grübe ein Loch?

(16) Imperativ:
    a. *Grab ein Loch, Fritz?
    b. *Wer grab ein Loch?

(17) Konjunktiv 1:
   a. *Grabe Fritz ein Loch?
   b. *Wer grabe ein Loch?

Die Ursache für dieses Verhalten scheint darin zu liegen, dass die verbalen Modi die Evaluationsdomänen für die jeweiligen Propositionen derart bestimmen, dass Indikativ und Konjunktiv 2 relativ zu epistemischen Inhalten, Imperativ und Konjunktiv 1 relativ zu faktischen Inhalten auszuwerten sind (zu Details vgl. Lohnstein 2000, 2007). Da nur epistemische Inhalte wahr, falsch oder unterspezifiziert sein können, lassen sich auch nur mit diesen verbalen Modi Fragesätze bilden. Fakten – auf der anderen Seite – sind weder wahr noch falsch noch an sich (sondern nur im Hinblick auf ihre epistemische Bekanntheit) unterspezifiziert. Sie erlauben daher die Interrogativsatzbildung nicht.

2.4 Weitere Typen von Interrogativ- bzw. Fragesätzen

2.4.1 Multiple W-Fragen

Ergänzungsinterrogativsätze können mit ‚einem' W-Ausdruck auftreten, wie im vorherigen Abschnitt erörtert, es besteht aber auch die grammatische Option, ‚mehrere' W-Ausdrücke in einem Satz zu realisieren, so dass ‚multiple' Interrogativ-Konstruktionen entstehen:

(18) a. Wer hat was gegraben?
   b. Wie und wo hat Fritz ein Loch gegraben?

Bemerkenswert ist, dass bei multiplen Ergänzungsinterrogativsätzen im Deutschen nur eine [+w]-Phrase an den linken Satzrand versetzt wird, während alle anderen ‚in situ' verbleiben. (18a) weist eine sog. ‚Paarlisten'-Lesart auf, die etwa zu der Antwort in (19a) führen könnte. (18b) hat diese Listen-Lesart nicht, sondern ist mit einem einfachen Paar zu beantworten wie in (19b):

(19) a. ‚Fritz hat ein Loch gegraben', ‚Karl hat eine Kuhle gegraben', ‚Adolf hat einen Schützengraben gegraben', ...
   b. ‚Mit dem Spaten im Garten hat Fritz ein Loch gegraben.'

Die Distribution der [+w]-Phrasen ist im Deutschen und Englischen (20a) anders ausgeprägt als etwa im Mandarin-Chinesischen, wo alle [+w]-Phrasen in ihrer ursprünglichen Position (in-situ) verbleiben (20b), oder dem Polnischen, in dem alle [+w]-Phrasen hörbar am linken Satzrand positioniert werden (20c):

(20) [+w]-Varianten:
   a. Deutsch/Englisch (genau eine [+w]-Phrasen wird hörbar vorangestellt, die anderen verbleiben in-situ):
   Wer kaufte was?
   Who bought what?
   b. Chinesisch (keine [+w]-Phrase wird hörbar vorangestellt):
   Zhangsan gei shei mai-le   shenme?
   Zhangsan für wen kaufte-ASP was
   ‚Was kaufte Zhangsan für wen?'
   c. Polnisch (alle [+w]-Phrasen werden hörbar vorangestellt):
   Kto co   robi?
   Wer was   tut
   ‚Wer tut was?'

Überlegungen zur Semantik dieser [+w]-Konstruktionen zeigen jedoch, dass die Oberflächen-Verteilung ihrer [+w]-Phrasen für die logische Repräsentation nur indirekt von Bedeutung ist, da die [+w]-Phrasen in einer linksperipheren ‚Skopusposition' für ‚Operatoren' stehen müssen, so dass sich die folgenden Bedeutungsrepräsentationen ergeben:

(21)   *Operatorposition*   *Skopus*
   zu (20a): Für welches x und für welches y gilt: x kauft y.
   zu (20b): Für welches x und für welches y gilt: Zhangsan kaufte x für y.
   zu (20c): Für welches x und für welches y gilt: x tut y.

In allen Fällen zeigt sich, dass die Interrogativ-Elemente (‚für welches x ...') am linken Rand stehen und den Restsatz in ihrem ‚Skopus' haben. Dass [+w]-Phrasen tatsächlich in Skopus-Positionen stehen, zeigen ihre systematischen Interaktionen mit anderen Quantorenphrasen, die ebenfalls in einer Skopusposition stehen, so dass es zu ‚Skopusambiguitäten' kommen kann. So hat der folgende Satz (22) etwa die zwei Lesarten in (22a) und (22b) (vgl. Pafel 1999):

(22) Welche Aufgabe hat jeder Student gelöst?
   a. distributiv: Student A hat die zweite, Student B die vierte und Student C die erste Aufgabe gelöst.
   b. nicht-distributiv: Jeder Student hat die dritte Aufgabe gelöst.

Die distributive Lesart ergibt sich, wenn der Frageausdruck ‚welche Aufgabe' im Skopus des allquantifizierenden Ausdrucks ‚jeder Student' liegt wie in (23a). Bei der nicht-distributiven Lesart sind die Skopusverhältnisse genau umgekehrt, d.h. der allquantifizierte Ausdruck liegt im Skopus des Frageausdrucks wie in (23b):

(23) (Sage mir ...)

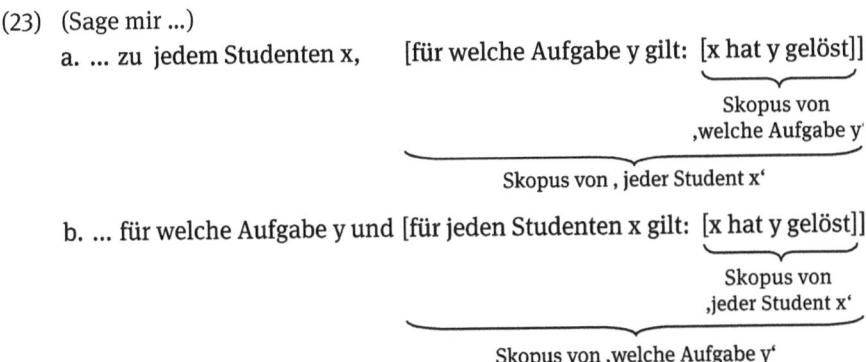

Derartige Skopus-Interaktionen liefern Evidenz dafür, dass auch [+w]-Phrasen als Operatorphrasen zu behandeln sind, die auf der logischen Repräsentations-Ebene in eine linksperiphere Skopusposition auch dann versetzt werden müssen, wenn sie in ihrer in-situ-Position gehört werden. Dies hat den Effekt, dass letztlich ‚alle' [+w]-Phrasen auf der Ebene der logischen Form (LF) in einer linksperipheren Position stehen, so dass auf dieser Ebene die Struktur von W-Interrogativen für alle Sprachen der Welt gleich ist. Dies ist vor dem Hintergrund, dass Fragesätze in allen Sprachen der Welt die gleiche Bedeutung haben, nicht erstaunlich, obwohl die Distribution der [+w]-Phrasen in der overten Syntax doch recht verschieden ist.

2.4.2 Extraktion von [+w]-Phrasen

W-Phrasen können auch aus eingebetteten Sätzen in die linksperiphere Position des Hauptsatzes versetzt werden, so dass eine direkte Frage mit einem Frageziel aus dem eingebetteten Satz gebildet werden kann wie in Beispiel (24). Mit einem indirekten Interrogativsatz ist dies nicht möglich. Dabei lässt sich zeigen, dass die ‚lange Abhängigkeit' zwischen derjenigen Position, an der der [+w]-Ausdruck hörbar auftritt (linker Satzrand), und derjenigen Position, an der er thematisch interpretiert wird (in-situ-Position, an der sich eine Spur ‚t_i' befindet), aus kleineren ‚lokalen Abhängigkeiten' zusammengesetzt wird. In solchen Fällen spricht man von ‚sukzessiver Zyklizität', da der [+w]-Ausdruck die je eingebetteten Sätze (Zyklen) in sukzessiven Schritten verlässt:

(24) Wen$_i$ glaubt Otto, t$_i$,' dass Fritz gestern t$_i$ getroffen hat?

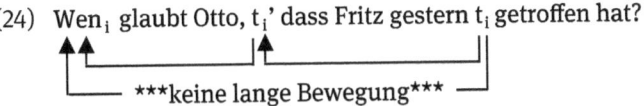

Dass die Anzahl der dabei zurückgelegten Schritte keine obere Schranke hat, macht das Beispiel (25) deutlich, bei dem die Anzahl der Einbettungen durchaus noch größer sein könnte:

(25) [Wen$_i$ glaubt Otto, [t$_i$''' dass Karl meint, [t$_i$'' dass Erna behauptet hat, [t$_i$'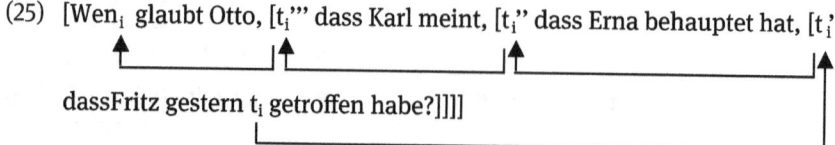

dassFritz gestern t$_i$ getroffen habe?]]]]

Konstruktionen dieser Art bezeichnet man als ‚Extraktionsstrukturen', da der W-Ausdruck aus einer eingebetteten (Satz-)Konstituente extrahiert ist. Extraktionen weisen verschiedene Asymmetrien auf, die zwischen Subjekten, Adjunkten und Objekten bestehen und die in der syntaktischen Forschung der letzten Jahrzehnte intensiv diskutiert wurden. Verschiedene ‚semantische' Beschränkungen zu Extraktionsstrukturen formuliert Müller (2011a). Müller (2011b) liefert einen guten und instruktiven Überblick zur Forschungsgeschichte der Extraktionskonstruktionen.

2.4.3 w-Imperative

Ein spezieller Fall von [+w]-Extraktion liegt bei sog. ‚w-Imperativen' vor, deren Besonderheit darin besteht, dass eine [+w]-Phrase in einen Hauptsatz im Imperativmodus extrahiert ist. Bemerkenswert an dieser Konstruktion ist, dass es sich bei diesem Satz zwar um einen Fragesatz, nicht aber um einen Interrogativsatz handelt, denn der Satzmodus des Matrixsatzes ist in (26a) ebenso Imperativ wie in (26b) (vgl. Reis/Rosengren 1991):

(26) a. Wohin$_i$, sag mir, t$_i$' dass Du nie wieder t$_i$ fährst?
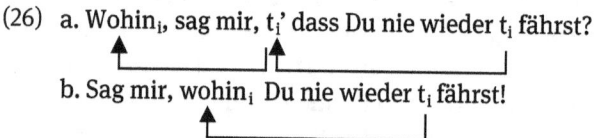
b. Sag mir, wohin$_i$ Du nie wieder t$_i$ fährst!

Während die Extraktionen in Abschnitt 2.4.2. dazu führten, dass die Matrixsätze zu Interrogativsätzen wurden, ist dies bei langer [+w]-Imperativ-Bewegung nicht der Fall, denn der Satzmodus bleibt Imperativ. Wie die Ungrammatikalität der kurzen [+w]-Imperativ-Bewegung in Beispiel (27) zeigt, sind Imperativmodus und [+w]-Ausdrücke nicht miteinander verträglich:

(27) *Wohin$_i$ fahr nie wieder t$_i$?
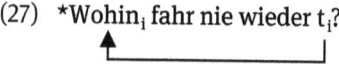

Reis/Rosengren (1991) führen dies auf die fehlende c-Kommando-Relation zwischen dem [+w]-Satztyp-Merkmal und dem [+w]-Phrasen-Merkmal zurück. Lohnstein (2000) führt die Möglichkeit der W-Imperativ-Konstruktion (26a) darauf zurück, dass der [+w]-Ausdruck an der Position der Zwischenspur ‚t_i'' als letzter Ausweg (last resort) interpretiert wird und damit eine Deutung wie (26b) erhält.

2.4.4 Partielle w-Bewegung

Eine weitere Konstruktionsvariante ist die sog. ‚partielle w-Bewegung' in Form der ‚Was-w-Konstruktion', die in Lutz et al. (2000) ausführlich diskutiert wird. Die Besonderheit dieser Konstruktion besteht darin, dass das [+w]-Element ‚was' am linken Satzrand eingesetzt wird und der eigentliche Frageausdruck nur kurz bewegt wird wie in (28a), die Gesamtkonstruktion aber im wesentlichen interpretiert wird wie die lange Extraktion in (28b):

(28) a. Was$_i$ meint Petra, wen$_i$ Fritz gestern t_i getroffen hat?

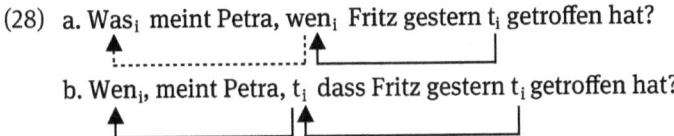

b. Wen$_i$, meint Petra, t_i dass Fritz gestern t_i getroffen hat?

Dass die Was-w-Konstruktion auch zyklisch iteriert werden kann, zeigt Beispiel (29a). Das frageziel-determinierende [+w]-Element darf dabei jedoch nicht aus einem ‚was'-Kontext extrahiert werden wie in (29b), wohl aber aus einem ‚dass'-Kontext wie in (29c) (vgl. van Riemsdijk 1983):

(29) a. Was$_i$ meint Petra, was$_i$ Karl glaubt, wen$_i$ Fritz gestern t_i getroffen hat?

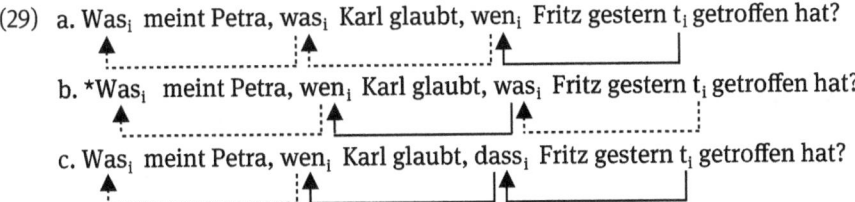

b. *Was$_i$ meint Petra, wen$_i$ Karl glaubt, was$_i$ Fritz gestern t_i getroffen hat?

c. Was$_i$ meint Petra, wen$_i$ Karl glaubt, dass$_i$ Fritz gestern t_i getroffen hat?

Die Was-w-Konstruktion wird gelegentlich als Skopuserweiterung aufgefasst, da sowohl (30a) als auch (30b) die gemeinsame Lesart (30c) haben. Jedoch disambiguiert die Was-w-Konstruktion auch die möglichen Lesarten für (30b), denn (30b) nicht aber (30a) kann auch (30d) bedeuten:

(30) a. Was glaubt Otto, warum Fritz ein Loch gräbt?
    b. Warum glaubt Otto, dass Fritz ein Loch gräbt?
    c. Für welchen Grund x: Otto glaubt, dass Fritz ein Loch wegen x gräbt.
    d. Für welchen Grund x: Otto glaubt wegen x, dass Fritz ein Loch gräbt.

Die Was-w-Konstruktion stellt jedoch keine grammatische Option dar, um eine Skopuserweiterung in einfachen Sätzen anzuzeigen:

(31) *Was hat Fritz gestern warum ein Loch gegraben?

Eine andere Sichtweise fasst ‚was' als ein korrelatives Fragepronomen für Propositionen auf (vgl. Dayal 1994), so dass ‚was' nach einer Proposition aus der Bedeutung (32b) der Frage in (32a) fragt:

(32) a. Was glaubt Otto?
  b. Für welche Proposition p,
     p ∈ { ‚Fritz gräbt ein Loch, weil er einen Schatz verstecken will',
     ‚Fritz gräbt ein Loch, weil er einen Baum pflanzen will'
     ‚Fritz gräbt ein Loch, weil sein Hund gestorben ist', ... }
     gilt: Otto glaubt p.

Problematisch für diese Analyse ist jedoch die Ungrammatikalität von (33a), wenn ‚was' nach einer Proposition aus der Bedeutung eines Entscheidungsinterrogativsatzes fragt:

(33) a. *Was glaubt Otto, ob Fritz ein Loch gegraben hat?
  b. Für welche Proposition p,
     p ∈ { ‚Fritz hat ein Loch gegraben', ‚Fritz hat kein Loch gegraben' }
     gilt: Otto glaubt p.

Die Bedeutung (33b) von (33a) ließe sich parallel zu (32) bestimmen, die Konstruktion ist jedoch syntaktisch nicht wohlgeformt.

2.4.5 Echo-w-Fragen

Echo-w-Sätze sind Konstruktionen, die eine [+w]-Phrase mit Akzent auf ihrem W-Teil enthalten müssen (Reis 1992) und die i.d.R. nicht ohne Vorgängerdiskurs (out-of-the-blue) geäußert werden können (Ausnahmen sind jedoch Quiz- oder Prüfungsfragen).

Die Grammatikalität von Beispiel (34a), bei dem das zweisilbige W-Pronomen ‚WArum' den Akzent auf dem w-Teil trägt, und die Ungrammatikalität von Beispiel (34b), bei dem die Akzentposition von ‚waRUM' auf dem Nicht-w-Teil liegt, machen die Obligatorik dieser spezifischen Akzentposition deutlich und zeigen zugleich, dass Echo-w-Phrasen in situ auftreten können (34a), interrogative [+w]-Phrasen in Einfach-w-Interrogativen hingegen nicht (34b):

(34) a. Fritz hat gestern WArum ein Loch gegraben.
 b. *Fritz hat gestern waRUM ein Loch gegraben.

In Kontexten, in denen typischerweise nur Interrogativsätze stehen können wie in (35a), sind mehrsilbige W-Ausdrücke mit Akzent auf dem Nicht-w-Teil möglich, nicht jedoch Echo-w-Phrasen wie in (35b):

(35) a. Peter ist egal, waRUM Fritz ein Loch gegraben hat.
 b. *Peter ist egal, WArum Fritz ein Loch gegraben hat.

Echo-w-Phrasen können in Sätzen mit beliebigem Satzmodus auftreten, so dass diese keine Interrogativsätze sein können (vgl. (36a-d)):

(36) a. Grab nicht wieder WAS!
 b. Fritz gräbt WAS.
 c. Gräbt Fritz ein WAS?
 d. Wer gräbt WAS?

Die Eigenschaften von Echo-w-Phrasen sind daher offenbar anders zu bestimmen als die Eigenschaften von interrogativen [+w]-Phrasen, die zu Interrogativsätzen führen:

(37) Echo-w-Phrasen ...
 a. ... können in situ stehen.
 b. ... können nicht in den für [+w]-Phrasen typischen Positionen auftreten.
 c. ... stehen in Sätzen mit beliebigen Satzmodi.
 d. ... tragen den Fokus auf ihrem Operatorteil.

Da Echo-w-Phrasen generell in situ stehen können und in typischen Fragekontexten (35b) nicht in Initialstellung auftreten dürfen, schließt Reis (1992), dass es sich bei Echo-w-Phrasen um [-w]-Phrasen handeln muss. Echo-w-Sätze sind – da sie mit allen Satzmodi auftreten können – keine Interrogativsätze, obwohl sie in ihren jeweiligen kontextuellen Verwendungen Fragegeltung besitzen. Diese ist jedoch nur pragmatisch induziert und damit nicht Teil der wörtlichen Bedeutung.

2.4.6 W-Infinitive

Im Deutschen lassen sich [+w]-Infinitive als selbständige Hauptsatzstrukturen bilden, nicht jedoch als eingebettete Nebensatzstrukturen (siehe Reis 2003):

(38) a. Wo denn noch graben?
 b. Warum denn gleich Löcher graben?

(39) a. *Fritz weiß nicht [wo das Loch zu graben].
b. Fritz doesn't know [where to dig the hole].
c. Fritz weiß nicht [wo anfangen und aufhören].

Dabei ist zu beobachten, dass sich die [+w]-Hauptsatz-Infinitive in (38a) und (38b) hinsichtlich ihrer syntaktischen Eigenschaften verhalten wie finite [+w]-V/2-Interrogativsätze auch. Bei den eingebetteten ‚zu'-Infinitiv-Konstruktionen zeigt sich hingegen, dass sie im Deutschen (39a) (im Gegensatz zum Englischen (39b)) nicht möglich sind. Mit dem reinen Infinitiv sind W-Infinitive im Deutschen aber auch eingebettet möglich (39c).

3 Syntax

Die wesentliche syntaktische Eigenschaft von Interrogativsätzen wird seit Katz/Postal (1964) mit einer Q- bzw. [+w]-Markierung charakterisiert, die einerseits der Abgrenzung von anderen Satzmodi ‚Deklarativ', ‚Exklamativ', ‚Imperativ', ... dient. In der moderneren Syntaxforschung dient sie aber andererseits auch zur Attrahierung von [+w]-Phrasen, die als Satz-Operatoren in einer linksperipheren Skopusposition stehen müssen. Rizzi (1996) hat diese grammatische Beziehung als Spezifikator-Kopf-Kongruenz theoretisch rekonstruiert und als Wh-Kriterium formuliert:

(40) Wh-Kriterium Rizzi (1996: 64)
a. A wh-operator must be in a Spec-head configuration with X⁰ [+wh].
b. An X⁰ [+wh] must be in a Spec-head configuration with a wh-operator.

Diese mit dem Wh-Kriterium ausgedrückte grammatische Relation fordert die folgende syntaktische Konfiguration für Interrogativsätze:

(41)

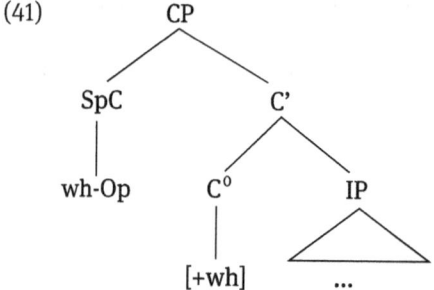

Dass das Wh-Kriterium für W-Imperative, Echo-w-Konstruktionen und die Was-w-Konstruktion nicht ganz unproblematisch ist, liegt auf der Hand.
Die universelle Eigenschaft von [+w]-Phrasen als Operator-Phrasen wird hingegen gut von dem Wh-Kriterium erfasst, da es verlangt, dass ‚alle' [+w]-Phrasen

in der linken Satzperipherie stehen müssen. Im Rahmen der generativen Grammatik werden diese Zusammenhänge mit Hilfe der Metapher der ‚Bewegung' (move α) rekonstruiert. Das Ziel dabei besteht darin, einerseits dem Faktum Rechnung zu tragen, dass in allen Sprachen der Welt die w-Phrasen auf einer logischen Repräsentationsebene in einer Skopusposition (am linken Satzrand) stehen, andererseits aber auch die Variation in der Distribution der w-Phrasen zu erfassen, wie sie in der phonetischen Kette auftreten. In neueren Ansätzen der generativen Grammatik, dem Minimalistischen Programms (MP), wird dazu angenommen, dass Satzstrukturen von einem System ‚CS_{HL} (= Computational System of Human Language)' berechnet werden. Die dieser Konzeption zugrundeliegende Fragestellung besteht darin, wie einzelne Wörter zu einem Satz zusammengefügt werden. Dies soll mit minimal wenigen und maximal einfachen Operationen geschehen. Die in dem Satz zu verwendenden Wörter schreibt man dazu in ein sog. ‚lexikalisches Feld' und eine Operation namens ‚select' holt während der Strukturberechnung einzelne Wörter aus diesem Feld und stellt sie zur strukturellen Integration zur Verfügung. Die Operation ‚merge' fügt ‚zwei' Konstituenten K1 und K2 zu ‚einer' Konstituente K3 zusammen. Die Operation ‚move' dient dazu, Dislokationen, die in natürlichen Sprachen sehr häufig auftreten, theoretisch zu behandeln. Die derart erzeugten Strukturkomplexe werden an zwei Schnittstellen interpretiert: ‚Phonetische Form' und ‚Logische Form', denn das Sprachsystem hat die Aufgabe, Lautketten auf Bedeutungen zu beziehen.

Das einem Satz entsprechende derivationelle Objekt muss daher an beiden Schnittstellen interpretierbar sein, damit die Satzderivation nicht scheitert:

(42)
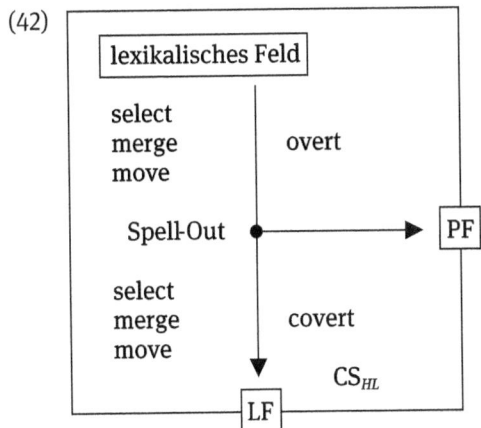

Eine zentrale Annahme dieser Theorie besteht darin, dass die Voranstellung von [+w]-Phrasen aus Gründen einer ‚Merkmalsüberprüfung' stattfindet (vgl. Chomsky 1995, 2000, 2001), wobei diese Überprüfung vor oder nach Spell-out stattfinden kann. Dabei werden Klassen von Merkmalen hinsichtlich der Eigenschaften [±interpretierbar] und [±stark] unterschieden. Überprüfung findet statt, indem sich eine Phrase, die das gleiche Merkmal aufweist wie der zugehörige Kopf, in die Spezifikator-Position dieses Kopfes bewegt. [+stark]-Merkmale müssen vor Spell-out in der overten Syntax überprüft werden, so dass man die entsprechend bewegten Phrasen in dieser Spezifikator-Position hören kann. [–stark]-Merkmale werden in der coverten Syntax überprüft, so dass für alle [+w]-Phrasen gilt, dass sie in der linksperipheren Spezifikator-Position von CP stehen. Da alle [+w]-Phrasen ihr Merkmal überprüfen (starke vor Spell-Out, schwache danach) gilt, dass auf der Ebene der logischen Form LF alle W-Phrasen in einer Skopusposition stehen, so dass W-Interrogativsätze in allen Sprachen gleich strukturiert sind. Die Distribution der [+w]-Phrasen in der phonetischen Form PF zeigt hingegen die Variation, die sich in den typologisch unterschiedenen Sprachfamilien zeigt (vgl. (20)).

Im Rahmen dieser Theoriekonzeption nimmt Sabel (2006) zur Charakterisierung verschiedener Asymmetrien bei der Interrogativsatzbildung in einer Vielzahl indoeuropäischer und nicht-indoeuropäischer Sprachen an, dass eine systematische Interaktion von [+w]- und [+fokus]-Merkmalen anzunehmen ist, will man die Variationsbreite der interrogativen Konstruktionen in den Sprachen der Welt theoretisch angemessen erfassen. In Anlehnung an die von Rizzi (1997) vorgeschlagene feinstrukturierte linke Satzperipherie, die Topik- und Fokus-Phrasen unterscheidet, nimmt er eine C-Projektion mit einem [±w]-Merkmal und einem [±fokus]-Merkmal an, wobei die Verteilung von [±stark] und [±interpretierbar] bei [+w] und [+fokus]-Merkmal variieren kann, so dass die Variationsbreite des Vorkommens sowie der Beschränkungen möglicher Interrogativsatz-Konstruktionen theoretisch erfasst werden kann:

(43)

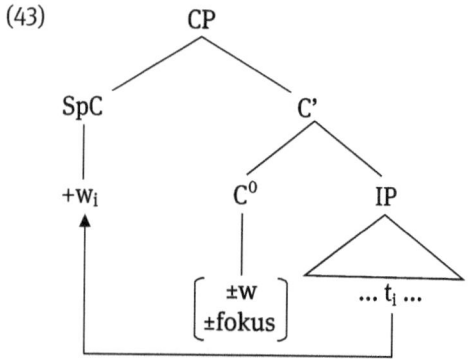

Andere Forschungsrichtungen untersuchen den Zusammenhang zwischen Interrogativsätzen und Sätzen mit anderen Satzmodi und legen dabei andere strukturelle Konfigurationen zugrunde. Für das Deutsche wurde dabei die sog. Differenz-Hypothese aufgestellt, derzufolge Haupt- und Nebensätze jeweils verschiedene Strukturen haben. Demgegenüber besagt die Uniformitäts-Hypothese, dass eine gemeinsame Strukturbeschreibung sowohl Haupt- wie auch Nebensätze angemessen darstellen kann.

So vertreten etwa Brandt et al. (1991) eine (hybride) Differenz-Hypothese, derzufolge die Strukturen von Haupt- und Nebensätzen im Deutschen unterschiedlich sind. Die Autorinnen gehen davon aus, dass W- bzw. E-Interrogativsätze (E- bzw. W-IS) nicht nur verschiedene Strukturen haben, sondern auch unterschiedliche [±w]-Merkmalswerte aufweisen:

(44) Differenzhypothese mit [±w]-Merkmalen (Brandt et al. 1991):

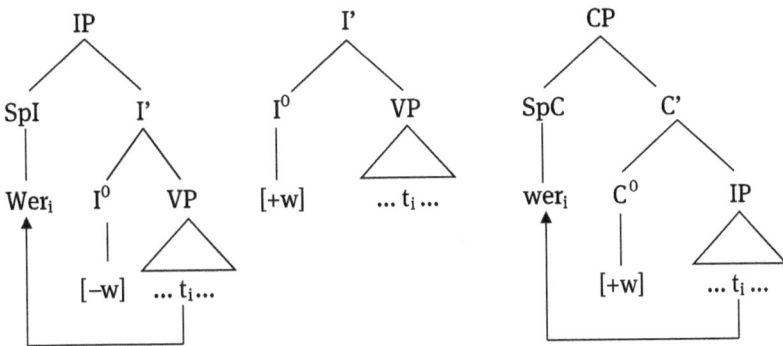

Ebenfalls unter der Fragestellung der Konstitution des Satzmodus im Deutschen nimmt Lohnstein (2000) unter einer Uniformitäts-Hypothese an, dass alle Sätze (insbesondere auch Interrogativsätze) eine einheitliche Struktur aufweisen, deren oberste Projektion eine Modusphrase mit dem verbalen Modus als funktionalem Kopf bildet. Die Finitum-Voranstellung determiniert den Ort der modalen Verankerung als Diskurskontext, so dass der Unterschied zwischen direkten und indirekten Fragen durch die Finitumsstellung markiert wird:

(45) Uniformitätshypothese mit Modusphrase (Lohnstein 2000):

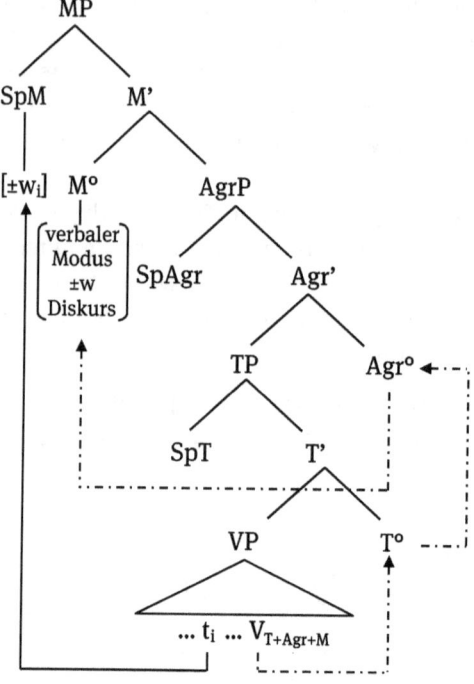

Eine weitere Theorie, die die Regularitäten der Satzmodus-Konstitution erfassen will, wurde von Truckenbrodt (2006a,b) vorgelegt. Diesem Ansatz zufolge gibt es eine direkte Relation zwischen den formalen Merkmalen der Syntax und ihrer illokutiven Funktion, die durch die Bewegung des finiten Verbums von V nach C (V-in-C) etabliert wird, wobei V-in-C durch einen Kontextindex ausgelöst wird, der in selbständigen und eingebetteten Sätzen vorhanden ist. Bei Interrogativsätzen haben die Kontextindizes in C bei nicht-eingebetteter Verwendung die Form in (46a) und führen zu einer illokutiven Paraphrase wie in (46b), wobei CG für ‚Common Ground' im Sinne von Stalnaker (1978) steht (vgl. Truckenbrodt 2006a: 265–266):

(46) a. ⟨Deont$_S$, A, ⟨Epist⟩⟩
   b. *S will von A, dass es CG ist ...*

Indem Verbvoranstellung generell als Etablierung einer deontischen Relation zum Adressaten gedeutet wird, zeichnet sich dieser Ansatz dadurch aus, dass die formalen Merkmale der Syntax, die in der Position C⁰ der syntaktischen Struktur angesiedelt sind, um Merkmale angereichert werden, die direkt auf illokutiver Ebene gedeutet werden.

4 Semantik

Für die Bedeutung der Satzmodi – und speziell auch der Interrogativsätze – ist in der Forschung vorgeschlagen worden, sie unter Bezug auf ‚Einstellungen' (attitudes) zu beschreiben. Demzufolge wäre ihre Bedeutung durch zwei Komponenten zu bestimmen: eine Einstellung ‚att' und einen propositionalen Gehalt (propositional content) pc (vgl. Bierwisch 1980, Lang 1983, Lang/Pasch 1988). Diesem Ansatz zufolge ist ‚att' ein einfaches oder komplexes Element des konzeptuell verankerten Systems ATT, welches die Bedingungen spezifiziert, die der Struktur, der Organisation und den Eigenschaften von Einstellungen zugrunde liegen. Prominente Objekte im System ATT sind etwa: ASS für Assertion, DIR für Direktiv oder ERO für die erotetische Einstellung. Die Bedeutung B(IS) eines Interrogativsatzes IS bildet damit ein Paar, das aus einer fragenden Einstellung ERO und einem propositionalen Gehalt pc besteht:

(47) B(IS) = ⟨ERO, pc⟩, wobei ERO ∈ ATT

Die Diskussion in Brandt et al. (1992) macht jedoch deutlich, dass der Rekurs auf Einstellungen zur Beschreibung von Interrogativsätzen nicht adäquat sein kann, will man deren verschiedene Verwendungsweisen angemessen erfassen. Die Autorinnen plädieren daher für eine einstellungsfreie – rein semantische – Beschreibung des Satzmodus und speziell auch der Interrogativsätze.

In den folgenden Abschnitten werden daher verschiedene Ansätze, die für die semantischen Eigenschaften von Interrogativsätzen in der Forschung relevant geworden sind, in ihren Grundzügen erörtert.

4.1 Fragen als Propositionenmengen

Zwischen syntaktischer und illokutiver Ebene behandelt die semantische Ebene die Fragen der wörtlichen Bedeutung von Interrogativsätzen. Einen zentralen Vorschlag hat Hamblin (1973) im Rahmen der Montague-Grammatik vorgelegt, in dem die Bedeutung von Fragen als die ‚Menge der möglichen Antworten' auf sie konzipiert ist. Zur formalen Rekonstruktion betrachtet er den Denotationstyp TYP von Eigennamen bzw. Personalpronomina in Kontrast zum Denotationstyp von Fragepronomina:

(48) TYP(Personalpronomina) = e   (Individuen)
TYP(Fragepronomina)   = ⟨e,t⟩ (Mengen von Individuen)

Demnach denotieren Personalpronomina ‚Individuen', während Fragepronomina ‚Mengen von Individuen' denotieren. Obwohl die syntaktische Position eines Fragepronomens (bis auf Wh-Bewegung) analog zu Eigennamen distribuiert ist – so Hamblin –, weisen Fragepronomina doch einen anderen Denotationstyp auf. Diese Erweiterung des Denotationstyps zieht eine Erweiterung der semantischen Kompositionsprinzipien nach sich, die die Verbindung zwischen Prädikaten und Fragepronomina steuern.

Das Prinzip der semantischen Kombinatorik ist die Anwendung einer Funktion auf ein Argument, die sog. ‚Funktionale Applikation (FA)' einer Funktion φ auf ein Argument a:

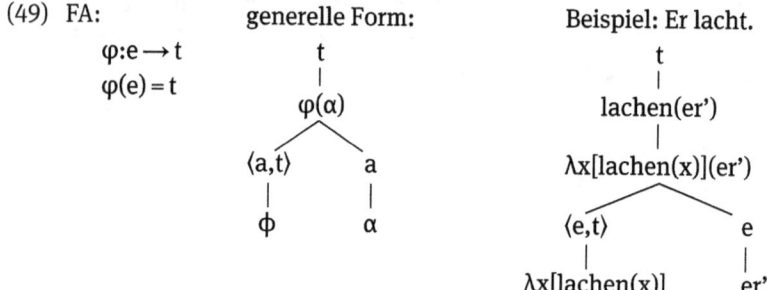

Wenn Fragepronomina aber ‚Mengen' von Individuen denotieren, muss diese einfache Funktionale Applikation erweitert werden, zu einer ‚Funktionalen Applikation für Denotationsmengen':

(50) Funktionale Applikation für Denotationsmengen:
Sei A eine Menge von Funktorkategorien und B eine Menge von (passenden) Argumentkategorien, dann ist die funktionale Applikation A(B) für Denotationsmengen definiert wie folgt:
$A(B) := \{a(b)/a \in A, b \in B\}$

Jedes Element einer Funktormenge A wird auf jedes Element einer Argumentmenge B funktional appliziert, so dass die Funktionale Applikation für Denotationsmengen nichts anderes ist, als die wiederholte Anwendung der einfachen Funktionalen Applikation.

Der Fragessatz in (51) denotiert der Hamblinschen Theorie zufolge die Menge seiner möglichen Antworten. Diese Menge lässt sich nun einfach aus dem Denotat des Fragepronomens ‚wer' in (51a), dem Denotat von ‚lachen' (die Funktion in (51b)) und mit Hilfe der Funktionalen Applikation für Denotationsmengen bestimmen wie in (51c) bzw. (51d):

(51) Wer lacht?
 a. [[wer']] = {Peter, Maria, Clara}
 b. [[lachen']] = {λx[lachen'(x)]}
 c. [[lachen'(wer']]) = [[lachen']]([[wer']])
  = {λx[lachen'(x)](Peter'), λx[lachen'(x)](Maria'), λx[lachen'(x)](Clara')}
  = {lachen'(Peter'), lachen'(Maria'), lachen'(Clara')}
 d. {Peter lacht, Maria lacht, Clara lacht}

Direkte Fragen denotieren damit die Menge derjenigen Propositionen, die eine mögliche Antwort auf sie sein können.
 Für Entscheidungsfragen wie (52) ist dies die zweielementige Propositionenmenge in (52a) bzw. (52b):

(52) Regnet es?
 a. λp[p = regnen' ∨ p = ¬regnen']
 b. {Es regnet, Es regnet nicht}

Verben, die zwei [+w]-Argumentsätze verlangen, wie etwa ‚abhängen von' stellen eine Relation zwischen dem Denotat des Subjektsatzes und dem Denotat des Objektsatzes dar:

(53) Wer gewählt wird, hängt davon ab, wer beliebt ist.

Falls die [+w]-Argumentsätze jeweils alle möglichen Antworten denotieren – wie Hamblin annimmt –, so könnte der Satz bedeuten, dass diejenigen gewählt werden, die nicht beliebt sind. Das ist natürlich keine mögliche Bedeutung von (53).
 Dies liefert ein Argument für Karttunen (1976) nur die ‚wahren Antworten' als Denotat der Frage zuzulassen. Eine mögliche Darstellung dieses Sachverhalts gibt (54) an, wobei das Zeichen ‚ᵛ' der ‚Extensor' und das Zeichen ‚^' der ‚Intensor' ist:

(54) a. λp[ᵛp ∧ ∃x[p = ^lachen'(x)]]
 b. λp[ᵛp ∧ [p = ^regnen' ∨ p = ^¬(regnen')]]

Intensor und Extensor können auch so aufgefasst werden, dass der Intensor ein λ-Operator für mögliche Welten ist, während der Extensor die Funktionale Applikation einer Intension auf die reale Welt repräsentiert. Die indirekte Frage in (55a) hat demzufolge das Denotat (55b):

(55) a. (Peter fragt,) wer lacht.
 b. p ist wahr, und es gibt ein x, so dass p die Proposition ist, dass x (in der wirklichen Welt) lacht.

Entsprechend denotiert der mit ‚ob' eingeleitete indirekte Entscheidungsfragesatz in (56a) die Menge in (56b):

(56) a. (Peter fragt,) ob es regnet.
b. p ist wahr, und p ist die Proposition, dass es (in der wirklichen Welt) regnet, oder

p ist die Proposition, dass es (in der wirklichen Welt) nicht regnet.

4.2 Fragen als indexabhängige Propositionen

Es gibt jedoch einen Ansatz, der das Denotat von Fragen nicht als ‚Menge von Propositionen', sondern als (spezielle) Proposition darzustellen vermag. Dies hat u.a. den Vorteil, dass die Parallelismus-Bedingung für koordinative Strukturen auch typentheoretisch erfüllt ist, denn Sätze lassen sich koordinieren, selbst wenn ein Konjunkt [–w]- und das andere [+w]-markiert ist. Dabei spielt es keine Rolle, ob es sich um einen Ergänzungs- (57a) oder einen Entscheidungsinterrogativsatz (57b) handelt:

(57) a. (Peter weiß,) $[_{[-w]}$ dass Fritz ein Loch gräbt] und $[_{[+w]}$ ob er dabei schwitzt].
b. (Peter weiß,) $[_{[-w]}$ dass Fritz ein Loch gräbt] und $[_{[+w]}$ wie tief es wird].

Dieser Ansatz wurde – ausgehend von verschiedenen intuitiv validen logischen Argumenten, die eine Verbindung zwischen ob- und dass- (bzw. [+wh]- und [–wh]-) Komplementsätzen herstellen – von Groenendijk/Stokhof (1982, 1984, 1996) entwickelt. So sind in (58) zwei valide Argumente dargestellt, die jeweils aus zwei Prämissen P1 und P2 bestehen, deren erste einen eingebetteten [+wh]-Komplementsatz und deren zweite einen Deklarativsatz enthält. Die unter der Linie befindliche Konklusion K enthält einen [–wh]-Komplementsatz. Aus der Wahrheit der beiden Prämissen ergibt sich die Wahrheit der Konklusion zwingend:

(58) ob- und dass-Komplementsätze:
P1: Peter weiß, ob Otto lacht.   Peter weiß, ob Otto lacht.
P2: Otto lacht.   Otto lacht nicht.
K: Peter weiß, dass Otto lacht.   Peter weiß, dass Otto nicht lacht.

Die Prämisse P1 macht dabei eine Aussage über den Wissenszustand des Individuums Peter; Prämisse 2 macht eine Aussage über die (wirkliche) Welt, während die Konklusion K wieder eine Aussage über den Wissenszustand von Peter macht. Offenbar hängt das, was Peter weiß, davon ab, was in der (wirklichen) Welt der Fall ist, wie die Prämisse 2 jeweils angibt. In Abhängigkeit von P2 bedeutet also der mit ‚ob' eingeleitete Komplementsatz jeweils das gleiche wie der mit ‚dass' eingeleitete Komplementsatz. Das Denotat des ob-Komplementsatzes ist also – bis auf die Beschaffenheit der Welt – identisch mit dem Denotat des dass-Komplementsatzes, so dass der ob-Komplementsatz in Abhängigkeit von den Gegebenheiten in der Welt das gleiche Denotat hat wie der dass-Komplementsatz.

Im Folgenden soll der Begriff ‚Welt' in Anlehnung an die Terminologie bei Groenendijk/Stokhof durch den etwas allgemeineren Begriff ‚Index' ersetzt werden. Ein Index ist ein geordnetes Paar ⟨w,t⟩ bestehend aus einer Welt w und einer Zeit t.

Das Denotat des ob-Komplementsatzes hängt also von der Beschaffenheit des (aktuellen) Index a ab:

(59) $⟦\text{ob Otto lacht}⟧_a = \begin{cases} ⟦\text{dass Otto lacht}⟧_a, & \text{wenn Otto an a lacht} \\ ⟦\text{dass Otto nicht lacht}⟧_a, & \text{wenn Otto an a nicht lacht} \end{cases}$

In diesem Sinne ist das Denotat des ob-Satzes ‚indexabhängig'. Das Konzept der ‚Indexabhängigkeit' liefert den relevanten Beitrag zur Fragekonstruktion. Bedenkt man nun noch, dass das Denotat einer Proposition eine Menge von Indizes ist und abstrahiert man von den spezifischen Inhalten der konkreten Fragen, so lässt sich eine ‚indexabhängige Proposition' darstellen wie in (60):

(60) $λi[ϕ(i) = ϕ(a)]$

Diese Proposition denotiert die Menge aller Indizes i, an denen das Denotat von ϕ identisch ist mit dem Denotat am aktuellen Index a.

Eine ähnliche Beziehung lässt sich auch zwischen indirekten Ergänzungsfragen und dass-Komplementsätzen feststellen, wie das valide Argument in (61) zeigt:

(61) P1: Peter weiß, wer lacht.
P2: Otto lacht.
K: Peter weiß, dass Otto lacht.

Wenn es wahr ist, dass Peter weiß, wer lacht, und wenn es in der Welt der Fall ist, dass Otto lacht, so kann gefolgert werden, dass Peter weiß, dass Otto lacht. Geradeso wie bei den ob-Komplementen ist also auch bei den indirekten Ergänzungsfragen festzustellen, dass deren Beziehung zu den dass-Komplementen über die tatsächliche Beschaffenheit des aktuellen Index herzustellen und damit indexabhängig ist.

Die Indexabhängigkeit von ob-Komplementsätzen lässt sich also auf einfache Weise auf indirekte W-Interrogative übertragen. Dazu muss lediglich der propositionale Ausdruck ɸ in (60), der bei Entscheidungsinterrogativen vom logischen Typ t ist, ersetzt werden durch den Ausdruck λx[ɸ(x)] für einen einfachen Prädikatsausdruck, der den logischen Typ ⟨e,t⟩ hat. Die Indexabhängigkeit bleibt dabei erhalten, so dass der Ausdruck in (62) diejenige indexabhängige Proposition ist, die alle Indizes i denotiert, bei denen das Denotat von λx[lachen'(x)] gleich dem Denotat am Index a ist:

(62) λi[λx[lachen'(x)](i) = λx[lachen'(x)](a)]

Wenn z. B. am Index a die Individuen ‚Peter', ‚Maria', ‚Clara', ‚Otto' existieren und ‚Maria' und ‚Clara' lachen, dann ist ⟦λx[lachen'(x)]⟧$_a$ = {Maria, Clara}. Alle Indizes i für die gilt, dass ⟦λx[lachen'(x)]⟧$_i$ = {Maria, Clara} bilden entsprechend das Denotat der indexabhängigen Proposition in (62).

Für den Satz in (63) erhält man die indexabhängige Proposition in (63b):

(63) Peter weiß, wer lacht.
    a. λx[lachen'(x)](i) = ⟦lachen'⟧$_a$ = {Maria, Clara}
    b. λi[λx[lachen'(x)](i) = λx[lachen'(x)](a)]
    c. wissen'(Peter', λi[λx[lachen'(x)](i) = λx[lachen'(x)](a)])

Wenn Peter die Proposition (63b) am Index a weiß, und wenn Clara und Maria lachen, dann weiß er, dass Maria und Clara am Index a lachen (63c).

Multiple w-Fragen lassen sich nun ganz analog erfassen. War ɸ im Falle von ob-Komplementsätzen vom logischen Typ t und im Falle von einfachen Ergänzungsfragesätzen vom logischen Typ ⟨e,t⟩, so ist ɸ bei zweifachen Ergänzungsfragen wie in (64) vom logischen Typ ⟨e, ⟨e,t⟩⟩:

(64) Peter weiß, wer wen geküsst hat.
    a. ɸ = λyλx[küssen'(y)(x)]
    b. λi[λyλx[küssen'(y)(x)](i) = λyλx[küssen'(y)(x)](a)]
    c. wissen'(Peter', λi[λyλx[küssen'(y)(x)](i) = λyλx[küssen'(y)(x)](a)])

Und generell kann für multiple [+w]-Fragen im Ansatz von Groenendijk/Stokhof ɸ für jede weitere [+wh]-Phrase um ein weiteres λ-Abstrakt ergänzt werden.

Bei Verwendung des Verbs ‚wissen' ist Peter bekannt, was am aktuellen Index der Fall ist, und die indexabhängige Proposition hängt nur von diesem einen Index a ab. Die Wirklichkeit an diesem Index ist aber nur ‚eine' Möglichkeit im Hinblick darauf, wer lacht. Es könnte ja auch sein, dass ‚Otto' und ‚Peter' lachen. Bei Verwendung des Verbs ‚fragen', bei dem Peter die Sachlage am Index a nicht kennt, müssen ‚alle' Möglichkeiten in Betracht gezogen werden, so dass die Kenntnis der Sachlage an ‚einem' Index a nicht ausreicht, um die epistemische Unsicherheit von Peter zu charakterisieren. Damit aber ‚alle' Möglichkeiten erfasst werden, darf nicht nur ein Index a, sondern müssen ‚alle' Indizes a betrachtet werden. Dies lässt sich auf einfache Weise darstellen, indem eine Funktion von allen Indizes a in indexabhängige Propositionen wie in (65) gebildet wird:

(65) $\lambda a \lambda i [\lambda x[\text{lachen'}(x)](i) = \lambda x[\text{lachen'}(x)](a)]$

Mit (65) betrachten wir die Proposition $\lambda i[\ \lambda x[\text{lachen'}(x)(i) = \lambda x[\text{lachen'}(x)(a)]]]$ nicht nur an ‚einem' Index a, sondern an ‚allen' Indizes a, um damit ‚alle' Möglichkeiten zu erfassen. Mittels λ-Abstraktion von a erhalten wir genau diejenige Funktion von Indizes in indexabhängige Propositionen, die uns zu jedem Index a diejenige Proposition liefert, die aus der Menge derjenigen Indizes i besteht, an denen $\lambda x[\text{lachen'}(x)](i)$ das gleiche Denotat hat wie am Index a, so dass die Menge ‚aller möglichen Antworten' entsteht. Dies ist das propositionale Konzept in (65) vom logischen Typ ⟨s, ⟨s,t⟩⟩, also eine Funktion von Indizes in (indexabhängige) Propositionen.

Im intensionalen Kontext von ‚fragen' wird also das intensionale Konzept einer indexabhängigen Proposition wie in (65) benötigt. Im Gegensatz zum Prädikat ‚wissen', bei dem nur die Sachlage an ‚einem' Index a relevant ist, sind beim Prädikat ‚fragen' die Sachlagen an ‚allen' Indizes a relevant. Das Prädikat ‚fragen' bettet also das intensionale Konzept zu (63b) für den [+w]-Komplementsatz ein:

(66) a. Peter fragt, wer lacht.
b. fragen'(Peter', $\lambda a \lambda i[\lambda x[\text{lachen'}(x)](i) = \lambda x[\text{lachen'}(x)](a)]$)

Wir können nun die generelle Form der intensionalen Indexabhängigkeit als Repräsentation der Fragebedeutung erkennen:

(67) $\lambda a \lambda i [\phi(i) = \phi(a)]$

Ein wesentliches Charakteristikum des Ansatzes von Groenendijk/Stokhof liegt in der Exhaustivität der Antwort. Weil der Schluss in (68) valide ist, konzipieren sie die Antwortmenge als ‚stark exhaustiv', d. h. aus der Kenntnis darüber, ‚wer lacht', kann abgeleitet werden ‚wer nicht lacht', so dass für ‚jedes' Individuum in einer Domäne entscheidbar ist, ob es lacht oder nicht:

(68) P1: <u>Peter weiß, wer lacht.</u>
K: Peter weiß, wer nicht lacht.

‚Schwache Exhaustivität' liegt hingegen dann vor, wenn aus P1 nur gefolgert werden kann, dass Peter zu jedem Individuum, das lacht, weiß, dass es lacht, nicht aber auch zu jedem Individuum, das nicht lacht, weiß, dass es nicht lacht.

4.3 Fragen als Partitionen

Eng verwandt mit – und logisch äquivalent zu – dem Ansatz von Groenedijk/Stokhof ist der Partitionsansatz, den Higginbotham (1993, 1996) vorgeschlagen hat. Die wesentliche Idee dieses Ansatzes basiert darauf, die Menge der möglichen Antworten in äquivalente Klassen zu zerlegen. Der Antwortraum ist also nicht amorph, wie in den Theorien von Hamblin und Karttunen, sondern weist eine interne Struktur auf. Eine solche Zerlegung wird ‚Partition' genannt:

(69) Eine Partition ist eine Kollektion K nicht-leerer Teilmengen K_i ($1 \leq i \leq n$) einer Menge A, so dass gilt:
 a. alle paarweise verschiedenen Teilmengen K_i und K_j sind disjunkt: $K_i \cap K_j = \emptyset$, für $i \neq j$,
 b. die Vereinigung aller Teilmengen K_i dieser Kollektion ist gleich A: $\cup_{1 \leq i \leq n} K_i = A$.

Mit Hilfe des Partitionsansatzes wird es möglich, die ‚Informativität' von Antworten bzgl. einer Frage messbar und im Vergleich bewertbar zu machen.

Zur Klärung des Konzepts betrachten wir die folgende Situation in (70a). Danach stellt sich die Frage in (70b):

(70) a. Hinz und Kunz spielen Dart. Beide werfen je zwei Pfeile.
 b. Wieviele Pfeile haben getroffen?
 c. Antwortraum Π:

0 Pfeile:	[Hinz: 0 ∧ Kunz: 0]
1 Pfeil:	[Hinz: 1 ∧ Kunz: 0] ∨ [Hinz: 0 ∧ Kunz: 1]
2 Pfeile:	[Hinz: 2 ∧ Kunz: 0] ∨ [Hinz: 1 ∧ Kunz: 1] ∨ [Hinz: 0 ∧ Kunz: 2]
3 Pfeile:	[Hinz: 2 ∧ Kunz: 1] ∨ [Hinz: 1 ∧ Kunz: 2]
4 Pfeile:	[Hinz: 2 ∧ Kunz: 2]

Das Denotat der Frage in (70b) entspricht dem Antwortraum Π in (70c), der die Menge aller Indizes in fünf Klassen von äquivalenten Indizes zerlegt, die durch die jeweiligen Antwort-Propositionen bestimmt sind. Die Klassen sind paarweise disjunkt, so dass eine Partition vorliegt.

(71) Sei Π die von einer Frage induzierte Partition und A eine Antwort:
 a. Eine Klasse $K_i \in \Pi$ heißt ‚erfüllbar bzgl. A', wenn A mit K_i ‚kompatibel' ist, d.h.: $K_i \cap A \neq \emptyset$.
 b. Wenn A eine Antwort auf die Frage Π ist, so sei Π/A die Menge derjenigen Klassen in Π, die bzgl. A erfüllbar sind.

Auf der Basis dieser Vereinbarungen lassen sich die ‚Relevanz' und die ‚Informativität' von Antworten charakterisieren:

(72) Sei Π der von einer Frage denotierte Antwortraum und # die Kardinalität einer Menge:
  a. Eine Antwort A auf die Frage Π mit #(Π) = n ist ‚relevant' gdw. gilt: #(Π/A) < n.
  b. Eine Antwort A_1 ist ‚informativer' als eine Antwort A_2 bezüglich einer Frage Π, gdw. gilt: #(Π/A_1) < #(Π/A_2).

Eine Antwort ist also dann ‚relevant', wenn sie die Anzahl derjenigen Alternativen, die die Frage denotiert, zu reduzieren vermag. Eine Antwort ist umso informativer, je mehr Alternativen sie zu reduzieren vermag. Auf dieser Grundlage lassen sich die folgenden Begriffe definieren:

(73) Eine Antwort A auf eine Frage Π ist ...
  a. ... ‚vollständig', wenn #(Π/A) = 1.
  b. ... ‚partiell', wenn 1 < #(Π/A) < n.
  c. ... ‚irrelevant', wenn #(Π/A) = n.
  d. ... ein ‚Präsuppositionsverstoß', wenn #(Π/A) = 0.

Die Äquivalenz des Partitionsansatzes von Higginbotham und die Konzeption der indexabhängigen Propositionen von Groenendijk/ Stokhof erkennt man nun wie folgt: Die Partition einer Menge K wird von einer Äquivalenzrelation (reflexiv, symmetrisch und transitiv) induziert. Der Ausdruck ‚λαλi[φ(i) = φ(a)]' ist vom logischen Typ ⟨s, ⟨s,t⟩⟩ und stellt damit eine Relation zwischen Indizes dar. Diese Relation besteht in der Gleichheit der jeweiligen Denotate an den einzelnen Indizes. Da die Gleichheitsrelation reflexiv, symmetrisch und transitiv, d.h. eine Äquivalenzrelation ist, induziert sie eine Partition auf der Menge aller Indizes. Jede Klasse in dieser Partition ist eine mögliche Antwort auf die Frage.

4.4 Kongruenz von Frage-Antwort-Sequenzen

Wir haben gesehen, dass die semantischen Eigenschaften von Fragen mit Hilfe von Alternativenmengen rekonstruiert werden. Fokussierung, die im Deutschen durch einen Pitch-Akzent ausgedrückt wird, hat eine ähnliche Funktion, indem zur fokussierten Konstituente ebenfalls Alternativen thematisiert werden (vgl. Krifka 2007a). Die fokussierte Konstituente wird mit dem Merkmal [+F] ausgezeichnet:

(74) a. [$_{+F}$ FRITZ] hat gestern ein Loch gegraben. (Nicht Peter, nicht Karl, nicht Otto)
  b. Fritz hat [$_{+F}$ GEstern] ein Loch gegraben. (Nicht heute, nicht vorgestern)

Es besteht damit eine ‚funktionale Gemeinsamkeit' zwischen Frage- und Fokuskonstruktionen. Ein ‚funktionaler Unterschied' besteht allerdings darin, dass die Reduktion der Alternativen bei Fragekonstruktionen i.d.R. vom Adressaten, bei Fokuskonstruktionen hingegen i.d.R. vom Sprecher selbst vorgenommen wird.

Die gewöhnliche Fragebedeutung im Sinne von Hamblin/ Karttunen charakterisiert Fragen als Menge von (alternativen) Propositionen. Um die Alternativen-Bedeutung für Fokuskonstruktionen auszudrücken, benötigen wir nun auch eine Operation, die aus einem gewöhnlichen Deklarativsatz eine Menge von Propositionen erzeugt. Fokus- und Fragekonstruktionen denotieren damit in gleicher Weise Mengen von Propositionen (vgl. Rooth 1992):

(75) a. $[\![\alpha]\!]_A = ALT(\alpha)$, wobei ALT diejenige Funktion ist, die α auf die Menge der Alternativen zu α (einschl. α selbst) abbildet.
 b. Mit dieser Festlegung sind die beiden folgenden Bedeutungskonzepte zu unterscheiden:
 a. $[\![\alpha]\!]_O$: gewöhnliche (ordinäre) Bedeutung
 b. $[\![\alpha]\!]_A$: Alternativenbedeutung

Zwischen Ergänzungsfragen und der Fokuszuweisung in der Antwort scheint im Deutschen zu gelten, dass die fokussierte Konstituente in der Antwort dem in der Frage auftretenden W-Ausdruck entsprechen muss. Auf die Frage (76) ist nur (76a) eine angemessene Antwort, nicht aber (76b) bis (76d). Wir verwenden hier das Zeichen ‚#', um die kontextuelle Unangemessenheit der Beispielsätze zu markieren:

(76) Wem hat Fritz ein Buch geschenkt?
 a. Fritz hat $[_{[+F]}$ KArin] ein Buch geschenkt.
 b. #Fritz hat Karin $[_{[+F]}$ ein BUCH] geschenkt.
 c. #Fritz hat Karin ein Buch $[_{[+F]}$ geSCHENKT].
 d. #$[_{[+F]}$ FRITZ] hat $[_{[+F]}$ KArin] ein Buch geschenkt.

Nach der Hamblinschen Fragesemantik ist die Bedeutung der Frage in (76) die Menge ihrer möglichen Antworten. Und wenn Clara, Maria, Karin, Otto den Individuenbereich bilden, so ist die Menge dieser möglichen Antworten gegeben als die Menge in (77):

(77) $[\![$(Wem hat Fritz ein Buch geschenkt?)'$]\!]_O =$

= { schenken'(Fritz', Clara', (ein Buch)'),
 schenken'(Fritz', Maria', (ein Buch)'),
 schenken'(Fritz', Karin', (ein Buch)'),
 schenken'(Fritz', Otto', (ein Buch)') }

Damit Frage und Antwort kongruent sind, scheint also gelten zu müssen, dass die Bedeutung $⟦A⟧_O$ der Antwort ein Element in der Bedeutung $⟦Q⟧_O$ der Frage ist:

(78) Eine Frage-Antwort (Q-A)-Sequenz ist kongruent gdw. $⟦A⟧_O \in ⟦Q⟧_O$.

Diese Bedingung ist aber zu schwach, da sie die möglichen Fokussierungen in der Antwort nicht berücksichtigt. Krifka (2007b) hat die relevanten Bedingungen dazu weiter konkretisiert. Die funktionale Ähnlichkeit zwischen Frage- und Fokuskonstruktionen hinsichtlich der Thematisierung von Alternativen hat offenbar Anlass zu einer gewissen Gleichbehandlung des [+w]- und des [+F]-Merkmals auf der syntaktischen Ebene gegeben (vgl. etwa die o. g. Theorien von Sabel 2006 oder Grewendorf 2002).

5 Pragmatik

Die Bedingungen, die in Frage-Antwort-Sequenzen gelten, machen deutlich, dass ein enger formaler Zusammenhang zwischen Fragen und Antworten besteht. Will man die Bezogenheit von Fragen auf Antworten in Diskurssequenzen genauer erfassen, so muss man die pragmatischen Bedingungen ihrer Verwendung genauer untersuchen.

Die Theorie der Sprechakte, wie sie von Austin (1972) begründet wurde, unterscheidet fünf Klassen von Sprechakten: ‚verdiktive' (urteilende), ‚exerzitive' (machtgesteuerte), ‚kommissive' (sprecherseitige Festlegungen), ‚konduktive' (adressatenseitige Handlungen) und ‚expositive' (die Sprecherabsicht erläuternde). In diesem Klassifikationsschema werden die Interrogativsätze der Klasse der ‚expositiven' Äußerungen zugeordnet, weil sie aufgrund ihrer klaren Zuordnung zu einem Satzmodus die Sprecherabsicht deutlich markieren.

Searle (1975) revidiert die Austinsche Klassifikation und entwirft auf der Basis systematischer Unterscheidungskriterien, deren wichtigste die ‚Illokution (illocutionary point)', die ‚Anpassungsrichtung zwischen Welt und Worten (direction of fit)' und der ‚ausgedrückte psychische Zustand' sind, eine andere Klassifikation. Mit diesen Kriterien unterscheidet Searle fünf Klassen von Sprechakten: ‚Repräsentativa' (verpflichten auf die Wahrheit der ausgedrückten Proposition), ‚Direktiva' (versuchen den Adressaten auf eine Handlung festzulegen), ‚Kommissiva' (legen den Sprecher auf eine bestimmte Handlung fest), ‚Expressiva' (drücken einen psychischen Zustand aus) und ‚Deklarativa' (etablieren einen Zustand in sozialen Institutionen). Searle (1969) und auch Searle/Vanderveken (1985) ordnen die Frageakte den ‚direktiven' Sprechhandlungen zu, so dass eine Frage als Aufforderung an den Adressaten zu verstehen ist, eine Antwort zu geben. Es lässt sich aber zeigen, dass Aufforderungshandlungen Charakteristika aufweisen, die

Fragen nicht haben, so dass eine Zuordnung in die gleiche Klasse nicht gerechtfertigt erscheint.

Wunderlich (1976) führt für Fragen die eigene Klasse der ‚erotetischen' Sprechhandlungen ein, u. a. weil sie einen grammatisch determinierten Satzmodus aufweisen.

Brandt et al. (1992: 51f.) nehmen keinen eigenen erotetischen Sprechakttyp an und wenden sich gegen eine Zuweisung der Fragesätze unter die Direktiva, da Fragen nicht notwendigerweise Aufforderungen sind, eine Antwort zu geben, wie etwa an monologischen Fragen in (79) oder an den negativen Reaktionsformen auf die Frage in (80a) bzw. die Aufforderung (80b), die in (81a) bzw. (81b) angegeben sind, festgestellt werden kann:

(79) a. (in einer Vorlesung): Wer war nun die treibende Kraft, die hinter diesen Reformen stand? Alles deutet darauf hin, dass es Bismarck war.
b. (Überschrift eines Zeitungsartikels:) Ist der Kommunismus am Ende?

(80) a. Wer ist der beste Tennisspieler der Welt?
b. Nenne mir den besten Tennisspieler der Welt!

(81) a. Das weiß ich nicht.
b. Das will ich nicht.

Fragen werden von Brandt et al. (1992) dem Grundtyp der ‚Darstellungshandlungen' zugeordnet, wie dies auch für Assertionen gilt. Legt man Searles Klassifikationskriterien für Sprechakte zugrunde, so ist die Anpassungsrichtung (direction of fit) zwischen Welt und Worten für Darstellungshandlungen so, dass die Worte der Welt angepasst werden. Für Aussagesätze ergibt sich daraus, dass der ausgedrückte Sachverhalt als gegeben dargestellt wird, während mit der Frage die Spezifizierungsbedürftigkeit der Proposition oder eines darin enthaltenen Referenzobjekts thematisiert wird.

Die mit Fragesätzen verbundene Antworterwartung lässt sich aus dieser Spezifizierungsbedürftigkeit als generalisierte Implikatur ableiten (Brandt et al. 1992: 52). Entsprechend repräsentieren die Autorinnen den Satzmodus ‚Interrogativ' mit Hilfe des OFFEN-Operators, der signalisiert, dass im Falle des E-Interrogativsatzes die Existenz des mit der Proposition ausgedrückten Sachverhalts ungeklärt ist oder dass im Falle des W-Interrogativsatzes die Referenz auf ein in der Proposition vorgesehenes, aber nicht angegebenes Objekt spezifizierungsbedürftig ist.

Die für Direktiva geltende Anpassungsrichtung von den Worten an die Welt ist für Interrogativsätze gerade umgekehrt, so dass sie der Klasse der Direktiva auch aus diesem Grund nicht zugeordnet werden sollten.

Bezieht man die im Abschnitt 4 zur Semantik entwickelten Objekte – insbesondere den partitionierten Antwortraum – auf die Darstellungsfunktion, so lässt sich diese direkt realisieren, denn im Falle von Deklarativsätzen werden Partitionen mit Differenzierungsgrad 1 dargestellt, im Falle von E-Interrogativsätzen haben die Partitionen den Differenzierungsgrad 2 und mit W-Interrogativsätzen werden Partitionen mit Differenzierungsgrad n, wobei n > 2, präsentiert. Die Möglichkeit zur Reduktion der mit komplexen Antworträumen verbundenen Alternativen lässt sich dann als Antworterwartung deuten.

Das Illokutionspotenzial von Interrogativsätzen ist – abhängig davon, ob ein W- oder ein E-Interrogativsatz vorliegt – recht verschieden. Der W-Interrogativsatz weist nur wenige illokutive Varianten auf, indem fast ausschließlich die mit der Frage verbundene referenzielle Lücke mit der Antwort geschlossen werden kann. Es lassen sich aber auch Assertionen in Form von rhetorischen Fragen mit ihnen vollziehen (siehe Meibauer 1986).

Beim E-Interrogativsatz sind die Varianten vielfältiger. Wie Brandt et al. (1992: 64ff.) ausführen, ist insbesondere bei der Einbettung unter Modalverben ein reichhaltigeres Illokutionspotenzial möglich.

6 Literatur

Altmann, H. (1987): Zur Problematik der Konstitution von Satzmodi als Formtypen. In: Meibauer, J. (Hg.), Satzmodus zwischen Grammatik und Pragmatik. Tübingen: Niemeyer, 22–56.
Altmann, H. (1993): Satzmodus. In: Jacobs, J./Stechow, A. von/Sternefeld, W./Vennemann, T. (Hgg.), Syntax. Ein internationales Handbuch zeitgenössischer Forschung. Berlin: de Gruyter, 1006–1029.
Austin, J. L. (1962): How to do Things with Words. Oxford: Oxford University Press.
Bäuerle, R./Zimmermann, T.E. (1991): Fragesätze. In: Stechow, A. von/Wunderlich, D. (Hgg.), Semantik. Ein internationales Handbuch der zeitgenössischen Forschung. Berlin: de Gruyter, 333–348.
Bierwisch, M. (1980): Semantic Structure and Illocutionary Force. In: Searle, J./Kiefer, F./Bierwisch, M. (Hgg.), Speech Act Theory and Pragmatics. Dordrecht: Reidel, 1–36.
Brandt, M./Reis, M./Rosengren, I./Zimmermann, I. (Hgg.) (1992): Satztyp, Satzmodus und Illokution. In: Rosengren, I. (Hg.), Satz und Illokution I. Tübingen: Niemeyer, 1–90.
Chomsky, N. (1995): The Minimalist Program. Cambridge, MA: MIT Press.
Chomsky, N. (2000): Minimalist Inquiries. In: Martin, R./Michaels, D./Uriagereka, J. (Hgg.), Step by Step. Essays on Minimalist Syntax in Honor of Howard Lasnik. Cambridge, MA: MIT Press, 89–155.
Chomsky, N. (2001): Derivation by Phase. In: Kenstowicz, M. (Hg.), Ken Hale: A Life in Language. Cambridge, MA: MIT Press, 1–52.
Dayal, V.S. (1994): Scope Marking as Indirect Wh Dependency. In: Natural Language Semantics 2, 137–170.
Grewendorf, G. (2002): Minimalistische Syntax. München: Fink.
Groenendijk, J./Stokhof, M. (1982): Semantic Analysis of WH-Complements. In: Linguistics and Philosophy 5, 175–233.

Groenendijk, J./Stokhof, M. (1984): On the Semantics of Questions and the Pragmatics of Answers. In: Landman, F./Veltman, F. (Hgg.), Varieties of Formal Semantics. Foris: Dordrecht.

Groenendijk, J./Stokhof, M. (1997): Questions. In: Benthem, J. van/ter Meulen, A. (Hgg.), Handbook of Logic and Language. Amsterdam: Elsevier, 1055–1124.

Heck, F. (2004): A Theory of Pied Piping. Dissertation, Universität Tübingen.

Heim, I. (1994): Interrogative Semantics and Karttunen's Semantics for know'. In: Buchalla, R./Mittwoch, A. (Hgg.), IATL 1, Proceedings of the Ninth Annual Conference, Ben Gurion University of the Negev 1993, 128–144.

Higginbotham, J. (1996): The Semantics of Questions. In: Lappin, S. (Hg.), The Handbook of Contemporary Semantic Theory. Oxford: Blackwell, 195–225.

Higginbotham, J. (1993): Questions. In: Hale, K./Kayser, S. J. (Hgg.), The View from Building 20: Essays in Linguistics in Honor of Sylvain Bromberger. Cambridge, MA: MIT Press.

Holler, A. (2007): Interrogativum. In: Hoffmann, L. (Hg.), Handbuch der deutschen Wortarten. Berlin: de Gruyter, 445–482.

Karttunen, L. (1977): Syntax and Semantics of Questions. In: Linguistics and Philosophy 1, 3–44.

Katz, J. J./Postal P.M. (1964): An Integrated Theory of Linguistic Descriptions. Cambridge, MA: MIT Press.

Krifka, M. (2007a): Basic Notions of Information Structure. In: Fery, C./ Krifka, M. (Hgg.), Interdisciplinary Studies of Information Structure 6. Working Papers of the SFB 632. Potsdam: Universitätsverlag Potsdam, 221–235.

Krifka, M. (2007b): The Semantics of Questions and the Focusation of Answers. In: Gordon, M./Lee, C./Büring, D. (Hgg.), Topic and Focus. Dordrecht: Springer, 139–150.

Lang, E. (1983): Einstellungsausdrücke und ausgedrückte Einstellungen. In: Motsch, W./Růžička, R. (Hgg.), Untersuchungen zur Semantik. Berlin: Akademie Verlag. 305–341.

Lang, E./Pasch, R. (1988): Grammatische und kommunikative Aspekte des Satzmodus. Ein Projektentwurf. In: Studien zum Satzmodus I (Hg. E. Lang), Linguistische Studien, Reihe A, Arbeitsbericht 177. Akademie der Wissenschaften der DDR – Zentralinstitut für Sprachwissenschaft, 1–24.

Lohnstein, H. (2000): Satzmodus – kompositionell. Zur Parametrisierung der Modusphrase im Deutschen. Berlin: Akademie Verlag.

Lohnstein, H. (2007): On Clause Types and Sentential Force. In: Linguistische Berichte 209, 63–86.

Lutz, U./Müller, G./Stechow, A. von (Hgg.) (2000): Wh-Scope Marking. Amsterdam: Benjamins.

Meibauer, J. (1986): Rhetorische Fragen. Tübingen: Niemeyer.

Müller, S. (2011a): (Un)informativität und Grammatik. Extraktion aus Nebensätzen im Deutschen. Tübingen: Stauffenburg.

Müller, S. (2011b): Extraktionsinseln – Zu ihrer Syntax, Semantik und Informationsstruktur. Trier: Wissenschaftlicher Verlag Trier.

Pafel, J. (1999): Interrogative Quantifiers within Scope. In: Linguistics and Philosophy 22, 255–310.

Pafel, J. (2011): Einführung in die Syntax: Grundlagen – Strukturen – Theorien. Stuttgart: Metzler.

Hamblin, C.L. (1973): Questions in Montague English. In: Partee, B. (Hg.), Montague Grammar. New York: Academic Press, 247–259.

Reis, M. (1992): Zur Grammatik und Pragmatik von Echo-w-Fragen. In: Rosengren, I. (Hg.), Satz und Illokution. Bd. I. Tübingen: Niemeyer, 213–261.

Reis, M. (2003): On the Form and Interpretation of German Wh-Infinitives. In: Journal of Germanic Linguistics 15, 155–201.

Reis, M. (2006): Gibt es interrogative VPs? Zu einem ungelösten Pied-Piping-Rätsel des Deutschen. In: Gärtner, H.-M./Beck, S./Eckardt, R./Musan, R./Stiebels, B. (Hgg.), Between 40 and 60 Puzzles for Manfred Krifka. Centre for General Linguistics, Typology and Universals Research (ZAS), Berlin.

Reis, M./Rosengren, I. (1991): What do Wh-Imperatives Tell us About Wh-Movement. In: Natural Language and Linguistic Theory 10, 97–118.

Pafel, J. (2011): Einführung in die Syntax: Grundlagen – Strukturen – Theorien. Stuttgart: Metzler.

Riemsdijk, H. van (1983): Correspondence Effects and the Empty Category Principle. Tilburg Papers in Language and Literature 12, University of Tilburg.

Rizzi, L. (1996): Residual Verb Second and the wh-criterion. In: Belletti, A./Rizzi, L. (Hgg.), Parameters and Functional Heads. Essays in Comparative Syntax. Oxford: Oxford University Press, 63–90.

Rooth, M. (1992): A Theory of Focus Interpretation. In: Natural Language Semantics 1, 75–116.

Sabel, J. (2006): Typologie des W-Fragesatzes. In: Linguistische Berichte 206, 147–195.

Searle, J.R. (1969): Speech Acts. Cambridge: Cambridge University Press.

Searle, J.R. (1975): A Classification of Illocutionary Acts. In: Language in Society 5, 1–23.

Searle, J.R./Vanderveken, D. (1985): Foundations of Illocutionary Logic. Cambridge: Cambridge University Press.

Stalnaker, R. (1978): Assertion. In: Cole, P. (Hg.), Syntax and Semantics. Bd. IX: Pragmatics. New York: Academic Press, 315–332.

Stechow, A. von (1993): Die Aufgaben der Syntax. In: Jacobs, J./Stechow, A. von/Sternefeld, W./Vennemann, T. (Hgg.), Syntax. Ein internationales Handbuch der zeitgenössischen Forschung. Berlin: de Gruyter, 1–88.

Trissler, S. (2000): Syntaktische Bedingungen für w-Merkmale: Zur Bildung interrogativer w-Phrasen im Deutschen. Dissertation, Universität Tübingen. (= Arbeitspapiere des SFB 340 Stuttgart-Tübingen, Bericht 151).

Truckenbrodt, H. (2006a): On the Semantic Motivation of Syntactic Verb Movement to C in German. In: Theoretical Linguistics 32, 257–306.

Truckenbrodt, H. (2006b): Replies to the Comments by Gärtner, Plunze and Zimmermann, Portner, Potts, Reis, and Zaefferer. In: Theoretical Linguistics 32, 377–410.

Wöllstein, A. (2010): Topologisches Satzmodell. Heidelberg: Universitätsverlag Winter.

Wunderlich, D. (1976): Studien zur Sprechakttheorie. Frankfurt/Main: Suhrkamp.

Horst Lohnstein

4 *Ob*-VL-Interrogativsatz

1 Einleitung
2 Selbständige und unselbständige *Ob*-VL-Interrogativsätze
3 Die Ellipsenhypothese und der Status selbständiger *Ob*-VL-Interrogativsätze
4 Die Bedeutung selbständiger und unselbständiger *Ob*-VL-Interrogativsätze
5 Literatur

1 Einleitung

Das Deutsche verfügt über zwei Typen von *Ob*-V(erb)L(etzt)-Interrogativsätzen: syntaktisch *eingebettete* oder *unselbständige* (1a) und syntaktisch *nicht-eingebettete* oder *selbständige Ob*-VL-Interrogativsätze (1b):

(1) a. Peter fragt sich, *ob* Maria nach Paris gefahren *ist*.
 b. *Ob* Maria (wohl) nach Paris gefahren *ist*?

Beide Satztypen sind in ihrem internen syntaktischen Aufbau identisch (einleitender Komplementierer, Verbletztstellung, finites Verb) und bauen semantisch auf einer einheitlichen zugrundeliegenden Bedeutungskomponente der *Offenheit* auf. Beide unterscheiden sich aber entscheidend in ihrer syntaktischen Distribution und in ihrer Strukturbedeutung bzw. in ihrem Illokutionspotenzial, was eine unterschiedliche Behandlung erforderlich macht. Abschnitt 2 führt unselbständige und selbständige *Ob*-VL-Interrogativsätze mit ihren formalen Eigenschaften ein und formuliert die zentralen analytischen Fragestellungen. Abschnitt 3 prüft das Verhältnis der beiden *Ob*-VL-Satztypen und argumentiert aufgrund von formalen und semantischen Kriterien gegen eine systematische Herleitung von uneingebetteten aus eingebetteten *Ob*-VL-Interrogativsätzen (*Ellipsenhypothese*). Abschnitt 4 widmet sich der Strukturbedeutung (dem Funktionstyp) von *Ob*-VL-Interrogativsätzen im Unterschied zu Matrixinterrogativsätzen mit Verberststellung. Zu zwei weiteren Typen von selbständigen *Ob*-VL-Sätzen, nämlich direktiven *Ob*-VL-Sätzen („Ob du wohl parierst!") und assertiven *Und-Ob*-VL-Sätzen (A: „Kannst du das überhaupt?" B: „Und OB ich das kann!"), vgl. d'Avis (1995) und Artikel 10 in diesem Band.

2 Selbständige und unselbständige *Ob*-VL-Interrogativsätze

Die formalen Eigenschaften von selbständigen und unselbständigen *Ob*-VL-Interrogativsätzen sind von einer Vielzahl von Autoren sowohl in Isolation als auch im Vergleich zueinander untersucht worden, wobei das Hauptinteresse neben der unterschiedlichen semantisch-pragmatischen Bedeutung stets syntaktischen Eigenschaften wie Verbstellung und syntaktischer Distribution galt; vgl. z. B. Weuster (1983), Reis (1985), Altmann 1987, Meibauer (1989), Eisenberg (1986, 1995), sowie Gutzmann (2011). Daneben wurde als weiteres konstituierendes formales Merkmal die prosodische Realisierung (Intonation) der beiden Satztypen untersucht (z. B. Altmann 1987, Oppenrieder 1988ab, 1989).

2.1 Unselbständige *Ob*-VL-Interrogativsätze

Unselbständige *Ob*-VL-Interrogativsätze wie in (1a) sind syntaktisch immer in einen höheren Matrixsatz eingebettet. Üblicherweise haben sie dabei den Status von Komplementsätzen, welche als Subjekt (2a), direktes Objekt (2b) oder präpositionales Objekt (mit Korrelat) (2c) vom Matrixverb selegiert werden können (Weuster 1983, Eisenberg 1995). Eine Einbettung als adverbialer Adjunktsatz (3a) bzw. als adnominales Attribut zu Nomina wie *Frage* (3b) ist gleichfalls möglich (Weuster 1983).

(2)   a. Ob Paul arbeitet, interessiert Karl nicht.
                                       (Eisenberg 1995: 141, Bsp. (1a))
      b. Karl hat vergessen, ob Paul arbeitet.
      c. Karl denkt darüber nach, ob Paul arbeitet.
                                       (Eisenberg 1995: 141, Bsp. (3a))

(3)   a   Ich bleibe bei meiner These, ob diese Wortstellung (nun) zulässig ist oder nicht.
                                       (Weuster 1983: 38, Bsp. (16A))
      b. Die Frage, ob er wohl kommt, muss jetzt geklärt werden.
                                       (Weuster 1983: 39, Bsp. (65A))

Wie andere eingebettete Sätze haben *Ob*-VL-Interrogativsätze kein eigenes Illokutionspotenzial. Aus diesem Grund können sie nie als selbständige Fragen fungieren, sondern tragen lediglich auf der propositionalen Ebene zur Gesamtillokution des übergeordneten Matrixsatzes bei, wie in (4a-c) illustriert.

(4) a. Peter fragt Klaus, ob Maria nach Paris gefahren ist. [Assertion]
 b. Weißt du, ob Maria nach Paris gefahren ist? [Frage]
 c. Sag mir bitte, ob Maria nach Paris gefahren ist! [Direktiv/ Aufforderung]

(4c) zeigt ebenso wie (5a), dass unselbständige *Ob*-VL-Interrogativsätze nicht auf die (indirekte) Widergabe von direkten Frage(akte)n reduziert sind (Eisenberg 1995, Helbig 2006). Stattdessen scheint die semantische Hauptfunktion von eingebetteten *Ob*-VL-Interrogativsätzen im Ausdruck von *Offenheit* (Brandt et al. 1992, Truckenbrodt 2004: 317) hinsichtlich des ausgedrückten propositionalen Sachverhalts zu bestehen, vgl. (5ab) (z.B. Eisenberg 1995); s. Abschnitt 4 zur formalsemantischen Analyse von Offenheit.

(5) a. Klaus hat vergessen, *ob* Maria nach Paris gefahren ist. [+offen]
 b. Klaus hat vergessen, *dass* Maria nach Paris gefahren ist. [-offen]

Die Sätze in (4a) und (5a) zeigen auch, dass es für unselbständige *Ob*-VL-Interrogativsätze keinen einheitlichen semantischen Subkategorisierungsrahmen gibt, da sich die einbettenden Matrixverben (*fragen* vs. *vergessen*) nicht aufgrund von semantischen Kriterien wie [+/− faktiv] als einheitliche semantische Klasse charakterisieren lassen (z.B. Eisenberg 1986: 335ff., Meibauer 1989: 21).

Alle genannten semantischen Eigenschaften von unselbständigen *Ob*-VL-Interrogativsätzen finden sich auch bei eingebetteten *w*-Interrogativsätzen, mit denen zusammen sie den Satztyp des eingebetteten unselbständigen Interrogativsatzes konstituieren. Trotz des unterschiedlichen syntaktischen Status der satzeinleitenden Elemente (*ob*: synt. Kopf/Subjunktor, keine θ-Rolle vs. *w*-Pronomen: Nominalphrase, +Kasus, +θ-Rolle) wird im Rahmen von generativen Ansätzen seit Thiersch (1978) und den Besten (1983) üblicherweise für beide Arten von Sätzen eine einheitliche Analyse unter Rückgriff auf eine funktionale C-Projektion und ein abstraktes [w]-Merkmal wie in (6ab) angenommen:

(6) *Syntaktische Struktur eingebetteter/unselbständiger Interrogativsätze*
 a. [$_{CP}$ __ ob$_{C[w]}$[Peter die Lehrerin eingeladen hat]].
 b. [$_{CP}$ wen$_1$ Ø$_{C[w]}$ [Peter t$_1$ eingeladen hat]].

Das abstrakte w-Merkmal in C, welches entweder durch einen lexikalischen Komplementierer (*ob*) in C oder durch ein *w*-Pronomen in Spec,CP formal lizenziert werden kann, übernimmt dabei die Funktion, Sätze strukturell als Interrogativsätze zu markieren (Reis 1991, Brandt et al. 1992) und ihnen semantisch eine offene Interpretation zuzuweisen.

2.2 Selbständige *Ob*-VL-Interrogativsätze

Selbständige *Ob*-VL-Interrogativsätze fungieren im Unterschied zu ihren unselbständigen Gegenstücken trotz der Verbletztstellung syntaktisch als eigenständige Einheiten. Semantisch manifestiert sich ihre strukturelle Eigenständigkeit in Form einer eigenen Strukturbedeutung bzw. eines Illokutionspotenzials, indem sie zum Ausdruck von (speziellen) Fragen verwendet werden (7a) (vgl. u. a. Weuster 1983, Reis 1985, Altmann 1987, Truckenbrodt 2004, 2006). Die Verwendung als Fragen wird dabei durch die semantische Grundbedeutung der propositionalen Offenheit ermöglicht, die strukturell durch den Interrogativkomplementierer *ob* angezeigt wird (vgl. Abschnitt 4).

(7) a. Ob Hans verschlafen hat?
    b. Hat Hans verschlafen?

Ein wesentlicher Aspekt ist, dass es sich bei selbständigen *Ob*-VL-Interrogativsätzen um eine spezielle Form von Fragesätzen handelt, welche sich im durch sie ausgedrückten Erkenntnisinteresse der Fragerin und in ihren kontextuellen Lizenzierungsbedingungen von gewöhnlichen Entscheidungsfragen mit Verberststellung (7b) unterscheiden. Wie schon Weuster (1983: 46) beobachtet, „steht bei der Verwendung von Fragesätzen mit Spitzenstellung des finiten Verbs [anders als bei *Ob*-VL-Interrogativsätzen, MZ] das Interesse an der Informationsgewinnung im Vordergrund". In Abschnitt 4 wird gezeigt, dass sich dieser Unterschied direkt aus den unterschiedlichen Strukturbedeutungen und kontextuellen Lizenzierungsbedingungen von *Ob*-VL-Interrogativsätzen und V1-Interrogativsätzen ergibt.

Das Vorkommen von selbständigen *Ob*-VL-Interrogativsätzen als syntaktisch selbständige Einheiten mit eigener Strukturbedeutung (Altmann 1987) und Illokutionspotenzial steht in einem offensichtlichen Missverhältnis zu ihrem internen syntaktischen Aufbau, der mit satzeinleitenden Komplementierern und Verbletztstellung die charakteristischen Merkmale von syntaktisch eingebetteten, unselbständigen Sätzen aufweist. Hieraus ergeben sich zwei wichtige Fragenkomplexe für die syntaktische und semantische Analyse von *Ob*-VL-Interrogativsätzen, welche in der Literatur intensiv diskutiert worden sind:

F1. Sind die semantisch-pragmatisch selbständigen *Ob*-VL-Interrogativsätze strukturell selbständige Sätze, oder lassen sie sich durch Tilgung aus ursprünglich unselbständigen (eingebetteten) *Ob*-VL-Interrogativsätzen ableiten (was ihre interne syntaktische Struktur erklären würde)? (vgl. z. B. Weuster 1983, Altmann 1987, Oppenrieder 1988ab, 1989, Meibauer 1989)

Das Verhältnis der zwei Typen von *Ob*-VL-Interrogativsätzen wird in Abschnitt 3 untersucht, in welchem aufgrund von formalen und semanto-pragmatischen Kriterien gegen die zweite Alternative in F1 und für die strukturelle Selbständigkeit von selbständigen *Ob*-VL-Interrogativsätzen als nicht-eingebettete Hauptsätze mit eigener Strukturbedeutung argumentiert wird.

F2. Wenn selbständige *Ob*-VL-Interrogativsätze nicht aus unselbständigen hergeleitet werden können, wie lassen sich die zu beobachtenden Gemeinsamkeiten (Offenheit) und Unterschiede (Strukturbedeutung, Illokutionspotenzial) zwischen den beiden Satztypen erklären, und wie kann man die besonderen kontextuellen Lizenzierungsbedingungen und die Fragebedeutung von selbständigen *Ob*-VL-Interrogativsätzen erklären?

Diese Fragen werden in Abschnitt 4 erörtert.

3 Die Ellipsenhypothese und der Status selbständiger *Ob*-VL-Interrogativsätze

Angesichts des Konflikts zwischen dem freien Auftreten von selbständigen *Ob*-VL-Interrogativsätzen und ihrer für eingebettete Nebensätze typischen syntaktischen Struktur mit Verbletztstellung ist verschiedentlich vorgeschlagen worden, dass solche Sätze nur an der Oberfläche selbständig sind und durch eine Tilgungsoperation oder Ellipse aus zugrundeliegenden unselbständigen *Ob*-VL-Interrogativsätzen abgeleitet werden, die unter einem performativen Verb oder einem Einstellungsverb wie z. B. *fragen* oder *wissen wollen* eingebettet sind. Nach dieser u.a. von Buscha (1976) vorgeschlagenen *Ellipsenhypothese* (vgl. auch Näf 1984, Scherpenisse 1985) wäre dann der allein stehende *Ob*-VL-Satz in (7a) nur scheinbar selbständig und aus der zugrundeliegenden Einbettungsstruktur in (8) durch Tilgung des Matrixsatzes herzuleiten:

(8) (Ich frage mich/ ich frage dich/ ich möchte gern wissen,) ob Hans wohl verschlafen hat.

Tatsächlich gibt es – in speziellen Kontexten – eindeutige Fälle von nur scheinbar selbständigen *Ob*-VL-Sätzen, welche als abhängige, eingebettete Sätze analysiert werden müssen, wie z.B. die Fragewiederholung in (9a) und die Rückversicherungsfrage in (9b) (Reis 1985, Altmann 1987):

(9) a. A: Kommt er nach Hause? (Lenerz 1981: 174)
   B: Wie bitte?
   A: Ob er nach Hause kommt. (<< Ich habe dich gefragt, ob er nach Hause kommt.)
b. A: Kommst Du? (Reis 1985: 283)
   B: Ob ich komme? (<< Du fragst, ob ich komme?)

Allerdings unterscheiden sich diese Beispiele von den bisher betrachteten Beispielen selbständiger *Ob*-VL-Interrogativsätze, indem sie sich anaphorisch auf eine V1-Entscheidungsfrage im unmittelbar vorangehenden linguistischen Kontext zurückbeziehen und nicht über ein eigenes Illokutionspotenzial als direkte Frage verfügen. Truckenbrodt (Artikel 10 in diesem Band) bezeichnet solche anaphorischen Verwendungen von *Ob*-VL-Interrogativsätzen im Anschluss an Oppenrieder (1989: 183 ff.) als ‚zitierende' Verwendungen, welche eine bereits im Kontext befindliche Frage anaphorisch aufnehmen. Nach Truckenbrodts Analyse handelt es sich bei der anaphorischen ‚zitierenden' Verwendung um die primäre Verwendung von selbständigen *Ob*-VL-Interrogativsätzen. Beim hier im Vordergrund stehenden nicht-anaphorischen Gebrauch selbständiger *Ob*-VL-Interrogativsätzen zur Einführung einer neuen Frage in den Kontext handelt es sich dagegen, um eine sekundäre Verwendung mit speziellen semantisch-pragmatischen Eigenschaften.

3.1 Argumente gegen die Ellipsenhypothese

Was die bisher betrachteten Fälle von selbständigen *Ob*-VL-Interrogativsätzen mit echter Fragebedeutung betrifft, so hat sich die Ansicht durchgesetzt, dass sie sich in formaler Hinsicht systematisch von unselbständigen, eingebetteten *Ob*-VL-Sätzen unterscheiden und einen eigenständigen Matrixinterrogativsatztyp konstituieren; vgl. z. B. Weuster (1983), Reis (1985), Altmann (1987), Oppenrieder (1988ab, 1989), Truckenbrodt (2004, 2006), aber auch Meibauer (1989) und Winkler (1989) für eine skeptischere Sicht. Insbesondere sind selbständige *Ob*-VL-Interrogativsätze nicht im selben Maße kontextabhängig wie die nur scheinbar selbständigen *Ob*-VL-Sätze in (9). Als weitere empirische Argumente gegen die Ellipsenhypothese sind in der Literatur die folgenden vorgeschlagen worden; vgl. z. B. Winkler (1989), Meibauer (1989) und Truckenbrodt (2004: 331) für einen Überblick:

Ein erstes Problem ergibt sich aus der Tatsache, dass sich selbständige *Ob*-VL-Interrogativsätze in vielen Kontexten nicht eindeutig auf Strukturen ohne Tilgung abbilden lassen, was üblicherweise eine Vorbedingung für die Lizenzierung von Ellipsen ist (*recovery of deletion*) (Weuster 1983, Altmann 1987). Problematisch ist in diesem Zusammenhang auch das Vorkommen von selbständigen *Ob*-VL-Interrogativsätzen in Kontexten, in denen der Kontext kein Matrixprädikat bereitstellt, welches Tilgung unter *recovery of deletion* lizenzieren könnte (Oppenrieder 1989). Schließlich stellt sich die Frage, warum die vermeintliche Tilgung des Matrixsatzes nur in Fällen auftritt, in denen der Gesamtsatz Fragepotenzial hat wie in (4b), aber nicht in Fällen, in denen der Gesamtsatz eine Aussage oder eine Aufforderung ausdrückt, vgl. (4ac), von denen (4c) als (10) wiederholt ist:

(10) *(Sag mir bitte,) Ob Maria nach Paris gefahren ist!

Zweitens werden selbständige und unselbständige Fragesätze prosodisch unterschiedlich mit steigender [/] (11a) bzw. vorzugsweise mit fallender Intonation [\] (11b) realisiert (Oppenrieder 1989). Allerdings zeigt Meibauer (1989: 23), dass prinzipiell auch ein steigendes Tonmuster für (11b) möglich ist; vgl. auch Kap. 26 zur Interaktion von Satztyp und Prosodie.

(11) a. Ob Maria nach Paris gefahren ist [/] / *[\]?
 b. Ich frage mich/dich, ob Maria nach Paris gefahren ist [\] / ([/]).

Ein dritter in der Literatur diskutierter Unterschied betrifft das vermeintlich unterschiedliche kontextuelle Lizenzierungspotenzial von Diskurspartikeln wie *wohl* in selbständigen (unmarkiert) bzw. unselbständigen *Ob*-VL-Interrogativsätzen (markiert) (Altmann 1987, Truckenbrodt 2004, vgl. auch Kap. 28, *Satztyp und Modalpartikeln*). Die Güte dieses Arguments ist allerdings zweifelhaft, da – wie von Zimmermann (2004) gezeigt – die Partikel *wohl* sowohl in eingebetteten (*ob*-Interrogativ-) Sätzen als auch in selbständigen *Ob*-VL-Interrogativsätzen (mit Matrixprädikaten des Fragens) als auch in V1-Interrogativsätzen lizenziert ist (12a-c) (pace Doherty 1979, 1985; s. auch Meibauer 1989):

(12) a. Ob Maria *wohl* nach Paris gefahren ist?
 b. Ich frage mich, ob Maria *wohl* nach Paris gefahren ist.
 c. Ist Maria *wohl* nach Paris gefahren?

Ein weiteres gültiges Argument gegen die Ellipsenhypothese ergibt sich aber aus der Tatsache, dass selbständige und unselbständige *Ob*-VL-Interrogativsätze unterschiedliche Glückensbedingungen an den Kontext stellen, selbst wenn das einbettende Prädikat ein Prädikat des Fragens ist. Thurmair (1989) und Truckenbrodt (2004) haben gezeigt, dass selbständige *Ob*-VL-Interrogativsätze nur dann lizenziert sind, wenn der Sprecher Grund zur Annahme hat, dass der Adressat nicht über sicheres Wissen bezüglich der Frage *ob p?* verfügt (s. auch Abschnitt 4). Aus diesem Grund ist der *Ob*-VL-Interrogativsatz in (13b) im angegebenen Kontext im Gegensatz zum V1-Interrogativsatz in (13a) und zur komplexen Satzstruktur mit eingebettetem *Ob*-VL-Interrogativsatz (13c) nicht lizenziert.

(13) [Kontext: Jochen und Gerd sind mit Jürgen verabredet und warten zusammen. Das Telefon klingelt, Gerd schaut auf das Display, sagt „Das ist Jürgen", nimmt das Gespräch an, sagt „Ist gut!" und legt auf. Daraufhin Jochen:]
    a. Kommt er später?
    b. #Ob er später kommt?
    c. Ich frage mich/ möchte wissen, ob er später kommt.

Der Akzeptabilitätsunterschied in (13bc) zeigt deutlich, dass sich das Illokutionspotenzial bzw. die Strukturbedeutung von selbständigen *Ob*-VL-Interrogativsätzen und deliberativen Sätzen mit eingebetteten *ob*-VL-Sätzen unterscheidet (vgl. auch Altmann 1987). Somit können erstere nicht durch Tilgung aus unselbständigen *Ob*-VL-Interrogativsätzen hergeleitet werden, welche in deklarativen Matrixsätzen eingebettet sind. Der nächste Abschnitt wird einen letzten Versuch zur Rettung der Ellipsenhypothese kritisch diskutieren und verwerfen, und so zugleich den Weg zur endgültigen Analyse in Abschnitt 4 ebnen.

3.2 Rettung der Ellipsenhypothese?

Trotz der empirischen und konzeptuellen Argumente gegen die Ellipsenhypothese scheint es eine letzte – auf den ersten Blick plausible – Möglichkeit zu geben, die Ellipsenhypothese unter Erfassung der zu beobachtenden Phänomene zu retten. Diese bestünde in der Annahme, dass die getilgten Matrixsätze von selbständig auftretenden und als Fragen verwendeten *Ob*-VL-Interrogativsätzen ausschließlich auf V1-Fragesätze mit epistemischen Ausdrücken des Wissens oder Vermutens wie in (14) beschränkt sind.

(14) (Weißt du/Hast du eine Vermutung), ob Jürgen später kommt[/]?

Die zugrundeliegende Struktur in (14) würde sofort das auf Fragen festgelegte Illokutionspotenzial von selbständigen *Ob*-VL-Sätzen und ihre obligatorische Realisierung mit steigender Intonation erklären. Außerdem würde eine Beschränkung auf V1-Interrogativsätze mit einer eingeschränkten Klasse von epistemischen Verben das Problem der Wiederauffindbarkeit des getilgten Materials zu einem großen Teil lösen. Trotzdem ergibt sich auch für diesen Rettungsversuch der Ellipsenhypothese ein gravierendes Problem: Selbständige *Ob*-VL-Interrogativsätze und komplexe Einbettungsstrukturen ohne Tilgung wie in (14) haben unterschiedliche Antwortbedingungen, wie das folgende von Thurmair (1989: 63) inspirierte Beispiel zeigt.

(15) [Kontext: Kapitän Haddock und Tim kommen nach langer Wanderung durch die Wüste in einer ihnen unbekannten Oasenstadt an ein kleines Café. Haddock fragt Tim:]
    a. H: Ob's hier was zu trinken gibt?
        T1: Vermutlich/ Ich glaube schon.
        T2: #Ja/ #Nein.
    b1. H: Weißt du, ob es hier etwas zu trinken gibt?
        T1: #Vermutlich/ #Ich glaube schon. (inkohärent)
        T2: Nein (ich weiß es nicht).
    b2. H: Hast du eine Vermutung, ob es hier etwas zu trinken gibt?
        T1: #Vermutlich/ #Ich glaube schon. (unterinformativ, ausweichend)
        T2: Ja (ich habe eine Vermutung).

Die unterschiedlichen Antwortmuster zeigen, dass komplexe V1-Interrogativsätze mit eingebetteten *Ob*-VL-Sätzen nach einer direkten *Ja/Nein*-Antwort verlangen, während abschwächende Antworten mit hypothetischen Modalausdrücken der Möglichkeit oder Vermutung im gegebenen Kontext nicht angemessen sind. Im Unterschied dazu können selbständige *Ob*-VL-Interrogativsätze nicht direkt mit *Ja/Nein* beantwortet werden, sondern die Antwort muss explizit einen hypothetischen Modaloperator enthalten. Anders gesagt fragen selbständige *Ob*-VL-Interrogativsätze im Gegensatz zu komplexen V1-Fragesätzen nicht danach, *ob der Adressat etwas weiß oder vermutet*, sondern *was die Vermutung des Adressaten hinsichtlich eines bestimmten Sachverhalts p angesichts eines zugestandenen Informationsmangels hinsichtlich p ist*; vgl. Plunze/Zimmermann (2006). Interessanterweise haben V1-Interrogativsätze mit der abschwächenden hypothetischen Diskurspartikel *wohl* (Doherty 1979, 1985, Abraham 1991) genau dieselben Antwortbedingungen, vgl. (16) (Asbach-Schnitker 1977, Zimmermann 2004):

(16) F: Ist Hein wohl auf See?
       A1: Ich glaube schon / Vermutlich.
       A2: #Ja/ #Nein.

In Anlehnung an die Diskussion von V1-*wohl*-Sätzen in Zimmermann (2004) bleibt somit (17) als einziger Kandidat für eine mögliche zugrundeliegende komplexe Struktur von als Fragen fungierenden selbständigen *Ob*-VL-Interrogativsätzen.

(17) (Was ist deine Vermutung hinsichtlich der Frage), ob Jürgen später kommt[\]?

Die Beschränkung der möglichen Matrixstrukturen auf eine einzige löst das Problem der Wiederauffindbarkeit der Tilgung. Die Analyse in (17) ist prinzipiell kompatibel mit der von Truckenbrodt in Kap. 10 (*Selbständige VL-Sätze*) vorgeschlagenen Analyse, nach der die sekundäre, d. h. nicht-anaphorische Verwendung von selbständigen VL-Sätzen durch die Akkomodierung eines Antezedenten ‚im intensionalen Bereich' ermöglicht wird. Im Falle von selbständigen *Ob*-VL-Interrogativsätzen wäre das in den gemeinsamen Redehintergrund zu akkomodierende intensionale Objekt dann die eingeklammerte direkte Frage in (17). Der einzige Unterschied zur Tilgungsanalyse beträfe somit die Art und Weise, in der die eingeklammerte Frage in den gemeinsamen Redehintergrund gelangt: als phonetisch nicht realisierte sprachliche Äußerung, oder durch die Akkomodierung von nicht-sprachlicher Information.

Zu beachten ist allerdings, dass bei nicht-anaphorischen selbständigen *Ob*-VL-Interrogativsätzen stets dieselbe Kontextfrage akkomodiert werden muss. Es stellt sich somit die Frage, ob der Bedeutungsbeitrag der kontextuell zu rekonstruierenden einbettenden *w*-Frage nicht eher durch Konventionalisierung als koverter modaler Satztypoperator $\emptyset_{HYP}$ kodiert ist – analog zur Diskurspartikel *wohl*. Dieser abschwächende Hypothesen-Operator tritt obligatorisch in der linken Peripherie von selbständigen *Ob*-VL-Interrogativsätzen auf und ist für ihre spezifische abgeschwächte Fragebedeutung verantwortlich. In Abschnitt 4 wird gezeigt, wie man die Bedeutung von selbständigen *Ob*-VL-Interrogativsätzen unter Annahme eines solchen Operators kompositionell herleiten kann.

Empirisch lassen sich Akkomodierungs- und Operatoranalyse nur schwer auseinanderhalten. Beide Analysen nehmen einen speziellen abschwächenden Bedeutungsbeitrag für nicht-anaphorische *Ob*-VL-Interrogativsätze an, welcher nicht nachträglich löschbar ist: weder akkomodierte noch als lexikalische Bedeutung eines Operators eingebrachte Information lässt sich ohne weiteres aus dem gemeinsamen Redehintergrund entfernen. Konzeptuell hat die Akkomodierungsanalyse den Vorteil, dass sie eine einheitliche Behandlung von anaphorischen und nicht-anaphorischen *Ob*-VL-Interrogativsätzen möglich macht. Demgegenüber kommt der eigenständige semantische Charakter von nicht-anaphorischen *Ob*-VL-Interrogativsätzen besser in der Operatoranalyse zum Vorschein.

4 Die Bedeutung selbständiger und unselbständiger *Ob*-VL-Interrogativsätze

Dieser Abschnitt widmet sich der semantischen Analyse von selbständigen und unselbständigen *Ob*-VL-Interrogativsätzen. Aufbauend auf der umfangreichen Literatur zur semantischen Interpretation von eingebetteten und nicht-eingebetteten Interrogativsätzen (u. a. Hamblin 1973, Karttunen 1977, Groenendijk/Stokhof 1982, Bäuerle/Zimmermann 1991, Heim 1994) wird in 4.1 zunächst die den beiden Satztypen gemeinsame semantische Eigenschaft der Offenheit formal dargestellt; vgl. hierzu auch Artikel 3 in diesem Band. In 4.2 werden dann – aufbauend auf Beobachtungen in Truckenbrodt (2004) – die unterschiedlichen kontextuellen Glückensbedingungen für selbständige V1-Interrogativsätze und *Ob*-VL-Interrogativsätze genauer charakterisiert. Diese Beobachtungen dienen als Basis für die kompositionelle Herleitung der Bedeutung von selbständigen *Ob*-VL-Interrogativsätzen in 4.3.

4.1 Die semantische Herleitung von *Offenheit*

Wie eingangs gezeigt, weisen beide Arten von *Ob*-VL-Interrogativsätzen die semantische Eigenschaft der *Offenheit* auf: Sie nehmen nicht direkt Stellung zu einem bestimmten propositionalen Sachverhalt p, sondern fordern Information ein hinsichtlich der Frage, ob p oder nicht p. Formal lässt sich dies erfassen, indem man z. B. als (Kern-) Bedeutung beider Satztypen nicht die Proposition p, sondern die Menge der Propositionen {p, ¬p} ansetzt (s. auch Eisenberg 1995). Formal lässt sich diese Bedeutung nach Karttunen (1977) mit Hilfe eines durch ein abstraktes [w]-Merkmal in C denotierten (Proto-) Frageoperators mit der Bedeutung in (18a) herleiten, welcher Propositionen auf die Menge von Propositionen und ihrem Gegenteil abbildet, wie in (18b) illustriert. In (18ab) ist das [w]-Merkmal durch den Fragekomplementierer *ob* lexikalisch kodiert. In der gewählten Notation des λ-Kalküls zeigt der λ-Operator an, dass es sich bei der Bedeutung des w-Merkmals um eine Funktion handelt, welche semantische Objekte auf andere semantische Objekte abbildet. Die darauf folgende Information $p \in D_{<s,t>}$ gibt den Definitionsbereich dieser Funktion an, hier Propositionen vom semantischen Typ <s,t>. Die Information nach dem Punkt „." gibt den Wertebereich der Funktion an, hier eine Zweiermenge von Propositionen, welche für beliebige Eingabepropositionen p genau p und ihr Gegenteil ¬p enthält. Alternativ kann man die Offenheit von Interrogativsätzen nach Groenendijk/Stokhof (1982) auch als Proposition darstellen, die mögliche Welten w daraufhin überprüft, ob sie sich bezüglich der erfragten Proposition p wie die (lokale) Auswertungswelt Welt w' verhalten oder nicht (18cd). Die Übereinstimmung zwischen beliebigen möglichen Welten w und der lokalen Auswertungswelt w' hinsichtlich p wird dabei formal durch die Gleichsetzung $p(w) = p(w')$ ausgedrückt.

(18) a. ⟦ ob$_{[w]}$ ⟧ $= \lambda p \in D_{<s,t>} . \{p, \neg p\}$
 b. ⟦ ob$_{[w]}$ Günther raucht ⟧ $= [\lambda p \in D_{<s,t>} . \{p, \neg p\}] (\lambda w.$ Günther raucht in w$)$
   $= \{\lambda w.$ Günther raucht in w,
   $\lambda w.$ Günther raucht nicht in w$\}$
 c. ⟦ ob$_{[w]}$ ⟧ $= \lambda p \in D_{<s,t>} . \lambda w'. \lambda w. [p(w) = p(w')]$
 d. ⟦ ob$_{[w]}$ Günther raucht ⟧ $= \lambda w'. \lambda w. [[\lambda w.$ Günther raucht in w$](w) =$
   $[\lambda w.$ Günther raucht in w$](w')]$

Die Ausdrücke in (18b) bzw. (18d) stellen die Bedeutung von unselbständigen Ob-VL-Interrogativsätzen, wie z. B. ‚Ich frage mich/ Ich möchte wissen, *ob Peter raucht*', dar, die als syntaktisch eingebettete Sätze nicht über ein eigenes Illokutionspotenzial verfügen. Formal lässt sich dies durch die Abwesenheit von Illokutionsoperatoren in der linken Peripherie eingebetteter Sätze erfassen. Zugleich bilden (18b) bzw. (18d) auch die Basis für die Bedeutung von selbständigen Ob-VL-Interrogativsätzen. Als selbständige Sätze erlauben diese aber eine zusätzliche semantische Modifikation mit Hilfe von modalen Satztypoperatoren in der linken Satzperipherie. In 4.3 wird gezeigt, wie sich so die spezielle Strukturbedeutung von selbständigen Ob-VL-Interrogativsätzen unter Annahme eines Hypothesenoperators in der linken Peripherie herleiten lässt.

4.2 Verwendungsbedingungen von selbständigen Ob-VL- und V1-Interrogativsätzen

Zur Bestimmung der Strukturbedeutung von selbständigen Ob-VL-Interrogativsätzen ist zunächst eine genauere Betrachtung ihrer Verwendungs- bzw. Glückensbedingungen im Unterschied zu V1-Interrogativsätzen notwendig. Auf die unterschiedlichen Verwendungsbedingungen der beiden Satztypen wurde zuerst von Weuster (1983) und Thurmair (1989) hingewiesen. Eine detaillierte Diskussion mit einschlägigen Daten findet sich in Truckenbrodt (2004, 2006); vgl. auch Artikel 10 in diesem Band. Der wesentliche semantische Unterschied zwischen beiden Satztypen lässt sich dabei gut unter Rückgriff auf die unterschiedlichen epistemischen Hintergründe der Diskursteilnehmer erfassen. Der epistemische Hintergrund EH$_{A,s}$ eines Sprechers A in Situation s, beinhaltet dabei alle Sachverhalte p, die A in s als wahr ansieht. Wie schon in Zusammenhang mit (14) angedeutet, sind selbständige Ob-VL-Interrogativsätze nur in solchen

Kontexten oder *Fragesituationen* (Wunderlich 1978) lizenziert, in denen der Frager dem Adressaten kein gesichertes Wissen hinsichtlich des erfragten Sachverhalts *p* unterstellen kann. Truckenbrodt (2004: 333) spricht in diesem Zusammenhang vom *unterstellten A-Wissen*. Das Beispiel in (19) (Truckenbrodts (2004) ex. (24)) zeigt noch einmal, dass die angemessene Verwendung von *Ob*-VL-Interrogativsätzen (19a) im Gegensatz zu V1-Interrogativsätzen (19b) kein Adressatenwissen voraussetzt. Dies deckt sich mit der Beobachtung von Weuster (1983) (s. o.), dass V1-Interrogativsätze semantisch stärker sind, indem sie ein Sprecherinteresse an (durch A-Wissen gestützter) Information seitens des Adressaten ausdrücken.

(19) Stefan: Ich habe seit Jahren nichts mehr von Peter gehört.
Heiner: Ich auch nicht.
Stefan: a. Ob er immer noch kubanische Zigarren raucht?
b. #Raucht er immer noch kubanische Zigarren?

Beispiel (20a) zeigt, dass derselbe Effekt in V1-Interrogativsätzen durch Hinzufügen der hypothetischen Diskurspartikel *wohl* erzielt werden kann. Und (20b) scheint zumindest nahe zu legen, dass eine Paraphrasierung mit Matrixsätzen wie *Ich frage mich* oder *Ich möchte wissen* ebenfalls den gewünschten Effekt erzielt (vgl. Truckenbrodt 2004: 333).

(20) a. *Raucht* er *wohl* immer noch kubanische Zigarren?
b. Ich frage mich/ möchte wissen, ob er immer noch kubanische Zigarren raucht.

Aufgrund der häufigen Möglichkeit von Paraphrasen wie (20b) werden selbständige *Ob*-VL-Interrogativsätze in der Literatur gelegentlich auch als *deliberative Fragen* bezeichnet (z. B. Altmann 1987), welche ein Sprecher an sich selbst richtet. Da der Sprecher (= Adressat) die Antwort zur Frage üblicherweise nicht weiß, ist die Glückensbedingung für *Ob*-VL-Interrogativsätze in solchen Fällen automatisch erfüllt. Allerdings wurde schon in (13) gezeigt, dass *Ob*-VL-Interrogativsätze wie (19a) und komplexe deliberative Satzgefüge wie (20b), die lediglich einen Sprecherwunsch nach Information ausdrücken, nicht immer äquivalent sind, sondern nur in solchen Situationen, in denen weder Sprecher noch Adressat über ein sicheres Wissen bezüglich *p* verfügen. In Kontexten wie in (13), in denen der Adressat über *p*-Wissen verfügt, sind *Ob*-VL-Interrogativsätze (13b) dagegen nicht lizenziert, explizite deliberative Fragen wie (13c) dagegen schon. Der deliberative Gebrauch von *Ob*-VL-Interrogativsätzen, der z. B. häufig in Selbstgesprächen vorliegt, stellt somit nur eine bevorzugte Verwendungsmöglichkeit dar, welche mit der Strukturbedeutung dieser Sätze zwar kompatibel, aber dennoch nicht direkt Teil von ihr ist.

Diese Überlegungen deuten darauf hin, dass es sich bei *Ob*-VL-Interrogativsätzen – anders als von Truckenbrodt (2004) vorgeschlagen – nicht um Interrogativsätze mit schwächeren kontextuellen Lizenzierungsbedingungen handelt, indem ihre Strukturbedeutung keine Spezifikation bezüglich des Adressatenwissens beinhaltet, so dass der Adressat über *p*-Wissen verfügen kann oder auch nicht, wie in Abb.1 illustriert:

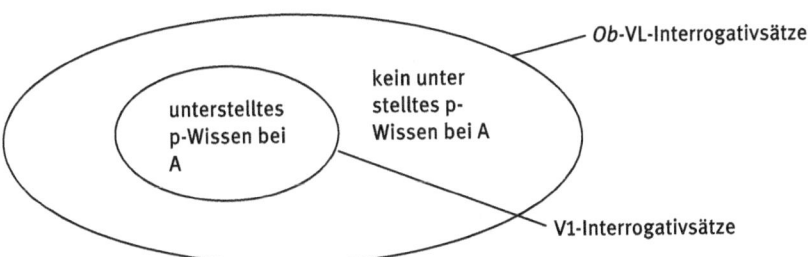

Abb.1: Verhältnis von V1- und *Ob*-VL-Interrogativsätzen nach Truckenbrodt (2004).

Stattdessen sollte die Bedingung der Unsicherheit von A bezüglich *p* (A-Nichtwissen) direkt in der Strukturbedeutung kodiert sein (vgl. auch Plunze/Zimmermann 2006). Diese Annahme wird durch die Beobachtung gestützt, dass *Ob*-VL-Interrogativsätze nicht in allen Kontexten zulässig sind, in denen ihr V1-Gegenstück angemessen verwendet werden kann, wie durch Abb.1 vorhergesagt: So sind *Ob*-VL-Interrogativsätze im Gegensatz zu V1-Sätzen (ohne *wohl*) nicht zulässig in sogenannten *Expertenkontexten* (Gunlogson 2001), wie in (21) und (22), in denen dem Adressaten mit hinreichender Sicherheit ein Wissen um *p* unterstellt werden kann. Dass die Unangemessenheit der *Ob*-VL-Frage in (22a) nicht an der Verwendung eines [+2.Person]-Subjekts liegt, zeigt sich dabei u. a. an der Unangemessenheit von (21a) mit [+3.Person]-Subjekt und an der Angemessenheit von (23) (aus Truckenbrodt (2004: 339, Bsp. (39a)) mit einem [+2.Person]-Bezug.

(21) Flugpassagier zu Airlineangestellter:
 a. #Ob der Flug um 17.10 Uhr geht?
 b. Geht der Flug (#wohl) um 17.10 Uhr? (Zimmermann 2004: Bsp.14)

(22) a. #Ob Sie Arzt sind? (Truckenbrodt 2004: 338; Bsp. (31ab))
 b. Sind Sie Arzt?

(23) Ob deine Kinder schon mal was geklaut haben?
  (Adressat könnte es nicht wissen)

Zur Erklärung der Daten in (22) muss Truckenbrodt (2004) auf zusätzliche pragmatische Prinzipien zurückgreifen, wie z. B. die Quantitätsmaxime von Grice (1975) oder eine durch das Prinzip *Maximize Presupposition* von Heim (1991) ausgelöste paradigmatische Blockierung, nach der jeweils die stärkste dem Kontext angemessene Form (hier: die V1-(b)-Sätze) verwendet werden muss. Der hier angenommene direkte Bezug auf (unterstelltes) A-Nichtwissen in der Strukturbedeutung von *Ob*-VL-Interrogativsätzen erübrigt solche zusätzlichen Annahmen, und er erklärt, warum diese Sätze in komplementärer Distribution zu den in Gunlogson (2001) untersuchten deklarativen Fragen mit steigender Intonation wie in (24ab) auftreten, bei denen das unterstellte A-Wissen bezüglich p, oder stärker ein öffentliches (non-verbales) Bekenntnis des Adressaten zu p, ebenfalls Teil der Strukturbedeutung ist:

(24) a. Der Flug geht um 17.10 Uhr?
 b. Sie sind Arzt?

Der folgende Abschnitt widmet sich abschließend der Frage, wie die Bedeutungskomponente des unterstellten A-Nichtwissens formal als Teil der kompositionell herzuleitenden Strukturbedeutung von *Ob*-VL-Interrogativsätzen repräsentiert werden kann.

4.3 Kompositionelle Bedeutung selbständiger *Ob*-VL-Interrogativsätze

Eine explizite formale Repräsentation der Bedeutung selbständiger *Ob*-VL-Interrogativsätze findet sich zuerst in Truckenbrodt (2004) und (2006). In der Tradition von Åqvist (1965), Hintikka (1975) und Zaefferer (1984, 2001) analysiert Truckenbrodt selbständige Interrogativsätze als modalisierte Aussagen mit deontisch-epistemischer Kraft, ausgedrückt durch den Modaloperator WILL bzw. *Deont* in (25ab) und (26ab). V1-Interrogativsätze mit dem finiten Verb in C haben dabei direktive Kraft, indem sie eine Aufforderung an den Adressaten (A in (25a, 26a)) ausdrücken, während *Ob*-VL-Interrogativsätze lediglich einen Wunsch der Sprecherin S nach Information bezüglich p ausdrücken, ohne direkt Bezug auf A zu nehmen (25b, 26b):

(25) Bedeutung von selbständigen Interrogativsätzen nach Truckenbrodt (2004: 314):
 a. V1: WILL (S, A, WEISS (S, A, p[w])
  ‚S fordert A zu geteiltem Wissen darüber auf, ob p oder nicht p.'
 b. *Ob*-VL: WILL (S, WEISS (S, p[w])
  ‚S will wissen, ob p.'

(26) Bedeutung von selbständigen Interrogativsätzen nach Truckenbrodt (2006: 314):
a. V1: [<Deont$_S$, A, <Epist>>, p]
,S will von A, dass es geteiltes Wissen ist, ob p oder nicht p.'
b. Ob-VL: [<Deont$_S$, <Epist>>, p]
,S will, dass es geteiltes Wissen ist, ob p.'

Der wesentliche Unterschied zwischen den beiden Interrogativsatztypen besteht nach Truckenbrodt also in der An- (V1) oder Abwesenheit (Ob-VL) von A in der semantischen Repräsentation, welche mit der (Nicht-) Besetzung des funktionalen C-Kopfes mit dem finiten Verb (V1: A vs Ob-VL) korreliert wird.

Wie in Abschnitt 4.2. diskutiert, ist es allerdings durchaus zweifelhaft, ob man im Falle von Ob-VL-Sätzen auf die Spezifizierung von A-Nichtwissen und damit auf die Integration von A in die semantische Repräsentation verzichten kann. Diese Kritik wird von Plunze/Zimmermann (2006: 331) geteilt, die auf zwei weitere Probleme mit der semantischen Repräsentation von Ob-VL-Interrogativsätzen in (25b) und (26b) hinweisen. Die in (26b) kodierte Bedingung, dass der Gegenstand von S's Wollen geteiltes Wissen (vermutlich zwischen S und A) über p ist, ist inkompatibel mit den in 4.2 diskutierten Verwendungsbedingungen, nach denen A nicht weiß, ob p. Durch diese Bedingung ist aber bereits ausgeschlossen, dass p Gegenstand des gemeinsam geteilten Wissens werden kann. Zudem erscheint die modale Kraft des buletischen (1-stelligen) modalen Operators *WILL* bzw. *Deont$_S$* in (25b) und (26b) als zu schwach, da Ob-VL-Interrogativsätze intuitiv ebenfalls eine Aufforderung an A zur Informationsvermittlung beinhalten, und zwar in der abgeschwächten Form „p oder nicht p – Was schätzt du?" (Plunze/Zimmermann 2006: 332). Diese Deutung deckt sich mit der Beobachtung, dass Ob-VL-Interrogativsätze nicht synonym zu Sätzen sind, die explizit den Sprecherwunsch nach Information ausdrücken, vgl. (13bc), sowie mit den Schlussfolgerungen in der Diskussion von (17) am Ende von Abschnitt 3.

Insgesamt führen die obigen Überlegungen unter Verwendung der Fragebedeutung von Groenendijk/Stokhof (1982) zur Strukturbedeutung in (27b) für den selbständigen Ob-VL-Interrogativsatz (1'). (27b) ergibt sich kompositionell aus der syntaktischen Struktur in (27a) und ist identisch zur Bedeutung von V1-Interrogativsätzen mit der overten hypothetisch abschwächenden Diskurspartikel *wohl* (Zimmermann 2004).

(1') Ob Maria nach Paris gefahren ist [/]? ⇔ Ist Maria wohl nach Paris gefahren [/]?

(27) a. [$_{ForceP}$ **QUEST** [$_{CP}$ HYP$_A$ [ob$_{[w]}$ [Maria nach Paris gefahren ist]]]]?
b. **?**: [λw. ∀w''∈ R$_{A,VERMUTUNG}$(w$_0$): [[λw. M. ist in w nach P. gefahren](w) =
   [λw. M. ist in w nach P. gefahren](w'')]];
   definiert gdw. S annimmt, dass A kein gesichertes Wissen bezüglich p hat.
c. ⟦ HYP$_X$ ⟧ = λ℘∈ D$_{<sst>}$. λw'. λw. ∀w''∈ R$_{X,VERMUTUNG}$(w'): [℘(w'')(w)]

Nach (27b) präsupponieren selbständige *Ob*-VL-Interrogativsätze, dass S annimmt, dass A kein sicheres Wissen über p hat, und drücken aus, dass S (aufgrund dieser Präsupposition) von A lediglich eine Vermutung bezüglich p erbittet. Genauer gesagt drücken selbständige *Ob*-VL-Interrogativsätze eine Aufforderung an A zur Identifikation derjenigen möglichen Welten aus, die sich hinsichtlich p so verhalten wie die Vermutenswelten von A.

Einen Spezialfall bilden *Ob*-VL-Interrogativsätze, die als selbstadressierte deliberative Fragen verwendet werden, wobei der Adressat der Frage identisch mit der Fragerin S ist: S = A. Die Affinität von *Ob*-VL-Interrogativsätzen mit dem illokutiven Modus der deliberativen Frage ergibt sich nach (27b) aus der abgeschwächten epistemischen Bedeutung der Frage. Wegen Axioms der *positiven Introspektion* aus der epistemischen Modallogik (z.B. Hintikka 1962), nach dem gilt, dass ein Agens weiß, dass es weiß, dass p, wenn es weiß, dass p ($K_i p \Rightarrow K_i K_i p$), fragt man sich selbst normalerweise nicht nach Sachverhalten, die schon gesichertes Wissen sind. Dagegen kann man mit selbstadressierten deliberativen Fragen sehr wohl Klarheit über die eigenen Vermutungen hinsichtlich eines bestimmten Sachverhalts p bekommen, und für diesen Zweck sind Ob-VL-Interrogativsätze aufgrund ihrer abgeschwächten Strukturbedeutung ein probates Mittel.

Die durch **?** repräsentierte illokutionäre Kraft als Frage wird als semantischer Beitrag des koverten illokutionären Operators QUEST in ForceP in (27a) hergeleitet, welcher prosodisch durch die steigende Intonation lizenziert ist. Alternativ könnte der illokutive Frageeffekt auch ohne zusätzliche funktionale Projektion aus der Merkmalsspezifizierung des Matrix-C-Kopfes als [w] abgeleitet werden (Gärtner 2002) (in eingebetteten Kontexten würde der Effekt von [w] dann z.B. durch Merkmalsüberprüfung neutralisiert). **?** sorgt wie das faktive Verb *wissen* bei eingebetteten *ob*-Sätzen auch dafür, dass als Auswertungswelt für die Frageintension die aktuelle Welt w^0 eingesetzt wird. Der abschwächende Effekt von HYP wird in (27bc) als Modalisierung der eingebetteten Proposition p gedeutet, so dass p nicht relativ zu Wissens-, sondern – analog zum Effekt von Einstellungsverben – zu Glaubens- bzw. Vermutenswelten von A interpretiert wird (vgl. Kratzer 1977, 1991, Heim/Kratzer 1998: Kap. 10): Gefragt wird also nicht nach den Welten, die sich hinsichtlich p so verhalten wie die tatsächliche Welt w^0, sondern nach den Welten, die sich bezüglich p so verhalten wie die Vermutenswelten von A in w^0. Dies erklärt, warum Antworten auf selbständige *Ob*-VL-Interrogativsätze – genau wie auf V1-Interrogative mit *wohl* – einen entsprechenden overten Modalausdruck enthalten müssen (vgl. (15a)). Die Informativität des (abschwächenden) Bedeutungsbeitrags von HYP wird dabei durch die Präsupposition des A-Nichtwissens sichergestellt. Der Adressatenbezug in HYP_A und R_A in (27b) ist nicht in der Bedeutung von HYP in (27c) kodiert, sondern ergibt sich – z. b. durch Merkmalsabgleich (Zimmermann 2004) – aus der Satztypspezifizierung als interrogativ ([w]) (Doherty 1985, Gunlogson 2001). Wichtig ist abschließend, dass HYP die Frageintension modifiziert, *bevor* deren Auswertungswelt mit der aktuellen Welt w^0 identifiziert wird, da andernfalls eine Interpretation der Frageintension relativ zu Vermutenswelten unmöglich ist.

Diese Überlegungen werfen ein neues Licht auf die Abwesenheit von V-nach-C-Bewegung in *Ob*-VL-Interrogativsätzen. Wie gezeigt kann der Grund nicht darin bestehen, dass diese Sätze keinen Adressatenbezug in ihrer Strukturbedeutung aufweisen, was nach Truckenbrodt (2004, 2006) erst durch Realisierung des finiten Verbs in C gewährleistet wäre. Wenn man die Annahme von Lohnstein (2000) und Truckenbrodt aufrecht erhalten will, dass V-nach-C-Bewegung in Matrixsätzen eine *Kontextanbindung* des Satzinhalts *p* bewirkt, indem in C z. B. die semantische Anbindung von *p* an kontextuelle Parameter wie Sprecher, Adressat oder Auswertungswelt w_0 vermittelt wird, dann kann man dies auch so interpretieren, dass das Ausbleiben von V-nach-C anzeigt, dass der Satzinhalt *p* relativ zu anderen Welten als der aktuellen Welt w^0 interpretiert wird. Im Falle von selbständigen *Ob*-VL-Interrogativsätzen sind dies die durch den HYP-Operator eingeführten allquantifizierten Welten w'', aber die Generalisierung gilt auch für eingebettete *Ob*-VL-Sätze, für eingebettete *dass*-Komplementsätze unter Einstellungsverben (glauben, hoffen) und Verba Dicendi und für kohärente Infinitive unter Modalverben (*müssen, können*). Umgekehrt scheint die Realisierung von finiten indikativischen Verben in C ohne overte Modaloperatoren wie *vermutlich, möglicherweise* oder *wohl* eine Kontextanbindung des Satzes in dem Sinne auszudrücken, dass die aktuelle Welt w^0 als Auswertungswelt gewählt wird.

Schließlich erklärt die vorgestellte Analyse auch die häufig beobachtete Affinität von selbständigen *Ob*-VL-Interrogativsätzen mit der abschwächenden hypothetischen Diskurspartikel *wohl*. Angesichts der Bedeutungsgleichheit von V1-Interrogativsätzen mit *wohl* und von *Ob*-VL-Interrogativsätzen (ohne *wohl*) kann der koverte HYP-Operator in (27) im Deutschen offenbar auf zweierlei Weise lizenziert werden: (i.) durch das Ausbleiben von V-nach-C-Bewegung, welches verhindert, dass das Weltargument der Proposition in C mit w_0 belegt wird (in *Ob*-VL-Sätzen); oder (ii.) durch die hypothetische Diskurspartikel *wohl* (in V1-Interrogativsätzen). Im Falle von selbständigen *Ob*-VL-Interrogativsätzen mit *wohl* wäre HYP dann doppelt lizenziert. Alternativ könnte man mit Zimmermann (2004) annehmen, dass *wohl* als overtes Gegenstück von HYP dessen Bedeutungsbeitrag direkt denotiert. In diesem Fall wäre zu erwarten, dass es semantische Unterschiede zwischen selbständigen *Ob*-VL-Interrogativsätzen mit und ohne *wohl* wie in (28ab) gibt.

(28) a. Ob Maria nach Hause gegangen ist?
 b. Ob Maria wohl nach Hause gegangen ist?

Falls nicht, läge hier wohl ein Fall von *modaler Übereinstimmung* (Zeijlstra 2008) vor.

5 Literatur

Abraham, W. (1991): Discourse Particles in German: How does their Illocutive Force Come About? In: Abraham, W. (Hg.), Discourse Particles. Amsterdam: Benjamins, 203–252.

Altmann, H. (1987): Zur Problematik der Konstitution von Satzmodi als Formtypen. In: Meibauer, J. (Hg.), Satzmodus zwischen Grammatik und Pragmatik. Tübingen: Niemeyer, 22–56.

Åqvist, L. (1965): A New Approach to the Logical Theory of Interrogatives. Uppsala: Almquist & Wiksell.

Asbach-Schnitker, B. (1977): Die Satzpartikel ‚wohl'. In: Weydt. H. (Hg.), Aspekte der Modalpartikeln. Tübingen: Narr, 38–62.

d'Avis, F. (1995): Zu selbständigen *und*-eingeleiteten Verbletzt-Sätzen im Deutschen. Arbeitspapiere des SFB 340 „Sprachtheoretische Grundlagen für die Computerlinguistik", Nr. 7. Universität Tübingen und Universität Stuttgart.

Bäuerle, R./Zimmermann, T.E. (1991): Fragesätze. In: Stechow, A. von/Wunderlich, D. (Hgg.), Semantik. Ein internationales Handbuch der zeitgenössischen Forschung. Berlin: de Gruyter, 333–348.

Brandt, M./Reis, M./Rosengren, I./Zimmermann, I. (1992): Satztyp, Satzmodus und Illokution. In: Rosengren, I. (Hg.), Satz und Illokution. Bd. I. Tübingen: Niemeyer, 1–90.

Buscha, A. (1976): Isolierte Nebensätze im dialogischen Text. Deutsch als Fremdsprache 13, 274–279.

den Besten, H. (1983). On the Interaction of Root Transformations and Lexical Deletive Rules. In: Abraham, W. (Hg.), On the Formal Syntax of Westgermania. Amsterdam: Benjamins, 47–131.

Doherty, M. (1979): ‚Wohl'. In Untersuchungen zum Verhältnis von Grammatik und Kommunikation. In: Linguistische Studien, Arbeitsbericht 60. Akademie der Wissenschaften der DDR, 101–140.

Doherty, M. (1985): Epistemische Bedeutung. Berlin: Akademie Verlag.

Eisenberg, P. (1986): Grundriß der deutschen Grammatik. Stuttgart: Metzler.

Eisenberg, P. (1995): Probleme der Grammatik von indirekten Fragesätzen. In: Schecker, M. (Hg.) Fragen und Fragesätze im Deutschen. Tübingen: Stauffenburg, 141–150.

Gärtner, H.-M. (2002): On the Force of V2 Declaratives. In: Theoretical Linguistics 28, 33–42.

Grice, P. (1975): Logic and Conversation. In: Cole, P./Morgan, J.L. (Hgg.), Syntax and Semantics. Bd. III: Speech Acts. New York: Academic Press, 41–58.

Groenendijk, J./Stokhof, M. (1982): Semantic Analysis of WH-complements. In: Linguistics and Philosophy 5, 175–233.
Gunlogson, C. (2001): True to Form: Rising and Falling Declaratives as Questions in English. PhD Dissertation, UCSC Santa Cruz.
Gutzmann, D. (2011): *Ob einer wohl recht hat?* Zwei Satzmodustheorien für das Deutsche im Vergleich. In: Deutsche Sprache 39, 65–84.
Hamblin, C. L. (1973): Questions in Montague English. In: Foundations of Language 10, 41–53.
Heim, I. (1994): Interrogative Semantics and Karttunen's Semantics for Know. In: Buchalla, R./Mittwoch, A. (Hgg.), Proceedings of IATL 1. Jerusalem: Akademon, 128–144.
Heim, I./Kratzer, A. (1998): Semantics in Generative Grammar. Oxford: Blackwell.
Helbig, G. (2006): Sind *ob*-Sätze indirekte Fragesätze? In: Deutsch als Fremdsprache 43, 88–97.
Hintikka, J. (1962): Knowledge and Belief – An Introduction to the Logic of the Two Notions. Ithaca: Cornell University Press.
Hintikka, J. (1975): Answers to Questions. In: Hiz, H. (Hg.), Questions. Dordrecht: Reidel, 279–300.
Karttunen, L. (1977): Syntax and Semantics of Questions. In: Linguistics and Philosophy 1, 3–44.
Kratzer, A. (1977): What ‚must' and ‚can' must and can mean. In: Linguistics and Philosophy 1, 337–355.
Kratzer, A. (1991): Modality. In: Stechow, A. von/Wunderlich, D. (Hgg.), Semantik. Ein internationales Handbuch der zeitgenössischen Forschung. Berlin: de Gruyter, 639–650.
Lenerz, J. (1981): Zur Generierung der satzeinleitenden Positionen im Deutschen. In: Kohrt, M./Lenerz, J. (Hgg.), Sprache: Formen und Strukturen. Akten des 15. Linguistischen Kolloquiums Münster 1980. Bd. I. Tübingen: Niemeyer, 171–182.
Lohnstein, H. (2000): Satzmodus-kompositionell. Zur Parametrisierung der Modusphrase im Deutschen. Berlin: Akademie Verlag.
Meibauer, J. (1989): „Ob sie wohl kommt?" Zum Satzmodus von selbständigen Sätzen mit Endstellung des finiten Verbs. In: Kątny, A. (Hg.), Studien zur kontrastiven Linguistik und literarischen Übersetzung. Frankfurt/Main: Lang, 11–33.
Näf, A. (1984): Satzarten und Äußerungsarten im Deutschen. In: Zeitschrift für germanistische Linguistik 12, 21–44.
Oppenrieder, W. (1988a): Intonation und Identifikation. Kategorisierungstests zur kontextfreien Identifikation von Satzmodi. In: Altmann, H. (Hg.), Intonationsforschungen. Tübingen: Niemeyer, 153–167.
Oppenrieder, W. (1988b): Intonatorische Kennzeichnung von Satzmodi. In: Altmann, H. (Hg.), Intonationsforschungen. Tübingen: Niemeyer, 169–205.
Oppenrieder, W. (1989): Selbständige Verb-letzt-Sätze: Ihr Platz im Satzmodussystem und ihre intonatorische Kennzeichnung. In: Altmann, H./Batliner, A./Oppenrieder, W. (Hgg.), Zur Intonation von Modus und Fokus im Deutschen. Tübingen: Niemeyer, 163–244.
Plunze, C./Zimmermann, T.E. (2006): On Truckenbrodt on Interrogatives. In: Theoretical Linguistics 32, 321–333.
Reis, M. (1985): Satzeinleitende Strukturen im Deutschen. Über COMP, Haupt- und Nebensätze, w-Bewegung und die Doppelkopfanalyse. In: Abraham, W. (Hg.), Erklärende Syntax des Deutschen. Tübingen: Narr, 271–311.
Reis, M. (1991): Was konstituiert w-Interrogativsätze? In: Deutsche Sprache 19, 213–238.
Scherpenisse, W. (1985): Die Satzstrukturen des Deutschen und Niederländischen im Rahmen der GB-Theorie. Eine Reaktion auf Marga Reis' Doppelkopfkritik. In: Abraham, W. (Hg.), Erklärende Syntax des Deutschen. Tübingen: Narr, 313–334.

Thiersch, C. (1978): Topics in German Syntax. PhD Dissertation, MIT.
Thurmair, M. (1989): Modalpartikeln und ihre Kombinationen. Tübingen: Niemeyer.
Truckenbrodt, H. (2004): Zur Strukturbedeutung von Interrogativsätzen. In: Linguistische Berichte 199, 313–350.
Truckenbrodt, H. (2006): On the Semantic Motivation of Syntactic Verb Movement to C in German. In: Theoretical Linguistics 32, 257–306.
Weuster, E. (1983): Nicht-eingebettete Satztypen mit Verb-Endstellung im Deutschen. In: Olszok, K./Weuster, E. (Hgg.), Zur Wortstellungsproblematik im Deutschen. Tübingen: Narr, 7–87.
Winkler, E. (1989): Selbständig verwendete VE-Sätze. Ein Überblick. In: Studien zum Satzmodus III, Linguistische Studien, Reihe A, Arbeitsbericht 193. Akademie der Wissenschaften der DDR – Zentralinstitut für Sprachwissenschaft, 118–158.
Wunderlich, D. (1978): On the Semantics of Questions. In: Dressler, W.U./Meid, W. (Hgg.), Proceedings of the 12th International Congress of Linguists. Innsbruck, 243–246.
Zaefferer, D. (1984): Frageausdrücke und Fragen im Deutschen. München: Fink.
Zaefferer, D. (2001): Deconstructing a Classical Classification: A Typological Look at Searle's Concept of Illocution Type. In: Revue Internationale de Philosophie 2, 209–225.
Zeijlstra, H.H. (2008): Modal Concord. In: Gibson, M./Friedman, T. (Hgg.), Proceedings of SALT XVII. Ithaca: CLS Publications, 317–332.
Zimmermann, M. (2004): Zum Wohl. Diskurspartikeln als Satztypmodifikatoren. In: Linguistische Berichte 199, 253–286.

Malte Zimmermann

5 Assertive Frage und Echofrage

1 Einführung
2 Gegenstandsbestimmung und Terminologie
3 Formmerkmale im Einzelnen
4 Forschungsprobleme
5 Literatur

1 Einführung

Was Fragen jeder Art, einschließlich der hier zu behandelnden, gemeinsam haben, ist die Offenheit der Frageproposition, die darauf bezogene Antworten schließen sollen. Offen ist dabei entweder (i) der Wahrheitswert der (vollständigen) Proposition, das definiert eine Ja-/Nein- bzw. Entscheidungsfrage (EF), siehe (1a), oder (ii) (mindestens) eine propositionale Stelle, das definiert eine Ergänzungs- bzw. w-Frage (wF), siehe (1b).

(1) a. Hat Paul Abitur?(/)
    b. Wo studiert Karl?(\)

Im Deutschen entsprechen (i)-(ii) recht unterschiedliche Formtypen: Sog. Entscheidungs-Interrogativsätze (E-IS) sind obligatorisch Verb-erst und haben prototypisch steigendes Tonmuster; sog. w-Interrogativsätze (w-IS) sind obligatorisch Verb-zweit, haben einen w-Ausdruck in Erstposition und prototypisch fallendes Tonmuster; beiden gemeinsam ist nichtimperativische Verbmorphologie und Variabilität der Fokus-/Akzentstruktur. Funktional drücken beide ‚neutrale' Fragen aus, die keinerlei Sonderbedingungen bzgl. Kontext, Sprecher-Hörer-Einstellung, Antworterwartungen unterliegen. (Solche können natürlich durch weitere sprachliche Mittel und spezifische Kontexte eingeführt werden.)

Anders verhalten sich die hier interessierenden ‚assertiven' und ‚Echo'-Fragen, vgl. (2b,c):

(2) a. A: Karl studiert in Vechta.
       [fast gleichzeitige Reaktion von B,C:]
    b. B: Karl studiert in VECHta?(/)
    c. C: Karl studiert WO?(/)

Wie an den jeweils möglichen Antworten überprüfbar, sind (2b,c) Abarten von EF bzw. wF. Sie haben jedoch einen besonderen, ‚nichtneutralen' Interpretationseffekt: Selbst kontextlos geben sie zu verstehen, dass die ‚offene' Frageproposition den Gesprächspartnern als bereits geschlossen bekannt ist. Im Kontext geht dieser ‚Echo'-Effekt typischerweise damit einher, dass diese Fragen Vorgängeräußerungen wiederaufnehmen, hier (2a); insofern sind (2b) wie (2c) ‚Echo'-Fragen.

Dieser Effekt ist an spezifische Formmerkmale geknüpft: ‚Echo-Entscheidungsfragen' (EEF) haben stets steigendes Tonmuster und in Fällen wie (2b) die Verb-zweit-Struktur von Deklarativen (dem Formtyp für Assertionen, daher die Bezeichnung ‚assertive Frage'). Bei ‚Echo-w-Fragen' (EwF) ist der w-Ausdruck stellungsvariabel, dabei stets hauptakzentuiert/fokussiert, und das Tonmuster im Standardfall steigend; in Fällen wie (2c) liegt ebenfalls deklarative Grundstruktur vor. Die Formseite von normalen und Echofragen unterscheidet sich also markant.

Darüber hinaus verbinden sich ‚Echo'-Effekt und ‚Echo'-Formmerkmale über deklarative Verbzweitstrukturen hinaus mit selbstständig möglichen Satzstrukturen aller Art (3):

(3)   EEF   EwF   ge-echote Struktur
    a. Kommt die TUSsi?(/)   – Kommt WER?(/)   [Kommt die Tussi?(/)]
    b. Wo ist er MORgen?(/)   – Wo ist er WANN?(/)   [Wo ist er morgen?( ]
    c. Lern EspeRANto?(/)   – Lern WAS?(/)   [Lern Esperanto!(\)]
    d. Nieder mit PoFALla?(/)   – Nieder mit WEM?(/)   [Nieder mit Pofalla!(\)]
    e. MAPpus wählen?(/)   – WEN wählen?(/)   [Mappus wählen!(\)]
    f. Diese KLITsche?(/)   – Diese WAS?(/)   [Diese Klitsche!(\)]

Das legt nahe, dass Echofragen (einschließlich ‚assertiven Fragen') nicht Satztypen *neben* anderen sind, sondern ‚Mischtypen', d.h. Kombinationen von Echo-Merkmalen mit Satztypen jeder Art (s.u. 4.2).

2 Gegenstandsbestimmung und Terminologie

Was genau unter ‚Echofrage' fällt, ist umstritten. In engster Definition gelten als Echofragen nur *reaktive* Fragen, die ihre Bezugsäußerung im Wesentlichen *zitieren* (so Peretti 1993: 104f., Rost-Roth 2006: 281). Diese Definition ist schon deshalb zu eng, weil sie die vielen Fälle *inhaltlicher* Wiederaufnahme durch Fragen in EEF-/EwF-Form ausschließt, die den gleichen Echo-Effekt haben wie bei zitierender = ‚quotationeller' Wiederaufnahme, vgl. (4) vs. (2); auch die möglichen Rückfragemotive – Verständnissicherung, Ausdruck von Überraschung, Verwunderung – sind gleich.

(4) a. A: Also was mein Sohn von der Vechtaer Uni erzählt, ...
    b. B: Karl studiert in VECHta?(/)
    c. C: Karl studiert WO?(/)

Auch die Einschränkung auf reaktive Fragen (so u. a. Wunderlich 1986, Ginzburg/ Sag 2000, Poschmann 2009) ist kontrovers, da es initiative Verwendungen von Echofrage-Formen wie (2b,c) mit charakteristischen Kontexteffekten gibt, so insbesondere Quiz-, Interview- oder Gerichtsfragen (5). Sofern diese Effekte als Abarten des Echo-Effekts deutbar sind (s. u. 4.1), sind auch diese Fälle den Echofragen zuzurechnen.

(5) a. Alarich eroberte Rom WANN?(/)
    b. (Und) Sie machen heute Ihr WIEvieltes Länderspiel?(/)
    c. Sie haben den Angeklagten geSEHen?(/)
       Und dann sahen Sie, dass er WO haltmachte?(/)

Aus formaler Perspektive gliedern sich Echofragen hauptsächlich nach EEF vs. EwF und ± deklarativer Basis, was vier Gruppen ergibt:

(I) deklarativ basiert, vgl. (2a,b)   (II) nichtdeklarativ basiert, vgl. (3a–f)
    a) EEF   b) EwF   a) EEF   b) EwF

Altmanns Darstellung (1993: 1022f.) ist auf (Ia,b) konzentriert, die er als ‚assertive' bzw. ‚w-Versicherungsfrage' bezeichnet, unter Anerkennung der engen Parallelen zwischen beiden. Tatsächlich gibt es weder bezüglich Echo-Effekt noch Rückfragemotiven wesentliche Unterschiede; ebenso können mit EEF und EwF zumindest auf Phrasenebene die gleichen Konstituenten, einschließlich Verbalphrase und Satz, rückgefragt werden, vgl. (6): Zu jeder vom EEF-Fokus erlaubten Rückfragelesart von (6a) (durch Klammerung angedeutet) gibt es eine EwF-Parallele in (6b):

(6)   A: Er glaubt, dass Paul Romane schreibt. [mit beliebigem Fokus]
  a.   B: Er glaubt, dass Paul RoMANe schreibt?(/)
           [[[[[[   ]   ]]]]]
  b.   B: Er glaubt, dass Paul WAS schreibt?(/)
        Er glaubt, dass Paul WAS?(/)
        Er glaubt, dass WAS?(/)
        Er glaubt WAS?(/)
        Er WAS?(/)
        WAS?(/)

Auch in initiativer Verwendung scheinen (Ia)-(Ib) vergleichbar. Damit bleibt nur ein einziger auffälliger Distributionsunterschied: EEF wie (Ia) können auf nichtverbalisierte Sachverhalte reagieren (‚assertive Fragen' im engen Sinn, d.h. verbal initiative Fragen), EwF wie (Ib) nicht (7).

(7) [A sieht Paul mit Zigarette.]
A: Du RAUCHST?(/) – #Du WAS?(/)

Das dürfte jedoch an der Indefinitheit von w-Ausdrücken liegen, die Identifizierung des nichtverbalisierten Bezugssachverhalts nicht systematisch zulässt. Insofern sind die vereinheitlichenden Bezeichnungen (deklarative) ‚Echo'-EF/ ‚Echo'-wF für (Ia)/(Ib) sachgerecht.

Die Gruppen (IIa,b) verhalten sich hinsichtlich Echo-Effekt und Rückfragemotiven genau wie (Ia,b). Auch die Bandbreite rückfragbarer Konstituenten ist dieselbe, das heißt u.a., es gibt nichtdeklarativ basierte EEF- und EwF-Gegenstücke zu (6). Ein bemerkenswerter, bisher nur unzureichend erklärter Unterschied ist allerdings, dass nur (Ia)/(Ib) inhaltliche (neben quotationeller) Wiederaufnahme und initiativen (neben reaktivem) Gebrauch zulassen.

Altmann erwähnt neben (Ia,b) als „spezielle Form der Echo-Bildung" noch sog. ‚Rückfragen' wie (8b), denen eine Sonderfunktion – Anzweiflung der Berechtigung des Bezugs-Sprechakts – zukomme (1993: 1023).

(8) a. A: Verlass sofort den Raum!
b. B: Verlass sofort den Raum? (/) [Wie kommst du dazu, mir zu befehlen?]

Nach obiger Gruppenbildung sind das nur Unterfälle von (Ia)-(IIa) – EEF mit Satzfokus. Das scheint korrekt: Da (8b) auch verständnissichernd verwendbar ist, und die o.a. Sonderfunktion nicht immer auftritt (vgl. etwa *Nimm das Geld?*), lässt sich auch bei (8b) die übliche Palette von Rückfragemotiven ansetzen und die (8b) zugeschriebene spezielle Funktion auf Frageinhalt und Kontext zurückführen, nicht auf die Form (ähnlich Oppenrieder 1989a: 187f.). Am Rande erwähnt sei, dass es auch parallel interpretierbare EwF mit Satzfokus (*WAS?(/), WIE bitte?(/)*) gibt, die allerdings weit beschränkter scheinen.

Soweit die Echofragen im engen Sinn, d.h. Echofragen, die unter die o.a. Gruppen (Ia,b) und (IIa,b) fallen. Bleibt die Einordnung von – häufig den Echofragen zugerechneten – ob-/w-Verbletzt-Fragen wie (9a,b), die normale EF und wF wiederaufnehmen. In dieser reaktiven Funktion haben sie obligatorisch steigendes Tonmuster und dulden keine Modalpartikeln, was sie von deliberativen, durchweg initiativen *ob-/w*-Verbletzt-Fragen abgrenzt (insbesondere von w-Verbletzt-Fällen, die prototypisch Modalpartikeln und fallendes Tonmuster aufweisen, siehe Oppenrieder 1989a: 183).

(9) a. A: Kündigt er (denn)? – B: Ob er (*denn) kündigt?(/) [...]
   b. A: Wann kündigst du? – B: Wann ich kündige?(/) [...]

Poschmann (2009: 122ff.) rechnet sie explizit zu den Echofragen, u.a. weil sie mit zweifelsfreien Vertretern dieses Typs austauschbar (10) und dabei die natürlicheren ‚Echo'-Frageformen sind. Oppenrieder (1989a: 187) bestimmt ihre generelle Funktion als ‚neutrale Nachfrage', deren Spezialisierung die jeweilige Fortsetzung klarmacht: In (10) verweist diese auf typische Echorückfragefunktionen, in (11) auf neutrale Übernahme der (im Weiteren beantworteten) Frage. Insgesamt rechnet er diese Verbletztfragen einem satztypübergreifenden Typ von ‚Rückfragen' zu, die für ihn konstitutive Eigenschaften der Echofragen im engen Sinn teilen. (Oppenrieder 1991: 246f.)

(10) a. A: Kündigt er?
      B: Kündigt er?(/) / Ob er kündigt?(/) [– war das deine Frage? /Wie kannst du das fragen!]
   b. A: Wann kündigst du?
      B: Wann kündige ich?(/) / Wann ich kündige?(/) [– war das deine Frage? / Wie kannst du das fragen!]

(11) a. B: Ob er kündigt?(/) [Ich glaube ja.]
   b. B: Wann ich kündige?(/) [Also 2011 nicht mehr.]

Es gibt aber tiefgreifende Unterschiede: Untertypen der Echofragen im engen Sinn treten stets in EEF- und EwF-Form auf; Verbletztfragen in Echofunktion (10) sind aber stets EEF. Auch treten sie nicht nur Echo-typisch als Rückfragen auf, sondern auch als Frage-Wiederholung (12). Weiter verbinden sie sich mit EwF-Merkmalen, auch dies ist für zweifelsfreie Echofragen nicht möglich ohne Verlust ihrer Formmerkmale (13).

(12) a. A: Kündigt Sue? – B: Hä? / Nochmal! – A: Ob Sue kündigt?
   b. A: Wohin gehst du? – B: Hä? / Nochmal! – A: Wohin du gehst?

(13) a. A: Kündigt Sue? – B: Ob WER kündigt?
      A: Wo wohnt Chang? – Wo WER wohnt?
   b. [A: Sue kündigt Chang. –]
      B: SUE kündigt Chang?(/) / WER kündigt Chang?(/)
      C: *SUE kündigt WEM?(/) / *WER kündigt WEM?(/)

All das reflektiert den grundlegenden Unterschied, dass bei Echofragen im engen Sinn Echo-Interpretation obligatorisch ist, bei o.a. Verbletztfragen dagegen ein kontextvariabler Effekt – eben weil die Grundfunktion dieses Formtyps eine andere ist: Frage-Wiederholung (gleich ob durch Sprecher oder Hörer). Will man dem systematischen Zusammenhang von Form und Funktion gerecht werden, sind also ‚Wiederholungs-Verbletzt'-Fragen typmäßig von den zuvor besprochenen ‚Echofragen' zu unterscheiden. Entsprechend beziehe ich mich im Folgenden nur auf letztere.

3 Formmerkmale im Einzelnen
3.1 Echo-Entscheidungsfragen (EEF)

Wie in 2. gezeigt, teilen deklarativ (Ia) und nichtdeklarativ basierte (IIa) EEF Echo-Effekt und Rückfragemotive. Subsumiert man sie entsprechend unter einen Typ, ergibt sich eine einfache EEF-Formcharakteristik: (beliebige) Grundstruktur + sog. steigende Intonation als obligatorisches Merkmal; der Fokus/Hauptakzent liegt dabei jeweils auf der Konstituente, die die Echofrage auslöst.

Vereinfacht gesprochen besteht das für EEF konstitutive Intonationsmuster darin, dass die Fokussilbe tief und alles Folgende bis zum Satzende hoch realisiert wird, auch der Offset ist hoch (vgl. Wunderlich 1986: 44f., phonologisch-tonale Interpretation als $L^* + H-$, $H\%$- Kontur ebd.: 51ff.; für genauere Beschreibung des EEF-typischen ‚konkaven' Tonhöhenverlaufs siehe Altmann 1987: 41ff.). Als EEF-typisch gilt dabei ein im Vergleich zur ‚normalen' Frage-Intonation höherer Tonsprung, was vereinzelt zur Annahme einer grammatisch distinktiven Echo-Intonation geführt hat (Wunderlich 1986, 1988). Überwiegend gilt jedoch dieses ‚Mehr' an Höhe als pragmatisch bedingter Ausdruck von Emphase/Expressivität, ausgelöst durch die Echofragen-typischen Rückfragemotive; das wird sowohl dem nichtobligatorischen, variablen Charakter dieses ‚Mehr', wie auch der intonatorischen Überlappung mit ‚normalen' Fragen gerecht. Dass auch das Grundmuster nur prototypisch ist, zeigt das Auftreten atypischer (deklarativer) EEF-Realisierungen mit fallendem Tonhöhenverlauf bei allerdings weiterhin hohem Offset (Oppenrieder 1989b: 253ff.).

Als weiteres EEF-Merkmal wird oft angeführt, dass Modalpartikeln obligatorisch fehlen (Altmann 1993: 1013/1022, Thurmair 1989: 69ff.). Bei quotationeller bzw. zitatnaher Wiederaufnahme gilt das jedoch nicht (siehe auch Oppenrieder 1991: 247f.), vgl. (14), auch gibt es vereinzelt Belege für Modalpartikeln in initiativen EEF (Altmann/Hahnemann 2005: 162).

(14) A: Sei halt/bloß/gefälligst diplomatischer!
    B: Sei halt/bloß/gefälligst diploMAtischer?(/) / Sei geFÄLligst diplomatischer?(/)
    / Ich soll halt/bloß/gefälligst diploMAtischer sein?(/)

Modalpartikeln – die in EEF stets vom zugrunde liegenden Satzmodus legitimiert sind – sind also (i) quotationell möglich, wenngleich (ii) auch dann und erst recht in nichtquotationellen Fällen unüblich. Dies ist direkt auf den primären Fragezweck der Echofragen zurückführbar, insofern deren Frageproposition zwar alle Elemente der Vorgängeräußerung wiederaufnehmen kann, aber nur die fürs Frageziel relevanten – wozu Modalpartikeln meist nicht gehören – wiederaufnehmen/enthalten muss. Letzteres, weit ökonomischere Verfahren, ist kommunikativ klar präferiert (deshalb sind Echofragen üblicherweise auch elliptisch verkürzt). Bei Neuformulierung der EEF-Proposition, sei es bei rein inhaltlicher Wiederaufnahme oder bei initiativem Gebrauch, besteht gleich überhaupt kein Grund, Grundmodus-bezogene Modalpartikeln mit aufzunehmen; da Modalpartikeln je spezifische Kontextbedingungen projizieren, wäre das sogar kontraproduktiv. Damit ist (i-ii) erklärt – das ‚Fehl-Verhalten' von Modalpartikeln ist eher Folgeerscheinung als Grundmerkmal von EEF. Insofern ist die o.a. Intonationskontur das einzig wirkliche konstitutive EEF-Merkmal.

3.2 Echo-w-Fragen (EwF)

Auch deklarativ (Ib) und nichtdeklarativ (IIb) basierte EwF teilen Echo-Effekt und Rückfragemotive und bilden insofern einen Typ, mit ebenfalls gemeinsamer Formcharakteristik: (beliebige) Grundstruktur + hauptfokussierter/hauptakzentuierter w-Ausdruck in variabler Position, dazu prototypischerweise steigende Intonation. Diese bisher nur illustrierten Formmerkmale sind nun zu präzisieren.

EwF enthalten stets einen hauptakzentuierten w-Ausdruck (der durchaus als normaler Fokusakzent interpretierbar ist, s.u. 4.3). Oft nicht angemerkt, aber unstrittig ist, dass dabei der w-Teil akzentuiert sein muss, wie EwF mit mehrsilbigen w-Ausdrücken zeigen:

(15) a. Mit dem Geld WOhin/*woHIN?(/)
   b. Er ist inWIEfern/*inwieFERN genial?(/)

W-Teil-betonte mehrsilbige w-Ausdrücke treten auch sonst auf, vor allem bei multiplen w-Fragen, aber nur fakultativ (Reis 1992: 234ff., Truckenbrodt 2012b). D.h. obligatorische w-Teil-Betonung ist diagnostisches und insofern zentrales konstitutives Merkmal für EwF.

Die Stellungsvariabilität dieses w-Ausdrucks ist ebenfalls unstrittig; sie hat jedoch Grenzen: Echo-w-Ausdrücke besetzen nur Phrasen-, keine Kopfpositionen (16); ihre kategorialen (z.B. *wer* vs. *welch-*, Pronominalität) und semantischen Eigenschaften (*wer* vs. *was*, Nichtdefinitheit) müssen zur Einsatzstelle passen. Bemerkenswerterweise (siehe dazu auch u. 4.3) besetzen Echo-w-Ausdrücke dabei auch Positionen, die in normalen w-Interrogativen nicht w-erfragbar sind (17)-(18).

(16) A: Paul bestellt sein Feld.
B: WER bestellt sein Feld?(/) – Paul bestellt WAS?(/) – Paul WAS?(/) – *Paul WAS sein Feld?(/)

(17) a. Paul bestellt sein WAS?(/)
b. Ihm hat Paul WAS?(/)
c. Claudio WER dirigiert?(/)

(18) a. *Wann bestellt PAUL sein was?(\)
b. *Wann hat ihm PAUL was?(\)
c. *Wann dirigIERT Claudio wer?(\)

Auch Wortkonstituenten sind teilweise Echo-w-erfragbar (siehe Meibauer 1987: 342ff., Poschmann 2009: 54ff.); die Beschränkungen dafür sind noch unklar. Was die EwF-typische Steigkontur angeht, so entspricht sie völlig der EEF-typischen Variante dieser Kontur, s.o. 3.1. Im Unterschied zu EEF ist sie allerdings nicht für alle Fälle obligatorisch, die den Echo-Effekt und die gerade beschriebenen EwF-Formmerkmale teilen: Sog. w-‚Referenzfragen' wie (19), die auf referenziell unklare Elemente der Vorgängeräußerung zielen, haben, im Deutschen wie im Englischen, typischerweise fallende Intonation (siehe zusammenfassend Bartels 1999: 6.4).

(19) a. Was heißt das: sie haben ihn. Sie haben WEN?(\)
(Pasch 1991: 195Anm.3/Hörbeleg)
b. A: Endlich ist Max damit fertig. – B: Fertig WOmit genau?(\)

Die Gerichtetheit auf zusätzliche, d.h. diskursneue Information ist das (einzig) Besondere an w-Referenzfragen vis-à-vis sonstigen EwF. Da sich aber auch das als bloße Spezialisierung des üblichen Verständnissicherungsmotivs deuten lässt, erscheint ihre Einordnung als funktionaler EwF-Untertyp gerechtfertigt (siehe auch Poschmann 2009: 267f.). Insofern ist steigende Intonation kein konstitutives Formmerkmal von EwF, sondern korreliert, ebenso wie fallende Intonation, mit bestimmten Ausprägungen der EwF-Fragemotive; prototypisch ist sie dadurch, dass die steigende Intonation fordernden Motive (akustisches Nichtverstehen, Überraschung/Erstaunen) weit häufiger vorliegen.

Diese Einstufung der EwF-Intonation ist unüblich, muss aber nicht überraschen: Wie etwa Imperativsätze zeigen (siehe Altmann 1993: 2010), erlaubt Vorliegen eines zur Identifizierung hinreichenden Formmerkmals, dass weitere Merkmale variieren können. EwF haben in ‚w-Teil-betonter + stellungsvariabler w-Ausdruck' ein solches Merkmal, das somit auch ihr einzig konstitutives ist.

Auch für EwF wurde das Fehlen von Modalpartikeln als obligatorisches Merkmal angeführt. Wie aufgrund der formal-funktionalen Parallelität zu erwarten, ist das in 3.1 zu Modalpartikeln in EEF Gesagte vollständig auf EwF übertragbar.

4 Forschungsprobleme

Zu Echofragen allgemein wie im Deutschen existiert reiche Literatur (einen aktuellen Überblick gibt Poschmann 2009). Drei Probleme stehen im Mittelpunkt: Erklärung des ‚Echo'-Effekts, grammatische Einordnung, Erklärung der Frage-Geltung, siehe 4.1–4.3. In die Vorschläge dazu spielen neben theoretisch-methodischen Grundüberzeugungen auch empirische Kontroversen hinein, vor allem bezüglich Satztypstatus von Echofragen und Existenz initiativer Echofragen; diese werden unter 4.1f. mit behandelt.

4.1 Der Echo-Effekt

Beschränkt man sich auf reaktive Echofragen, scheint der Echo-Effekt keiner besonderen Erklärung bedürftig, sondern bloße Konsequenz der Diskursabfolge – Äußerung Ä > Ä wörtlich und/oder inhaltlich wiederaufnehmende Echofrage. Weshalb Echofragen dann eine besondere Form haben, bleibt damit allerdings unerklärt, auch initiative Fragen gleicher Form wie (5) werden von vornherein ausgegrenzt.

Eine Erklärung, die die Form-Bezogenheit des Echo-Effekts berücksichtigt, geht von der in Abschnitt 3 beschriebenen Akzent-/Fokusstruktur der Echofragen aus (siehe Reis 1990ff.). Zunächst zu EwF: Dort ist stets der w-Teil des w-Ausdrucks hauptbetont; wie mehrsilbige, normal endbetonte w-Ausdrücke zeigen, liegt enger Fokus vor, der *nur* die mit dem w-Teil assoziierte Fragebedeutung (grob: ‚offen x') hervorhebt und damit den Rest der Äußerung, einschließlich der spezifischen Bedeutung des w-Ausdrucks (etwa ‚x = Richtung' bei *wohin*) und dessen Präsupposition, dass ein solches x existiert, als Hintergrund/‚gegeben' kennzeichnet. Damit ist aber der Echo-Effekt im Kern schon erklärt, denn ein Satz mit EwF-typischer Fokusstruktur projiziert auf jeden Äußerungskontext, dass alles außer dem Frageelement an der w-markierten Stelle gegeben ist, d.h. die Frageproposition ist den Gesprächspartnern als bereits geschlossen bekannt. – Ein ähnlicher Ansatz ist auch für EEF möglich, in denen die das Fragliche bezeichnende Konstituente fokusmarkiert, der Rest damit auf jeden Fall gegeben ist. Rein fokusstrukturell könnte die Fokuskonstituente allerdings nicht gegebene *oder* gegebene Information (zu Kontrast- bzw. Korrekturzwecken) betreffen;

dass EEF selbst kontextlos stets letzteres unterstellen, liegt an der obligatorischen Steigkontur, die (u.a., siehe 4.3) die Gesamtfrageproposition, wie Gunlogson (2003) zeigt, als hörergegeben ausweist.

Wenn der Echo-Effekt von der spezifischen Form der Echofragen induziert wird, sollten ihn Fragen dieser Form auch ohne Vorgängeräußerung aufweisen. Tatsächlich treten EEF und EwF auch initiativ auf, dabei mit Kontexteffekten, die sie – anders als Fragen in ‚Normalform' – auf bestimmte Verwendungen beschränken, typischerweise Verwendungen als Quizfragen, Abfragen, Interviewfragen, Gerichtsfragen, s.o. (5), aber auch als Nachfragen bzw. (oft *und*-eingeleitete) Anknüpfungsfragen (20).

(20) a. Den Bericht, den möchten Sie nochmals WANN haben?(/)
      b. [A: Merkel ist in Lateinamerika. – B:] Und da trifft sie WEN?(/)

Aber sind diese Effekte Abarten des Echo-Effekts, folglich die betreffenden EEF/EwF Echofragen? Nach Reis (1990ff.) sind sie es, insofern sie in je spezifischer Weise die Verpflichtung des Adressaten und/oder Sprechers unterstellen, die Antwort eigentlich zu kennen, d.h. sie stellen die Frageproposition als bereits geschlossen hin. Bestritten wird das von Ginzburg/Sag (2000) und Poschmann (2008, 2009), die diese Fälle grundsätzlich als auf Neues bezogene Informationsfragen einstufen. Da Poschmann aber überzeugend herausarbeitet, dass bei initiativen EwF die Frageproposition im Kontext gegeben sein muss (2009: 200), und initiative EEF (‚confirmative questions') Adressaten-‚Commitment' bzgl. der Frageproposition erfordern (2008: 3.3), ist der Unterschied zur o.a. Position von Reis fraglich. Entsprechend fraglich ist damit auch die ‚metarepräsentative' Deutung des Echo-Effekts („hast du gesagt, ..."", siehe Poschmann 2009: 5.2), da diese von vornherein nur reaktive Echofragen abdeckt und zudem impliziert, dass die spezifische Fokusstruktur von Echofragen mit dem Echo-Effekt – einem klaren Gegebenheits-Effekt! – nichts zu tun hat. Insgesamt sind initiative Fragen in EEF- und EwF-Form im Deutschen jedoch empirisch zu wenig erforscht, um ihre ‚Echo'-Statusfrage schon für entschieden zu halten.

4.2 Grammatische Einordnung

Die grammatische Diskussion kreist im Kern um zwei Fragen: A) Woher kommt die Frage-Geltung von EEF/EwF? B) Wie erklären sich ihre besonderen Form-Eigenschaften? Beide Fragen sind am besten von einer dritten her anzugehen, was nämlich Fragen in EEF-/EwF-Form von Interrogativsätzen grammatisch unterscheidet.

Nach Altmann (1987: 48f., 1993) ergibt sich die Antwort auf (A) daraus, dass Echofragen ‚Mischtypen' sind: EEF aus E-Interrogativ- und weiterem Modus, EwF aus w-Interrogativ- und weiterem Modus, siehe die Beispiele in (6). Gemischt werden dabei sowohl die Formtypen, als auch die von ihnen denotierten Funktionstypen, was heißt, die von den Interrogativsätzen denotierte Frage-Einstellung ist in der Bedeutung jedes Satzes in EEF-/EwF-Form enthalten. Da von den interrogativen Formmmerkmalen nur die ‚Kernmerkmale' (Altmann 1987: 31f.) steigende Intonation und w-Ausdruck in Mischtypen auftreten, sind diese die direkten Träger der Fragebedeutung. Weiter wird angenommen (Oppenrieder 1991: 246ff.), dass die Interrogativmerkmale den zugrunde liegenden Satzmodus ‚deaktivieren', so dass nur die Fragebedeutung zum Zuge kommt. Die Antwort auf (A) ist demnach: EEF/EwF sind syntaktisch wie semantisch Fragesätze, d.h. die Fragegeltung geht direkt auf die interrogative Strukturbedeutung zurück.

Was (B) angeht, verhält sich die steigende Intonation in EEF/EwF wie in den Ausgangs-Interrogativen, der EwF-typische w-Ausdruck jedoch nicht, s.o. 3.2. Interpretiert man den ‚Mischtyp-Ansatz' als grundsätzlich ‚quotationellen' Ansatz, hat das nach Oppenrieder (ebd.) folgende Erklärung: Der Erststellungszwang der w-Ausdrücke entfällt, weil der – im Deutschen satzinitial angezeigte – Satzmodus der zitierten Struktur erkennbar bleiben muss, daraus ergebe sich auch deren (nur durch spezifische Eigenschaften der w-Ausdrücke begrenzte) Stellungsfreiheit, einschließlich der Besetzung in w-IS verbotener Positionen, s. o. (17). Die w-Teil-Betonung schließlich gilt als „Ersatzstrategie" zur eindeutigen Kennzeichnung des Echosatzmodus vis-à-vis (multiplen) w-IS (ebd.: 251f.).

Teilweise andere Antworten geben oberflächenfernere Ansätze (vgl. Reis 1990ff., Poschmann 2009), in denen Interrogativsätze primär durch einen abstrakten Interrogativoperator gekennzeichnet sind, der den Fragebereich (Skopus) markiert. In einfachen Fällen wie (1) und deren Nebensatzpendants scheint das überflüssig, weil der Beginn der Frageproposition eindeutig syntaktisch (Verb-erst) bzw. lexikalisch (*ob*/w-Ausdruck) markiert ist. Komplexe w-Konstruktionen wie u.a. (21) zeigen jedoch, dass Position des w-Ausdrucks und Skopusmarkierung zwei Paar Stiefel sind; folglich ist ein unabhängiger Skopusmarkierer anzunehmen, eben der o.a. Frageoperator (üblicherweise repräsentiert als syntaktisches Q- bzw. +w-Merkmal), der sich je nach Sprache und Konstruktion formal unterschiedlich manifestiert. (Vgl. hierzu Reis 1991b, sowie Brandt et al. 1992.)

(21) a. [Wer verhandelt *mit wem*]?
 b. [Was glaubt sie, *mit wem* Paul verhandelt]?
 (Frageziel kursiv, Skopus in eckigen Klammern)

Entsprechend gilt als konstitutives Hauptmerkmal normaler IS das Q/+w-Merkmal in Erstposition des Satzes, der die Frageproposition ausdrückt; dazu kommt als auch fürs Deutsche spezifische Eigenschaft, dass dieses Merkmal formal sichtbar gemacht bzw. durch ein merkmalmäßig passendes Element overt überprüft sein muss. In E-IS leistet das Verb-erst bzw. *ob* (ob auch Intonation, ist kontrovers, vgl. Wunderlich 1986, 1988 vs. Brandt et al. 1992), in w-IS die entsprechend obligatorische Erststellung (genau) einer w-Phrase.

Auf diesem Hintergrund ergibt sich als natürliche (Teil-)Antwort auf (B), dass EEF/EwF der Frageoperator fehlt. Das erklärt zwanglos das Ausbleiben EF-typischer Anfangsmarkierungen in EEF und die Stellungsvariabilität der w-Ausdrücke in EwF – ohne Q-/+w-Merkmal kein Markierungs- bzw. Erststellungsmotiv. Und es erklärt (neben weiteren Besonderheiten, siehe Reis 1992, 2012) den zweiten bemerkenswerten Satztypkontrast, nämlich dass normale IS eingebettete Gegenstücke („Interrogativkomplemente') haben, EEF/EwF jedoch nicht, vgl. (22) – auch Komplementselektion ist ja primär durch ±Vorliegen des satztypkonstitutiven Q-/+w-Merkmals gesteuert.

(22) Sie fragt/Ihr ist egal,
    a. inwiefern das GUT ist. / (OB und) inwieFERN das gut ist.
    b. *das inWIEfern gut ist. / *inWIEfern das gut ist.

Das führt zu dem Schluss, dass EwF (und analog dazu EEF) *keine* Interrogativsätze sind. Dass das nicht nur syntaktisch, sondern auch semantisch gilt, bestätigt das Verhalten von *denn* bzw. *jemals*, beides diagnostische Tests für ±semantischen Interrogativstatus: w-IS/E-IS erlauben sie, EwF/EEF nicht, auch nicht bei initiativer Verwendung, siehe (23):

(23) a. (Und) wen TRIFFT sie *denn* da?
       (Und) warst du schon *jemals* in CHAM?
    b. *(Und) da trifft sie *denn* WEN?
      *(Und) du warst schon *jemals* WO?

Da für die Annahme eines gesonderten Echo-Satztyps *neben* den normalen Satztypen wenig spricht (insbesondere existiert kein einziges mit *denn/jemals* vergleichbares Element, das sich bzgl. der Gesamtheit von EEF und/oder EwF einheitlich verhielte), führt auch dieser Ansatz zur Einstufung von EEF/EwF als Mischtypen, die allerdings von anderer Art sind: EEF/EwF sind syntaktisch/semantisch *keine* Interrogativsätze, sondern (zusätzlich durch Echo-Formcharakteristika gekennzeichnete) Vertreter des Satztyps, dem ihre jeweilige Grundstruktur angehört, s. o. (3).

4.3 Fragegeltung

Damit ist auch Frage (A) nach Herkunft der EEF-/EwF-Fragegeltung satztypunabhängig zu beantworten. Ausgangspunkt dafür ist, was (23) lehrt: Die Fragegeltung von normalen IS und EEF/EwF ist *unterschiedlicher* Natur. Folglich können/ müssen die ihnen gemeinsamen fragerelevanten Formmerkmale – steigende Intonation bzw. w-Ausdruck – in die Herleitung der EEF-/EwF-Fragegeltung auch anders als bei IS eingehen.

Zunächst zu EEF: Da deren einziges konstitutives Merkmal die Steigkontur ist, muss diese qua Bedeutung Fragegeltung auslösen. Von den wichtigen neueren Vorschlägen hierzu (Bartels 1999, Gunlogson 2003, Poschmann 2008, 2009), ist Bartels' Vorschlag, dass [\] vs. [/] Assertion vs. Nichtassertion einer salienten Proposition signalisiert, in diesem Zusammenhang der attraktivste, da er nicht nur die Distribution dieser Konturen (inklusive w-IS vs. ±referenzielle EwF, s.o. 3.2) breit abdeckt (vgl. Truckenbrodt 2012a), sondern auch die Fragegeltung von EEF plausibel als pragmatische Inferenz aus nichtassertiver Markierung plus Adressatengerichtetheit erklärbar macht.

Für EwF ist die Sache komplexer (vgl. Reis 1992, 2012), denn ihr einziges konstitutives Formmerkmal, der (w-Teil-betonte) w-Ausdruck, hat eine nichtinterrogative Distribution: Während normale (d.h. w-Teil-unbetonte) w-Ausdrücke nur in w-IS auftreten, eine davon stets in der initialen (durch das Q/+w-Merkmal ausgezeichneten Operator-)Position, finden sich ‚Echo-w-Phrasen' (EwPs) in Satztypen jeder Art, s.o. (3), dabei in sämtlichen für nichtinterrogative XPs erlaubten Positionen: NPs, DPs, PPs, APs, VPs, IPs, CPs, vgl. (6b)/(17), aber nie in eindeutigen +w-Operatorpositionen, vgl. (22b). Mit anderen Worten: EwPs *sind* nichtinterrogative Phrasen, obwohl sie klar interrogative w-Wörter enthalten; mangels Q/+w-Merkmal, das die für w-IS semantisch konstitutive Operator-Variablenbeziehung aufbaut, schlägt das aber nicht auf die Gesamtphrase durch. Das macht die Herleitung der EwF-Fragegeltung aus der Fragebedeutung des w-Worts zum Problem.

Überzeugende Lösungen dafür müssen die obligatorische Fokussierung des w-Ausdrucks ins Spiel bringen, die ja eine Funktion für EwF haben muss. Das geschieht am nachdrücklichsten im sog. fokusbasierten Ansatz (siehe Artstein 2002, weiter entwickelt in Poschmann 2009), der ausgehend von der Gleichheit von w-Frage- und Fokusbedeutung (im Sinne von Hamblin 1973 bzw. Rooth 1992) EwF als fokusgenerierte Fragen (wie in w-in situ-Sprachen geläufig) ansieht. Dass diese Option im Deutschen auf Echo-(w-)Fragen beschränkt ist, wird allerdings ad hoc erklärt. Dies wäre bei Beachtung der EwF-spezifischen w-Teil-Betonung vermeidbar, die als Fokusalternativen für EwF {FRAGE(p), NICHTFRAGE(p)} und damit im Ansatz die gewünschte Fragebedeutung liefert, da die Fokussierung daraus die FRAGE-Alternative auswählt (siehe Reis 2011, 2012). Sowohl die formale Ausbuchstabierung wie auch empirische Folgefragen dieser Lösung sind jedoch offen – und müssen hier ebenso unbehandelt bleiben wie das Hauptdesiderat der Echofragenforschung, zu dem bisher nur unzureichende Versuche (der jüngste von Sobin 2010, zur Kritik siehe Reis 2011) vorliegen: Die Verortung von Echofragen-Analysen in einer adäquaten Gesamtgrammatik, die letztlich über die vergleichsweise Korrektheit aller o.a. Analysevorschläge entscheidet.

5 Literatur

Altmann, H. (1987): Zur Problematik der Konstitution von Satzmodi als Formtypen. In: Meibauer, J. (Hg.), Satzmodus zwischen Grammatik und Pragmatik. Tübingen: Niemeyer, 22–56.

Altmann, H. (1993): Satzmodus. In: Jacobs, J./Stechow, A. von/Sternefeld, W./Vennemann, T. (Hgg.), Syntax. Ein internationales Handbuch zeitgenössischer Forschung. Berlin: de Gruyter, 1006–1029.

Altmann, H./Hahnemann, S. (2005): Syntax fürs Examen. 2., überarb. Aufl. Wiesbaden: VS Verlag für Sozialwissenschaften.

Artstein, R. (2002): Parts of Words: Compositional Semantics for Prosodic Constituents. PhD Dissertation, Rutgers University. [http://www.semanticsarchive.net/ Archive/DA1YWRlM/arts11le.pdf]

Bartels, C. (1999): The Intonation of English Statements and Questions. A Compositional Interpretation. New York: Garland.

Brandt, M./Reis, M./Rosengren, I./Zimmermann, I. (1992): Satztyp, Satzmodus, Illokution. In: Rosengren, I. (Hg.), Satz und Illokution. Bd. I. Tübingen: Niemeyer, 1–90.

Ginzburg, J./Sag, I. (2000): Interrogative Investigations: The Form, Meaning, and Use of English Interrogatives. Stanford, CA: CSLI.

Gunlogson, C. (2003): True to Form: Rising and Falling Declaratives as Questions in English. New York: Routledge.

Hamblin, C.L. (1973): Questions in Montague English. In: Foundations of Language 10, 41–53.

Meibauer, J. (1987): Zur Form und Funktion von Echofragen. In: Rosengren, I. (Hg.), Sprache und Pragmatik. Lunder Symposium 1986. Stockholm: Almqvist & Wiksell, 335–356.

Oppenrieder (1989a): Selbständige Verbletztsätze: Ihr Platz im Satzmodussystem und ihre intonatorische Kennzeichnung. In: Altmann, H./Batliner, A./Oppenrieder, W. (Hgg.), Zur Intonation von Modus und Fokus im Deutschen. Tübingen: Niemeyer, 163–244.

Oppenrieder (1989b): Deklination und Satzmodus. In: Altmann, H./Batliner, A./Oppenrieder, W. (Hgg.), Zur Intonation von Modus und Fokus im Deutschen. Tübingen: Niemeyer, 245–266.

Oppenrieder, W. (1991): Zur intonatorischen Form deutscher Fragesätze. In: Reis, M./Rosengren, I. (Hgg.), Fragesätze und Fragen. Referate anlässlich der 12. Jahrestagung der Deutschen Gesellschaft für Sprachwissenschaft, Saarbrücken 1990, 243–261.

Pasch, R. (1991): Überlegungen zur Syntax und semantischen Interpretation von *w*-Interrogativsätzen. In: Deutsche Sprache 19, 193–212.

Peretti, P. (1993): Die Rückfrage. Formen und Funktionen eines Sprechhandlungstyps im Deutschen und Spanischen anhand eines Corpus der gesprochenen Gegenwartssprache. München: Iudicium.

Poschmann, C. (2008): All Declarative Questions are Attributive? In: Belgian Journal of Linguistics 22, 247–269.
Poschmann, C. (2009): Echo-Fragen. Eine fokusbasierte Metarepräsentations-Analyse. Dissertation, Universität Mainz.
Reis, M. (1990): Zur Grammatik und Pragmatik von Echo-w-Fragen. In: Sprache & Pragmatik 20, 1–72.
Reis, M. (1991a): Echo-w-Sätze und Echo-w-Fragen. In: Reis, M./Rosengren, I. (Hgg.), Fragesätze und Fragen. Referate anlässlich der 12. Jahrestagung der Deutschen Gesellschaft für Sprachwissenschaft, Saarbrücken 1990. Tübingen: Niemeyer, 49–76.
Reis, M. (1991b): Was konstituiert w-Interrogativsätze? Gegen Paschs Überlegungen zur Syntax und Semantik interrogativer w-Konstruktionen. In: Deutsche Sprache 19, 213–238.
Reis, M. (1992): Zur Grammatik und Pragmatik von Echo-w-Fragen. In: Rosengren, I. (Hg.), Satz und Illokution. Bd. I. Tübingen: Niemeyer, 213–261.
Reis, M. (2011): Echo Questions are WHAT? A Reply to Sobin 2011. Manuskript, Universität Tübingen.
Reis, M. (2012): On the Analysis of Echo Questions. In: Tampa Papers in Linguistics 3, 1–24. [http://www.tampalinguistics.org/thejournal.htm]
Rooth, M. (1992): A Theory of Focus Interpretation. In: Natural Language Semantics 1, 75–116.
Rost-Roth, M. (2006): Nachfragen. Formen und Funktionen äußerungsbezogener Interrogationen. Berlin: de Gruyter.
Sobin, N. (2010): Echo Questions and the Minimalist Program. In: Linguistic Inquiry 41, 131–148.
Thurmair, M. (1989): Modalpartikeln und ihre Kombinationen. Tübingen: Niemeyer.
Truckenbrodt, H. (2012a): Semantics of Intonation. In: Maienborn, C./von Heusinger, K./Portner, P. (Hgg.), Semantics: An International Handbook of Natural Language Meaning. Vol. 3. Berlin: de Gruyter, 2039–2069.
Truckenbrodt, H. (2012b): An Analysis of Prosodic F-Effects in Interrogatives: Prosody, Syntax and Semantics. Erscheint in Tomioka, S./Kitagawa, Y. (Hgg.), Sonderheft von Lingua.
Wunderlich, D. (1986): Echofragen. In: Studium Linguistik 20, 44–62.
Wunderlich, D. (1988): Der Ton macht die Melodie – Zur Phonologie der Intonation des Deutschen. In: Altmann, H. (Hg.), Intonationsforschungen. Tübingen: Niemeyer, 1–40.

Marga Reis

6 Imperativsatz

1 Beispiele
2 Terminologie
3 Markierungsebenen
4 Theoretische Probleme
5 Zusammenfassung
6 Literatur

1 Beispiele

Unter dem Typus des Imperativsatzes sind zunächst sämtliche selbstständige Sätze zu fassen, deren finites Hauptverb im Modus des Imperativs flektiert ist und damit den Vollzug eines Direktivs signalisiert. Der dort jeweils propositional angegebene Handlungsverlauf muss in seiner Umsetzung nicht unbedingt wie in den Beispielen (1a) bis (1f) im Interesse des Sprechers liegen. Er kann auch wie in den Beispielen (1g) bis (1l) ausschließlich oder zumindest hauptsächlich den Wünschen oder Bestrebungen des Adressaten entsprechen.

(1) a. Räumt sofort den Plunder weg! (Befehl)
    b. Rück das Geld 'raus! (Forderung)
    c. Wartet hier! (Anordnung)
    d. Lauft nicht durch die Blumenbeete! (Verbot)
    e. Fahr zur Hölle! (Verwünschung)
    f. Bring mir bitte ein Pfund Möhren mit! (Bitte)
    g. Lass dich dort bloß nicht auf üble Geschäfte ein! (Warnung)
    h. Versuche es mit dem ersten Lösungsweg! (Ratschlag)
    i. Bleib ruhig noch etwas länger! (Erlaubnis)
    j. Besorg dir lieber richtige Gummistiefel! (Empfehlung)
    k. Kommt doch einfach mit auf die Party! (Ermunterung)
    l. Werd schnell wieder gesund! (guter Wunsch)

Im Deutschen besitzen Imperativsätze meist, wie auch in den Beispielen (1a) bis (1l), eine Verb-Erst-Wortstellung. Thematische (vgl. (2a)) und kontrastiv fokussierte Phrasen (vgl. (2b)) und bestimmte Adverbien (vgl. (2c)) sind jedoch unter Umständen präverbal angeordnet.

(2) a. Auf Michi verlass dich lieber nicht!
    b. Den Nasenring kauf dir, nicht die Kette!
    c. Jetzt lauf schnell!

Das unbetonte imperativische Adressatensubjekt der 2. Person wird weder im Singular noch im Plural lexikalisch realisiert (vgl. (1)). Betonte Subjektpronomen der 2. Person Singular und Plural können jedoch in Imperativsätzen auftreten (vgl. (3)).

(3) a. Lauft ihr doch schnell zur Tanke!
    b. Bring du das hier mal in Ordnung!
    c. Du sei mal ganz still!

Sie- oder Höflichkeitsimperative werden ebenso wie Adhortative oftmals ebenfalls dem Typus des Imperativsatzes zugeordnet. Das finite Hauptverb von Höflichkeitsimperativen verfügt rein formal über die flexivische Markierung der 3. Person Plural Indikativ Präsens (vgl. (4a,b)) bzw. – insbesondere bei dem Verb *sein* – der 3. Person Plural Konjunktiv Präsens (vgl. (4c)) und geht dem entsprechenden lexikalisch realisierten Subjektpronomen der höflichen Anrede unmittelbar voran.

(4) a. Nun fahren Sie schon los!
    b. Verlassen Sie bitte den Raum!
    c. Seien Sie ganz beruhigt!

Anders als Höflichkeitsimperative sind Adhortative in ihrer direktiven Funktion eingeschränkt. Die Umsetzung des dort angegebenen Sachverhalts oder der entsprechenden Handlung liegt grundsätzlich auch im Interessenbereich der Adressatenmenge, da diese den Sprecher selbst stets miteinschließt. Das finite Hauptverb von Adhortativsätzen ist in der 1. Person Plural Konjunktiv (oder Indikativ) Präsens flektiert und befindet sich in der satzinitialen Position noch vor dem entsprechenden Subjekt der 1. Person Plural *wir* (vgl. (5)).

(5) a. Seien / sind wir doch mal ehrlich!
    b. Versuchen wir es später nochmal!
    c. Fangen wir also an!

Auch der sogenannte *dass*-Verb-Letzt-Imperativsatz und der adressatenbezogene Infinitiv zählen im Rahmen verschiedener Ansätze zu den Imperativsätzen. Sie sind in ihrer direktiven Verfügbarkeit insofern restringiert, als bei deren Verwendung die vom Sprecher ausgehende Dringlichkeitsbewertung des angegebenen Handlungsverlaufs zentral steht, während die persönliche Bereitschaft des Hörers und dessen Handlungsspielraum als marginal oder gar irrelevant eingestuft werden.

Das finite Hauptverb des *dass*-Verb-Letzt-Imperativsatzes besitzt die Form der 2. Person Singular oder Plural Indikativ Präsens (vgl. (6a,b)) oder die der 3. Person Plural Indikativ Präsens (vgl. (6c)) und kongruiert damit in satzfinaler Position mit seinem entsprechenden lexikalisch realisierten Subjektpronomen der 2. Person oder der 3. Person Plural in der höflichen Anrede.

(6) a. Dass du ja charmant zu meiner Chefin bist!
 b. Dass ihr auch auf die Ampel achtet!
 c. Dass Sie jetzt bloß nicht abhauen!

Die adressatenbezogene Infinitivkonstruktion besteht allein aus einer nicht-finiten Verbalphrase und ist daher ebenso wie der Imperativsatz, der über ein Hauptverb im Imperativ verfügt, im unmarkierten Fall „subjektlos". Bei dem Hauptverb im Infinitiv handelt es sich entweder wie in (7a,b) um einen reinen Infinitiv oder wie in (7c,d) um das Partizip Perfekt eines Partikelverbs.

(7) a. Liegen lassen!
 b. Kasse öffnen!
 c. Aufgestanden!
 d. Hingesetzt!

Sämtliche der unter diesem Punkt 1 genannten selbstständige Sätze zeichnen sich hinsichtlich ihrer spezifischen Intonation durch ein fallendes Grenztonmuster aus. An deren Äußerungsende ist die Tonhöhe grundsätzlich niedrig, wobei die entsprechende Intonationskurve vom Tonhöhenmaximum aus meist konvex verläuft (vgl. Oppenrieder 1988, Altmann 1993).

Da sowohl Adhortativsätze als auch *dass*-Verb-Letzt-Imperativsätze und adressatenbezogene Infinitive ein nicht-imperativisches Hauptverb besitzen und zudem in ihrer Verwendung jeweils nur einen Teilbereich des direktiven Funktionsspektrums ausfüllen, ist deren Zuordnung zum Satztyp des Imperativsatzes durchaus problematisch.

2 Terminologie

Die Begriffe „Imperativ" und „Imperativsatz" werden innerhalb der germanistischen Linguistik und generell innerhalb der deutschen Grammatikschreibung recht unterschiedlich definiert und kategorisiert. Sowohl bei der Bestimmung und Eingrenzung des Imperativs als Moduskategorie als auch bei der Einordnung des Imperativsatzes als spezifischer Satztyp treten deutliche Divergenzen zutage.

Für Altmann (1993) zum Beispiel sind Imperativsätze genau diejenigen satzwertigen Strukturen, die aufgrund des Zusammenspiels bestimmter formaler Merkmale, zu denen unter anderem Intonationseigenschaften, flexivische Merkmale und Stellungscharakteristika gehören, den Formtyp des „Imperativsatzes" im Satzmodussystem kennzeichnen und zudem für die Ausführung von Aufforderungssprechakten optimal geeignet sind. Alle in Punkt 1 aufgeführten finiten Sätze mit nicht-imperativischem Hauptverb ordnet Altmann (1993) dabei genauso dem Satztyp des Imperativs zu wie Sätze, deren Hauptverb im Imperativmodus flektiert und deren propositional angegebener Handlungsverlauf in seiner prospektiven Realisierung in irgendeiner Weise im Interesse des Sprechers liegt. Jung (1982: 519 ff.), fasst ebenfalls verschiedene imperativische und nicht-imperativische Strukturen, die dem Vollzug einer Aufforderung dienen, unter dem Begriff „Imperativsatz" bzw. „Imperativ" zusammen. Jung (1982) stellt allerdings klar, dass der Imperativ als verbaler Modus, dem seiner Einsicht nach lediglich die Formen der 2. Person Singular und Plural zuzuordnen sind, nicht nur die Handlung einer Aufforderung im engeren Sinne indiziert, sondern auch bei der Ausführung anderer Sprechakte zum Einsatz kommt.

Sowohl in Flämigs (1991: 216 f.) „Grammatik des Deutschen" als auch in der Duden-Grammatik (2005: 906 ff.) bildet der Imperativsatz hingegen eine deutlich abgrenzbare Untergruppe des Aufforderungssatzes. Gegenüber anderen Aufforderungssätzen zeichnet er sich dort dadurch aus, dass er ein Hauptverb im Imperativ aufweist. Dieses kann entweder durch eine reine bzw. eigentliche Imperativform oder aber durch eine nicht-rein imperativische Verbform repräsentiert werden. Als reine oder eigentliche Imperativformen gelten die Imperative der 2. Person. Adhortative und Höflichkeitsimperative werden den nicht-rein imperativischen Formen zugeordnet. Letztere werden aufgrund ihrer satzinitialen Positionierung aber dennoch als für den Satztyp des Imperativsatzes konstitutiv bewertet.

Ebenso wie in der „Deutschen Grammatik" von Helbig/Buscha (2007: 614 f.) findet der Imperativsatz als spezifischer Satztyp auch in der „IDS-Grammatik der deutschen Sprache" (Zifonun et al. 1997) keinerlei Erwähnung. Stattdessen behandelt man dort den Imperativ als denjenigen verbalen Modus, der die generellen formalen Charakteristika des Aufforderungssatztyps prägt und den das finite Hauptverb von Sätzen, die diesem Typ zuzuordnen sind, prototypischerweise trägt. Sowohl für Helbig/Buscha (2007: 614 f.) als auch für die Verfasser der IDS-Grammatik (1997: 652 ff.) besteht das Flexionsparadigma des imperativischen Modus aus der Form der 2. Person Singular Imperativ und der der 2. Person Plural Imperativ. Den Adhortativ und den Höflichkeitsimperativ betrachten sie als nicht-imperativische Aufforderungsformen. *Dass*-Verb-Letzt-Sätze und infinitivische Strukturen definieren Helbig/Buscha (2007) anders als Flämig (1991) und die Verfasser der Duden- (2005) und IDS-Grammatik (1997), die diese als Aufforderungssätze klassifizieren, als Konkurrenzformen oder Paraphrasierungen des Imperativs, welche zwar nicht dem Satztyp des Aufforderungssatzes angehören, aber dennoch für den Vollzug einer Aufforderung verwendet werden. Gemäß der IDS-Grammatik (1997) besteht eine Aufforderung grundsätzlich in der Übertragung eines Handlungs- oder Verhaltenskonzepts. Dieses wird vom Sprecher innerhalb der von ihm geäußerten Proposition definiert und ist von dem angesprochenen Adressaten obligatorisch oder optional umzusetzen. Bei Aufforderungen im engeren Sinne entspricht die Verwirklichung des propositional angegebenen Handlungs- oder Verhaltenskonzepts den Interessen des Sprechers bzw. derjenigen Instanz, dem der Sprecher Folge leistet. Bei Aufforderungen im weiteren Sinne orientiert sich der Sprecher bei der Angabe des Handlungs- oder Verhaltenskonzepts an den Interessen des Adressaten. Wie die Beispiele unter (1) belegen, können die unterschiedlichen Aufforderungstypen durch Sätze, welche über ein imperativisches Hauptverb der 2. Person verfügen, ausgeführt werden.

Da dementsprechend einerseits der Imperativ als Moduskategorie nicht notwendig mit dem illokutionären Akt der Aufforderung im engeren Sinne verknüpft ist, sondern auch für Sprachhandlungen verwendet wird, die üblicherweise nicht unmittelbar dem Sprechakt der Aufforderung zugeordnet werden, und da andererseits der Sprechakt der Aufforderung nicht notwendig eines Hauptverbs im Imperativ bedarf, sondern auch mithilfe von Indikativen und Konjunktiven vollzogen werden kann, erscheint es nicht unbedingt sinnvoll, eine strikte Korrelation zwischen imperativischem Modus und Aufforderungssprechakt zu postulieren. Diese Ansicht vertreten zumindest Donhauser (1986) und Rosengren (1992). Für sie sind Imperativsätze Sätze, die über ein Hauptverb im Imperativ der 2. Person verfügen und die demgemäß bestimmte semantisch-funktionale Eigenschaften besitzen.

Natürlich stellt sich in diesem Zusammenhang die Frage, um welche Eigenschaften es sich dabei handelt und inwiefern sich der Imperativ durch diese von den anderen verbalen Modi abgrenzt. Entscheidend ist sicherlich zunächst, dass sich der Imperativ als modale Flexionskategorie des deutschen Verbs im Gegensatz zu den beiden anderen verbalen Modi des Deutschen grundsätzlich auf der Ebene der deontischen Modalität bewegt. Im Gegensatz zur epistemischen Modalität (Lyons 1977: 794, Palmer 2001: 24 ff.), stellt sie stets einen Bezug zu einem bestimmten zukünftigen oder potentiellen Verhalten her (Jespersen 1924: 321).[1] Die Deontik bringt folglich mögliche oder notwendige Sachverhalte zum Ausdruck, die erst in die Existenz überführt werden können, sollen oder müssen (Lyons 1977: 823). Speziell bei der Verwendung des Imperativs fungiert der Sprecher als diejenige Instanz, welche über die Möglichkeit oder Notwendigkeit von propositional angegebenen Sachverhalten entscheidet und diese als Handlungs-

---

[1] Eine differenziertere Kategorisierung der Modalebenen nehmen u. a. Diewald (1999) und Palmer (2001) vor.

Vorgaben oder -vorschlägen an einen Adressaten richtet. Der Imperativ indiziert somit generell den Vollzug eines Direktivs. Laut Lyons (1977: 745f.) unterliegt die direktive Teilklasse der *mands*[2] bzw. – entsprechend der IDS-Kategorisierung – der Aufforderung im engeren Sinne dabei einer besonderen sprecherbasierten Gelingensbedingung. Der zu erreichende Zustand gilt demgemäß bei Befehlen, Verboten oder Bitten im Sinne des subjektiven Empfindens des Sprechers als notwendig und erstrebenswert. Andere Direktiva, wie Warnungen, Ratschläge, Erlaubnisse, Empfehlungen oder Ermunterungen, präsupponieren zwar ebenfalls die prinzipielle Fähigkeit des Angesprochenen, das propositional vorgegebene Verhalten an den Tag zu legen bzw. den angestrebten Zustand faktisch existent werden zu lassen, schaffen jedoch hinsichtlich der Erfüllenskonditionen eine Distanz zu den persönlichen Bedürfnissen des Sprechers. Für diesen liegen die in der Zukunft zu erlangenden Gegebenheiten lediglich im Bereich des Möglichen; als notwendig und wünschenswert erachtet sie allenfalls der Adressat (vgl. Wratil 2005: 21f.). Das subjektive Verlangen des Sprechers oder des Adressaten kann sogar die präsupponierte Möglichkeit seiner potentiellen Befriedigung überdecken. Dies ist insbesondere bei Verwünschungen und guten Wünschen der Fall, wo die Erreichbarkeit des persönlich begehrten Zustandes an Relevanz verliert (Donhauser 1986: 164ff., Wratil 2005: 26).

Während der Imperativ in zahlreichen Sprachen mit weiteren sprecherorientierten Modalmarkierungen der verbalen Flexionsmorphologie, wie zum Beispiel mit Prohibitiven, Admonitiven und Permissiven, welche jeweils einen Teilbereich der direktivischen Verwendungen abdecken (vgl. Bybee et al. 1994: 210f., Aikhenvald 2010: 203ff.), kookkurriert, vermag er im Deutschen als grammatisch voll funktionalisierte Modalkategorie das gesamte direktive Spektrum auszufüllen. Er kommt folglich nicht nur bei Aufforderungssprechakten sondern auch bei allen deontisch schwächeren Direktiva wie etwa bei Empfehlungen, Ratschlägen oder guten Wünschen zum Einsatz (Wratil 2005: 22ff.). Möchte man nun für das Deutsche den Imperativsatz als spezifischen Satztyp etablieren, so sollte sich dieser aufgrund seiner charakteristischen Formmerkmale ebenfalls über die gesamte direktive Klasse erstrecken. Wie die Erläuterungen der Beispiele in Punkt 1 deutlich machen, besitzen nur Sätze, deren finites Hauptverb im Modus des Imperativs flektiert, und Höflichkeitsimperative ein entsprechendes Illokutionspotenzial. Nur sie können demnach im Gegensatz zu den in Punkt 1 genannten Adhortativsätzen, *dass*-Verb-Letzt-Imperativsätzen, Infinitiven und allen übrigen

---

2 Lyons (1977) verwendet den ursprünglich auf den Behavioristen Skinner zurückgehenden Terminus *mand* als übergeordneten Ausdruck für die unterschiedlichen Sprechhandlungen, welche im Allgemeinen unter dem Begriff „Befehl" zusammengefasst werden.

als Befehl oder Aufforderung verwendeten Indikativ- und Konjunktivsätzen, tatsächlich dem Typus des Imperativsatzes zugeordnet werden.

3 Markierungsebenen

3.1 Flexionsmorphologie

In deutschen Imperativsätzen kommen die Verbformen der 2. Person Singular und Plural Imperativ und Höflichkeitsimperative bzw. Verben, die mit ihrem jeweils rechtsadjazent angeordneten Subjekt der höflichen Distanz *Sie* in der 3. Person Plural kongruieren, als Hauptverben zum Einsatz. Zumindest die erwähnten Formen der 2. Person sind als rein imperativisch und somit als dem Imperativparadigma uneingeschränkt zugehörig zu betrachten. Die Repräsentation des imperativischen Modus' als grammatische Kategorie wird bei ihnen nicht durch die morphologische Agglutination oder Fusion entsprechender Flexionsmerkmale bewerkstelligt, sondern erfolgt grundsätzlich in Form eines Nullausdrucks. Hierin stimmen sie mit den Imperativformen der meisten anderen indoeuropäischen Sprachen überein. Gemäß Bybee (1990) erreichte der Imperativ dort als unmarkierter Modus der deontischen Modalität unmittelbar den Status eines direktiven Illokutionsindikators. Als solcher bedurfte er anfangs keinerlei weiteren flexivischen Spezifikation, erlaubte aber in späteren Sprachperioden vielfach die Affigierung flexivischer Kodierungen bestimmter Verbalkategorien, wie zum Beispiel des Aspekts (vgl. (8a)), des Verbalgenus (vgl. (8b)) und, wie etwa im Deutschen, der Subjektnumeruskongruenz (vgl. (8c)).

(8) a. Smotri!; Posmotri![1] (Russisch)
schau(IMP) PERF-schau(IMP)
‚Schau!'; ‚Schau! / Du musst schauen.'

b. Paideyei!; Paideyoy! (Altgriechisch)
erziehe(IMP) erziehe(IMP)-passiv
‚Erziehe!'; ‚Werde erzogen!'

c. Schreib!; Schreibt!

---

[1] Die folgenden Symbole und Glossierungen werden in den Beispielsätzen verwendet: * = ungrammatisch;1 = 1. Person; 2 = 2. Person; 3 = 3. Person; AUX = Auxiliar; DET = Determinant; IMP = Imperativ; KL = Klitikum: KONJ = Konjunktiv; NEG = Negationsmarker; NEGAUX = Negationsauxiliar; OBJ = Objektkongruenz; PASSIV = Passiv; PERF = Perfektiv; PL = Plural; PRON = Pronomen; SG = Singular

Prinzipiell ausgeschlossen blieben dabei aufgrund der bereits modalimmanent kodierten Adressatenbezugnahme und Prospektivität allerdings von Anfang an morphologische Markierungen der Subjektpersonenkongruenz und des Tempus.

Im Deutschen sind die singularischen Imperative noch heute mit ihrem entsprechenden Präsensstamm formal identisch (vgl. (9a)). Sie können jedoch teilweise fakultativ ein weiteres Endungsschwa zu sich nehmen (vgl. (9b,c)).

(9) a. Geh weg!
 b. Rat(e) mal!
 c. Sorge dich nicht!

Bei diesem handelt es sich aus sprachhistorischer Sicht nicht etwa um ein spezifisch imperativisches oder anderes modales Flexiv, sondern viel eher um einen Themavokal, der auf die charakteristischen Konjugationskennlaute der schwachen Verben des Indoeuropäischen zurückgeht und dort bei deren Imperativierung in Abgrenzung zu den starken Verben obligatorisch an den präsentischen Stamm suffigiert wurde (vgl. Paul et al. 1998: 238ff.). Dessen An- bzw. Abwesenheit richtet sich bei der neuhochdeutschen Imperativbildung hauptsächlich nach der einheitlichen Prosodie des entsprechenden Konjugationsmusters (Raffelsiefen 1995: 33ff.). Sobald demnach der überwiegende Anteil der morphologisch unterschiedenen Präsensformen im Indikativ eines Verbs und dessen Infinitiv zusammen mit der letzten Silbe des Verbstamms phonotaktisch einsilbig realisiert ist, kann im Zuge des paradigmatischen Ausgleichs das stammbildende Suffix der entsprechenden singularischen Imperativform weggelassen werden. Dominiert hingegen bei den angegebenen Flexionsformen aufgrund eines niedrigen Sonoritätsgrades des Stammauslauts Zweisilbigkeit, so entfällt in der Regel die Apokope des Endungsschwas.

Eine Vokalhebung in Kombination mit einem obligatorischen Wegfall des auslautenden Schwas findet sich nur noch bei starken Verben mit präsentischem *e-i*-Wechsel (vgl. (10)).[2]

(10) a. Nimm!
 b. Hilf!
 c. Gib!

---

[2] Aufgrund dieser von den anderen Verben abweichenden Imperativbildung könnte man hier unter Umständen von einer speziellen morphologischen Imperativmarkierung sprechen. Die Imperativierung von *werden* vollzieht sich jedoch mittlerweile unter Verbleib des Themavokals ohne die Vokalhebung des präsentischen Paradigmas.

Im Plural ist die imperativische Verbform des Deutschen mit der entsprechenden, ebenfalls modalmorphologisch unmarkierten Form der 2. Person Plural Indikativ Präsens grundsätzlich homonym (vgl. (11)).

(11) a. Ihr kommt.; Kommt!
b. Ihr helft.; Helft!

Höflichkeitsimperative besitzen eine andere morphosyntaktische Repräsentation als die genannten imperativischen Formen der 2. Person Singular und Plural. Dies äußert sich darin, dass sie zum einen Subjektkongruenzmorpheme der 3. Person Plural tragen und damit rein formal mit einem Nicht-Adressaten kongruieren (vgl. (12a)) und dass sie zum anderen die Auslassung bzw. Nullrealisierung ihres Subjekts grundsätzlich verbieten (vgl. (12b)).

(12) a. Folgen Sie mir!
b. *Folgen mir!

Ursprünglich entstammen Höflichkeitsimperative dem Paradigma des Konjunktiv I. Hierin verhält sich das Deutsche ähnlich wie außerordentlich zahlreiche andere indoeuropäische, aber auch nicht-indoeuropäische Sprachen. Auch dort werden in Kontexten, in denen eine höfliche Distanz erwünscht oder geboten ist, anstatt Verben im Imperativ zunächst konjunktivische Formen eingesetzt. Ebenso wie der Imperativ indiziert auch der Konjunktiv Nicht-Faktizität. Er entzieht sich daher der unmittelbaren Wahrheitswertentscheidung und damit der Verwendbarkeit in rein assertiven Äußerungen (Palmer 2001: 4). Anders als der Imperativ befindet er sich aber auf der epistemischen Modalebene (vgl. Bybee et a. 1994: 177ff.). Dort signalisiert er, dass die ausgedrückte Proposition zwar in einer möglichen, jedoch nicht in der aktuell vorliegenden Welt wahr ist bzw. deren Wahrhaftigkeit vom aktuellen Sprecher aus gesehen nicht definitiv bestätigt werden kann (vgl. Diewald 1999: 182ff.). Durch diesen Wechsel von der deontischen auf die epistemische Ebene in Kontexten der höflichen Distanz wird über konversationelle Implikaturen zunächst eine Verminderung der Autorität des Sprechers und ein gesteigerter Respekt vor der Handlungsfreiheit des Hörers erreicht. Aufgrund der gesteigerten Inanspruchnahme des Konjunktivs bei deontisch starken Direktiven ist diese Inferenz jedoch inzwischen weitestgehend verloren gegangen. Man kann daher davon ausgehen, dass Höflichkeitsimperative bereits ein eigenständiges modales Paradigma konstituieren, dessen Formen zum allergrößten Teil mit denjenigen des Indikativ Präsens homonym sind bzw. diesen sogar vollständig entsprechen.[3]

---

[3] Laut Altmann (1993) können Höflichkeitsimperative grundsätzlich durch eindeutig indikativische Formen repräsentiert werden (*Seien / Sind Sie doch vernünftig!*).

3.2 Reihenfolgemerkmale

Der Imperativsatz des Deutschen besitzt üblicherweise eine Verb-Erst-Struktur. Das finite Hauptverb befindet sich demgemäß dort im unmarkierten Fall – ähnlich wie etwa auch bei Verb-Erst-Interrogativsätzen – in satzinitialer Position, wo es innerhalb des linksperipheren Fokusbereichs den Mitteilungsschwerpunkt des Satzes bildet. Dennoch ist es im deutschen Imperativsatz möglich, noch vor dem Hauptverbelement ein Vorfeld zu etablieren.

So können Pronominal- und bestimmte Temporaladverbien (vgl. (13a,b)) ebenso wie topikalisierte Akkusativ- (vgl. (13c)), Dativ-, und Präpositionalobjekte (vgl. (13d)) vor dem Verb im Imperativ angeordnet sein und damit eine dem Deklarativsatz entsprechende Verb-Zweit-Struktur konstituieren (vgl. Winkler 1989: 69).

(13) a. Darum frag endlich!
 b. Jetzt lass ihn!
 c. Die Klamotten bring hierher!
 d. Von der lass dir nichts erzählen!

Ebenfalls finden sich konjunktional eingeleitete Konditionalsätze und verschiedene Temporalsätze im Vorfeld (vgl. Donhauser 1986: 74) (vgl. (14a,b)). Wie (14c) illustriert, können diese auch eine linksversetzte Position einnehmen.

(14) a. Falls Sie bereits ein Ticket haben, melden Sie sich bitte bei mir an!
 b. Bevor du Panik schiebst, geh lieber selbst zum Prüfungsamt!
 c. Wenn du mal wieder im Lande bist, dann komm einfach vorbei!

Eine gewisse Markiertheit bringt die Voranstellung von Modaladverbien mit sich (vgl. (15a)). Grundsätzlich betont sind zudem lexikalisch realisierte Imperativsubjekte der 2. Person Singular in satzinitialer Position (Rosengren 1992) (vgl. (15b)). Das gilt auch für die Imperativsubjekte der 2. Person Plural. Im Gegensatz zu den singularischen Pronomen erlauben diese aufgrund der formalen Übereinstimmung der pluralischen Imperativform mit der Indikativform der 2. Person Plural im Präsens aber nur in höchst begrenztem Umfang eine imperativische Lesart des Gesamtsatzes. Äußerungen wie (15c) werden, wie Oppenrieder (1987: 170) feststellt, kontextunabhängig als Deklarative analysiert.

(15) a. LEIse geh in sein Zimmer!
 b. DU mach mal halblang!
 c. IHR geht mal vom Gas!

Entsprechendes lässt sich auch bei Verb-Zweit-Imperativsätzen mit overtem postverbalen Subjektpronomen der 2. Person Plural und generell bei Verb-Zweit-Höflichkeitsimperativen beobachten (vgl. (16)). Da letztere eine dem Indikativ bzw. Konjunktiv formal entsprechende finite Verbform aufweisen und die lexikalische Realisierung ihres Subjekts stets fordern, bleibt ihnen in aller Regel eine Interpretation als Imperativsatz verwehrt.

(16) a. Dann schreibt ihr einen Leserbrief.
b. Die CDs werfen Sie in die Tonne.

3.3 Modalpartikeln

Durch die Einsetzung von Modalpartikeln wird die deontische Stärke des durch die Äußerung eines Imperativsatzes vollzogenen Direktivs reguliert. So können die Partikeln *bloß* und *ja* als deontische Intensivierer betrachtet werden. Sie verweisen auf die Notwendigkeit des propositional angegebenen Handlungsverlaufs. Im Falle von *bloß* geschieht dies durch eine Beschränkung des Alternativenraums (Ickler 1994). Der Sprecher zeigt an, dass er aus den dem Adressaten zur Verfügung stehenden, prospektiven Handlungen oder Verhaltensweisen genau eine als entweder für ihn selbst oder für den Angesprochenen notwendig und erstrebenswert erachtet und sich dementsprechend auf den Sprechakt der Forderung, des Verbots oder der dringenden Warnung beschränkt (vgl. (17)).[4]

(17) a. Hau bloß ab!
b. Seien Sie bloß vorsichtig!

Mit der Verwendung von *ja* hingegen signalisiert der Sprecher, dass er das seiner Meinung nach im pragmatischen Prätext bereits angelegte Vorhaben absolut befürwortet (vgl. Diewald 1997: 95) und alle anderen Handlungsalternativen ausschließt (vgl. (18)). Aufgrund der obligatorischen Betonung von *ja* wird in Abgrenzung zu der unbetonten Verwendung von *ja* in anderen Satztypen dieser Kontrastbezug zu jeglichen Handlungsoptionen (Meibauer 1994: 94) zusätzlich markiert.

(18) a. Sei ja pünktlich!
b. Bleiben Sie ja, wo Sie sind!

---

[4] Die Dringlichkeit der auszuführenden Handlung wird durch die Betonung der Partikel verstärkt (Thurmair 1989: 245, Winkler 1989: 99).

Eine deontische Abschwächung wird durch Partikeln wie *mal, doch* und *halt* erreicht. Sie drücken aus, dass die Realisierung des jeweils angegebenen Sachverhalts aus der Sicht des Sprechers zwar nicht unbedingt oder unmittelbar notwendig ist, aber dennoch durchaus stattfinden kann, solange es den Interessen und Bedürfnissen des Adressaten entgegenkommt oder diese zumindest nicht einschränkt. Die Modalpartikel *mal* zeigt an, dass der Sprecher den für die Ausführung der propositional angegebenen Handlung vorgesehenen Zeitpunkt bewusst offen lässt (vgl. Meibauer 1986) (vgl. (19a)). Er erweitert damit den Handlungsspielraum mitunter soweit, dass seine eigene Bewertung des zu realisierenden Sachverhalts und sogar dessen reale Umsetzung in den Hintergrund rücken. Im Falle der Partikel *doch* wird die Distanz zu den persönlichen Bestrebungen des Sprechers durch einen immanenten Wider- oder Einspruch aufgebaut (Ickler 1994). Durch ihre Verwendung macht der Sprecher ein im pragmatischen Prätext dem Adressaten vermeintlich auferlegtes Gebot oder Verbot rückgängig und erzielt damit eine Erlaubnis oder Ermunterung (vgl. (19b)). Mittels der Einsetzung von *halt* hingegen entzieht sich der Sprecher der Bewertung des propositional angegebenen Handlungsverlaufs und verzichtet damit explizit auf eine Bevormundung des Adressaten (vgl. (19c)).

(19) a. Überleg mal!
b. Frag ihn doch!
c. Dann gehen Sie halt!

4 Theoretische Probleme

4.1 Imperativierbarkeit

Nicht alle Verben können imperativiert werden oder Höflichkeitsimperative bilden und dementsprechend als Hauptverben in Imperativsätzen auftreten. Zu den nicht-imperativierbaren Verben zählen laut Vendler (1967: 97ff.) und Dowty (1979: 55) unter anderem statische Verben, also Verben, die einen nicht aktiv änderbaren Zustand physischer oder psychischer Art bezeichnen und daher durch eine fehlende Volitionalität und Kontrollierbarkeit seitens des Subjekts charakterisiert sind. Für Brinkmann (1971: 347ff.), Erben (1980: 115) und die Verfasser der Duden-Grammatik (2005: 549) sind sogar sämtliche Verben, bei denen die Ausführung des von ihnen bezeichneten Handlungsverlaufs nicht unter der Kontrolle des Subjektaktanten steht, von der Imperativierung ausgeschlossen oder zumindest in ihrer Imperativform unüblich.

Dass demnach nur dynamische Verben, die an ihr externes Argument eine Agens-Theta-Rolle vergeben, in kanonischen Imperativsätzen regulär vorkommen, lässt sich aber nicht feststellen. Verben, deren Subjekte eine nicht-agentivische Rolle zugewiesen bekommen, können, gleichgültig über welche Ereignisstruktur sie verfügen, ebenso eine Imperativform annehmen bzw. das Hauptverb von Höflichkeitsimperativen bilden (vgl. (20a,b)) wie Verben, die als Vorgangs- oder Handlungsverben stets einen agentivisch beeinflussbaren Zustandswandel oder -wechsel implizieren (vgl. (20c,d)).

(20) a. Erkälten Sie sich nicht!
b. Wach auf!
c. Such den Knochen!
d. Laufen Sie nicht weg!

Sogar analytische Passiv- und Perfektbildungen werden, obgleich sie schon gemäß ihrer funktionalen Bestimmung das Agens-Argument als gegenwärtigen Initiator einer Handlung in den Hintergrund verschieben, durchaus bisweilen imperativiert oder als Höflichkeitsimperative verwendet (vgl. (21)).

(21) a. Werden Sie erst einmal zum Ministerpräsidenten gewählt, mein lieber Herr Vogt!
b. Hab gefälligst bis morgen den Kram erledigt!

Verben, die nicht dazu befähigt sind, ihrem syntaktischen Subjekt eine Theta-Rolle zuzuweisen und damit auch keine semantische Grundlage für einen direktiven Adressatenbezug zur Verfügung stellen, können allerdings tatsächlich niemals in Imperativsätzen als Hauptverb eingesetzt werden. Zu derartigen Verben gehören Anhebungsverben (vgl. (22a)) und Impersonalia (vgl. (22b)).

(22) a. *Schein Susi zu verstehen!
b. *Grau dir vor dem ersten Schultag!

In der Regel ebenfalls ausgeschlossen sind Modalverben, die innerhalb der epistemischen oder deontischen Domäne eine rein modale Funktion übernommen haben. Sie verursachen in Imperativsätzen entweder eine Inkompatibilität oder aber ein Redundanzverhältnis zwischen dem grammatisch kodierten Modus des Verbalelements und dessen semantisch definierten Modalität (Wratil 2005: 38ff.) (vgl. (23)).

(23) a. *Soll ein Experte auf dem Gebiet der Quantenmechanik sein!
b. *Darf den Bräutigam küssen!

Dennoch existieren im Deutschen Imperativformen deontischer Modalverben. Diese finden sich in sogenannten konditionalen Imperativen – also in syndetischen oder asyndetischen Satzverbindungen, in denen der Imperativsatz mit einem indikativischen Satz verknüpft ist (vgl. (24)).[5]

(24) a. Soll du mal bei der nächsten Olympiade drei Goldmedaillen gewinnen, und du wirst merken, was Stress wirklich bedeutet.
b. Darf du erst mal alle Sorten kostenlos probieren, dann wirst du merken, wie schwer man widerstehen kann.

Der konditionale Charakter derartiger Äußerungen besteht darin, dass der Indikativsatz stets eine Konsequenz der im Imperativsatz formulierten Proposition wiedergibt und daher, obwohl keine konditionale Struktur im eigentlichen Sinne vorliegt, oftmals eine Paraphrasierung durch einen Konditionalsatz erlaubt. Clark (1993) spricht hierbei auch von „Pseudoimperativen", weil der Imperativ dieser Konstruktionen dadurch, dass er sich mit einem Teilsatz der epistemischen Modalität zu einer semantischen Einheit verbindet, seinen Direktivstatus verliert. Die Imperativsätze konditionaler Imperative repräsentieren somit keine persönliche Aufstellung von Handlungskonditionen an einen Adressaten, sondern bringen, so Rosengren (1992) und Kaufmann (2012: 212ff.), in Kombination mit ihrem koordinierten oder superordinierten Indikativsatz eine mögliche Folgebeziehung zum Ausdruck.

4.2 Fehlende Einbettbarkeit

Die Imperativsätze des Deutschen können zwar, wie dies bereits in 3.2. (14a,b,c) deutlich wurde, als superordinierte Strukturen subordinierte Sätze zu sich nehmen. Sie selbst können aber, solange es sich bei deren Hauptverb um ein rein imperativisches Verb der 2. Person handelt, grundsätzlich nicht eingebettet werden (vgl. Rosengren 1992, Wratil 2000). Die folgenden Sätze in (25) sind dementsprechend ungrammatisch.

(25) a. *Petra bittet dich, dass hol sie vom Bahnhof ab.
b. *Petra bittet dich, dass sie vom Bahnhof abhol.
c. *Petra bittet dich, hol sie vom Bahnhof ab.[6]

---

[5] Nicht alle Muttersprachler des Deutschen empfinden konditionale Imperative als grammatisch. Laut Fries (1992) existieren zudem konditionale Imperative, deren imperativischer Teilsatz kein Modalverb beherbergt (Iss das und du wirst krank!).
[6] Der Satz (25(c)) ist nur akzeptabel, wenn der nachgeordnete Imperativsatz als Äußerung der direkten Rede fungiert und nicht den Status eines abhängigen Satzes besitzt. Eine Referenzidentität von *Petra* und *sie* ist daher ausgeschlossen (Wratil 2000).

Auch in vielen anderen Sprachen sowohl innerhalb als auch außerhalb des indoeuropäischen Sprachraums zeichnen sich Imperativsätze durch ihre fehlende Einbettbarkeit aus. Han (2000: 115ff.) nimmt sogar an, dass die Subordinationsunfähigkeit ein universelles Charakteristikum imperativischer Strukturen darstellt und begründet diese mit den speziellen syntaktischen Eigenschaften des imperativischen Modus. Ihrer Einsicht nach verfügen rein imperativische Strukturen universell über einen satztypenspezifizierenden Imperativoperator, der innerhalb der linken Satzperipherie angeordnet ist und dort Direktivität kodiert. Dieser blockiert, so Han (2000), dadurch dass er das imperativische Verb stets zu einer Bewegung in die satzinitiale Position veranlasst, die Einsetzung jeglicher nebensatzeinleitender Konjunktionen. Tatsächlich befindet sich die Imperativverbform des Deutschen stets in der linken Satzklammer. Sie besetzt damit diejenige Kopfposition, in der nicht nur generell die finiten Verben von Verb-Zweit-Strukturen landen, sondern auch Subjunktionen basisgeneriert sind.

Doch stellt das Deutsche hierdurch gemeinsam mit den anderen modernen germanischen Sprachen und den modernen romanischen Sprachen einen Sonderfall dar. In den allermeisten natürlichen Sprachen verhalten sich imperativische Verben syntaktisch wie die Verben aller anderen Modi auch. Sie sind dementsprechend dort in der kanonischen Position des finiten Verbs angeordnet. Je nach zugrundeliegender Grundwortstellung sind sie folglich satzfinal (vgl. (26a)), satzmedial (vgl. (26b)) oder satzinitial (vgl. (26c)) positioniert (Wratil 2005: 89ff.).

(26) a. Mayaa praj naa knigalarni közit! (Chakassisch (SOV))
 mir alle neu Bücher zeig(IMP)
 ‚Zeig mir alle neuen Bücher!'

 b. Ti izpej edna pesen! (Bulgarisch (SVO))
 du PERF-sing(IMP) ein Lied
 ‚Sing du ein Lied!'
 Rechte
 ‚Nehmt die erste Straße auf der rechten Seite!'

 c. Cymerwch y stryd gynta ar y dde (Walisisch (VSO))
 nehm(IMP)-PL DET Straße erste auf DET Rechte
 ‚Nehmt die erste Straße auf der rechten Seite!'

Eine generelle Blockierung der Nebensatzeinleitung erreichen sie damit nicht. Zudem lassen sich Imperative in einer Reihe von Sprachen sehr wohl einbetten – wie zum Beispiel im Ungarischen (vgl. (27a)), im Amharischen, im Japanischen, im Malagasy und sogar innerhalb des indoeuropäischen Sprachraums im Slovenischen, Altgriechischen und Altisländischen (vgl. (27b)) (Rögnvaldsson 2003, Wratil 2005: 84 f., Kaufmann 2012: 196 ff.).[7] Insbesondere im Altisländischen sind die Verbstellungscharakteristika imperativischer Hauptsätze geradezu identisch mit denjenigen des modernen Deutschen.

(27) a. Kérlek,   hogy válaszolj   már végre!   (Ungarisch)
        bitt-2SG OBJ dass antwort-IMP doch endlich
        *‚Ich bitte dich, dass antworte doch endlich!'

   b. ... en það vil   eg við þig mæla, ...,
        aber das woll-1SG ich mit dir sprechen

        að   þú ver   með mér þar   (Altisländisch)
        dass du sei (IMP) mit mir dort
        *‚ ... aber das will ich dir sagen, ..., dass bleib du dort bei mir ...'
        (Eyrbyggja saga, p. 557)

Hans (2000) These von dem universell linksperipher angeordneten Imperativoperator und der damit einhergehenden grundsätzlich strukturell blockierten Subordination kann somit nicht verifiziert werden. Dass imperativische Nebensätze dennoch in der Tat relativ selten vorkommen, ist allerdings unbestritten und hat, so Kaufmann (2012), vermutlich vornehmlich rein semantische Ursachen. In Anlehnung an Portner (2005) geht sie davon aus, dass Imperativsätze grundsätzlich ein Null-Modalverb enthalten, welches mit lexikalisch realisierten Modalverben in komplementärer Verteilung auftritt und rein performativ charakterisiert ist. Da nun subordinierte Sätze bezüglich ihres performativen Status von ihren jeweils übergeordneten Sätzen abhängig sind, können Imperativsätze nur dann eingebettet werden, wenn bereits in deren superordinierten Strukturen der Vollzug eines direktiven Sprechaktes – etwa durch eine performative Formel (vgl. (27a)) – explizit angezeigt wird. Durch diese Art der Satzverknüpfung entsteht hinsichtlich der Markierung der Direktivität eine Redundanz, welche in außerordentlich vielen Sprachen obligatorisch unterbunden wird.

---

[7] Sogar im Deutschen treten bis zur mittelhochdeutschen Periode vereinzelt subordinierte Imperativsätze auf. Dies gilt vor allem für Imperativsätze mit dem imperativierten Hauptverb *tuo* (‚tu') (vgl. Grimm 1864: 338ff) (*ich sage dir, Tristan, waz du tuo* (Trist. 86,6)).

4.3 Das Imperativsubjekt

Die durch den Gebrauch des imperativischen Modus hervorgebrachten Interaktionsbedingungen sind, wie bereits in Punkt 2 deutlich wurde, genuin adressatenbezogen. Durch die Formulierung eines Imperativsatzes signalisiert der Sprecher, dass er die Realisierung eines erwünschten Sachverhalts demjenigen anheimstellt, der Adressat dieser Sprechhandlung ist. Folglich sollte Letzterer in der betreffenden Äußerung möglichst derart kodiert sein, dass eine entsprechende Direktivinterpretation seitens des Hörers notwendig zustande kommt. Nichtsdestotrotz besteht die wohl herausragendste syntaktische Eigenart von Imperativstrukturen darin, dass sie, falls ihr Hauptverb rein imperativisch ist, die explizite Angabe des Adressaten grundsätzlich nicht einfordern (vgl. (28)).[8] Der Imperativ wird daher vielfach als „subjektlos" bezeichnet (vgl. Schmerling 1975, Rosengren 1992).

(28) a. Hilf Ø ihr doch mal! (Deutsch)
 b. Reste Ø à la maison! (Französisch)
    bleib(IMP) in dem Haus
    ‚Bleib zu Hause!'
 c. Ø pridite k nam! (Russisch)
    komm(IMP)-PL zu uns
    ‚Kommt zu uns!'

Nominativische Personalpronomen der 2. Person können allerdings dennoch meistenteils in die Imperativstrukturen der betreffenden Sprachen eingesetzt werden. Dies gilt aber nur für starke Pronomen. Schwache Pronomen und Subjektklitika sind hiervon, wie das westflämische Beispiel in (29a) illustriert, strikt ausgeschlossen. In den germanischen und romanischen Sprachen besetzen die lexikalisch realisierten Subjektpronomen in der Regel die topologische Position hinter der Imperativverbform (vgl. (29a,b)) (im Englischen befinden sie sich dementsprechend unmittelbar rechts von dem Imperativauxiliar do bzw. don't (vgl. (29c)). Im Falle ihrer kontrastiven Fokussierung können sie diesem dort aber auch vorangestellt werden (vgl. (29b,c)).

(29) a. Goa gie mo! /*Goa-je mo! (Westflämisch)
    geh(IMP) du mal geh(IMP)-KL(PRON) mal
    ‚Geh du mal!'
 b. Heirate du sie! / DU heirate sie! (Deutsch)

---

[8] Dies gilt allerdings längst nicht für alle natürlichen Sprachen (vgl. Zhang 1990: 157 ff., Wratil 2005: 220).

c. Don't   you lie to me. /YOU don't   lie to me.   (Englisch)
   NEGAUX(IMP) du lüg zu mir du   NEGAUX(IMP) lüg zu mir
   ‚Lüg du mich nicht an! Du lüg mich nicht an!'

Neben subjektivischen Personalpronomen der 2. Person treten in imperativischen Strukturen auch bisweilen nominativische Quantorenausdrücke der 3. Person auf (vgl. (30)).[9] Diese referieren laut Davies (1986: 140) und Donhauser (1986: 128f.) auf eine Sub- oder Supergruppe der zum Äußerungszeitpunkt angesprochenen Adressatenmenge und sind daher mit dem modalimmanent kodierten Adressatenbezug des Hauptverbs im Imperativ kompatibel. Speziell Donhauser (1986: 124ff.) macht zusätzlich den ihrer Einsicht nach vorliegenden verbalen Sonderstatus der imperativischen Modalkategorie für die Grammatikalität derartiger Strukturen wie (30a), (30b) und (30c) verantwortlich. Sie bewertet Imperativverbformen insofern als semifinit, als sie zwar über eine distinktive Numerus- jedoch über keine spezifische Personmarkierung verfügen.

(30) a. Schmeiß einer die Chips 'rüber!
    b. Nimm sich doch bitte jeder ein Hütchen!
    c. Lauf bitte ja niemand weg!

Dass derartige nominativische Elemente wie die Pronominalausdrücke in (29) und (30) tatsächlich einen reinen Subjektstatus besitzen, wird zumindest von Platzack/Rosengren (1998) bestritten. Ihrer Meinung nach stellen Imperativsätze aufgrund ihrer speziellen modalen Zuordnung grundsätzlich keine strukturelle Position für syntaktische Subjekte zur Verfügung. Die kanonische Subjektlosigkeit von Imperativen ist sonach durch deren modusbedingt verarmten Strukturaufbau begründet. Bei den nominativischen Ausdrücken in (29) und (30) handelt es sich laut Platzack/Rosengren (1998) dementsprechend um strukturell nicht notwendige Repräsentationen des Adressaten. Sie besitzen, so Platzack/Rosengren (1998), lediglich eine rein vokative Funktion.

Genau dies lässt sich aber keineswegs bestätigen. In seinem Gebrauch dient der Vokativ ausschließlich der Kennzeichnung der durch den Sprecher angeredeten Person oder Personen und findet dabei sowohl bei Imperativsätzen als auch bei allen anderen Satztypen Verwendung (vgl. (31)).

---

9 Einige Muttersprachler des Deutschen empfinden auch Imperativsätze mit nicht-pronominalen Imperativsubjekten der 3. Person wie zum Beispiel *Trag ein starker Kerl die Koffer!* als durchaus akzeptabel. Zur Referenz, Interpretation und zum syntaktischen Status derartiger Imperativsubjekte siehe Potsdam (1998: 210ff.).

(31) a. Mama, der Alex hat mich schon wieder geschubst.
   b. Die da, mein lieber Thomas, kriegst du nie.
   c. Kommst du auch mit, Lisa?

Als extraponierte Elemente haben Vokativkonstituenten, unabhängig von deren Positionierung, grundsätzlich keinen Einfluss auf die semanto-syntaktischen Verhältnisse der konvergenten Gesamtkonstruktion. Sie erhalten dementsprechend eine durch Sprechpausen gekennzeichnete, separate Intonation und darüber hinaus, zumindest in den neueren indogermanischen Sprachen, eine orthographische Abgrenzung durch Kommata. Vokative können dementsprechend im Prinzip beliebig die initiale (vgl. (31a)), mediale (vgl. (31b)) oder finale Position (vgl. (31c)) im Satz einnehmen. Im Gegensatz zu den positional wesentlich restringierteren aber vollständig integrierten syntaktischen Subjekten befinden sie sich aber stets außer Stande satzinterne Abhängigkeits- oder Bindungsverhältnisse einzugehen (Wratil 2000). So können zwar die Imperativsubjekte *du* und *einer* in (32a) und (32b) die jeweiligen hinsichtlich ihrer Person-, Numerus- und Genuskodierung übereinstimmenden Reflexivpronomen *dich* und *sich* an sich binden; die Vokativkonstituente *Susi* vermag, wie die Beispiele (32c) und (32d) illustrieren, jedoch nichts dergleichen.

(32) a. Mach du_i $dich_i$ mal locker!
   b. Mach $sich_i$ mal $einer_i$ locker!
   c. *$Susi_i$, mach $sich_i$ mal locker!
   d. $Susi_i$, mach $dich_i$ mal locker!

Indem Vokative den jeweils Angesprochenen benennen, legen sie den Adressaten der formulierten Äußerung genau auf diesen fest. Sie stellen somit grundsätzlich eine Beziehung zu der gesamten Adressatenmenge her. Anders als integrierte Imperativsubjekte wie *einer* und *jeder* in (30a) und (30b) können sie keine Sub- oder Supergruppe des Adressaten herausbilden (vgl. (33)).

(33) a. *Einer, gib die Chips 'rüber!
   b. *Nimm sich ein Stück Himbeertorte, jeder!

4.4 Subjektlosigkeit

Wie die Erörterungen in 4.3. zeigen, scheint es nicht unbedingt von Vorteil zu sein, den integrierten nominativischen Ausdrücken von Imperativsätzen ihren Subjektstatus abzusprechen. Jedoch stellt sich unweigerlich die Frage, wie dann eigentlich derartige „subjektlose" Imperativsätze wie (28a) bis (28c) zu analysieren sind. Zunächst einmal könnte man, wie dies von typologischer Seite auch üblicherweise praktiziert wird (vgl. u. a. Palmer 2001, Aikhenvald 2010), davon ausgehen, dass derartige Sätze gar kein eigenständiges syntaktisches Subjekt besitzen, sondern dass dort vielmehr die verbale Flexionsmorphologie selbst den Referenzbezug zum Adressaten herstellt. In Anbetracht der Tatsache, dass gerade Imperativverbformen in zahlreichen Sprachen, wie auch im Deutschen, jede morphologisch repräsentierte Modus- und Personmarkierung vermissen lassen, ist diese Annahme zumindest problematisch. Weiterhin scheint auch die Subjekthaftigkeit von imperativischen Nominativkonstituenten nicht unbedingt mit einem modusimmanenten Imperativsubjekt vereinbar zu sein. Wenn nämlich lexikalisch realisierte Imperativsubjekte de facto theta-markiert sind und dementsprechend als externe Argumente nominativischen Kasus zugewiesen bekommen, dann muss in kanonischen „subjektlosen" Imperativsätzen ebenfalls eine externe Argumentposition vorhanden sein, die von einer entsprechenden Subjektkategorie gefüllt wird. Wie die Beispiele in (34) deutlich machen, ist diese auch tatsächlich in der Lage entsprechende grammatische Koreferenz- und Kontrollrelationen im Satz zu manifestieren. So können auch in „subjektlosen" Imperativsätzen Reflexiva durch ihr syntaktisches Subjekt gebunden (vgl. (34a,b)) und Kontrollinfinitive von einem subjektkontrollierenden Matrixverb als Komplement selegiert werden (vgl. (34c)).

(34) a. Reg $\emptyset_i$ dich$_i$ doch nicht so auf!
 b. Beeilt $\emptyset_i$, euch$_i$ doch mal!
 c. Versucht $\emptyset_i$ einfach, PRO$_i$ nett zu sein!

Insofern ist zu vermuten, dass Imperativverben auch in „subjektlosen" Imperativsätzen stets ein Subjekt zu sich nehmen. So plausibel diese These angesichts der oben aufgeführten Daten auch sein mag, so wirft sie dennoch erneut Fragen auf. Unklar ist nämlich nun, ob und inwieweit sich Imperativsätze hinsichtlich ihrer Subjektlizenzierung anders verhalten als andere Satztypen und durch welches Null-Element das phonologisch nicht realisierte Imperativsubjekt überhaupt repräsentiert wird.

Beukema/Coopmans (1989) argumentieren dafür, dass es sich bei „subjektlosen" Imperativsätzen um nichts anderes als um Topikkonstruktionen mit leeren Topiks handelt. Ihrer Meinung nach enthält die Subjektposition von „subjektlosen" Imperativsätzen also stets eine Variable oder W-Spur, die von einem innerhalb der Diskurssituation rekonstruierbaren Null-Topik gebunden wird. Auch wenn eine derartige Analyse auf die imperativischen Strukturen eines großen Teils der natürlichen Sprachen offensichtlich nicht anwendbar ist (vgl. Wratil 2005: 229ff.), so scheint sie doch für das Deutsche auf den ersten Blick eine plausible Lösung darzustellen. Das Deutsche gehört nämlich zu denjenigen Sprachen, die Topik-NP-Deletion in der gesprochenen Sprache tatsächlich zulassen (vgl. Fries 1988). Von dieser Operation betroffen sind ausschließlich Nominalausdrücke, die als rein pronominale Kategorien innerhalb des Diskurses über einen Referenzpunkt verfügen, definit sind und keiner kontrastiven Hervorhebung oder Fokussierung unterliegen. Die betreffenden Konstituenten müssen, um als Topik gelöscht zu werden, grundsätzlich die präverbale Position eines Verb-Zweit-Matrixsatzes einnehmen. Resultate einer entsprechenden Deletion sind unter (35) am Beispiel zweier nicht-imperativischer Strukturen illustriert.

(35) a. Ø hab' ich erledigt.
 b. Ø komme gleich.

Gemäß Beukemas und Coopman' Analyse ist nun für jeden kanonischen Imperativsatz des Deutschen (vgl. (36a)) eine Ausgangsstruktur mit lexikalisch realisiertem Subjekt anzunehmen (vgl. (36b)), welches nach seiner Verschiebung in die satzinitiale Position (vgl. (36c)) von Topik-NP-Deletion erfasst wurde (vgl. (36d)).

(36) a. Küss den Frosch!
 b. Küss du den Frosch!
 c. Du küss den Frosch!
 d. Ø küss den Frosch!

Ein derartiger Tilgungsprozess scheitert ganz offensichtlich an Imperativsatzkonstruktionen, deren Vorfeld eine nicht-subjektivische Konstituente bildet (vgl. (37a,b)). Das Subjekt kann dort nicht als externes Argument die präverbale Topikposition einnehmen, um hiernach Gegenstand der Topik-NP-Deletion zu werden (vgl. (37c,d)).

(37) a. Nun komm du schon!
 b. Das vergiss du mal lieber!
 c. *Nun du komm schon! / *Du nun komm schon!
 d. *Das du vergiss mal lieber! / *Du das vergiss mal lieber!

Darüber hinaus erweist sich Beukemas/Coopmans' (1989) Ansatz auch insofern als nicht anwendbar, als koverte Imperativsubjekte grundsätzlich auf ihre Merkmalskodierung der 2. Person festgelegt sind. Sie können, auch wenn der Diskurs wie etwa in (38) eindeutig einen potentiell referenzidentischen Ausdruck der 3. Person anbietet, niemals eine diesem entsprechende Personenspezifizierung annehmen (vgl. Wratil 2005: 232).

(38) a. Bring jeder seine Laterne mit! Und vergiss die Streichhölzer nicht!
 b. Mach einer die Musik lauter! Und mix mir einen Mojito!

Beukemas/Coopmans' (1989) Theorie ist demzufolge nicht haltbar. Das Subjekt von „subjektlosen" Imperativsätzen ist offensichtlich keine Spur, welche von einem Null-Topik gebunden wird. Viel eher ist zu vermuten, dass es sich bei dem kanonischen Imperativsubjekt um einen Nullausdruck handelt, der ebenso wie ein Personalpronomen in der Lage ist, unmittelbar auf eine in der aktuellen Diskurssituation vorhandene Entität zu referieren. Die generative Grammatiktheorie stellt zwei verschiedene pronominale Nullsubjekte zur Verfügung: PRO und *pro*.

PRO ist das externe Nullargument von Infinitiven (Chomsky & Lasnik 1977). Es ist mit lexikalisch realisierten Subjekten grundsätzlich komplementär verteilt[10] und besitzt insofern pronominale Eigenschaften, als es ebenso wie lexikalisch realisierte Personalpronomen je nach Kontext frei auf spezifische Referenten Bezug nehmen (vgl. (39a)), eine arbiträre Interpretation erhalten (vgl. (39b)) oder die Referenz einer im erweiterten Kontext vorhandenen Nominalphrase aufgreifen kann (vgl. (39c)). Es ist aber auch anaphorisch charakterisiert. So fällt es in Komplementinfinitiven, wie zum Beispiel auch in (34c)), bezüglich seiner Interpretation obligatorisch unter die referentielle Dependenz bzw. Kontrolle eines im unmittelbar übergeordneten Matrixsatz enthaltenen Arguments (vgl. (39d)).

(39) a. PRO die Bank auszurauben, war jetzt keine so gute Idee.
 b. Es gehört sich nicht, PRO solche dummen Witze zu reißen.
 c. Manfred$_i$ ist müde. PRO$_i$ vier Bleche Zimtsterne zu backen, war anstrengend.
 d. Doris$_i$ verspricht, PRO$_i$ das Auto zu reparieren.

pro hingegen ist rein pronominal. Es verhält sich hinsichtlich seiner Referenz und Distribution wie lexikalisch realisierte Subjektpersonalpronomen und alterniert daher auch mit diesen. Anders als PRO ist *pro* allerdings in seinem Vorkommen auf sogenannte Nullsubjekt- oder *pro*-drop-Sprachen beschränkt (Rizzi 1986, Holmberg 2005). Es tritt also nur in solchen Sprachen auf, die wie etwa das Spanische (vgl. (40a)) oder Ungarische (vgl. (40b)) aufgrund ihrer parametrischen Fixierung schwache Subjektpronomen generell als Nullausdrücke realisieren.

(40) a. *pro* / Ella repara el coche. (Spanisch)
 sie reparier-3SG das Auto
 ‚Sie repariert das Auto.'
 b. *pro* / Ö lát-ja a házat (Ungarisch)
 er seh-3SG das Haus
 ‚Er sieht das Haus.'

---

[10] Diese Komplementärverteilung wird in der neueren generativen Grammatiktheorie darauf zurückgeführt, dass PRO das einzige Subjektelement ist, welches den vom infiniten Verb zugewiesenen „Nullkasus" annehmen kann (Chomsky 1995: 117 ff.).

Han (2000: 138ff.) nimmt an, dass das Subjekt von „subjektlosen" Imperativsätzen als PRO zu definieren ist. Ihrer Meinung nach sind Imperative aufgrund ihres operationalen [irrealis]-Merkmals in vielerlei Hinsicht mit Kontrollinfinitiven gleichzusetzen und lizenzieren somit auch ein Subjekt-PRO. Wie lexikalisch realisierte Imperativsubjekte, die in den gleichen syntaktischen Umgebungen vorkommen wie imperativische Nullsubjekte, demgemäß zu analysieren sind, lässt sie allerdings im Unklaren. Zudem findet sich in Hans (2000) Ausführungen keine konkrete Angabe dazu, welches Element das imperativische PRO kontrollieren und mit einem entsprechenden Adressatenbezug versehen könnte.

Unter anderem Potsdam (1998), Rupp (2003) und Bennis (2007) sind der Meinung, dass es sich bei dem koverten Imperativsubjekt um ein subjektivisches *pro* handelt. Da *pro* sich prinzipiell in der gleichen syntaktischen Distribution befindet wie lexikalisch realisierte Pronomen, ist es mit dem Vorkommen lexikalisch realisierter Imperativsubjekte vereinbar. Laut Potsdam (1998: 235ff.) wird der spezifische Merkmalsgehalt von *pro* in Imperativsätzen auf rein semantischem Wege rekonstruiert. So trägt das Nullpronomen *pro*, da es aufgrund der Verwendung des imperativischen Modus stets als Adressatensubjekt fungiert, das inhärent indentifizierbare Merkmal der 2. Person und wird dadurch in sämtlichen „subjektlosen" Imperativsätzen lizenziert. Gemäß Potsdams (1998) Analyse ist das imperativische Nullsubjekt folglich das einzige *pro*-Element, welches durch die Anwesenheit einer spezifischen Moduskodierung sprachübergreifend legitimiert wird.

Wratil (2005: 199ff.) schließlich geht davon aus, dass das pronominale Subjekt „subjektloser" Imperative sowohl PRO- als auch *pro*-Eigenschaften in sich vereinigt. Einerseits bildet es ebenso wie PRO das externe Argument eines Verbs, dessen zeitliche Referenz grundsätzlich nicht durch eine spezifisch temporale Flexionskategorie zum Ausdruck gelangt. Andererseits ist es rein pronominal charakterisiert und wird ebenso wie *pro* durch die Flexionsmorphologie des jeweiligen finiten Hauptverbs identifiziert. So unterliegt es ebenso wie PRO aber anders als *pro* keiner einzelsprachlichen Parameterfixierung – es kommt also auch außerhalb der sogenannten Nullsubjekt- oder *pro*-drop-Sprachen vor. Zudem alterniert es ebenso wie *pro* aber anders als PRO mit lexikalisch realisierten Subjekten. Letztere kommen allerdings nur dann zum Einsatz, wenn das imperativische Nullpronomen nicht vollständig durch das entsprechende Hauptverb rekonstruiert werden kann. Demnach erscheinen sämtliche Imperativsubjekte der 3. Person und alle subjektivischen Personalpronomen der 2. Person, die durch eine zusätzliche Betonung oder kontrastive Hervorhebung gekennzeichnet sind, in overter Form.

Insofern existieren bis heute drei unterschiedliche Vorschläge zur Repräsentation des kanonischen Imperativsubjekts als Nullpronomen. Für Han (2000) ist das imperativische Nullsubjekt ein Subjekt-PRO. Potsdam (1998) und andere definieren es als Nullelement *pro*. Laut Wratil (2005) besitzt es gleichermaßen sowohl PRO- als auch *pro*-Eigenschaften.

5 Zusammenfassung

Der Imperativsatz ist durch eine Reihe von formalen Charakteristika gekennzeichnet, die in ihrer Bündelung ausschließlich dazu geeignet sind, den Sprechakt des Direktivs zu vollziehen. Insofern ist der Imperativsatz neben dem Deklarativsatz, dem Interrogativsatz, dem Optativsatz und dem Exklamativsatz als spezifischer Satztyp zu definieren. Wie die anderen genannten Satztypen, mit Ausnahme der Mehrheit der Interrogativsätze, weist er hinsichtlich seiner Satzintonation ein fallendes Grenztonmuster auf. Ebenso wie der Optativsatz aber anders als der Deklarativ-, der Interrogativ- und der Exklamativsatz ist er auf einen bestimmten Verbmodus festgelegt. Während in Optativsätzen lediglich Hauptverben im Konjunktiv II auftreten, verfügen Imperativsätze grundsätzlich über Hauptverben im Imperativ. Letztere sind im Plural mit den indikativischen Präsensformen der 2. Person Plural homonym und entsprechen in Höflichkeitsimperativen formal den Indikativ- bzw. Konjunktivpräsensformen der 3. Person Plural. Anders als alle anderen Satztypen ist der Imperativsatz strikt adressatenbezogen. Sein Subjekt wird außer in Höflichkeitsimperativen im unmarkierten Fall aber nicht lexikalisch realisiert. Damit ist der Imperativsatz der einzige Satztyp des Deutschen, bei welchem die „Subjektlosigkeit" auch kontextunabhängig generell bevorzugt wird.

6 Literatur

Aikhenvald, A.Y. (2010): Imperatives and Commands. Oxford: Oxford University Press.
Altmann, H. (1993): Satzmodus. In: Jacobs, J./Stechow, A. von/Sternefeld, W. (Hgg.), Syntax. Ein internationales Handbuch zeitgenössischer Forschung. Berlin: de Gruyter, 1006–1029.
Bennis, H. (2007): Featuring the Subject in Dutch Imperatives. In: Wurff, W. van der (Hg.), Imperative Clauses in Generative Grammar. Amsterdam: Benjamins, 113–134.
Beukema, F./Coopmans, P. (1989): A Government-Binding Perspective on the Imperative in English. In: Journal of Linguistics 25, 417–436.
Brinkmann, H. (1971): Die deutsche Sprache. Gestalt und Leistung. 2. Aufl. Düsseldorf: Schwann.
Bybee, J.L. (1990): The Grammaticization of Zero: Asymmetries in Tense and Aspect Systems. In: La Trobe Working Papers in Linguistics 3, 1–14.
Bybee, J.L./Perkins, R.D./Pagliuca, W. (1994): The Evolution of Grammar: Tense, Aspect and Modality in the Languages of the World. Chicago: University of Chicago Press.

Chomsky, N. (1995): The Minimalist Program. Cambridge, MA: MIT Press.
Chomsky, N/Lasnik, N. (1977): Filters and Control. In: Linguistic Inquiry 8, 425–504.
Clark, B. (1993): Relevance and ‚Pseudo-Imperatives'. In: Linguistics and Philosophy 16, 79–121.
Davies, E. (1986): The English Imperative. New Hampshire: Croom Helm.
Diewald, G. (1997): Grammatikalisierung. Tübingen: Niemeyer.
Diewald, G. (1999): Die Modalverben im Deutschen. Grammatikalisierung und Polyfunktionalität. Tübingen: Niemeyer.
Donhauser, K. (1986): Der Imperativ im Deutschen. Studien zur Syntax und Semantik des deutschen Modussystems. Hamburg: Buske.
Dowty, D.R. (1979): Word Meaning and Montague Grammar. Dordrecht: Kluwer.
Duden – Grammatik (2009). Duden. Die Grammatik. Unentbehrlich für richtiges Deutsch. 8. Aufl. Hg. von der Dudenredaktion. Mannheim: Dudenverlag.
Erben, J. (1980): Deutsche Grammatik. Neubearb. Aufl. München: Hueber.
Flämig, W. (1991): Grammatik des Deutschen. Berlin: Akademie Verlag.
Fries, N. (1988): Über das Null-Topik im Deutschen. In: Sprache und Pragmatik 3, 19–49.
Fries, N. (1992): Zur Syntax des Imperativs im Deutschen. In: Zeitschrift für Sprachwissenschaft 11, 153–188.
Grimm, J. (1864): Kleinere Schriften. Berlin: Dümmler.
Han, C. (2000): The Structure and Interpretation of Imperatives. New York: Garland.
Helbig, G./Buscha, J. (2007): Deutsche Grammatik. Neubearb. Aufl. Berlin: Langenscheidt.
Holmberg, A. (2005): Is There a Little Pro? Evidence from Finnish. In: Linguistic Inquiry 36, 533–564.
Ickler, T. (1994): Zur Bedeutung der sogenannten ‚Modalpartikeln'. In: Sprachwissenschaft 19, 374–404.
Jespersen, O. (1924): The Philosophy of Grammar. London: Allen and Unwin.
Jung, W. (1982): Grammatik der deutschen Sprache. 7. Aufl. Leipzig: Bibliographisches Institut.
Kaufmann, M. (2012): Interpreting Imperatives. Dordrecht: Springer.
Lyons, J. (1977): Semantics. Cambridge: Cambridge University Press.
Meibauer, J. (1986): Rhetorische Aufforderungen und Rhetorizität. In: Burckhardt, A./Körner, K.H. (Hgg.), Pragmantax. Akten des 20. Linguistischen Kolloquiums, Braunschweig 1985. Tübingen: Niemeyer, 201–212.
Meibauer, J (1994): Modaler Kontrast und konzeptuelle Verschiebung. Tübingen: Niemeyer.
Oppenrieder, W. (1987): Aussagesätze im Deutschen. In: Meibauer, J. (Hg.), Satzmodus zwischen Grammatik und Pragmatik. Tübingen: Niemeyer, 161–189.
Oppenrieder, W. (1988): Intonatorische Kennzeichnung von Satzmodi. In: Altmann, H. (Hg.), Intonationsforschungen. Tübingen: Niemeyer, 168–204.
Palmer, F.R. (2001): Mood and Modality. 2nd Ed. Cambridge: Cambridge University Press.
Paul, H./Grosse, S./Wiehl, P. (1998): Mittelhochdeutsche Grammatik. 24. neubearb. Aufl.- Tübingen: Niemeyer.
Platzack, C./Rosengren, I. (1998): On the Subject of Imperatives: A Minimalist Account of the Imperative Clause. In: Journal of Comparative Germanic Linguisticcs 1, 177–224.
Portner, P. (2005): The Semantics of Imperatives within a Theory of Clause Types. In: Watanabe, K./Young, R.B. (Hgg.), Proceedings of SALT 14. New York: CLC Publications.
Potsdam, E. (1998): Syntactic Issues in the English Imperative. New York: Garland.
Raffelsiefen, R. (1995): Conditions for Stability. Arbeiten des SFB 282 „Theorie des Lexikons", Nr. 69. Universität Düsseldorf.

Rizzi, L. (1986): Null Objects in Italian and the Theory of *pro*. In: Linguistic Inquiry 17, 501–558.
Rögnvaldsson, E. (2003): The Syntax of the Imperative in Old Scandinavian. Manuskript, University of Iceland.
Rosengren, I. (1992): Zur Grammatik und Pragmatik des Imperativsatzes. In: Sprache und Pragmatik 28, 1–57.
Rupp, L. (2003): The Syntax of Imperatives in English and Germanic: Word Order Variation in the Minimalist Framework. Basingstoke: Palgrave Macmillan.
Schmerling, S.F. (1975): Imperative Subject Deletion and Some Related Matters. In: Linguistic Inquiry 6, 501–510.
Thurmair, M. (1989): Modalpartikeln und ihre Kombinationen. Tübingen: Niemeyer.
Vendler, Z. (1967): Linguistics in Philosophy. Ithaca: Cornell University Press.
Winkler, E. (1989): Der Satzmodus ‚Imperativsatz' im Deutschen und Finnischen. Tübingen: Niemeyer.
Wratil, M. (2000): Die Syntax des Imperativs. In: Linguistische Berichte 181, 71–118.
Wratil, M. (2005): Die Syntax des Imperativs. Eine strukturelle Analyse zum Westgermanischen und Romanischen. Berlin: Akademie Verlag.
Zhang, S. (1990): The Status of Imperatives in Theories of Grammar. PhD Dissertation, University of Arizona.
Zifonun, G./Hoffmann, L./Strecker, B. et al. (1997): Grammatik der deutschen Sprache. 3 Bde. Berlin: de Gruyter.

Melani Wratil

7 Optativsatz

1 Deskriptive Einordnung des Optativsatzes
2 Theoretische Ansätze
3 Zusammenfassung
4 Literatur

1 Deskriptive Einordnung des Optativsatzes

1.1 Phänomenbereich und Terminologie

In diesem Artikel geht es um *Optativsätze*, womit im engeren Sinne die konjunktivischen Optativsätze gemeint sind, wie in (1) illustriert, und im weiteren Sinne die indikativischen, wie in (2). Eine deskriptive Unterscheidung ist angebracht, da indikativische Optativsätze im Sprachvergleich seltener sind und in der germanistischen Linguistik traditionell nicht als Optativsätze analysiert wurden.

(1) *Der Sprecher steht am Fenster und sieht dem Gewitter zu:*
  a. (Oh!) Wenn das Gewitter jetzt nur schon vorbei wäre!
  b. (Oh!) Dass das Gewitter jetzt nur schon vorbei wäre!
  c. (Oh!) Wäre das Gewitter jetzt nur schon vorbei!

(2) *Der Sprecher ist seit einer Stunde im Keller und geht soeben zur Stiege:*
  a. (Oh!) Wenn das Gewitter jetzt nur schon vorbei ist!
  b. (Oh!) Dass das Gewitter jetzt nur schon vorbei ist!

Da indikativische Optativsätze in geschriebenen Texten weit seltener auftreten als konjunktivische, bietet (3) eine Auswahl an Belegen (siehe auch (6a)).

(3) a. Die Nacht ist kühl. Auch zieht in Westen ein Gewitter auf. Wenn es nur bald vorübergeht!
      (Ferdinand Raimund, *Der Verschwender.*)[1]
  b. Da sagte der Kutscher: wenn wir nur nicht den Steinbrüchen zu nahe kommen!
      (Annette von Droste-Hülshoff, *Die Judenbuche.*)[2]

---

1 http://www.zeno.org/nid/20005523265 – Zenodot Verlagsgesellschaft mbH.
2 http://www.zeno.org/nid/20004710134.

c. Wenn uns nur nicht jemand stört!
(Friedrich Schlegel, *Treue und Scherz.*)[3]
d. Wenn jetzt nur kein Strauchdieb im letzten Moment hinter der Zapfsäule einer Autobahnraststätte hervorbricht!
(„Reiseleiter ORF", *Der Standard*, 3. 3. 2004)[4]

Formal betrachtet ist der Optativsatz heterogen, weshalb es keineswegs klar ist, dass sich, wie bei Scholz (1991) behauptet, ein entsprechender Formtyp bestimmen lässt (siehe Rosengren (1993) für Argumente gegen einen optativischen Formtyp). Ich beginne daher mit einer funktionalen Einordnung, und bespreche in Abschnitt 1.2 die formalen Eigenschaften des Optativsatzes und seine mögliche Einordnung in das System von Altmann (1987, 1993).

Ein Optativsatz lässt sich funktional wie folgt definieren. Erstens wird er dazu verwendet, ein Begehren nach dem beschriebenen Sachverhalt auszudrücken, ohne ein lexikalisches Element zu enthalten, dem eine entsprechende Bedeutung zukommt (wie beispielsweise die Verben *wünschen* und *hoffen*, oder Satzadverbien wie *hoffentlich*). Zweitens erfordert ein Optativsatz, dass der Sprecher nicht in der Lage ist (beispielsweise durch Autorität über das Subjekt), diesen Sachverhalt herbeizuführen; dadurch unterscheidet sich der Optativsatz vom Imperativsatz. Ein konjunktivischer Optativsatz, wie in (1a-c), drückt dementsprechend im Allgemeinen einen Wunsch nach etwas Kontrafaktischem aus, wohingegen ein indikativischer Optativsatz, wie in (2a-b), eine Hoffnung auf etwas Mögliches, aber Ungewisses ausdrückt. Entsprechend können die Optativsätze in (1) mit Hilfe des Deklarativsatzes in (4a) paraphrasiert werden, und jene in (2) mit Hilfe von (4b).[5]

(4) a. Ich wünschte, dass das Gewitter jetzt schon vorbei wäre.
b. Ich hoffe, dass das Gewitter jetzt schon vorbei ist.

Sätze wie (5a-c) sind demnach auch im weitesten Sinne als Optativsätze zu betrachten. Diese sind jedoch in Hinblick auf den propositionalen Inhalt stärker eingeschränkt als (1) und (2), weshalb ich sie für den Zweck dieses Artikels ausklammere.

---

[3] http://www.zeno.org/nid/20005618797.
[4] http://derstandard.at/1587656.
[5] Den Tempus/Modus-Unterschied zwischen (4a) und (4b) interpretiere ich als rein grammatisches Kongruenzphänomen zwischen dem Modus eines overten Matrixsatzes (indikativ/konjunktiv) und dem Modus eines darin eingebetteten Komplementsatzes (ähnlich dem Phänomenbereich von *sequence of tense* bzw. *consecutio temporum*). Siehe auch Fußnote 16.

(5) a. Noch einmal Venedig sehen! (Reis 2003: 188)
    b. Es lebe der Sport!
    c. Möge er jedes Ziel erreichen!

Der Unterschied zwischen (1) und (2) besteht darin, dass in (1) bekannt ist, dass der beschriebene Sachverhalt nicht eingetreten ist, wohingegen in (2) noch Ungewissheit herrscht. Während in (1)-(2) die Referenzzeit und die Äußerungszeit überlappen, kann die Referenzzeit auch in der Zukunft liegen, wie in (6), oder in der Vergangenheit, wie in (7). Wiederum gibt es sowohl eine indikativische Variante, in (6a) und (7a), und eine konjunktivische Variante, in (6b) und (7b). Beispiel (6a) unterscheidet sich von (6b) dadurch, dass der beschriebene Sachverhalt in (6b) als unwahrscheinlich eingeschätzt wird, wohingegen (6a) keine solche Einschätzung vermittelt. Im Normalfall sind Optativsätze nicht-faktisch (und oft kontrafaktisch), siehe Abschnitt 2.3.

(6) a. Wenn er nur kommt, der Mensch. [...] Wenn er nur Wort hält.
        (Marie Ebner von Eschenbach, *Bertrand Vogelweid*.)[6]
    b. Wenn er nur käme, der Mensch. Wenn er nur Wort hielte.

(7) a. Wenn er nur sein Wort gehalten hat!
        (Sprecher ist kurz davor, es herauszufinden.)
    b. Wenn er nur sein Wort gehalten hätte!
        (Sprecher weiß, dass es nicht passiert ist.)

Bei Scholz (1991) und Altmann (1993) werden nur die konjunktivischen Optativsätze als *Wunschsätze* bezeichnet. Scholz (1991: 39–43) argumentiert explizit gegen eine Analyse der indikativischen Variante als Wunschsatz. Die Argumentation von Scholz beruht jedoch hauptsächlich auf der Idee, dass eine uniforme Behandlung von Beispielen wie (1) und (2) den von ihr postulierten Satztyp *Wunschsatz* zu stark aufweichen würde (da unter anderem auf den Konjunktiv II als formtypkonstituierende Eigenschaft verzichtet werden müsste). Aus einer semantisch orientierten Perspektive, welche ich für zielführender erachte, sind derartige Argumente gegen eine einheitliche Behandlung von indikativischen und konjunktivischen Optativsätzen als zirkulär einzuschätzen.

Indikativische *dass*-Optativsätze, wie (2b), ließen sich unter Umständen als Abart von Altmanns (1987, 1993) *Verb-Letzt-Imperativsatz* wegerklären. Gegen eine solche Analyse spricht jedoch die Tatsache, dass, wie in (8) deutlich, die Autorität des Sprechers in indikativischen *dass*-Optativsätzen nicht vorausgesetzt

---

6 http://www.gutenberg.org/files/31233/31233-h/31233-h.htm.

wird, und kein agentivisches Subjekt erforderlich ist. In Imperativsätzen sind diese dagegen generell vorausgesetzt.

(8) Daß dir nur nicht noch etwas zustößt! Mir ist bange, sobald du fort bist.
(Erich Mühsam, *Staatsräson. Ein Denkmal für Sacco und Vanzetti.*)[7]

Da eine grundlegende Unterscheidung zwischen konjunktivischen und indikativischen Optativsätzen nicht gewährleistet ist, argumentieren sowohl Grosz (2012) (für das Deutsche) als auch Biezma (2011) (für das Englische) dafür, beide Konstruktionen als Optativsätze einzustufen. Der funktionale Unterschied, dass durch den konjunktivischen Optativsatz ein Wunsch nach Kontrafaktischem/ Unwahrscheinlichem vermittelt wird, und durch den indikativischen Optativsatz eine Hoffnung auf etwas Mögliches aber Ungewisses ausgedrückt wird, lässt sich auf unterschiedliche Präsuppositionen reduzieren, die mit Konjunktiv II und Indikativ einhergehen (s. Heim 1992, Villalta 2007).

In Hinblick auf die Sprechhandlungen, die durch einen Optativsatz bewirkt werden können, ist der Optativsatz stärker restringiert als beispielsweise der Imperativsatz. Im Bereich dessen, was durch einen konjunktivischen Optativsatz bewirkt werden kann, befindet sich außer dem Ausdruck eines Wunsches, (9a), noch der Ausdruck eines Bedauerns (etwas nicht getan zu haben), (9b), oder auch der Vorwurf (an den Hörer), (9c).

(9) a. Wenn es doch nur nicht so nebelig wäre!   Wunsch
b. Wenn ich doch nur auf meine Mutter gehört hätte!   Bedauern
c. Wenn du doch nur einmal auf mich hören würdest!   Vorwurf

Im Gegensatz zum Imperativsatz kann ein Optativsatz jedoch nicht zum Ausdruck einer (gegebenenfalls kontrafaktischen) Erlaubnis verwendet werden.

1.2 Formale Markierungsebenen

Dieser Abschnitt bietet einen Überblick über die Einordnung des Optativsatzes in der Satzartenlehre Altmanns (1987, 1993); ich beschränke mich daher größtenteils auf die konjunktivischen Optativsätze, schließe am Ende aber noch Anmerkungen zur Möglichkeit der Einordnung der indikativischen Optativsätze an. Anzumerken ist, dass Altmann den Optativsatz, wie auch den Exklamativsatz, als marginalen Satztyp klassifiziert.

---

[7] http://www.zeno.org/nid/20005402913 – Zenodot Verlagsgesellschaft mbH.

In Hinblick auf die Verbstellung ist die Sachlage relativ klar. Wir unterscheiden zwischen dem Verb-Erst-Optativsatz, (10a), und dem Verb-Letzt-Optativsatz, (10bc), wohingegen es keinen Verb-Zweit-Optativsatz gibt. In Hinblick auf die Verbmorphologie nehmen Altmann (1993) und Scholz (1991) das Merkmal [–IND] (also nicht-indikativisch) als formtypkonstituierend an; ihnen zufolge müssen Optativsätze also den Konjunktiv II aufweisen. Im Hinblick auf weitere formtypkonstituierende Elementen im Optativsatz argumentieren Scholz (1991) und Thurmair (Artikel 28), dass die Modalpartikeln, die in Optativsätzen oft obligatorisch aufzutreten scheinen, als formtypkonstituierend einzustufen sind. Bei Rosengren (1993) wird eine formtypkonstituierende Rolle der Partikeln aber abgestritten. Unkontrovers in Hinblick auf die kategorialen Merkmale ist, dass Optativsätze im Deutschen keine w-Elemente enthalten, und dass Verb-Letzt-Optativsätze sowohl durch *dass* als auch durch *wenn* eingeleitet werden können (wobei aber *dass*-Optativsätze oft als veraltet eingeschätzt werden). Diese drei Aspekte (Verbstellung, morphologische Merkmale des Verbs und formtypkonstituierende Elemente) des Optativsatzes sind in (10) illustriert (die Beispiele sind zitiert aus Altmann 1987: 35 bzw. Altmann 1993: 1014).

(10) a. Wäre ich doch ein Königssohn!   *Verb-Erst-Optativsatz*
     b. Ach dass ich doch ein Königssohn wäre!   *dass-Verb-Letzt-Optativsatz*
     c. Oh wenn ich doch ein Königssohn wäre!   *wenn-Verb-Letzt-Optativsatz*

Als intonatorische Merkmale der Optativsätze gibt Altmann (1993) folgende an. Verb-Erst-Optativsätze scheinen in vielen Fällen einen (fakultativen) nichtfokussierenden Exklamativakzent aufzuweisen, sowie eine geringe Tonhöhe am Ende der Äußerung. Sämtliche Optativsätze zeichnen sich durch einen konvexen Tonhöhenverlauf (d.h. /\ ) aus.

Wie oben bereits erwähnt, ist es kontrovers, welche Rolle Modalpartikeln in Optativsätzen einnehmen. Auf Grund dieser Kontroverse, ist es beim Optativsatz angebracht, näher auf die mögliche formtypkonstituierende Rolle der Modalpartikeln einzugehen. Typisch ist das Auftreten der Partikeln *doch*, *nur* und *bloß*, (11a); Optativsätze ohne Partikeln werden oft als schlecht beurteilt, (11b) (vgl. Scholz 1991).

(11) a. Wenn es doch / nur / bloß wärmer wäre!
     b. #Wenn es wärmer wäre!

Problematisch für die Annahme von obligatorischen Modalpartikeln sind folgende Beobachtungen von Scholz (1991). Erstens kann auch die Gradpartikel *wenigstens* in Optativsätzen ohne andere Modalpartikeln auftreten, (12a); zweitens sind Optativsätze ohne Modalpartikeln akzeptabel, wenn sie Interjektionen wie beispielsweise *ach* enthalten, (12b). Beide Arten von Elementen werden nicht generell als Modalpartikeln kategorisiert; insofern ist fraglich, ob das relevante Merkmal von Optativsätzen wirklich darin besteht, dass sie bestimmte *Modalpartikeln* enthalten müssen.

(12) a. *(Jetzt regnet es schon wieder!)* Wenn es wenigstens wärmer wäre!
     b. Ach, wenn es wärmer wäre!

Darüberhinaus problematisiert Rosengren (1993) die Annahme, dass Modalpartikeln obligatorisch seien, durch den Hinweis darauf, dass ein Akzent auf dem finiten Verb im Verb-Erst-Optativsatz ebenfalls die lizenzierende Rolle der Modalpartikeln übernehmen kann. Dies wird durch (13a) illustriert, welches als Optativsatz verstanden werden kann, was in (13b) nicht möglich ist.

(13) a. WÄRE ich berühmt!
     b. #Wäre ich beRÜHMT!

Abschließend lässt sich die Frage stellen, inwiefern sich diese Merkmalsbeschreibung verändern müsste, um indikativische Optativsätze einzuschließen.

Die Aufgabe des Konjunktiv II als formtypkonstituierendes Merkmal des Optativsatzes ist insofern nicht problematisch, als mit Ausnahme des Imperativsatzes alle Satztypen den Konjunktiv II zulassen (siehe Altmann 1993). Dieses Merkmal trägt also nichts zur Abgrenzung des Optativsatzes gegenüber anderen nicht-imperativischen Satztypen bei. Bezüglich der Verbstellung lässt sich beobachten, dass der indikativische Optativsatz weniger Variation zulässt. Während es beim konjunktivischen Optativsatz eine Verb-Erst-Variante gibt, (14b), ist dies beim indikativischen Optativsatz nicht der Fall, (15b). Ferner lässt sich bemerken, dass (14a) die Modalpartikel *doch* zulässt, nicht jedoch (15a).

(14) a. (Oh!) Wenn/Dass das Gewitter jetzt (doch) nur schon vorbei wäre!
     b. (Oh!) Wäre das Gewitter jetzt (doch) nur schon vorbei!

(15) a. (Oh!) Wenn/Dass das Gewitter jetzt (*doch) nur schon vorbei ist!
     b. *(Oh!) Ist das Gewitter jetzt (doch) nur schon vorbei!

Scholz (1991) sieht in diesen beiden Unterschieden ein weiteres Argument gegen eine Vereinigung der beiden Varianten. Wie in Grosz (2012) dargelegt könnten sich diese Unterschiede jedoch unabhängig erklären lassen, weshalb auch hier kein wirkliches Problem für eine Vereinigung besteht: Für die Partikel *doch* wird angenommen, dass sie im Optativsatz nur dann verwendet werden kann, wenn der beschriebene Sachverhalt durch den Konjunktiv II als kontrafaktisch oder unwahrscheinlich markiert ist. Verbstellung und die Wahl des Komplementierers werden, basierend auf Truckenbrodt (2006ab) und Portner (2006), als sekundäre Markierung von semantischem Modus (z. B. Kontrafaktizität oder Faktizität) analysiert; aus einer solchen Perspektive setzen Verb-Erst-Varianten entweder Faktizität oder Kontrafaktizität voraus, weshalb in den (weder faktischen noch kontrafaktischen) indikativischen Optativsätzen keine Verb-Erst-Variante möglich ist.

2 Theoretische Ansätze

Drei der wichtigsten theoretischen Fragen in Hinblick auf Optativsätze sind semantischer Natur und können wie folgt abgesteckt werden. Erstens: Wodurch kommt die Empfindung eines Wunsches in optativisch gebrauchten Verb-Erst-Sätzen, *wenn*-Verb-Letzt-Sätzen und *dass*-Verb-Letzt-Sätzen zustande? Zweitens: Was für eine Rolle spielen die prototypischen Partikeln (also *nur*, *bloß*, *doch*, *wenigstens* und Interjektionen wie beispielsweise *ach* und *mein Gott*)? Drittens: Was für eine Rolle spielt Nicht-Faktizität in der Semantik des Optativsatzes? Eine vierte Frage betrifft die kategoriale Füllung der Optativsätze: Syntaktisch lässt sich feststellen, dass Optativsätze die interne Syntax von *wenn*-Sätzen, *dass*-Sätzen und Verb-Erst-Sätzen aufweisen, und dass auf Grund der mangelnden Einbettbarkeit keine wesentlichen externen syntaktischen Eigenschaften festzustellen sind. Hier stellt sich demgemäß die Frage, was für eine Rolle die Komplementierer *wenn* und *dass* bzw. das Verb in Verb-Erst-Stellung erfüllen.

Diese vier Fragestellungen können unabhängig behandelt werden (siehe Abschnitte 2.1–2.4). Es muss aber darauf hingewiesen werden, dass die Antworten vernetzt sein könnten. Unter anderem ist denkbar, dass sich der empfundene Wunsch kompositional aus dem Einfügen einer Partikel in einen passenden Verb-Erst- oder Verb-Letzt-Satz ergibt (s. Rifkin 2000, Biezma 2011), weshalb die ersten beiden Fragestellungen eine gemeinsame Antwort erhalten könnten. Darüberhinaus ist es denkbar, dass Nicht-Faktizität zur Manifestation eines Wunsches beiträgt, in welchem Falle die erste und die dritte Frage miteinander verbunden wären. Ich werde auf diese Verbindungen eingehen, wo es angebracht ist.

Als Extremfall einer übergreifenden Beantwortung der obigen vier Fragen ist hier die konstruktionsgrammatische Sichtweise von Jacobs (2008) zu erwähnen. Jacobs stuft die vier hier problematisierten Eigenschaften von Optativsätzen holistisch als Teil einer konkreten komplexen Konstruktion ein. Komplementiererwahl, Partikelauftreten, Nicht-Faktizität (via Konjunktiv-II-Markierung) und der resultierende Wunschausdruck werden holistisch als Eigenschaften einer Konstruktion festgelegt. Ich gehe darauf in den folgenden Abschnitten nicht mehr ein, sondern konzentriere mich auf nicht-konstruktionistische Ansätze.

2.1 Der Ursprung des Wunsches

Dieser Abschnitt bespricht die Frage, woraus sich der Wunsch ableitet, der in einem Optativsatz zum Ausdruck kommt. Hierzu gibt es zwei Hauptströmungen (s. Artikel 10): Vertreter der *Tilgungs-Hypothese* nehmen an, dass Optativsätze eigentlich Satzfragmente sind, die von einem getilgten (aber strukturell vorhandenen) Matrixsatz abhängen. Dazu zählen Rosengren (1993), Evans (2007) und (im weiteren Sinne) Biezma (2011). Alternativ gibt es die *Unabhängigkeits-Hypothese*, der zufolge angenommen wird, dass Optativsätze vollständige Sätze sind, die keinen getilgten Matrixsatz enthalten. Zu Vertretern der Unabhängigkeits-Hypothese lassen sich Scholz (1991), Altmann (1993), Rifkin (2000) und Grosz (2012) zählen. Die Tilgungs-Hypothese ist in (16) illustriert.

(16) a. (Oh!) Wenn das Gewitter jetzt nur schon vorbei wäre!
 b. Wenn das Gewitter jetzt schon vorbei wäre, ⟨wäre ich glücklicher⟩.
 c. ⟨Ich fände es gut⟩, wenn das Gewitter jetzt schon vorbei wäre.
 d. ⟨Es würde mich freuen⟩, wenn das Gewitter jetzt schon vorbei wäre.

Die Idee ist, dass sich der Optativsatz in (16a) durch Tilgung aus einer Konstruktion wie (16b-d) ableitet, wo der getilgte Matrixsatz jeweils eingeklammert ist. In Hinblick auf die Tilgungs-Hypothese stellt sich ferner die Frage, ob es sich bei dem overten *wenn*-Satz um einen einfachen hypothetischen Konditionalsatz handelt, wie in (16b), oder um einen sogenannten *nicht-logischen wenn-Satz* (oder auch *wenn-Ergänzungssatz*; siehe Williams 1974, Fabricius-Hansen 1980, Steriade 1981, Pullum 1987, Pesetsky 1991), wie in (16c-d). Hypothetische Konditionalsatzgefüge unterscheiden sich von Konstruktionen mit nicht-logischen *wenn*-Sätzen dadurch, dass der *wenn*-Satz in letzteren als Gegenstand einer Sprecher-Emotion dient[8] (vgl. Pesetsky 1991) und sich daher wie eine Ergänzung zum Matrixverb verhält (mit thematischer Rolle *Subject Matter of Emotion*). Biezma (2011) nimmt explizit an, dass Optativsätze die Syntax und Semantik von hypothetischen Konditionalsätzen haben, wohingegen Grosz (2012) auch die Möglichkeit bespricht, Optativsätze als nicht-logische *wenn*-Sätze zu analysieren.

Zweifel an der Tilgungs-Hypothese wurden bei Scholz (1991), Rifkin (2000) und Grosz (2012) geäußert. Ich konzentriere mich im Folgenden auf zwei Argu-

---

8 Diese Intuition gibt in der Literatur vielerorts Anlass dazu, für (16c-d) die Bedeutungen in (i) anzunehmen, in der der im *wenn*-Satz ausgedrückte Sachverhalt zweimal interpretiert wird.
(i) Wenn das Gewitter jetzt schon vorbei wäre, fände ich es gut / würde es mich freuen, dass das Gewitter jetzt schon vorbei ist.

mente, und zwar auf die Inkompatibilität von optativischen Partikeln mit den entsprechenden Matrixsätzen sowie auf die Unterschiede zwischen Optativsätzen und Antwortfragmenten.

Scholz (1991: 9) stellt fest, dass Optativsätze nicht im Vorfeld eines Konditionalsatzgefüges auftreten können. Beispiel (17a) ist ein Optativ, der in einem passenden Kontext ein Verlangen ausdrückt, das auch durch den Konditionalsatz in (17b) vermittelt werden kann. Was Scholz feststellt, ist folgendes. Beispiel (17c) wurde konstruiert, indem das Antezedens von (17b) durch den Optativsatz in (17a) ersetzt wurde; entscheidend ist, dass (17c) ungrammatisch ist. Das Argument gegen die Tilgungs-Hypothese lässt sich wie folgt formulieren. Wenn ein Optativsatz die Struktur (und damit die Eigenschaften) eines elliptischen Konditionalsatzes hätte, sollte sich das getilgte Konsequens auch overt hinzufügen lassen; wir würden dann erwarten, dass der Optativsatz wie ein normales Antezedens im Vorfeld stehen kann. Dies ist aber nicht möglich.

(17) a. Ach, wenn es doch nur mich getroffen hätte!
b. Wenn es mich getroffen hätte, wäre das halb so schlimm gewesen.
c. *Ach, wenn es doch nur mich getroffen hätte, wäre das halb so schlimm gewesen!
(basierend auf Scholz 1991: 9)

Eine Abfolge wie im Konditionalsatzgefüge lässt sich scheinbar konstruieren, wie in (18ab) (versus (18c)). Allerdings ist hier eine Pause nach dem optativischen „Antezedens" erforderlich, welche ich durch den (nicht-kanonischen) Strichpunkt markiere. Insofern lässt sich annehmen, dass (18a) und (18b) parataktisch sind, und sich beispielsweise nicht von (19ab) unterscheiden.

(18) a. Wäre ich doch nur reich; dann würde ich die Welt umsegeln.
b. Wäre ich doch nur reich; ich würde die Welt umsegeln.
c. *Wäre ich doch nur reich, würde ich die Welt umsegeln.

(19) a. Ich wünschte, ich wäre reich; dann würde ich die Welt umsegeln.
b. Ich wünschte, ich wäre reich; ich würde die Welt umsegeln.

Befürworter der Tilgungs-Hypothese könnten unter anderem darauf hinweisen, dass Grammatikalitätsurteile in Hinblick auf Beispiele wie (17c) subtil sind, und nicht klar ist, dass (17c) wirklich ungrammatisch ist. Daher möchte ich im Folgenden ein zweites Argument gegen die Tilgungs-Hypothese besprechen.

Eine direkte Folge der Tilgungs-Hypothese ist, dass sich Optativsätze generell so verhalten sollten, wie andere *wenn*-Sätze, von denen wir wissen, dass sie Tilgung eines Hauptsatzes involvieren. Im Falle der Hauptsatz-Tilgung bieten sich hierfür Antwortfragmente als direkte Kandidaten an (vgl. Merchant 2004), wie in (20B).[9]

(20) A: Unter welchen Umständen wäre die Party ein Erfolg gewesen?
B: Wenn Hans gekommen wäre.

Hier wird generell angenommen (siehe Merchant 2004), dass der topikalische Teil (also die „alte Information") zwar strukturell vorhanden ist, aber unausgesprochen bleibt (also getilgt wird). Wir haben es also mit der zugrunde liegenden Struktur in (21) zu tun.

(21) B: Wenn Hans gekommen wäre, ⟨(dann) wäre die Party ein Erfolg gewesen⟩.

Eine parallele Analyse wird in Biezma (2011) für den Optativsatz angenommen. Biezma analysiert den Optativsatz als Antwort auf eine implizite (unausgesprochene) Frage, welche das Topik darstellt. Dementsprechend kann der topikalische Hauptsatz unausgesprochen bleiben. Aus solch einer Analyse leitet sich her, dass sich Optativsätze auch in anderer Hinsicht wie Antwortfragmente verhalten sollten. Dies kann jedoch nicht bestätigt werden. Beispiel (22) zeigt, dass *weil*-Sätze mit Verb-Letzt-Stellung den getilgten Matrixsatz in einem Antwortfragment modifizieren können. Die intendierte Lesart in (22) ist eine, in der B ausdrückt, dass die Party ein Erfolg gewesen wäre, weil Hans immer guten Wein mitbringt. (22) verhält sich also genauso wie (23), wo der Hauptsatz overt ausgesprochen wird.[10]

(22) A: Unter welchen Umständen wäre die Party ein Erfolg gewesen?
B: Wenn Hans gekommen wäre, weil er immer guten Wein mitbringt.

(23) A: Unter welchen Umständen wäre die Party ein Erfolg gewesen?
B: Wenn Hans gekommen wäre, wäre die Party ein Erfolg gewesen, weil er immer guten Wein mitbringt.

Die entscheidende Beobachtung ist, dass *weil*-Sätze mit Verb-Letzt-Stellung nicht die positive Einschätzung modifizieren können, die durch einen Optativsatz ausgedrückt wird. Der Satz in (24) ist pragmatisch markiert, da die intendierte Lesart

---

9 Die Beispiele in (20)-(24) basieren auf der Diskussion in Grosz (2012), Kapitel 4.1.4. Insbesondere basieren Beispiel (22) und (23) auf Grosz (2012: 99) und Beispiel (24) auf Grosz (2012: 100).
10 Nicht-logische *wenn*-Sätze verhalten sich hier genauso wie hypothetische Konditionalsätze, s. Grosz (2012).

fehlt[11]; (24) kann nur bedeuten, dass der Sprecher wünscht, Hans wäre aus dem Grund gekommen, dass er immer guten Wein mitbringt; solch eine Lesart ist offensichtlich bizarr.

(24) #Wenn Hans doch nur gekommen wäre, weil er immer guten Wein mitbringt!

Wenn der Optativsatz hingegen aus einem Konditionalsatzgefüge abgeleitet wäre, sollte sich auch der Hauptsatz, der mutmaßlich die positive Einschätzung ausdrückt, durch den *weil*-Satz modifizieren lassen. Diese Fakten sprechen also gegen die Tilgungs-Hypothese und für die Unabhängigkeits-Hypothese. (Selbiges Argument lässt sich auch auf *dass*-Optativsätze übertragen, siehe Grosz 2012).

Im Rahmen der Unabhängigkeits-Hypothese stellt sich nun noch eine weitere Frage: Haben Optativsätze eine Optativsatz-spezifische Struktur und Bedeutung, oder lassen sie sich einem breiter gefassten Strukturtyp zuschreiben? Wiederum lassen sich zwei Thesen formulieren. Die *spezifische Optativsatz-Hypothese* nimmt an, dass Optativsätze einen eigenen Strukturtyp darstellen. Als Vertreter dieser These lässt sich Scholz (1991) einordnen.

Dem entgegen lässt sich die *verallgemeinerte Exklamations-Hypothese* postulieren, welche davon ausgeht, dass der Optativsatz eine Art Ausruf (also Exklamation) darstellt, und damit Ähnlichkeiten mit dem sogenannten *Exklamativsatz* aufweist. Als Vertreter der verallgemeinerten Exklamations-Hypothese lassen sich für das Englische Quirk et al. (1985) und Rifkin (2000) erwähnen; bei ersteren wird der Optativsatz als *exclamatory wish* (etwa: *ausrufender Wunsch*) bezeichnet. Für das Deutsche argumentiert Grosz (2012) für die verallgemeinerte Exklamations-Hypothese. Im weiteren Sinne nimmt auch Rosengren (1993) eine Sichtweise an, die Optativsätze und (zumindest manche) Exklamativsätze als gemeinsame Kategorie versteht, nämlich als Fragmentäußerungen, die expressive Wirkung haben. Grosz (2012) baut auf den Ähnlichkeiten zwischen Optativsätzen und sogenannten *polaren Exklamativsätzen* (wie in (25)) auf. Letztere drücken Überraschung in Hinblick auf einen Sachverhalt aus (nicht in Hinblick auf einen Grad), siehe Rosengren (1992), Delsing (2010) und Artikel 8.

---

11 Hier ist anzumerken, dass sich unintegrierte *weil*-Sätze insofern anders verhalten, als sie sehr wohl den Wunsch in einem Optativsatz zu modifizieren scheinen, vgl. (i). Dies ist jedoch nicht überraschend, da unintegrierte *weil*-Sätze auch sekundäre Sprechakte modifizieren können, wie in (ii) versus (iii) (von Grosz 2012: 98).
(i)   Wenn Hans doch nur gekommen wäre, weil er bringt immer guten Wein mit!
(ii) Warum nicht einmal Kant lesen?, weil davon schläft doch jeder ein.
(iii) #Warum nicht einmal Kant lesen?, weil davon doch jeder einschläft.

(25) a. Dass der ein InstruMENT spielt! (D'Avis, Artikel 8)
b. Dass sie ihn nicht besucht hat! (Rosengren 1992: 278)

Auf eine oberflächliche Ähnlichkeit zwischen Optativsätzen und polaren Exklamativsätzen wird auch mehrfach in Scholz (1991) hingewiesen. Grosz (2012) argumentiert, dass solche Ähnlichkeiten durch eine zugrundeliegende gemeinsame Struktur und Semantik zu begründen sind. Konkret wird angenommen, dass beide Konstruktionstypen einen koverten Exklamationsoperator beinhalten, der im Falle des Optativsatzes die Erwünschtheit des ausgedrückten Sachverhaltes markiert, und im Falle des polaren Exklamativsatzes vermittelt, dass der ausgedrückte Sachverhalt schockierend (oder zumindest überraschend) ist. Dieser Exklamationsoperator operiert in beiden Fällen über Skalen – im Optativsatz selegiert er eine Präferenzskala, im polaren Exklamativsatz dagegen eine „Schockiertheitsskala".

2.2 Die Rolle der Partikeln

Wir können uns nun der Rolle der Partikeln im Optativsatz widmen. Wie oben angesprochen, müssen Optativsätze zwar keine bestimmte Partikel oder Partikelkombination enthalten, enthalten jedoch im Normalfall ein Element aus der folgenden Menge: *doch, nur, bloß, wenigstens* und *ach* reichen jeweils alleine genommen aus, um (im deskriptiven Sinne) einen Optativsatz zu „lizenzieren", (26a-b); es muss aber mindestens eines dieser Elemente vorkommen, (26d). Ferner zeigt (26c), dass die Partikeln auch gut kombiniert werden können.

(26) a. Wenn es doch / nur / bloß / wenigstens wärmer wäre!
b. Ach, wenn es wärmer wäre!
c. Ach, wenn es doch nur bloß wenigstens wärmer wäre!
d. #Wenn es wärmer wäre!

Eine der Kernfragen in Hinblick auf die Partikeln ist, ob diese obligatorisch oder fakultativ sind. Die intuitive Markiertheit von (26d) weist darauf hin, dass die Partikeln obligatorisch sein könnten (siehe auch Artikel 28): Wir können nun die entsprechende These als *Obligatorizitäts-Hypothese* bezeichnen. Dem gegenüber steht die *Prototypikalitäts-Hypothese*. Letztere geht davon aus, dass solche Partikeln in Optativsätzen zwar grundsätzlich fakultativ sind, dass sie aber zugleich prototypisch sind, also besonders gut zum Optativsatz passen, und in Folge dessen *quasi-obligatorisch* werden. Als Vertreter der Obligatorizitäts-Hypothese lässt sich im Deutschen Thurmairs (1989) Abhandlung über Partikeln einstufen, und im Englischen Rifkin (2000) sowie Biezma (2011). Scholz (1991) bespricht die Problematik ebenfalls und weist darauf hin, dass die Partikeln nicht eindeutig als obligatorisch einzustufen sind. Letztlich geht sie aber davon aus, dass die Partikeln als formtypkonstituierend/satzmoduskonstituierend eingestuft werden sollten (ähnlich auch Thurmair, Artikel 28). Klare Vertreter der Prototypikalitäts-Hypothese sind dagegen Rosengren (1993) und Grosz (2012).

Argumente für die Prototypikalitäts-Hypothese (und gegen die Obligatorizitäts-Hypothese) lassen sich wie folgt formulieren. Erstens lassen sich Aussagen finden, die intuitiv als Optativsätze eingeschätzt werden können, aber keine Partikeln enthalten. Dies sind einerseits *wenn*-Verb-Letzt-Optativsätze, die in einem Kontext auftreten, der den Wunsch vorwegnimmt, (27a), und andererseits Verb-Erst-Optativsätze mit Verum-Fokus, wie (27b).

(27) a. Rico schaute die Blumen an und dachte: „Wenn Stineli diese sehen könnte!" und stand lange unbeweglich am Zaun. (Johanna Spyri, *Heimatlos*.)[12]

b. WÄRE ich zuhause geblieben! (Rosengren 1993: 36)

Befürworter der Obligatorizitäts-Hypothese könnten hier argumentieren, dass es sich nicht um Optativsätze handelt, sondern um elliptische Konditionalsätze, die in (27) durch den Kontext lizenziert sind. Allerdings spricht dagegen wiederum die Nichtmodifizierbarkeit eines mutmaßlichen Hauptsatzes, wie in (28) versus (29) illustriert.

(28) #Wenn Stineli diese sehen könnte, weil sie solche Blumen doch so liebt.

(29) Ich wäre froh, wenn Stineli diese sehen könnte, weil sie solche Blumen doch so liebt.

Ungeachtet dessen ob die Obligatorizitäts-Hypothese oder die Prototypikalitäts-Hypothese angenommen wird, stellt sich die Frage, was die Partikeln zu einem Optativsatz beitragen.

Eine erste Intuition, die vor allem in Hinblick auf manche Kombinationen von Optativ-typischer Satzform und von darin auftretenden Partikeln attraktiv erscheint (wie beispielsweise beim englischen *if only*), ist die folgende. Es scheint plausibel, dass die in Optativsätzen auftretenden Partikeln (oder zumindest eine Teilmenge davon) als „Wunschoperator" den ausgedrückten Wunsch direkt beitragen (oder markieren). Diese Hypothese lässt sich als *Operatoren-Hypothese* bezeichnen: Für Partikeln wie *nur*, *bloß*, *doch* und *wenigstens* lässt sie sich leicht widerlegen, da diese Partikeln auch im Optativsatz die gleiche Bedeutung zu haben

---

[12] http://www.gutenberg.org/files/20780/20780-h/20780-h.htm.

scheinen, wie in anderen nicht-optativischen Kontexten (s.u.). Weniger leicht lässt sich die Operatoren-Hypothese für Interjektionen wie *ach* widerlegen. Es scheint plausibel, dass Ausrufe wie (30a) eine spezifisch optativische Variante der Interjektion *ach* enthalten, welche direkt den Wunsch kodiert. Für Optativsätze ohne *ach* ließe sich dann spekulieren, dass ein kovertes, unausgesprochenes *ach* lizenziert ist, wenn bestimmte andere Voraussetzungen gegeben sind (z.B. durch eine syntaktische Beziehung zwischen kovertem *ach* und den obengenannten Partikeln, *doch*, *nur*, *bloß* und *wenigstens*). Gegen eine derartige Analyse spricht allerdings die Tatsache, dass *ach* in nicht-optativischen Kontexten wie (30b) auftreten kann, und die Annahme von Mehrdeutigkeit bei *ach* rein stipulativ wäre.

(30) a. Ach, wärest du hier!
b. Ach, da bist du ja.

Für das Deutsche gibt es keine expliziten Verfechter der Operatoren-Hypothese; im Neugriechischen finden wir jedoch die spezifisch optativische Partikel *makari*, welche bei Kyriakaki (2007) als Ausdruck eines exklamativischen Wunsch-Operators eingeschätzt wird. Ähnlich dazu kann im Ungarischen *bárcsak* ‚wenn nur' als direkter Ausdruck der Optativität analysiert werden, wie bei É. Kiss (2011). Wie Grosz (2012) zeigt, unterscheiden sich Partikeln wie *makari* aber insofern von den prototypischen optativischen Partikeln im Deutschen, als *makari*-Optative eingebettet werden können, was bei deutschen Optativen nicht möglich ist.

Jenseits der Operatoren-Hypothese lassen sich zwei weitere mögliche Hypothesen ausmachen. Zuerst ist die *Kompositionalitäts-Hypothese* zu nennen, die davon ausgeht, dass der empfundene Wunsch im Optativsatz sich kompositional aus der Semantik einer bestimmten Satzform und einer bestimmten Partikel herleitet. In diesem Sinne argumentiert Biezma (2011), dass der Wunsch in (31) sich aus der gewöhnlichen Bedeutung eines Konditionalsatzes und der gewöhnlichen Bedeutung von *nur* ableitet.

(31) Wenn ich nur größer wäre!

Demgegenüber argumentiert Grosz (2012) für die *Konspirations-Hypothese*, die annimmt, dass der Ausdruck des Wunsches von der Bedeutung der Partikeln unabhängig ist, und dass die scheinbare Obligatorik der Partikeln auf ein semantisches Zusammenspiel zwischen der Bedeutung eines Optativsatzes und der davon unabhängigen Partikelbedeutung zurückzuführen ist. Als Vorläufer lässt sich Rosengren (1993) anführen, wo eine ähnliche Sichtweise präsentiert wird (jedoch ohne formal-semantischen Unterbau). Die Kernidee in Grosz (2012) lässt sich wie folgt zusammenfassen. Es wird angenommen, dass *wenn*-Sätze mehrere Lesarten zulassen, wovon die Lesart als Optativsatz nur eine mögliche ist.

Die Funktion von Partikeln kann dann folgendermaßen analysiert werden. Bestimmte Partikeln eignen sich besonders gut für die Verwendung im Optativsatz, da sie eine Eigenbedeutung haben, die den Wunschausdruck noch verstärkt oder untermauert. Solche Partikeln eliminieren auf Grund ihrer weiteren Eigenschaften oft alternative Lesarten, oder bringen zumindest die optativische Lesart in den Vordergrund. Sie können also verwendet werden, um einen ambigen *wenn*-Satz als Optativsatz zu disambiguieren (siehe auch Artikel 28). Der Grund für die Obligatorik der Partikeln kann dann dadurch erklärt werden, dass kooperative Gesprächsteilnehmer immer dann disambiguierende Partikeln verwenden werden, wenn der Kontext nicht unabhängig die optativische Lesart hervorhebt. Dies erklärt sowohl die weitgehende Notwendigkeit der Partikeln im Optativsatz, als auch das Auftreten von potentiellen Gegenbeispielen wie (27a).

Entscheidend ist, dass jede der Partikeln, die in Optativsätzen auftritt, auch in analoger Bedeutung außerhalb von Optativsätzen gefunden werden kann. Unter anderem gibt es gute Gründe, davon auszugehen, dass es sich bei *nur* und *bloß* im Optativsatz um eine Variante der jeweiligen Gradpartikel handelt, und nicht, wie beispielsweise bei Thurmair (1989) angenommen, um *nur/bloß* als Modalpartikel. Dies lässt sich wie folgt zeigen. Im ersten Schritt können wir zeigen, dass *nur* und *bloß* auch außerhalb von Optativsätzen in einer Lesart auftreten, die der Lesart im Optativsatz gleicht. Im Optativsatz scheint *nur* und *bloß* zu vermitteln, dass der ausgesprochene Wunsch bescheiden ausfällt; in gewissem Sinne ist das, was hier gewünscht wird, „nicht zu viel verlangt". Wir erwarten uns daher, dass es eine Lesart von *nur* und *bloß* gibt, in der diese Partikeln nicht wie im kanonischen Fall durch „nichts außer / nicht mehr als" zu paraphrasieren sind, sondern lediglich vermitteln, dass der modifizierte Sachverhalt auf einer Skala relativ niedrig eingestuft ist.[13] Beide Lesarten können tatsächlich in regulären (nicht-optativischen) Konditionalsätzen nachgewiesen werden, siehe (32b-c).[14]

---

[13] Zu betonen ist, dass es um relative und nicht um absolute Niedrigkeit geht. Daher ist diese Sichtweise mit Beispielen wie (i) kompatibel, wo ein Wunsch nach etwas ausgedrückt wird, das nicht als (absolut) niedrig empfunden wird. Hier wird angenommen, dass ein Sprecher, der (i) äußert, sich noch begehrenswertere Alternativen zu denken vermag (z.B. der Sprecher ist reich *und* berühmt; der Sprecher ist reich *und* allmächtig; usw.) Eine Paraphrase, die die Niedrigkeits-Komponente von *nur* hier widerspiegelt ist demnach in (ii) gegeben.
(i)   Wäre ich (doch) nur reich!
(ii) Ich wünschte ich wäre reich. (*nur* =) Das ist doch nicht zu viel verlangt!
[14] Die Beispiele in (32)-(34), und die Diskussion dieser Beispiele, basieren auf Grosz (2012), Kapitel 6.2.2; insbesondere basiert Beispiel (32) auf Grosz (2012: 229, 238) und Beispiel (33) auf Grosz (2012: 232–233).

(32) a. Wenn nur/bloß zwei Personen einsteigen, wird das Boot sinken.
   b. 1. Lesart: Wenn nicht mehr als zwei Personen einsteigen, wird es sinken. (impliziert: Es müssen mindestens drei Personen einsteigen, damit es nicht sinkt.)
   c. 2. Lesart: Wenn zwei Personen einsteigen, was nicht viel ist, wird es sinken. (impliziert: Es darf maximal eine Person einsteigen, damit es nicht sinkt.)

Dass es sich hier nicht um triviale Skopus-Unterschiede handelt, kann leicht gezeigt werden. Auch in (33), wo *nur/bloß* in einer PP enthalten ist, sind beide Lesarten verfügbar.[15]

(33) a. Wenn Otto [mit nur/bloß einer Begleitperson] kommt, spielen wir Siedler von Catan.
   b. 1. Lesart: Wenn Otto nicht mehr als eine Begleitperson mitbringt, dann spielen wir Siedler von Catan.
   c. 2. Lesart: Wenn Otto mindestens eine Begleitperson mitbringt, was nicht viel ist, dann spielen wir Siedler von Catan.

Ferner lässt sich zeigen, dass auch bei weitem Skopus in (34a) (mit Fokus auf die gesamte Proposition *jeder trägt gleich viel bei*) beide Lesarten vorhanden sind, wie in (34bc) gezeigt.

(34) a. Wenn nur jeder gleich viel beiträgt, übernehme ich die Projektleitung.
   b. 1. Lesart: Wenn nicht mehr passiert als dass jeder gleich viel beiträgt, dann übernehme ich die Projektleitung.
   c. 2. Lesart: Wenn es mindestens der Fall ist, dass jeder gleich viel beiträgt, was nicht zu viel verlangt ist, dann übernehme ich die Projektleitung.

Um den Vorschlag zu untermauern, dass Optativsätze die Gradpartikel *nur/bloß* enthalten und nicht eine Modalpartikelvariante davon, zeigt Grosz (2012: 237–240), dass sich solche Beobachtungen in andere Sprachen übertragen lassen, welche sich nicht durch Modalpartikelreichtum auszeichnen. Spezifisch können

---

15 Hier ist anzumerken, dass ein PP-internes Auftreten von *nur* nicht zur Lizenzierung eines Optativsatzes auszureichen scheint, vgl. (ii) versus (i).
(i)   Hätte Otto nur einen Gast mitgebracht!
(ii) ?*Wäre Otto [mit nur einem Gast] gekommen!
Problematisch ist dies für eine Sichtweise, in der Optativsätze das schwächere *nur* enthalten, jedoch insofern nicht, als hier angenommen werden kann, dass die Lizenzierung von Optativsätzen unter Umständen auch Faktoren wie positive Polarität involviert (s. Grosz 2012), in Hinblick worauf sich PP-interne Positionen möglicherweise von Positionen auf Satzebene unterscheiden.

wir die folgenden zwei Zusammenhänge belegen. Sprachen, die bei einer Entsprechung von *nur/bloß* eine zweite Lesart wie in (32c) zulassen, können die jeweilige Partikel auch in Optativsätzen verwenden. Dies ist belegt für (libanesisches) Arabisch, Italienisch, Norwegisch, Polnisch, Serbisch und Tschechisch. Umgekehrt verfügen Sprachen, die keine derartige Partikel in Optativsätzen zulassen, auch über keine zweite Lesart wie in (32c); dies ist für Griechisch, Katalanisch, (brasilianisches) Portugiesisch und Spanisch belegt. Diese beiden Korrelationen weisen darauf hin, dass es eine Verwendung von *nur/bloß* als Gradpartikel gibt, in welcher diese eine nicht-exklusive zweite Lesart haben und auch in Optativsätzen auftreten können. Demgemäß scheint es unplausibel, dass es sich bei *nur/bloß* im Optativsatz des Deutschen um eine Modalpartikel handelt.

Analog lässt sich zeigen, dass die Partikel *wenigstens*, die wir im deutschen Optativsatz finden, auch eine Entsprechung außerhalb des Optativsatzes hat. Nakanishi/Rullmann (2009) untersuchen die beiden Lesarten von Englisch *at least* (Deutsch ‚mindestens/ wenigstens/zumindest') und stellen fest, dass *at least* eine sogenannte *epistemische* Lesart haben kann, sowie eine *konzessive* Lesart. Die epistemische Lesart (in (35) illustriert) vermittelt, dass der Sprecher nicht weiß, ob ein höherer skalarer Wert zutrifft oder nicht. Im Gegensatz dazu vermittelt die konzessive Lesart (in (36)), dass die modifizierte Proposition positiv bewertet wird, aber ein höherer skalarer Wert noch besser wäre. Im Deutschen finden wir, dass *mindestens* nur die epistemische Lesart zulässt, *wenigstens* nur die konzessive, und *zumindest* beide. Dies folgt einerseits daraus, dass *wenigstens* im epistemischen Kontext in (35) stark markiert ist (vgl. Gast 2011, Grosz 2012: 294, 306).

(35) Bei dem Unfall gab es mindestens / zumindest / #wenigstens 20 Tote.

Andererseits ist *mindestens* im konzessiven Kontext in (36) unakzeptabel, wohingegen *wenigstens* und das ambige *zumindest* akzeptabel sind. (Eine epistemische Lesart von *mindestens* ist in (36) aus pragmatischen Gründen unakzeptabel, da die epistemische Lesart damit inkompatibel ist, dass alle höheren Skalenalternativen negiert sind.)

(36) Maria hat keine Goldmedaille gewonnen, aber sie hat wenigstens / zumindest / #mindestens eine Silbermedaille gewonnen.

(Basierend auf Grosz 2012: 305–306)

Hieraus scheint zu folgen, dass das Element, das wir in Optativsätzen finden, konzessiv sein muss, da nur *wenigstens* in Optativsätzen möglich ist. Um zu zeigen, dass es sich bei *wenigstens* in Optativsätzen um dasselbe Element handelt, das wir auch außerhalb von Optativsätzen finden, ist wiederum ein Sprachvergleich angebracht. Wie Grosz (2012: 295–300) zeigt, lässt sich unter anderem für

Finnisch, Polnisch, Rumänisch, Russisch und Serbisch belegen, dass Optativsätze dasselbe Element enthalten können, das außerhalb des Optativsatzes als konzessives *wenigstens* fungiert. Auch hier lässt sich also schlussfolgern, dass wir es keineswegs mit einer Modalpartikelverwendung von *wenigstens* zu tun haben. Anzumerken ist hier, dass der Unterschied zwischen konzessivem *wenigstens* und *nur/bloß* in der zweiten Lesart (s. o.) darin besteht, dass Nakanishi/Rullmann (2009) zufolge konzessives *wenigstens* präsupponiert (oder konventionell implikatiert), dass es im Äußerungskontext eine saliente Alternative gibt, die noch begehrenswerter ist. Das führt dazu, dass in (37a) ohne Kontext nur der Optativsatz mit *nur* akzeptabel ist (welcher keine saliente Alternative erfordert), nicht jedoch jener mit *wenigstens*, der präsupponiert (bzw. die Implikatur auslöst), dass es eine saliente bessere Alternative gibt. Davon unterscheidet sich (37b), in welchem die relevante Alternative, durch welche *wenigstens* lizenziert wird, overt angegeben wird.

(37) a. Wäre ich nur / #wenigstens reich!
 b. Ach, wäre ich berühmt und allmächtig! Oder ... Wäre ich wenigstens reich!

(Basierend auf Grosz 2012: 311)

Die einzige prototypische Optativsatz-Partikel, die zweifellos als Modalpartikel im gängigen Sinne einzuordnen ist, ist im Deutschen *doch*. Ich werde diese Partikel hier nicht weiter besprechen, da Optativsätze mit *doch* keineswegs „bessere Optativsätze" sind als Optativsätze mit *nur, bloß* oder *wenigstens*. Vielmehr scheint es, als ob verschiedenste Arten von Partikeln herangezogen werden können, um die Interpretierbarkeit eines *wenn*-Satzes als Optativsatz zu gewährleisten. Die Heterogenität der möglichen Partikeln spricht weiter gegen eine Analyse, die die Wunschbedeutung eines Optativsatzes direkt auf die Partikeln zurückführt.

2.3 Die Rolle der Kontrafaktizität bzw. Nicht-Faktizität

Kontrafaktizität im weitesten Sinne, generell durch den Konjunktiv II markiert, wird oft als definierende Eigenschaft des Optativsatzes angenommen, vgl. Scholz (1991) und Altmann (1993). Biezma (2011) und Grosz (2012) weisen jedoch darauf hin, dass es keinen Grund gibt, nicht-kontrafaktische Optativsätze wie in (38) (siehe (6a) und (8)) auszuklammern.

(38) a. Wenn er nur kommt, der Mensch. [...] Wenn er nur Wort hält.
 b. Daß dir nur nicht noch etwas zustößt! Mir ist bange, sobald du fort bist.

Es scheint jedoch, als ob der Wahrheitswert der modifizierten Proposition nicht beliebig sein kann. Aus der Diskussion von Heim (1992) und Villalta (2007) lassen sich drei mögliche Situationen extrapolieren, in denen eine Präferenz für einen Sachverhalt ausgedrückt wird: kontrafaktische Situationen, in denen der Sachverhalt nicht besteht, (39a); faktische Situationen, in denen er besteht, (39b); und schließlich Situationen, in denen er aus der Sprecherperspektive noch offen ist, (39c). Bei Einstellungsprädikaten lassen sich die drei Varianten beispielsweise in der Form der folgenden Matrixprädikate lexikalisieren (wie in (39) abgebildet): *(ich) wünschte* (kontrafaktisch), *(ich) bin froh* (faktisch) und *(ich) hoffe/wolle* (weder kontrafaktisch noch faktisch).[16]

(39) a. Ich wünschte, dass das Gewitter jetzt schon vorbei wäre.
 (+kontrafaktisch, −faktisch)
 b. Ich bin froh, dass das Gewitter jetzt schon vorbei ist.
 (−kontrafaktisch, +faktisch)
 c. Ich hoffe/will, dass das Gewitter jetzt schon vorbei ist.
 (−kontrafaktisch, −faktisch)

Optativsätze scheinen jedoch mit Faktizität nicht unbedingt kompatibel zu sein. Der Optativsatz in (40a) (basierend auf (1b)) ist kontrafaktisch und drückt eine Emotion aus, die der beschriebenen Einstellung in (39a) entspricht. Der Form nach könnten wir erwarten, dass der Optativsatz in (40b) (basierend auf (2b)) sowohl eine Lesart haben sollte, die (39b) entspricht, als auch eine Lesart, die (39c) entspricht. Die nichtfaktische Lesart wurde schon oben im Zusammenhang mit (2b) besprochen. Fraglich ist jedoch, ob (40b) auch eine faktische Lesart hat, die (39b) gleich kommen würde.

(40) a. Oh, dass das Gewitter jetzt schon vorbei wäre!
 (*belegt:* +kontrafaktisch, −faktisch, *z.B. wenn ich dem Gewitter zusehe*)
 b. Oh, dass das Gewitter jetzt schon vorbei ist!
 (*belegt:* −kontrafaktisch, −faktisch, *z.B. wenn ich im Keller bin*)
 (*fraglich:* −kontrafaktisch, +faktisch, *z.B. wenn ich den blauen Himmel sehe*)

---

16 Tempus und Modus des overten Matrixprädikates scheint in solchen Fällen mit jenen des eingebetteten Satzes zu „kongruieren" (vermutlich ein *Sequence-of-Tense*-Effekt); so enthält der Matrixsatz (39a) das Verb *wünschte* im Konjunktiv, und nicht *wünsche* im Indikativ. Wie in (i)–(ii) veranschaulicht, gibt es im Deutschen Einschränkungen in Hinblick auf die Kombinierbarkeit von Indikativ und Konjunktiv im Haupt- und Nebensatz. (Siehe Abschnitt 2.4 zur Rolle der Wahl zwischen *wenn* und *dass*.)
(i) {Es wäre gut / *Es ist gut}, wenn das Gewitter jetzt schon vorbei wäre / ?ist.
(ii) {Es ist gut / *Es wäre gut}, dass das Gewitter jetzt schon vorbei ist / *wäre.

Ein Beispiel eines Ausrufes, der intuitiv als faktischer Optativsatz eingestuft werden kann, ist in (41a) gegeben, welches durch (42a) paraphrasierbar zu sein scheint.[17] Allerdings gibt es gute Gründe, anzunehmen, dass wir es in (41a) mit einem polaren Exklamativsatz zu tun haben, der vorrangig Überraschung ausdrückt, und die Wünschbarkeit des beschriebenen Sachverhalt lediglich als konversationelle Implikatur vermittelt; diese könnte in (41a) darauf basieren, dass das agentivische Subjekt ein Diskursteilnehmer ist (hier: der Hörer) und die Handlung des Subjektes wünschenswert ist. Eine Analyse von (41a) als polarer Exklamativsatz wird dadurch unterstützt, dass die Fortsetzung in (41b) unpassend scheint (s. Artikel 8), was in (42b) nicht der Fall ist.

(41) a. Oh, dass du auch einmal an mich gedacht hast!
 b. (# ... was ich mir dieses Mal natürlich erwartet habe.)

(42) a. Ich bin froh, dass du auch einmal an mich gedacht hast!
 b. (OK ... was ich mir dieses Mal natürlich erwartet habe.)

Sollte sich herausstellen, dass es keine faktischen Optativsätze gibt, würde sich die Frage ergeben, wodurch dies zu erklären sei. Insbesondere würde sich die Frage stellen, ob ein möglicher Zusammenhang zwischen Nicht-Faktizität und Optativität kausaler Natur ist. Wir könnten uns beispielsweise fragen, ob der kontrafaktische Wunsch bzw. die nicht-kontrafaktische Hoffnung, die durch einen Optativsatz ausgedrückt wird, sich aus der mangelnden Faktizität des beschriebenen Sachverhaltes herleitet.

In Hinblick auf die oben dargestellten theoretischen Ansätze ist dies eine offene Frage. Beispielsweise muss eine Tilgungs-Hypothese (wie auch Biezma 2011) stipulieren, dass ein koverter Hauptsatz wie *ich bin froh (dass ...)* sich grundlegend von *ich hoffe / wünsche (dass ...)* unterscheidet, insofern als *ich hoffe / wünsche* frei im Kontext verfügbar ist, wohingegen dies bei *ich bin froh* nicht der Fall ist. Hingegen können Vertreter einer generalisierten Exklamations-Hypothese einen Zusammenhang zwischen Nicht-Faktizität und Optativität dadurch

---

17 Gedruckte Belege hierzu sind schwierig zu finden, was vermutlich an der Pragmatik solcher Ausdrücke liegt (oft wird damit ein erfreuliches Verhalten eines Hörers thematisiert). Ein Beispiel ist in (i) wiedergegeben; intuitiv lässt sich (i) sowohl durch (ii) paraphrasieren, als auch durch (iii).
(i) Mensch, dass du auch mal was trinkst – is ja n' Ding.
(*Vitamin W*, April 2010, Zeitschrift des Fachschaftsrats Wirtschaftswissenschaften der TU Dresden)
(ii) Ich freue mich, dass du auch mal was trinkst – (das) is ja n' Ding.
(iii) Es überrascht/schockiert mich, dass du auch mal was trinkst – (das) is ja n' Ding.

erklären, dass sie für kommunikative Prinzipien argumentieren, welche mit faktischen Optativsätzen inkompatibel sind.

In Grosz (2012) wird beispielsweise einerseits argumentiert, dass aus dem mangelnden Auftreten von faktischen Optativsätzen nicht geschlossen werden sollte, dass solche Konstruktionen nicht existieren. Andererseits wird angenommen, dass der generalisierte Exklamationsoperator, den wir sowohl in Optativsätzen als auch in polaren Exklamativsätzen finden, Äußerungen mit expressiver Bedeutung im Sinne der eindimensional expressiven Ausdrücke von Potts/Roeper (2006) generiert; diese dienen dem direkten Ausdruck einer Sprecher-Emotion.[18] Die mangelnde Belegtheit von faktischen Optativsätzen könnte sich demgemäß durch eine Präferenz erklären lassen, eher ein Begehren nach einem Sachverhalt expressiv auszudrücken, der (noch) nicht eingetreten ist, als das Froh-Sein über etwas Eingetroffenes auszudrücken.

2.4 Komplementiererwahl

Abschließend stellt sich die Frage, wodurch sich die interne Syntax der Optativsätze verstehen lässt. Wie oben besprochen und in (43) (von (1) wiederholt) illustriert, haben Optativsätze generell die Form von *wenn*-Verb-Letzt-Sätzen, *dass*-Verb-Letzt-Sätzen und Verb-Erst-Sätzen.

(43) a. (Oh!) Wenn das Gewitter jetzt nur schon vorbei wäre!
    b. (Oh!) Dass das Gewitter jetzt nur schon vorbei wäre!
    c. (Oh!) Wäre das Gewitter jetzt nur schon vorbei!

Im Deutschen, aber auch sprachvergleichend, werden *wenn*-Verb-Letzt-Sätze und Verb-Erst-Sätze abgesehen von möglichen Optativsatz-Verwendungen vor allem als Konditionalsätze verwendet, wie in (44). Hingegen sind *dass*-Verb-Letzt-Sätze prototypische Argumentsätze, wie in (45). Die Frage stellt sich also, wodurch die Verbindung zwischen Optativsätzen und solchen eingebetteten Sätzen herzuleiten ist.

---

18 Der Exklamationsoperator ist also ein expressives Element insofern als auch ein attributiv gebrauchtes *verflucht* ein expressives Element ist. Während die Kombination von *verflucht* mit deskriptiver Bedeutung generell in mehrdimensionaler (deskriptiver und expressiver) Bedeutung resultiert, ergibt die Kombination des Exklamationsoperators mit einer Proposition eine *eindimensional* expressive Bedeutung. Entscheidend ist, dass beiderlei expressive Elemente dem direkten Ausdruck einer Emotion dienen.

(44) a. Wenn das Gewitter jetzt schon vorbei wäre, würden wir wandern gehen.
b. Wäre das Gewitter jetzt schon vorbei, würden wir wandern gehen.

(45) Ich wünschte, dass das Gewitter jetzt schon vorbei wäre.

Für Vertreter der Tilgungs-Hypothese ergibt sich hier kein Problem, da als zugrundeliegende Struktur der Optativsätze in (43) die Satzgefüge in (44) bzw. (45) angenommen werden. Vom Standpunkt der Unabhängigkeits-Hypothese ist jedoch weniger klar, wodurch sich diese formalen Ähnlichkeiten herleiten lassen.

Grosz (2012) argumentiert für eine Sichtweise, in der Kontrafaktizität, Faktizität und dazwischen liegende Varianten der Nicht-Kontrafaktizität als Präsuppositionen in die Semantik einer Äußerung einfließen. Diese werden durch den Kopf einer syntaktisch realisierten Modus-Projektion beigetragen. Basierend auf Truckenbrodt (2006ab) und Portner (2006) wird argumentiert, dass die Besetzung der linken Satzklammer (durch das finite Verb oder einen Komplementierer) eine sekundäre Markierung der Modus-Merkmale eines Satzes darstellt. Solch eine diskontinuierliche Realisierung des semantischen Modus (womit Kontrafaktizität usw. gemeint sind), einerseits durch Verb-Bewegung oder Komplementiererwahl (z.B. *dass* versus *wenn*), und andererseits durch Verbmorphologie (z.B. Konjunktiv II versus Indikativ), wird oft in der sprachvergleichenden Literatur zum Konjunktiv angenommen (siehe Giorgi 2009 für eine Übersicht). Konkret wird bei Grosz (2012) unter anderem argumentiert, dass es keine eineindeutige Beziehung zwischen semantischem Modus (z.B. Kontrafaktizität, Faktizität) einerseits, und Modusmarkierung durch Komplementiererwahl (*dass, wenn*) bzw. Modusmarkierung durch Verbmorphologie (Konjunktiv, Indikativ) andererseits gibt. Hingegen wird argumentiert, dass die Komplementierer *dass* und *wenn*, wie auch Verb-Bewegung (also V1- oder V2-Stellung), mit verschiedenen Sprechereinstellungen zum Wahrheitswert der ausgedrückten Proposition *kompatibel* sind. In diesem Sinne ist Faktizität (als Beispiel) nur mit Verb-Bewegung (also V1- oder V2-Stellung) oder dem Komplementierer *dass* kompatibel, nicht aber mit *wenn*; diese Einschränkung wird durch die faktischen Äußerungen in (46a-b) illustriert.[19]

(46) a. Ist der jetzt doch glatt krank geworden!
b. Dass / *Wenn der jetzt doch glatt krank geworden ist!

---

[19] Entscheidend ist hier, dass der Standpunkt vertreten wird, dass Verb-Erst-Stellung (und Verb-Letzt-Stellung mit *dass*) mit Faktizität *kompatibel* ist, wohingegen Verb-Letzt-Stellung mit *wenn* nicht mit Faktizität kompatibel ist. Verb-Erst-Stellung wird demnach keineswegs als hinreichende oder notwendige Bedingung für Faktizität eingestuft.

Kontrafaktizität (im weitesten Sinne) ist hingegen mit *dass*, *wenn* und Verb-Erst-Stellung kompatibel (vgl. (14) in Abschnitt 1.2). Sie unterscheidet sich darin von einer Kombination von Nicht-Kontrafaktizität und Nicht-Faktizität, welche Verb-Letzt-Stellung erfordert, wie oben in (15a) versus (15b) illustriert.

3 Zusammenfassung

Optativsätze wurden hier dadurch definiert, dass sie ein Begehren nach dem beschriebenen Satzverhalt ausdrücken, ohne ein entsprechendes lexikalisches Element zu enthalten (wie beispielsweise *wünschen*, *hoffen* oder *hoffentlich*). Es wurde gezeigt, dass konjunktivische Optativsätze typischerweise dem Ausdruck eines kontrafaktischen Wunsches dienen, wohingegen indikativische Optativsätze dem Ausdruck einer nicht-kontrafaktischen Hoffnung dienen. Je nach Kontext können natürlich auch andere Sprechhandlungen durch die Äußerung eines Optativsatzes ausgeführt werden (wie beim konjunktivischen Optativsatz ein Vorwurf, oder ein Ausdruck der Reue).

Vier theoretische Problembereiche wurden besprochen: die Frage nach dem Ursprung des ausgedrückten Begehrens, die Frage nach der Rolle der quasi-obligatorischen Partikeln, die Frage nach der Rolle der Kontrafaktizität beziehungsweise Nicht-Faktizität, und die Frage nach dem Material in der linken Satzklammer. Es wurde gezeigt, dass eine Tilgungs-Hypothese problematisch ist, und die Wünschbarkeit im Optativsatz selbst kodiert sein muss (und nicht in einem höheren Matrixsatz). Außerdem wurde gezeigt, dass es gute Gründe gibt, die Partikeln als prototypisch zu analysieren, und nicht als obligatorische Komponenten des Optativsatzes. Ferner wurde darauf hingewiesen, dass weder Kontrafaktizität noch Nicht-Faktizität als notwendige Komponenten des Optativsatzes analysiert werden müssen. Die mangelnden Belege von faktischen Optativsätzen können im Sinne kommunikativer Präferenzen interpretiert werden: Ein expressiver/exklamativer Ausdruck der Wünschbarkeit eines nicht bestehenden Sachverhaltes scheint generell angemessener, als ein Ausdruck der Wünschbarkeit eines bestehenden Sachverhaltes. Abschließend wurde argumentiert, dass Komplementiererwahl und Verbbewegung als sekundärer Ausdruck von Kontrafaktizität, Faktizität, usw. analysiert werden können. Die Ähnlichkeit zwischen Optativsätzen und Konditionalsätzen beläuft sich demgemäß auf analoge Präsuppositionen.

4 Literatur

Altmann, H., (1987): Zur Problematik der Konstitution von Satzmodi als Formtypen. In: Meibauer, J. (Hg.), Satzmodus zwischen Grammatik und Pragmatik. Tübingen: Niemeyer, 22–56.
Altmann, H. (1993): Satzmodus. In: Jacobs, J./Stechow, A. von/Sternefeld, W./Vennemann, T. (Hgg.), Syntax. Ein internationales Handbuch zeitgenössischer Forschung. Berlin: de Gruyter, 1006–1029.
Biezma, M. (2011): Anchoring Pragmatics in Syntax and Semantics. PhD Dissertation, University of Massachusetts at Amherst.
Delsing, L.-O. (2010): Exclamatives in Scandinavian. In: Studia Linguistica 64, 16–36.
Evans, N. (2007): Insubordination and its Uses. In: Nikolaeva, I. (Hg.), Finiteness. Theoretical and Empirical Foundations. Oxford: Oxford University Press, 366–431.
Fabricius-Hansen, C. (1980): Sogenannte ergänzende wenn-Sätze. Ein Beispiel semantisch-syntaktischer Argumentation. In: Dyhr, M./Hyldgaard-Jensen, K./Olsen, J. (Hgg.), Festschrift für Gunnar Bech: Zum 60. Geburtstag am 23. März 1980. Kopenhagen: Stoutgaard Jenden, 160–188.
Gast, V. (2011): ‚At least', ‚wenigstens' and Company: Negated Universal Quantification and the Typology of Focus Quantifiers. Manuskript, Universität Jena.
Giorgi, A. (2009): Toward a Syntax of the Subjunctive Mood. In: Lingua 119, 1837–1858.
Grosz, P. (2012): On the Grammar of Optative Constructions. Amsterdam: Benjamins.
Heim, I. (1992): Presupposition Projection and the Semantics of Attitude Verbs. In: Journal of Semantics 9, 183–221.
Jacobs, J. (2008): Wozu Konstruktionen? In: Linguistische Berichte 213, 3–44.
Kiss, K. É. (2011): On a Type of Counterfactual Construction. In: Laczkó, T./Ringen, C. (Hgg.), Approaches to Hungarian. Amsterdam: Benjamins, 85–108.
Kyriakaki, M. (2007): The Meaning of Na and Conditional Wishes. Qualifikationsarbeit, University of Toronto.
Merchant, J. (2004): Fragments and Ellipsis. In: Linguistics and Philosophy 27, 661–738.
Nakanishi, K./Rullmann, H. (2009): Epistemic and Concessive Interpretations of ‚At Least'. Handout für CLA, Carleton University, 24. Mai 2009.
Pesetsky, D. (1991): Zero Syntax. Vol. 2: Infinitives. Manuskript, Massachusetts Institute of Technology.
Portner, P. (2006): Dependent Contexts in Grammar and in Discourse: German Verb Movement from the Perspective of the Theory of Mood Selection. In: Theoretical Linguistics 32, 353–368.
Potts, C./Roeper, T. (2006): The Narrowing Acquisition Path: From Expressive Small Clauses to Declaratives. In: Progovac, L./Paesani, K./Casielles, E./Barton, E. (Hgg.), The Syntax of Nonsententials: Multi-Disciplinary Perspectives. Amsterdam: Benjamins, 183–201.
Pullum, G. (1987): Implications of English Extraposed Irrealis Clauses. In: Proceedings of the Fourth Eastern States Conference on Linguistics. Columbus, Ohio: The Ohio State University, 260–270.
Quirk, R./Greenbaum, S./Leech, G./Svartvik, J. (1985): A Comprehensive Grammar of the English Language. London: Longman.
Reis, M. (2003): On the Form and Interpretation of German Wh-Infinitives. In: Journal of Germanic Linguistics 15, 155–201.
Rifkin, J. (2000): If only if only were if plus only. In: Proceedings of CLS 36–1. Chicago: Chicago Linguistic Society, 369–384.

Rosengren, I. (1992): Zur Grammatik und Pragmatik der Exklamation. In: Rosengren I. (Hg.), Satz und Illokution, Bd. I. Tübingen: Niemeyer, 263–306.
Rosengren, I. (1993): Imperativsatz und ‚Wunschsatz' – zu ihrer Grammatik und Pragmatik. In: Rosengren, I. (Hg.), Satz und Illokution, Bd. II. Tübingen: Niemeyer, S. 1–48.
Scholz, U. (1991): Wunschsätze im Deutschen – Formale und funktionale Beschreibung. Satztypen mit Verberst- und Verbletztstellung. Tübingen: Niemeyer.
Steriade, D. (1981): Complement ‚if'. Manuskript, Massachusetts Institute of Technology.
Thurmair, M. (1989): Modalpartikeln und ihre Kombinationen. Tübingen: Niemeyer.
Truckenbrodt, H. (2006a): On the Semantic Motivation of Syntactic Verb Movement to C in German. In: Theoretical Linguistics 32, 257–306.
Truckenbrodt, H. (2006b): Replies to the Comments by Gärtner, Plunze and Zimmermann, Portner, Potts, Reis, and Zaefferer. In: Theoretical Linguistics 32, 387–410.
Villalta, E. (2007): Context Dependence in the Interpretation of Questions and Subjunctives. Dissertation, Universität Tübingen.
Williams, E. (1974): Rule Ordering in Syntax. PhD Dissertation, Massachusetts Institute of Technology.

Patrick G. Grosz

8 Exklamativsatz

1 Einleitung
2 Formtypen
3 Assertierte und präsupponierte Propositionen – mögliche Reaktionen
   im Diskurs
4 Zusammenhang Exklamativsätze vs. eingebettete Varianten
5 Fazit
6 Literatur

1 Einleitung

Ein Satztyp ‚Exklamativsatz' lässt sich nicht mit einfachen formalen Mitteln wie Verbstellung oder satzeinleitenden Elementen, z.b. bestimmten Subjunktionen oder bestimmten Arten von Phrasen, bestimmen. Meist wird als Ausgangspunkt eine funktionale Bestimmung zu Hilfe genommen wie die folgende: Exklamativsätze sind Sätze, mit denen ein Sprecher auf nicht-propositionale Weise ausdrückt, dass ein im Satz beschriebener Sachverhalt nicht seinen Erwartungen darüber entspricht, wie die Welt ist, vgl. (1), (Großschreibungen steht für den sogenannten Exklamativakzent[1]).

(1) a. Dass Maria SO ein großes Haus besitzt!
    b. Hat DIE aber ein schönes Fahrrad!
    c. Wie schnell der LÄUFT!

Mit (1a) drückt der Sprecher aus, dass die Größe von Marias Haus nicht dem entspricht, was er erwartet hat, mit (1b), dass das Fahrrad der Referentin von *die* schöner ist als erwartet, und mit (1c), dass der Referent von *der* schneller läuft als vom Sprecher erwartet. Dabei gibt es keinen lexikalischen Ausdruck, der der Enttäuschung einer Erwartung entsprechen könnte, wie etwa in: *Meine Erwartung, dass der so und so schnell läuft, wurde enttäuscht.* Mit der Äußerung eines Exklamativsatzes wird also eine Einstellung eines Sprechers zu einem bestimmten Sachverhalt ausgedrückt. Diese Einstellung wird oft als Erstaunen beschrieben, vgl. z.B. Altmann (1987, 1993a), Roguska (2008). Erstaunen ist dabei eine Einstel-

---

[1] Weitere mögliche Akzente werden hier nicht ausgezeichnet, da das Zusammenspiel zwischen Exklamativakzent und weiteren, möglicherweise fokussierenden Akzenten weitgehend ungeklärt ist.

lung, die darauf beruht, dass man glaubt, etwas sei der Fall, das man nicht erwartet hat, vgl. aus psychologischer Sicht Reisenzein (2000). Wenn Rosengren (1992, 1997) von Erfreutsein oder Verärgerung spricht, dann kann es sich dabei nur um Emotionen handeln, die auf der Grundlage eines Erstaunens über einen unerwarteten Sachverhalt entstehen.

Neben dem Terminus Exklamativsatz (z. B. Näf 1987, Altmann 1993a, Duden-Grammatik 2009: 891) mit verschiedenen Unterklassen, findet sich in der Literatur auch ‚Exclamativsatz' (z. B. Altmann 1987, Wegener 1989: 67). Andere Bezeichnungen sind: ‚Ausrufesatz' (Duden-Grammatik 2009: 891, Helbig/Buscha 2001: 619, Zifonun et al. 1997: 1231), ‚Ausrufungssatz' (Paul 1968: 14, 41), ‚intensivierende Ausrufe', ‚w-Ausrufe', ‚ist-das-Ausrufe' (Roncador 1977: 104), ‚exclamatories', ‚exclamatory sentences' (Zaefferer 1983: 466). Ich werde hier ‚Exklamativsatz' oder ‚Exklamativ' benutzen als Bezeichnung für Sätze, mit denen ein Sprecher nicht-propositional seinem Erstaunen darüber Ausdruck verleiht, dass ein bestimmter im Satz beschriebener Sachverhalt nicht dem entspricht, was er erwartet hat.[2]

Der Ausdruck der Enttäuschung einer Erwartung des Sprechers kann sich sowohl auf den Grad des Zutreffens einer bestimmten Eigenschaft beziehen wie auf das Zutreffen des Sachverhaltes selbst. Betrachten wir die Beispiele in (2).

(2) a. Wie schnell DER das Solo spielen kann!
    b. Dass der ein InstruMENT spielt!

In (2a) drückt der Sprecher sein Erstaunen darüber aus, wie schnell der Referent von *der* das Solo spielen kann. Es entspricht nicht den Erwartungen des Sprechers, dass der Referent von *der* das Solo zu diesem Grad schnell spielen kann. In (2b) ist das, was nicht den Erwartungen des Sprechers entspricht, der Sachverhalt selbst, nämlich dass der Referent von *der* überhaupt ein Instrument spielt.

Die Eigenschaft, um deren Grad es geht, kann explizit genannt sein wie in (2a) oder implizit bleiben wie in (3). In solchen Fällen muss sie aus dem Kontext erschlossen werden.

---

[2] Hier werden nur finite Sätze betrachtet. Damit bleiben ‚versteckte Exklamative' (concealed Exclamatives) außen vor. Lit. siehe: Grimshaw (1979), Castroviejo-Miro/Schwager (t.a.). Auch Fälle wie (i), die manchmal zu Exklamativen gerechnet werden, werden wir hier nicht betrachten, s. aber Grohmann (2000).
(i) Peter ein Buch lesen?!
Dasselbe gilt für Sätze wie (ii) und (iii), siehe zu diesen d'Avis (1995).
(ii) Und ob Heinz den Hund geküsst hat!
(iii) Und wen die geheiratet hat!

(3) a. Was der für einen Oberkörper hat!
    b. Wen die geheiratet hat!

Für (3a) könnte es sich um die Größe oder Austrainiertheit handeln, in (3b) um bestimmte unerwartete Eigenschaften des frischgebackenen Ehemanns, nach deren Grad des Zutreffens Individuen auf einer Skala geordnet sein können.
  Bei der Beschreibung von Exklamativität gibt es im Prinzip zwei Arten von Ansätzen. Man kann von Ableitungs- und Zuordnungsansätzen sprechen, vgl. Reis (1999), d'Avis (2001). In den Ableitungsansätzen gehen die Autoren davon aus, dass es bei Exklamativität um die Verwendung von bestimmten Sätzen geht, z.B. Fries (1988), Rosengren (1992, 1997), d'Avis (2001, 2002), Roguska (2008). Der grundlegende Gedanke ist, dass Sätze eine syntaktische Form und dadurch bestimmt eine grammatisch determinierte Bedeutung haben. Aufgrund vor allem von syntaktischen Merkmalen lassen sich Sätze in Klassen von Sätzen einteilen, die Satztypen. Die Haupttypen, die in diesen Ansätzen angenommen werden, sind Deklarativsatz, Interrogativsatz und Imperativsatz mit angemessenen Unterteilungen, z.B. entlang der Verbstellung. Diese Ansätze gehen davon aus, dass es keinen exklamativen Satztyp gibt. Äußerungen, die eine Erstaunenseinstellung des Sprechers nicht-propositional ausdrücken, basieren dabei auf Sätzen, die vom deklarativen oder interrogativen Satztyp sind. Dass man eine Äußerung als exklamativ interpretiert, wird dann mit dem Vorhandensein von bestimmten, nicht satztyprelevanten Eigenschaften erklärt. In diesen Ansätzen werden oft Intonation und Exklamativakzent als Hauptverantwortliche für die exklamative Interpretation einer Äußerung identifiziert. Die Autoren versuchen dabei auf unterschiedliche Weise, das Entstehen einer exklamativen Interpretation der Äußerung durch das Zusammenspiel der verschiedenen Mittel abzuleiten und damit zu erklären, wobei allerdings der genaue Zusammenhang zwischen zugrundeliegendem Satztyp und exklamativer Äußerung nicht immer klar wird und expliziter gemacht werden müsste.
  Zuordnungsansätze gehen davon aus, dass es einen exklamativen Satztyp bzw. verschiedene genauer spezifizierte exklamative Satztypen gibt, z.B. Altmann (1987, 1993a), Batliner (1988), Näf (1987, 1996), Oppenrieder (1988), Schwabe (1992), Zaefferer (1983, 1984). Der Grundgedanke ist hier, dass sich Sätze, die eine bestimmte Funktion haben, im exklamativen Fall den Ausdruck einer Erstaunenseinstellung, zu Klassen zusammenfassen lassen. Sätze mit einer exklamativen Funktion gehören damit zur Klasse der Exklamativsätze mit genauer spezifizierten Unterklassen. Zu diesen Unterklassen gehören z.B. in Altmann (1993a) die Formtypen: Verb-Erst-/Verb-Zweit-Exklamativsatz, *daß*-Verb-Letzt Exklamativsatz und *w*-Verb-Zweit-/*w*-Verb-Letzt-Exklamativsatz. Im Unterschied zu den verschiedenen Ableitungsansätzen zählen intonatorische Merkmale – hier vor allem der Exklamativakzent – bei Altmann (1987, 1993a), Batliner (1988), Oppenrieder

(1988) zu den satztyprelevanten Eigenschaften. Eine Erklärung des Zusammenhangs zwischen den bestimmten vorhandenen formalen Merkmalen und der exklamativen Funktion liegt nicht im Fokus. Diese Ansätze gehen davon aus, dass die gegebenen Muster von formalen Merkmalen konventionell einer bestimmten Funktion zugeordnet werden, wobei den einzelnen Merkmalen keine bestimmte Bedeutung zukommt. Damit handelt es sich in gewissem Sinn um einen konstruktionsgrammatischen Ansatz, vgl. Jacobs (2008).

Worin sich beide Typen von Ansätzen allerdings einig sind, ist, dass es bestimmte Sätze gibt, die als exklamative Äußerungen vorkommen und dass diese Sätze bestimmte beschreibbare Eigenschaften haben.

Folgende Eigenschaften werden in diesem Zusammenhang oft untersucht, vgl. Altmann (1993a), Rosengren (1992). Wir werden hier bei der Besprechung der einzelnen Formtypen näher darauf eingehen.

(i) *Verbstellung*: Exklamativsätze kommen mit V1-, V2- und Verbletztstellung vor.
(ii) *Intonation*: Das wichtigste Merkmal von Exklamativen in Bezug auf Intonation ist die Anwesenheit des sogenannten Exklamativakzents. Die Lage des Exklamativakzents wird hier durch Großschreibung verdeutlicht. Nach Altmann (1993a, 1993b) handelt es sich um einen nicht-fokussierenden Akzent. Er lässt sich sowohl von Kontrastakzenten als auch von anderen Fokusakzenten akustisch gut unterscheiden. Seine besonderen Merkmale sind größere Maxima bezogen auf die Grundfrequenz, er kann auch auf einem informationsstrukturell nicht fokussierten Ausdruck liegen, die akzentuierte Silbe weist eine größere Länge auf, der F0-Gipfel liegt gegenüber thematischen Akzenten weiter hinten, also spät in der Silbe, meist hinter einem Intensitätsgipfel, s. Oppenrieder (1987: 168), (1989: 219), Batliner (1988: 244). Während der Exklamativakzent in Zuordnungsansätzen als formales Element ohne eigene Bedeutung gesehen wird, versuchen Vertreter von Ableitungsansätzen ihn mit bestimmten Funktionen in Zusammenhang zu bringen, etwa als Widerspiegelung der emotiven Involviertheit des Sprechers, vgl. Rosengren (1997).
(iii) *Modalpartikeln*: Als Modalpartikeln finden wir in Exklamativen *aber, aber auch, vielleicht* und *doch*. In V2-Exklamativen ohne w-Phrase kann auch *ja* vorkommen. Modalpartikeln sind bei Exklamativsätzen nicht obligatorisch.
(iv) *Anwesenheit bestimmter Elemente*: Hier ist bei Exklamativen vor allem zu unterscheiden zwischen w-Sätzen, also Sätzen mit einer satzeinleitenden w-Phrase, und Sätzen ohne w-Phrase. Exklamative findet man in beiden Bereichen, zudem kommen sowohl V2- als auch VL-Exklamative mit einer w-Phrase vor. Vor Exklamativsätzen findet man zudem oft Interjektionen, vgl. (4).

(4) Boah/ey/wow/hey/uff/oh/geil/verdammt/verflucht/Mann/Alter/Got t/ mein Gott/Herrgott/Wahnsinn/Scheiße/Kacke/Mist, ist DER aber groß!³

Auf diese werden wir hier nicht weiter eingehen. Als Test für einen Exklamativsatz eignen sie sich nur beschränkt, da ein folgender Satz nicht notwendigerweise ein Exklamativsatz ist. Ein interessanter Punkt ist allerdings, dass diese Elemente vor dem Satz den Hauptakzent an sich ziehen können.

(5) Oh MANN ist der blöd!

Dabei verschwindet allerdings eine ansonsten zulässige Pause nach der Interjektion.

Bevor wir zu den verschiedenen Formtypen kommen, gehen wir noch einmal kurz zur funktionalen Bestimmung von Exklamativsätzen. Dabei geht es besonders um die Abgrenzung zwischen Exklamationen, Aussagen und Fragen. Wie kann man erkennen, ob ein Sprecher zum Ausdruck bringen will, dass ein bestimmter Sachverhalt nicht seinen Erwartungen entspricht, dass er über einen bestimmten Sachverhalt erstaunt ist? Neben unserer Intuition darüber kann uns die Akzeptabilität unterschiedlicher Kontexte dabei helfen.

Wenn, wie wir oben angenommen haben, ein Sprecher mit einem Exklamativsatz ausdrückt, dass er einen bestimmten Sachverhalt *p*, der von dem, was er sagt, beschrieben wird, nicht erwartet hat, dann ist damit konsistent, wenn er sagt: Ich habe *p* nicht erwartet. Man kann sich mit *das* auf einen Sachverhalt beziehen. Man kann also, nachdem man einen Exklamativsatz geäußert hat, fortfahren mit: *Das habe ich nicht erwartet*, ohne dass dies zu Inkonsistenz führen würde. Dabei bezieht man sich mit *das* auf den Sachverhalt, den man für erstaunlich hält, vgl. (6).

(6) Dass DER die Josephine heiratet! Das habe ich nicht erwartet.

Das unterscheidet die Äußerung eines Exklamativsatzes aber nicht von einer Aussage, da man nach einer Aussage ebenso fortfahren kann, vgl. (7).

(7) Elfa heiratet Erik. Das habe ich nicht erwartet.

Nach einer Aussage kann man allerdings auch fortsetzen mit der Behauptung, dass man das eben Gesagte erwartet habe.

(8) Elfa heiratet Erik. Das habe ich erwartet.

---

3 Bei der Internetrecherche (01. 12. 2011) fanden sich unterschiedliche Schreibweisen und Zusammensetzungen: *wau, wow, whow, boa, bo, boh, boah*, oft verbunden mit *ey* oder *eh*, auch: *ey Mann, ey Alter*. Außerdem: *oh mein Gott, oh Gott*.

Eine solche Fortsetzung ist aber nach der Äußerung eines Exklamativsatzes typischerweise nicht möglich, vgl. (9). (# verweist auf kontextuelle Unangemessenheit.)

(9)   Dass DER die Josephine heiratet! #Das habe ich erwartet.

Ein Sprecher von (9) würde ja durch den Exklamativsatz ausdrücken, dass er nicht erwartet hatte, dass der Referent von *der* die Josephine heiraten würde, und gleich darauf behaupten, dass er genau das erwartet habe. Das ist natürlich widersprüchlich. Der Äußerung eines Fragesatzes kann weder *Das habe ich erwartet* noch *Das habe ich nicht erwartet folgen*. Wir haben also zwei Kontexte, deren Akzeptabilität uns hilft, Äußerungen von Exklamativ-, Aussage- und Fragesätzen zu unterscheiden, vgl. (10).

(10) a. Exklamativsatz:
Dass DER die Josephine heiratet!   √Das habe ich nicht erwartet.
                                    #Das habe ich erwartet.
b. Aussagesatz:
Elfa heiratet Erik.   √Das habe ich nicht erwartet.
                                    √Das habe ich erwartet.
c. Fragesatz:
Wen hat Josephine geheiratet?   #Das habe ich nicht erwartet.
                                    #Das habe ich erwartet.

Diese Kontext-Probe werden wir als Fortsetzungstest auch bei der Beschreibung der unterschiedlichen Formtypen verwenden.

2 Formtypen

2.1 *dass*-Exklamativsätze

Dass-Exklamativsätze wie (11) gehören zu den selbständigen VL-Sätzen (s. Kapitel 10 in diesem Band).

(11)   Dass DIE Geige spielt!

Unser Fortsetzungstest weist (11) als Exklamativsatz aus.

(12)   Dass DIE Geige spielt.   √Das habe ich nicht erwartet.
                                       #Das habe ich erwartet.

Das finite Verb befindet sich in Letztstellung, wobei imperativische Verbformen nicht möglich sind, die auch sonst nicht in Letztstellung vorkommen. Indikativ ist vorherrschend. Nach Altmann (1993a: 1026) sind Plusquamperfekt und Futur II ausgeschlossen, vgl. (13b).

(13) a. Dass DIE Geige spielt/gespielt hat/spielte/spielen wird!
    b. Dass DIE Geige gespielt hatte/gespielt haben wird.

Dass die Fälle in (13b) seltsam anmuten, kann allerdings auch mit der Schwierigkeit zusammenhängen, ein geeignetes Beispiel in einem angemessenen Kontext zu finden.[4] Für das Futur II könnten wir uns Folgendes überlegen: Ein Vater ist über die Fortschritte seiner Tochter im Geigenspiel nicht so informiert. Er weiß zwar, dass sie Unterricht nimmt, aber nicht, dass sie schon soweit ist, ihr erstes öffentliches Konzert zu geben, das an diesem Nachmittag stattfinden soll. Der Vater erfährt das nun am Morgen und da er seine Tochter erst am Abend wiedersehen wird, äußert er (14).

(14) Dass du heute ABEND schon das erste Mal gespielt haben wirst!

Ein solcher Kontext scheint nicht zu abwegig. Hängt die Verwendbarkeit unterschiedlicher Tempora tatsächlich an geeigneten Kontexten, dann gibt es für sie hier keine prinzipiellen Einschränkungen.

Als Modalpartikeln finden wir *aber auch* und möglicherweise *doch*, vgl. Altmann (1993a: 1026).

(15) Dass DER aber auch/?doch seinen Hund küsst!

Allerdings sind sie wohl nicht obligatorisch. *Dass*-Exklamative sind auch ohne Modalpartikel völlig akzeptabel, vgl. z. B. (16) als Kommentar zu einem Gerichtsverfahren.

(16) Dass der immer noch nicht verurteilt ist. (Wäre er irgendwer, wäre alles schon gelaufen.)[5]

Typisch für *dass*-Exklamative sind graduierbare Elemente, auf denen dann auch oft der Exklamativakzent liegt.

(17) a. Dass der SO krumme Beine hat!
    b. Dass Maria SO eine Karre fährt!
    c. Dass der Junge SO lügt!

---

4 Dank an Jörg Meibauer für diesen Hinweis.
5 http://www.augsburger-allgemeine.de/community/forum/deutschland,-europa-und-die-welt/Fall-Kachelmann-Freispruch-fuer-den-Wettermoderator-id13701501/13734861--id13734861.html (24. 11. 11)

In (17a) etwa gilt die Abweichung von der Normalvorstellung des Sprechers dem Grad zu dem der, auf den das Demonstrativpronomen referiert, krumme Beine hat. Allerdings kann der Exklamativakzent auch auf einem anderen Element liegen, etwa auf *Beine*, *Karre* oder *lügt*.

Die Proposition des *dass*-Satzes wird als wahr präsupponiert. Es wird also als wahr vorausgesetzt, dass der krumme Beine hat oder dass der Junge lügt. Die Wahrheit dieser Propositionen wird nicht behauptet, was bei bestimmten V1- und V2-Exklamativen anders ist, siehe Abschnitt 3.

Inhärent graduierbare Elemente sind in *dass*-Exklamativen typisch, aber nicht obligatorisch. Betrachten wir (18).

(18) Dass der seinem Hund ein BUCH vorliest!

In (18) gibt es kein Lexem, das man als inhärent steigerbar ansehen könnte. Der Exklamativakzent liegt auf *Buch* und kann zugleich als Fokusakzent angesehen werden. Der Akzent auf dem Fokusexponenten (*Buch*) erlaubt unterschiedliche Größe des Fokus. Minimal liegt er auf *Buch*, womit ausgedrückt wird, dass es nicht der Normalerwartung des Sprechers entspricht, dass es ein Buch ist, das der Referent von *der* dem Hund vorliest, und nicht etwa das Etikett der Hundefutterverpackung. Bei maximalem Fokus wird das Bestehen des ganzen Sachverhalts als nicht der Erwartung des Sprechers entsprechend dargestellt.

Eine solche Lesart ist in (19) wohl die einzig mögliche.

(19) Dass der verHEIratet ist!

Hier scheint das aus Sprechersicht Unerwartete das Bestehen des Sachverhaltes selbst zu sein, nämlich dass der Referent von *der* verheiratet ist und nicht etwa nicht verheiratet. Um die Fälle mit sichtbarem graduierbarem Element und die gerade genannten unter einen Hut zu bringen, kann man sagen, dass bei letzteren das Zu- bzw. Nicht-Zutreffen einer Proposition der graduierbare Faktor ist. Dieser Faktor muss in die Interpretation von Exklamativsätzen generell eingehen, nämlich, dass die relevanten Elemente auf einer Skala des Unerwartetseins eingeordnet werden mit dem bestehenden Sachverhalt an oberster Stelle als in höherem Maße unerwartet.

In *dass*-Exklamativen sind Demonstrativpronomen am Anfang des Mittelfeldes typisch, auf denen dann auch der Exklamativakzent liegen kann, vgl. Altmann (1993b: 34). Auch wenn es so aussieht, als habe der Exklamativakzent in diesen Fällen normalerweise keine fokalen Eigenschaften, vgl. Altmann (1993b: 34), so muss man das etwas relativieren. Wenn es bei Fokussierung um Herstellung eines Bezugs zu Alternativen geht (Rooth 1985, 1992, Jacobs 1988), dann kann man an folgendem Beispiel sehen, dass durch unterschiedliche Lage des Exklamativakzents sich auch die relevanten Alternativenmengen ändern.

(20) A: Der Karl hat dem Friedrich verraten, dass Heinz gelogen hat.
B: (i) Dass DER dem das verraten hat!
(ii) Dass der DEM das verraten hat!
(iii) Dass der dem DAS verraten hat!

Die unterschiedlichen Alternativenmengen beziehen sich dabei auf das, was der Sprecher erwartet hat. Mit dem Exklamativakzent auf dem Subjektpronomen drückt der Sprecher aus, dass es erstaunlich ist, dass gerade der, also Karl, dem das verraten hat, wobei ein anderes Element der Alternativenmenge eher erwartbar gewesen wäre. Mit dem Exklamativakzent auf dem Dativpronomen gibt der Sprecher zu verstehen, dass er erstaunt ist, dass Karl dem, also Friedrich, das verraten hat, und nicht etwa jemand anderem aus der Alternativenmenge. (Analog für das Akkusativpronomen.) Das weist darauf hin, dass der Exklamativakzent durchaus fokale Eigenschaften haben kann.

Die Subjunktion *dass* ist die einzige Subjunktion, die einen Exklamativsatz einleiten kann. Weder adverbielle Subjunktionen wie *weil, obwohl, wenn* noch *ob* leiten einen Exklamativsatz ein.[6] Eine Verwechslung von *dass*-Exklamativsätzen mit selbständigen *dass*-Sätzen in anderen Verwendungen ist aufgrund der intonatorischen Eigenschaften Ersterer schwerlich möglich, vgl. Altmann (1993a: 1027). Betrachten wir den Satz in (21a), der, unter Umständen mit einem freien Dativ und/oder einer Modalpartikel angereichert, als Aufforderung geäußert werden kann, vgl. (21b). Selbst ohne diese zusätzlichen Hilfsmittel mit der Hauptbetonung auf der ersten Silbe von *pünktlich*, ist eine solche Äußerung klar vom *dass*-Exklamativ in (21c) mit Exklamativakzent unterscheidbar.

(21) a. dass du pünktlich bist
b. Dass du (mir) (ja/bloß) pünktlich bist! (Ich habe keine Lust, immer auf dich zu warten.)
c. Dass du PÜNKTlich bist! (Das habe ich nicht erwartet.)

Der *dass*-Exklamativsatz hat eine große Variationsbreite: er ist mit und ohne Modalpartikel möglich, die Erstaunenseinstellung kann sich auf ein explizites graduierbares Element richten, aber auch auf das Bestehen der Proposition selbst, die Position des Exklamativakzents ist variabel, wobei dieser auch fokussierend sein kann. Dabei ist die Wahrheit der Proposition des Satzes präsupponiert.

---

[6] Bei Sätzen wie: *Und ob das ein Exklamativsatz ist!*, etwa als Entgegnung auf: *Das ist doch kein Exklamativsatz.* handelt es sich nicht um Exklamativsätze, vgl. d'Avis (1995).

2.2 V1-Exklamativsätze

Sätze wie (22) erweisen sich nach dem Fortsetzungstest als Exklamativsätze.

(22) Hat DER aber eine schöne Gitarre! √Das habe ich nicht erwartet.
#Das habe ich erwartet.

Der Sprecher bringt zum Ausdruck, dass die Gitarre des Referenten von *der* zu einem Grad schön ist, den er nicht erwartet hat. Das finite Verb befindet sich vor dem Mittelfeld und es gibt kein Vorfeld. Imperativische Verbformen sind ausgeschlossen. Es können prinzipiell alle Tempora vorkommen, wobei dies bei Plusquamperfekt und Futur II, wie bei *dass*-Exklamativen, von eher eingeschränkten Kontexten abhängig ist. Der Indikativ ist vorherrschend, vgl. Altmann (1993a: 1026), aber Konjunktiv ist sicher nicht unmöglich. Auch hier kommt es auf einen geeigneten Kontext an. Beim Konjunktiv II können wir eine Ähnlichkeit mit Wunschsätzen beobachten, vgl. (23).[7]

(23) a. Hätte die bloß viel Geld!
b. Hätte DIE (vielleicht) viel Geld!

Mit der Äußerung des Wunschsatzes in (23a) drückt der Sprecher aus, dass er es für wünschenswert hält, wenn die Referentin von *die* viel Geld hätte, das sie seiner Meinung nach nicht hat. Eine Modalpartikel, hier *bloß*, scheint obligatorisch. Mit der Äußerung des Exklamativsatzes in (23b) drückt der Sprecher aus, dass die Referentin von *die* unter bestimmten Bedingungen unerwartet viel Geld hätte. Diese Bedingungen als Verweis auf eine mögliche Welt, die nicht die wirkliche Welt ist, müssen kontextuell gegeben sein. Zum Beispiel könnte es darum gehen, dass die Referentin vergessen hat, ihren Lottoschein abzugeben, und just an diesem Tag gerade die Zahlen mit einem unerhört großen Gewinn gezogen werden, die sie normalerweise tippt. In einem solchen Kontext ist eine Äußerung von (23b) durchaus möglich.

Als Modalpartikeln finden wir *aber/vielleicht/aber auch*, vgl. (24a). Diese sind aber nicht obligatorisch. (24b) ist als Exklamativsatz in Ordnung. Die Modalpartikel *ja* ist allerdings in V1-Exklamativen im Gegensatz zu V2-Exklamativen nicht möglich, siehe dazu Abschnitt 2.3.

Ein Exklamativakzent hingegen scheint obligatorisch und liegt gerne auf einem Demonstrativum am Anfang des Mittelfeldes.

(24) a. Hat DER vielleicht/aber/aber auch ein großes Mundwerk!
b. Hat DER ein großes Mundwerk!

---

7 Zum Optativsatz siehe Grosz, in diesem Band, Artikel 7.

Die Erstaunenseinstellung bezieht sich bei V1-Exklamativen auf eine bestimmte explizit oder implizit gegebene Eigenschaft. (25) kann, auch wenn das graduierbare Adjektiv *groß* nicht explizit gegeben ist, wie (24b) interpretiert werden.

(25) Hat DER ein Mundwerk!

Die Erstaunenseinstellung kann sich aber nicht auf das Bestehen des Sachverhaltes selbst beziehen.

Verwechslungsgefahr mit anderen V1-Sätzen besteht für V1-Exklamative im Allgemeinen nicht, vor allem auf Grund des Exklamativakzents. Allerdings bringt Rosengren (1992: 272f.) V1-Exklamative wie (26a) in Zusammenhang mit Sätzen wie (26b).

(26) a. Hat DER eine tolle Schrift!
      b. Hat der nicht eine tolle Schrift!?

Sie argumentiert dabei, wie Önnerfors (1997: 170ff.), dass es sich bei Sätzen wie (26a) zugrundeliegend um V1-Deklarativsätze handelt. Diese kommen im Deutschen in verschiedenen Verwendungen vor, deren bekannteste sicher die in narrativen Kontexten ist. Dazu und zu weiteren Verwendungsweisen s. Önnerfors (1997). Sätze wie (26b), mit der Negation *nicht*, seien hingegen V1-Interrogative, die man als Exklamationen verwenden könne. Verhalten sich aber beide Arten im hier relevanten Sinne wie Exklamativsätze?

Bei (26a) kann ein Exklamativakzent auf dem Demonstrativum liegen und auch der Fortsetzungstest weist (26a) als Exklamativsatz aus.

(27) Hat DER eine tolle Schrift! Das habe ich nicht erwartet.

Legen wir bei (26b) einen Exklamativakzent auf das Demonstrativum, grenzt eine solche Äußerung an Unakzeptabilität.

(28) ??Hat DER nicht eine tolle Schrift!

Wir können den Hauptakzent auf ein späteres Element legen, etwa auf das graduierbare Element *tolle*.

(29) Hat der nicht eine TOLle Schrift!

Aber haben wir jetzt wirklich noch einen Exklamativsatz? Der Fortsetzungstest scheint mir nicht eindeutig, obwohl ich das Ergebnis zweifelhaft finde.

(30) Hat der nicht eine TOLle Schrift! #Das habe ich nicht erwartet.

Zudem finden wir hier eine Antworterwartung, die beim Exklamativsatz normalerweise nicht gegeben ist. Rosengren (1992: 275) spricht hier von einer tendenziösen Frage. Die Antwort, die man dem Adressaten gewissermaßen in den Mund legen will, ist eine Bestätigung des positiven Sachverhalts, dass nämlich der Referent von *der* eine tolle Schrift habe. Gerade diese starke Antworterwartung ist aber ein Faktor, den wir ansonsten bei Äußerungen von Exklamativsätzen nicht finden, und könnte gegen eine Einordnung als Exklamativsatz sprechen.

Der V1-Exklamativsatz ist im Vergleich zum *dass*-Exklamativsatz eingeschränkter. Die Erstaunenseinstellung des Sprechers bezieht sich immer auf eine graduierbare Eigenschaft, die explizit oder implizit gegeben sein kann, aber nicht auf das Bestehen des Sachverhaltes selber, wie es bei *dass*-Exklamativen der Fall sein kann. Modalpartikeln sind aber auch in V1-Exklamativsätzen nicht obligatorisch, wobei die Partikeln *aber, aber auch, vielleicht* vorkommen können.

2.3 V2-Exklamativsätze

V2-Sätze wie (31) sind nach dem Fortsetzungstest Exklamativsätze.

(31) DER hat aber eine schöne Gitarre!   √Das habe ich nicht erwartet.
     #Das habe ich erwartet.

Im Bezug auf unterschiedliche Tempora verhalten sich V2- und V1-Exklamative gleich. Das Vorfeld ist typischerweise mit einem definiten Ausdruck besetzt, wobei auch kontextuell lizenzierte Vorfeld-Ellipse möglich ist.

(32) Ich habe gerade dein neues Bild gesehen. Sieht aber TOLL aus!

Der Exklamativakzent liegt vorwiegend auf dem definiten Ausdruck im Vorfeld oder auf einem graduierbaren Element am Ende des Mittelfeldes oder einem Vollverb oder Verbzusatz im Verbalkomplex. Es findet sich auch Hervorhebung an beiden Stellen vgl. Oppenrieder (1987: 167f.).

(33) a. DER hat aber eine schöne Gitarre!
     b. Der hat aber eine SCHÖne Gitarre!
     c. Der ist aber BLÖD!
     d. Der ist aber EINgebildet!

Als Modalpartikeln finden wir bei V2-Exklamativen *aber, aber auch, vielleicht* und im Gegensatz zu V1-Exklamativen auch *ja*. Modalpartikeln sind nicht obligatorisch, siehe auch Oppenrieder (1987: 167).

In vielen Fällen scheinen V1- und V2-Exklamative bedeutungsgleiche, nur in der Verbstellung veränderte Varianten voneinander zu sein, vgl. (34).[8]

---

[8] Altmann (1993a: 1026) spricht davon, dass die „Verbstellungstypen frei austauschbar" seien.

(34) a. DAS ist aber ein schnelles Spiel!
　　 b. Ist DAS aber ein schnelles Spiel!

Zumindest was die Verträglichkeit mit Modalpartikeln betrifft, muss man diese Annahme allerdings relativieren. Die Modalpartikel *ja* ist – wie gesagt – in V2-Exklamativen möglich, in V1-Exklamativen dagegen nicht, vgl. (35).[9]

(35) a. DER ist ja riesig!
　　 b. *Ist DER ja riesig!

Im Zusammenhang mit der Modalpartikel *ja* finden sich aber auch unterschiedliche mögliche Interpretationen in Bezug darauf, ob sich das Erstaunen auf den Grad einer bestimmten Eigenschaft richtet oder auf das Bestehen des beschriebenen Sachverhaltes selbst. Typischerweise richtet sich die Erstaunenseinstellung des Sprechers auf den unerwarteten Grad, zu dem ein bestimmtes Prädikat zutrifft, z.B. *riesig* in (36).

(36) DER ist aber/aber auch/vielleicht/ja riesig!

Der Exklamativakzent kann auf dem Demonstrativpronomen im Vorfeld liegen, oder auf dem Prädikat, wobei mir mit *aber/aber auch/vielleicht* (36) natürlicher vorkommt.

(37) a. Der ist aber/aber auch/vielleicht RIEsig!
　　 b. Der ist ja RIEsig!

Wenn der Exklamativakzent auf dem Prädikat liegt, unterscheidet sich der Satz mit der Modalpartikel *ja* von den anderen. Er hat zwei Lesarten, die sich darin unterscheiden, dass das Erstaunliche entweder der unerwartete Grad oder das Bestehen des Sachverhalts (*dass der riesig ist*) selbst ist. Deutlich wird dies, wenn wir ein Prädikat wählen, das von Haus aus nicht graduierbar ist, z.B. *verheiratet sein*.

Mit dem Exklamativakzent auf dem Demonstrativum ist trotzdem eine Interpretation möglich, die *verheiratet sein* im Nachhinein zu einem graduierbaren Prädikat macht, etwa in dem Sinne, dass der Referent von *der* bestimmte Eigenschaften, die einen verheirateten Mann ausmachen, zu einem unerwarteten Grad besitzt.

(38) a. DER ist aber/aber auch/vielleicht verheiratet!
　　 b. DER ist ja verheiratet!

---

9 Eine Internetrecherche (01. 12. 11) ergab für „Mann der ist ja riesig" 1970 Treffer, für „Mann ist der ja riesig" 0 Treffer, für „Mann ist der riesig" 3240 Treffer. Natürlich sollte man aus solchen Abfragen nicht zu starke Schlüsse ziehen, aber ein Trend ist klar erkennbar.

Liegt der Exklamativakzent auf dem Prädikat, scheint diese Interpretation nicht möglich zu sein. Mit den Modalpartikeln *aber, aber auch, vielleicht* führt das zu Unakzeptabilität, bei der Modalpartikel *ja* bleibt nur eine Lesart übrig, die ein Erstaunen darüber ausdrückt, dass der Referent von *der* überhaupt verheiratet ist.

(39) a. *Der ist aber/aber auch/vielleicht verHEIratet!
  b. Der ist ja verHEIratet!

V1-Exklamativsätze verhalten sich in Bezug auf die Anwesenheit eines graduierbaren Elements bei den Modalpartikeln *aber, aber auch, vielleicht* wie V2-Exklamative. Der Exklamativakzent kann auf dem Subjektspronomen oder auf dem Prädikat *riesig* liegen. Auch hier scheint mir der Exklamativakzent auf dem Demonstrativum natürlicher. Die Modalpartikel *ja* ist hier nicht möglich, vgl. (40b).

(40) a. Ist DER aber/aber auch/vielleicht riesig!
  b. *Ist DER ja eingebildet!

(41) a. Ist der aber/aber auch/vielleicht RIEsig!
  b. *Ist der ja RIEsig!

Auch eine nachträglich graduierende Interpretation von *verheiratet sein* ist bei V1-Exklamativen möglich, wenn der Exklamativakzent auf dem Demonstrativum liegt.

(42) Ist DER aber/aber auch/vielleicht verheiratet!

Legt man den Exklamativakzent auf ein Prädikatsteil im Verbalkomplex, dann scheint die nachträgliche graduierende Interpretation nicht möglich.

(43) *Ist der aber/aber auch/vielleicht verHEIratet!

Hieraus folgen drei Dinge: (i) Die Position des Exklamativakzents kann die (mögliche) Interpretation beeinflussen, (ii) die Art der Modalpartikel beeinflusst die Interpretation eines Exklamativsatzes, (iii) es gibt eine Möglichkeit, einen V2-Exklamativsatz zu konstruieren, bei der nicht der Grad einer Eigenschaft das Erstaunliche ist, sondern das Bestehen des Sachverhaltes selbst.

Es gibt einen Unterschied zwischen V1- und V2-Exklamativsätzen, die somit keine Varianten mit frei austauschbarer Verbstellung sind.

In Exklamativsätzen finden wir typischerweise definite Ausdrücke, oft Demonstrativpronomen, die den Exklamativakzent tragen. Wir besprechen diesen Punkt hier, da Oppenrieder (1987: 184, fn 11) sich im Zusammenhang mit V2-Exklamativen dazu geäußert hat. Er vermutet, dass ein definiter Ausdruck als potentieller Akzentträger vorhanden sein sollte. Der Kontrast in (44) bestätigt das.

(44) a. DER hat vielleicht ein Buch geschrieben! (ein tolles, erfolgreiches ...)
b. *Ein MANN hat vielleicht ein Buch geschrieben!

Der Exklamativakzent auf dem Nomen innerhalb der indefiniten Nominalphrase im Vorfeld führt zu Unakzeptabilität. Das gilt übrigens auch für V1-Exklamative und für w-Exklamative, vgl. (45) – (47).

(45) a. Hat DER vielleicht ein Buch geschrieben!
b. *Hat ein MANN vielleicht ein Buch geschrieben!

(46) a. Wen DER alles eingeladen hat!
b. *Wen ein MANN alles eingeladen hat!

(47) a. Wen hat DER alles eingeladen!
b. *Wen hat ein MANN alles eingeladen!

Für *dass*-Exklamative sieht das anders aus, was vermutlich damit zusammenhängt, dass hier das Bestehen des Sachverhaltes als erstaunlich angesehen werden kann.

(48) a. Dass DER ein Buch geschrieben hat!
b. Dass ein MANN ein Buch geschrieben hat!

Brauchen wir also in einem Exklamativsatz einen grammatisch als definit ausgezeichneten Ausdruck? Generische Sätze sprechen möglicherweise dagegen. Definite Nominalphrasen können auch generisch interpretiert werden.

(49) Der Wal kann tief tauchen.

Man bezieht sich hier auf die Art Wal oder ein prototypisches Mitglied der Art der Wale. Auch hier ist ein Exklamativakzent auf *Wal* möglich.

(50) Der WAL kann vielleicht tief tauchen. (Das habe ich nicht erwartet.)

Ein generischer Satz kann auch mit einem indefiniten Subjekt gebildet werden.

(51) Ein Wal kann tief tauchen.

Interessanterweise ist dann hier auch ein Exklamativakzent möglich, d. h. (52) ist ein V2-Exklamativsatz.

(52) Ein WAL kann vielleicht tief tauchen. (Das habe ich nicht erwartet, dass Wale so tief tauchen können.)

In diesem Satz kommt keine syntaktisch als definit ausgezeichnete Phrase vor, allerdings semantisch der Bezug auf eine bestimmte Klasse. Semantische Bestimmtheit scheint wichtiger zu sein als grammatisch gekennzeichnete Definitheit.

Der V2-Exklamativsatz ist im Vergleich zum V1-Exklamativsatz weniger eingeschränkt. Die Erstaunenseinstellung des Sprechers bezieht sich zwar typischerweise auf eine graduierbare Eigenschaft, aber mit der Modalpartikel *ja* ist auch der Bezug auf das Bestehen des Sachverhalts möglich. Andere vorkommende Modalpartikel sind *aber, aber auch* und *vielleicht*. Eine Verwechslung mit anderen V2-Typen ist aufgrund des Exklamativakzents sehr unwahrscheinlich.

2.4 w-Exklamativsätze

Bis hierher haben wir Exklamativsätze besprochen, in denen keine w-Phrase vorkommt. Neben diesen gibt es aber auch Exklamativsätze, die mit einer w-Phrase beginnen. Das finite Verb steht entweder in der VL- oder in der V2-Position.

(53) a. Was DIE für eine schöne Schrift hat!
      b. Wen DER alles eingeladen hat!

(54) a. Was hat DIE für eine schöne Schrift!
      b. Wen hat DER alles eingeladen!

Interessanterweise scheint es hier keine großen funktionalen Unterschiede zu geben, vgl. Altmann (1993a: 1027). Die VL-Variante ist allerdings eindeutiger, da ein selbständiger w-VL-Satz, der als Frage verwendet wird, normalerweise die Modalpartikel *wohl* aufweist, die bei Exklamativen nicht vorkommen kann. Der Fortsetzungstest weist beide Varianten als Exklamativsätze aus, vgl. (55).

(55) Wen DER alles eingeladen hat!
      Wen hat DER alles eingeladen!   √Das habe ich nicht erwartet.
      #Das habe ich erwartet.

Die Tempora sind ähnlich kontextuell eingeschränkt, wie wir es schon bei den anderen Arten von Exklamativsätzen gesehen haben. Als Modalpartikeln kommen *aber auch, auch, aber, doch*, eingeschränkter *vielleicht*, vor, zudem quantifizierende Ausdrücke wie *alles, immer* und *überall*. Diese Elemente sind nicht obligatorisch, erleichtern aber oft die Zuordnung.

(56) a. Was DIE aber auch/aber/auch/doch/?vielleicht für große Füße hat!
      b. Wen DER alles eingeladen hat!
      c. Wo DIE überall herumfährt!

Ein Exklamativakzent scheint obligatorisch. Mit einem w-Exklamativ drückt ein Sprecher aus, dass etwas zu einem höheren Grad zutrifft, als es seinen Normalvorstellungen entspricht. In vielen Fällen liegt auch ein graduierbares Element vor. Aber selbst, wenn das nicht der Fall ist, wird der w-Exklamativ graduierend interpretiert, vgl. (57).

(57) Was hat DIE für ein Haus!

Hier könnte der Sprecher erwartet haben, dass das Haus kleiner ist, weniger schön usf. Er drückt dann aus, dass er erstaunt ist, dass das Haus eine der Eigenschaften zu diesem hohen Grad hat. Die Skala könnte sich auch auf eine negative Eigenschaft beziehen: *Was die für ein HAUS hat! Das ist ja die letzte Bruchbude.*

Die meisten w-Ausdrücke können einen w-Exklamativsatz einleiten.

(i) W-Pronomen: *wer, wessen, wem, wen, was*[10]

(58) a. Wer DA alles 'rumläuft!
 b. Wen DIE geheiratet hat!
 c. Wem DER alles geholfen hat!
 d. Wessen Kleider DIE schon wieder an hat!

Interpretation etwa für (58b): Der Sprecher hat nicht erwartet, dass die Referentin von *die* den heiratet, den sie wirklich geheiratet hat. Auf einer Skala des Unerwartetseins bekommt er einen höheren Wert als der, für den der Sprecher die Heirat erwartet hätte.

(ii) Flektiertes *welch-* + nominales Komplement

(59) a. Welchen TOLlen Mann die aber auch geheiratet hat!
 b. Welchen TOLlen Mann hat die geheiratet!
 c. Welchem BLÖDmann die doch ihr Buch geschenkt hat!

Der Sprecher drückt z.B. für (25a) aus, dass der frischgebackene Ehemann eine Eigenschaft zu einem besonders hohen Grad hat, und diese Eigenschaft wird genannt, nämlich besonders toll zu sein.

---

10 Das Pronomen *wessen* ohne Nomen überzeugt nicht wirklich, s. (i).
(i) ?Wessen die aber auch beschuldigt wird!
Ob das am Niedergang der Genitiv-Verben liegt, ist mir nicht klar.

(iii) *Was für ein* + nominales Komplement, wobei *was* und *für*+nominaler Ausdruck auch getrennt sein können.

(60) a. Was für einen TOLlen Mann die doch geheiratet hat!
b. Was für einen TOLlen Mann hat die geheiratet!
c. Was DIE aber auch für einen tollen Mann geheiratet hat!
d. Was hat DIE für einen tollen Mann geheiratet!

Die Interpretation von (60a) entspricht etwa der für (59a).

(iv) Adverbiale w-Ausdrücke: *wo, wann, wie, woher, wohin* usf.

(61) a. Wo ist DIE doch überall gewesen!
b. Womit DER sich alles auskennt!
c. Wovon DIE auch immer träumt!
d. Wann DIE immer kommt!

Der Sprecher drückt sein Erstaunen darüber aus, dass der Referent von *der* oder *die* an besonders vielen Orten gewesen ist, sich mit vielen Sachen auskennt, von unerwarteten Dingen träumt oder zu unnormalen Zeiten kommt.

(v) *Wie*+Adjektiv, wobei *wie* auch vom Adjektiv getrennt stehen kann.

(62) a. Wie GROSS die ist!
b. Wie GROSS ist die!

c. Wie DIE groß ist!
d. Wie ist DIE groß!

Mit Beispielen wie in (62) drückt der Sprecher aus, dass die Referentin von *die* zu einem unerwarteten Grad groß ist.

(vi) Unflektiertes *welch* + nominales Komplement

(vii) *Welch ein* + nominales Komplement

(63) a. Welch TOLlen Mann die geheiratet hat!
b. Welch TOLlen Mann hat die geheiratet!
c. Welch einen TOLlen Mann die geheiratet hat!
d. Welch einen TOLlen Mann hat die geheiratet!

Die Interpretationen für (63) entsprechen denen für (60) oben.

(viii) *Wie* in Gradbedeutung (ohne Adjektiv)

(ix) *Was* in einer Gradbedeutung

(64) a. Wie DIE gerannt ist!
 b. Wie ist DIE gerannt!
 c. Was DIE groß ist!
 d. Was ist DIE groß!
 e. Was DIE gerannt ist!
 f. Was ist DIE gerannt!

Für (64a,b) gibt es zwei Interpretationen. Zum einen kann der Sprecher über die Art und Weise des Rennens erstaunt sein, zum anderen über den Grad, zu dem die Referentin von *die* schnell gerannt ist. Dass es sich dabei um Schnelligkeit handelt, kann nur aus der Bedeutung des Verbs erschlossen werden. Die Bedeutung der *was*-Sätze entspricht der Gradinterpretation für *wie*.

Die in (i)-(ix) angegebenen w-Phrasen unterscheiden sich in Bezug auf ihre Verwendungsmöglichkeiten dadurch, dass die in (i)-(iv) auch in w-Fragesätzen vorkommen können, (v) kommt in Kontaktstellung auch in w-Fragesätzen vor, während (v) in Distanzstellung sowie (vi)-(ix) nur in w-Exklamativsätzen vorkommen.[11] Zwischen den Fällen in (v), (viii) und (ix) gibt es dabei einen Zusammenhang. Es werden nur die Beispiele mit VL-Stellung wiederholt.

(65) Wie DIE groß ist!

(66) a. Wie DIE gerannt ist!
 b. Was DIE groß ist!
 c. Was DIE gerannt ist!

Bei Fällen wie (65) spricht man von *wie* in Distanzstellung. Der Gedanke dabei ist, dass *wie* sich in gewissem Sinne so verhält, als sei es ein graduierendes Element zum Adjektiv, hier *groß*, das normalerweise direkt vor dem Adjektiv steht. Der Sprecher scheint mit (65) dasselbe auszudrücken wie mit (67).

(67) Wie GROSS die ist!

Wie passen aber die Fälle aus (viii), Beispiel (66a), dazu? Hier gibt es kein Adjektiv, zu dem *wie* ein graduierendes Element sein könnte. Trotzdem findet sich auch hier eine graduierende Interpretation und nicht etwa nur eine modale. Diese graduierende Interpretation finden wir bei den Fällen mit *was* in (66b,c) wieder. Allerdings ist für *was* eine adjazente Stellung zum Adjektiv nicht möglich, vgl. (68).

---

11 Für unflektiertes *welch* in w-Fragesätzen finden sich allerdings einige Belege in Zifonun et al. (1997: 1949).

(68) *Was GROSS die ist!

Möglicherweise hängen Distanz-*wie* und graduierendes *was* enger miteinander zusammen, als Distanz-*wie* und adjazentes graduierendes *wie*. Zu *wie* in Distanzstellung finden sich Untersuchungen und Analysen in Schwabe (1992), d'Avis (2001), zu *was* in Corver (1990), d'Avis (2000).

Eine andere Art von w-Phrase, die normalerweise nur in w-Exklamativsätzen und nicht in w-Fragesätzen auftaucht, sind w-Phrasen mit Intensivierern wie *überaus* in (69).

(69) Wie überaus GROSS Maria ist.

(70) *Wie überaus groß ist Maria denn?

Bei einem w-Fragesatz wie (70) ist nicht ganz klar, nach was eigentlich gefragt wird.

Auf der anderen Seite finden wir w-Phrasen, die in w-Exklamativsätzen typischerweise nicht vorkommen. Betroffen sind zum einen kausale w-Phrasen (*warum*, *wieso*), zum anderen die komplexen w-Phrasen *inwieweit* und *inwiefern*.

(71) a. ??Warum/??Wieso der HEUTE abgesagt hat!
     b. *Inwiefern/*Inwieweit DAS schon wieder richtig ist!
     c. Aus welchem Grund der HEUTE abgesagt hat!

Es ist nicht klar, was der Grund dafür ist. Bei den kausalen w-Phrasen sieht es so aus, als wenn es dafür keinen semantischen Grund gäbe, da sie sehr gut mit *aus welchem Grund* paraphrasierbar sind, wobei diese w-Phrase allerdings einen w-Exklamativsatz einleiten kann, vgl. (71c). In w-Exklamativen finden wir auch die Partikel *nicht*, oft zusammen mit dem quantifizierenden Element *alles*, vgl. (72a,b).[12]

(72) a. Wen DIE nicht alles kennt!
     b. Wen KENNT die nicht alles!
     c. Wen DIE alles kennt!
     d. Wen KENNT die alles!

Bemerkenswert ist bei diesen Fällen, dass *nicht* hier keinen Einfluss auf die Bedeutung zu haben scheint. Der Sprecher drückt sein Erstaunen darüber aus, dass die Referentin von *die* eine unerwartete Menge von Leuten kennt, wobei das Unerwartetsein verschiedene Gründe haben kann, etwa die Größe oder die Art der Zusammensetzung der Gruppe. Damit entsprechen die Fälle in (72a,b) den

---

12 Zu diesem *nicht* siehe zuletzt Roguska (2008), zu *alles* Reis (1992).

Varianten ohne *nicht*, vgl. (72c,d). Siehe zu diesen Fällen die Analysen in Rosengren (1992, 1997), d'Avis (2001) und Roguska (2008).

W-Exklamativsätze zeigen Unterschiede zu w-Fragesätzen in Bezug auf mögliche vorkommende w-Elemente und in Bezug auf bestimmte mögliche Konstruktionen. Allerdings gibt es auch starke Ähnlichkeiten, etwa das Verhalten bei partieller w-Bewegung oder Konstruktionen mit mehreren w-Phrasen. In w-Fragesätzen ist die *was*-w-Konstruktion (partielle w-Bewegung) möglich, vgl. (74).

(74) Was glaubst du, wen Maria eingeladen hat?

(75) Was DER glaubt, wen Maria eingeladen hat!

Diese Konstruktion ist auch in w-Exklamativsätzen möglich, vgl. (75). Man kann Fragen mit mehrfachen Fragezielen stellen. In diesem Fall finden wir mehrere w-Phrasen in diesem Satz, eine von diesen leitet den Satz ein, die anderen sind typischerweise an ihren Grundpositionen, vgl. (76). Auch bei w-Exklamativsätzen sind mehrere w-Phrasen möglich, vgl. (77).

(76) Wen hat der Chef für was eingeteilt?

(77) Wen DER heute für was eingeteilt hat! [Den Buchhalter zum Kaffeekochen und den Hausmeister für die Gehaltsabrechnung]

Weitere Unterschiede zwischen w-Exklamativsätzen und w-Fragesätzen finden wir dann in der Interpretation und in ihren Funktionen im Diskurs vor.[13] W-Exklamative lassen sich nicht beantworten. Das geht natürlich mit ihrer Funktion einher.

(78) a. A: Wie groß ist sie? B: Ein Meter und achtzig.
b. A: Wie GROSS die ist! B: #Ein Meter und achtzig.

Trotzdem sollten wir das notieren, da wir ja in beiden Fällen eine auf den ersten Blick gleiche w-Phrase haben. Die Erwiderung von B in (78a) wird als Konstituentenantwort auf die Frage von A interpretiert. Eine solche Erwiderung ist aber in (78b) nicht möglich. Mit der Äußerung von A wird in (78b) keine Leerstelle eröffnet, die durch Bs Antwort gefüllt werden könnte.

Ein weiterer Unterschied zeigt sich in dem Kontrast in (79).

(79) a. Wen hat sie geheiratet? Heinz oder Peter?
b. Wen DIE geheiratet hat! #Heinz oder Peter?

Der w-Fragesatz in (79a) erlaubt die angegebene Fortführung. Diese hat den Effekt, dass der Antwortbereich der Frage eingeschränkt wird. Eine solche Fort-

---

13 Siehe dazu u.a. Grimshaw (1979), Zanuttini/Portner (2003).

führung ist bei dem w-Exklamativsatz in (79b) nicht möglich. Gerade letztere Einschränkung weist darauf hin, dass dem Sprecher von (79b) die Belegung der Leerstelle bekannt sein muss.

Generell können wir sagen, dass es Gemeinsamkeiten zwischen w-Exklamativsätzen und w-Fragesätzen gibt, aber auch Unterschiede, vor allem wenn man die möglichen w-Phrasen betrachtet. Der Zusammenhang zwischen w-Exklamativsätzen und w-Fragesätzen wurde in der Forschung viel diskutiert. Es gibt verschiedene Möglichkeiten, mit diesen Daten umzugehen. Die erste Möglichkeit geht von der Annahme aus, dass es einen Satztyp ‚w-Exklamativsatz' gibt, dem eine bestimmte Bedeutung zugeordnet wird. Diese Bedeutung unterscheidet sich von der Bedeutung von w-Interrogativsätzen, die Fragen zugrunde liegen. Die fraglichen Elemente wie *was, welch, wie, überaus* sind dann lexikalisch so ausgezeichnet, dass sie nur mit Exklamativsätzen kompatibel sind. Man kann sie auch als eine Art Markierer ansehen. Diese Sichtweise scheint Ansätzen wie Grimshaw (1979), Näf (1987, 1996), Altmann (1987, 1993a) zugrunde zu liegen. Bei einem solchen Ansatz wäre die Distribution der oben angegebenen Elemente direkt erklärt. Ein Satz vom Typ w-Exklamativsatz unterscheidet sich zumindest semantisch von einem w-Interrogativsatz, siehe auch Zanuttini/Portner (2003). Was ungeklärt bleibt, ist die offensichtliche Parallelität von w-Sätzen bei Exklamationen und Fragen, die keine besonderen auszeichnenden Elemente haben.

Eine andere Analyse, die in der Literatur vertreten wird, ist, für die hier relevanten w-Sätze denselben zugrundeliegenden Satztyp und dieselbe zugrundeliegende Art der Bedeutung anzunehmen. Die Herausforderung bei diesem Ansatz ist, dass man für jeden der oben angesprochenen Fälle zeigen muss, warum bestimmte Elemente wie *was, welch, wie, überaus*[14] nur in exklamativen Kontexten vorkommen können.[15]

Ein Problem für beide Ansätze sind Beispiele, bei denen die Partikel *alles* im Skopus von *nicht* vorkommt. Dies scheint nur in exklamativen Kontexten möglich zu sein. Vergleiche dazu die Analysen in Rosengren (1992, 1997), d'Avis (2001) und Roguska (2008), die sich grundsätzlich mit dem Zusammenhang zwischen Exklamation und Negation auseinandersetzt.

---

14 Das betrifft *überaus* in w-Phrasen.
15 Der Vollständigkeit halber muss man auch zeigen, warum bestimmte w-Sätze nicht als Exklamationen vorkommen. Neben den kausalen Fällen betrifft das z. B. *ob*-Sätze, s. d'Avis (2001), Abels (2004).

3 Assertierte und präsupponierte Propositionen – mögliche Reaktionen im Diskurs

Bei Exklamativsätzen gibt es verschiedene Arten, wie ein Sprecher den Sachverhalt, dessen Bestehen nicht seiner Normalerwartung entspricht, in den Diskurs einbringen kann: als assertierte Proposition oder als präsupponierte Proposition. Wenn ein Sprecher A eine Wertung assertiert, dann kann der Gesprächspartner B auf unterschiedliche Weise reagieren.[16]

(80) Assertion und mögliche Reaktion darauf:
A: Maria hat ein tolles Auto.

B: Findest du?
B': Das finde ich nicht./Das finde ich auch.
B'': Ja(, das stimmt)./ Nein(, das stimmt nicht).

B kann die assertierte Proposition in Frage stellen, (80B), und er kann ihr auf verschiedene Weise zustimmen oder sie ablehnen (80B', 80B''). Bei einer Frage sind bestimmte Reaktionen nicht angemessen.

(81) Frage und mögliche Reaktion darauf:
A: Hat Maria ein tolles Auto?

B: Ja./Nein.
B': #Findest du?
B'': #Das finde ich auch./#Das finde ich nicht.

Als Antwort ist *ja/nein* möglich. Eine Entgegnung wie (81B', 81B'') ist nicht möglich. Mit *findest du* wird hinterfragt, ob A die Proposition, deren Zutreffen er behauptet hat, wirklich für wahr hält. Mit dem Stellen einer Frage hat A aber gerade keine Proposition als wahr behauptet, sondern deren Zutreffen zur Debatte gestellt.

Der Bezug auf eine präsupponierte Proposition ist mit *Findest du?*, *Finde ich nicht/auch.* bzw. *Ja/Nein.* nicht möglich. Bs Reaktionen in (82) können sich nur auf die Proposition des Gesamtsatzes beziehen, aber nicht auf die vorausgesetzte Proposition des eingebetteten Satzes.

---

[16] Shanon (1976) gibt einen etwas anderen Test für Assertionen an, der aber auf solche, die Wertungen enthalten, nicht ganz so gut passt. Dafür passt der im Text angegebene Test nicht auf alle Arten von Assertionen:
(2) *A* is the assertion of a sentence *S* if the speaker can respond with 'Yes, *A* (or a tag form of *A*)' to the hearer's interjection 'Really?', which immediately follows the sentence *S*.   Shanon (1976)

(82) Präsupposition und möglich Reaktion darauf
 A: Maria hat sehr bedauert, dass Heinz so spät gekommen ist.
 (Präsupposition: Heinz ist so spät gekommen.)
 B: #Findest du?
 B': #Das finde ich auch./#Das finde ich nicht.
 B'': #Ja./#Nein.

Für unterschiedliche V1- und V2-Exklamative finden wir in der Literatur die Annahmen, dass die relevante Proposition (auch) assertiert wird,[17] wohingegen die Proposition bei *dass*- und w-Exklamativsätzen präsupponiert ist.

Untersuchen wir, wie sich diese Klassen in Bezug auf unseren *findest du?*-Test verhalten. Als Erstes betrachten wir ein Beispiel für einen V2-Satz ohne w-Phrase.

(83) A: DER hat aber ein tolles Auto!
 B: Findest du?
 B': Finde ich auch./Finde ich nicht.
 B'': Ja(, das stimmt)./Nein(, das stimmt nicht).

Der Exklamativakzent liegt in (83A) auf einem Demonstrativum im Vorfeld. A sagt (auch), dass der ausgedrückte Sachverhalt nicht seiner Normalerwartung entspricht. Die möglichen Reaktionen von B entsprechen dem, was wir oben für Assertionen gefunden haben. Das folgende Beispiel mit einem V1-Satz folgt ebenfalls dem Muster für eine Assertion.

(84) A: Hat DER aber ein tolles Auto!
 B: Findest du?
 B': Finde ich auch./Finde ich nicht.
 B'': Ja(, das stimmt)./Nein(, das stimmt nicht).

W-Exklamativsätze verhalten sich anders.

(85) A: Wen DIE alles eingeladen hat!/Wen hat DIE alles eingeladen!
 B: #Findest du?
 B': #Das finde ich auch./#Das finde ich nicht.
 B'': #Ja./#Nein.

---

[17] Siehe dazu: Rosengren (1992), d'Avis (2001), Roguska (2008).

Keine der angegebenen Erwiderungen ist möglich, so, wie wir es auch bei dem Bezug auf die präsupponierte Proposition in (82) oben gesehen haben. Daraus können wir zumindest schließen, dass keine Assertion vorliegt.

Dieselbe Verteilung finden wir bei *dass*-Exklamativsätzen. Wir haben in Abschnitt 2.1. gesagt, dass die Proposition in diesen Fällen präsupponiert wird. Unser Test zeigt auch hier, dass keine Assertion vorliegt, *dass*-Exklamativsätze verhalten sich wie beim Bezug auf die Präsupposition in (82).

(86) A: Dass die DEN geheiratet!

    B: #Findest Du?
    B': #Das finde ich auch./#Das finde ich nicht.
    B": #Ja./#Nein.

Wenn wir dem *findest du*-Test trauen können, dann sind V2-Exklamative ohne w-Phrase und V1-Exklamative (auch) Assertionen und w-Exklamativsätze und *dass*-Exklamativsätze nicht.[18] Letztere präsupponieren die Wahrheit des Sachverhalts, der vom Sprecher als nicht erwartet angesehen wird.

4 Zusammenhang Exklamativsätze vs. eingebettete Varianten

Es gibt einen Zusammenhang zwischen Exklamativsätzen und bestimmten eingebetteten Sätzen. Dieser wird besonders deutlich bei w-Exklamativsätzen. Wie wir gesehen haben, kommen bestimmte w-Phrasen nur in w-Exklamativsätzen vor, siehe Abschnitt 2.4. Betrachten wir w-Phrasen mit dem Intensivierer *überaus*. In w-Exklamativsätzen sind sie verwendbar, in w-Fragesätzen weniger.

(87) a. Wie ÜBERaus groß dieses Haus ist!
    b. *Wie überaus groß ist dieses Haus?

Denselben Kontrast finden wie bei eingebetteten Sätzen in Bezug auf unterschiedliche einbettende Prädikate.

(88) a. Heinz ist erstaunt, wie überaus groß dieses Haus ist.
    b. ??Heinz fragt sich, wie überaus groß dieses Haus ist.

Manche Autoren nehmen an, dass man diesen Kontrast dadurch erklären kann, dass die hier relevanten w-Sätze entweder als interrogativ oder als exklamativ

---

18 Das entspricht den Intuitionen, die in der angegebenen Literatur zu finden sind.

ausgezeichnet sind, wobei Prädikate wie *erstaunt sein* nur exklamative w-Sätze und Prädikate wie *sich fragen* nur interrogative w-Sätze als Komplement zu sich nehmen, vgl. Elliot (1971, 1974), Grimshaw (1979), Zanuttini/Portner (2000, 2003), Abels (2010). Für das Englische sind vor allem *what a*+N- und *how very*+A-Sätze einschlägig. Eine solche unterschiedliche Auszeichnung, sei sie nun auf der syntaktischen oder der semantischen Ebene angesiedelt, wäre dann auch für nicht eingebettete Exklamativsätze relevant und spricht in beiden Fällen für einen Satztyp Exklamativsatz.

Ein Problem gibt es hier bei Prädikaten, die sowohl Exklamativsätze als auch Interrogativsätze selegieren. Betrachten wir (89).

(89) a. Heinz hat herausgefunden, wie überaus schnell Maria laufen kann.
  b. Heinz hat herausgefunden, ob Maria schnell laufen kann.

Das Prädikat *herausfinden* nimmt sowohl einen typischen Interrogativsatz, nämlich einen *ob*-Satz zu sich, als auch einen typischen Exklamativsatz mit einem Intensivierer in der w-Phrase. W-Sätze mit einem einfachen Pronomen wie *wen* kommen sowohl unter Frageprädikaten als auch unter exklamativen Prädikaten vor, vgl. (90).

(90) a. Heinz ist erstaunt, wen Maria geheiratet hat.
  b. Heinz fragt sich, wen Maria geheiratet hat.

Der eingebettete w-Satz in (90) ist also einmal ein irgendwie ausgezeichneter Exklamativsatz und einmal ein ‚normaler' w-Interrogativsatz. Da unter *herausfinden* sowohl exklamative als auch interrogative w-Sätze möglich sind, erwartet man eine Ambiguität: eine Lesart als w-Exklamativsatz und eine Lesart als w-Interrogativsatz.

(91) Heinz hat herausgefunden, wen Maria geheiratet hat.

Soweit ich sehe, gibt es hier aber keine Mehrdeutigkeit. Das könnte dafür sprechen, dass man bei der Analyse viel genauer auf die Eigenschaften der involvierten Elemente wie *überaus* eingehen muss, vgl. d'Avis (2001).

Wenn eingebettete und nicht eingebettete Exklamativsätze durch eine syntaktische oder semantische Markierung gleich ausgezeichnet sind, stellt sich allerdings die Frage, wie wir den Zusammenhang mit dem Exklamativakzent herstellen. Als formales Merkmal für die Bestimmung von Exklamativsätzen scheidet er dann aus, da eingebettete Sätze keine satztyprelevanten intonatorischen Auszeichnungen haben können.

5 Fazit

Bei Exklamativsätzen finden wir unterschiedliche Formtypen: V1-, V2-, *dass*- und w-Exklamative. W-Exklamative kommen mit V1- und V2-Stellung vor. Gemeinsam ist allen Exklamativsätzen die funktionale Einordnung: Der Sprecher drückt aus, dass er einen im Exklamativsatz gegebenen Sachverhalt nicht erwartet hat, dass er erstaunt ist, dass dieser Sachverhalt zutrifft. Dabei kann das Erstaunen auf einen Grad gerichtet sein, zu dem etwas zutrifft, oder auf das Bestehen des Sachverhaltes selbst. Letzteres finden wir am ehesten bei *dass*-Exklamativsätzen.

Unterschiede finden wir auch in Bezug auf die Art und Weise wie die Proposition, die den Sachverhalt beschreibt, in der Äußerung gegeben ist: Bei V1-/V2-Exklamativsätzen ohne w-Phrase wird sie assertiert, bei *dass*- und w-Exklamativsätzen ist sie präsupponiert.

Für die Analyse von Exklamativsätzen gibt es zwei grundsätzlich unterschiedliche Auffassungen: In der einen Art von Ansätzen geht man davon aus, dass Exklamativsätze bzw. geeignete Untergliederungen einen eigenen Satztyp ausmachen, aufgrund genau angebbarer formaler Merkmale bzw. aufgrund einer gemeinsamen syntaktischen oder semantischen Markierung. In den anderen Ansätzen geht man davon aus, dass Exklamativität nur auf der Ebene der Verwendung relevant wird, wobei unterschiedliche zugrundeliegende Satztypen exklamativ verwendet werden.

6 Literatur

Abels, K. (2007): Deriving Selectional Properties of ‚Exclamative‘ Predicates. In: Späth, A. (Hg.), Interfaces and Interface Conditions. Berlin: de Gruyter, 115–140.

Abels, K. (2010): Factivity in Exclamatives is a Presupposition. In: Studia Linguistica 64, 141–157.

Alter, K.-U. (1993): Die französischen Exklamative und Interrogative – zum modularen Zusammenwirken von Syntax und Phonologie. Dissertation, Universität Leipzig.

Altmann, H. (1984): Linguistische Aspekte der Intonation am Beispiel Satzmodus. In: Forschungsberichte des Instituts für Phonetik und Sprachliche Kommunikation der Universität München 19, 130–152.

Altmann, H. (1987): Zur Problematik der Konstitution von Satzmodi als Formtypen. In: Meibauer, J. (Hg.), Satzmodus zwischen Grammatik und Pragmatik. Tübingen: Niemeyer, 22–56.

Altmann, H. (1988a): Satzmodus und Intonation. In: Studien zum Satzmodus II. Papers from the Round Table Sentence and Modularity at the XIVth International Congress of Linguists, Berlin 1987, 1–15. (= Linguistische Studien, Reihe A Arbeitsberichte 185).

Altmann, H. (Hg.) (1988b): Intonationsforschungen. Tübingen: Niemeyer.

Altmann, H. (1993a): Satzmodus. In: Jacobs, J./Stechow, A. von/Sternefeld, W./Vennemann, T. (Hgg.), Syntax. Ein internationales Handbuch zeitgenössischer Forschung. Berlin: de Gruyter, 1006–1029.

Altmann, H. (1993b): Fokus-Hintergrund-Gliederung und Satzmodus. In: Reis, M. (Hg.), Wortstellung und Informationsstruktur. Tübingen: Niemeyer, 1–37.

Altmann, H./Batliner, A./Oppenrieder, W. (Hgg.) (1989): Zur Intonation von Modus und Fokus im Deutschen. Tübingen: Niemeyer.

Batliner, A. (1988): Der Exklamativ: Mehr als Aussage oder doch nur mehr oder weniger Aussage? Experimente zur Rolle von Höhe und Position des F0-Gipfels. In: Altmann, H. (Hg.), Intonationsforschungen. Tübingen: Niemeyer, 243–271.

Bennis, H. (1998): Exclamatives. In: Bezooijen, R. van/Kager, R. (Hgg.), Linguistics in the Netherlands 1998. Amsterdam: Benjamins, 27–40.

Brandner, E. (2010): On the Syntax of Verb-initial Exclamatives. In: Studia Linguistica 64, 81–115.

Brandt, M./Reis, M./Rosengren, I./Zimmerman, I. (1992): Satztyp, Satzmodus und Illokution. In: Rosengren, I. (Hg.), Satz und Illokution. Bd. I. Tübingen: Niemeyer, 1–90.

Castroviejo-Miro, E./Schwager, M. (2009): Amazing DPs. In: Proceedings of SALT 18. CLC Publications.

Corver, N. (1990): The Syntax of Left Branch Extractions. Dissertation, Katholische Universität Brabant.

d'Avis, F.J. (1995): Zu selbständigen und-eingeleiteten Verbletzt-Sätzen im Deutschen. Arbeitspapiere des Sonderforschungsbereichs 340 „Sprachtheoretische Grundlagen für die Computerlinguistik", Nr. 67. Universität Stuttgart und Tübingen.

d'Avis, F.J. (2000): On the wh-Expletive was in German. In: Lutz, U./Müller, G./Stechow, A. von (Hgg.), Wh-Scopemarking. Amsterdam: Benjamins, 131–155.

d'Avis, F.J. (2001): Über w-Exklamativsätze im Deutschen. Tübingen: Niemeyer.

d'Avis, F.J. (2002): On the Interpretation of wh-clauses in Exclamative Environments. In: Theoretical Linguistics 28, 5–31.

DeLancey, S. (1997): Mirativity: The Grammatical Marking of Unexpected Information. In: Linguistic Typology 1, 33–52.

Dipper, S. (1997): Zur Selektion von Fragesatzkomplementen. Arbeitspapiere des Sonderforschungsbereichs 340 „Sprachtheoretische Grundlagen für die Computerlinguistik", Nr. 122. Universität Stuttgart und Tübingen.

Duden-Grammatik (2009). Duden. Die Grammatik. Unentbehrlich für richtiges Deutsch. 8. Aufl. Hg. von der Dutenredaktion. Mannheim: Dudenverlag.

Elliott, D.E. (1971): The Grammar of Emotive and Exclamatory Sentences in English. In: Working Papers in Linguistics 8. Ohio State University, 8–111.

Elliott, D.E. (1974): Toward a Grammar of Exclamatives. In: Foundations of Language 11, 231–246.

Espinal, M. T. (1997): Non-negative Negation and wh-exclamatives. In: Forget, D./Hirschbühler, P./Martineau, F./Rivero, M.L. (Hgg.), Negation and Polarity: Syntax and Semantics. Selected Papers from the Colloquium ‚Negation: Syntax and Semantics'. Ottawa, 11–13 May 1995. Amsterdam: Benjamins, 75–93.

Fries, N. (1988): *Ist Pragmatik schwer!* – Über sogenannte ‚Exklamativsätze' im Deutschen. In: Sprache und Pragmatik 3, 1–18.

Fries, N. (1994): Grammatik, Emotionen und Äußerungsbedeutung. In: Sprache und Pragmatik 33, 1–37.

Fries, N. (1995): Emotionen in der Semantischen Form und in der Konzeptuellen Repräsentation. In: A. Kertesz (Hg.), Sprache als Kognition – Sprache als Interaktion. Studien zum Grammatik-Pragmatik-Verhältnis. Frankfurt/Main: Lang, 139–181.

Gonzalez Rodriguez, R. (2007): Reconstruction and Scope in Exclamative Sentences. In: Eguren, L./Fernández-Soriano, O. (Hgg.), Coreference, Modality, and Focus. Amsterdam: Benjamins, 89–112.

Grewendorf, G./Zaefferer, D. (1991): Theorien der Satzmodi. In: Stechow, A. von/Wunderlich, D. (Hgg.), Semantik. Ein Internationales Handbuch der Zeitgenössischen Forschung. Berlin: de Gruyter, 270–286.

Grimshaw, J. (1979): Complement Selection and the Lexicon. In: Linguistic Inquiry 10, 279–326.

Grohmann, K.K. (2000): Null Modals in Germanic (and Romance): Infinitival Exclamatives. In: Auwera, J. van der/Dendale, P. (Hgg.), Modal Verbs in Germanic and Romance Languages. In: Belgian Journal of Linguistics 14, 43–61.

Heim, I. (1994): Interrogative Semantics and Karttunen's Semantics for *know*. In: Buchalla, R./Mittwoch, A. (Hgg.), IATL 1. The Proceedings of the Ninth Annual Conference and the Workshop on Discourse of the Israel Association for Theoretical Linguistics. Jerusalem: Academon, 128–144.

Helbig, Gerhard/ Buscha, Joachim (2001): Deutsche Grammatik. Ein Handbuch für den Ausländerunterricht. Berlin: Langenscheidt.

Huddleston, R. (1993): On Exclamatory-inversion Sentences in English. In: Lingua 90, 259–269.

Huddleston, R. (1993): Remarks on the Construction: You won't Believe who Ed has Married. In: Lingua 91, 175–184.

Jacobs, J. (1988): Fokus-Hintergrund-Gliederung und Grammatik. In: Altmann, H. (Hg.), Intonationsforschungen. Tübingen: Niemeyer, 89–134.

Jacobs, J. (2008): Wozu Konstruktionen? In: Linguistische Berichte 213, 3–44.

Krause, H./Ruge, N. (Hgg.) (2004): *Das war echt spitze!* Zur Exklamation im heutigen Deutsch. Tübingen: Stauffenburg.

McCawley, N. (1973): *Boy! Is Syntax Easy!* In: CLS 9, 369–377.

Meibauer, J. (Hg.) (1987): Satzmodus zwischen Grammatik und Pragmatik. Tübingen: Niemeyer.

Michaelis, L. (2001): Exclamative Constructions. In: Haspelmath, M./König, E./Österreicher, W./Raible, W. (Hgg.), Language Typology and Language Universals. Berlin: de Gruyter, 1038–1050.

Näf, A. (1987): Gibt es Exklamativsätze? In: Meibauer, J. (Hg.), Satzmodus zwischen Grammatik und Pragmatik. Tübingen: Niemeyer, 140–160.

Näf, A. (1992): *Herre, wie bin ich mit liebe alsus verirret!* Zu den Exklamativsätzen in Gottfrieds ‚Tristan'. In: Zeitschrift für Germanistische Linguistik, 20, 37–63.

Näf, A. (1996): Die w-Exklamativsätze im Deutschen – zugleich ein Plädoyer für eine Rehabilitierung der Empirie in der Sprachwissenschaft. In: Zeitschrift für germanistische Linguistik 24, 135–152.

Önnerfors, O. (1997): Verb-erst-Deklarativsätze. Grammatik und Pragmatik. Stockholm: Almqvist & Wiksell.

Oppenrieder, W. (1987): Aussagesätze im Deutschen. In: Meibauer, J. (Hg.), Satzmodus zwischen Grammatik und Pragmatik. Tübingen: Niemeyer, 161–189.

Oppenrieder, W. (1988): Intonation und Identifikation. Kategorisierungstests zur kontextfreien Identifikation von Satzmodi. In: Altmann, H. (Hg.), Intonationsforschungen. Tübingen: Niemeyer, 153–168.

Oppenrieder, W. (1989). Selbständige Verb-Letzt-Sätze: Ihr Platz im Satzmodussystem und ihre intonatorische Kennzeichnung. In: Altmann, H./Batliner, A./Oppenrieder, W. (Hgg.), Zur Intonation von Modus und Fokus im Deutschen. Tübingen: Niemeyer, 163–244.

Paul, H. (1968): Deutsche Grammatik. Bd. III, Teil IV: Syntax (Erste Hälfte). Unveränderter Nachdruck der 1. Aufl. von 1919. Tübingen: Niemeyer.

Portner, P./Zanuttini, R. (2000): The Force of Negation in Wh Exclamatives and Interrogatives. In: Horn, L./Kato, Y. (Hgg.), Negation and Polarity. Syntactic and Semantic Perspectives. Oxford: Oxford University Press, 193–231.

Portner, P./Zanuttini, R. (2005): Nominal Exclamatives in English. In: Stainton, R./Elugardo, R. (Hgg.), Ellipsis and Non-Sentential Speech. Dordrecht: Kluwer, 57–67.

Postma, G. (1996): The Nature of Quantification of High-Degree: ‚Very', ‚Many', and the Exclamative. In: Cremers, C./den Dikken, M. (Hgg.), Linguistics in the Netherlands 13. Amsterdam: Benjamins, 207–220.

Reis, M. (1992): The Category of Invariant *alles* in Wh-Clauses. In: Tracy, Rosemarie (Hg.), Who Climbs the Grammar-Tree. Tübingen: Niemeyer, 465–492.

Reis, M. (1999): On Sentence Types in German. An Enquiry into the Relationship between Grammar and Pragmatics. In: Interdisciplinary Journal for Germanic Linguistics and Semiotic Analysis 4, 195–236.

Reisenzein, Rainer (2000): The Subjective Experience of Surprise. In: Bless, H./Forgas, J.P. (Hgg.), The Message Within: The Role of Subjective Experience in Social Cognition and Behavior. Philadelphia, PA: Psychology Press, 262–279.

Roguska, M. (2008): Exklamation und Negation. Berlin: Logos Verlag.

Roncador, M. von (1977): Zur Linguistik der intensivierenden Ausrufe. In: Sprengel, K./Bald, W.-D./Viethen, H.W. (Hgg.), Semantik und Pragmatik, Akten des 11. Linguistischen Kolloquiums: Aachen 1976, Bd. II. Tübingen: Niemeyer, 103–114.

Rooth, M. (1985): Association with Focus. PhD Dissertation, University of Massachusetts, Amherst.

Rooth, M. (1992): A Theory of Focus Interpretation. In: Natural Language Semantics 1, 75–116.

Rosengren, I. (1992): Zur Grammatik und Pragmatik der Exklamation. In: Rosengren, I. (Hg.), Satz und Illokution, Bd. I. Tübingen: Niemeyer, 263–306.

Rosengren, I. (1997). Expressive Sentence Types – A Contradiction in Terms. The Case of Exclamation. In: Swan, T./ Westvik, O.J. (Hgg.), Modality in Germanic Languages. Historical and Comparative Perspectives. Berlin: Mouton de Gruyter, 151–184.

Saeboe, K. (2010): On the Semantics of „Embedded Exclamatives". In: Studia Linguistica 64, 116–140.

Schwabe, K. (1992): Doch eine grammatische Kategorie „Exklamativ"?. In: Zeitschrift für Phonetik, Sprachwissenschaft und Kommunikationsforschung 45, 17–29.

Shanon, B. (1976): On the Two Kinds of Presuppositions in Natural Language. In: Foundations of Language 14, 247–249.

Studia Linguistica (2010): Special Issue: Papers from the NORMS Workshop on Exclamatives. Vol. 64.1.

Suscinskij, I. I. (1987): Zur kommunikativen Funktion des Ausrufesatzes. In: Deutsch als Fremdsprache: Zeitschrift zur Theorie und Praxis des Deutschunterrichts für Ausländer 24, 156–160.

Wegener, H. (1989): Eine Modalpartikel besonderer Art: Der Dativus Ethicus. In: Weydt, H. (Hg.), Sprechen mit Partikeln. Berlin: de Gruyter, 56–73.

Zaefferer, D. (1983): The Semantics of Non-declaratives: Investigating German Exclamatories. In: Bäuerle, R./Schwarze, C./Stechow, A. von (Hgg.), Meaning, Use, and Interpretation of Language. Berlin: de Gruyter, 466–490.

Zaefferer, D. (1984): Frageausdrücke und Fragen im Deutschen. Zu ihrer Syntax, Semantik und Pragmatik. München: Fink.

Zaefferer, D. (1991): *Weiß wer was? Wer weiß was? Wer was weiß* ... w-Interrogative und andere w-Konstruktionen im Deutschen. In: Reis, M./Rosengren, I. (Hgg.), Fragesätze und Fragen. Referate anläßlich der Jahrestagung der Deutschen Gesellschaft für Sprachwissenschaft, Saarbrücken 1990. Tübingen: Niemeyer, 77–94.

Zanuttini, R./Portner, P. (2000): The Characterization of Exclamative Clauses in Paduan. In: Language 76, 123–132.

Zanuttini, R./Portner, P. (2003): Exclamative Clauses: At the Syntax-Semantics Interface. In: Language 79, 39–81.

Zifonun, G./Hoffmann, L./Strecker, B. et al. (1997): Grammatik der deutschen Sprache. 3 Bde. Berlin: de Gruyter.

Franz d'Avis

9 Infinite Hauptsatzstrukturen

1 Einleitung
2 Ein vorläufiges Inventar infiniter Hauptsatzstrukturen
3 Zur Syntax infiniter Hauptsatzstrukturen
4 Zur Interpretation infiniter Hauptsatzstrukturen
5 Ausblick
6 Literatur

1 Einleitung

Warum ein eigenes Kapitel zu „infiniten Hauptsatzstrukturen"? Gehören nicht Formen wie die in (1) ganz einfach zu den Interrogativsätzen?

(1) a. Was tun?
    b. Wem sich anvertrauen?

Und handelt es sich in (2) nicht um „Aufforderungssätze"?

(2) a. Aussteigen (bitte)!
    b. Aufgepasst!

Einen ersten Hinweis auf Sonderbehandlung liefern die – noch sehr groben – Klassifikationen von „sprechaktunterscheidenden" Satztypen in der Typologie. Sadock/Zwicky (1985) arbeiten dort nach der Maxime „eigene Syntax – eigener Satztyp" (S. 178). Ihrer Annahme (S. 193) „frei stehende Infinitive", also Formen wie (2a), seien „Umschreibungen für den Imperativ"[1] fehlt allerdings die konsequente weitere Ausarbeitung. In den englischen Gegenstücken der in (3) aufgeführten Varianten von (1) sehen sie immerhin Kandidaten für einen – allerdings nur inhaltlich charakterisierten – speziellen Typ „Vorschläge" („suggestions") (S. 156) (vgl. Culicover 1971: 1.5.2.2).

(3) a. Warum sein Geld für solchen Schrott ausgeben?
    b. Warum nicht zurücktreten?

Was so angeregt wird, ist die Suche nach „kleinen Satztypen" („minor sentence types"). Hierzu zählen z.B. König/Siemund (2007: 320, vgl. Zaefferer 1990: 223)

---

[1] Alle Übersetzungen aus dem Englischen stammen von mir, HMG.

„nicht-finite Präsentative" – im Englischen u.a. als „Mad Magazine sentences" (Akmajian 1984) bekannt:

(4) Der und Klavier spielen!? (Lächerlich!)

In der neueren systematischen Diskussion um Satztypen und Satzmodi setzt Altmann (1987) *infinite Hauptsatzstrukturen* (im folgenden abgekürzt IHS) auf die Agenda. Seine drei Kriterien für „Formtypen innerhalb des Satzmodussystems" sind (i) „Eignung zum Ausdruck irgendeiner propositionalen Grundeinstellung", (ii) „Satzwertigkeit" und (iii) die Fähigkeit, „selbständig auftreten zu können" (S. 26). Wie genau IHS diese interpretativen, formalen, und die Verwendung steuernden Kriterien erfüllen, wird – mit Verweis auf die noch immer umfassendste Grundlagenstudie zum Phänomenbereich von Fries (1983, vgl. 1987) – weitgehend offengelassen. Wir kommen auf diese Frage in den Abschnitten 3 und 4 zu Syntax und Interpretation von IHS zurück. Zunächst ist eine merkmalsbasierte Inventarisierung von IHS-Kandidaten nötig.

2 Ein vorläufiges Inventar infiniter Hauptsatzstrukturen

Ausgangspunkt der Diskussion soll eine Merkmalsmatrix für IHS-Kandidaten sein, die aus drei Grunddimensionen aufgebaut ist, womit grob an Besonderheiten der drei syntaktischen Hauptprojektionen VP, IP und CP angeknüpft wird (siehe Abschnitt 3):

(5) a. Welcher infinite Verbtyp bildet den lexikalischen Kopf?
 (i) *zu*-loser Infinitiv, (ii) *zu*-Infinitiv, (iii) Partizip II
 b. Ist eine Nominativergänzung vorhanden?
 c. Gibt es *W*-Interrogativbildung?

In den Zellen wird auf instantiierende Beispiele verwiesen bzw. per Asterisk das Fehlen eines Formtyps angezeigt.

(6)

		Infinitiv		Partizip
		−*zu*	+*zu*	II
−Nominativ	−*W*-Interrogativ	(2a)	(10)	(2b)
	+*W*-Interrogativ	(1)	*(14)	*
+Nominativ	−*W*-Interrogativ	(4)/(9a)	*(11)	(9b)
	+*W*-Interrogativ	*(41)	*(13)	*

(5a) orientiert sich an der Statuslehre von Bech (1955, vgl. u.a. von Stechow 1990, 1993). Verblose Strukuren wie z.b. die in (7) sind keine IHS-Kandidaten, obwohl sie als weiterer Typ nicht-finiter bzw. finitumsloser Strukturen für die genauere Abgrenzung von IHS interessant bleiben (vgl. u.a. Fries 1983).

(7) a. Warum denn schon wieder ein Aufsatz zu Infinitiven?
    b. Wohin mit den vielen Satztypen?

Ähnlich wichtig für die Bestimmung von IHS – von der anderen Seite – sind Imperative, die gelegentlich als Zwischenkategorie zwischen finiten und infinitivischen Strukturen angesehen werden. Donhauser (1986, 1987b) z.B. analysiert imperativische Verben als „semi-finit".

Als zusätzliche IHS-Kandidaten erwägenswert sind stattdessen „Inflektive", d.h. Strukturen, deren Kopf aus der nicht-flektierten verbalen Grundform besteht, die Teuber (1998) zu den Infinitiven zählt:

(8) a. Fasel, fasel.
    b. dich in den Arm nehm.

Die besondere – in der „Chat"-Kommunikation beliebte – Performativität von Inflektiven wird von Bücking/Rau (2013, vgl. Schlobinski 2001) genauer studiert.

Kommen wir auf die Matrix in (6) zurück. Zur Erleichterung der weiteren Bezugnahme auf die verschiedenen Formen, seien folgende Abkürzungen eingeführt: ⟨I-Z-N-W⟩ für die Infinitiv-basierten (I) zu-losen (-Z) Formen ohne Nominativergänzung (-N) und ohne vorangestellten W-Ausdruck (-W) wie (2a). Entsprechend steht ⟨I-Z+N-W⟩ für zu-lose Formen mit Nominativergänzung wie (4), und ⟨I-Z+N+W⟩ für zu-lose Infinitive mit W-Voranstellung wie (1) und (3). Die Partizip-II-basierte Struktur in (2b) wird durch ⟨PII-N-W⟩ abgekürzt.

Welche weiteren der von (6) aufgezeigten Optionen sind nun realisierbar? Völlig unstrittig ist die Möglichkeit, direktiv verwendete Formen wie die in (2) durch eine nominativische Nominalphrase zu ergänzen. (9a) und (9b) instantiieren also ⟨I-Z+N-W⟩ und ⟨PII+N-W⟩.

(9) a. Keiner den Aufzug benutzen!
    b. Alle (mal) hergehört!

Wie steht es mit den zu-Infinitiven? Eindeutige IHS-Kandidaten sind hier die expressiv-exklamativ verwendeten ⟨I+Z-N-W⟩-Strukturen in (10) (vgl. Fries 1983: 55).[2]

---

[2] Nicht-kanonische Verwendungen der Satzzeichen ! und ? stehen für Exklamations- bzw. Frageintonation, d.h. grob gesagt (leicht) angehobene Grundfrequenz (F0) und Längung der Akzente bzw. finaler Anstieg, hoher „Offset" (H%) und (optionaler) L*+H als Nuklearakzent (vgl. u.a. Alt-

(10) a. (So ein Ignorant!) Einfach die Gegenargumente zu unterschlagen!
b. (Ein Wunderkind!) So schön Geige zu spielen!

Interessanterweise sind dabei – wie in (11) gezeigt – Nominativergänzungen ausgeschlossen, d.h. ⟨I+Z+N−W⟩-Formen fehlen.

(11) a. *Der Mann am Podium einfach die Fragen nicht zu beantworten!
b. *Alle so schön Geige zu spielen!

Es bietet sich an, diesen Kontrast zwischen (10) und (11) mit dem Verlust der expressiv-optativen Lesart bei ⟨I−Z+N−W⟩-Formen, (12b), gegenüber ihren nominativlosen ⟨I−Z−N−W⟩-Gegenstücken, (12a), in Zusammenhang zu bringen (vgl. Reis 1995).

(12) a. (Ach,) Jetzt ein großes Bier trinken!
b. Alle jetzt ein großes Bier trinken!

Ebenfalls unstrittig sollte sein, dass zusätzliche W-Interrogativbildung die Formen in (11) nicht akzeptabler macht, wie in (13) gezeigt. Nicht einmal das ansonsten sehr flexible *Warum* scheint hier zugelassen. ⟨I+Z+N+W⟩-Formen fehlen also ebenfalls.

(13) a. *Was der Mann am Podium einfach nicht zu beantworten?
b. *Warum alle so schön Geige zu spielen?

Von hier ist es nur ein kleiner Schritt zur weiteren Einsicht, dass schon die nominativlosen *zu*-Infinitive nicht als W-Interrogative auftreten, wie (14) belegt (vgl. Tappe 1984: 229).

(14) a. *Wohin einmal zu reisen!?
b. *Warum zu helfen?

Auf die noch nicht besprochenen IHS-Kandidaten ⟨I−Z+N+W⟩, ⟨PII−N+W⟩ und ⟨PII+N+W⟩ sowie auf Erklärungsversuche für die in (6) sich abzeichnenden Lücken und Besonderheiten kommen wir in den folgenden Abschnitten zurück.

---

mann/Batliner/Oppenrieder 1989, Truckenbrodt 2012). Aus Platzgründen muss die Frage der Prosodie von IHS unberücksichtigt bleiben. Fries (1983: 2.2.3) liefert die m.W. bisher einzige „[p]honologische Beschreibung der Intonation infiniter Hauptsätze."

3 Zur Syntax infiniter Hauptsatzstrukturen

Zu Altmanns in Abschnitt 1 erwähnten satzmodusrelevanten Formtypkriterien (ii) Satzwertigkeit und (iii) Selbständigkeit sollte – zumindest teilweise – bereits die Syntax von IHS Aufschluss geben. Aufgrund der Datenlage ist es sinnvoll mit (iii) zu beginnen.

Ein einfacher syntaktischer Selbständigkeitstest ist Nichteinbettbarkeit. Wie bereits Tappe (1984: 229) bemerkt, sind W-Infinitive (⟨I–z–N+w⟩) nicht regulär einbettbar, was der Kontrast in (15) zeigt.

(15) a. Was zu tun ist, würde mich schon interessieren.
   b. *Was tun, würde mich schon interessieren.

Scheinbare Ausnahmen, wie die in (16) (vgl. Fries 1983: 225), lassen sich als „eingebettete Wurzelphänomene" (Heycock 2006, Hooper/Thompson 1973) analysieren (Reis 1985: 307, Fußnote 29, 2003: 173f.), also als zwischen Hypo- und Parataxe anzusiedelnde Pseudoeinbettungen (vgl. z.B. den Besten 1983, Reis 1997 zu „abhängigen" Verb-Zweit-Deklarativsätzen).[3]

(16) a. Ich weiß nicht, was tun.
   b. Es fragt sich, wem vertrauen in so einem Streitfall.

Ein analoges Argument lässt sich mit etwas mehr Aufwand auch für die nicht interrogativischen zu-losen Formen ⟨I–z±N–w⟩ entwickeln. Charakteristisch für sie ist u.a. der Wegfall von Reflexivpronomen, wie in (17) gezeigt (vgl. Fries 1983: 2.3.2, Weuster 1983: 79).

(17) (Keiner) Hinsetzen!

Dies kann nicht durch besonderes situatives Wissen in „Befehlskontexten" erklärt werden, da die Reflexiva in vergleichbaren Imperativen, (18a), und „Heischesätzen", (18b), obligatorisch sind.

(18) a. Setz *(dich) hin!
   b. Keiner setze *(sich) hin!

---

[3] Ob im Einbettungsfall relativische Gegenstücke zu ⟨I+z–N+w⟩-Formen möglich sind (*Ein Umstand, den zu berücksichtigen Hans immer vergessen hat*), ist äußerst fraglich, wie Grewendorf (1988: 93–115) in seiner Analyse dieser sogenannten „Rattenfänger-Konstruktion" zeigt.

Eingebettet treten Infinitive des 1. Status kanonischerweise als Komplemente von Wahrnehmungs- und Modalverben auf. In diesem Fall sind nun die Reflexiva ebenfalls nicht weglassbar:

(19) a. Maria sah alle *(sich) hinsetzen.
 b. Keiner sollte *(sich) hinsetzen.

Formal müssen sich also infinitivische Komplemente von Wahrnehmungs- und Modalverben von „frei verwendeten" Infinitiven unterscheiden.

Völlig parallel lässt sich für die Partizip-basierten IHS-Kandidaten argumentieren, wie der Kontrast in (20) zeigt.

(20) a. (Jetzt aber) Angestrengt (, Leute)!
 b. Es wird *(sich) angestrengt (, Leute)!
 c. Die Mannschaft hat *(sich) angestrengt.

Auslassung des Reflexivums ist natürlich auch mit Nominativergänzung – also im ⟨PII+N–W⟩-Fall – möglich (*Alle ordentlich angestrengt!*). Bereits ein recht „oberflächlich" betrachteter Einbettungstest liefert somit eine gute distributionelle Grundlage dafür, von selbständigen Infinitiven der Formen ⟨I–Z–N+W⟩, ⟨I–Z±N–W⟩, und ⟨PII±N–W⟩ auszugehen. In dem Maße, in dem der Selbständigkeitstest ausschlaggebend ist, können wir hier also bereits von *bona fide* „infiniten Hauptsatzstrukturen" reden.

Ähnlich klar lässt sich bei den *zu*-Infinitiven (⟨I+Z–N–W⟩) nicht argumentieren. Was Selbständigkeit in Fällen wie (10) ausmacht, hängt davon ab, was genau bei Einbettungen wie z.B. (21) verloren geht.

(21) a. Einfach die Gegenargumente zu unterschlagen, wäre pure Ignoranz.
 b. Keiner$_i$ hätte mir je erlaubt, einfach seine$_i$ Gegenargumente zu unterschlagen.

Für das Satzwertigkeitskriterium bleibt Altmann (1987, 1993) eine genauere Charakterisierung schuldig. In Anschluss an die – kritische – Diskussion von Kiss (1995: 1.1.3) ist es zunächst ratsam, zwischen formal-syntaktischen und interpretativ-semantischen Aspekten von Satzwertigkeit zu unterscheiden. Zweitens ist es in Anbetracht der notorischen Schwierigkeiten einer unabhängigen Satzdefinition (vgl. Grewendorf/Hamm/Sternefeld 1987: 153 f.) notwendig, die Bestimmung satzwertiger Ausdrücke im Rahmen einer Theorie vorzunehmen.

Aus der Perspektive der Syntax gilt es, den phrasenstrukturellen Aufbau von IHS-Kandidaten zu untersuchen. Ausgangspunkt ist hier die in der generativen Syntax übliche – terminologisch auf Bech (1955) zurückgreifende – Unterscheidung „kohärenter" und „inkohärenter" Infinitive. Letztere sind u.a. extraponierbar sowie Domänen für Negationsskopus und Anaphernbindung (vgl. von Stechow/Sternefeld 1988: 12.1). Solche inkohärenten Infinitive werden als satzwertig angesehen und entsprechend im Rahmen der seit Chomsky (1986) etablierten Satzanalyse als CP kategorisiert (vgl. Sternefeld 2008: 417). Wichtig für die IHS-Kandidaten ist nun Generalisierung (22):

(22) Jeder satzwertige Infinitiv ist ein *zu*-Infinitiv (von Stechow/Sternefeld 1988: 443)

Das formalsyntaktische Satzwertigkeitskriterium widerspricht also dem Selbständigkeitskriterium bei der Bewertung von IHS-Kandidaten, indem es nur die ⟨I+Z–N–W⟩-Strukturen als Formtyp für das Satzmodussystem ausweisen würde. Allerdings sind Kohärenzeigenschaften lediglich an eingebetteten und nicht an selbständigen Infinitiven beobachtbar. Es bleibt daher die Möglichkeit, dass die *zu*-losen IHS-Kandidaten Satzwertigkeit – und damit CP-Status – aufgrund anderer Eigenschaften erlangen. Alternativ müssten IHS von finiten Hauptsätzen kategorial abweichen können.

Ein unabhängiges Argument für den CP-Status von *zu*-losen W-Infinitiven (⟨I–Z–N+W⟩) liefert natürlich die W-Bewegung selbst, als deren Zielposition gängigerweise ja gerade der Spezifikator von CP angesehen wird (vgl. Haegeman 1995: 209). Für Bewegung spricht insbesondere, dass – wie (23) zeigt – lange Extraktion möglich ist (Reis 1995: 142):

(23) [$_{CP}$ Wohin$_i$ [ihm raten [$_{CP}$ t'$_i$ [dass [er jetzt t$_i$ gehen soll]]]]]?

Insofern können die ⟨I–Z–N+W⟩-Formen als sowohl selbständig als auch satzwertig gelten. Für die ⟨I–Z–N–W⟩-Formen müsste völlig parallel ein Topikalisierungstest Aufschluss geben.

(24) %[$_{CP}$ Dorthin$_i$ [ihm raten [$_{CP}$ t'$_i$ [dass [er jetzt t$_i$ gehen soll]]]]]!

Der Status von (24) ist aber fragwürdig, weshalb Reis (2003:168) solche Sätze als „bestenfalls marginal" einstuft. Intuitiv problematisch an (24) ist, dass die intendierte direktive Verwendung „blockiert" wird. Ziehen wir daher zum Vergleich den Imperativ heran, wo wie in (25) gezeigt (selbst lokale) Topikalisierung unproblematisch ist (vgl. Donhauser 1986: 73ff., Wunderlich 1984: 114, Fußnote 12):

(25) a. Die Blumen stell auf die Fensterbank!
b. Dieses Buch$_i$ sag am besten gleich dass du t$_i$ nicht gelesen hast!

In dem Maße, in dem bei Imperativen der Verbmodus die Verwendungsrichtung determiniert, ist zu erwarten, dass eine eindeutigere Auszeichnung der Direktivität (vgl. Fries 1983: 227) Topikalisierung in IHS des Typs ⟨I–Z–N–W⟩ akzeptabler macht. Dies scheint (26b) zu belegen.

(26) a. (Also Leute,) Besser gleich zugeben, dass ihr dieses Buch nicht gelesen habt!
b. ?(Also Leute,) Dieses Buch$_i$ besser gleich zugeben, dass ihr t$_i$ nicht gelesen habt!

Damit wäre eine einheitliche CP-Analyse für IHS des Typs ⟨I–Z–N±W⟩, wie schon von Fries (1983: 211) postuliert, möglich. Dem C°-Kopf käme minimalerweise die Aufgabe zu, zwischen +w und –w zu unterscheiden (vgl. Chomsky/Lasnik 1977: 439).[4]

Generalisierung (22) lässt sich auch als Indiz für die Satzwertigkeit „freier" *zu*-Infinitive des Typs ⟨I+Z–N–W⟩ in (10) anführen, obwohl – wie bereits gesagt – die notwendigen Kohärenztests nur unter Einbettung anwendbar sind. CP-Status der ⟨I+Z–N–W⟩-Formen ist wiederum aus langer Topikalisierung ableitbar, wie (27) zeigt.

(27) (So ein Ignorant!) Die Gegenargumente$_i$ einfach zu behaupten, dass er t$_i$ nicht kennt!

In einem Rahmen wie dem der Rektions-Bindungs-Theorie (Chomsky 1981) lässt sich aus Satzwertigkeit eine weitere phrasenstrukturelle Eigenschaft ableiten. Diese ist als „erweitertes Projektionsprinzip" (EPP) bekannt und vereinfacht wie in (28) formulierbar (Grewendorf 1988: 146):

(28) Sätze haben ein Subjekt

Formal ausbuchstabiert heißt das, dass als unmittelbare Tochterkonstituente des Satzknotens (S bzw. IP) eine Nominalphrase auftauchen muss (vgl. auch Fries 1983, sowie zu alternativen Ansätzen Haider 1993, Sternefeld 2008). Bei *zu*-Infinitiven wird hier gängigerweise das der Kontrolltheorie unterliegende leere Pronomen *PRO* angenommen (Grewendorf 1988: 140), womit sich z. B. für (10b) folgende Struktur ergibt:

(29) [$_{CP}$ C°$_{-w}$ [$_{IP}$ PRO [$_{I'}$ so schön Geige zu spielen]]]

Sehr vereinfacht lässt sich weiterhin – für das Deutsche (vgl. z. B. Landau 2004 zu Komplikationen, die beim Sprachvergleich auftreten) – annehmen, dass *PRO* im Spezifikator eines bzgl. Finitheit negativ spezifizierten I°-Kopfes (I°$_{-f}$) lizensiert ist. Für *zu*-lose IHS müsste nun in Anbetracht ihrer oben diagnostizierten Satzwertigkeit eine völlig analoge Struktur gelten (vgl. Fries 1983: 225). Die Kohärenz-

---

4 Wenn die Komplementierer *dass* und *ob* zusätzlich das Selektionsmerkmal [+finit] besitzen, ergibt sich eine einfache syntaktische Erklärung für das Fehlen von * *dass JA aufpassen!* und * *ob heute noch anrufen?* (s. u.).

eigenschaften eingebetteter *zu*-loser Infinitive ließen sich dann durch Tilgung der Projektionen CP und IP (einschließlich *PRO*-Tilgung) ableiten (vgl. von Stechow/ Sternefeld 1988: 12.5).

Völlig offen bleibt damit allerdings die Frage, wie sich das Auftreten der Nominativergänzungen für die IHS-Typen ⟨I−Z+N−W⟩ und ⟨PII+N−W⟩ erfassen und auf genau diese Typen beschränken lässt. Dies widerspricht nämlich der ansonsten etablierten komplementären Distribution von *PRO* und overten Nominalphrasen (vgl. z.B. Sabel 1996: 4.4.1–4.4.4). Entsprechend uneinheitlich sind hier die in der Literatur vorgeschlagenen Analysen. Betrachten wir die schematischen D-Strukturen (ohne periphere CP-Projektionen) für *zu*-lose IHS (⟨I−Z±N−W⟩) in (30) (vgl. Fries 1983: 225) und (31) (vgl. Reis 1995: 124, 151).

(30) a. [$_{IP}$ PRO I°$_{-f}$ [$_{VP}$ den Aufzug benutzen]]
     b. [$_{IP}$ keiner I°$_{-f}$ [$_{VP}$ den Aufzug benutzen]]

(31) a. [$_{VP}$ den Aufzug benutzen]
     b. [$_{VP}$ keiner [$_{VP}$ den Aufzug benutzen]]

In Einklang mit voller Satzwertigkeit und dem EPP, (28), billigt Fries den Nominativergänzungen Subjektstatus zu und erlaubt eine Verletzung der Komplementarität von *PRO* und overten Nominalphrasen als „randgrammatische" Ausnahme. Reis orientiert sich phrasenstrukturell an den nicht satzwertigen kohärenten Infinitiven und nimmt an, dass der Mangel an Subjektkongruenzmerkmalen bei Formen des 1. Status nicht durch einen „defizitären" I°$_{-f}$-Kopf repräsentiert wird, sondern die Projektion von IP gänzlich verbietet (Reis 1995: 129). Nominativergänzungen werden wie in (31b) gezeigt als VP-Adjunkte mit Nominativ als „Defaultkasus" behandelt (vgl. Fries 1992: 179, Rosengren 1993: 17). In diesem radikal „subjektlosen" Ansatz bleibt Komplementarität von *PRO* und Voll-NP gewahrt.

Für Partizip-basierte IHS liefert nur Fries eine explizite Analyse (vgl. Rooryck/Postma 2007 zum Niederländischen), derzufolge ⟨PII−N−W⟩ kein *PRO* enthält und damit subjektlos ist ([$_{IP}$ I°$_{\pm f}$ [$_{VP}$ *den Aufzug benutzt*]]) (Fries 1983: 239), wohingegen ⟨PII+N−W⟩ analog zu ⟨I−Z+N−W⟩, (30b), strukturiert ist ([$_{IP}$ alle I°$_{\pm f}$ [$_{VP}$ *den Aufzug benutzt*]]). Besondere Annahme ist dabei, dass I° zwar ohne Kongruenzmerkmale aber mit Tempus (+Perfekt) ausgestattet ist (hier abgekürzt I°$_{\pm f}$), wobei positive Tempusspezifizierung als mit *PRO* inkompatibel angesehen wird.

Eine tiefere Begründung für die Notwendigkeit, konstruktionsspezifisch mehr oder weniger radikale Modifikationen an Kasus- und Theta-Theorie vorzunehmen, sucht Reis (1995, 2003) – inspiriert durch die Imperativanalyse von Platzack/Rosengren (1998, vgl. Rosengren 1993) – im Zusammenhang mit der Lizensierung von Imperativsubjekten. Ansatzpunkt ist dabei die – schon oben bzgl. (12) angedeutete – Beobachtung, dass das Auftreten von Nominativergänzungen mit (in weiterem Sinne) direktiven Lesarten einhergeht. Die Idee ist, dass bei solchen Fällen – wie auch bei Imperativen – keine „normale" Subjekt-Prädikat-Relation besteht. Zu den interpretativen Effekten dieser Sichtweise kommen wir in Abschnitt 4. Als Argument dafür, dies formal durch radikal subjektlose Strukturen wie (31) umzusetzen, verweist Reis (1995: 138) auf eine Affinität zu Nominalisierungen, wo Argumentreduktionen wie Wegfall von Reflexiva (*Das Hinsetzen ist nicht gestattet*), vgl. (17), Standard sind.

Dass damit gleichzeitig die Komplementarität von PRO und overten Nominalphrasen beibehalten werden kann, erweist sich auch für die Analyse der in (4) eingeführten nicht-finiten Präsentative (NFP) als hilfreich. Betrachten wir (32).

(32) a. Ich und morgen zur Party gehen!?
      b. *und morgen zur Party gehen!?
      c. *Ich und keiner morgen zur Party gehen!?

Wie (32b) zeigt, ist – für die charakteristische „prädikative" NFP-Lesart – ein overtes „Subjekt" obligatorisch und Nominativergänzungen sind wie in (32c) zu sehen im Prädikatteil ausgeschlossen. In diesen nicht direktiv interpretierbaren Strukturen gelten also ebenfalls Standardregeln. Dass es sich beim ersten Konjunkt von NFP weder um ein formales Subjekt noch um eine Nominativergänzung handeln muss, zeigt (33) (Fries 1983: 39).

(33) Mir und übel werden!?

Wie Reis (2003: 182) beobachtet, erlaubt weiterhin die Tatsache, dass bei NFP wie in (34) illustriert im Prädikatteil gar kein Infinitiv auftauchen muss (vgl. Lambrecht 1990: 219), den Ausschluss dieser Konstruktion aus der IHS-Klasse.[5]

(34) Der und Linguist!?

Eine Herausforderung für Unterspezifizierungsanalysen wie die in (31) ist allerdings das Übergenerierungsproblem. So erlauben direktive IHS im Gegensatz zu Imperativen und Modalverb-basierten Deklarativen keinen Adressatenbezug per Ausdruck der 2. Person. Dies zeigt (35) (Fries 1983: 26, Reis 1995: 137).

(35) a. Versicher dich heute noch!
      b. Du solltest dich heute noch versichern.
      c. *Dich heute noch versichern!
      d. *Dich heute noch versichert!

---

5 Genausowenig zählen „narrative" Infinitive wie *und ich nur noch rennen* (vgl. u. a. Haegemann 1995: 220 zum Niederländischen) zu den IHS, wie äquivalente infinitivlose Formen belegen: *und ich völlig atemlos*.

Derselbe Kontrast gilt auch für – nicht vokativische – Nominativergänzungen (Fries 1983: 36, vgl. Reis 2003: 160; Weuster 1983: 75):[6]

(36) a. Pass du mal auf jetzt!
 b. *Du mal aufpassen jetzt!

Es könnte angenommen werden, dass bei IHS wegen fehlender morphosyntaktischer Kongruenz nur der „Default", i.e. 3. Person, zugelassen ist. Auch unter Annahme von *PRO*, (30a), wäre eine besondere Stipulation nötig. Wie Reflexivierung in Kontrollinfinitiven (*Maria bittet dich, dich ruhig zu verhalten*) deutlich zeigt, ist *PRO* personenneutral.

Eine allgemeinere – semantische – Beschränkung für Nominativergänzungen in IHS formuliert Reis (1995: 150):

(37) Nominativ-Ausdrücke in Null-Infinitiven identifizieren nicht die unterstellte Adressatenmenge, sondern quantifizieren über sie.

(37) hätte das Potenzial, neben (36b), auch exhortative Verwendungen der 1. Person, (38b) (Fries 1983:37), sowie Personalpronomina der 3. Person, (39)/(40), auszuschließen.

(38) a. Schreiben wir an die Bundeskanzlerin!
 b.*Wir an die Bundeskanzlerin schreiben!

(39) a. Seien Sie immer pünktlich!
 b. *Sie immer pünktlich sein!

(40) a. Bewahre er die Fassung!
 b. *Er (die) Fassung bewahren!

(37) wirft allerdings interpretative Probleme auf, die einer eingehenderen Untersuchung bedürfen.[7] Insgesamt offen bleibt die Frage, ob die Distribution frei adjungierter „Nominativergänzungen" innerhalb der IHS in jedem Fall interpretativ und ohne konstruktionsspezifische Annahmen geregelt werden kann. Eine Herausforderung ist die korrekte Blockierung nominativischer *W*-Ausdrücke (vgl. Fries 1983: 37).

(41) *Wer nur mal wieder die Rechnung begleichen?

---

[6] Das Gegenstück zu (36b) mit Vokativ (*Du, Mal aufpassen jetzt!*) ist in Ordnung. Formen wie (9a) zeigen, dass die Nominativergänzungen in IHS nicht auf Vokative reduziert werden können (vgl. Fries 1983: 2.3.9.1).
[7] Zur Semantik von „Imperativsubjekten" unternimmt Kaufmann (2012: 3.2.4) einen Neuansatz.

Problematisch scheint aber bereits die Behandlung kohärenter Infinitive, wo verhindert werden muss, dass (42a) – mit derselben Lesart wie (42b) – generiert wird.

(42) a. *Maria will keiner den Raum verlassen.
b. Maria will, dass keiner den Raum verlässt.

Systematische Arbeiten zum phrasenstrukturellen Aufbau des übrigen Mittelfelds und des Nachfelds von IHS fehlen bisher: Sowohl Fries (1983: 2.4) als auch Reis (1995: 124, 2003: 162) gehen bezüglich des Mittelfelds von weitgehender Übereinstimmung mit den Verhältnissen in Deklarativsätzen aus. Die detaillierte Überprüfung dieser Annahme muss allerdings neuere Arbeiten zur Feinstruktur der „IP-Domäne" berücksichtigen, was hier nur in äußerst groben Ansätzen skizziert werden kann.

Frey (2004) postuliert für das deutsche Mittelfeld eine „hohe" Topikposition (vgl. Haftka 1988). Evidenz dafür stammt u. a. von Stellungskontrasten beim Aufgreifen von Kataphern wie in (43):

(43) a. Anstatt es$_i$ zu lesen, hat Maria das Buch$_i$ lieber ins Regal gestellt.
b. ?Anstatt es$_i$ zu lesen, hat Maria lieber das Buch$_i$ ins Regal gestellt.

Der topikalische Ausdruck *das Buch* steht hier bevorzugt oberhalb des Adverbials *lieber*. Wie (44) zeigt, besitzen IHS der Form ⟨I–Z+N–W⟩ eine vergleichbare Position:

(44) Alle bitte ihre Wertsachen lieber in den Schrank einschließen!

(43)/(44) sind aber insofern inkonklusiv, als *lieber* zu den „Adverbialen der Subjekthaltung" wie *gerne* gehört, die Frey/Pittner (1998) zu den eher tief anzusiedelnden „ereignisinternen" Adverbialen zählen (vgl. Frey 2003). Die Topikposition muss relativ zu evaluativen, evidenziellen und epistemischen Satzadverbien wie respektive *glücklicherweise, offensichtlich* und *wahrscheinlich* bestimmt werden. Diese sind aber bei IHS – vor allem aus interpretativen Gründen (s. Abschnitt 4) – ausgeschlossen. Das sei exemplarisch durch den Kontrast in (45) gezeigt.

(45) a. Du solltest wahrscheinlich den Aufzug benutzen.
b. *Wahrscheinlich den Aufzug benutzen!

Aus demselben Grund scheitert der Versuch von Haegeman (1995: 219), mittels der Stellung schwachtoniger Objektpronomina in ⟨I–Z–N–W⟩-Gegenstücken des Westflämischen eine „hohe" Position zwischen C° und den höchsten Satzadverbialen zu etablieren. Das entscheidende Beispiel (*Je niet vergissen in de nummering!* „Dich nicht vertun beim Nummerieren!") zeigt lediglich eine Pronomenposition oberhalb der wesentlich tiefer zu verortenden Negation.

Ein indirekter Nachweis der hohen Mittelfeldtopikposition ließe sich auch mit Hilfe von Modalpartikeln (MPn) erbringen, vorausgesetzt man folgt Thurmair (1991: 37) in der Annahme, dass unbetonte MPn Satzadverbialen im Mittelfeld strikt vorausgehen (vgl. u. a. auch Doherty 1985: 116, Kwon 2005: 18). Obwohl das Auftreten von MPn in IHS eingeschränkt ist (s. Abschnitt 4), lassen sich Beispiele wie (46) konstruieren, wo eine (potentiell) topikalische NP einer MP vorangeht:

(46) a. Wie den Anforderungen nur gerecht werden?
     b. Alle bitte dem Vorstand mal regelmäßig Bericht erstatten!

Auch (46) ist allerdings inkonklusiv, da u. a. Meibauer (1994: 99f.) und Ormelius-Sandblom (1997: 35) gezeigt haben, dass unbetonte MPn Satzadverbialen auch folgen können. Die genaue Position der definiten Objekte in (46) ist daher so einfach nicht zu bestimmen, was durch neuere systematischere Versuche, MPn relativ zu Adverbialen im Mittelfeld zu verorten, bestätigt wird (Coniglio 2006, Grosz 2005). Auf die im sogenannten „kartographischen Ansatz" (Cinque 1999, Coniglio 2006) verfolgte Idee, aus der An- bzw. Abwesenheit bestimmter MP-Typen und Adverbialklassen auf den Strukturaufbau des Mittelfelds von IHS zu schließen, können wir – abgesehen von ein paar Andeutungen in Abschnitt 4 – nicht weiter eingehen.

Für das Nachfeld schließlich sei hier nur auf einen auch für Imperative (vgl. van der Wurff 2007: 78) charakteristischen Typ von Rechtsversetzung ohne pronominalen Platzhalter in IHS der ⟨I-Z-N-W⟩-Form verwiesen (vgl. Fries 1983: 288, Beleg 382):

(47) a. Hinlegen, das Buch!
     b. *Hinlegen, ein Buch!
     c. Nur nicht lesen, diesen Schwachsinn!
     d. *Nur nicht lesen, jeden Artikel!

(47b)/(47d) verletzen die referentielle Gegebenheitsbedingung für Rechtsversetzung (vgl. z. B. Ziv 1994). Interessante Ausklammerungsphänomene in niederländischen ⟨PII-N-W⟩-IHS werden bei Rooryck/Postma (2007) besprochen.

4 Zur Interpretation infiniter Hauptsatzstrukturen

Ansätze zur Interpretation von IHS liegen bisher nur in sehr bruchstückhafter Form vor, weshalb dieser Abschnitt ziemlich spekulativ ausfallen muss. Beginnen wir wieder bei Altmanns Kriterien für „Formtypen innerhalb des Satzmodussystems" (s. Abschnitt 1), die alle drei eine propositionale Deutung von IHS nahelegen: (i) „Eignung zum Ausdruck irgendeiner propositionalen Grundeinstellung" setzt einen propositionalen Kern als Gegenstand so einer Einstellung voraus; als semantisches Korrelat von (ii) „Satzwertigkeit" bietet sich eine propositionale Denotation an (vgl. z. B. Kiss 1995: 1.1.3.2); und (iii) die Fähigkeit, „selbständig auftreten zu können", zieht Ausstattung mit illokutionärer Kraft nach sich, was im Rahmen der klassischen $F(p)$-Analyse von Searle (1969: 31) ebenfalls einen propositionalen Kern für IHS erwarten lässt. Nehmen wir also (vereinfachend)[8] an, eine IHS der Form ⟨I–Z–N–W⟩ bekäme die folgende logische Übersetzung:

(48) [PRO *Fußball spielen*]   ↦   ∃x[PERSON(x) ∧ SPIELT.FUSSBALL(x)]

Unter elementaren Standardannahmen ist (48) in einer Welt w wahr, gdw. es in w eine (Gruppe von) fußballspielende(n) Person(en) gibt. Dass genau dieser Interpretationstyp für IHS ausgeschlossen ist, wurde wiederholt betont (vgl. Koptjevskaja-Tamm 2009: 231f.):

> „What seems to be excluded is a root-infinitival declarative. That is, if I see somebody playing football, I could not describe the scene by uttering [*giocare al pallone*]" (Rizzi 1993/94: 375).

Stattdessen wird üblicherweise auf eine modale Komponente von IHS hingewiesen (vgl. z. B. Deppermann 2007, Fries 1983, Reis 1995, 2003, Weuster 1983). Direkt implementiert findet sich das in Form der Annahme abstrakter „Nullmodale" für NFP bei Grohmann (2000), für (englische) W-Infinitive bei Bhatt (2006) und für ⟨I–Z±N–W⟩-Formen bei Fries (1983). Letzterer erlaubt bzw. erzwingt die Einsetzung eines Notwendigkeitsoperators per Interpretationsregel (S. 222ff.). Das Gegenstück zu (48) sähe etwa wie folgt aus:

(49) [PRO *Fußball spielen*]   ↦ $\Box_d$[∃x[PERSON(x) ∧ SPIELT.FUSSBALL(x)]]

Deontische Notwendigkeit ($\Box_d$) besagt, dass (49) in einer Welt w wahr ist, gdw. es in allen Welten w', die bestimmte in w aufgestellte Regeln bzw. Normen erfüllen, eine (Gruppe von) fußballspielende(n) Person(en) gibt. Die Frage ist natürlich, wieso dies als Aufforderung zum Fußballspielen verstanden werden soll und ob sich mehr zu Herkunft und Motivation genau dieses Modaloperators sagen lässt. Stellen wir zunächst fest, dass auch hier aufgrund der normalen (siehe aber Mastop 2005, von Wright 1951) Typisierung von $\Box_d$ (⟨⟨st⟩,⟨st⟩⟩) ein propositionaler Kern für IHS verlangt ist.

---

[8] Vorausgesetzt wird, dass sich „freies" bzw. „arbiträres" PRO analog zu unpersönlichen Subjektpronomina im Rahmen der Theorie von Chierchia (1995) behandeln lässt. Die Frage der Generizität wird aber ausgeklammert. Aus Gründen der besseren Lesbarkeit wird PRO unten gelegentlich alternativ durch die Konstante *arb* übersetzt. Einen auf Allquantifikation basierenden Vorschlag macht Epstein (1984). Zur *man*-Paraphrase von ⟨+w⟩-IHS, siehe Reis (2003: 187).

Im Gegensatz zu der gerade skizzierten Sichtweise wird in Arbeiten zur Semantik von Infinitiven oft von Eigenschaften als deren Denotat ausgegangen (von Stechow 1991: 93). (50) illustriert die entsprechende Variante von (48) (vgl. von Stechow 1991: 145).

(50) [PRO *Fußball spielen*] ➡ $\lambda x[\, \text{SPIELT.FUSSBALL}(x)\,]$

Dies ist allerdings nur für eingebettete Infinitive weiter ausgearbeitet, d.h. es ist unklar, wie aus (50) ohne substantielle Zusatzannahmen die spezifischen IHS-Bedeutungen entstehen sollen. Diese Problematik ist Gegenstand der Arbeiten von Reis (1995, 2003), auf die wir unten zurückkommen.

Interessanterweise lässt sich eine Annäherung an die direktive Verwendung von ⟨I–Z–N–W⟩-IHS im Anschluss an Hausser (1980) erreichen, der annimmt, dass Imperative „eine Eigenschaft denotieren" und zwar „grob gesagt die Eigenschaft, von der der Sprecher will, dass der Adressat sie erwirbt" (S. 84). Diese oberflächennahe, syntaktisch subjektlose Analyse lässt sich wie in (51) darstellen und auf IHS wie in (52) übertragen.[9]

(51) a. *spiel-* ➡ $\lambda x[\, \text{SPIELT}(x)\,]$
b. $-\emptyset_{imp}$ ➡ $\lambda P.\lambda y[\, \text{ADR}(y) \wedge P(y)\,]$
c. *spiel*-$\emptyset_{imp}$ ➡ $\lambda y[\, \text{ADR}(y) \wedge \text{SPIELT}(y)\,]$

(52) a. *spiel-* ➡ $\lambda x[\, \text{SPIELT}(x)\,]$
b. $-en_{inf}$ ➡ $\lambda P.\lambda y[\, \text{ARB}(y) \wedge P(y)\,]$
c. *spiel-en*$_{inf}$ ➡ $\lambda y[\, \text{ARB}(y) \wedge \text{SPIELT}(y)\,]$

Während der imperativische Modus die durch das Verb denotierte Eigenschaft auf den Adressaten bezieht, stellt der infinitivische „Modus" einen Bezug zu einer „arbiträren" (Gruppe von) Person(en) her. Den Rest haben – laut Hausser (1980) – pragmatische Verwendungsbedingungen zu leisten.

Wie solche Bedingungen aussehen könnten, hat Portner (2004, 2007) – in Anlehnung an Arbeiten zu „Verpflichtungszuständen" („commitment states") von Hamblin (1971, vgl. Lewis 1979, Merin 1994) – skizziert. Portner nimmt an, dass unterschiedliche Modi mit je unterschiedlichen semantischen Werten ihrer Trägersätze korrelieren und dadurch zu je unterschiedlichen Arten der Kontextveränderung führen. Während Deklarativsätze Propositionen denotieren und die Menge der geteilten Annahmen („common ground") (vgl. z.B. Stalnaker 1978, 2002) modifizieren, Interrogativsätze Mengen von Propositionen denotieren und

---

[9] Angelehnt an Kayne (1991) setzt Rizzi (1993/94: 379) für *-en* eine eigene syntaktische Projektion InfP an. Deren Spezifikation könnte bei der Behandlung der „Inflektive" in (8) eine wichtige Rolle spielen.

eine (geordnete) Menge diskursstrukturierender Fragen („questions under discussion") (vgl. z. B. Klein/von Stutterheim 1987, Roberts 1996) anreichern, denotieren Imperative Eigenschaften und determinieren die „Agenda" („*to-do*-list") der Diskursteilnehmer. Für IHS – zumindest in ihrer ⟨-w⟩-Variante – böte sich folglich eine Behandlung als Spezialfall von Imperativen an.

Mit dieser Einordnung von IHS in ein System „pragmatischer Arbeitsteilung" bringt die eigenschaftsbasierte Analyse den Vorteil, das von Rizzi bemerkte Fehlen assertiv-deskriptiver Verwendungen unmittelbar zu erzwingen. Damit geht einher, dass sich die wohlbekannte (scheinbare)[10] Wahrheitswertlosigkeit von Imperativen (A: *Setz dich hin!*; B: # *Das stimmt nicht.*) (vgl. z. B. Downes 1977, Ross 1944: 32) und IHS (A: *Hinsetzen!*; B: # *Das stimmt nicht.*) – anders als bei Analysen wie (49) – direkt aus dem semantischen Typ ergibt.

Zu den Schwächen des Ansatzes gehört dagegen die Tatsache, dass nicht alle eigenschaftsdenotierenden Ausdrücke mit einem direktiven Effekt einhergehen (vgl. Kaufmann 2012: 52, Mastop 2005: 38). Für IHS illustriert das der Angemessenheitsunterschied zwischen (53a) und (53b) als Beschriftung eines Baustellenwarnschilds, das einen Arbeiter mit Schutzhelm zeigt.

(53) a. Schutzhelm tragen!
     b. # Schutzhelm tragend!

Fälle wie (53b) ließen sich allerdings mangels Satzwertigkeit aus dem Formtypinventar des Satzmodussystems aussondern, wenn Partizip I – wie schon bei seinem Ausschluss aus den IHS-Kandidaten, vgl. (5) und (6) – als Adjektiv behandelt wird (vgl. z. B. Bech 1955).

Als Einwand wichtiger ist daher die Beobachtung, dass Deklarativsätze mit – performativ verwendeten – Modalverben, denselben Effekt auf die Adressatenagenda haben können wie Imperative und IHS:

(54) (Leute,) Ihr sollt (jetzt) Fußball spielen!

Dies nimmt z. B. Kaufmann (2012) zum Anlass, Imperative analog zu (49) als modalisierte Propositionen zu analysieren, wobei sich hier im Unterschied zu IHS die Modalität bereits als formaler Beitrag des Verbmodus verstehen lässt.

Eine interessante Analyseidee liefert nun Reis (1995: 3.4, 2003: 3.1.2) mit dem zu Ansichten von Rosengren (1993) und Platzack/Rosengren (1998) verwandten Vorschlag, zwei zentrale Eigenschaften von IHS aus ihrer Unterspezifiziertheit abzuleiten: Modalisierung aus fehlender referentieller Verankerung

---

[10] Kaufmann (2012: 4.3) unterzieht diese Annahme einer kritischen Betrachtung.

und Aufforderungslesart (bzw. Wunschlesart) aus dem Nichtvorhandensein einer (kanonischen) Subjekt-Prädikat-Relation.

Der erste Schritt lässt sich (vereinfacht) im Rahmen einer Theorie der „transparenten Logischen Form" (LF) (von Stechow 1993, 2004) „rekonstruieren". Entscheidend ist hier die Verfügbarkeit von mit Merkmalen versehenen Weltvariablen und ihren Bindern auf LF. Freie (mit Merkmalen ausgestattete) Variablen werden deiktisch interpretiert (von Stechow 2004: 431). Im Fall finiter indikativischer Deklarativsätze führt das zur „Restriktion der Denotation der Weltvariable auf die aktuelle Welt" (S. 435). Reduziert auf ein absolutes Minimum sehen LF und logische Übersetzung von *Hans passt auf* wie folgt aus:

(55) [$\underline{w}^{+ind}$ [$_{VP}$ *Hans aufpasst*]]   ➥ PASST.AUF(w_0,h)

Fehlende referentielle Verankerung kann nun heißen, dass die mit dem durch *-en* lizensierten Merkmal *–fin* versehene Weltvariable nicht deiktisch interpretierbar ist. Die minimale LF von ⟨i–z–n–w⟩-Formen wie *aufpassen* wäre demnach „unübersetzbar":

(56) [$\underline{w}^{-fin}$ [$_{VP}$ PRO *aufpassen*]]   ➥ ✗

Abhilfe kann hier aber eine weitere zentrale Annahme bei von Stechow (2004) schaffen, nämlich dass „Merkmale von semantisch gebundenen Variablen getilgt und deshalb auf LF nicht interpretiert werden" (S. 431). Dann lässt sich die von Reis (2003: 184) postulierte „minimale Anreicherung" von (56) wie in (57) gezeigt per existentiellem Abschluss (vgl. u. a. Heim 1988: II.2; von Stechow 2004: 4.2.3) bewerkstelligen. (Merkmalstilgung ist mittels Durchstreichung gekennzeichnet.)

(57) [∃$\underline{w}$ [$\underline{w}^{\text{–fin}}$ [$_{VP}$ PRO *aufpassen*]]]   ➥ ∃w.PASST.AUF(w,arb)

Die Pointe dieser Methode ist, dass existentielle Quantifikation über Weltvariablen der (elementaren) Semantik eines modalen Möglichkeitsoperators entspricht (vgl. z.B. Gamut 1991: 123), i.e. *∃w.PASST.AUF(w,arb)* gdw. ◊*[PASST.AUF(arb)]*. Damit bekommen wir genau das laut Reis (2003: 184) ableitbare Produkt der minimalen Anreichung.

Ebenfalls attraktiv an dem skizzierten Ansatz ist die Tatsache, dass *-fin* im Einbettungsfall – wie von Reis (1995: 140) angenommen – keinen semantischen Beitrag leistet. Die hierfür nötige λ-Bindung (von Stechow 2004: 5.1.2) von $\underline{w}^{-fin}$ führt nämlich erneut zur Tilgung des Merkmals.

Gleichzeitig wird aber ein Hindernis für die von Reis (2003) anvisierte Parallelbehandlung der Modalität von ⟨I–Z–N+W⟩-Formen („W-Infinitiven") deutlich sichtbar. Im Rahmen einer gängigen Fragesemantik à la Hamblin/Karttunen wird die Weltvariable ebenfalls gebunden. Das ist in der Analyse von *Wem vertrauen?* in (58) – angelehnt an von Stechow (1993: 74) – illustriert.[11]

(58) [$\lambda \underline{p}$ [$_{CP}$ *wem* [$\lambda \underline{x}$ [[$_{C°}$?($\underline{p}$)] [$\lambda \underline{w}$ [$\underline{w}^{\text{-fin}}$ [$_{VP}$ PRO [$\underline{x}$ *vertrauen*]]]]]]]

↪ λp[∃x[PERSON(w_0,x) ∧ p = λw.VERTRAUT(w,arb,x)]]

λ-Bindung von $\underline{w}^{\text{-fin}}$ ist nötig, um die jeweiligen Mengen von Welten (i.e. Propositionen) zu charakterisieren, die die Frage für die in der aktuellen Welt existierenden Personen beantworten. Wenn das z.b. lediglich Hans und Maria sind, läuft (58) hinaus auf *{λw.VERTRAUT(w,arb,h),λw.VERTRAUT(w,arb,m)}*. Mit dieser Bindung ist aber Modalisierung per existentiellem Abschluss nicht mehr möglich und es wird fälschlicherweise vorausgesagt, dass *Wem vertrauen?* gleichbedeutend ist mit der Frage, wem man vertraut und nicht mit der Frage, wem man vertrauen *kann* bzw. *soll*. Umgekehrt würde satzinterne ∃-Bindung von $\underline{w}^{\text{-fin}}$ – ein nicht trivialer Eingriff der „Pragmatik" in die semantische Komposition – Applikation des Frageoperators verhindern und Uninterpretierbarkeit voraussagen.

Ob also die Modalität von IHS im Sinne von Reis (1995, 2003) ableitbar ist, oder in die Syntax (vgl. z.B. Bhatt 2006) oder Interpretation (vgl. z.B. Fries 1983) bereits „eingebaut" werden muss, hängt nicht zuletzt davon ab, ob eine befriedigende Fragesemantik gefunden werden kann, die die gewünschte „minimale Anreicherung" erlaubt.

Nehmen wir an, es liegt eine modalisierte Proposition wie (57) oder (49) vor und nehmen wir weiter an, dass diese prinzipiell beschreibend-konstativ oder „normsetzend"-performativ wie (54) gebraucht werden kann. Dann lässt sich der zweite Schritt der Reis'schen Analyse als interpretative Fixierung von IHS auf den performativen Gebrauch verstehen. Entscheidend ist dafür die Annahme, dass mit dem in (31) illustrierten Fehlen einer strukturellen Subjektposition die Möglichkeit einer (kanonischen) Subjekt-Prädikat-Relation ausfällt. Daraus soll folgen, dass z.B. bei Bezug der – in anderen Ansätzen durch PRO repräsentierten – Aktorvariable auf den oder die Adressaten kein deskriptives „Sprechen-Über", sondern nur ein „manipulierendes" „Sprechen-Zu" möglich ist (Platzack/Rosengren 1998: 200; Reis 1995: 143; 2003: 196). Statt Behauptungen kämen demnach Aufforderungen zustande.

Obwohl in den zitierten Arbeiten weitere Details ausgeführt werden, lässt sich über eine befriedigende theoretische Untermauerung des Ansatzes nur spekulieren. Unproblematisch dürfte es sein, den skizzierten Mechanismus im Ein-

---

[11] Die logische Übersetzung von *?* ist $\lambda q.p=q$. Damit *p* später semantisch korrekt gebunden wird, benutzt von Stechow eine Art Koindizierungsmechanismus: *($\underline{p}$)* zwingt *?* zur Einsetzung von *p* als freier Variable.

bettungsfall durch Bindung (s. o.) und Herstellung einer Prädikationsrelation mit dem Matrixsubjekt zu suspendieren. Weniger klar ist, wie der Beitrag eines performativen Modals in Interrogativen (⟨I–Z–N+W⟩) aussieht. Darauf können wir hier nicht eingehen.

Ein Hindernis für die direkte Ableitung von Performativität aus einer nichtkanonischen Prädikationsrelation ergibt sich – vorausgesetzt, man folgt den Analysen von Rosengren (1993) und Platzack/Rosengren (1998) – im Imperativbereich. Sogenannte „konditionale Imperative" wie (59) scheinen nämlich – *pace* Rosengren (1993: 5.2) – kein „normsetzend"-performatives „Sprechen-Zu", sondern ein deskriptiv-konstatives „Sprechen-Über" darzustellen.

(59) Sei einmal ernsthaft krank und du bist für jede Hilfe dankbar.

Für diese Diagnose spricht auch, dass im Konditionalfall im Gegensatz zum Standardfall generische Lesarten möglich sind (vgl. Clark 1993), wie an der Interpretation von Ausdrücken wie *einer* zu sehen ist (*Mach einer in ihrer Gegenwart eine falsche Bemerkung und es gibt Ärger.* vs. *Mach einer das Fenster auf!*). Interessanterweise sind derartige konditionale Verwendungen von ⟨I–Z–N–W⟩-Formen – wie schon von Fries (1983:105) bemerkt – ausgeschlossen:

(60) *Einmal ernsthaft krank sein und man ist für jede Hilfe dankbar.

Da jedoch eine Erklärung für (60) bisher fehlt, ist unklar, wie genau die Analysen von Imperativen und IHS zu differenzieren sind, um die richtigen Voraussagen zu machen.

Eine alternative Art der interpretativen „Anreicherung" von IHS wie (48), die Altmanns Postulat, „Ausdruck einer propositionalen Einstellung", erfüllt, findet sich bei Truckenbrodt (2006a, 2006b). Dem illokutionssemantischen Ansatz von Zaefferer (2001) folgend wird vorgeschlagen, dass Wurzelsätze prinzipiell Gegenstand einer (ausgedrückten) Sprechervolition sind (2006a: 263f., 2006b: 394). Wo wie in (48) keine weitere Spezifikation der syntaktischen C-Projektion vorliegt, wird lediglich der entsprechende Einstellungsoperator ergänzt:

(61) [PRO *Fußball spielen*] ➡ WILL(S, ∃x[PERSON(x) ∧ SPIELT.FUSSBALL(x)])

Mit unübersehbarer Nähe zur Analyse direktiver Sprechakte von Searle (1969: 66, 1976: 11) ist (61) ebenfalls eine akzeptable Grundlage für zumindest die Aufforderungslesart von IHS (vgl. Brugmann 1918: 64).

Wie bei dem Ansatz von Reis (1995, 2003) ensteht aber auch hier ein Problem mit der ⟨+W⟩-Variante von IHS. *W*-Bewegung nach Spec,CP wird bei Truckenbrodt (2006a: 264f., 268) als Einschub eines epistemischen Einstellungsoperators interpretiert. Bei Interrogativen richtet sich demnach die Sprechervolition auf geteiltes Wissen bzgl. der (Antwort auf die) denotierte Frage, was sich in vereinfachtem Format (vgl. Truckenbrodt 2004) für (58) (*Wem vertrauen?*) folgendermaßen darstellen lässt:

(62) WILL(S, WEIß(S&A, λp[$\exists$x[PERSON(w_0,x) $\wedge$ p = λw.VERTRAUT(w,arb,x)]]))

Wenn aber Sprechervolition allein die modale Komponente von IHS liefern soll, entsteht dasselbe „Skopusproblem" wie in (58). Die Frage selbst bleibt die unmodalisierte Frage danach, wem man vertraut, und nicht danach, wem man vertrauen *kann* oder *soll*.

Kommen wir zu den spezifischeren Verwendungsvarianten von IHS und ihren Konsequenzen für die Theoriebildung. Bisher ist u.a. noch offen, ob die Modalisierung von IHS wie in (49) vs. (57) per Notwendigkeits- oder Möglichkeitsoperator erfolgen soll, oder – wie von Reis (1995: 140) vorgeschlagen – variabel zu bleiben hat. Für Imperative versucht Kaufmann (2012) zu zeigen, dass sich eine Notwendigkeitsanalyse für fast alle Interpretationsvarianten aufrechterhalten lässt. Einzige Ausnahme sind „exemplifizierende" Ratschläge wie (63b) (vgl. Kaufmann 2012: 180).

(63) a. A: Wie komme ich zum Hauptbahnhof?
b. B: Nimm zum Beispiel die S-Bahn!

Mit (63b) ist offensichtlich nicht gemeint, dass A in allen empfehlenswerten Welten die S-Bahn nimmt, um zum Hauptbahnhof zu kommen, sondern nur in einigen (vgl. *Du # musst / kannst zum Beispiel die S-Bahn nehmen.*) Interessanterweise ist die IHS-Entsprechung von (63b) in demselben Kontext nicht (wirklich) angemessen.

(64) B: #Zum Beispiel die S-Bahn nehmen!

Ob das als Argument gegen eine $\Diamond$-Analyse zu werten ist, hängt davon ab, wie textsortenspezifische Verwendungen von IHS zu behandeln sind. In der Ratgeberliteratur lassen sich nämlich Beispiele wie (65) finden ([G] = Google-Beleg).

(65) ... sollte sie [die Katze; HMG] das Fleisch roh nicht mögen, dann versuch doch mal zu tricksen: zum Beispiel (leicht) anbraten ...[G]

Eine Möglichkeitsinterpretation legen auch permissive und konzessive Verwendungen von Imperativen nahe (Kaufmann 2012: Kap.5), wofür u.a. Paraphrasen mit *können* bzw. *dürfen* ein Indiz sind. Wie (66) und (67) zeigen, sind IHS-Gegenstücke nur in ersterem Fall akzeptabel.

(66) a. (Also Leute,) Kommt ruhig vorbei (, wenn ihr etwas braucht)!
b. (Also Leute,) Ruhig vorbeikommen (, wenn ihr etwas braucht)!

(67) a. (OK,) Bring den Tisch (halt) zum Sperrmüll (, wenn du es nicht lassen kannst)!
b. #(OK,) Den Tisch (*halt) zum Sperrmüll bringen (, wenn man/du es nicht lassen kann/kannst)!

IHS – zumindest in ihrer ⟨I–z±N–w⟩-Spielart – liefern also einen weiteren Prüfstein für eine theoretisch befriedigende Fassung modaler (□ vs. ◊) „Quantifikationsvariabilität".

Eine substantiellere These zum Interpretationsspielraum von IHS lässt sich aufstellen, wenn wir noch den Kontrast zu Imperativen bzgl. Verwendung als „guter Wunsch" betrachten.

(68) a. Amüsiert euch gut!
b. #Gut amüsieren!

Während Imperative, (68a), genuin als gute Wünsche interpretierbar sind (vgl. Donhauser 1986: 3.2.2), behält (68b) einen – prosodisch abschwächbaren aber nicht eliminierbaren – autoritären (Aufforderungs-)Charakter.

Was nun gute Wünsche, Konzessionen und helfende Ratschläge gemeinsam haben, ist, dass sie das Adressateninteresse essentiell berücksichtigen. Genau das, scheint – wenn man (65)/(66b) als eher „generische" Instruktionen (vgl. Donhauser 1987a: 68) interpretiert – für ⟨I–z±N–w⟩-IHS ausgeschlossen. In Übertragung der auf dem Modalitätsansatz von Kratzer (1981) basierenden Imperativanalyse von Kaufmann (2012) lässt sich sagen, dass die „Ordnungsquelle" für den bei dieserart IHS beteiligten Modaloperator nicht auf Adressatenpräferenzen beruhen kann. Wenn also der deskriptive Gehalt von (68b) lediglich in allen (zugänglichen) Welten zutreffen kann, die den Idealen des Sprechers oder „generischen" Idealen nahekommen, geht bei Verwendung der Charakter als guter Wunsch verloren.

Die hier aufgestellte These steht im Einklang mit dem illokutionssemantischen Ansatz von Truckenbrodt (2006a, 2006b), demzufolge der Modus von Satztypen ohne Finitum in C°, zu denen IHS ja gehören, keinen grammatisch kodierten Adressatenbezug involviert. Dazu passt auf alle Fälle die zusätzliche Verwendung der ⟨I–z–N–w⟩-Typen für (sehnsüchtige) Sprecherwünsche, (12a), sowie der ⟨I+z–N–w⟩-Typen für den Ausdruck von Empörung, (10a), bzw. Begeisterung, (10b). Schließlich könnte derselbe „Parameter" für den von Reis (2003) besprochenen „reflektiven", selbst-adressierenden Charakter von ⟨I–z–N+w⟩-Interrogativen (mit) verantwortlich sein. Illustrieren lässt sich letzterer am Kontrast in (69) bzgl. Verwendung als Anfrage an einem Informationsschalter.

(69) a. Wohin soll man sich wenden, wenn man eine Beschwerde hat?
b. #Wohin sich wenden, wenn man eine Beschwerde hat?

Kommen wir nun zu der Frage, ob sich aus interpretativer Sicht mehr über die Vorkommensverteilung von IHS – siehe die Tabelle in (6) – sagen lässt. Die ⟨+z⟩-Typen sind sowohl formal als auch interpretativ am stärksten eingeschränkt. Die Verwendungen in (10) gleichen der exklamativen Verwendung von Deklarativsätzen (Verb-Zweit + „Topik-Drop") in (70).

(70) a. (So ein Ignorant!) Unterschlägt einfach die Gegenargumente!
   b. (Ein Wunderkind!) Spielt so schön Geige!

Wenn wir nun davon ausgehen, dass die Exklamationsfunktion (auch) ohne besondere grammatische Kodierung auskommt, lassen sich Reis (2003: 170) folgend ⟨+z⟩-Formen ganz aus dem IHS-Inventar aussondern. Bezeichnend ist, dass in (10) *zu* – ohne substantielle Bedeutungsverschiebung – auch weggelassen werden könnte. Die Frage nach fehlenden Nominativergänzungen und *W*-Interrogativen wäre damit für „*zu*-Infinitive" allein im Rahmen der Satzgrammatik zu beantworten (vgl. u. a. Sabel 1996, von Stechow/Sternefeld 1988).

Zu den „Formen mit Perfektpartizip" (⟨PII±N−W⟩) beobachtet Wunderlich (1984: 98): „[H]ervorgehoben wird das Resultat einer Handlung". Die damit einhergehende stärkere Wort-Welt-Diskrepanz lässt sich – zumindest diachron – für die größere Dringlichkeit und Unbedingtheit von Aufforderungen, die mit diesem Typ ausgeführt werden, verantwortlich machen. Fries (1983: 238) setzt hierfür den auch für Imperative postulierten LF-Operator IMPER an. Während dieser im theoretischen Rahmen von Kaufmann (2012) lediglich eine Spielart von $\square_d$ (mit noch genauer zu bestimmender Zugänglichkeitsrelation) wäre, böte der Ansatz von Fries eine Grundlage zur Erklärung der Abwesenheit von ⟨PII±N+W⟩-Formen (*Warme Klamotten mitgebracht!* vs. * *Was mitgebracht?*) analog zu den (Standard-)Verhältnissen (Kaufmann 2012: 2.3.3.3) bei Imperativen.

Zu klären bleibt, wie die „Dringlichkeitsinterpretation" von ⟨PII±N−W⟩-IHS mit Abtönungseffekten (*Nur nicht aufgeregt!*) und optativ-adhortativen Verwendungen (*Jetzt ein schönes Bad genommen und dann ran an das Abendessen!*) in Einklang gebracht werden kann. Ebenso ist offen, ob für den Kontrast in (71) (Fries 1983: 54) eine morphosyntaktische oder die Semantik von Aspekt betreffende Erklärung gefunden werden kann:

(71) a. Sei leise!   b. Leise sein!   c. *Leise gewesen!

Es ist nicht auszuschließen, dass hier Reduzierbarkeit zu *Leise!* zur „Blockierung" von (71c) beiträgt.

Zum Abschluss seien hier noch ein paar weiterführende Fragen wenigstens angedeutet: (i) Die Verwendbarkeit von Modalpartikeln in ⟨I−Z−N−W⟩-Formen bestätigt die Hierarchisierung von Coniglio (2006: 80, vgl. Helbig/Kötz 1981) in (72) zusammen mit einer „Trunkierungsanalyse" von IHS (vgl. Haegemann

1995), derzufolge nur die verbnäheren Projektionen des Mittelfelds verfügbar sind.

(72) doch > halt > DOCH > nur (nicht) > bloß (nicht) > ruhig > {mal,JA}

Wie der Kontrast in (66)/(67) gemeinsam mit dem in (73) – unter Hinzunahme der „Prohibitive" in (73c) – zeigt, erfolgt ein „Schnitt" zwischen *halt* und *DOCH*.

(73) a. Sei (doch) nicht so ungeduldig! – (*doch) nicht so ungeduldig sein!
 b. Nehmt (DOCH) die S-Bahn! – (Also Leute,) (DOCH) die S-Bahn nehmen!
 c. Seid (nur/bloß) nicht so ungeduldig! – (Nur/bloß) nicht so ungeduldig sein!
 d. Hört (mal) alle her! – Alle (mal) herhören!
 e. Seid (JA) pünktlich! – (Also Leute,) (JA) pünktlich sein!

Wenn *doch* ebenso wie konzedierendes *halt* die Adressatenperspektive essentiell miteinbezieht – z.B. in Form eines „Appells" an bzw. der Rücksichtnahme auf Adressatenbewertung (vgl. Meibauer 1994: 116) bzw. -einsicht –, zeichnet sich eine einheitliche Erklärung für die Kontraste in (67) und (73a) ab. Ein genauerer Abgleich dieser Befunde mit der Hierarchisierung modaler funktionaler Kategorien bei Cinque (1999) (*epistemisch > volitiv > deontisch*) steht noch aus.

(ii) Klare Fälle von Modalpartikelverwendung in ⟨I–Z–N+W⟩-IHS betreffen *nur* in (46a), und *denn*, z.B. in *Aber woher das Zeug denn nehmen?* (Reis 1985:308). In der MP-Hierarchie für Ergänzungsfragesätze von Coniglio (2011: 95) (*denn > auch > schon > wohl > nur*) sind das die Extrempositionen nahe dem Verb bzw. nahe der CP-Peripherie. Dass *wohl* in *W*-Infinitiven ausgeschlossen ist, (74a), bestätigt Ansätze, die eine selektive Unzugänglichkeit (intermediärer) funktionaler Projektionen erlauben (z.B. Bianchi 2007, Platzack/Rosengren 1998).

(74) a. Wie sich (*wohl) verhalten in so einer Situation?
 b. Wie man sich wohl verhalten soll in so einer Situation?

Der Kontrast zu finiten V-Letzt-Interrogativen wie (74b) zeigt, dass eine interpretationsbasierte Erklärung nicht ohne weiteres auf die Adressatenperspektive verweisen kann: (74b) muss ebenfalls (eher) selbst-adressiert verwendet werden (vgl. z.B. Truckenbrodt 2004). Stattdessen bietet sich die Annahme einer Inkompatibilität der deontischen Modalität von ⟨I–Z–N+W⟩-IHS mit dem epistemischen Beitrag von *wohl* (vgl. Doherty 1985, Zimmermann 2009) an. Bekanntermaßen ist *wohl* auch in Imperativen nicht zugelassen (vgl. Thurmair 1989: 49). In (74b) kann *wohl* über das Modal *sollen* skopieren. Diese Erklärung wäre dann auch auf den Kontrast in (45) (s. o.) anwendbar.

Mit *auch* (*Wozu sich auch aufregen?*) und *schon* (*Und wem schon vertrauen, wenn nicht dem eigenen Gewissen?*[G]) lassen sich rhetorische Verwendungen von ⟨I–Z–N+W⟩-IHS belegen (vgl. Meibauer 1986: 72), wobei Fälle von „illokutionärer Standardisierung" durch *wozu* und *warum* (Meibauer 1986: 154) überwiegen. Auf Besonderheiten von *warum*-IHS (vgl. Culicover 1971, Freeman 1976) kann hier nicht eingegangen werden. Interessant ist aber der Ausschluss von „begründungsheischendem" *was* (*Was soll man sich aufregen?* vs. * *Was sich aufregen?*) (Reis 2003: 165).

(iii) Den Ausschluss von Modalpartikeln – zusammen mit Komplementiererlosigkeit – wertet Reis (2002: 329) als Argument gegen die von Fries (1983: 220) erwogene Existenz von polaren ⟨I–Z–N–W⟩-Interrogativen:

(75) a. (*Ob) (*denn) nach Hause gehen?
 b. Ob man (denn) nach Hause gehen sollte?

⟨I–Z–N–W⟩-Entscheidungsfragen wie *Dem Chaos zustimmen?* (Meibauer 1986: 72) lassen sich dementsprechend als rein intonatorisch gebildete „Superpositionen" parallel zu *Noch ein Bier?* behandeln.

5 Ausblick

Aus Platzgründen können viele der strukturellen und interpretativen Besonderheiten von IHS nicht detaillierter ausgeführt und mögliche alternative Theorieansätze nicht berücksichtigt werden. Zu einem vollständigeren Bild fehlt eine Auseinandersetzung mit Ellipsephänomenen und -analysen. Die zahlreichen Argumente gegen eine naive Tilgungstheorie (*Alle mal herhören = Alle* ~~sollen~~ *mal herhören* etc.) sind bei Fries (1983) und Reis (1995, 2003) nachzulesen. Dazu gehören die genauen Bedingungen für Reflexivtilgung, (16)-(20), und Beschränkungen für die Tilgung von Modalverben (*Warum darüber traurig sein? ≠ Warum* ~~kann man~~ *darüber traurig sein?*) (Reis 2003: 176). Das von Fries aufgeworfene Problem der Idiomblockierung (*Rutscht mir den Buckel runter!*; *Ihr könnt mir den Buckel runter rutschen!*; * *Mir den Buckel runterrutschen!*) ist insofern zu relativieren, als IHS bestimmte Idiome zulassen (*Also Leute, nicht gleich mit der Tür ins Haus fallen!*) (vgl. Deppermann 2007: 185). Die Diskussion um Ellipsen krankt insbesondere am Mangel einer ausgearbeiteten Theorie durch die Proponenten. Wenig hilfreich ist dabei die unkritische Präsentation von Korpusdaten. So ist z. B. ein großer Teil heikler IHS-Kandidaten bei Deppermann (2007) auf Termantworten und somit *bona fide* Diskursellipse zurückführbar. Eine Theorie der Integration von Satztypen und Textsorten ist hier ebenfalls immer noch ein Desideratum (vgl. Fries 1983: 5.6, Glaser 2002).

Ebenso unberücksichtigt bleiben muss hier die umfangreiche Spracherwerbsliteratur zu „root infinitives" (vgl. u.a. Gretsch 2006, Haegeman 1995, Lasser 2002, Rau 2005, Rizzi 1993/94). Hier werden insbesondere die Fragen von Finitheit und Modalität sowie das Verhältnis von kindlichem zu erwachsensprachlichem Gebrauch selbständiger Infinitive diskutiert.

Zur weiteren Theoriebildung unerlässlich aber ebenfalls jenseits der Grenzen dieses Artikels ist eine sprachvergleichende Untersuchung. Bereits eine Auseinandersetzung mit dem Englischen könnte die heikle Frage nach der Koexistenz von ⟨+w⟩-IHS (*Where to begin?*) und W-Infinitiveinbettungen (*They made some suggestions about where to begin.*) weiter beleuchten (vgl. Gärtner 2009, Sabel 1996, 2006). Belege für die Existenz von (Gegenstücken zu) ⟨I–Z–N–W⟩-IHS im Vedischen Sanskrit (Jeffers 1975) und Griechischen Homers (Kiparsky 1968, siehe Simmler 1989 zum Althochdeutschen) könnten – unter Rückgriff auf die bereits von Brugmann (1918) geleistete Arbeit – Anlass zu intensiviertem Interesse an der „Historizität" von Satztypen und Sprechakten geben.

* *Danksagung*: Besonderer Dank gebührt den Herausgebern dieses Bandes für ihre Geduld und ihre konstruktiven Verbesserungsvorschläge. Ebenso hilfreich waren Unterhaltungen mit Werner Frey, Beáta Gyuris, Andreas Haida, Marga Reis und Hubert Truckenbrodt. Die Arbeit an diesem Aufsatz wurde zum Teil durch das Bundesministerium für Bildung und Forschung (BMBF; Fördernummer 01UG0711) unterstützt. Gewidmet sei der Aufsatz den Freuden der Pflicht (selbstverständlich aus Siggis Perspektive, wie man ja heutzutage leider hinzufügen muss).

6 Literatur

Akmajian, A. (1984): Sentence Types and the Form-Function Fit. In: Natural Language and Linguistic Theory 2, 1–23.
Altmann, H. (1987): Zur Problematik der Konstitution von Satzmodi als Formtypen. In: Meibauer, J. (Hg.), Satzmodus zwischen Grammatik und Pragmatik. Tübingen: Niemeyer, 22–56.
Altmann, H. (1993): Satzmodus. In: Jacobs, J./Stechow, A. von/Sternefeld, W./Vennemann, T. (Hgg.), Syntax. Ein internationales Handbuch zeitgenössischer Forschung. Berlin: de Gruyter, 1006–1029.
Altmann, H./Batliner, A./Oppenrieder, W. (Hgg.) (1989): Zur Intonation von Modus und Fokus im Deutschen. Tübingen: Niemeyer.
Bech, G. (1955): Studien über das deutsche Verbum Infinitum. Copenhagen: Ejnar Munksgaard.
Bhatt, R. (2006): Covert Modality in Non-finite Contexts. Berlin: Mouton de Gruyter.

Bianchi, V. (2007): Wh-Infinitives and the Licensing of ‚Anaphoric Tense'. In: Picchi, M.C./ Pona, A. (Hgg.), Proceedings of the ‚XXXII Incontro di Grammatica Generativa' Alessandria: Edizioni dell'Orso, 35–47.

Brugmann, K. (1918): Verschiedenheit der Satzgestaltung nach Maßgabe der seelischen Grundfunktionen in den indogermanischen Sprachen. Berichte über die Verhandlungen der Sächsischen Gesellschaft der Wissenschaften zu Leipzig. Philologisch-historische Klasse 70, 1–93.

Bücking, S./Rau, J. (2013): German Non-Inflectional Constructions as Separate Performatives. Erscheint in Gutzmann, D./Gärtner, H. M. (Hgg.), Beyond Expressives – Explorations in Use-Conditional Meaning. Bingley: Emerald.

Chierchia, G. (1995): The Variability of Impersonal Subjects. In: Bach, E./Jelinek, E./Kratzer, A./Partee, B. (Hgg.), Quantification in Natural Languages. Dordrecht: Kluwer, 107–143.

Chomsky, N. (1981): Lectures on Government and Binding. Dordrecht: Foris.

Chomsky, N. (1986): Barriers. Cambridge MA: MIT Press.

Chomsky, N./Lasnik, H. (1977): Filters and Control. In: Linguistic Inquiry 8, 425–504.

Cinque, G. (1999): Adverbs and Functional Heads. Oxford: Oxford University Press.

Clark, B. (1993): Relevance and ‚Pseudo-Imperatives'. In: Linguistics and Philosophy 16, 79–121.

Coniglio, M. (2006): German Modal Particles in the Functional Structure of IP. In: University of Venice Working Papers in Linguistics 16, 57–95.

Coniglio, M. (2011): Die Syntax der deutschen Modalpartikeln. Berlin: Akademie Verlag.

Culicover, P. (1971): Syntactic and Semantic Investigations. PhD Dissertation, MIT.

den Besten, H. (1983): On the Interaction of Root Transformations and Lexical Deletive Rules. In: Abraham, W. (Hg.), On the Formal Syntax of the Westgermania. Amsterdam: Benjamins, 47–138.

Deppermann, A. (2007): Der deontische Infinitiv. In: Grammatik und Semantik aus gesprächsanalytischer Sicht. Berlin: de Gruyter, 113–209.

Doherty, M. (1985): Epistemische Bedeutung. Berlin: Akademie Verlag.

Donhauser, K. (1986): Der Imperativ im Deutschen. Hamburg: Helmut Buske Verlag.

Donhauser, K. (1987a): Mood and Morphology. An Alternative Approach to the Syntax and Semantics of German Moods. In: Lingua 73, 53–77.

Donhauser, K. (1987b): Verbaler Modus oder Satztyp? Zur grammatischen Einordnung des deutschen Imperativs. In: Meibauer, J. (Hg.), Satzmodus zwischen Grammatik und Pragmatik. Tübingen: Niemeyer, 57–74.

Downes, W. (1977): The Imperative and Pragmatics. In: Journal of Linguistics 13, 77–97.

Epstein, S. (1984): Quantifier-PRO and the LF-Representation of PRO-arb. In: Linguistic Inquiry 15, 499–505.

Freeman, C. (1976): A Pragmatic Analysis of Tenseless ‚Why'-Questions. In: CLS 12, 209–219.

Frey, W. (2003): Syntactic Conditions on Adjunct Classes. In: Lang, E./Maienborn, C./ Fabricius-Hansen, C. (Hgg.), Modifying Adjuncts. Berlin: Mouton de Gruyter, 163–209.

Frey, W. (2004): A Medial Topic Position for German. In: Linguistische Berichte 198, 153–190.

Frey, W./Pittner, K. (1998): Zur Positionierung der Adjunkte im deutschen Mittelfeld. In: Linguistische Berichte 176, 489–534.

Fries, N. (1983): Syntaktische und semantische Studien zum frei verwendeten Infinitiv. Tübingen: Narr.

Fries, N. (1987): Zu einer Randgrammatik des Deutschen. In: Meibauer, J. (Hg.), Satzmodus zwischen Grammatik und Pragmatik, Tübingen: Niemeyer, 75–95.

Fries, N. (1992): Zur Syntax des Imperativs im Deutschen. In: Zeitschrift für Sprachwissenschaft 11, 153–188.
Gamut, L.T.F. (1991). Logic, Language, and Meaning. Vol. II: Intensional Logic and Logical Grammar. Chicago: The University of Chicago Press.
Gärtner, H. M. (2009): More on the Indefinite-Interrogative Affinity: The View from Embedded Non-Finite Interrogatives. In: Linguistic Typology 13, 1–37.
Glaser, E. (2002): Fein gehackte Pinienkerne zugeben! Zum Infinitiv in Kochrezepten. In: Restle, D./Zaefferer, D. (Hgg.), Sounds and Systems. Studies in Structure and Change. Berlin: Mouton de Gruyter, 165–183.
Gretsch, P. (2006): Functions of Finiteness in Language Acquisition. In: Geenhoven. V. van (Hg.), Semantics in Acquisition. Dordrecht: Springer, 273–302.
Grewendorf, G. (1988): Aspekte der deutschen Syntax. Tübingen: Narr.
Grewendorf, G./Hamm, F./Sternefeld, W. (1987): Sprachliches Wissen. Frankfurt/Main: Suhrkamp.
Grohmann, K. (2000): Null Modals in Germanic (and Romance): Infinitival Exclamatives. In: Belgian Journal of Linguistics 14, 43–61.
Grosz, P. (2005): ‚Dn' in Viennese German. MA Thesis, University of Vienna.
Haegeman, L. (1995): Root Infinitives, Tense, and Truncated Structures in Dutch. In: Language Acquisition 4, 205–255.
Haftka, B. (1988): Ob ‚vielleicht' vielleicht tatsächlich nicht gern reist? Ein Beitrag zur Topologie (auch des Satzadverbiales). In: Linguistische Studien 177, 25–58.
Haider, H. (1993): Deutsche Syntax – Generativ. Tübingen: Narr.
Hamblin, C. (1971): Mathematical Models of Dialogue. In: Theoria 37, 130–155.
Hausser, R. (1980): Surface Compositionality and the Semantics of Mood. In: Searle, J./Kiefer, F./Bierwisch, M. (Hgg.), Speech Act Theory and Pragmatics. Dordrecht: Reidel, 71–95.
Heim, I. (1988): The Semantics of Definite and Indefinite Noun Phrases. New York: Garland.
Helbig, G./Kötz, W. (1981): Die Partikeln. Leipzig: Enzykloädie.
Heycock, C. (2006): Embedded Root Phenomena. In: Everaert, M./van Riemsdijk, H. (Hgg.), The Blackwell Companion to Syntax. Vol. II. Oxford: Blackwell, 174–209.
Hooper, J. B./Thompson, S. A. (1973): On the Applicability of Root Transformations. In: Linguistic Inquiry 4, 465–497.
Jeffers, R. J. (1975): Remarks on Indo-European Infinitives. In: Language 51, 133–148.
Kaufmann, M. (2012): Interpreting Imperatives. Heidelberg: Springer.
Kayne, R. (1991): Romance Clitics, Verb Movement, and PRO. In: Linguistic Inquiry 22, 647–686.
Kiparsky, P. (1968): Tense and Mood in Indo-European Syntax. In: Foundations of Language 4, 30–57.
Kiss, T. (1995): Infinitive Komplementation. Neue Studien zum deutschen Verbum infinitum. Tübingen: Niemeyer.
Klein, W./von Stutterheim, C. (1987): Quaestio und referentielle Bewegung in Erzählungen. In: Linguistische Berichte 109, 163–183.
König, E./Siemund, P. (2007): Speech Act Distinctions in Grammar. In: Shopen, T. (Hg.), Language Typology and Syntactic Description. Vol. 1. Cambridge: Cambridge University Press, 276–324.
Koptjevskaja-Tamm, M. (2009): Review of ‚Finiteness. Theoretical and empirical Foundations' by Irina Nikolaeva (Hg.). In: Folia Linguistica 43, 213–249.
Kratzer, A. (1981): The Notional Category of Modality. In: Eikmeyer, H. J./Rieser, H. (Hgg.), Words, Worlds, and Contexts. Berlin: de Gruyter, 38–74.

Kwon, M.-J. (2005): Modalpartikeln und Satzmodus. Dissertation, Ludwig-Maximilians-Universität München.
Lambrecht, K. (1990): „What, me worry?" – ‚Mad Magazine' Sentences Revisited. In: BLS 16, 215–228.
Landau, I. (2004): The Scale of Finiteness and the Calculus of Control. In: Natural Language and Linguistic Theory 22, 811–877.
Lasser, I. (2002): The Roots of Root Infinitives: Remarks on Infinitival Main Clauses in Adult and Child Language. In: Linguistics 40, 767–796.
Lewis, D. (1979): Scorekeeping in a Language Game. In: Journal of Philosophical Logic 8, 339–359.
Mastop, R. J. (2005): What can you do? Imperative Mood in Semantic Theory. PhD Dissertation, ILLC Amsterdam.
Meibauer, J. (1986): Rhetorische Fragen. Tübingen: Niemeyer.
Meibauer, J. (1994): Modaler Kontrast und konzeptuelle Verschiebung. Studien zur Syntax und Semantik deutscher Modalpartikeln. Tübingen: Niemeyer.
Merin, A. (1994): Algebra of Elementary Social Acts. In: Tsohatzidis, S.L. (Hg.), Foundations of Speech Act Theory. London: Routledge, 234–263.
Ormelius-Sandblom, E. (1997): Die Modalpartikeln ‚ja', ‚doch' und ‚schon'. Zu ihrer Syntax, Semantik und Pragmatik. Stockholm: Almqvist & Wiksell.
Platzack, C./Rosengren, I. (1998): On the Subject of Imperatives: A Minimalist Account of the Imperative Clause. In: Journal of Comparative Germanic Linguistics 1, 177–224.
Portner, P. (2004): The Semantics of Imperatives within a Theory of Clause Types. In: SALT XIV, 235–252.
Portner, P. (2007): Imperatives and Modals. In: Natural Language Semantics 15, 351–383.
Rau, J. (2005): Selbständige Infinitive im Spracherwerb. MA Arbeit, Universität Tübingen.
Reis, M. (1985): Satzeinleitende Strukturen im Deutschen. In: Abraham, W. (Hg.), Erklärende Syntax des Deutschen. Tübingen: Narr, 271–311.
Reis, M. (1995): Über infinite Nominativkonstruktionen im Deutschen. In: Önnerfors, O. (Hg.), Festvorträge anläßlich des 60. Geburtstags von Inger Rosengren. Lund: Sprache und Pragmatik Sonderheft, 114–156.
Reis, M. (1997): Zum syntaktischen Status unselbständiger Verbzweit Sätze. In: Dürscheid, C. (Hg.), Sprache im Fokus. Tübingen: Niemeyer, 121–144.
Reis, M. (2002): What are We Doing with Wh-Infinitives in German? In: Georgetown University Working Papers in Theoretical Linguistics 2, 287–341.
Reis, M. (2003): On the Form and Interpretation of German Wh-Infinitives. In: Journal of Germanic Linguistics 15, 155–201.
Rizzi, L. (1993/94): Some Notes on Linguistic Theory and Language Development: The Case of Root Infinitives. In: Language Acquisition 3, 371–393.
Roberts, C. (1996): Information Structure in Discourse: Towards an Integrated Formal Theory of Pragmatics. In: OSU Working Papers in Linguistics 49, 91–136.
Rooryck, J./Postma, G. (2007): On Participial Imperatives. In: Wurff, W. van der (Hg.), Imperative Clauses in Generative Grammar. Amsterdam: Benjamins, 273–296.
Rosengren, I. (1993): Imperativsatz und ‚Wunschsatz' – zu ihrer Grammatik und Pragmatik. In: Rosengren, I. (Hg.), Satz und Illokution, Bd. II. Tübingen: Niemeyer, 1–47.
Ross, A. (1944): Imperatives and Logic. In: Philosophy of Science 11, 30–46.
Sabel, J. (1996): Restrukturierung und Lokalität. Berlin: Akademie Verlag.
Sabel, J. (2006): Impossible Infinitival Interrogatives and Relatives. In: Brandt, P./Fuß, E. (Hgg.), Form, Structure, and Grammar. Berlin: Akademie Verlag, 243–254.

Sadock, J./ Zwicky, A. (1985): Speech Act Distinctions in Syntax. In: Shopen, T. (Hg.), Language Typology and Syntactic Description I: Clause Structure. Cambridge: Cambridge University Press, 155–196.

Schlobinski, P. (2001): *knuddel – zurueckknuddel – dich ganzdollknuddel* Inflektive und Inflektivkonstruktionen im Deutschen. In: Zeitschrift für germanistische Linguistik 29, 192–218.

Searle, J. (1969): Speech Acts. Cambridge: Cambridge University Press.

Searle, J. (1976): A Classification of Illocutionary Acts. In: Language in Society 5, 1–23.

Simmler, F. (1989): Zur Geschichte der Imperativsätze und ihrer Ersatzformen im Deutschen. In: Matzel, K./Roloff, H. G. (Hgg.), Festschrift Herbert Kolb zum 65. Geburtstag. Bern: Peter Lang, 642–691.

Stalnaker, R. (1978): Assertion. In: Cole, P. (Hg.), Syntax and Semantics. Bd. IX: Pragmatics. New York: Academic Press, 315–332.

Stalnaker, R. (2002): Common Ground. In: Linguistics and Philosophy 25, 701–721.

Stechow, A. von (1990): Status Government and Coherence in German. In: Grewendorf, G./Sternefeld, W. (Hgg.), Scrambling and Barriers. Amsterdam: Benjamins, 143–198.

Stechow, A. von (1991): Syntax und Semantik. In: Stechow, A. von/Wunderlich, D. (Hgg.), Semantik. Ein internationales Handbuch zeitgenössischer Forschung. Berlin: de Gruyter, 90–148.

Stechow, A. von (1993): Die Aufgaben der Syntax. In: Jacobs, J./Stechow, A. von/Sternefeld, W./Vennemann, T. (Hgg.), Syntax. Ein internationales Handbuch zeitgenössischer Forschung. Berlin: de Gruyter, 1–88.

Stechow, A. von (2004): Binding by Verbs: Tense, Person, and Mood under Attitudes. In: Lohnstein, H./Trissler, S. (Hgg.), The Syntax and Semantics of the Left Periphery. Berlin: Mouton de Gruyter, 431–488.

Stechow, A. von/ Sternefeld, W. (1988): Bausteine syntaktischen Wissens. Opladen: Westdeutscher Verlag.

Sternefeld, W. (2008): Syntax. Tübingen: Stauffenburg.

Tappe, H. T. (1984): On Infinitival Clauses without COMP. In: de Geest, W./Putseys, Y. (Hgg.), Sentential Complementation. Dordrecht: Foris, 227–237.

Teuber, O. (1998): ‚fasel beschreib erwähn' – Der Inflektiv als Wortform des Deutschen. In: Germanistische Linguistik 141–142, 7–26.

Thurmair, M. (1989): Modalpartikeln und ihre Kombinationen. Tübingen: Niemeyer.

Thurmair, M. (1991): ‚Kombinieren Sie doch nur ruhig auch mal Modalpartikeln!': Combinatorial Regularities for Modal Particles and their Use as an Instrument of Analysis. In: Multilingua 10, 19–42.

Truckenbrodt, H. (2004): Zur Strukturbedeutung von Interrogativsätzen. In: Linguistische Berichte 199, 313–350.

Truckenbrodt, H. (2006a): On the Semantic Motivation of Syntactic Verb Movement to C in German. In: Theoretical Linguistics 32, 257–306.

Truckenbrodt, H. (2006b): Replies to the Comments by Gärtner, Plunze and Zimmermann, Portner, Potts, Reis, and Zaefferer. In: Theoretical Linguistics 32, 387–410.

Truckenbrodt, H. (2012): Semantics of Intonation. In: Maienborn, C./von Heusinger, K./ Portner, P. (Hgg.), Semantics. Vol. 3. Berlin: de Gruyter, 2039–2069.

Weuster, E. (1983): Nicht-eingebettete Satztypen mit Verb-Endstellung im Deutschen. In: Olszok, K./Weuster, E. (Hgg.), Zur Wortstellungsproblematik im Deutschen. Tübingen: Narr, 7–87.

Wright, G. H. von (1951): Deontic Logic. In: Mind 60, 1–15.
Wunderlich, D. (1984): Was sind Aufforderungssätze? In: Stickel, G. (Hg.), Pragmatik in der Grammatik. Düsseldorf: Schwann-Bagel, 92–117.
Wurff, W. van der (2007): Imperative Clauses in Generative Grammar: An Introduction. In: Wurff, W. van der (Hg.), Imperative Clauses in Generative Grammar. Amsterdam: Benjamins, 1–94.
Zaefferer, D. (1990): On the Coding of Sentential Modality. In: Bechert, J./Bernini, G./ Buridant, C. (Hgg.), Toward a Typology of European Languages. Berlin: Mouton de Gruyter, 215–237.
Zaefferer, D. (2001): Deconstructing a Classical Classification: A Typological Look at Searle's Concept of Illocution Types. In: Revue Internationale de Philosophie 217, 209–225.
Zimmermann, M. (2009): Discourse Particles in the Left Periphery. In: Shaer, B./Cook, P./ Frey, W./Maienborn, C. (Hgg.), Dislocated Elements in Discourse. Oxford: Routledge, 200–231.
Ziv, Y. (1994): Left and Right Dislocations: Discourse Function and Anaphora. In: Journal of Pragmatics 22, 629–645.

Hans-Martin Gärtner

10 Selbständige Verb-Letzt-Sätze

1 Gegenstandsbereich, Terminologie und formale Markierung
2 Sind selbständig erscheinende VL-Sätze elliptisch?
3 Zur Verwendung selbständiger VL-Sätze im Vergleich mit V1/V2-Sätzen
4 Klassifikation der Verwendungsmöglichkeiten
5 *Und-OB*-Sätze und *und*-W-Sätze
6 Zusammenfassung
7 Literatur

1 Gegenstandsbereich, Terminologie und formale Markierung

Das Thema dieses Artikels sind selbständige Sätze, die ein finites Verb in Endstellung aufweisen wie in den Beispielen (1) und (2). Dabei sind selbständige *ob*-VL-Sätze wie (2) das Thema des separaten Artikels 4 in diesem Band. Zu infiniten Hauptsatzstrukturen, siehe Artikel 9.

(1) a. Dass du an die Karten denkst!
    b. Wenn ich nochmal 20 wäre!
    c. Wen sie wohl einlädt?

(2) Ob sie noch ihre grüne Brille hat?

Die selbständigen Sätze mit Endstellung des finiten Verbs werden hier *selbständige VL-Sätze* genannt, in Abkürzung der Bezeichnung ‚selbständige Verb-Letzt-Sätze' bei Altmann (1987, 1993) und Oppenrieder (1989). Verwandte Terminologie an anderen Stellen ist ‚V/E-Strukturen' als ‚Hauptsätze' bei Reis (1985), ‚selbständige VFE-Sätze' bei Meibauer (1989), beides mit Bezug auf das Finitum in Endstellung, ‚Verbletzt-Vollsätze' bei Zifonun et al. (1997: 611), ‚eigenständige Verbletztsätze' in der Duden-Grammatik (2006: 905), ‚independently used verb-final clauses' in Schwabe (2006), ‚solitaires' (für selbständige Sätze mit der Syntax von Nebensätzen) in Schwabe (2007b) und ‚V-final root clauses' in Truckenbrodt (2006a). Die Kurzform ‚VL-Sätze' für Verb-Letzt-Sätze wird auch in Truckenbrodt (2004) und Meibauer (2007) verwendet; bei Altmann (1987) findet sich gelegentlich V-L für Verb-Letzt in den Namen der Satztypen.

Verortet man die selbständigen VL-Sätze im topologischen Feldermodell (Höhle 1986, Sternefeld 2006: 286, Wöllstein-Leisten 2010), so ist entscheidend, dass sich das finite Verb in der rechten Satzklammer befindet, wie in (3) gezeigt.

Dies ist die namensgebende Verb-Letzt-Stellung der hier relevanten Satztypen. Analog zu den entsprechenden Nebensätzen können die selbständigen VL-Sätze unterteilt werden in interrogative (3a,b) und nicht-interrogative VL-Sätze (3c,d). Die Besetzung des Vorfelds und der linken Satzklammer unterscheidet dabei die vier *Formtypen* (Altmann 1993) in (3a-d). Ich nenne diese Formtypen selbständiger *dass*-Satz, selbständiger *wenn*-Satz, selbständiger *ob*-(VL-)Satz und selbständiger w-VL-Satz, in Anlehnung an Altmann (1987, 1993), und mit der Vereinfachung von Oppenrieder (1989), den Zusatz ‚Verb-Letzt' nicht in allen vier Formtypen mitzuführen.

(3) Selbständige VL-Sätze im topologischen Feldermodell

		Vorfeld	*Linke Satzklammer*	*Mittelfeld*	*Rechte Satzklammer*	*selbständiger ...*
nicht-interrogativ	a.		Dass	du an die Karten	denkst	*dass*-Satz
	b.		Wenn	ich nochmal 20	wäre	*wenn*-Satz
interrogativ	c.		Ob	sie noch ihre grüne Brille	hat	*ob*-(VL-)Satz
	d.	Wen		sie wohl	einlädt?	*w*-VL-Satz

Die vier Formtypen in (3) sind die klassischen Vertreter der selbständigen VL-Sätze. Adverbiale Konjunktionen wie *damit*, *obwohl*, *weil* bilden keine selbständigen VL-Sätze (Reis 1985, Eisenberg 2006: 334). Oppenrieder (1989) erklärt das plausibel damit, dass diese Konjunktionen semantisch zweistellig sind, wobei die zweite Argumentstelle die des Trägersatzes ist, der deshalb nicht entbehrlich ist. *Wenn*-Sätze wie (3b) schienen Oppenrieder problematisch in dieser Klassifizierung, doch gibt es Vorschläge, bei denen *wenn* nicht in diesem Sinne zweistellig ist (Schlenker 2004).

Hinzu kommen noch selbständige VL-Sätze mit zwei satzeinleitenden Elementen: *und-OB*-Sätze wie in (4a), *und*-W-Satz wie in (4b), sowie Sätze mit *als ob*, *als wenn*, und *wie wenn* (siehe dazu Meibauer 1989: 14f).

(4) a. Und OB sie das kann!
    b. Und WEN sie kennengelernt hat!

Frühe Diskussionsbeiträge zu selbständigen VL-Sätzen finden sich u. a. in Winkler (1979), Weuster (1983) und Reis (1985), weiterführende Ausführungen in Altmann (1987, 1993), Meibauer (1989) und, besonders ausführlich, Oppenrieder (1989). Später wurde die Thematik (jeweils auch mit Bezug auf formal-semantische Hypothesen) in d'Avis (1995) (*und-OB*/*und*-W-Sätze) Schwabe (2006, 2007b) (insbes. *dass*-Sätze) und Truckenbrodt (2004, 2006a, b) (insbes. *ob*- und w-VL-Sätze) wieder aufgegriffen. Die Grammatiken Duden (2006: 905) und Eisenberg (2006: 334) erwähnen die Möglichkeit der selbständigen Verwendung von VL-Sätzen, Zifonun et al. (1997: 611ff) gehen ausführlicher darauf ein.

2 Sind selbständig erscheinende VL-Sätze elliptisch?

VL-Sätze sind ansonsten typische Nebensätze: Zum einen werden die Formtypen in (3) auch als Nebensätze verwendet; zum anderen haben sie bei selbständigem Vorkommen auch ein in gewissem Sinne reduziertes illokutionäres Potenzial, das oft an Abhängigkeit von einem stillen einbettenden Prädikat erinnert. So schrieb schon Brugmann (1918: 21) von „verselbständigte(n) Nebensätzen". Evans (2007), in einer sprachübergreifenden Diskussion, verwendet den Begriff *insubordination* für die Verwendung von typischen Nebensatzstrukturen in (scheinbar oder wirklich) selbständigen Sätzen.

Die Mehrzahl der Autoren ist allerdings der Ansicht, dass die Vorkommen in (1) – (4) nicht durch syntaktische Tilgung eines übergeordneten Satzes abgeleitet sind, und in dem Sinne selbständig und nicht elliptisch sind (Brugmann 1918: 20, Weuster 1983, Reis 1985, Meibauer 1989, Altmann 1987, 1993, Oppenrieder 1989, Truckenbrodt 2004, 2006ab, sowie Artikel 4). Die VL-Sätze in (5) wären im Gegensatz dazu elliptisch (Reis 1985, Oppenrieder 1989).

(5) a. [Ja, ich gehe in den Kurs.] Obwohl er mich überfordert. [Reis (1985)]
    b. [Was glaubt Hans?] Dass Maria kommt. [Schwabe (2006: 2)]

Hier präsentiere ich die Argumente für diese Sicht (siehe auch Schwabe 2006: 19ff für eine kritische Diskussion der Argumente).

Zunächst gibt es Formtypen, bei denen keine überzeugende Ursprungsstruktur für eine Tilgung (mit plausiblen Eigenschaften) vorliegt, nämlich die *und-OB*-Sätze und die *und*-W-Sätze wie in (4). Dies wurde zunächst von Weuster (1983) bemerkt.

Zum zweiten gibt es eine Reihe von Fällen, bei denen Modalpartikeln in einem selbständigen VL-Satz auftreten können, teils sogar müssen, aber nicht in einer Paraphrase auftreten können, die den hypothetisch getilgten Anteil enthält. Ein Beispiel von Oppenrieder ist das *doch* in (6) (Oppenrieder 1989: 167f).

(6) a. Wenn du mir ??(doch) glauben würdest!
    b. Ich würde mich freuen/wäre zufrieden, wenn du mir (*doch) glauben würdest.

Ein weiterer Hinweis auf selbständiges Vorkommen ist das mehr oder weniger obligatorische steigende Tonmuster in deliberativen Fragen wie in (7a), dem das fallende Tonmuster in einer ‚ungetilgten' Struktur wie (7b) entgegensteht (Oppenrieder 1989: 224ff). Obwohl Oppenrieder diese Präferenzen experimentell dokumentiert, ist das Argument geschwächt durch die Beobachtung von Meibauer (1989: 23), dass auch in (7b) ein steigendes Tonmuster möglich ist. Siehe dazu auch Truckenbrodt (2012).

(7) a. Ob sie (wohl) kommt? [/]
    b. Ich frage mich, ob sie kommt. [\]

Ein neues Argument möchte ich der Debatte hier hinzufügen. In (8) – (10) kann eine Kontextfrage durch eine Paraphrase eines selbständigen VL-Satzes beantwortet werden (a.-Beispiel). Der entsprechende selbständige VL-Satz (b.-Beispiel) aber ist entweder keine adäquate Antwort auf die Frage, oder unterscheidet sich zumindest darin, dass er die Frage nicht auf dieselbe direkte Weise beantwortet.

(8) A: Warum willst du versuchen, den Stein aufzuheben?
    B: a. Ich will wissen/frage mich, ob ich das schaffe.
       b. ≠ # Ob ich das schaffe?

(9) A: Warum schaust du immer in Richtung Tür?
    B: a. Ich wünsch mir, dass sie noch kommt.
       b. ≠ # (Ach,) dass sie noch kommt!

(10) A: Wie findest du das, was du gesehen hast?
     B: a. Es ist erstaunlich, wie schnell sie rennen kann.
        b. ≠ (#) Wie schnell sie rennen kann!

Die Beispiele zeigen meines Erachtens, dass der stille illokuktionäre Anteil der selbständigen VL-Sätze nicht assertiert ist, während er in der Paraphrase natürlich assertiert ist. In einer Tilgungsanalyse, in der die assertierte Paraphrase die Ausgangsstruktur bildet, würde man falscherweise erwarten, dass die a.- und b.-Beispiele in (8) – (10) jeweils dieselbe Interpretation haben.

Winkler (1979) und Schwabe (2006, 2007b) vertreten eine Tilgungsanalyse der selbständigen VL-Sätze. Schwabes Argument für die Tilgungsanalyse ist das Vorhandensein satzexterner Elemente, die nicht (oder nicht immer) syntaktisch in den Satz rekonstruiert werden können, und die gemäß Schwabe eine strukturelle Position brauchen:

(11) a. ~~Ich will~~ nicht, dass er jetzt an die Ostsee fährt.
    b. Einen Porsche zu kaufen, ~~ich wundere mich~~ dass jeder das will.

Ein Skeptiker der Tilgungsanalyse kann einwenden, dass eine Adjunktion an den *dass*-Satz (ohne Tilgung) eine mögliche strukturelle Position ist. Es bleiben allerdings Fragen der genauen Interpretation dieser Elemente offen.

3 Zur Verwendung selbständiger VL-Sätze im Vergleich mit V1/V2-Sätzen

Es zeigt sich, dass es keinen selbständigen VL-Formtyp gibt, der dieselben Verwendungsbedingungen hat, wie ein V1- oder V2-Satztyp, trotz vordergründiger Ähnlichkeiten in manchen Fällen. In diesem Abschnitt zeige ich zentrale Unterschiede.

3.1 Selbständige VL-Interrogativsätze

ob- und *w*-VL-Sätze haben interrogative Verwendungen wie in (12). *w*-VL-Sätze haben auch eine exklamative Verwendung wie in (13) (vgl. zu beiden Altmann 1987: 38f). Außerdem gibt es bei *ob*- und *w*-VL-Sätzen eine Klasse von ‚zitierenden' Verwendungen wie in (14) und (15), bei denen eine vorher gestellte Frage wieder aufgegriffen wird, vgl. Oppenrieder (1989: 183ff).[1]

(12) a. Wo er wohl wohnt?   (interrogativ)
     b. Ob sie etwas mitbringen?   (interrogativ)

(13) a. Wo er aber auch wohnt!   (exklamativ)
     b. Wie schön sie singen kann! (exklamativ)

(14) a. A: Wen bringt er mit? – B: Wie bitte? – C: Wen er mitbringt?
     b. ... C: Wen bringt er mit?
     c. A: Was hast du gemacht? – B: Kann ich mal ... – A: Was du gemacht hast?!
     d. ... A: Was hast du gemacht?

(15) A: Sind Sie der Graf von Luxemburg? B: Ob ich der Graf von Luxemburg bin? (Natürlich nicht!)

---

[1] Reis (1985: 283) ordnet diese Verwendungen als textgrammatisch motiviert ein, während Oppenrieder (1989: 183ff), von dem ich den Begriff ‚zitierend' übernehme, sie mit anderen Fällen selbständiger Verwendung diskutiert.

Der anaphorische Charakter der ‚zitierenden' Verwendung wird nicht von V1/V2-Fragen geteilt. In (14a) klärt C, welche Frage A gestellt hat, C stellt die Frage nicht selbst nochmal. Die Interpretation ist rein anaphorisch, nicht fragend (anders als in (14b), wo C selbst erneut fragt). Ähnlich bezieht die ‚ultimative Frage' (Oppenrieder 1989: 188) in (14c) ihren Nachdruck aus dem zitierenden Hinweis auf die vorher gestellte Frage. In (14d) wird dieselbe Frage nochmal gestellt. Hier kann ihr auch ein *Nochmal:* ... vorangehen, was in (14c) nicht adäquat wäre. Auch die ‚Rückfrage' (Altmann 1987: 49, Oppenrieder 1989: 183ff) in (15) ist in diesem Sinne ‚zitierend' und nicht fragend. In diesem Beispiel ist dem Sprecher die negative Antwort auf die Frage klar.

Auch in ihrer interrogativen Verwendung unterscheiden sich selbständige *ob-* und w-VL-Sätze von entsprechenden V1- und V2-Interrogativsätzen (siehe dazu auch ausführlich den Artikel 4 in diesem Band sowie Truckenbrodt 2004). V1- und V2-Fragen transportieren die Erwartung, dass der Adressat die Antwort zumindest kennen könnte und sind an diesen gerichtet. VL-Fragen werden oft *deliberativ* genannt. Sie transportieren keine Erwartung, dass der Adressat die Antwort kennt und sind nicht auf dieselbe direkte Weise an den Adressaten gerichtet (Luukko-Vinchenzo 1988: 65, Thurmair 1989: 63). So ist (16a) aus Truckenbrodt (2004: 333) nicht möglich, da im Redehintergrund klar ist, dass der Adressat die Frage nicht beantworten kann; entsprechend die adressatenorientierte Paraphrase in (16b). Dagegen ist die *ob-*Frage (16c) in diesem Kontext akzeptabel, wie auch ihre nicht adressatenorientierte Paraphrase in (16d).

(16) Stefan: Ich habe seit Jahren nichts von Peter gehört.
       Heiner: Ich auch nicht.
       Stefan: a. # Mag er immer noch kubanische Zigarren?
             b. # Ich möchte *von dir* wissen, ob er immer noch kubanische Zigarren mag.
             c. Ob er immer noch kubanische Zigarren mag?
             d. Ich möchte wissen (frage mich), ob er immer noch kubanische Zigarren mag.

3.2 Selbständige *dass*-Sätze

Altmann (1987: 39f) nennt drei Funktionstypen von selbständigen *dass*-Sätzen: den imperativischen wie in (17a), den Wunschsatz wie in (17b) und den Exklamativsatz wie in (17c). Diese Einordnung wird in den späteren Arbeiten und Grammatiken übernommen.

(17) a. Dass du mir (JA) nicht zu spät heimkommst!
b. Oh dass ich doch ein Königssohn wär!
c. Dass du aber auch so schöne Beine hast!

Der dem *dass*-Satz ähnlichste Satz mit dem Verb in der linken Satzklammer ist der Deklarativsatz, der im typischen Fall als Assertion verwendet wird. Altmann (1987: 40) verweist darauf, dass selbständige *dass*-Sätze nicht assertiv verwendet werden können. Hier führt also die Verbstellung (oder das einleitende *dass*) zu einem dramatischen Unterschied zu der deklarativen V2-Form.

Altmanns Einordung von *dass*-Sätzen wie (17c) als imperativisch wird in vielen anderen Arbeiten geteilt (ausführlicher etwa in Oppenrieder 1989: 4 und Zifonun et al. 1997: 653f). Die Interpretation des imperativischen *dass*-Satzes wird in Truckenbrodt (2006a) und Schwabe (2006, 2007b) über das Prädikat *wollen* dargestellt. (17a) etwa drückt dem gemäß aus, dass der Sprecher *will*, dass der Adressat nicht zu spät heimkommt.

Das scheint bei näherem Hinsehen ebensowenig adäquat zu sein, wie eine zu strikte Parallelisierung zum Imperativ. Das zeigt meines Erachtens der Kontrast in (18a,b) von Schwabe (2007b: 3) und der Vergleich mit (18c). Anders als Imperativ und *Ich-will*-Paraphrase konstituiert der *dass*-Satz in (18b) keine Aufforderung. Warum ist das so? Im Unterschied zu dem Kontrast in (16) kann der Kontrast in (18) nicht durch fehlenden illokutionären Adressatenbezug (in (18b)) erklärt werden, denn auch der Matrixsatz *Ich will* in (18c) ist nicht adressatenbezogen.

(18) Polizeibeamter: a. Folgen Sie mir!
b. #Dass Sie mir (BLOSS) folgen!
c. Ich will, dass Sie mir folgen!

Es scheint, dass selbständige *dass*-Sätze nicht im herkömmlichen Sinne neue Aufforderungen konstituieren, sondern Bezug auf bekannte (oder als bekannte unterstellte) Wünsche oder Aufforderungen nehmen. Wenn bereits vorher eine entsprechende Aufforderung ergangen ist, kann der Polizeibeamte durchaus sagen:

(19) Dass Sie mir folgen, wenn ich nachher losfahre!

Dies scheint eine allgemeinere Eigenschaft auffordernder *dass*-Sätze zu sein, die sie weder mit Imperativen noch mit ‚*Ich will* …'-Paraphrasen teilen. Eine verbesserte Annäherung an die Interpretation der imperativischen *dass*-Sätze scheint daher ‚ich erinnere dich/Sie an meinen (nachdrücklichen) Wunsch …' zu sein, wie in (20). Auch hier wird keine unmittelbare Aufforderung ausgedrückt, sondern eine bereits getroffene Vereinbarung nochmal hervorgehoben.

(20) Polizeibeamter: Ich erinnere Sie an meinen Wunsch, dass Sie mir folgen.

Insgesamt zeigt der Vergleich zwischen selbständigen VL-Sätzen und V2/V1-Sätzen, dass die beiden Klassen durchweg unterschiedliche Verwendungsbedingungen haben. Die prototypischen Verwendungen der V1/V2-Sätze (Assertion, Frage an den Adressaten und Aufforderungen) kommen bei den selbständigen VL-Sätzen nicht vor (siehe aber Abschnitt 5 zu *und-OB-/und*-W-VL-Sätzen). Statt dessen finden sich Exklamativsätze, Wünsche, deliberative Fragen, das Wiederaufgreifen von Wünschen/Aufforderungen, sowie ‚zitierende' Frageformen.

3.3 Lizenzierungshypothesen

In Truckenbrodt (2004, 2006a) entwerfe ich ein Hypothesengebäude, in dem die Unterschiede zwischen den Verwendungsbedingungen von selbständigen V1/V2-Sätzen und selbständigen VL-Sätzen auf Lizenzierungsrelationen basieren. Grammatische Elemente in der linken Peripherie (in der C-Position der generativen Analyse) lizenzieren dabei Komponenten einer illokutionären Interpretation, wobei in V1/V2-Sätzen mehr illokutionäre Komponenten lizenziert werden als in VL-Sätzen:

(21) Truckenbrodt (2004, 2006a)
 a. Finites Verb in der linken Satzklammer lizenziert illokutionären Adressatenbezug.
 b. Finites Verb in der linken Satzklammer oder [+w] in der linken Peripherie lizenziert epistemische illokutionäre Interpretation.

Auf (21a) lässt sich der Kontrast in (16) beziehen. Aus (21b) folgt, dass das finite Verb bei einer Assertion in der linken Satzklammer stehen muss, sodass selbständige *dass*-Sätze (und selbständige Infinitive) keine Assertionen konstituieren können.

Das Hypothesengebäude erfasst allerdings nicht die Abwesenheit genuin auffordernder Lesarten bei *dass*-Sätzen bzw. deren rückbezüglichen Charakter (vgl. (18)), noch die Möglichkeit der ‚zitierenden' Verwendungen von Fragen in (14) und (15).

Die folgende Diskussion führt zu einem Element, das in diesem Hypothesengebäude nicht vorgesehen war: Selbständige VL-Sätze scheinen einer semantischen Beschränkung zu unterliegen, die von V1/V2-Sätzen nicht geteilt wird. (Eine entsprechende Revision der Lizenzierungshypothesen kann hier nicht geleistet werden und soll in zukünftigen Arbeiten erfolgen.)

4 Klassifikation der Verwendungsmöglichkeiten

In diesem Abschnitt wird eine neue Klassifikation der selbständigen VL-Satztypen entwickelt, die zu einer allgemeineren Beschränkung über selbständige VL-Sätze führt.

4.1 Selbständige *dass*-Sätze

Oppenrieder (1989: 223) schlägt vor, dass der typische Modus für selbständige VL-Sätze der der Exklamativen ist, und dass andere Verwendungen davon abgegrenzt werden müssen. Ein solcher Fall der Abgrenzung ist die Verwendung von Konjunktiv II in *dass*-Wunschsätzen.

So ist (22b) mit Konjunktiv II leicht wie (22a) interpretierbar. (22c) ist mit Indikativ im *dass*-Satz möglich; warum aber kann dann (22d) mit Indikativ nicht auch den Wunsch in (22c) ausdrücken? Oppenrieder sieht hierin die Notwendigkeit einer Abgrenzung von einer exklamativen Lesart.

(22)   a. Ich wünsche mir, dass Maria käme.   (Wunsch)
      b. Dass Maria käme!   (Wunsch)
      c. Ich wünsche mir, dass Maria kommt.   (Wunsch)
      d. Dass Maria kommt!   (*Wunsch)

Schwabe (2007a) sieht die Faktivität selbständiger *dass*-Sätze als eines ihrer (typischen) Merkmale. Ich greife das hier auf, und deute Oppenrieders Beobachtung so, dass selbständige *dass*-Sätze einen starken Hang zur Faktivität haben (die in Reinform bei der exklamativen Verwendung wie in (17c) vorliegt). Dieser Hang zur Faktivität kann durch die Verwendung von kontrafaktischem Konjunktiv II (der im Widerspruch zur faktiven Interpretation steht) ‚überwunden' werden wie in (22b), sodass hier eine (nicht-faktive) Wunsch-Lesart möglich ist. Ohne ein Mittel wie Konjunktiv II wird ein Satz wie (22d) faktiv interpretiert, und lässt von daher keine Wunsch-Lesart zu. (Eine Andeutung, wie ein derart ungewöhnlicher Zusammenhang in der Grammatik verortet werden könnte, biete ich unten an. Von Interesse ist hier zunächst der Hang zur Faktivität.)

Auffordernde Verwendungen selbständiger *dass*-Sätze wie (19) sind nicht faktiv, und scheinen dennoch keinen Faktivitäts-Blockierer zu benötigen. Wir haben gesehen, dass sie in gewisser Weise anaphorisch sind, also einen bereits bekannten Wunsch wieder aufgreifen. Dies verorte ich nun so, dass primäre Verwendungen selbständiger *dass*-Sätze entweder faktiv oder anaphorisch-auffordernd sind, und dass sekundäre Verwendungen erfordern, dass diese Möglichkeiten ausgeschlossen sind.

4.2 *ob-/w*-VL-Sätze

Oppenrieder beobachtet auch bei interrogativen VL-Sätzen Phänomene der Abgrenzung von exklamativen Lesarten. Für die hier relevante Deutung mit Bezug auf Faktivität beobachten wir zunächst, dass exklamative w-VL-Sätze wie (13) in dem Sinne faktiv sind, dass vorausgesetzt wird, dass der Sprecher die richtige Antwort weiß (d'Avis 2002: 10).

Das Puzzle, das es nun zu erklären gilt, ist die obligatorische Verwendung einer der Modalpartikeln *wohl*, *bloß* oder *nur* in deliberativ-fragenden w-VL-Fragen wie (23a) (Altmann 1987: 49f). Werden diese weggelassen wie in (23b), so ist der Satz in einer deliberativen Lesart markiert. Selbständige *ob*-VL-Sätze wie in (23c) scheinen solche Modalpartikeln nicht für eine deliberative Lesart zu benötigen (wenngleich sie sie nehmen können). Wieso brauchen deliberative w-VL-Fragen solche Modalpartikeln?

(23) a. Wen sie wohl/bloß/nur mag?
b. ?? Wen sie mag?   (?? in der Lesart als deliberative Frage)
c. Ob Maria Peter mag?

Oppenrieder (1989: 183) schlägt auch hier vor, dass eine Abgrenzung von einer Exklamativsatzlesart notwendig ist. Mit Bezug auf die Faktivität von Schwabe (2007a) können wir sagen: Auch bei selbständigen VL-Sätzen, die von ihrer Form her interrogativ sind, gibt es eine primäre, faktive Lesart. Diese beobachten wir in der exklamativen Verwendung wie in (13). In (23b) wird eine faktive Lesart nicht ausgeschlossen, und wird damit zur einzig möglichen Lesart; dadurch wird eine fragende (nicht-faktive) Lesart ausgeschlossen. In (23a) wird die faktive Lesart durch eine der Modalpartikeln blockiert; dadurch wird die fragende Lesart möglich. So lässt sich auch der Unterschied zu *ob*-VL-Sätzen wie (23c) verstehen, deren fragende Lesart keine Modalpartikel benötigt: *ob*-VL-Sätze haben prinzipiell keine faktive Lesart im hier relevanten Sinne (i.e. dass der Sprecher die Antwort weiß); so sind sie in der faktiven Umgebung von exklamativen Prädikaten ausgeschlossen, s. Grimshaw (1979), d'Avis (2002): *Ich staune, wen sie mag.* **Ich staune, ob sie Peter mag.*). Daher – so kann man es sehen – ist auch keine Blockierung einer faktiven Lesart durch eine Modalpartikel nötig.

Betrachten wir nun die ‚zitierenden' Lesarten in (14) und (15). Wie gezeigt sind diese in ihrer ‚zitierenden' Art anaphorisch. Dabei erfordern auch w-VL-Fragen wie in (14) keine Modalpartikeln. Hier scheint also kein ‚Überwinden' der faktiven Lesart notwendig zu sein, wenngleich diese Vorkommen nicht im hier besprochenen Sinne faktiv sind.

4.3 Die Klassifikation (und die Anaphorizität als zentrales Merkmal)

Wir können nun das für *dass*-Sätze entwickelte Bild auf *ob*-/w-VL-Sätze ausdehnen: primäre Verwendungen sind faktiv oder anaphorisch; nur wo solche Verwendungen nicht möglich sind, kommen sekundäre (nicht-faktiv/anaphorische) Verwendungen ins Spiel. Die resultierende Klassifikation zeige ich in (24) und (25).

(24) Primäre Verwendungen von selbständigen VL-Sätzen

A. Faktiv:		*dass*-Satz, exklamativ	Dass du das kannst!
		w-VL-Satz, exklamativ	Was du alles kannst!
B. Anaphorisch:		auffordernder *dass*-Satz	Dass Sie mir nachher folgen!
		zitierender *ob*-Satz	[... Hä?] Ob du Zeit hast.
		zitierender w-VL-Satz	[... Hä?] Wann du Zeit hast.

(25) Sekundäre Verwendungen von selbständigen VL-Sätzen

A. Interrogativ	*ob*-Satz		Ob sie Zeit hat?
	w-VL-Satz		Wen er wohl/nur/bloß anruft?
B. Wünschend	*dass*-Satz, Wunsch		Oh, dass ich ein Königssohn wäre!

Was faktive und anaphorische Interpretationen in (24) gemeinsam haben, lässt sich mit den klassischen Mitteln der formalen Semantik nicht leicht darstellen. Erst wenn man Tatsachen, oder etwas abstrakter, Situationen, in die Ontologie aufnimmt (s. etwa Kratzer 2002), lässt sich ein gemeinsamer Nenner finden: Ein faktiv interpretierter Satz referiert auf eine Tatsache. Er kann in dem Sinne als anaphorisch verstanden werden, dass Tatsachen sich als Gegebenheiten im Redehintergrund (oder evtl. im Sprecherwissen) verstehen lassen. (Vgl. *Die Tatsache dass ...* vs. **Eine Tatsache, dass ...*: Sobald etwas die Beschreibung ‚Tatsache' erfüllt, wird es als gegeben bzw. anaphorisch aufgreifbar behandelt.) In dieser Hinsicht scheint mir die hier entwickelte Perspektive auch mit Elementen des formalen Vorschlags von Schwabe (2007a) zu konvergieren, die auf der Situationssemantik von Barwise (1989) aufbaut: Der Situationstyp, der bei Schwabe ansonsten faktiven Komplementen entspricht (hier kurz ‚Tatsachen' genannt) ist auch der, den sie für selbständige *dass*-Sätze postuliert. Schwabe grenzt diesen Situationstyp ab von einem anderen Situationstyp, der den klassischen Propositionen nahe steht: Dieser kommt im Komplement etwa von *glauben* und *sagen* vor, und ist bei Assertionen relevant. (Ich drücke das so aus, dass man Tatsachen bestaunen, aber nicht glauben oder assertieren kann.)

So ergibt sich folgende Perspektive: Es ist denkbar, dass selbständige VL-Sätze inhärent anaphorisch interpretiert werden, worunter sich die Verwendungen in (24) fassen lassen. Faktivität wäre dabei Anaphorizität mit einer Tatsache als Antecedens. Keine sichtbaren Antecedenten liegen bei den Satztypen in (25) vor; wenn wir die Hypothese der Anaphorizität auf diese Satztypen ausdehen wollen, müssen wir akzeptieren, dass hier stets ein Antecedens akkommodiert wird, und zwar im Bereich dessen, was im Redehintergrund über die Gedankenwelt des Sprechers bekannt ist: In *Ob sie Zeit hat?* wird eine solche Frage in die bekannte Gedankenwelt des Sprechers akkommodiert, d.h. der Sprecher tut so, als sei vorher schon bekannt gewesen, das er sich das gefragt hat. In *Dass ich ein Königssohn wäre!* wird ein solcher Wunsch in die bekannte Gedankenwelt des Sprechers akkommodiert, d.h. der Sprecher tut so, als sei vorher schon bekannt gewesen, dass er diesen Wunsch hegt. Das mag zunächst befremdlich scheinen, hat aber durchaus empirische Vorteile. Denn wir können in der Vermeidung dieser intensionalen Akkommodation den Grund sehen, Sätze nicht im Sinne von (25) zu interpretieren, solange auch ein Antecedens im Sinne von (24) denkbar ist, vgl. (22), (23). Damit wäre auch der fehlende Adressatenbezug in der illokutionären Interpretation ableitbar. Wie in Truckenbrodt (2012) ausführlicher gezeigt, erfolgt Akkommodation durch den Adressaten in den Wissensbereich, in dem der Sprecher Experte ist („mein Bruder' ist leicht akkommodierbar), nicht aber in den Bereich, in dem der Adressat Experte ist („dein Bruder', falls dem Adressaten unbekannt, wird nicht akkommodiert werden). So spricht nichts dagegen, dass der Sprecher mit (16c), *Ob er (Peter) immer noch kubanische Zigarren mag?* so tut, als habe er selbst sich das vorher schon gefragt. Andererseits kann der Sprecher mit dieser Frage nicht so tun, als habe er das den Adressaten bereits gefragt, denn das wüsste der Adressat. Da in der hier entwickelten Sichtweise eine Vorgängerfrage in irgendeine epistemische Domäne akkommodiert werden muss, und da auf diese Weise nur die Domäne der Gedanken des Sprechers (im Redehintergrund) dafür in Frage kommt, folgt so die Unmöglichkeit einer adressatenorientierten Interpretation.

Die hier entwickelte Perspektive betrifft zwar primär nur die wörtliche Bedeutung der selbständigen VL-Sätze, und nicht ihre illokutionäre Verwendung. Die Diskussion zeigt aber, dass sich aus dieser Perspektive auch neue Ansatzpunkte zum Verständnis der illokutionären Verwendungsmöglichkeiten ergeben. Zur deskriptiven Eingrenzung der Verwendungsweisen, siehe auch Altmann (1987, 1993), Oppenrieder (1989), Zifonun et al. (1997: 611ff) und Schwabe (2007b).

5 *Und-OB*-Sätze und *und*-W-Sätze

In d'Avis (1995) wird die Syntax und Semantik von *und-OB*-Sätzen wie (4a) sowie von *und*-W-Sätzen wie in (4b) diskutiert. Diesen Satztypen ist das *und* immanent, ebenso wie die Satzbetonung auf dem *OB* bzw. auf der w-Phrase. Das *und* steht gemäß d'Avis (S. 5ff, 23ff) nicht in normaler koordinierender Position, sondern als Teil einer Konstituente *[und OB]* in der linken Satzklammer bzw. als Teil von *[und WEN]* im Vorfeld. Anders als das reguläre *und* in (26) (nach Höhle 1986: 332, Fußnote 5) steht das *und* in *und-OB*/*und*-W-Sätzen strikt adjazent zu *OB/W*, wie in (27a), (28a). Die Stellungsmöglichkeit von (26) ist dabei nicht gegeben, siehe (27b) und (28b).

(26) *und* [seinen Hund], *ob* man den wirklich mitnehmen darf?

(27) a. [seinen Hund], *und OB* man den mitnehmen darf!   (√ in *und-OB*-Lesart)
     b. * *und* [seinen Hund], *OB* man den mitnehmen darf!   (* in *und-OB*-Lesart)

(28) [Kennt der Peter hier überhaupt jemanden?]
     a. [der Peter], *und WEN* der alles kennt.   (√ in *und*-W-Lesart)
     b. * *und* [der Peter], *WEN* der alles kennt.   (* in *und*-W-Lesart)

Bei *und-OB*-Sätzen mag man an eine Analyse mit Bezug auf Verum-Fokus denken. Allerdings präsentiert d'Avis (S. 42ff) für *und*-W-Sätze überzeugende Argumente, dass die w-Phrase fokussiert ist, und dass die Betonung der w-Phrase sich hier nicht auf eine indirekte Version des Verum-Fokus reduzieren lässt.

In der von d'Avis (1995) entworfenen semantische Analyse wird in (29a) eine Proposition assertiert, bei der das w-Element existenzquantifiziert ist, wie in (29b). Zusätzlich bilden, wie in (29c), die durch den Fokus induzierten Alternativen eine Skala, auf der das assertierte Element (hier: ‚x') einen hohen Wert einnimmt.

(29) a. [Hat er jemanden kennengelernt?]
        Und [WEN]$_F$ er kennengelernt hat!
     b. Er hat jemanden(x) kennengelernt.
     c. Die durch den Fokus induzierten Alternativen zu x bilden mit x eine Skala, auf der x einen hohen Wert einnimmt.

D'Avis (1995: 72) diskutiert einen Kontrast, der zeigt, dass die Elemente auf der Skala durch den Fokus (und nicht etwa durch die W-Phrase oder durch das W-Wort) definiert sind.

In der Anwendung der Analyse auf *und-OB*-Sätze muss der ‚hohe Wert' dann ein Verum-ähnliches Element sein (dass der Satz wahr ist, im Gegensatz zu falsch).

Die Analyse von d'Avis betrifft den assertiven Anteil dieser Sätze. Ob die oben entwickelte anaphorische Perspektive auch auf *und-OB-/und*-W-Sätze anzuwenden ist, bleibt hier offen. Bei so einer Anwendung müsste man davon ausgehen, dass bei diesen Sätzen zu einer anaphorischen Bedeutung der assertive Bedeutungsanteil hinzukommt (während sich die wörtliche Bedeutung anderer selbständiger VL-Sätze in der anaphorischen Bedeutung erschöpft).

6 Zusammenfassung

Zentrale selbständige VL-Sätze sind *dass-* wenn- ob- und w-VL-Sätze, sowie *und-OB-/und*-W-Sätze. Ihre Selbständigkeit scheint sie von elliptischen Vorkommen von Nebensätzen zu unterscheiden. Ihre Verwendungsweisen (primär exklamative Äußerungen, deliberative Fragen, Wünsche sowie ‚zitierende' wiederaufgreifende Vorkommen) sind von den prototypischen Verwendungen der V1/V2-Satztypen (Assertionen, Fragen an einen Adressaten, Aufforderungen) verschieden. Ein in diesem Artikel angebotener gemeinsamer Nenner ihrer Bedeutung (ohne den illokutionären Anteil) ist die Anaphorizität. *Und-OB-/und*-W-VL-Sätze scheinen assertiv verwendet zu werden.

7 Literatur

Altmann, H. (1987): Zur Problematik der Konstitution von Satzmodi als Formtypen. In: Meibauer, J. (Hg.), Satzmodus zwischen Grammatik und Pragmatik. Tübingen: Niemeyer, 22–56.

Altmann, H. (1993): Satzmodus. In: Jacobs, J./Stechow, A. von/Sternefeld, W./Vennemann, T. (Hgg.), Syntax. Ein internationales Handbuch zeitgenössischer Forschung. Berlin: de Gruyter, 1006–1029.

Barwise, J. (1989): The Situation in Logic. Stanford: CSLI.

Brugmann, K. (1918): Verschiedenheit der Satzgestaltung nach Maßgabe der seelischen Grundfunktionen in den indogermanischen Sprachen. Leipzig: B.G.Teubner.

d'Avis, F.-J. (1995): Zu selbständigen und eingeleiteten Verbletzt-Sätzen im Deutschen. Arbeitspapiere des SFB 340 „Sprachtheoretische Grundlagen für die Computerlinguistik", Nr. 67, Universität Tübingen und Universität Stuttgart.

d'Avis, F.-J. (2002): On the Interpretation of wh-clauses in Exclamative Environments. In: Theoretical Linguistics 28, 5–31.

Duden-Grammatik (2006): Duden. Die Grammatik. 7. Aufl. Hg. von der Dudenredaktion. Mannheim: Dudenverlag.

Eisenberg, P. (2006): Grundriss der deutschen Grammatik, Bd. II: Der Satz. 3., durchges. Aufl. Stuttgart: Metzler.

Evans, N. (2007): Insubordination and its Uses. In: Nicolaeva, I. (Hg.), Finiteness, Oxford: Oxford University Press, 366–431.

Grimshaw, J. (1979): Complement Selection and the Lexicon. In: Linguistic Inquiry 10, 279–326.
Höhle, T.N. (1986): Der Begriff ‚Mittelfeld' – Anmerkungen über die Theorie der topologischen Felder. In: Schöne, A. (Hg.), Akten des VII. internationalen Germanisten-Kongresses Göttingen 1985: Kontroversen, alte und neue. Tübingen: Niemeyer, 329–340.
Kratzer, A. (2002): Facts: Particulars or Information Units? In: Linguistics and Philosophy 25, 655–670.
Luukko-Vinchenzo, L. (1988): Formen von Fragen und Funktionen von Fragesätzen. Tübingen: Niemeyer.
Meibauer, J. (1989): *Ob sie wohl kommt?* Zum Satzmodus von selbständigen Sätzen mit Endstellung des finiten Verbs. In: Kątny, A. (Hg.), Studien zur kontrastiven Linguistik und literarischen Übersetzung. Frankfurt/Main: Lang, 11–33.
Meibauer, J. et al. (2007): Einführung in die germanische Linguistik. Stuttgart: Metzler.
Oppenrieder, W. (1989): Selbständige Verb-letzt-Sätze: Ihr Platz im Satzmodussystem und ihre intonatorische Kennzeichnung. In: Altmann, H. (Hg.), Zur Intonation von Modus und Fokus im Deutschen. Tübingen: Niemeyer, 163–244.
Reis, M. (1985): Satzeinleitende Strukturen im Deutschen. In: Abraham, W. (Hg.), Erklärende Syntax des Deutschen. Tübingen: Narr, 271–311.
Schlenker, P. (2004): Conditionals as Definite Descriptions (a Referential Analysis). In: Research on Language and Computation 2, 417–162.
Schwabe, K. (2006): Elliptical *dass*-clauses in German. In: Molnár, V./Winkler, S. (Hgg.), The Architecture of Focus. Berlin: Mouton de Gruyter, 429–458.
Schwabe, K. (2007a): Old and New Propositions. In: Späth, A. (Hg.), Interface and Interface conditions. Language, Context and Cognition. Berlin: Mouton de Gruyter, 97–114.
Schwabe, K. (2007b): Semantic Properties of German Solitaires. In: Journal of Germanic Linguistics and Semiotic Analysis 12, 233–254.
Sternefeld, W. (2006): Syntax. Eine morphologisch motivierte generative Beschreibung des Deutschen. Bd I. Tübingen: Stauffenburg.
Thurmair, M. (1989): Modalpartikeln und ihre Kombinationen. Tübingen: Niemeyer.
Truckenbrodt, H. (2004): Zur Strukturbedeutung von Interrogativsätzen. In: Linguistische Berichte 199, 313–350.
Truckenbrodt, H. (2006a): On the Semantic Motivation of Syntactic Verb Movement to C in German. In: Theoretical Linguistics 32, 257–306.
Truckenbrodt, H. (2006b): Replies to the Comments by Gärtner, Plunze and Zimmermann, Portner, Potts, Reis, and Zaefferer. In: Theoretical Linguistics 32, 387–410.
Truckenbrodt, H. (2012): Semantics of Intonation. In Maienborn, C./Heusinger, K. von/Portner, P. (Hgg.) Handbook of Semantics. An International Handbook of Natural Language Meaning. Vol. 3. Berlin: de Gruyter, 2039–2069.
Weuster, E. (1983): Nicht-eingebettete Satztypen mit Verb-Endstellung im Deutschen. In: Olszok, K./Weuster, E. (Hgg.), Zur Wortstellungsproblematik im Deutschen. Tübingen: Narr, 7–87.
Winkler, E. (1979): Selbständig verwendete VE-Sätze. Ein Überblick, In: Studien zum Satzmodus III, Linguistische Studien, Arbeitsberichte 193. Akademie der Wissenschaften der DDR – Zentralinstitut für Sprachwissenschaft, 118–158.
Wöllstein-Leisten, A. (2010): Topologische Satzmodelle. Heidelberg: Winter.
Zifonun, G./Hoffmann, L./Strecker, B. et al. (1997): Grammatik der deutschen Sprache, Bd. I. Berlin: de Gruyter.

Hubert Truckenbrodt

11 Unselbstständiger *dass*- und *ob*-VL-Satz

1   Einführung
2   Satzgliedfunktionen
3   Satzmodus
4   Selektion
5   Interne Syntax
6   Externe Syntax
7   Diachrone Aspekte
8   Literatur

1 Einführung

Dass- und *ob*-VL-Sätze wie in (1) gehören ohne Zweifel zu den häufigsten deutschen Nebensatztypen überhaupt:[1]

(1)   a. Alle wollen, dass es den Kindern gut geht. (St. Galler Tagblatt, 4. 01. 2010)
      b. Diese sollen prüfen, ob es dem Kind gut geht oder Hilfe nötig ist. (Hannoversche Allgemeine, 20. 12. 2007)

Die Bezeichnung ‚*dass*-/*ob*-VL-Satz' spiegelt jeweils zwei wesentliche Formtypmerkmale (s. Altmann 1987, 1993) dieser Konstruktionen wider: das Vorhandensein eines spezifischen satzeinleitenden Elements und die strukturelle Letztstellung des finiten Verbs (= VL).

In Bezug auf weitere Formmerkmale sind *dass/ob*-VL Sätze unterspezifiziert: Sie weisen abgesehen von den Einleiteelementen keine besondere kategoriale Füllung auf, der verbale Modus kann indikativisch oder konjunktivisch sein (die Finitheit des Verbs wird vom Einleiter gefordert). Das Intonationsmuster ist dasjenige eingebetteter Sätze, insofern als *dass/ob*-VL-Sätze in die Fokus-Hintergrund-Gliederung ihres übergeordneten Satzes integrierbar sind (progredienter Tonhöhenverlauf).

---

[1] Die folgenden Zeitungsbelege stammen aus den COSMAS-II-Korpora des Instituts für deutsche Sprache Mannheim.

2 Satzgliedfunktionen

Im heutigen Deutsch fungieren *dass-/ob*-VL-Sätze am häufigsten als Argumentsätze. Beide Satztypen können sowohl in Objekt-[2] als auch Subjektfunktion[3] auftreten:

(2) a. Der Trainer ahnte, dass er vor einem entscheidenden Spiel stand. (Braunschweiger Zeitung, 21. 12. 2009)
b. Wer weiß, ob die Partie schon entschieden gewesen wäre, (Mannheimer Morgen, 06. 1. 2010)

(3) a. Dass es im Winter schneit, steht nicht von vorneherein fest. (St. Galler Tagblatt, 30. 1. 2010)
b. Ob die Gratis-Bratwurst oder die Freude an der Armee das Motiv war, sei unerheblich. (St. Galler Tagblatt, 20. 1. 2010)

In deskriptiven Grammatiken werden adnominale *dass*-Sätze wie in (4) und (5) als Attributsätze bezeichnet:

(4) a. Ihm gefällt der Gedanke, dass es Kunst für die Ewigkeit ist. (Rhein-Zeitung, 28. 11. 2007)
b. Zudem stärkte der Prinz das Bewusstsein, dass Wein ein wertvolles Kulturgut darstellt. (Rhein-Zeitung, 6. 7. 2007)

(5) a. Die Frage, ob der Stein eine Seele besitze, ist für den Künstler nicht relevant, (Mannheimer Morgen, 17. 4. 2010)
b. Der Zweifel, ob etwas wirklich passiert, wird im Krieg noch schärfer. (Kleine Zeitung, 23. 8. 1997)

Aus grammatiktheoretischer Sicht plädieren Fabricius-Hansen/von Stechow (1989) dafür, bei satzförmigen Nominalerweiterungen zwischen explikativen und implikativen Konstruktionen zu unterscheiden. Nur bei explikativen Konstruktionen, vgl. (4a) und (5a), handele es sich um Adjunkte, d. h. Attribute oder Appositionen zum Nomen, die den Kopf modifizieren. In diesem Fall kann das Kopfnomen von der Erweiterung prädiziert werden, was sich darin niederschlägt, dass

---

[2] Am häufigsten werden *dass*-Sätze von Verben selegiert, deren internes Argument alternativ auch als Akkusativobjekt (d. h. nicht-satzförmig) realisiert werden kann, oder von Verben, die ausschließlich ein satzförmiges Objekt selegieren. Sog. ‚Dativobjektsätze' und ‚Genitivobjektsätze' sind wesentlich seltener (vgl. hierzu die beiden entsprechenden Beiträge von Wegener in diesem Band). Zu Objektsätzen allgemein vgl. auch Zint-Dyhr (1982) und Artikel 20 in diesem Band.
[3] Vgl. auch Artikel 17 in diesem Band.

eine Umformung als Gleichsetzungskonstruktion möglich ist: *Dass es Kunst für die Ewigkeit ist, ist ein Gedanke, der ihm gefällt./Ob der Stein eine Seele besitze, ist eine Frage, die für den Künstler nicht relevant ist.* In (4b) und (5b) dagegen liegen direkte Objekte, Komplemente des Nominals vor, die vom nominalen Kopf thematisch markiert werden. Eine Gleichsetzungsparaphrase ist nicht möglich: **Dass Wein ein wertvolles Kulturgut darstellt, ist ein Bewusstsein, das der Prinz stärkte./ *Ob etwas wirklich passiert, ist ein Zweifel, der im Krieg noch schärfer wird.*

Darüber hinaus existieren *dass-/ob*-VL-Sätze in adverbialer Funktion.[4] So kann *dass* Finalsätze einleiten, vgl. (6), und steht in dieser Funktion in Konkurrenz zu der Subjunktion *damit*.

(6)   Ich musste mich ganz schön zusammenreißen, dass ich durchhalte. (Braunschweiger Zeitung, 24. 3. 2007)

Neben der finalen gibt es auch eine konsekutive Verwendung:

(7)   Nein, Musik zum Träumen war das nicht, wenn die Geige in den höchsten Tönen schrie, dass es in den Ohren gellte, ... (St. Galler Tagblatt, 12. 12. 1997)

Im heutigen Deutsch tritt jedoch *dass* in Konsekutivsätzen zumeist in Kombination mit *so* auf:

(8)   Die Schuhe sind dick gefüttert, so dass man immer schöne warme Füße hat.

In anderer Funktion kann *so* auch im Mittelfeld des übergeordneten Satzes stehen:

(9)   Die Schuhe sind so dick gefüttert, dass man immer schöne warme Füße hat.

In diesem Fall ist der *dass*-Satz eine attributive Erweiterung des Adverbs *so*, das auf den Grad oder die Art und Weise der Ausprägung einer vom Trägersatz bezeichneten Eigenschaft hinweist und stets den Hauptakzent trägt, so dass der *dass*-Satz zum Hintergrund gehört (Pasch et al. 2003: 421).

Zu erwähnen sind auch komplexe adverbiale Satzeinleiter[5], in denen der *dass*-Satz als Komplement einer Präposition auftritt ([$_{PP}$ [$_{P'}$ [$_P$ *ohne/statt/bis*] [$_{CP}$ *dass es den Kindern gut geht*]]]).

Ein Spezialfall sind Konstruktionen wie *Was hat Peter denn, dass er so schreit/Fritz muss verrückt sein, dass er nicht kommt.* Nach Reis (1997) werden solche sog. freien *dass*-Sätze immer faktiv interpretiert, wobei das ausgedrückte Faktum die Illokution des Bezugssatzes bzw. die im Bezugssatz ausgedrückte Vermutung oder Bewertung begründet. Daher sprechen Pasch et al. (2003: 633f.)

---

4 Zu adverbialen *dass*-Sätzen siehe auch Artikel 20 in diesem Band.
5 Siehe hierzu auch Artikel 13 in diesem Band.

in diesem Fall von ‚begründend-kausalem *dass*'. Anders als bei den finalen und konsekutiven Verwendungen wie in (6) und (7) liegt der Hauptakzent bei dieser Konstruktion immer im Bezugssatz, und der *dass*-Satz liefert Hintergrundinformation.

Ob war im älteren Deutsch ein zentraler Einleiter für Konditionalsätze (s. Abschnitt 7.2). Residuen dieses Gebrauchs finden sich heute in den durch Univerbierung mit *wohl, gleich, schon, zwar* entstandenen polymorphematischen Konzessivsatzeinleitern wie *obwohl, obgleich, obschon, obzwar* usw. und in Disjunktivsätzen des Typs *Ob es regnet oder schneit – wir gehen auf jeden Fall spazieren.*

In den folgenden Ausführungen stehen die argumentrealisierenden Verwendungsweisen von *dass*- und *ob*-Sätzen im Vordergrund.

3 Satzmodus

Das Merkmal Verbletztstellung gilt als prototypisches Nebensatzmerkmal. Zwar kommen *dass*- und *ob*-VL-Sätze auch als selbstständige Sätze, als Hauptsätze vor, jedoch niemals in deklarativer oder echt interrogativer Lesart (z.B. Altmann 1987, 1993). Bei Beispielsatz (10a) liegt eine exklamative bzw. optative Lesart nahe, in (10b) eine Interpretation als deliberative Frage.

(10) a. Dass es den Kindern gut geht!
       b. Ob es den Kindern wohl gut geht?

Die selbstständigen Verwendungen werden im Folgenden ausgeklammert (s. aber Artikel 4 und 10 in diesem Band).

In Teilen der Literatur wird davon ausgegangen, dass unselbstständige *dass-/ob*-VL-Sätze keinen Satzmodus haben. So versteht zum Beispiel Altmann (1987, 1993) „unter ‚Satzmodus' ein komplexes sprachliches Zeichen mit einer Formseite, normalerweise eine oder mehrere satzförmige Strukturen mit angebbaren formalen Eigenschaften, und einer Funktionsseite, also der Beitrag dieser Struktur(en) zum Ausdruck propositionaler Einstellungen [...] oder zur Ausführung sprachlicher Handlungen" (1993: 1007). Brandt et al. (1992) entwickeln dagegen ein Modell, in dem die Beziehungen zwischen (syntaktischem) Satztyp, Satzmodus und Illokution kompositionell und modular erfasst werden. Diese Sichtweise führt u. a. dazu, dass der Satzmodus einstellungsfrei beschrieben wird und dass alle Sätze, auch die abhängigen, über einen Satzmodus verfügen. Bei Brandt et al. sind die syntaktischen Satztypen mit abstrakten syntaktischen Merkmalen ausgestattet, mit denen je eine bestimmte semantische Repräsentation korrespondiert, d.h. der Satzmodus ist bereits in den syntaktischen Strukturen angelegt. Die *dass-* und *ob*-VL-Sätze sind jeweils durch das Merkmal [–w] und [+w] in SpecC und C⁰ gekennzeichnet.⁶

Nach Jacobs (1986) spricht das Auftreten von Modalpartikeln in einem Satz dafür, dass der Satz über eine selbstständige Illokution verfügt. Für die Auffassung, dass auch abhängige Sätze einen Satzmodus aufweisen, sprechen daher Daten aus der Modalpartikelforschung, die gerade in jüngerer Zeit wieder in den Fokus der Aufmerksamkeit geraten sind. So zeigen Thurmair (1989) und Coniglio (2008) anhand von Originalbelegen, dass in Nebensätzen Modalpartikeln vorkommen können. Das trifft auch auf deklarative und interrogative Komplementsätze zu, sofern diese nicht faktiv sind:

(11) a. Ich will nur darauf hinweisen, daß es *eben* nicht nur um die Frage geht, wer und in welcher Weise seine Auffassung kundtun kann ...
b. Fragen Sie Ihre Länderkollegen von der sozialdemokratischen Partei, ob *etwa* die Bürokratie in den Ländern eine weniger drückende Last sei ... (Parlamentsreden, zit. aus Coniglio 2008: 165, 172, Bsp. (24) und (74))

Die Frage der Satzmodusfähigkeit unselbstständiger Sätze wird nach wie vor kontrovers diskutiert und ist natürlich abhängig von der zugrunde liegenden Satztyp- und Satzmodustheorie (s. Lohnstein 2000 und Artikel 1 in diesem Band für einen Überblick).

4 Selektion

In deskriptiven Grammatiken werden *dass/ob*-VL-Sätze auch als Aussagenebensätze oder Fragenebensätze bezeichnet. Diese Bezeichnungen deuten darauf hin, dass sie in einer Beziehung zu den Illokutionstypen ‚Assertion' bzw. ‚Frage' stehen (Altmann 1987, 1993 spricht auch von ‚Indirektheitstypen'). Wenn *dass/ob*-VL-Sätze von *verba dicendi* (oder *verba cogitandi*) eingebettet werden, lassen sie sich tatsächlich in direkte Assertionen bzw. in Fragen umformen:

(12) a. Kopernikus sagte, dass die Sonne der Mittelpunkt der Welt sei. [BRZ10/MAI.09290 Braunschweiger Zeitung, 25. 05. 2010; Sternforscher nach mehr als 400 Jahren beerdigt]
b. Kopernikus sagte: „Die Sonne ist der Mittelpunkt der Welt."

---

6 Genauer gesagt nehmen die Autorinnen an, dass in VL-Sätzen die oberste Satzprojektion eine aus C und I konflationierte Kategorie ist (= CP/IP). Außerdem argumentieren sie, dass *ob*-VL-Sätze keine SpecC/I-Position haben (s. u.), so dass bei diesem Satztyp das [+w]-Merkmal nur in C⁰/I⁰ vorhanden ist.

(13) a. Der Geschäftsführer des Studentenwerks rief direkt bei Grabig an und fragte, ob er sich den Wechsel aus der Gourmetgastronomie in die Großküche am Schneiderberg vorstellen könne.
[HAZ07/OKT.02121 Hannoversche Allgemeine, 08. 10. 2007, S. 10; Mensa statt Mövenpick]
b. Der Geschäftsführer des Studentenwerks rief direkt bei Grabig an und fragte:
„Können Sie sich den Wechsel aus der Gourmetgastronomie in die Großküche am Schneiderberg vorstellen?"

Doch natürlich handelt es sich nicht bei allen *dass/ob*-VL-Sätzen um indirekte Rede bzw. ein Gedankenreferat. So können *dass*-VL-Sätze nach bestimmten Matrixprädikaten auch Fakten wiedergeben und *ob*-VL-Sätze einen Zustand des Nichtwissens ausdrücken:

(14) a. Der hohe Aktualitätsgrad bewirkte, dass fast 100 Teilnehmer kamen.
[RHZ02/DEZ.02623 Rhein-Zeitung, 04. 12. 2002; Brennpunkte des Steuerrechts]
b. Keiner weiß, ob die Raver wieder raven dürfen.
[M04/MAI.29829 Mannheimer Morgen, 07. 05. 2004; Kommt sie – oder kommt sie nicht?]

Mit *ob*-VL-Sätzen werden dabei stets Paare von Sachverhalten denotiert (z.B. bei (14b): ‚Die Raver dürfen wieder raven' und ‚Die Raver dürfen nicht wieder raven'). Weil in vielen Fällen kein Zusammenhang zu dem Illokutionstyp Aussage bzw. Frage besteht, sind, wenn es um grammatische Eigenschaften geht, die Bezeichnungen ‚Interrogativ-' bzw. ‚Deklarativnebensatz' angemessener. Im Allgemeinen wird angenommen, dass sich Interrogativnebensätze (also durch *ob* bzw. eine w-Phrase eingeleitete VL-Sätze) von Deklarativnebensätzen semantisch durch die Offenheit der im Nebensatz denotierten Proposition unterscheiden (z.B. Oppenrieder 1991: 189f., Brandt et al. 1992, Zimmerman 1993, Duden-Grammatik 2005: 1052). Schon früh wurde dies auf Wirken eines syntaktischen Merkmals [w] zurückgeführt (z.B. Chomsky 1973 fürs Englische, Oppenrieder 1991, Brandt et al. 1992 fürs Deutsche). Sätze, die durch ein lexikalisches w-Element oder durch die Subjunktion *ob* eingeleitet werden, sind demnach [+w]-markiert, Deklarativsätze dagegen sind [-w]-markiert. Damit unterscheiden sich Interrogativ- und Deklarativsätze in ihrer syntaktischen Kategorie CP [+w] vs. CP [-w] (siehe Abschnitt 5 zur CP-Analyse). Darüber hinaus stehen diese Merkmale in den Subkategorisierungsrahmen der Matrixprädikate: Prädikate mit dem Merkmal [+w] betten Interrogativnebensätze ein (also CP [+w]), Prädikate mit dem Merkmal [-w] dagegen Deklarativsätze (CP [-w]). Es gibt auch Prädikate (z.B. *sagen*), die sowohl für [–w]- als auch für [+w]-Komplementsätze subkategorisiert sind.⁷

(15) a. Alle √wollen_{[-w]}/*fragen_{[+w]}, [_{CP[-w]} dass es den Kindern gut geht].
 b. Alle *wollen_{[-w]}/√fragen_{[+w]}, [_{CP[+w]} ob es den Kindern gut geht].
 c. Alle sagen_{[-w]}, [_{CP[-w]} dass es den Kindern gut geht].
 d. Alle sagen_{[+w]}, [_{CP[+w]} ob es den Kindern gut geht].

Die Annahme, dass die Beziehung zwischen Prädikat und Komplement über ein syntaktisches Subkategorisierungsmerkmal hergestellt wird, ist jedoch nicht unumstritten, denn sie kann nicht allein vom Verb, sondern auch von weiteren Matrixkonstituenten (z.B. durch ein Modalverb oder durch Negation) beeinflusst werden (Fortmann 1994 und Artikel 20 in diesem Band):

(16) a. Hier und heute können sie oft nur vermuten, ob ihr Unterricht für ein Kind auf Dauer etwas bringt oder nicht.
 [N00/JUL.31118 Salzburger Nachrichten, 08. 07. 2000, Ressort: Seite 1; DER STANDPUNKT]
 b. ??Sie vermuten, ob ihr Unterricht für ein Kind auf Dauer etwas bringt oder nicht.

Außerdem gibt es faktive Prädikate, die zwar einen durch eine w-Phrase eingeleiteten Komplementsatz (oder einen *dass*-Satz) einbetten, aber mit einem *ob*-Satz unverträglich sind (Fortmann 1994, Eisenberg 1994: 346).

(17) a. Auch wir haben gelernt, wer Rom erbaut hat.
 b. Auch wir haben gelernt, dass Rom nicht an einem Tag erbaut wurde.
 c. *Auch wir haben gelernt, ob Rom erbaut wurde.
 (adaptiert aus Fortmann 1994: 3; Bsp. (5))

Fortmann (1994: 9ff.) argumentiert mit Rückgriff auf Brandt et al. (1992), der semantische Unterschied zwischen Deklarativ- und Interrogativsätzen bestehe darin, dass bei letzteren auf etwas Offenes referiert werde, wobei bei *ob*-Sätzen die Instantiierung des Ereignisses offen sei, bei w-Interrogativsätzen dagegen die Argumentreferenz. Berücksichtigt man diese beiden Parameter, ergeben sich vier Spezifizierungsoptionen:

---

⁷ Siehe auch Artikel 20 in diesem Band zu den Matrixprädikatklassen, die Interrogativsätze selegieren.

(18)

	Ereignis-instantiierung	Argument-referenz
w-Interrogativsatz	nicht offen	offen
ob-Satz	offen	nicht offen
daß-Satz	nicht offen	nicht offen

(Fortmann 1994: 11)

Ein ob-Satz mit initialer w-Phrase (das wäre der Typ mit der Spezifikation ‚offene Ereignisintantiierung' und ‚offene Argumentreferenz') ist nicht realisiert.

5 Interne Syntax

Die für die beiden Satztypen konstitutiven Formtypmerkmale ‚VL' und ‚Satzeinleitung durch *dass* bzw. *ob*' sind nach grammatiktheoretischer Lehrmeinung nicht unabhängig voneinander. So ist eine zentrale satzgrammatische Eigenschaft des Deutschen die so genannte Verbstellungsasymmetrie. In der generativen Literatur wird seit der Analyse von den Besten (1983) angenommen, dass sich Subjunktionen wie *dass* oder *ob* in der so genannten comp- oder C^0-Position befinden. Dies führt zu einer komplementären Distribution zwischen der Basisgenerierung eines Komplementierers in C^0 und der Verbbewegung. Die Basisposition des finiten Verbs befindet sich aufgrund der OV-Eigenschaft am Satzende. Wenn kein Komplementierer in C^0 generiert wird, bewegt sich das finite Verb obligatorisch in die C^0-Position. In selbstständigen Deklarativsätzen wird außerdem in der Regel eine XP in die Spezifiziererposition von CP bewegt oder dort basisgeneriert, so dass Verbzweitstellung vorliegt. Das heißt, die rechtsperiphere Position des Finitums in abhängigen Sätzen wird als zugrunde liegende und die Zweit- (V2) bzw. Erstposition (V1) in selbstständigen Sätzen als abgeleitete Position analysiert, vgl. (19a) versus (19b).

(19) a. [$_{CP}$ dass/ob es den Kindern gut geht]
    b. [$_{CP}$ [Den Kindern]$_i$ [$_{C'}$[$_{C^0}$ geht$_k$] [es t$_i$ gut t$_k$]]]

Damit setzt die CP-Analyse eine satzgrammatische Eigenschaft hierarchisch um, die spätestens seit der Entwicklung des topologischen Modells bekannt ist, nämlich, dass der Komplementierer in VL-Sätzen[8] und das finite Verb in V2- bzw. V1-Sätzen dieselbe Position in der Struktur einnehmen:

---

8 Der Terminus ‚Verbletzt' ist dabei ein struktureller Begriff und wird für Sätze verwendet, deren finites Verb sich *in situ* (also in V^0) befindet oder im Zuge der sog. Oberfeldbildung umgestellt worden ist. Linear betrachtet können dem finiten Verb bestimmte Konstituenten im Nachfeld folgen.

(20) a. (dass/ob) es den Kindern gut geht
         LSK   Mittelfeld   RSK
    b. Den Kindern (geht) es gut   –
       Vorfeld   LSK   Mittelfeld   RSK

[LSK = linke Satzklammer; RSK = rechte Satzklammer]

Problematisch im generativen Satzmodell sind abhängige Relativ- und w-Interrogativsätze, da hier ja Relativphrasen bzw. Interrogativphrasen die SpecC- und nicht die C⁰-Position besetzen.[9] Wenn man annimmt, dass in diesen Fällen ein Nullkomplementierer in C⁰ steht, wäre die Komplementarität zwischen der Präsenz eines Komplementierers in C⁰ und der Verbbewegung nicht durchbrochen (s. aber die kritische Diskussion in Reis 1985):

(21) Ich weiß nicht [$_{CP}$ [wie]$_i$ [$_{C°}$ Ø] es den Kindern t_i geht]

Im Gegensatz zum Standarddeutschen ist es in einigen Dialekten möglich, die C⁰-Position mit dem Komplementierer *dass* overt zu realisieren (sog. Doppelcomp-Effekte):

(22) I frog-me, fia wos dass-ma an zwoatn Fernseher braucht.   bairisch
     (Bayer/Brandner 2008: 88, Bsp. 3a)
     ‚Ich frage mich, für was dass man einen zweiten Fernseher braucht.'

Bleibt die SpecC-Position unbesetzt, kann sie – unter der Annahme, dass w-Bewegung zyklisch erfolgen muss – v. a. in süddeutschen Varietäten als Zwischenlandeplatz für lang extrahierte w-Phrasen dienen, vgl. (23a) vs. (23b):

(23) a. Wen$_i$ glaubst du, t_i dass die Kinder t_i getroffen haben?
     b. *Wen$_i$ weißt du nicht, wann die Kinder t_i getroffen haben?

Unerwartet ist allerdings die völlige Ungrammatikalität der langen w-Bewegung aus *ob*-Sätzen, zumal bei diesem Satztyp Extraktionen im Englischen und Schwedischen akzeptabel sind, wodurch eine semantische Erklärung für die Ungrammatikalität im Deutschen ausscheidet (s. Brandt et al. 1992: 8).

(24) a. *Wen$_i$ weiß du nicht, ob er t_i liebt.
     b. Which car did he wonder whether to fix?
     c. Vilken bil var det han undrade/undrade han, om Johan hade lagat?
     ‚Welches Auto war es, das er fragte/fragte er, ob Hans repariert hatte.'
     (Brandt et al. 1992: 8, Bsp. (29), (30), (32))

---

[9] Die SpecC-Position in VL-Sätzen ist eine Operatorposition, in der „Interrogativ-Phrasen, relative d- und w-Phrasen, exklamative w-Phrasen, *je*- und *so*-Phrasen stehen" (Brandt et al. 1992: 8).

Brandt et al. (1992: 9) argumentieren daher, dass eine Erklärung in einer strukturellen Besonderheit in der internen Syntax des deutschen *ob*-VL-Satzes zu suchen sei, und erwägen, dass ihm die SpecC-Position fehle, so dass die für die lange Extraktion notwendige Zwischenlandeposition nicht zur Verfügung steht. Auch wenn die Erklärung für den Kontrast zwischen *dass-* und *ob*-VL-Sätzen bei der langen Extraktion nach wie vor umstritten ist, haben die Extraktionsdaten bei *dass*-Sätzen in der Literatur eine zentrale Rolle bei der Diskussion um die korrekte Analyse der externen Syntax von Komplementsätzen gespielt (s. Abschnitt 6.1).

6 Externe Syntax

6.1 Stellung

Dass-Sätze in Objektfunktion gelten als die typischen Komplementsätze. Allerdings zeigen sie ein anderes Stellungsverhalten als nicht-satzförmige Komplemente. Diese stehen im Deutschen aufgrund der OV-Eigenschaft links vom regierenden Verb, also im Mittelfeld (*Alle möchten **warme Füße** haben*). *Dass-* und *ob*-VL-Sätze kommen allerdings nur sehr selten in dieser Position vor. Bausewein (1990: 180f.) und Oppenrieder (1991: 295–310) nehmen an, dass die Mittelfeldstellung bei finiten Komplementsätzen gänzlich ausgeschlossen ist. In der Forschungsliteratur werden aber vereinzelt Originalbelege aus der Literatursprache, vgl. (25), oder konstruierte Beispiele wie in (30) (s.u.) angeführt.

(25) a. Rudi, um, daß er nicht eifersüchtig war, zu beweisen, brachte ihn an den Tisch.
(K. Mann, zit. nach Breindl 1989: 177, Bsp. 3–80)
b. Von den Berliner Freunden degoutiert, merkte, daß der junge Engländer schön war, Rut plötzlich.
(K. Mann, zit. nach Breindl 1989: 178, Bsp. 3–82)

Im unmarkierten Fall stehen *dass*-Sätze jedoch im Nachfeld. Traditionell wird davon ausgegangen (z.B. Stechow/Sternefeld 1988, Büring/Hartmann 1995, Müller 1995, Sternefeld 2006, Bd. I: 410–416), dass *dass*-Sätze in der kanonischen Objektposition im Mittelfeld basisgeneriert werden und durch Rechtsbewegung und Rechtsadjunktion (an V' oder eine höhere Projektion) ins Nachfeld gelangen:

(26) [$_{CP}$ Maria$_i$ hat$_j$ [$_{VP}$ t$_i$ [$_{V'}$ [$_{V'}$ t$_k$ gesagt t$_j$]   [dass es regnet]$_k$]]]

Alternativ wurde aber auch diskutiert, dass der *dass*-Satz im Nachfeld basisgeneriert wird (Haider 1994, 1995, Bayer 1995, 1996, Webelhuth 1992, Reis 1997, Inaba 2007).

(27) [$_{CP}$ Maria$_i$ hat$_j$ [$_{VP}$ t$_i$ [$_{V'}$ gesagt t$_j$ [$_{CP}$ dass es regnet]]]]

Für den Basisgenerierungsansatz sprechen vor allem Extraktionsdaten. In einigen, v. a. süddeutschen Varietäten ist es bei bestimmten Matrixverben möglich, eine XP aus dem *dass*-Satz lang zu extrahieren:

(28) Wen$_i$ glaubst du, t$_i$ dass die Kinder t$_i$ besucht haben?

In der Bewegungsanalyse ist der *dass*-Satz im Nachfeld adjungiert. Adjunktsätze sind aber – wie man aus unabhängigen Kontexten weiß – nicht transparent für Extraktion. Unter der Annahme, dass Argumentsätze durch Rechtsbewegung ins Nachfeld gelangen, muss man davon ausgehen, dass die Extraktion der w-Phrase vor der Extraposition erfolgt (Büring/Hartmann 1995). Dagegen spricht allerdings, dass gerade bei der Mittelfeldstellung des *dass*-Satzes die Extraktion ungrammatisch ist:

(29) *Wen$_i$ hast du [t$_i$ dass Maria t$_i$ liebt] geglaubt
(adaptiert aus Webelhuth 1992: 108, Bsp. 142G)

Nach wie vor gibt es keine allgemein akzeptierte Lehrmeinung zur korrekten Analyse nachgestellter *dass*-Argumentsätze. Eine gute Zusammenfassung der in der Literatur diskutierten Argumente und Daten findet sich in Inaba (2007).

Auch für die Mittel- und Vorfeldstellung wurden verschiedene Analysen diskutiert:

Im traditionellen Bewegungsansatz ist die Analyse der Mittelfeldstellung unproblematisch, da der *dass*-Satz in diesem Fall einfach in seiner Basisposition verbleibt. Hier ist lediglich die Markiertheit der Mittelfeldstellung erklärungsbedürftig. In der Regel wird dies auf Performanzfaktoren zurückgeführt wie etwa die Vermeidung von ‚Center Embedding'-Effekten (Bayer 1995: 53). Unter den Befürwortern der Basisgenerierung im Nachfeld haben sich ausführlich nur Bayer (1995, 1996) und Webelhuth (1992) mit der Analyse der Mittelfeldstellung beschäftigt. Beide Autoren nehmen an, dass argumentrealisierende *dass*-Sätze im Mittelfeld in eine NP (bzw. DP) eingebettet sind.

Die Analyse der Vorfeldstellung ist in der Tat ebenso umstritten wie die der Nach- und Mittelfeldstellung. Berman (1996) schlägt mit Rückgriff auf Oppenrieder (1991: 290–295) vor, dass initiale *dass*-Sätze in Subjekt- und Objektfunktion stets linksversetzt sind und im Bezugssatzvorfeld durch das resumptive Pronomen *das* wiederaufgenommen werden, das fakultativ tilgbar ist:

(30) a. Dass die Erde rund ist, (das$_{nom}$) hat ihn gewundert.
b. Dass die Erde rund ist, (das$_{akk}$) hat er nicht gewußt.
(adaptiert aus Berman 1996: 10, Bsp. 40, 41)

Problematisch an dieser Analyse ist, dass *dass*-Sätze in Subjekt- und Objektfunktion durchaus auch im Mittelfeld vorkommen können. Berman (1996) geht irrigerweise davon aus, dass Mittelfeldstellung bei sententialen Argumenten – abgesehen von Infinitivkonstruktionen und freien Relativsätzen – generell ausgeschlossen ist. Im traditionellen Ansatz, bei dem Basisgenerierung des *dass*-Satzes in der kanonischen Objekt-/(Subjekt-)Position links von V angenommen wird, ist die Analyse der Vorfeldstellung unproblematisch und kann parallel zur Vorfeldstellung nichtsatzförmiger Phrasen als A-bar-Bewegung nach SpecC analysiert werden.

Zusammenfassend kann man feststellen, dass selbst beim argumentrealisierenden *dass*-Satz, der ja gemeinhin als kanonischer Nebensatztyp gilt, die Analyse der externen Syntax sehr kontrovers ist.

6.2 Korrelate

Sowohl bei *dass*- als auch bei *ob*-Sätzen können im Obersatz bei bestimmten Matrixprädikaten Korrelate[10] auftreten. Als Korrelate kommen dabei unterschiedliche Lexeme zum Einsatz: *es*, *das/dem/dessen* und die sog. Pronominaladverbien wie *dafür, darüber*[11] usw. Das schwachtonige *es* kann allerdings nur dann verwendet werden, wenn der korrelierte Nebensatz im Nachfeld steht (Pittner 1999: 222, Sudhoff 2003: 92), wie in (31) für den *dass*-Satz illustriert:

(31) a. Alle haben √es/√das begrüßt, dass es den Kindern gut geht.
     b. Alle haben ??es/√das, dass es den Kindern gut geht, begrüßt.
     c. *Es/√Das, dass es den Kindern gut geht, haben alle begrüßt.

Die Analyse solcher Korrelatkonstruktionen ist sehr umstritten. In neueren Ansätzen wird davon ausgegangen, dass in der Konstruktion mit schwachtonigem *es* das *es* und der Nebensatz zusammen das Argument realisieren und vom Matrixverb eine Theta-Rolle zugewiesen bekommen (z. B. Zimmermann 1993, Müller 1995, Sudhoff 2003). Die ausführlichste Analyse findet sich in Sudhoff (2003). Er nimmt an, dass *es* der Spezifizierer einer DP mit leerem Kopf ist, in deren Komplementposition der *dass*-Satz basisgeneriert wird und durch Rechtsbewegung ins Nachfeld gelangt.

---

[10] Zum Verhältnis von korrelativen Elementen (Korrelaten/Platzhaltern und Bezugselementen) und Satztyp vgl. auch Artikel 27 in diesem Band.
[11] Die Pronominaladverbien treten bei sog. Präpositionalobjektsätzen (s. hierzu Artikel 21 in diesem Band) auf (z. B. *Peter freut sich darüber, dass es schneit*).

Zu bedenken ist auch, dass in Teilen der Literatur dafür argumentiert wurde, dass bestimmte Matrixverben (z. B. *verba dicendi*) gar nicht für ein Korrelat im engeren Sinne (i.S.v. Platzhalter) subkategorisiert sind, sondern dass ein etwaiges *es* in diesem Fall eine anaphorische Proform sei (z. B. Pütz 1979, Zimmermann 1993, Sudhoff 2003). Der Grund für diese Annahme ist, dass bei diesen und anderen Verben *es* nur stehen kann, wenn der Inhalt des assoziierten Nebensatzes vorerwähnt ist oder sich auf aus der Äußerungssituation Erschließbares bezieht. In diesem Fall kann *es* durch *das* ersetzt werden:

(32) A: Es gibt gute Nachrichten. Die Kinder haben kein Fieber mehr.
B: Man hat es/mir das schon erzählt, dass es den Kindern wieder gut geht.

Als Antwort auf eine Frage, die Neuinformationsfokus evoziert, ist Satz (33b) dagegen pragmatisch nicht wohlgeformt:

(33) A: Was gibt es Neues?
B: Man hat #es/#das mir erzählt, dass es den Kindern wieder gut geht.

Pütz (1979), Zimmermann (1992) und Sudhoff (2003) nehmen an, dass bei der anaphorischen Verwendung *es* (bzw. *das*) die Argumentstelle des Matrixprädikats sättigt und die entsprechende Thetarolle erhält, während der Nebensatz den Status eines explikativen Adjunkts hat. In traditioneller Terminologie würde man davon sprechen, dass es sich lediglich um einen Glied*teil*satz handele. Ein historischer Vorläufer dieser Konstruktion spielte, wie im nächsten Abschnitt dargelegt, wahrscheinlich eine zentrale Rolle bei der Entstehung des *dass*-Satzes.

7 Diachrone Aspekte

7.1 *Dass*-Satz

Die Lehrmeinung ist, dass der *dass*-Satz aus einer parataktischen Konstruktion hervorgegangen ist (Behaghel 1877, Paul 1920: 241, Müller/Frings 1959, Wunder 1965: 255, Dorchenas 2005). Demnach war die Ausgangskonstruktion eine Sequenz aus zwei Hauptsätzen, wie in (34) anhand gegenwartsdeutscher Paraphrasen illustriert. Am Ende des ersten Hauptsatzes stand das Demonstrativpronomen (Neutr.) *das*, das kataphorisch auf den Inhalt des zweiten Hauptsatzes verwies. Aus dieser Konstruktion habe sich, so die Annahme, durch Übertritt von *das* über die Satzgrenze ein komplexer Satz entwickelt bestehend aus einem Haupt- und einem Argumentsatz, der nunmehr durch die Konjunktion *dass* eingeleitet wurde.

(34) Maria sagt das: Es regnet. → Maria sagt, dass es regnet.

Axel (2009) bzw. Axel-Tober (2012) zeigt, dass dieses Szenario mit einer ganzen Reihe von empirischen und konzeptuellen Problemen konfrontiert ist, und argumentiert, dass die Argumentsatzkonjunktion *dass* nicht direkt aus dem Demonstrativpronomen *das* entstanden ist, sondern aus der Relativpartikel *dass*.

Im Althochdeutschen finden sich Konstruktionstypen, die synchrone Reflexe dieser diachronen Entwicklung sind:

Bei der korrelativen Konstruktion stand im Obersatz eine korrelative DP (meistens *thaz*, es sind aber auch volle ‚dummy' DPs wie *thaz thing* ‚diese Sache' usw. bezeugt). Ein Korrelat war allerdings nicht immer realisiert: Man findet bei denselben Matrixprädikaten in denselben Texten alternierende Belege mit und ohne Korrelat, wie folgendes Beispielpaar aus Otfrid bezeugt:

(35) a. Sliumo ságeta er mo tház, tház er mo er kúnd was,
   ‚Sogleich sagte er (= Jesus) ihm (= Natanaël) das, dass er ihm schon bekannt war'
   (Otfrid II 7, 61)
  b. Sie ímo sar tho ságetun, tház sies wiht ni hábetun;
   ‚Sie (die Jünger) sagten ihm (Jesus) sofort, dass sie nichts dessen (= zu essen) hatten'
   (Otfrid V 13, 12)

Es ist möglich, dass in Konstruktionen wie in (35b) ein phonologisch leeres Korrelat anzunehmen ist (*Sie ímo sar tho* [$_{DP}$ Ø] *ságetun, tház* ...) und der *thaz*-Satz kein Komplement des Matrixverbs *sagen* war, sondern ein quasi-explikativer Relativsatz[12] zu diesem Korrelat. Man kann spekulieren, dass die korrelative Konstruktion (mit overtem oder leerem Korrelat) die ursprüngliche Konstruktion war. Aus der Variante mit leerem Korrelat, (36a), kann sich in voralthochdeutscher Zeit durch eine syntaktische Reanalyse die Struktur mit einem *thaz*-Komplementsatz entwickelt haben, wie wir sie heute kennen, (36b) (s. Axel 2009, Axel-Tober 2012).[13] Der entscheidende konzeptuelle Vorteil gegenüber dem traditionellen Szenario besteht darin, dass keine Reanalyse der Satzgrenze stattgefunden hat.

---

[12] In Axel (2009) und Axel-Tober (2012) werden althochdeutsche Beispiele angeführt, die belegen, dass ähnlich wie im heutigen Englisch – aber anders als im heutigen Standarddeutschen – ahd. *thaz* auch als Relativpartikel/-komplementierer verwendet werden konnte. Es liegt nahe, dass in vorahd. Zeit diese Partikel durch eine Spec-Head-Reanalyse aus dem Relativpronomen (Neutrum) *thaz* hervorgegangen ist (vgl. auch nordbair. *wos*, jiddisch *vos* usw.).
[13] In (37b) wird der *thaz*-Satz als rechte Schwester von V generiert, wie in der Basisanalyse angenommen (s. Abschnitt 6.1).

(36) a. [$_{CP}$ [$_{CP}$ ... [$_{V'}$[$_{DP}$ Ø]^j V]] [$_{CP}$ OP$_i$ [$_{C'}$ [$_{C°}$ *thaz*] ... t$_i$]^j]]]^{14}
b. [$_{CP}$ ... [$_{V'}$ V [$_{CP}$ [$_{C°}$ *thaz*] ...]]]^{15}

Evidenz für die zielsprachliche Struktur, in der der *thaz*-Satz eindeutig Komplement des Verbs ist, vgl. (36)-b, und nicht quasi-explikatives Adjunkt zu einer korrelativen DP, bieten bereits im Althochdeutschen Beispiele mit langer w-Extraktion aus dem *thaz*-Satz:

(37) a. „waz wánist thaz er wérde?"
,was meinst du, dass er werde?'
Otfrid (I 9, 39)
b. „waz$_i$ wánist t$_i$ thaz er t$_i$ wérde?"

Dass eine Reanalyse dieser Art stattgefunden haben muss, formulierte prä-theoretisch schon Hermann Paul: „Ein wichtiger Schritt zur Erzeugung komplizierter Gebilde war, daß das Objektverhältnis auf einen Satz übertragen wurde" (Paul 1995 [1880]: 145). Sobald sich die (nicht-relative) Subjunktion *thaz* entwickelt hat, ist auch die Voraussetzung für adverbiale Verwendungen des *thaz*-Satzes gegeben. Diese Sätze weisen dieselbe interne Syntax wie argumentrealisierende *thaz*-Sätze auf, haben aber in Bezug auf den übergeordneten Satz Adjunktstatus. Bereits im Althochdeutschen sind konsekutive, finale und kausale Verwendungen von *thaz*-Sätzen bezeugt (Müller/Frings ²1959, Wunder 1965).

7.2 *Ob*-Satz

Die Entstehung von argumentalen und adverbialen *ob*-Sätzen ist noch weitgehend unerforscht, zumal die Etymologie der Subjunktion *ob* sehr umstritten ist. Im Althochdeutschen war die Subjunktion zweisilbig, und es standen sich verschiedene Lautformen mit insbesondere *i* und *u* (bzw. *o*) in der ersten Silbe gegenüber (*ibu, ibi* usw. vs. *uba, ub(e), oba* usw.), wobei der wechselnde Vokalismus bislang in der Forschung keine übereinstimmende Erklärung gefunden hat (vgl. Lühr 2007: 39). Bei Kluge/Seebold (2002: 660) findet sich der Hinweis, dass die zweite, *b*-haltige Silbe auf **bho* zurückgehe und mit nhd. *beide* verwandt sei. Die Bedeutung ,diese beiden' hätte, wie Lühr (2007) betont, als Eingang einer Alternativfrage (z.B. *Hans beobachtet, ob ein Unfall passiert oder ob ein Unfall nicht passiert.*) zur Bedeutung ,ob' führen können. Sie hebt jedoch hervor, dass für die

---

[14] Um sie von Bewegungstransformationen zu unterscheiden, ist die Koindizierung von korrelativer DP und CP durch Superskripte gekennzeichnet.
[15] Eine ähnliche Reanalyse schlägt Bayer (2001) für den bengalischen Komplementierer *je* vor.

Geschichte des interrogativen Konnektors *ob* die enge Verwandtschaft mit der Bedeutung ‚wenn' zentral sei (s. auch Zaefferer 1987 zum heutigen Deutsch). In der Tat diente *oba/ibu* im Althochdeutschen als Satzeinleiter für abhängige Interrogativsätze wie für Konditionalsätze, und dieser Zustand hielt bis ins Frühneuhochdeutsche an, als konditionales *ob* zunehmend durch *wenn* verdrängt wurde.

(38) a. Fragétun tho thánana   thie síne holdun thégana,
       óba thiu selba blínti   fon súnton sinen wúrti,
       ‚Es fragten dann seine treuen Gefährten, ob diese Blindheit von seinen Sünden kam'
       (Otfrid III 20,3)
    b. „Oba thu Kríst", quad er, „bíst, hílf thir, nu thir thúrft ist; ..."
       ‚„Wenn du der Geweihte", sagte er, „bist, hilf dir, da du es nun nötig hast ..."'
       (Otfrid IV 31,3)

Lühr (2007: 43, 49) führt aus, dass der *b*-haltige Bestandteil auf den urgermanischen Konnektor *$\underset{\,}{i}$-b$\bar{a}\underset{\,}{i}$* zurückgeht, der in got. *jabai* weiterbesteht und ursprünglich wahrscheinlich die Bedeutung ‚wenn wirklich' hatte. Der rein konditionale Bedeutungsanteil ‚wenn' konnte aber wohl bereits im Urgermanischen allein durch den *b*-haltigen Bestandteil ausgedrückt werden. Für den ersten Bestandteil nimmt Lühr zwei getrennte Entwicklungspfade an, da im Althochdeutschen sowohl Formen mit *u*- als auch mit *i*- Anlaut bezeugt sind (*ubi* (bzw. *oba* durch *a*-, *e*-, *o*-Umlaut) usw. vs. *ibu* usw.). Lühr argumentiert nun, dass *ubi* mit der gotischen Partikel -*u* in Verbindung zu bringen ist, die in einfachen und disjunktiven Fragen als Fragepartikel fungierte. Die *i*-haltigen Formen dagegen gehen laut Lühr auf eine Form mit dem Negationselement **ni* zurück, nämlich auf urgerm. **ni-bō*‚wenn nicht', wovon bereits im Urgermanischen positive Gegenstücke rückgebildet wurden, die in got. *niba* und *iba* und ahd. *nibu* und *ibu* fortbestehen. Im Germanischen existierten für die Bedeutungen ‚ob' und ‚wenn' also einst zwei Lexeme. Im Althochdeutschen hatten die Subjunktionen *ubi/oba* und *ibu* je beide Bedeutungen inne (vgl. engl. *if*), wie die Otfridbelege in (38) zeigen. Im heutigen Deutsch gibt es, wie in Abschnitt 2 erwähnt wurde, nur noch Residuen der einstigen konditionalen Verwendung von *ob* in Disjunktivkonditionalen und polymorphematischen Konzessivsubjunktionen (*obwohl*, *obgleich* usw.).

8 Literatur

Altmann, H. (1987): Zur Problematik der Konstitution von Satzmodi als Formtypen. In: Meibauer, J. (Hg.), Satzmodus zwischen Grammatik und Pragmatik. Referate anläßlich der 8. Jahrestagung der Deutschen Gesellschaft für Sprachwissenschaft, Heidelberg 1986. Tübingen: Niemeyer, 22-56.
Altmann, H. (1993): Satzmodus. In: Jacobs, J./Stechow, A. von/Sternefeld, W./Vennemann, T. (Hgg.), Syntax. Ein internationales Handbuch zeitgenössischer Forschung. Berlin: de Gruyter, 1006-1029.
Axel, K. (2009): Die Entstehung des dass-Satzes – ein neues Szenario. In: Ehrich, V./Fortmann, C./Reich, I./Reis, M. (Hgg.), Koordination und Subordination im Deutschen. Linguistische Berichte, Sonderheft 16. Hamburg: Buske, 21-41.
Axel-Tober, K. (2012): (Nicht-)kanonische Nebensätze im Deutschen: synchrone und diachrone Aspekte. Berlin: de Gruyter.
Bausewein, K. (1990): Akkusativobjekt, Akkusativobjektsätze und Objektprädikate im Deutschen. Untersuchungen zu ihrer Syntax und Semantik. Tübingen: Niemeyer.
Bayer, J. (1995): On the Origin of Sentential Arguments in German and Bengali. In: Haider, H./Olsen, S./Vikner, S. (Hgg.), Studies in Comparative Germanic Syntax. Dordrecht: Kluwer, 47-75.
Bayer, J. (1996): Directionality and Logical Form: On the Scope of Focusing Particles and Wh-in-situ. Dordrecht: Kluwer.
Bayer, J./Brandner, E. (2008): Wie oberflächlich ist die syntaktische Variation zwischen Dialekten? – Doubly-filled COMP Revisited. In: Patocka, F./Seiler, G. (Hgg.), Dialektale Morphologie, dialektale Syntax. Wien: Praesens, 9-26.
Bayer, J. (2001): Two Grammars in One: Sentential Complements and Complementizers in Bengali and other South Asian Languages. In: Bhaskararao, P./Subbarao, K.V. (Hgg.), The Yearbook of South Asian Languages and Linguistics: Tokyo Symposium on South Asian Languages – Contact, Convergence and Typology. New Delhi: Sage Publications, 11-36.
Behaghel, O. (1877): Über die Entstehung der abhängigen Rede und die Ausbildung der Zeitfolge im Altdeutschen. Paderborn: Schöningh.
Berman, J. (1996): Topicalization vs. Left Dislocation of Sentential Arguments in German. In: Proceedings of the LFG96 Conference in Grenoble, 75-88.
Brandt, M./Reis, M./Rosengren, I./Zimmermann, I. (1992): Satztyp, Satzmodus und Illokution. In: Rosengren, I. (Hg.), Satzmodus und Illokution. Bd. I. Tübingen: Niemeyer, 1-90.
Breindl, E. (1989): Präpositionalobjekte und Präpositionalobjektsätze im Deutschen. Tübingen: Niemeyer.
Büring, D./Hartmann, K. (1995): All Right! In: Lutz, U./Pafel, J. (Hgg.), On Extraction and Extraposition in German. Amsterdam: Benjamins, 179-211.
Chomsky, N (1973): Conditions on Transformations. In: Anderson, S.R./Kiparsky, P. (Hgg.), A Festschrift for Morris Halle. New York: Holt, Rinehart and Winston, 232-286.
Coniglio, M. (2008): Die Syntax der deutschen Modalpartikeln: ihre Distribution und Lizenzierung in Haupt- und Nebensätzen. Dissertation, Università Ca' Foscari Venezia und Humboldt-Universität zu Berlin.
den Besten, H. (1983): On the Interaction of Root Transformations and Lexical Deletive Rules. In: Abraham, W. (Hg.), On the Formal Syntax of Westgermania. Amsterdam: Benjamins, 47-131.

Dorchenas, I. (2005): Etymologie und Syntax der Konjunktion ‚dass' in der deutschen Grammatik von ihren Anfängen bis 1800 vor dem Hintergrund antiker und moderner ‚dass'-Forschung. Berlin: Rhombos.
Duden-Grammatik (2005): Duden. Die Grammatik. Unentbehrlich für richtiges Deutsch. 7. Aufl. Hg. von der Dudenredaktion. Mannheim: Dudenverlag.
Eisenberg, P. (1994): Grundriß der deutschen Grammatik. 3., überarb. Aufl. Stuttgart: Metzler.
Fabricius-Hansen, C./Stechow, A. von (1989): Explikative und implikative Nominalerweiterungen im Deutschen. In: Zeitschrift für Sprachwissenschaft 8, 173–205.
Fortmann, C. (1994): Zur w-Syntax im Deutschen. Arbeitspapiere des Sonderforschungsbereichs 340 „Sprachtheoretische Grundlagen für die Computerlinguistik", Nr. 63, Stuttgart und Tübingen.
Haider, H. (1994): Detachment – the Later, the Deeper. Arbeitspapiere des Sonderforschungsbereichs 340 „Sprachtheoretische Grundlagen für die Computerlinguistik", Nr. 41, Stuttgart und Tübingen.
Haider, H. (1995): Downright Down to the Right. In: Lutz, U./Pafel, J. (Hgg.), On Extraction and Extraposition in German. Amsterdam: Benjamins, 145–271.
Inaba, J. (2007): Die Syntax der Satzkomplementierung. Zur Struktur des Nachfeldes im Deutschen. Berlin: Akademie Verlag.
Jacobs, J. (1986): Abtönungsmittel als Illokutionstypmodifikatoren. In: Groninger Arbeiten zur germanistischen Linguistik 27, 100–111.
Kluge, F./Seebold, E. (2002): Etymologisches Wörterbuch der deutschen Sprache. Bearb. von Elmar Seebold. 24. Aufl. Berlin: de Gruyter.
Lohnstein, H. (2000): Satzmodus – kompositionell. Zur Parametrisierung der Modusphrase im Deutschen. Berlin: Akademie Verlag.
Lühr, R. (2007): Konnektoren im älteren Deutsch. In: Schmid, H.-U. (Hg.), Beiträge zur synchronen und diachronen Sprachwissenschaft. Leipzig: Hirzel, 39–51.
Müller, G. (1995): On Extraposition and Successive Cyclicity. In: Lutz, U./Pafel, J. (Hgg.), On Extraction and Extraposition in German. Amsterdam: Benjamins, 213–243.
Müller, G./Frings, T. (1959): Die Entstehung der deutschen ‚dass'-Sätze. 2., unveränd. Aufl. Berlin: Akademie Verlag.
Oppenrieder, W. (1991): Von Subjekten, Sätzen und Subjektsätzen. Untersuchungen zur Syntax des Deutschen. Tübingen: Niemeyer.
Pasch, R./Brauße, U./Breindl, E./Waßner, U.H. (2003): Handbuch der deutschen Konnektoren. Berlin: de Gruyter.
Paul, H. (1920): Deutsche Grammatik. Bd. V. Halle/Saale: Niemeyer.
Paul, H. (1995): Prinzipien der Sprachgeschichte. 10., unveränderte Ausgabe. Tübingen: Niemeyer.
Pittner, K. (1999): Adverbiale im Deutschen. Untersuchungen zu ihrer Stellung und Interpretation. Tübingen: Stauffenburg.
Pütz, H. (1979): Über die Syntax der Pronominalform ‚es' im modernen Deutsch. Tübingen: Narr.
Reis, M. (1985): Satzeinleitende Strukturen im Deutschen. Über COMP, Haupt- und Nebensätze, w-Bewegung und die Doppelkopfanalyse. In: Abraham, W. (Hg.), Erklärende Syntax des Deutschen. Tübingen: Narr, 271–311.
Reis, M. (1997): Zum syntaktischen Status unselbständiger Verbzweit-Sätze. In: Dürscheid, C./Ramers, K.-H./Schwarz, M. (Hgg.), Sprache im Fokus. Festschrift für Heinz Vater zum 65. Geburtstag. Tübingen: Niemeyer, 121–144.

Stechow, A. von/Sternefeld, W. (1988): Bausteine syntaktischen Wissens. Opladen: Westdeutscher Verlag.
Sternefeld, W. (2006): Syntax. Eine morphologisch motivierte generative Beschreibung des Deutschen. 2 Bde. Tübingen: Stauffenburg.
Sudhoff, S. (2003): Argumentsätze und ‚es'-Korrelate. Zur syntaktischen Struktur von Nebensatzeinbettungen im Deutschen. Berlin: Wissenschaftlicher Verlag.
Thurmair, Maria (1989): Modalpartikeln und ihre Kombinationen. Tübingen: Niemeyer.
Webelhuth, G. (1992): Principles and Parameters of Syntactic Saturation. Oxford: Oxford University Press.
Wunder, D. (1965): Der Nebensatz bei Otfrid. Untersuchungen zur Syntax des deutschen Nebensatzes. Heidelberg: Winter.
Zaefferer, D. (1987): Satztypen, Satzarten, Satzmodi – Was Konditionale (auch) mit Interrogativen zu tun haben. In: Meibauer, J. (Hg.), Satzmodus zwischen Grammatik und Pragmatik. Tübingen: Niemeyer, 259–285.
Zimmermann, I. (1993): Zur Syntax und Semantik der Satzeinbettung. In: Rosengren, I. (Hg.), Satz und Illokution, Bd. II. Tübingen: Niemeyer, 231–251.
Zint-Dyhr, I. (1981): Ergänzungssätze im heutigen Deutsch: Untersuchungen zum komplexen Satz. Tübingen: Narr.

Katrin Axel-Tober

12 *d*- und *w*-Relativsätze

1 Einleitung
2 Morpho-syntaktische Eigenschaften der RS
3 Semantisch-pragmatische Eigenschaften der RS
4 Nicht-kanonische Relativsatzarten
5 Diachrone Aspekte
6 Typologische Aspekte
7 Zusammenfassung
8 Literatur

1 Einleitung[1]

Der Relativsatz (kurz: RS) ist als ein Kernphänomen der Grammatik ein etablierter Gegenstand der Grammatikschreibung und der linguistischen Forschung. Daher überrascht es zunächst, dass bisher keine übergreifende, allgemein akzeptierte Definition des RS existiert. Die Gründe dafür liegen aber vor allem in den vielfältig variierenden formalen und semantisch-pragmatischen Eigenschaften der Relativsätze und den damit verbundenen Einordnungs- und Abgrenzungsproblemen.

Der kanonische RS im Deutschen wird in der Regel charakterisiert als ein (i) abhängiger Verbletztsatz (ii) in attributiver Funktion, der (iii) durch ein *d/w*-Relativpronomen oder ein Relativadverb eingeleitet ist und (iv) auf einen nominalen Ausdruck im übergeordneten Satz Bezug nimmt bzw. diesen wieder aufnimmt. (1) ist ein Beispiel für einen kanonischen RS.

(1) Der Torhüter, der den entscheidenden Elfmeter gehalten hat, wird bejubelt.

Keine der vier aufgeführten Eigenschaften kann aber als notwendiges Kennzeichen eines RS angesetzt werden: In *Verbzweit-Relativsätzen* wie (2) steht das finite Verb nicht in letzter Position. Die *weiterführenden Relativsätze* wie (3) und (4) fungieren nicht als Attribute. Es existieren *dialektale Varianten* von Relativsätzen, die wie (5) nicht von Relativpronomen oder -adverbien, sondern von Relativpartikeln (Pittner 2004) bzw. Relativsubjunktionen (Duden-Grammatik 2005) eingeleitet werden. Die Bezugsgrößen des RS sind nicht auf nominale Ausdrücke beschränkt, vielmehr kann der relative Anschluss zu Entitäten unterschiedlichen

---

[1] Ich danke Katrin Axel, Marga Reis und den Herausgebern für wertvolle Hinweise zu früheren Versionen dieses Aufsatzes.

nicht-nominalen Typs hergestellt werden, wie ebenfalls der weiterführende RS in (4) belegt. Bei *freien* (bzw. *kopflosen*) *Relativsätzen* wie in (6) ist der Bezugsausdruck überhaupt nicht overt realisiert, wenngleich er prinzipiell hinzugedacht werden kann.

(2) Es gibt Dinge, die gibt es gar nicht.

(3) Emma suchte einen Bioladen, den sie aber nicht finden konnte.

(4) Max behauptet, dass er den Mount Everest bestiegen hat, was ihm aber niemand so recht glaubt.

(5) Die Mannschaft, wo die stärksten Nerven hat, wird das Turnier gewinnen.

(6) Wer anderen eine Grube gräbt, fällt selbst hinein.

Im vorliegenden Artikel werden die grammatischen Eigenschaften des kanonischen RS und seiner nicht-kanonischen Varianten vor dem Hintergrund neuerer sprachtheoretischer Ansätze diskutiert. Dabei finden auch sprachhistorische und typologische Aspekte Berücksichtigung.

2 Morpho-syntaktische Eigenschaften der Relativsätze

Im Standardfall ist der RS oberflächensyntaktisch ein abhängiger Verbletztsatz, der sich auf einen nominalen Ausdruck, der auch als Antezedens des RS bezeichnet wird, bezieht. Der relative Anschluss wird durch eine Form der Relativpronomen *der/die/das, wecher/welche/welches, wer/was* oder durch ein Relativadverb realisiert. Die relativen Ausdrücke sind im RS obligatorisch linksperipher angesiedelt.

2.2 Linke Peripherie

Das Relativpronomen *der/die/das* geht historisch auf ein Demonstrativum zurück. Es flektiert daher wie dieses nach Genus, Numerus und Kasus. Das Flexionsparadigma entspricht dem des Artikelwortes *der*, allerdings mit Ausnahme der Genitiv-Singular- (*dessen/deren*) und Genitiv-Plural- (*deren*) sowie der Dativ-Pluralform (*denen*). Das Relativpronomen *welcher/welche/welches* hingegen flektiert im Singular hinsichtlich Genus und Kasus, im Plural aber nur hinsichtlich Kasus. Dies entspricht den Formen des gleichlautenden interrogativen Artikelwortes.

Auffallend ist eine Formenlücke im Genitiv, die durch die Verwendung der Genitivform *dessen* ausgeglichen wird. Strittig ist, ob die Relativpronomen *wer* und *was* zwei Flexionsparadigmen bilden oder nur eines. Heidolph et al. (1981), Helbig/Buscha (1998) und Zifonun et al. (1997) gehen davon aus, dass *wer* und *was* hinsichtlich des Merkmals [+/– belebt] kategorial zu unterscheiden sind. Die gegenteilige Ansicht vertreten z.B. die Duden-Grammatik (2005) und Eisenberg (2006). Eisenberg nimmt zudem an, dass das Relativpronomen *wer/was* nur Maskulinum- und Neutrumformen aufweist. Dementgegen ist eine übliche Auffassung, dass das Maskulinum mit dem Femininum sowie der Singular mit dem Plural zusammenfällt, vgl. z.B. Heidolph et al. (1981). Für eine ausführliche Diskussion dieser Problematik vgl. auch Eisenberg (2006: 273f.).

In Numerus und Genus kongruieren die entsprechenden Relativpronomen mit dem nominalen Bezugsausdruck. Der Kasus des pronominalen Ausdrucks wird jedoch innerhalb des RS zugewiesen.

Die Relativpronomen des Deutschen kommen nur in der 3. Person vor. Um eine Relativierung der 1. oder 2. Person vorzunehmen, muss wie in (7) oder (8) vorgegangen werden.

(7) Das passierte ausgerechnet mir, die/der ich sonst so vorsichtig war.

(8) Emma wollte dich, die/der du ja vernünftig bist, um Rat fragen.

Als Relativadverbien fungieren sowohl morphologisch einfache *w*-Adverbien (*wie, wo* usw.) als auch Pronominaladverbien (*womit, woran* usw.). Im Gegensatz zu den Relativpronomen sind sie grundsätzlich nicht flektierbar.

Mitunter findet sich bezogen auf Konstruktionen wie (9) in der Grammatikschreibung die Behauptung, im Deutschen existierten RS mit Korrelaten. Unter Korrelaten versteht man in der Regel pronominale oder adverbiale Ausdrücke, die einen phorischen Bezug zu einer abhängigen finiten oder infiniten sententialen Größe herstellen.

(9) Wer/Der das gemacht hat, der soll sich melden. [Boettcher 2009]

Unter der Korrelatanalyse würde das resumptive Pronomen *der* im übergeordneten Satz von (9) als Korrelat eingestuft werden. Alternativ kann (9) als eine Linksversetzungsstruktur analysiert werden, die einen freien Relativsatz (vgl. Abschnitt 4.4) realisiert, wofür beispielsweise Pittner (2003: 197) und Eisenberg (2006: 332) argumentieren.

2.3 Der Rattenfängereffekt

Der einleitende relative Ausdruck kann selbst Bestandteil einer komplexen linksperipheren Phrase sein:

(10) Alle Flüsse, auf denen man paddeln kann, sind in der Karte markiert.

(11) Der Hammerhai, dessen Nasenlöcher weit voneinander entfernt sind, kann die Richtung von Gerüchen sehr gut bestimmen.

(12) Ein Umstand, den zu berücksichtigen, Hans immer vergessen hat. [Grewendorf 1986]

(13) Wessen Birne noch in der Fassung steckt, pflegt solcherlei Erloschene zu vermeiden ... [Müller 1999]

Dieses Phänomen ist seit Ross (1967) bekannt und wird als Rattenfängereffekt (*pied piping*) bezeichnet, weil in formalen Theorieansätzen häufig angenommen wird, dass das Relativpronomen aus dem RS extrahiert und an die linke Peripherie versetzt wird und dabei – wie der Rattenfänger von Hameln – andere Ausdrücke mit sich nach links zieht. Die Fernabhängigkeit zwischen der basisgenerierten und der linksperipheren Position des relativen Ausdrucks wird in derivativen Theorieansätzen meist als *w*-Bewegung und in constraintbasierten Analysen als schemagestützte Füller-Lücke-Struktur (*filler-gap structure*)[2] modelliert.

Wie (13) zeigt, kann *pied piping* nicht nur in kanonischen, sondern unter bestimmten, eingeschränkten Bedingungen auch in freien RS (vgl. Abschnitt 4.4) vorkommen. Allerdings ist *pied piping* im Deutschen nicht grundsätzlich erlaubt. So widerstehen Verbalphrasen generell der Rattenfängerei, vgl. (14); ebenso ist finiten Sätzen – anders als infiniten – *pied piping* versagt, vgl. (15).

(14) *Steine, [die sammeln] Ben will

(15) *eine Sonate, [dass ich die spielen kann]$_i$ ich nie t$_i$ behauptet habe [Sternefeld 2008]

Da die grammatischen Beschränkungen für den Rattenfängereffekt sprachspezifische Eigenheiten aufweisen, werden Analysen zur Erfassung der *pied-piping*-Daten üblicherweise einzelsprachbezogen formuliert. Sowohl syntaktische als

---

2 Füller-Lücke-Strukturen beschreiben die nicht-lokale Abhängigkeitsbeziehung zwischen einer an der syntaktischen Oberfläche an einer bestimmten Stelle realisierten Konstituente und einer sog. Lücke, d.h. einer phonologisch leeren Position, in der diese Konstituente basisgeneriert bzw. grammatisch durch Selektion oder Modifikation lizenziert ist.

auch semantische Ansätze sind in die Diskussion eingebracht worden. Sternefeld (2008) zeigt aber, dass rein semantisch orientierte Theorien den Rattenfängereffekt nicht beschreiben, geschweige denn erklären können. Aber auch die existierenden syntaktischen Vorschläge zum *pied piping* gehen oft nicht über eine Beschreibung der Beschränkungsbedingungen hinaus. Die einschlägigen Ansätze unterscheiden sich im Wesentlichen darin, ob die Bedingungen, die *pied piping* restringieren, im Lexikon, z.b. durch lexikalische Redundanzregeln, verankert werden oder im syntaktischen Strukturaufbau, z.B. durch die Stipulation maßgeschneiderter Perkolationsmechanismen, realisiert werden. Constraintbasierte Ansätze kombinieren häufig beide Vorgehensweisen, vgl. Sag (1997), Holler (2005). Heck (2008, 2009) schlägt im Rahmen des Minimalistischen Programms vor, Rattenfängereffekte ohne den Rückgriff auf Merkmalsperkolation zu erklären und stattdessen *pied piping* als Ergebnis von *Checking*-Mechanismen (Chomsky 2000, 2001) unter einer lokal auszuführenden *Agree*-Operation zu begreifen.

In der Literatur hat sich eine ausführliche Diskussion zu der Frage entsponnen, inwieweit nach links dislozierte satzwertige Infinitive wie in Beispiel (12) tatsächlich Fälle von Rattenfängerei sind. Für eine solche Sichtweise führen van Riemsdijk (1984), de Kuthy (1999) und Sternefeld (2008) Argumente an; Haider (1985) und Grewendorf (1986) vertreten hingegen die Auffassung, dass Konstruktionen wie (12) analog zu anderen Linearisierungsphänomenen über einfache Scrambling- bzw. Adjunktionsoperationen abzuleiten sind und daher kein *pied piping* vorliegt.

2.4 Topologische Aspekte

In der Regel folgt der kanonische RS seiner nominalen Bezugsgröße und wird adjazent zu ihr realisiert. Mit seinem Bezugsnomen kann er auch ins Vorfeld gestellt oder im Mittelfeld verschoben werden, vgl. (16) und (17). Allerdings ist noch ungeklärt, ob diese Stellungsvarianten im Falle der nicht-restriktiven RS (vgl. Abschnitt 3.1) nicht eher als parenthetische Einschübe zu analysieren sind, vgl. (18) und (19).

(16) Der Läufer, der als Letzter ins Ziel kommt, erhält bestimmt einen Trostpreis.

(17) Bestimmt erhält der Läufer, der als Letzter ins Ziel kommt, einen Trostpreis.

(18) Geckos, die übrigens Millionen winziger Härchen an ihren Zehen haben, können erstaunlicherweise an der Decke entlanglaufen.

(19) Erstaunlicherweise können Geckos, die übrigens Millionen winziger Härchen an ihren Zehen haben, an der Decke entlanglaufen.

Kanonische RS können zudem ohne ihr jeweiliges nominales Antezedenz ins Nachfeld gestellt werden, vgl. (20). Inwiefern dies auch möglich ist, wenn das Bezugsnomen zugleich im Vorfeld steht, ist umstritten. Beispielsweise gehen Zifonun et al. (1997: 1652ff.) davon aus, dass Sätze wie (21) unakzeptabel sind. Unterstellt man aber eine Fokussierung des Bezugsnomens und eine restriktive Lesart des RS, wird der Satz deutlich akzeptabler. Dennoch muss man aber einen Akzeptabilitätsunterschied zwischen (20) und (21) konstatieren.

(20) Herr Taschenbier hat die(jenige) Dame einfach ignoriert, die das Sams beschimpft hat.

(21) ?Die(jenige) Dame hat Herr Taschenbier einfach ignoriert, die das Sams beschimpft hat.

Die Nachfeldstellung von nicht-restriktiven RS scheint immer dann ausgeschlossen zu sein, wenn das Bezugsnomen topikalisiert wurde, vgl. (22). Die Akzeptabilität erhöht sich jedoch, sobald das Bezugsnomen im Mittelfeld platziert wird, vgl. (23). Dies hat zu der Annahme geführt, dass die Distanz zwischen nominalem Antezedens und nicht-restriktivem RS ein Kriterium für die Extraponierbarkeit des nicht-restriktiven RS ist.

(22) *Geckos können erstaunlicherweise an der Decke entlanglaufen, die übrigens Millionen winziger Härchen an ihren Zehen haben.

(23) An der Decke können erstaunlicherweise Geckos entlanglaufen, die übrigens Millionen winziger Härchen an ihren Zehen haben.

Die Nachfeldstellung des RS wird häufig als Extraposition (Herausstellung nach rechts) analysiert, welche durch eine nicht-lokale Abhängigkeit zwischen einer Basisposition und einer abgeleiteten Position des RS zustande kommt. Dementgegen argumentiert Haider (1994) für eine Einbettungsstruktur, wonach der RS bereits im Nachfeld basisgeneriert wird, vgl. auch Kiss (2005).

Eine weitere topologische Beschränkung betrifft die Realisierung mehrerer aufeinanderfolgender RS, die auf ein und dasselbe nominale Antezedens Bezug nehmen. Im Allgemeinen wird angenommen, dass dies bei RS gleichen Typs nur für restriktive RS erlaubt ist, nicht jedoch für nicht-restriktive RS. Vereinzelt werden Gegenbeispiele in der Literatur erwähnt, die zeigen, dass mitunter auch mehrere nicht-restriktive RS aufeinander folgen können (vgl. Holler 2005). Unter welchen Bedingungen dies genau möglich ist, ist jedoch für das Deutsche noch nicht näher untersucht worden. Gemeinsam mit einem oder mehreren restriktiven RS kann ein nicht-restriktiver RS problemlos realisiert werden. Allerdings muss er dann – aus naheliegenden semantischen Gründen – immer nach dem restriktiven RS positioniert sein.

Wenn kanonische RS gemeinsam mit valenzgebundenen Attributsätzen auftreten, müssen sie nach gängigen Auffassungen diesen folgen. Eisenberg (2006: 419) stellt diese vermeintliche Abfolgeregularität anhand von Beispielen wie (24) und (25) berechtigterweise in Frage:

(24) das Versprechen, das Jutta dir gegeben hat, dass Andreas hilft

(25) das Versprechen, dass Andreas hilft, das Jutta dir gegeben hat

Nicht-kanonische RS wie Verbzweit-RS (Abschnitt 4.1) und weiterführende RS (Abschnitt 4.2) sind hinsichtlich ihrer Stellung auf das Nachfeld festgelegt und stehen obligatorisch nach anderen Attributsätzen oder Adverbialsätzen.

2.5 Strukturelle Analyse

Im Rahmen der generativen Theoriebildung wird der RS des Deutschen analog zu finiten Sätzen als eine Komplementiererphrase (CP) analysiert. Als Kopf dieser CP wird üblicherweise ein phonologisch leerer Komplementierer angesetzt. Der einleitende Relativausdruck kommt als Kopf nicht in Frage, da er – wie im Rattenfängerfall – phrasal sein kann.[3]

Die ggf. komplexe Relativphrase wird syntaktisch durch w-Bewegung in eine linksperiphere sententiale Position, z.B. die Spezifikatorposition der CP, gebracht. Die so abgeleitete RS-CP muss mit der Konstituente, die die nominale Bezugsgröße repräsentiert, strukturell verknüpft werden. Der Bezugsausdruck wird oft auch als externer Kopf des RS bezeichnet und ist von dem phonologisch leeren syntaktischen Kopf, der den RS projiziert, zu unterscheiden.

Für die strukturelle Anbindung des RS an den externen Kopf kommen verschiedene Konfigurationen in Frage, die sich darin unterscheiden, ob die RS-CP als Komplement oder Adjunkt einer nominalen Kategorie analysiert wird. Nahezu alle diesbezüglich denkbaren Strukturvarianten sind in der einen oder anderen Form in der Literatur zur Erfassung der RS bereits vorgeschlagen worden. Die folgenden fünf Strukturoptionen illustrieren die wesentlichen Konstellationen.

---

3 Sag (1997) schlägt für das Englische vor, dass das finite Verb als Kopf des RS fungiert, was die Schwierigkeit birgt, dass RS nicht als Eigenschaften, sondern als Propositionen interpretiert werden.

(i) $_{DP}[D\ _{NP}[N\ CP]]$ (ii) $_{DP}[_{D'}[D\ NP]\ CP]$ (iii) $_{DP}[_{D'}[D\ CP]\ NP]$
(iv) $_{DP}[D\ _{NP}[NP\ CP]]$ (v) $_{DP}[_{DP}[D\ NP]\ CP]$

In den Konfigurationen (i) bis (iii) wird der RS als Komplement aufgefasst. In (i) ist er Komplement des Nomens. Diese Konfiguration, die beispielsweise von Platzack (2000) für das Schwedische vorgeschlagen wurde, ist – wie Sternefeld (2008) zeigt – semantisch wenig plausibel. In der Konfiguration (ii) fungiert der RS als Komplement eines zweistelligen Determinierers und in (iii) als Komplement eines einstelligen Determinierers. Die Komplementationsanalyse, wonach der RS durch den Determinierer selegiert wird, ist angesichts von (26) evident. Sternefeld (2008: 377ff.) stellt ergänzend weitere Fakten dar, die eine syntaktische Selektion des RS durch den Determinierer rechtfertigen.

(26) Diejenigen Bälle, die kaputt sind, sortieren die Kinder aus.

In den Konfigurationen (iv) und (v) fungiert der RS jeweils als Adjunkt. Diese beiden – mittlerweile als klassisch zu bezeichnenden – Analysen unterscheiden sich darin, ob der RS an die NP (= (iv)) oder an die DP (= (v)) anknüpft. Für die DP-Adjunktion sprechen die sog. Hydras (Link 1984) wie in (27). Für die NP-Adjunktion werden Daten wie (28) als Evidenz angeführt. Für die Diskussion weiterer, insbesondere semantischer Argumente bzgl. dieser beiden Strukturoptionen sei auf Sternefeld (2008: 376f.) verwiesen.

(27) das Buch und die Zeitschrift, die wieder abzugeben waren [Holler 2005]

(28) Allen Politikern, die dichten, und Dichtern, die politisieren, ist zu misstrauen. Den einen aus politischen Gründen, den anderen aus poetischen. [Holler 2005]

Einen anderen Weg schlägt Kiss (2005) ein. Er argumentiert dafür, den RS in extraponierter Position basiszugenerieren und entwickelt zu diesem Zweck eine Theorie der generalisierten Modifikation, wonach RS an jede Konstituente adjungiert werden können, sofern diese den externen Kopf des RS enthält. Die Verknüpfung mit bzw. die Zuordnung zum passenden nominalen Antezedens wird nach diesem Ansatz rein semantisch gesteuert.

Eine gemeinsame Eigenschaft der erwähnten Komplementations- und Modifikationsanalysen ist, dass die nominale Bezugsgröße des RS nur als externer Kopf figuriert und die Information über seine grammatischen und referentiellen Merkmale durch Koindizierung oder Variablenbindung an einen RS-internen Ausdruck, z.B. den Kopf der linksperipheren Relativphrase, weitergegeben wird.

Zwei weitere Analysevarianten, die diese Annahmen nicht teilen, sollen hier der Vollständigkeit halber kurz erwähnt werden: Gemäß der *Raisinganalyse* wird der nominale Bezugsausdruck zunächst im RS generiert und dann in eine Position gebracht, die es ihm erlaubt, in eine grammatische Relation mit einem externen Determinierer einzutreten, der wie bei der Konfiguration (ii) Bezugsausdruck und RS selegiert. Frühe Formen dieser Analysevariante finden sich schon bei Brame (1968) und Schachter (1973), neuere bei Kayne (1994), Bianchi (2000), de Vries (2002) und Bhatt (2003). Nach der *Matchinganalyse* wird der nominale Bezugsausdruck des RS sowohl außerhalb des RS als externer Kopf als auch innerhalb des RS als Kopie des externen Kopfes erzeugt. Danach wird diese Kopie unter Identität mit dem externen Kopf wieder getilgt. Die Matchinganalyse ist schon bei Lees (1960) und Chomsky (1965) angelegt. Neuerdings wird sie beispielsweise von Salzmann (2006) und Harris (2008) vertreten. Beide Theorievarianten gelten als besonders geeignet, um bestimmte Idiom- und Kollokationsdaten sowie Rekonstruktionseffekte zu erfassen, da der nominale Bezugsausdruck im Laufe der Derivation auch innerhalb des RS repräsentiert ist.

Eine weitere interessante Frage hinsichtlich der syntaktischen Analyse der RS betrifft die zunächst semantisch motivierte Unterscheidung zwischen restriktiven und nicht-restriktiven RS (vgl. Abschnitt 3). Aus syntaktischer Perspektive geht es im Kern um die Frage, ob dieser Unterschied einen Reflex in der Syntax hat. Dafür spricht, dass sich nicht-restriktive RS im Gegensatz zu restriktiven RS wie selbständige Sätze verhalten: Sie sind beispielsweise opak bzgl. quantifikationeller Bindung und Negation. Zimmermann (1992) schlägt daher vor, restriktive RS an eine maximale Projektionsstufe von N und nicht-restriktive RS an DP zu adjungieren; de Vries (2002) argumentiert dafür, dass restriktive RS als Komplemente eines externen Determinieres aufgefasst werden müssen, während nicht-restriktive RS mit der Konstituente, die den nominalen Bezugsausdruck enthält, koordiniert werden. Alternativ dazu begründet die Tatsache, dass nicht-restriktive RS die typischen Eigenschaften selbständiger, nicht-integrierter Sätze aufweisen (vgl. Holler 2005), die Annahme, dass nicht-restriktive RS nicht in die syntaktische Struktur eingebunden sind. Es ist sowohl vorgeschlagen worden (vgl. z.B. Sells 1985 oder Fabb 1990), sie als strukturell verwaist zu analysieren, was bedeutet, dass sie syntaktisch überhaupt nicht mit der nominalen Bezugskonstituente verknüpft sind, als auch (vgl. z.B. McCawley 1988, Reis 1997 oder Holler 2005) sie als strukturell quasi-verwaist anzusehen und sie nur an höchstmöglicher Stelle mit dem übergeordneten Satz zu verbinden, beispielsweise am Wurzelknoten des Satzes, der den nominalen Bezugsausdruck enthält oder an einem stipulierten höheren syntaktischen Knoten. Die Diskussion darüber, welche Analysevariante die adäquate ist, ist noch im Gange, vgl. hierzu auch Holler (2007) und Arnold (2007).

In der bisherigen wissenschaftlichen Diskussion zu den nicht-restriktiven RS wird stillschweigend vorausgesetzt, dass sie in sich eine homogene Klasse bilden und daher einheitlich analysiert werden können. Dass dies nicht der Fall ist, zeigt Holler (2007) und plädiert für die sog. Differenzhypothese, wonach kanonische nicht-restriktive RS von nicht-kanonischen Varianten wie den weiterführenden nicht-restriktiven RS strukturell unterschieden werden müssen.

3 Semantisch-pragmatische Eigenschaften der Relativsätze

Semantisch wird üblicherweise zwischen *restriktiven* und *nicht-restriktiven* RS unterschieden. Die Bedeutungsunterschiede ergeben sich daraus, ob der RS die Menge der Referenzobjekte, die der vom RS modifizierte nominale Ausdruck denotiert, extensional einschränkt und damit zur Identifikation einer aus dieser Menge auszuwählenden Entität beiträgt (= restriktiv) oder nicht (= nicht-restriktiv). Im Gegensatz zu restriktiven RS liefern nicht-restriktive RS ergänzende Beschreibungen zu einem Referenzbereich, der bereits durch den nominalen Bezugsausdruck bzw. den externen Kopf des RS fixiert ist. Entsprechend werden restriktive RS auch als „einschränkend", „qualifizierend" oder ähnlich bezeichnet, während nicht-restriktive RS in der Literatur „appositiv", „explikativ" oder „parenthetisch" genannt werden. Soll die nicht-restriktive Lesart erzwungen werden, muss der nominale Bezugsausdruck ohne RS definit oder generisch sein, vgl. Lehmann (1984) oder Eisenberg (2006).

3.1 Restriktive vs. nicht-restriktive Relativsätze

Nicht-/Restriktivität ist eine genuin semantische Eigenschaft, die sich aber auch in phonologisch-prosodischen, syntaktischen und/oder pragmatischen Eigenschaften manifestiert. In der Literatur werden regelmäßig grammatische Indikatoren zur Unterscheidung zwischen restriktiven Relativsätzen (kurz: RRS) und nicht-restriktiven Relativsätzen (kurz: NRRS) angeführt. In Holler (2005) wurden die gängigen phono-syntaktischen, semantischen und informationsstrukturellen Indikatoren hinsichtlich ihrer Tauglichkeit für die Beurteilung von Nicht-/Restriktivität evaluiert. Dabei konnte gezeigt werden, dass nicht alle der oft als hinreichend angegebenen Kriterien für die Abgrenzung von RRS und NRRS tatsächlich für diesen Zweck geeignet sind. Dies trifft insbesondere auf die weit verbreitete Annahme zu, dass NRRS eine sog. Kommaintonation[4], d.h. einen

---

[4] Der Begriff bezieht sich auf die orthographische Kennzeichnung nicht-restriktiver RS im Englischen, da diese im Gegensatz zu restriktiven RS durch Kommata vom übergeordneten Satz abgetrennt werden.

Intonationsbruch zwischen übergeordnetem Satz und RS, aufweisen, RRS jedoch nicht, weil diese mit dem jeweiligen Bezugsausdruck eine einheitliche Akzentgruppe bilden würden. Neuere korpusbasierte empirische Untersuchungen (vgl. Schaffranietz 1999, Holler 2005, Birkner 2008) zeigen aber, dass die Prosodie der RRS und NRRS, insbesondere die Akzentmarkierung, eine viel größere Variabilität aufweist, als gemeinhin behauptet. Die Frage, inwieweit NRRS im Gegensatz zu RRS eine eigene prosodische Domäne bilden und durch welche prosodischen Merkmale diese charakterisiert ist, muss noch beantwortet werden.

In oberflächensyntaktischer Hinsicht lassen sich RRS und NRRS dahingehend voneinander unterscheiden, dass nur bei den NRRS sog. wurzelsatztypische Phänomene zu beobachten sind. Dazu zählt das Vorkommen von Partikeln und Satzadverbien wie *vielleicht, angeblich, ja, übrigens, wohl, leider* etc., die auf Faktoren der Äußerungssituation bezogen sind und beispielsweise Sprechereinstellungen ausdrücken, die Kontexteinbindung anzeigen oder die Sprechaktgeltung beeinflussen.

Die nicht-restriktive Interpretation eines RS wird auch dann erzwungen, wenn der Bezugsausdruck lexikalisch ein Personalpronomen der 1. bzw. 2. Person bzw. einen Eigennamen darstellt oder deiktisch ist, da in diesen Fällen die Nominalphrase inhärent definit ist, der Referent also durch den nominalen Bezugsausdruck bereits festgelegt ist. Determinierer und Pronomina wie *derjenig-, jed-, all-, kein-, niemand-, jemand-, wer, was* und *nichts* hingegen erzwingen die Restriktivität des RS. Alle übrigen Determinierer und Pronomina, ebenso wie Kardinalia, Ordinalia und Possessiva sind prinzipiell sowohl mit restriktiven als auch mit nicht-restriktiven Interpretationen des RS verträglich, was damit zusammenhängt, dass sie prinzipiell sowohl referentiell als auch nicht-referentiell gedeutet werden können. Daher kann eine Relativkonstruktion wie (29) ohne entsprechende Kontextinformation entweder (30) oder (31) bedeuten.

(29) Die Wanderer, die den Gipfel erklommen hatten, waren erschöpft.

(30) Nur die Wanderer waren erschöpft, die den Gipfel erklommen hatten. (restriktiv)

(31) Die Wanderer waren erschöpft und hatten übrigens den Gipfel erklommen. (nicht-restriktiv)

In der Regel wird angenommen, dass (29) durch den Äußerungskontext disambiguiert wird, vgl. z.B. von Stechow (1979). Frosch (1996) allerdings argumentiert dafür, dass der Rezipient anhand der jeweils unterschiedlichen Wahrheitsbedingungen mittels eines Raisonnements à la Grice (1975) erschließt, ob eine restriktive oder nicht-restriktive Interpretation vorliegt, und dies ohne auf den situativen Kontext der Äußerung bzw. den Kontext des jeweils ausgedrückten Sachverhalts zurückgreifen zu müssen.

Es wäre naheliegend anzunehmen, dass Indefinita aufgrund ihrer Semantik nur mit restriktiven RS vorkommen können. Dass dies ein Trugschluss ist, zeigt Beispiel (32), das ebenso ambig ist wie (31). Aus der Paraphrase (33) geht hervor, dass auch eine nicht-restriktive Lesart des RS vorhanden sein muss, und dies obwohl Indefinita traditionellerweise als Existenzquantoren gedeutet werden und damit nicht referentiell sind. Ebenso können pluralische RS, die sich auf Gruppen beziehen, eine nicht-restriktive Lesart aufweisen, vgl. (34). Insofern ist die Beurteilung der Nicht-/Restriktivität eines RS über die Determinantien vertrackter als gemeinhin in der Grammatikschreibung angegeben.

(32) Max hat sich in eine Studentin verliebt, die aus Sachsen kommt.

(33) Max hat sich in eine Studentin verliebt. Sie kommt aus Sachsen.

(34) Alle Grundschüler, die ja eigentlich noch Spaß am Lernen haben, wünschten sich hitzefrei.

Nicht diskriminierend hinsichtlich der Nicht-/Restriktivität ist im Deutschen die Verbstellung (Verbzweit vs. Verbletzt) sowie die Art des einleitenden Ausdrucks (Relativpronomen/-adverb vs. Relativpartikel).

Eine weitere Möglichkeit, restriktive bzw. nicht-restriktive Interpretationen eines RS zu identifizieren, besteht darin, sog. Pronominalisierungstests anzuwenden. Gärtner (2001) überträgt beispielsweise eine Beobachtung von Stuurman (1983) zum Englischen auf das Deutsche: Bei der Pronominalisierung einer DP, die einen RS enthält, mit einer Form des Indefinitums *ein* wird nur der deskriptive Inhalt eines RRS wiederaufgenommen, nicht jedoch der eines NRRS. So wird *eins* in (35) interpretiert als *ein Problem, das unlösbar ist*, während *eins* in (36) sich nur auf *ein Problem* bezieht.

(35) Hans hat ein Problem, das unlösbar ist, und Hanna hat auch eins. [Gärtner 2001]

(36) Hans hat ein Problem, das er aber nicht verrät, und Hanna hat auch eins. [Gärtner 2001]

Illokutionssensitive Ausdrücke wie sog. antwortpräferente Fragen können ebenfalls helfen, RRS und NRRS voneinander zu unterscheiden. So liegen RRS im Skopus von Fragemarkierern wie *stimmt's?*, *nicht wahr?* oder *oder?*, nicht jedoch NRRS, vgl. (37) und (38). Die illokutionäre Eigenständigkeit der NRRS wird schließlich durch Beispiele wie (39) belegt, in denen mit dem RS ein Sprechakt vollzogen wird, der vom übergeordneten Satz verschieden ist.

(37) Diejenige Autorin, deren Romane die Jury schätzt, wird den Büchner-Preis bekommen, nicht wahr?

(38) Felicitas Hoppe, deren Bücher die Jury schätzt, wird den Büchner-Preis bekommen, nicht wahr?

(39) Auf dem Empfang begegnest du wahrscheinlich unserem Vereinspräsidenten, vor dem du dich in Acht nehmen solltest!

In der Literatur wird in der Regel auch davon ausgegangen, dass NRRS anders als RRS informationsstrukturell selbständig sind (Lötscher 1972, Brandt 1990, Holler 2005). Als Evidenz für eine eigene Fokus-Hintergrund-Struktur der NRRS wird beispielsweise angeführt, dass NRRS-interne Fokuspositionen im Gegensatz zu RRS-internen Fokuspositionen für kongruente Antworten nicht zugänglich sind und dass sie nicht mit fokussensitiven Operatoren im übergeordneten Satz assoziiert werden können. Auf die Frage (40) ist (41) nur dann eine angemessene Antwort, wenn auch auf *Maria* ein Akzent liegt. (42) mit restriktiver Interpretation hingegen kann auch ohne diesen Akzent kongruent geäußert werden.

(40) Wen hat Max geheiratet?

(41) Max hat MARIA geheiratet, die ein VERMÖGEN hat.

(42) Max hat eine Frau geheiratet, die ein VERMÖGEN hat.

Obwohl es unbestritten ist, dass NRRS in gewisser Hinsicht informationsstrukturell eigenständig sind, besteht zugleich eine offene Forschungsfrage darin, ob und in welcher Weise die Informationsstruktur des NRRS mit der des übergeordneten Satzes interagiert. Ein Indiz dafür, dass es eine solche Interaktion gibt, ist neben den informationsstrukturellen Gegebenheiten die Beobachtung, dass NRRS von Präsuppositionsauslösern wie *auch* in (43) erfasst werden können, vgl. Amaral et al. (2007).

(43) Fritz, der zwei Segelyachten besitzt, möchte seinen Freund dazu bringen, auch eine zu kaufen.

Dies ist auch deswegen überraschend, weil NRRS im Gegensatz zu RRS als assertiv gelten. Wie schon Reis (1977) beobachtet, ist der RRS in (44) Teil der durch den definiten Term ausgelösten Existenzpräsupposition. Der NRRS in (45) hingegen ist semantisch unabhängig. Ob es sparsame und fleißige Chinesen gibt, hat keinen Einfluss auf die Wahrheitsbedingungen der durch den übergeordneten Satz ausgedrückten Proposition.

(44) Die(jenigen) Chinesen, die sparsam und fleißig sind, sind reich. [Reis 1977]

(45) Die(se) Chinesen, die zweifellos sparsam und fleißig sind, sind reich. [Reis 1977]

Die Tatsache, dass die von einem NRRS beigesteuerte Proposition auch bei Einbettung unter beispielsweise Frageoperatoren und Negation erhalten bleibt (vgl. Holler 2005), bringt Potts (2005) zu der Annahme, dass es sich beim propositionalen Beitrag von NRRS um konventionelle Implikaturen im Sinne von Grice (1975) handelt. Chierchia/McConnell-Ginet (1991) und Holler (2005) stufen den NRRS pragmatisch als Hintergrund-Assertion ein. Unbestritten ist in jedem Fall, dass NRRS keine Information übermitteln, die *at issue* im Sinne von Potts (2005) ist.

Der Vollständigkeit halber sei erwähnt, dass neben den RRS und den NRRS in der Forschungsliteratur eine weitere semantische RS-Variante diskutiert wird, die sog. RS dritter Art (Carlson 1977, Grosu/Landman 1998). Sie sind dadurch charakterisiert, dass sie eine Grad- oder Artinterpretation eines Kopfnomens, das normalerweise auf Individuen referiert, erzeugen. Dieser Konstruktionstyp ist vor allem für das Englische belegt. Im Deutschen sind in diesem Zusammenhang Sätze wie (46) einschlägig:[5]

(46) Wir werden nie in der Lage sein, den Champagner zu trinken, den ihr gestern vergossen habt.

(46) hat eine Gradlesart, falls man ihn in dem Sinne verstehen kann, dass die Champagnermenge, die wir trinken können, kleiner ist als die Menge an vergossenem Champagner. Interessant ist diese Konstruktionsvariante deswegen, weil sie mit semantischen Standardanalysen für RRS und NRRS (vgl. Abschnitt 3.2) nicht erfasst werden kann.

3.2 Semantische Analyse

Semantisch werden RS in der Tradition von Quine (1960) als Mengenabstraktion gedeutet. RRS sind demnach intersektive Modifikatoren, d.h. ihre Extension bildet mit der Extension des Bezugsausdrucks den mengentheoretischen Schnitt. Die Bedeutung von (47) ist somit (48).

(47) Freund, den Emma trifft

(48) [[**freund**]] ∩ [[**den Emma trifft**]]

---

5 Das Beispiel verdanke ich Cécile Meier.

NRRS hingegen sind Prädikationen und werden über Funktionalapplikation mit der Bezugskonstituente verknüpft:

(49) Oskar, den Emma trifft
(50) [[**oskar, den emma trifft**]] = [[**den emma trifft**]] ([[**oskar**]])

Die Unterscheidung zwischen RRS und NRRS kann bei dieser Modellierung typgesteuert erklärt werden, vgl. (Heim/Kratzer 1998): Im restriktiven Fall sind RS und Modifikand eigenschaftswertig und daher vom Typ <e,t>; von diesem Typ ist auch die semantische Entität, die Ergebnis der Schnittbildung ist. Im nicht-restriktiven Fall ist der RS nach der Funktionalapplikation mit dem Bezugsnominal, das eine Entität vom Typ <e> darstellt, vom Typ <t> und denotiert somit eine Proposition. Eine Konsequenz dieser Analyse ist, dass das Relativpronomen im NRRS als Anapher interpretiert und entsprechend resolviert werden muss. In der Literatur werden verschiedene Strategien des anaphorischen Anschlusses diskutiert, gängig ist eine Analyse, wonach das Relativpronomen als E-Type-Anapher im Sinne von Evans (1980) fungiert, vgl. z. B. Sells (1985), Holler (2005).

Nach einer anderen verbreiteten Sichtweise (Rodman 1976, von Stechow 1979, Doron 1993, Dayal 1996, Potts 2005) wird das Relativpronomen durch einen Abstraktionsoperator gebunden und RRS bzw. NRRS werden semantisch uniform als komplexe Prädikate gedeutet. Die Unterscheidung zwischen RRS und NRRS wird nur durch die externe Beziehung des RS zum jeweiligen nominalen Bezugsausdruck gesteuert. Hierin unterscheiden sich die einzelnen Ansätze dann deutlich. So argumentiert von Stechow (1979) für eine einheitliche konjunktive Verknüpfung der RS als schnittbildende Modifikatoren; die Unterscheidung zwischen RRS und NRRS erfolgt rein syntaktisch durch die Höhe der Anbindung des RS im Strukturbaum. Dementgegen haben beispielsweise Doron (1993), Dayal (1996) und Potts (2005) autonome nicht-konjunktive Analysen vorgeschlagen, wonach der RS entweder unabhängig vom Bezugsausdruck syntaktisch eingebunden wird oder unabhängig semantisch interpretiert wird.

4 Nicht-kanonische Relativsatzarten

Nachdem in den Abschnitten 1 bis 3 die syntaktischen und semantischen Eigenschaften kanonischer RS im Vordergrund standen, sollen in diesem Abschnitt die charakteristischen grammatischen Eigenschaften der nicht-kanonischen RS-Varianten diskutiert werden.

4.1 Verbzweit-Relativsätze

Nach den im Abschnitt 1 genannten Charakteristika kanonischer RS erfüllen Konstruktionen wie (51) diese Kriterien, abgesehen von der fehlenden finalen Stellung des finiten Verbs im abhängigen Satz.

(51) Das Blatt hat eine Seite, die ist ganz schwarz. [Gärtner 2001]

Die vom kanonischen Fall abweichende Verbstellung hat Lehmann (1995) dazu veranlasst, Konstruktionen wie (51) nicht zu den RS zu zählen, denn er nimmt die finale Verbstellung als Indiz für Subordination und betrachtet Subordination als konstituierendes Merkmal eines RS, da nur so der Satz „auf die Ebene eines Satzgliedes herabgedrückt" werden könne. Dieses Argument verliert dann an Bedeutung für die Beurteilung von (51), wenn man wie Holler (2008) argumentiert, dass die syntaktische Abhängigkeit von Sätzen und ihre Einbettungsbeziehungen getrennt voneinander modelliert werden müssen.

Eisenberg (2006: 269) geht davon aus, dass der d-eingeleitete abhängige Satz in (51) syntaktisch kein typischer RS sein kann, weil er dem vorausgehenden Satz nebengeordnet, zugleich aber „semantisch in besonderer Weise auf den ersten [Satz] bezogen" ist. Gärtner (2001) teilt diese Sichtweise und stuft abhängige Sätze wie in (51) als integrierte Verbzweitsätze (IV2) ein. Damit will er dem Faktum Rechnung tragen, dass sie (i) in den Bezugssatz intonatorisch integriert sind, aber (ii) zugleich Charakteristika von Wurzelsätzen (*root clauses*) aufweisen. So bilden IV2-Sätze beispielsweise einerseits eine Informationsstruktureinheit mit dem übergeordneten Satz, was ein Beleg für (i) ist, sind aber andererseits stets in satzfinaler Position zu finden und erlauben keine Variablenbindung von außen, was (ii) stützt. Gärtner (2001) spricht sich in syntaktischer Hinsicht gegen den RS-Status der IV2-Sätze aus, kategorisiert sie aber in semantischer Hinsicht als RRS, die eine quasi-assertive illokutive Kraft haben. In der syntaktischen Analyse verknüpft Gärtner (2001) IV2-Satz und Bezugssatz parataktisch miteinander. Dabei fungiert ein als π^0_{REL} bezeichnetes, phonologisch leeres Element als syntaktischer Kopf, der die koordinationsähnliche Struktur in (52) projiziert.

(52) [$_{\pi P}$ [$_{CP1}$][$_{\pi'}$ [$_{\pi 0\ REL}$ Ø] [$_{CP2}$ IV2]]]

Semantisch wird der IV2-einleitende Ausdruck von einem anaphorischen Pronomen in eine Variable umgedeutet, um die restriktive Lesart abzuleiten und zugleich zu erklären, warum IV2-Sätze weder definite Kennzeichnungen, noch quantifizierende Ausdrücke modifizieren können, sondern auf bestimmte Indefinita (i.e. schwache und monoton steigende Definita) als Antezedens beschränkt sind.

4.2 Weiterführende Relativsätze

Als weiterführende Relativsätze (kurz: WRS) wird eine Klasse von NRRS bezeichnet, die (i) syntaktisch nicht in den Satz, der ihre Bezugskonstituente enthält, integriert sind, (ii) an Bezugsausdrücke unterschiedlichen semantischen Typs anknüpfen, d.h. nicht auf nominale Bezugsgrößen beschränkt sind, und (iii) eine spezifische Diskursfunktion ausdrücken. Nach den jeweils realisierten linksperipheren Elementen werden die WRS in *d*-eingeleitete WRS wie (53) und in *w*-eingeleitete WRS wie (54) unterschieden.

(53) Otto gab Emil das Buch, das er dann in die Bibliothek brachte. [Holler 2005]

(54) Anna gewann die Schachpartie, was Peter maßlos ärgerte. [Holler 2005]

Beide Arten von WRS sind dadurch gekennzeichnet, dass sie sich syntaktisch wie typische Wurzelsätze verhalten und eine vom jeweiligen Bezugssatz unabhängige Akzentstruktur aufweisen. Topologisch sind sie insofern restringiert, als sie unter Normalbetonung nur schlussgestellt vorkommen können. Andere Stellungen im komplexen Satz erfordern eine Parentheseintonation. Wie NRRS generell sind auch WRS semantisch nicht eingebettet. Sie werden assertiert und nicht präsupponiert. Zudem sind sie informationsstrukturell und illokutiv eigenständig.

Da anhand der von Reis (1997) etablierten Kriterien (i) prosodische und pragmatische Unintegriertheit, (ii) Variablenbindung, (iii) Stellungsverhalten und (iv) syntaktische Entbehrlichkeit gezeigt werden kann, dass sich WRS wie typische nicht-integrierte Sätze verhalten, wird in Holler (2005, 2008) dafür argumentiert, WRS satztypologisch als abhängige, aber nicht eingebettete Sätze einzustufen. Daran anknüpfend schlägt Holler (2007) vor, weiterführende RS als strukturell verwaist im Sinne der in Abschnitt 2.4 dargestellten Analysevarianten für NRRS zu analysieren.

In der philologisch-linguistischen Literatur werden WRS oft als satzbezogene Nebensätze bezeichnet. Wie Holler (2005) gezeigt hat, verkennt diese Sichtweise jedoch, dass bei den WRS syntaktisches und semantisches Antezedens nicht zwingend zusammenfallen. Während die syntaktische Bezugsgröße tatsächlich sentential ist, können sich die WRS semantisch auf verschiedene Entitäten beziehen. Die *d*-eingeleiteten WRS nehmen wie kanonische NRRS auf Individuen Bezug; die linksperiphere Anapher eines *w*-eingeleiteten WRS kann abstrakte Objekte unterschiedlichen semantischen Typs, wie beispielsweise einfache, projektive und delineative Propositionen, Ereignistypen und Ereignisse, wieder aufnehmen. Welchen Typs das Antezedens tatsächlich ist, wird entweder durch das im WRS realisierte Verb restringiert oder durch eine zusätzliche etablierte adverbiale Relation. Die semantischen Bezugsverhältnisse im WRS werden in Holler (2005) im Rahmen der *Discourse Representation Theory* (Kamp/Reyle 1993) als Anaphernresolutionsprozess modelliert.

Brandt (1990) hat bereits auf die besonderen textpragmatischen Eigenschaften der WRS hingewiesen. Ihre zentrale These ist, dass die WRS Sätze sind, „die in bezug auf die Wichtigkeit der Information mit Hauptsätzen übereinstimmen" (Brandt 1990: 130). In Holler (2009) wird der Beitrag der WRS zur kommunikativen Gewichtung genauer untersucht. Ausgangspunkt ist die Annahme, dass die Informationsgewichtung generell von der jeweils realisierten diskursrelationalen Struktur bestimmt wird: Sind zwei Diskursegmente π_1 und π_2 koordinativ miteinander verknüpft, haben beide das gleiche kommunikative Gewicht; steht π_2 in subordinierender Relation zu π_1, hat π_2 ein geringeres kommunikatives Gewicht als π_1. Holler (2009) argumentiert, dass WRS die Diskursrelation, die in einer zur WRS-Konstruktion alternativen kanonischen Konstruktion realisiert wird, konvertieren. Damit bedeutet Weiterführung, dass die Informationsgewichtung geändert, genaugenommen ins Gegenteil gekehrt wird. Die kanonische Variante, die dem *d*-eingeleiteten WRS gegenübersteht, ist ein nicht-weiterführender kanonischer NRRS wie in (55); *w*-eingeleitete WRS stellen die nicht-kanonische Variante einer Folge zweier unverknüpfter selbständiger Sätze wie (57) dar.

(55) Max gibt seiner Mitarbeiterin ein Buch (π_1), das wie viele gute Mathematikbücher übrigens in russischer Sprache geschrieben ist (π_2). (nicht-weiterführender NRRS)

(56) Max gibt seiner Mitarbeiterin ein Buch (π_1), das sie dann gleich in die Bibliothek in der Melanchthonstraße bringt und dort abgibt (π_2). (WRS)

(57) Anton schreibt kein neues Kochbuch (π_1). Das ärgert den Verlag wegen der bevorstehenden Buchmesse maßlos (π_2). (Satzsequenz)

(58) Anton schreibt kein neues Kochbuch (π_1), was den Verlag wegen der bevorstehenden Buchmesse maßlos ärgert (π_2). (WRS)

Wendet man die von Asher/Vieu (2005) vorgeschlagenen Heuristiken zur Bestimmung diskurshierarchischer Beziehungen an, so ergibt sich, dass der *d*-eingeleitete WRS in (56) durch die Diskursrelation NARRATION (vgl. Asher/Vieu 2005) mit dem vorausgehenden Bezugssatz auf Diskursebene koordinativ verbunden ist, während der nicht-weiterführende NRRS in (55) in diskursstruktureller Hinsicht subordinativ mittels der Relation ELABORATION an den Bezugssatz anknüpft. Damit wird durch den *d*-eingeleiteten WRS eine subordinierende in eine koordinierende Diskursstruktur umgewandelt. Im Falle der *w*-eingeleiteten WRS ist die Sachlage umgekehrt: Zwischen π_1 und π_2 in (57) ist die koordinierende Diskursrelation NARRATION realisiert, die durch den WRS in (58) durch die subordinierende Relation COMMENTARY ersetzt ist. Zusammengenommen heißt das, dass die WRS dadurch, dass sie die Diskursrelation, die im kanonischen Fall besteht, konvertieren, die diskurshierarchische Struktur ins Gegenteil umwandeln und somit die kommunikativen Gewichtung ändern.

4.3 *Wo*-eingeleitete Relativsätze

Wenn *wo* als morphologisch invariantes Einleitungselement in RS verwendet wird, ist zunächst zu klären, ob *wo* als Relativadverb wie in (65) bis (67) fungiert oder – wie in (59) bis (64) – als zum Relativadverb regional homonymer Relativkomplementierer (Gallmann 1997). In der einschlägigen Literatur wird der Relativkomplementierer *wo* auch als Relativpartikel (Pittner 2004) oder Relativsubjunktion (Duden-Grammatik 2005) bezeichnet.

Als Relativadverb hat *wo* in der Regel lokale oder temporale Funktion (vgl. z.B. Pittner 2004) und leitet einen kanonischen RS ein. Als Relativpartikel ist *wo* nur dialektal akzeptabel und kommt vor allem im süddeutschen Sprachraum vor. Fleischer (2005) weist beispielsweise nach, dass *wo*-eingeleitete RS im Moselfränkischen, Ostfränkischen und Niederalemannischen belegt sind. Das Bairische ist hinsichtlich der Realisierungsbedingungen von *wo* im RS am besten untersucht, vgl. (Bayer 1984, Pittner 1995).

Im Bairischen folgt die Relativpartikel oberflächensyntaktisch dem Relativpronomen. Auf diese Beobachtung gründet sich die Annahme, dass die Relativpartikel in der Komplementiererposition des RS zu verorten ist. Seit Bayer (1984) ist auch bekannt, dass das Relativpronomen im Bairischen unter bestimmten Bedingungen entfallen kann, so dass nur die Relativpartikel den RS einleitet. Das Relativpronomen kann beispielsweise wegfallen, wenn Relativpronomen und Bezugs-NP im Kasus übereinstimmen oder zumindest ihre Kasusform identisch ist. Hier zeigen sich Parallelen zu den im nachfolgenden Abschnitt 4.4. beschriebenen Matching-Effekten, die bei freien RS zu beobachten sind. (Beispiele alle nach Pittner 1996: 135):

(59) der Mo, (der) wo uns g'hoifa hod, ...

(60) den Mantl, (den) wo i kaffd hob', ...

(61) dem Mo, (dem) wo mir g'hoifa hom, ...

Darüberhinaus ist – analog zur Bildung der freien RS – die Kasushierarchie für die Tilgung des Relativpronomens einschlägig: Das Relativpronomen kann auch dann weggelassen werden, wenn sein Kasus in der Kasushierarchie dem Kasus der nominalen Bezugskonstituente vorangeht, wie z. B. in (62) und (63). In RS mit getilgtem Relativpronomen übernimmt die Relativpartikel *wo* Subjekt- oder Objektfunktion, vgl. Pittner (2004).

(62) Mir song's dem Mo, (den) wo da Hund bissn hod.

(63) I sog's dem Mo, (der) wo im Gartn arwat.

Der Vollständigkeit halber sei erwähnt, dass auch die Relativpartikel nicht notwendig auftreten muss: Wie im Standarddeutschen kann das Relativpronomen den bairischen RS allein einleiten.[6]

Van Riemsdijk (1989) diskutiert eine weitere Variante *wo*-eingeleiteter RS. Im Zürichdeutschen kann neben der initialen Relativpartikel *wo* im RS ein resumptives Pronomen mit Klitikeigenschaften realisiert werden.

(64) de vründ, wo ich immer mit em gang go suffe [van Riemsdijk 1989]

Nicht als Relativpartikel, sondern als Teil eines Pronominaladverbs wird *wo* in Fällen wie (65) analysiert. Die beiden Teile des Pronominaladverbs, *wo* und *mit*, sind in Distanzstellung und fungieren gemeinsam als Präpositionalobjekt des RS-Prädikats. Oppenrieder (1991) weist nach, dass es sich nicht um sog. gestrandete Präpositionen handelt.

(65) Maria bekommt eine Gehaltserhöhung, wo sie nicht mehr mit gerechnet hat.

Es existiert ein weiterer Konstruktionstyp, in dem *wo* ebenfalls als Adverb und nicht als Relativpartikel fungiert, aber lokal wie in (66) oder temporal wie in (67) interpretiert werden muss. Diese Konstruktionstypen sind nicht auf die süddeutschen Varietäten beschränkt.

(66) die Stadt, wo ich wohne [Eisenberg 2006]

(67) der Moment, wo das passiert ist [Eisenberg 2006]

4.4 Freie Relativsätze

Als sog. freie Relativsätze (kurz: FRS) gelten in der Regel *w*-eingeleitete finite Sätze mit Relativsatzeigenschaften, die dadurch gekennzeichnet sind, dass im übergeordneten Satz overt kein nominaler Bezugsausdruck vorhanden ist, vgl.

---

6 Hans Altmann verdanke ich den Hinweis, dass die Relativpartikel sogar entfallen muss, falls ein klitisches Pronomen folgt: *den Mantl, den=e kaffd hob* versus **den=e wo kaffd hob*.

(68). Sie werden daher mitunter auch als kopflose RS bezeichnet. Formt man einen FRS in einen kanonischen RS um, wird ein Demonstrativpronomen im übergeordneten Satz als Antezedens des RS realisiert, vgl. (69). Die Duden-Grammatik zählt zu den FRS auch „Nebensätze, die von einer Phrase mit Gradpartikel *so* plus Adjektiv oder Adverb eingeleitet sind", wie in (70).

(68) Max versprach nur, was er auch halten kann.

(69) Max versprach nur das, was er auch halten kann.

(70) Anna warf den Ball, so hoch sie konnte. [Duden-Grammatik 2005]

Müller (1999) führt Beispiele wie (71) als Beleg dafür an, dass FRS auch mit einleitendem *d*-Pronomen vorkommen. Zifonun (2001) merkt jedoch an, dass der Gebrauch von *der/das* im FRS veraltet bzw. nur in einem gehobenen Stil möglich sei. Inwieweit Beispiele wie (71) tatsächlich als *d*-eingeleitete FRS analysiert werden müssen, ist eine aktuelle Forschungsfrage, die noch nicht abschließend diskutiert ist.

(71) Der das sagt, war als Bundesvorsitzender der Grünen immerhin einer der Wegbereiter der Vereinigung mit den Bürgerrechtlern. [Müller 1999]

Hinsichtlich der Stellung der FRS sind in der Literatur bisher verschiedene Auffassungen vertreten worden. Es wird überwiegend davon ausgegangen, dass sie anders als finite Komplementsätze mittelfeldfähig sind:

(72) Ich kaufe, was mir noch fehlt, am Bahnhof ein. [Duden-Grammatik 2005]

4.4.1 Linke Peripherie des freien Relativsatzes

In der linken Peripherie der FRS sind einfache *w*-Wörter wie die Relativpronomen *wer* und *was*, vgl. (73) und (74), sowie *w*-Relativadverbien, vgl. (75), zu finden. Das Relativpronomen *welcher* kann hingegen nicht in FRS gebraucht werden, vgl. (76) und (77). Auch komplexe *w*-Phrasen sind nicht uneingeschränkt in FRS realisierbar. Während Präpositionalphrasen, die ein einfaches *w*-Wort enthalten, in FRS völlig unauffällig sind, vgl. (78), sind komplexe Nominalphrasen im FRS nicht ohne Weiteres akzeptabel, vgl. (79)[7]. Eine Erweiterung des komplexen *w*-Ausdruckes durch *auch immer* verändert aber offenbar die Akzeptabilität, vgl. (80).

---

[7] Müller (1999) gibt Beispiele wie (13) in Abschnitt 2.2 als Indiz dafür an, dass komplexe Nominalphrasen in FRS unter bestimmten Bedingungen möglich sind.

(73) Wer wagt, gewinnt.
(74) Was lange währt, wird endlich gut.
(75) Wo gehobelt wird, fallen Späne.
(76) *Welcher wagt, gewinnt.
(77) *Welches lange währt, wird endlich gut.
(78) Emma tanzt nur, mit wem sie tanzen will.
(79) *Hans kochte, welches Gericht Emma essen wollte.
(80) Hans kochte, welches Gericht auch immer Emma essen wollte.

Um die Beschränkungen für komplexe w-Phrasen in FRS zu erklären, sind verschiedene Ansätze verfolgt worden, die hier im Einzelnen nicht ausführlich diskutiert werden können, vgl. Larson (1987), Grosu (1996), Donati (2006), Chomsky (2008), Citko (2008). Die debattierte Grundfrage dabei ist, ob die Ungrammatikalität komplexer w-Phrasen in FRS allein auf den kategorialen Status des einleitenden w-Elements zurückgeführt werden kann, d.h. auf seine morphosyntaktische Komplexität, oder ob andere Faktoren eine Rolle spielen. In diesem Zusammenhang ist erwähnenswert, dass die Komplexität des w-Ausdruckes semantische Konsequenzen hat. Die Erweiterung des w-Ausdrucks um *auch immer* erzwingt eine indefinite Lesart des FRS und damit eine Beschreibung als indefiniter Ausdruck, vgl. u. a. Larson (1987), Wiltschko (1999). FRS mit einfachen w-Ausdrücken hingegen werden präferiert als referentiell/definit interpretiert, wenngleich sie genaugenommen ambig sind zwischen einer definiten und indefiniten Interpretation.

Interessanterweise unterliegen sog. unechte Spaltsätze (= Sperrsätze, Pseudospalt-Sätze), vgl. Altmann (2009), und bestimmte Interrogativsatzkonstruktionen wie die w-Kopie-Konstruktion vergleichbaren Beschränkungen hinsichtlich der Komplexität des initialen w-Ausdruckes. Dies wirft die noch nicht abschließend geklärte Frage auf, ob und wenn ja, in welcher Weise diese Konstruktionstypen zueinander in Beziehung stehen. Die Duden-Grammatik (2005) geht beispielsweise explizit davon aus, dass Pseudospalsätze zu den FRS zu rechnen sind, während Arbeiten, die Ross (1972) folgen, die Annahme zu untermauern versuchen, dass Pseudospalsätze zu indirekten Fragesätzen korrespondieren und entsprechend von FRS abzugrenzen sind.

4.4.2 Freier Relativsatz vs. indirekter Fragesatz

Die oberflächensyntaktische Formgleichheit zwischen FRS und sog. indirekten Fragesätzen wird zum Teil zum Anlass genommen, beide Satztypen syntaktisch nicht voneinander zu unterscheiden, so z. B. Zifonun et al. (1997: 2264 ff.). Zifonun et al. (1997) nehmen weiterhin an, dass „die semantische Analyse beider Nebensätze zunächst gleich" sei. Ein Unterschied bestehe lediglich im Gebrauch, da nur der vermeintlich freie RS auch referentiell verwendet werden könne.

Komplexe Sätze wie (81) sind mehrdeutig. Entweder bedeutet (81), dass Max weiß, welche Dinge Anna alle gesagt hat oder dass Max die Dinge weiß, die Anna geäußert hat.

(81) Max weiß, was Anna gesagt hat.

In der ersten Lesart fungiert der w-Satz als (indirekter) Fragesatz. In der zweiten Lesart hat der w-Satz als FRS referentielle Bedeutung. Dieser Unterschied wird durch die syntaktische Umgebung induziert, was anhand von (82) bis (84) vs. (85) bis (87) verdeutlicht werden kann. Einerseits existieren Verben wie *glauben*, die prinzipiell keine Fragesätze einbetten, vgl. (83), aber Nominalphrasen selegieren, vgl. (84).

(82) Max glaubt, was man ihm erzählt.

(83) *Max glaubt, ob die Geschichte wahr ist.

(84) Max glaubt die Geschichte.

Andererseits können Verben wie *sich fragen* zwar Fragesätze einbetten, vgl. (85), aber keine echten Nominalphrasen, vgl. (86). Daher sind auch FRS in diesem Fall nicht zulässig, vgl. (87).

(85) Max fragt sich, ob die Geschichte wahr ist.

(86) *Max fragt sich die Geschichte.

(87) *Max fragt sich, was man ihm erzählt.

Die verschiedenen Selektionseigenschaften der jeweils einbettenden Verben werden in der Regel als wichtigstes Argument für die Notwendigkeit der Unterscheidung zwischen FRS und indirekten Fragesätzen angeführt. Vereinfacht ausgedrückt werden nach dieser Sichtweise Fragesätze als CPn analysiert, während FRS als Nominalphrasen (NPn oder DPn) figurieren, die eine CP enthalten. Die Verben sind entsprechend für sententiale (wie in (85)) oder nominale (wie in (82)) Komplemente subkategorisiert bzw. sind wie in (81) diesbezüglich unterspezifiziert.

Darüberhinaus belegen (88) und (89), dass FRS und indirekte Fragesätze eine unterschiedliche Distribution aufweisen. Dies kann durch die Hinzufügung entsprechender disambiguierender Ausdrücke verdeutlicht werden: *alles* ist typischerweise in Fragesätzen zulässig, *immer* jedoch nicht.

(88) Ich möchte wissen, wem alles/*immer das Gesellenstück geglückt ist.

(89) Ich möchte gratulieren, wem *alles/immer das Gesellenstück geglückt ist.

Die Unterscheidung zwischen FRS und Fragesätzen verwischt aber, wenn FRS nicht subkategorisiert werden, sondern als Adjunkte fungieren:

(90) Welches Land auch immer Hans bereist, er bringt nie ein Souvenir mit.

In der Regel wird argumentiert, dass es sich bei dem FRS in (90) um einen RS und nicht um einen Fragesatz handelt, weil der Ausdruck *auch immer* generell nicht in Fragesätzen realisiert werden kann. Dem entgegen steht jedoch die Beobachtung, dass offenbar multiple w-Phrasen in FRS enthalten sein können, was im Allgemeinen nur in Fragesätzen, nicht jedoch in RS möglich ist:

(91) Welche Schuhe Maria in welchem Laden auch kaufte, sie waren immer ziemlich teuer.

Für eine weitere instruktive Diskussion der Beziehung zwischen FRS und indirekten Fragesätzen und eine kritische Auseinandersetzung mit der Auffassung von Zifonun et al. (1997) sei auf Sternefeld (2008: 388ff.) und Eisenberg (2006: 323ff.) verwiesen.

4.4.3 Zur Interpretation freier Relativsätze

Eine gängige, bis auf Cooper (1983) zurückgehende Behauptung ist, dass FRS entweder als universell bzw. generisch quantifizierend oder als definit zu interpretieren sind. Dies wird aus der Ambiguität von Sätzen wie (92) gefolgert.

(92) Was Maria (auch immer) liest, ist spannend.

Wird der FRS universell interpretiert, bedeutet (92), dass alles, was Maria liest, spannend ist. In der definiten Lesart bedeutet (92), dass das Ding, das Maria (gerade) liest, spannend ist. Die Hinzufügung des Ausdruckes *auch immer* führt zu einer Präferenz für die universelle Bedeutung, aber nicht notwendigerweise zur Auflösung der Ambiguität. Die Beobachtung, dass die beiden Interpretationen mitunter recht nah sind und dass sich ein FRS von echt universell quantifizierten nominalen Ausdrücken unterscheidet, hat zu der Annahme geführt, dass FRS einheitlich als definit zu behandeln sind, vgl. z.B. Jacobson (1995), Dayal (1996) und van Riemsdijk (2006). Die Grundidee bei diesen Ansätzen ist, dass der FRS in (92) das einzige/maximale Individuum, das die Beschreibung erfüllt, denotiert, wobei Maximalität entweder über atomare Entitäten oder über plurale Entitäten operiert. Wiltschko (1999) hingegen argumentiert anhand verschiedener Skopus-, Tempus- und Kontextphänomene, dass FRS als Indefinite zu interpretieren seien, was sie vor allem auf die Indefinitheit des einleitenden w-Wortes zurückführt. Entsprechend leitet Wiltschko (1999) die beiden o.g. Lesarten daraus ab, dass Indefinita generell sowohl eine generische (universelle) als auch eine spezifische (definite) Bedeutung haben können. In keinem der genannten theoretischen Ansätze ist es jedoch möglich, die Bedeutung von Beispielen wie (93) abzuleiten, worauf Sternefeld (2008: 394 f.) hinweist. Sternefeld (2008) argumentiert, dass (93) nur (94) bedeuten kann, nicht jedoch (95), was zunächst nach einer existentiellen Lesart für den was-eingeleiteten FRS aussieht.

(93) Wer nimmt, was ihm nicht gehört, ist ein Dieb. [Sternefeld 2008]

(94) Wer irgendetwas nimmt, das ihm nicht gehört, ist ein Dieb.

(95) Für jedes x gilt: wenn x jedes y nimmt, das x nicht gehört, ist x ein Dieb.

Wenn man (93) jedoch paraphrasiert als *Wenn jemand irgendetwas nimmt, was ihm nicht gehört, ist er ein Dieb.*, korrespondiert (93) zu sog. Eselssätzen, die üblicherweise als universell quantifiziert beschrieben werden. Zu Problemen dieser Analyse vgl. ebenfalls Sternefeld (2008).

4.4.4 Passung zwischen freiem Relativsatz und übergeordnetem Satz

In der Grammatikschreibung galt Kasusidentität zwischen der Kasusform des einleitenden w-Ausdruckes im FRS und dem Kasus, der vom Verb des dem RS übergeordneten Satzes gefordert wird, lange als Voraussetzung zur Bildung wohlgeformter FRS. In der generativen Grammatik wurde in diesem Zusammenhang auch vom Matching-Effekt (Bresnan/Grimshaw 1978) gesprochen. Inzwischen ist jedoch bekannt, dass Kasusidentität zwar eine hinreichende, aber keine notwendige Bedingung für die Einpassung der FRS in den übergeordneten Satz ist. Kasuskonflikte sind offenbar dann unerheblich, wenn entweder eine Hierarchiebedingung hinsichtlich der beteiligten Kasus erfüllt ist oder synkretische Kasusformen zum Einsatz kommen.

Um den Akzeptabilitätskontrast zwischen (96) und (97) zu erklären, wird üblicherweise auf die in (98) angegebene Kasushierarchie zurückgegriffen und die Bedingung formuliert, dass bei einem Kasuskonflikt der Kasus vom übergeordneten Prädikat dann unrealisiert bleiben kann, wenn er dem Kasus, der vom RS-Prädikat gefordert wird, auf der Kasushierarchie vorangeht, vgl. Pittner (1991, 1995, 2003), Zifonun (2001). Pittner (2003) argumentiert korpusbasiert, dass die Kasushierarchie (98) eine Hierarchie morphologischer Markiertheit ist, d.h. die Hierarchiebedingung operiert nicht auf abstrakten Kasus, sondern auf konkret realisierten Kasusformen.[8]

(96) Ich habe eingeladen, wem ich vertraue. [Vogel 2001]

(97) *Ich vertraue, wen ich eingeladen habe. [Vogel 2001]

(98) NOMINATIV > AKKUSATIV > DATIV > PRÄPOSITIONALKASUS

Die Kasushierarchie (98) kann jedoch nicht den Kontrast zwischen (99) und (100) erfassen, weswegen Bausewein (1991) Dativ und Präpositionalkasus auf der Hierarchie zusammenfasst: NOMINATIV > AKKUSATIV > DATIV/PRÄPOSITIONALKASUS.

(99) Sie kocht, worauf sie Appetit hat.

(100) *Er begegnete, mit wem er rechnete.

Vogel (2001) erkennt zwar auch die Kasushierarchie als relevant für das Deutsche an, formuliert die empirischen Generalisierungen aber etwas anders. Er hebt hervor, dass es einen Unterschied zwischen strukturellen Kasus (= Nominativ und Akkusativ) einerseits und lexikalischen Kasus (Genitiv und Dativ) andererseits gibt. Klare Matching-Effekte sind nur für Genitiv und Dativ zu beobachten, da der vom übergeordneten Verb und der vom FRS-internen Verb an das FRS-einleitende Pronomen jeweils zugewiesene lexikalische Kasus identisch sein müssen. Hinsichtlich der strukturellen Kasus sind die Restriktionen insofern weniger strikt, als es eine Varietät des Deutschen gibt, die hinsichtlich der Realisierung von Nominativ und Akkusativ alle denkbaren Kombinationen erlaubt. In einer zweiten Varietät des Deutschen sind nur ein vom übergeordneten Verb geforderter Akkusativ und ein vom FRS-internen Verb geforderter Nominativ nicht miteinander vereinbar, der umgekehrte Fall ist aber erlaubt. Vgl. insgesamt dazu auch Sternefeld (2008: 391f.). In den beiden Varietäten würde (101) also unterschiedlich bewertet. Interessant ist nun die Varietät, in der (101) unauffällig ist, obwohl die Hierarchiebedingung (98) verletzt ist.

(101) %Er zerstört, was ihn behindert. [Pittner 1991]

Um diesen Fall zu erfassen, ziehen Groos/van Riemsdijk (1981) das Phänomen des Kasussynkretismus heran. Von einem Kasussynkretismus spricht man, wenn ein

---

[8] Zifonun et al. (1997: 2272) formulieren das Prinzip der Rektionsgradienz, um die Matching-Effekte abzuleiten.

und dieselbe morphologische Kasusform genutzt wird, um zwei oder mehrere abstrakte Kasus zu realisieren.[9] In (101) kann die Form *was* sowohl Nominativ als auch Akkusativ ausdrücken. In (102) ist dies hingegen nicht der Fall, denn die Nominativform *wer*, die innerhalb des FRS realisiert werden muss, weicht von der Akkusativform *wen* ab, die aber nötig wäre, um die Selektionsbedingungen des Verbs des übergeordneten Satzes zu erfüllen.[10]

(102) *Er zerstört, wer ihm in die Quere kommt. [Pittner 1991]

Vogel (2001, 2002) hat eine optimalitätstheoretische Analyse für die Einpassung von FRS in den übergeordneten Satz entwickelt. Im Rahmen eines Wettbewerbsmodells werden Kasuskonflikte reguliert, indem die Beziehung zwischen dem morpho-syntaktischen Merkmalen eines Pronomens und ihrer morpho-phonologischen Realisierung constraintbasiert manipuliert wird.

4.4.5 Syntaktische Analyse

Die zentrale Schwierigkeit für die strukturelle Analyse der FRS ist, dass in irgendeiner Weise erfasst werden muss, dass sich FRS einerseits klar wie DPn bzw. NPn verhalten, wenn sie von entsprechenden Verben als Argument selegiert werden, dass sie aber andererseits der Form nach *w*-Sätze sind und damit als CPn figurieren. Um diesen verschiedenen Anforderungen gerecht zu werden, sind innerhalb der generativen Grammatik mehrere Analyseansätze entwickelt worden, die im Folgenden kurz umrissen sind. (Für einen detaillierten Überblick vgl. z.B. Vogel 2001, Sternefeld 2008).

(i)   FRS weisen eine DP- bzw. NP-Struktur auf, wobei das relative *w*-Pronomen als Kopf fungiert, der eine CP bzw. eine IP als Komplement selegiert: $[_{NP/DP} \text{ w-PRON } [_{CP/IP} ...]]$.

(ii) FRS weisen eine DP- bzw. NP-Struktur mit leerem Kopf auf und mit einer CP als Komplement, in deren SpecC-Position das *w*-Pronomen steht: $[_{NP/DP} \emptyset [_{CP} \text{ w-PRON } ...]]$.

---

9 Offen ist die Frage, ob Kasussynkretismus in FRS auf Pronomen beschränkt ist. Interessant sind hierzu die Daten von Vogel (2001). In (i) liegt ein Synkretismus beim Nomen *Eltern* vor, nicht jedoch in (ii):
(i) Ich lade ein, wessen Eltern ich vertraue.
(ii) ?? Ich lade ein, wessen Geschwistern ich vertraue.
10 Nach Vogel (2001) gibt es Sprecher, die auch die Kasuskonflikte in (102) tolerieren.

(iii) FRS sind CPn mit leerem C⁰ und dem relativen w-Pronomen in SpecCP: [_{CP} w-PRON ...].

(iv) Multidimensionale Analyse der FRS, wonach der übergeordnete Satz durch eine IP mit dem relativen w-Pronomen in Komplementposition und der FRS durch eine CP mit dem relativen w-Pronomen in SpecCP beschrieben wird und beide separat erzeugte Strukturen mit Hilfe des w-PRON miteinander verknüpft werden:
[_{IP} ... [_{VP} [V w-PRON ...]]] ⊕ [_{CP} w-PRON ...].

(v) Constraintbasierte Analyse der FRS, wonach eine unäres Regelschema genutzt wird, um von einem finiten Satz, dem FRS, eine nominale Phrase zu projizieren, die die Selektionsanforderungen des übergeordneten Verbs erfüllt.

Der erste Analysevorschlag geht bis auf Bresnan/Grimshaw (1978) zurück. Er basiert auf der Annahme, dass das den FRS einleitende Pronomen eine DP- bzw. NP-Position im übergeordneten Satz einnimmt. Dies bedeutet insbesondere, dass es ggf. auch die Selektionsbedingungen des übergeordneten Verbs erfüllt, wodurch die Matching-Effekte leicht erklärt werden können. Umgekehrt ist es aber schwierig zu erklären, warum unter bestimmten Bedingungen Kasuskonflikte akzeptabel sind.

Der zweite Analysevorschlag wurde zuerst von Groos/van Riemsdijk (1981) in die Diskussion eingebracht. Er bedeutet letztlich, dass FRS attributiven RS mit Bezugsnomen gleichen, mit dem einzigen Unterschied, dass die Bezugsgröße der FRS leer ist.

Der dritte Analysevorschlag wird anknüpfend an Rooryck (1994) für das Deutsche z. B. von Vogel (2001) und Sternefeld (2008) vertreten, wobei Sternefeld (2008: 390) im Rahmen eines merkmalsbasierten Ansatzes dafür argumentiert, C⁰ als Positionskategorie zu analysieren. Dies begründet er mit Beispielen wie (103), die es erfordern, dass der leere C-Kopf gleichzeitig ein leerer P-Kopf sein muss.

(103) Ich warte, auf wen sie wartet.

Nach dem vierten Analysevorschlag wird das FRS-einleitende Pronomen als eine DP modelliert, die sowohl als Konstituente des übergeordneten Satzes (in Komplementposition zum Verb) als auch als Konstituente des FRS (in SpecCP-Position) fungiert. Beide Repräsentationen sind durch Pfropfung (*grafting*), wie van Riemsdijk (2006) es nennt, miteinander verbunden, so dass eine zweidimensionale Baumstruktur entsteht. Durch diese Analyse wird über das w-Pronomen Strukturteilung implementiert, da das w-Pronomen sowohl Forderungen des übergeordneten Prädikats als auch des FRS-Prädikats erfüllen muss. Ansätze mit einer ähnlichen Grundidee sind auch von Haider (1988) und Citko (1998, 2008) verfolgt worden. Problematisch für diesen Analyseweg sind allerdings wieder die Fälle, in denen Kasuskonflikte toleriert werden können.

Im Rahmen der constraintbasierten Grammatikanalyse hat sich Müller (1999) ausführlich mit den FRS befasst. Er arbeitet die Analyse (v) im Theorierahmen der *Head-driven Phrase-Structure Grammar* (Pollard/Sag 1994) aus und implementiert damit die Intuition, dass der FRS einen leeren Kopf modifiziert.

5 Diachrone Aspekte

Im Allgemeinen wird die Genese des heutigen *d*-eingeleiteten RS eng geknüpft an die Entstehungsgeschichte des Relativpronomens. So wird beispielsweise angenommen, dass der *d*-RS daraus resultiert, dass sich ein demonstratives *d*-Pronomen zu einem relativen *d*-Pronomen entwickelt hat. Lehmann (1995: 1207) nimmt an, dass in Folge dessen der bereits im Urgermanischen vorhandene partikeleingeleitete RS verdrängt wurde.

Nicht abschließend geklärt ist jedoch, nach welchem Szenario der *d*-RS entstanden ist. Auch die weit verbreitete These, dass der *d*-RS eine sprachgeschichtlich eher junge Erscheinung ist, wird in der neueren Forschung in Frage gestellt. So argumentiert Lühr (2004), dass es den *d*-RS (in Kombination mit einer Relativpartikel *the*) bereits im Protogermanischen gab. Dies hat Axel (2012) zu der Annahme veranlasst, dass das Relativpronomen aus dem RS selbst kommt. Sie entwirft anhand althochdeutscher Daten ein Szenario, wonach sich das *d*-Relativpronomen aus einem resumptiven Pronomen *ther* entwickelt hat, das im partikeleingeleiteten RS optional *w*-Bewegung an die linke Satzperipherie unterliegt. Geht die Partikel *the* verloren, verbleibt die Struktur des heutigen *d*-RS mit einleitendem Relativpronomen. Diese Analyse steht Szenarien entgegen, die voraussetzen, dass das *d*-Pronomen vom Hauptsatz in den RS übergetreten ist, was eine Reanalyse der Satzgrenze erfordert. Nach einer solchen Sichtweise modifiziert grob gesprochen ein asyndetischer, optional partikeleingeleiteter RS zunächst ein Demonstrativpronomen im Bezugssatz. Wenn Bezugssatzprädikat und RS-Prädikat die gleiche Kasusforderung an das Pronomen stellen, ist dieses prinzipiell ambig und kann entweder als ein dem Bezugssatz zugeordnetes Demonstrativpronomen oder als ein dem abhängigen Satz zugeordnetes Relativpronomen gedeutet werden. Dies ist die Voraussetzung dafür, dass sich die durch die zweite Lesart manifestierte Konstruktion als postnominaler RS weiterentwickelt, nicht zuletzt um Kasuskonflikte zu vermeiden. Siehe Lehmann (1984, 1995) und Pittner (1995) für elaborierte Varianten dieses Szenarios. Nach einem weiteren, alternativen Ansatz, den Axel (2012) das Parataxe-zu-Hypotaxe-Szenario nennt, hat sich das Relativpronomen aus einem anaphorischen Demonstrativpronomen entwickelt, während eine parataktische Satzreihe zu einer echten RS-Konstruktion ausgebaut wurde, vgl. Johansen (1935). Voraussetzung dafür ist ein Wandel der Verbzweitstellung zur Verbendstellung, wodurch der zweite Satz in der parataktischen Konstruktion zu einem Nebensatz degradiert wird, der die Basis für den postnominalen RS bildet. Ein Variante dieses Szenarios ist, dass der *d*-eingeleitete RS nicht aus selbständigen Sätzen, sondern auch aus nicht-kanonischen relativischen Nebensatzvarianten mit Verbzweitstellung, die im älteren Deutsch existierten, hervorgegangen ist, vgl. Zifonun (2001). Problematisch an Szenarien dieser Art ist allerdings, dass schon im ältesten Deutsch sowohl abhängige Verbletzt- als auch Verbzweitsätze überliefert sind, und es keinen Hinweis darauf gibt, dass die Verbzweitstellung zwingend die historisch primäre ist (Axel 2012: 254).

6 Typologische Aspekte

Relativierung ist ein universalgrammatisches Phänomen. Es scheint keine Sprache zu geben, in der Relativierung nicht ausgedrückt würde (vgl. Keenan/Comrie 1977). Allerdings ist es von der zugrunde gelegten Definition für den RS abhängig, ob alle Sprachen tatsächlich RS aufweisen, vgl. Lehmann (1995) und (Zifonun 2001). Im typologischen Vergleich wird beispielsweise deutlich, dass der finite RS nur *eine* Form des Relativsyntagmas darstellt. In anderen Sprachen werden – wie beispielsweise im Türkischen – Relativinfinitive zur Relativierung genutzt. Ebenso ist die für das Deutsche typische postnominale Stellung des kanonischen adnominalen RS typologisch nicht einheitlich. Im Japanischen beispielsweise werden die entsprechenden RS pränominal realisiert.

Um typologische Aspekte besser erfassen zu können, konzipiert Lehmann (1995: 1199) basierend auf Lehmann (1984) den RS als eine „interlinguale grammatische Kategorie" und definiert einen Prototyp, „mit dem Strukturphänomene einzelner Sprachen verglichen werden können." Im Zuge dessen „kann sich für eine gegebene Sprache herausstellen, dass sie eine Konstruktion besitzt, die zweifelsfrei unter die Definition fällt, oder eine Konstruktion, die nur marginal als RS zu betrachten ist, oder daß sie überhaupt keinen Relativsatz hat". Der prototypische RS erfüllt nach Lehmann (1984, 1995) eine Menge von grammatischen Bedingungen. Das Spektrum der Relativierungsstrategien in den Sprachen der Welt wird als graduelle Varianz hinsichtlich der Erfüllbarkeit dieser Bedingungen modelliert. Lehmann (1995) setzt insgesamt drei konstitutive syntaktische Operationen der RS-Bildung an: (i) Subordination/Nominalisierung, (ii) Attribution/Nukleusbildung und (iii) Leerstellenbildung/Anapher. Die Operation (i) steuert den Grad der Sententialität. Lehmann nimmt an, dass der RS ein subordinierter Satz ist, der durch die RS-Bildung an Nominalität gewinnt. Die Operation (ii) betrifft die Tatsache, dass sich Sprachen mit RS-Bildung darin unterscheiden, ob eine nominale Bezugsgröße des RS außerhalb des RS realisiert wird und der RS dieser attributiv zugeordnet wird (= Attribution) oder ob gar keine Bezugsgröße existiert, sondern stattdessen innerhalb des RS eine Konstituente grammatisch als Nukleus markiert wird (Nukleusbildung). Im ersten Fall wird i.A. von *externally headed relative clauses* und im zweiten Fall von *internally headed relative clauses* bzw. *headless relative clauses* gesprochen, vgl. Bhatt (2002). (iii) verweist auf die Art und Weise der Markierung der durch die Modifikation ausgedrückten relativierten Funktion, wozu beispielsweise im Deutschen das Relativpronomen verwendet wird, das zugleich den Nukleus im RS vertritt.

7 Zusammenfassung

Relativsätze bilden aus grammatischer Perspektive eine unheitliche Klasse. Neben kanonischen Relativsätzen existieren verschiedene nicht-kanonische Varianten wie Verbzweit-Relativsätze, freie Relativsätze oder weiterführende Relativsätze, die morpho-syntaktisch und/oder semantisch-pragmatisch in besonderer Weise gekennzeichnet sind.

8 Literatur

Amaral, P./Roberts, C./Smith, E.A. (2007): Review of ‚The Logic of Conventional Implicatures' by Chris Potts. In: Linguistics and Philosophy 30, 707–749.
Altmann, H. (2009): Cleft- und Pseudocleft-Sätze (Spalt- und Sperrsätze) im Deutschen. In: Brdar-Szabó, R./Knipf-Komlósi, E./Péteri, A. (Hgg.), An der Grenze zwischen Grammatik und Pragmatik. Frankfurt/Main: Lang, 13–34.
Arnold, D. (2007): Non-restrictive Relatives are not Orphans. In: Journal of Linguistics 43, 272–309.
Asher, N./Vieu, L. (2005): Subordinating and Coordinating Discourse Relations. In: Lingua 115, 591–610.
Axel, K. (2012): (Nicht-)kanonische Nebensätze im Deutschen: synchrone und diachrone Aspekte. Tübingen: Niemeyer.
Bausewein, K. (1991): Haben kopflose Relativsätze tatsächlich keine Köpfe? In: Fanselow, G./ Felix, S. (Hgg.), Strukturen und Merkmale syntaktischer Kategorien. Tübingen: Narr, 144–158.
Bayer, J. (1984): Comp in Bavarian Syntax. In: The Linguistic Review 3, 209–274.
Bhatt, R. (2002): The Raising Analysis of Relative Clauses: Evidence from Adjectival Modification. In: Natural Language Semantics 40, 43–90.
Bianchi, V. (2000): The Raising Analysis of Relative Clauses: A Reply to Borsley. In: Linguistic Inquiry 31, 123–140.
Birkner, K. (2008): Relativ(satz)konstruktionen im gesprochenen Deutsch: Syntaktische, prosodische, semantische und pragmatische Aspekte. Berlin: de Gruyter.

Boettcher, W. (2009): Grammatik verstehen. Tübingen: Niemeyer.
Brame, M.K. (1968): A New Analysis of the Relative Clause: Evidence for an Interpretive Theory. Unveröffentlichtes Manuskript, MIT.
Brandt, M. (1990): Weiterführende Nebensätze. Stockholm: Almquist & Wiksell.
Bresnan, J./Grimshaw, J. (1978): The Syntax of Free Relatives in English. In: Linguistic Inquiry 9, 331–391.
Carlson, G. (1977): Amount Relatives. In: Language 53, 520–542.
Chierchia, G./McConnell-Ginet, S. (1991): Meaning and Grammar. Cambridge, MA: MIT Press.
Chomsky, N. (1965): Aspects of the Theory of Syntax. Cambridge, MA: MIT Press.
Chomsky, N. (2000): Minimalist Inquiries: The Framework. In: Martin, R./Michaels, D./ Uriagereka, J. (Hgg.), Step by Step: Essays on Minimalist Syntax in Honor of Howard Lasnik. Cambridge, MA: MIT Press, 89–156.
Chomsky, N. (2001): Derivation by Phase. In: Kenstowicz, M. (Hg.), Ken Hale. A Life in Language. Cambridge, MA: MIT Press, 1–52.
Chomsky, N. (2008): On Phases. In: Freidin, R./Otero,C./Zubizaretta, M.-L. (Hgg.), Foundational Issues in Linguistic Theory, Cambridge, MA: MIT Press, 133–166.
Cooper, R. (1983): Quantification and Syntactic Theory. Dordrecht: Reidel.
Citko, B. (2001): Deletion under Identity in Relative Clauses. In: Kim, M./Straus, U. (Hgg.), Proceedings of the 31st North-Eastern Linguistic Society (NELS 31). Amherst, MA: GLSA, 131–145.
Citko, B. (2008): Missing Labels. In: Lingua 118, 907–944.
Dayal, V. (1996): Locality in Wh-Quantification: Questions and Relative Clauses in Hindi. Dordrecht: Kluwer.
de Vries, M. (2002): The Syntax of Relativization. Utrecht: LOT.
Doron, E. (1993): The Discourse Function of Appositives. In: Proceedings of the 9th Annual Conference of the Israel Association for Theoretical Linguistics, Bd. 1, 53–65.
Donati, C. (2006): On Wh-Head Movement. In: Cheng, L./Corver, N. (Hgg.), Wh-Movement. Moving On. Cambridge, MA: MIT Press, 21–46.
Duden-Grammatik (2005): Duden. Die Grammatik. 7. Aufl. Bd. IV. Hg. von der Dudenredaktion. Mannheim: Dudenverlag.
Eisenberg, P. (2006): Grundriss der deutschen Grammatik. 3. Aufl. Stuttgart: Metzler.
Evans, G. (1980): Pronouns. In: Linguistic Inquiry 11, 337–362.
Fabb, N. (1990): The Difference between English Restrictive and Non-Restrictive Relative Clauses, In: Journal of Linguistics 26, 57–77.
Fleischer, J. (2005): Relativsätze in den Dialekten des Deutschen: Vergleich und Typologie. In: Linguistik online 24, 171–186.
Frosch, H. (1996): Appositive und restriktive Relativsätze. In: Sprachtheorie und germanistische Linguistik 2, 7–19.
Gallmann, P. (1997): Zu Morphosyntax und Lexik der w-Wörter. Arbeitspapiere des Sonderforschungsbereichs 340, Sprachtheoretische Grundlagen für die Computerlinguistik, Nr. 107, Universität Tübingen.
Gärtner, H.-M. (2001): Are There V2 Relative Clauses in German? In: Journal of Comparative Germanic Linguistics 3, 97–141.
Gärtner, H.-M. (2002): On the Force of V2-Declaratives. In: Theoretical Linguistics 28, 33–42.
Grewendorf, G. (1986): Relativsätze im Deutschen: Die Rattenfängerkonstruktion. In: Linguistische Berichte 105, 409–434.

Grice, H.P. (1975): Logic and Conversation. In: Cole, P./Morgan, J. (Hgg.), Syntax and Semantics, Vol. 3. New York: Academic Press, 41–58.
Groos, A./Riemsdijk, H.C. van (1981): Matching Effects in Free Relatives. In: Belletti, A./Brandi, L./Rizzi, L. (Hgg.), Theory of Markedness in Generative Grammar. Pisa: Scuola Normale Superiore, 171–216.
Grosu, A. (1996): The Proper Analysis of ‚Missing P' Free Relative Constructions. In: Linguistic Inquiry 27, 257–293.
Grosu, A./Landman, F. (1998): Strange Relatives of the Third Kind. In: Natural Language Semantics 6, 125–170.
Haider, H. (1985): Der Rattenfängerei muß ein Ende gemacht werden. In: Wiener Linguistische Gazette 35/36, 27–50.
Haider, H. (1988): Zur Struktur der deutschen Nominalphrase. In: Zeitschrift für Sprachwissenschaft 7, 32–59.
Haider, H. (1994): Detached Clauses: The Later the Deeper. Arbeitspapiere des SFB 340, Sprachtheoretische Grundlagen für die Computerlinguistik, Nr. 41, Universität Tübingen.
Harbert, W. (1983): On the Nature of the Matching Parameter. In: The Linguistic Review 2, 237–284.
Harris, J.A. (2008): On the Syntax and Semantics of Heim's Ambiguity. In: Abner, N./Bishop, J. (Hgg.), Proceedings of the 27th West Coast Conference on Formal Linguistics (WCCFL 27). Somerville, MA: Cascadilla Proceedings Project, 194–202.
Heck, F. (2008): On Pied-piping – Wh-movement and Beyond. Berlin: Mouton de Gruyter.
Heck, F. (2009): On Certain Properties of Pied-piping. In: Linguistic Inquiry 1, 75–111.
Heidolph, K.E./Flämig, W./Motsch, W. (Hgg.) (1981): Grundzüge einer deutschen Grammatik. Berlin: Akademie Verlag.
Heim, I./Kratzer, A. (1998): Semantics in Generative Grammar. Blackwell, Oxford.
Helbig, G./Buscha, J. (1986): Deutsche Grammatik. Ein Handbuch für den Ausländerunterricht. Leipzig: Enzyklopädie.
Holler, A. (2005): Weiterführende Relativsätze. Empirische und Theoretische Aspekte. Berlin: Akademie Verlag.
Holler, A. (2007): Uniform oder Different? Zum Syntaktischen Status Nicht-Restriktiver Relativsätze. In: Deutsche Sprache 35, 250–270.
Holler, A. (2008): German Dependent Clauses from a Constraint-based Perspective. In: Fabricius-Hansen, C./Ramm, W. (Hgg.), ‚Subordination' versus ‚Coordination' in Sentence and Text. A Cross-linguistic Perspective. Amsterdam: Benjamins, 187–216.
Holler, A. (2009): Diskursrelationale Strukturen als Grundlage der Reliefgebung. In: Ehrich, V./Fortmann, C./Reich, I./Reis, M. (Hgg.), Koordination und Subordination im Deutschen. Linguistische Berichte, Sonderheft 16. Hamburg: Buske, 135–159.
Jacobson, P. (1995): On the Quantificational Force of English Free Relatives. In: Bach, E./Jelinek, E./Kratzer, A./Partee, B. (Hgg.), Quantification in Natural Languages, Vol. 2. Dordrecht: Kluwer, 451–486.
Johansen, H. (1935): Zur Entwicklungsgeschichte der altgermanischen Relativsatzkonstruktion. Kopenhagen: Levin & Munksgaard.
Kamp, H./Reyle, U. (1993): From Discourse to Logic. Dordrecht: Kluwer.
Kayne, R. (1994): The Antisymmetry of Syntax. Cambridge, MA: MIT Press.
Keenan, E.L./Comrie B. (1977): Noun Phrase Accessibility and Universal Grammar. In: Linguistic Inquiry 8, 63–99.
Kiss, T. (2005): Semantic Constraints on Relative Clause Extraposition. In: Natural Language and Linguistic Theory 23, 281–334.

Kuthy, K. de (1999): Linearization versus Movement: Evidence from German Pied-Piped Infinitives. In: Webelhuth, G./Koenig, J.-P./Kathol, A. (Hgg.), Lexical and Constructional Aspects of Linguistic Explanation, CSLI Publications, 97–112.
Larson, R.K. (1987): ‚Missing Prepositions' and the Analysis of English Free Relative Clauses. In: Linguistic Inquiry 18, 239–266.
Lees, R.B. (1960): The Grammar of English Nominalizations. The Hague: Mouton.
Lehmann, C. (1984): Der Relativsatz. Tübingen: Narr.
Lehmann, C. (1995): Der Relativsatz. In: Jacobs, J./Stechow, A. von/Sternefeld, W./Vennemann, T. (Hgg.), Syntax. Ein internationales Handbuch zeitgenössischer Forschung. Berlin: de Gruyter, 1199–1216.
Link, G. (1984): Hydras. On the Logic of Relative Constructions with Multiple Heads. In: Landman, F./ Veltman, F. (Hgg.), Varieties of Formal Semantics. Proceedings of the Fourth Amsterdam Colloquium, September 1982. Dordrecht: Foris, 245–257.
Lötscher, A. (1972): Some Problems Concerning Standard German Relative Clauses. The Chicago Which Hunt. Papers From the Relative Clause Festival. Chicago, IL: Chicago Linguistics Society, 47–58.
Lühr, R. (2004): Der Nebensatz in der Westgermania. Historische Sprachforschung. In: Poschenrieder, T. (Hg.), Die Indogermanistik und ihrer Anrainer. Dritte Tagung der Vergleichenden Sprachwissenschaftler der Neuen Länder, Universität Greifswald, Innsbruck 2004, 161–179.
McCawley, J.D. (1988): The Syntactic Phenomena of English, Vol. 2. Chicago: The University of Chicago Press.
Müller, S. (1999): An HPSG-analysis for Free Relative Clauses in German. In: Grammars 2, 53–105.
Oppenrieder, W. (1991): Preposition Stranding im Deutschen? – *Da will ich nichts von hören!* In: Fanselow, G./Felix, S. (Hgg.), Strukturen und Merkmale syntaktischer Kategorien. Tübingen: Stauffenburg, 159–173.
Orman Quine, W. van (1960): Word and Object. Cambridge, MA: MIT Press.
Pittner, K. (1991): Freie Relativsätze und die Kasushierarchie. In: Feldbusch, E./Pogarell, R./Weiá, C. (Hgg.), Neue Fragen der Linguistik. Akten des 25. Linguistischen Kolloquiums, Paderborn 1990. Bd. I. Tübingen: Niemeyer, 341–347.
Pittner, K. (1995): The Case of German Relatives. In: The Linguistic Review 12, 197–231.
Pittner, K. (2003): Kasuskonflikte bei freien Relativsätzen – eine Korpusstudie. In: Deutsche Sprache 31, 193–208.
Pittner, K. (2004): Wo in Relativsätzen – eine korpusbasierte Untersuchung. In: Zeitschrift für Germanistische Linguistik 32, 357–375.
Pollard, C./Sag, I. (1994): Head-driven Phrase Structure Grammar. Chicago: University of Chicago Press.
Potts, C. (2005): The Logic of Conventional Implicatures. Oxford: Oxford University Press.
Platzack, C. (2000): A Complement-of-N⁰ Account of Restrictive and Non-Restrictive Relatives: The Case of Swedish. In: Alexiadou, A./Law, P./Meinunger, A./Wilder, C. (Hgg.), The Syntax of Relative Clauses. Amsterdam: Benjamins, 265–308.
Reis, M. (1977): Präsuppositionen und Syntax. Tübingen: Niemeyer.
Reis, M. (1997): Zum syntaktischen Status unselbständiger Verbzweit-Sätze. In: Dürscheid, C./Ramers, K.-H./Schwarz, M. (Hgg.), Sprache im Fokus. Festschrift für Heinz Vater. Tübingen: Niemeyer, 121–144.
Riemsdijk, H.C. van (1984): On Pied Piped Infinitives in German Relative Clauses. In: Toman, J. (Hgg.), Studies in German Grammar. Dordrecht: Foris, 165–192.

Riemsdijk, H.C. van (1989): Swiss Relatives. In: Jaspers, D./Klooster, W./Putseys, Y./Seuren, P. (Hgg.), Sentential Complementation and the Lexicon. Studies in Honor of Wim De Geest. Dordrecht: Foris, 343–354.

Riemsdijk, H.C. van (2006): Free Relatives. In: Everaert, M./Riemsdijk, H.C. van (Hgg.), The Blackwell Companion to Syntax, Vol. II. Oxford: Blackwell, 338–382.

Rodman, R. (1976): Scope Phenomena, ‚Movement Transformations', and Relative Clauses. In: Partee, B.H. (Hg.), Montague Grammar. New York: Academic Press, 165–176.

Rooryck, J. (1994): Generalized Transformations and the Wh-cycle: Free Relatives as Bare Wh-CPs. In: GAGL 37, 195–208.

Ross, J.R. (1967): Constraints on Variables in Syntax. PhD Dissertation, MIT.

Ross, J.R. (1972): Act. In: Davidson, D./Harman, G. (Hgg.), Semantics of Natural Language. Dordrecht: Reidel, 70–126.

Sag, I.A. (1997): English Relative Clause Constructions. In: Journal of Linguistics 33, 431–484.

Salzmann, M. (2006): Resumptive Prolepsis. A Study of Indirect A'-Dependencies. Utrecht: LOT.

Schachter, P. (1973): Focus and Relativization. In: Language 49, 19–46.

Schaffranietz, B. (1999): Relativsätze in aufgabenorientierten Dialogen. Funktionale Aspekte ihrer Prosodie und Pragmatik in Sprachproduktion und Sprachrezeption. Dissertation, Universität Bielefeld.

Sells, P. (1985): Restrictive and Non-Restrictive Modification. CSLI Report No. 85-28, Leland Stanford Junior University, 1–33.

Stechow, A. von (1979): Visiting German Relatives. In: Bäuerle, R./Egli, U./Stechow, A. von (Hgg.), Semantics from Different Points of View. Berlin: Springer, 226–265.

Sternefeld, W. (2008): Syntax: Eine morphologisch motivierte generative Beschreibung des Deutschen. 3. Aufl. Tübingen: Stauffenburg.

Stuurman, F. (1983): Appositives and X-bar Theory. In: Linguistic Inquiry 14, 736–744.

Wiltschko, M. (1999): Free Relatives as Indefinites. In: Shahin, K./Blake, S./Kim, E.-S. (Hgg.), Proceedings of WCCFL XVII. Stanford: CSLI Publications, 700–712.

Vogel, R. (2001): Case Conflict in German Free Relative Constructions: An Optimality Theoretic Treatment. In: Müller, G./Sternefeld, W. (Hgg.), Competition in Syntax. Berlin: Mouton de Gruyter, 341–375.

Vogel, R. (2002): Free Relative Constructions in OT Syntax. In: Fanselow, G./Féry, C. (Hgg.), Resolving Conflicts in Grammars: Optimality Theory in Syntax, Morphology, and Phonology. Linguistische Berichte, Sonderheft 11. Hamburg: Buske, 119–162.

Zifonun, G. (2001): Grammatik des Deutschen im europäischen Vergleich: Der Relativsatz. Mannheim: IDS.

Zifonun, G./Hoffmann, L./Strecker, B. et al. (1997): Grammatik der deutschen Sprache. 3 Bde. Berlin: de Gruyter.

Zimmermann, I. (1992): Der Skopus von Modifikatoren. In: Zimmermann, I./Strigin, A. (Hgg.), Fügungspotenzen. Berlin: Akademie Verlag, 251–279.

Anke Holler

13 Adverbial eingeleitete Verbletztsätze

1 Beispiele
2 Terminologie
3 Markierungsebenen
4 Theoretische Probleme
5 Zusammenfassung
6 Literatur

1 Beispiele

Die durch Fettsetzung ausgezeichneten Sätze in den folgenden Beispielen sind typische Exemplare des hier zu behandelnden Satztyps:

(1) **Wenn der Herbst mit seinen langen Abenden kommt**, wird es Zeit für alle Leseratten, sich mit Lesestoff einzudecken. (Niederösterreichische Nachrichten, 15. 09. 2008)

(2) Die Lager sind auf jeden Fall gefüllt, **weil der Sommer noch nicht das Gelbe vom Ei war**. (Frankfurter Allgemeine, 26. 07. 2005)

(3) Der Mann hat, **wenn man sich vor Augen führt**, welches Erbe er antrat, tatsächlich einen guten Job gemacht. (Mannheimer Morgen, 20. 01. 2010)

Die Sätze sind (A) durch eine nicht flektierbare, unveränderliche Einheit wie *wenn* oder *weil* eingeleitet, die (B) selbst kein Satzglied des von ihr eingeleiteten Satzes ist, und (C) das Finitum befindet sind am Satzende (daher Verbletzt). Die Beispiele zeigen auch, dass Sätze dieses Satztyps variabel sind in Bezug auf ihre Stellung im Gesamtsatz (Merkmal (D): Sie können dem Hauptsatz vorangehen und dabei das Vorfeld im Gesamtsatz einnehmen (vgl. (1)), sie können aber auch dem Hauptsatz nachfolgen und dann das Nachfeld des Gesamtsatzes besetzen (vgl. (2)). Seltener werden sie auch in das Mittelfeld des Hauptsatzes eingeschoben (vgl. (3)). Beispiel (3) zeigt exemplarisch auch, dass Sätze dieses Typs selbst Matrixsatz für weitere Sätze sein können, im Beispiel für den durch *welches Erbe* eingeleiteten Satz.

Mit den Beispielen ist auch angedeutet, dass die „Verbletztsatz-Einleiter" in der Regel eine bestimmte semantische Beziehung zwischen dem Inhalt des Verbletztsatzes und des Hauptsatzes (oder allgemeiner des Matrixsatzes) ausdrücken: *wenn* drückt eine temporale oder konditionale Beziehung aus, *weil* eine kausale. Weitere Verhältnisse, die typischerweise durch diesen Satztyp ausgedrückt werden sind: Finalität (*damit*), Konzessivität (*obgleich*), Konsekutivität (*sodass*) oder auch Adversativität (*während*) usw. Es herrscht in der Forschung und Grammatikschreibung keine Einigkeit darüber, wie viele solche Verhältnisse es gibt und wie sie zu unterscheiden sind. Pittner (Adverbialsätze in diesem Band) orientiert sich an der klassischen Einteilung, fasst jedoch ähnlich wie die IDS-Grammatik Kausalität, Konsekutivität, Konzessivität und Finalität sowie auch das Irrelevanzkonditionale zur Großklasse der Grund-Folge-Relationen zusammen. Klar ist in jedem Fall, dass die Einleitungselemente verantwortlich sind für die Art des semantischen Verhältnisses zwischen den Inhalten der Teilsätze. Sie haben somit „lexikalische Bedeutung" (vgl. Eisenberg 2006: 204).

Für unseren Zusammenhang ist die Abgrenzung gegenüber anderen Verbletztsatztypen wesentlich, zum einen gegenüber Sätzen, die mit einem w- oder d-Element eingeleitet werden, zum anderen gegenüber Sätzen mit *dass* oder *ob* als Einleitungselement. In beiden Fällen fehlt ein Einleitungselement mit einer lexikalischen Bedeutung. Allerdings gibt es einen Übergangsbereich zwischen w-Elementen, insbesondere w-Adverbien wie *wo, wobei, worauf, warum* und den Verbletztsatz-Einleitern, die hier interessieren, auf den wir weiter unten eingehen (vgl. Abschnitt 3.6).

2 Terminologie

Traditionell werden Verbletztsatz-Einleiter dieser Art als ‚Konjunktionen' bezeichnet, die von ihnen eingeleiteten Sätze als ‚Konjunktionalsätze'. Um diese Art Konjunktionen etwa von *und, oder, denn* zu unterscheiden, spricht man genauer auch von ‚unterordnenden' bzw. ‚subordinierenden Konjunktionen' gegenüber ‚nebenordnenden' bzw. ‚koordinierenden Konjunktionen'. Da die beiden Konjunktionenarten und die von ihnen eingeleiteten Sätze sich syntaktisch (und semantisch oder pragmatisch) stark unterscheiden, werden neuerdings häufig Bezeichnungen ohne einen gemeinsamen Oberbegriff bevorzugt. Man unterscheidet dann Konjunktionen bzw. Konjunktoren (wie *und, oder* mit Verbzweitstellung) und Subjunktionen oder Subjunktoren (mit Verbletztstellung). Entsprechend werden die Satztypen als Subjunktionalsätze bzw. als Subjunktorsätze bezeichnet. In HDK-1 wird der Terminus ‚Subjunktorphrase' anstelle von Subjunktorsatz gewählt, weil der Subjunktor als syntaktisch determinierendes Element der Konstruktion, als ihr ‚Kopf' zu werten ist, nicht der von ihr determinierte Satz. Die folgende Tabelle gibt einen Überblick über die in Grammatiken und Handbüchern verwendeten Termini:

	(subordinierende/ unterordnende) Konjunktion	Subjunktion	Subjunktor
Konjunktionssatz	Paul (1920)		
Konjunktionalsatz	Eisenberg (2006)		
Subjunktionalsatz		Duden (2009), Eroms (2000)	
Subjunktorsatz			Engel (2004), Fabricius-Hansen (2007), IDS-Grammatik
Subjunktorphrase			HDK-1

Tab. 1: Überblick zur Terminologie

Mit der rein formbezogenen Bezeichnung ‚Subjunktorsatz' ist (z.B. nach IDS-Grammatik) keine Abgrenzung gegenüber den *dass-* und *ob-*Sätzen geleistet: Auch diese „subordinieren" und fordern Verbletztstellung. Diese Abgrenzung kann offensichtlich nur über ein semantisches Kriterium erfolgen oder ein Kriterium nach den syntaktischen Funktionen der Sätze. Traditionell geschieht Letzteres. Man spricht mit Blick auf Sätze wie (1) bis (3) von ‚Adverbialsätzen' und meint damit die syntaktische Funktion der Adverbialbestimmung. Der *weil*-Satz ist ebenso wie etwa der Ausdruck *aus diesem Grund* bzw. *deswegen*, mit dem er austauschbar ist, in dem Gesamtsatz eine adverbiale Bestimmung. Als adverbiale Bestimmung ist der Subjunktorsatz auf den gesamten Restsatz bezogen (vgl. etwa zur Definition bei Eisenberg 2006: 49). Wie in Abschnitt 3.5 gezeigt werden wird, ist die Adverbialbestimmung zwar die typische syntaktische Funktion dieser Sätze, aber nicht die einzig mögliche. Eine differenzierende Bezeichnung mit Bezug auf die semantische Funktion der Sätze, unabhängig von der syntaktischen Funktion, erscheint daher angemessener. In der Duden-Grammatik (2009: § 1689) wird hier von ‚Verhältnissatz' im Gegensatz zum durch *dass/ob* eingeleiteten ‚Inhaltssatz' gesprochen. Unter diesen Begriff fallen aber auch konditionale und andere Verberstsätze wie in Beispiel (4), das Beispiel (1) weitgehend entspricht:

(4) **Kommt der Herbst mit seinen langen Abenden**, wird es Zeit für alle Leseratten, sich mit Lesestoff einzudecken.

Man müsste daher genauer von ‚Verhältnissätzen mit Subjunktor' oder ‚Subjunktor-Verhältnissätzen' sprechen. Wir schlagen eher den umschreibenden Terminus: ‚durch einen Subjunktor mit lexikalischer Bedeutung eingeleitete Verbletztsätze' vor, oder kürzer: ‚Verbletztsätze mit semantischem Subjunktor'. Damit berufen wir uns auf die Analogie zu ‚semantischen' Präpositionen wie *auf* oder *vor* (z. B. in *Das Buch liegt auf dem Tisch, Er kommt vor 12 Uhr*) gegenüber ‚formalen' Präpositionen wie dt. *von* in *das Buch von Hans* oder frz. *de* in *chemin de fer*. In einer entsprechenden Beziehung stehen auch die ‚semantischen' Subjunktoren *weil, wenn* usw. gegenüber den formalen *dass* und *ob*.[1] Wo keine Missverständnisse aufkommen können, sprechen wir auch weiterhin kurz von Subjunktorsätzen. Wir sehen damit auch von der in generativen Ansätzen vorherrschenden Begrifflichkeit ab, nach der *dass* und *ob* als ‚Komplementierer' (‚complementizer') von den übrigen Verbletztsatz-Einleitern abgegrenzt werden.

3 Markierungsebenen

3.1 Reihenfolgemerkmale

Zu unterscheiden ist die interne Reihenfolge im Subjunktorsatz von der Stellung des Subjunktorsatzes im Gesamtsatz, also der externen Topologie.

Im Subjunktorsatz besetzt der Subjunktor entsprechend der Feldereinteilung des deutschen Satzes die linke Satzklammer, das Vorfeld entfällt, im Mittelfeld erscheinen in der Regel alle Satzglieder außer dem Prädikat, darunter auch das Subjekt. Die Reihenfolge der einzelnen Mittelfeldkonstituenten folgt den generell hierfür geltenden Prinzipien. In der rechten Satzklammer werden das finite Verb (i) und gegebenenfalls die anderen das Prädikat bildende infiniten Teile des Verbalkomplex positioniert (ii). Eine Nachfeldbesetzung ist nicht ausgeschlossen, aber markiert (iii).

linke Satzklammer	Mittelfeld	rechte Satzklammer	Nachfeld
(i) wenn	[der Herbst]$_{Subj}$ [mit seinen langen Abenden]$_{Adv}$	kommt	
(ii) wenn	[der Herbst]$_{Subj}$ [mit seinen langen Abenden]$_{Adv}$	gekommen sein wird	
(iii) wenn	[der Herbst]$_{Subj}$	kommt	[mit seinen langen Abenden]$_{Adv}$

Tab. 2: Topologie der Verbletztsätze mit semantischem Subjunktor

---

[1] Die Existenz von zwei formalen Subjunktoren zeigt aber, dass immerhin jeweils vergleichsweise abstrakte semantische Werte ausgedrückt werden. Diese beziehen sich auf den Wahrheitsstatus der durch den Nebensatz ausgedrückten Proposition; vgl. dazu IDS-Grammatik (S. 2253–2258) sowie Axel, Unselbstständiger *dass*- und *ob*-VL-Satz, in diesem Band, Abschnitt 1.4, und Pittner, Akkusativobjektsätze, in diesem Band, Abschnitt 2.

Die Topologie insbesondere des Mittelfeldes hängt wie bei anderen Satztypen eng mit der Fokusstruktur, also der Vordergrund-Hintergrund-Gliederung zusammen, mittelbar auch mit der Intonation, die entscheidend an der Fokusstruktur beteiligt ist (vgl. auch Abschnitt 3.4) zur externen Topologie.

Bereits anhand der Beispiele (1) bis (3) wurde, gezeigt, dass Verbletztsätze mit semantischem Subjunktor im Allgemeinen im Vorfeld, Nachfeld oder (seltener) im Mittelfeld ihres Matrixsatzes erscheinen können. Alle drei Reihenfolgebeziehungen sind im Prinzip mit den drei später zu erläuternden fokalen Strukturen vereinbar (vgl. HDK-1: 371ff.):
- Matrixsatz und Subjunktorsatz liefern beide Vordergrundinformation.
- Der Matrixsatz liefert Hintergrund-, der Subjunktorsatz Vordergrundinformation.
- Der Subjunktorsatz liefert Hintergrund-, der Matrixsatz Vordergrundinformation.

Wenn beide Sätze Vordergrundinformation liefern, also neue oder hervorzuhebende Information, scheint allerdings die Reihenfolge Subjunktorsatz im Vorfeld des Matrixsatzes zu überwiegen, während sonst die Nachfeldposition dominant ist.

Eine Reihe von Verbletztsatzeinleitern beschränken jedoch die Stellungsmöglichkeiten in der Weise, dass nur die Position im Nachfeld des Matrixsatzes zugelassen ist, wie in:

(5) Der August kann ja noch immer sehr heiß werden, **so dass der Sommer dann ganz anders als bislang in Erinnerung bleibt.** (Nürnberger Nachrichten, 26. 07. 2004)

(6) Der Winter geht von Mai bis November und ist recht trocken, **wohingegen der Sommer von November bis Mai recht feucht ist.** (Wikipedia-Eintrag zu Mauritius)

Hierher gehören unter anderem folgende Einleitungselemente: *so dass/sodass, als dass, zumal* sowie eine ganze Reihe von mit einem *w*-Element zusammengesetzte Formen wie: *weshalb, weswegen, wobei, wodurch, wohingegen.* In HDK-1 werden diese Elemente als ‚Postponierer' bezeichnet und von den Subjunktoren getrennt (vgl. auch zur Liste der Postponierer HDK-1: 418). Die durch einen Postponierer eingeleiteten Sätze werden dort als ‚Postponiererphrasen' bezeichnet. Wir folgen diesem Vorschlag hier nicht: Auch sie betrachten wir als ‚Verbletztsätze mit semantischem Subjunktor'. Allerdings wird in Abschnitt 3.6 zu prüfen sein, ob bei den mit einem *w*-Element eingeleiteten Sätzen Merkmal (B) in allen Fällen erfüllt ist, ob also das *w*-Element in der Tat keinen Satzgliedstatus im von ihm eingeleiteten Satz hat.

Neben der Position in den zur Satzstruktur im engeren Sinne gehörenden Feldern Vorfeld, Nachfeld oder auch Mittelfeld können Verbletztsätze mit semantischem Subjunktor unter bestimmten informationsstrukturellen Bedingungen auch Positionen einnehmen, die außerhalb dieser zentralen Satzstruktur liegen:

(1) a. Wenn der Herbst mit seinen langen Abenden kommt, **dann** wird es Zeit für alle Leseratten, sich mit Lesestoff einzudecken.
  b. Es wird Zeit für alle Leseratten, sich mit Lesestoff einzudecken, liebe Leute, wenn der Herbst mit seinen langen Abenden kommt.

(7) Wenn Sie mich fragen, der Herbst ist bereits da.

In (1a) und (1b) ist der Verbletztsatz aus der zentralen Satzstruktur ‚herausgestellt' (zu Herausstellung vgl. Altmann 1981). Bei (1a) spricht man dann von ‚Linksversetzung' in eine Position im ‚linken Außenfeld' (vgl. IDS-Grammatik) oder auch im ‚Vorvorfeld' (Duden-Grammatik 2009: § 1384). Charakteristisch ist hier die Wiederaufnahme des Nebensatzes durch ein Adverb wie *dann* oder *so*, das als ‚Korrelat' fungiert.[2] Bei (1b) handelt es sich um ‚Rechtsversetzung' bzw. einen ‚Nachtrag' (nach Altmann 1981): Im Nachfeld des Matrixsatzes befindet sich die Infinitivkonstruktion. Auf diese folgt die Anrede *liebe Leute*, die nicht in den Gesamtsatz integriert ist und dem ‚rechten Außenfeld' bzw. ‚Nachnachfeld' zuzuordnen ist. Erst dann folgt der rechtsversetzte *wenn*-Satz. Um welche Satzposition im weiteren Sinne es sich dann handelt, ist in der Literatur umstritten.

Bei (7) befindet sich der *wenn*-Satz syntaktisch desintegriert vor dem regulär mit dem Vorfeld beginnenden Hauptsatz. Anders als bei (1a) gibt es kein Korrelat. Syntaktische Desintegration an der linken Peripherie ist charakteristisch für epistemische oder illokutionsbezogene Verwendungen von Nebensätzen (wie in (7)).

3.2 Morphologische Merkmale

Zu beachten ist hier lediglich die morphologische Struktur des Subjunktors. Es finden sich sowohl morphologisch einfache Einheiten (wie *weil, da, wenn, als*) als auch morphologisch komplexe, die erkennbar aus mehreren Morphemen bestehen (wie *bevor, indem, nachdem, obgleich, wobei*). Neben solchen wortförmigen Subjunktoren (zu einer vollständigen Liste vgl. Fabricius-Hansen 2007: 760) wer-

---

[2] Korrelate in ‚Angabesätzen' bilden nach Zitterbart, Satztyp und Korrelat, in diesem Band, Abschnitt 3.2 eine heterogene Gruppe, in der sich die Vielfalt der semantischen Verhältnisse zwischen Matrix- und Untersatz widerspiegeln kann.

den auch Wortverbindungen zu den Subjunktoren gerechnet wie *wenn auch, als ob, auf dass, angenommen, dass* (vgl. dazu Fabricius-Hansen 2007: 764 ff.).

Generell gilt, dass Subjunktoren in enger Beziehung zu Ausdrücken anderer Wortklassen stehen, ja dass sie im Laufe der Sprachentwicklung durch so genannte ‚Grammatikalisierung' aus ihnen hervorgegangen sind: Der Subjunktor *da* hat sich aus dem Adverb *da* entwickelt, der Subjunktor *wenn* ist eng bezogen auf das Interrogativadverb *wann*, der Subjunktor *als* hängt mit der Vergleichspartikel *als* zusammen. Darin spiegelt sich wider, dass Subjunktoren in einer frühen historischen Stufe des Deutschen noch nicht als eigene Klasse konsolidiert waren. Dies hat auch mit der vergleichsweise späteren Herausbildung subordinierender Syntax überhaupt zu tun, auch in anderen Sprachen lassen sich vergleichbare Entwicklungen nachweisen (vgl. z. B. Kortmann 1998).

In den morphologisch komplexen Subjunktoren ist oft ein Teil enthalten, der sonst als Präposition vorkommt (*bevor, indem, nachdem, seitdem, wobei*). Transparent sind solche Zusammensetzungen, wenn der andere Bestandteil als Komplement der Präposition verstanden werden kann. Dies ist der Fall z. B. bei *indem, nachdem, seitdem*, wo auf die Präposition die der Rektion entsprechende Dativform *dem* folgt, die wir dem Demonstrativpronomen *der/die/das* zuordnen können. Bei *wobei, weswegen* geht der erste Bestandteil auf w-Elemente zurück, die im Deutschen interrogative oder relative Funktion haben: *wo* ist Interrogativ- bzw. Relativadverb, *wes* die Kurzform des Genitivs des Interrogativ- und Relativpronomens *wer/was*. Die demonstrativen bzw. relativen Bestandteile der Subjunktoren verweisen hier auf einen der Sachverhalte, die durch den Subjunktor ins Verhältnis gesetzt werden:

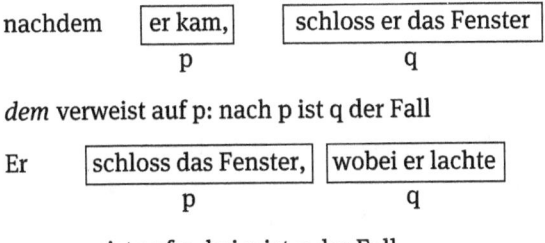

dem verweist auf p: nach p ist q der Fall

wo verweist auf p: bei p ist q der Fall

3.3 Kategoriale Merkmale

Ein kategoriales Merkmal aller Subjunktoren ist, dass sie Verbletztsätze (als Komplement) fordern. Man kann sie (vgl. HDK-1) als Köpfe der von ihnen eingeleiteten Struktur betrachten, die dann Subjunktorphrasen sind. Es handelt sich um exozentrische Phrasen, d. h. der Phrasenkopf ist kategorial verschieden von der mit ihm gebildeten Phrase, ähnlich wie bei Präpositionen im Verhältnis zu Präpositionalphrasen. Die Forderungen an das Komplement des Subjunktors beziehen sich, genauer betrachtet, nicht nur auf die Position des Verbs. Das Komplement des Subjunktors ist: ein Satz mit finitem Verb in Letztposition oder anders gesagt: ein finites Verb mit allen Komplementen (einschließlich des Subjekts) und Supplementen/Adjunkten. Andere Merkmale des Verbs, etwa der Verbmodus sind nicht kategorial festgelegt. Konjunktivsetzung ist vielmehr bei einzelnen Subjunktoren semantisch bedingt. So steht bei *wenn* in kontrafaktischen Bedingungsgefügen sowie bei kontrafaktischen Konsekutivsätzen mit *als dass* oder kontrafaktischen Vergleichssätzen mit *als ob/als wenn* in der Regel Konjunktiv II (Präteritum, Plusquamperfekt); vgl. IDS-Grammatik: 1750f. Bei Subjunktoren mit finaler bzw. deontischer Bedeutung wie *damit, auf dass* kann in gehobenem Register Konjunktiv I (Präsens, Perfekt) stehen; vgl. IDS-Grammatik: 2318.

Komplement eines Subjunktors kann in bestimmten Fällen auch eine nichtsatzförmige Struktur sein, nach HDK-1 (S. 361ff.) ein ‚Nichtsatz'. Man kann hier von Ellipsen ausgehen. Dabei entfallen entweder Subjekt und Hilfs- oder Kopulaverb (8) oder das Weggelassene ist aus dem Kontext zu erschließen (9):

(8) Weil er von allen geschätzt wird, wurde er zum Sprecher gewählt.
Obwohl sie tüchtig und freundlich ist, traut man ihr nicht.

(9) Wenn sie kommt, machen wir einen Spaziergang, wenn sie nicht kommt, bleiben wir zuhause.

3.4 Intonatorische Merkmale

Wir gehen nur knapp vor allem auf den Aspekt der Akzentuierung ein. Zum Aspekt des Tonmusters von Verbletztsätzen mit semantischem Subjunktor wird auf die Darstellungen in der IDS-Grammatik (S. 201) sowie vor allem auf HDK-1 (S. 371ff.) verwiesen. Wesentlich ist hier: Entsprechend ihrem Status als subordinierte Sätze werden solche Nebensätze in der Regel durch ein so genanntes ‚progredientes Tonmuster' in den Gesamtsatz integriert.

Allerdings können Subjunktorsätze mit semantischem Subjunktor auch durch finale Grenztonmuster und eine deutliche Pause abgetrennt werden. Dadurch wird ein Status als eigene ‚kommunikative Minimaleinheit' signalisiert.

Verbletztsätze mit semantischem Subjunktor können zusammen mit ihrem Matrixsatz eine einzige Akzentdomäne bilden. In diesem Fall gilt:
- Jeder der Teilsätze hat einen Satzakzent, der bei „normaler Betonung" (vgl. Höhle 1982) den Regeln der so genannten ‚Fokus-Projektion' folgt.

– Einer der beiden Satzakzente ist jedoch stärker hervorgehoben; er ist der Satzakzent des Gesamtsatzes. Die anderen Akzentstellen werden zu ‚Nebenakzenten'.

Der Träger des Satzakzents des Gesamtsatzes ist Teil des informationellen Vordergrundes, er ist ‚Fokus-Exponent'. Der Fokus (kurz: ‚F') kann dabei unterschiedlich weit ausgedehnt sein (vom Morphem, über die lexikalische Einheit als ‚minimalen Foki', die Phrase bis zur ganzen Verbalgruppe bzw. Verbalphase bzw. dem ganzen Teilsatz als ‚maximalem Fokus'). Sowohl der Matrixsatz als auch der Nebensatz können den Fokus-Exponenten enthalten, jeder der beiden kann ‚fokal' sein. Die übrigen Teile des Gesamtsatzes bilden dann den (noch in sich möglicherweise abgestuften) Hintergrund (kurz: ‚H'). In (2a) ist der Nebensatz fokal, in (2b) der Hauptsatz. (Der Träger des Satzakzentes des Gesamtsatzes ist durch Fettdruck + Unterstreichung gekennzeichnet, der Träger eines Nebenakzentes nur durch Unterstreichung.):

(2) a. [A: Warum sind denn die Lager noch gefüllt. B:] [Die Lager sind noch gefüllt]-H [weil der Sommer noch nicht das Gelbe vom **Ei** war] -F.

b. [Der Sommer war ja bisher nicht so berühmt. B] [Die Lager sind auch noch **gefüllt**]-F [weil der Sommer noch nicht das Gelbe vom Ei war] -H.

Wenn beide Teilsätze neue oder gleichermaßen relevante Information bringen, können auch beide Teilsätze fokal sein. Nach HDK-1 (S. 372) liegt der „Hauptakzent der Konnektorkonstruktion" hier grundsätzlich im letzten Konnekt:

(2) c. [A: wie ist denn nun die Lage in Ihrem Bereich? B] [weil der Sommer noch nicht das Gelbe vom Ei war] -F [sind die Lager noch **gefüllt**]-F

Wichtig ist noch folgende Besonderheit. Auch die Subjunktoren selbst können (als minimale Foki) den Hauptakzent tragen:

(10) [A. Ich habe dich doch gewarnt, dieses Unternehmen ist gefährlich. B] [**weil** -F [es so gefährlich ist]-H [hat es mich ge_reizt_]-F

Bei einer Hervorhebung des formalen Subjunktors *dass* spricht man von Verum-Fokus (vgl. Höhle 1992). Dabei wird auf die Tatsache, dass der Sachverhalt besteht, abgehoben. Durch Betonung eines semantischen Subjunktors hingegen wird auf das unerwartete semantische Verhältnis zwischen den Sachverhalten gezielt (vgl. auch Pittner, Adverbialsatz in diesem Band, Abschnitt 2.3.3).

3.5 Mögliche syntaktische Funktionen von Verbletztsätzen mit semantischem Subjunktor

Alle Verbletztsätze mit semantischen Subjunktoren werden als adverbiale Bestimmungen mit Bezug auf den Matrixsatz gebraucht, in der Terminologie der IDS-Grammatik somit als ‚Satzadverbialia'. Dies ist ihre prototypische syntaktische Funktion. Alle bisher genannten Beispiele für Subjunktorsätze waren dieser Art – wobei unter die syntaktische Funktion des Satzadverbials semantisch sowohl propositionsbezogene als auch epistemisch oder illokutionsbezogen zu interpretierende Sätze fallen. Adverbiale Bestimmungen sind in der Regel nicht valenzgebunden; sie können als adverbiale Supplemente (in der Terminologie der IDS-Grammatik) frei zum Matrixsatz hinzugesetzt werden. Bei einem Verb wie *dauern* ist eine adverbiale Bestimmung der Zeit dagegen durch die Valenz gefordert. Eine Realisierungsform neben anderen (NP, Adjektivphrase, PP) ist der Nebensatz mit dem Subjunktor *bis*:

(11) Die Sitzung dauert drei Stunden / sehr lange / bis fünf Uhr / **bis alle Themen abgearbeitet sind.**

In der Terminologie der IDS-Grammatik handelt es sich dann um ein Adverbialkomplement. Auch als Ergänzung zu einem Kopulaverb, somit als Prädikativkomplement, sind gewisse Subjunktorsätze mit einem semantischen Subjunktor möglich, z.B. anstelle eines prädikativen Adjektivs:

(12) Das ist schwierig / **als ob man nie fertig würde.**

Eine bedeutendere Rolle spielen jedoch vor allem *wenn*- und *wie*-Sätze, die als Objekt (Akkusativobjekt (13a, 14) oder Präpositionalobjekt (13b)) bei einem Verb erscheinen, das in der Regel einen *dass*-Satz für diese Komplementstelle fordert:

(13) a. Ich bedaure sehr, dass ich Sie gekränkt habe / **wenn ich Sie gekränkt habe.**
 b. Wir freuen uns, dass es Ihnen gut geht / **wenn es Ihnen gut geht.**

(14) Alle sahen, dass er die Treppe herunterging / **wie er die Treppe herunterging.**

Vor allem bei Nebensätzen mit einem temporalen Subjunktor wie *als, wenn, bevor* usw. kann auch ein Bezug auf eine nominale bzw. präpositionale Konstituente oder ein Adverb vorliegen. Sie haben dann die syntaktische Funktion des Attributs.

(15) Im Jahr 2003, als das Wetter außergewöhnlich gut war, wurden in den Sommer- und Freibädern 2,4 Millionen Gäste gezählt. (Berliner Zeitung, 12. 05. 2005)

(16) Immer, wenn es kalt wird, wachsen die Zweifel an der Klimaerwärmung. (St. Galler Tagblatt, 23. 03. 2010)

Handelt es sich bei der Bezugskonstituente um ein semantisch redundantes Adverb wie *dann*, (polyfunktional) oder *deshalb* (kausal), so können diese auch als Korrelate zum Subjunktorsatz ohne eigene syntaktische Funktion eingestuft werden, der seinerseits als adverbiale Bestimmung fungiert:

(17) Die Giraffe, glaubte er, hat deshalb einen langen Hals, weil sie ihn Generation um Generation nach immer höheren Blättern streckte. (die tageszeitung, 03. 04. 2009)

3.6 Verbletztsatz-Einleiter mit syntaktischer Funktion

Wie in Abschnitt 3.1 angedeutet, gibt es Verbletztsatz-Einleiter, die Kriterium (B), fehlender Satzgliedstatus für das Einleitungselement, nicht klar erfüllen. *w*-Elemente wie *wie, wo, wann, warum, wobei, womit, wogegen* werden, sofern sie Hauptsätzen einleiten, als Interrogativadverbien mit der syntaktischen Funktion des adverbialen Supplementes oder (seltener) adverbialen Komplementes gebraucht:

(18) Wie/Wo/Wann/Warum/Womit/ hast du das getan? / Wobei hat man dich erwischt?

(19) Wogegen hast du dich eingesetzt?

In vergleichbarer Funktion werden sie auch in subordinierten Sätzen – so genannten ‚indirekten Fragesätzen' – gebraucht.

(20) Ich frage dich, wie/wo/wann/warum/womit du das getan hast / wobei man dich erwischt hat / wogegen du dich eingesetzt hast.

Sätze mit *w*-Elementen können aber auch ohne die interrogative (oder allgemeiner propositionsfundierte) Funktion gebraucht werden, man spricht dann von freien Relativsätzen (oder gegenstandsfundierten *w*-Sätzen):

(21) Er spielt, wo/womit schon sein Vater gespielt hat. / Ich kämpfe nur, wogegen zu kämpfen es sich lohnt.
‚mit dem Gegenstand, mit dem sein Vater schon gespielt hat' / ‚gegen die Dinge/Verhältnisse, ...'

Auch als Attribute zu Substantiven oder Pronomina erscheinen *w*-Sätze und zwar in Parallele zu beiden Verwendungen auf der Satzebene:

(22) Die Frage, wie/wo/wann/warum/womit du das getan hast, liegt mir am Herzen.

(23) a. Das Problem, **womit** wir immer konfrontiert sind, ist (...)
b. Das Problem, **mit dem** wir immer konfrontiert sind, ist (...)

Attributsätze wie in (23a) bezeichnet man als Relativsätze, *womit* ist hier Relativadverb. In diesem Fall ist in der Regel eine Ersetzung des *w*-Adverbs durch Präposition + Relativpronomen wie in (23b) möglich.

Ist die Bezugsgröße eines Relativadverbs wie *womit, wogegen, wobei* ein ganzer Satz, spricht man von ‚weiterführenden Relativsätzen':

(24) Die Angelegenheit ist nun abgeschlossen, womit sich alle abfinden müssen / wogegen niemand etwas einzuwenden hatte / wobei jeder zu seinem Recht kam.

In all diesen Fällen hat das *w*-Adverb in dem vom ihm eingeleiteten Verbletztsatz die syntaktische Funktion einer adverbialen Bestimmung. Allerdings werden einige dieser Elemente, allen voran *wobei*, auch als semantische Subjunktoren bzw. wie im HDK-1 als Postponierer eingeordnet. Die Verwendung von *wobei* als ‚komitativer Subjunktor' (vgl. IDS-Grammatik: 2323), kann als Weiterentwicklung der Funktion als Relativadverb eines weiterführenden Nebensatzes betrachtet werden: Als Subjunktor dient *wobei* als Verknüpfungselement/Konnektor zwischen Matrix- und Untersatz, während es als Relativadverb den Untersatz adverbial spezifiziert und an den Matrixsatz relativisch anknüpft. Es handelt sich um zwei Perspektiven auf denselben grammatischen Sachverhalt. Für die Subjunktor-Perspektive spricht, dass *wobei* ein subjunktorales negatives Pendant hat, nämlich *ohne dass*. Für die Relativadverb-Perspektive spricht, wie bei allen diesen *w*-Ausdrücken die Austauschbarkeit von *wo+bei* mit *da+bei*. Man beachte, dass *wohingegen* anders als die anderen *w*-Adverbien auf die Funktion in weiterführenden Relativsätzen bzw. als Subjunktor beschränkt ist. Es kommt nicht als Interrogativadverb oder Relativadverb in Attributsätzen bzw. freien Relativsätzen vor.

4 Theoretische Probleme

Theoretische Diskussionen um Verbletztsätze mit semantischem Subjunktor richten sich vor allem auf die Besetzung der ‚linken Satzperipherie'. Bei der Darstellung in Tabelle 2 haben wir die semantischen Subjunktoren im Feldermodell der Position der linken Satzklammer (LSK) zugeordnet. Die linke Satzklammer ist aber außer im Verbletztsatz durch das finite Verb des Satzes besetzt, nur infinite

Teile des Verbalkomplexes erscheinen dann in der rechten Satzklammer (RSK). Eine grundlegende Tatsache des Deutschen ist somit die Komplementarität von Verbletztsatz-Einleitern und Finitum als Besetzung für LSK. Vor den ‚Komplementierern' *dass* und *ob*, aber auch vor *wenn*, *weil* usw. kann standardsprachlich im Verbletztsatz keine von dessen Konstituenten stehen, ein besetztes Vorfeld ist ausgeschlossen. Im bairischen Dialekt, aber auch im Substandard dieser Region dagegen sind Extraktionen wie in *Das wenn ich wüsste! Ins Gefängnis, dass er kommt, glaube ich nicht.* durchaus üblich.

Generell ist zum Status topologischer Satzmodelle Folgendes anzumerken. Die Satztopologie kann ganz unterschiedlich gesehen werden: Entweder wird sie in einem deskriptiven Modell als Ergebnis rein empirischer Generalisierungen betrachtet und als eine eigene Strukturebene neben der Strukturebene nach syntaktischen Konstituenten und Funktionen (vgl. z. B. IDS-Grammatik: 959). Oder aber sie ist integraler Bestandteil eines syntaktischen Strukturmodells, bei dem lineare Positionen direkt mit strukturellen Positionen assoziiert sind. Letzteres gilt für generative Modelle. Am Beispiel des nach wie vor einflussreichen ‚Prinzipien-und-Parameter-Modells' von Chomsky (1991) kann der enge Zusammenhang zwischen dem hierarchischen generativen Satzmodell und linearen Satzpositionen (u. a. für das Deutsche) anschaulich gezeigt werden (vgl. etwa die Darstellung in Wöllstein (2010: 84). Dabei ist für unseren Zusammenhang wichtig, dass LSK (bzw. die Position des Finitums oder des Komplementierers) dem so genannten ‚funktionalen Kopf' C^0 der CP, somit der obersten ‚Satzprojektion' zugeordnet sind. Anders gesagt, in der Position LSK dürfen nach diesem Modell nur ‚funktionale' Elemente oder zumindest ‚funktional markierte' Elemente erscheinen, also Träger von im engeren Sinne grammatischer Funktion wie Finitheit, Komplementation, keine lexikalischen Köpfe, also Träger rein lexikalisch semantischer Information (wie etwa der Verbstamm von Vollverben). Das bedeutet auch, dass bei Anlehnung an das generative Modell starke Annahmen gelten bezüglich der Besetzung von LSK, während bei einem rein deskriptiven Modell für die Besetzung von LSK im Verbletztsatz allein topologische Regularitäten, vor allem die Verdrängung des Finitums nach RSK und der Abgleich mit den Prinzipien der Mittelfeldbesetzung, ausschlaggebend sind.

Semantische Subjunktoren werden bei einem rein deskriptiven Modell generell LSK zugeordnet: Sie verweisen das Finitum nach RSK und können nicht Teil des Mittelfeldes sein. Auch in generativen Analysen erscheinen sie in der Position C^0, somit der strukturellen Entsprechung von LSK. Es ist jedoch zu fragen ob semantische Subjunktoren zu Recht als funktionale Köpfe einzuordnen sind, sind sie doch ähnlich wie Adverbien und Präpositionen (auch) Träger begrifflicher oder lexikalischer Information. Zudem kann auch für sie (wie für die *w/d*-Elemente; vgl. weiter unten) geltend gemacht werden, dass substandardsprachlich bestimmte semantische Subjunktoren wie *bis*[3], *bevor, seit(dem), trotzdem* mit formalem *dass* kombiniert werden können (vgl. Duden-Grammatik 2009: § 1693) und andere auch standardsprachlich obligatorisch aus einem ‚adverbialen' Bestandteil + *dass* bestehen (wie *als dass, auf dass, anstatt dass, außer dass, ohne dass, so dass*).

Verbletztsatz-einleitende *w/d*-Elemente als Besetzung von LSK einzuordnen, ist für generative Analysen noch problematischer; vgl. zu diesem Problem auch Axel Unselbstständiger *dass*- und *ob*-VL-Satz, in diesem Band, Abschnitt 1.5. Sie verstoßen gleich gegen zwei Annahmen bzgl. C⁰: Es handelt sich nicht um Elemente funktionaler Kategorien und es handelt sich nicht um Köpfe, sondern um prinzipiell zu Phrasen erweiterbare Elemente, man denke etwa an die den Relativsatz in (23b) einleitende Präpositionalphrase [*mit dem*]. Wöllstein (2010: 35) nimmt daher an, in indirekten Fragesätzen und Relativsätzen besetze das *w/d*-Element bzw. die dieses Element enthaltende Phrase das Vorfeld, LSK bleibe unbesetzt, oder generativ gewendet: C⁰ ist durch ein leeres Element besetzt. Stützend wird auf die substandardsprachliche Besetzung von LSK/C⁰ verwiesen wie etwa in:

(25) Kommt darauf an, **mit wem dass** sie zu tun haben. (zitiert nach Duden-Grammatik 2009: § 1347)

Diese Analyse wird auch als wesentliches Argument zugunsten der so genannten ‚Uniformitätshypothese' angeführt, nach der alle Satztypen im Deutschen dieselbe topologische Struktur haben: Verbletztsätze hätten somit durchaus ein Vorfeld, dessen Besetzung nur stärkeren Beschränkungen unterliegt als bei Verbzweitsätzen. Auch für die Elemente, die wir als *w*-Adverb und/oder semantischen Subjunktor betrachten können (*wobei, wohingegen*), müsste diese Analyse dann gelten. Alternativ wird aber auch erwogen, *w/d*-Elemente bzw. -Phrasen in Verbletztsätzen als klammeröffnende und gleichzeitig Mittelfeldelemente zu betrachten (Altmann/Hofmann 2008: 72).

Wie bereits erwähnt, sind auch andere semantische Subjunktoren von dem so genannten ‚Double-filled-Comp-Effekt' (vgl. Wöllstein 2008: 197) betroffen. Anders als die *w/d*-Elemente sind diese jedoch nicht phrasal. Von einer Zuordnung zum Vorfeld wird daher nicht ausgegangen. Allerdings schlägt Wöllstein (2008) zumindest für die Postponierer eine Analyse als Besetzer einer spezifischen Konnektorenposition Kon⁰ außerhalb der C-Domäne vor.

Aus rein deskriptiver Sicht hingegen, bei der die Annahme von leeren Ele-

---

[3] *bis dass* ist über 600 Mal in den Mannheimer Korpora belegt. Dies liegt z.T. an den zahlreichen Zitaten von oder Anlehnungen an die formelhafte Wendung „biss dass der Tode euch scheidet".

menten (wie einem leeren C⁰) tunlichst vermieden wird, spricht nichts gegen die Zuordnung zu LSK: Satzpositionen wie LSK werden durch Stellungseinheiten, also potentiell im Satz verschiebbare Satzteile, konstituiert (vgl. IDS-Grammatik: 1499), nicht durch weitergehende Annahmen über Kopf-Status oder Nicht-Phrasalität: LSK ist dann diejenige Position, die das Finitum im Aussagesatz einnimmt oder (exklusiv) diejenigen Stellungseinheiten, die im Verbletztsatz an dessen Stelle erscheinen.

5 Zusammenfassung

Verbletztsatz-einleitende Ausdrücke können im Deutschen in drei Gruppen eingeteilt werden: *dass/ob* (Komplementierer, formale Subjunktoren), *w/d*-Elemente und die hier zur Debatte stehenden Elemente. Für letztere und die von ihnen eingeleiteten Sätze gibt es keine einheitliche Terminologie. Wir schlagen die Termini ‚semantischer Subjunktor' und ‚Verbletztsatz mit semantischem Subjunktor' vor. Semantische Subjunktoren befinden sich in der linken Satzklammer gemäß dem Feldermodell der deutschen Satzstruktur. Die von ihnen eingeleiteten Nebensätze stehen im Vor- oder Nachfeld ihres Matrixsatzes, markierter auch im Mittelfeld. Eine Ausnahme bilden ‚postponierende' Subjunktoren wie *sodass, wobei*, die nur Nachfeldposition zulassen. Semantische Subjunktoren sind häufig morphologisch komplex, typischerweise bestehen sie aus Präposition und deiktischem oder anaphorischem Element (*nachdem, wobei*). Zentrales kategoriales Merkmal der Subjunktoren ist die syntaktische Forderung nach einem Verbletztsatz – daher wird auch von ‚Subjunktorphrasen' gesprochen. Verbletztsätze mit semantischem Subjunktor können mit ihrem Matrixsatz eine einzige Akzentdomäne und entsprechend eine Hintergrund-Vordergrund-Einheit bilden, jeder der beiden Sätze kann aber auch für sich ‚fokal' sein. Die typische syntaktische Funktion dieser Nebensätze ist die einer nicht valenzgebundenen adverbialen Bestimmung (eines ‚adverbialen Supplements'). Aber auch andere Funktionen sind möglich (als Komplement, als Attribut). Einen Grenzfall in mehreren Hinsichten stellen Verbletztsätze mit gewissen *w*-Elementen dar (*wo, wobei, wohingegen*). Eine theoretische Herausforderung bilden Verbletztsätze mit semantischem Subjunktor vor allem für generative Ansätze, weil sie den strikten Anforderungen für die ‚linke Satzperipherie' nicht in jeder Hinsicht genügen.

6 Literatur

Altmann, H. (1981): Formen der „Herausstellung" im Deutschen: Rechtsversetzung, Linksversetzung, Freies Thema und verwandte Konstruktionen. Tübingen: Niemeyer.
Altmann, H./Hofmann, U. (2008): Topologie fürs Examen. Göttingen: Vandenhoeck & Ruprecht.
Chomsky, N. (1981): Lectures on Government and Binding. Dordrecht: Foris.
Duden-Grammatik (2009): Duden: Die Grammatik. Unentbehrlich für richtiges Deutsch. 8. Aufl. Bd. IV. Hg. von der Dudenredaktion. Mannheim: Dudenverlag.
Eisenberg, P. (2006): Grundriß der deutschen Grammatik. Bd. 1. Der Satz. 3. Aufl. Stuttgart: Metzler.
Engel, U. (2004): Deutsche Grammatik. Neubearbeitung. München: Iudicium.
Eroms, H.-W. (2000): Syntax der deutschen Sprache. Berlin: de Gruyter.
Fabricius-Hansen, C. (2007): Subjunktor. In: Hoffmann, L. (Hg.), Handbuch der deutschen Wortarten. Berlin: de Gruyter, 759–790.
[HDK-1] vgl. Pasch, R. et al. (2003).
Höhle, T. (1982): Explikationen für ‚normale Betonung' und ‚normale Wortstellung'. In: Abraham, W. (Hg.), Satzglieder im Deutschen. Tübingen: Narr, 75–152.
Höhle, T. (1992): Über Verum-Fokus im Deutschen. In: Jacobs, J. (Hg.), Informationsstruktur und Grammatik. Opladen: Westdeutscher Verlag, 112–141.
[IDS-Grammatik] vgl. Zifonun, G. et al. (1997).
Kortmann, B. (1998): Adverbial Subordinators in the Languages of Europe. In: Auwera, J. van der (Hg.), Adverbial Constructions in the Languages of Europe. Berlin: de Gruyter, 457–561.
Pasch, R./Brauße, U./Breindl, E./Wassner, U.H. (2003): Handbuch der deutschen Konnektoren. Berlin: de Gruyter.
Paul, H. (1920): Deutsche Grammatik Bd. IV. Syntax 2. Hälfte. Tübingen: Niemeyer.
Wöllstein, A. (2008): Konzepte der Satzkonnexion. Tübingen: Stauffenburg.
Wöllstein, A. (2010): Topologisches Satzmodell. Heidelberg: Winter.
Zifonun, G./Hoffmann, L./Strecker, B. et al. (1997): Grammatik der deutschen Sprache. 3 Bde. Berlin: de Gruyter.

Gisela Zifonun

14 Uneingeleiteter V1- und V2-Satz

1 Beispiele
2 Terminologie
3 Markierungsebenen
4 Theoretische Probleme
5 Zusammenfassung
6 Literatur

1 Beispiele

Unter uneingeleiteten Verberst- (V1) und Verbzweitsätzen (V2) werden sämtliche Vorkommen von finiten Sätzen gefasst, die (a) unselbständig auftreten und (b) keinerlei einleitende Elemente, wie Subjunktionen, Relativpronomina oder w-Ausdrücke, enthalten. Die V1- bzw. V2-Form ergibt sich nach allgemeiner Auffassung direkt aus (b), da das ‚Vorrücken' des finiten Verbs in die C-Position (oder topologisch ausgedrückt: in die linke Satzklammer) nicht durch ein Einleitungselement blockiert wird (den Besten 1983, Lenerz 1984) (dies spiegelt sich umgekehrt in der Tatsache, dass es im Gegenwartsdeutschen keine uneingeleiteten VL-Sätze gibt).[1] Ein Grundproblem bei der grammatischen Beschreibung dieser Sätze ist die Frage, ob die Verbstellung rein mechanisch aus einer syntaktischen Gegebenheit (Fehlen des Einleitungselements) folgt oder ob damit weiter reichende strukturelle Unterschiede und/oder bestimmte pragmatische Effekte verbunden sind. Konkret geht es um folgende Strukturen:

Uneingeleitete V1-Sätze
Uneingeleitete V1-Sätze erscheinen typischerweise in adverbialer Funktion, und zwar ganz überwiegend als Konditionale:[2]

---

[1] Ob man hier eine derivierte Struktur, also Verbbewegung, annehmen möchte oder nicht, ist dabei ohne Belang.
[2] Unberücksichtigt bleiben hier V1-Sätze nach der Vergleichspartikel *als*, z.B. in *Es sieht aus, als hätte es geregnet* (vgl. zu irrealen bzw. hypothetischen Vergleichssätzen z.B. Oppenrieder 1991b, Thurmair 2001).

(1) a. *Regnet* es, bleiben wir zu Hause. (Pasch et al. 2003: 225)
    b. Er wäre eingeschlafen, *hätte* er der Predigt noch länger zuhören müssen. (Reis/Wöllstein 2010: 139)

Sämtliche dieser uneingeleiteten V1-Sätze sind durch *wenn*-Sätze substituierbar. Daher wird traditionellerweise angenommen, dass beide Strukturen auch syntaktisch äquivalent seien.

Als marginal sind uneingeleitete V1-Sätze mit Komplementstatus einzustufen. Es handelt sich dabei um Interrogativ- bzw. Imperativsätze in Objektfunktion wie in (2a,b):[3]

(2) a. Man weiß nicht, *ist* das eher gruselig oder skurril. (taz, 12. 08. 2011)
    b. Ständig hat er gesagt, *mach* doch etwas Gescheites. (FAZ, 14. 02. 2011)

Grundsätzlich gleichen diese Strukturen Konstruktionen mit uneingeleitetem V2-Satz. Allerdings ist die Grenze zu Doppelpunktlesart bzw. direkter Rede hier kaum zu ziehen, da der Unterschied oft nur orthografisch kenntlich wird[4] (vgl. die Variante zu (2a): *Man weiß nicht: Ist das eher gruselig oder skurril?*).[5] Diese zweite Lesart kommt potentiell jedoch auch einigen der uneingeleiteten V2-Satz-Typen zu (z. B. (3a,d,e)) und ändert an sich nichts am Komplementstatus des uneingeleiteten V1-Satzes. – Da V1-Komplementsätze prinzipiell unter uneingeleitete V2-Sätze subsumierbar sind, werden sie hier nicht gesondert besprochen.

---

[3] Ein weiterer Typ von V1-Komplementsätzen, auf den hier nicht ausführlicher eingegangen werden kann, findet sich im Schweizerdeutschen, dort auch in standardnahen Varietäten (Lötscher 1997). Matrixprädikate dieser stets nachgestellten V1-Sätze sind Kopulastrukturen mit prädikativem Adjektiv, das stets im Positiv steht. Charakteristisch, jedoch nicht obligatorisch, ist die elliptische Verwendung in (ii):
(i) S isch schaad, isch es scho Friitig. [= Es ist schade, dass es schon Freitag ist.]
    (Lötscher 1997: 85)
(ii) Schad isch es scho verbi. [= Schade, dass es schon vorbei ist.]
    (Gästebucheintrag, http://www.ultraguest.com/, 08. 11. 2006)
[4] Vgl. auch Zifonun et al. (1997: 2253): „Hier ist nicht entscheidbar, ob es sich um eine rein graphische bzw. intonatorische Einbindung selbständiger Fragesätze handelt." Zu vergleichbaren Phänomenen im Englischen, vgl. McCloskey (2006).
[5] Hinzu kommt, dass für uneingeleitete V1-Sätze viele Diagnostiken zur Bestimmung des Abhängigkeitsgrades, wie Konjunktivverwendung, Variablenbindung usw., aufgrund der morphosyntaktischen Spezifika (insbesondere bei Imperativsätzen) nicht zur Verfügung stehen.

Uneingeleitete V2-Sätze
Uneingeleitete V2-Sätze haben stets Komplementfunktion.[6] Als Matrixprädikate können Verben und Nomina sowie Präferenzprädikate dienen, s. (3a-c) (Reis 1997: 121, 140). Außerdem treten uneingeleitete V2-Sätze in bestimmten prädikativen Strukturen auf, wie z. B. in ‚DP+Kopula'- und in *es-ist-so*-Konstruktionen (3d,e).

(3) a. Ich glaube, er *hat* recht.
 b. Die Idee/Illusion/Hoffnung, er *könne* damit reich werden, beflügelt ihn.
 c. Es ist besser, du *kündigst* ihm.
 d. Die Sache ist, jetzt *hab* ich also mit Calvino angefangen. (Günthner 2008: 53)
 e. ja wissen Sie, es ist einfach so, ich *habe* diese grundsätzliche Erfahrung hier gemacht (Auer 2007: 116)

Ihrem Komplementstatus gemäß alternieren uneingeleitete V2-Sätze mit *dass*-Sätzen.[7]

Uneingeleitete V1- und V2-Sätze sind weder eine neue Erscheinung im Deutschen (sie lassen sich seit dem Althochdeutschen nachweisen, vgl. Paul (1920: 171), Behaghel (1928: 543f., 705f.), zur Herausbildung uneingeleiteter V1-Sätze, s. van den Nest (2010), zur historischen Entwicklung der uneingeleiteten V2-Sätze, s. Axel-Tober (2012)) noch sind sie dem Bereich der Non-Standard-Phänomene zuzuordnen. Uneingeleitete V1-Sätze gehören eher einem gehobenen Register an und werden bevorzugt schriftlich verwendet. Uneingeleitete V2-Sätze treten typischerweise in gesprochener Sprache auf, sind dabei jedoch keineswegs auf informelle Varietäten beschränkt.[8]

---

6 V2-Subjektsätze sind äußerst selten. Bei deren Matrixprädikaten handelt es sich meist um ergative bzw. unakkusativische Verben, die sich bezüglich Thetarollenzuweisung wie passivierte Verben verhalten, d. h. die objektartige Subjekte haben, vgl. *Im Brief steht, du bist herzlich eingeladen* (s. hierzu Oppenrieder (1991a: 263) sowie die weitere Diskussion dort).
7 Nach Präferenzprädikaten können uneingeleitete V2-Sätze oft auch durch ergänzende *wenn*-Sätze ersetzt werden. Zu deren nicht unproblematischem syntaktischen Status s. Fabricius-Hansen (1980) sowie Kaiaty (2010).
8 Vgl. Auer (2002: 134), dem zufolge im gesprochenen Deutsch (Freiburger Korpus) 60 % aller Komplementsätze V2 aufweisen gegenüber 35 % im geschriebenen Deutsch (Bonn-Kölner Zeitungskorpus).

2 Terminologie

In Gegenwartsgrammatiken und allgemeinen Syntaxdarstellungen zum Deutschen werden uneingeleitete V1- und V2-Sätze meist als Randphänomen behandelt. Insbesondere ihre spezifischen syntaktischen und semantischen Eigenschaften finden in Standardgrammatiken selten Berücksichtigung. Die Bezeichnungen für uneingeleitete V1- und V2-Sätze variieren dabei stark. Zum Teil werden sie aufgrund der fehlenden Einleitung von den (ja stets eingeleiteten) VL-Nebensätzen abgegrenzt und entsprechend als „uneingeleitete" oder „nicht-eingeleitete Nebensätze" bezeichnet (z.B. Zifonun et al. 1997, Helbig/Buscha 2001, Duden-Grammatik 2005, Eisenberg 2006), zum Teil werden sie gemäß ihrer Einbindung in einen Bezugssatz und der Verbposition „unselbständige Verberstsätze" bzw. „unselbständige Verbzweitsätze" genannt (z.B. Eroms 2000, Pasch et al. 2003). Daneben begegnen für V2-Sätze auch Termini wie „abhängige Feststellungssätze" (Dal 1966: 188) oder „abhängige Hauptsätze", die stärker die Nähe zu selbständigen Sätzen hervorheben (vgl. etwa Engel (1982: 239), der betont, dass „es sich wegen der potentiellen Autonomie nicht um Nebensätze handeln kann").

Wie deutlich werden wird, sind uneingeleitete V1- und V2-Sätze aufgrund ihrer syntaktischen und pragmatischen Eigenschaften nicht als prototypische Nebensätze einzustufen. Vielmehr kommt ihnen ein Grad an Selbständigkeit zu, der dazu berechtigt, hier von nicht vollständig integrierten Strukturen zu sprechen. Zudem bilden uneingeleitete V1- und V2-Sätze jeweils keine in sich homogene Gruppe, sondern lassen sich entlang einer Integriertheitsskala in weitere Subtypen unterteilen. Es ist daher sinnvoll, bei der Benennung die Begriffe Hauptsatz und Nebensatz ganz zu vermeiden, da sie eine Dichotomie implizieren, der sich die hier in Frage stehenden Strukturen ja gerade entziehen. Geeigneter scheint mir eine Fokussierung auf Formmerkmale, wie das der Verbstellung und des fehlenden Einleitungselements. Auf diese Weise lassen sich uneingeleitete Sätze zunächst unter der rein syntaktisch motivierten Bezeichnung ‚V-in-C-Sätze' zusammenfassen und je nach Füllung des Vorfelds weiter in uneingeleitete V1-Sätze (øV1) und uneingeleitete V2-Sätze (øV2) untergliedern.

3 Markierungsebenen

Gemeinsames formales Kennzeichen der V-in-C-Sätze ist, dass sie kein subordinierendes Einleitungselement besitzen, so dass das finite Verb in der C-Position erscheint. Da sich uneingeleitete V1- und V2-Sätze hinsichtlich sonstiger grammatischer und pragmatischer Aspekte zum Teil sehr unterschiedlich verhalten, werden sie hier getrennt behandelt. – Die Grammatikalitätsbeurteilungen sind bei beiden Typen nicht immer ganz klar zu bestimmen. Die Akzeptabilitätsunterschiede sind teilweise sehr subtil und mögen von Sprecher zu Sprecher leicht variieren. Eine umfangreichere empirische Absicherung steht für viele der getroffenen Aussagen derzeit noch aus.[9]

3.1 Uneingeleiteter V1-Satz

Wie bereits in (1) illustriert, treten øV1-Sätze hauptsächlich in adverbialer Funktion auf, und zwar überwiegend mit konditionaler Bedeutung (4a), jedoch sind auch andere semantische Typen belegt (teilweise nur selten):[10] konzessive (4b), temporale (4c) und adversative øV1-Sätze (4d) sowie Irrelevanzkonditionale (4e), wobei die Grenzen durchaus fließend sein können:[11]

(4) a. Hätte ich nicht seit meiner frühen Jugend Migräne gehabt, wäre ich Musiker geworden. (Zifonun et al. 1997: 2281)
 b. War der Versuch auch mißglückt, gab er die Hoffnung doch nicht auf. (ebd.: 2313)
 c. Hatte Karl eine Arbeit abgeschlossen, stürzte er sich mit Eifer in eine neue. (Heidolph/Flämig/Motsch 1981: 792)
 d. War Öl lange Zeit zu billig, (so) ist es seit einiger Zeit zu teuer. (Reis/Wöllstein 2010: 122)
 e. Schüttet es auch noch so sehr, er nimmt keinen Schirm mit. (ebd.: 119)

Ausschließlich dieser adverbiale Typ wird Thema dieses Abschnitts sein.

(i) Morphologie: Verbmodus. Gemäß ihrer meist (hypothetisch-)konditionalen Semantik sind øV1-Sätze überaus häufig konjunktivisch (s. (4a)). Wenn Indikativ vorkommt, so nahezu ausschließlich in geschriebener Sprache (Auer/Lindström

---

[9] Bei aus der Literatur zitierten Beispielen sind jeweils die Grammatikalitätsurteile wie im Original angegeben.
[10] Zuweilen steuern zusätzliche, teils obligatorische lexikalische Mittel die Lesart, wie z. B. *auch* in der Protasis von Konzessiven und Irrelevanzkonditionalen (4b,e) oder *doch* in der Apodosis von Konzessiven (4b). Zur textsortenabhängigen Verteilung der semantischen Typen vgl. Auer/Lindström (2011).
[11] Zu den semantischen Bereichen, die nicht durch øV1-Sätze abgedeckt werden, zählen Reis/Wöllstein (2010) (i) faktive konditionale Verwendungen, (ii) sog. *ex-falso-quodlibet*-Lesarten, (iii) Relevanzkonditionale sowie (iv) sprechaktbezogene Konditionale, s. dazu ausführlich Reis/Wöllstein (2010: 123–130).

2011) und überwiegend in vorangestellten øV1-Sätzen, wie in (5a) (vgl. aber (5b) und (7c) für einen nachgestellten øV1-Satz im Indikativ):[12]

(5) a. Haben zwei Spieler die gleiche niedrigste Karte, so zahlen beide. (Auer/Lindström 2011: 229)
 b. Kein Anschluss unter dieser Nummer – so kann man es passend auf den Punkten [sic!] bringen, liest man, mit welcher Hilflosigkeit die Justiz den immer dreister werdenden Methoden von Telefonabzockern gegenübersteht. (Pittner 2011: 90)

Auf Indikativ (und auf Voranstellung) festgelegt sind øV1-Sätze jedoch in Adversativgefügen (Reis/Wöllstein 2010: 138f.):

(6) War/*Wäre Öl lange Zeit zu billig, (so) ist es seit einiger Zeit zu teuer.

(ii) Syntax: Verhältnis zum übergeordneten Satz. Traditionell werden adverbiale øV1-Sätze wie gewöhnliche Gliedsätze behandelt, d. h. genau wie ihre *wenn*-Satz-Entsprechungen (u. a. in Helbig/Kempter 1974, Heidolph/Flämig/Motsch 1981, Zifonun et al. 1997, Pittner 1999, Helbig/Buscha 2001, Pasch et al. 2003, Duden-Grammatik 2005, Eisenberg 2006). Wenn tatsächlich Äquivalenz bestünde, so wäre zu erwarten, dass beide Varianten dieselben syntaktischen Eigenschaften teilen. Dies ist jedoch nicht der Fall: øV1-Sätze unterliegen vielmehr syntaktischen Restriktionen, die auf eine weniger starke Integration in den Bezugssatz hindeuten.

Stellungseigenschaften: Grundsätzlich sind für øV1-Sätze alle Strukturpositionen denkbar, die auch *wenn*-Sätzen zukommen, d. h. Vorfeld, Mittelfeld und Nachfeld, jedoch besteht eine deutliche Präferenz für Voranstellung (die mitunter obligatorisch ist, wie in Adversativsätzen, s. o. (6)).

(7) a. Wären alle Fahrräder mit Licht unterwegs, würden weniger Unfälle passieren.
 b. Ypsilanti müsste, würde sie die Regierung anstreben, mit den Linken koalieren. (Reis/Wöllstein 2010: 140)
 c. Drei Wochen lang hat meine Anzeige also zu keinem Ergebnis geführt, sieht man von ein paar verrückten Briefen ab. (Pittner 2011: 90)

Wie *wenn*-Sätze können auch øV1-Sätze linksversetzt stehen, als Resumptiva fungieren *dann* oder *so*:

---

[12] Vgl. die Korpusauswertung von Zeitungstexten in Axel/Wöllstein (2009), in der sämtliche nachgestellte konditionale øV1-Sätze einen Konjunktiv enthalten.

(8) Wäre nicht gerade Wahlkampf, dann/so würden viele Probleme schneller gelöst.

Als desintegriert können øV1-Sätze im Vor-Vorfeld gelten (ganz parallel zu desintegrierten *wenn*-Sätzen):

(9) a. Wäre das mein Hund, er bekäme keinen Zucker.
 b. Wenn das mein Hund wäre, er bekäme keinen Zucker.

Bezugssatzellipsen: Im Gegensatz zu eindeutig integrierten *wenn*-Sätzen können øV1-Sätze keine elliptischen Antworten bilden, vgl. (10b); Reis/Wöllstein (2010) werten dies als Hinweis auf fehlenden Gliedsatzstatus.

(10) [Unter welchen Umständen würden Sie einen Bentley kaufen?]
 a. Wenn ich Millionär wäre.
 b. *Wäre ich Millionär. (Reis/Wöllstein 2010: 143)

Bindung: Auch Bindungsdaten deuten auf fehlende Integration von øV1-Sätzen hin. Während Bindung in einen *wenn*-Satz problemlos möglich ist, lassen øV1-Sätze dies nicht zu:

(11) a. Wenn er$_i$ Urlaub hat, möchte jeder$_i$ gern die Stadt verlassen.
 b. *Hat er$_i$ Urlaub, möchte jeder$_i$ gern die Stadt verlassen. (Reis/Wöllstein 2010: 144)

Korrelate: Anders als *wenn*-Sätze können sich øV1-Sätze kaum auf ein Korrelat beziehen (ähnliches gilt für skopusfähige Ausdrücke, wie etwa Fokuspartikeln):

(12) Ich ??bin/?wäre dann glücklich, habe/hätte ich was erreicht. (Reis/Wöllstein 2010: 145)

(iii) Prosodie. Allen øV1-Sätzen ist gemeinsam, dass sie progrediente Intonation aufweisen und über eine eigene Fokus-Hintergrund-Gliederung (FHG) verfügen, d.h. øV1-Satz und Bezugssatz brauchen jeweils einen eigenen Fokusakzent (Reis/Wöllstein 2010: 148):[13]

(13) a. ??Wäre ich MillioNÄR, würde ich es tun.
 b. ??Wäre ich Millionär, würde ich es TUN.
 c. Wäre ich MillioNÄR, würde ich es TUN.

Insgesamt zeigt dieser kurze Überblick, dass sich øV1-Sätze nicht in jeder Hinsicht wie typische Nebensätze verhalten. Einige Merkmale weisen darauf hin, dass sie

---

13 Akzente sind durch Versalien gekennzeichnet.

sich näher am Pol Unintegriertheit befinden als ihre zweifelsfrei integrierten Pendants, die *wenn*-Sätze.

3.2 Uneingeleiteter V2-Satz

(i) Morphologie: Verbmodus. Verschiedene Typen uneingeleiteter V2-Sätze zeigen eine unterschiedliche Affinität zu Indikativ bzw. Konjunktiv. In øV2-Sätzen, die von einem Nomen abhängen, steigert der Konjunktiv die Akzeptabilität meist deutlich:

(14) Die Hoffnung, er könne/??kann damit reich werden, beflügelt ihn.

In anderen Fällen ist Indikativ im øV2-Satz dagegen obligatorisch, etwa bei semifaktiven Verben, wie *wissen*, oder in Kopulastrukturen:

(15) a. Sie weiß, es gibt/*gebe/*gäbe nur diese eine Möglichkeit.
b. Das Ding ist, das Auto hat/*habe/*hätte keine Winterreifen.

(ii) Syntax: Verhältnis zum übergeordneten Satz. Einige syntaktische Eigenschaften von øV2-Sätzen legen echte Einbettung nahe, andere deuten wiederum auf syntaktische Unintegriertheit hin. Im Folgenden sind einige dieser Merkmale aufgeführt.

Stellungseigenschaften: Typischerweise sind øV2-Sätze ihrem Bezugssatz nachgestellt, d.h. sie verhalten sich hinsichtlich der Verschiebbarkeit im Satz nicht wie gewöhnliche Satzglieder (= nicht vorfeld- oder mittelfeldfähig) (Oppenrieder 1991: 181, Reis 1997: 139, Truckenbrodt 2006: 279).[14]

(16) [Erst Wochen später wurde der Störfall öffentlich.]
a. Bis dahin hatten alle Beteiligten gehofft, die Panne bleibt unbemerkt.
b. *Die Panne bleibt unbemerkt, hatten bis dahin alle Beteiligten gehofft.
c. *Bis dahin hatten alle Beteiligten, die Panne bleibt unbemerkt, gehofft.

Andererseits können sich øV2-Sätze auf einen selbst bereits eingebetteten Satz beziehen (17a), sie sind ineinander einbettbar (17b) und können im Nachfeld vor

---

14 Hiervon zu trennen sind sog. V1-Parenthesen, die sich u.a. dadurch auszeichnen, dass sie an allen parenthesetypischen Stellen eines Satzes stehen können, vgl. *Mit dieser Idee (glaubt er) kann man (glaubt er) berühmt werden, (glaubt er)*; s. weiterführend z.B. Reis (1995), Steinbach (2007). Entsprechend gewinnt Vorfeldstellung von øV2-Sätzen an Akzeptabilität in Konstruktionen, die (auch) eine Parenthese-Lesart zulassen, wie z.B. (16b).

eindeutig integrierten Nebensätzen stehen (17c,d), was gegen absolute Unintegriertheit spricht:

(17) a. Als Peter sich erkundigt hat, ob die Gäste im Restaurant tatsächlich gesagt haben, dass sie finden, er kennt sich echt gut mit Wein aus, haben alle zustimmend genickt.
b. Peter hat erzählt, die Gäste im Restaurant haben gesagt, sie finden, er kennt sich echt gut mit Wein aus.
c. Peter hat erst gedacht, er müsse rennen, als er den Zug schon fast verpasst hatte.
d. Peter hat (nur) denjenigen gesagt, er sei verreist, die er in der nächsten Woche nicht treffen möchte.

Bezugssatzellipsen: Wie für øV1-Sätze gilt auch für øV2-Sätze, dass sie nur schlecht als elliptische Antworten verwendet werden können, *dass*-Sätze dagegen uneingeschränkt (18b).[15] Dies kann wiederum als Argument gegen Gliedsatzstatus von øV2-Sätzen gewertet werden.

(18) a. In diesem Fall würde ich glauben, dass Fritz gelogen hätte / Fritz hätte gelogen.
b. [A: Was würdest du in diesem Fall glauben?]
B:Dass Fritz gelogen hätte / *Fritz hätte gelogen. (Reis 1997: 140)

Bindung: Syntaktische Integriertheit zeigt sich dagegen in Bindungsdaten; øV2-Sätze erlauben prinzipiell Variablenbindung (Reis 1997: 139):

(19) Jeder$_i$ möchte gern glauben, er$_i$ sei unheimlich beliebt.

Korrelate: Problematisch für eine Integriertheitsannahme ist die Tatsache, dass øV2-Sätze im Matrixsatz nicht durch ein *es*-Korrelat vertreten werden können (Reis 1997: 139):[16]

(20) Hans hat (*es) geglaubt, Peter geht dahin zu Fuß.

Weniger strikt sind die Verhältnisse bei korrelativen Präpositionaladverbien. Diese sind bisweilen sogar obligatorisch (Breindl 1989: 234–238 und Artikel 21 in diesem Band), dürfen jedoch nicht adjazent zum øV2-Satz stehen:

---

15 Bei der Bewertung dieser Antwortellipsen sind die Sprecherurteile jedoch nicht einheitlich, ein V2-Satz scheint hier nicht vollkommen ausgeschlossen zu sein.
16 In Matrixsätzen des Typs *es ist so, ... / es kann sein, ...* ist das Pronomen *es* als Expletiv und nicht als Korrelat aufzufassen.

(21) a. Die SPD hat sich dagegen verwahrt, sie sei ein „Großgrundbesitzer".
(Die Welt, 07. 08. 2001, http://www.welt.de/print-welt/article466306)
b. *Dagegen, sie sei ein „Großgrundbesitzer", hat sich die SPD verwahrt.

Koordination: Wie Reis (1997: 140) feststellt, lässt sich ein øV2-Satz nicht mit einem *dass*-Satz koordinieren, was darauf hindeutet, dass beide Sätze nicht dieselbe Strukturposition innehaben:

(22) *Wenn Hans glaubt, Peter ist dumm und daß Anna schlau ist, ...

Allerdings scheint es mir nicht unmöglich, akzeptable Koordinationen zu konstruieren. Wählt man einen Satz ohne Kontrastinterpretation (und im Konjunktiv), steigt die Akzeptabilität deutlich:

(23) Peter meint wirklich, Anna ist/sei sauer und dass der Urlaub jetzt ausfällt.

Hauptsatzphänomene: Als Hauptsatzphänomene werden Eigenschaften bezeichnet, die sprachübergreifend nur in selbständigen Sätzen vorkommen.[17] Als Kriterium für (Un-)Integriertheit soll hier exemplarisch nur die Linksversetzung betrachtet werden: in øV2-Sätzen ist sie zulässig, in *dass*-Sätzen nicht:

(24) a. Hans hat behauptet, der Peter, der ist/sei ja immer schnell beleidigt.
b. Ich wette, in zehn Jahren, da ist niemand mehr bei Facebook.

In øV2-Sätzen, die von Nomina oder Präferenzprädikaten abhängen, ist Linksversetzung allerdings weit weniger bzw. nicht akzeptabel:

(25) a. ??Hans hat den Eindruck, der neue Architekt, der ist/sei sehr engagiert, vollauf bestätigt.
b. *Es ist mir lieber, der Arzt, der kommt gleich direkt hierher.

(iii) Prosodie. Prosodisch sind øV2-Sätze in ihren Bezugssatz integriert; sie können mit diesem eine FHG teilen (26a). Bezugssatz und øV2-Satz können aber auch separate FHGs aufweisen (bei nach wie vor progredienter Intonation und ohne Pause) (26b):

(26) a. Ich hatte geglaubt, sie KÄme. (Reis 1997: 140)
b. Das ProBLEM ist aber dabei, der Vertrag läuft noch bis Ende des JAHres.

Neben den genannten formalen Merkmalen kommen øV2-Sätzen auch spezifische semantische und pragmatische Eigenschaften zu, die im Folgenden kurz skizziert werden.

---

17 Siehe z. B. die Zusammenstellung solcher Merkmale in Hooper/Thompson (1973); für einen Überblick zu Hauptsatzphänomenen in eingebetteten Sätzen s. Green (1976) und Heycock (2006).

(iv) Semantik und Pragmatik. Das Auftreten von øV2-Sätzen ist wesentlich von der Semantik des Matrixprädikats abhängig. In der Literatur finden sich verschiedene Versuche, semantische Klassen øV2-einbettender Verben zu definieren (z. B. Helbig/Kempter 1974, Helbig/Buscha 2001, Reis 1997, Auer 1998, Meinunger 2006). Weitgehende Einigkeit besteht – bei teilweise sehr unterschiedlich feiner Einteilung und Zuordnung – hinsichtlich folgender Gruppen:

(a) Verben des Sagens (*erzählen, sagen, behaupten* u. a.);
(b) Verben des Denkens und Meinens / doxastische Einstellungsprädikate (*finden, meinen, glauben, fürchten* u. a.);
(c) Perzeptionsverben (*hören, lesen, merken* u. a.);
(d) volitive Verben (*hoffen, bitten, empfehlen* u. a.; nur im Konjunktiv II: *wünschen, wollen*);
(e) Präferenzprädikate (*vorziehen, besser/lieber/angenehmer sein, am besten/ liebsten/angenehmsten sein* u. a.).

Diese Klassen erfassen allerdings nicht sämtliche Gebrauchskontexte von øV2-Sätzen. So werden nur selten Nomina als Bezugsausdrücke erwähnt. Sie lassen sich im Wesentlichen denselben semantischen Feldern zuordnen wie die Verben (sie müssen jedoch nicht von diesen abgeleitet sein), z. B.:

(a') *Behauptung, Mitteilung* u. a.;
(b') *Meinung, Gedanke, Idee, Eindruck, Sorge* u. a.;
(c') *Brief, Nachricht, Gefühl* u. a.;
(d') *Hoffnung, Empfehlung* u. a.;
(e') *das Beste/Liebste sein* u. a.

Hinzu kommen außerdem folgende, in Grammatiken bislang kaum berücksichtigte Matrixkonstruktionen:[18]

(f) Feststellungs- und Gewissheitsprädikate (in Form unpersönlicher Konstruktionen) (*es ist klar; es ist so; es steht fest; dazu kommt* u. a.);
(g) aufmerksamkeitssteuernde/evaluative ‚DP+Kopula'-Konstruktionen (*die Sache ist, ...; das Ding/Problem ist, ...; das Gute/Blöde ist, ...*).

Zu den semantischen Klassen, die generell keine øV2-Komplemente zulassen, gehören faktive und semi-faktive Prädikate (in ihrer faktiven Lesart), d.h. Ausdrücke, die die Proposition ihres sentenzialen Komplements präsupponieren, wie *bedauern, bereuen, die Tatsache, der Fakt* oder semi-faktives *wissen, bemerken* usw. (vgl. Hooper/Thompson 1973).

---

[18] Siehe aber Reis (1997), Auer (1998, 2007) sowie Günthner (2008).

Eine weitere semantische Restriktion scheint darin zu bestehen, dass die Matrixsätze von øV2-Sätzen keine Negation enthalten dürfen (so schon Blümel 1914: 99):

(27) a. Peter findet (*nicht), Anna kennt sich gut mit WEIN aus.
b. Peter behauptet/*bestreitet, Anna kennt sich gut mit WEIN aus.
c. Es wäre höflicher/*unhöflicher, du zahlst soFORT.

Dies gilt jedoch nicht ausnahmslos. Bei nominalen Matrixprädikaten hat Negation keinen Effekt auf die Akzeptabilität des øV2-Komplements (28a); auch bestimmte verbale Prädikate lassen trotz Negation øV2-Komplemente zu (28b):

(28) a. Er hat nicht/keineswegs das Gefühl, da kann/könne irgendwas nicht stimmen.
b. Ich habe noch nie geträumt, ich kann/könne fliegen.

Daneben sind øV2-Sätze dann mit negiertem Matrixprädikat verträglich, wenn sie ausschließlich thematische Information enthalten, wie in (29):

(29) [A: Ich finde es erstaunlich, dass Anna nicht mal mit drei Bällen zurechtkommt.]
B: Wieso? Sie hat doch nie geSAGT, sie kann/könne jonglieren.

Keine Ausnahmen vom Negationsverbot im Matrixsatz sind dagegen Sätze wie (30). Hier handelt es sich um eine Art rhetorischer Fragen, in denen nicht die Proposition des Satzes negiert wird. Vielmehr wird vom Sprecher eine Bestätigung des als zutreffend unterstellten Sachverhalts eingefordert (und nicht neutral eine Information erfragt) (vgl. unter anderem Meibauer 1990, Brauße 1994: 118–137, Krifka 2012). In diesen Kontexten sind øV2-Sätze problemlos möglich:

(30) a. Schreibt nicht ... Kardinal Granvella, es sei mit dem stolzen Oranien aus?
b. Sagten Sie nicht vorhin, es habe früher einmal etwas gegeben, woran man sich habe halten können? (Ulvestad 1955: 332f.; dort zahlreiche weitere Beispiele)

Die weitgehende Unverträglichkeit mit Negation und mit faktiven Prädikaten ist eng mit den pragmatischen Charakteristika der øV2-Sätze korreliert. In øV2-Konstruktionen liegt die relevante Information im øV2-Satz; die V2-Form als Kennzeichen selbständiger Sätze markiert dabei den øV2-Satz als potentiell eigenständige Informationseinheit. In (31a) bildet die Tatsache des voraussichtlichen Nichtpünktlichseins der Sprecherin den inhaltlichen Kern der Äußerung, während in (31b) der Matrixsatz, also die erfolgte Mitteilung an Anna (u. U. einschließlich der Spezifizierung des Mitteilungsinhalts im *dass*-Satz), das Relevanzzentrum darstellt:

(31) a. Ich hab Anna gesagt, ich komme etwas später.
  b. Ich hab Anna gesagt, dass ich etwas später komme.

Im Gegensatz etwa zu *dass*-Sätzen verfügen øV2-Sätze also über eigene assertive Kraft. Entsprechend ist in den einschlägigen Arbeiten von „potentielle[r] Autonomie" (Engel 1982: 239) bzw. vom „relativ assertierenden Charakter" des øV2-Satzes (Auer 1998) sowie von „abhängigen Behauptungssätzen" (Behaghel 1928: 543), „indirect assertions" (Wechsler 1991) bzw. „vermittelten Assertionen" (Reis 1997), „assertional proto-force" (Gärtner 2001) oder „speaker assertions" (Meinunger 2006) die Rede. Der Vollzug einer Behauptung muss mit übergeordneten negierenden oder faktizitätsauslösenden Ausdrücken zwangsläufig in Konflikt stehen (Kiparsky/Kiparsky 1970).

Gemeinsam ist øV1- und øV2-Sätzen, dass sie zwar eine Satzglied**funktion** erfüllen, dabei aber nicht unbedingt Satzglied**status** besitzen. Insbesondere im Vergleich zu ihren jeweiligen VL-Pendants (*wenn*- bzw. *dass*-Sätzen) zeigt sich eine unterschiedliche syntaktische und semantische Distribution. Wie diese Unterschiede in eine syntaktische Repräsentation von øV1- und øV2-Gefügen integriert werden können, wird im folgenden Abschnitt diskutiert.

4 Theoretische Probleme

Das zentrale Problem bei der strukturellen Darstellung von øV1- bzw. øV2-Gefügen betrifft die Einbettungstiefe von V-in-C-Sätzen bzw. die Frage, ob diesen überhaupt eine Strukturposition in ihrem Bezugssatz zukommt. Hier kann nur ein sehr kurzer Überblick über diese Diskussion gegeben werden.

Vorangestellte **øV1-Sätze** befinden sich laut Standardanalyse im Vorfeld eines V2-Satzes und damit in einer klassischen Integrationsposition:

(32) $[_{CP} [_{CP}$ Regnet es$]_j [_{C'} [_C$ bleiben$_i] [_{IP}$ wir zu Hause t_j $t_i]]]$ (Reis/Wöllstein 2010: 113)

Die oben skizzierten Spezifika der øV1-Sätze (gegenüber klar integrierten *wenn*-Sätzen) interpretieren Reis/Wöllstein (2010) als Hinweise auf die Unintegriertheit von øV1-Sätzen.[19] Die (nachgestellte) Apodosis konditionaler V1-Gefüge stellt demnach einen V1-Deklarativsatz dar (*bleiben wir zu Hause*),[20] an dessen höchsten Knoten als Protasis links ein unintegrierter øV1-Satz adjungiert ist (*regnet es*);

---

19 Für Unintegriertheit vorangestellter øV1-Sätze plädiert auch Brandner (2004: 128).
20 Als Alternative nennen Reis/Wöllstein (2010: 149–151) eine Interpretation der Apodosis als V2-Satz mit Ellipse eines resumptiven *so* im Vorfeld.

øV1-Sätze sind damit nicht strukturell, sondern ausschließlich semantisch lizenziert:[21]

(33) a. [$_{CP1}$ [$_{CP2}$ V1-Protasis] [$_{CP1}$ [$_{C°}$ Apodosis]]]
     b. [$_{CP1}$ [$_{CP2}$ [$_{C°}$ Regnet] [$_{IP}$ es]], [$_{CP1}$ [$_{C°}$ bleiben] [$_{IP}$ wir zu Hause.]]]
         (Reis/Wöllstein 2010: 169)

Pittner (2011) unterzieht diese Unintegriertheitshypothese einer kritischen Prüfung und verteidigt die herkömmliche Integriertheitsanalyse. Ihre Hauptkritikpunkte sind:

(i)   der geringere Bedeutungsumfang von øV1-Sätzen gegenüber *wenn*-Sätzen rechtfertige nicht eine eigene Strukturannahme, da dies auch auf andere konditionale Konstruktionen zutreffe;
(ii) das syntaktisch restringierte Verhalten von øV1-Sätzen lasse sich auch mittels informationsstruktureller Faktoren plausibel begründen (z.B. erkläre die aufgrund eigener FHG fehlende Fokussierbarkeit die Unfähigkeit, Bezugssatzellipsen zu bilden oder im Skopus von Fokuspartikeln oder Korrelaten zu stehen);
(iii) es bestehe die Gefahr der Übergeneralisierung; die Analyse der Apodosis als V1-Deklarativsatz würde sämtliche vorangestellte Adverbialsätze erfassen, die eine separate FHG aufweisen.[22]

Als klares syntaktisches Kriterium zugunsten der Reis/Wöllstein'schen Analyse, d.h. gegen Integriertheit von øV1-Sätzen, sind allerdings z.B. die Bindungsdaten zu werten (s. oben (11)).

Bei **øV2-Sätzen** ist der interessante Strukturaspekt, inwieweit sich pragmatische Selbständigkeit in der syntaktischen Konfiguration niederschlägt. Einerseits sprechen obligatorische Nachstellung, Hauptsatzphänomene u.a. für auch syntaktische Selbständigkeit, andererseits deuten Bindungsdaten, Mehrfacheinbettung und FHG auf syntaktische Integration hin. Reis (1997) schlägt dementsprechend

---

[21] Ist die Protasis nachgestellt, so ist sie rechts adjungiert. Die Apodosis weist dann stets V2-Form auf; für eine mögliche Erklärung dieser Erscheinung vgl. Reis/Wöllstein (2010: 152f.).
[22] Tatsächlich gehen Reis/Wöllstein davon aus, dass jeder Adverbialsatz, der nicht in die FHG seines Bezugssatzes integriert ist, auch syntaktisch unintegriert, d.h. per Linksadjunktion mit einem V1-Deklarativsatz verbunden sei (2010: 154–158). Dies führt allerdings zu einer erheblichen Zahl von ‚Minimalpaaren' des Typs:
(i) Wie sie sich umschaut, kommt ein MANN in die Kneipe. [= V2-Apodosis]
(ii) Wie sie sich UMschaut, kommt ein MANN in die Kneipe. [= V1-Apodosis]

basisgenerierte Rechtsadjunktion an VP vor, wodurch die Integrationsmerkmale erfasst sind, ohne dass eine Gleichbehandlung mit *dass*-Komplementsätzen erfolgt. Die Lizenzierung der øV2-Sätze erfolgt wiederum semantisch, d.h. nichtstrukturell (Reis 1997: 141).

Andere Ansätze gehen davon aus, dass øV2-Sätze zunächst – genau wie *dass*-Sätze – in der kanonischen Komplementposition erzeugt werden und in einem zweiten Schritt in eine höhere, mindestens oberhalb von VP befindliche Position gelangen, die die Realisierung von Sprechaktmerkmalen ermöglicht. Erst hier erhalten sie assertives Potenzial (Meinunger 2004, Truckenbrodt 2006). Sowohl Meinunger als auch Truckenbrodt nehmen dabei an, dass der øV2-Satz auch tatsächlich zweifach interpretiert wird, einmal in der Komplementposition (wodurch Bindung und Thetarollenzuweisung erklärt sind) und einmal in der jeweiligen höheren Position.[23]

Im Fall von unpersönlichen Prädikaten und ‚DP+Kopula'-Konstruktionen wäre zu überlegen, in einem noch radikaleren Schritt von parataktischer Verknüpfung auszugehen. Hinweise für Integriertheit der betreffenden øV2-Sätze, wie Variablenbindung oder Einbettung in selbst bereits eingebettete Sätze, finden sich hier nicht (34a,b), typische Hauptsatzphänomene, wie Modalpartikeln (vgl. (34c)) oder Linksversetzung (34d), sind dagegen häufig:

(34) a. *Es geht doch jedem$_i$ so, er$_i$ ist am Anfang noch ziemlich nervös.
(akzeptabel: ..., dass er$_i$ am Anfang noch ziemlich nervös ist.)
b. *Peter hat mir gemailt, dass er aus dem Projekt aussteigt, wenn das Problem ist, wir finden nicht genug Sponsoren.
(akzeptabel: ..., dass wir nicht genug Sponsoren finden.)
c. Die Sache ist, jetzt hab ich also/halt/ja/doch mit Calvino angefangen.
d. Das Nervige ist, in Berlin, da kommen sich alle sehr cool vor.

Insbesondere in Arbeiten zur gesprochenen Sprache werden solche Konstruktionen in der Tat als nicht (mehr) biklausal aufgefasst, sondern als Verknüpfung von

---

[23] Hinsichtlich der genauen Verortung dieser höheren Position innerhalb der Satzstruktur unterscheiden sich die beiden Analysen allerdings. Meinunger (2006) zufolge ist sie als Adjunkt an die Matrix-CP zu sehen, wodurch sich Matrix- und øV2-Satz – quasi juxtaponiert – gleichermaßen im unmittelbaren Skopus eines übergeordneten Illokutionsoperators ASSERT befinden (2006: 476). Truckenbrodt (2006) geht dagegen davon aus, dass øV2-Sätze, genau wie selbständige V2-Sätze, einen Kontextindex tragen, der die Art der Interpretation festlegt (bei øV2-Sätzen stets spezifiziert für „epistemic context", d.h. in Bezug auf die Glaubenswelt eines Individuums interpretierbar). Da sich der Kontext, über dem der Kontextindex operiert, aus der Bedeutung der gesamten VP konstituiert, nimmt Truckenbrodt, so wie schon Reis (1997) Bewegung des øV2-Satzes in eine Adjunktposition rechts von VP an (2006: 285).

diskursfunktionalem Vorlaufsyntagma und potentiell eigenständiger Äußerung betrachtet (vgl. u. a. Günthner (2008) sowie fürs Englische Thompson (2002) und Aijmer (2007)).

Es gibt jedoch eine Reihe von Fällen, die mit der Annahme von Bewegung oder Generierung in eine(r) höhere(n), illokutiv relevante(n) Position unverträglich sind. Dies betrifft die durchaus auch vorhandenen nicht-assertierten øV2-Vorkommen, wie z. B. øV2-Sätze, die sich im Skopus eines Frageoperators befinden (35), sowie vollthematische øV2-Sätze (36), aber auch øV2-Sätze, die im Nachfeld vor zweifelsfreien Gliedsätzen stehen (37):

(35) a. Wer von euch hat schon mal geträumt, er habe die Prüfung verschlafen?
b. Haben Sie geglaubt, es würde irgendwann ein breites Publikum für die Avantgarde-Ästhetik heranwachsen? (Die Zeit, Nr. 43, 16. 12. 2008)

(36) [A: Wie konntest du bloß denken, dass der Film gut ist?]
B: Ich hab (deshalb) geglaubt, der Film ist/sei gut, weil jeder so beGEIStert war.

(37) Peter hat erst gedacht, er müsse rennen, als er den Zug schon fast verpasst hatte.

Solche Sätze einfach wie kanonische Nebensätze zu behandeln (d. h. Verbleib in der Basisposition vorzusehen), löst das Problem nicht ganz, denn dann sollten sie sich auch wie ‚echte' Komplementsätze verhalten. In mancher Hinsicht tun sie das auch, z. B. erlauben sie keine Linksversetzung. Trotzdem sind sie nicht mit *dass*-Sätzen äquivalent, denn auch nicht-assertierte øV2-Sätze sind nicht vorfeldfähig und – was weit schwerer wiegt – in ihrem Auftreten durch die Semantik ihres Matrixprädikats determiniert: es gelten für sie dieselben semantischen Beschränkungen wie für assertierte øV2-Sätze.

Innerhalb der øV2-Sätze sind also mehrere Subtypen zu unterscheiden, die sich auf einer Integriertheitsskala jeweils näher am Pol Integriertheit oder näher am Pol Unintegriertheit befinden (s. auch Freywald 2009). Eine solche abgestufte Unterteilung nach verschiedenen Integriertheitsgraden könnte, ohne dies hier syntaktisch genau ausformulieren zu können, folgendermaßen aussehen:[24]

(38) absolut integriert > relativ integriert > relativ unintegriert > absolut unintegriert

---

[24] Diese Einteilung greift die Terminologie aus Reis (1997) auf, nimmt jedoch eine etwas andere Ausdifferenzierung vor und macht – aus reinen Platzgründen – zunächst nur Aussagen über V-in-C-Sätze, ohne dabei Parallelen zu den verschiedenen Typen (un)integrierter VL-Sätze zu ziehen.

- Als **absolut integriert** können Komplemente von Nomen gelten, da nur sie Voranstellung ins Vor-/Mittelfeld erlauben (gemeinsam mit ihrem Bezugsnomen), vgl. (3b).
- Zu den **relativ integrierten** øV2-Sätzen zählen solche, die nicht-behauptete Information enthalten (syntaktisch zeigt sich dies z.B. daran, dass sie im Nachfeld vor ‚echten' Gliedsätzen stehen können; dies kann auch interpretiert werden als: sie besetzen keine sprechaktrelevante Position), vgl. (36).
- Als **relativ unintegriert** sind øV2-Sätze zu betrachten, die selbst illokutives Potenzial besitzen, d.h. deren Inhalt separat assertiert wird (syntaktisch gesehen etwa infolge von Bewegung/Generierung in eine(r) mit Sprechaktmerkmalen ausgestattete(n) Position), vgl. (3a).
- **Absolut unintegriert** sind schließlich øV2-Sätze, die lediglich auf Diskursebene und damit parataktisch mit ihrem Bezugssatz verbunden sind, in dem sie folglich auch keine Strukturposition innehaben (daher ist z.B. Bindung hier ausgeschlossen), vgl. (3d,e).

Die øV1-Sätze würden dann – je nach Analyse – entweder sämtlich in Kategorie (iv) absolut unintegriert fallen (Brandner 2004, Axel/Wöllstein 2009 sowie Reis/Wöllstein 2010 folgend) oder gemäß herkömmlicher Analyse teils in Kategorie (i) absolut integriert (bei Zulässigkeit von Vorfeld-Stellung), teils in Kategorie (iv) absolut unintegriert (bei Vor-Vorfeld-Stellung).

Schließlich ist zu fragen, ob sich eine einheitliche Strukturbedeutung von V-in-C formulieren lässt. Vielfach wird die Ansicht vertreten, V-in-C habe die Funktion, illokutives Potenzial zu markieren (u.a. Wechsler 1991, Brandner 2004, Truckenbrodt 2006, Lohnstein 2007). Damit bleibt jedoch, wie gezeigt, immer noch ein Teilbereich der V-in-C-Sätze ausgeklammert, nämlich die nicht-assertierten øV2-Sätze und daneben die adverbialen øV1-Sätze, wenn sie nach traditioneller Auffassung als subordiniert und damit als Teil der Matrixsatzillokution angesehen werden (Reis 2006: 377) (Reis/Wöllstein 2010 ziehen im Rahmen der Unintegriertheitshypothese dagegen Parallelen zu V1-Interrogativen, aus denen konditionale øV1-Sätze diachron auch hervorgegangen sind).[25] – Meinunger (2006: 481) sieht als einheitliche Funktion von V-in-C die Kennzeichnung von Information als (diskurs-)neu, unabhängig vom illokutiven Potenzial. Diese Hypothese müsste allerdings erklären, wieso øV2- wie øV1-Sätze auch thematisch sein können (letztere sogar typischerweise).

---

25 Vgl. Maurer (1924: 144): „Ein Satz wie *Kommt er, so gehe ich* ist entstanden aus Frage- + Aussagesatz"; ähnlich auch Paul (1920: 270) sowie Behaghel (1928: 637). Für Entstehung aus einer (dialogischen) Sequenz syntaktisch unabhängiger Sätze plädieren auch neuere Untersuchungen, wie Axel/Wöllstein (2009), Hilpert (2010), van den Nest (2010).

5 Zusammenfassung

Die oft als nicht-kanonisch bezeichneten uneingeleiteten V1- und V2-Sätze fügen sich nur schwer in eine Hauptsatz-/Nebensatz-Dichotomie ein. Ihrer Form nach gleichen sie selbständigen Sätzen, dennoch sind sie Träger einer Satzgliedfunktion in ihrem Bezugssatz. Wir haben es hier also mit einem echten Zwischentyp zu tun. Dabei erweisen sich die konkreten Ausprägungen dieses Typus als weit weniger homogen, als es zu erwarten wäre.

Gemeinsam ist allen øV1- und øV2-Sätzen zunächst, dass sie Merkmale syntaktischer und pragmatischer Unintegriertheit aufweisen. Obwohl sie Substitute für kanonische VL-Sätze darstellen, verhalten sie sich doch nicht wie diese, was darauf hindeutet, dass sie sich auch strukturell unterscheiden. Der Grad der Integriertheit kann relativ stark variieren: øV1-Sätze tendieren zu Desintegration, die øV2-Sätze untergliedern sich in mehrere, hinsichtlich Integriertheit feiner abgestufte Subtypen. Diese z.T. sehr subtilen Unterschiede strukturell zu fassen, ist kein leichtes Unterfangen. Die in Abschnitt 4 in aller Kürze dargestellten theoretischen Zugänge geben einen Eindruck von der Komplexität dieser Problematik. Zudem steht für viele Detailhypothesen eine fundierte empirische Absicherung noch aus.

Eng verknüpft mit dem Problem der Integriertheit ist die Frage, ob die Strukturbedeutung von V-in-C, wie sie sich in selbständigen Sätzen ausdrückt, auch in den unselbständigen øV1- und øV2-Sätzen präsent ist. Insbesondere bei øV2-Sätzen weisen die semantischen Restriktionen, denen die Matrixsätze von øV2-Sätzen unterliegen, darauf hin, dass hier ein Zusammenhang besteht: øV2-Sätze sind im Wesentlichen beschränkt auf affirmative, nicht-präsupponierende Kontexte. Dies ist direkt aus der Tatsache erklärbar, dass øV2-Sätze separat assertierbar sind. Nicht (nur) der Inhalt des gesamten komplexen Satzgefüges, auch die Proposition des øV2-Satzes wird behauptet. Entsprechend wird die Bedeutung von V-in-C auch bei øV2-Sätzen in der Markierung illokutiver Selbständigkeit gesehen. Bei øV1-Sätzen ist dieser Zusammenhang allerdings weit weniger deutlich.

Wie gezeigt wurde, ist das Bild bei genauerem Hinsehen jedoch nicht ganz so klar, da es auch Vorkommen nicht-assertierter øV2-Sätze gibt. Die Frage, ob von einer einheitlichen Funktion von V-in-C in øV1- und øV2-Sätzen überhaupt auszugehen ist und worin diese besteht, bleibt also weiterhin eine offene Forschungsfrage.

6 Literatur

Aijmer, K. (2007): The Interface between Discourse and Grammar. *The Fact is that*. In: Celle, A./Huart, R. (Hgg.), Connectives as Discourse Landmarks. Amsterdam: Benjamins, 31–46.
Auer, P. (1998): Zwischen Parataxe und Hypotaxe: ‚abhängige Hauptsätze' im Gesprochenen und Geschriebenen Deutsch. In: Zeitschrift für Germanistische Linguistik 26, 284–307.
Auer, P. (2002): Schreiben in der Hypotaxe – Sprechen in der Parataxe? Kritische Bemerkungen zu einem Gemeinplatz. In: Deutsch als Fremdsprache 39, 131–138.
Auer, P. (2007): Syntax als Prozess. In: Hausendorf, H. (Hg.), Gespräch als Prozess. Linguistische Aspekte der Zeitlichkeit verbaler Interaktion. Tübingen: Narr, 95–124.
Auer, P./Lindström, J. (2011): Verb-first Conditionals in German and Swedish: Convergence in Writing, Divergence in Speaking. In: Auer, P./Pfänder, S. (Hgg.), Constructions: Emerging and Emergent. Berlin: de Gruyter, 218–262.
Axel, K./Wöllstein, A. (2009): German Verb-first Conditionals as Unintegrated Clauses: A Case Study in Converging Synchronic and Diachronic Evidence. In: Winkler, S./Featherston, S. (Hgg.), The Fruits of Empirical Linguistics. Bd. II. Berlin: Mouton de Gruyter, 1–36.
Axel-Tober, K. (2012): (Nicht-)kanonische Nebensätze im Deutschen. Synchrone und diachrone Aspekte. Berlin: de Gruyter.
Behaghel, O. (1928): Deutsche Syntax. Eine geschichtliche Darstellung. Bd. III. Die Satzgebilde. Heidelberg: Winter.
Blümel, R. (1914): Einführung in die Syntax. Heidelberg: Winter.
Brandner, E. (2004): Head-movement in Minimalism, and V2 as FORCE-marking. In: Lohnstein, H./Trissler, S. (Hgg.), The Syntax and Semantics of the Left Periphery. Berlin: Mouton de Gruyter, 97–138.
Brauße, U. (1994): Lexikalische Funktionen der Synsemantika. Tübingen: Narr.
Breindl, E. (1989): Präpositionalobjekte und Präpositionalobjektsätze im Deutschen. Tübingen: Niemeyer.
Dal, I. (1966): Kurze deutsche Syntax. 3. Aufl. Tübingen: Niemeyer.
den Besten, H. (1983): On the Interaction of Root Transformations and Lexical Deletive Rules. In: Abraham, W. (Hg.), On the Formal Syntax of the Westgermania. Amsterdam: Benjamins, 47–131.
Duden-Grammatik (2005): Duden. Die Grammatik. 7. Aufl. Hg. von der Dudenredaktion. Mannheim: Dudenverlag.
Eisenberg, P. (2006): Grundriss der deutschen Grammatik. Bd. 2. Der Satz. Stuttgart: Metzler.
Engel, U. (1982): Syntax der deutschen Gegenwartssprache. 2. Aufl. Berlin: Schmidt.
Eroms, H.-W. (2000): Syntax der deutschen Sprache. Berlin: de Gruyter.
Fabricius-Hansen, C. (1980): Sogenannte ergänzende *wenn*-Sätze. Ein Beispiel semantisch-syntaktischer Argumentation. In: Dyhr, M./Hyldgaard-Jensen, K./Olsen, J. (Hgg.), Festschrift für Gunnar Bech. Kopenhagen: Universität Kopenhagen, 160–188.
Freywald, U. (2009): Kontexte für nicht-kanonische Verbzweitstellung: V2 nach *dass* und Verwandtes. In: Ehrich, V./Fortmann, C./Reich, I./Reis, M. (Hgg.), Koordination und Subordination im Deutschen. Hamburg: Buske, 113–134.
Gärtner, H.-M. (2001): Are there V2 Relative Clauses in German? In: Journal of Comparative Germanic Linguistics 3, 97–141.
Green, G. M. (1976): Main Clause Phenomena in Subordinate Clauses. In: Language 52, 382–397.
Günthner, S. (2008): „*die Sache ist ...*": eine Projektor-Konstruktion im gesprochenen Deutsch. In: Zeitschrift für Sprachwissenschaft 27, 39–71.

Heidolph, K. E./Flämig, W./Motsch, W. (1981): Grundzüge einer deutschen Grammatik. Berlin: Akademie Verlag.
Helbig, G./Buscha, J. (2001): Deutsche Grammatik. Ein Handbuch für den Ausländerunterricht. Berlin: Langenscheidt.
Helbig, G./Kempter, F. (1974): Die uneingeleiteten Nebensätze im Deutschen und ihre Vermittlung im Fremdsprachenunterricht. In: Muttersprache 11, 75–86.
Heycock, C. (2006): Embedded Root Phenomena. In: Riemsdijk, H. van/Everaert, M. (Hgg.), The Blackwell Companion to Syntax. Bd. II. Malden, Oxford: Blackwell, 174–209.
Hilpert, M. (2010): What can Synchronic Gradience Tell us about Reanalysis? Verb-first Conditionals in Written German and Swedish. In: Traugott, E.C./Trousdale, G. (Hgg.), Gradience, Gradualness and Grammaticalization. Amsterdam: Benjamins, 181–201.
Hooper, J.B./Thompson, S.A. (1973): On the Applicability of Root Transformations. In: Linguistic Inquiry 4, 465–497.
Kaiaty, M. (2010): Überlegungen zu sog. ‚ergänzenden *wenn*-Sätzen' im Deutschen. In: Deutsche Sprache 38, 287–308.
Kiparsky, P./Kiparsky, C. (1970): Fact. In: Bierwisch, M./Heidolph, K.E. (Hgg.), Progress in Linguistics. The Hague: Mouton, 143–173.
Krifka, M. (2012): Negated Polarity Questions as Denegations of Assertions. Manuskript, Humboldt-Universität zu Berlin und ZAS Berlin.
Lenerz, J. (1984): Syntaktischer Wandel und Grammatiktheorie. Tübingen: Niemeyer.
Lohnstein, H. (2007): On Clause Types and Sentential Force. In: Linguistische Berichte 209, 63–86.
Lötscher, A. (1997): „Guet, sind Sie doo" Verbstellungsprobleme bei Ergänzungssätzen im Schweizerdeutschen. In: Ruoff, A./Löffelad, P. (Hgg.), Syntax und Stilistik der Alltagssprache. Tübingen: Niemeyer, 85–95.
Maurer, F. (1924): Zur Anfangsstellung des Verbs im Deutschen. In: Horn, W. (Hg.), Beiträge zur Germanischen Sprachwissenschaft. Festschrift für Otto Behaghel. Heidelberg: Winter, 141–184.
McCloskey, J. (2006): Questions and Questioning in a Local English. In: Zanuttini, R./Campos, H./Herburger, E./Portner, P.H. (Hgg.), Crosslinguistic Research in Syntax and Semantics: Negation, Tense, and Clausal Architecture. Washington, DC: Georgetown University Press, 87–126.
Meibauer, J. (1990): Sentence Mood, Lexical Categorial Filling, and Non-propositional *nicht* in German. In: Linguistische Berichte 130, 441–465.
Meinunger, A. (2004): Verb Position, Verbal Mood and the Anchoring (Potential) of Sentences. In: Lohnstein, H./Trissler, S. (Hgg.), The Syntax and Semantics of the Left Periphery. Berlin: Mouton de Gruyter, 313–341.
Meinunger, A. (2006): On the Discourse Impact of Subordinate Clauses. In: Molnár, V./Winkler, S. (Hgg.), The Architecture of Focus. Berlin: Mouton de Gruyter, 459–487.
Nest, D. van den (2010): *Should Conditionals be Emergent...* Asyndetic Subordination in German and English as a Challenge to Grammaticalization Research. In: Linden, A. van/Verstraete, J.-C./Davidse, K. (Hgg.), Formal Evidence in Grammaticalization Research. Amsterdam: Benjamins, 93–136.
Oppenrieder, W. (1991a): Von Subjekten, Sätzen und Subjektsätzen. Untersuchungen zur Syntax des Deutschen. Tübingen: Niemeyer.
Oppenrieder, W. (1991b): Irreale Vergleichssätze. In: Klein, E. (Hg.), Betriebslinguistik und Linguistikbetrieb. Tübingen: Niemeyer, 357–366.

Pasch, R./Brauße, U./Breindl, E./Waßner, U.H. (2003): Handbuch der deutschen Konnektoren. Berlin: de Gruyter.
Paul, H. (1920): Deutsche Grammatik. Bd. IV. Syntax. Tübingen: Niemeyer.
Pittner, K. (1999): Adverbiale im Deutschen. Tübingen: Stauffenburg.
Pittner, K. (2011): Anmerkungen zur (Un-)Integriertheit von Konditionalsätzen mit Verberststellung. In: Zeitschrift für Sprachwissenschaft 30, 75–105.
Reis, M. (1995): *Wer glaubst du hat recht?* On So-called Extractions from Verb-second Clauses and Verb-first Parenthetical Constructions in German. In: Sprache und Pragmatik 36, 27–83.
Reis, M. (1997): Zum syntaktischen Status unselbständiger Verbzweit-Sätze. In: Dürscheid, C./Ramers, K.H./Schwarz, M. (Hgg.), Sprache im Fokus. Tübingen: Niemeyer, 121–144.
Reis, M. (2006): Is German V-to-C Movement Really Semantically Motivated? Some Empirical Problems. In: Theoretical Linguistics 32, 369–380.
Reis, M./Wöllstein, A. (2010): Zur Grammatik (vor allem) konditionaler V1-Gefüge im Deutschen. In: Zeitschrift für Sprachwissenschaft 29, 111–179.
Steinbach, M. (2007): Integrated Parentheticals and Assertional Complements. In: Dehé, N./Kavalova, Y. (Hgg.), Parentheticals. Amsterdam: Benjamins, 53–87.
Thompson, S.A. (2002): ‚Object complements' and Conversation Towards a Realistic Account. In: Studies in Language 26, 125–163.
Truckenbrodt, H. (2006): On the Semantic Motivation of Syntactic Verb Movement to C in German. In: Theoretical Linguistics 32, 257–306.
Thurmair, M. (2001): Vergleiche und Vergleichen. Eine Studie zu Form und Funktion der Vergleichsstrukturen im Deutschen. Tübingen: Niemeyer.
Ulvestad, B. (1955): Object Clauses Without ‚daß' Dependent on Negative Governing Clauses in Modern German. In: Monatshefte 47, 329–338.
Wechsler, S. (1991): Verb Second and Illocutionary Force. In: Leffel, K./Bouchard, D. (Hgg.), Views on Phrase Structure. Dordrecht: Kluwer, 177–191.
Zifonun, G./Hoffmann, L./Strecker, B. et al. (1997): Grammatik der deutschen Sprache. 3 Bde. Berlin: de Gruyter.

Ulrike Freywald

15 Satzwertige *zu*-Infinitivkonstruktionen

1 Einleitung
2 Syntaktische Eigenschaften der *zu*-Infinitivkonstruktion: Satzfunktion, Selektion, Kontrolle, Kohärenz
3 Semantische Form der *zu*-Infinitive: Faktivität und Modalität
4 Pragmatische Eigenschaften: Illokutionäres Potenzial
5 Satztyp der satzwertigen *zu*-Infinitive
6 Literatur

1 Einleitung

Von Gunnar Bech (1983^2) werden wesentliche Charakteristiken der Infinitivsyntax erstmals erkannt: Statusrektion, Orientierung des impliziten Subjekts, Infinitivtopologie, und Satzwertigkeit (= Inkohärenz) bzw. Nicht-Satzwertigkeit (= Kohärenz). Es werden drei supinische Status mit jeweils verschiedenen verbalen Regentien unterschieden: reiner Infinitiv, *zu*-Infinitiv, Partizip II:

(1) a. Peter kann/soll/will/darf *tanzen*.
    b. Peter versucht/verspricht *zu tanzen*.
    c. Peter hat *getanzt*.

Die Reflexion über (*zu*-)Infinitive unter dem Aspekt *Satztyp* ist immer an spezifische theoretische Positionen gebunden, die determinieren, unter welchen Voraussetzungen ein Vollsatz gegeben ist. Betrachtet man das Auftreten eines Subjekts als konstitutives Kriterium, so gelten infinite Konstruktionen – anders als bspw. Ellipsen – nicht als Vollsätze, da sie nicht mittels Expansion des zu komplettierenden Ausdrucks rekonstruiert werden können:

(2) Hans verspricht, (*er) zu tanzen.

Im Zuge dessen interpretieren Zifonun et al. (1997: 2163) (*zu*-)Infinitivkonstruktionen nicht als Vollsätze, sondern als obligatorisch eingebettete maximale Prädikate ohne Subjekt. Betrachtet man *zu*-Infinitivkonstruktionen dagegen unter dem Gesichtspunkt distributioneller syntaktischer Kriterien, so können sie – im Gegensatz zu reinen Infinitiven und Partizipien – als satzwertig gelten. Bestimmte Phänomene weisen darauf hin, dass sie gegenüber dem übergeordneten Satz eine intervenierende Grenzkategorie aufspannen können. So ist die Infinitivkonstruktion im Nachfeld möglich (3a) und alterniert dort mit einem finiten Satz (3b), wobei der Skopus eines Negationselements jeweils auf den Trägersatz beschränkt ist:

(3) a. Hans hat *nicht* versprochen, [zu tanzen].
     (kann nicht interpretiert werden als: hat versprochen *nicht* zu tanzen)
   b. Hans hat *nicht* versprochen, [dass er tanzen wird].
     (kann nicht interpretiert werden als: hat versprochen, dass er *nicht* tanzen wird)

Besonders im generativen Paradigma (vgl. die Pionierleistung von Evers 1975) wird aus theorieinternen wie auch aus empirischen Gründen für die Satzwertigkeit der *zu*-Infinitive argumentiert (vgl. Askedal 1991, Grewendorf 1991[2], Haider 1993, Kiss 1995, Rapp/Wöllstein 2009, Reis/Sternefeld 2004, von Stechow/Sternefeld 1988, Wöllstein 2001, Wurmbrand 2001). Folglich lässt sich die These vertreten, dass *zu*-Infinitivkonstruktionen einen eigenen Satztyp konstituieren. Besitzen sie somit auch einen eigenen Satzmodus?

Im Sinne von Altmann (1993) sind Strukturen mit dem *zu*-Infinitiv generell nicht satzmodusfähig: Als Satzmodus wird hier die Korrelation zwischen einem Formtyp und einer eigenständigen Verwendung mit spezifischem illokutionären Potenzial definiert.[1]

Im Gegensatz zum reinen Infinitiv und dem Partizip II treten *zu*-Infinitivkonstruktionen generell nicht frei auf:

(4) a. Endlich *tanzen*!
   b. Jetzt aber endlich mal *getanzt*!
   c. *Endlich *zu tanzen*!

Im Sinne von Brandt/Reis/Rosengren/Zimmermann (1992) ist der Satzmodus – entgegen Altmann (1993) – eine einstellungsfreie Beschreibung des Referenztyps von Sätzen, der sich strikt kompositional aus dem jeweiligen Satztyp ergibt, d.h. auch unselbständigen Sätzen kann ein eigener Satzmodus zugeordnet werden. Wir folgen Brandt/Reis/Rosengren/Zimmermann (1992) darin, dass die semantische Form der *zu*-Infinitivkonstruktionen aus dem Satztyp abzuleiten ist, nehmen aber mit Altmann (1993) an, dass nur selbständige Sätze einen eigenen Satzmodus besitzen. Unter dieser Grundannahme verfügt die *zu*-Infinitivkonstruktion nicht über einen Satzmodus.

Bevor wir den Satztyp der *zu*-Infinitivkonstruktion als abstraktes Repräsentationsformat aufstellen (Abschnitt 5), klären wir, welche syntaktischen (Abschnitt 2), semantischen (Abschnitt 3) und pragmatischen (Abschnitt 4) Generalisierungen hierzu berücksichtigt werden müssen. Dabei ist die Ausrichtung unserer Betrachtung die Folgende: Trotz Nichtselbständigkeit des *zu*-Infinitivs

---

[1] Ähnlich auch Bierwisch (1979) und Pasch (1989).

konstruiert dieser im Normalfall satzwertig und somit inkohärent. Kohärenz dagegen entsteht nur unter ganz spezifischen Bedingungen: Erstens muss der zu-Infinitiv die Stelle des direkten Objekts füllen, zweitens muss er unmittelbar linksadjazent zum Verb auftreten und drittens muss dieses einbettende Verb modal sein.

2 Syntaktische Eigenschaften der *zu*-Infinitivkonstruktion: Satzfunktion, Selektion, Kontrolle, Kohärenz

Zu-Infinitivkonstruktionen treten in verschiedenen Satzfunktionen auf (vgl. Haider 1993: 256f.); so als Objekt (5a), Subjekt (5b), Attribut (5c) und als Teil des Adverbials (5d):

(5) a. Paul versucht, [das Lied zu lernen].
     b. [Seine Freundin hier zu treffen], erschreckte Paul.
     c. Der Gedanke, [seine Freundin hier zu treffen], erschreckte Paul.
     d. Er ging in die Kneipe, [um seine Freundin zu treffen].

Wir wollen im Folgenden auf diese Satzfunktionen näher eingehen; dabei soll u. a. berücksichtigt werden, welche Korrelation zwischen Satzfunktion und selegierender Kategorie besteht (= Selektion), in welcher Weise das phonologisch nicht realisierte Subjekt des Infinitivs seine Interpretation erfährt (= Kontrolle) und in welchen Fällen die *zu*-Infinitivkonstruktion als nicht-satzwertig zu betrachten ist (= Kohärenz).[2]

---

[2] Nicht berücksichtigt werden hier sog. Anhebungsstrukturen, da diese niemals satzwertig sind: das Subjekt des Infinitivs, das in der eingebetteten Position (mangels Finitheit) keinen Kasus erhalten kann, wird an die leere Subjektstelle des übergeordneten Satzes „angehoben":
(i) Peter$_i$ scheint t$_i$ zu studieren.
Zur Syntax von Verb-Raising-Konstruktionen vgl. u.a. Evers (1975), Haegeman/van Riemsdijk (1986).

2.1 Objektinfinitive

Objektinfinitive werden in der Regel von Verben (6a) und Adjektiven (6b) selegiert:[3]

(6) a. Maria *versucht*, zu gewinnen.
 b. Maria ist *sicher*, den Täter zu kennen.

Zumeist alterniert der *zu*-Infinitiv dabei mit nichtsentententialen Objekten.[4] Die Alternation mit einem Akkusativobjekt ist auf verbselegierte *zu*-Infinitive beschränkt (7a), während die Alternation mit einem Genitiv- bzw. Präpositionalobjekt sowohl bei Verben (7b,c) als auch bei Adjektiven möglich ist (7d,e):

(7) a. Maria versucht (es), zu gewinnen. / Maria versucht die Sache.
 b. Sie erinnert sich (dessen), ihn zu kennen. / Sie erinnert sich des Jungen.
 c. Tom wartet (darauf), aufzutreten. / Tom wartet auf seinen Auftritt.
 d. Sie ist (dessen) sicher, ihn zu kennen. / Sie ist ihrer Sache sicher.
 e. Tom ist stolz (darauf), aufzutreten. / Tom ist stolz auf seinen Auftritt.

Im Allgemeinen sind Korrelate möglich, welche formal dem Objekt im Neutrum (7a,b,d) bzw. bei präpositionalem Objekt dem Präpositionaladverb entsprechen (7c,e).[5]

Kommen wir zur Interpretation des phonologisch nicht realisierten Subjekts der *zu*-Infinitivkonstruktion; dieses wird u. a. bei Grewendorf (1991[2]: 161ff., 277ff.) als pronominale Leerstelle PRO aufgefasst. Bei der Interpretation von PRO ist zu unterscheiden zwischen zweistelligen und dreistelligen Prädikaten. Im Falle zweistelliger Prädikate wird das phonologisch leere Subjekt PRO immer mit dem Subjekt des übergeordneten Prädikats gleichgesetzt. Man spricht in diesem Fall von *Subjektkontrolle*. Die Kontrollstruktur lässt sich durch Indizierung der koreferent zu interpretierenden Elemente illustrieren:

(8) a. Marta$_i$ leugnet/erzählt/gibt (es) zu, PRO$_i$ am Tatort gewesen zu sein.
 b. Marta$_i$ ist stolz (darauf), PRO$_i$ am Tatort gewesen zu sein.

---

[3] Auch Funktionsverbgefüge können *zu*-Infinitive einbetten, worauf wir hier aus Platzgründen jedoch nicht eingehen.
[4] Einzelne Verben wie *gelten, heißen* selegieren einen *zu*-Infinitiv, der nicht mit einem nominalen Satzglied alterniert, vgl. Zifonun et al. (1997: 1387).
[5] In bestimmten Fällen sind Korrelate ausgeschlossen (i), in anderen sind sie obligatorisch, insbesondere, wenn der *zu*-Infinitiv ein obligatorisches Präpositionalobjekt vertritt (ii):
(i) Maria erzählt *es, dort gewesen zu sein.
(ii) Peter legt es *(darauf) an, zu streiten./Peter legt es *(auf Streit) an.

Seine empirische Relevanz verdankt PRO u.a. dem Faktum, dass Reflexiva innerhalb ihrer Satzgrenzen stets eines Antezedenten bedürfen:

(9) a. Marta gibt zu, dass *(sie$_i$) sich$_i$ am Tatort befunden hat.
 b. Marta gibt zu, *(PRO$_i$) sich$_i$ am Tatort befunden zu haben.

Als dreistellige Prädikate treten nur Verben auf. Hier muss zwischen Subjekt- und Objektkontrolle unterschieden werden. Verben mit Dativobjekt und *zu*-Infinitiv sind strukturell nicht auf eine der beiden Kontrollarten festgelegt. Zumeist erfolgt eine lexikalische Fixierung auf Subjekt- (10a) *oder* Objektkontrolle (10b); es gibt jedoch auch Verben, bei denen beide Arten von Kontrolle möglich sind (10c) (vgl. Zifonun et al. 1997: 1408):[6]

(10) *zu*-Infinitiv und Dativobjekt:
 a. Marta$_i$ versprach (es) mir, PRO$_i$ ihre Aufgaben zu machen.
 b. Marta erlaubte/befahl (es) ihm$_i$, PRO$_i$ ins Kino zu gehen.
 c. Ich$_i$ biete (es) dir$_j$ an/schlage (es) dir$_j$ vor, PRO$_{i/j/i+j}$ nach Hamburg zu fahren.

Dagegen erlauben Verben mit *zu*-Infinitiv und Akkusativobjekt (11a) bzw. präpositionalem Objekt (11b) nur Objektkontrolle:

(11) *zu*-Infinitiv und Akkusativobjekt:
 a. Marta bat/warnte ihn$_i$ (darum/davor), PRO$_i$ ins Kino zu gehen.
 zu-Infinitiv und PO:
 b. Marta forderte/verlangte (es) von ihm$_i$, PRO$_i$ ins Kino zu gehen.

Es schließt sich die Frage an, ob die genannten Kontrollstrukturen stets satzwertig (= inkohärent) konstruieren, also analog zum finiten Satz als C-Projektion analysiert werden müssen oder ob eine VP-Einbettung (d.h. eine kohärente Konstruktion) möglich ist. Als deskriptive Indizien dafür, ob eine kohärente oder inkohärente Konstruktion vorliegt, setzen wir folgende an (vgl. Grewendorf 1991², Grosse 2005, Haider 1993, Kiss 1995, Wöllstein-Leisten 2001, von Stechow/Sternefeld 1988):[7]

---

[6] Unter bestimmten Bedingungen, maßgeblich, wenn der *zu*-Infinitiv Modalverben oder Passivierungen umfasst, findet ein Kontrollwechsel statt; vgl. hierzu u.a. Zifonun et al. (1997: 1393 ff.), von Stechow/Sternefeld (1988: 308 ff.).
[7] Weitere Kriterien wie das auf wenige Verben beschränkte Fernpassiv oder die Rattenfängerkonstruktion werden hier nicht verwendet (vgl. aber Höhle 1978, Haider 1993). Als Testkriterium für Kohärenz gebrauchen wir v.a. Scrambling, nur bei unklarer Datenlage wird auch Kohäsion mit herangezogen.

– Extraposition des *zu*-Infinitivs zeigt, dass eine inkohärente Konstruktion vorliegt.
– Verflechtung von Elementen des *zu*-Infinitivs und Elementen des Matrixsatzes (= Scrambling) zeigt, dass eine kohärente Konstruktion vorliegt.
– Bezug eines Negationselements des Matrixsatzes auf die *zu*-Infinitivkonstruktionen (= Skopuseffekt) zeigt, dass eine kohärente Konstruktion vorliegt.

Generell gilt, dass für alle Kontrollprädikate die inkohärente Konstruktion unmarkiert ist (vgl. Reis 2001 und Grosse 2005). Ob daneben auch die kohärente Konstruktion möglich ist, ist von verschiedenen Faktoren abhängig, auf die in Absatz 1 bereits hingewiesen wurde und die nun Schritt für Schritt dargelegt werden.

Kommen wir zur **Bedingung 1 – direkte Objektstelle**: Als Faustregel (vgl. Haider 1993: 251, Haider 2010: 279) gilt, dass eine kohärente Konstruktion nur möglich ist, wenn der *zu*-Infinitiv das direkte Objekt vertritt – nur in diesem Fall kann dieser strukturell zu einer VP „verkürzt" werden.[8] Evidenz für Bedingung 1 liefern neben den *zu*-Infinitiven auch die unter Modalverben eingebetteten reinen Infinitive (vgl. Öhlschläger 1989), da sie einerseits nur mit einem direkten Objekt alternieren können, andererseits stets kohärent konstruieren (12) – was übrigens ganz analog auch für die Auxiliare *haben/kriegen* in ihrer Lesart als Vollverb zu beobachten ist (13):

(12) a. Er will tanzen. / Er will das Geld.
     b. Er kann sprechen. / Er kann Englisch.

(13) a. Er hat getanzt. / Er hat Glück.
     b. Er kriegt geholfen. / Er kriegt das Geld.

Bedingung 1 sagt voraus, dass Adjektive, deren *zu*-Infinitiv ja niemals einem direkten Objekt entspricht, inkohärent konstruieren:[9]

---

[8] In derivationellen Ansätzen wird die kohärente Konstruktion als Verbanhebung (Rosengren 1992, Sternefeld 1989), Evakuierung (Fanselow 1989) oder Reanalyse (von Stechow/Sternefeld 1988, von Stechow 1990) analysiert; Haider (1993) und Wöllstein-Leisten (2001) schlagen eine repräsentationelle Analyse mit komplexer Projektionsbasis vor.
[9] Haider (2010: 292–298) diskutiert auch Kohärenzeigenschaften bei adjektivischen Regentien; es zeigt sich, dass bei der gemeinsamen Topikalisierung von Adjektiv und *zu*-Infinitiv nur die Konstruktion mit Kasuskonversion grammatisch ist:
(i) Schwierig zu finden war der/*den Fehler nicht. *vs.* Es war schwierig, den/*der Fehler zu finden. U.E. ist die kohärente Konstruktion bei Adjektiven generell sehr markiert, allerdings spielt auch hier die Semantik des Adjektivs eine Rolle: während faktive Adjektive nie kohärent

(14) a. weil die Frau stolz ist, [_CP ihn zu kennen]   Extraposition
     b. *weil *ihn* die Frau zu kennen stolz ist   Scrambling

Bei Einbettung unter ein Verb ist die kohärente Konstruktion immer dann ausgeschlossen, wenn der Infinitiv einem Genitivobjekt (15) oder Präpositionalobjekt (16) entspricht:

(15) a. weil sich Maria erinnert, ihn zu kennen   Extraposition
     b. *weil sich *ihn* Maria zu kennen erinnert   Scrambling

(16) a. weil die Frau ihre Tochter auffordert, es zu verkaufen   Extraposition
     b. *weil die Frau *es* ihre Tochter zu verkaufen auffordert   Scrambling

Darüberhinaus gilt in struktureller Hinsicht **Bedingung 2 – Adjazenz**: die *zu*-Infinitivkonstruktion muss unmittelbar linksadjazent zum einbettenden Verb stehen.[10] Hieraus ergibt sich, dass eine kohärente Konstruktion bei Extraposition generell nicht möglich ist. Zudem ist sie ausgeschlossen, wenn die linksadjazente Position anderweitig besetzt ist:

(17)   *weil *ihn* die Frau zu vergessen *nicht* versucht   (kein Scrambling bei Nicht-Adjazenz)

Liegt ein linksadjazenter Infinitiv vor, der einem direkten Objekt entspricht, so sind folglich sowohl die lexikalische als auch die strukturelle Bedingung erfüllt.[11] Die folgenden Scrambling-Beispiele zeigen jedoch, dass es offenbar noch weitere Restriktionen für Kohärenz gibt:

(18) a. weil *es* die Frau zu essen versucht
     b. *weil *es* die Frau zu wissen leugnet   (kein Scrambling trotz Adjazenz)

Wir werden in Abschnitt 3 zeigen, das für den Unterschied zwischen (18a) und (18b) die Semantik des einbettenden Verbs verantwortlich ist: **Bedingung 3 – einbettendes Verb muss modal sein.**

---

konstruieren (vgl. 14b), erlauben modale Adjektive in bestimmten Fällen eine kohärente Konstruktion:
(ii)   weil *ihn* die Frau zu verraten bereit ist
10 Das entspricht dem Kriterium der kohärenten Verbalfelder bei Bech (1983²: 68).
11 Der Vorschlag zur Analyse der Kohärenzphänomene bei der 3. Konstruktion in Wöllstein-Leisten (2001) folgt genau aus dieser strukturellen Bedingung.

2.2 Subjektinfinitive

Subjektinfinitive sind ebenso wie *dass*-Sätze in Subjektfunktion auf Prädikate beschränkt, die einen Sachverhalt charakterisieren (vgl. Zifonun et al. 1997: 1378ff, Cosma/Engelberg 2013). Ermöglicht werden sie im Allgemeinen durch spezifische Verben (19a) und Adjektive (19b); der Infinitiv alterniert hier mit dem Nominativ:

(19) a. *Zu gewinnen / Der Vorfall* amüsiert mich.
b. *Zu gewinnen / Das Fest* ist schön.

Steht der Infinitiv nicht im Vorfeld, so ist grundsätzlich ein *es*-Korrelat möglich:

(20) a. Es amüsierte mich$_i$, PRO$_i$ zu gewinnen.
b. Es ist schön (für mich$_i$), PRO$_{(i)}$ zu gewinnen.

Die Kontrolle von PRO ist entweder frei oder es erfolgt Objektkontrolle: so wird PRO in (20a) durch ein Akkusativobjekt kontrolliert, in (20b) durch ein präpositionales Objekt, dessen Wegfall freie Kontrolle mit sich bringt. Da der *zu*-Infinitiv hier nicht dem direkten Objekt entspricht, konstruieren Subjektinfinitive – Bedingung 1 folgend – immer inkohärent:

(21) a. weil es den Jungen amüsierte, seiner Schwester zu folgen   Extraposition
b. *weil *seiner Schwester* den Jungen zu folgen amüsierte   Scrambling

2.3 Nomen: Attributive Infinitive

Bestimmte Nomen, maßgeblich solche, die von Verben abgeleitet sind und/oder eine Einstellung bzw. ein Gefühl ausdrücken, selegieren *zu*-Infinitive, zumeist in Alternation zu einem Genitivattribut (22) bzw. einem präpositionalen Attribut (23); in letzterem Falle sind Korrelate möglich:

(22) Das Gefühl, versagt zu haben/Das Gefühl des Versagens betrübte sie.

(23) a. Die Angst (davor), zu verlieren/Die Angst vor dem Verlust betrübte sie.
b. Die Hoffnung (darauf), zu gewinnen/Die Hoffnung auf den Sieg gab ihr Mut.

Attributive Infinitive konstruieren – im Einklang mit Bedingung 1 und 2 – grundsätzlich inkohärent. Die Festlegung der Kontrollbeziehung ist ohne Rekurs auf die vom Sprecher intendierte Interpretation nicht vorhersagbar (Restle 2007: 51, 267).

2.4 Konnektoren: Adverbiale Infinitive

Sind *zu*-Infinitive unter *um, ohne, anstatt* eingebettet, so hat die Konnexionsphrase (vgl. Wöllstein 2008) als Gesamtes adverbiale Funktion. Das phonologisch leere Subjekt kann – abhängig vom Prädikat – durch verschiedene Phrasen kontrolliert werden:

(24) a. Paul$_i$ fuhr in den Urlaub, um PRO$_i$ sich zu erholen.
    a.' Paul$_i$ empfahl ihr$_j$ an die See zu fahren, um PRO$_{i/j}$ sich erholen zu können.
    b. Paul$_i$ kam zurück, ohne PRO$_i$ sich erholt zu haben.
    c. Paul$_i$ schrieb einen Aufsatz, anstatt PRO$_i$ sich zu erholen.

Den Bedingungen 1 und 2 folgend ist nur eine inkohärente Konstruktion möglich:

(25) a. weil die Frau in die Klinik fuhr, um es abzuholen   Extraposition
    b. *weil es die Frau um abzuholen in die Klinik fuhr   Scrambling

2.5 Fazit

Zu-Infinitivkonstruktionen bilden subjektlose Verb-End-Strukturen, die obligatorisch eingebettet/subordiniert sind. Während eine inkohärente Konstruktion grundsätzlich möglich und unmarkiert ist, erlauben nur spezifische Matrixprädikate eine kohärente Konstruktion: Kohärenz ist auf Fälle beschränkt, bei denen der *zu*-Infinitiv dem linksadjazenten direkten Objekt eines verbalen Matrixprädikats entspricht. Eine zusätzliche semantische Restriktion für die kohärente Konstruktion wird im folgenden Abschnitt dargestellt.

3 Semantische Form der *zu*-Infinitive: Faktivität und Modalität

In Rapp/Wöllstein (2009) wird die These entwickelt, dass für die Interpretation syntaktischer Strukturen das Vorhandensein bzw. Nichtvorhandensein einer C-Projektion eine wesentliche Rolle spielt. Ein verbales Ereignisargument kann generell nur unter dem C-Kopf abgebunden werden. Diese Abbindung führt zu einer referentiellen Verankerung des Satzes, und zwar sowohl bei selbständigen wie auch bei eingebetteten Sätzen. Daraus folgt, dass selbständige Sätze, welche die Existenz eines Ereignisses behaupten, voraussetzen oder in Frage stellen (Deklarativsatz, Ergänzungsfragesatz, Entscheidungsfragesatz) eine C-Projektion benötigen. Für Einbettungen gilt Entsprechendes. Wenn das Bestehen eines Sachverhalts präsupponiert wird, ist eine C-Projektion vonnöten; daher selegieren faktive Verben in obligatorischer Weise C-Projektionen. Diese Korrespondenz zwischen Syntax und Semantik zeigt sich deutlich, wenn man den eingebetteten reinen Infinitiv mit dem *zu*-Infinitiv vergleicht. Der reine Infinitiv konstituiert niemals eine CP und hat folglich immer eine modale, d.h. nicht-faktive Interpretation:[12, 13]

(26) Peter will/soll/darf *singen*.

(26) drückt nicht aus, dass Peter in der aktuellen Welt singt; vielmehr besteht das Ereignis von Peters Singen in einer Welt, in der alles wahr ist, was Peter will, soll oder darf.

Im Gegensatz zu reinen Infinitiven besitzen *zu*-Infinitive dagegen die Fähigkeit, eine C-Projektion (= CP) aufzuspannen. Diese CP muss bei Einbettung unter ein faktives Verb (27a) erhalten bleiben – es liegt Inkohärenz vor –, nicht jedoch bei Einbettung unter ein modales Verb, vgl. die kohärente Konstruktion in (27b):

(27) a. *weil *es* die Frau zu wissen leugnet   (kein Scrambling)
      b. weil *es* die Frau zu essen versucht   (Scrambling)

Modale Verben, bei denen der linksadjazente *zu*-Infinitiv dem direkten Objekt entspricht, lassen folglich neben der CP-Einbettung (28b) auch eine kohärente Konstruktion mit VP-Einbettung (28a) zu. Ist die Adjazenzbedingung gegeben, ohne dass syntaktische Indizien für Kohärenz (wie bspw. Scrambling oder Kohäsion) vorliegen, so muss mit beiden Strukturoptionen gerechnet werden:

(28) a. [$_{CP}$ weil [$_{IP}$ die Frau [$_{I'}$ [[$_{VP}$ es zu essen] $_{I°}$ versucht]]]]
      b. [$_{CP}$ weil [$_{IP}$ die Frau [$_{I'}$ [[$_{CP}$ es zu essen] $_{I°}$ versucht]]]]

Fassen wir zusammen: Faktive Prädikate wie *bereuen, leugnen* konstruieren obligatorisch inkohärent; modale Prädikate wie *versuchen, versprechen* konstruieren fakultativ (in)kohärent. Man beachte nun, dass das Kriterium Faktivität nicht nur

---

[12] Auch freie Infinitive haben mangels C-Projektion niemals eine referentielle Verankerung. So werden (i) und (ii) ausschließlich modal interpretiert, vgl. hierzu Rapp/Wöllstein (2009: Absatz 4.2):
(i) Aufstehen!   (deontisch)
(ii) Endlich singen! (optativ/deliberativ)
[13] Eine Ausnahme ist modales *nicht brauchen* + *zu*-Infinitiv, da hier ebenfalls nur die kohärente Konstruktion möglich ist. Bezeichnenderweise vollzieht sich hier jedoch ein Wandel in der Statusrektion, d.h. die Markierung durch *zu* entfällt:
(i) weil wir es dir nicht (zu) glauben brauchen.

für die bereits in Rapp & Wöllstein (2009) behandelten Subjektkontrollverben (*versuchen, leugnen*) gilt, sondern analog für die Dativobjektkontrollverben (*erlauben, übelnehmen*). Auch hier ermöglicht nur das nicht-faktive Verb *erlauben* eine kohärente Konstruktion:

(29) Akkusativobjektinfinitiv mit Dativobjektkontrolle:
 a. weil die Frau *es* ihrer Tochter zu essen erlaubte (Scrambling)
 b. weil die Frau ihrer Tochter *nichts* zu essen erlaubte (Kohäsion)
 (= weil die Frau ihrer Tochter erlaubte, nichts zu essen)
 (= weil die Frau ihrer Tochter nicht erlaubte, etwas zu essen)

(30) Akkusativobjektinfinitiv mit Dativobjektkontrolle:
 a. *weil die Frau *es* ihrer Tochter zu wissen übelnahm (Scrambling)
 b. weil die Frau ihrer Tochter *nichts* zu wissen übelnahm (Kohäsion)
 (= weil die Frau ihrer Tochter übelnahm, nichts zu wissen)
 (≠ weil die Frau ihrer Tochter nicht übelnahm, etwas zu wissen)

Auch bei Kontrolle durch ein präpositionales Objekt ist bei nicht-faktiven Verben eine kohärente Konstruktion nicht ausgeschlossen:

(31) Akkusativobjektinfinitiv mit Kontrolle durch PO:
 a. weil der Boss *ihn* von dem Killer zu töten verlangt (Scrambling)
 b. weil der Boss von seinem Sohn niemanden zu töten
    verlangt (Kohäsion)
 (= weil der Boss nicht von seinem Sohn verlangte, jemanden zu töten)
 (= weil der Boss von seinem Sohn verlangte, niemanden zu töten)

Faktive zu-Infinitive konstruieren demzufolge immer obligatorisch inkohärent. Andererseits wird nicht jede obligatorisch inkohärente Konstruktion als faktiv interpretiert: entspricht der zu-Infinitiv nicht dem direkten Objekt, so ist Inkohärenz jenseits des Kriteriums *Faktivität* aus syntaktischen Gründen erzwungen. Faktivität impliziert obligatorische Inkohärenz; obligatorische Inkohärenz impliziert jedoch nicht Faktivität.[14, 15]

---

14 Auch die Kohärenz von Verben wie *aufhören, beginnen, anfangen* wird durch die Bedingungen 1 und 3 erfasst. Zwar ist anstelle des Infinitivs ein PO$_{MIT}$ gängig – anderseits aber auch ein direktes Objekt, was nach Bedingung 1 Kohärenz ermöglicht: *mit dem Rauchen aufhören – das Rauchen aufhören*.
In semantischer Hinsicht gehören sie nicht zu den faktiven Verben, sondern zu den Zustandsveränderungsverben; diese präsupponieren ihr Komplementereignis nicht, sondern markieren dessen Beginn bzw. Ende (vgl. auch Haider 1993: 244, Rapp/Wöllstein 2009: 174)
15 Haider (1993: 269) nimmt an, dass auch ergative Verben eine kohärente Konstruktion zulassen, da hier das Subjekt strukturell dem direkten Objekt entspricht. Die Datenlage ist hier nicht

Wie ist die Beschränkung der kohärenten Konstruktion auf modale Kontrollverben zu erklären? Wir gehen davon aus, dass zwischen einbettendem Verb und VP eine Merkmalskongruenz vorliegen muss; diese ist nur unter Adjazenz möglich. Eine V-Projektion wird immer als modal interpretiert – Evidenz hierfür liefern reine Infinitive sowohl in freier Verwendung als auch bei Einbettung. Reis (2003) setzt als Ursache für die Modalität beim freien Infinitiv das Fehlen von Finitheitsmerkmalen an. Die Datenlage beim *zu*-Infinitiv deutet dagegen auf eine strukturelle Erklärung hin: Nicht das Fehlen von Finitheitsmerkmalen, sondern das Fehlen einer C-Projektion ist für die modale Lesart verantwortlich. Eine V-Projektion wird stets als modal interpretiert; morphologisch können wir das Merkmal „Modalität" an den Marker *-en* knüpfen. Ein mit der C-Position verknüpftes *zu* neutralisiert Modalität; folglich ist der satzwertige Infinitiv neutral bezüglich Modalität/Faktivität und kann sowohl von einem modalen als auch von einem faktiven Kontrollverb selegiert werden. Der nicht-satzwertige Infinitiv ist dagegen beschränkt auf die Selektion durch modale Kontrollverben.

Entgegen Wurmbrand (2001) u.a. führt *zu* also gerade nicht das modale Merkmal *irrealis* ein, sondern neutralisiert die Modalität der VP. Bezieht man finite Sätze in die Betrachtung mit ein, so ergibt sich folgendes Bild: Die Assoziierung der C-Position mit bestimmten Merkmalen (durch das finite Verb oder *zu*) ist eine notwendige, nicht jedoch eine hinreichende Bedingung für referentielle Verankerung. Ob letztere tatsächlich erfolgt, hängt von weiteren Faktoren ab: Im Falle finiter Hauptsätze ist hier der Verbmodus ausschlaggebend, im Falle von *zu*-Infinitivkonstruktionen die Selektion durch das übergeordnete Prädikat.

Fazit: Die Semantik des *zu*-Infinitivs und des Kontrollverbs ist von wesentlicher Bedeutung für die Struktur der *zu*-Infinitivkonstruktion. Sowohl faktive als auch modale Prädikate sind mit der semantisch neutralen C-Projektion verträglich; die modale VP ist dagegen ausschließlich auf modale Kontrollverben beschränkt. Nur bei modalen Verben ist daher neben der inkohärenten auch die kohärente Konstruktion möglich, wenn zudem die lexikalische und die strukturelle Bedingung erfüllt sind.

---

völlig klar, dennoch sind auch hier Scrambling-Beispiele bei modalem Matrixverb (i) besser als bei faktivem Matrixverb (ii):
(i) ??Ich hoffe, dass das meiner Schwester zu buchen eingefallen ist.
(ii) *Ich hoffe, dass das meiner Schwester zu gewinnen gelungen ist.

4 Pragmatische Eigenschaften: Illokutionäres Potenzial

Wir sind bisher davon ausgegangen, dass die *zu*-Infinitivkonstruktion, die ja nur eingebettet auftritt, kein eigenständiges illokutionäres Potenzial und damit auch keinen eigenen Satzmodus besitzt. Eine gewisse Herausforderung an diese These stellt nun das Auftreten von Modalpartikeln dar:

(32) a. Peter behauptete, Paul *halt* mal geärgert zu haben.
b. Sie versuchte, *JA* nicht zu spät zu kommen.

Häufig wird angenommen, dass Modalpartikeln nur bei einem Trägersatz mit eigener illokutionärer Kraft auftreten, wobei sie die Sprechereinstellung modifizieren. Im „kartografischen" Ansatz (vgl. Rizzi 1997, Haegeman 2002, 2005, 2006, Coniglio 2009, 2011) finden illokutionäre Kraft/Sprechereinstellung eine strukturelle Verankerung durch die Einführung einer sogenannten „ForceP". Folgt man diesen Annahmen, so enthält nicht nur jeder Hauptsatz eine ForceP; sie wird darüber hinaus auch jedem Nebensatz zugeschrieben, der Modalpartikeln erlaubt, so z.B. dem adversativen Adverbialsatz:

(33) Gestern ist sie den ganzen Tag zu Hause geblieben, während sie *doch* sonst bei schönem Wetter meistens einen Ausflug macht. (Thurmair 1989: 78)

Der temporale Adverbialsatz dagegen ermöglicht keine Modalpartikeln, was in Haegeman (2002, 2005, 2006) durch eine im Vergleich zum Hauptsatz verkürzte linke Peripherie erklärt wird. Temporale Adverbialsätze besitzen keine ForceP und haben aus diesem Grund keine eigene illokutionäre Kraft:

(34) *Während er *wohl* den Brief schrieb, ist er gestört worden. (Asbach-Schnitker 1977: 47)

Coniglio (2009, 2011: 136ff.) überträgt diese Herangehensweise nun auf Ergänzungssätze. Seine Generalisierung ist, dass Modalpartikeln nur bei Einbettung unter nicht-faktive Verben möglich sind:

(35) a. Mir ist eingefallen, dass Nastassja *ja* verheiratet ist (Meibauer 1994: 135)
b. *Er leugnete, daß er die Zeugin *ja* unter Druck gesetzt habe (Thurmair 1989: 109)

In Analogie zu der strukturellen Analyse der Adverbialsätze schließt Coniglio, dass der Ergänzungssatz bei Einbettung unter ein nicht-faktives Matrixverb eine ForceP mit eigener Sprechereinstellung enthält; bei Einbettung unter ein faktives Matrixverb liege dagegen ein Nebensatz mit verkürzter linker Peripherie vor.

Diese Analyse ist in mehrfacher Hinsicht fragwürdig. Zum einen stellt sich das empirische Problem, dass auch faktive Matrixverben in bestimmten Fällen Modalpartikeln im Ergänzungssatz erlauben:

(36) Peter bereut, dass er Paul *halt* mal geärgert hat/Paul *halt* mal geärgert zu haben.

Zum anderen ergibt sich als genereller Einwand, dass sich die Modalpartikeln in Ergänzungssätzen gerade *nicht* auf die Einstellung des Sprechers beziehen. Vielmehr modifizieren sie die Einstellung, die das einbettende Verb dem Referenten eines Matrixsatzsubjekts oder -objekts zuschreibt. Je nach Semantik des Verbs sind verschiedene Modalpartikeln möglich. Illustrativ ist der Kontrast zwischen unbetontem *ja* und betontem *JA*:[16]

(37) a. *Er* erzählte mir im Vertrauen, diese Frau *ja/*JA* schon lange zu kennen.
 b. *Ihm* fiel ein, diesen Fehler *ja/*JA* schon öfters gemacht zu haben.
 c. *Sie* ermahnte ihn, den Zug *JA/*ja* nicht zu verpassen.
 d. *Sie* versuchte, den Zug *JA/*ja* nicht zu verpassen.

Durch das einbettende Verb wird in (37a) dem Referenten des Matrixsatzsubjekts, in (37b) dem Referenten des Matrixsatzobjekts zugeschrieben, dass er sich (äußerlich oder innerlich) zu einem Sachverhalt *bekennt*. In (37c,d) dagegen will der Referent des Matrixsatzsubjekts einen Sachverhalt *herbeiführen*.[17] Bezeichnenderweise ergibt sich nun eine systematische Korrespondenz zu Deklarativ- und Imperativsatz. Die Beispiele (37a,b), bei denen das einbettende Verb eine assertive Einstellung (des Subjekt- oder Objektreferenten) ausdrückt, erlauben die gleichen Modalpartikeln wie der Deklarativsatz (38):

(38) Sie mochte ihren Nachbarn *ja/*JA* nicht.

---

16 Wir beschränken uns hier aus Platzgründen auf *zu*-Ergänzungssätze; die gleiche Partikelverteilung findet sich aber auch in den entsprechenden finiten Ergänzungssätzen.
17 Man beachte, dass in (37a,c,d) Objektinfinitive vorliegen, in (37b) dagegen ein Subjektinfinitiv. Während bei Objektinfinitiven der Einstellungsträger immer dem Referenten eines Matrixsatz-Satzglieds entspricht, ist bei Subjektinfinitiven auch der Bezug auf einen arbiträr zu erschließenden Einstellungsträger möglich:
(i) *Halt* gar nichts zu tun, ist dumm.
Festzuhalten ist andererseits, dass bei Subjektinfinitiven der Einstellungsträger immer dem (expliziten oder impliziten) Kontrolleur von PRO entspricht, nicht jedoch bei Objektinfinitiven: so liegt in (37c) ein Objektkontrollverb vor, bei dem dennoch der Referent des Matrixsubjekts als Einstellungsträger fungiert.

Schreibt das einbettende Verb seinem Subjektreferenten dagegen eine Einstellung des Wollens zu (37c,d), so treten die gleichen Modalpartikeln wie beim Imperativ (39) auf:

(39) Verpass den Zug JA/*ja nicht!

Jacobs (1986) geht davon aus, dass der Deklarativsatz mit einer assertiven, der Imperativsatz dagegen mit einer volitiven Sprechereinstellung verknüpft ist. Die jeweilige Einstellung lizensiert spezifische Modalpartikel und wird zugleich durch diese modifiziert. Offenbar spielen die Einstellungen, die ein einbettendes Verb ausdrückt, die gleiche Rolle für das Auftreten von Modalpartikeln in Ergänzungssätzen; allerdings werden sie hier nicht dem Sprecher zugeschrieben, sondern einem als Matrixsatz-Satzglied auftretenden Referenten. Diese Beobachtungen zeigen, dass das Auftreten von Modalpartikeln in Ergänzungssätzen nicht für deren eigene illokutionäre Kraft spricht. Vielmehr sind Modalpartikeln hier durch die lexikalischen Eigenschaften des einbettenden Verbs lizensiert.

Fazit: *Zu*-Infinitivkonstruktionen lassen in spezifischen Fällen Modalpartikeln zu; diese modifizieren jedoch nicht die Einstellung des Sprechers, sondern die Einstellung eines Trägers, der im Regelfall im übergeordneten Satz genannt ist. Folglich weist das Auftreten von Modalpartikeln nicht auf ein eigenständiges illokutionäres Potenzial von Ergänzungssätzen hin, wodurch sich die Frage nach dessen etwaiger struktureller Repräsentation (durch ForceP) für die *zu*-Infinitivkonstruktion erübrigt.

5 Satztyp der satzwertigen *zu*-Infinitive

Der Satztyp von satzwertigen *zu*-Infinitivkonstruktionen muss folgenden Generalisierungen gehorchen (zur generellen Satztypdiskussion vgl. Blühdorn/Lohnstein 2012):

a) Satzwertige *zu*-Infinitivkonstruktionen entsprechen immer Verb-End-Strukturen ohne overtes Subjekt.
b) Satzwertige *zu*-Infinitivkonstruktionen projizieren immer zu einer C-Projektion, konstruieren also inkohärent.
c) Satzwertige *zu*-Infinitivkonstruktionen sind nur in Einbettung möglich und nie frei; einbettende Kategorien sind Verben, Adjektive, Nomina und Präpositionen bzw. Konnektoren.
d) In bestimmten Fällen ist eine nicht-satzwertige/kohärente Konstruktion möglich, d.h. das übergeordnete Verb bettet eine VP ein. Voraussetzung da-

für ist, dass der *zu*-Infinitiv die direkte Objektstelle (= DO) eines nicht-faktiven Verbs vertritt und linksadjazent zu diesem auftritt.

Um diesen Generalisierungen zu genügen, nehmen wir im Folgenden an, dass satzwertige *zu*-Infinitivkonstruktionen den Satztyp (40) besitzen:

(40) $[_{CP} [_{C° +selegiert; ±DO; ±modal} [_{IP} PRO [_{VP} zu\ V\text{-}en]]]]$

Das Element *zu* bleibt trotz seiner Inkorporierung ins Verb mit der C-Position verknüpft und ist hier verantwortlich für Einbettung und (In-)Kohärenz: Es trägt das Merkmal [+selegiert], zudem die Merkmale [±modal] und [±DO]. Folglich sind satzwertige Infinitive immer selegiert; das Merkmal [±modal] stellt sicher, dass sie sowohl unter modale als auch unter faktive Prädikate eingebettet werden können; das Merkmal [±DO] ermöglicht ihr Auftreten an jedweder Objektstelle. Bei einer kohärenten Konstruktion wird dagegen eine VP eingebettet, die den *zu*-Infinitiv enthält. Da VPs die Merkmale [+modal] und [+DO] besitzen, ist eine solche Einbettung (und damit eine kohärente Konstruktion) nur möglich, wenn das übergeordnete Prädikat modal ist und ein direktes Objekt selegiert. Trifft dann auch die Adjazenzbedingung zu, ist unter Merkmalskongruenz der *zu*-Infinitiv Teil der V-Projektion:

(41) $[[_{VP +DO; +modal} zu\ V\text{-}en] V_{+modal}]$

Das Matrixprädikat bestimmt zudem durch seine lexikalischen Eigenschaften die Kontrolleigenschaften von PRO in (40) und kann das Auftreten spezifischer Modalpartikeln lizensieren, indem es dem Referenten eines Matrixsatz-Satzglieds eine bestimmte Einstellung zuschreibt.

6 Literatur

Altmann, H. (1987): Zur Problematik der Konstitution von Satzmodi als Formtypen. In: Meibauer, J. (Hg.), Satzmodus zwischen Grammatik und Pragmatik. Tübingen: Niemeyer, 22–56.

Altmann, H. (1993): Satzmodus. In: Jacobs, J./Stechow, A. von/Sternefeld, W./Vennemann, T. (Hgg.), Syntax. Ein internationales Handbuch zeitgenössischer Forschung. Berlin: Mouton de Gruyter, 1006–1029.

Asbach-Schnitker, B. (1977): Die Satzpartikel wohl. Eine Untersuchung ihrer Verwendungsbedingungen im Deutschen und ihrer Wiedergabemöglichkeiten im Englischen. In: Weydt, H. (Hg.), Aspekte der Modalpartikeln. Studien zur deutschen Abtönung. Tübingen: Niemeyer, 38–62.

Askedal, J. O. (1991): ‚Ersatzinfinitiv/Partizipersatz' und Verwandtes. Zum Aufbau des verbalen Schlußfeldes in der modernen deutschen Standardsprache. In: Zeitschrift für Germanistische Linguistik 19, 1–23.

Bech, G. (1983): Studien über das deutsche Verbum infinitum. Bd. 1. 2., unveränderte Aufl. Tübingen: Niemeyer. [= Reprint von: Bech, Gunnar (1955/57): Studien über das deutsche Verbum infinitum. 2 Bde. Kopenhagen]

Bierwisch, M. (1979): Satztyp und kognitive Einstellung. In: Slovo a Slovesnost 40, 118–123.

Blühdorn, H./Lohnstein, H. (2012): Verumfokus im Deutschen: Versuch einer Synthese. In: Lohnstein, H./Blühdorn, H. (Hgg.), Wahrheit – Fokus – Negation. Linguistische Berichte, Sonderheft 18. Hamburg: Buske, 167–255.

Brandt, M./Reis, M./Rosengren, I./Zimmermann, I. (1992): Satztyp, Satzmodus und Illokution. In: Rosengren, I. (Hg.), Satz und Illokution. Bd. I. Tübingen: Niemeyer, 1–90.

Coniglio, M. (2009): Deutsche Modalpartikeln in Haupt- und Nebensätzen. In: Abraham, W./Leiss, E. (Hgg.), Modalität: Epistemik und Evidentialität bei Modalverben, Adverb, Modalpartikeln und Modus. Tübingen: Stauffenburg, 191–222.

Coniglio, M. (2011): Die Syntax der deutschen Modalpartikeln: Ihre Distribution und Lizenzierung in Haupt- und Nebensätzen. Berlin: Akademie-Verlag.

Cosma, R./Engelberg, S. (2013): Subjektsätze als alternative Valenzen im Deutschen und Rumänischen. Eine kontrastive quantitative Korpusstudie zu Psych-Verben. In: Cosma, R./Engelberg, S./Schlotthauer, S./Stanescu, S./Zifonun, G. (Hgg.), Komplexe Prädikationen als Argumente. Kontrastive Untersuchungen zum Deutschen, Rumänischen und Englischen. Berlin: Akademie Verlag.

Evers, A. (1975): The Distributional Cycle in German and Dutch. Bloomington, Reproduced by IULC.

Fanselow, G. (1989): Coherent Infinitives in German: Restructuring vs. IP-Complementation. In: Bhatt, C./Löbel, E./Schmidt, C.M. (Hgg.), Syntactic Phrase Structure Phenomena in Noun Phrases and
Sentences. Amsterdam: Benjamins, 1–16.

Grewendorf, G. (1991): Aspekte der deutschen Syntax. Eine Rektions-Bindungs-Analyse. 2. Aufl. Tübingen: Narr.

Grosse, J. (2005): Zu Kohärenz und Kontrolle in infiniten Konstruktionen des Deutschen. Marburg: Tectum.

Haegeman, L./van Riemsdijk, H. (1986): Verb Projection Raising, Scope, and the Typology of Rules Affecting Verbs. In: Linguistic Inquiry 17, 417–466.

Haegeman, L. (2002): Anchoring to Speaker, Adverbial Clauses and the Structure of CP, unveröffentlichtes Manuskript, Université Charles de Gaulle, Lille III.

Haegeman, L. (2005 [2002]): The Syntax of Adverbial Clauses and its Consequences for Topicalization. Paper Presented at Linguistique des Langues Romanes. Hommage à Liliane Tasmowski, unveröffentlichtes Manuskript, Université Charles de Gaulle, Lille III.

Haegeman, L. (2006): Conditionals, Factives, and the Left Periphery. In: Lingua 116, 1651–1669.

Haider, H. (1993): Deutsche Syntax – generativ. Vorstudien zur Theorie einer projektiven Grammatik. Tübingen: Narr.

Haider, H. (2010): The Syntax of German. Cambridge: Cambridge University Press.

Höhle, T. (1978): Lexikalistische Syntax. Die Aktiv-Passiv-Relation und andere Infinitkonstruktionen im Deutschen. Tübingen: Niemeyer.

Jacobs, J. (1986): Abtönungsmittel als Illokutionstypmodifikatoren. In: Groninger Arbeiten zur Germanistischen Linguistik 27, 100–111.

Kiss, T. (1995): Infinitive Komplementation. Neue Studien zum deutschen Verbum infinitum. Tübingen: Niemeyer.

Meibauer, J. (1994): Modaler Kontrast und konzeptuelle Verschiebung: Studien zur Syntax und Semantik deutscher Modalpartikeln. Tübingen: Niemeyer.

Pasch, R. (1989): Überlegungen zum Begriff des ‚Satzmodus'. In: Studien zum Satzmodus III, Linguistische Studien, Reihe A, Arbeitsbericht 193. Akademie der Wissenschaften der DDR – Zentralinstitut für Sprachwissenschaft, 1–88.

Öhlschläger, G. (1989): Zur Syntax und Semantik der Modalverben des Deutschen. Tübingen: Niemeyer.

Rapp, I./Wöllstein, A. (2009): Infinite Strukturen: selbständig, koordiniert und subordiniert. In: Ehrich V./Fortmann, C./Reich, I./Reis, M. (Hgg.), Koordination und Subordination im Deutschen. Linguistische Berichte, Sonderheft 16. Hamburg: Buske, 159–179.

Reis, M. (2001): Bilden Modalverben im Deutschen eine syntaktische Klasse? In: Müller R./Reis, M. (Hgg.), Modalität und Modalverben im Deutschen. Hamburg: Buske, 287–318.

Reis, M./Sternefeld, W. (2004): Review of Wurmbrand, S.: Infinitives. Restructuring and Clause Structure. In: Linguistics 42, 469–508.

Restle, D. (2007): Kontrollnomina. Eine Untersuchung zum Verhalten attributiver Infinitivkonstruktionen im Deutschen. Habilitationsschrift, Universität München.

Rizzi, L. (1997): The Fine Structure of the Left Periphery. In: Haegemann, L. (Hg.), Elements of Grammar. Dordrecht: Kluwer, 281–337.

Stechow, A. von/Sternefeld, W. (1988): Bausteine syntaktischen Wissens. Wiesbaden: Westdeutscher Verlag.

Stechow, A. von (1990): Status Government and Coherence in German. In: Grewendorf, G./Sternefeld, W. (Hgg.), Scambling and Barriers. Amsterdam: Benjamins, 143–198.

Thurmair, M. (1989): Modalpartikeln und ihre Kombinationen. Tübingen: Niemeyer.

Wöllstein, A. (2008): Konzepte der Satzkonnexion. Stauffenberg: Narr.

Wöllstein-Leisten, A. (2001): Die Syntax der dritten Konstruktion. Eine repräsentationelle Analyse zur Monosentialität von ‚zu'-Infinitiven im Deutschen. Tübingen: Stauffenberg.

Wurmbrand, S. (2001): Infinitives: Restructuring and Clause Structure. Berlin: Mouton de Gruyter.

Zifonun, G./Hoffmann, L./Strecker, B. et al. (1997): Grammatik der deutschen Sprache. 3 Bde. Berlin: de Gruyter.

Irene Rapp und Angelika Wöllstein

16 Asymmetrische Koordination

1 Einführung
2 Gegenstand und Terminologie
3 Zentrale grammatische Eigenschaften
4 Theoretische Herausforderungen
5 Zusammenfassung
6 Literatur

1 Einführung

Nicht selten wird die Koordination zweier sprachlicher Ausdrücke als eine Verknüpfung gleichartiger und gleichrangiger Elemente eingeführt (vgl. z.B. die Duden-Grammatik, 8. Auflage; siehe auch Artikel 25 in diesem Band). Dass dies durchaus eine gewisse Berechtigung hat, zeigen die Beispiele in (1). Hier werden z.B. zwei Interrogativsätze (1a), zwei Verbalphrasen (1b) und zwei Nominalphrasen (1c) koordinativ miteinander verknüpft. Die Beispiele in (2) allerdings zeigen, dass grundsätzlich auch kategorial Unterschiedliches koordiniert werden kann: In (2a) ein Imperativ- mit einem Deklarativsatz, in (2b) eine Adjektiv- mit einer Präpositionalphrase und in (2c) schließlich eine Nominalphrase mit einem Interrogativsatz.

(1) a. *Wer hat gewonnen* und *was kriegt er als Preis dafür?*
 b. Hans hat *500 Euro Preisgeld gewonnen* und *es gleich ausgegeben.*
 c. *Dietmar* und *Bernd* wurden auf die Plätze verwiesen.

(2) a. *Zahl mir eine Tankfüllung* und *ich nehme Dich mit.*
 b. Er arbeitete *langsam*, aber *mit größter Sorgfalt.*
 c. Er wusste weder *die Antwort*, noch *wer sie ihm liefern könnte.*

In diesem Sinne könnte man die Koordinationen in (1) als symmetrisch und die in (2) als asymmetrisch bezeichnen. Das trifft allerdings nicht, was mit dem Begriff der Asymmetrie im Titel dieses Artikels gemeint ist. Ganz im Gegenteil. Tatsächlich verhalten sich die Beispiele in (1) und (2) parallel in Bezug auf ein für die Koordination zentrales Kriterium, das Höhle (1990) als *External Homogeneity Condition* (*Homogenitätsbedingung*) bezeichnet hat und das in (H) in vereinfachter Form wiedergegeben ist:

(H) Externe Homogenität (*Substitution salva grammaticalitate*)
 Sei Ψ(S1 & S2) eine Koordination der Sätze S1 und S2 im Kontext von Ψ.
 Ist Ψ(S1 & S2) grammatisch, dann auch Ψ(S1) und Ψ(S2).

Die externe Homogenitätsbedingung (H) besagt, dass in einer Koordination jedes einzelne Konjunkt die Koordination ohne Verlust der Grammatikalität ersetzen kann. Dass dies auch auf die kategorial verschiedenen Konjunkte in (2) zutrifft, zeigt exemplarisch die Anwendung von (H) auf (2b):

(3) a. Er arbeitete *langsam*.
     b. Er arbeitete *mit größter Sorgfalt*.

Koordinationen, die die Homogenitätsbedingung in (H) erfüllen, werden im Folgenden als *symmetrisch* bezeichnet, alle anderen als *asymmetrisch*.

2 Gegenstand und Terminologie

Da die Homogenitätsbedingung offenbar recht liberal ist, stellt sich zunächst die Frage, ob es überhaupt Koordinationen gibt, die dieser Bedingung *nicht* entsprechen. Höhle (1990: 222) macht in diesem Zusammenhang auf die Beispiele in (4) aufmerksam, die auch als *Gerichtsvollzihersätze* (GVS) in die einschlägige Literatur Eingang gefunden haben.

(4) Wenn *jemand nach Hause kommt* und
     a. *da steht der Gerichtsvollzieher vor der Tür*, dann [...]
     b. *sieht da den Gerichtsvollzieher*, dann [...]

(5) Wenn *jemand nach Hause kommt* und
     a. *da der Gerichtsvollzieher vor der Tür steht*, dann [...]
     b. *da den Gerichtsvollzieher sieht*, dann [...]

Die Beispiele in (4) grenzen sich von den Beispielen in (5) dadurch ab, dass das finite Verb im zweiten Konjunkt nicht in der rechten, sondern in der linken Satzklammer steht, also vorangestellt ist. Der damit verbundene Unterschied in der Verbstellung der Konjunkte führt dazu, dass die zweiten Konjunkte die Koordinationen nicht ersetzen können, diese also im Sinne von (H) asymmetrisch sind:

(6) a. *wenn *da steht der Gerichtsvollzieher vor der Tür*, dann [...]
     b. *wenn jemand *sieht da den Gerichtsvollzieher*, dann [...]

Beispiele der Art (4) werden in Experimenten ähnlich bewertet wie *obwohl*-V2-Sätze (vgl. Horch 2011), sind also vergleichsweise unauffällig; wie (7) illustriert, sind sie auch in Korpora nachzuweisen.

(7) a. Du weißt, dass du eBay-süchtig bist, wenn deine Kinder „Hunger" rufen und du gibst „Essen" in die Suchmaschine ein.
     (www.wortfilter.de/dumerkst.html)

b. Wenn man um 18 Uhr einen Wagen bestellt und sagt „in fünfzehn Minuten", dann zahlt man drauf.
(tueba-dz, T970224.272)

c. Wenn wir fünf Topspiele haben und würden statt 300 000 je über eine Million einnehmen, hätten wir für Spielergehälter vier oder fünf Millionen mehr.
(tueba-dz, T960209.138)

Dass die Voranstellung des finiten Verbs im zweiten Konjunkt jedoch nicht hinreicht, um das Phänomen der asymmetrischen Koordination unabhängig zu charakterisieren, wird durch Höhles Beispiel (8a) im Kontrast zu seinem symmetrischen Pendant (8b) deutlich:

(8) a. Heute [[*kommt keiner nach Hause*] und [*sieht da den GV*]]
 b. Keiner [[*kommt heute nach Hause*] und [*sieht da den GV*]]

Nicht die Verbstellung des Zweitkonjunkts führt hier dazu, dass dieses die Koordination nicht ersetzen kann, sondern die Tatsache, dass in (8a) das gemeinsame Subjekt *keiner* im Mittelfeld des (vermuteten) ersten Konjunkts steht und damit beim Testen von (H) – anders als in (8b) – als Subjekt für das zweite Konjunkt nicht zur Verfügung steht, vgl. (9a) vs. (9b):

(9) a. *Heute [*sieht da den Gerichtsvollzieher*]
 b. Keiner [*sieht da den Gerichtsvollzieher*]

In (8a) ist es also vor allem die *Subjektlücke* im zweiten Konjunkt, die die Koordination zu einer asymmetrischen macht, in (4a) allein die Verbstellung und in (4b) kumulieren beide Faktoren. Beispiele wie die in (4b) und (8a) werden von Höhle (1990: 225) auch *SLF-Koordination* genannt, wobei SLF kurz für *SubjektLücke in einer F(rontierten)-Struktur* steht.

Das bisher Gesagte lässt vermuten, dass die Realisierung des Subjekts in Strukturen wie (8a) zwangsläufig zu einer symmetrischen Koordination führt, da in diesem Fall weder ein fehlendes Subjekt noch eine abweichende Verbstellung einen Verstoß gegen Bedingung (H) induzieren kann. Ignorieren wir für den Moment gewisse semantische Verschiebungen, dann scheint dies im Wesentlichen auch korrekt zu sein, vgl. (10a).

(10) a. Heute kommt keiner nach Hause und keiner sieht da den GV.
 b. Keiner kommt heute nach Hause und keiner sieht da den GV.

Dessen ungeachtet führt Höhle (1990: 225) ein Beispiel an, das diese Struktur aufweist, das er aber dennoch als asymmetrische Koordination klassifiziert wissen möchte. Dies ist Beispiel (19b), hier angeführt als (11).

(11) Wann holst Du die Fahrkarten und Heinz packt sein Zeug ein?

Was (11) auszeichnet, ist weder die Frontierung des finiten Verbs im zweiten Konjunkt noch ein fehlendes Subjekt, sondern eine bestimmte Form der Integration des zweiten Konjunkts in das erste: (11) ist keine Verknüpfung einer Frage mit einer Aussage, sondern die Frage nach dem Zeitpunkt des Stattfindens eines komplexen Ereignisses bestehend aus dem Kaufen der Fahrkarten (durch den Adressaten) und dem Packen der Sachen (durch Heinz). Das zweite Konjunkt in (11) ist also illokutionär nicht selbständig und es wird, wie Höhle (1983) formuliert, ein unmittelbarer Zusammenhang zwischen den beiden Sachverhalten supponiert, es liegt eine Art *fusionierte Interpretation* vor. Letztere Eigenschaft ist primär eine inhaltliche und führt nicht unmittelbar zu einem Verstoß gegen (H).

Beispiele wie (11) sind im Vergleich zu Beispielen wie (8a) deutlich weniger frequent; ein Korpusbeispiel, das ich hier anführen kann, stammt aus der Übersetzung eines Romans von Fred Vargas (*Das Orakel von Port-Nicolas*, Berlin, Aufbau-Verlag, 15. Aufl., S. 284):

(12) Gehst du nicht hallo sagen und dann fahren wir?

Dass derartige Beispiele seltener vorkommen, hängt wahrscheinlich mit der expliziten Realisierung beider Subjekte zusammen, die einer fusionierenden Interpretation entgegen steht: So wird z. B. auch in der symmetrischen Koordination (8b) ein natürlicher Zusammenhang zwischen beiden Konjunkten angenommen, dieser geht jedoch bei der expliziten Realisierung des Subjekts weitgehend verloren, vgl. hierzu im Kontrast (10b).

Wenn Beispiele wie (11) und (12) nicht unmittelbar zu einem Verstoß gegen die Homogenitätsbedingung führen, warum sollte man sie dennoch als asymmetrische Koordinationen klassifizieren? Zwei Argumente sprechen dafür: Zum einen ist die im Zusammenhang mit (11) und (12) beobachtete inhaltliche Integration auch in allen anderen bisher betrachteten Beispielen beobachtbar, nicht jedoch (in dieser Ausprägung) bei den klaren Fällen symmetrischer Koordination in (10); zum anderen erlauben Beispiele wie (11) und (12) bei koreferenten Subjekten eine Subjektlücke im zweiten Konjunkt und das Resultat ist eine typische SLF-Koordination:

(13) a. Wann holst du die Fahrkarten und packst dein Zeug ein?
  b. Gehst du nicht hallo sagen und fährst dann (los)?

Zusammenfassend kann man also vorläufig festhalten, dass asymmetrische Koordinationen im Sinne von (H) – im Folgenden auch als *Asymmetrische Koordinationen* (AK) bezeichnet – in erster Annäherung durch drei zentrale Eigenschaften charakterisiert werden können:

(V2) Frontierung des Finitums im zweiten Konjunkt
(SL) Gemeinsames Subjekt im Mittelfeld des ersten Konjunkts
(FU) Inhaltliche Integration des Zweitkonjunkts in das Erstkonjunkt

Was auch deutlich geworden sein sollte, ist, dass keine dieser Eigenschaften hinreichenden und nicht jede dieser Eigenschaften notwendigen Charakter hat. Damit stellt sich die Frage, wie diese Eigenschaften zusammenhängen und ob sie wenigstens gemeinschaftlich das Phänomen der Asymmetrischen Koordination unabhängig charakterisieren und abgrenzen können. Bevor wir darauf zu sprechen kommen, wenden wir uns nochmal diesen und anderen Eigenschaften zu und unterziehen sie einer genaueren Betrachtung.

3 Zentrale grammatische Eigenschaften

V2-Stellung: Dass die Voranstellung des finiten Verbs im zweiten Konjunkt tatsächlich eine notwendige Bedingung für die AK darstellt, zeigen die mit asymmetrischer Verbstellung konstruierten Beispiele in (14): Während eine beliebige Verbstellung im ersten Konjunkt mit V1- oder V2-Stellung im zweiten Konjunkt kombinierbar ist – vgl. z. B. (4), (8a), (11) und (12) –, ist VE-Stellung im Zweitkonjunkt entweder ausgeschlossen (14a,b) oder führt zu einer symmetrischen (hier: VP) Koordination (14c).

(14)   a. *Kommst du nach Hause* und *da der GV vor der Tür steht, [...]
     b. Heute *kommt keiner nach Hause* und *da den GV sieht.
     c. Wenn du *nach Hause kommst* und *den GV vor der Tür siehst*, [...]

Weist das zweite Konjunkt einer AK eine Subjektlücke auf, dann ist nicht völlig klar, ob die sichtbare V1-Stellung die zugrundeliegende Verbstellung widerspiegelt oder über einen elliptischen Prozess aus einer V2-Stellung hervorgeht. Die Tatsache, dass in Beispielen wie (15a-c) das Subjekt nicht overt realisiert werden kann (vgl. z. B. Höhle 1983, Reich 2009), spricht für erstere Annahme; dass bei möglicher Realisierung das Subjekt systematisch vor dem finiten Verb zu stehen kommt (16), spricht für letztere.

(15)   a. Ist Karl etwa nicht zur Arbeit gegangen,
        sondern (*er) hat (*er) sich ins Bett gelegt?
     b. Wenn ich doch nur nach Hamburg gefahren wäre
        und (*ich) hätte (*ich) dort die Ausstellung besucht!
     c. Kommt ein Mann in die Kneipe und (*er) bestellt (*er) ein Bier.

(16) a. Wenn du nach Hause kommst und du siehst den GV vor der Tür
      b. *Wenn du nach Hause kommst und siehst du den GV vor der Tür

Subjektlücke: Die Beispiele in (4a) und (7a) zeigen bereits, dass die Existenz einer Subjektlücke kein notwendiges Kriterium für die AK darstellt. Auf der anderen Seite scheint es zu jeder AK ohne Subjektlücke eine Variante mit Subjektlücke zu geben. In jedem Fall ist die Subjektlücke aber konstitutiv für eine große Teilklasse der AK, die SLF-Koordination, und dies alleine ist Grund genug, dem Status der Lücke weiter nachzugehen.

Die Beispiele in (17) illustrieren typische Fälle von SLF-Koordinationen, wie sie sich zum Beispiel in Zeitungsartikeln vergleichsweise häufig finden lassen (vgl. auch Bonitz/Holler 2011 für eine experimentelle Bewertung der Grammatikalität solcher Beispiele im Kontrast zu Satzkoordinationen mit overtem Subjekt): eine deklarative V2-Struktur mit einem Adverbial im Vorfeld (VF) und einem referenziellen Subjekt im Mittelfeld (MF), durch *und* verknüpft mit einer (overt) subjektlosen V1-Struktur. Weitere mögliche Verknüpfer sind *oder* (nur mit Einschränkung, vgl. Reich 2009), *aber* (nur in MF-Stellung) und *sondern*; ausgeschlossen sind die leere Konjunktion Ø (nur gemeinsam mit z. B. *aber* im MF) sowie die komplexen Konjunktionen *weder-noch* und *sowohl-als-auch* (vgl. hierzu Höhle 1983); die komplexen Konjunktionen *entweder-oder* und *einerseits-andererseits* scheinen mit der SLF-Koordination ebenfalls unvereinbar (vgl. Reis 1993).

(17) a. [Für gewöhnlich ist Mesut Özil ein ruhiger Zeitgenosse. [...]] Meistens trabt er leichtfüßig über den Platz, spielt hier einen Pass und lässt da den Ball prallen.
      (zeit.de, 19. 08. 2011)
      b. Sieben Jahrzehnte vor der Benetton-Schockreklame radikalisierte damit ein Deutscher die Methoden seines Berufstandes und inspirierte eine ganze Generation von Textern.
      (eines tages, 05. 08. 2011)

Beispiel (17b) illustriert dabei einen weiteren Punkt: Sollte die Subjektlücke auf einen elliptischen Prozess zurückgehen, dann sicherlich nicht auf rein phonologische Reduktion: Die overte Realisierung des fraglichen Subjekts im Zweitkonjunkt, vgl. (18a), führt systematisch zu einer Interpretation, in der das Subjekt des Zweitkonjunkts nicht notwendig als referenzidentisch mit dem Subjekt des Erstkonjunkts zu interpretieren ist. Dass dies nicht nur auf Besonderheiten indefiniter NPs zurückzuführen ist (*Novelty Condition*), zeigt der Kontrast von (8a) und (10a) mit dem Quantor *keiner*. SLF-Koordinationen verhalten sich in dieser Hinsicht parallel zu phrasalen Koordinationen, vgl. (18b) und Artikel 25 in diesem Band.

(18) a. Sieben Jahrzehnte vor der Benetton-Schockreklame radikalisierte damit ein Deutscher die Methoden seines Berufstandes und *ein Deutscher* inspirierte eine ganze Generation von Textern.
b. Ein Deutscher radikalisierte sieben Jahrzehnte vor der Benetton-Schockreklame damit die Methoden seines Berufstandes und *ein Deutscher* inspirierte eine ganze Generation von Textern.

Folglich ist es nahe liegend, davon auszugehen, dass die Subjektlücke der SLF-Koordination denselben oder einen ähnlichen Status hat wie entsprechende Lücken in der phrasalen Koordination: ein pronominales Element *e* (Spur oder Pronomen), das durch das Subjekt der initialen V2-Struktur gebunden wird. Da Bindung nach Standardannahmen c-Kommando beinhaltet, führt diese Annahme zu einer ersten Strukturhypothese (vgl. Höhle 1990): Das gemeinsame Subjekt steht außerhalb der eigentlichen Koordination, vgl. (19).

(19)

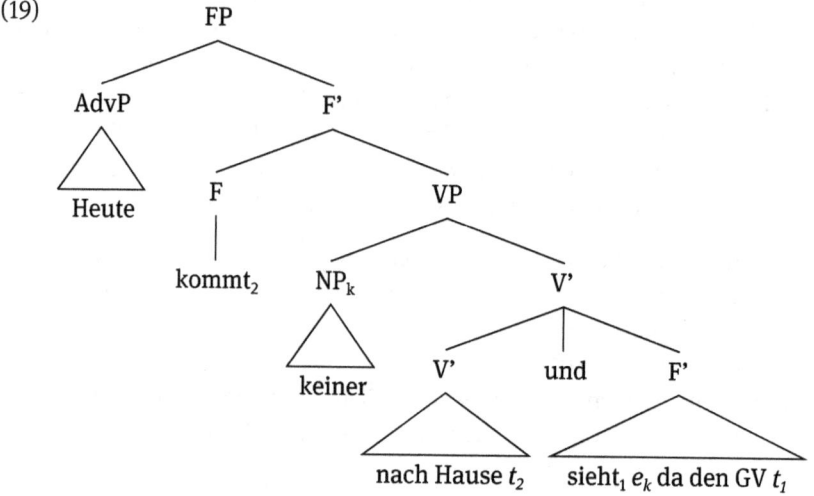

In der schematischen Struktur (19) steht FP für eine funktionale Projektion, deren Kopf das frontierte finite Verb darstellt. Höhle (1990) folgend wird hier für das Subjekt *keiner* eine VP-interne Position angenommen (vgl. auch Sternefeld 2006). Bereits aus diesen wenigen Annahmen ergibt sich, dass sich die Asymmetrie in Bezug auf Bedingung (H) auch in einer kategorialen Asymmetrie niederschlägt: Koordiniert werden hier eine verbale (V') mit einer funktionalen Projektion (F'), nicht zwei F-Projektionen.

Extraktionsverhalten: Die Struktur (19) weist bei genauerem Hinsehen eine weitere Besonderheit auf: Das finite Verb *kommt* der V2-Struktur steht ebenfalls außerhalb der Koordination, bezieht sich aber lediglich auf eine (mit t_2 markierte)

Position innerhalb des ersten, nicht aber innerhalb des zweiten Konjunkts; Letzteres weist ein eigenes (intern frontiertes) finites Verb auf. Das ist recht ungewöhnlich, da im Allgemeinen Extraktion aus einer Koordination nur „across the board" (ATB) erfolgen kann (vgl. dazu Artikel 25 in diesem Band). Tatsächlich ist dies, wie bereits Höhle (1983) beobachtet, eine charakteristische Eigenschaft der SLF-Koordination: Liegt im zweiten Konjunkt eine Subjektlücke vor, dann muss das topikalisierte Objekt (*die Unterlagen*) im zweiten Konjunkt durch ein Resumptivpronomen (*sie*) explizit aufgenommen werden, vgl. (20b), ATB-Bewegung ist dagegen ausgeschlossen, vgl. (20a). Tatsächlich ist im zweiten Konjunkt keinerlei Bezug auf das topikalisierte Objekt erforderlich, vgl. (20c). (Zur Extraktion von w-Phrasen vgl. Höhle 1983: 18 und Reich 2009: Abschnitt 2.4.)

(20) Die Unterlagen$_5$ brachte
 a. *ich [[t_5 ins Büro] und [(e) zeigte (e) t_5 den Kollegen]]
 b. √ich [[t_5 ins Büro] und [(e) zeigte (e) sie den Kollegen]]
 c. √ich [[t_5 ins Büro] und [(e) sprach (e) mit den Kollegen]]

(21) Die Unterlagen$_5$
 a. *[[brachte ich t_5 ins Büro] und [zeigte ich sie den Kollegen]]
 b. √[[brachte ich t_5 ins Büro] und [zeigte ich t_5 den Kollegen]]

Bei phrasaler Koordination liegt der Fall genau umgekehrt, vgl. (21): Wird das Subjekt im Zweitkonjunkt overt realisiert, dann darf das topikalisierte Objekt nicht über ein Resumptivpronomen aufgenommen werden (21a), es muss ATB aus der Koordination extrahiert werden (21b).

Linkstilgung: Weiter beobachtet Höhle (1983), dass Linkstilgung bei SLF-Koordination ausgeschlossen ist, vgl. (22). (Zur Unmöglichkeit von Gapping bei SLF-Koordination vgl. Reich 2009.)

(22) a. *Morgen überprüft sie __ und repariert den Lautsprecher.
 b. √Morgen überprüft sie __ und repariert sie den Lautsprecher.

Damit sind mit der SLF-Koordination zwei für symmetrische Koordination typische Phänomene unvereinbar: ATB-Bewegung und Linkstilgung. Dies kann potentiell auf zwei Faktoren zurückgeführt werden: Entweder blockiert der asymmetrische Charakter der SLF-Koordination ATB-Bewegung und Linkstilgung (Höhle 1983, 1990) oder es liegt keine Koordination im engen Sinne vor (Büring/Hartmann 1998, Reich 2009, 2010).

Adverbialskopus: Die Struktur (19) legt nahe, dass Ausdrücke im VF des initialen V2-Satzes Skopus über die gesamte Koordination haben. Auch dies wurde schon in Höhle (1983) beobachtet, vgl. (23), und sofort wieder relativiert: Durch Einfügen eines weiteren Adverbials (von gleicher Art) im zweiten Konjunkt, wird der semantische Skopus des ersten Adverbials auf das erste Konjunkt beschränkt, vgl. (24a).

(23) Gestern ist jemand gekommen und hat die Sachen abgeholt.

(24) Am Morgen traf Karl seinen Freund
   a. √und ging bis zum Abend mit ihm spazieren.
   b. *und ging Heinz bis zum Abend mit Fritz spazieren.

Dies ist von besonderem Interesse, da Analoges bei phrasaler Koordination ausgeschlossen ist, vgl. (24b), in beiden Fällen aber (nach Annahme) das Adverbial im VF beide Konjunkte in seinem syntaktischen Skopus hat. Das unterschiedliche Verhalten ist, unter Beibehaltung der Struktur (19), wohl nur dann erklärbar, wenn asymmetrische Extraktion des Adverbials aus dem MF der initialen V2-Struktur angenommen wird. In jedem Fall (also auch bei Annahme von Satzkoordination) ist das Verhalten des Adverbials mit Höhle (1983) am besten über eine pragmatische Erweiterung des Skopus zu erfassen, wie sie auch in Diskursen zu beobachten ist: Eine temporale oder lokale Situierung wird solange als persistierend unterstellt, bis eine neue Situierung explizit erfolgt oder inhaltlich nahe gelegt wird.

Wie andere Adverbiale (*hoffentlich*, *gestern*) kann auch die Negation bei SLF-Koordination vom MF aus ihren inhaltlichen Wirkungsbereich auf das zweite Konjunkt ausdehnen, vgl. (25a) nach Höhle (1983). Phrasale Koordination verhält sich hier parallel, vgl. (25b).

(25) a. In dieser Lage stellt Karl sich hoffentlich nicht auf die Hinterbeine und verteidigt seine Rechte (sondern (er) hält seinen Mund).
   b. Karl stellt sich in dieser Lage hoffentlich nicht auf die Hinterbeine und verteidigt seine Rechte (sondern (er) hält seinen Mund).

Fusionierte Interpretation: Dass Asymmetrische Koordination durch eine Form der „fusionierten Interpretation" charakterisiert ist, wurde schon in Abschnitt 2 angedeutet und mit illokutiver Unselbständigkeit des Zweitkonjunkts sowie einem natürlichen Zusammenhang zwischen den beiden Konjunkten in Zusammenhang gebracht. Letzteres wird besonders deutlich durch den Kontrast in (26): Bei (26b) „richtet sich die Hoffnung darauf, weder gesehen noch angezeigt zu werden; bei [(26a)] richtet sie sich darauf, nicht aufgrund des Gesehenwerdens angezeigt zu werden" (vgl. Höhle 1983: 21).

(26) a. Hoffentlich sieht uns keiner und zeigt uns an.
   b. Hoffentlich sieht uns keiner und zeigt uns keiner an.

(27) a. Keiner sieht uns und zeigt uns an.
   b. Keiner sieht uns und keiner zeigt uns an.

Tatsächlich ist dieser „natürliche Zusammenhang zwischen den Prädikaten" (Höhle 1983: 22) auch bei phrasaler Koordination beobachtbar, vgl. (27). Im Gegensatz zur SLF-Koordination ist sie aber bei phrasaler Koordination im Allgemeinen „nicht notwendig" (vgl. Höhle 1983: 22). In Reich (2009) wird dieser natürliche Zusammenhang als eine mit *occasion* (vgl. Kehler 2002) bzw. *narration* (vgl. Asher/Lascarides 2003) bezeichnete Diskursrelation identifiziert und als *event subordination* spezifiziert, vgl. (28).

(28)

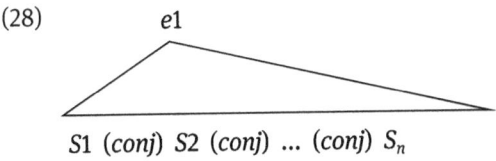

S1 *(conj)* S2 *(conj)* ... *(conj)* S_n

Ereignissubordination meint hier die inhaltliche Integration des durch das zweite Konjunkt S2 ausgedrückten Ereignisses e_2 unter das durch das erste Konjunkt S1 eingeführte Ereignis e_1, das somit als ein komplexes Ereignis aufzufassen ist. In Frank (2002) und in Reich (2009) ist die Fusionierung Ausgangspunkt der theoretischen Analyse, wenn auch auf unterschiedliche Weise und in unterschiedlichen theoretischen Ansätzen.

Informationsstruktur: Mit der fusionierten Interpretation, insbesondere der illokutiven Abhängigkeit des Zweitkonjunkts gehen Besonderheiten in der Informationsstruktur der Asymmetrischen Koordination einher. Auf der Basis der Daten in (29) argumentiert Reich (2009, 2010), dass das VF des Zweitkonjunkts nur über sog. „formale Bewegung" (vgl. Frey 2004) besetzt werden kann; Vorfeldbesetzung mit einem damit verbundenen inhaltlichen Effekt (z.B. Kontrastierung) scheint ausgeschlossen (29d).

(29) Wenn dich dein Team auf der Schlussrampe im Stich lässt
   a. und du musst deshalb deine Konkurrenten ziehen lassen
   b. und nur deshalb musst du deine Konkurrenten ziehen lassen
   c. und plötzlich musst du deine Konkurrenten ziehen lassen
   d. *?und deine Konkurrenten musst du deshalb ziehen lassen

Vergleichbares gilt für das MF des Zweitkonjunkts: Fokussierte Ausdrücke drängen hier an den rechten Rand, also in die für fokussierte Ausdrücke unmarkierte Position. Nach Reich (2010) scheinen MF und VF des ersten Konjunkts derartigen Beschränkungen nicht zu unterliegen. Etwas anders sieht dies Fortmann

(2005), der für eine Parallelität der Fokusoptionen in beiden Konjunkten argumentiert.

Subordinationskontexte: Tritt die AK subordiniert auf, dann findet man als subordinierende Konjunktion oft (temporales oder konditionales) *wenn* oder *als*. Wie Vuillaume (2000) anhand von Korpusbeispielen zeigt, ist die AK aber keinesfalls auf diese Kontexte beschränkt. Sie tritt auch z. B. unter *dass*, vgl. (30a) und Vuillaume (2000: 53), und sogar unter kausalem *weil*, vgl. (30b) und Vuillaume (2000: 50), auf.

(30) a. Dein Anruf war heute so charmant und zartfühlend, *dass nicht viel gefehlt hätte und ich wäre tatsächlich – trotz aller Verpflichtungen – in den Wagen gesprungen und zu dir gefahren.*
 b. Die Prinzessin war glücklich, *weil sie nur in die Hände zu klatschen brauchte und der Diener eilte herbei.*

In beiden Fällen weisen die Beispiele jedoch Besonderheiten auf, die die Möglichkeit einer AK zumindest stützen: In (30a) liegt vermutlich (wie bei den infiniten *und*-Konstruktionen, vgl. Reis 1993 und Artikel 25 in diesem Band) semantische Selektion des Zweitkonjunkts vor, in (30b) wird durch *brauchen* ein modaler Kontext induziert (vgl. Reich 2009).

Weiteres zur Subjektlücke: Kommen wir damit nochmal zurück zum Status der Subjektlücke. Oben wurde bereits argumentiert, dass die Lücke nicht auf phonologische Tilgung zurückgeht. Da die AK nur asymmetrische Extraktion aus dem ersten Konjunkt zulässt, kann die Subjektlücke aber auch keine Spur sein (vgl. aber Johnson 2002). Bleibt die Möglichkeit eines coverten pronominalen Subjekts *e* oder die einer „echten" Lücke, also einer genuinen V1-Struktur ohne ein wie auch immer geartetes Subjekt. Um dies entscheiden zu können, braucht es eine breitere Datengrundlage: (31a) zeigt, dass expletive Subjekte nicht ausgelassen werden können; (31b) zeigt, dass Prädikate ohne nominativisches Subjekt (in einer V1-Struktur) unmöglich sind; (32a) zeigt, dass Subjektsätze nicht auslassbar sind, und (32b), dass das auch für Prädikatsnomen gilt (vgl. dazu Reich 2009).

(31) a. *Leider hat es ständig geregnet und gewitterte auch noch.
 b. *Gestern aß ich Fisch und ist mir jetzt komisch zumute.

(32) a. *Wieder hat es sie gefreut, dass Paul kommt, und ärgerte mich.
 b. *Ewig wurde der Mörder gesucht und war ich selbst.

Abschließend zeigen die Daten in (33), dass Objekte grundsätzlich nicht als Antezedentien für Subjektlücken dienen können (vgl. Reich 2009).

(33) a. Wenn du deinen Wagen mit 180 Sachen auf der Autobahn bewegst und *(der) wird von einem Laster erfasst, dann ...
b. Da schenkte ich ihnen ein iPad und *(sie) sagten nicht mal Danke.

Aufgrund des referenziellen Charakters pronominaler Elemente scheint also einiges für eine pronominale Analyse der Lücke zu sprechen. Andererseits sollte nicht in Vergessenheit geraten, dass in einigen Beispielen die Lücke überhaupt nicht overt realisiert werden kann, vgl. (15). Obige Restriktionen könnten damit auch Beschränkungen an das Antezedens sein.

4 Theoretische Herausforderungen

Objektlücken? In Abschnitt 3 wurde gezeigt, dass Objekte nicht als Antezedentien für Subjektlücken dienen können. Umgekehrt kann man natürlich die Frage stellen, ob analog zu Subjekten auch Objekte im Zweitkonjunkt ausgelassen werden können, es also „Objektlücken" bzw. „OLF-Koordination" gibt. Im Allgemeinen scheint das nicht der Fall zu sein, vgl. (34b).

(34) Zu Semesterende verabschiedete der Dekan die Absolventen
a. und (e) übergab (e) ihnen ihr Abschlusszeugnis.
b. *und (e) übergab er (e) ihr Abschlusszeugnis.

Fortmann (2005) argumentiert jedoch, dass Beispiele wie (34b) nur schlecht gewählt und Objektlücken unter einer Bedingung möglich sind: Das Objekt muss das ranghöchste Argument des fraglichen Prädikats darstellen. Diese Bedingung ist in (34b) nicht gegeben, aber bei Verben wie *begegnen* oder *entkommen* (zumindest unter Interpretation des Objekts als Patiens in dem vom Verb bezeichneten Ereignis). Fortmann (2005: 454) führt entsprechend (35) als Beispiel für eine wohlgeformte Objektlücke an.

(35) *Den Mitgliedern der Forstverwaltung widerfahren immer wieder neue Abenteuer:* So entkam dem Förster jüngst in der Schonung ein Hase und begegnete (e) ein Fuchs.

Reich (2009) diskutiert die fraglichen Beispiele eingehend und stellt deren Wohlgeformtheit in Frage. In Horch (2011) wird diese Einschätzung durch ein Fragebogenexperiment bestätigt: Objektlücken wie (35) werden deutlich (und signifikant) schlechter bewertet als Subjektlücken.

Koordination oder Adjunktion? Eine weitere offene Frage betrifft den Status der AK selbst: Liegt hier tatsächlich eine Form der Koordination vor, wie die Konjunktion *und* nahelegt? Dafür spricht, dass SLF-Koordination wie jede andere Koordination iteriert werden kann, vgl. z.B. (17a). Dagegen spricht jedoch, dass keine Form der AK koordinationstypische Prozesse wie Linkstilgung oder ATB-Bewegung zulässt. Wie bereits angedeutet, könnte dies damit zusammenhängen, dass Linkstilgung und ATB-Bewegung nicht grundsätzlich koordinationsspezifische Prozesse sind, sondern Prozesse, die eine Symmetrie oder Parallelität der Konjunkte voraussetzen, die bei der AK eben nicht gegeben ist. Wie genau eine derartige Symmetriebedingung aussehen könnte, ist allerdings nicht völlig klar (vgl. aber z.B. Kehler 2002). Büring/Hartmann (1998) argumentieren dagegen, dass das Verhalten der AK unmittelbar verständlich wird, wenn Adjunktion des *und*-Satzes an eine verbale Projektion des einleitenden Satzes und damit genau genommen eine adverbiale Struktur angenommen wird, vgl. z.B. (36).

(36) Gestern hat *einer*
    a. [$_{VP}$ [$_{VP}$ meine Mutter angerufen] und
    b.   [$_{IP}$ OP_7 wollte e_7 ihr einen neuen DSL-Vertrag andrehen]]

Empirisch ist diese Frage nicht leicht zu entscheiden (vgl. Reich 2010), auch wenn einiges für eine adverbiale Analyse spricht. Aus theoretischer Sicht ist die adverbiale Analyse insofern zu präferieren, als sie möglicherweise eine sehr einfache Definition der Koordination erlaubt: Eine Satzverknüpfung ist genau dann eine Koordination, wenn Bedingung (H) erfüllt ist.

Wird eine adverbiale Analyse favorisiert, dann stellt sich unmittelbar die Frage, auf welcher Ebene der *und*-Satz adjungiert. Höhle (1990) legt seiner Koordinationsanalyse ein Saturationsaxiom zugrunde, demzufolge beide Konjunkte vom selben logischen Typ zu sein haben. Dies ist im Rahmen einer Koordinationsanalyse zwar eine nahe liegende Forderung, in einem adverbialen Ansatz aber unabhängig zu begründen. Tatsächlich argumentieren Büring/Hartmann (1998) auf der Basis von Daten wie (37a) für eine flexible Adjunktionshöhe: (37a) zeigt, dass z.B. bei SLF-Koordination auch Objekte in den *und*-Satz hinein binden können.

(37) a. Im Zirkus Krone serviert der Dompteur
       jedem Löwen$_7$ eine Antilope$_3$ und würzt sie$_3$ ihm$_7$ mit Löwensenf.
    b. Der Dompteur serviert im Zirkus Krone
       jedem Löwen$_7$ eine Antilope$_3$ und würzt sie$_3$ ihm$_7$ mit Löwensenf.

Dasselbe Phänomen lässt sich allerdings auch bei phrasaler Koordination in (37b) beobachten, muss also wohl auf unabhängige Faktoren zurückgeführt werden. Dass möglicherweise dennoch unterschiedliche Adjunktionshöhen anzunehmen sind, zeigt ein Kontrast aus Wunderlich (1988): Der Quantor *Keiner* ist als Subjekt der SLF-Koordination (38a) völlig unauffällig, in der subordinierten Variante (38b) dagegen ausgeschlossen.

(38) a. Uns heißt keiner willkommen und schließt uns in die Arme
 b. *Wenn uns keiner willkommen heißt und schließt uns in die Arme

(39) a. Uns heißt einer willkommen und schließt uns in die Arme
 b. Wenn uns einer willkommen heißt und schließt uns in die Arme

Reich (2009) argumentiert, dass dieses Verhalten alle Quantoren betrifft, die keine anaphorischen Beziehungen über Satzgrenzen hinweg zulassen (also insbesondere *keiner* und *jeder*). Indefinita dagegen sind sowohl bei V2- als auch bei VE-initialer AK unauffällig (39). Ist dies richtig (in Horch 2011 konnte dies nur für negative Quantoren wie *keiner*, nicht für Allquantoren wie *jeder* bestätigt werden), dann spricht dies für konstruktionsspezifisches Verhalten: Die Daten finden eine natürliche Erklärung unter der Annahme, dass bei VE-initialer AK der *und*-Satz direkt an den Gesamtsatz adjungiert wird (und damit keine echte Bindung der Subjektlücke besteht), während bei V1/V2-initialer AK Adjunktion unterhalb des Subjekts vorliegt. Warum dies so sein sollte, ist allerdings unklar.

Verwandte Phänomene? Ein letzter Punkt betrifft die Frage, ob neben den oben diskutierten Beispielstypen weitere Konstruktionen existieren, die die Bedingung (H) nicht erfüllen und möglicherweise als Spielarten der AK zu betrachten sind. Diese Möglichkeit wurde bereits bei der Diskussion von (30a) angedeutet und wird erneut durch (40) illustriert.

(40) a. Wenn du so nett wärst und trägst den Müll raus?
 b. Wenn du so nett wärst, den Müll rauszutragen?

In (40a) liegt eine implikative *und*-Konstruktion (IUK) vor (vgl. Reis 1993), die sich vor allem dadurch auszeichnet, dass das zweite Konjunkt mit einem abhängigen Infinitiv alterniert, vgl. (40b). Dass (40a) tatsächlich gegen die Bedingung (H) verstößt, sieht man analog zu (4) und wird hier insbesondere durch die Asymmetrie in der Verbstellung deutlich. (40a) unterscheidet sich von den bisher diskutierten Fällen allerdings dadurch, dass mindestens ein semantisches Selektionsverhältnis zwischen dem initialen und dem *und*-Satz vorliegt. Darüber hinaus scheint die Frontierung des Finitums, die für die AK als konstitutiv angenommen wurde, im *und*-Satz nicht obligatorisch zu sein, vgl. (41a). In letzterem Fall ist offenbar auch Linkstilgung wieder möglich, vgl. Beispiel (41b) aus Reis (1993: 215).

(41) a. Wenn du so nett wärst und mal wieder den Müll versorgen würdest?
 b. Wenn Peter doch mal so nett sein __ und aufräumen würde.

Wie die AK erlaubt auch die IUK asymmetrische Extraktion; im Gegensatz zur AK aber möglicherweise auch aus dem *und*-Satz (vgl. Reis 1993):

(42) a. *Was gehst du ins Büro und zeigst *t* den Kollegen?
 b. ?Was war er so nett und brachte dir *t* ins Büro?

Auch wenn die letzten Beispiele sicher nicht ganz unkontrovers sind, zeigen diese Überlegungen, dass beide Phänomene durch Bedingung (H) zwar *ex negativo* einer Klasse (asymmetrischer Koordination) zugewiesen werden, diese aber recht heterogene Konstruktionen umfasst. Welche dies genau sind und wie sie zusammenhängen, muss hier offen gelassen werden.

5 Zusammenfassung

Die Asymmetrische Koordination (AK) ist ein in weiten Teilen immer noch vergleichsweise wenig verstandenes Phänomen, das prototypisch über drei Eigenschaften charakterisiert werden kann:

(V2) Frontierung des Finitums im zweiten Konjunkt
(SL) Gemeinsames Subjekt im Mittelfeld des ersten Konjunkts
(FU) Inhaltliche Integration des Zweitkonjunkts in das Erstkonjunkt

Deskriptiv zeichnet sich die AK dadurch aus, dass sie zwar auf den ersten Blick eine koordinierende Struktur zu sein scheint, aber für Koordinationen typische Prozesse wie Linkstilgung und ATB-Bewegung nicht zulässt. Das nähert diesen Konstruktionstyp adverbialen Strukturen an und macht ihn zu einem der zentralen Problemfälle in der aktuellen Satzfügungsdebatte.

6 Literatur

Asher, N./Lascarides, A. (2003): Logics of Conversation. Cambridge: Cambridge University Press.
Bonitz, P.-K./Holler, A. (2011): Subject Gaps in German Coordinative Structures – Empirical Evidence for a Gradient Phenomenon. In: Botinis, A. (Hg.), Proceedings of the Fourth ISCA Tutorial and Research Workshop on Experimental Linguistics, ExLing 2011. Athen: University of Athens, 35–38.
Büring, D./Hartmann, K. (1998): Asymmetrische Koordination. In: Linguistische Berichte 174, 172–201.
Duden-Grammatik (2009): Duden. Die Grammatik. Unentbehrlich für richtiges Deutsch. 8. Aufl. Hg. von der Dudenredaktion. Mannheim: Dudenverlag.
Fortmann, C. (2005): Die Lücken im Bild von der *Subjektlücken*-Konstruktion. In: Linguistische Berichte 204, 441–476.

Frank, A. (2002): A (Discourse) Functional Analysis of Asymmetric Coordination. In: Butt, M./King, T.H. (Hgg.), Proceedings of the LFG02 Conference, 174–196.
Frey, W. (2004): The Grammar-Pragmatics Interface and the German Prefield. In: Sprache & Pragmatik 52, 1–39.
Höhle, T.N. (1983): Subjektlücken in Koordinationen. Manuskript, Universität Tübingen.
Höhle, T.N. (1990): Assumptions about Asymmetric Coordination in German. In: Mascaró, J./Nespor, M. (Hgg.), Grammar in Progress. Glow Essays for Henk van Riemsdijk. Dordrecht: Foris, 221–235.
Horch, E. (2011): *Da fehlt doch was?!* – Psycholinguistische Untersuchungen zu Subjektlücken in Asymmetrischen Koordinationen. Magisterarbeit, Universität des Saarlandes.
Johnson, K. (2002): Restoring Exotic Coordinations to Normalcy. In: Linguistic Inquiry 33, 97–156.
Kehler, A. (2002): Coherence, Reference, and the Theory of Grammar. Stanford, CA: CSLI.
Reich, I. (2009): „Asymmetrische Koordination" im Deutschen. Tübingen: Stauffenburg.
Reich, I. (2010): Ist Asymmetrische Koordination wirklich ein Fall asymmetrischer Koordination? In: Ehrich, V./Fortmann, C./Reich, I./Reis, M. (Hgg.), Koordination und Subordination im Deutschen. Hamburg: Buske, 203–222.
Reis, M. (1993): Satzfügung und kommunikative Gewichtung: Zur Grammatik und Pragmatik von Neben- vs. Unterordnung am Beispiel ‚implikativer' *und*-Konstruktionen im Deutschen. In: Reis, M. (Hg.), Wortstellung und Informationsstruktur. Tübingen: Niemeyer, 203–249.
Sternefeld, W. (2006): Syntax. Eine morphologisch motivierte generative Beschreibung des Deutschen. Bd. II. Tübingen: Stauffenburg.
Vuillaume, M. (2004): Asymmetrische Koordination in subordinierenden Strukturen. In: Lefèvre, M. (Hg.), Subordination in Syntax, Semantik und Textlinguistik. Tübingen: Stauffenburg, 45–54.
Wunderlich, D. (1988): Some Problems of Coordination in German. In: Reyle, U./Rohrer, C. (Hgg.), Natural Language Parsing and Linguistic Theories. Dordrecht: Reidel, 289–316.

Ingo Reich

17 Subjektsätze

1 Grundbegriffe und Probleme
2 Subjektsätze und die Argumentstruktur von Prädikaten
3 Die Form von Subjektsätzen
4 Subjektsätze und die formalen Charakteristika von NP-Subjekten
5 Literatur

1 Grundbegriffe und Probleme

Mit dem Begriff der Subjektsätze bezieht man sich auf satzförmige Ausdrücke (bzw. *zu*-Infinitivgruppen), die zu einem direkt übergeordneten Satz (oder auch zu dessen Prädikat) in der Subjektrelation stehen. In diesem Kapitel geht es speziell um Subjektsätze im Deutschen, einen deskriptiv-typologischen Überblick zu satzförmigen Strukturen als Argumenten allgemein findet man in Noonan (2007).

Zwei Schwierigkeiten sind hier zunächst zu bemerken: Zum einen haben in manchen linguistischen Ansätzen *Relationsbegriffe* einen prekären Status – sie werden entweder ganz abgelehnt (s. Reis (1982) zum Subjektbegriff und die entsprechende Ausweitung auf alle syntaktischen Relationen durch Vennemann (1982)) oder aber ihr Gebrauch nur als eine façon de parler geduldet, die sich immer auf tieferliegende Regularitäten zurückführen lässt (etwa konfigurationelle Gegebenheiten in den typischen generativ-syntaktischen Ansätzen). In allen diesen Fällen wird versucht, das Konzept syntaktischer Relationen (und hier ist die Subjektrelation natürlich besonders prominent) durch den Rekurs auf strukturelle oder Markierungseigenschaften zu ersetzen, wobei alle diese verschiedenen Dimensionen das grammatische Verhalten von Teilen einer Konstruktion beeinflussen können wie im Multifaktorkonzept von Primus (1987, 1993). Weitergeführt wird diese ‚Dekonstruktion' verallgemeinerbarer grammatischer Relationen im Rahmen konstruktionsgrammatischer Überlegungen bis hin zum Verzicht auf alle solchen Begriffe in Crofts Radical Construction Grammar (Croft 2001). Demgegenüber gibt es aber auch Ansätze, grammatischen Relationen einen zentralen Status bei der Beschreibung und Erklärung sprachlicher Phänomene zuzuweisen (etwa in dem – schon länger nicht mehr verfolgten – Ansatz der Relationalen Grammatik (Oppenrieder 1993) oder in der Lexikalisch-funktionalen Grammatik (Kiss 1993)). Hier soll nur vorausgesetzt werden, dass man mit Relationsbegriffen einen relativ gut nutzbaren beschreibenden Zugriff auf syntaktische Phänomene hat (vgl. zu syntaktischen Relationen in unterschiedlichen Ansätzen und Verwendungen auch Farrell (2005)).

Eine zweite Schwierigkeit für die Etablierung des Themas ergibt sich aus den speziellen Eigenschaften, die mit *satzförmigen Realisierungen* der Subjektrolle verbunden sind: Abweichungen gegenüber dem Verhalten von NP-Subjekten legen die Frage nahe, ob beide überhaupt für den relationalen Strukturaufbau von Sätzen sinnvollerweise zusammengefasst werden können (vgl. den Titel einer einschlägigen Arbeit „Why subject sentences don't exist" (Koster 1978)).

Immerhin lässt sich einer strikten Beschränkung der Subjektrolle auf NPn die Formulierung (1a) des Programms dieses Kapitels entgegenhalten:

(1) a. Ob es Subjektsätze tatsächlich gibt und Phänomene im Umkreis dieser speziellen Konstruktionen sind Gegenstand der folgenden Überlegungen.
b. Wie hart sich die Grammatiker einerseits mit Subjektsätzen tun und ihre Bemühungen um die Auflösung der Schwierigkeit andererseits haben uns alle schwer beeindruckt.

Wenn man annehmen darf, dass die Koordinierbarkeit von zwei Ausdrücken einen Hinweis auf deren äquivalente syntaktische Rollen gibt, liefern Verknüpfungen wie in (1a) und (1b) erste Anhaltspunkte, dass sich durchaus auch sinnvoll von Subjektsätzen sprechen lässt.

Zweifelsohne unterscheiden sich satzförmige Ausdrücke und NPn allerdings auch ziemlich deutlich in ihren Eigenschaften, wenn sie die Subjektrolle übernehmen.

Die *syntaktischen Eigenschaften* von Subjektsätzen des Deutschen sind jedoch im Großen und Ganzen erwartbar, wenn zum einen zugelassen wird, dass überhaupt satzförmige Ausdrücke die Subjektsargumentstelle von Prädikatsausdrücken füllen können, zum anderen die spezifische Charakteristik von satzförmigen Ausdrücken generell berücksichtigt wird.

Gemäß der ersten Gruppe von Charakteristika verhalten sich Sätze wie alle Argumentstellenfüller: Sie blockieren die entsprechende Argumentstelle, so dass diese nicht durch andere Ausdrücke besetzt werden kann (die auffällige Möglichkeit der Platzhaltersetzung ergibt sich aus Eigenschaften der zweiten Gruppe). Verschiedenartige Diathesenkonstruktionen sind dafür verantwortlich, dass sich das Leerstellenensemble eines Prädikatsausdrucks ändert und dementsprechend Ausdrücke ihren Argumentcharakter verlieren können (z.B. beim Passiv), in die Argumentstruktur einwandern können (z.B. bei applikativen oder kausativen Konstruktionen) oder in einer veränderten Argumentstellenkonfiguration auftreten (z.B. wiederum beim Passiv). Im Prinzip können satzförmige Ausdrücke, wenn sie überhaupt als Leerstellenfüller zugelassen sind, alle diese Eigenschaften zeigen und insbesondere die Stelle besetzen, der die Subjektrelation zugeordnet ist. Die entsprechenden Argumentstellen ihrerseits lassen sich allerdings am einfachsten über die Standardbesetzung, nämlich kasusmarkierbare NPn, erfassen: Subjektsargumentstellen können durch nominativisch markierte NPn (insbesondere auch entsprechende Pronomina) gefüllt werden, die in Infinitivkonstruktionen verschwinden müssen (im Gegensatz zu prädikativ verwendeten Nominativ-NPn).

Abgesehen von dieser Blockade der Subjektsargumentstelle zeigen satzförmige Strukturen jedoch ein zu NPn deutlich unterschiedliches Verhalten. Dies betrifft einerseits die fehlende Möglichkeit, selbst typische morphologische NP-Kategorien zu realisieren, d.h. hier vor allem den mit der syntaktischen Subjektrolle verbundenen Nominativkasus, mit möglichen Auswirkungen auf Regularitäten, die auf solche Kategorien Bezug nehmen – hier die Subjekt-Finitum-Kongruenz mit ihrem typischen Kopieren der Numeruscharakteristik des Subjekts. Mit der Satzförmigkeit sind andererseits auch spezifische topologische Charakteristika verbunden: Das Mittelfeld kann satzförmige Ausdrücke nur als attributive Teile von NPn (oder PPn) aufnehmen, nicht als unmittelbare Satzkonstituenten. Subjektsätze können also nur, falls vorhanden, in einem Vorfeld oder aber ganz am Ende im Nachfeld bzw. in der Extraposition auftreten (der performanztheoretische Ansatz von Hawkins (1994) erfasst diese typische, weil immer zulässige Platzierung als Spezialfall der Korrelation von zunehmender struktureller Komplexität und späterer Realisierung, mit sprachübergreifenden Tendenzen der Positionierung von Argumentsätzen beschäftigt sich Dryer (1980)). Im letzten Fall wird die bereits erwähnte Besonderheit von Subjektsätzen (bzw. allen satzförmigen Argumentstellenfüllern) relevant: Nominativmerkmale sind in diesem Fall in finiten Strukturen durchaus weiter vorhanden und können in der Gestalt von Platzhaltern realisiert werden.

Das weitere Vorgehen orientiert sich an diesen beiden Gruppen von Eigenschaften von Subjektsätzen. Zunächst sollen die valenzbezogenen Charakteristika von Subjektsätzen, die sie mit den NP-förmigen Subjekten verbinden, sowie die genaue Form der Subjektsätze in ihrer Abhängigkeit von der einbettenden Struktur vorgestellt werden, in einem zweiten Schritt werden dann das Schicksal der klassischen formalen Subjektmerkmale im Zusammenhang mit Subjektsätzen sowie deren besondere topologische Eigenheiten untersucht.

2 Subjektsätze und die Argumentstruktur von Prädikaten

Satzförmige Ausdrücke unterschiedlicher Form bzw. *zu*-Infinitivgruppen blockieren bestimmte Argumentstellen von Prädikaten und sind in diesem Sinn mit den anderen Argumentstellenfüllern gleichzusetzen. Dies gilt auch für die Subjektsargumentstelle, so dass sich mindestens in diesem Sinn von Subjektsätzen (bzw. Subjektsinfinitiven) sprechen lässt (sei es in der traditionellen Vorstellung der Valenzgrammatik mit ihrer Gleichbehandlung aller Valenzstellen oder auch im Sinn des Erweiterten Projektionsprinzips der Generativen Grammatik mit einer Sonderstellung der Subjektsargumentstelle).

Welche Prädikate lassen solche Subjektsätze zu? Dies sind erstens *einstellige Prädikate*, die zur allgemeinen Charakterisierung von („geschlossenen' und ‚offenen') Propositionen dienen können (und mitunter auch als einzige verbleibende Teile eines verkürzten Matrixsatzes auftreten):

(i) bewertende Prädikate wie *schön, furchtbar* usw.

(2) a. Ist es nicht frappierend, wie schnell Bürgermeister Kampel vergessen wurde?
 b. Wie schön, dass ich Sie persönlich antreffe!

(ii) den kognitiven Zugang zu Propositionen charakterisierende Prädikate wie *bekannt, klar* usw.

(3) a. Ist eigentlich schon bekannt, ob wir heuer wieder eigenes Bier brauen/ wie viel Bier wir brauen werden?
 b. Klar, dass sich Kant das nicht bieten lassen konnte.

(iii) deontische Charakterisierungen wie *verboten, erlaubt* usw.

(4) Es ist verboten, das Stadion ohne Bayernfahne zu betreten.

(iv) oder auch den ‚Realitätsstatus' von Propositionen anzeigende Prädikate wie *möglich, stimmt, wahrscheinlich, Tatsache, gelingen* usw.

(5) a. Stimmt es, dass manche Faschingsprinzen vorher Frösche waren?
 b. Möglich, dass er sich mit diesem Projekt übernommen hat.

Zweitens lassen die meisten der entsprechenden Prädikatsausdrücke auch *zweistellige Varianten* zu, die etwa den Träger einer kognitiven Einstellung oder den ‚Realisierer' durch eine Dativ-NP oder PP erfassen.

(6) a. Schön für dich, dass du bei diesen Aktien rechtzeitig zugegriffen hast.
b. Allen war klar, dass es mit Goethe so nicht weitergehen konnte.
c. Möge es dir gelingen, als erster das Kofler Horn zu besteigen!
d. Ihm schwant, dass ihm seine schöne Mitarbeiterin noch viel Unruhe bereiten wird.

In manchen Fällen wie in (6d) ist nur die zweistellige Variante zulässig.

Drittens können bei vielen *zweistelligen Prädikaten mit Verursachungsinterpretation* Propositionen die Rolle von ‚Agentien' (tatsächlich verhalten sie sich nicht wie echte agentivisch interpretierbare Größen, vgl. Oppenrieder (2003: 911f.) und Engelberg (2005)) bzw. Auslösern spielen (*ärgern, bewirken, zur Folge haben*, Adjektiv + *machen* usw.).

(7) a. Dass du mit diesem Hemd daherkommst, beleidigt meinen Sinn für Ästhetik.
b. Macht es dich nicht auch wütend, dass Caesar ohne jede Deckung durch den Senat in Gallien einen Krieg angefangen hat?

Daneben gibt es viertens einige wenige ‚*semantische' Prädikate*, die Propositionen miteinander in Beziehung setzen (*bedeuten, heißen*).

(8) Dass er noch nichts gegessen hat, heißt, dass er wahrscheinlich ganz unleidlich sein wird.

Die entsprechenden Gruppen von Prädikaten (bzw. ihr spezifischer Gebrauch wie in (3a)) legen auch im Wesentlichen fest, in welcher Form Subjektsätze auftreten können und ob die sprachlich repräsentierten Propositionen als präsupponierte Information gelten.

Die syntaktischen Funktionen von satzförmigen Argumenten sind dagegen nicht notwendigerweise durch die Wahl des Prädikats festgeschrieben. Wie bei anderen Argumentstellenfüllern auch werden durch *Diathesen* (zu diesen etwa Wunderlich (1993)) Umordnungen in der syntaktischen Struktur möglich. Die syntaktisch markierten Diathesen im Umkreis der Passivierung sind allerdings bei Subjektsätzen nur schwer zu bilden. Ein Grund könnte sein, dass die einzig für eine solche Umstrukturierung in Frage kommende Gruppe, die Subjektsätze mit Auslöserinterpretation, für ein Verschwinden bzw. eine Auslagerung in eine ‚Agensangabe' meistens zu weit vom agentischen Prototyp entfernt sind (vgl. (9a) mit (9b)).

(9) a. Ich werde ?beleidigt/??geärgert dadurch, dass du so über mich redest.
b. Ich werde von ihm beleidigt/geärgert.

Passivierung ist allerdings auch nicht völlig ausgeschlossen.

(10) a. Dass jeder Kunde seine Einlagen ausgezahlt bekommen haben wollte, bewirkte schließlich den Zusammenbruch der Bank.
 b. Der Zusammenbruch der Bank wurde schließlich DAdurch/*Ø/*daDURCH bewirkt, dass jeder Kunde seine Einlagen ausgezahlt bekommen haben wollte.

Wie zu erwarten ist, kann bei der Realisierung als Agensangabe nicht die Platzhaltervariante (daDURCH mit unbetontem pronominalem Teil) des funktionsanzeigenden Proadverbs verwendet werden, da der satzförmige Ausdruck nicht mehr zur Valenzstruktur des Prädikats gehört (s. Oppenrieder 1991: 327ff, Pittner 2008).

Üblicher ist sicher der umgekehrte Fall, in dem ein Subjektsatz durch Heraufstufung eines Akkusativobjektsatzes bei der Passivierung eines entsprechenden Verbs zustandekommt.

(11) a. Uns wurde gesagt, dass wir hier Herrn Goethe treffen könnten.
 b. In Brüssel wird es für sehr wahrscheinlich gehalten, dass die Verhandlungen noch lange andauern werden.
 c. Es lässt sich nicht leugnen, dass Fred durch den Schnurrbart an Attraktivität gewonnen hat.

In manchen Fällen kann die Passivierung auch verdeckt auftreten, etwa bei der Einbettung unter einem A.c.I.-Verb (die (9a) verbessert).

(11) d. Ich fühle mich beleidigt dadurch, dass du so über mich redest.

Dafür gibt es im Bereich der Subjektsätze mit Auslöserinterpretation häufig die Möglichkeit der Verlagerung des satzförmigen Ausdrucks in eine Präpositionalgruppe mit Objektfunktion (was ein weiterer Grund sein könnte, wieso gerade in diesen Fällen die passivische Umstrukturierung kaum geläufig ist). Typisch sind etwa die Varianten bei den Prädikaten der ‚geistigen Beeinflussung', in denen der Träger einer bestimmten Einstellung als Subjekt erscheint (die übliche Kodierung für derartige Größen), während der auslösende Sachverhalt als Präpositionalobjekt auftritt (zu Präpositionalobjektsätzen s. Artikel 21).

(12) a. Dass Goethe so spät eintraf, ärgerte uns alle.
 b. Wir alle ärgerten uns (darüber/drüber), dass Goethe so spät eintraf.
 c. Wir waren ärgerlich (darüber/drüber), dass Goethe so spät eintraf.

Erwartbar ist auch, dass durch prädikativ verwendete Adjektive ausgedrückte Charakterisierungen von Propositionen in Objektsprädikativkonstruktionen eingehen können und dadurch ihren Subjektstatus verlieren (aber ihn durch Passivierung wieder gewinnen können, vgl. (11b)).

(13) Ich finde (es)/halte es für bemerkenswert, wie schnell sich Anna von ihrer Krankheit erholt hat.

Im Spiel der mehr oder weniger systematischen Umstrukturierungen von Valenzrahmen verhält sich also ein satzförmiges Subjekt (bzw. generell ein satzförmiges Argument) nicht viel anders als jedes sonstige Subjekt (wenn auch semantische Besonderheiten – wie die fehlende ‚Agentivität' – zu Abweichungen vom Normalfall führen können).

3 Die Form von Subjektsätzen

3.1 Zulässige Strukturen bei Subjektsätzen

Die zentrale Realisationsform von Subjektsätzen ist die als *subjunktional eingeleiteter Satz*, der aufgrund der Valenzabhängigkeit keine eigene relationale Semantik einbringt. Entsprechend sind die Satzeinleiter selbst im Standardfall nichtrelational, d.h. es kommen in Frage *dass*, das eine ‚geschlossene' Proposition anzeigt (etwa in (5a)), sowie diejenigen, die eine ‚offene' Proposition anzeigen – unentschiedene Polarität wird durch *ob*, eine ‚Lücke' durch einen *w*-Ausdruck mit der passenden Charakteristik für die Funktion der Lücke angezeigt (etwa in (3a)). Den *dass*-Sätzen lassen sich die (meisten) *Infinitivphrasen* an die Seite stellen, die nach einer Ergänzung des mitverstandenen Subjekts ebenfalls einer ‚geschlossenen' Proposition zuzuordnen sind (etwa in (6c)). Eher selten sind *Verb-Zweit-Strukturen*:

(14) Manchen Liberalen schwant, sie erleben nun bald eine andere Republik.

Da die spezifische Rolle, die die vom Subjekt bezeichnete Größe in der vom Prädikat umrisshaft skizzierten Situation einnimmt, von der Charakteristik des Prädikats bestimmt wird, können Subjektsätze eigentlich nicht in der *Gestalt von Adverbialsätzen* auftreten, die ja dadurch gekennzeichnet sind, dass sie eigenständig eine Relation in die Interpretation eines Satzes einbringen. Genau dies geschieht jedoch gelegentlich. Abgesehen von vereinzelten Querschlägern wie dem (bei Günther de Bruyn) belegten Satz (15a) – ein kausaladverbial überformter Subjektsatz – sind es vor allem zwei Gruppen von Ausdrücken, die etwas, das wie ein Subjektsatz aussieht, mit adverbialen Schattierungen ausstatten. Die eine besteht aus *temporal überformten Subjektsätzen*, typischerweise mit dem Satzeinleiter *als* an der Spitze wie in (15b). Weitaus interessanter sind die Fälle, in denen ein *Subjektsatz konditional überformt* wird, so dass er wie in (15c) mit einer *wenn*-Einleitung auftritt; die Variante mit Verb-Erst-Stellung wie in (15d) findet man ebenfalls belegt, wenn auch deutlich seltener (zur Nicht-Äquivalenz von konditionalen *wenn*-Sätzen und Verb-Erst-Sätzen s. Reis/Wöllstein (2010)).

(15) a. Nicht, weil Karoline [...] ein schlichtes Bürgermädchen ist, läßt seine Brautwahl zu ihren Gunsten ausgehen, sondern, weil sie den Grad der Emanzipation Charlottes nicht hat [...].
b. Für die Bosse kam es/??Ø völlig überraschend, als ihr größter Konkurrent ein Aktienpaket erwarb.
c. Deshalb freut ihn sehr, wenn er wie an diesem Abend erlebt, dass es auch anders sein kann.
d. Freilich wäre es unredlich, ließe man es bei solch einseitiger Geschichtsbetrachtung bewenden.

Auf diese Fälle wird weiter unten noch genauer eingegangen.

Als letzte Spezialgruppe der satzförmigen Füllung der Subjektrolle sind die so genannten *Freien Relativsätze* (zu diesen Pittner 2007: 737 ff.) zu erwähnen, die insofern einen Sonderfall darstellen, als sie sich in vielen Hinsichten NP-Strukturen angleichen. Sie sehen nur bei ganz oberflächlicher Betrachtung satzförmig aus, sind aber eher wie NPn mit unspezifischem Kopfelement zu analysieren. Da sich nach dieser Analyse im einleitenden Ausdruck so etwas wie ein (meistens unspezifisch zu interpretierender) Bezugsausdruck mit dem eigentlichen Relativsatzeinleiter verbindet, muss dieser Ausdruck den Rektionsforderungen sowohl des Matrixprädikats wie des relativsatzinternen Prädikats genügen. Dies lässt sich am bequemsten mit der (externen wie internen) Subjektsrelation einrichten, die dementsprechend bei Freien Relativsätzen sehr häufig ist. Aufgrund ihrer NP-Charakteristik sind sie jedoch anders als die ‚echten' Subjektsätze bei sämtlichen Matrixprädikaten zulässig, insbesondere auch solchen, die ansonsten keine satzförmigen Subjekte zulassen.

(16) a. Wer zu spät kommt, muss Tante Erikas Knödel aufessen.
b. Der(jenige), der zu spät kommt, muss Tante Erikas Knödel aufessen.

Sie lassen sich durch eine Variante ersetzen, die das Bezugselement in Gestalt eines Demonstrativpronomens explizit macht, vgl. (16b). Die zwischen NP und Satz changierende Charakteristik von Freien Relativsätzen eröffnet ihnen einerseits die Stellungsmöglichkeiten beider Ausdruckstypen, d.h. neben der Positionierung im Vorfeld (16a) die im Mittelfeld (16c) wie im Nachfeld (16d), und verhindert andererseits die Verwendung eines Platzhalters.

(16) c. Normalerweise hat, wer bei Tante Erika auftaucht, immer schon gegessen.
d. Normalerweise hat (*es) immer schon gegessen, wer bei Tante Erika auftaucht.

3.2 Formbestimmende Faktoren

Welche Faktoren bestimmen die Form satzförmiger Subjekte sowie die Wahl der Einleiteelemente bei den Verb-Letzt-Varianten? Offenbar spielen hier die einbettenden Strukturen, vor allem natürlich die zentralen prädikativen Ausdrücke, die entscheidende Rolle. Die Gruppe der wertenden Prädikate ebenso wie die Prädikate, die den Subjektsätzen eine Auslöser/Ursachen-Rolle zuordnen, setzen vollständig spezifizierte zu bewertende bzw. auslösende Propositionen voraus. Daher sind mit ihnen vor allem durch *dass* eingeleitete Sätze verträglich.

(17)   Dass/*Ob Nicolas als Bauchtänzerin auftritt, ist ärgerlich/erschüttert mich.

Auch Infinitivphrasen sind zulässig, sie sind aber nicht in jedem Fall wie *dass*-Sätze zu interpretieren (s. Abschnitt 3.3).

(18)   Trinkmilch nur noch in Dosen zu verkaufen, ist eine Sauerei/macht mich wütend.

Auch Sätze mit einem *w*-Ausdruck in der Spitzenposition sind zulässig, allerdings nur solche, die nicht durch eine *ob*-Variante ersetzbar sind.

(19)   a.   Wie rasend schnell Anna Knödel verspeisen kann/*Ob Anna Knödel rasend schnell verspeisen kann, ist immer wieder frappierend/erstaunt mich immer wieder.
        b.   Einfach begeisternd, dass er in seinem Alter noch solche Radtouren macht und wie er dabei aufblüht.

Offenbar handelt es sich dabei nicht um satzförmige Strukturen, die durch den *w*-Ausdruck eine Informationslücke und damit eine ‚offene' Proposition anzeigen. Entsprechend ist auch die koordinative Verknüpfung von *dass*-Sätzen und derartigen *w*-Sätzen zulässig, vgl. (19b). Der *w*-Satz ist hier vielmehr ‚exklamativisch' zu werten, d.h. dass für die *w*-Lücke ein überraschend hoher Grad einer Eigenschaft (z.B. der Schnelligkeit) zu erschließen ist (dementsprechend sind auch nur derartig graduierend zu interpretierende *w*-Ausdrücke zulässig – im obigen Beispiel lässt sich etwa kein *warum* einsetzen). Eine entsprechende ‚assertive' Paraphrase mit Hilfe eines *dass*-Satzes und einer Ersetzung des *w*-Ausdrucks (insbesondere des eigentlichen *w*-Worts in komplexen *w*-Ausdrücken durch *so*) lässt sich meistens finden.

(19)   c.   Dass Anna <u>so rasend schnell</u> Knödel verspeisen kann

Allerdings sind die assertiven Varianten breiter einsetzbar: Da bei exklamativischen Interpretationen die entsprechende Proposition als präsupponiert gilt, ist die Einbettung unter nicht-faktiven Prädikaten ausgeschlossen.

(20) Es ist nicht nötig, dass du so schnell isst/*wie schnell du isst.

Ist der Subjektsatz tatsächlich als ‚offene' Proposition zu interpretieren, d.h. kann er sowohl durch *ob* wie durch sämtliche Typen von *w*-Ausdrücken eingeleitet werden, so müssen Matrixsätze mit diesem besonderen Typ von Unterspezifizierung verträglich sein. Im Wesentlichen handelt es sich um Matrixsätze, die den Informationsstand bei einer explizit erwähnten oder zu erschließenden informationsverarbeitenden Instanz anzeigen (und die entsprechende ‚Informationsdimension' nur umrisshaft charakterisieren – durch einen *w*-Ausdruck bzw. bei der Alternativenwahl durch *ob*)

(21) a. Es ist den Behörden völlig unklar/Es ist völlig unklar/Den Behörden scheint völlig klar zu sein, ob/warum Schüberl die Zahlungen eingestellt hat.

b. Mir ist bekannt, ob bereits Beschlüsse gefasst wurden – ich bin allerdings zum Schweigen verpflichtet.

Daneben finden sich eher selten Fälle ‚objektiver Unentschiedenheit' z.B. bei *in der Zukunft liegen*, die aber vielleicht ebenfalls an die Hauptgruppe angeschlossen werden können, da sie natürlich mit informationeller Unterspezifikation verbunden sind.

Abhängige Verb-Zweit-Sätze verbinden sich typischerweise mit Verba dicendi et sentiendi (bzw. generell entsprechenden Einstellungsausdrücken) als übergeordnetem Prädikat. Da bei dieser Gruppe der Einstellungsträger üblicherweise durch die Subjektgröße erfasst wird, finden sich nur in seltenen Fällen Verb-Zweit-Konstruktionen als Subjekt wie in (14).

Die anderen relevanten Prädikatstypen sind ebenfalls nur vereinzelt zusammen mit Verb-Zweit-Subjektsätzen belegt.

(22) a. Daraus folgt aber nicht, die Sozialrechte seien, wie man gelegentlich befürchtet, unklare Ansprüche oder sogar nur rhetorische Manifest-Rechte.

b. Ganz wichtig ist, man hätte genau zuhören und nachlesen müssen, was Hoeneß gesagt hat.

Aus der Reihe tanzen hingegen Verb-Zweit-Subjektsätze, die zumeist von adjektivischen Einschätzungsprädikaten in komparierter oder superlativischer Form, bzw. Präferenzprädikaten, abhängen (vgl. Oppenrieder 1991: 184ff., Reis 1997 und Frank 1998).

(23) Es ist am besten/vernünftiger, er fährt mit dem Zug.

(24) (Es ist die) Hauptsache, Anna behelligt uns nicht wieder mit diesen feuerländischen Wurstspezialitäten.

Häufig lassen sich die entsprechenden Matrixsätze nicht nur auf das prädikativ verwendete Adjektiv verkürzen, sondern dieses kann auch in der Art eines Satzadverbiales in den dann selbstverständlich nicht länger abhängigen Satz hineingezogen werden.

(25) a. Es ist besser/vernünftiger, er geht jetzt.
     b. Besser/??Vernünftiger, er geht jetzt.
     c. Er geht jetzt besser/??vernünftiger.

(24') *Anna behelligt uns Hauptsache nicht wieder.

Ungewöhnlich ist, dass ein abhängiger Verb-Zweit-Satz kaum ins Vorfeld rücken kann – im einen Fall verliert er seinen Status als abhängiger Satz (während der ehemalige Matrixsatz zu einer parenthesenähnlichen Zusatzinformation wird), im anderen Fall (wenn keine parenthetische Interpretation möglich ist) entsteht eine ungrammatische Erweiterung eines Verb-Zweit-Satzes (vgl. Oppenrieder 1991, 263f.).

(14') Sie erleben nun bald eine andere Republik – schwant manchen Liberalen.

(23') *Er fährt mit dem Zug, ist vernünftiger.

Zu-Infinitivgruppen in der Subjektfunktion sind fast immer als mehr (*notwendig*) oder weniger (*ärgern*) geläufige Alternativen für die geschlossenen Satztypen (in manchen Fällen, wie etwa bei *gelingen*, dominieren *zu*-Infinitivgruppen eindeutig als Realisationstyp), also insbesondere *dass*-Sätze, verfügbar (eine Ausnahme stellen etwa bestimmte ‚semantische Prädikate' wie *wahr* oder *stimmen* dar). Umgekehrt lassen sich nicht alle *zu*-Infinitivgruppen bedeutungserhaltend in einen *dass*-Satz umformen, da sie nicht selten als Äquivalente zu konditional überformten Sätzen interpretiert werden müssen – d. h. bei ihnen treffen sich die faktive und die faktizitätsaufhebende Lesart in einer einzigen Form. Als Ersatz für einen *wenn*-Satz und nicht als Äquivalent für einen *dass*-Satz tritt die *zu*-Infinitivgruppe insbesondere dann auf, wenn auf einen allgemeineren Typ von Sachverhalt oder Ereignis Bezug genommen werden soll (mit ‚arbiträrer' Interpretation des mitverstandenen Subjekts).

(26) a. Es ist schön, dass Anna heute auf der Wiese liegen kann.
     b. Es ist schön, auf der Wiese liegen zu können.
     c. Es wäre schön für Anna, auf der Wiese liegen zu können (– wenn nur diese Ameisen nicht wären).

Und selbstverständlich legt Konjunktiv II im Matrixsatz die konditionale Variante nahe (es sei denn, im Kontext finden sich andere Elemente, die den Konjunktiv motivieren).

Eine formale Besonderheit der *zu*-Infinitivgruppen ist die Möglichkeit der Umformung in nackte Infinitive, wodurch sie immer mehr an Satzcharakteristika verlieren und an NP-Charakteristika gewinnen. Am Ende dieser Skala stehen Infinitivstrukturen, die tatsächlich mit Artikeln verträglich sind und damit insgesamt zu echten NPn werden (und sich auch in Bezug auf die Numeruskongruenz so verhalten).

(27) a. Auf Berge zu steigen und mit Luther zu diskutieren, machte/*machten Goldig glücklich.
  b. Auf Berge steigen und mit Luther diskutieren machte/?machten Goldig glücklich.
  c. Das auf Berge Steigen und das mit Luther Diskutieren/Diskutieren mit Luther machte/machten Goldig glücklich.

Ein weiteres formales Charakteristikum von *zu*-Infinitivgruppen (neben der Nähe zu nominalen Strukturen) ist ihre potentielle Instabilität – bekanntlich lassen sich manche abhängigen *zu*-Infinitivgruppen in so genannten kohärenten Konstruktionen (Bech 1955/57) bzw. Clause Union-Konstruktionen mit dem Matrixsatz verschmelzen. Dies findet sich allerdings fast nur bei Objektsinfinitiven. Selbst ein Prädikat wie *gelingen* (das etwa aufgrund seiner Perfektbildung mit *sein* oder der Fähigkeit, in Partizip-II-Form attributiv verwendet zu werden, als ein unakkusativisches Prädikat ausgewiesen ist, dessen Subjekt sich also eher wie ein direktes Objekt verhält (s. Oppenrieder 1993: 605f., Grewendorf 1989) lässt die Auflösung eines zugehörigen Subjektsinfinitivs nicht so recht zu.

(28) a. Ob es Anna gelingt, den Schwertfisch an Bord zu ziehen?
  b. ??Ob Anna den Schwertfisch an Bord zu ziehen gelingt?

Ein akzeptables Beispiel ist das folgende mit *obliegen* als Prädikat ((B62) in Trissler (1988)):

(29) Jeder wußte klar, was ihm zu tun oblag.

3.3 Der Sonderfall der adverbiell überformten Subjektsätze

Neben diesen erwartbaren Standardformen von nicht NP-förmigen Subjekten treten jedoch auch die oben erwähnten adverbiellen Varianten – mit *als* oder *wenn* (*falls* ist hier nicht zulässig) eingeleitete Sätze – auf. Allerdings ist deren Status als ‚echte' Subjektsätze umstritten (Oppenrieder 1991: 264ff., Fabricius-Hansen 1980, Fabricius-Hansen/Sæbø 1983). Tatsächlich stehen sie den ‚geschlossenen' Subjektsätzen, als deren Alternativen sie erscheinen können, unterschiedlich nahe.

Nur in ihrer extraponierten Variante sind sie etwa mit einem normalen schwachen Platzhalter (d. h. *es*) oder sogar dem Fehlen eines Platzhalters verträglich.

(30) Mir hilft es/Ø am ehesten, wenn ich den Takt auf der Tischplatte klopfe.

(31) Ihm ist es/Ø am liebsten, wenn man ihn in Ruhe lässt.

(32) Natürlich ärgert es/?Ø mich, wenn du den Schnittlauch mit meiner Zahnprothese zerkleinerst.

(33) Natürlich überraschte es/??Ø niemanden, als Doktor Frankenstein aus der Torte stieg.

Steht der adverbiell überformte Satz dagegen im Vorfeld, verhält er sich wie ein Temporal- bzw. Konditionalsatz (ganz deutlich in der pronominalen Wiederaufnahme durch *so* oder *dann* bei der Linksversetzung) und die Subjektsrolle muss durch ein pronominales Element, normalerweise das ‚starke' *das*, übernommen werden.

(30') Wenn ich den Takt auf der Tischplatte klopfe, (so/dann) hilft mir das/??mir Ø/?es mir am ehesten.

Allerdings nimmt dieses pronominale Element die Proposition des Adverbialsatzes abzüglich der adverbiellen Relation wieder auf. Valenztechnisch gesehen ist der *wenn*-Satz in beiden Fällen der Subjektsargumentstelle zugeordnet. Bei der zusätzlichen Verwendung eines unabhängigen Subjektsatzes verändert sich daher die Interpretation radikal.

(32') Wenn du den Schnittlauch mit meiner Zahnprothese zerkleinerst, ärgert mich, dass die Zahnzwischenräume voller Schnittlauchfasern sind.

Die Einfügung eines adverbiellen Korrelats zum extraponierten Satz führt (anders als in der Linksversetzung) ebenfalls zu einer klaren Bedeutungsveränderung, da ein nominativisches Pronomen (das in diesem Fall absolut obligatorisch wird) phorisch auf eine satzextern eingeführte Proposition verweist.

(30'') Mir hilft es dann, wenn ich den Takt auf der Tischplatte klopfe.

Bei Extraposition ist eine koordinative Verknüpfung von *dass*- und *wenn*-Satz zulässig, die auf eine äquivalente Rolle beider hindeutet.

(34) Angesichts des schlechten Wetters ist es nicht verwunderlich, wenn viele an eine vorzeitige Abreise denken und dass manche tatsächlich abgereist sind.

Auch die folgende parallele Strukturierung verweist auf die identische Subjektsrolle von *wenn*-Satz und *zu*-Infinitivgruppe (mit konditionaler Interpretation).

(35) Es wäre zwar schön, das Rennen zu gewinnen, aber noch besser wäre es, wenn die Quälerei sofort ein Ende hätte.

Mindestens in der aus dem unmittelbaren Satzverband ausgekoppelten extraponierten Variante nähern sich die adverbiell überformten Konstruktionen daher auch strukturell den nicht-relationalen Standard-Subjektsätzen an. Die Parallelität mit *dass*-Sätzen erstreckt sich auf die verkürzten Matrixsätze.

(36) Kein Wunder, dass/wenn er sich über den Tisch gezogen fühlt.

Ebenso sind beide als verkürzte Antworten zulässig.

(37) Was ärgert dich denn am meisten an ihr?
Dass/Wenn sie meine Zahnbürste benutzt.

Die *wenn*-Varianten (bzw. konditionalen Varianten generell) erfüllen dabei einen ganz spezifischen Zweck: Sie ermöglichen es, die Faktizität des Matrixprädikats auszuhebeln – die durch den Subjektsatz erfasste Proposition gilt nicht mehr als präsupponiert (vgl. das Konzept der holes und filters bei Karttunen (1973) und in der sich auf ihn beziehenden Literatur, z. B. Kadmon (2001: 116 ff.)). Dementsprechend ist diese Realisierungsvariante der Subjektsätze auf einbettende Strukturen beschränkt, die das Subjektargument auch tatsächlich präsupponieren.

(38) a. Es ist schäbig/*nicht nötig, wenn Polyphem seine Gäste auffisst.
 b. Es wäre schäbig, wenn Polyphem seine Gäste aufäße/dass Polyphem seine Gäste auffisst.

(Die Variante mit *nötig* ist zulässig, sobald *es* nicht auf den ‚absoluten' propositionalen Gehalt des *wenn*-Satzes bezogen wird, sondern seine Interpretation von außerhalb des Satzes erhält, z. B. auf eine bestimmte Menge Salz verweist.)

Referenzsemantisch sind die *wenn*-Sätze im Prinzip den entitäteneinführenden Verwendungen von NPn mit unbestimmtem Artikel zu vergleichen (die Parallelbehandlung zeigt sich etwa in der Diskursrepräsentationstheorie von Kamp (Kamp/Reyle 1993)); ebenso fällt natürlich die Parallele von NPn mit bestimmtem Artikel und der dadurch ausgelösten typischen Existenzpräsupposition und von im Bereich der faktiven Prädikate präsupponierten *dass*-Sätzen ins Auge. Besonders deutlich wird die Präsuppositionsunverträglichkeit des *wenn*-Satzes, wenn der Matrixsatz selbst durch Konjunktiv-II-Verwendung seine Faktizitätscharakteristik verliert (vgl. 38b). Die *dass*-Variante erfordert eine zumindest hinzugedachte Bedingung, die die Verwendung der Konjunktiv-II-Form rechtfertigt.

Die Realisierungsform *zu*-Infinitivgruppe lässt sich je nach Einbettungskontext präsupponierend oder nicht-präsupponierend interpretieren, syntaktisch wirkt sich dieser Unterschied auf die Subjektsinfinitive wie zu erwarten nicht aus (vgl. 38c, d).

(38) c. Es war/wäre schäbig von Polyphem, seine Gäste aufzuessen.
 d. Seine Gäste aufzuessen, war/wäre (*das) schäbig von Polyphem.

Die verschiedenen Matrixsätze, die nicht das Zutreffen der vollständig spezifizierten Proposition voraussetzen, sind demgegenüber nur mit *dass*-Sätzen sowie den äquivalenten nicht-relational zu interpretierenden Infinitivgruppen verträglich (exklamativische Varianten genauso wie adverbielle Überformungen sind ausgeschlossen).

(38) e. Es stimmt, dass/*wenn/*wie schnell Polyphem seine Gäste aufisst.

Konditional interpretiert werden allerdings auch die Verb-Zweit-Subjektsätze mit komparierten Prädikaten.

(25") Es ist/wäre besser, du gehst/gingest jetzt.

Hier geht es jedoch nicht um die Aufhebung der Faktizität, sondern um den bewertenden Vergleich hypothetisch angesetzter Verhaltensweisen. In anderen Fällen sind konditionale wie faktische Interpretation möglich.

(39) Hauptsache, es regnet nicht. (in der Planungsphase oder im Verlauf einer Wanderung geäußert)

Die entsprechenden ‚Konditionalsubjekte' scheinen gegenüber echten konditionalen Adverbialen also einen besonderen Status zu haben.

Sie lassen sich jedenfalls problemlos mit echten Konditionalen kombinieren, wobei diese eine umfassendere Bedingung präsentieren, in deren Bereich die ‚Subjektbedingung' operiert, die in diesem Fall als extraponierter Satz auftreten muss. Entsprechend führen Umordnungen zu veränderten und häufig auch unplausiblen Interpretationen.

(40) a. Wenn die Sonne scheint, stört es mich nicht, wenn mich ein paar Mücken stechen.
 b. Wenn mich ein paar Mücken stechen, stört es mich nicht, wenn die Sonne scheint.
 c. Wenn die Sonne scheint, behalte ich meine gute Laune, wenn mich ein paar Mücken stechen.
 d. Wenn mich ein paar Mücken stechen, behalte ich meine gute Laune, wenn die Sonne scheint.

Zwei unabhängig realisierte Konditionale sind hier weniger eingeschränkt (vgl. 40c, d).

4 Subjektsätze und die formalen Charakteristika von NP-Subjekten

Satzförmigen Ausdrücken fehlen zweifellos die NP-bezogenen Charakteristika, die den Standardsubjekten zukommen: Dies betrifft die NP-typischen morphologischen Markierungen, die zunächst einmal an passende Trägerausdrücke gebunden sind, also die Charakterisierung auf den Dimensionen Kasus, Numerus, vielleicht auch Genus und Person und die damit zusammenhängende Kongruenz von Subjekt und Finitum. Zudem überlappen sich die Stellungsmöglichkeiten von Satz und NP nur mit Bezug auf das Vorfeld.

Eine Zurückführung auf den Standardfall des NP-Subjekts liefert die Paraphrasierung des satzförmigen Ausdrucks durch einen Attributsatz, der an einen relativ inhaltsarmen Bezugsausdruck gebunden wird.

(41) Mich hat die Frage, ob man zu Sandalen Socken tragen darf, noch nie sehr interessiert.

Allerdings sind geeignete Bezugsausdrücke zum Teil sehr umständlich, manchmal zu spezifisch oder auch gar nicht zu finden.

(42) a. Die ??Frage/Antwort auf die Frage/?Information/*das, warum Schüberl die Zahlungen eingestellt hat, scheint den Behörden völlig klar zu sein.
 b. Die ?Vermutung/?Annahme/?Behauptung/??Das, dass er sich zu lang Zeit gelassen hat, trifft zu.
 c. *Die Bemühung/Absicht/Handlung/Das, den Rasen zu betreten, ist verboten.

Die inhaltliche Charakteristik von Subjektsätzen im Zusammenhang mit den einbettenden Konstruktionen ist zu vielfältig, als dass man eine Art Standardbezugselement finden könnte. Daher liegt es auch nicht nahe, sie durch die Postulierung eines mitverstandenen, aber nicht realisierten Kopfes in die Schar der unproblematischen NP-Subjekte einzugliedern – wie es bei den Freien Relativsätzen möglich ist.

NPn sind in den vier oben genannten morphologischen Kategorien markiert, die u.a. für die Regeln der satzbezogenen und satzübergreifenden Kongruenz eine Rolle spielen. Die Frage ist, wie sich die entsprechenden Markierungen bzw. Regelanwendungen bei satzförmigen Ausdrücken zeigen.

4.1 Subjektsätze und die NP-Merkmale Person und Genus

Die satzübergreifende Wiederaufnahme zeigt, dass – wie bei Propositionsbezug zu erwarten – die ‚besprochene' 3.Person sowie das *Genus Neutrum* als sozusagen inhärente Charakteristika (auch außerhalb der NP-Realisierung) auftreten (man könnte sie auch als Default-Werte hinbasteln, die in diesem Fall nicht überschrieben werden).

(43) Dass Goethe schon wieder betrunken war, ärgerte Schiller. Und Herder hat es/das/*der/*die auch nicht erfreut.

4.2 Subjektsätze und das NP-Merkmal Numerus

Wie sieht es bei den ‚beweglichen' morphologischen Kategorien von NPn, also Numerus und Kasus, aus? Ganz offensichtlich lassen sich satzförmige Strukturen im Deutschen nicht nach Numerus und Kasus unterscheiden. Allerdings gibt es zumindest beim *Numerus* die Möglichkeit, durch koordinative Verknüpfung eine Konstruktion herzustellen, die aufgrund ihres semantischen Mehrfachbezugs auch syntaktisch als pluralisch gewertet werden kann und sich bei Nah- wie Fernkongruenz dementsprechend verhält.

(44) Goethe und Schiller fuhren/*fuhr nach Jena. Sie hatten/*Er hatte einen Koch dabei.

Reis (1982) weist nun darauf hin, dass sich koordinierte satzförmige Subjekte in der Nahkongruenz nicht so verhalten, sondern zu einer Anwendung der Defaultregel mit Singularmarkierung des Finitums führen (woraus sie schließt, dass die Regel auf den Begriff Nominativ, nicht aber den Begriff Subjekt Bezug nimmt).

(45) Dass Anna sportlich ist und dass sie immer nur im Haus hockt, passt/*passen doch nicht zusammen!

Allerdings zeigt sich bei einer Ausweitung des Blicks, dass sich derartig koordinierte satzförmige Ausdrücke ganz generell in vielen Zusammenhängen entgegen der Erwartung als weiterhin singularischer Komplex erweisen. So erfolgt der pronominale Bezug ausschließlich singularisch.

(46) a. Anna glaubt, dass Skifahren gesund ist und dass Wintersport umweltverträglich sein kann. Anni glaubt das/*die nicht.
b. Dass Skifahren gesund ist und dass Wintersport umweltverträglich sein kann, das/*die glaubt Anni nicht.

c. Die Tatsache/??Tatsachen, dass Skifahren gesund ist und dass Wintersport umweltverträglich sein kann, findet Anni erstaunlich.
   d. Diese (beiden)/??Die/Die beiden Tatsachen, dass nämlich ...

Anders als erwartet lässt sich auch bei der Umwandlung in einen Attributsatz nicht ohne weiteres ein pluralischer Bezugsausdruck verwenden (vgl. 46c,d).

(47) a. Die Frage/??Fragen, ob er ein Findelkind ist und ob er in die Welt hinaus soll, hat sich Parzival bisher nie gestellt.
   b. Diese beiden Fragen, (nämlich) ob ...
   c. Ob er ein Findelkind ist und ob er in die Welt hinaus soll, diese Fragen hat sich Parzival bisher nie gestellt.

Offenbar gelten Propositionen für die hier relevanten Regeln, die im Wesentlichen mit Pronominalisierung/phorischem Bezug zu tun haben (und die Finitumskongruenz lässt sich ja durchaus hier einordnen), als nicht notwendigerweise individualisiert (allgemein zu Anaphern Consten/Schwarz-Friesel (2007)). Eine Individualisierung wird erst möglich, wenn sie erstens durch sortale Ausdrücke und beschreibende Differenzierungen erfasst werden und zweitens die entsprechenden Ausdrücke als bereits aktiviert gelten (ohne dass sie deswegen pronominal ersetzt werden), vgl. (47b, c).

Aufschlussreich ist hier auch das Verhalten der Ausdrücke *beid-* und *all- N*. Bei Propositionsbezug lassen sich die Propositionen zählen, ohne dass sich dies in einer Pluralform niederschlagen würde.

(48) a. Dass Skifahren gesund ist und dass Wintersport umweltverträglich sein kann – beides/*beide findet Anni erstaunlich.
   b. Ob sie morgen kommt, wie lange sie bleibt und wer sie begleitet – alles/*alle drei interessiert/*interessieren mich nicht.

Die Numerusmarkierung des finiten Verbs in (45) lässt sich also nicht eindeutig darauf zurückführen, dass satzförmige Ausdrücke gar nicht berücksichtigt werden können (da sie keine ‚Subjekte' im relevanten Sinn sind) – es sei denn, man erfasst den pronominalen/phorischen Bezug auf satzförmige Ausdrücke im Numerusbereich generell durch die Anwendung einer Defaultregel. Eher könnte man den Defaultcharakter auf der anderen Seite suchen: so wie satzförmige Ausdrücke inhärent als ‚Besprochenes' und Neutrum gelten, so zählen sie auch als singularisch – die Kongruenzregel selbst griffe dann jedoch auf diesen Standardwert zu.

4.3 Subjektsätze und das NP-Merkmal Kasus

Neben der Numerusdimension ist die des *Kasus* in ganz besonderer Weise auf die Kategorie NP im Gegensatz zur Kategorie Satz (bzw. *zu*-Infinitivphrase) bezogen. Für satzförmige Subjekte bedeutet dies, dass die zentrale Nominativcharakteristik bei diesen fehlt. Wenn man, wie etwa Reis (1982), den Begriff Subjekt durch den Begriff nominativisch markierte NP ersetzt, kann es keine satzförmigen Subjekte geben (der Ausweg einer attributiven Analyse mit stummen bzw. unsichtbaren NP-Köpfen wurde oben als nicht sehr attraktiv eingeschätzt). Allerdings müssen dabei auch prädikativ verwendete NPn sowie diverse andere nominativische NPn abgetrennt werden, die insbesondere dadurch gekennzeichnet sind, dass sie in infiniten Strukturen anders als Subjektsnominative erhalten bleiben. Für die Erklärung dieses Verbots von Subjekt-NPn in infiniten Strukturen bzw. des Zusammenhangs von Finitheit und Realisierung eines Subjekts kann man auf Ideen zurückgreifen, die im Umkreis der Generativen Grammatik entwickelt wurden (s. Adger 2007): Einerseits brauchen NPn einen Kasus, um realisiert werden zu können, andererseits sind sie darauf angewiesen, diesen ‚von außen' zu bekommen – etwa durch regierende Ausdrücke (z.B. Verben oder Präpositionen), bestimmte Konstruktionen (etwa durch die Einbettung in eine NP-Konstruktion) oder unter spezifischen Verwendungsbedingungen (z.B. freistehend als ‚Vokative'). Der Nominativ bei Subjekten ist offenbar an die Finitheit der Satzstruktur gekoppelt. Die Idee des dabei zugrundeliegenden Mechanismus läuft auf einen Merkmalsaustausch hinaus: Während das Finitum sich in seinen Person- und Numerusmerkmalen an diejenigen des Subjekts anpasst, werden gleichzeitig die Nominativmerkmale frei, die überhaupt erst das Auftreten einer Subjekts-NP ermöglichen. Fehlen einer Subjektsgröße und Nicht-Finitheit des obersten Verbs im Prädikatskomplex (insbesondere das Fehlen einer Person- und Numerusmarkierung) sind nach dieser Vorstellung miteinander verknüpft. Die Nominativmarkierung zeigt sich an der Subjekts-NP, die weder über die Rektion durch das spezifische Prädikat noch die Konstruktion einen Kasus erhält. Steht keine solche Größe zur Verfügung, so hat man es mit einer finiten, aber subjektlosen Konstruktion zu tun, die die Defaultmarkierung des Finitums mit der 3. Person Singular nach sich zieht. Fehlende Subjekte sind also im finiten Fall an das Fehlen eines geeigneten Nominativträgers geknüpft, im infiniten steht dagegen die Nominativmarkierung gar nicht erst zur Verfügung (wie immer wieder beobachtet wurde, vertragen sich diese beiden Konstellationen der Subjektlosigkeit nicht miteinander, so dass infinite Konstruktionen nur zulässig sind, wenn ein potenzieller Träger von Nominativmerkmalen aufgrund der Argumentstellenvorgaben des jeweiligen Prädikats vorhanden ist, dem durch die fehlende Nominativmarkierung gewissermaßen aktiv die Möglichkeit zur Realisierung vorenthalten wird).

Wie hängen diese Charakteristika der Markierung mit dem Nominativkasus in finiten Strukturen und die fehlende Markierbarkeit von satzförmigen Ausdrücken mit Subjektsfunktion zusammen? Nach den geschilderten Überlegungen ergibt sich bei einer solchen Konstellation dasselbe Resultat wie bei subjektlosen Konstruktionen – die eigentlich vorhandenen Nominativmerkmale suchen sozusagen vergeblich nach einer Realisierungsmöglichkeit. Genau dies ist nach Reis (1982) der Fall, daher die Gleichsetzung in Bezug auf Defaultregeln von Fällen mit ‚tiefer' Subjektlosigkeit, d. h. ohne Argumentstellenfüller, die sich als Nominativträger anbieten, und ‚flacher' Subjektlosigkeit, d. h. mit Argumentstellenfüllern, die sich aber aufgrund der Realisierungsform Satz nicht als Nominativträger eignen.

4.4 Platzhalterkonstruktionen

Einen Unterschied gibt es aber sehr wohl. Da beim Wechsel der Realisierungsform zur NP die Nominativmerkmale auch tatsächlich vergeben werden können, eröffnet sich die Möglichkeit, beides gleichzeitig zu verwirklichen – einerseits die entsprechende Subjektsargumentstelle mit einem satzförmigen Ausdruck zu füllen, andererseits das Nominativmerkmal sozusagen pro forma an dem schwächsten möglichen Träger zu realisieren, dem inhaltlich wie lautlich diese Vorgaben erfüllenden Personalpronomen *es* (dem außerdem die restlichen Merkmale 3. Person, Neutrum und Singular inhärent sind). Dies geschieht im Fall der *Platzhalterkonstruktion*, die dadurch gekennzeichnet ist, dass der satzförmige Ausdruck aufgrund seiner späten Realisierung ganz am Ende des jeweiligen Matrixsatzes (im Nachfeld bzw. in der Extraposition) nur so locker in der Konstruktion verbaut ist, dass es zu dieser scheinbaren Doppelbesetzung der Argumentstelle kommen kann (zu Platzhaltern und sonstigen ‚Korrelaten' Sonnenberg (1992), Zitterbart (2002)).

Die Beziehung von Platzhalter und Subjektsatz (bzw. Argumentsatz allgemein, denn nur bei diesen sind formale Merkmale vorhanden, die an einem zusätzlichen pronominalen Element realisiert werden können) lässt sich mit keiner sonstigen Relation von Proform und Vollform vergleichen, so dass der Gedanke naheliegt, dass die Proform nur als Träger von Nominativmerkmalen auftritt: Die Relation ist erstens nicht gleichzusetzen mit der von Attributsätzen und Bezugsgrößen, bei der jene aufgrund ihres Satzcharakters von ihrem Bezugselement getrennt am rechten Rand der jeweiligen Satzkonstruktion auftreten. Das Personalpronomen *es* ist schon wegen seiner Unbetonbarkeit nicht als Bezugselement geeignet.

(49) a. Im übrigen hat mich die TATsache/*ES geärgert, dass er sich nicht um mich geKÜMmert hat.
b. Mich hat die Tatsache/*es, dass du mir nicht geholfen hast, geärgert.
c. Die Tatsache/*Es, dass du mir nicht geholfen hast, hat mich geärgert.
d. Mich ärgert es, dass du mir nicht geholfen hast.

Anders als bei echten Bezugsgrößen kann auch keine (nicht nur wie in (49d) zufälligerweise auftretende) kontinuierliche Variante zustande kommen, vgl. (49b,c).

Bei der zweiten in Betracht kommenden Interpretation von *es*, der als ‚phorisches' Pronomen, ist es auf die kataphorische Verweisrichtung festgelegt, die anaphorische ist ausgeschlossen.

(49) e. Dass du mir nicht geholfen hast, hat (*es) mich geärgert.

Da jedoch der ‚Verweispartner' ebenfalls auf der Satzebene realisiert zu sein scheint, wenn auch zumindest topologisch aus dem Kernbereich Mittelfeld verlagert, würde man sowieso eher erwarten, dass die Pronominalform ein Reflexivum sein muss. Dies ist nicht nur im Nominativfall aufgrund der fehlenden Reflexivform ausgeschlossen, sondern auch beim Akkusativ. Umgekehrt sollte ein phorisch verwendetes Pronomen für den extraponierten Satz eine Verletzung desjenigen ‚Bindungsprinzips' nach sich ziehen, das semantisch voll spezifizierte Ausdrücke im syntaktischen Wirkungsbereich eines referenzgleichen Ausdrucks verbietet, vgl. Grewendorf (2002: 26ff.). Ersetzung von *es* durch eine ‚stärkere' Pronominalform macht dementsprechend eine Interpretation als Platzhalterkonstruktion sehr viel schwieriger.

(49) f. Mich ärgert (gerade) das/dies, dass du mir nicht geholfen hast.

Am ehesten liegt hier Rechtsversetzung vor, also eine Reparaturstrategie, bei der der *dass*-Satz intonatorisch nicht in die Gesamtstruktur integriert ist (Altmann 1981) – oder aber eine Attributskonstruktion. Der nominativische Platzhalter *es* ist aufgrund seiner Beweglichkeit auch sicherlich nicht mit dem expletiven Vorfeldfüller gleichzusetzen, obwohl er in der Vorfeldposition von diesem kaum zu trennen ist (eine Kombination der beiden ist ausgeschlossen). Schließlich ist der Platzhalter auch vom konstruktionstypischen nicht-kongruierenden *es* in Spaltsätzen zu unterscheiden (die beiden letzten Fälle und die Platzhalterkonstruktion stimmen allerdings darin überein, dass das *es* keine eigene semantische Interpretation einbringt).

(50) Es sind die Bayern/Die Bayern sind es, denen wir die Daumen drücken.

Die Platzhalterkonstruktion ist also offenbar eine sehr spezifische Konstruktion, die dadurch zustandekommt, dass auf der einen Seite ‚freie' Nominativmerkmale vorhanden sind, auf der anderen Seite die eigentliche Argumentstellenfüllung durch einen satzförmigen Ausdruck bei dessen Extraposition so weit aus dem engeren Satzverband herausgenommen ist, dass eine scheinbar doppelte Füllung der Subjektsargumentstelle möglich wird: einmal durch den satzförmigen Ausdruck, zum anderen durch den Platzhalter, wobei es sich dabei allerdings nach den vorherigen Überlegungen nur um die Realisierung der durch den satzförmigen Ausdruck nicht blockierten Nominativmerkmale handelt.

Da Platzhalter nicht zulässig sind, wenn der satzförmige Füller der Subjektsargumentstelle im Vorfeld steht, lässt sich schließen, dass er in diesem Fall enger in seinen Matrixsatz integriert ist. Obwohl er kein potenzieller Träger von Nominativmerkmalen ist, stehen diese auch nicht mehr zur freien Verfügung, um an einem schwachen Pro-Element realisiert zu werden. Eine solche Blockade kann ihrerseits als Argument dafür gewertet werden, dass der satzförmige Ausdruck sehr wohl als Subjekt interpretierbar ist – zwar kann er nicht nominativisch markiert werden, ist aber dennoch offenbar in der Lage, dieses eindeutige Subjektkennzeichen zu ‚absorbieren' (nach Koster (1978) läge hier allerdings immer eine Linksversetzungskonstruktion mit ‚leerem' wiederaufnehmendem Pronomen zugrunde, das seinerseits nominativisch zu interpretieren ist).

In echten subjektlosen Konstruktionen ist dagegen das Nominativmerkmal überhaupt nicht (sofern die Subjektlosigkeit konstruktionell bedingt ist) oder nur sehr eingeschränkt verfügbar (bei entsprechenden lexikalischen Prädikaten, die mehr oder weniger gut an die typische Regularität des Gegenwartsdeutschen angepasst werden können, in aktivischen finiten Konstruktionen ein Subjekt zu setzen). Demzufolge kann ein pro forma Merkmalsträger auch gar nicht oder nur mit eher problematischen Effekten eingeführt werden.

(51) Ihm graut (?es) vor der Prüfung. Ihm ist (??es) zum Kotzen. Dem Manne kann (*es) geholfen werden.

Dass in jedem Fall ein Nominativmerkmal vorhanden ist – auch bei Vorfeldstellung des Subjektsatzes und Fehlen eines Platzhalters als Nominativträger –, lässt sich aus der Zulässigkeit von Konstruktionen erschließen, die normalerweise per Kongruenz eine weitere Nominativ-NP einbinden. Dies sind zum einen bestimmte Vergleichskonstruktionen.

(52) a. Dass du mich zum Geburtstag besuchst, freut mich mehr als jeder Blumenstrauß.
b. Mit den anderen nach Bremen zu ziehen ist besser als der Tod.

Die nominativische Markierung der Vergleichsgröße legt nahe, dass im Satz ein Nominativmerkmal vorhanden ist (und nur nicht am Subjektsatz realisiert werden kann). Eine Defaultmarkierung des Verbs nach Reis (1982), die an das Fehlen eines solchen Merkmals geknüpft sein müsste, bietet sich also nicht an.

Ähnlich verhalten sich zum zweiten sekundäre Prädikate in NP-Form, die ja auch typischerweise dadurch an ihr Prädikationssubjekt gebunden werden, dass sie mit diesem in der Kasusform übereinstimmen (das kennzeichnende *als* ist transparent für den jeweiligen Kongruenzkasus und regiert diesen nicht selbst). Der Nominativkasus scheint auch in diesen Konstruktionen verfügbar, so dass kaum von einer Subjektlosigkeit in Verbindung mit einem defaultmarkierten Finitum auszugehen ist.

(53) a. Dass am späten Abend Goethe erschien, hat als <u>gelungener Coup</u> sogar Schiller überrascht.

b. Dass dort erhöhte Strahlungswerte gemessen wurden, kann als <u>belangloser Einzelfall</u> unberücksichtigt bleiben.

Beide Konstruktionstypen lassen sich (in Bezug auf den Nominativkasus an den eingeschobenen NPn) am einfachsten so erklären, dass eine kasusbedürftige NP, die als Vergleichsbasis bzw. als sekundäres Prädikat fungiert, ihren Kasus per Kongruenz mit der Vergleichsgröße bzw. dem Prädikationssubjekt erhält. In den obigen Beispielen sollte daher der Nominativkasus verfügbar sein, obwohl das Subjekt satzförmig und daher nicht selbst als Träger geeignet ist. (Die beiden Erweiterungskonstruktionen lassen sich allerdings auch in *zu*-Infinitivgruppen einbauen. Vielleicht spielt dabei eine Rolle, dass diese immer Gegenstücke zu subjekthaltigen Strukturen sein müssen, also im Prinzip nominativhaltig sind: Die Realisierung eines Subjekts wäre dann vom oben erwähnten Merkmalstausch abhängig, der allerdings das Nominativmerkmal für diesen speziellen Träger lediglich aktiviert und nicht selbst einführt.)

Die morphologischen Charakteristika von NP-Subjekten sowie die damit zusammenhängende Subjekt-Finitum-Kongruenz lassen sich also bei Subjektsätzen durchaus, wenn auch nicht in der direktesten Form der Markierung nachweisen.

4.5 Die Positionierung von Subjektsätzen

Was hingegen ihre *Positionierungsmöglichkeiten in den Stellungsfeldern* betrifft, überschneiden sich satzförmige Argumente (Subjekt- und Objektsätze) mit den NP-Realisationen derselben Argumentstelle nur zum Teil. Lediglich das Vorfeld eines Deklarativsatzes steht beiden offen.

(54) Ob er über Oberammergau kommt/Das ist nicht gewiss.

Im Mittelfeld andererseits sind satzförmige Ausdrücke, die nicht als Attribute innerhalb einer NP auftreten (oder wie Freie Relativsätze verdeckte NP-Strukturen sind), weitgehend unzulässig bzw. sie stehen nur scheinbar im Mittelfeld – vielmehr müssen sie als parenthetisch eingeschoben interpretiert werden. Dies ist zulässig bei nicht valenzgebundenen Adverbialsätzen, aber nicht bei Subjekt- und Objektsätzen, deren Valenzgebundenheit sich schlecht mit dem Charakter von Parenthesen als Hinzufügungen verträgt; lediglich *zu*-Infinitivstrukturen sind aufgrund ihrer NP-Nähe einbettungsfreundlicher (vgl. Oppenrieder 1991: 295ff.).

(55) a. ??Hat, dass ich gestern nicht kommen konnte, irgendwelche Probleme zur Folge gehabt?
 b. Sind, als ich gestern nicht da war, irgendwelche Probleme aufgetreten?

Andererseits ist die typische Position von satzförmigen Ausdrücken gleich welcher Funktion die im Nachfeld bzw. nach dem Rest des Matrixsatzes – eine Position, die wiederum bei NP-förmigen Subjekten und Objekten nicht präferiert ist (PP-förmige Objekte sind demgegenüber nachfeldverträglich). Nur diese Spätstellung (zu den Kombinationsmöglichkeiten mit anderen nach der Klammer platzierten Ausdrücken s. Oppenrieder (1991: 322ff.)) ist auch mit der Realisierung eines Platzhalters als Träger der Nominativmerkmale verträglich. Diese wird allerdings überformt durch speziellere Regularitäten, die für einzelne Prädikatsgruppen und Realisationsformen der Subjektsätze gelten bzw. rhetorisch-stilistischen Zwecken dienen können.

Ein spezifischer Effekt zeigt sich, wenn extraponierte Sätze als Bezugsbereich von Gradpartikeln auftreten (Oppenrieder 2003: 910): Diese müssen im Mittelfeld verbleiben, so dass die interpretative Beziehung zum Satz (auch bei zufälligem Kontakt) über eine Akzentuierung hergestellt wird, die der bei Bezugselementen gleicht (mit ‚progredient' ansteigender Tonmelodie).

(56) a. Mir ist NUR aufgefallen, dass die Tür nicht abgeschlossen war.
 b. Nur/*NUR dass die Tür nicht abgeschlossen war, ist mir aufgefallen.
 c. Klar ist NUR/*nur, dass die Tür nicht abgeschlossen war.

Die Art des Akzents unterscheidet sich von der bei Nachstellung der Gradpartikel (insbesondere bei *auch*), so dass durch diese jeweils unterschiedliche intonatorische Charakteristik die zwei Versionen des Bezugsbereichs im folgenden Beispiel voneinander geschieden werden können.

(56) d. Mir ist AUCH aufgefallen, dass die Tür nicht abgeschlossen war.

In phrasenstrukturellen Ansätzen lässt sich überlegen, *wo* der extraponierte Satz *adjungiert* ist. Der klassische Test arbeitet mit unzulässigen Bindungen. Da in diesem Fall eine Voll-NP im Subjektsatz nicht mit einem akkusativischen Pronomen des Matrixsatzes koreferent sein darf, wird geschlossen, dass die Adjunktion höchstens auf ‚VP-Höhe' erfolgt sein kann (Reinhart 1983: 48f.).

(57) a. Es ärgerte Max$_i$, dass er$_{i/j}$ schlecht bedient wurde.
 b. Es ärgerte ihn$_{*i/j}$, dass Max$_i$ schlecht bedient wurde.

Ein Problem mit dieser Analyse ist womöglich, dass Subjektsätze im Gegensatz zu Objektsätzen nicht zusammen mit VP-Teilen ins Vorfeld gestellt werden können (wie man es nach der eben angeführten Schlussfolgerung ja erwarten könnte).

(58) a. Darüber/?__ gewundert, dass die Türe nicht verschlossen war, hat sie sich schon.
 b. ??Gewundert, dass die Türe nicht verschlossen war, hat (*es) sie schon.

Auf die Besonderheit der Extraposition eines Subjektsatzes weist auch ein weiterer sehr spezifischer Effekt hin: Matrixsätze (in Deklarativsatzform oder w-Exklamative) mit einem Prädikativum können auf dieses beschränkt werden. Die entsprechenden verb- bzw. kopulalosen Strukturen sind nicht auf eine ellipsenfreundliche Umgebung angewiesen. Es handelt sich um völlig reguläre kopulalose Konstruktionen, die ansonsten im Deutschen nicht auftreten. Allerdings erfordern sie ein satzförmiges Subjekt (Infinitivphrasen scheinen kaum zulässig), das – in Analogie zu den finiten Strukturen – als extraponiert aufgefasst werden kann. Die für eine Interpretation relevanten Größen sind vorhanden: Subjekt und Prädikat(ivum). Das Kopulaverb als Träger der Finitheitsmerkmale kann vermutlich deshalb wegfallen, weil beim Tempus (Präsens) und Modus (Indikativ) die unmarkierten Werte gesetzt sind, ebenso in den Kongruenzkategorien Person und Numerus. Notwendig ist zudem das Fehlen eines Platzhalters (der ansonsten wieder eine übliche Kopulakonstruktion aus NP-förmigem Subjekt und Prädikativum herstellen würde). Dies sieht aus wie ein Fall der auch ansonsten durchaus geläufigen Vorfeldellipse von nominativischen Pronomina; allerdings ist diese Erklärung bei den verkürzten Matrixsätzen von w-Exklamativsätzen, wie in der einen Version von (59a), nicht möglich, so dass wohl eher generell von einem Wegfall informationell schwacher Elemente auszugehen ist.

Die erste Gruppe der zulässigen Prädikate sind solche bewertenden, die auch für sich allein stehen können und daher auf einen kontextuell erschließbaren Sachverhalt als Bewertungsbasis angewiesen sind (daher sind sie präsupponierend).

(59) a. Schön (für ihn)/Wie schön (dass er noch Karten bekommen hat).
b. Beeindruckend (wie schnell er 10 Krapfen verdrücken kann).
c. *Notwendig (dass du kommst).

Allerdings lassen sich nicht alle Fälle über die besonderen Verwendungscharakteristika der Prädikativa erklären (etwa alleinstehende Verwendung mit einer Art nachgeschobener wörtlicher Explizierung des bewerteten Sachverhalts), denn es gibt auch Prädikate, die keine Solo-Variante zulassen (bzw. nur unter eng gefassten ellipsenfreundlichen Bedingungen – z. B. als Antworten auf passende w-Fragen).

(59) d. *Fraglich. vs. Fraglich, ob sich Lemmertsberger weiter engagieren wird.

Dies gilt auch für die zweite Gruppe der Prädikativa in dieser kopulalosen Konstruktion – die vor allem kompariert auftretenden V-2-Prädikate.

(60) a. *Hauptsache. vs. Hauptsache, dir geht es gut.
b. *Am besten. vs. Am besten, du gehst jetzt.

Die Konstruktion scheint also deshalb möglich, weil ein satzförmiges Prädikationssubjekt aus dem Matrixverband ausgegliedert ist und gleichzeitig auf allen verbalen Finitheits-Dimensionen die Werte auf eine Art Standard gesetzt sind und somit kein – ebenfalls unmarkiertes und bedeutungsarmes – Kopulaverb als Träger dieser Werte erforderlich ist.

Steht das satzförmige Subjekt im Vorfeld, muss erwartbarerweise ein Kopulaverb verwendet werden.

(59') Ob sich Lemmertsberger weiter engagieren wird, ist fraglich/*fraglich.

5 Literatur

Adger, D. (2007): Three Domains of Finiteness: A Minimalist perspective. In: Nikolaeva, I. (Hg.), Finiteness: Theoretical and Empirical Foundations. Oxford: Oxford University Press, 23–58.
Altmann, H. (1981): Formen der „Herausstellung" im Deutschen. Tübingen: Niemeyer.
Bech, G. (1955/57): Studien über das deutsche Verbum infinitum. 2 Bände. Kopenhagen.
Consten, M./Schwarz-Friesel, M. (2007): Anapher. In: Hoffmann, L. (Hg.), Handbuch der deutschen Wortarten. Berlin: de Gruyter, 265–292.
Croft, W. (2001): Radical Construction Grammar. Oxford: Oxford University Press.
Dryer, M.S. (1980): The Positional Tendencies of Sentential Noun Phrases in Universal Grammar. In: Canadian Journal of Linguistics 25, 123–195.
Engelberg, S. (2005): Stativity, Supervenience, and Sentential Subjects. In: Maienborn, C./ Wöllstein, A. (Hgg.), Event Arguments: Foundations and Applications. Tübingen: Niemeyer, 45–68.

Fabricius-Hansen, C. (1980): Sogenannte ergänzende *wenn*-Sätze. Ein Beispiel semantisch-syntaktischer Argumentation. In: Dyhr, M./Hyldgaard-Jensen, K./Olsen, J. (Hgg.), Festschrift für Gunnar Bech. Kopenhagener Beiträge zur germanistischen Linguistik. Sonderband 1. Kopenhagen, 160–188.

Fabricius-Hansen, C./Sæbø, K.J. (1983): Über das Chamäleon *wenn* und seine Umwelt. In: Linguistische Berichte 83, 1–35.

Farrell, P. (2005): Grammatical Relations. Oxford: Oxford University Press.

Frank, N. (1998): Präferenzprädikate und abhängige Verbzweitsätze. Arbeitspapiere des Sonderforschungsbereichs 340 „Sprachtheoretische Grundlagen für die Computerlinguistik", Nr., 128, Stuttgart und Tübingen.

Grewendorf, G. (1989): Ergativity in German. Dordrecht: Foris.

Grewendorf, G. (2002): Minimalistische Syntax. Tübingen: Francke.

Hawkins, J.A. (1994): A Performance Theory of Order and Constituency. Cambridge: Cambridge University Press.

Kadmon, N. (2001): Formal Pragmatics. Oxford: Blackwell.

Kamp, H./Reyle, U. (1993): From Discourse to Logic. Dordrecht: Kluwer.

Karttunen, L. (1973): Presuppositions of Compound Sentences. In: Linguistic Inquiry 4, 169–193.

Kiss, T. (1993): Lexical Functional Grammar. In: Jacobs, J./Stechow, A. von/Sternefeld, W./Vennemann, T. (Hgg.), Syntax. Ein internationales Handbuch zeitgenössischer Forschung. Berlin: de Gruyter, 581–601.

Koster, J. (1978): Why Subject Sentences Don't Exist. In: Keyser, S.J. (Hg.), Recent Transformational Studies in European Languages. Cambridge, Mass.: MIT Press, 53–64.

Noonan, M. (2007): Complementation. In: Shopen, T. (Hg.), Language Typology and Syntactic Description. 2nd ed. Vol. II: Complex Constructions. Cambridge: Cambridge University Press, 52–150.

Oppenrieder, W. (1991): Von Subjekten, Sätzen und Subjektsätzen. Tübingen: Niemeyer.

Oppenrieder, W. (1993): Relationale Grammatik. In: Jacobs, J./Stechow, A. von/Sternefeld, W./Vennemann, T. (Hgg.), Syntax. Ein internationales Handbuch zeitgenössischer Forschung. Berlin: de Gruyter, 601–609.

Oppenrieder, W. (2003): Subjekt- und Objektsätze. In: Ágel, V./Eichinger, L.M./Eroms, H.W./Hellwig, P./Heringer, H.J./Lobin, H. (Hgg.), Dependenz und Valenz. 2. Halbband. Berlin: de Gruyter, 900–913.

Paranhos Zitterbart, J. (2002): Zur korrelativen Subordination im Deutschen. Tübingen: Niemeyer.

Pittner, K. (2007): Relativum. In: Hoffmann, L. (Hg.), Handbuch der deutschen Wortarten. Berlin: de Gruyter, 727–757.

Pittner, K. (2008): *Schlecht dran oder gut drauf?* Überlegungen zur Grammatikalisierung und Akzentuierung einer Partikel. In: Deutsche Sprache 36, 74–94.

Primus. B. (1987): Grammatische Hierarchien. Eine Beschreibung und Erklärung von Regularitäten des Deutschen ohne grammatische Relationen. München: Fink.

Primus, B. (1993): Syntactic Relations. In: Jacobs, J./Stechow, A. von/Sternefeld, W./Vennemann, T. (Hgg.), Syntax. Ein internationales Handbuch zeitgenössischer Forschung. Berlin: de Gruyter, 686–705.

Reinhart, T. (1983): Anaphora and Semantic Interpretation. London: Taylor & Francis.

Reis, M. (1982): Zum Subjektbegriff im Deutschen. In: Abraham, W. (Hg.), Satzglieder im Deutschen. Tübingen: Narr, 171–211.

Reis, M. (1997): Zum syntaktischen Status unselbständiger Verbzweit-Sätze. In: Dürscheid, C./ Ramers, K.-H. (Hgg.), Sprache im Fokus. Tübingen: Niemeyer, 121–144.
Reis, M./Wöllstein, A. (2010): Zur Grammatik (vor allem) konditionaler V1-Gefüge im Deutschen. In: Zeitschrift für Sprachwissenschaft 29, 111–179.
Sonnenberg, B. (1992): Korrelate im Deutschen. Beschreibung, Geschichte und Grammatiktheorie. Tübingen: Niemeyer.
Trissler, S. (1988): Pied-Piping-Phänomene bei Relativsätzen im Deutschen. LILOG-Report 63, Tübingen.
Vennemann, T. (1982): Remarks on Grammatical Relations. In: The Linguistic Society of Korea (Hg.), Linguistics in the Morning Calm. Seoul, 233–267.
Wunderlich, D. (1993): Diathesen. In: Jacobs, J./Stechow, A. von/Sternefeld, W./Vennemann, T. (Hgg.), Syntax. Ein internationales Handbuch zeitgenössischer Forschung. Berlin: de Gruyter, 730–747.

Wilhelm Oppenrieder

18 Genitivobjektsätze

1 Einleitung
2 Auftreten, Verbreitung und Markiertheit
3 Typen der Genitivobjektsätze
4 Korrelate
5 Mögliche Entwicklung
6 Literatur

1 Einleitung

Genitivobjektsätze besetzen die Argumentstelle eines Prädikats, das den Genitiv regiert, also die des Genitivobjekts. Sie gelten daher als Komplement- oder Ergänzungssätze, und da sie eine Satzgliedfunktion ausüben, als Gliedsätze.

(1) a. Sie war sich <u>des Fehlers</u> bewusst. (Genitivobjekt)
 b. Sie war sich bewusst, <u>dass sie einen Fehler begangen hatte</u>. (Genitivobjektsatz)

Bevor ich die verschiedenen Satztypen darstelle, in denen Genitivobjektsätze auftreten, will ich kurz auf das Auftreten und die Verbreitung und damit auf die Markiertheit dieses Typs von Komplementsatz eingehen, die natürlich mit der Markiertheit des Genitivobjekts zusammenhängt und eine Besonderheit im Vergleich zu Akkusativobjektsätzen darstellt.

Sodann sollen die verschiedenen Typen der Genitivobjektsätze und ihre Beziehung zum Prädikat des Matrixsatzes dargestellt werden. Schließlich wird die Frage des Korrelats und damit des Status der Genitivobjektsätze diskutiert. Zum Schluss erfolgt ein (spekulativer) Ausblick auf die mögliche Entwicklung der Genitivobjektsätze.

2 Auftreten, Verbreitung und Markiertheit

Genitivobjektsätze sind im Vergleich zu Akkusativobjektsätzen selten, z.T. veraltet, nicht mehr produktiv, folglich markiert. Da vielfach Konstruktionsalternativen bestehen, ist dann, wenn im Matrixsatz kein Korrelat vorhanden ist, nicht klar, ob tatsächlich ein Genitiv- oder aber eine andere Form von Komplementsatz vorliegt: *sie konnten sich (dessen/daran) nicht erinnern, sie besann sich (dessen/darauf), ...*

Schon nominale Genitivobjekte sind im heutigen Deutsch selten, da es nur mehr wenige Verben mit Genitivrektion gibt.[1] Zudem gehören diese meistens einer gehobenen, literarischen oder Fachsprache an (*bedürfen, sich rühmen, sich entsinnen, bezichtigen*), da der Abbau am stärksten in volkstümlichen, konzeptuell mündlichen Texten erfolgte, wogegen schriftlich fixierte, förmliche, insbesondere Rechtstexte den Genitiv bewahrten. Wenn schon eine Konstruktionsalternative besteht wie bei *sich erinnern* + Gen/*an*, so gilt die genitivische als „gehoben" (Deutsches Universalwörterbuch 2001). Schwankungen (s. Duden-Grammatik 2009: 929) sind heute nicht selten, mit dem Akkusativ (*bedürfen, entbehren*), dem Dativ (*gedenken, sich des Themas/dem Thema annehmen*) und Präpositionen (*sich schämen für, sich erinnern an, besinnen auf*).

Genitivobjektsätze sind nun noch seltener als nominale Genitivobjekte, da nur ein Teil der ohnehin seltenen Verben mit Genitiv-Rektion sentiale Objekte zulässt, sie sind also noch stärker als jene als Relikte der Sprachgeschichte anzusehen. Adjektiv+Kopula-Verbindungen *sich bewusst, sicher sein* werden dagegen in schriftlichen, v. a. Zeitungstexten noch durchaus gebraucht.

Auch sind die verschiedenen Typen der Genitivobjektsätze (s. Abschnitt 3: finite Nebensätze, Infinitivkonstruktionen, Verbzweitsätze) in unterschiedlicher Weise akzeptabel, einige Prädikate lassen alle Typen zu, andere nur eine Auswahl:

(2) Man bezichtigte ihn des Diebstahls / das Geld gestohlen zu haben / dass er das Geld gestohlen hatte / er habe das Geld gestohlen.
Er entsann sich des Vorfalls / sie gesehen zu haben / dass er sie gesehen hatte / ?er habe sie gesehen.
Er war einer solchen Tat fähig / fähig, eine solche Tat zu begehen / *fähig, dass er die Tat begeht / *fähig, er würde die Tat begehen
Der Autor ist des Preises würdig / würdig, den Preis zu bekommen / würdig, ?dass er den Preis bekommt / *würdig, er bekommt den Preis.

Wie die Beispiele zeigen, sind infinite Konstruktionen als Genitivobjektsätze eher akzeptabel als finite Nebensätze und diese wiederum eher als Verbzweitsätze. Aufgrund ihrer höheren Nominalität stehen die ersteren nominalen Komplementen näher. Am anderen Ende des Pols stehen Verbzweit-Sätze, die den geringsten Grad an Nominalität aufweisen – tatsächlich sind sie nur selten akzeptabel.

---

1 Nach Lenz (1996: 48) gibt es heute noch 56 „genitivfähige" Verben, die ein Genitivobjekt nehmen können, aber nicht müssen, gegenüber 260 im Mhd. und über 1000 im Ahd., s. Fleischer (2011: 89).

Auch in den Grammatiken spielen Genitivobjektsätze nur eine marginale Rolle. Nach ZHS (1997: 1462) treten propositionsfundierte Objektsätze im Genitiv nur bei einigen wenigen Verben auf (*gewahr werden, sich erinnern, sich entsinnen, sich besinnen*), für die sich Belege „überwiegend im literarischen Sprachstil" und „fast ausschließlich mit Korrelat" finden lassen, mit Verben zudem, bei denen eine präpositionale Konstruktion überwiege. Diese Einschätzung wird hinsichtlich des Einsatzes von *dessen* als Korrelat durch Zeitungskorpora und Internet nicht bestätigt, s. die Belege in (5).²

Hentschel/Weydt (2003: 371) meinen gar, Genitivobjekte könnten „normalerweise" nur nominal realisiert werden. Zieht man jedoch größere Korpora wie das DWDS und das Internet heran, so ergeben sich durchaus Belege, s. unten in Abschnitt 3, vor allem aus Zeitungstexten, von denen die meisten jedoch ohne Korrelat auftreten. Bei diesen Zeitungsbelegen ist dann allerdings nicht eindeutig, ob es sich wirklich um Genitivobjektsätze handelt: Beispiele mit *besinnen* können ebenso gut um das Korrelat *darauf* wie um *dessen* erweitert werden, die Objektsätze von noch relativ häufig gebrauchten Prädikatsausdrücken wie *(sich) sicher sein, sich vergewissern* werden von Informanten auch mit *was* statt *wessen* erfragt. Sie stellen für diese Sprecher demnach direkte Objekte dar. Der Vorschlag von Hentschel/Weydt (2003: 372), für solche Verben eine doppelte Rektion anzunehmen und nur die nominalen Objekte als Genitiv-, die sentenzialen aber als Akkusativobjekte zu betrachten, könnte sich für die mentale Grammatik zukünftiger Sprecher als richtig erweisen, s. Abschnitt 5.

Als Relikte der Sprachgeschichte werden (nominale) Genitivobjekte abgebaut, sterben aus oder werden durch andere Konstruktionen oder sogar andere Verben ersetzt (*sich bedienen > benutzen, bedürfen/ermangeln > brauchen, entbehren > vermissen*). Teilweise alternieren sie derzeit mit Akkusativobjekten (*genießen, bedürfen*) und vor allem mit Präpositionalkonstruktionen, s.o. Dieser Sprachwandel erfasst die Genitivobjektsätze in mindestens ebenso starker Weise wie die nominalen Genitivobjekte. Bei den ersteren tritt erschwerend, den

---

2 Im Zeitungskorpus des DWDS (Digitales Wörterbuch der deutschen Sprache) finden sich z.B. (Januar 2012) für *sich vergewissern* 210 Belege (75 BZ, 7 PNN, 77 Tagesspiegel, 51 Zeit (online)), darunter keiner mit *dessen*.
Für *sich besinnen* finden sich 20 Belege, davon 18 mit dem Korrelat *darauf*, keiner mit *dessen*.
Für *sich erinnern* gibt es (in BZ und Tagesspiegel) 34 Belege, davon 19 mit *daran*, 15 ohne Korrelat.
Für *sicher sein, dass* gibt es 2 Belege mit dem Korrelat *dessen* in Zeit (online), keinen einzigen in den anderen Zeitungen, und 2 weitere im Kernkorpus. Dagegen stehen aber Hunderte von Belegen für *sicher sein, dass* ohne Korrelat. Ich habe die ersten 100 von 451 aus der BZ ausgewertet: 63 belegen das Prädikat *sicher sein, dass*, 12 *sich sicher sein, dass*, die weiteren 25 sind hier irrelevant, belegen die Konstruktion *es ist sicher, dass*. Das Kernkorpus enthält 16 Belege ohne *dessen*.

Sprachwandel jedoch erleichternd, hinzu, dass sie – ohne Korrelat – keine Kasusmarkierung aufweisen, sodass die Sprecher den Konstruktionswandel ohne formale Änderung vollziehen können:

(3) Er besann sich, ob er ihnen helfen sollte. (?wessen/?worauf/?was besann er sich?)

Der Abbau des Genitivs als Objektskasus begann schon im Spätahd. und wurde ausgelöst durch den lautlichen Zusammenfall der Pronomina *ez* (Nom/Akk) und *es* (Gen) zur „Indifferenzform" (Ebert 1978: 51), die zum unmarkierten Fall, dem Akkusativ umgedeutet wurde,[3] bei unpersönlichen Verben auch zum Nominativ: *mich reut des Fehlers > der Fehler*.

Nach Ebert (1978: 51) spielten Genitivobjektsätze für den Übergang von Genitiv- zu Akkusativrektion eine Rolle: Da sie keine Kasusmerkmale trugen, beförderten sie diesen Rektionswechsel hin zum unmarkierten Typus.

Genitivobjekt(sätz)e können im Ahd. kausale Bedeutung gehabt haben (Ebert 1978: 27), was ihr Auftreten bei Verben der Gemütsbewegung (ahd. *freuuen, scamen, sorgen*) und Verben des (An)Klagens, Lobens und Dankens erklärt. Sie bezeichne(te)n also den Stimulus, die Emotionsursache bei psychischen, den Bewusstseinsinhalt bei kognitiven Verben. Die Causa i.S. von Vergehen bezeichnen sie auch bei den dreistelligen „juristischen" Verben (*anklagen, beschuldigen, bezichtigen, verdächtigen*), die heute auch mit Präpitional-Objekten bzw. einer adverbialen Angabe mit *wegen* konstruiert werden.

In semantischer Hinsicht handelt es sich bei den zweistelligen Prädikaten, die Genitivobjektsätze zulassen, um dieselbe Gruppe von Verben, die auch Akkusativobjektsätze zulassen: es sind Prädikate, die Relationen zwischen Personen und Sachverhalten charakterisieren (ZHS 1997: 1461f), darunter die verba dicendi und sentiendi, kognitive und psychische Verben. Zu ersteren gehören auch die „juristischen" Verben. Ausgeschlossen sind sententiale Genitivobjekte bei den privativen Verben (*entbehren, bedürfen, ermangeln, jmdn. berauben, sich entledigen, sich enthalten*).

Es ist bezeichnend für die Marginalität der Genitivobjektsätze, dass Oppenrieder (2006: 912) unter den Komplementsätze regierenden Verben keine mit Genitiv-Rektion aufführt. Jedoch kommen diese vereinzelt in zwei seiner vorge-

---

[3] Bei zweistelligen Verben mit Gen/Akk-Alternation des Objekts lässt sich der Abbau auch semantisch erklären, s. Fleischer (2011: 92ff): Das Objekt konnte partitiv oder holistisch (*des Wassers* (= *von dem Wasser, Wasser*) versus *das Wasser trinken*), die Handlung demzufolge als unabgeschlossen/ durativ versus terminativ interpretiert werden. Mit dem Verlust der Aspektkategorie im Früh-Nhd. verlor das Genitivobjekt seine Funktion.

schlagenen Gruppen vor:[4] in Gruppe 3a, Verben mit EXP-Subjekt und Reflexivpronomen im Akkusativ: *sich freuen +Gen/über, sich schämen+Gen/für*; und Gruppe 5, bei denen der Nebensatz das Objekt von Einstellungen kodiert, den kognitiven Verben also (*wissen*). Gerade hier finden sich relativ viele Genitiv-Verben: *sich be-, entsinnen, erinnern, sich/jmdn. versichern, sich sicher/bewusst sein* ...

Generell kodieren Genitivobjekte also die semantische Rolle THEME, Sachen und Ursachen, die auch als Sachverhalte konzipiert und versprachlicht werden können.

Unter den Prädikaten mit Genitivrektion finden sich auffallend viele reflexive Adjektiv+Kopula-Verbindungen und Verben: *sich sicher, gewiss, bewusst, eingedenk sein, sich schämen, entsinnen, besinnen, erinnern, vergewissern* ... Dieser formalen Besonderheit verdanken sie, dass sie noch nicht an das unmarkierte Muster mit Akkusativrektion angepasst wurden. Das Reflexivpronomen, das die fehlende Agenshaftigkeit des Subjektsreferenten anzeigt, ist ein stabilisierender Faktor für Verben und Kopulakonstruktionen mit Genitiv-Rektion. Denn das Reflexivpronomen, obwohl z.T. Dativ: *ich bin mir sicher, bewusst*, meist aber Akkusativ: *ich schäme, besinne mich*, oder morphologisch ambig: *sich, uns, euch*, blockiert einen Übergang Gen.>Akk., weil dann ein doppelter Akkusativ vorläge. Ein Übergang Gen.>Dat. kommt aus semantischen Gründen nicht in Frage.

Das zeigen die dreistelligen Verben deutlich, die schon Früh-Nhd. von Akk.-Gen. zu Dat.-Akk. übergetreten sind: Hier werden beide Objektskasus geändert, um der Semantik des Dativs als Personenkasus zu genügen (Wegener 1985: 183ff): *jmdn. einer Sache versichern, gewähren, gestatten, (ver)zeihen > jmdm. etw. versichern* ... Einfacher und häufiger ist daher der Übergang Genitiv>Präposition unter Beibehaltung des Akkusativs: *jmdn. einer Sache > jmdn. von etw. überzeugen, sich einer Sache > sich an etwas erinnern*.

Während Dativobjekte sich semantisch von Akkusativobjekten unterscheiden, da sie im Wesentlichen auf Personen referieren, gilt dies für Genitivobjekte nicht, was ja schon ihre Ablösung durch Akkusativ- oder Präpositionalkonstruktionen zeigt. Ebenso wenig unterscheiden sich Genitivobjektsätze semantisch von Akkusativ- und Präpositional-Objektsätzen, sie sind aber gegenüber jenen aufgrund ihrer Seltenheit und ihres Auftretens in zumindest schriftlichen Texten stilistisch markiert. Während der Akkusativ den unmarkierten Standardfall des Deutschen für Objekte darstellt – weswegen der Akkusativ ja als der strukturelle Objektskasus gilt –, sind Genitivobjekt(sätz)e eine marginale Erscheinung, ein Relikt der Sprachgeschichte.

---

4 Oppenrieder (2006: 912) meint selbst, es handle sich vielleicht nur um eine Gruppe.

Deshalb wird sich der vorliegende Artikel stark an Artikel 20 in diesem Band zu Akkusativobjektsätzen orientieren (s. dort zu weiteren Literaturhinweisen) und vor allem der Frage nachgehen, inwiefern sich Genitivobjektsätze von jenen unterscheiden.

3 Typen der Genitivobjektsätze

Hinsichtlich des Formbestands unterscheiden sich Genitivobjektsätze von Akkusativobjektsätzen nicht, wie jene treten sie in verschiedenen Satztypen auf, die nach der Art des Einleitungselements unterschieden werden: Subjunktionalsätze (durch *dass* und *ob* eingeleitet), w-Sätze (durch w-Interrogativa eingeleitet), freie Relativsätze (durch w-Relativa eingeleitet), satzwertige *zu*-Infinitivphrasen und Verbzweitsätze. Fraglich ist allerdings, ob es auch hier adverbiell eingeleitete Sätze (durch *wenn* oder *als* eingeleitet) gibt, ja ob diese überhaupt zu den Objektsätzen zu zählen sind.

(4) *dass*-Satz: *Sie ist sich sicher, dass er kommt.*
ob-Satz: *Sie ist sich nicht sicher, ob das zutrifft.*
w-Satz: *Sie konnten sich nicht erinnern, wer der Täter war.*
freier Relativsatz: *Er war sich bewusst, wessen er sich schuldig gemacht hatte*
satzwertige *zu*-Infinitivphrase: *Sie rühmten sich, ihnen geholfen zu haben.*
abhängiger Verbzweitsatz: *Sie war sich sicher, sie hätten gesiegt.*
adverbiell eingeleiteter Satz: *Sie schämt sich, wenn sie stottert.*

Hinsichtlich des Formbestands unterscheiden sich Genitivobjektsätze von Akkusativobjektsätzen also nicht. Die Satztypen im Einzelnen:

(5) *dass*-Satz:
  a. Man vergewissert sich, dass der Empfänger am Boden eingeschaltet ist und steckt nun das blaue Audiokabel in die Lemobuchse. [www.zeigermann-schmahl.de/.../Z-S_Bedienungshinweise_Audio2020_UH]
  b. Und man habe sich vorher vergewissert, dass es „eine knappe Mehrheit" für die Vorlage gibt. [DWDS-Korpus: PNN 17. 3. 2004]
  c. Seid ihr euch sicher, dass ihr ihn wegen des Richtigen anklagt? [DWDS: ZEIT 13. 7. 2009]
  d. Der Präsident besann sich, dass die Frau wohl einen Dachschaden haben musste [www.funlinks24.de/lustige_texte/texte/alte_dame.php]

ob-Satz:
  e. Er sei nicht sicher, ob tatsächlich eine Einigung erzielt werden könne. [DWDS: ZEIT 6. 7. 2009]

f. Emmrich ist sich nicht mehr sicher, <u>ob es Glück ist oder Pech</u>, [DWDS: ZEIT 6. 7. 2009]
g. Er besann sich, <u>ob er ihnen denn nicht auf irgendeine Weise helfen könnte</u>, [www.reetz-company.de/.../die-stadt-auf-dem-meeresgrunde]

w-Satz:
h. Man besann sich, <u>wer der Verfasser davon sein könnte,</u> [www.bela1996.de/literature/goethe-wmts5.html]

freier Relativsatz:
i. Er war sich sehr wohl bewusst, <u>wessen er sich schuldig gemacht hatte</u>.

satzwertige *zu*-Infinitivphrase:
j. Alle waren sich sicher, <u>ihn gesehen zu haben</u>.

abhängiger Verbzweitsatz:
k. Sie war sich sicher, <u>sie hatte ihn gesehen</u>.

adverbiell eingeleiteter Satz:
l. Sie schämt sich, <u>wenn sie stottert</u>.

Wie in Abschnitt 2 gezeigt, können keineswegs alle Satztypen bei jedem den Genitiv regierenden Verb auftreten. Wie für die Akkusativobjektsätze gilt auch hier, dass es vom regierenden Prädikat im übergeordneten Satz abhängt, ob anstelle eines nominalen Objekts ein Satz auftreten und in welchen Realisierungsformen dieser Satz erscheinen kann, d.h. die möglichen Satztypen werden vom Matrixprädikat selegiert. Dafür sind im Wesentlichen semantische Eigenschaften des Matrixprädikats verantwortlich. Dieses legt fest, ob im Objektsatz offene oder geschlossene Sachverhaltsrepräsentationen (Oppenrieder 2006: 903) eingebettet werden können, wobei außer dem Prädikat selbst noch andere Faktoren wie Negationsausdrücke eine Rolle spielen.

3.1 Subjunktionalsätze

Dass und *ob* sind Subjunktionen, die Nebensätze einleiten und Verbendstellung auslösen. Sie sind im Gegensatz zu satzeinleitenden Interrogativa und Relativa reine Satzeinleiter, die keine Satzgliedfunktion im Nebensatz ausüben.

(6) Merkel ist sich auch bewusst, dass der EU-Gipfel Mitte Dezember, ..., eine Feuerprobe für sie wird. [DWDS: BZ 24. 11. 2005]
und er besann sich, ob er nicht wieder hinaufklimmen ... sollte [www.nikolaus-weihnachten.de/...]

Obwohl *dass* und *ob* im Gegensatz zu adverbiellen Subjunktionen wie *weil, wenn, obwohl* etc. relativ bedeutungsarm, nach Oppenrieder (2006: 902) „absolute" Einleiter sind, sind sie doch nicht semantisch leer. *Dass* ist die semantisch neutralste Subjunktion, sie setzt die Proposition als faktisch an. *Dass*-Sätze können somit als abhängige Aussagesätze gelten. *Ob* dagegen lässt den Wahrheitswert der eingebetteten Proposition offen. *Ob*-Sätze entsprechen damit in ihrem propositionalen Gehalt Entscheidungsfragesätzen, in denen das Zutreffen der Proposition offen ist. Oppenrieder (2006) erfasst den Unterschied zwischen *dass* und *ob*-Sätzen mit dem Merkmal [± geschlossen]. *Ob*-Sätze werden wegen des offenen Wahrheitswertes auch als indirekte bzw. abhängige Fragesätze bezeichnet. Das gilt auch für mit einem w-Wort eingeleitete Sätze, die hinsichtlich eines Parameters offen sind und damit Ergänzungsfragesätzen entsprechen, s. Abschnitt 3.2.

Ob-Sätze stehen zwischen *dass*- und w-Sätzen bzw. gehören zu beiden Typen. Wie *dass*-Sätze sind sie Subjunktionalsätze, wegen ihres offenen Wahrheitswertes gehören sie aber zusammen mit den w-Sätzen zu den abhängigen Fragesätzen.

Wie bei den Akkusativ-Verben lassen auch unter denen mit Genitiv-Rektion bestimmte Verben (einschließlich der Adjektiv+Kopula-Verbindungen) einen abhängigen Fragesatz nur dann zu, wenn sie negiert sind oder in einem Frage- oder Aufforderungssatz auftreten. Der Sprecher wählt einen *ob*-Satz, statt die Proposition mit *dass* als geschlossen zu markieren, wenn der potentielle Träger der propositionalen Einstellung (meist der Subjektsreferent) den Wahrheitswert des eingebetteten Satzes nicht kennt.

(7) Er war sich sicher, dass sie dabei war /*ob sie dabei war
    Er war sich nicht sicher, ob sie dabei war.
    Mir ist nicht bewusst ob das gut ist, aber ich machs einfach
    [www.sieoderkeine.de.tl/G.ae.stebuch.htm];
    Vergewissere dich, ob sie mitkommt.

Verben, die nur im Kontext negativer Polarität *ob*-Sätze zulassen, sind faktive Prädikate, deren satzförmige Komplemente vom Sprecher als wahr vorausgesetzt werden, oder sie haben zumindest eine faktive Lesart (Eisenberg 1999: 312). In diesem Fall wird der Nebensatz, dessen Proposition [+geschlossen] ist, mit *dass* angeschlossen.[5] Ist der Wahrheitswert des eingebetteten Satzes für den Träger der propositionalen Einstellung jedoch offen, so wird dies durch *ob* oder ein w-Wort angezeigt. Nach Pittner (Artikel 20 in diesem Band) und Öhl (2007: 413f.)

---

5 Eine Rolle für die Lesart als [± faktiv].spielt außerdem der Modus des Verbs im Komplementsatz, s. Eisenberg (1999: 117).

ist „*ob* nicht primär ein Marker von eingebetteten Interrogativsätzen, sondern als lexikalische Repräsentation eines ‚nonveridikalen Operators' aufzufassen, der die Zuweisung eines Wahrheitswerts an den eingebetteten Satz verhindert."

Den zahlreichen hier betroffenen Akkusativ-Verben (s. Aufsatz 20 in diesem Band) wie *erwähnen, erraten, sagen, sehen, verstehen, wissen* ... stehen bei denen mit Genitiv-Rektion die folgenden gegenüber: (*sich*) *sicher sein, sich erinnern, sich entsinnen, sich besinnen, sich vergewissern* ...

Auch für die Genitiv-regierenden Verben gilt aber, dass im Falle von nonveridikalen Operatoren mit Skopus über das faktive epistemische Prädikat nichtwahrheitsbewertete Sätze optional auftreten, dass also auch ein *dass*-Satz möglich ist. In diesem Fall wird nicht der Nebensatz zur offenen Proposition, sondern der Negationsausdruck verneint den Matrixsatz.

(8) a. Er erinnerte sich nicht, ob/dass schon alle da waren.
b. Er war sich nicht bewusst, ob/dass sein Vater dabei war.
c. *Julia entsann sich, ob der Barkeeper mit der Lösung zufrieden war.
d. Sie entsann sich nicht, ob sie wirklich zur Verräterin an ARCHE. TIMS Sache geworden war. [aq1kxq.bay.livefilestore.com/.../2449_-_Die%20 Finale%20 Schlacht.pdf?...]

Auch unter den Genitiv-regierenden Verben gibt es solche wie *erkennen* + Akkusativ, s. Artikel 20 in diesem Band, die *ob*-Sätze nur im Kontext negativer Polarität, aber w-Sätze auch in polaritätsneutralen Kontexten zulassen (vgl. die Beispiele (8c) und (8d)).

Im Internet findet sich allerdings auch ein Beleg, in dem *erinnern*, ein faktives Verb, ohne Negationsausdruck einen *ob*-Satz regiert:

(9) ich erinnerte mich, ob sie mir ein guter Gefährte gewesen waren, oder ob sie mich ... [annaschroeder.s-hosting.de/thread.php?postid=103912].

Dies – unter anderem – deutet darauf hin, dass die heutigen Sprecher des Deutschen sich über (!) die Konstruktionsmöglichkeiten der Verben mit Genitiv-Rektion unsicher sind. Dieser Satz wirft wie viele Korpusbelege die Frage auf, inwieweit man sich bei der Beschreibung deutscher Satzstrukturen und ihrer Diskussion auf Belege stützen darf oder soll, deren Grammatikalität zweifelhaft ist, und was diese, wenn man sie einbezieht, für die Entwicklung des Deutschen bedeuten. Diese Frage stellt sich gerade für das hier diskutierte Phänomen der Genitivobjektsätze, die nach der Belegsituation in aktuellen Korpora ein Auslaufmodell der deutschen Syntax darzustellen scheinen, s. hierzu Abschnitt 5.

3.2 W-Sätze

W-Sätze werden durch w-Fragewörter (Interrogativa) eingeleitet, die entweder deklinierbar und somit Pronomina (z.B. *wer, was*) oder unflektierbar und somit Adverbien sind (z.B. *wann, wie, wo, warum, wozu* etc.). Im Gegensatz zu den Subjunktionen füllen w-Wörter neben ihrer satzeinleitenden Funktion die Stelle eines Satzglieds oder Attributs im Nebensatz aus. Deshalb entsprechen *w*-Sätze mit der durch das w-Wort markierten Leerstelle Ergänzungsfragen, während *ob*-Sätze mit ihrem offenen Wahrheitswert Entscheidungsfragen entsprechen.

(10) a. Er vergewisserte sich, wessen er sich schuldig gemacht hatte.
(*wessen* = Objekt des Nebensatzes).
b. Sie waren sich nicht sicher, wessen Rechte sie verletzt hatten.
(*wessen* = Genitivattribut zu *Rechte*)
c. Es war sich nicht sicher, wer was gesagt hatte
(*wer* = Subjekt, *was* = Objekt des Nebensatzes).
d. Sie entsann sich, wer sie wirklich war.
[forscherliga.wikia.com/wiki/Solveig]

Indirekte Fragesätze bezeichnen wie Fragen Propositionen, deren Wahrheitsgehalt offen ist. Nach Pittner (Artikel 20 in diesem Band) und Wunderlich (1976) stehen die regierenden Prädikate in einer mehr oder weniger direkten Beziehung zu Fragesituationen, d.h. Situationen, in denen sich Unklarheiten ergeben oder mehrere Möglichkeiten bestehen. Der Sprecher befindet sich in einem Zustand der Unsicherheit und des Nichtwissens. Verben, die solche Zustände beschreiben, lassen indirekte Fragesätze als Komplemente zu. Ich will versuchen, die von Wunderlich aufgeführten Verben mit Akkusativ-Rektion durch solche mit Genitiv-Rektion zu ersetzen. Die regierenden Verben im Matrixsatz bezeichnen nach Wunderlich (a) Frageäußerungen und Fragehandlungen (z.B. *fragen – sich vergewissern*), (b) Zustände des Nicht-Wissens (z.B. *nicht wissen – sich nicht sicher sein, sich nicht erinnern*), (c) Zustände des Wissens (z.B. *wissen – sich erinnern, sich sicher sein, sich bewusst sein*), (d) kognitive Prozesse (z.B. *überlegen, nachdenken – sich entsinnen, sich besinnen*). Für (e) Antwortäußerungen und Lösungen einer Frage (z.B. *antworten*) und (f) Indifferenzen (z.B. *es egal finden*) scheint es keine Genitiv regierenden Verben zu geben, jedoch müssen zwei- und dreistellige Verben des Sagens im weiteren Sinne einerseits (*versichern, beschuldigen, bezichtigen, verdächtigen, rühmen*) und psychische Verben andererseits (*sich schämen, sich freuen*) ergänzt werden.

Auch für die Prädikate mit Genitiv-Rektion gilt, dass sie im allgemeinen entweder sowohl *ob*- als auch *w*-Sätze als Ergänzung zulassen oder beide nicht. Beide Typen von Nebensätzen können, da sie Propositionen enthalten, die vom

Sprecher nicht als wahr vorausgesetzt werden oder die Informationslücken hinsichtlich eines Sachverhaltsbeteiligten ausdrücken, durch das gemeinsame Merkmal [–geschlossen] charakterisiert werden, so Oppenrieder (2006).

Verben wie *sich besinnen, sich entsinnen, sich vergewissern* ... gehören zur ersten Gruppe, die psychischen Verben *sich schämen, sich freuen* zur zweiten, da sie den im Nebensatz genannten Sachverhalt präsupponieren und folglich *dass*-Sätze zulassen. Das Verb *sich rühmen* dagegen lässt zwar w-Sätze, aber keine *ob*-Sätze zu:

(11) a. Er rühmt sich, wen er alles kennt / *ob er sie kennt
 b. Frau Bundeskanzler rühmt sich, was sie gegenüber den USA erreicht hat, [www.gti-verbraucherschutzforum.de/index.php?topic]
 c. Sie rühmt sich, was es war, das sie gegenüber den USA erreicht hat.
 d. Sie rühmt sich dessen, was sie gegenüber den USA erreicht hat.

W-Sätze sind genau wie bei den Akkusativobjektsätzen ambig, können als indirekte Fragesätze oder als freie Relativsätze gelesen werden. Beleg (11b) kann entweder um „was es war" oder um „dessen" erweitert werden. Im letzteren Fall wäre es ein Relativsatz, der allerdings gegen die Rektionsgradienz (s. u.) verstieße (vgl. die Beispiele (11b-d)).

3.3 Satzwertige Infinitivkonstruktionen

An der Stelle des Genitivobjekts können Infinitivkonstruktionen mit *zu* auftreten, die satzwertig sind, denn sie können extraponiert im Nachfeld ihres Bezugssatzes auftreten, außerdem kann ein Korrelat auftreten. Sie haben also einen eigenen Verbalkomplex und eine eigene Felderstruktur. Sie sind bei manchen Verben sogar leichter akzeptabel als finite *dass*-Sätze, s. o. Beispiel (2) zu *fähig/würdig sein*.

Wie bei Akkusativobjektsätzen treten bei Infinitivkonstruktionen als Genitivobjekten solche mit Subjektkontrolle und solche mit Objektkontrolle auf, d. h. das fehlende Subjekt des Infinitivs ist identisch mit dem Subjekt oder Objekt des übergeordneten Satzes.

Dabei sind die Genitiv-Verben mit Subjektkontrolle stets zweiwertig, die mit Objektkontrolle dreiwertig:

(12) a. Er rühmt sich, ihn besiegt zu haben. (SK)
 b. Man bezichtigte ihn, das Geld gestohlen zu haben. (OK)

Beim dreistelligen Verb *jmdn. einer Sache versichern* ist eine Infinitivkonstruktion, die Subjektkontrolle aufwiese, allerdings kaum akzeptabel, was wohl an dem schon eingetretenen Konstruktionswandel liegt, denn die Alternativkonstruktion (13b) lässt eine solche zu. Die Syntax von Genitivobjektsätzen ist also durch den geringen Gebrauch derselben eingeschränkt:

(13) a. Er versicherte sie (dessen), *ihr zu vertrauen / ??alles getan zu haben..
b. Er versicherte ihr, ihr zu vertrauen / alles getan zu haben.

Schließlich kann eine Infinitivkonstruktion wohl auch hier als nicht-satzwertige Infinitivphrase auftreten, wenn sie in den Matrixsatz eingeschoben ist und mit dem regierenden Prädikat eine kohärente Konstruktion bildet, die dann nur einen Verbalkomplex und nur eine Felderstruktur aufweist.

(14) Weil sie sich Fußball zu spielen nicht schämt.
Weil er sich den Pabst zu kennen rühmt.

3.4 Abhängige Verbzweitsätze

Bei den Verba dicendi und sentiendi kann wie bei den Akkusativobjektsätzen auch bei den genitivisch regierten anstelle des *dass*-Satzes ein Verbzweitsatz stehen, wie dort handelt es sich um einen Grenzfall von Nebensatz.

(15) Er rühmte sich (*dessen), er habe ihn besiegt.
Er war sich (??dessen) sicher, sie würde mitkommen.

Diese Verbzweitsätze füllen zwar die entsprechende Valenzstelle ihres Matrixprädikats, sind also dessen Objekt, sie sind aber formal selbständig, nicht integriert. Dies zeigt sich daran, dass hier im Allgemeinen kein Korrelat auftritt, das ihre Unterordnung anzeigen würde, und dass sie in ihrer Stellung restringiert sind, nur nachgestellt auftreten, ja im Nach-Nachfeld stehen (Reis 1997). Auch darf das Matrixprädikat hier nicht negiert sein, da es ja gerade eine Argumentstelle für Sätze eröffnet, die selbständige Assertionen darstellen, deren Wahrheit präsupponiert ist. Aufgrund ihrer hybriden Eigenschaften stellen sie Zwitter zwischen Haupt- und Nebensatz dar, die Reis (1997) als „relativ unintegrierte Nebensätze" bezeichnet.

3.5 Freie Relativsätze

Keinen Grenz-, aber einen Ausnahmefall stellen Freie Relativsätze dar, da sie im Gegensatz zu Subjunktionalsätzen nicht auf Sachverhalte, sondern auf Entitäten referieren. Sie sind also „gegenstandsfundiert" (ZHS 1997: 1460). Per definitionem haben sie kein Bezugselement im Matrixsatz.

Der Kasus des Relativpronomens muss entweder die vom Matrixverb für diese Stelle geforderte Kasusform aufweisen (im Fall eines Freien Relativsatzes als Genitivobjekt also einen Genitiv), was bedeutet, dass Matrixverb und Verb des Relativsatzes beide den Genitiv regieren:

(16) Gen > Gen:
    a. Sie war sich sehr wohl bewusst, wessen sie sich schuldig gemacht hatte.
    b. Er bemächtigte sich, wessen er habhaft werden konnte.

Das Relativpronomen kann außerdem eine Kasusform aufweisen, die auf einer Kasushierarchie niedriger anzusiedeln ist, was ZHS (1997) als Rektionsgradienz bezeichnen. Während diese Forderung für Akkusativobjektsätze leicht zu erfüllen ist, bedeutet es, dass für einen Freien Relativsatz als Genitivobjekt nur ein präpositional eingeleiteter Satz infrage kommt:

(17)   Akk > Akk: Sie lädt ein, wen sie will.
       Akk > Dat: Sie bestimmt, wem sie helfen will.
       Akk > Gen: Er nahm, wessen er habhaft werden konnte
       Gen > Akk: *Er war sich bewusst, was er gestohlen hatte.
       Gen > Dat: *Er war sich nicht bewusst, wem er da begegnet war.
       Gen > Präp: Er war sich nicht bewusst, wozu er fähig war.
       ?Gen > Dat: Er erinnerte sich genau, wem er da begegnet war.

Das letzte Beispiel scheint allerdings akzeptabel. Wenn dem so ist, so wird hier entweder gegen die Rektionsgradienz verstoßen, oder aber der Sprecher konstruiert *sich erinnern* wie *wissen* mit einem Akkusativobjektsatz, s. dazu Abschnitt 5.

Wenn Freie Relativsätze durch w-Relativa eingeleitet sind, sind sie formgleich mit w-Interrogativsätzen, s. oben Beispiel (11b-d). Aber nur Freie Relativsätze lassen sich stets in attributive Relativsätze umformen. Pittner (Artikel 20 in diesem Band) führt zur Unterscheidung von beiden Satztypen (für Akkusativobjekte) an, dass nur Freie Relativsätze im Mittelfeld auftreten können und nur zu w-Sätzen ein *es*-Korrelat hinzutreten kann, wogegen Freie Relativsätze durch ein Relativpronomen mit *d*- ergänzt werden. Der Objektsatz bezeichnet in der Lesart als Freier Relativsatz eine Person oder Sache, in der Lesart als w-Interrogativsatz einen Sachverhalt. Den Unterschied verdeutlicht sie durch Setzung entweder eines Korrelats zu dem extraponierten Nebensatz oder des Resumptivums zum linksversetzten Satz:

(18) a. Sie verrät es nicht, wen sie mag.
     a.' Wen sie mag, das verrät sie nicht. (w-Interrogativsatz)
     b. Sie verrät den nicht, den sie mag. (Attributsatz)
     b.' Wen sie mag, den verrät sie nicht. (freier Relativsatz)

Da es für Genitivobjektsätze aber nur eine Form für Korrelat oder Resumptivum gibt, nämlich *dessen*, kann – abgesehen von der Markiertheit der Beispiele – ein solcher Test hier nicht in der selben Deutlichkeit durchgeführt werden. (16) kann aber wie in (16') durch Paraphrasen disambiguiert werden:

(16') a. Sie war sich dessen bewusst, dessen sie sich schuldig gemacht hatte (RS)
     b. Sie war sich bewusst, was es war, dessen sie sich ... (w-Interr.-Satz)

3.6 Adverbiell eingeleitete Sätze

Einen weiteren Grenzfall stellen adverbiell, mit *wenn* und *als* eingeleitete Sätze dar, die Pittner (Artikel 20 in diesem Band) als Zwittererscheinung bezeichnet, da sie zusätzlich zu ihrer adverbiellen Funktion für die inhaltliche Füllung der Objektstelle sorgen. Gemeint sind Sätze an der Stelle des Akkusativobjekts wie (19) mit obligatorischem Korrelat *es*:

(19) a. Ich hasse es, wenn er mich so ansieht.
     b. Sie fanden es toll, als er gewann.

Es soll geprüft werden, ob die folgenden Beispiele als Genitivobjektsätze gelten können.

(20) a. Ich schäme mich, wenn ich stottere.
     b. Sie erinnerte sich, als sie ihn sah.

Diese Frage muss verneint werden. Im Gegensatz zu den Akkusativobjektsätzen (19) ist bei (20) kein Korrelat notwendig, bei Voranstellung des Nebensatzes aber möglich:

(19') a. Wenn er mich so ansieht, (dann) hasse ich *(es/das).
      b. Als er gewann, (da) fanden sie *(es/das) toll.

(20') a. Wenn ich stottere, (dann/ so) schäme ich mich (dessen/dafür).
      b. Als sie ihn sah, (da) erinnerte sie sich (?dessen / daran).

Pittner (Artikel 20 in diesem Band) gesteht dem Nebensatz die Funktion als Komplementsatz zu, obwohl die Möglichkeit der Wiederaufnahme des vorangestellten Satzes mit *dann*, *da* oder *so* auf den adverbiellen Charakter des eingebetteten Satzes hindeute. Nach Oppenrieder (2006: 907) wird hier die adverbielle Relation mit der prädikatsabhängigen Relation „überblendet", Eisenberg (1999: 335) spricht von einem „Kollaps von adverbialer und Ergänzungsfunktion" und wertet diese adverbiell eingeleiteten Sätze als Komplementsätze, zu denen sie durch das obligatorische Korrelat *es* werden. Da dies *es* nicht referentiell sei, könne es nicht als Kern einer Attributkonstruktion angesehen werden (1999: 320).

Bei den Genitiv-Verben ist diese Annahme nicht gerechtfertigt, denn hier ist das Korrelat *dessen* nicht nur nicht obligatorisch, sondern unwahrscheinlich. Entscheidend aber ist, dass die Genitivobjekte in (20) fakultativ sind, während die Akkusativobjekte in (19) obligatorisch sind. (*ich schäme mich* – **ich hasse*). Während das Korrelat *es* offenbar zu schwach ist, die Objektstelle zu füllen und deshalb die Verben einer „nicht-kanonischen Argumentsättigung" (Reis 1997) bedürfen, ist dies bei den Genitiv-Verben nicht nötig. Sie sind hier einstellig, und die Nebensätze sind normale Adverbialsätze. Siehe auch die Argumentation in Beitrag 19, S. 433.

4 Korrelate

Komplementsätze können durch Proformen im Matrixsatz ‚angekündigt' werden, sofern sie nachgestellt sind. Das Korrelat ersetzt die fehlende formale Markierung am Komplementsatz, indem es den vom Matrixprädikat geforderten Kasus bzw. die Präposition anzeigt. Seine Funktion ist eine rein formale, die Interpretation erleichternde, nämlich die vom Verb für die betreffende Argumentstelle geforderten morphosyntaktischen Merkmale anzuzeigen, die ja an satzförmigen Ausdrücken nicht erscheinen können, und damit die syntaktische Funktion derselben zu verdeutlichen. Als Dekodierungshilfe werden deshalb die formalen Merkmale möglichst früh an einem phonologisch „möglichst schwachen Träger" (Oppenrieder 2006) realisiert, denn die semantische Abbindung der Valenzstelle erfolgt ja mit dem Nebensatz. Da ein vorangestellter Nebensatz die entsprechende Argumentstelle vollständig abbindet, kann in diesem Fall kein Korrelat auftreten, womit sich das ausschließliche Auftreten derselben bei nachgestellten Nebensätzen erklärt.

Als Korrelat für Genitivobjektsätze fungiert das Genitivpronomen *dessen*. Dieses tritt jedoch, entgegen ZHS (1997), zumindest in Zeitungstexten fast nie auf, eine überwältigende Mehrheit[6] der Belege im DWDS für z. B. *(sich) sicher sein*, enthält kein Korrelat. Es mag fraglich sein, ob die Sprecher in diesen Fällen mit dem *dass*-Satz ein Genitiv- oder aber ein Akkusativkomplement realisieren, es steht aber außer Frage, dass der *dass*-Satz dann, wenn kein Korrelat vorhanden ist, die Argumentstelle des Verbs besetzt. Die Frage ist also, ob das auch für die Sätze mit dem Pronomen *dessen* gilt.

---

6 S. die Zahlen in Fußnote 2.

(21) Wenn man wissen will, ob ich dessen so sicher sei, daß die deutsche Sozialdemokratie noch einmal die Gestaltung der Zukunft übernimmt, antworte ich mit [DWDS: ZEIT 27. 5. 1988]

Das Nebeneinander von Korrelat und Nebensatz an derselben Argumentstelle ist zwar für die Dekodierung des Satzes eine Hilfe, für die Grammatiktheorie aber ein Problem. Denn der allgemeinen Auffassung, dass eine Argumentstelle nur einmal besetzt werden kann, widerspricht das Nebeneinander von Korrelat und Nebensatz. Die Frage ist, wer die Argumentstelle besetzt, das Korrelat, der Nebensatz oder beide zusammen?

Diese Frage ist entscheidend für den Status der Nebensätze: Wenn das Korrelat die Argumentstelle besetzt, sind die Nebensätze Attribut zu diesem und nur Gliedteilsätze, wenn dagegen der Nebensatz die Argumentstelle besetzt, sind sie Gliedsätze.

Die Frage wird unterschiedlich beantwortet (eine Übersicht findet sich in ZHS (1997: 1488ff)). Helbig/Buscha (2007: 670) betrachten das Korrelat als eigentliche Besetzung der Argumentstelle: „Alle Nebensätze sind Hinzufügungen zu einem entsprechenden Korrelat, sie können als Attributsätze im weitesten Sinne des Wortes angesehen werden." Vorsichtiger argumentieren Hentschel/Weydt (2003: 372): „können auch als Attribute angesehen werden." Eine mittlere Position nimmt die Duden-Grammatik (2009: 1054) ein, indem sie die Nebensätze nicht direkt vom übergeordneten Satz abhängen sieht, „sondern nur indirekt über ein Verweiswort, ein Korrelat." Der Nebensatz besetzt demnach zusammen mit dem Korrelat, sofern dies nicht topikalisiert ist, die Argumentstelle des Matrixprädikats.

Als Kriterium dafür, ob ein Pro-Wort Korrelat (bzw. Platzhalter) oder Bezugselement für ein Attribut ist, sind Betonbarkeit und Stellung relevant. Da nur nachgestelle Nebensätze eines auf sie hindeutenden Pro-Wortes im Matrixsatz bedürfen, können vorangestellte Pro-Formen keine Korrelate sein, sondern sind Bezugselemente und damit Kopf einer Attributkonstruktion.

Da die Pro-Wörter rein formale Platzhalter für nachgestelle Nebensätze sind, dürfen sie nach Oppenrieder (2006: 908) nicht betonbar und nicht fokussierbar sein, sollten für sie die „schwächsmöglichen" Ausdrücke dienen. Diese Bedingung erfüllt aber nur das unbetonbare Pronomen *es*, das Korrelat für Subjekt- und Akkusativobjektsätze. Pittner (Artikel 20 in diesem Band) zeigt jedoch, dass auch das betonbare *das* als Korrelat auftreten kann. Das zweisilbige *dessen*, die bei Genitivobjektsätzen auftretende Pro-Form, ist zweifellos betonbar. Es wäre demnach kein Korrelat, obwohl es der „schwächsmögliche" Ausdruck für ein Genitivobjekt ist, sondern Bezugselement, der Nebensatz sein Attribut.

Eisenberg (1999: 320) führt als weiteres Kriterium die größere Formspezifik der Pro-Formen an. Danach sind *dessen* und *dem* weniger als Korrelate grammatikalisiert, da formal spezifischer als *es*, und deshalb „wohl als Kerne von Attributkonstruktionen anzusehen."

Formal spezifischer und betonbar sind aber auch die Pronominaladverbien *darauf, daran* etc., die auf Nebensätze an der Stelle von Präpositionalobjekten hinweisen. Für sie wird (von Breindl (1989: 157f)) nicht die Betonbarkeit insgesamt, sondern die Betonung des Pronominaladverbs als Kriterium herangezogen. Ist der pronominale Teil (*dar-*) betont, gilt es als Bezugsausdruck, der Nebensatz als Attribut, ist dies nicht der Fall oder die Präposition betont, liegt ein Korrelat vor:

(22) DArüber, dass du kommst, freuen wir uns.
Wir freuen uns darüber/ daRÜBER, dass du kommst.

Mein Vorschlag orientiert sich an Breindls Unterscheidung der Pronominaladverbien nach ihrer Akzentuierung. Für das auf Genitivobjektsätze hindeutende Pro-Wort *dessen* lässt sich zwar keine unterschiedliche Betonung auf einer der Silben feststellen, es kann aber akzentuiert oder nicht akzentuiert auftreten. Man kann also argumentieren, dass *dessen* nur dann als Korrelat anzusehen ist, wenn es nicht betont ist, oder umgekehrt, dass es dann als Kopf einer Attributkonstruktion gilt, wenn es betont ist.

Stellungskriterium und Betonung ergänzen sich, die Akzentuierung des Pronomens lässt sich aus seiner Stellung ablesen. Auch für Pittner (Artikel 20 in diesem Band) ist die Stellung im Vorfeld entscheidend für den Ausschluss eines Pro-Worts als Korrelat. Da topikalisierte Elemente i.d.R. akzentuiert sind, können Korrelate nicht zusammen mit dem jeweiligen Nebensatz im Vorfeld erscheinen, Bezugselemente dagegen sehr wohl:

(23) a. *Es, wer verdächtig ist, war von vornherein klar.
 b. Dessen, dass sie Adoptivkinder waren, waren sie sich immer bewusst
 c. Wir waren uns dessen ja immer bewusst, dass wir Adoptivkinder waren.
 d. Wenn man wissen will, ob ich dessen so sicher sei, dass ... (s. (21))

Dessen kann also im Vorfeld stehen, ist dann betont und also kein Korrelat. Wie bei den Pronominaladverbien ist es aber auch möglich, dass *dessen* im Mittelfeld steht und keinen Akzent trägt. Folglich kann die Lösung auch hier darin bestehen, dass vorangestelltes und dann betontes *dessen* als Bezugselement, im Mittelfeld stehendes und unbetontes aber als Korrelat anzusehen ist. Das gilt besonders dann, wenn *dessen* in Distanzstellung zum Nebensatz steht und wenn der Matrixsatz eine Modalpartikel enthält, die seine Faktizität anzeigt (vgl. die Beispiele (23c) und (23d); zu diesem pragmatischen Faktor s. Artikel 20 in diesem Band).

Die Frage, welches Satzglied die Argumentstelle besetzt, kann also durchaus mit „beide" beantwortet werden. Die inhaltliche Spezifizierung der Argumentstelle leistet der Nebensatz, die formale das Korrelat (vgl. Oppenrieder 2006: 908). Wie die Daten insgesamt zeigen, ziehen es die Sprecher aber für diesen Fall vor, im Matrixsatz gar kein Korrelat zu realisieren.

5 Mögliche Entwicklung

Gerade für Verben mit schwankender Rektion kann das Korrelat anzeigen, welche Konstruktion vorliegt, s. o. (*sich dessen/dafür schämen, sich dessen /darauf besinnen* etc.), weshalb es erstaunlich ist, dass die Sprecher so selten davon Gebrauch machen. Offenbar sehen sie keine Notwendigkeit, die grammatische Funktion des Komplementsatzes anzuzeigen. Dies ist von Bedeutung für den in Abschnitt 2 angesprochenen Sprachwandel. Wenn, wie Bausewein (1990: 184) zeigt, der unmarkierte (Akkusativ-)Objektsatz im Allgemeinen ohne Korrelat auftritt, so bilden die heutigen Sprecher in der Mehrzahl der Fälle Genitivobjektsätze genau so wie sie Akkusativobjektsätze bilden. Es fragt sich dann aber, welche Art von Komplementsätzen sie in Wirklichkeit bilden.

Die große Zahl von Belegen aus Zeitungstexten (s. Fußnote 2), die ohne Korrelat auftreten, lässt hinsichtlich der Entwicklung von Genitivobjektsätzen und ihres Korrelats zwei spekulative Überlegungen zu.

Erstens könnten die Sprecher Genitivobjektsätze zunehmend wie unmarkierte Akkusativobjektsätze dekodieren und realisieren, z.B. mit *was* statt mit *wessen* erfragen. Ein Reflexivpronomen ist kein absolutes Hindernis für eine solche Entwicklung, vgl. *er macht sich etwas bewusst/ klar .../ er macht es sich bewusst/ klar, dass* etc. Am Endpunkt dieser Entwicklung würde *dessen* durch *es* abgelöst.

Zweitens könnte das Nicht-Auftreten dieses Korrelats in so vielen Belegen bedeuten, dass dies Pronomen nicht weniger als Korrelat grammatikalisiert ist, sondern ganz im Gegenteil mehr, nämlich bis zur Nullform, die bekanntlich den Endpunkt einer Grammatikalisierung darstellt. Ein solcher Sprung in der Entwicklung ließe sich dadurch erklären, dass es für Subjekt- und Akkusativobjektsätze neben dem betonbaren Pronomen *das* die unbetonbare Form *es* gibt. Eine solche Reduktionsform aber existiert für *dessen* nicht.

6 Literatur[7]

Ágel, V./Eichinger, L.M./Eroms, H.-W./Hellwig, P./Heringer, H.J./Lobin, H. (Hgg.) (2006): Dependenz und Valenz. Ein internationales Handbuch zeitgenössischer Forschung, 2. Halbband. Berlin: de Gruyter.

Bausewein, K. (1990): Akkusativobjekt, Akkusativobjektsätze und Objektsprädikate im Deutschen. Tübingen: Niemeyer.

Breindl, E. (1989): Präpositionalobjekt und Präpositionalobjektsätze im Deutschen. Tübingen: Niemeyer.

Deutsches Universalwörterbuch (2001): Duden. Deutsches Universalwörterbuch 4. Aufl. Hg. von der Dudenredaktion. Mannheim: Dudenverlag.

Duden-Grammatik (2009): Duden. Die Grammatik. Unentbehrlich für richtiges Deutsch. 8. Aufl. Hg. von der Dudenredaktion. Mannheim: Dudenverlag.

Ebert, R.P. (1978): Historische Syntax des Deutschen. Stuttgart: Metzler.

Eisenberg, P. (1999): Grundriss der deutschen Grammatik. Bd. I: Der Satz. Stuttgart: Metzler.

Fleischer, J. (2011): Historische Syntax des Deutschen, Tübingen: Narr.

Helbig, G./Buscha, J. (2007): Deutsche Grammatik. Ein Handbuch für den Ausländerunterricht. Berlin: Langenscheidt.

Hentschel, E./Weydt, H. (2003): Handbuch der deutschen Grammatik. Berlin: de Gruyter.

Korhonen, J. (2006): Valenzwandel am Beispiel des Deutschen. In: Ágel, V./Eichinger, L. H./Eroms, H.-W./Hellwig, P./Heringer, H. J./Lobin, H. (Hgg.), Dependenz und Valenz. Ein internationales Handbuch zeitgenössischer Forschung, 2. Halbband. Berlin: de Gruyter, 1462–1474.

Lenz, B. (1996): Adverbale Genitive im Deutschen, Düsseldorf: Heinrich Heine-Universität.

Öhl, P. (2007): Unselected Embedded Interrogatives in German and English. S-Selection as Dependency Formation. In: Linguistische Berichte 212, 403–437.

Oppenrieder, W. (2006): Subjekt- und Objektsätze. In: Ágel, V./Eichinger, L.M./Eroms, H.-W./Hellwig, P./Heringer, H.J./Lobin, H. (Hgg.), Dependenz und Valenz. Ein internationales Handbuch zeitgenössischer Forschung, 2. Halbband. Berlin: de Gruyter, 900–913.

Reis, M. (1997): Zum syntaktischen Status unselbständiger Verbzweit-Sätze. In: Dürscheid, C./Ramers, K.-H./Schwarz. M. (Hgg.), Sprache im Fokus. Festschrift für Heinz Vater zum 65. Geburtstag. Tübingen: Niemeyer, 121–144.

Wegener, H. (1985): Der Dativ im heutigen Deutsch. Tübingen: Narr.

Wunderlich, D. (1976): Studien zur Sprechakttheorie. Frankfurt/Main: Suhrkamp.

[ZHS] vgl. Zifonun, G. et al. (1997).

Zifonun, G./Hoffmann, L./Strecker, B. et al. (1997): Grammatik der deutschen Sprache. 3 Bde. Berlin: de Gruyter.

Heide Wegener

---

7 Siehe auch die ausführliche Literaturliste in Artikel 20 in diesem Band

19 Dativobjektsätze

1 Einleitung
2 Typen der Dativ-Objektsätze
3 Korrelate
4 Mögliche Entwicklung
5 Literatur

1 Einleitung

Dativ-Objektsätze besetzen die Argumentstelle eines Prädikats, das den Dativ regiert, also die des Dativobjekts. Sie gelten daher als Komplement- oder Ergänzungssätze.

(1) a. Sie stimmte seiner Begleitung zu. (Dativobjekt)
     b. Sie stimmte (dem) zu, dass er sie begleitet. (Dativobjektsatz)

(2) a. Sie sahen dem Schiffsuntergang zu.
     b. Sie sahen zu, wie das Schiff unterging.

Im Gegensatz zu Akkusativ- und Genitivobjektsätzen treten Dativobjektsätze nur bei einer extrem kleinen Zahl von regierenden Prädikaten auf. Während es für den unmarkierten Fall der Akkusativ-Objektsätze einige Dutzend Prädikate, vor allem unter den verba dicendi und sentiendi, als Matrixsatzprädikat geben dürfte, und selbst für Genitiv-Objektsätze sich noch eine zweistellige Zahl von Verben und Kopula-Ausdrücken finden lässt, bleibt die Zahl der Verben, die Dativobjektsätze einbetten, im einstelligen Bereich. Während die Seltenheit der Genitiv-Objektsätze aber auf der Markiertheit des Genitivobjekts beruht, das ein aussterbendes Konstruktionsmuster des Deutschen darstellt (s. Wegener in diesem Band), liegt die Ursache des noch stärker restringierten Vorkommens von Dativobjektsätzen in der Semantik des Dativobjekts.

Dieses hat im Vergleich zu anderen Komplementen eine relativ eindeutige Semantik, es bezeichnet in der Regel Personen, zumindest Lebewesen, die an der Handlung teilnehmen, von ihr in irgendeiner Weise betroffen sind (s. Wegener 1985). (Neben)Sätze dagegen bezeichnen Sachverhalte. Nach Oppenrieder (2006: 900) treten Dativobjektsätze kaum auf, da Dativobjekte „typischerweise Personen bezeichnen und dem entsprechend mit der Propositions- bzw Sachverhaltscharakteristik von satzförmigen Ausdrücken nicht verträglich sind", ZHS (1997: 1462) schließen die Möglichkeit von Dativ-Komplementsätzen kategorisch aus. In den meisten Grammatiken werden sie nicht erwähnt.[1] Dies ist, wie im Folgenden gezeigt werden soll, nicht berechtigt.

Die wenigen den Dativ regierenden Verben, die auch Propositionen und damit Nebensätze als Ergänzung zulassen, unterteilen sich in zwei Gruppen. Das sind zum einen die Korrespondenzverben (Wegener 1985: 279ff), im Wesentlichen nur *zustimmen, widersprechen* und das veraltete *beipflichten,* zum andern die aktiven Wahrnehmungsverben, *zusehen, zuschauen, zugucken, zuhören*.[2] Satzwertige Infinitivphrasen treten bei einigen weiteren Verben auf, s. Abschnitt 2.3.

Die Verben der ersten Gruppe setzen voraus, dass vor der betreffenden Äußerung eine korrespondierende Äußerung steht oder eine Meinung existiert, auf die der Subjektsreferent positiv oder negativ reagiert. Sie bezeichnen Sprechhandlungen, das Dativobjekt kodiert hier aber nicht den Rezipienten wie bei Mitteilungsverben, und das Akkusativ-Objekt nicht die Äußerung. Vielmehr bezeichnet das Dativ-Objekt diejenige Äußerung, Idee oder Meinung, auf die der Sprecher antwortet, positiv, indem er sie bestätigt, ihr zustimmt, negativ, indem er sie bestreitet, ihr widerspricht. Der Gegenstand der Zustimmung oder Ablehnung ist ein Sachverhalt, der in einem Nebensatz realisiert wird.

Die Verben der zweiten Gruppe bezeichnen ähnlich wie die unmarkierten verba sentiendi mit Akkusativ-Rektion kognitive Prozesse, visuelle und akustische Wahrnehmung, und ihr Objekt(satz) das Objekt der Wahrnehmung oder Beobachtung, das, wenn als Ereignis, also Sachverhalt konzipiert, propositional realisiert wird.

Die aktiven Wahrnehmungsverben und zumindest eines der beiden Korrespondenzverben, das positive Einstellung denotierende *zustimmen*, kommen in Zeitungstexten durchaus häufig vor, und bieten Belege, die in mehrfacher Hinsicht interessant sind.

Erstens ist der Status der Nebensätze unklar, da diese auch als Attribute zu einem Bezugsnominal im Matrixsatz angesehen werden können. Zweitens deuten einige dieser Komplementsätze, ähnlich wie bei den Genitiv-Objektsätzen (s. Artikel 18) auf einen aktuellen Sprachwandel hin, denn es ist nicht immer klar, ob die Sprecher mit ihnen tatsächlich Dativobjekte realisieren.

---

[1] Eine Ausnahme ist Vater 1975 zu *wie*-Sätzen, der auch die aktiven Wahrnehmungsverben erfasst.
[2] Die drei ersteren für visuelle Wahrnehmung unterscheiden sich in ihrer regionalen Verwendung, das letztere bezeichnet akustische Wahrnehmung. Die Dativrektion dieser Verben ist zweifellos durch das Präfix *zu* bedingt, das nicht mit der Präposition *zu* verwechselt werden darf: *Jmdm. / einem Vorgang zuschauen* ≠ *zu jmdm. /einem Vorgang schauen.*

Ich werde zunächst die verschiedenen Typen der Dativ-Objektsätze und ihre Beziehung zum Prädikat des Matrixsatzes darstellen. Sodann wird die Frage des Korrelats und damit des Status der Dativ-Objektsätze diskutiert, d.h. die Frage, ob diese Nebensätze als Attribute zu einem Bezugselement im Matrixsatz oder als Besetzung einer Argumentstelle des Matrixprädikats, als Verbkomplement also zu klassifizieren sind. Zum Schluss erfolgt ein (spekulativer) Ausblick auf die mögliche Entwicklung der Dativ-Objektsätze.

Da es im vorliegenden Beitrag auch darum geht, den Nachweis zu erbringen, dass Dativobjektsätze existieren, sollen Belege aus vorhandenen Korpora, v. a. dem DWDS (Digitales Wörterbuch der Deutschen Sprache) herangezogen werden.[3]

2 Typen der Dativ-Objektsätze

Es hängt im Wesentlichen von der Semantik des Verbs im Matrixsatz ab, ob statt eines nominalen ein sententiales Objekt, ein Nebensatz, auftreten kann, und in welchen Formen dieser realisiert wird, welche Satztypen an der Stelle als Dativobjektsatz also auftreten können.

Nach der Art des Einleitungselements unterscheidet man Subjunktionalsätze (durch *dass* und *ob* eingeleitet), w-Sätze (durch w-Interrogativa eingeleitet), freie Relativsätze (durch w-Relativa eingeleitet), satzwertige *zu*-Infinitivphrasen und Verbzweitsätze. Zu prüfen ist, ob auch adverbiell eingeleitete Sätze als Dativ-Objektsätze gelten können.

(3) *dass*-Satz: Sie stimmt zu, dass er mitkommt.
 ob-Satz: ?Das Jugendamt muss zustimmen, ob eine Frau aufgenommen wird.
 w-Satz: und die Besucher können zusehen, wie ein Jet enteist wird.
  Er musste zuschauen, wie die anderen aufs Gymnasium gingen.
 adverbiell eingeleiteter Satz: Aber der Staat darf nicht zusehen, wenn die Gewalt eskaliert.
  Hätten sie zusehen sollen, als die Großgrundbesitzer die Hütten der Bauern räumen ließen?
 Infinitivphrase: Sie stimmt zu, sich begleiten zu lassen.
 abhängiger Verbzweitsatz: ?Wir stimmen zu, du kommst mit.
 freier Relativsatz: Wem du da begegnest, musst du helfen.

---

[3] Ich danke Barbara Stiebels und Stephanie Troyke für wertvolle Hinweise zu diesem Korpus.

Wirklich relevant sind allerdings nur die ersten vier Satztypen, denn freie Relativsätze sind ein Sonderfall, da sie Personen und nicht Sachverhalte bezeichnen, Infinitivphrasen und abhängige Verbzweitsätze sind von zweifelhafter Akzeptabilität.

Nicht nur die Zahl der Verben, die Dativobjektsätze einbetten, ist extrem reduziert, diese wenigen Verben sind auch auf wenige Typen von Objektsatz restringiert, und zwar in komplementärer Verteilung: Im Wesentlichen selegieren die Korrespondenzverben *dass*-Sätze, die Wahrnehmungsverben solche mit *wie* als Einleitung. Diese können sowohl als abhängige Frage- als auch als Aussagesätze interpretiert werden.

2.1 Subjunktionalsätze

Dass und *ob* sind Subjunktionen, die Nebensätze einleiten und Verbendstellung auslösen. Sie sind im Gegensatz zu satzeinleitenden Interrogativa und Relativa reine Satzeinleiter, die keine Satzgliedfunktion im Nebensatz ausüben. Bei den dativregierenden Korrespondenzverben können nur wenige der sonst als Komplementsatz fungierenden Satztypen auftreten, im Wesentlichen nur *dass*-Sätze und Infinitivkonstruktionen. Dies hängt mit der Semantik des regierenden Prädikats zusammen.

(i) *dass*-Satz

(4) *dass*-Satz ohne Korrelat bzw. Bezugselement *dem*:
    a. Die Behörden sollen zustimmen, dass ein langwieriger Prozess vor dem Oberverwaltungsgericht übersprungen ... [BZ, 2. 7. 2005]
    b. Der Aufsichtsrat hat jetzt zugestimmt, dass das Unternehmen eine Ausschreibung für 210 neue Straßenbahnen starten darf. [Berliner Tagesspiegel, 21. 4. 2005]
    c. Doch Schulze widerspricht, dass TIM gescheitert ist, [Tagesspiegel, 2. 9. 2001]
    d. Wer wollte widersprechen, dass damit auch Berlin gemeint sein könnte [Tagesspiegel, 2. 8. 2000]

(5) *dass*-Satz mit Korrelat bzw. Bezugselement *dem*:
    a. Er mußte auch dem zustimmen, daß seine Absichten, für immer und ewig Haushaltsdisziplin durchzusetzen, verwässert wurden. [IDS Salzburger Nachrichten 22. 4. 1998]
    b. Kwasniewski hatte schon vor Wochen darauf bestanden und Miller hatte dem zustimmen müssen, dass Polen nicht mit einer Minderheitsregie-

rung in die letzte Etappe vor dem EU-Beitritt gehen wird. [Berliner Zeitung 12. 6. 2003]

c. Ich habe gestern abend ausdrücklich dem widersprochen, daß die Anregung des Herrn Bundestagspräsidenten, [] als Meinung hingestellt werden darf. [GBS Biewer 1996]

d. Ich glaube[,] es hat hier nie jemand dem widersprochen, dass man damit nicht auch 1A Code schreiben kann. [http://www.c-plusplus.de/forum/quote1787310; Zugriff 4. 7. 2011]

e. so habe ich definitiv niemals dem zugestimmt, daß ich wegen sowas angeschrieben werden darf ... [http://z7uvielekoeche.wordpress.com/2011/01/22/abofalle-statt-kostenlosem-smartphone/; Zugriff 4. 7. 2011]

f. Ich schätze, da hat entweder er selbst oder die nächsten Angehörigen dem zugestimmt, dass das an die Öffentlichkeit darf, [http://www.bym.de/forum/meine-welt/419038-ist-da-bei-wetten-dass-passiert-14.html; Zugriff 4. 7. 2011]

Die Sätze ohne Bezugspronomen sind nicht in der Minderheit, und das mag eine Neuerscheinung sein. Von 93 Belegen für *zustimmen* im DWDS-Korpus (darunter 3 Doppelbelege, weshalb ich hier von 90 Belegen ausgehe) weisen 53, das sind 58,8 %, kein Bezugsnominal im Matrixsatz auf. Von 17 Belegen für *widersprechen* enthalten nur 2, das sind 11,7 %, kein solches.

In den Belegen, in denen kein pronominales Dativobjekt vorhanden ist, als dessen Attribut der *dass*-Satz klassifiziert werden könnte, besetzt der *dass*-Satz die Argumentstelle des Dativobjekts. Dennoch ist es nicht unproblematisch, diese *dass*-Sätze generell als Dativobjektsätze zu klassifizieren.

Die Sätze in (4), die im Matrixsatz kein hinweisendes Pronomen *dem* enthalten, sind formal nicht als Dativkomplemente zu erkennen. Trotzdem besetzen sie hier mangels Alternative die Argumentstelle des Dativobjekts. Da dieses formal nicht markiert ist, könnten die Verben durch solche mit Akkusativrektion ausgetauscht werden, *zustimmen* durch *bestätigen, akzeptieren, widersprechen* durch *bestreiten*. Es ist nicht auszuschließen, dass die Sprecher diese Dativ-Verben wie unmarkierte Mitteilungsverben mit direktem Objekt verwenden. Man könnte daher vorschlagen (vgl. Hentschel/Weydt 2003: 372 zu Genitivobjektsätzen), für solche Verben eine doppelte Rektion anzunehmen, d. h. die nominalen Objekte als Dativ-, die sentialen aber als Akkusativ-Objekte zu betrachten. Entweder unterstellt man den Sprechern damit, dass sie die Verben falsch verwenden, oder man erwägt einen beginnenden Sprachwandel: Die Verben könnten von Dativ- zu Akkusativrektion übergehen, wie dies auch bei einigen den Genitiv regierenden Verben zu beobachten ist.

Bei den Belegen in (5), in denen das Pronomen *dem* wie ein Korrelat dem Nebensatz vorausgeht, scheint die Klassifizierung des Nebensatzes als Dativobjektsatz eindeutig, jedoch ist dies in anderer Weise problematisch, weil umstritten ist, ob hier der Nebensatz oder aber das Pronomen die Argumentstelle des Matrixverbs besetzt (vgl. weiter unten).

Für Wahrnehmungsverben gilt allgemein, s. Duden-Grammatik (2009: 1046), dass sie Nebensätze mit *dass* oder *wie* anschließen[4]. Beide gelten als nahezu semantisch äquivalent, auch die *wie*-Sätze als abhängige Aussage-, nicht als indirekte Fragesätze. Beide Möglichkeiten bestehen allerdings nur für die unmarkierten Wahrnehmungsverben mit Akkusativ-Rektion (*Alle sahen, dass/wie sie umfiel.*), für die aktiven Wahrnehmungsverben mit Dativrektion besteht nur die letztere Möglichkeit: *Alle sahen zu, *dass/wie sie umfiel.*

Die Ursache dafür liegt in der Semantik dieser Verben und in ihrer doppelten Lesart.

Von den unmarkierten, nicht präfigierten verba sentiendi *sehen, schauen, hören* unterscheiden sich die dativregierenden Verben durch die Merkmale [+intentional] und [+durativ], vgl. die Bedeutungsangaben im Deutschen Universalwörterbuch (2001: 1882)[5] für ‚zusehen':

1. „auf etwas, was vorgeht, was jd tut, betrachtend seinen Blick richten, einen Vorgang o.Ä. mit den Augen verfolgen".[6]
2. „für e. Bestimmtes Sorge tragen"

Nur in der ersten Lesart liegt mit *zusehen* (und den anderen Wahrnehmungsverben) ein verbum sentiendi vor, in der anderen aber ein Verb des Bewirkens (Oppenrieders Gruppe 4 (2006: 912)), dessen Nebensatz einen „als zu realisierend angezielten Sachverhalt" bezeichnet, also ein effiziertes Objekt, das natürlich als Akkusativ-Objektsatz auftritt.

In den beiden Lesarten bestehen unterschiedliche zeitliche Relationen zwischen den Sachverhalten, die in Haupt- und Nebensatz bezeichnet werden. Die Wahrnehmungsverben implizieren, dass zwischen den in Matrix- und Komple-

---

[4] Die letzteren betonen laut Duden-Grammatik (2009: ebd.) den „Wahrnehmungsverlauf", gemeint ist wohl der Verlauf des im Nebensatz beschriebenen Sachverhalts.
[5] Hier wird noch eine weitere Bedeutung angeführt, nämlich „etwas geschehen lassen, ohne e. dagegen zu unternehmen, *(einem Unrecht) ruhig, unbeteiligt zusehen, tatenlos zusehen, wie etwas geschieht*" – dies ist aber nur eine Konsequenz der ersten.
[6] Entsprechend definiert das Deutsche Universalwörterbuch (2001: 1869) die Bedeutung von *zuhören* als „etwas akustisch Wahrnehmbarem hinhörend folgen, ihm seine Aufmerksamkeit zuwenden".

mentsatz beschriebenen Sachverhalten Simultaneität besteht. Die Bedeutung „e. mit den Augen verfolgen" bzw. „einem Vorgang mit den Augen folgen" impliziert, dass der Sachverhalt, den der Nebensatz bezeichnet, in seinem Verlauf gesehen wird und sich gleichzeitig zum Sachverhalt des Hauptsatzes abspielt (vgl. Pasch 2003: 385).

Man vergleiche die folgenden Beispiele mit unmarkierten und mit aktiven Wahrnehmungsverben, d.h. mit Akkusativ- bzw. Dativ-Objektsätzen:

(6)   a. Ich sehe, dass es regnen wird / regnet /geregnet hat.
      b. Ich sehe zu, *wie es regnen wird/ wie es regnet/ *wie es geregnet hat.

Die Komplementsätze der ersteren können Sachverhalte bezeichnen, die vor oder nach dem im Matrixsatz bezeichneten Sachverhalt stattfinden, die letzteren verlangen Gleichzeitigkeit.

Die Bewirken-Lesart impliziert dagegen, dass der angezielte Sachverhalt zeitlich nach der Handlung des Subjektsreferenten, seinem Bemühen, eintritt, dass also zwischen den Sachverhalten von Haupt- und Nebensatz ein Verhältnis der Vor- bzw. Nachzeitigkeit besteht. Dieser Unterschied hat Konsequenzen für die Wahl der Subjunktion. *Zusehen*[1] selegiert *wie*-Sätze, *zusehen*[2] dagegen *dass*-Sätze. Anders gesagt, *zusehen, dass* löst die Bewirken-Lesart aus, weshalb die Subjunktion *dass* bei den Wahrnehmungsverben ausgeschlossen ist.

Die folgenden Belege für *dass*-Sätze (alle aus dem DWDS-Zeitungskorpus) sind daher Lesart 2 zu-, ihr Nebensatz folglich nicht als Dativobjekt einzuordnen, da zwischen den Sachverhalten von Matrix- und Komplementsatz keine Simultaneität besteht:

(7)   a. Wer mit Ungeheuern kämpft, mag zusehen, dass er dabei nicht zum Ungeheuer wird.
      b. Bis dahin muss ich zusehen, dass ich nicht zu viel Zeit verliere.

Es finden sich aber auch Belege, die zwar die Bedingung der Simultaneität der Sachverhalte von Haupt- und Nebensatz erfüllen, die aber im Nebensatz einen Sachverhalt benennen, der nicht das erwünschte Ziel einer Bemühung ist, sondern ein Missstand:

(8)   a. Wir können nicht weiterhin tatenlos zusehen, dass Deutschland die Ärzte ausgehen [Ärztemangel, in: Berliner Zeitung, 17. 07. 2004],
      b. Es kann nicht sein, dass die Polizei gestern zugeschaut hat, dass bei uns fast die Tür eingerannt wird, [Berliner Zeitung, 03. 05. 2003]

Der Nebensatz bezeichnet hier nicht das effizierte Objekt, sondern das Objekt der Wahrnehmung, ein Dativobjekt liegt wohl dennoch nicht vor. Vielmehr verwenden die Sprecher solcher Sätze *zusehen* wie *zulassen* mit Akkusativ-Objekt.

Will man solche Sätze nicht einfach als ungrammatisch abtun, so kann man sie, genau wie bei den Korrespondenzverben, als Anzeichen für einen Konstruktionswandel oder eine Erweiterung der Konstruktionsmöglichkeiten dieser Verben ansehen. Da keiner der Belege ein den Kasus anzeigendes Korrelat oder Bezugselement enthält, ist unklar, welche Klasse von Argument der Nebensatz hier besetzt.

(ii) *ob*-Satz
Das Prädikat legt bei Komplementsätzen fest, ob im Objektsatz offene oder geschlossene Sachverhaltsrepräsentationen eingebettet werden können, und entscheidet damit über die Wahl der Subjunktion (*dass* oder *ob* bzw. ein w-Wort).

Obwohl *dass* und *ob* im Gegensatz zu adverbiellen Subjunktionen wie *weil, wenn, obwohl* etc. relativ bedeutungsarm, nach Oppenrieder (2006: 902) „absolute" Einleiter sind, sind sie doch nicht semantisch leer. *Dass* ist die semantisch neutralste Subjunktion, sie setzt die Proposition als faktisch voraus. *Dass*-Sätze können somit als abhängige Aussagesätze gelten. *Ob* dagegen lässt den Wahrheitswert der eingebetteten Proposition offen. *Ob*-Sätze entsprechen damit in ihrem propositionalen Gehalt Entscheidungsfragesätzen, in denen das Zutreffen der Proposition offen gelassen wird. *Ob*-Sätze werden wegen des offenen Wahrheitswertes auch als indirekte bzw. abhängige Fragesätze bezeichnet. Das gilt auch für mit einem w-Wort eingeleitete Sätze, die hinsichtlich eines Parameters offen sind und damit Ergänzungsfragesätzen entsprechen. *Ob*-Sätze stehen zwischen *dass*- und w-Sätzen bzw. gehören zu beiden Typen. Wie *dass*-Sätze sind sie Subjunktionalsätze, wegen ihres offenen Wahrheitswertes gehören sie aber zusammen mit den w-Sätzen zu den abhängigen Fragesätzen.

Die Semantik der beiden Korrespondenzverben mit Dativrektion, die satzförmige Komplemente einbetten, erklärt nun, warum diese Verben nur *dass*-Sätze zulassen. Nach der Definition des Deutschen Universalwörterbuchs (2001: 1883) bedeutet
- *zustimmen*: „1. seine Übereinstimmung mit der Meinung eines anderen dartun, die Meinung eines anderen teilen, 2. mit etw. einverstanden sein; etwas billigen, gutheißen, akzeptieren",
- *widersprechen*: „1. eine Äußerung, Aussage o. ä. als unzutreffend bezeichnen, 2. einer Sache nicht zustimmen, gegen etw. Einspruch erheben."

Man kann einer Idee, einem Vorschlag, einer Forderung zustimmen oder ihr widersprechen, aber man kann nicht einer Frage zustimmen, man kann sie nur zustimmend oder ablehnend, negativ oder positiv beantworten.

Deshalb sind die Belege in (9) problematisch.

(9) a. Allerdings muss das Jugendamt zustimmen, ob eine Frau aufgenommen wird. [DWDS BZ 2001]
b. In Betrieben mit Betriebsrat muss dieser zwingend zustimmen, ob und in welchem zeitlichen Rahmen Betriebsferien eingerichtet werden. [DWDS ZEIT 1. 7. 2009]

Man könnte argumentieren, dass in beiden Belegen die Subjunktion *ob* durch *dass* oder dass *zustimmen* hier durch *positiv entscheiden* o. ä. zu ersetzen ist, die Sätze also nicht grammatisch sind.

Dasselbe Bild liefern Belege für die aktiven Wahrnehmungsverben mit *ob*-Satz. Von der Semantik dieser Verben her ist diese Subjunktion ausgeschlossen, denn diese Verben implizieren Faktizität des eingebetteten Sachverhalts, setzen ihn als geschlossen, nicht als offen an.

(10) a. Wenn sie (= Merkel) es (= Kanzlerin) werden sollte, ... werden wir alle gespannt zusehen, ob sie dabei ähnliche Probleme mit der eigenen Partei bekommt, wie sie der amtierende Bundeskanzler hatte. [Zeit 25. 8. 2005]
b. Ich wollte zusehen, ob es für eine Medaille reicht. [BZ 25. 8. 1999]
c. Und die Bahn? Sie muss nun zusehen, ob sie den Transrapid auch unter diesen Voraussetzungen noch wirtschaftlich betreiben kann. [BZ 8. 10. 1999]

In diesen Belegen sollte *zusehen* durch *verfolgen, sehen, prüfen,* ersetzt werden, auf jeden Fall durch Verben mit Akkusativ-Objekt. Wenn die Belege (noch) nicht akzeptabel sind, so könnten sie doch auf eine Entwicklung im Bereich der Komplementsätze hindeuten, die Dativobjekte erfasst derart, dass diese Verben ihre Konstruktionsmöglichkeiten erweitern.

Dies deutet darauf hin, dass die heutigen Sprecher des Deutschen sich über die Konstruktionsmöglichkeiten der Verben mit Dativrektion unsicher sind. Diese Belege werfen wie viele Korpusbelege die Frage auf, inwieweit man sich bei der Beschreibung deutscher Satzstrukturen und ihrer Diskussion auf Belege stützen darf oder soll, deren Grammatikalität zweifelhaft ist.

2.2 W-Sätze

Sachverhalte können nur hinsichtlich eines Parameters offen sein, hinsichtlich dessen beim Sprecher eine Informationslücke besteht. Sprachlich werden sie durch Ergänzungsfragesätze bewältigt, denen die eingebetteten w-(Interrogativ)Sätze entsprechen.

Indirekte Frage- oder w-Sätze werden durch w-Fragewörter (Interrogativa) eingeleitet, entweder Pronomina (z. B. *wer, was*) oder Adverbien (z. B. *wann, wie, wo, warum, wozu* etc.). Im Gegensatz zu den Subjunktionen füllen w-Wörter neben ihrer satzeinleitenden Funktion die Stelle eines Satzglieds oder Attributs im Nebensatz aus. Deshalb entsprechen die abhängigen *w*-Sätze mit der durch das w-Wort markierten Leerstelle Ergänzungsfragen, während *ob*-Sätze mit ihrem offenen Wahrheitswert Entscheidungsfragen entsprechen.

Aus semantischen Gründen sind bei den Korrespondenzverben w-Sätze ebenso ungrammatisch wie es eigentlich auch *ob*-Sätze sind: einer Ergänzungsfrage kann man ebenso wenig zustimmen wie einer Entscheidungsfrage.

Im folgenden Beispiel stellt der Nebensatz daher einen Relativsatz, also ein Attribut zum Bezugselement *dem* dar. Das w-Wort *was* kann nicht durch „was es ist" erweitert werden, zudem ist das Bezugselement *dem* nicht weglassbar:

(11)   Erst mal muss ich jetzt unbedingt dem zustimmen, was die Frau Ministerin zum Thema Feuilleton gesagt hat [...]. [DWDS Zeit 2009]

Im Gegensatz dazu scheinen die aktiven Wahrnehmungsverben aufgrund ihrer Semantik, einen gleichzeitig ablaufenden Vorgang in seinem Verlauf zu verfolgen, prädestiniert, *wie*-Sätze einzubetten. *Wie* ist die häufigste Subjunktion, die bei Satzkomplementen dieser Verben auftritt, andere w-Wörter sind ausgeschlossen:

(12)   a.   Sie sahen, dass / wie/ warum / wann das Schiff unterging.
       b.   Sie sahen zu, *dass / wie / *warum / *wann das Schiff unterging.

Diese *wie*-Sätze sind semantisch mehrdeutig. Wenn sie sich auf die Art und Weise des im Nebensatz bezeichneten Sachverhalts beziehen, stellen sie indirekte Fragesätze dar:

(13)   a.   und die Besucher können zusehen, wie ein Jet enteist wird. [Der Tagespiegel 19. 05. 2005]
       b.   Auf dem Krongut Bornstedt kann man schönes Kunsthandwerk kaufen. Und zuschauen, wie es entsteht. [Der Tagespiegel 5. 12. 2004]

Die *wie*-Sätze schließen aber nicht immer nur einen offenen Parameter, fragen nicht nur nach der Art, in der sich der im Nebensatz beschriebene Sachverhalt abspielt, sondern können genau wie *dass*-Sätze der unmarkierten Wahrnehmungsverben den Sachverhalt als Faktum bezeichnen. *Wie* kann dann kaum durch „auf welche Art" ersetzt werden. Sie sind dann eher als indirekte Aussage- denn als indirekte Fragesätze anzusehen oder sie sind in dieser Hinsicht ambig, enthalten aber stets das Merkmal der Simultaneität und der zeitlichen Erstreckung des Nebensatz-Sachverhalts:

(14) a. E. habe versucht, bei Ebay eine Tonbandaufnahme von Pink_Floyd zu kaufen und zuschauen müssen, wie der Preis auf 227 Dollar stieg. [Der Tagesspiegel 20. 11. 2004]
b. Die Vereinten Nationen ... müssen zusehen, wie Kosovo-Albaner immer dann zur Bombe greifen, wenn ... Sie müssen zusehen, wie manche Serben immer dann Gewalt anwenden, wenn ... [Berliner Zeitung, 18. 08. 2003]
c. Zuzuschauen, wie andere über sein Lebenswerk verhandeln, muss für einen unerträglich sein, den seine Mitarbeiter „den Patriarchen" und seine Kinder „autoritär" nennen. Früher, da hat Ignaz Walter schon einmal zuschauen müssen, wie die anderen aufs Gymnasium gehen – und er in die Volksschule. Wie die anderen studieren, und er ... eine Lehre als Maurer macht. [Der Tagesspiegel 20. 1. 2005]

In diesen Belegen bezeichnet der Nebensatz den Sachverhalt als Ganzes als Objekt der aktiven Wahrnehmung, nicht die Art seines Verlaufs. Insbesondere bei (c) geht es nicht darum, auf welche Weise die anderen aufs Gymnasium gehen und studieren, sondern um das Faktum, dass sie das können und er nicht.

Zimmermann (1991: 117) betrachtet dieses nicht-adverbielle *wie*, dem sie die Merkmale „definit" und „deskriptiv" zuschreibt, daher hier wie *dass* als subordinierende Konjunktion, die „mit Fragen und Fragesätzen nichts zu tun" habe. Das Phänomen des „complementizer-like *how*" ist verbreitet, s. Haegeman/Nye (2012).[7]

2.3 Satzwertige Infinitivphrasen

Satzwertige Infinitivphrasen scheinen zumindest bei *zustimmen* unproblematisch. Sie weisen dann Subjektkontrolle auf. Die Frage ist jedoch durch weitere Recherchen zu klären. Das folgende Beispiel wirkt elliptisch, zu ergänzen um *dem Vorschlag* o. ä.:

(15) a. ?Sie stimmte zu, sich begleiten zu lassen.
b. *Sie widersprach, sich begleiten zu lassen.
c. In ihrem eignen Gefühl war nichts, was dem widersprach, mit beiden das Leben zu teilen, weil jeder ihr etwas war, was der andre nicht sein konnte. [DWDS K-Be 1903]

---

[7] Das Phänomen existiert Haegeman/Nye (2012) zufolge in germanischen, romanischen, slawischen und finno-ugrischen Sprachen.

Der letzte Korpusbeleg ist insofern interessant, als er ambige Kontrolle aufweist: Das fehlende Subjekt des Infinitivs ist hier nicht identisch mit dem Subjekt oder Objekt des übergeordneten Satzes, sondern muss aus dem Kontext erschlossen werden, hier aus dem Possessivpronomen *ihrem*, das dann *sie* als PRO-Subjekt ergibt.

Beide Beispiele sind nicht voll akzeptabel. In (a) sollte das Matrixsatz-Verb durch *akzeptierte*, in (c) durch *was nicht dafür sprach* ersetzt werden. Dagegen ließen sich bei zwei weiteren Verben mit abstrakter Bedeutung, mit Oppenrieder (2006: 911) „semantische Prädikate", Belege finden,[8] die wohl als selten einzustufen sind:

(16) Ihr ganzes Sinnen und Streben gilt, ihrem Altvorderen zu gefallen. [IDS-Korpus, Oberösterreich. Nachrichten 1996]

(17) a. Nichts steht entgegen, nur für einen der Erben zu sorgen. [T. Finkenauer: Vererblichkeit und Drittwirkungen der Stipulation im klassisch-römischen Recht, 2010, 189]
b. Warum wird die Johannestaufe nur einmalig durchgeführt, oder was steht dem entgegen, sie regelmäßig zu wiederholen? [K.H.Ostmeyer: Taufe und Typos, 2000, 94]

Bei *zusehen* löst eine Infinitivkonstruktion die Bewirken-Lesart aus, ist hier also nicht von Belang:

(18) Ich muss zusehen, pünktlich zu sein.

2.4 Abhängige Verbzweitsätze

Problematich sind auch abhängige Verbzweitsätze. Bei den folgenden (konstruierten) Beispielen ist fraglich, ob hier nicht Ellipsen vorliegen, für (a) also „und sagte" zu ergänzen ist, und ob der zweite Satz von (b) und (c) tatsächlich abhängig, also eingebettet und nicht vielmehr ein selbständiger Hauptsatz ist, Asyndese also vorliegt.

(19) a. Er stimmte zu, er würde sie begleiten.
b. Wir stimmen zu, du kommst mit.
c. Wir sahen zu, das Schiff ging unter.

---

8 Für diese Belege danke ich Kerstin Schwabe.

2.5 Freie Relativsätze

Freie Relativsätze referieren im Gegensatz zu Subjunktionalsätzen nicht auf Sachverhalte, sondern auf Entitäten. Sie sind „gegenstandsfundiert" (ZHS 1997: 1460). Per definitionem haben sie kein Bezugselement im Matrixsatz. Da sie ebenso wie ihr nicht realisiertes Bezugselement Personen bezeichnen, so sind auch dativische Freie Relativsätze problemlos möglich:

(20) a. Wem Gott ein Amt gibt, gibt er auch Verstand.
 b. Wem du da begegnest, musst du helfen.
 c. Ich helfe nur, wem ich vertrauen kann.

Im Hauptsatz ist ein Dativobjekt zu ergänzen (*demjenigen gibt er auch Verstand*), das zeigt, dass der Relativsatz, der sich auf dies Pronomen bezieht, hier dessen Position besetzt.

Aufgrund der Rektionsgradienz gibt es allerdings nur wenig Möglichkeiten, einen Freien Relativsatz als Dativobjekt zu realisieren. Die Rektionsgradienz verlangt, dass das den Relativsatz eröffnende Relativpronomen entweder im selben Kasus wie das ausgelassene Bezugselement, s. die Beispiele (20) oben, oder in einem hierarchisch niedrigeren Kasus steht. Da der Dativ auf dieser Hierarchie niedriger als Nominativ und Akkusativ steht, kommen also nur Genitiv- und Präpositions-Objekte in Frage. Nach ZHS (1997: 1472) existieren derartige Belege nicht, konstruierte Beispiele überzeugen nicht:

Akk>Akk: Sie lädt ein, wen sie will.
Akk>Dat: Sie bestimmt, wem sie helfen will.
Dat>Akk: *Er hilft, wen er kennt.
Dat>Gen: ?Er half, wessen er sich erinnerte.
Dat>Präp: ?Er stimmt zu, wozu man ihn auffordert.

2.6 Adverbiell eingeleitete Sätze

Einen Grenzfall stellen adverbiell, mit *wenn* und *als* eingeleitete Sätze dar, die Pittner (in diesem Band) als Zwittererscheinung bezeichnet, da sie zusätzlich zu ihrer adverbiellen Funktion für die inhaltliche Füllung der Objektstelle sorgen. Gemeint sind Sätze an der Stelle des Akkusativ-Objekts wie

(21) a. Ich hasse es, wenn er mich so ansieht.
 b. Sie fanden es toll, als er gewann.

Es soll geprüft werden, ob die folgenden Beispiele entsprechend als Dativ-Objektsätze gelten können.

(i) mit *wenn*:

(22) a. Die USA würden nicht tatenlos zusehen, wenn diese Staaten versuchten, die USA mit Massenvernichtungswaffen zu bedrohen, [BZ 31. 12. 2002]
b. Wir werden nicht tatenlos zusehen, wenn der Sozialstaat zum Abbruch freigegeben wird [BZ 1. 9. 2003]
c. Aber er (= der Staat) darf nicht zusehen, wenn seinem Gewaltmonopol einzelne ihre Gewalt entgegenhalten. [BZ 3. 5. 2001]

(ii) mit *als*:

(23) a. Um die Arbeitszeitverkürzung durchzudrücken, akzeptierte die IG Metall 1987 sogar einen drei Jahre laufenden Tarifvertrag. Sie mußte dann tatenlos zusehen, als die Konjunktur weiter boomte und die Gewinne explodierten. [DIE ZEIT, 23. 02. 1990]
b. Hätten sie (= die Patres) zusehen sollen, als die Großgrundbesitzer die Hütten der Bauern, ihrer Gemeindeglieder, räumen ließen. [DIE ZEIT, 08. 10. 1982]

Bei den Adverbialsätzen in der Funktion des Akkusativobjekts kann deren Funktion relativ eindeutig geklärt werden, denn ohne die Nebensätze wären diese Sätze ungrammatisch. Zudem wird bei Linksversetzung auf den Nebensatz durch ein akkusativisches Korrelat *es/das* hingewiesen.

(21) a'. Wenn er mich so ansieht, (dann) hasse ich *(es/das).
b'. Als er gewann, (da) fanden sie *(es/das) toll.

Im Gegensatz zu den Akkusativobjektsätzen muss bei den dativischen kein Korrelat auftreten, da die Dativobjekte fakultativ sind, bei Linksversetzung ist aber eines möglich:

(22) b'. Wenn der Sozialstaat zum Abbruch freigegeben wird, (dann) werden wir (dem) nicht tatenlos zusehen.

Pittner (in diesem Band) gesteht den Nebensätzen in (21) die Funktion als Komplementsatz zu, obwohl die Möglichkeit der Wiederaufnahme des vorangestellten Satzes mit *dann, da* oder *so* auf den adverbiellen Charakter des eingebetteten Satzes hindeute. Eisenberg (1999: 335) spricht von einem „Kollaps von adverbialer und Ergänzungsfunktion" und wertet diese adverbiell eingeleiteten Sätze als Komplementsätze, wenn sie durch das obligatorische Korrelat *es* angekündigt werden. (1999: 320).

Für die *wenn*- und die *als*-Sätze in der Funktion als Dativobjekt ist die Frage ihres Status weniger eindeutig zu beantworten. Sie können als konditionale oder temporale Adverbialsätze interpretiert werden, die die Bedingung oder den Zeitpunkt angeben, zu dem der im Matrixsatz beschriebene Sachverhalt eintrat bzw. nicht eintreten darf. In syntaktischer Hinsicht sind die Matrixsätze nicht unvollständig, denn die Dativobjekte sind fakultativ, folglich ist das Korrelat *dem* nicht obligatorisch (*wir sehen zu* – *ich hasse). Während das Korrelat *es* zu schwach ist, die Akkusativ-Objektstelle zu füllen und deshalb die Verben einer „nicht-kanonischen Argumentsättigung" (Reis 1997) bedürfen, ist dies bei den Dativ-Verben nicht nötig. Sie können hier als einstellig und die Nebensätze als normale Adverbialsätze interpretiert werden. Jedoch gilt in semantischer Hinsicht für diese Matrixsätze ebenfalls, dass sie „ohne eine Spezifizierung des ... Arguments in ihrem Kontext uninformativ, weil unvollständig wären" (Pasch 2003: 383). Mangels eines anderen Ausdrucks für das Argument übernimmt der *wenn*- oder *als*-Satz diese Funktion: Er gibt nicht nur den Zeitpunkt an, zu dem der Sachverhalt des Matrixsatzes stattfindet, sondern zugleich das Objekt, auf das sich die Handlung des Zusehens richtet. Die in Reis (1997: 142) angeführten Bedingungen dafür, solche Nebensätze als Objektsätze zu klassifizieren, erfüllen sie alle: Der Nebensatz „erlaubt eine Interpretation, die die semantischen Restriktionen für das noch offene Argument erfüllt, (...) er steht in direktem ko-textuellen Zusammenhang zum Prädikat und gehört der gleichen FHG-Domäne an". Wenn ergänzende wenn-Sätze „auch ohne Vermittlung durch anaphorisches *es/das* als Erfüller des propositionalen (Akkusativ)Arguments fungieren" können (Reis 1997: 141), so muss dies auch für die *wenn*- und *als*-Sätze gelten, die die Stelle von Dativargumenten besetzen.

3 Korrelate

Bei den Wahrnehmungsverben besteht ein generelles Problem hinsichtlich des Korrelats: Keiner der im DWDS gefundenen Belege enthält ein dativisches *dem*, einige enthalten das Korrelat *dabei* und sind folglich bereits als Präpositional-Objektsätze zu klassifizieren:

(24) Die Besucher konnten dabei zuschauen, wie mit historischen Geräten Flachs zu Leinen verarbeitet wurde. [PNN 25. 4. 2005]

Die folgende Diskussion der Korrelate berücksichtigt daher nur die Korrespondenzverben.

Sehr häufig wird der bejahte oder abgelehnte Sachverhalt als Gegenstand einer Meinung, einer Idee, eines Konzepts o. ä. dargestellt. Bei den beiden hier betroffenen Verben erscheint demzufolge häufig ein Bezugsnominal als Dativobjekt, das den im Nebensatz ausgedrückten Sachverhalt als Attribut einbettet, anders gesagt, der Nebensatz spezifiziert, um welche Meinung, Idee etc. es geht.

Es ist zweifelsfrei, dass der Nebensatz in (25) das Attribut eines solchen Bezugsnominals, hier *der Interpretation*, bildet:

(25) Würden Sie der Interpretation zustimmen, dass die FDP mit diesem Verfahren immer auch das Signal an die Union gegeben hat [DWDS: Tagesspiegel, 7. 3. 2004]

In zahlreichen Belegen aus den Zeitungstexten, bei *zustimmen* in mehr als der Hälfte, findet sich aber kein Bezugsnominal, folglich muss der Nebensatz als Verbkomplement gelten. Problematisch ist die Klassifizierung nun bei den Belegen, in denen dem Nebensatz eine Pro-Form, das Pronomen *dem*, vorausgeht.

Für die meisten Belege mit overtem Bezugsausdruck *dem* stellt sich die Frage genau wie bei den anderen Komplementsätzen, ob es sich bei diesem um ein Korrelat und bei den Nebensätzen folglich um Objektsätze handelt, ob sie also die Argumentstelle des Prädikats, das Dativobjekt, besetzen, oder ob es sich um Attribute zu diesem Bezugsausdruck handelt, genau wie in den Beispielen, in denen eine volle NP den Bezugsausdruck darstellt. *Dem* wäre dann kein Korrelat, sondern Bezugselement und Kopf einer Attributkonstruktion.

Das Korrelat ersetzt die fehlende formale Markierung am Komplementsatz, indem es den vom Matrixprädikat geforderten Kasus (bzw. die Präposition) anzeigt. Seine Funktion ist eine rein formale, die Interpretation erleichternde, nämlich die vom Verb für die betreffende Argumentstelle geforderten morphosyntaktischen Merkmale anzuzeigen, die ja an satzförmigen Ausdrücken nicht erscheinen können, und damit die syntaktische Funktion derselben zu verdeutlichen.

Als Dekodierungshilfe werden deshalb die formalen Merkmale möglichst früh an einem phonologisch „möglichst schwachen Träger" (Oppenrieder 2006) realisiert, denn die eigentliche „semantische Abbindung" der Valenzstelle erfolgt ja mit dem Nebensatz. Da ein vorangestellter Nebensatz die entsprechende Argumentstelle vollständig abbindet, kann in diesem Fall kein Korrelat auftreten, womit sich das ausschließliche Auftreten derselben bei nachgestellten Nebensätzen erklärt.

Als Korrelat für Dativ-Objektsätze fungiert das Pronomen im Dativ *dem*. Dieses tritt allerdings, zumindest in Zeitungstexten, nicht regelmäßig auf, mehr als die Hälfte der Belege für *zustimmen* in einem DWDS-Korpusausschnitt von 90 Sätzen enthält kein Korrelat. Es mag fraglich sein, ob die Sprecher in allen diesen Fällen mit dem *dass*-Satz ein Dativ- oder ein Akkusativkomplement realisieren, es steht aber außer Frage, dass der *dass*-Satz dann, wenn kein Korrelat vorhanden ist, die Argumentstelle des Verbs besetzt.

Das Nebeneinander von Korrelat und Nebensatz an derselben Argumentstelle ist zwar für die Dekodierung des Satzes eine Hilfe, für die Grammatiktheorie aber ein Problem. Denn der allgemeinen Auffassung, dass eine Argumentstelle nur einmal besetzt werden kann, widerspricht das Nebeneinander von Korrelat und Nebensatz. Die Frage ist, wer die Argumentstelle besetzt, das Korrelat, der Nebensatz oder beide zusammen?

Diese Frage ist entscheidend für den Status der Nebensätze: Wenn das Korrelat die Argumentstelle besetzt, sind die Nebensätze Attribut zu diesem und nur Gliedteilsätze, wenn dagegen der Nebensatz die Argumentstelle besetzt, sind sie Gliedsätze.

Diese Frage wird unterschiedlich beantwortet (eine Übersicht findet sich in ZHS 1997: 1488ff). Helbig/Buscha (2007: 670) betrachten das Korrelat als eigentliche Besetzung der Argumentstelle: „Alle Nebensätze sind Hinzufügungen zu einem entsprechenden Korrelat, sie können als Attributsätze im weitesten Sinne des Wortes angesehen werden."

Als Kriterium dafür, ob ein Pro-Wort Korrelat (bzw. Platzhalter) oder Bezugselement für ein Attribut ist, ist die Betonbarkeit und die Stellung relevant.

Da die Pro-Wörter rein formale Platzhalter für nachgestelle Nebensätze sind, dürfen sie nach Oppenrieder (2006: 908) nicht betonbar und nicht fokussierbar sein, sollten in dieser Funktion nur die „schwächstmöglichen" Ausdrücke auftreten. Diese Bedingung erfüllt aber nur *es*, das Korrelat für Subjekt- und Akkusativ-Objektsätze. Pittner (in diesem Band) zeigt jedoch, dass auch das betonbare *das* als Korrelat auftreten kann. Das bei Dativ-Objektsätzen auftretende Pronomen *dem* ist zweifellos betonbar. Es wäre demnach kein Korrelat, obwohl es der „schwächstmögliche" Ausdruck für ein Dativobjekt ist, sondern Bezugselement, der Nebensatz sein Attribut.

Eisenberg (1999: 320) führt als weiteres Kriterium die größere Formspezifik der genitivischen und dativischen Pro-Formen an. Danach sind *dessen* und *dem* weniger als Korrelate grammatikalisiert, da formal spezifischer als *es*, und deshalb „wohl als Kerne von Attributkonstruktionen anzusehen". Formal spezifischer und betonbar sind aber auch die Pronominaladverbien *darauf, daran* etc., die auf Nebensätze in der Funktion von Präpositionalobjekten hinweisen. Für sie wird (von Breindl 1989: 157f) nicht die Betonbarkeit, sondern die Betonung als Kriterium herangezogen. Ist der pronominale Teil (*dar-*) betont, gilt es als Bezugsausdruck, der Nebensatz als Attribut, ist dagegen die Präposition (schwach) betont, liegt ein Korrelat vor:

(26) a. DArüber, dass du kommst, freuen wir uns.
    b. Wir freuen uns daRÜber, dass du kommst.

Mein Vorschlag orientiert sich an der Unterscheidung der Pronominaladverbien nach ihrer Akzentuierung, denn auch das für Dativ-Objektsätze eintretende Pro-Wort *dem* kann akzentuiert oder nicht akzentuiert auftreten. Man kann also argumentieren, dass *dem* nur dann als Korrelat anzusehen ist, wenn es nicht betont ist, oder umgekehrt, dass es dann als Kopf einer Attributkonstruktion gilt, wenn es betont ist. Stellungskriterium und Betonung ergänzen sich, die Akzentuierung des Pronomens lässt sich aus seiner Stellung ablesen.

Auch für Pittner (in diesem Band) ist die Stellung im Vorfeld entscheidend für den Ausschluss eines Pro-Worts als Korrelat. Da topikalisierte Elemente in der Regel akzentuiert sind, können Korrelate nicht zusammen mit dem jeweiligen Nebensatz im Vorfeld erscheinen, Bezugselemente dagegen sehr wohl:

(27) a. *Es, wer verdächtig ist, war von vornherein klar.
 b. Dessen, dass sie Adoptivkinder waren, waren sie sich immer bewusst.
 c. Wir waren uns dessen ja immer bewusst, dass wir Adoptivkinder waren.

Dessen kann also im Vorfeld stehen, ist dann betont und also kein Korrelat. Zumindest für *dessen* besteht wie für die Pronominaladverbien die Möglichkeit, dass es im Mittelfeld steht und dann keinen Akzent trägt. Wegener (in diesem Band) schlägt vor, dass vorangestelltes und dann betontes *dessen* als Bezugselement, im Mittelfeld stehendes und unbetontes aber als Korrelat anzusehen ist. Das gilt besonders dann, wenn *dessen* in Distanzstellung zum Nebensatz steht (27c).

Zu untersuchen ist, ob auch für *dem* ein Unterschied in der Akzentuierung festgestellt werden kann. Dazu sollen einige der Belege aus 2.1 analysiert werden.

Soweit dies für die angeführten Belege feststellbar ist, scheint *dem* in den meisten Fällen betont zu sein. Die Betontheit oder Akzentuierung lässt sich an seiner Stellung im Satz ablesen. Betont ist das Pronomen zweifellos in (28), wo es im Fokus von *auch* steht:

(28) Er mußte auch dem zustimmen, daß seine Absichten, für immer und ewig Haushaltsdisziplin durchzusetzen, verwässert wurden.

In fast allen Belegen in 2.1 steht das Pronomen möglichst nah beim Nebensatz: *stimme dem zu, dass ...*, wie es für Attribute und ihre Bezugselemente zu erwarten ist. Das gilt selbst dann, wenn die Abfolge der Satzglieder dann nicht optimal ist wie in:

(29) Ich habe gestern abend ausdrücklich dem widersprochen, daß die Anregung ...

Nach den allgemeinen Abfolgeregeln stehen Dativobjekte, insbesondere Pronomen, links vor Temporalangaben und Modal- oder Satzadverbien. Wenn sie nicht betont werden sollen, wäre folgende Abfolge zu erwarten:

(29') Ich habe dem gestern abend ausdrücklich widersprochen, daß ...

Nach den Abfolgeregeln ‚Pronomen vor Nomen' und ‚kurze Satzglieder vor langen Satzgliedern', ‚definit vor indefinit' ist auch in folgenden Belegen die Abfolge markiert, was sich zeigt, wenn wir die Verben durch ein neutrales Dativverb wie *sagen* ersetzen:

(30) a. da hat entweder er selbst oder die nächsten Angehörigen dem zugestimmt, ...
 b. so habe ich definitiv niemals dem zugestimmt, dass ...
 c. Ich glaube es hat hier nie jemand dem widersprochen, dass man damit ...

statt

(30) a'. da hat dem entweder er selbst oder die nächsten Angehörigen gesagt, dass ...
 b'. so habe ich dem definitiv niemals gesagt, dass ...
 c'. Ich glaube, dem hat hier nie jemand gesagt, dass ...

Nur in einem Beleg ist *dem* durch zwei Wörter vom Nebensatz getrennt, allerdings grammatisch bedingt, und nicht betont. Dieser Beleg ist noch in anderer Hinsicht interessant, denn hier ist der *dass*-Satz zugleich Objekt von *darauf bestehen*. Das Pronominaladverb, betont als *darAUF*, ist hier Korrelat, der Nebensatz also Objekt des Matrixverbs, und als Objekt ist dann auch die Relation zum 2. Matrixverb *zustimmen* zu werten. Die Koordination zweier Matrixprädikate, von denen eines einen Komplementsatz fordert, begünstigt hier die Interpretation dieses Nebensatzes auch hinsichtlich des anderen Verbs als Komplementsatz, und das heißt als Dativobjekt.

(31) Kwasniewski hatte schon vor Wochen darauf bestanden und Miller hatte dem zustimmen müssen, dass Polen ...

Dem ist also in den Belegen fast stets betont, ja sogar fokussiert, steht möglichst nah beim Nebensatz, der zu ihm in einer Attributrelation steht. Es gibt jedoch (schon?) einige wenige Belege, in denen *dem* unbetont, und nicht wenige Belege, in denen es gar nicht realisiert ist.

Das Ergebnis ist, dass *dem* in der Regel nicht als Korrelat, sondern als Bezugselement einer Attributkonstruktion zu werten ist, dass der Nebensatz folglich keinen Objektsatz, sondern das Attribut zu *dem* darstellt. Als Korrelat kann es nur in den seltenen Fällen gelten, wo es unbetont und in Distanzstellung zum Nebensatz auftritt.

Der Nebensatz fungiert aber nicht nur dann als Repräsentant des Dativobjekts, sondern auch in den zahlreichen Fällen, wo er ohne Bezugsausdruck allein die Objektstelle besetzt. Das gilt für die Mehrheit der *dass*-Sätze bei den Korrepondenzverben und die ausnahmslos ohne Korrelat auftretenden *wie*-Sätze bei den aktiven Wahrnehmungsverben, und schließlich auch für die adverbiell eingeleiteten *wenn*- und *als*-Sätze.

Die Frage, welches Satzglied die Argumentstelle besetzt, kann für die Dativobjektsätze im Gegensatz zu den Akkusativ- und Genitivobjektsätzen nicht mit „beide" beantwortet werden, sondern mit „entweder der Nebensatz oder das Pronomen". Wie die Daten insgesamt zeigen, ziehen es die Sprecher aber im ersteren Fall vor, im Matrixsatz gar kein Korrelat zu realisieren.

4 Mögliche Entwicklung

Die große Zahl von Belegen aus Zeitungstexten, die ohne Korrelat auftreten, sowie die Belege, die (noch) ungrammatisch wirken, weil die Sprecher bestimmte Restriktionen hinsichtlich der satzeinleitenden Subjunktion nicht beachten, lassen hinsichtlich der Entwicklung von Dativobjektsätzen und ihres Korrelats spekulative Überlegungen zu.

Offensichtlich erweitern die wenigen betroffenen Verben derzeit ihre syntaktischen Konstruktionsmöglichkeiten um Komplementsätze mit bisher nicht selegierten Subjunktionen. Ein Korrelat ist dafür, wie auch andere Komplementsätze zeigen, nicht unbedingt notwendig. Dabei könnten die Sprecher Dativ-Objektsätze zunehmend wie unmarkierte Akkusativ- oder Präpositionalobjektsätze dekodieren und realisieren, z.B. mit *was* oder *wobei* erfragen. Die formal nicht spezifizierten Objektsätze könnten somit einen Rektionswandel dieser Verben befördern. Die Gefahr, dass ein solcher Rektionswandel dann auch die nominalen Objekte erfasst, wie dies beim Genitivobjekt geschah (s. Ebert 1978: 51 und Artikel 18), besteht beim Dativobjekt nicht, da dieses durch seine starke Eigensemantik, die sich in Restriktion auf belebte Wesen zeigt, vor einer solchen Anpassung geschützt ist. Zumindest für dreistellige Verben besteht für das Muster *jmdm etwas V* Produktivität (s. Wegener 1991: 76f.).[9]

Wenn die Sprecher sich bestimmter semantischer Merkmale wie dem der Simultaneität der in Haupt- und Nebensatz bezeichneten Sachverhalte bei den aktiven Wahrnehmungsverben oder dem des Wahrheitswertes der Nebensätze bei den Koorespondenzverben nicht mehr bewusst sind, so ist es letztlich nur konsequent, wenn sie diese Verben in einer größeren Zahl von Konstruktionen

---

[9] Die Produktivität zeigt sich beim Rektionswandel von Akk-Gen zu Dat-Akk (mit der eventuellen Zwischenstufe Akk-Akk): *Jmdn seines Wunsches gewähren, seines Vertrauens versichern* > *jmdm seinen Wunsch gewähren, sein Vertrauen versichern*, bei Argumenterhöhung: *etwas / jmdn lehren, lohnen* > *jmdm etwas lehren, lohnen*, und schließlich bei Neubildungen: *jmdm den Hof begrünen, die Brezel bebuttern, eine Nachricht mailen, faxen, „Nogger dir einen"*.

verwenden – und sie damit den unmarkierten Verben annähern, auch wenn dadurch die spezifische Semantik dieser Verben und ihrer Dativobjektsätze verlorengeht.

Das Nicht-Auftreten des Korrelats *dem* in so vielen Belegen könnte bedeuten, dass dies Pronomen nicht weniger als Korrelat grammatikalisiert ist als *es*, sondern ganz im Gegenteil mehr, nämlich bis zur Nullform, die bekanntlich den Endpunkt einer Grammatikalisierung darstellt. Ein solcher Sprung in der Entwicklung ließe sich dadurch erklären, dass es für Subjekt- und Akkusativobjektsätze neben dem betonbaren Pronomen *das* die unbetonbare Form *es* gibt, eine solche Reduktionsform aber für *dem* nicht existiert. Die Entwicklung ginge also vom *dass*-Satz, der Attribut eines Bezugsnominals oder Bezugselements ist, direkt zum Objektsatz, ohne Zwischenstufe mit verweisendem Korrelat.

5 Literatur[10]

Breindl, E. (1989): Präpositionalobjekt und Präpositionalobjektsätze im Deutschen. Tübingen: Niemeyer.

Deutsches Universalwörterbuch (2001): Duden. Deutsches Universalwörterbuch. 4. Aufl. Hg. von der Dudenredaktion. Mannheim: Dudenverlag.

Duden-Grammatik (2009): Duden. Die Grammatik. Unentbehrlich für richtiges Deutsch. 8. Aufl. Hg. von der Dudenredaktion. Mannheim: Dudenverlag.

Ebert, R.P. (1978): Historische Syntax des Deutschen. Stuttgart: Metzler

Haegeman, L./Nye, R. (2012): Declarative *how*: Factivity, Referentiality and D-linking. Vortrag am ZAS Berlin 13.4.2012

Helbig, G./Buscha, J. (2007): Deutsche Grammatik. Ein Handbuch für den Ausländerunterricht. Berlin: Langenscheidt.

Hentschel, E./Weydt, H. (2003): Handbuch der deutschen Grammatik. Berlin: de Gruyter.

Öhl, P. (2007): Unselected Embedded Interrogatives in German and English. S-Selection as Dependency Formation. In: Linguistische Berichte 212, 403–437.

Oppenrieder, W. (2006): Subjekt- und Objektsätze. In: Ágel, V./Eichinger, L.M./Eroms, H.W./Hellwig, P./Heringer, H.J./Lobin, H. (Hgg.), Dependenz und Valenz. Ein internationales Handbuch zeitgenössischer Forschung, 2. Halbband. Berlin: de Gruyter, 900–913.

Pasch, R./Brauße, M./Breindl, E./Weißner, M.H. (2003): Handbuch der deutschen Konnektoren. Berlin: de Gruyter.

Reis, M. (1997): Zum syntaktischen Status unselbständiger Verbzweit-Sätze. In: Dürscheid, C./Ramers, K.-H./Schwarz. M. (Hgg.), Sprache im Fokus. Festschrift für Heinz Vater zum 65. Geburtstag. Tübingen: Niemeyer, 121–144.

Vater, H. (1975): Wie-Sätze. In: Braunmüller, K./Kürschner, W. (Hgg.), Grammatik. Akten des 10. Linguistischen Kolloquiums. Tübingen: Niemeyer, 209–222.

Wegener, H. (1985): Der Dativ im heutigen Deutsch. Tübingen: Narr.

---

10 Siehe auch die ausführliche Literaturliste in Artikel 20 in diesem Band.

Wegener, H. (1991): Der Dativ – ein struktureller Kasus? In: Fanselow, G./Felix, S. (Hgg.), Strukturen und Merkmale syntaktischer Kategorien. Tübingen: Narr, 70–103.
Wunderlich, D. (1976): Studien zur Sprechakttheorie. Frankfurt/Main: Suhrkamp.
[ZHS] vgl. Zifonun, G. et al. (1997).
Zifonun, G./Hoffmann, L./Strecker, B. et al. (1997): Grammatik der deutschen Sprache. 3 Bde. Berlin: de Gruyter.
Zimmermann, I. (1991): Die subordinierende Konjunktion ‚wie'. In: Reis, M./Rosengren, I. (Hgg.), Fragesätze und Fragen. Tübingen: Niemeyer, 113–122.

Heide Wegener

20 Akkusativobjektsätze

1 Einleitung
2 Die verschiedenen Typen der Akkusativobjektsätze
3 Korrelate
4 Stellungseigenschaften
5 Literatur

1 Einleitung

Akkusativobjektsätze füllen die Valenzstelle bzw. Argumentstelle eines direkten Objekts. Sie werden daher zu den Komplementsätzen (Ergänzungssätzen) oder Argumentsätzen gerechnet, und aufgrund ihrer Satzgliedfunktion auch als Gliedsätze bezeichnet.

(1) a. Sie weiß die Antwort auf die Frage.
 b. Sie weiß, dass dies die Antwort auf die Frage ist. (Akkusativobjektsatz)

Als Akkusativobjektsatz können verschiedene Satztypen auftreten. Nach der Art des Einleitungselements unterscheidet man Subjunktionalsätze (durch *dass* und *ob* eingeleitet), w-Sätze (durch w-Interrogativa eingeleitet), freie Relativsätze (durch w- und d-Relativa eingeleitet) sowie adverbiell eingeleitete Sätze (durch *wenn* oder *als* eingeleitet). Uneingeleitete Realisierungsformen sind satzwertige *zu*-Infinitivphrasen und Verbzweitsätze.

(2) *dass*-Satz: Sie weiß, dass er kommt.
 ob-Satz: Ob das zutrifft, kann sie nicht wissen.
 w-Satz: Sie konnten ermitteln, wer der Täter war.
 freier Relativsatz (durch w- oder d-Element eingeleitet): Er macht, was er will.
 adverbiell eingeleitete Sätze: Sie finden es gut, wenn er singt.
  Sie fanden es bemerkenswert, als er das Rennen gewann.
 satzwertige *zu*-Infinitivphrase: Alle versprachen ihnen zu helfen.
 abhängiger Verbzweitsatz: Sie meinte, sie hätten genug getan.

Zunächst werden die verschiedenen Realisierungsformen der Akkusativobjektsätze und ihre Beziehungen zu den regierenden Prädikaten im übergeordneten Matrixsatz beleuchtet. In einem zweiten Schritt wird die Rolle der Korrelate behandelt, bevor abschließend auf die Stellungseigenschaften eingegangen wird.

2 Die verschiedenen Typen der Akkusativobjektsätze

Ob anstelle eines Objekts in Form einer Nominalphrase im Akkusativ ein Satz auftreten kann und in welchen Realisierungsformen dieser Satz erscheinen kann, wird weitgehend vom regierenden Prädikat im übergeordneten Satz (dem Matrixsatz) festgelegt, d.h. die möglichen Satztypen werden vom Matrixprädikat selegiert. Im Wesentlichen wird die Selektion bestimmter Satztypen an der Stelle eines Akkusativobjekts durch semantische Eigenschaften des Matrixprädikats gesteuert.

2.1 Subjunktionalsätze

Dass und *ob* sind Subjunktionen (auch Subjunktoren, Komplementierer genannt), die Nebensätze in Komplementfunktion einleiten und Verbendstellung auslösen. Subjunktionen sind reine Satzeinleiter, die im Gegensatz zu satzeinleitenden Interrogativa und Relativa keine Satzgliedfunktion im Nebensatz ausüben.

Obwohl *dass* und *ob* im Gegensatz zu adverbiellen Subjunktionen wie *weil*, *wenn*, *obwohl* etc. relativ bedeutungsarm sind, sind sie doch nicht semantisch leer. *Dass* ist die semantisch neutralste Subjunktion, sie setzt die Proposition als faktisch an. *Dass*-Sätze können somit als das abhängige Gegenstück eines Aussagesatzes gelten. *Ob* dagegen lässt den Wahrheitswert der eingebetteten Proposition offen. *Ob*-Sätze entsprechen damit in ihrem propositionalen Gehalt Entscheidungsfragesätzen, in denen das Zutreffen der Proposition offen gelassen wird. Oppenrieder (1991, 2006) erfasst den Unterschied zwischen *dass*- und *ob*-Sätzen mit dem Merkmal [± geschlossen]. *Ob*-Sätze werden wegen des offenen Wahrheitswertes auch als indirekte bzw. abhängige Fragesätze bezeichnet (s. dazu den nächsten Abschnitt).

Freywald (2008) beobachtet, dass nach *dass*-Sätzen in der gesprochenen Sprache nicht immer Verbendstellung auftritt, sondern dass auch Verbzweitstellung zu finden ist.

(3) ich weiß, dass herr LAACK hat eine STIFtung gegründet. (ARD, Talkshow Sabine Christiansen, Bsp. bei Freywald (2008: 247), in ihrer Notation wiedergegeben)

Sie argumentiert dafür, dass in dieser Verwendungsweise der Konnektor *dass* nicht als Subjunktion, sondern als Assertivmarker verwendet ist, dem bestimmte Diskursfunktionen zukommen. Sie wertet *dass*-Sätze mit Verbzweitstellung als eigenständigen Strukturtyp, der eine pragmatische Aufwertung des *dass*-Satzes signalisiere und insbesondere dann auftrete, wenn der Matrixsatz entweder metakommunikative Funktionen wie Aufmerksamkeitssteuerung oder Rederechtsicherung ausübe oder aber epistemische, wertende, evidentielle Information enthalte. Mit der Verbzweitstellung gehen die üblichen Vorteile dieses Verbstellungstyps einher, wie ein durch topikale Konstituenten besetzbares oder kontrastiv akzentuiertes Vorfeld.

Ob-Sätze sind insofern eine Zwittererscheinung, als sie zum einen Subjunktionalsätze sind, zum anderen jedoch wegen ihres offenen Wahrheitswertes zusammen mit den w-Sätzen zu den abhängigen Fragesätzen gerechnet werden.

2.2 W-Sätze

W-Sätze werden durch w-Fragewörter (Interrogativa) eingeleitet, die entweder deklinierbar und somit Pronomina sind (z. B. *wer, was*) oder unflektierbar und zu den Adverbien zu rechnen sind (z. B. *wann, wie, wo, warum, wozu* etc.).

Während Subjunktionen nur satzeinleitende Funktion haben, füllen w-Wörter neben ihrer satzeinleitenden Funktion auch die Stelle eines Satzglieds oder Attributs im Nebensatz aus.

(4) a. Er wollte wissen, wer das getan hatte. (*wer* = Subjekt des Nebensatzes)
 b. Sie konnten nicht ahnen, wessen Rechte sie verletzt hatten. (*wessen* = Genitivattribut zu *Rechte*)

Wie *ob*-Sätze sind durch w-Fragewörter eingeleitete Sätze abhängige Fragesätze, wobei *ob*-Sätze mit ihrem offenen Wahrheitswert Entscheidungsfragen, w-Sätze mit der durch das w-Element markierten Leerstelle in der Proposition Ergänzungsfragen entsprechen.

Die Bezeichnung abhängiger („indirekter") Fragesatz sollte nicht dahingehend missverstanden werden, dass mit diesen Sätzen Fragehandlungen ausgeführt werden. Die Ähnlichkeit liegt nicht in der ausgeführten Sprechhandlung, sondern im propositionalen Gehalt. Wunderlich (1976) sieht die regierenden Prädikate in einer mehr oder weniger direkten Beziehung zu Fragesituationen. Als Fragesituationen gelten dabei alle Situationen, in denen sich Unklarheiten ergeben oder mehrere Möglichkeiten bestehen. Diese Situationen sind mit Zuständen der Unsicherheit und des Nichtwissens verbunden. Auf diesen Zustand kann eine Person mit einer sprachlichen oder nicht-sprachlichen Fragehandlung (Ausprobieren, Herumsuchen etc.) reagieren, aber sie muss es nicht. Die regierenden Verben im Matrixsatz unterteilt Wunderlich in folgende Klassen: Sie bezeichnen a) Frageäußerungen und Fragehandlungen (z. B. *fragen*), b) Zustände des Nicht-

Wissens (z.B. *vergessen, nicht wissen*), c) Zustände des Wissens (z.B. *wissen, sich sicher sein*), d) kognitive Prozesse (z.B. *überlegen, nachdenken*), e) Antwortäußerungen und Lösungen einer Frage (z.B. *antworten, mitteilen, erklären*) f) Indifferenzen (z.B. *es egal finden, es für unwichtig halten*).

Bis auf wenige Ausnahmen lässt das regierende Prädikat entweder sowohl *ob*- als auch *w*-Sätze als Ergänzung zu oder beide nicht. Dies kann mit einem gemeinsamen Merkmal dieser Sätze wie [– geschlossen] erfasst werden, so etwa Oppenrieder (2006), der den Unterschied zwischen *ob*- und w-Sätzen mit dem Merkmal [±w] erfasst.

Die Möglichkeit, einen abhängigen Fragesatz anzuschließen, wird jedoch nicht nur vom Matrixprädikat festgelegt. Bestimmte Verben lassen einen abhängigen Fragesatz zu, wenn sie negiert sind oder in einem Fragesatz auftreten (cf. Adger/Quer 2001). Verben, die im Kontext negativer Polarität *ob*-Sätze zulassen, sind immer faktive Prädikate, die Propositionen einbetten, die vom Sprecher als wahr vorausgesetzt werden (Kiparski/Kiparski 1970: 147). Dazu gehören *aufdecken, berichten, erwähnen, erraten, sagen, sehen, klar sein, merken, verstehen, wissen* ... Bei diesen Prädikaten ist auch ein *dass*-Satz möglich. Der Sprecher wählt einen Interrogativsatz, statt die Proposition mit *dass* als gegeben zu markieren, wenn einer der potentiellen Träger der propositionalen Einstellung (meist der Subjektsreferent) nicht den Wahrheitswert des eingebetteten Satzes kennt (Öhl 2007: 411). Öhl erfasst dies mit einem Q-Merkmal, das von pragmatischen Faktoren abhängig ist: „If a proposition does not belong to the common ground – which means there is no knowledge about its truth or falseness, this can be formally represented by Q operating on the truth variable." (Öhl 2007: 413f.) Er kommt daher zu dem Schluss, dass *ob* nicht primär ein Marker von eingebetteten Interrogativsätzen, sondern als lexikalische Repräsentation eines „nonveridikalen Operators" aufzufassen ist, der die Zuweisung eines Wahrheitswerts an den eingebetteten Satz verhindert. In allen Fällen von nonveridikalen Operatoren mit Skopus über faktive epistemische Prädikate treten nicht-wahrheitsbewertete Sätze optional auf, auch ein *dass*-Satz ist möglich.

(5) a. Er hat nicht gemerkt, ob/dass schon alle da waren.
    b. Hat er gemerkt, ob/dass alle da waren?

Bei einer kleinen Gruppe von Prädikaten ist ein *w*-Satz als Ergänzung möglich, ein *ob*-Satz hingegen nicht. Dazu gehört das Verb *aufzählen*, das aufgrund seiner Semantik eingebettete Entscheidungsfragen ausschließt (s. Oppenrieder 2006).

Zudem gibt es Verben, die *ob*-Sätze nur im Kontext negativer Polarität, aber w-Sätze auch in polaritätsneutralen Kontexten zulassen.

(6) a. ?Julia erkannte, ob der Barkeeper mit der Lösung zufrieden war.
   b. Julia erkannte nicht, ob der Barkeeper mit der Lösung zufrieden war.
   c. Julia erkannte, wer mit der Lösung zufrieden war.

Eine spezifische Klasse von epistemischen Prädikaten (sog. doxastische Verben) lässt nie einen *ob*-Satz zu, aber unter einem non-veridikalen Operator w-Sätze:

(7) a. Sie glaubt nicht, dass ich Hugo vorhin getroffen habe.
   b. Du glaubst nicht, wen ich vorhin getroffen habe!
   c. *Sie glaubt nicht, ob ich Hugo vorhin getroffen habe.

W-Sätze können in diesen Kontexten auftreten (s. 6c, 7b), weil sie in diesem Fall nicht Propositionen mit offenem Wahrheitswert bezeichnen, sondern die Besetzung der w-Variable im Kontext als bekannt vorausgesetzt werden kann, diese Sätze somit als [+ geschlossen] gelten können. Die Matrixprädikate bezeichnen epistemische Einstellungen (in der Regel des Subjektsreferenten). Da zu einer Frage keine epistemischen Einstellungen existieren können, ist das Auftreten von *ob*-Sätzen bei diesen Matrixprädikaten ausgeschlossen.

Wie bereits deutlich wurde, können w-Sätze nicht-interrogativ sein, das Merkmal [+w] ist nicht inhärent mit dem Satztyp Interrogativsatz korreliert (cf. Öhl 2007: 433). Wie Grimshaw beobachtet, können w-Sätze auch Exklamativsätze sein, bei denen die w-Variable determiniert ist (1979: 284). In diesen Sätzen benennt die Proposition einen extremen Punkt auf einer Vergleichsskala. Hier ist alternativ auch immer ein *dass*-Satz, jedoch häufig kein *ob*-Satz möglich:

(8) a. Peter jammerte, wie teuer die Miete für seine Wohnung ist.
   b. Peter jammerte, dass die Miete für seine Wohnung sehr teuer sei.

Auch diese Sätze können mit der Merkmalskombination [+w, + geschlossen] erfasst werden, die dafür verantwortlich ist, dass w-Sätze auch zu Matrixsätzen auftreten können, die keine *ob*-Sätze zulassen.

2.3 Freie Relativsätze

Freie Relativsätze haben im Gegensatz zu attributiven Relativsätzen kein Bezugselement im Matrixsatz. Sie können anstelle einer NP oder PP auftreten, ohne vom Matrixverb selegiert zu sein. Wenn sie durch w-Relativa eingeleitet sind, sind sie formgleich mit w-Sätzen. Während w-Sätze jedoch durch beliebige Fragewörter eingeleitet sein können (*sie wollte wissen, wer/wann/wo/wie/warum* etc.) bestehen für das Einleitungselement eines freien Relativsatzes bestimmte Restriktionen. Zum einen muss das Relativum den semantischen Restriktionen des Matrixprädikats für die Stelle, die es ausfüllt, genügen, wobei im Wesentlichen zwischen Person (*wer* in allen seinen Formen) und Sache bzw. Abstraktum (*was*) unterschieden werden kann.

(9) Sie lädt zu ihrer Geburtstagsfeier ein, wen/*was sie will.

Zudem bestehen auch bestimmte Beschränkungen im Hinblick auf den Kasus des Relativpronomens. Es muss entweder in der vom Verb für diese Stelle geforderten Kasusform[1] stehen (im Fall eines freien Relativsatzes als Akkusativobjekt also im Akkusativ) oder in einer Kasusform, die auf einer Kasushierarchie niedriger anzusiedeln ist, nämlich als Pronomen im Dativ oder als Pronominaladverb (cf. Pittner 1991, 2003, 2007).

(10) a. Sie lädt ein, wen sie schätzt.
b. Sie lädt ein, wem sie zu Dank verpflichtet ist.
c. ??Sie lädt ein, wer ihr genehm ist.
d. Sie macht, wozu sie Lust hat.

Freie Relativsätze benennen nicht Propositionen, sondern Entitäten wie Personen und Gegenstände. Bei w-Elementen geschieht dies in einer indefinit-generalisierenden Weise, während durch d-Elemente spezifischer referiert werden kann.

(11) Die dort stehen, kennt sie gut.

Freie Relativsätze lassen sich stets in attributive Relativsätze umformen. Nach Meinung einiger Autoren sind freie Relativsätze eigentlich NPs bzw. DPs, wobei entweder ein leeres Element oder das Einleitungselement als Kopf der Phrase betrachtet wird (cf. van Riemsdijk 2007, Pittner 2007). Der NP-Charakter dieser Sätze wird auch daran deutlich, dass sie im Gegensatz zu anderen Objektsätzen ohne Einschränkung im Mittelfeld auftreten können und dass zu ihnen kein *es*-Korrelat auftreten kann.

(12) a. Sie hat, was sie gerne bearbeitete, immer sehr zügig erledigt.
b. ??Er hat es getan, was er gerne tat.

Gelegentlich ist ein durch ein w-Element eingeleiteter Satz ambig, er kann entweder als freier Relativsatz oder als w-Satz interpretiert werden:

(13) Sie verrät nicht, wen sie mag.

---

[1] Dabei kommt es auf die konkrete Kasusform an, nicht auf den abstrakten Kasus. Da die Kasusform mit der Akkusativform identisch ist, kann in dem freien Relativsatz in (i) das Relativpronomen im Nominativ auftreten:
(i) Sie macht, was ihm gefällt.

Entweder bezeichnet der Objektsatz in (13) eine Person (in der Lesart als freier Relativsatz) oder aber einen Sachverhalt in der Lesart als w-Interrogativsatz (s. dazu Zaefferer 1982, Eisenberg 2006: 323 ff.). Der Unterschied wird bei der Setzung eines Korrelats zu dem extraponierten Nebensatz oder des Resumptivums zum linksversetzten Satz deutlich:

(14) a. Sie verrät es nicht, wen sie mag.
      a'. Wen sie mag, das verrät sie nicht. (w-Interrogativsatz)
      b. Sie verrät den nicht, den sie mag.
      b'. Wen sie mag, den verrät sie nicht. (freier Relativsatz)[2]

2.4 Adverbiell eingeleitete Sätze

Bestimmte adverbiell eingeleitete Sätze können als Objektsätze fungieren:

(15) a. Ich hasse es, wenn er mich so ansieht.
      b. Sie fanden es toll, als er gewann.

Adverbiell eingeleitete Objektsätze weisen jedoch eine Reihe von Besonderheiten auf, die auf ihren primär adverbiellen Charakter hindeuten (s. Fabricius-Hansen 1980). Zum einen muss ein Korrelat (*es* bzw. *das*) auftreten, das insbesondere dann nicht wegfallen kann, wenn der adverbiell eingeleitete Satz vorangestellt ist. Das Korrelat stellt somit die eigentliche Besetzung der Objektstelle dar, die Möglichkeit der Wiederaufnahme des vorangestellten Satzes mit *dann* bzw. *da* oder *so* korrespondiert mit dem adverbiellen Charakter des eingebetteten Satzes.

(16) a. Wenn er mich so ansieht, (dann) hasse ich **es/das/*Ø**.
      b. Als er gewann, (da) fanden sie es/das/*Ø toll.

Zudem gelten für *wenn*- und *als*-Sätze in Objektfunktion dieselben Tempusregeln wie für die entsprechenden Adverbialsätze (s. Metschkowa-Atanassowa 1983: 134, Bausewein 1990: 136). Adverbiell eingeleitete Objektsätze sind also eine Zwittererscheinung, deren adverbieller Charakter deutlich zutrage tritt. Ihre Besonderheit liegt darin, dass sie zusätzlich zu ihrer adverbiellen Funktion gleichzeitig

---

[2] Dass das Resumptivum nicht als morphosyntaktischer Kopf des Relativsatzes zu werten ist, wird daran deutlich, dass linksversetzt freie Relativsätze mit w-Element auftreten, bei attributiven Relativsätzen jedoch anstelle eines w-Elements ein d-Element stehen müsste.
(i)   Wen sie kennt, den verrät sie nicht.
      Den, den/*wen sie kennt, verrät sie nicht.

für die inhaltliche Füllung der Objektstelle sorgen. Reis (1997) spricht von „nichtkanonischer Argumentsättigung" (s. auch Oppenrieder 1991: 264 ff.).

2.5 Satzwertige Infinitivphrasen

Zu-Infinitivphrasen können anstelle eines *dass*-Satzes auftreten, sie sind insofern satzwertig. Innerhalb dieser Phrasen treten kein Subjekt und kein finites Verb auf, das fehlende Subjekt wird jedoch mitverstanden. Es ist entweder identisch mit dem Subjekt oder Objekt des übergeordneten Satzes, (man spricht dann von Subjekt- oder Objektkontrolle), oder es bleibt unbestimmt und wird im Sinne von *man* interpretiert (sog. arbiträre Kontrolle).

(17) a. Sie versprachen ihm, beim Umzug zu helfen. (Subjektkontrolle)
 b. Sie baten ihn, beim Umzug zu helfen. (Objektkontrolle)
 c. Es wird gebeten, in passender Kleidung zu erscheinen. (arbiträre Kontrolle)

Satzwertige Infinitivphrasen haben einen eigenen Verbalkomplex und eine eigene Felderstruktur. Dies ist daran zu erkennen, dass sie extraponiert (ausgeklammert) im Nachfeld ihres Bezugssatzes stehen können. Zudem kann ein Korrelat zu ihnen auftreten.

(18) Sie hat (es) ihm versprochen, beim Umzug zu helfen.

Zu bestimmten Prädikaten kann entweder eine satzwertige oder eine nicht-satzwertige *zu*-Infinitivphrase auftreten, die eine kohärente Konstruktion mit dem regierenden Prädikat bildet. Bei einer kohärenten Konstruktion liegt nur ein Verbalkomplex und eine Felderstruktur vor.

(19) a. ... da er den Wagen zu reparieren versucht hat.
 b. ... da er versucht hat, den Wagen zu reparieren.

Steht eine *zu*-Infinitivphrase bei solchen Prädikaten im Mittelfeld wie in (19), so kann es sich entweder um eine kohärente Konstruktion mit nur einem Verbalkomplex oder aber eine inkohärente Konstruktion handeln, bei der die *zu*-Infinitivphrase satzwertig ist und eine eigene Felderstruktur aufweist. Für die erste Analysemöglichkeit spricht, dass das infinite Verb zusammen mit seinem Objekt im Vorfeld auftreten kann, für die zweite, dass das infinite und das finite Verb zusammen im Vorfeld stehen können und somit eine Konstituente bilden.

(20) a. Er hat den Wagen schon zu reparieren versucht.
 b. [Den Wagen zu reparieren] hat er schon versucht.
 c. [Zu reparieren versucht] hat er den Wagen schon.

2.6 Abhängige Verbzweitsätze

Bestimmte Verben, vor allem solche, die kognitive und Mitteilungsprozesse benennen (verba dicendi et sentiendi) sowie davon abgeleitete Nomina lassen Verbzweitsätze als mögliche Realisierungsform ihrer Objektstelle zu.

(21) a. Sie meinte, sie hätte ihn schon einmal getroffen.
b. Hans sagte, er hätte keine Zeit.
c. Die Meinung, Salat sei gesund, vertreten viele.

Reis (1997:123) nennt als mögliche Matrixprädikate nicht-faktive, nicht-negative oder negierte Einstellungsprädikate (*glauben, hoffen, meinen, finden, Glaube, Illusion* ...), Gewissheitsprädikate (*klar sein, feststehen, voraussetzen, ... Tatsache, Hauptsache* ...), Sagensprädikate (*sagen, behaupten, erzählen, ... Behauptung, Mitteilung* ...) sowie Präferenzprädikate (*vorziehen, es besser finden* ...).

Dabei kann es als semantisch motiviert gelten, dass zu diesen Prädikaten Objektsätze in der Form eines selbständigen Satzes möglich sind. Nach Reis (1997) wird das Auftreten von Verbzweit-Komplementsätzen durch Elemente ermöglicht, die eine Argumentstelle für Sätze eröffnen, die selbständige Assertionen darstellen. Der Verbzweitsatz als Träger des deklarativen Satzmodus entspricht dabei der semantischen Restriktion, die V2-Prädikate auf ihre propositionalen Argumente projizieren (Reis 1997).

Aufgrund der Tatsache, dass diese Verbzweitsätze die entsprechende Valenzstelle des Prädikats im Bezugssatz füllen, können sie als Objektsätze gewertet werden. Sie weisen jedoch eine Reihe von Besonderheiten auf, die mit ihrer Form einhergehen, die der eines selbständigen Aussagesatzes entspricht.

Abhängige Verbzweitsätze können nicht vorangestellt im Vorfeld auftreten und sie lassen im Allgemeinen keine Korrelate zu.[3]

(22) ??Sie sagte es, sie würde nicht kommen.

Scheinbar vorangestellte abhängige Verbzweitsätze sind als selbständige Sätze zu werten, denen die Redeeinleitung in Form einer Parenthese beigefügt wird. Diese Parenthese kann auch in den Satz eingeschoben sein, der zwar eine Argumentstelle des Einschubs füllt, jedoch als syntaktisch selbständiger Satz zu werten ist.

---

[3] Hegedüs (2007) beobachtet in nähesprachlichen Texten Korrelate zu Verbzweitsätzen:
(i) Aber das kann ich dir sagen, mich hörst de seither kein Wort nicht schelten, seit dem Stierkampf ... (Achternbusch, Gast, zit.n. Hegedüs 2007: 260)
Hier stellt sich jedoch die Frage, ob es sich nicht eher um ein deiktisches Pronomen handelt, das auf einen selbständigen Satz verweist.

(23) a. Er habe davon noch nie etwas gehört, sagte er voller Überzeugung.
b. Er habe, sagte er voller Überzeugung, davon noch nie etwas gehört.

Zwischen den beiden Extremen, Verbzweitsätze in Objektfunktion wegen ihrer Form als selbständige Sätze aufzufassen oder sie wegen ihrer Eigenschaft, eine Valenzstelle im übergeordneten Satz zu füllen, als normale subordinierte Sätze zu behandeln, wählt Reis (1997) einen Mittelweg. Sie argumentiert dafür, dass es sich um „relativ unintegrierte Nebensätze" handelt, die nicht wie andere Objektsätze im Nachfeld stehen können, sondern in einer Position danach, die sie als „Nachstellung" bezeichnet.

3 Korrelate

Als Korrelat zu extraponierten Akkusativobjektsätzen kann *es* oder *das* auftreten. Altmann (1981:65 ff.) geht davon aus, dass Extraposition bei Nachfeldstellung von Nebensätzen nur dann vorliegt, wenn eine progrediente Integration ohne Pause vorliegt.[4] Korrelate zu extraponierten Sätzen werfen eine Reihe von Fragen auf:

- Wer ist der „eigentliche" Repräsentant der Argumentstelle, das Korrelat, der Nebensatz oder beide zusammen?
- Wie ist das syntaktische Verhältnis zwischen Korrelat und Nebensatz?
- Wie lassen sich die Unterschiede zwischen verschiedenen Korrelaten erklären?
- Welche Faktoren steuern das Auftreten eines Korrelats?

Zur ersten Frage: Wenn man das Korrelat als eigentlichen Repräsentanten der Argumentstelle auffasst, wird dessen phorischem Charakter Rechnung getragen, während der Objektsatz als „lose assoziierte Beigabe mit ‚freiem' Satzgliedstatus" zu einem bereits vollständigen Satz gesehen wird (Zifonun et al. 1997: 1488). In extremer Weise wird diese Ansicht bei Helbig/Buscha (2007: 670) vertreten: „Alle Nebensätze sind Hinzufügungen zu einem entsprechenden Korrelat, sie können als Attributsätze im weitesten Sinne des Wortes angesehen werden." Ein Problem dieser Auffassung liegt jedoch im Fall der Komplementsätze darin, dass zwischen dem Matrixverb und dem Nebensatz Selektionsbeziehungen bestehen, die mit einem Status als Attributsatz nicht erfasst werden. Zudem ist es unbefriedigend, das Korrelat als den eigentlichen Repräsentanten der Argumentstelle zu betrachten, da das Korrelat semantisch weitgehend leer ist und die inhaltliche Füllung

---

[4] Anders dagegen z. B. Günthner (2009), die in ihrer Untersuchung von extraponierten Nebensätzen im gesprochenen Deutsch auch solche berücksichtigt, die eine eigene Intonationseinheit darstellen.

der Stelle durch den Objektsatz erfolgt. Sieht man jedoch den Nebensatz als den eigentlichen Repräsentanten, bleibt die Frage nach der Rolle des Korrelats. Es erscheint daher am sinnvollsten, Korrelat und Nebensatz als Repräsentant der Argumentstelle aufzufassen, was die Frage nach dem syntaktischen Verhältnis zwischen Korrelat und Nebensatz aufwirft.

Die Korrelate tragen die vom Prädikat für die Argumentstelle geforderten morphosyntaktischen Merkmale und können in diesem Sinn als Kopf der Objektsätze gelten. Sudhoff (2003: 87) schlägt vor, „*es*-Korrelaten den kategorialen Status von D-Köpfen" zuzuschreiben (cf. Zimmermann 1993). Damit zieht er eine Parallele zu Determinierern (Artikeln und artikelartigen Pronomina), die als Köpfe von Nominalphrasen fungieren. Wie diese seien Korrelate funktionale Elemente, da sie über eine wenig ausgeprägte Eigensemantik verfügen und einer geschlossenen Klasse angehörten. Der Objektsatz ist Sudhoffs Analyse zufolge ein Komplement zum Korrelat, ganz ähnlich wie eine Nominalphrase Komplement des D-Kopfes ist. Einem Vorschlag von Pütz (1986:71) folgend setzt Sudhoff eine so geartete „DP-Hülle" (2003: 88) für alle Matrixprädikate des *bedauern*-Typs an, die häufig mit einem Korrelat auftreten, während Matrixverben des *behaupten*-Typs, zu denen kaum Korrelate auftreten, direkt einen Satz (CP) selegieren. Damit soll im Sinne ökonomischer Annahmen der Tatsache Rechnung getragen werden, dass zu Verben des *behaupten*-Typs keine Korrelate auftreten.

Einiges spricht dafür, die Rolle des Korrelats analog zur Rolle des Determinierers für eine Nominalphrase zu beschreiben. Das Korrelat ist wie der Determinierer Träger der morphosyntaktischen Merkmale der Phrase, während sich inhaltliche Restriktionen des regierenden Prädikats auf den Satz bzw. das Nomen beziehen. Der eigentliche semantische Kern ist der Satz bzw. das Nomen, die unter bestimmten Bedingungen auch die alleinigen Repräsentanten der entsprechenden Argumentstelle sein können. Wenn das Komplement (das Nomen bzw. der Satz) wegfällt, liegt kein Artikel mehr vor, sondern ein Demonstrativpronomen, ein Korrelat ist dann ein vollwertiges Pronomen.

Ein offensichtlicher Einwand gegen diese Analyse liegt darin, dass ein Nomen stellungsfest bei seinem determinierenden Element steht, während ein Komplementsatz meist im Nachfeld steht. Diesem Einwand kann jedoch mit dem Hinweis darauf begegnet werden, dass alle Arten von Sätzen (Relativsätze und andere Arten von Attributsätzen) aus einer NP in das Nachfeld verschoben werden können, dies also keine Besonderheit der Komplementsätze darstellt. Wie sich zeigen wird, gibt es weitere – vor allem informationsstrukturelle – Eigenschaften von Korrelaten, die eine Parallele zu Determinierern nahelegen.

Was die beiden Korrelate *es* und *das* betrifft, so wurde in einigen Arbeiten (z.B. Breindl 1989, Bausewein 1990 und Oppenrieder 1991), die sich mit verschiedenen Typen von Nebensätzen (Subjekt- und Objektsätzen) befassen, der

Versuch gemacht, zwischen reinen „Platzhaltern" und Bezugselementen zu unterscheiden. Während Platzhalter zu Komplementsätzen hinzutreten und diese ihren Gliedsatzcharakter behalten, wird durch das Auftreten eines Bezugselements der Gliedsatz zum Gliedteilsatz. Das Bezugselement fungiert also im Gegensatz zu einem Platzhalter als Kopf einer Attributkonstruktion. Syntaktisch lässt sich dies dadurch belegen, dass Platzhalter nicht zusammen mit dem jeweiligen Nebensatz im Vorfeld erscheinen können, Bezugselemente dagegen schon:

(24) a. *Es, wer verdächtig ist, war von vornherein klar.
b. Dessen, dass sie Adoptivkinder waren, waren sie sich immer bewusst
c. Dem, beteiligt gewesen zu sein, hat sie nicht widersprochen.

Es wird von verschiedenen Autoren als reiner Platzhalter für Subjekt- und Objektsätze gewertet (Breindl 1989, Bausewein 1990: 182, Oppenrieder 1991: 327), während *das* in allen seinen Flexionsformen den Kopf einer Attributkonstruktion darstellt (also ein Bezugselement ist in der Terminologie der oben genannten Arbeiten).

In allen diesen Fällen gibt die Akzentuierung dafür den Ausschlag, dass sich das Korrelat wie der Kopf einer Attributkonstruktion verhält, d. h. zusammen mit dieser im Vorfeld und im Mittelfeld auftreten kann.

(25) a. *Es/?das, dass er kein Geld hat, stört ihn nicht.
b. Ihn stört *es/?das, dass er kein Geld hat, überhaupt nicht.

Der Unterschied zwischen *es* und *das* liegt zunächst einmal nur in den Akzenteigenschaften (nicht-betonbar vs. betonbar). Was die morphologische Markierung anbelangt, liefern sie dieselbe Information, nämlich 3. Person Neutrum Singular. In gewissem Sinn leisten sie also für die Identifikation der syntaktischen Funktion des Nebensatzes das Gleiche. *Das* ist aber auf Grund seiner Betonbarkeit dazu geeignet, zusammen mit dem Nebensatz im Vorfeld und im Mittelfeld aufzutreten. Es stellt einen „phonologischen Kopf" (Pittner 1999: 222) dar, der als Träger eines Fokusakzents fungiert, was das Auftreten von *das* zusammen mit dem Nebensatz im Vorfeld und im Mittelfeld ermöglicht:

(26) a. Das, was er gesagt hat, will sie nicht wissen.
b. Sie will das, ob er der Täter war, nicht wissen.

Dass die Betonung eine Rolle für die Funktion des Korrelats spielt, wird auch bei den Pronominaladverbien deutlich, die als Korrelate zu Präpositionalobjektsätzen auftreten. Sind sie auf dem pronominalen Teil betont, so sind sie Bezugselemente, mit der Betonung auf dem präpositionalen Teil hingegen sind sie Platzhalter (cf. Breindl 1989):

(27) a. Ich warte schon lange darAUF/DArauf, dass ich ihn erwische.
b. DArauf/*darAUF, dass ich ihn erwische, habe ich schon lange gewartet.

Als Zwischenfazit kann festgehalten werden, dass *es* und *das* als Exponenten der vom Verb für die Objektstelle geforderten Argumentmerkmale auftreten können. Unterschiede im Stellungsverhalten sind auf die mangelnde Betonbarkeit von *es* zurückzuführen, die verhindert, dass *es* als phonologischer Kopf zusammen mit dem Objektsatz im Vorfeld oder im Mittelfeld erscheint.

Damit kommen wir nun zu den Faktoren, die das Auftreten von Korrelaten steuern. Wie bereits erwähnt wurde, kommt dem Korrelat die Funktion zu, Exponent der vom Verb für die betreffende Argumentstelle geforderten morphosyntaktischen Merkmale zu sein. Auf diese Weise kann das Korrelat die syntaktische Funktion des nachfolgenden Satzes verdeutlichen. Die Korrelate zu extraponierten Sätzen haben eine vorausweisende Funktion, sind Dekodierungshilfe, „Anhängekupplung" (Sonnenberg 1992), „Platzanweiser" (Dalmas 1996).

Damit in Verbindung zu bringen ist die Beobachtung, dass Korrelate zu Akkusativobjektsätzen bevorzugt dann auftreten, wenn das regierende Verb über Homonyme mit einem anderen Valenzrahmen verfügt, wenn es mehrere Objekte hat und wenn es ein Objektsprädikativ aufweist (cf. Köhler 1976, Bausewein 1990: 186 ff.).

Neben diesen eher grammatischen Faktoren, die das Auftreten von Korrelaten begünstigen, finden sich auch begünstigende pragmatische Faktoren. Von Ulvestad/Bergenholtz (1983) wird beobachtet, dass sich bestimmte Partikeln wie *ja*, *doch* und *schon* korrelatfördernd auswirken. Sie sehen darin Anzeiger für eine Faktizität der Nebensätze. Nach neueren Forschungen wird durch Partikeln wie *ja* und *doch* angezeigt, dass der Sachverhalt als bekannt vorausgesetzt wird. Dem Korrelat kommt eine präsupponierende Funktion zu, die – ähnlich wie ein definiter Artikel – die Existenz bzw. Gültigkeit des im Komplement genannten voraussetzt.[5]

Die Funktion von Korrelaten ist nicht strikt satzbezogen und kann erst in größeren Zusammenhängen erfasst werden. Hegedűs (2007) untersucht die Unterschiede der Korrelatsetzung in nähe- und distanzsprachlichen Texten. In nähesprachlichen Texten finden sich Korrelate, „die nicht nur einen kataphorischen Bezug zum darauf folgenden Nebensatz herstellen, sondern sich gleichzei-

---

5 In eine ähnliche Richtung weist Sandberg (1998), demzufolge Korrelat-*es*, wenn es nicht rein syntaktisch bedingt ist wie im Fall des Auftretens mit Objektsprädikativen, durch die Bezugsrolle des Akkusativobjekts bedingt sei, im Gegensatz zur Produktrolle. Die „Bezugsrolle" setzt im Gegensatz zur Produktrolle die Existenz des im Objektsatz Bezeichneten bereits voraus. (Zu einer Auseinandersetzung mit den Thesen von Sandberg s. Askedal 2001 und Suchsland 2000.)

tig auch anaphorisch auf einen vorausgehenden Satz [...] oder sogar eine längere Textpassage [...] beziehen können", wie in dem folgenden Beispiel:

(28) Und da hab ich der Pfarrküche, da ist extra eine Küche gewesen sind 4 Pfarrern dagewesen und da sind 3 Nonnen dort gewesen, die haben für die 4 Pfarrern extra gekocht und was für gute Sachen! Was mir überhaupt gar nicht kriegt haben guuute Sachen! Ich hab ja **das** gesehen, das habe ich ja gesehen, was die alles gessen haben die Pfarrern. (Achternbusch, Ella, zit.n. Hegedűs 2007: 259f.)

Zudem sei die Vielfalt der Korrelate in nähesprachlichen Texten größer, in denen neben *es* und *das* auch *dies* und klitisches *es* vorkämen. Auch in diesen anaphorischen Bezügen der Korrelate kann wieder eine Parallele zu definiten Artikeln gesehen werden, die häufig eine Beziehung zu etwas Vorerwähntem herstellen.

Zusammenfassend kann festgehalten werden, dass Korrelate zu nachgestellten Objektsätzen Exponenten der morphosyntaktischen Merkmale der Argumentstelle sind, deren Auftreten verdeutlichen kann, welche Argumentstelle der Nebensatz füllt. Das betonbare Korrelat *das* ist – im Gegensatz zum unbetonbaren *es* – als Träger des Fokusakzents zudem phonologischer Kopf der Phrase, was sein Auftreten zusammen mit dem Objektsatz im Vorfeld und Mittelfeld ermöglicht. Nicht zuletzt haben Korrelate auch anaphorische Bezüge und eine präsupponierende Wirkung, so dass gewisse Parallelen zu definiten Artikeln zu beobachten sind, die durch eine Analyse des Korrelats als morphosyntaktischer Kopf des Satzes adäquat erfasst werden.

4 Stellungseigenschaften

In sprachvergleichenden Studien zeigt sich die Tendenz, dass Komplementsätze bevorzugt nachgestellt, häufig auch vorangestellt auftreten, dass jedoch eine Position in der Mitte des übergeordneten Satzes relativ selten ist (s. Dryer 1980). Dies gilt auch für die Akkusativobjektsätze im Deutschen, die im Vorfeld oder extraponiert im Nachfeld stehen können, jedoch nicht oder nur sehr eingeschränkt im Mittelfeld auftreten.

Durch die Mittelfeldrestriktion unterscheiden sich Subjekt- und Objektsätze von Adverbialsätzen, von denen die meisten auch im Mittelfeld auftreten können. Dafür sind verschiedene Erklärungsansätze angeboten worden. Es wird vermutet, dass Adverbialsätze im Mittelfeld parenthetisch eingeschoben seien und intonatorisch abgegrenzt sind, mithin also eigene Informationseinheiten darstellen. Dies ist für Objektsätze ausgeschlossen, da sie als obligatorischer Bestandteil der Satzproposition nicht parenthetisch sein können. Da Adverbialsätze im Mittelfeld jedoch nicht immer parenthetisch sein müssen, sondern auch prosodisch und syntaktisch integriert sein können, kann der Unterschied nicht allein auf einem möglicherweise parenthetischen Charakter der Adverbialsätze im Mittelfeld beruhen. Es ist zu vermuten, dass die Art der Einleitungselemente für diesen Unterschied verantwortlich ist. Die Einleitungselemente von Adverbialsätzen geben Aufschluss über den Adverbialtyp und damit über die Beziehung des eingebetteten zum übergeordneten Satz und erleichtern auf diese Weise anscheinend die parallele Verarbeitung der beiden Propositionen. Das Einleitungselement eines Objektsatzes hingegen gibt keinen Aufschluss über die syntaktische Funktion des Nebensatzes, was die parallele Verarbeitung der Propositionen des übergeordneten und des subordinierten Satzes deutlich zu erschweren scheint.

5 Literatur

Adger, D./Quer, J. (2001): The Syntax and Semantics of Unselected Embedded Questions. In: Language 72, 107–133.
Altmann, H. (1981): Formen der ‚Herausstellung' im Deutschen. Rechtsversetzung, Linksversetzung, Freies Thema und verwandte Konstruktionen. Tübingen: Niemeyer.
Askedal, J. O. (2001): Bengt Sandberg: Zum *es* bei transitiven Verben vor satzförmigem Akkusativobjekt. In: Studia Neophilologica. A Journal of Germanic and Romance Languages and Literature 73, 114–117.
Bausewein, K. (1990): Akkusativobjekt, Akkusativobjektsätze und Objektprädikate im Deutschen. Untersuchungen zu ihrer Syntax und Semantik. Tübingen: Niemeyer.
Breindl, E. (1989): Präpositionalobjekt und Präpositionalobjektsätze im Deutschen. Tübingen: Niemeyer.
Dalmas, M. (1996): Die sogenannten Nebensatz-„Korrelate" oder Vertretungen nur als Mittel zur Rettung von Leerstellen? In: Pérennec, M.-H. (Hg.), Pro-Formen des Deutschen. Tübingen: Stauffenburg, 23–34.
Dryer, M. S. (1980): The Positional Tendencies of Sentential Noun Phrases in Universal Grammar. In: The Canadian Journal of Linguistics 25, 123–195.
Eisenberg, Peter (2006): Grundriss der deutschen Grammatik. Bd. II: Der Satz. Stuttgart: Metzler.
Fabricius-Hansen, C. (1980): Sogenannte ergänzende *wenn*-Sätze. Ein Beispiel semantisch-syntaktischer Argumentation. In: Dhyr, M./Hyldgaard-Jensen, K./Olsen. J. (Hgg.), Festschrift für Gunnar Bech. Kopenhagen: Institut für Germanistik, 61–83.
Freywald, U. (2008): Zur Syntax und Funktion von dass-Sätzen mit Verbzweitstellung. In: Deutsche Sprache 36, 346–285.
Günthner, S. (2009): Extrapositionen mit *es* im gesprochenen Deutsch. In: Zeitschrift für Germanistische Linguistik 37, 15–46.
Grimshaw, J. (1979): Complement Selection and the Lexicon. In: Linguistic Inquiry 10, 279–326.

Hegedűs, I. (2007): Wie kann Nähesprache diachron untersucht werden? Problemanalyse am Beispiel der Korrelate von Subjekt- und Objektsätzen. In: Ágel, V./Hennig, M. (Hgg.), Zugänge zur Grammatik der gesprochenen Sprache. Tübingen: Niemeyer, 245–274.

Helbig, G./Buscha, J. (2007): Deutsche Grammatik. Ein Handbuch für den Ausländerunterricht. Berlin: Langenscheidt.

Kiparsky, P./Kiparsky, C. (1970): Fact. In: Bierwisch, M./Heidolph, K.E. (Hgg.), Progress in Linguistics. The Hague: Mouton, 143–173.

Köhler, K-H. (1976): Zum Problem der Korrelate in Gliedsätzen. In: Schuhmacher, H. (Hg.), Untersuchungen zur Verbvalenz. Tübingen: Narr, 174–239.

Metschkowa-Atanassowa, S. (1983): Temporale und konditionale „wenn"-Sätze. Untersuchungen zu ihrer Abgrenzung und Typologie. Düsseldorf: Schwann.

Öhl, P. (2007): Unselected Embedded Interrogatives in German and English. S-Selection as Dependency Formation. In: Linguistische Berichte 212, 403–437.

Oppenrieder, W. (1991): Von Subjekten, Sätzen und Subjektsätzen. Tübingen: Niemeyer.

Oppenrieder, W. (2006): Subjekt- und Objektsätze. In: Ágel, V./Eichinger, L.M./Eroms, H.W./Hellwig, P./Heringer, H.J./Lobin, H. (Hgg.), Dependenz und Valenz. Ein internationales Handbuch zeitgenössischer Forschung, 2. Halbband. Berlin: de Gruyter, 900–913.

Pittner, K. (1991): Freie Relativsätze und die Kasushierarchie. In: Feldbusch, E./Pogarell, R./Weiß, C. (Hgg.), Neue Fragen der Linguistik. Akten des 25. Linguistischen Kolloquiums, Paderborn 1990. Bd. I. Tübingen: Niemeyer, 341–347.

Pittner, K. (1999): Adverbiale im Deutschen. Untersuchungen zu ihrer Stellung und Interpretation. Tübingen: Stauffenburg.

Pittner, K. (2003): Kasuskonflikte bei freien Relativsätzen – eine Korpusstudie. In: Deutsche Sprache 31, 193–208.

Pittner, K. (2007): Relativum. In: Hoffmann, L. (Hg.), Handbuch der deutschen Wortarten. Berlin: de Gruyter, 727–757.

Pütz, H. (1986): Über die Syntax der Pronominalform es im modernen Deutsch. 2. durchges. Aufl. Tübingen: Narr.

Reis, M. (1997): Zum syntaktischen Status unselbständiger Verbzweit-Sätze. In: Dürscheid, C./Ramers, K.-H./Schwarz. M. (Hgg.), Sprache im Fokus. Festschrift für Heinz Vater zum 65. Geburtstag. Tübingen: Niemeyer, 121–144.

Riemsdjik, H. van (2007): Free Relatives. In: Everaert, M./Riemsdjik, H. van (Hgg.), The Blackwell Companion to Syntax. Oxford: Blackwell, 338–382.

Sandberg, B. (1998): Zum „es" bei transitiven Verben mit satzförmigem Akkusativobjekt. Tübingen: Narr.

Schmid, H.-U. (1987): Überlegungen zu Syntax und Semantik ergänzender wenn-Sätze. In: Sprachwissenschaft 12, 265–292.

Sonnenberg, B. (1992): Korrelate im Deutschen. Beschreibung, Geschichte und Grammatiktheorie. Tübingen: Niemeyer.

Suchsland, P. (2000): Rezension von B. Sandberg: Zum es bei transitiven Verben vor satzförmigem Akkusativobjekt. In: Deutsch als Fremdsprache 37, 185–186.

Sudhoff, St. (2003): Argumentsätze und es-Korrelate. Zur syntaktischen Struktur von Nebensatzeinbettungen im Deutschen. Berlin: Wissenschaftlicher Verlag.

Ulvestad, B./Bergenholtz, H. (1983): Es als Vorgreifer eines Objektsatzes. Teil II. In: Deutsche Sprache 11, 1–26.

Wunderlich, D. (1976): Studien zur Sprechakttheorie. Frankfurt/Main: Suhrkamp.

Zaefferer, D. (1982): Was indirekte Fragesätze von Relativsätzen unterscheidet. Manuskript, Universität München.
Zifonun, G./Hoffmann, L./Strecker, B. et al. (1997): Grammatik der deutschen Sprache. 3 Bde. Berlin: de Gruyter.
Zimmermann, I. (1993): Zur Syntax und Semantik der Satzeinbettung. In: Rosengren, I. (Hg.), Satz und Illokution. Bd. II. Tübingen: Niemeyer.

Karin Pittner

21 Präpositionalobjektsätze

1   Präpositionalobjektsätze im System der Komplemente und Supplemente: funktionale und kategoriale Einordnung
2   Formen von Präpositionalobjektsätzen
3   Korrelatkonstruktionen
4   Topologische Eigenschaften von Konstruktionen mit Präpositionalobjektsätzen
5   Zusammenfassung
6   Literatur

1 Präpositionalobjektsätze im System der Komplemente und Supplemente: funktionale und kategoriale Einordnung

Präpositionalobjekte (POe) werden in valenzgrammatischen Beschreibungen, unabhängig vom jeweils zugrundeliegenden valenztheoretischen Konzept, wie das Subjekt und die Objekte in obliquen Kasus einhellig zu den durch die Valenz eines Regens gebundenen Konstituenten des Satzes gezählt (vgl. Ágel 2000, Breindl 1989, 2006, Eroms 1981, 2000). Sie haben somit den Status von „Ergänzungen" resp. „Komplementen", sind allerdings keine „Aktanten" im Sinne von Tesnière (1959), der hierunter nur Kasus-NPen rechnet, während präpositional oder konjunktional angebundene Konstituenten bei ihm zu den Zirkumstanten zählen. In der Tat zeigen valenzgebundene PPen manche Eigenschaften von adverbialen PPen, insbesondere eine im Vergleich zu Kasusmorphemen deutlich ausgeprägtere Eigensemantik der Präposition. Das macht sie zu notorischen Problemkandidaten für die Einordnung in die valenztheoretische „Zweiklassengesellschaft" (Ágel 2000) von Ergänzungen und Angaben. Mit einem multidimensionalen, graduellen Valenzkonzept wie dem von Jacobs (1994, als Manuskript zirkulierend seit 1987) kann man ihrem etwas hybriden Status besser gerecht werden. Auf dieser Basis wurden sie in Breindl (1989) und Zifonun/Hoffmann/Strecker et al. (1997, im Folgenden GDS) beschrieben; unter dem Aspekt ihrer Grammatikalisierung aus adverbialen PPen bei Hundt (2001) und Roustila (2005). Der Sonderstatus der Präpositionalobjekte findet auch bei ihren satzförmigen Realisierungen ein Echo, da das Auftreten pronominaladverbialer Korrelate wie *darin, davon, darum* etc. einige Besonderheiten gegenüber den anderen Komplementsätzen mit sich bringt (vgl. die Beispiele in (1)). Diese Korrelate haben semantisch eine den Korrelaten von adverbialen Subjunktoren (*wenn, weil, statt dass* etc.) vergleichbare Wirkung, insofern sie die inhaltliche Relation des Nebensatzes zum Matrixsatz transparent machen, da ihr präpositionaler Bestandteil mehr autonome Bedeutung mitbringt (vgl. Breindl 1989: 39f.) als ein Korrelat-*es*, das nicht nur voll grammatikalisiert, sondern auch ambig in Bezug auf die syntaktische Funktion ist, vgl. (1). Die Beispiele unter (2a-f) illustrieren die unterschiedlichen kategorialen Realisierungsmöglichkeiten für Präpositionalobjektsätze: propositionsdenotierende *dass*-Sätze (2a), *ob*-Sätze (2b) und *w*-Sätze (2c) (die letzteren beiden werden traditionell als indirekte Fragesätze zusammengefasst), uneingeleitete Verbzweitsätze (2d), Infinitivphrasen (2e) und gegenstandsdenotierende *w*-Verbletztsätze (Freie Relativsätze), die zu jedem Valenzträger auftreten können (2f).

(1) a. Normalerweise wird (es) nicht bekannt gegeben, wer den Antrag bearbeitet.
(Subjektsatz)
b. Normalerweise geben wir (es) nicht bekannt, wer den Antrag bearbeitet.
(Akkusativobjektsatz)

(2) a. Ein Antragsteller beschwert sich (darüber), dass er schon zwei Monate auf einen Bescheid wartet.
b. Die Bearbeitung hängt davon ab, ob die nötigen Unterlagen vorliegen.
c. Der Antragsteller erkundigt sich (danach), wer den Antrag bearbeitet.
d. Er beharrt darauf, es lägen nicht alle Unterlagen vor.
e. Der Sachbearbeiter will sich (darum) bemühen, die Angelegenheit zügig zu erledigen.
f. Glaub doch, woran du glauben willst.

Für die Forschung zu Präpositionalobjektsätzen sind neben Grammatiken vor allem die valenzgrammatisch orientierten Monographien von Eroms (1981) und Breindl (1989) einschlägig, ferner Arbeiten zu Komplementsätzen ganz allgemein oder zu speziellen Formtypen (Beneš 1979, Zint-Dyhr 1981, Reis 1997, Pittner 1995, 2003, Berman 2003, Oppenrieder 2006); vergleichende Hinweise finden sich auch in den beiden Monographien von Bausewein (1990) zu Akkusativobjektsätzen und Oppenrieder (1991) zu Subjektsätzen. Schließlich sind auch Arbeiten zu Korrelatkonstruktionen heranzuziehen (Fabricius-Hansen 1981, Zitterbart 2002, Boszák 2009).

Präpositionalobjektsätze haben im System der Komplementsätze sowohl Gemeinsamkeiten mit Akkusativobjektsätzen (s. Abschnitt 1.1) als auch mit Adverbialsätzen (s. Abschnitt 1.2). Formal können sie prinzipiell durch die gleichen Formtypen realisiert werden wie Subjekt- und Objektsätze (s. Abschnitt 2). Dabei können oder müssen in Abhängigkeit von lexikalischen und strukturellen Bedingungen Korrelate auftreten (s. Abschnitt 3). Auch in ihren Stellungseigenschaften heben sich Präpositionalobjektsätze im System der Komplementsätze ab (s. Abschnitt 4).

1.1 Präpositionalobjektsätze im System der Komplementsätze

Die Möglichkeit einer satzförmigen Realisierung eines Präpositionalobjekts ist nicht im gleichen Maße eine spezifische lexikalische Eigenschaft des Valenzträgers, wie dies für die Subkategorisierung für eine bestimmte Komplementfunktion überhaupt (Subjekt, Akkusativ-, Dativ-, Genitiv-, Präpositionalobjekt) gilt. Freie Relativsätze etwa wie (2f) können uneingeschränkt jede Komplementstelle realisieren, da sie Individuen bzw. Kollektive von Individuen denotieren können. Alle anderen satzförmigen Realisierungen von Präpositionalobjekten, also *dass*-Sätze wie (2a), *ob*-Sätze wie (2b), „propositionsfundierte" *w*-Sätze (GDS 1997: 2266) wie (2c), Verbzweitsätze wie (2d) und Infinitivphrasen wie (2e), sind auf Valenzträger beschränkt, die an der entsprechenden Argumentstelle eine Proposition zulassen. Diese Eigenschaft kann in der Regel für semantisch definierte Subklassen von Valenzträgern geltend gemacht werden und ist unabhängig von der Komplementfunktion, die der Valenzträger an der betreffenden Argumentstelle fordert. Satzförmige Realisierungen erlauben z. B. die direkten Objekte („Zweitaktanten") von Kommunikations- und Kognitionsverben (*berichten* (AkkO), *berichten von* (PO), *glauben an* (PO)), von intentionalen Verben (*beabsichtigen* (AkkO), *abzielen auf* (PO)), die Komplemente von faktiven Verben (*bedauern* (AkkO), *bedauerlich/ärgerlich/erfreulich sein* (Subj.), *sich ärgern über/sich freuen über* (PO)) oder von implikativen Verben (*verhindern* (AkkO), *hindern an* (PO)). Für solche Subklassen können tendenziell auch zulässige oder nicht zulässige Realisierungsformen der Komplementsätze vorausgesagt werden (s. Abschnitt 2).

Präpositionalobjekte realisieren meist semantische Rollen, die auch ein propositionales Argument zulassen. Weitgehend ausgeschlossen sind propositionale Argumente für Benefizienten- und Komitativ-Rollen, die typischerweise von belebten Sachverhaltsbeteiligten ausgefüllt werden, wie in *s. (ab)melden/anrufen bei, schicken an, sich verabreden/treffen/unterhalten mit*. Präpositionalobjekte mit diesen semantischen Rollen alternieren zum Teil mit Dativobjekten (*jdm. schicken/an jdn. schicken*). Keine satzförmige Realisierung erlauben auch PPen mit konkret zu interpretierenden lokalen und direktionalen Rollen (*auspacken aus, kommen über, kommen an, kommen aus*). Es handelt sich hier durchweg um strittige Fälle der Valenztheorie, für die aufgrund der mit valenzfreien adverbialen PPen identischen Kodierung ohnehin eine Klassifikation als Supplemente angemessener scheint (vgl. aber Schumacher et al. (2004), wo sie durchweg als „K$_{prp}$" klassifiziert werden).

Unter den Komplementsätzen sind Präpositionalobjektsätze am ehesten mit Akkusativobjektsätzen vergleichbar, schon weil sie wie diese Zweit- oder Drittaktanten sind und gleiche semantische Rollen realisieren können. Dativobjekte haben in aller Regel Individuendenotate, sodass sie (außer als Freie Relativsätze) kaum satzförmig auftreten, und Genitivobjekte treten zwar als Sätze auf, sind im Gegenwartsdeutschen aber sehr selten. Subjekte wiederum realisieren eher andere semantische Rollen wie Agens oder Experiencer, die wie Dativobjekte Individuendenotate haben. Im Vergleich zu Akkusativobjekten und Subjekten erlauben Präpositionalobjekte wesentlich häufiger satzförmige Realisierungen. In E-VALBU, der Internet-Version von Schumacher et al. (2004), beträgt der Anteil satzförmig realisierbarer Komplemente bei Präpositionalobjekten 1/3, bei Akkusativobjekten 1/7 und bei Subjekten nur 1/16. Das erklärt sich zum Teil dadurch, dass Präpositionalobjekte Grammatikalisierungen von Adverbialia sind, von denen sie sich gerade durch die Nicht-Konkretheit unterscheiden (*sich stützen auf, abzielen auf, hervorgehen aus*). Akkusativobjekte wiederum weisen im Sinne des graduellen Transitivitätskonzepts von Hopper/Thompson (1980) eine höhere Transitivitätsbindung an den Prädikatsausdruck auf als Präpositionalobjekte, und das prototypische Direkte Objekt eines transitiven Verbs denotiert eher ein von der Prädikatshandlung affiziertes Individuum und eben keine Proposition.

Die Identifikation der – kasusunmarkierten – Komplementsätze als Subjekt-, Akkusativobjekt-, Präpositionalobjektsätze etc. erfolgt auf der Basis ihrer paradigmatischen Austauschbarkeit mit einem kasusmarkierten Pronomen bzw. einer ProPP als „Leitform" (s. GDS 1997: 1071 im Anschluss an Engel 1977). Gegen diese funktionale Parallelisierung von Kasusobjekten und Nebensätzen setzt Berman (2003) eine Klassifikation der Nebensätze, die sich an deren Position orientiert. Dadurch werden topikalisierte und extraponierte Nebensätze u.U. unterschiedlich analysiert und letzteren eine spezielle sentenziale Komplementfunktion COMP zugewiesen, für die eine weitere funktionale Differenzierung unnötig ist. Für eine solche Annahme scheinen – abgesehen von syntaxtheoretischen Erwägungen und der leichteren Anschließbarkeit an die Diskussion außerhalb der germanistischen Linguistik – für das Deutsche zunächst die Existenz einer Handvoll Verben zu sprechen, bei denen ein satzförmiges Komplement nach dem Leitformprinzip nicht oder nicht eindeutig auf ein Kasus-Komplement zurückführbar ist. Das gilt für einige Verben, die nur Infinitivphrasen zulassen (*sich weigern, geruhen, gedenken, beabsichtigen, suchen, sich anstrengen, nicht umhin können*). Sie werden in Engel (1994), in der GDS (1997) und in Schumacher et al. (2004) als separate Klasse „Verbativkomplemente" ausgewiesen.

(2) a. Sie weigert sich, zum Arzt zu gehen/??dagegen/*dessen/*das.
   b. Streng dich an, unter die ersten 10 zu kommen/?? dazu.

Diese Verben lassen sich mit ihrer semantischen Komponente der Intentionalität zur Modalverbperipherie (*scheinen, pflegen, versprechen*) stellen; sie bilden einen Übergang zwischen der Bildung von Verbalkomplexen und der Einbettung von Infinitivphrasen mit Komplementstatus (vgl. GDS 1997: 1073; zu *sich weigern* Breindl 1989: 153).

Auch die Verbletzt- und Verbzweitsätze zu bestimmten Kommunikationsverben lassen sich schwer funktional zuordnen. Diese Kommunikationsverben können einerseits einstellig gebraucht werden, wenn die kommunikative Absicht ist, bestimmte Aspekte der Form der Äußerung hervorzuheben. Sie können aber auch um einen satzförmigen Ausdruck erweitert werden, der den Äußerungsinhalt, das Kommunikat, kodiert (3a). Eine Substitution durch eine akkusativische Leitform ist hier mitunter nicht möglich (3b), bisweilen aber die durch ein Pronominaladverb (3c).

(3) a. Er {schimpfte/zeterte/nörgelte/maulte/hauchte/prahlte/renommierte/warnte} dass er sich das nicht gefallen lasse/er lasse sich das nicht gefallen.
   b. *Er {schimpfte/zeterte/nörgelte/maulte/hauchte/prahlte/renommierte/warnte} das/diese Äußerung.
   c. Er {schimpfte/zeterte/?nörgelte/?maulte} darüber/{prahlte/renommierte} damit/warnte davor.

In (3c) ergibt sich jedoch eine Bedeutungsverschiebung vom assertierten Aussageeinhalt zum Kommentar über einen präsupponierten Sachverhalt. Korrelatlose *dass*-Sätze und Verbzweitsätze zu diesen Verben sind somit keine Realisierungen eines Präpositionalobjekts. Die „Leitformprobe" funktioniert bei ihnen nicht, weil es gerade ihre Funktion ist, Äußerungen wiederzugeben. Auch sie werden deshalb in Engel (1994) den Verbativergänzungen zugeschlagen (bzw. E_{prop} bei Eroms 2000; vgl. auch Wolf 2003: 409). Dagegen lässt sich ins Feld führen, dass bei den semantisch einfacheren Kommunikationsverben eine akkusativische Leitform immer möglich ist (*das habe ich gesagt/geäußert/mitgeteilt/gesprochen*) und man bei den semantisch komplexeren Kommunikationsverben eine Valenzerweiterung zum analogen Muster annehmen kann. Für die V2-Sätze in dieser Umgebung könnte man mit Reis (1997) auch von relativer Selbständigkeit und parataktischem Anschluss ausgehen, für die Verbletztsätze mit *dass* und *ob* ist das allerdings nicht möglich.

Verbletzt- und Verbzweitsätze zu Valenzträgern mit alternierenden Valenzrealisierungen bereiten generell Identifikationsprobleme. Gerade Präpositionalobjekte sind davon häufig betroffen, da sie im Umbau des Kasussystems seit dem Frühneuhochdeutschen eine zentrale Rolle spielen: Sie kompensieren den Schwund von Objektsgenitiven (*sich einer Sache/an etw. erinnern, sich einer Sache/für etw. schämen, sich einer Sache/von etw. vergewissern, einer Sache/an etw. gewohnt sein*) und sind beim Umbau von ergativischer (unpersönlicher) zu akkusativischer Kodierung beteiligt, die schon im Ahd. einsetzt (vgl. Dal 1966: 166f): *mich wundert es* (Gen.) > *es* (Nom.) *wundert mich* > *ich wundere mich darüber*. Meist ist im Gegenwartsdeutschen aber das Genitivobjekt die markierte Variante, sodass man einen korrelatlosen Komplementsatz wie *Ich freue mich, sie zu sehen* wohl eher als Realisierung eines Präpositionalobjekts als eines Genitivobjekts analysieren wird. Damit liefert gerade das Verhalten der Präpositionalobjekte Argumente gegen eine nicht nach der syntaktischen Funktion differenzierte einheitliche „Nebensatzfunktion" COMP wie in Berman (2003): Mit dem prinzipiell immer möglichen Auftreten des Korrelats kann die syntaktische Funktion bei PO-Sätzen transparent und eindeutig markiert werden, – anders als beim Auftreten des funktionsambigen Korrelats *es*/*das*. Darüber hinaus bringt das Auftreten der Präposition im Korrelat gegenüber dem korrelatlos angeschlossenen Nebensatz oft eine zusätzliche inhaltliche Komponente ins Spiel, die exakt der bei PP-förmiger Kodierung entspricht, sodass die Alternation der Komplementstelle mit einem Lesartenwechsel beim Valenzträger einhergeht.

1.2 Abgrenzung gegenüber Adverbialsätzen

Zu den PPen, deren Einordnung regelmäßig in valenztheoretischen Arbeiten problematisiert wird, zählen solche mit kausalen (*leiden an*), komitativen (*sich verabreden/unterhalten/verloben/einigen/auseinandersetzen mit*) und instrumentalen Rollen (*sich brüsten/prahlen/angeben/kontern mit*) sowie PPen mit abstrakten Goal- bzw. Source-Rollen (*führen zu, resultieren in/aus, hinauslaufen/übertragen/abzielen auf, hervorgehen aus*). Diese PPen unterscheiden sich rollensemantisch und in der Form nicht von ihren valenzfreien adverbialen Pendants. Aber auch bei satzförmiger Kodierung dieser Rollen können die Formen zusammenfallen und Präpositionalobjektsätze mit einem Korrelat können die Oberflächenform von Adverbialsätzen haben. In den folgenden Paaren sind die Nebensätze in den (a)-Beispielen jeweils aufgrund des Vorliegens der Valenzrelation „Notwendigkeit" eher Komplement-Kandidaten, während die (weglassbaren) Nebensätze in den (b)-Beispielen traditionell eher als Supplement klassifiziert würden.

(4) a. Der Hundefänger köderte den Hund **damit, dass** er ihm ein Leckerli anbot.
b. **Damit, dass** einer einem Hund Leckerli anbietet, wird er nicht automatisch zum Tierfreund.

(5) a. Die Kosten für die Dokumentenbearbeitung und -prüfung begründen sich **dadurch, dass** ein zweites oder drittes Paar Augen die Arbeit überprüft.
b. **Dadurch, dass** im Herbst 2009 auf eine Preisanpassung verzichtet wurde, können die Technischen Betriebe Flawil die erhöhte Belastung für den Endkunden allerdings abfedern. (St. Galler Tagblatt 07. 01. 2010, S. 41)

Solche Beispiele über einen Kamm zu scheren, sei es als Komplemente, sei es als Supplemente, würde das Kriterium der Notwendigkeit entkräften, das in der Regel als hinreichend (wenn auch nicht notwendig) für einen Status als valenzgebunden angesehen wird (sofern man bestimmte Kontexte als nicht-diagnostisch für Weglassbarkeit berücksichtigt, vgl. Pasch 1977, Breindl 1989, Storrer 1992, GDS 1997: 1031f.). Eine Lösung besteht darin, diese instrumentalen, komitativen und kausalen PPen als eine weitere Klasse adverbialer Ergänzungen auszuweisen neben den auf Steinitz (1969) zurückgehenden lokalen, direktionalen und den durch Engel (1994) etablierten „dilativen" Adverbialkomplementen (i.e. Maßadverbiale wie *zwei Kilo wiegen, drei Stunden dauern, um 2 Grad erhöhen*). Diesen Weg geht das Valenzwörterbuch von Schumacher et al. (2004), das gleich drei weitere Klassen von Adverbialkomplementen postuliert: „Mittel/Instrument" (*mit dem Finger auf etw. zeigen*), „Zweck" (*zur Einreise einen Pass brauchen*), „Zusammenhang" (*bei der Urteilsfindung berücksichtigen*). Eine Alternative besteht darin, wie Storrer (1992) auf einer kommunikativen Ebene unterschiedliche Grade von kommunikativer Notwendigkeit anzunehmen. Festzuhalten bleibt, dass Konstituenten mit den genannten adverbialtypischen semantischen Rollen auf einem Kontinuum von Valenzbindung anzusiedeln sind, und zwar unabhängig davon, ob sie als PPen oder sentential realisiert sind. Ein solcher Übergang manifestiert sich auch in den Verbindungen eines pronominaladverbialen Korrelats mit einem *dass*-Satz (*dadurch dass, dafür dass, dazu dass*), die wie Vexierbilder sowohl als Korrelatkonstruktionen von PO-Sätzen als auch als (grammatikalisierte und lexikalisierte) komplexe adverbiale Subjunktoren analysierbar sind.

2 Formen von PO-Sätzen

Präpositionalobjektsätze treten, wie in Abschnitt 1 gezeigt, in den gleichen Formtypen auf wie Subjekt- und Akkusativobjektsätze und die seltenen Genitivobjektsätze (vgl. Bsp. (2)). Durch welchen Formtyp ein Präpositionalobjekt realisiert werden kann, wird primär durch den Valenzträger bestimmt, kann aber durch weitere Kontextmerkmale im Matrixsatz (Negation, Satzmodus, Modalverben, fokussierende Operatoren etc.) beeinflusst werden. Diese Selektion ist deshalb nur bedingt gleichzusetzen mit der Valenzrelation der Formspezifität (dem klassischen Rektionsbegriff), der ausschließlich eine lexikalische Eigenschaft des Valenzträgers ist.

2.1 Subkategorisierte Verbletztsätze: *dass-*, *ob-*, *w*-Sätze

Die Formtypen für Komplementsätze sind durch semantische Merkmale charakterisiert, die sich darauf beziehen, ob die Proposition im Wissensstand aller Kommunikationsteilnehmer „abgeschlossen" ist (*dass*-Sätze, Verbzweitsätze, Infinitivphrasen) oder „offene" Stellen enthält, sei es in der Polarität (*ob*-Sätze), sei es in einzelnen Parametern (*w*-Sätze) (vgl. Breindl 1989: 202ff., Oppenrieder 2006: 902ff., GDS 1997: 2253ff.). Prädikatsausdrücke lassen sich nach den möglichen Formtypen für eine Argumentstelle zu Klassen ordnen. Das ergibt zunächst einmal zwei „reine" Klassen, die jeweils nur für Komplementsätze mit dem Merkmal geschlossen oder offen spezifiziert sind. Zu ersteren zählen die faktiven Verben *bedauern, leid tun*; mit einer PO-Valenz: *sich freuen/sich ärgern/sich beklagen/sich wundern über, leiden an*, mit denen ein Sprecher die Wahrheit der Komplementsatzproposition präsupponiert, die somit in allen Aspekten dem Wissen der Kommunikationspartner zugänglich sein muss (6a). Auch implikative und negativ-implikative Verben wie *kommen zu, hindern an* gehören hierher, die die Wahrheit oder Falschheit der Komplementsatzproposition assertieren (6b), sowie Kognitionsverben (*glauben an, rechnen mit, überzeugt sein von*) (6c). Einfügung einer Negation ändert bei diesen drei Gruppen lediglich bei den implikativen Verben das Vorzeichen für die Geltung der Komplementsatzproposition, überschreibt aber in keinem Fall die spezifische Selektionsbeziehung zwischen Valenzträger und Einleiteelement.

(6) a. Ich freue mich (nicht) darüber, dass Ihnen der Entwurf gefällt/*ob Ihnen der Entwurf gefällt/*wem der Entwurf gefällt.
  b. Am Ende kam es (nicht) dazu, dass die Arbeit wiederholt werden musste/*ob die Arbeit wiederholt werden musste/*warum die Arbeit wiederholt werden musste.

c. Ich rechne (nicht) damit, dass Ihnen der Entwurf gefällt/*ob Ihnen der Entwurf gefällt/*wem der Entwurf gefällt.

Nur für offene Sachverhaltsbeschreibungen spezifiziert sind dagegen Verben des Fragens und Forschens wie *fragen nach, sich erkundigen nach, forschen nach, gespannt sein auf, neugierig sein auf*.

(7) Man erkundigte sich (nicht) danach, ob/wann/*dass der Entwurf fertig wäre.

Neben diesen reinen Prädikatklassen gibt es ,gemischte' Prädikatsausdrücke, die je nach der Ausgestaltung des Matrixsatzes Sätze beiderlei Typs zulassen. Eine entscheidende Rolle kommt dabei modalisierenden Ausdrücken zu, die aus einer geschlossenen Sachverhaltspräsentation eine offene machen können wie Negation, Fragesatzmodus, Modalverben. Ferner ist hier an Kontexte zu denken, in denen die Geschlossenheit der Proposition für den Sprecher oder für den Referenten des Matrixsatzsubjekts gilt, für andere Kommunikationsteilnehmer aber nicht alle Parameter aufgedeckt werden.

(8) a. Die Experten konnten sich nicht (darüber) einigen, ob/*dass sie es mit echten oder gefälschten Pollocks zu tun hatten.
b. Die Experten konnten sich (darüber) einigen, dass sie es mit gefälschten Pollocks zu tun hatten.
c. Konnten sich die Experten (darüber) einigen, ob sie es mit gefälschten Pollocks zu tun hatten?
d. Die Experten konnten sich (darüber) einigen, ob sie es mit gefälschten Pollocks zu tun hatten.

(9) a. Anna erinnert sich (nicht) daran, dass Maria heute Geburtstag hat/wann Maria Geburtstag hat.
b. Anna erinnert sich nicht daran, ob Maria heute Geburtstag hat/wann Maria Geburtstag hat.
c. ?Anna erinnert sich daran, ob Maria heute Geburtstag hat.
d. Nur Anna erinnert sich daran, ob Maria heute Geburtstag hat. (aber andere haben dieses Wissen nicht.)

In (8d) und (9d) gelten unterschiedliche Informationsstände für den Adressaten der Äußerung und für den Subjektsreferenten. Von diesem behauptet der Sprecher, dass er keine Unklarheit in Bezug auf die im Komplementsatz denotierte Proposition hat, deckt dies aber für den Adressaten nicht auf. Der Informationsstand des Sprechers ist dabei irrelevant.

Einen besonderen Fall stellen *w*-Sätze dar, die nicht das Merkmal Offenheit haben, da sie Indirektheitstypen zu Exklamativsätzen sind (vgl. Oppenrieder 1991: 190f.).

(10) a. Die an der Evaluation beteiligt sind, wundern sich, wie sehr formale Aspekte im Vordergrund stehen. (Braunschweiger Zeitung, 21. 11. 2006)
b. Viele Leute brüsten sich damit, wie viel sie durch hartnäckiges Feilschen um die neue Couchgarnitur oder den supermodernen Videorekorder gespart haben. (Mannheimer Morgen, 22. 07. 2000)
c. Sie ließen sich von den dargebotenen Schmankerln zum Schlemmen verleiten. So mancher wunderte sich, was man mit Polenta alles anstellen kann. (Kleine Zeitung, 11. 10. 1998)

Als Einleiteelement tritt vor allem *wie*, seltener auch *was* auf. Der Komplementsatz bringt zum Ausdruck, dass ein Aspekt seiner Bedeutung quantitativ oder qualitativ eine hohe Ausprägung hat; oft enthält der Komplementsatz graduierbare Adjektive oder Adverbien. In diesen *w*-Sätzen kann die für selbständige Exklamativsätze typische Modalpartikel *doch* auftreten, während in *w*-Sätzen mit offener Proposition nur die fragesatztypischen *denn* und *wohl* auftreten können.

(11) a. Dementsprechend genossen alle das kalte Bad und wunderten sich, wie gut man doch eigentlich riechen konnte. (St. Galler Tagblatt, 14. 08. 2008, S. 37)
b. Alle fragten immer wieder nur nach der Zensur im Iran, aber niemand fragte danach, was denn eigentlich zensiert wurde. (Vorarlberger Nachrichten, 13. 02. 1999, S. F14)

2.2 Freie Relativsätze

Präpositionalobjektsätze in der Funktion von Freien *w*-Relativsätzen zeigen die üblichen Unterschiede gegenüber den vom Valenzträger subkategorisierten *w*-Sätzen (Geschlossenheit vs. Offenheit der Proposition, kein Mehrfachauftreten von *w*-Ausdrücken bei Relativsätzen, Übereinstimmung von Relativum und Relativsatzfunktion). Die Kongruenzforderung nach Übereinstimmung der morphologischen Markierung des Relativums mit der syntaktischen Funktion des Relativsatzes im Matrixsatz ist für Präpositionalobjektsätze nicht verletzbar, weil sie am untersten Ende der Kasushierarchie NOM > AKK > DAT > PRÄPOSITIONALKASUS stehen, die den Spielraum für Kasusdivergenz beschreibt (s. Pittner 1995, 2003). Ein Relativum in PO-Funktion kann zwar in einem Relativsatz mit Subjekt- oder Akkusativobjektsatz auftreten wie in (12a), nicht aber ein Relativum in reinem Kasus in einem Relativsatz mit PO-Funktion wie in (12b). Um einen solchen Anschluss zu ermöglichen, muss ein pronominaler Kopf zusammen mit der Präposition auftreten.

(12) a. Sie genießt, worüber er sich ärgert.
b. *Er ärgert sich, was sie genießt.
c. Er ärgert sich über das, was sie genießt.

Da auch die Präpositionsforderungen von Matrixsatz und Präpositionalobjektsatz übereinstimmen müssen, sind solche Konstruktionen auf identische oder allenfalls semantisch eng verwandte Prädikatsausdrücke beschränkt und deshalb entsprechend selten.

(13) a. Jeder hat das Recht zu glauben, woran er mag. (Braunschweiger Zeitung, 09. 02. 2010)
b. Dann war ich frei, zu suchen, wonach mein Herz begehrte. (St. Galler Tagblatt, 26. 10. 2009, S. 43)

2.3 Verbzweitsätze

Die Hauptdomäne unselbständiger Verbzweitsätze ist die Redewiedergabe, wobei es offenbar einen gewissen Spielraum gibt, was als verbum dicendi interpretierbar ist. Wenn der Verbzweitsatz selbst durch Konjunktiv und Deixisverschiebung oder durch Kennzeichnung als direktes Zitat als Kommunikat eindeutig erkennbar ist, können auch Prädikatsausdrücke auftreten, die selbst keine verba dicendi sind, sondern redebegleitende Aspekte thematisieren. Eine stilistische „Marotte" mancher Presseorgane scheint dabei die Voranstellung solcher Verbzweitsätze vor einen Satz ohne freie Argumentstelle wie in (14b, c). Der Verbzweitsatz zeigt mit einem fallenden Akzent Selbständigkeitsmerkmale, besetzt aber das Vorfeld des nachfolgenden Verbzweitsatzes, der als intonatorischer Hintergrund erscheint.

(14) a. Er sei ein „Reformer mit Resultaten", brüstet sich der republikanische Kandidat. (St. Galler Tagblatt, 13. 05. 2000)
b. „Alle haben jetzt die Möglichkeit, sich dort zu präsentieren", freut sich Quartiermanager Gabriel Höfle über das breite und moderne Angebot. (Mannheimer Morgen, 08. 01. 2010, S. 29)
c. „So weit ich weiß, ist die Jugend sehr zufrieden", wundert sich Heinz Schuh über die Kritik. (Niederösterreichische Nachrichten, 10. 03. 2010)

Fälle wie (14) passen zum Muster von Redewiedergaben, bei denen eine Umkehrung der Hierarchie von Matrixsatz und Komplementsatz stattfindet und der Matrixsatz – formal und intonatorisch reduziert – in einer beliebigen Parenthesennische des Kommunikats erscheinen kann wie in der Schiller'schen Bürgschaft *„Ich bin", spricht jener, „zu sterben bereit …".* Ihr höherer Grad an Selbständigkeit zeigt sich auch darin, dass sie im Unterschied zu Präpositionalobjektsätzen mit einem Einleiteelement in der Position vor dem Matrixsatz nicht auf eine Linksversetzungskonstruktion angewiesen sind (vgl. Abschnitt 4). Sie lassen sich auch schlecht als Gliedteilsätze integrieren und sind deshalb mit dem Gliedteilsatzmuster (z. B. im Skopus eines Operators im Matrixsatz wie Fokuspartikel oder Kontrastnegation), deutlich weniger akzeptabel als *dass*-Sätze.

(15) a. Die Anklage stützt sich vor allem DArauf, sie habe einen Augenzeugen.
 b. Die Anklage stützt sich vor allem DArauf, dass sie einen Augenzeugen habe.

PO-Verben, die mit Verbzweitsätzen auftreten sind z. b. *hinweisen/verweisen/sich berufen auf, informieren/sprechen/klagen/jammern über, kontern/prahlen/spotten/drohen mit*, ferner die dreiwertigen *auffordern/raten/ermahnen zu, warnen vor, bitten um*. Extraponierte Verbzweitsätze können oder müssen (valenzträgerabhängig) mit Korrelat auftreten.

(16) a. Wolff wies darauf/* hin, es sei wichtig, dass auch den Kleinkindern täglich ein frisch zubereitetes warmes Essen angeboten werden könne. (Rhein-Zeitung, 13. 02. 2010)
 b. Stoiber drohte erneut (damit), er werde im Bundesrat gegen den Euro stimmen, sollte Deutschland das Defizitkriterium von 3,0 Prozent nicht einhalten. (Tiroler Tageszeitung, 22. 09. 1997)

Verbzweitsätze sind alternative Realisierungen von Komplementsätzen mit einem Merkmal Geschlossenheit, also von *dass*-Sätzen und Infinitivphrasen. Für einige Prädikatsausdrücke, z. B. *hinweisen auf* (vgl. 16a und 17a,b) und *bestehen auf*, sind alle drei Realisierungen möglich.

(17) a. Die Ermittler weisen darauf hin, weitere, belastende Indizien zu haben. (Vorarlberger Nachrichten, 01. 12. 2000, S. A3)
 b. Die DB Netz AG weist darauf hin, dass Baumaschinen im Einsatz sind. (Rhein-Zeitung, 20. 01. 2010; Kompakt)

2.4 Infinitivphrasen

Realisierung eines Komplementsatzes als Infinitivphrase setzt voraus, dass das getilgte Komplementsatzsubjekt von einer Konstituente des Matrixsatzes kontrolliert wird, also mit diesem referenzidentisch ist, aus dem Kontext zu ergänzen oder im Sinne des generischen *man* zu interpretieren ist. Letzteres ist bei unpersönlichen Verben immer der Fall (*sich handeln um, ankommen auf, hinauslaufen auf*). Bei den dreiwertigen Verben der Beeinflussung (*bitten um, überzeugen von, überreden zu, warnen vor*) übt im Normalfall die Objekts-NP Kontrolle aus, in Passivsätzen oder mit Modalverben ist auch Subjektkontrolle möglich. Die dreiwertigen implikativen Verben (*zwingen zu, veranlassen zu, hindern an*) lassen überhaupt nur Kontrolle durch das Objekt zu.

(18) a. Kanzlerin Angela Merkel warnte davor, Arbeitslose gegen Menschen mit Arbeit auszuspielen. (Nürnberger Nachrichten, 20. 02. 2010, S. 1)
b. Sie bat den Ausschuss darum, den Plan schon einmal in Ruhe anzuschauen. (Braunschweiger Zeitung, 11. 02. 2010)
d. Dennoch bat ich darum, doch vorrücken zu dürfen. (Braunschweiger Zeitung, 27. 01. 2010)
e. Nach Ende der Frist 1981 bat er darum, aus dem Priesterstand entlassen zu werden. (Nürnberger Nachrichten, 12. 04. 2010, S. 4)

Wie Akkusativ- und Dativobjekte (*jdn. bitten um, jdm. raten zu*) können auch Präpositionalobjekte mit einer Adressatenrolle Kontrolle ausüben:

(19) a. In seinem Schlussgebet richtete der Pfarrer die Bitte an den Herrgott, uns seine Güte weiterhin zu erhalten. (St. Galler Tagblatt, 03. 08. 2000)
b. Der General appellierte an die Arbeitgeber, das freiwillige Engagement zu unterstützen. (Rheinzeitung, 29. 03. 2010)

Bei diesen dreiwertigen Verben ist eine alternative Realisierung als *dass*-Satz meist deutlich schlechter, wenn auch nicht ausgeschlossen. Die Präpositionalobjektsätze bei diesen Verben bezeichnen nonfaktische Sachverhalte, was sich mit der semantischen Charakteristik von *dass*-Sätzen, die in erster Linie assertieren oder präsupponieren, dass ein Sachverhalt der Fall ist, offenbar schlecht verträgt (vgl. Beneš 1979). Bei *sich freuen* wird die Lesart *sich freuen auf* mit nonfaktischem Komplement tendenziell eher mit einem Infinitiv konstruiert, die Lesart *sich freuen über* mit faktischem Komplement eher mit *dass*-Satz. Dennoch können Infinitive durchaus auch Komplemente zu faktiven Verben realisieren, wenn die Bedingungen für Kontrolle gegeben sind.

(20) Ich freue mich darüber, heute einen besonderen Gast begrüßen zu dürfen.

Infinitivphrasen werden auch erlaubt von volitiven Verben wie *bereit sein zu, fähig sein zu, neigen zu, sich bemühen um, sich einlassen auf, verzichten auf, streben nach, ablassen von, zögern mit*, die als Verben der „Selbstbeeinflussung" quasi die zweiwertigen Varianten der Verben des Beeinflussens darstellen.

3 Korrelatkonstruktionen

Verglichen mit Subjekt- und Akkusativobjektsätzen spielen Korrelatkonstruktionen für Präpositionalobjektsätze eine wesentlich wichtigere Rolle. Korrelate sind bei Valenzträgern mit einer PO-Valenz sehr viel häufiger lexikalisch oder konstruktionsbedingt obligatorisch als bei den anderen beiden Komplementsatztypen; sie sind auch nie zur Gänze ausgeschlossen. (Zu Korrelaten allgemein s. Fabricius-Hansen (1981), Sonnenberg (1992), GDS (1997: 1474 ff.), Zitterbart (2002), Boszák (2009), zu Korrelaten bei Präpositionalobjektsätzen Holmlander (1979), Breindl (1989).)

Korrelate zu Präpositionalobjektsätzen sind Pronominaladverbien der Form *da(r)* + Präposition und treten in zwei Varianten auf: in einer im gegebenen Satzkontext unakzentuierten Form, die bei den *dar*-Formen auch auf die Schwundstufe *dr*- reduziert sein kann, und in einer Form mit einem deutlich erkennbaren Akzent auf dem pronominalen Teil. Im ersten Fall kann der Satzakzent im Matrixsatz selbst liegen und der Präpositionalobjektsatz liefert Hintergrundmaterial, im zweiten Fall ist der Präpositionalobjektsatz auf jeden Fall fokal und enthält den (fallenden) Satzakzent; das Pronominaladverb hat dann einen steigenden Akzent. In Breindl (1989) werden diese Formen nach ihrer syntaktischen und prosodischen Struktur terminologisch in Analogie zum Unterschied zwischen *es* und *das* als Korrelaten bei Subjekt- und Akkusativobjektsätzen (vgl. Oppenrieder 1991) terminologisch als Platzhalter mit Gliedsatz-Akzentmuster (21a) und Bezugselement mit Gliedteilsatz-Akzentmuster (21b) voneinander unterschieden.

(21) a. Mir liegt eine ganze MENge daran, dass Sie wahrheitsgemäß antworten.
b. Wahlprognosen sind häufig ungenau. Das liegt /DAran, dass die Bürger die Sonntagsfrage nicht immer WAHRheitsgemäß beantworten.

Die beiden Formen gehen mit unterschiedlichen informationsstrukturellen, syntaktischen und topologischen Mustern einher. Beim Gliedteilsatz-Akzentmuster liegt ein engerer Fokus vor als beim Gliedsatz-Akzentmuster; nur letzeres kann voll fokale Konstruktionen realisieren.

(22) Was ist los?
a. Im Radio hat jemand davon /geSPROchen, dass eine InflaTION droht.
b. #Im Radio hat jemand /DAvon gesprochen, dass eine InflaTION droht.

3.1 Kategoriale Einordnung der Korrelatkonstruktionen

Prinzipiell lassen sich Korrelatkonstruktionen nicht ohne Weiteres zentralen syntaktischen Konstruktionsmustern zuordnen, da sie scheinbar Doppelbesetzungen einer Argumentstelle innerhalb eines komplexen Satzes sind, was gegen ein grundlegendes syntaktisches Prinzip verstößt. In der grammatischen Literatur wurden in den 80er- und 90er-Jahren etliche Lösungen diskutiert (s. den Überblick in der GDS 1997: 1487f. und Zitterbart 2002), darunter die als Doppelbelegung und die einer Attributkonstruktion. In der GDS (1979), ebenso Zitterbart (2002) und Boszák (2009), werden „Korrelatverbindungen" – Paare aus einem phorischen Ausdruck und einem Komplementsatz – als eine Konstruktionskategorie sui generis betrachtet, die immer dann auftreten kann, wenn der Valenzträger für ein satzförmiges Komplement subkategorisiert ist. Zum syntaktischen Verhältnis zwischen den Bestandteilen einer Korrelatverbindung werden dabei aber keine Angaben gemacht. Da die phorische Funktion des Pronomens bzw. Pronominaladverbs nach der GDS aber auch in der Korrelatfunktion erhalten bleibt, läuft das letztlich doch auf eine Art Doppelbelegung innerhalb eines Satzes hinaus, die entfernte Ähnlichkeit mit Links- und Rechtsversetzung (*Diesen Gauner, den kenne ich gut; ich kenne ihn gut, diesen Gauner*) hat. In Breindl (1989) wurde ein referentieller Status für Korrelate mit Platzhalterfunktion abgelehnt; Platzhalter sind demnach rein formal markierte „dummy-Argumente", die eine kohärente Abarbeitung des Mittelfelds und eindeutige Zuordnung des extraponierten Komplementsatzes erlauben, haben also eher den Status einer Spur und teilen nicht die Stellungseigenschaften referierender Proformen: Sie erlauben keine adjazente Stellung im selben Stellungsfeld und treten nur im Mittelfeld bei extraponiertem Komplementsatz auf, bei Subjektsätzen auch im Vorfeld. Dieses Auseinandertreten von formaler (valenzgesteuerter) Markierung am Platzhalter und inhaltlicher Auffüllung im Komplementsatz lässt sich gerade mit dem mehrdimensionalen Valenzkonzept von Jacobs (1994) gut erfassen. Andererseits können prinzipiell auch referierende, kataphorisch verweisende Proformen wie Platzhalter unakzentuiert auftreten, wodurch eine Kategorisierung ersterer als nicht-referierend etwas willkürlich wirkt. Die Proform hat jedenfalls in beiden Verwendungen kataphorische Verweisfunktion (vgl. 23a).

(23) a. Wer hat nicht schon davon geHÖRT, dass der vermeintliche Traumprinz sich als optischer Alptraum entpuppt hat?
b. Wer hat nicht schon davon geHÖRT: Der vermeintliche Traumprinz entpuppt sich als optischer Alptraum!

Die Alternativlösung als Attributkonstruktionen wird in Breindl (1989) nur für das „Gliedteilsatzmuster" mit akzentuierten Korrelaten vertreten. Dafür spricht die

Möglichkeit, dass ein stark akzentuiertes Korrelat zusammen mit dem adjazenten Komplementsatz im gleichen Stellungsfeld auftreten kann (24a). Dagegen spricht, dass die Form des Nebensatzes durch den Valenzträger und nicht wie sonst für Attribute üblich durch den Kopf der Attributkonstruktion bestimmt wird (24bc) (vgl. die Kritik in GDS 1997: 1489).

(24) a. Er hatte DArüber, ob/dass sie Vermögen hatte, nicht allzuviel nachgedacht.
   b. Er hatte über die TATsache, dass/*ob sie Vermögen hatte, nicht allzuviel nachgedacht.
   b. Er hatte über die FRAge, ob/*dass sie Vermögen hatte, nicht allzuviel nachgedacht.

In (24) liegt mit *nachdenken über* ein Valenzträger vor, der zur Charakteristik von offenen und geschlossenen Propositionen passt. Die nominalen Köpfe *Tatsache* und *Frage* sind hingegen jeweils spezifisch für einen der beiden Typen. Dieselbe Verteilung zeigt aber auch das Platzhaltermuster:

(25) a. Er hatte nicht allzuviel d(a)rüber NACHgedacht, ob/dass sie Vermögen hatte.
   b. Er hatte nicht allzuviel über die Tatsache NACHgedacht, dass/*ob sie Vermögen hatte.
   b. Er hatte nicht allzuviel über die Frage NACHgedacht, ob/*dass sie Vermögen hatte.

Der Unterschied ist primär informationsstruktureller Natur. Das Gliedteilsatz-Akzentmuster ist ein Epiphänomen der Fokussierung des Komplementsatzes, für die das Korrelat als Fokusexponent dient. Dass bestimmte Valenzträger, insbesondere sachverhaltskorrelierende, im Defaultfall ein akzentuiertes Korrelat fordern (*bestehen in, liegen an, beruhen auf, führen zu*) hat mit ihrem geringen eigenen Mitteilungswert und einer daraus abzuleitenden verminderten Fokussierbarkeit zu tun. In bestimmten Kontexten sind sie aber durchaus fokussierbar.

(26) Abrafax: Momentan haben wir unser Konto (GmbH) bei einer beratergesteuerten Bank. Ein Problem dabei ist, dass sich andere Mitarbeiter grundsätzlich kaum angesprochen fühlen, wenn man Fragen oder Wünsche hat.
   Beatrix: Hallo, wie wäre es mit „reinen" Internetbanken? Deren Konzept beRUHT ja gerade darauf, dass man möglichst keine Berater braucht.
   (http://www.wer-weiss-was.de/theme220/article4829271.html)

Das Auftreten des Gliedteilsatz-Akzentmusters bei Präpositionalobjektsätzen erweist sich somit als kontextuell bedingt; durch Fokussierungsmittel (Fokuspartikeln, Negation) kann es erzwungen werden, bei manchen Prädikatsausdrücken stellt es sich aufgrund ihres geringen Mitteilungswerts, der nicht allzuweit über die Existenzpräsupposition für die in Relation zueinander gebrachten Sachverhalte hinausgeht, als Defaultwert ein, kann aber durch geeignete Kontextbedingungen überschrieben werden.

3.2 Lexikalische Bedingungen des Auftretens von Korrelaten

Korrelate zu Präpositionalobjektsätzen sind sehr viel häufiger als bei Subj.- und AkkO-Sätzen aufgrund der Forderung des Valenzträgers obligatorisch. Das rührt daher, dass das „funktionale Plus" (GDS 1997: 1476) von Korrelatkonstruktionen gegenüber solchen ohne Korrelat bei diesen Valenzträgern besonders vorteilhaft zur Geltung kommt.

- Die semantische Relation der Komplementsatzproposition zu der des Matrixsatzes wird durch die Setzung der Präposition, die mehr oder weniger autosemantisch, aber keineswegs völlig desemantisiert ist, transparenter als beim Auftreten des (funktionsambigen) *es*.
- Die Setzung der Präposition kann (als eine Art semantischer Bestandteil des Valenzträgers) die Identifikation der intendierten Lesart des Valenzträgers sichern. Gerade Prädikatsausdrücke mit einer PO-Valenz treten häufig in alternierenden Valenzmustern auf (vgl. Ágel 2000).

Auf der Basis dieser funktionalen Vorteile erklärt sich die Korrelat-Obligatorik bei den folgenden Klassen von Prädikatsausdrücken. Eine Mehrfachauflistung zeigt, dass die Faktoren auch zusammentreffen können, was auf ihre zumindest partielle Interdependenz hindeutet.

- Das Korrelat differenziert zwischen bedeutungsverschiedenen Valenzträgern mit alternierenden PO-Valenzmustern: *bestehen auf/aus/in*, *kämpfen* (*sich aussprechen, plädieren, stimmen*) *für/gegen, sich freuen auf/über, es bringen auf/zu, liegen an/in, klagen um/über, sein bei/an/für/gegen*: Mitunter ist hier nur bei einer – meist der semantisch komplexeren, merkmalhaltigeren – Lesart der Platzhalter obligatorisch, so etwa bei *sich freuen auf* oder *sich entscheiden gegen* (nicht aber bei *sich freuen über, sich entscheiden für*).
- Das Korrelat differenziert zwischen bedeutungsverschiedenen Valenzträgern mit alternierenden Valenzmustern und dient gleichzeitig der Identifizierung der Lesart des Valenzträgers und der Argumentstelle. Dazu zählen z.B. verba dicendi, sentiendi und putandi mit Variation zwischen Akkusativ- und PO-Valenz: *denken (an), glauben (an), hoffen (auf), sprechen/erzählen (von/ über), klagen (um/über), fragen (nach)*, ferner semantisch unterspezifizierte, in zahlreichen Valenzmustern ausgeprägte Verben wie *kommen (zu), ankom-*

men (auf), liegen (an/in), führen (zu), gehen (um), halten (für/an/von), setzen (auf), sein (für/gegen/an/bei).
- Das Korrelat kennzeichnet bei sachverhaltskorrelierenden Prädikatsausdrücken, die zwei Komplementsätze zulassen, die Funktion des PO-Komplementsatzes (*Ob dies der Fall ist, hängt davon ab, ob etwas anderes der Fall ist*): *abhängen von, etw. ändern an, sich ausdrücken in, sich auswirken auf, aufbauen auf, beruhen auf, folgen aus, führen zu, hervorgehen aus, hinauslaufen auf, hindeuten auf, handeln von, resultieren in, zusammenhängen mit*. Tendenziell tritt das Korrelat hier als akzentuiertes Bezugselement auf, da der Prädikatsausdruck semantisch zu „blass" ist, um selbst als Fokusexponent aufzutreten.
- Das Korrelat macht bei Komplementen im Übergangsbereich zu Adverbialen autosemantische die adverbial-semantische Rolle des Präpositionalobjektsatzes kenntlich. Das betrifft erstens Komplementsätze mit instrumentaler oder komitativer Rolle zu Valenzträgern mit den Präpositionen *mit* und *durch* (*beweisen/begründen/erklären mit/durch, (sich beschäftigen/abgeben/Mühe geben mit, aufschneiden/prahlen/angeben/sich wichtig tun/sich entschuldigen mit*). Zweitens zählen dazu Valenzträger mit PO-Rollen, die sich auf lokale und direktionale Adverbialia zurückführen lassen (Goal-, Source-, Place-Rollen), – insbesondere mit *auf* und *aus* als direktionaler und *an* als lokal-statischer Präposition: (*abzielen/sich beschränken/sich berufen/hinweisen/es absehen/hoffen/lauern/verfallen/sich vorbereiten/zielen/sich zurückziehen auf, resultieren aus, kommen von; erkennen an, sich (er)freuen an, sich stören an, scheitern an, schwer tragen an, verzweifeln an*).

Fakultativ ist ein Korrelat bei den dreiwertigen Verben der Handlungssteuerung, die bevorzugt mit Infinitivphrasen auftreten (*ermahnen/ermuntern/überreden/ veranlassen/verführen zu*). Dabei spielt die Tatsache eine Rolle, dass die Präpositionalobjektsätze bei diesen Verben Drittaktanten sind und ihre Identifizierung aus Verarbeitungsperspektive nach der Abarbeitung von Subjekt und Akkusativobjekt problemlos ist. Ferner haben diese Konstruktionen semantisch und in der Realisierung als Infinitiv eine Nähe zu kohärenten Konstruktionen mit *lassen*. Inwieweit der Umfang der Infinitivphrase (unerweitert vs. erweitert) mit der Akzeptabilität und Auftretenswahrscheinlichkeit korreliert, wäre noch zu verifizieren.

3.3 Strukturelle Bedingungen des Auftretens von Korrelaten

Die funktionalen Vorzüge der Korrelatsetzung kommen auch in bestimmten strukturellen Umgebungen zum Tragen.
- Die Setzung des Korrelats erleichtert die Verarbeitung von Komplementsätzen in Stellungen, in denen sie ohne ein Korrelat schwer zu verarbeiten wären.
- Die Setzung des Korrelats erleichtert die Identifikation von Fokus und Fokusprojektion, also derjenigen Teile der Äußerung, die der Sprecher als zentrale Aussage verstanden wissen will. Das hat vor allem mit der Akzentrealisierung zu tun.

In beiden Fällen tritt die starktonige Form des Korrelats auf, die im Übrigen auch die einzige Form von Adverbialsatzkorrelaten ist (*DEShalb, weil, DANN, wenn*). Sie macht Präpositionalobjektsätze überhaupt erst vorfeld- und mittelfeldfähig. Komplementsätze im Vorfeld werden defaultmäßig als Subjekt- oder allenfalls als Akkusativobjekt interpretiert, sodass ein Präpositionalobjekt in dieser Position einer besonderen Kennzeichnung bedarf, nämlich einer Linksversetzungskonstruktion wie in (27a) (s. Altmann 1981). Im Mittelfeld, das generell nebensatzfeindlich ist, weil dann die Matrixsatzproposition erst nach Abarbeitung der Nebensatzproposition abgeschlossen werden kann, sind allenfalls solche Nebensätze erlaubt, die durch eindeutige morphologische Markierung in ihrer Relation zum Matrixsatz transparent sind: Bei Adverbialsätzen leistet dies der Subjunktor (*weil, wenn, obwohl, statt dass* etc.), bei Präpositionalobjektsätzen das Korrelat, das hier als Kopf einer Attributkonstruktion fungiert. Entsprechende Konstruktionen mit Subjekt- und Akkusativobjektsätzen sind deutlich weniger akzeptabel.

(27) a. Dass es ein sehenswertes Spiel wurde, dafür/* sorgte auch das souveräne Schiedsrichtergespann. (Mannheimer Morgen, 19. 02. 2003)
   b. Dass es ein sehenswertes Spiel wurde, ermöglichte auch das souveräne Schiedsrichtergespann.

(28) a. Die Türkei hat dafür, dass sie ihr Veto gegen den neuen Nato-Generalsekretär fallen liess, offenbar lukrative Zugeständnisse erhalten. (Die Südostschweiz, 06. 04. 2009)
   b. ??Die Türkei hat das, dass sie ihr Veto gegen den neuen Nato-Generalsekretär fallen ließ, bezahlt bekommen.

Da die Bezugselemente zu Präpositionalobjektsätzen immer einen Akzent tragen, treten sie vor allem in Umgebungen auf, in denen der Komplementsatz durch Elemente wie Fokuspartikeln, Negation oder adverbiale skalare Ausdrücke fokussiert werden soll.

(29) a. Wähler haben es darauf abgesehen, Politikern das Leben schwer zu machen.
 b. Wähler haben es vor allem DArauf abgesehen, Politikern das Leben schwer zu machen.

4 Topologische Eigenschaften von Präpositionalobjektsätzen

Präpositionalobjektsätze sind auch in ihrem Stellungsverhalten im System der Komplementsätze auffällig. Die markantesten Unterschiede gegenüber Subjekt- und Akkusativobjektsätzen sind die in Abschnitt 3 erwähnte erhöhte Mittelfeldfähigkeit, die – außer bei freien Relativsätzen – an das Auftreten eines akzentuierten Korrelats im selben Stellungsfeld gebunden ist, und das Vorfeldverbot, das nur durch Konstruktionsmuster mit einem Korrelat kompensiert werden kann. Die Akzeptabilität von Komplementsätzen im Mittelfeld steigt mit dem Grad ihrer „Nominalität" (Oppenrieder 2006: 909) und sinkt mit dem Grad der Assertiertheit: Mit abnehmender Wahrscheinlichkeit können hier auftreten: Freie Relativsätze < Infinitivphrasen < Verbletztsätze (*dass*-, *ob*-, *w*-) < Verbzweitsätze. Bei Freien Relativsätzen übernimmt das *w*-Relativum, dessen Form und Funktion zwar durch das Relativsatzprädikat selbst bestimmt wird, das aber mit der Funktion des Relativsatzes im Matrixsatz übereinstimmen muss, die Kennzeichnung der Funktion, sodass ein Korrelat überflüssig wird.

(30) Man sollte, wozu man selber nicht bereit ist, niemand anderen zwingen wollen.

In den meisten Fällen treten Präpositionalobjektsätze extraponiert auf, wobei im Mittelfeld ein Korrelat erscheinen kann bzw. – in Abhängigkeit von lexikalischen und strukturellen Faktoren – auftreten muss (s. Abschnitt 3.)

(31) a. Fromme verweist darauf, dass die niedersächsische Landesregierung sich im Bundesrat für die Kommunen eingesetzt habe. (Braunschweiger Zeitung, 18. 08. 2007)
 b. Wenn der soziale Hintergrund nicht stimmt, kann man drauf warten, daß es auch in der Arbeit kracht. (Nürnberger Nachrichten, 12. 02. 1994, S. 3)

In seltenen Fällen sind Korrelate und Komplementsatz maximal distant, wenn nämlich das Korrelat im Vorfeld und der Komplementsatz am rechten Rand steht. Das Korrelat kann hier nicht schwachtonig oder reduziert sein (als Korrelat eines

AkkO-Satzes kann hier ebenfalls nur das Pronomen *das* auftreten), der Präpositionalobjektsatz ist intonatorisch und mitunter auch interpunktorisch abgesetzt,

(32) Lästern stärkt das Wir-Gefühl: Darin/*Drin sind wir uns einig, dass die oder der andere komisch oder blöd ist. (http://www.ekkw.de/lekinet/predigten/jahr56/5642.doc – 18. 02. 10)

Der Präpositionalobjektsatz in (32) ist in seiner Struktur ambig. Er kann als extraponierter Attributsatz zu einem pronominalen Kopf *DArin* gedeutet werden, aber auch als Nachtrag (*darin sind wir uns einig, und zwar dass* ...) gedeutet werden, wobei der dass-Satz dann eine Paraphrase für den vorhergehenden Satz *Lästern stärkt das Wir-Gefühl* wäre.

Korrelat und Präpositionalobjektsatz können auch gemeinsam rechts vom Matrixsatz erscheinen, was nach verbalen Valenzträgern deutlich seltener als nach Kopula und Adjektiv ist (*erstaunt darüber, dass ..., begierig darauf, dass ...* etc.). Das Stellungsmuster existiert für die akzentuierte wie für die unakzentuierte Variante des Korrelats. Im ersten Fall ist das Korrelat Fokusexponent für den voll fokalen Präpositionalobjektsatz und kann selbst durch eine Fokuspartikel oder kontrastierende Negation fokussiert sein wie in (33a), im zweiten Fall, der im Sinne der Verarbeitung als sukzessive Ausklammerung zu verstehen ist, wird umgekehrt das Matrixsatzprädikat fokussiert. In Bsp. (33b) und (33c) erfolgt dies vor dem Hintergrund eines Präpositionalobjektsatzes, dessen Inhalt im Vortext bereits thematisiert ist.

(33) a. Wer – wie vermutlich die Bundesregierung – dann prompt über die fortgesetzte Aushöhlung des Binnenmarkts lamentieren sollte, könnte nachdenken: [und zwar] zum Beispiel DAarüber, ob es nicht endlich an der Zeit wäre, sich für eine Abschaffung des Vetorechts in Sachen Steuern stark zu machen. (Frankfurter Rundschau, 13. 09. 1999, S. 11)
b. „Ich arbeite nicht gegen Mainz 05", sagt der fußballverrückte CDU-Politiker gestern. Er habe sich „fürchterlich geÄRgert" darüber, daß der Vereinsvorsitzende Harald Strutz dem für das Stadion und die Sportflächen zuständigen Grün- und Umweltdezernenten genau das unterstellt hatte.
c. Sehr gut! Danke! Ich hab schon geWARtet drauf, daß Du Bilder darüber postest.
(http://www.ureader.de/msg/114446456.aspx) [Akzentmarkierung EB]

Die Ausklammerung von Platzhalter und Komplementsatz ist ein Spezifikum von Präpositionalobjektsätzen, entsprechende Strukturen mit *es* sind ungrammatisch.

(34) *Ich habe schon erWARtet es, dass du die Bilder rüber postest.

Der Unterschied reflektiert unterschiedliche Valenzbindungsgrade, hinter denen letztlich ein Transitivitätsunterschied steht (vgl. Hopper/Thompson 1980, Ágel 2000: 126). Das Denotat eines Akkusativobjekts ist tendenziell stärker durch die Prädikatshandlung affiziert als das eines Präpositionalobjekts; das zeigen gerade Valenzträger mit alternierenden Valenzmustern (vgl. *einen Brief schreiben* vs. *an einem Brief schreiben, etw. glauben* vs. *an etw. glauben*). Je enger aber die Valenzbindung zwischen einer Konstituente und dem Prädikat, desto weniger lässt sie sich ausklammern. Kasuskomplemente erlauben Ausklammerung in aller Regel nicht, bei Präpositionalobjekten ist sie eher möglich.

Eine Abfolge Komplementsatz vor Matrixsatz ist deutlich seltener als die umgekehrte Abfolge. Sie kann dann günstiger sein, wenn der Inhalt des Komplementsatzes unmittelbar an den Vortext anknüpft und der Matrixsatz inhaltlich weitergeführt wird oder z.B. durch einen Adverbialsatz erweitert ist. Ein Präpositionalobjektsatz am linken Rand des Matrixsatzes kann in mehreren Konstruktionsmustern auftreten, ein Korrelat ist dabei immer obligatorisch.

(i) als Attributkonstruktion, bei der ein (akzentuiertes) Bezugselement zusammen mit dem nachfolgenden Präpositionalobjektsatz das Vorfeld besetzt oder aber gemeinsam linksversetzt ist. Diese Doppelmarkierung der Relation ist aus der Hörerperspektive vor allem bei sehr umfangreichen Komplementsätzen sinnvoll. (siehe 35a)

(ii) linksversetzt mit einem im Vorfeld stehenden Pronominaladverb. Bei diesem Stellungsmuster ist die reduzierte Form wohl nicht ganz auszuschließen, fraglich ist dann aber, ob es sich noch um eine Herausstellungsstruktur Linksversetzung handelt oder vielmehr Freies Thema vorliegt. [siehe 35c]

(iii) als Freies Thema im linken Außenfeld mit einem nur locker daran anschließenden Pronominaladverb im Mittelfeld des Matrixsatzes, wobei das Pronominaladverb akzentuiert oder unakzentuiert sein [siehe 35d]

(35) a. Dann gelte es, längere Fahrten in Etappen aufzuteilen. **Darauf/*drauf**, dass Übersicht und Reaktionsvermögen nachlassen, weisen folgende Phänomene hin: Der Beifahrer sieht plötzlich mehr als der Fahrer, erkennt Gefahren früher und Situationen, in denen der Fahrer nicht hundertprozentig Herr der Lage ist, nehmen zu. (Mannheimer Morgen, 25. 08. 2007)

b. **DArauf/*drauf**, dass es den Wintercheck so lange gebe und er noch immer für die Wolfenbütteler kostenlos sei, **darauf** seien die Organisatoren stolz, so Gutsche. (Braunschweiger Zeitung, 14. 10. 2009)

c. Was fehlt, sind die Kinder. Dass sie ihre beiden Söhne wieder zu sich nehmen kann, **darauf** wartet sie noch immer. (Zürcher Tagesanzeiger, 10. 09. 1996, S. 10)

d. Dass sie ihre beiden Söhne wieder zu sich nehmen kann – sie wartet noch IMmer d(a)rauf./?sie wartet DArauf noch immer.

5 Zusammenfassung

Präpositionalobjektsätze bilden einen weitgehend grammatikalisierten Bereich, der in seinen semantischen Rollen ein breites Spektrum zwischen zentralen und peripheren Komplementen abdeckt. In den zentralen Bereichen ähneln sie Akkusativobjektsätzen, in den peripheren adverbialen Nebensätzen. Die Eigenschaften von Präpositionalobjektsätzen ähneln damit gerade in ihrer Hybridität denen von PPen in PO-Funktion.

6 Literatur

Ágel, V. (2000): Valenztheorie. Tübingen: Narr.
Altmann, H. (1981): Formen der „Herausstellung" im Deutschen. Rechtsversetzung, Linksversetzung, freies Thema und verwandte Konstruktionen. Tübingen: Niemeyer.
Bausewein, K. (1990): Akkusativobjekt, Akkusativobjektsätze und Objektprädikate im Deutschen. Untersuchungen zu ihrer Syntax und Semantik. Tübingen: Niemeyer.
Beneš, E. (1979): Zur Konkurrenz von Infinitivfügungen und *daß*-Sätzen. In: Wirkendes Wort 29, 274–384.
Berman, J. (2003): Zum Einfluss der strukturellen Position auf die syntaktische Funktion der Komplementsätze. In: Deutsche Sprache 31, 263–286.
Boszák, G. (2009): Realisierung der valenzbestimmten Korrelate im Deutschen. Frankfurt/Main: Lang.
Breindl, E. (1989): Präpositionalobjekte und Präpositionalobjektsätze im Deutschen. Tübingen: Niemeyer.
Breindl, E. (2006): Präpositionalphrasen. In: Ágel, V./Eichinger, L.M./Eroms, H.W./Hellwig, P./Heringer, H.J./Lobin, H. (Hgg.), Dependenz und Valenz. Ein internationales Handbuch der zeitgenössischen Forschung. 2. Halbband. Berlin: de Gruyter, 936–951.
Dal, I. (1966): Kurze deutsche Syntax auf historischer Grundlage. 5., verbess. Aufl. Tübingen: Niemeyer.
Engel, Ulrich (1977): Syntax der deutschen Gegenwartssprache. Berlin: Erich Schmidt Verlag.
Engel, Ulrich (1994): Syntax der deutschen Gegenwartssprache. 3., völlig neu bearb. Aufl. Berlin: Erich Schmidt.
Eroms, H.-W. (1981): Valenz, Kasus, Präpositionen. Untersuchungen zur Syntax und Semantik präpositionaler Konstruktionen in der deutschen Gegenwartssprache. Heidelberg: Winter.
Eroms, H.-W. (2000): Syntax der deutschen Sprache. Berlin: de Gruyter.
Fabricius-Hansen, C. (1981): Was ist nun wieder ein Korrelat? Gedanken zur Rehabilitierung eines naiven Nebensatzbegriffs. In: Kopenhagener Beiträge zur germanistischen Linguistik 18, 1–45.

Holmlander, I. (1979): Zur Distribution und Leistung des Pronominaladverbs als Bezugselement eines das Verb ergänzenden Nebensatzes/Infinitivs. Uppsala: Acta Universitatis Upsaliensis.
Hopper, P.J./Thompson, S.A. (1980): Transitivity in Grammar and Discourse. In: Language 56, 251–299.
Hundt, M. (2001): Grammatikalisierungsphänomene bei Präpositionalobjekten in der deutschen Sprache. In: Zeitschrift für Germanistische Linguistik 29, 167–191.
Jacobs, J. (1994): Kontra Valenz. Trier: Wissenschaftlicher Verlag.
Oppenrieder, W. (1991): Von Subjekten, Sätzen und Subjektsätzen. Untersuchungen zur Syntax des Deutschen. Tübingen: Niemeyer.
Oppenrieder, W. (2006): Subjekt- und Objektsätze. In: Ágel, V./Eichinger, L.M./Eroms, H.W./Hellwig, P./Heringer, H.J./Lobin, H. (Hgg.), Dependenz und Valenz. Ein internationales Handbuch der zeitgenössischen Forschung. 2. Halbband. Berlin: de Gruyter, 900–912.
Paranhos Zitterbart, J. (2002): Zur korrelativen Subordination im Deutschen. Tübingen: Niemeyer.
Pasch, R. (1977): Zum Status der Valenz. In: Linguistische Studien Reihe A 42, 1–50.
Pittner, K. (1995): The Case of German Relatives. In: The Linguistic Review 12, 197–232.
Pittner, K. (2003): Kasuskonflikte bei freien Relativsätzen – Eine Korpusstudie. In: Deutsche Sprache 31, 193–208.
Reis, M. (1997): Zum syntaktischen Status unselbstständiger Verbzweit-Sätze. In: Dürscheid, C./Ramers, K.H./Schwarz, M. (Hgg.), Sprache im Fokus. Festschrift für Heinz Vater zum 65. Geburtstag. Tübingen: Niemeyer, 130–144.
Roustila, J. (2005): Zur Grammatikalisierung von Präpositionalobjekten. In: Leuschner, T./Mortelmans, T./de Groodt, S. (Hgg.), Grammatikalisierung im Deutschen. Berlin: de Gruyter, 135–167.
Schumacher, H./Kubczak, J./Schmidt, R./de Ruiter, V. (2004): VALBU – Valenzwörterbuch deutscher Verben. Tübingen: Narr [E-VALBU: http://hypermedia2.ids-mannheim.de/evalbu/index.html.]
Steinitz, R. (1969): Adverbial-Syntax. Berlin: Akademie Verlag.
Sonnenberg, B. (1992): Korrelate im Deutschen. Beschreibung, Geschichte und Grammatiktheorie. Tübingen: Niemeyer.
Storrer, A. (1992): Verbvalenz. Theoretische und methodische Grundlagen ihrer Beschreibung in Grammatikographie und Lexikographie. Tübingen: Niemeyer.
Tesnière, L. (1959): Éléments de syntaxe structurale. Paris: Klincksieck.
Wolf, N.-R. (2003): Ebenen der Valenzbeschreibung: Die syntaktische Ebene. In: Ágel, V./Eichinger, L.M./Eroms, H.W./Hellwig, P./Heringer, H.J./Lobin, H. (Hgg.), Dependenz und Valenz. Ein internationales Handbuch der zeitgenössischen Forschung. 1. Halbband. Berlin: de Gruyter, 404–410.
Zifonun, G./Hoffmann, L./Strecker, B. et al. (1997): Grammatik der deutschen Sprache. 3 Bde. Berlin: de Gruyter.
Zint-Dyhr, I. (1981): Ergänzungssätze im heutigen Deutsch. Untersuchungen zum komplexen Satz. Tübingen: Narr.

Eva Breindl

22 Prädikativsätze[1]

1 Beispiele
2 Terminologie
3 Markierungsebenen
4 Theoretische Probleme
5 Zusammenfassung
6 Literatur

1 Beispiele

Prädikativnebensätze, kurz Prädikativsätze, sind Nebensätze in der syntaktischen Funktion eines Prädikativs. Traditionell werden Sätze wie (1) zu Prädikativnebensätzen gezählt. Sie treten zusammen mit einer Kopula (*sein, werden, bleiben*) auf und beziehen sich auf das Subjekt.

(1) a. Sie bleibt, wie sie immer war (nämlich streng).
    b. Diese Wohnung ist, was Ewald schon immer suchte.

In diesem Beitrag werden wir dafür argumentieren, dass auch Nebensätze wie in (2) und (3) zu Prädikativnebensätzen zu zählen sind.

(2) Was ihr im Winter am meisten fehlte, war der Schnee.

(3) Es war der Schnee, der ihr im Winter am meisten fehlte.

2 Terminologie

Prädikativnebensätze treten als Nebensätze in der prädikativen Komplementposition der Kopula auf. Daher werden sie alternativ auch als Prädikativkomplementsätze bezeichnet (Zifonun et al. 1997: 1461). Die Hauptsätze, in denen sie auftreten, werden Kopula-Prädikativ-Konstruktionen (Lang 1999) bzw. Kopulasätze (Flämig 1991, Duden-Grammatik 2009) genannt. Für die Definition der Prädikativnebensätze sind somit die Begriffe Prädikativ und Kopulasatz konstitutiv.

---

[1] Für anregende Kommentare zu diesem Aufsatz möchte ich den Herausgebern des Handbuches sowie Jutta Hartmann, Elisabeth Löbel und Jürgen Pafel danken.

2.1 Was sind Prädikative?

Prädikative können zunächst *syntaktisch* als valenznotwendige Komplemente von Kopulaverben definiert werden. Die Kopula *sein* ist das Verb, das wegen der semantischen Leere kaum syntaktische Beschränkungen auf die kategoriale Belegung der prädikativen Komplementposition hat: Verschiedene Kategorien können als Komplement der Kopula *sein* fungieren (für unkonventionelle Besetzungen dieser Position durch Präpositionen bzw. Adverbien s. Hentschel 2005, durch Genitiv-NPs s. Pittner 2010, zu inkorporierten Prädikativen s. Berman 2009). Einige Realisierungsmöglichkeiten der Prädikative sind in (4) angegeben. Beschränkungen werden in Geist/Rothstein (2007) beschrieben.

(4) **Adjektivphrasen:** Hans ist sehr nett.
Nominalphrasen mit und ohne Artikel: Hans ist Bäcker.
Peter ist der Bruder von Anna.
Präpositionalphrasen: Hans ist im Garten.
Adverbphrasen: Das Warten war vergebens[2].

Prädikative formen zusammen mit der Kopula ein komplexes syntaktisches Prädikat. *Semantisch* unterscheiden sich Prädikative von anderen Komplementen wie z. B. direkten Objekten. Während Komplemente in der Regel semantisch Argumente sind, d. h. auf belebte oder unbelebte Individuen referieren, haben prädikative Komplemente jedoch semantisch keinen Argumentstatus (Steinitz 1997, Zifonun et al. 1997: 1065 f.). Sie sind nicht-referenziell in dem Sinne, dass sie kein Individuum, sondern eine Eigenschaft bezeichnen, und werden semantisch als Prädikate zu einem Argument im Satz analysiert (s. unter anderem Partee 1987, Williams 1983). So bezeichnet das Prädikativ *Arzt* in *Peter ist Arzt*, die Eigenschaft, die über das Argument *Peter* prädiziert wird. Die Kopula ermöglicht die Prädikation auf der Satzebene. Ihre Rolle besteht hauptsächlich darin, die für die Satzbildung notwendigen Merkmale wie Tempus, Modus und Genus Verbi zu spezifizieren. Da Prädikative keine Argumente sind, werden ihnen keine thematischen Rollen zugesprochen. Löbel (2000) schlägt alternativ vor, dass Prädikative eine quasi-thematische Rolle bekommen, analog zu Komplementen von Verben wie *wiegen* (*drei Kilo wiegen*) und *dauern* (*zwei Stunden dauern*), die ihr zufolge ebenfalls eine „Eigenschaft" bezeichnen.

Eine Evidenz für die Nicht-Referenzialität der prädikativen Komplemente liefert der Pronominalisierungstest. Generell gilt, dass nur referenzielle NPs im Dis-

---

[2] Adverb- und entsprechende Präpositionalphrasen in dieser Position werden z. B. in der Duden-Grammatik (2009: 789) als Adverbialbestimmungen und nicht als Prädikative analysiert.

kurs durch ein Personalpronomen wieder aufgenommen werden können. Die pronominale Wiederaufnahme einer prädikativen NP oder eines Prädikativnebensatzes kann nur mit dem Pronomen *es* bzw. mit den Demonstrativa *das/dies* erfolgen, s. (5a,b), wo die Indizes den anaphorischen Bezug des Pronomens verdeutlichen.

(5) a. Peter ist [ein guter Arzt]$_i$ und sein Sohn ist {*er$_i$ / es$_i$ / das$_i$ / dies$_i$} auch.
  b. Peter ist, [was sein Vater auch war]$_i$ (nämlich ein guter Arzt$_j$). Sein Sohn wird {*er$_i$ / es$_i$ / das$_i$ / dies$_i$} auch.

Der Unterschied zwischen prädikativen und Objekt-NPs zeigt sich auch in der Wahl des entsprechenden Interrogativpronomens. Prädikative NPs in prädizierenden Sätzen können mit *was*, aber nicht mit *wer* erfragt werden, vgl. (6). Der Ausdruck *von Beruf* stellt hier sicher, dass es sich tatsächlich um einen prädizierenden Satz handelt.

(6) A: {Was / *Wer} war ihr Freund von Beruf?
  B: Er war Geiger / was sein Vater auch bereits war.

Das prädikative *was* ist vom Argument-*was* zu unterscheiden. *Was* in referenzieller Bedeutung kann nicht in Bezug auf Menschen verwendet werden {*Was/Wer} hat angerufen?

Somit haben wir es bei Prädikativen generell mit nicht-referierenden Ausdrücken zu tun.

2.2 Was sind Kopulasätze?

Oben wurden die Begriffe Kopulasatz und Kopula-Prädikativ-Konstruktion der Einfachheit halber gleichgesetzt. Das ist jedoch nicht ganz korrekt. Es können verschiedene Typen von Kopulasätzen unterschieden werden, von denen nicht alle Kopula-Prädikativ-Konstruktionen sind. Wir werden hier auf die drei wichtigsten Typen eingehen. Für detailliertere Klassifikationen am Beispiel des Englischen sei auf die Arbeiten von Higgins (1979), Declerck (1988) and Mikkelsen (2011) verwiesen, eine Diskussion der Kopulasatztypen im Deutschen findet sich in Geist (2006).

(7) a. **Prädizierender Satz:**   Peter ist {Lehrer / jung / mein Freund}.
  b. **Identitätssatz:**   Der Morgenstern ist der Abendstern.
  c. **Spezifizierender Satz:**   Der Gewinner ist Peter.

Die Unterschiede zwischen diesen Kopulasatztypen ergeben sich aus den Unterschieden in der Referenzialität der nominalen Glieder und der jeweiligen Funktion der Kopula. So werden basierend auf Russell (1919: 119) zwei Kopulae unterschieden, die bedeutungsleere Kopula der Prädikation und die Kopula der Identität mit der Bedeutung „gleich sein". Im *prädizierenden Kopulasatz* wird die bedeutungsleere Kopula der Prädikation eingesetzt. Das Prädikativ denotiert eine Eigenschaft, die über das Subjekt-Argument prädiziert wird. So wird in (7a) über das Argument *Peter* die Eigenschaft, Lehrer / jung / mein Freund zu sein prädiziert. Der semantische Beitrag der Kopula der Prädikation erschöpft sich darin, das Subjekt-Argument und das Prädikativ für die Prädikation zusammenzuführen. Syntaktisch trägt die Kopula der Prädikation zur Bildung des komplexen Prädikats zusammen mit dem Prädikativ bei, indem sie die für die Satzbildung nötigen grammatischen Merkmale spezifiziert. Im *Identitätssatz* wird hingegen die Kopula der Identität eingesetzt. In (7b) wird die Identität zweier durch *der Morgenstern* und *der Abendstern* repräsentierter Referenten behauptet. Anders als in prädizierenden Sätzen, in denen die satzfinale Phrase nicht-referenziell ist, ist in den Kopulasätzen vom Typ Identitätssatz das Komplement der Kopula genauso wie das Subjekt referenziell und daher nicht eindeutig vom Subjekt zu unterscheiden. Da das Komplement referiert, ist es kein Prädikativ im engeren Sinne. Folglich sind Identitätssätze auch keine Kopula-Prädikativ-Konstruktionen. Die Kopula der Identität in solchen Sätzen nimmt ein referierendes Komplement, das Argumentstatus hat (Zifonun et al. 1997: 719f.). Darin gleicht sie einem Vollverb.

Die Frage, ob *spezifizierende Sätze* Kopula-Prädikativ-Konstruktionen sind, ist jedoch umstritten. In einem spezifizierenden Satz wie (7c) führt die prä-verbale NP *der Gewinner* eine Variable ein (*x hat gewonnen*), die durch die post-verbale Konstituente, *Peter,* spezifiziert wird (Akmajian 1979). Das Besondere an spezifizierenden Sätzen ist, dass sie eine strukturell fixierte Informationsstruktur mit der linken NP als Topik und der rechten NP als Fokus aufweisen. Würde man die linke und die rechte NPs beide als referenziell betrachten, würde man spezifizierende Sätze als eine Art Identitätssätze mit der Kopula der Identität analysieren. Würde man nur die rechte NP als referenziell und die linke als nicht-referenziell ansehen, wären spezifizierende Sätze als Kopula-Prädikativ-Konstruktion mit der Kopula der Prädikation zu analysieren. In diesem Beitrag vertreten wir die Auffassung, dass spezifizierende Sätze Kopula-Prädikativ-Konstruktionen sind, wobei die linke NP nicht-referenziell ist und als Prädikativ fungiert, und die rechte NP referenziell ist und im Satz als Subjekt dient. Die hier eingesetzte Kopula ist die Kopula der Prädikation. Einen Hinweis auf den prädikativen Status der linken NP liefert der Pronominalisierungstest. Wird diese NP linksversetzt, so muss die pronominale Aufnahme mittels des pro-prädikativen *das* bzw. *es* erfolgen. Die Wiederaufnahme mit Personaldeiktika wie *der* ist abweichend, vgl. auch Altmann (1981):

(8) Der Gewinner, {das/?der} ist Peter.

Weitere Argumente für die Analyse der spezifizierenden Kopulasätze als Kopula-Prädikativ-Konstruktionen werden in Abschnitt 4.3 diskutiert.

2.3 Was sind Prädikativnebensätze?

Prädikativnebensätze können nun als Nebensätze angesehen werden, die nicht nur in prädizierenden Kopulasätzen wie (9), sondern auch in spezifizierenden Kopulasätzen wie in (10) an der Stelle des Prädikativkomplements vorkommen. Hierzu können zwei Typen unterschieden werden: die sog. *Sperrsätze* und *Spaltsätze* (Englisch Pseudo-Clefts und Clefts). Beide dienen der Fokussierung einer Konstituente im Kopulasatz.

(9) prädizierende Kopulasätze mit einem Prädikativnebensatz
    a. Sie bleibt, wie sie immer war.
    b. Diese Wohnung ist, was Ewald schon immer suchte.

(10) spezifizierende Kopulasätze mit einem Prädikativnebensatz
Sperrsatz
    a. Was mich am meisten stört, (das) ist die Unordnung.
    b. Was noch fehlt, ist die Fußgängerzone.
Spaltsatz
    c. Es ist die Unordnung, die mich am meisten stört.
    d. Die Unordnung ist es, die mich am meisten stört.

In einem Sperrsatz besetzt ein *w*-Relativsatz die Stelle eines Prädikativs im spezifizierenden Kopulasatz. Oft wird bei Sperrsätzen im Hauptsatz *das* eingesetzt, was auf eine Linksversetzung des Prädikativnebensatzes hinweist. Die satzfinale NP trägt einen Fokusakzent. Sperrsätze stellen eine Untergruppe von eigentlichen Spaltsätzen wie (10c,d) dar[3]. Die letzteren sind nach dem Muster *Es ist x +*

---

[3] Im Englischen sind solche Sätze weit verbreitet und es liegt eine erhebliche Anzahl an Analysen dafür vor (s. einen Überblick in den Dikken 2005). Sperrsätze im Deutschen kommen seltener vor und wurden bisher nur am Rande der Analyse von Spaltsätzen behandelt (Grewendorf/Poletto 1991, Huber 2002, Meinunger 1997). Von Sperrsätzen mit Prädikativnebensätzen sind Sperrsätze mit Subjektnebensätzen zu unterscheiden:
(i) *Was sie sucht*, ist eine größere Wohnung. (*w*-Prädikativnebensatz)
(ii) *Was sie sucht*, ist schwer zu finden. (*w*-Subjektnebensatz)
Im ersten Fall spricht man von spezifizierenden, im zweiten Fall von prädizierenden Sperrsätzen (Higgins 1979).

Relativsatz oder *x ist es + Relativsatz* aufgebaut, wobei *x* als NP im Nominativ realisiert wird[4] und obligatorisch einen Fokusakzent trägt. Grewendorf/Poletto (1991) weisen darauf hin, dass außer Nominativ keine anderen Kasus für die Fokus-NPs in Spaltsätzen in Frage kommen. So ist (11b) mit einer Fokus-NP im Akkusativ in dieser Position ausgeschlossen.

(11) a. Du bist es, den ich gestern gesehen habe.
  b. *Dich ist es /*Es ist dich, den ich gestern gesehen habe.
  (Grewendorf/Poletto 1991: 184)

Das Pronomen *es* in den Spaltsätzen kann Grewendorf/Poletto (1991) zufolge als Pro-Prädikativ analysiert werden, das mit dem Nebensatz korreliert. So korreliert *es* in (11a) mit dem Nebensatz *den ich gestern gesehen habe*. Dieser Nebensatz wird von der Fokus-NP *du* prädiziert und hat somit den Status eines Prädikativnebensatzes.

Dem Terminus Spaltsatz liegt die Vorstellung der generativen Syntax zugrunde, dass eine fokussierte Konstituente von dem ursprünglichen Satz abgespalten und in einen Kopulasatz vorangestellt wird, vgl. *Am meisten stört mich [die Unordnung]* → *Es ist [die Unordnung], die mich am meisten stört.* Sperrsätze werden ebenfalls als Spaltsätze aufgefasst, bei denen jedoch die fokussierte Konstituente nach rechts in den Kopulasatz extraponiert wird, wobei ihr ursprünglicher Platz durch eine pronominale Kopie besetzt wird.

3 Markierungsebenen

3.1 Kategoriale Merkmale

Prädikativnebensätze haben typischerweise die Form von freien Relativsätzen. Betrachten wir zunächst Prädikativnebensätze in prädizierenden Kopulasätzen. Sie werden mit den w-Relativpronomina *was* und *wie* eingeleitet, wobei *wie* als

---

4 Von Spaltsätzen mit NPs wie *du* in (11a), die als Argumente des verbalen Prädikats im Nebensatz fungieren, sind Spaltsätze mit herausgestellten temporalen und lokalen Adverbialen zu unterscheiden. Solche Adverbiale haben die Form, die ihnen als Konstituenten des Prädikativsatzes zukommt, vgl. (i). In solchen Fällen spricht man von der sog. Konnektivität, d.h. einer Identitätsbeziehung zwischen der betreffenden Konstituente im Hauptsatz und der ursprünglichen Stelle für diese Konstituente im Nebensatz.
(i) Es war *in Wien*, wo ich diese Frau zum ersten Mal gesehen habe.
Nach Andersson (1993) bilden solche Sätze eine separate Klasse der Spaltsätze. Im Deutschen stellt diese Klasse eine marginale Erscheinung dar.

Entsprechung für prädikative APs und *was* als Entsprechung für prädikative APs und NPs gilt.

(12) Sie will bleiben, wie sie ist – unkonventionell.
Berlin wurde, was es vorher schon war – die gesamtdeutsche Hauptstadt.
Er bleibt, was er immer war – klüger als seine Kommilitonen.

Seltener findet man Prädikativnebensätze, die mit einem *d*-Relativpronomen eingeleitet sind:

(13) Bleibe (der), der du bist.

Einen besonderen Typ stellen adverbiale Prädikative dar, die zwar die syntaktische Position der Prädikative besetzen, semantisch aber die Bedeutung adverbialer Komplemente aufweisen und durch subordinierende Konjunktionen eingeleitet werden, vgl. einen konditionalen Prädikativnebensatz aus Zifonun et al. (1997: 1106):

(14) Humor ist, wenn man trotzdem lacht.

Der Prädikativnebensatz kann auch zum Ausdruck eines Vergleichs mit den komplexen Konjunktionen *wie wenn* oder *als ob* eingeleitet werden:

(15) a. Es ist genau, wie wenn man am Strand liegen würde.
b. Es war, als ob er nie da gewesen wäre.

Nun wenden wir uns den Prädikativnebensätzen als Bestandteil von Sperr- und Spaltsätzen zu. Was die Form des Relativpronomens angeht, so werden in Sperrsätzen hauptsächlich *w*-Relativpronomina und in Spaltsätzen *d*-Relativpronomina eingesetzt. Für die morphologische Form der *w*-Pronomina in Sperrsätzen gilt folgende Bedingung: Der Kasus des *w*-Pronomens muss mit dem Kasus der Fokus-NP im Kopula-Hauptsatz, dem Nominativ, formal übereinstimmen (Grewendorf/Poletto 1991, Altmann 2009). So ist z.B. in (16a,b) diese Bedingung erfüllt, in (16c) jedoch nicht, was zu Ungrammatikalität führt.

(16) a. Wer das getan hat, ist der Hans.
b. Was du jetzt brauchst, ist ein Glas Wein. (Grewendorf/Poletto 1991: 208)
c. *Wen du jetzt brauchst, ist ein Arzt. (ebenda)

In Sperrsätzen kommt das Relativpronomen *was* (und Linksversetzung mit *das*) laut der empirischen Untersuchung von Altmann (2009) am meisten vor. Der Grund ist, dass *was* die Kasusbedingung auch dann erfüllt, wenn es für ein Akkusativobjekt steht. Es gibt aber auch Fälle mit eindeutig nichtnominativischem Relativpronomen:

(17) a. Wem ich am meisten misstraute, war Herbert. (Duden-Grammatik 2009: 1038)
 b. Worüber wir nachgedacht haben, ist eine Ich-Perspektive, wenn Ihr ein Shuttle fliegt.
 [http://sto.buffed.de/board/content/878-Ask-Cryptic-März-2011]
 c. Wogegen ich mich wende, ist die scheuklappige Beschränkung auf bestimmte HighTech-Methoden ohne Bodenhaftung.
 [http://www.cyberfahnder.de/nav/news/art10/art-1012-12.htm]

Die Fokus-NPs in den Hauptsätzen dieser Beispiele sind aus morphologischer Sicht wenig kasusspezifisch, sodass in diesen Fällen die Bedingung einer formalen Kasusidentität mit Relativpronomina (17a) bzw. mit dem regierten Kasus der Relativpronomina (17b,c), erfüllt wird.

Anders als in Sperrsätzen gibt es in Spaltsätzen keine Forderung der formalen Kasusidentität zwischen dem Relativpronomen und der Fokus-NP. Während in dem hier analysierten Typ der Spaltsätze die Fokus-NP im Nominativ steht (s. aber FN 4), kann das Relativpronomen davon unabhängig diejenige Kasusform annehmen, die im Prädikativnebensatz verlangt wird.

(18) a. Er ist es, den sie suchen.
 b. Es war sein Wagen, in dem wir dorthin fuhren. (Andersson 1993: 44)
 c. In der Hand der Polizei liegt es oft, [...] Polizisten, nicht nur Lehrer sind es, von deren Engagement es manchmal abhängt, ob an den deutschen Schulen die Gewalt den Unterricht lahmlegt. (Korpusbeleg aus Altmann 2009: 21)

Der Sondertyp der adverbialen Prädikativnebensätze ähnlich wie in (14) kann auch in Sperrsätzen vorkommen, vgl.

(19) Wenn man trotz der ganzen Probleme noch lachen kann, das ist wirklicher Humor. (Jutta Hartmann pers. Kommunikation)

Auch Spaltsätze lassen adverbiale Prädikativnebensätze, wie z.B. Prädikativnebensätze mit temporaler und lokaler Bedeutung, zu, die durch eine subordinierende Konjunktion oder ein w-Pronomen eingeleitet werden:

(20) a. Es ist der 19. April 1943, als die Deutschen ins Warschauer Ghetto eindringen. (Korpusbeleg aus Altmann 2009: 17)
 b. Chicago war es, wo alles, was im Zwielicht gediehen war, eine Unterkunft fand. (ebenda)

3.2 Reihenfolgemerkmale, intonatorische Merkmale und Informationsstruktur

Prädikativnebensätze können als Bestandteile von Kopulasätzen im Vorfeld oder Nachfeld vorkommen. Dabei sind je nach Typ des Kopulasatzes (prädizierend vs. spezifizierend) und nach der Art der Serialisierung (kanonisch vs. invers) verschiedene Akzentmuster zu unterscheiden. Die Zusammenhänge können am besten mithilfe von zwei informationsstrukturellen Gliederungsebenen erfasst werden: die Topik-Kommentar- und die Fokus-Hintergrund-Gliederung. Die Topik-Kommentar-Gliederung teilt den Satz in das Topik – das, worüber der Satz eine Aussage macht – und den Rest, den Kommentar. Die Fokus-Hintergrund-Gliederung teilt den Satz in den Fokus – die neue hervorgehobene Information – und den Rest, den Hintergrund (s. z. B. Krifka 2007).

(i) Prädizierende Kopulasätze mit einem Prädikativnebensatz
Die normale Abfolge in prädizierenden Sätzen ist Subjekt – Kopula – Prädikativ. Das Subjekt ist in der Regel das Topik des Satzes und gehört zum Hintergrund. Der Prädikativnebensatz bildet den Fokus und gehört zum Kommentar. Die Silbe des Wortes, die den Fokusakzent trägt, werden wir im Schriftbild durch Großbuchstaben markieren.

(21) kanonische prädizierende Kopulasätze
(Was will sie werden?)
Sie will werden, was ihr VAter war (nämlich Pilotin).

Bei invertierten prädizierenden Kopulasätzen (22) bleibt der Fokusakzent auf dem Prädikativ. Allerdings kommt in diesem Beispiel noch ein zweiter Akzent, der auf die Negationspartikel fällt, hinzu. Sätze mit der invertierten Abfolge dienen der Kontrastierung und sind daher markierter.

(22) invertierte prädizierende Kopulasätze
(Will sie wie ihr Vater Pilotin werden?)
Was ihr VAter war, will sie NICHT werden (sondern eher das, was ihre MUTter war).

(ii) Sperrsätze mit einem Prädikativnebensatz
Sperrsätze haben eine feste Informationsstruktur, bei der der links stehende w-Nebensatz als Topik fungiert, während die rechte Konstituente den Fokusakzent trägt, s. (23). Dabei gehört der w-Nebensatz zum Hintergrund und die Kopula mit dem Subjekt zum Kommentar. Als kanonisch, d. h. informationsstrukturell unmarkiert, gilt die Position des Prädikativnebensatzes im Vorfeld (Altmann

2009, Grewendorf/Poletto 1991, Huber 2002 und Meinunger 1997). Er kann dabei der Themafortführung wie in (23a) oder der Thematisierung wie in (23b) dienen (Zifonun et al. 1997).

(23) kanonische Sperrsätze
    a. A: Was stört dich?
       B: Was mich stört ist die UNordnung.
    b. Sie ging in die Bibliothek. Was sie suchte, das war eine gute GramMAtik.
    (Zifonun et al. 1957: 526)

Neben der kanonischen Abfolge erlauben Sperrsätze auch eine inverse. Die inverse Abfolge ist beim Sperrsatz gleich wie im Fall der invertierten prädizierenden Kopulasätze stärker markiert. Sätze mit dieser markierten Abfolge können im Kontext dem Kontrast dienen. So würde man im markierten Kontext einer Korrektur die inverse Abfolge der kanonischen vorziehen. Bei dieser Abfolge wird vorzugsweise *es* eingesetzt (Huber 2002: 11).

(24) invertierte Sperrsätze
    A: Gefällt es dir hier nicht? Stört dich der Straßenlärm?
    B: Nein, die UNordnung ist es, was mich stört (der STRAßenlärm ist mir egal).

Es ist eine verbreitete Meinung, dass die informationsstrkturelle Funktion von Sperrsätzen darin besteht, die Gliederung des Satzes in Fokus vs. Hintergrund eindeutig zu markieren bzw. der Kontrastierung zu dienen (s. u. a. Duden-Grammatik 2009). Die Frage hingegen, welche Rolle Sperrsätze im Diskurs haben, wurde im Rahmen der Gesprächsforschung von Günthner (2006, 2008) untersucht. Sie hat gezeigt, dass Sperrsätze mit Prädikativnebensätzen im gesprochenen Deutsch als eine Art „Projektoren" dienen: Zum einen kündigt der *w*-Satz den Kern der Äußerung im Folgesyntagma an und steuert somit die Aufmerksamkeit des Hörers. Zum anderen sichert er dem Sprecher das Rederecht bis zum Abschluss des Gedankens. Diese zweite Funktion der Rederecht-Sicherung ist besonders dann wichtig, wenn der Sprecher nach dem *w*-Satz eine längere Sequenz produziert. So finden sich Korpusbeispiele, in denen das eigentliche Subjekt des Sperrsatzes ein *dass*-Satz ist wie in (25a), oder sogar aus einem oder mehreren selbständigen Sätzen besteht, wie in (25b). Auf die Tendenz der Bildung von komplexen Konstituenten in der postverbalen Position solcher Sätze weist auch Altmann (2009) in seiner Analyse der Korpus-Beispiele hin.

(25) a. Was ich wichtig finde, ist, dass ihr euch vertraut.
(Korpusbeleg aus Günthner 2008)
b. Was mich am meisten erstaunte: Wenn ein Kollege wirklich mal mitbekam, dass ich ein Hörgerät trug, fiel seine Reaktion ganz anders aus, als ich erwartet hatte. (Korpusbeleg aus Duden-Grammatik 2009: 1037)

(iii) Spaltsätze mit einem Prädikativnebensatz
Spaltsätze haben wie Sperrsätze eine feste Informationsstruktur. Die NP im Kopula-Hauptsatz trägt Fokus, der prädikative Nebensatz ist Hintergrund, s. (26). Ob Spaltsätze in Topik und Kommentar aufgeteilt werden können, ist fraglich. Eher stellt der ganze komplexe Satz einen Kommentar dar.

(26) DU bist es, den sie suchen.

Anders als in Sperrsätzen ist der prädikative Nebensatz in Spaltsätzen stets extraponiert, d.h. steht im Nachfeld und kann nicht vorangestellt werden. Spaltsätze dienen der Kontrastierung der fokussierten Konstituente z.B. bei einer Korrektur:

(27) Denkst du, sie suchen mich? Nein, DU bist es, den sie suchen.

Da Spaltsätze in ihrer Funktion als Fokussierungskonstruktionen den invertierten Sperrsätzen sehr ähneln, wäre zu untersuchen, ob – und wenn ja – worin sich der Beitrag dieser Sätze zum Diskurs unterscheidet.

4 Theoretische Probleme

4.1 Sind Prädikative immer nicht-referenziell?

In diesem Aufsatz gehen wir von der strikten Auffassung aus, dass Prädikative und somit auch Prädikativnebensätze nicht-referierende Ausdrücke sind, die Eigenschaften bezeichnen. Damit korreliert die Beobachtung, dass sie nicht pronominal wiederaufgenommen werden können. Diese Beobachtung in Bezug auf NP-Prädikative wird in der Literatur jedoch neuerdings bestritten. So weisen z.B. Löbel (2000) und Müller-Reichau (2008) darauf hin, dass Komplemente der Kopula durch Personalpronomina aufgenommen werden können und daher, zumindest in diesen Fällen, referenziell sind und somit Objekt- bzw. Arten-Bezeichnungen gleichen.

(28) a. Das Veilchen$_i$ ist eine Blume$_j$. Es$_i$/ Sie$_j$ blüht im Frühjahr. (Löbel 2000: 254)
b. Dieser Baum$_i$ ist eine Ulme$_j$. {Er$_i$/Sie$_j$} ist sehr hoch. (Müller-Reichau 2008: 89)

Wie wir in Abschnitt 2 gesehen haben, sind Kopulasätze nicht auf prädizierende Konstruktionen mit der Abfolge Subjekt – Kopula – Prädikativ beschränkt. Es können weitere Typen wie u.a. spezifizierende Sätze unterschieden werden. In spezifizierenden Sätzen ist die kanonische Abfolge jedoch Prädikativ – Kopula – Subjekt, d.h. die rechte Subjekt-NP ist referenziell und kann durch ein Personalpronomen anaphorisch aufgegriffen werden. Die Wahlfreiheit der Anapher in Sätzen wie (28) oben kann durch die Ambiguität dieser Sätze erklärt werden: Sie lassen eine prädizierende und eine spezifizierende Interpretation zu. Die Wahl der Anapher richtet sich nach der Art der Interpretation. Versucht man die Interpretation des Satzes (29b) als spezifizierenden stärker zu profilieren – dies ist durch die Einsetzung von *das* möglich – wird die pronominale Wiederaufnahme der rechten NP *eine Ulme* präferiert, da in diesem Fall sie das referenzielle Subjekt wäre.

(29) Dieser Baum$_i$, das ist eine Ulme$_j$. {?Er$_i$/Sie$_j$} ist sehr hoch.

Unter besonderen diskurspragmatischen Bedingungen scheint die pronominale Wiederaufnahme des topikalen Prädikativs *dieser Baum* mit *er* jedoch nicht ganz ausgeschlossen, obwohl nicht präferiert. Die Erklärung dafür kann im hybriden Status des Prädikativs in spezifizierenden Sätzen liegen (s.u.). Nach dieser Überlegung werden wir weiter daran festhalten, dass prädikative NPs generell Eigenschaften bezeichnen und daher nicht-referenziell sind. Für die drei Typen der Kopulasätze in (7) bedeutet das, dass prädizierende und spezifizierende Kopulasätze Kopula-Prädikativ-Konstruktionen sind.

4.2 Prädikativnebensätze in prädizierenden Kopulasätzen

Eine große Herausforderung bei der Analyse der Prädikativnebensätze sowie der Prädikative allgemein ist ihr hybrider Status als Komplement ohne Argumentstatus. Damit korreliert auch das weitere Problem – die Analyse der Kopula als bedeutungsleeres Verb, das lediglich die für die Satzbildung nötigen Merkmalsspezifikationen liefert. Hierarchisch organisierte Syntaxmodelle tragen den beiden Besonderheiten durch die Analyse der Prädikative als Bestandteil von sog. verblosen Small Clauses (SC) Rechnung (vgl. z.B. Moro 1997). Diese Analyse von Kopulasätzen basiert auf der Idee von Stowell (1978), dass die Kopula ein Anhebungsverb ist, d.h. ein Verb, das in der Ausgangsstruktur eine leere Subjektposition aufweist, in die eine Konstituente aus dem Komplement angehoben wird. So kann Satz (30a) wie in (30b) vereinfacht repräsentiert werden. Das Subjekt und das Prädikativ werden im Small Clause generiert, das als Komplement der Kopula dient. Das Subjekt wird dann schrittweise in das Vorfeld bewegt. Das ergibt die lineare Abfolge Subjekt – Kopula – Prädikativ. Die invertierten prädizierenden Sätze würden durch die Anhebung des Prädikativs in eine prä-verbale syntaktische Ebene abgeleitet, in der es als Fokus fungieren kann.

(30) a. Hans ist {streng / wie er immer war}.
 b. Hans$_i$ ist [$_{SC}$ t$_i$ {streng / wie er immer war}]

In Small Clauses wird die semantische Beziehung der Prädikation ohne Kopula syntaktisch instanziiert, s. das Diagramm in (31). Dem Prädikationssubjekt, der XP, die als logisch-semantisches Subjekt dient, wird eine Eigenschaft zugeschrieben, die durch eine prädikative YP (mit YP = NP, AP, PP, CP, ...) bezeichnet wird. Die Kopula ist an dieser Prädikationsrelation nicht beteiligt. Sie ermöglicht sie jedoch, indem sie ein Small Clause als Komplement nimmt. Durch die Small Clause Analyse wird der Idee Rechnung getragen, dass die Kopula keinen semantischen, sondern lediglich einen syntaktischen Beitrag zur Satzbildung leistet.

(31)

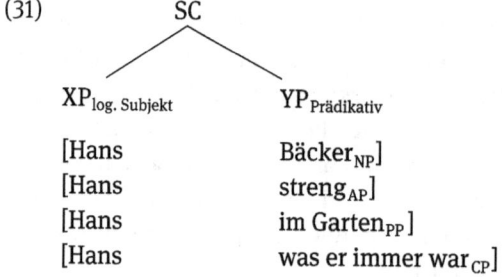

[Hans   Bäcker$_{NP}$]
[Hans   streng$_{AP}$]
[Hans   im Garten$_{PP}$]
[Hans   was er immer war$_{CP}$]

Die syntaktische Analyse der prädizierenden Small Clauses wurde u. a. von Bowers (1993, 2001) im Rahmen seiner Prädikationstheorie weiter entwickelt.

Maienborn (2003) bietet eine alternative Analyse der prädizierenden Kopulasätze ohne Annahme von Small Clauses. Die Kopula wird dabei als Verb analysiert, das ein prädikatives Komplement und ein Subjekt selegiert. Diese Analyse trägt der Idee Rechnung, dass es das Kopulaverb ist, welches die Prädikationsrelation zwischen dem Prädikativ und Subjekt vermittelt.

4.3 Prädikativnebensätze in spezifizierenden Kopulasätzen

Bei der Beschreibung der spezifizierenden Kopulasätze sind wir davon ausgegangen, dass in solchen Sätzen die linke NP das Prädikativ und die rechte das Subjekt des Satzes ist. Diese Auffassung wird jedoch nicht von allen Linguisten geteilt. Eine Diskussion dazu wird hauptsächlich am Beispiel des Englischen geführt, in Geist (2006) aber auch zum Deutschen. Generell können Ansätze zur Beschreibung von spezifizierenden Sätzen in zwei Gruppen eingeteilt werden: Sie werden als Identitätssätze mit zwei referenziellen Konstituenten analysiert oder als Kopula-Prädikativ-Konstruktionen mit dem Prädikativ in der satzinitialen Position. Die erste Ansicht wird u. a. von Heycock/Kroch (1999, 2002) vertreten, die zweite u. a. von Moro (1997).

Heycock/Kroch (1999, 2002) analysieren spezifizierende Kopulasätze (und Pseudo-Clefts im Englischen) allgemein als Identitätssätze, da beide Konstituenten links und rechts der Kopula ihrer Meinung nach referenziell sind[5]. Wäre die linke NP ein Prädikativ, so Heycock/Kroch (1999), wären auch adjektivische und artikellose nominale Prädikative in dieser Position möglich. Dies ist jedoch nicht der Fall. Auch im Deutschen können solche Prädikative nicht in spezifizierenden Sätzen vorkommen.

(32) (A: Gibt es hier Ärzte?/ Ist jemand neu hier?)
B: {*Arzt/*neu} ist {er}[6]. // {Er} ist {Arzt / neu}.

Gegen die Analyse der spezifizierenden Kopulasätze mit Prädikativnebensätzen als Identitätssätze spricht jedoch, dass die linke NP bei Linksversetzung mit einem Personalpronomen anaphorisch nicht wieder aufgenommen werden kann. Dies haben wir für einfache spezifizierende Sätze in Abschnitt 2.2 festgestellt. Spezifizierende Sätze mit Prädikativnebensätzen in der satzinitialen Position (Sperrsätze) verhalten sich gleich, vgl. (33).

(33) a. Wer das getan hat, ist Peter.
b. Wer das getan hat, {*er/das} ist Peter.

Das Personalpronomen *er* kann den *w*-Satz *wer das getan hat* nicht anaphorisch wiederaufnehmen. Dieser kann nur durch ein Pro-Prädikativ wie *das* wieder aufgenommen werden, was gegen den Subjektstatus und für den Status des *w*-Satzes als Prädikativ spricht.

Der Subjekt-Verb-Kongruenz-Test unterstützt die Annahme, dass der *w*-Satz hier das Prädikativ und die post-verbale NP das Subjekt ist. Im Deutschen richtet

---

[5] In einer Variante der Identitätsanalyse für das Englische wird angenommen, dass die linke Konstituente semantisch eine versteckte Frage und die reche NP eine elliptische Antwort darauf ist (u. a. Romero 2005, Schlenker 2003). Die Kopula stellt dabei eine Identitätsrelation zwischen der Frage- und der Antwort-Proposition her. Die Frage, ob eine solche Analyse auch für das Deutsche geeignet ist, ist offen.
[6] Von spezifizierenden Sätzen, bei denen die erste Konstituente Topik und die postkopulare Fokus ist, sind inverse prädizierende Sätze mit einem vorangestellten kontrastiv fokussierten Prädikativ, wie in (i), zu unterscheiden, vgl. Abschnitt 3.2.
(i) A. Arbeiten Sie hier lange oder sind Sie neu?
B. NEU bin ich. // NEU bin ich NICHT.

sich die Kongruenz des Kopulaverbs nach der rechten NP. Dies wird in Konstruktionen deutlich, in denen die linke NP eine andere Numerusspezifikation aufweist als die rechte.

(34) Die Ursache der Revolution$_{SG}$ waren$_{PL}$ / *war$_{SG}$ die Ideen$_{PL}$ von Rousseau.[7]
(Grewendorf/Poletto 1991: 205)

Da finite Verben im Deutschen in der Regel mit dem Subjekt kongruieren, muss in Sätzen wie (34) die rechte NP das Subjekt sein.

Diese Überlegungen sprechen für die Analyse der spezifizierenden Sätze als Kopula-Prädikativ-Konstruktionen mit dem Prädikativ in der satzinitialen Position. Dass einige Prädikative in dieser Position ausgeschlossen sind, wie (32) zeigt, bedarf dann aber einer Erklärung. Offensichtlich müssen die Prädikative in spezifizierenden Sätzen besonderen Ansprüchen der Topikposition gerecht werden. Geist (2006) zeigt, dass in dieser Position nur solche Prädikative vorkommen können, die präsuppositionell sind: Während der w-Satz in (33) die Existenz einer Person präsupponiert, die etwas getan hat, sind die Prädikative in (32) nicht präsuppositionell. So ist die NP *Arzt* eine Berufsbezeichnung. Die Existenz eines Arztes im Diskurskontext wird nicht präsupponiert. Das Adjektiv *neu* bezeichnet die Eigenschaft, neu zu sein, und ist ebenfalls nicht präsuppositionell.

Die Frage ist nun, wie spezifizierende Sätze mit Prädikativnebensätzen, also Sperr- und Spaltsätze, syntaktisch analysiert werden können. Analysen hierzu existieren bisher nur in hierarchisch organisierten Syntaxmodellen. Für das Englische werden hierzu verschiedene Möglichkeiten diskutiert (s. eine Übersicht in den Dikken 2005). Das Deutsche wird in Grewendorf/Poletto (1991: 207f.) und Huber (2002: 132) analysiert. Die Autoren nehmen die Abfolge Prädikativ vor Subjekt als Basis-Abfolge an. Dafür spricht in erster Linie, dass die spezifizierenden Sätze mit der Abfolge Prädikativ-Kopula-Subjekt als neutral gegenüber den spezifizierenden Sätzen mit dem Prädikativ in der postverbalen Position empfunden werden, s. Abschnitt 3.2.

Um jedoch der Tatsache Rechnung tragen zu können, dass den Sperr- und Spaltsätzen mit Prädikativnebensätzen eine ähnliche Struktur wie den prädizierenden Sätzen zugrundeliegt, kann ein Small Clause als gemeinsame Basis für

---

[7] Würde man annehmen, dass die Kongruenz hier nicht syntaktisch gesteuert wird, sondern sich einfach nach der markierten Konstituente – in diesem Fall der Plural-NP – richtet, würde man die Kongruenzverhältnisse im Englischen nicht erklären können. Im Englischen richtet sich die Kongruenz in einem spezifizierenden Kopulasatz nach der linken NP. Dies wird damit erklärt, dass Topiks im Englischen generell auch syntaktisch Subjektstatus haben. Die Kopula muss in (i) daher mit der linken Subjekt-NP kongruieren.
(i) The cause$_{SG}$ of the war was$_{SG}$ / *were$_{PL}$ Rousseau's ideas$_{PL}$. (Grewendorf/Poletto 1991: 205)

diese Satztypen angenommen werden, wie dies ursprünglich Moro (1997) fürs Englische und Italienische vorgeschlagen hat. Der Sperrsatz (33a) würde dann die vereinfacht dargestellte Struktur in (35) erhalten.

(35) [wer das getan hat]$_i$ war [$_{SC}$ Peter t$_i$]

Ausgehend von der Small Clause Analyse in (31) wird der Prädikativnebensatz *wer das getan hat* als Prädikativ im Small Clause basisgeneriert und geht dort eine Prädikationsrelation zum logischen Subjekt *Peter* ein. Das Topik-Merkmal auf dem Prädikativnebensatz löst seine schrittweise Bewegung ins Vorfeld aus. Es sei darauf hingewiesen, dass die Prädikativ-Topikalisierung in spezifizierenden Sätzen von der Inversion des Prädikativs in prädizierenden Sätzen zu unterscheiden ist. Bei der Prädikativ-Inversion geht die Bewegung des Prädikativs ins Vorfeld mit der Kontrastfokussierung des Prädikativs einher. Das Prädikativ in invertierten prädizierenden Sätzen ist kein Topik.

Für Spaltsätze kann angenommen werden, dass das Pro-Prädikativ *es* ebenfalls im Small Clause als Prädikativ basisgeneriert wird und dort eine Prädikationsrelation zum logischen Subjekt eingeht, vgl. die Analyse des Hauptsatzes von (36a) in (36b).

(36) a. Es war der Schnee, der ihr im Winter am meisten fehlte.
    b. [es$_i$] war [$_{SC}$ der Schnee t$_i$] ...

Der Prädikativnebensatz *der ihr im Winter am meisten fehlte* wird in einer Extraposition generiert und korreliert mit dem pro-prädikativen *es*.

5 Zusammenfassung

Prädikativnebensätze sind Nebensätze in der prädikativen Position von Kopulaverben, wobei traditionell nur ihr Vorkommen in prädizierenden Sätzen vom Typ „Subjekt – Kopula – Prädikativ" in Betracht gezogen wurde. In diesem Beitrag haben wir die Auffassung vertreten, dass Prädikativnebensätze auch als prädikative Konstituente von spezifizierenden Kopulasätzen vorkommen können. Dabei können Sperr- und Spaltsätze unterschieden werden.

Prädikativnebensätze sind Komplemente ohne Argumentstatus, da sie nicht auf Objekte referieren, sondern Eigenschaften bezeichnen. Semantisch sind sie Prädikate zu einem Argument, das als Subjekt des Satzes fungiert. Prädikativnebensätze haben typischerweise die Form von freien Relativsätzen und können im Vorfeld oder Nachfeld stehen. Ihr informationsstruktureller Beitrag hängt mit dem Typ des Matrixsatzes, in welchem sie eingebettet sind, zusammen: In prädizierenden Sätzen gehören sie zum Fokus, in spezifizierenden Sätzen vom

Typ Sperrsatz fungieren sie als Topik des Satzes und gehören zum Hintergrund. In spezifizierenden Sätzen vom Typ Spaltsatz gehören sie ebenfalls zum Hintergrund, fungieren jedoch nicht als Topik, sondern eher als Teil des Kommentars.

In der generativen Syntax hat sich die Analyse der Prädikative als Bestandteil von verblosen Prädikationsstrukturen, den sog. Small Clauses durchgesetzt. Sowohl prädizierende als auch spezifizierende Kopulasätze können aus Small Clauses abgeleitet werden: In einem Small Clause wird eine Prädikationsrelation zwischen dem logischen Subjekt und dem Prädikativ instantiiert. In prädizierenden Sätzen löst das Topik-Merkmal auf dem *Subjekt* seine Bewegung in das Vorfeld aus, während in spezifizierenden Sätzen vom Typ Sperrsatz das Topik-Merkmal auf dem *Prädikativ* seine Bewegung in eine Vorfeld-Position bewirkt. In Spaltsätzen wird die Prädikativposition im Small Clause durch das pro-prädikative *es* belegt, das als Korrelat zu einem Prädikativnebensatz im Nachfeld dient. Das Topik-Merkmal löst die Bewegung von *es* aus dem Small Clause in eine Vorfeld Position aus. Die relative Abfolge Prädikativ – Subjekt in spezifizierenden Kopulasätzen kann genauso wie die Abfolge Subjekt – Prädikativ in prädizierenden Kopulasätzen unter Beibehaltung des Akzentmusters geändert werden.

6 Literatur

Akmajian, A. (1979): Aspects of the Grammar of Focus in English. New York: Garland.
Altmann, H. (1981): Formen der „Herausstellung" im Deutschen. Rechtsversetzung, Linksversetzung, Freies Thema und verwandte Konstruktionen. Tübingen: Niemeyer.
Altmann, H. (2009): Cleft- und Pseudocleft-Sätze (Spalt- und Sperrsätze) im Deutschen. In: Brdar-Szabó, R./Knipf-Komlósi, E./Péteri, A. (Hgg.), An der Grenze zwischen Grammatik und Pragmatik. Frankfurt/Main: Lang, 13–34.
Andersson, S.-G. (1993): Zu Satzspaltung (Cleft) und Langer Extraktion in germanischen Sprachen. In: Reis, M. (Hg.), Wortstellung und Informationsstruktur. Tübingen: Niemeyer, 41–61.
Berman, J. (2009): The Predicative as a Source of Grammatical Variation. In: Dufter, A./Fleischer, J./Seiler, G. (Hgg.), Describing and Modeling Variation in Grammar. Berlin: de Gruyter, 99–116.
Bowers, J. (1993): The Syntax of Predication. In: Linguistic Inquiry 24, 591–656.
Bowers, J. (2001): Predication. In: Baltic, M./Collins, C. (Hgg.), The Handbook of Contemporary Syntactic Theory. Oxford: Blackwell, 299–333.
Declerck, R. (1988): Studies on Copular Sentences, Clefts and Pseudo-Clefts. Leuven: Leuven University Press/Foris Publications.
den Dikken, M. (2005): Specificational Copular Sentences and Pseudoclefts. In: Everaert, M./Riemsdijk, H. van (Hgg.), The Blackwell Companion to Syntax. Bd. II. Malden: Blackwell, 292–409.
Duden-Grammatik (2009). Duden. Die Grammatik. Unentbehrlich für richtiges Deutsch. 8. Aufl. Hg. von der Dudenredaktion. Mannheim: Dudenverlag.

Flämig, W. (1991): Grammatik des Deutschen: Einführung in Struktur- und Wirkungszusammenhänge; erarbeitet auf der theoretischen Grundlage der „Grundzüge einer deutschen Grammatik". Berlin: Akademie Verlag.
Geist, L. (2006): Die Kopula und ihre Komplemente. Zur Kompositionalität in Kopulasätzen. Tübingen: Niemeyer.
Geist, L./Rothstein, B. (2007): Kopulaverben und Kopulasätze. In: Geist, L./Rothstein, B. (Hgg.), Kopulaverben und Kopulasätze. Tübingen: Niemeyer, 1–17.
Grewendorf, G./Poletto, C. (1991): Die Cleft-Konstruktion im Deutschen, Englischen und Italienischen. In: Fanselow, G./Felix, S. (Hgg.), Strukturen und Merkmale syntaktischer Kategorien. Tübingen: Narr, 174–216.
Günthner, S. (2006): ‚Was ihn trieb, war vor allem Wanderlust' (Hesse: Narziss und Goldmund). Pseudocleft-Konstruktionen im Deutschen. In: Günthner, S./Imo, W. (Hgg.), Konstruktionen in der Interaktion. Berlin: de Gruyter, 59–90.
Günthner, S. (2008): Projektionskonstruktionen im Gespräch. Pseudoclefts, *die Sache ist-*Konstruktionen und Extrapositionen mit *es*. In: Gesprächsforschung. Online-Zeitschrift zur verbalen Interaktion 9, 86–114 [=www://gespraechsforschung-ozs.de].
Hentschel, E. (2005): *Die Frist ist um*. Prädikativer Gebrauch von Präpositionen. In: Zeitschrift für Germanistische Linguistik 33, 268–288.
Heycock, C./Kroch, A. (1999): Pseudocleft Connectedness: Implications for the LF Interface Level. In: Linguistic Inquiry 30, 365–397.
Heycock, C./Kroch, A. (2002): Topic, Focus, and Syntactic Representations. In: Mikkelsen, L./Potts, C. (Hgg.), Proceedings of WCCFL 21. Somerville, MA: Cascadilla Press, 101–125.
Higgins, R. (1979): The Pseudo-Cleft Construction in English. New York: Garland.
Huber, S. (2002): *Es*-Clefts und *det*-Clefts. Zur Syntax, Semantik und Informationsstruktur von Spaltsätzen im Deutschen und Schwedischen. Stockholm: Almqvist & Wiksell.
Krifka, M. (2007): Basic Notions of Information Structure. In: Féry, C./Krifka, M. (Hgg.), Interdisciplinary Studies of Information Structure 6. Potsdam: Universitätsverlag, 1–46.
Lang, E. (1999): Einführung. Kopula-Prädikativ-Konstruktionen als Syntax/Semantik-Schnittstelle. In: Lang, E./Geist, L. (Hgg.), ZAS Papers in Linguistics 14: Kopula-Prädikativ-Konstruktionen als Syntax/Semantik-Schnittstelle. ZAS Berlin 1–7.
Löbel, E. (2000): Copular Verbs and Argument Structure: Participant vs. Non-participant Roles. In: Theoretical Linguistics 26, 229–258.
Maienborn, C. (2003): Die logische Form von Kopula-Sätzen. Berlin: Akademie Verlag.
Meinunger, A. (1997): The Structure of Cleft and Pseudo-Cleft Sentences. In: Blight, R./Moosally M. (Hgg.), Texas Linguistic Forum 38: The Syntax and Semantics of Predication – Proceedings of the 1997 Texas Linguistics Society Conference. Austin: University of Texas.
Mikkelsen, L. (2011): Copular Clauses. In: Maienborn, C./Heusinger, K. von/Portner, P. (Hgg.), Semantics: An International Handbook of Natural Language Meaning. Vol. 2. Berlin: De Gruyter Mouton, 1805–1829.
Moro, A. (1997): The Raising of Predicates. Predicative Noun Phrases and the Theory of Clause Structure. Cambridge: Cambridge University Press.
Müller-Reichau, O. (2008): Genuswechsel in Kopulasätzen und die Bedeutung indefiniter Nominalphrasen. In: Zeitschrift für Sprachwissenschaft 27, 73–98.
Partee, B. (1987): Noun Phrase Interpretation and Type-Shifting Principles. In: Groenendijk, J./de Jongh, D./Stokhof, M. (Hgg.), Studies in Discourse Representation Theory and the Theory of Generalized Quantifiers. Dordrecht: Foris, 115–143.

Pittner, K. (2010): Prädikative Genitive – ein vernachlässigtes Kapitel der Grammatikforschung. In: Deutsche Sprache 38, 193–210.
Russell, B. (1919): Introduction to Mathematical Philosophy. London: Allen and Unwin.
Romero, M. (2005): Concealed Questions and Specificational Subjects. In: Linguistics & Philosophy 28, 687–737.
Schlenker, P. (2003): Clausal Equations (a Note on the Connectivity Problem). In: Natural Language and Linguistic Theory 21, 157–214.
Steinitz, R. (1997): Valenznotwendige Präpositionalphrasen: weder Argument- noch Adjunktposition. In: Dürscheid, C./Rahmers, K./Schwarz, M. (Hgg.), Festschrift für Heinz Vater zum 65. Geburtstag. Tübingen: Niemeyer, 229–350.
Stowell, T. (1978): What Was There Before *There* Was There. In: Farkas, D./Jacobsen, W./Todrys, K. (Hgg.), Papers from the Fourteenth Regional Meeting of the Chicago Linguistic Society. Chicago: Chicago Linguistic Society, 458–471.
Williams, E. (1983): Semantic vs. Syntactic Categories. In: Linguistics and Philosophy 6, 423–446.
Zifonun, G./Hoffmann, L./Strecker, B. et al. (1997): Grammatik der deutschen Sprache. 3 Bde. Berlin: de Gruyter.

Ljudmila Geist

23 Adverbialsätze

1 Einleitung
2 Adverbialsatztypen
3 Kontrastiv-funktionale Aspekte bei der Stellung der Adverbialsätze
4 Diachrone Perspektiven
5 Fazit
6 Literatur

1 Einleitung

Adverbialsätze sind subordinierte Sätze, die in Bezug auf ihren Matrixsatz die syntaktische Funktion eines Adverbials ausüben. Adverbialsätze übernehmen eine Satzgliedfunktion in ihrem Bezugssatz und sind somit Gliedsätze. Im Gegensatz zu Subjekt- und Objektsätzen sind Adverbialsätze jedoch meist keine Komplementsätze (Ergänzungssätze, Argumentsätze), die eine Valenzstelle ihres Bezugssatzes füllen, sondern Adjunktsätze (Angabesätze, Supplementsätze). Nach ihren semantischen Unterklassen werden die Adverbialsätze traditionell als Temporal-, Lokal-, Konditional-, Kausal-, Finalsätze etc. bezeichnet.

Adverbialsätze sind meist durch Subjunktionen (auch: Subjunktoren, subordinierende Konjunktionen) eingeleitet, die Aufschluss über die Beziehung des untergeordneten zum übergeordneten Satz geben. Lokalsätze sind durch entsprechende Relativadverbien eingeleitet. Ferner können Adverbialsätze uneingeleitet sein, sie weisen dann Verberst-Stellung auf, wie im Fall von uneingeleiteten Konditionalsätzen.

Adverbialsätze können in unterschiedlichem Maß in ihren Bezugssatz integriert sein. Nicht alle Sätze, die traditionell zu den Adverbialsätzen gerechnet werden, sind vollwertige Konstituenten ihrer Bezugssätze, die allen Konstituententests genügen. Einige Adverbialsatztypen können nur nachgestellt auftreten, einige sind nicht erfragbar und pronominalisierbar. Adverbialsätze können zudem prosodisch in ihren Bezugssatz integriert oder nicht-integriert sein. Im letzteren Fall weisen sie eine eigene Intonationskontur auf, sind meist durch eine Pause abgegrenzt und stellen eine eigene Informationseinheit dar.

Adverbiale Subjunktionen werden als zweistellige Funktoren/Relatoren aufgefasst, die den Adverbialsatz und seinen Bezugssatz als Argumente nehmen. Adverbialsätze beziehen sich nicht immer auf die Proposition ihres Bezugssatzes

(Bezug auf der Sachverhaltsebene), sondern sie können auch mit Bezug auf den Wissensstand des Sprechers (epistemischer Bezug) oder die Äußerung (Sprechaktbezug) auftreten. Diese erstmals bei Sweetser (1990) eingeführte Unterscheidung findet in der aktuellen Diskussion große Beachtung.

Die Grobgliederung dieses Beitrags orientiert sich an den Adverbialsatztypen, die zu folgenden Gruppen zusammengefasst werden:
- *Lokale Relationen*: Ort, Richtung, Ausgangspunkt
- *Temporale Relationen*: Zeitpunkt, Dauer, Frequenz
- *Grund-Folge-Relationen*: Grund (kausal), Bedingung (konditional), Folge (konsekutiv), Ziel/Zweck (final), konzessiv
- *Modale Relationen*: Art und Weise, Instrument, Begleitumstand (komitativ), Vergleich

Die traditionellen Klassen sind dabei weniger als disjunkte Klassen zu verstehen, sondern eher als lose Verbünde, die „ein Netzwerk bilden, in dem sie Merkmale in unterschiedlichem Maße miteinander teilen" (di Meola 2004, s. auch Breindl 2004a). Durch diese Auffassung wird es auch besser möglich, unterschiedliche Bedeutungen und den Bedeutungswandel von einzelnen Subjunktionen zu erfassen.

2 Adverbialsatztypen

2.1 Lokale Relationen

Lokalsätze situieren das Geschehen im Bezugssatz im Hinblick auf einen Ort, eine Richtung oder einen Ausgangspunkt:

(1) a. Sie wohnt, wo sich Fuchs und Hase gute Nacht sagen (Ort)
 b. Er geht, wohin er will. (Richtung)
 c. Er kam, woher Adlige kamen. (Ausgangspunkt)

In syntaktischer Hinsicht sind Lokalsätze stets freie Relativsätze, die durch w-Adverbien eingeleitet werden. Wie alle freien Relativsätze können diese Sätze in attributive Relativsätze überführt werden (*er wohnt dort, wo ..., er geht überall hin, wohin er gehen will*). Da Ortsangaben jedoch meist durch Präpositionalphrasen oder Adverbien und nicht durch Sachverhaltsbeschreibungen ausgedrückt werden, sondern wie andere freie Relativsätze Entitäten bezeichnen, handelt es sich bei lokalen Adverbialsätzen eher um eine Randerscheinung.

Wo hat neben seiner lokalen auch kausale und konzessive Verwendungsweisen ausgebildet (cf. Günthner 2002). Auch ein Sprechaktbezug ist bei durch *wo* eingeleiteten Sätzen möglich:

(2) Wo ich dich gerade sehe: Wann bist du denn gestern gekommen?

2.2 Temporale Relationen

Temporalsätze situieren das Geschehen im Bezugssatz im Hinblick auf Zeitpunkt, Dauer oder Häufigkeit.

(3) a. Er trainiert, bevor er ins Restaurant geht. (Zeitpunkt)
 b. Er trainierte, solange er wollte. (Dauer)
 c. Er trainierte, sooft er sollte. (Frequenz)

Je nachdem, ob das in dem Nebensatz bezeichnete Geschehen vor, nach oder zeitgleich zu dem im übergeordneten Satz stattfindet, spricht die traditionelle Grammatik von einem Nebensatz der Vorzeitigkeit (eingeleitet z. B. durch *nachdem, sobald, sowie, kaum dass*), der Gleichzeitigkeit (eingeleitet z. B. durch *als, wenn, wie, indem*) und der Nachzeitigkeit (eingeleitet z. B. durch *bevor, ehe*). Blühdorn (2004a: 131) weist darauf hin, dass diese kontraintuitiven Bezeichnungen daher rühren, dass zwischen dem Ereignis E, das zeitlich situiert wird, und dem Referenzzeitpunkt R nicht deutlich unterschieden wird: *Nachdem*-Sätze sind „R-Sätze und zeigen an, dass der im Obersatz genannte Sachverhalt zu R nachzeitig ist", *bevor*-Sätze hingegen, „dass der im Obersatz genannte Sachverhalt vorzeitig ist".

Auch Temporalsätze sind nicht auf den Bezug auf die Sachverhaltsebene beschränkt, sondern können mit epistemischem oder Sprechaktbezug auftreten (s. Blühdorn 2004b zu *bevor* und *nachdem*).

Teilweise haben temporale Subjunktionen auch konditionale (z. B. *wenn, nachdem, bevor*), kausale (z. B. *nachdem*) oder adversative Lesarten (z. B. bei *während*) ausgebildet, basierend auf konversationellen Implikaturen, die auf alltäglichen Schlüssen z. B. von einem zeitlichen auf einen kausalen Zusammenhang beruhen („post hoc ergo propter hoc") und sich als Bestandteil der Bedeutung der Subjunktionen verfestigen.

2.3 Grund-Folge-Relationen

Eine große Gruppe von Adverbialsätzen basiert auf Grund-Folge-Beziehungen. Es besteht keine Einigkeit, wie die Begriffe hierarchisch anzuordnen sind. Bei Helbig/Buscha (2007) wird der Kausalsatz als Überbegriff gesehen, unter den neben kausalen auch konditionale, konzessive und Finalsätze subsumiert werden, während Zifonun et al. (1997) diese Sätze unter „konditional fundierte Verhältnisse" subsumieren.

2.3.1 Kausalsatz

Unter den kausalen Subjunktionen kann *weil* als „kausaler Universal-Konnektor" gelten (Blühdorn 2008a: 32), da sie die flexibelste ist, was die informationsstrukturelle Gliederung des Satzes betrifft und zudem neben Verbendstellung in mündlicher Sprache auch Verbzweitstellung zulässt. Andere kausale Subjunktionen wie *da* und *zumal* sowie uneingeleitete Kausalsätze mit der Partikel *doch* sind demgegenüber in ihren Verwendungsmöglichkeiten eingeschränkter.

Weil lässt es zu, dass entweder die Ursache im Adverbialsatz oder auch die Wirkung im Bezugssatz neu ist oder dass beide neue Information darstellen. Ein Korrelat zu einem nachgestellten Kausalsatz zeigt an, dass nur der Kausalsatz neue Information beinhaltet, d. h. fokussiert ist, während die Wirkung schon bekannt ist (cf. Pittner 1999, Blühdorn 2006: 261). Dass das Korrelat die Fokussierung des Kausalsatzes erzwingt, zeigt der folgende Fragetest:

(4) A: Was hast du getan?
B: Ich habe ihr (*deshalb) einmal die Meinung gesagt, weil das dringend nötig war.
(4') A: Warum hast du ihr die Meinung gesagt?
B: Ich habe ihr deshalb einmal die Meinung gesagt, weil das dringend nötig war.

Die mit *weil* verknüpften Teilsätze können, wenn sie prosodisch integriert sind, eine Informationseinheit bilden oder beide Teilsätze können eigene Informationseinheiten darstellen, wenn sie prosodisch nicht integriert sind. Ist der *weil*-Satz vorangestellt in der Position vor dem finiten Verb, so bildet er zusammen mit dem Bezugssatz eine Informationseinheit. Auch das Auftreten eines Korrelats im Mittelfeld, das anaphorisch auf den nachfolgenden Kausalsatz verweist, erzwingt die prosodische Integration, vgl. (4).

Kausalsätze mit *da* kennzeichnen die Ursache in der Regel als bekannt und schließen aus, dass die Wirkung bekannt ist. *Da*-Sätze sind meist vorangestellt.

Bei Nachstellung können sie einen eigenen Fokus aufweisen, sie können jedoch nie den einzigen Fokus des Gesamtsatzes darstellen. Dies zeigt sich auch daran, dass sie kaum als Antwort auf eine Frage nach dem Grund auftreten können (cf. Zifonun et al. 1997: 2299f.) und dass zu ihnen keine Korrelate auftreten (cf. Pittner 1999).

(5) a. Warum kam er nicht? #Da ihn das Thema nicht interessierte.
    b. ??Er kam deswegen/deshalb nicht, da ihn das Thema nicht interessierte.

Besondere Eigenschaften weist auch die kausale Subjunktion *zumal* auf: Die verknüpften Teilsätze stellen eigene Informationseinheiten dar, beide Teilsätze enthalten einen Fokus (Blühdorn 2008a: 34). *Zumal* hebt die Begründung hervor und entspricht dabei einem durch eine Fokuspartikel hervorgehobenen kausalen Konnektor (etwa *insbesondere weil*, vgl. Pasch et al. 2003).

Uneingeleitete Kausalsätze weisen Verberst-Stellung auf, sind stets nachgestellt und enthalten immer die Modalpartikel *doch*.

(6) Es gehört zu seinen Aufgaben als Ökonom, solche Ängste aufzuspüren und sie zu definieren, sind es doch gerade Ängste, die den Markt beeinflussen. (Süddeutsche Zeitung 3. 9. 2010, S. 11)

Uneingeleitete Kausalsätze sind in ihren Bezugssatz syntaktisch nicht integriert und prosodisch selbständig. Sie beinhalten subsidiäre Begründungen, die die Akzeptanz der Proposition des Bezugssatzes sichern sollen, selbst jedoch einen unkontroversen Sachverhalt beinhalten. Diese Kausalsätze können daher als pragmatisch subordiniert gelten. (s. dazu Pittner 2007, 2010).

Ein vielbeachtetes Phänomen stellen Sätze mit *weil* dar, in denen Verbzweitstellung auftritt: Die Eigenschaften dieser Sätze weisen *weil* als Konjunktor (koordinierende Konjunktion) aus, die im Satz dieselbe Position wie *denn* einnimmt (cf. Uhmann 1998, Antomo/Steinbach 2010):

(7) a. Er blieb zuhause, weil er war erkältet.
    b. Er blieb zuhause, denn er war erkältet.

Weil-Sätze mit Verbzweitstellung genügen nicht den üblichen Konstituententests. Sie können weder vorangestellt, erfragt, noch pronominalisiert werden und sind daher nicht als Nebensatz, sondern – wie *denn*-Sätze – als gleichrangiger Satz zu werten, der weder syntaktisch noch prosodisch in den Bezugssatz integriert ist.

Die Frage, ob dieses Phänomen einen Syntaxwandel darstellt und insbesondere einen Abbau der Verbendstellung in subordinierten Sätzen, wird überwiegend verneint, da es sich um ein auf wenige Einleitungselemente begrenztes Phänomen handelt. *Weil* mit Verbzweitstellung, das bislang nur in (konzeptionell) mündlicher Sprache vorkommt, scheint die Rolle von *denn* zu übernehmen, das aus nicht ganz geklärten Gründen von vielen Sprechern gemieden wird (cf. Wegener 1999).

Wie in der Einleitung schon angesprochen, lassen sich nach Sweetser (1990) drei Arten kausaler Verknüpfung unterscheiden: Kausalsätze können (a) einen Grund für den im übergeordneten Satz bezeichneten Sachverhalt nennen, (b) eine Begründung für die Annahme des Sprechers, dass der Sachverhalt im Bezugssatz gilt (epistemischer Bezug) oder (c) eine Begründung für die Äußerung (Sprechaktbezug):

(8) a. Ihr Name hat sich geändert, weil sie geheiratet hat. (Sachverhaltsbezug)
     b. Sie hat geheiratet, weil sich ihr Name geändert hat. (epistemischer Bezug)
     c. Weil ich dich gerade sehe: wo warst du denn gestern Abend? (Sprechaktbezug)

Die epistemische Lesart wird dabei durch verschiedene Faktoren begünstigt, nämlich zum einen durch eine fehlende syntaktische und prosodische Integration des Kausalsatzes, zum anderen durch Modalitätsmarker in der Satzumgebung. Auch der Inhalt der Teilsätze kann eine epistemische Lesart erzwingen, da wie in (8b) Ursache und Wirkung quasi umgekehrt erscheinen (sog. „reduktiver Schluss") und dies auf der Sachverhaltsebene keinen Sinn ergibt.

Nach Auffassung einiger Autoren kann ein *weil*-Satz im Vorfeld nicht epistemisch interpretiert werden, wenn nicht zusätzlich ein Modalitätsmarker auftritt, ein *da*-Satz dagegen schon (Eisenberg 2006: 336f., Wegener 1999: 22, Blühdorn 2008b: 222):

(9) a. Da Karl bremst, liegt ein Baum auf der Straße.
     b. *Weil Karl bremst, liegt ein Baum auf der Straße. (*in epistemischer Lesart)
     c. Weil Karl bremst, muss wohl ein Baum auf der Straße liegen. (Beispiele bei Eisenberg 2006:337)

Blühdorn (2008b) führt diesen Unterschied zwischen *da* und *weil* darauf zurück, dass *da* den Grund als bekannt und somit identifizierbar voraussetzt, und sieht in dieser „Definitheit" einen Faktor, der die epistemische Lesart begünstigt.

Fehlende prosodische und syntaktische Integration ist in der Regel auch bei einem Sprechaktbezug der Kausalsätze gegeben, hier seien „Strukturen mit einem hohen Grad syntaktischer Integration untypisch" (Volodina 2009: 157). Kausalsätze mit Sprechaktbezug stellen eine eigene Informationseinheit dar, die auch prosodisch abgetrennt wird. Aufgrund dieser Eigenschaften von epistemischen und sprechaktbezogenen Kausalsätzen sind *weil*-Verbzweitsätze für diese Funktionen besonders geeignet, jedoch nicht darauf beschränkt.

2.3.2 Konditionalsatz

Ein Konditionalsatz nennt eine Bedingung für den im übergeordneten Satz bezeichneten Sachverhalt, er wird auch Protasis oder Antezedens genannt und die Folge im Bezugssatz Apodosis oder Konsequens. Als Subjunktionen treten *wenn, falls, sofern, insofern, sooft, bevor, ehe* und *bis* auf. Alternativ ist ein Verberst-Konditionalsatz möglich.

Wenn ist die neutralste konditionale Subjunktion, da sie offen lässt, ob die Bedingung bereits verwirklicht ist oder nicht (faktisch vs. nicht-faktisch), ob sie zeitlichen Charakter hat oder nicht und ob es sich um eine mehrfach auftretende Bedingung oder ein singuläres Ereignis handelt (generisch vs. spezifisch). Alle anderen konditionalen Subjunktionen sind spezifischer. *Falls* drückt fast ausschließlich die nicht-verwirklichte Bedingung aus, während *wenn* in dieser Hinsicht neutral ist. Darüber hinaus ist *falls* spezifisch, während *wenn* spezifisch oder generisch sein kann (Zaefferer 1991).

Insbesondere bei *wenn* und auch bei *bevor, ehe* und *bis* sowie *sooft* treten Überschneidungen mit Temporalsätzen auf. Ist *wenn* durch *falls* und *sofern*, nicht jedoch durch temporale Subjunktionen ersetzbar, so handelt es sich um einen Konditionalsatz, der eine nicht verwirklichte Bedingung bezeichnet. Ist *wenn* dagegen durch temporale Subjunktionen ersetzbar, dann handelt es sich um eine zeitliche Bedingung. Diese liegt wiederholt vor, wenn *sooft* eingesetzt werden kann, oder besteht bei Ersetzbarkeit durch *solange* über einen längeren Zeitraum hinweg. Die temporale Bedingung kann auch noch nicht verwirklicht sein. In diesem Fall ist Ersetzung durch *sobald* oder *nachdem* möglich, nicht aber durch *sooft*. Ist *wenn* weder durch *falls* oder *sofern* noch durch temporale Subjunktionen ersetzbar, dann liegt eine verwirklichte Bedingung vor (cf. Pittner 1999 und die dort zitierte Literatur).

Wenn-Sätze unterscheiden sich von anderen Konditionalsatztypen dadurch, dass sie uneingeschränkt fokussierbar sind. Das zeigt sich darin, dass Korrelate zu extraponierten oder im Vorfeld befindlichen *wenn*-Sätzen auftreten können, während dies bei anderen Subjunktionen und bei Verberst-Konditionalsätzen entweder gar nicht möglich ist oder eine Ausnahmeerscheinung darstellt.

(10) a. Ich gehe dann, wenn du kommst/??falls du kommst/*kommst du.
b. Dann, wenn du kommst/??falls du kommst/*kommst du, gehe ich.

Reis/Wöllstein (2010) gehen davon aus, dass Verberst-Konditionalsätze nicht in ihren Bezugssatz integriert sind. Sie sehen eine Beziehung zu Verberst-Fragesätzen, die aus diachroner Perspektive sehr plausibel ist. Im Rahmen der Grammatikalisierungsforschung wird jedoch davon ausgegangen, dass diese ursprünglichen Fragesätze in einem zu einem Satz verdichteten Dialog (*Gehst du? Dann komme ich.*) ihre eigenständige illokutive Kraft zunehmend verlieren und syntaktisch integriert werden (Leuschner 2005, Hilpert 2010). Während Integration ein vielschichtiges und graduelles Phänomen ist, gehen Reis/Wöllstein von einer Dichotomie aus. Eine Konsequenz ihrer Analyse ist, dass der Bezugssatz zu vorangestellten Verberst-Konditionalsätzen entweder ein Verberst-Deklarativsatz ist oder aber ein elliptischer Verbzweitsatz. Dafür, dass die Bezugssätze Verberst-Deklarativsätze darstellen, gibt es jedoch keine unabhängigen Hinweise. Die Annahme eines elliptischen Verbzweitsatzes wird den diachronen Fakten nicht gerecht, die zeigen, dass *so* im Vorfeld als Resumptivum immer häufiger weggelassen wird und die Vorfeldstellung zunehmend akzeptabler wird.

Als Korrelate zu Konditionalsätzen können *dann* und *so* auftreten. Da *so* auf die Funktion als Resumptivum bei Linksversetzung beschränkt ist, ergibt sich nur an dieser Position eine Konkurrenz zu *dann*. *Dann* als ursprünglich temporales Adverb kann einen (onto-)logischen Zusammenhang herstellen, durch *dann* wird „eine lineare Fortentwicklung neu in den Aufmerksamkeitsbereich des Hörers gerückt", während *so* „den mit *wenn* eingeleiteten propositionalen Gehalt durch rede- oder textdeiktischen Verweis stets nur als Wissensvoraussetzung" fokussiert (Redder 1987: 322f.). Bei vorangestellten *wenn*-Sätzen, die eine verwirklichte Bedingung bezeichnen, werde der Hauptsatz meist mit *so* eingeleitet (cf. Redder 1987 und die dort zitierte Literatur).

Dann ist bei adversativ oder konzessiv zu interpretierenden *wenn*-Sätzen ausgeschlossen:

(11) a. Wenn ich früher in München oft viel Zeit hatte, (*dann/?so) habe ich jetzt in Stuttgart immer viel zu tun.
 b. Wenn du ihn auch anrufst und dich entschuldigst, so/??dann wird er doch weiter schmollen.

Dies zeigt, dass *dann* als Resumptivum die Abhängigkeit der Matrixproposition vom Zutreffen der Proposition des *wenn*-Satzes markiert, was weder bei adversativen noch bei konzessiv zu interpretierenden Sätzen der Fall ist. *So* hingegen tritt sehr häufig auf, wenn es sich um eine realisierte Bedingung handelt, es zeigt also nicht die Abhängigkeit der Apodosis von der Protasis an, sondern vielmehr eine bestimmte mentale Operation seitens des Sprechers.

Konditionalsätze auf der epistemischen Ebene basieren auf reduktiven Schlüssen, nach Volodina weisen sie einen hohen Grad an prosodischer Integration auf und sind fokal (2009: 157f.). Konditionalsätze mit Sprechaktbezug stehen bevorzugt desintegriert oder eingeschoben als Parenthese (cf. Volodina 2006). Eine integrierte Stellung ist möglich, wenn der Inhalt des Konditionalsatzes den

Sprechaktbezug verdeutlicht und ein Bezug auf der Sachverhaltsebene ausgeschlossen ist (zu den Funktionen s. Günthner 1999b, Pittner 1999).

(12) a. Wenn es dich interessiert: wir sind völlig pleite/?sind wir völlig pleite.
b. Falls du es wissen willst: ich will mit dir nichts mehr zu tun haben.
c. Sollte er anrufen – ich bin zuhause.

2.3.3 Konzessivsatz

Die konzessive Relation wird häufig als ein negativer Kausalzusammenhang interpretiert, so z. B. von Helbig/Buscha (2007: 609): „Ein erwarteter Kausalzusammenhang bleibt unwirksam. Der im Nebensatz genannte Grund hat nicht die nach dem Gesetz von Ursache und Wirkung zu erwartende Folge." Der erwartete Zusammenhang kann dabei als präsupponiert gelten: wenn p, dann normalerweise ~q (König 1991, Pasch 1994).

Während Konditionalgefüge weder ihr Antezedens noch ihr Konsequens implizieren, implizieren Konzessivgefüge beide. Ihre Wahrheitsbedingungen sind daher mit denen der Koordination mit *und* identisch (König/Eisenberg 1984).

Als konzessive Subjunktionen treten im Deutschen *obwohl, obgleich, obschon, obzwar, wiewohl, wenngleich, trotzdem* und die Kombination *wenn ... auch* auf. Alternativ zum eingeleiteten Adverbialsatz ist außerdem ein Verberstsatz möglich.

(13) a. Obwohl sie arbeiten musste, war sie bester Laune.
b. Wenn sie auch viel zu tun hatte, nahm sie sich doch immer Zeit für ihn.
c. Regnet es auch, geht er doch spazieren.

Konzessivsätze können nicht im Skopus einer Negation, einer Fokuspartikel oder einer Frage im übergeordneten Satz stehen (cf. Pittner 1999, Breindl 2004b):[1]

---

[1] Blühdorn (2008b: 230 Fußnote 8) argumentiert dagegen, räumt allerdings ein, dass geeignete Kontexte im Alltag kaum auftreten. Er konstruiert folgendes Beispiel, in dem ein Konzessivsatz im Skopus einer Frage, einer Negation und des Satzadverbials *wahrscheinlich* auftritt, welches meine Informanten kaum akzeptabel finden:
(i) A: Trotz wem hat Ansgar die Tischlerlehre angefangen? Hat er es getan, obwohl sein Vater im davon abgeraten hat?
B: Ansgar konnte die Tischlerlehre nicht angefangen, obwohl sein Vater im abgeraten hat, denn mit seinem Vater hat er schon seit Jahren nicht mehr gesprochen. Wahrscheinlich hat er sie angefangen, obwohl er selbst keine Lust hatte.

(14) a. Ich werde dir das Auto nicht verkaufen, obwohl wir befreundet sind.
   b. *Nur/sogar/gerade obwohl er wenig gearbeitet hat, hat er viel erreicht.
   c. *Ging er spazieren, obwohl es regnete? (* in der intendierten Lesart)

Dass Konzessivsätze eigene Informationseinheiten sind und nicht den Fokus des Gesamtsatzes darstellen, zeigt sich auch darin, dass keine Korrelate zu ihnen auftreten. Soweit Korrelate zu Konzessivsätzen erwähnt werden, handelt es sich durchwegs um den Kontrast indizierende Elemente (*doch, dennoch, gleichwohl, nichtsdestoweniger, dessenungeachtet*), die weder als Kopf einer Attributkonstruktion noch als Resumptivum in einer Linksversetzungskonstruktion auftreten können. Als Resumptivum zu linksversetzten Konzessivsätzen tritt lediglich *so* auf.

(15) a. ??Er kam trotzdem/dennoch, obwohl er keine Lust hatte.
   b. Obwohl er krank war, so/*dann steckte er doch viel Energie in die Arbeit.

Zwar sind Konzessivsätze nicht fokussierbar, aber es ist möglich, die konzessive Subjunktion selbst zu fokussieren. Dies wird deutlich, wenn die Subjunktion kontrastierend negiert (a) oder erfragt wird (b). Es scheint auch möglich zu sein, die Subjunktion mit einer Gradpartikel zu fokussieren, die dann einen Alternativenbezug zu einer Kausalrelation herstellt (c):

(16) a. Er ging, nicht obWOHL, sondern WEIL Ute kam.
   b. Ging er, obWOHL Ute kam?
   c. ?Er ging sogar obWOHL Ute kam.

In diesen Fällen wird nicht die zweite Proposition fokussiert, sondern die konzessive Relation zwischen den beiden Propositionen. Auf diese Weise kann die konzessive Präsupposition, dass eine normale Inkompatibilität zwischen den beiden Sachverhalten besteht, zurückgewiesen (16a), in Frage gestellt (16b), oder anderweitig fokussiert werden (16c).

Während *auch wenn* auch konditional interpretierbar ist, gilt *wenn ... auch* als rein konzessiv. Im Gegensatz zu *obwohl*-Sätzen ist die konzessive Relation bei *wenn ... auch*-Sätzen nicht erfragbar und nicht negierbar. Die Konzessivrelation ist hier im Gegensatz zu den *obwohl*-Sätzen also nicht fokussierbar.

(17) a. *Kommt er, WENN Petra auch geht?
   b. *Er kommt nicht, WENN Petra auch geht, sondern WEIL Petra geht.

Außerdem gelten für die *wenn ... auch*-Sätze Besonderheiten. Sie treten entweder syntaktisch nicht integriert auf, d.h. vor dem Vorfeld, parenthetisch im Mittelfeld oder als eigene Informationseinheit im Nachfeld, oder aber der Matrixsatz muss ein Element wie *doch, trotzdem, nicht* u.ä. enthalten, das einen Widerspruch indiziert.

Obwohl kann in der gesprochenen Sprache auch mit Verbzweitstellung auftreten, vgl. die folgenden Belege (aus Gaumann 1983 mit ihrer Interpunktion):

(18) a. Der Hut ist zu hoch, obwohl: meiner ist auch so hoch.
b. Behalt meine Jacke mal ein bißchen im Auge, obwohl: so n Stück klaut bestimmt keiner.
c. Mit dem Zug fahren ist sehr schön, obwohl: es ist ziemlich teuer.

Der *obwohl*-Satz mit Verbzweitstellung enthält jeweils eine Aussage, durch die der Sprecher die vorherige Sprechhandlung revidiert. Sie kann nicht mehr als (uneingeschränkt) gültig angesehen werden. Eine Pause ist in allen Fällen obligatorisch. Ein *obwohl*-Verbend-Satz hingegen bildet mit seinem Bezugssatz eine komplexe Proposition, die in sich schlüssig sein muss, der Sprecher kann sich hier nicht selbst widersprechen, da mit Sätzen, die *obwohl*-Verbend-Sätze enthalten, **eine** Sprechhandlung (meist eine Assertion) ausgeführt wird, während *obwohl*-Sätze mit Verbzweitstellung eine eigene Sprechhandlung darstellen.

Konzessivsätze können eine Einschränkung des vorangehenden Bezugssatzes ausdrücken, die ihn partiell korrigiert (Boettcher/Sitta 1972: 150–151):

(19) Ich halte ihn für sympathisch, obwohl er ziemlich eitel ist.

Günthner (1999a: 429) spricht in diesem Zusammenhang von restriktivem *obwohl*, das sowohl mit Verbend- als auch mit Verbzweitstellung auftritt, jedoch stets nachgestellte Sätze einleitet. Diese Konzessivsätze stellen einen epistemischem Bezug her: Sie nennen ein Faktum, das den Sprecher zu einer anderen Schlussfolgerung führen könnte als zu der im Bezugssatz ausgedrückten.

Konzessivsätze mit Sprechaktbezug nennen ein Faktum, das normalerweise dazu führen könnte, eine Äußerung nicht zu tätigen, das den Sprecher jedoch nicht von seiner Äußerung abhält:

(20) Obwohl/auch wenn mir vielleicht keiner zuhört: Das trifft mich sehr.

2.3.4 Irrelevanzkonditionalsatz

Irrelevanzkonditionalsätze werden auch als konzessive Konditional bezeichnet, da sie sowohl Eigenschaften mit Konzessiv- als auch mit Konditionalgefügen teilen (König 1986). In Gegensatz zu einem Konditionalsatz werden in einem Irrelevanzkonditionalsatz mehrere Bedingungen genannt, die für die Gültigkeit der Proposition des Bezugssatzes jedoch alle nicht von Belang sind. Dieser kann daher wie bei den Konzessivsätzen als impliziert gelten. Das konzessive Moment kommt bei Irrelevanzkonditionalsätzen dadurch zustande, dass die konditionale

Beziehung mit mindestens einer der Antezedens-Propositionen unerwartet ist (König/Eisenberg 1984: 316f.).[2]

Irrelevanzkonditionalsätze treten in verschiedenen Spielarten auf: Entweder es werden explizit verschiedene Propositionen als Alternativen genannt (*ob ... oder ob ...*) oder aber es ist ein allquantifizierender Ausdruck enthalten, der verschiedene Möglichkeiten bereitstellt. König/Eisenberg (1984) sprechen hier von universalen Irrelevanzkonditionalen. Ein skalares Irrelevanzkonditional besteht aus einem *wenn*-Satz in Kombination mit einer Fokuspartikel oder aus einem *wenn*-Satz, der einen Ausdruck enthält, der einen extremen Wert auf einer Skala darstellt:

(21) a. *Alternativ:* (ganz gleich,) ob p oder ~p, q
   Ob die Sonne scheint oder nicht, ich gehe spazieren.[3]
   b. *Universal:* Free choice-Ausdruck (Allquantor): (∀ x) (wenn p_x, q)
   Was sie ihm auch anbot, er war nicht zufrieden.
   So viel er auch verdient, es reicht ihm nicht.
   c. *Skalar:*
   Auch/sogar/selbst wenn er Präsident der USA wäre, wäre sein Ehrgeiz nicht zufriedengestellt.
   (Selbst) wenn ich [$_F$ Rockefeller] wäre, könnte ich das nicht bezahlen.

Irrelevanzkonditionalsätze sind überwiegend syntaktisch und prosodisch nicht in ihren Bezugssatz integriert. Dies zeigt sich darin, dass sie nicht im Skopus einer Negation, einer Gradpartikel oder einer Frage im Bezugssatz stehen können. Es treten (außer einem Resumptivum bei Linksversetzung) auch keine Korrelate zu ihnen auf.

Bei den Ausdrucksmitteln, die alleine nicht eindeutig Irrelevanzkonditionalsätze kennzeichnen können (*auch wenn, w-*Element + *auch immer, ob ... oder nicht*), spielt die syntaktische Integration oder Nicht-Integration eine große Rolle für die Interpretation. Diese Sätze können im allgemeinen nur nicht-integriert, d.h. vor dem Vorfeld, parenthetisch im Mittelfeld oder als eigene Informationseinheit im Nachfeld auftreten. Nach König/van der Auwera (1988: 118ff.) stehen *ob ... oder*-Sätze immer nicht-integriert, bei Sätzen mit einem Free choice-Ausdruck sei die nicht-integrierte Stellung bevorzugt. Bei Sätzen mit *selbst/sogar/*

---

[2] Zaefferer (1987: 267f.) zeigt, dass es sich bei der Unerwartetheit um eine konversationelle Implikatur handelt, da diese Bedeutungskomponente annullierbar ist. Sie verschwindet, wenn alle genannten Bedingungen in dem relevanten Zusammenhang gleich wahrscheinlich sind.
[3] Auch ein uneingeleiteter Satz mit Verberststellung ist möglich, wenn auch sehr selten:
(i)   War dieser Schluß nun optimistisch oder pessimistisch, auf jeden Fall hatte er [...] wahrscheinlich Konsequenzen [...] (Beleg bei Leuschner 2005: 289)

auch wenn ist die nicht-integrierte Stellung dagegen seltener. Laut König/van der Auwera (1988: 119) ist sie nur unter Sonderbedingungen möglich, nämlich dann, wenn die Teilsätze separat assertierbar seien. Bei *auch wenn*-Sätzen erzwingt die nicht-integrierte Stellung eine Interpretation als Irrelevanzkonditional. Die Möglichkeit einer konditionalen Interpretation ist dann nicht mehr gegeben (Pasch 1994: 62). Dies deutet darauf hin, dass für die lexikalisch nicht eindeutig als Irrelevanzkonditional gekennzeichneten Sätze die nicht-integrierte Stellung eine entscheidende Rolle spielt. Sie ist ikonisch motiviert und spiegelt die unabhängige Gültigkeit der Aussage im Bezugssatz wider.

Irrelevanzkonditionale mit Sprechaktbezug nennen Gründe, von denen mindestens einer der Äußerung entgegenstehen könnte, der jedoch den Sprecher von seiner Äußerung nicht abhält. Da Irrelevanzkonditionale syntaktisch meist nicht integriert auftreten können, muss ein Sprechaktbezug dieses Adverbialsatztyps aufgrund der Bedeutung erschlossen werden:

(22) a. Ob es Ihnen angenehm ist oder nicht: Ihr Vortrag war einfach langweilig.
b. Auch/selbst/sogar wenn es sie vielleicht nicht interessiert: Hans-Otto ist verunglückt.
c. ?Wer auch immer zuhört: Ich bin schuld an dieser Katastrophe.

2.3.5 Finalsatz

Finalsätze geben einen Zweck oder ein Ziel des im übergeordneten Satz ausgedrückten Geschehens an. Sie werden eingeleitet durch *damit*, *dass* oder das veraltete *auf dass*. Auch Infinitivphrasen mit *um ... zu* können mit finalem Sinn auftreten. Während *um ... zu* in verschiedenen Bedeutungsvarianten auftreten kann, sind *damit* und *auf dass* eindeutig finale Subjunktionen. Bei durch *dass* eingeleiteten Finalsätzen ergibt sich die finale Bedeutung erst aus dem Kontext. In einigen Kontexten ist sowohl eine finale als auch eine konsekutive Interpretation adverbialer *dass*-Sätze möglich.

(23) Er sang laut, dass er die Angst nicht mehr hörte. (= so dass oder damit)

Finalsätze weisen eine Reihe von Parallelen zu den Kausalsätzen auf. Wie diese beinhalten sie im weitesten Sinne einen Grund, nur dass hier meist eine Intention, ein „Handlungsgrund" vorliegt. Die enge Verwandtschaft mit den Kausalsätzen zeigt sich darin, dass als Korrelate teilweise dieselben Elemente (*deshalb*, *deswegen* u.ä.) auftreten können.

Wie Kausalsätze mit *weil* können auch Finalsätze entweder intonatorisch integriert sein oder nicht. Ein Satz wie der folgende ist daher ambig:

(24) Er sagte das nicht, um sie zu ärgern.

Der Satz ist eindeutig, wenn der Finalsatz intonatorisch nicht-integriert, d. h. deutlich durch eine Pause abgegrenzt ist. Wenn er integriert ist, sind zwei Interpretationen möglich, entweder mit dem Skopus der Negation über den Finalsatz (er sagt das, aber nicht um sie zu ärgern) oder nur über den übergeordneten Satz (er sagt es nicht).

Bei Finalsätzen mit *um ... zu* ist das in der Infinitivphrase nicht realisierte Subjekt mit dem Subjekt des übergeordneten Satzes identisch, d. h. es liegt Subjektkontrolle vor. Finale Infinitivkonstruktionen (IK) mit *um ... zu* haben häufig Komplementstatus, wenn im Bezugssatz Elemente auftreten, die inhärent einen Zweck oder ein Ziel beinhalten, ein Konzept der Notwendigkeit oder Hinlänglichkeit. Dazu gehören Verben wie *bedürfen, günstig sein, ausreichen* und Adjektive wie *nötig, ungeeignet*.

um ... zu-IK können attributiv auftreten zu Bezugsnomina, dabei kann es auch zu Ambiguitäten zwischen attributiven und satzbezogenen Lesarten kommen wie in (25c):

(25) a. Geld, um einen neuen Wagen zu kaufen, hatte er nicht.
 b. Es gibt andere Wege, um dieses Ziel zu erreichen.
 c. Man schickte einen Güterwagen, um das Holz abzufahren. (Leys 1991:189)

Wie Hyvärinen (1991: 317) feststellt, ist die Attributträchtigkeit der *um ... zu*-Phrase „desto größer, je leichter das substantivische ‚Schlüsselwort' des Matrixsatzes auch schon alleine als ‚Mittel zum Zweck' verstanden werden kann". Je stärker also das Konzept der Notwendigkeit oder Hinlänglichkeit schon im Nomen enthalten ist (wie etwa bei *Mittel, Plan, Methode, Weg*), umso eher besteht die Tendenz, die *um*-IK als vom Nomen abhängig zu betrachten.

Um ... zu ist bei weitem nicht immer intentional. Leys weist auf eine teleologische Verwendung der *um*-IK hin, bei der „die Intentionalität der Sachverhalte deren innerer Determiniertheit" weicht (Leys 1991: 177).

(26) a. Die Bäume verlieren im Herbst das Laub, um im Winter leichter überleben zu können.
 b. Kinder spielen, um ihr seelisches Gleichgewicht zu behalten.

Besondere Eigenschaften weist das „*um* des prospektiven Verlaufs" (Leys 1991: 179) auf: Leys führt diesen Typ auf ein prospektives Verlaufsschema zurück, bei dem der zweite Teil als Fortsetzung des Verlaufs des ersten gedacht werde, wobei Bestimmung bzw. Vorbestimmtheit vorliege (Leys 1988: 98).

(27) a. Das Fieber steigt gewöhnlich im Laufe des Nachmittags, um dann gegen Abend wieder abzuklingen.
b. Er fuhr nach München, um dort überfahren zu werden.

Dass es sich hier nicht länger um Finalität/Intentionalität handelt, zeigt die fehlende Ersetzbarkeit dieser *um*-Phrasen durch *damit*-Sätze. Infinitivkonstruktionen mit prospektivem *um* sind zwar wie Konsekutivsätze obligatorisch nachgestellt, doch können sie im Skopus von Fokuspartikeln und der Negation im Bezugssatz liegen und erfragt werden, sind mithin syntaktisch integriert.

(28) a. Er ging nach München, nur um dort von einem Auto überfahren zu werden.
b. Er ging nur nach München, um dort von einem Auto überfahren zu werden.

(29) Ich habe den Regenschirm nicht mitgenommen, um ihn dann dort zu vergessen.

(30) Wozu/zu welchem Ende fuhr er nach München?
Um dort überfahren zu werden.

Außer ihrer obligatorischen Nachstellung weisen diese Sätze keine weiteren Eigenschaften weiterführender Nebensätze auf. Die Nachstellung ist ikonisch motiviert, da sie der temporalen Abfolge der Ereignisse entspricht.

2.3.6 Konsekutivsatz

Konsekutivsätze nennen eine Folge bzw. eine Folgerung aus dem Bezugssatz. Reine Konsekutivsätze, die durch *so dass* eingeleitet werden, sind zu unterscheiden von graduierenden Sätzen mit *so ... dass*, die von einigen Autoren auch zu den Konsekutivsätzen gerechnet werden (Boettcher 1972: 86 ff., Demske 2009).[4]

(31) a. Es regnete, so dass die Straße nass war.
b. Es regnete so, dass sie triefend nass wurden.

Kneip (1978: 33) zufolge liegt dem Konsekutivgefüge mit *so dass* eine Implikationsbeziehung zugrunde (z.B. *wenn es regnet, wird die Straße nass*), die präsupponiert ist und nicht wie im Kausalgefüge behauptet wird. Aufgrund dieser Prä-

---

4 Zu den verschiedenen Typen von *so ... dass*-Sätzen s. Pittner (1999), Thurmair (2005) und die dort zitierte Literatur.

supposition und der Assertion des Bezugssatzes wird die Schlussfolgerung im Konsekutivsatz gezogen.

Konsekutivsätze mit *so dass* weisen eine Reihe von syntaktischen Besonderheiten auf. Auffällig ist zunächst einmal, dass sie obligatorisch im Nachfeld stehen.

(32) a. Es regnete, so dass die Straßen nass waren.
b. *So dass die Straßen nass waren, regnete es.
c. *Es hatte lange, so dass die Straßen nass waren, geregnet.

Zu Konsekutivsätzen mit *so dass* können keine Korrelate auftreten. Sie können auch nicht im Skopus von Negation, Fokuspartikeln oder Satzadverbien des Bezugssatzes auftreten.

(33) a. Er war nicht sehr intelligent, so dass er für den Job geeignet war.
b. Sie war nur sehr schön, so dass sie als Model arbeiten konnte.
c. Sie war wahrscheinlich stark verletzt, so dass sie ins Krankenhaus eingeliefert werden musste.

Da Konsekutivsätze weder erfragbar, verschiebbar, noch pronominalisierbar sind, fehlen ihnen wesentliche Eigenschaften von Nebensätzen, die sie als Konstituenten ihres Bezugssatzes ausweisen könnten. Sie können als weiterführende Nebensätze gelten (Eggers 1970, Demske 2009). Reis (1997) zufolge handelt es sich um absolut unintegrierte Nebensätze, die in der sog. Schlussstellung erscheinen.

Die Stellungsfestigkeit der Konsekutivsätze wird meist ikonisch gedeutet. Zifonun et al. (1997: 826) sehen darin die ikonische Spiegelung einer zeitlichen Abfolge. Kneip (1978: 30) führt die Position darauf zurück, dass ein Teilsatz, der eine Folgerung ausdrückt, nach seiner Prämisse auftreten muss.

Von allen Sätzen, die konditionale Relationen ausdrücken, lassen sich nur die Konsekutivsätze nicht mit Sprechaktbezug verwenden (vgl. Boettcher 1972: 138). Für dieses Faktum bietet sich eine semantische Erklärung an. Wenn die Konsekutivsätze eine Schlussfolgerung des Sprechers beinhalten, dann ist von daher verständlich, warum diese Sätze nicht mit Sprechaktbezug auftreten können. Es würde wenig Sinn ergeben, dass ein Sprecher aus einer gerade von ihm selbst gemachten Äußerung einen Schluss zieht. Auch ein epistemischer Bezug ist nicht möglich, da die Konsekutivsätze selbst eine Schlussfolgerung aus dem Bezugssatz darstellen und daher nicht die Basis für eine Schlussfolgerung, dass der Bezugssatz wahr ist, darstellen können.

2.4 Modale Relationen

Die Art und Weise und ähnliche Umstände eines Geschehens drücken Modalsätze und Vergleichssätze, Instrumentalsätze und Komitativsätze aus.

(34) Du kannst diese Aufgabe lösen, indem du selber nachdenkst. (Instrumental)

2.4.1 Komitativsatz

Ein Komitativsatz nennt einen Begleitumstand des im übergeordneten Satz genannten Geschehens. Er wird mit *wobei* eingeleitet. Durch *ohne dass/ohne zu* und *anstatt dass/anstatt zu* eingeleitete Sätze bzw. satzwertige Infinitivphrasen mit komitativer Funktion benennen einen fehlenden bzw. einen alternativen Umstand.

(35) a. Er rührte die Suppe um, wobei er lautstark sang.
 b. Sie arbeitet, ohne zu denken.
 c. Er faulenzt lieber, anstatt dass er arbeitet.

2.4.2 Vergleichssatz

Ein Komparativsatz stellt einen Vergleich zwischen der Art und Weise des im Bezugssatz ausgedrückten Sachverhalts mit einem anderen realen oder vorgestellten Sachverhalt her.

Vergleichssätze werden im Deutschen durch *als* und *wie*, gelegentlich auch durch *denn* eingeleitet. Sie spezifizieren die Art und Weise des Sachverhalts im Bezugssatz näher, indem sie ihn zu einem realen oder irrealen Sachverhalt in Beziehung setzen.

Vergleichssätze können in ihrem Bezugssatz die Funktion eines Modaladverbials übernehmen und werden daher auch meist als eine Untergruppe der Modalsätze aufgefasst.

(36) Er arbeitet (so), wie er isst.

Sehr häufig beziehen sich Vergleichssätze auf ein graduiertes Adjektiv, das im Positiv (oft in Kombination mit einer Intensivierungspartikel wie *so*) oder im Komparativ auftritt.

(37) a. Sie ist wieder so dünn, wie sie als junge Frau war.
 b. Er ist schwerer, als man auf den ersten Blick glaubt.

Auch graduierende Sätze mit *so ... dass* werden von einigen Autoren zu den Vergleichssätzen gerechnet (Thurmair 2005).

(38) a. Er war so groß, dass er mit den Händen an die Decke langen konnte.
b. Er war so dumm, dass er jede Klasse wiederholen musste.

So ist hier ein graduierendes Adverb zu einem Adjektiv, die eigentliche Gradangabe liefert jedoch erst der *dass*-Satz. Zwischen *so* und dem *dass*-Satz besteht eine korrelative Verbindung. Da der *dass*-Satz hier den Inhalt von *so* näher spezifiziert, kann er auf keinen Fall eine eigene Informationseinheit darstellen, sondern er ist immer intonatorisch in den Matrixsatz integriert. Gleiches gilt für graduierende Konsekutivsätze bzw. IK, die einen zu hohen Grad einer Eigenschaft (*zu ... um zu/ ... als dass*) oder einen ausreichenden Grad einer Eigenschaft (*genug ... um zu/ ... dass*) bezeichnen:

(39) a. Er war zu langsam, als dass er das Rennen gewinnen könnte/um das Rennen zu gewinnen.
b. Er war schnell genug, um mit seinen Konkurrenten mithalten zu können.

Vergleichssätze, die sich auf einen irrealen Sachverhalt beziehen, sind durch *als* eingeleitet, meist in Kombination mit *ob* oder *wenn* oder einem Satz mit Verberststellung (cf. Oppenrieder 1991).

(40) a. Sie sah so aus, als ob/als wenn sie davon keine Ahnung hätte.
b. Sie sah so aus, als hätte sie davon keine Ahnung.

3 Kontrastiv-funktionale Aspekte bei der Stellung der Adverbialsätze

In Sprachen, in denen Adverbialsätze durch einen initialen Subordinator eingeleitet sind, können Adverbialsätze prinzipiell vor- oder nachgestellt sein. Diessel (2001) stellt dabei unterschiedliche Häufigkeiten der Voranstellung bei verschiedenen Adverbialsatztypen fest:

(41) Konditional > Temporal > Kausal > „Result and purpose"

Adverbialsätze werden oft vorangestellt, um den Informationsfluss zu organisieren, sie stellen einen Rahmen oder eine Orientierung für die Interpretation der Information im Hauptsatz dar. Sie weisen in dieser Position bestimmte Eigenschaften von Satztopiks auf, da sie pragmatisch präsupponierte Information enthalten, die die folgende Information mit etwas verbindet, das sich bereits im Bewusstsein des Hörers befindet (Diessel 2001: 448).

Konditionalsätze sind meist vorangestellt, da sie einen Rahmen für die Interpretation des nachfolgenden Hauptsatzes darstellen. Sind sie nachgestellt, so werden sie im Englischen häufig durch bestimmte Partikeln oder auch den Subjunktiv angekündigt. Ist dies nicht der Fall, dann handle es sich um eine Art „afterthought" oder ein Sprechakt-Konditional (Diessel 2005: 463).

Vorangestellte Kausalsätze (im Englischen durch *since* oder *as* eingeleitet) nennen einen schon bekannten Grund, während nachgestellte Kausalsätze (im Englischen durch *because* eingeleitet) neue Information beinhalten. Hier spielen auch textsortenspezifische Aspekte eine Rolle: In wissenschaftlichen Artikeln sind Kausalsätze häufiger vorangestellt, da sie oft den common ground für eine folgende Konklusion darstellen (Diessel 2005: 465f.).

Neben diesen diskurspragmatischen spielen auch ikonische Faktoren eine Rolle, so z.B. im Bereich der Temporalsätze, bei denen Sätze, die Vorzeitiges bezeichnen, tendenziell vorangestellt, solche, die Nachzeitiges bezeichnen, tendenziell nachgestellt auftreten. Auch die Nachstellung von Konsekutivsätzen und Sätzen mit prospektivem *um* kann, wie schon erwähnt wurde, als ikonisch motiviert gelten. Ikonisch motiviert ist auch die nicht-integrierte Voranstellung der Adverbialsätze, z.B. bei Sprechaktbezug oder bei Irrelevanzkonditionalsätzen. Hier zeigt die nicht-integrierte Stellung die vom Adverbialsatz unabhängige Gültigkeit des Bezugssatzes an. Adverbialsätze mit Sprechaktbezug, Haegeman (1991) zufolge sog. „orphans", sind parenthetisch und gar nicht strukturell unter einem gemeinsamen Satzknoten mit dem Bezugssatz zu verorten.

4 Diachrone Perspektiven

Prinzipiell zeigen sich diachron alle drei Stellungsmöglichkeiten initialer Adverbialsätze:

(42) a. AdvS – XP – Vfin (unintegrierte Spitzenstellung)
 b. AdvS – korrelatives Adv (Resumptivum) – Vfin (resumptive Spitzenstellung/Linksversetzung)
 c. AdvS – Vfin (integrierte Spitzenstellung/Vorfeldstellung)

König/van der Auwera (1988) postulieren eine Entwicklungslinie bezüglich der Stellung der Adverbialsätze von unintegriert > linksversetzt > integriert (cf. Lötscher 2005). Scheinbar integrierte Stellung von Adverbialsätzen im Althochdeutschen ist auf die V1-Stellung im Bezugssatz zurückzuführen, die damals klar umrissene Funktionen hatte (cf. Axel 2002, Lötscher 2005).

Lötscher (2005) beobachtet, dass die Differenz zwischen der resumptiven Spitzenstellung und der unintegrierten Spitzenstellung im Mittelhochdeutschen geringer ist als im Gegenwartsdeutschen. Es findet sich eine größere Vielfalt an Resumptiva, die semantisch weniger entleert sind. Dies deutet auf einen Grammatikalisierungsprozess hin, der im Mittelhochdeutschen noch nicht abgeschlossen ist. Lötscher zufolge etabliert sich die Vorfeldstellung der Adverbialsätze im letzten Drittel des 15. Jhs. ausgehend von bestimmten Textsorten allmählich als allgemein akzeptiertes Stellungsmuster.

Die integrierte Stellung tritt bei V1-Konditionalsätzen erst im Frühneuhochdeutschen auf. Axel (2002) zufolge handelt es sich dabei um eine scheinbare Integration, die Bezugssätze seien V1-Sätze. Axel/Wöllstein (2009) und Reis/Wöllstein (2010) argumentieren, dass noch im heutigen Deutsch V1-Konditionale unintegriert seien. Sie gehen von einer V1-Stellung im Bezugssatz oder einem Verbzweitsatz mit Vorfeldellipse aus. Während Reis/Wöllstein (2010) und Axel/Wöllstein (2009) von einer dichotomischen Unterscheidung zwischen Integration und Nicht-Integration ausgehen, wird Integration im Rahmen von Grammatikalisierung als ein Kontinuum gesehen (Lötscher 2005: 353). Einige Autoren argumentieren, dass sich V1-Konditionalsätze aus Entscheidungsfragesätzen entwickelt haben. Es liegt eine „Desententialisierung" (cf. Leuschner 2005) vor, durch die Entscheidungsfragesätze ihre illokutive Kraft verlieren. Die hierarchische Herabstufung zum Satzglied ist abgeschlossen, wenn auch das Resumptivum wegfällt (zu den einzelnen Stadien s. Hilpert 2010).

Auch für alternative Irrelevanzkonditionale mit *ob ... oder* wird eine Entstehung aus einem selbständigen Satz vorgeschlagen. Leuschner (2005: 290) geht davon aus, dass es sich zunächst um selbständige Sätze mit einem „Gleichgültigkeitsprädikat" handelt (*es ist egal/gleichgültig* o. ä.), das schließlich auf ein Wort reduziert wird, zunehmend die assertive Kraft verliert und schließlich ganz entfallen kann. Diese Sätze treten bei Voranstellung meist nicht integriert auf. In der fehlenden syntaktischen Integration spiegelt sich die unabhängige Gültigkeit des Bezugssatzes. Aufgrund der ikonischen Funktion der nicht-integrierten Stellung ist eine vollständige Integration nicht zu erwarten, diese Sätze bleiben in dieser Hinsicht eine „Grammatikalisierungsbaustelle" (Leuschner 2005). Sehr häufig können diese Sätze jedoch nachgestellt auftreten.[5]

Konzessivsätze sind erst relativ spät entstanden, ihre Einleitungselemente bestehen häufig aus einer konditionalen Subjunktion, an die eine (ursprünglich selbständig in Distanzstellung auftretende) Partikel herangerückt ist (z. B. *obwohl, obschon, wenngleich* u. ä., s. di Meola 2004). Baschewa (1983) beobachtet ein

---

5 Zur Entstehung der durch ein w-Wort eingeleiteten Irrelevanzkonditionale existieren verschiedene Auffassungen. Zaefferer (1987) plädiert für eine Entstehung aus Fragesätzen, Leuschner (2005: 288) argumentiert dagegen.

‚Umkippen' der Stellung des finiten Verbs von der Zweitstellung (um 1800 noch mehr als 50%) zur Erststellung (ab 1900 93,71%). sowie eine „zunehmende formale Distanzierung des konzessiven vom interrogativen und konditionalen Bereich: Sowohl Indikativ als auch Konjunktiv II gingen als Konzessivsignale stark zurück." (Ágel 2000: 1886, Baschewa 1983: 100, 102).

5 Fazit

Adverbialsätze können in sehr unterschiedlichem Maß in ihre Bezugssätze integriert sein. Während einige Adverbialsätze prototypische Gliedsätze darstellen, die alle Eigenschaften einer Konstituente des Bezugssatzes aufweisen und zudem prosodisch integriert sind, fehlen bei einigen traditionell als Adverbialsätzen gehandelten Satztypen nach Ausweis von Konstituententests einige oder sogar alle Satzgliedeigenschaften, wie etwa bei den Konsekutivsätzen mit *so dass*. Strenggenommen stellen sie also keine Gliedsätze und damit auch keine Adverbialsätze dar.

Prinzipiell besteht bei Adverbialsätzen aufgrund ihres Status als Angabe (Adjunkt, Supplement) die Möglichkeit, dass sie eine eigene Intonationskontur aufweisen und als separate Informationseinheiten auftreten können. Korrelate zu nachgestellten Adverbialsätzen zeigen deren prosodische Integration und Fokussierung an. Nicht zu allen Adverbialsatztypen können jedoch Korrelate auftreten, was bedeutet, dass die entsprechenden Adverbialsätze nicht fokussiert werden können.

Einzelne Adverbialsatztypen sind auch in ihren Stellungsmöglichkeiten beschränkt. Sie können entweder bei Voranstellung nur nicht-integriert auftreten oder nur nachgestellt. Nicht-integrierte Voranstellung von Adverbialsätzen signalisiert die unabhängige Gültigkeit des Bezugssatzes, die auf einen Sprechaktbezug des Adverbialsatzes zurückzuführen sein kann oder auch darauf, dass ein Irrelevanzkondtional vorliegt. Obligatorische Nachstellung (bei Konsekutivsätzen und Sätzen mit prospektivem *um*) ist ikonisch motiviert.

Der Grad der syntaktischen Integration in den Bezugssatz korreliert mit dem Ebenenbezug der Adverbialsätze. Die syntaktische Integration ist bei einem Bezug auf die Inhaltsebene am größten, während ein Bezug auf die epistemische oder die Sprechaktebene tendenziell mit einer geringeren syntaktischen und prosodischen Integration einhergeht.

6 Literatur

Ágel, V. (2000): Syntax des Neuhochdeutschen bis zur Mitte des 20. Jahrhunderts. In: Besch, W./Betten, A./Reichmann, O./Sonderegger, S. (Hgg.), Sprachgeschichte. Ein Handbuch zur Geschichte der deutschen Sprache und ihrer Erforschung. 2. Aufl. Bd. II. Berlin: de Gruyter. 1855–1903.

Antomo, M./Steinbach, M. (2010): Desintegration und Interpretation: *weil*-V2-Sätze an der Schnittstelle zwischen Syntax, Semantik und Pragmatik. In: Zeitschrift für Sprachwissenschaft 29, 1–37.

Axel, K. (2002): Zur diachronen Entwicklung der syntaktischen Integration linksperipherer Adverbialsätze im Deutschen. In: Beiträge zur Geschichte der deutschen Sprache und Literatur 124, 1–43.

Axel, K./Wöllstein, A. (2009): German Verb-first Conditionals as Unintegrated Clauses. A Case Study in Converging Synchronic and Diachronic Evidence. In: Winkler, S./Featherston, S. (Hgg.), The Fruits of Empirical Linguistics. Vol. 2: Product. Berlin: Mouton de Gruyter, 1–36.

Baschewa, E. (1983): Untersuchungen zur Diachronie des Konzessivsatzes im Neuhochdeutschen. In: Beiträge zur Erforschung der deutschen Sprache. Bd. III. Leipzig: Bibliographisches Institut, 77–107.

Blühdorn, H. (2004a): Temporalkonnektoren: Einleitung. In: Blühdorn, H./Breindl, E./Waßner, U. (Hgg.), Brücken schlagen. Grundlagen der Konnektorensemantik. Berlin: de Gruyter, 125–136.

Blühdorn, H. (2004b): Die Konjunktionen *nachdem* und *bevor*. In: Blühdorn, H./Breindl, E./Waßner, U. (Hgg.), Brücken schlagen. Grundlagen der Konnektorensemantik. Berlin: de Gruyter, 185–212.

Blühdorn, H. (2006): Kausale Satzverknüpfungen im Deutschen. In: Pandaemonium Germanicum 10, 253–282.

Blühdorn, H. (2008a): Verknüpfungs-Eigenschaften deutscher Kausal-Konnektoren zwischen syntaktischer Hierarchie und Linearität. Manuskript, Institut für deutsche Sprache in Mannheim.

Blühdorn, H. (2008b): Epistemische Lesarten von Satzkonnektoren – Wie sie zustande kommen und wie man sie erkennt. In: Pohl, I. (Hg.), Semantik und Pragmatik. Schnittstellen. Frankfurt/Main: Lang, 217–252.

Boettcher, W. (1972): Studien zum zusammengesetzten Satz. Frankfurt/Main: Athenäum.

Boettcher, W./Sitta, H. (1972): Deutsche Grammatik III: Zusammengesetzter Satz und äquivalente Strukturen. Frankfurt/Main: Athenäum.

Breindl, E. (2004a): Kontrastkonnektoren: Einleitung. In: Blühdorn, H./Breindl, E./Waßner, U. (Hgg.), Brücken schlagen. Grundlagen der Konnektorensemantik. Berlin: de Gruyter, 214–224.

Breindl, E. (2004b): Konzessivität und konzessive Konnektoren im Deutschen. In: Deutsche Sprache 32, 2–31.

Demske, U. (2009): Zur Markierung von Konsekutivität im Deutschen: Diachrone Aspekte. In: Linguistische Berichte, Sonderheft 16. Hamburg: Buske, 43–66.

Diessel, H. (2001): The Ordering Distribution of Main and Adverbial Clauses: A Typological Study. In: Language 77, 433–456.

Diessel, H. (2005): Competing Motivations for the Ordering of Main and Adverbial Clauses. Linguistics 43, 449–470.

Diessel, H. (2008): Iconicity of Sequence: A Corpus-based Analysis of the Positioning of Temporal Adverbial Clauses in English. In: Cognitive Linguistics 19, 465–490.

di Meola, C. (2004): Ikonische Beziehungen zwischen Konzessivrelation und Konzessivkonnektoren. In: Blühdorn, H./Breindl, E./Waßner, U. (Hgg.), Brücken schlagen. Grundlagen der Konnektorensemantik. Berlin: de Gruyter, 287–308.
Eggers, H. (1970): Sind Konsekutivsätze „Gliedsätze"? In: Studien zur Syntax des heutigen Deutsch. Paul Grebe zum 60. Geburtstag. Düsseldorf: Schwann, 85–96.
Eisenberg, P. (2006): Grundriss der deutschen Grammatik. Bd. II: Der Satz. 3. Aufl. Stuttgart: Metzler.
Flämig, W. (1964): Untersuchungen zum Finalsatz im Deutschen. (Synchronie und Diachronie). Berlin: Akademie Verlag.
Gaumann, U. (1983): *Weil die machen jetzt bald zu.* Angabe- und Junktivsatz in der deutschen Gegenwartssprache. Göppingen: Kümmerle. [Göppinger Arbeiten zur Germanistik 384]
Günthner, S. (1999a): Entwickelt sich der Konzessivkonnektor *obwohl* zum Diskursmarker? Grammatikalisierungstendenzen im gesprochenen Deutsch. In: Linguistische Berichte 180, 409–446.
Günthner, S. (1999b): *wenn*-Sätze im Vor-Vorfeld: Ihre Formen und Funktionen in der gesprochenen Sprache. In: Deutsche Sprache 27, 209–235.
Günthner, S. (2002): Zum kausalen und konzessiven Gebrauch des Konnektors *wo* im gesprochenen Umgangsdeutsch. In: Zeitschrift für Germanistische Linguistik 20, 320–341.
Haegeman, L. (1991): Parenthetical Adverbials: The Radical Orphanage Approach. In: Chiba, S./Ogawa, A./Yamada, N./Koma, O./Yagi, T. (Hgg.), Aspects of Modern English Linguistics: Papers presented to Maatomo Ukaji on his 60th Birthday. Tokio: Kaitakuschi, 232–254.
Helbig, G./Buscha, J. (2007): Deutsche Grammatik. Ein Handbuch für den Ausländerunterricht. Berlin: Langenscheidt.
Hilpert, M. (2010): What can Synchronic Gradience Tell us about Reanalysis? Verb-first Conditionals in Written German and Swedish. In: Traugott, E.C./Trousdale, G. (Hgg.), Gradience, Gradualness and Grammaticalization. Amsterdam: Benjamins.
Hyvärinen, I. (1991): Sachverhaltsbeschreibende Finalkonstruktionen: Angaben, Attribute, Ergänzungen? In: Sprachwissenschaft 16, 302–333.
Kneip, R. (1978): Der Konsekutivsatz – Folge oder Folgerung? Lund: Almquist & Viksell.
König, E. (1986): Conditionals, Concessive Conditionals and Concessives. Areas of Contrast, Overlap and Neutralization. In: Traugott, E.C./ter Meulen, A./Snitzer Reilly, J./Ferguson, C.A. (Hgg.), On Conditionals. Cambridge: Cambridge University Press, 229–246.
König, E. (1991): Konzessive Konjunktionen. In: Stechow, A. von/Wunderlich, D. (Hgg.), Handbuch Semantik. Berlin: de Gruyter, 631–639.
König, E./Auwera, J. van der (1988): Clause Integration in German and Dutch Conditionals, Concessive Conditionals and Concessives. In: Haiman, J./Thompson, S. (Hgg.), Clause Combining in Grammar and Discourse. Amsterdam: Benjamins, 101–133.
König, E./Eisenberg, P. (1984): Zur Pragmatik von Konzessivsätzen. In: Stickel, G.(Hg.), Pragmatik in der Pragmatik. Jahrbuch des Instituts für Deutsche Sprache 1983. Düsseldorf, 313–332.
Leuschner, T. (2005): *Ob blond, ob braun, ich liebe alle Frau'n.* Irrelevanzkonditionale als grammatikalisierter Diskurs. In: Leuschner, T./Mortelmans, T./de Groodt, S. (Hgg.), Grammatikalisierung im Deutschen. Berlin: de Gruyter, 279–308.
Leys, O. (1988): Prospektives *um.* In: Deutsche Sprache 16, 97–102.
Leys, O. (1991): Skizze einer kognitiv-semantischen Typologie der deutschen *um*-Infinitive. In: Leuvense Bijdragen 80, 167–203.

Lohnstein, H. (2004): Variable und invariante Strukturmerkmale von Satzkonnektoren. In: Blühdorn, H./Breindl, E./Waßner, U. (Hgg.), Brücken schlagen. Grundlagen der Konnektorensemantik. Berlin: de Gruyter, 125–136.

Lötscher, A. (2005): Linksperiphere Adverbialsätze in der Geschichte des Deutschen. Pragmatische Aspekte eines grammatischen Wandels. In: Beiträge zur Geschichte der deutschen Sprache und Literatur 127, 347–376.

Oppenrieder, W. (1991): Irreale Vergleichssätze. In: Eberhard, K./Puradier Duteil, F./Wagner, K.-H. (Hgg.), Betriebslinguistik und Linguistikbetrieb. Akten des 24. Linguistischen Kolloquiums, Universität Bremen, 4.–6. September 1989. Tübingen: Niemeyer, 357–366.

Pasch, R.(1994): Konzessivität von *wenn*-Konstruktionen. Tübingen: Narr.

Pasch, R. et al. (2003): Handbuch der deutschen Konnektoren. Linguistische Grundlagen der Beschreibung und syntaktische Merkmale der deutschen Satzverknüpfer. Berlin: de Gruyter.

Pittner, K. (1999): Adverbiale im Deutschen. Untersuchungen zu ihrer Stellung und Interpretation. Tübingen: Stauffenburg.

Pittner, K. (2007): Dialog in der Grammatik: *Doch* in Kausalsätzen mit Verberststellung. In: Döring, S./Geilfuß-Wolfgang, J. (Hgg.), Von der Pragmatik zur Grammatik. Leipzig: Universitätsverlag, 39–56.

Pittner, K. (2010): Subsidiäre Begründungen. In: Ferraresi, G. (Hg.), Konnektoren im Deutschen und im Sprachvergleich: Beschreibung und grammatische Analyse. Tübingen: Narr, 157–182.

Redder, A. (1987): *wenn ..., so.* Zur Korrelatfunktion von *so*. In: Rosengren, I. (Hg.), Sprache und Pragmatik. Lunder Germanistische Forschungen 55, 315–326.

Reis, M. (1997): Zum syntaktischen Status unselbständiger Verbzweit-Sätze. In: Dürscheid, C./Ramers, K.-H./Schwarz, M. (Hgg.), Sprache im Fokus. Festschrift für Heinz Vater zum 65. Geburtstag. Tübingen: Niemeyer, 121–144.

Reis, M./Wöllstein, A. (2010): Zur Grammatik (vor allem) konditionaler V1-Gefüge im Deutschen. In: Zeitschrift für Sprachwissenschaft 29, 111–179.

Sweetser, E. (1990): From Etymology to Pragmatics. Metaphorical and Cultural Aspects of Semantic Structure. Cambridge: Cambridge University Press.

Thurmair, M. (2005): Vergleich und Konsekutivität. In: Deutsche Sprache 32, 1–14.

Uhmann, S. (1998): Verbstellungsvariation in *weil*-Sätzen. Lexikalische Differenzierung mit grammatischen Folgen. In: Zeitschrift für Sprachwissenschaft 17, 92–139.

Volodina, A. (2006): *wenn*-Relationen: Schnittstelle zwischen Syntax, Semantik, Pragmatik. In: Breindl, E./Gunkel, L./Strecker, B. (Hgg.), Grammatische Untersuchungen, Analysen und Reflexionen. Festschrift für Gisela Zifonun. Tübingen: Narr, 359–380.

Volodina, A. (2009): Zur syntaktischen und prosodischen Markierung pragmatischer Phänomene im Bereich der Konnektorenforschung. In: Brdar-Szabó, R./Knipf-Komlósi, E./Péteri, A. (Hgg.), An der Grenze zwischen Grammatik und Pragmatik. Frankfurt/Main: Lang, 151–159.

Volodina, A. (2010): Konditionalität und Kausalität im Deutschen. Tübingen: Narr.

Wegener, H. (1999): Syntaxwandel und Degrammatikalisierung im heutigen Deutsch? In: Zeitschrift für deutsche Sprache 27 (1), 3–26.

Wegener, H. (2000): *Da, denn* und *weil* – der Kampf der Konjunktionen. Zur Grammatikalisierung im kausalen Bereich. In: Fuhrhop, N et al. (Hgg.), Deutsche Grammatik in Theorie und Praxis. Tübingen: Niemeyer, 69–82.

Zaefferer, D. (1987): Satztypen, Satzarten, Satzmodi – Was Konditionale (auch) mit Interrogativen zu tun haben. In: Meibauer, J. (Hg.), Satzmodus zwischen Grammatik und Pragmatik. Tübingen: Niemeyer, 259–285.

Zaefferer, D. (1991): Conditionals and Unconditionals: Cross-linguistic and Logical Aspects. In: Zaefferer, D. (Hg.), Semantic Universals and Universal Semantics. Berlin: Foris/de Gruyter, 210–236.

Zifonun, G./Hoffmann, L./Strecker, B. et al. (1997): Grammatik der deutschen Sprache. 3 Bde. Berlin: de Gruyter.

Karin Pittner

24 Attributsätze

1 Zur grammatischen Form der Attributsätze
2 Zur syntaktischen Anbindung der Attributsätze
3 Zur Stellung der Attributsätze
4 Zur Bedeutung der Attributsätze
5 Literatur

1 Zur grammatischen Form der Attributsätze

Attributsätze sind abhängige Sätze, die syntaktisch als Attribute fungieren. Sie werden auch als Gliedteilsätze bezeichnet, weil sie nicht selbständig figurieren, sondern einen Teil eines Satzgliedes bzw. einer Konstituente des jeweils übergeordneten Satzes bilden. Attributsätze beschreiben Sachverhalte oder Eigenschaften nominaler Referenten bzw. charakterisieren den im übergeordneten Satz ausgedrückten Sachverhalt.

Wenn man davon ausgeht, dass Attribute generell Nominalerweiterungen darstellen, ist es sinnvoll anzunehmen, dass sich auch Attributsätze ausschließlich auf nominale Ausdrücke wie Nomen, vgl. (1), Adjektive, vgl. (2), oder Adverbien, vgl. (3), beziehen.

(1) Der Beschluss des Königs, dass Emma nicht auf Lummerland bleiben darf, machte Lukas sehr traurig.

(2) Lukas war entschlossen gewesen, seine Lokomotive nicht allein zu lassen.

(3) Morgens, wenn die Lokomotive an der Bahnstation losfuhr, pfiff sie laut.

Attributsätze können der Form nach als Pronominalsatz, vgl. (4) und (5), oder als Konjunktionalsatz, vgl. (6), realisiert werden. Im ersten Fall leitet eine relative w/d-Phrase oder eine interrogative w-Phrase, die jeweils als Kopf ein Pronomen, ein Artikelwort oder ein Pro-Adverb enthalten kann, den Attributsatz ein. Im zweiten Fall tritt satzinitial eine Konjunktion auf. Dies ist häufig *dass, ob* oder *wie*; denkbar sind aber auch *als, wenn* u.a.

(4) Das Sams, das ein furchtloses rüsselnasiges Wesen ist, lässt sich von niemandem einschüchtern.

(5) Die Ungewissheit, wann das Sams wieder kommt, quält Herrn Taschenbier.

(6) Den Gedanken, dass das Sams bald verschwinden würde, verdrängt Herr Taschenbier.

Hinsichtlich der Stellung des finiten Verbs können Attributsätze in den drei im Deutschen möglichen finiten Formtypen (Verberststellung, Verbzweitstellung, Verbletztstellung) vorkommen, wie (7) bis (9) demonstrieren. Sofern Infinitivkonstruktionen wie (10) als satzwertig eingestuft werden, werden sie in der Regel ebenfalls zu den Attributsätzen gezählt.

(7) Auf die Frage, hast du rechnen und schreiben gelernt, wollte Jim am liebsten nicht antworten.

(8) Der Gedanke, seine Tochter könnte nie mehr befreit werden, bekümmerte den Kaiser von Mandala.

(9) Die Tatsache, dass er mit Nepomuk den Kristall der Ewigkeit wiederherstellen konnte, begeisterte den Schildnöck.

(10) Die Hoffnung, Prinzessin Li Si heiraten zu können, gibt Jim nie auf.

Gallmann weist in der Duden-Grammatik (2005: 1036f.) darauf hin, dass sich der Satzgliedwert von Nebensätzen durch eine Ersatzprobe ermitteln lässt. So kann ein demonstratives Artikelwort im übergeordneten Satz anzeigen, dass ein abhängiger Satz ein Gliedteilsatz bzw. ein Attributsatz ist:

(11) Der Taucheranzug, den das Sams bekommen hat, war blau.
→ *Dieser* Taucheranzug war blau.

(12) Die Tatsache, dass Frau Rotkohl seine Lieder nicht mag, ärgerte das Sams.
→ *Diese* Tatsache ärgerte das Sams.

(13) Den Auftrag, die Wunschmaschine zu reparieren, erledigte das Sams sofort.
→ *Diesen* Auftrag erledigte das Sams sofort.

Der Test steht im Einklang mit der Annahme von Heidolph et al. (1981: 787f.), wonach „[s]ubordinierte Sätze, die eine Determination eines Satzgliedes des übergeordneten Satzes bewirken, hinsichtlich ihrer Funktion als Gliedteile (Attributsätze) zu erklären [sind]."

Attributsätze können in vielen Fällen als explizite Varianten entsprechender nicht-sententialer Attribute angesehen werden. Beispielsweise sind Relativsätze mit einem prädikativen Adjektiv wie in (14) regelmäßig in attributive Adjektive wie in (15) umwandelbar; bei Relativsätzen mit Verben wie *haben* oder *besitzen* wie in (16) kann es sich um Entsprechungen zu possessiven Genitiven wie in (17) handeln.

(14) Herr Taschenbier, der sehr ängstlich ist, fürchtet sich vor seiner Zimmerwirtin.

(15) Der sehr ängstliche Herr Taschenbier fürchtet sich vor seiner Zimmerwirtin.

(16) der Papagei, den Herr Mon besitzt

(17) der Papagei von Herrn Mon

2 Zur syntaktischen Anbindung der Attributsätze

Nach einer in der Literatur insgesamt weit verbreiteten Sichtweise werden Attributsätze syntaktisch als Komplemente oder als Adjunkte des nominalen Ausdrucks, mit dem sie verknüpft sind, angesehen. Nur dann, wenn die Attributsätze als Komplemente fungieren, werden sie vom jeweiligen Nomen selegiert bzw. von der Valenz des Nomens gefordert. Entsprechend werden der Formtyp des Satzes sowie die Form des linksperipheren Ausdrucks (z. B. *dass*, *ob* oder *w-*Ausdruck) vom Kopfnomen bestimmt. Nomina, die ein Argument selegieren können, werden üblicherweise als relationale Nomina bezeichnet. Der selegierte Attributsatz wird in der Regel als CP analysiert und fungiert als fakultatives Argument des jeweiligen nominalen Bezugsausdrucks.

Zu einem Teil der relationalen Nomina existiert ein Verb (oder Adjektiv) mit gleicher Wurzel und mit ähnlichen Selektionseigenschaften. Sie lassen sich als Nominalisierungen dieser ähnlich-lautenden Verben (oder Adjektive) analysieren. Zu den deverbalen Nomina zählen unter Anderem *Erinnerung, Hoffnung, Versuch* und *Zusage*. Relationale Nomina wie beispielsweise *Idee, Tatsache* und *Grund* sind hingegen nicht-deverbal, weil kein entsprechendes Verb oder Adjektiv existent ist. Als Beispiele für typische relationale Nomina verzeichnen Zifonun et al. (1997: 1978) nachfolgende, wobei sie die vorgenommene Unterteilung in die drei angegebenen Klassen semantisch begründen:

I. *Annahme, Glaube, Möglichkeit, Vermutung, Vertrauen, Wunsch, Erinnerung*
II. *Bedauern, Beleg, Beweis, Grund, Hinweis, Tatsache, Zeichen*
III. *Antwort, Auskunft, Aussage, Behauptung, Einwand*

Zifonun et al. (1997) nehmen an, dass die Nomina der Klasse I nicht-faktiv interpretiert werden, also nicht die Wahrheit des Komplement-/Attributsatzes voraussetzen, wohingegen die Nomina der Klasse II faktiv interpretiert werden müssen. Die Nomina der Klasse III erzeugen nach Zifonun et al. (1997) sog. Indirektheitskontexte und verhalten sich in dieser Hinsicht wie die sog. verba dicendi et sentiendi.

Relativisch oder adverbial eingeleitete Attributsätze wie (18) und (19) hingegen, die nicht von Nomina selegiert werden, modifizieren diese. Die Attributsätze werden als CP an den nominalen Ausdruck, den sie modifizieren, adjungiert. Die

Position der Adjunktion im Strukturbaum wird durch semantische Aspekte bestimmt und hängt bspw. davon ab, ob der Attributsatz restriktiv oder nicht-restriktiv zu interpretieren ist, siehe hierzu Artikel 12 in diesem Band, Abschnitt 3.

(18) Ping Pong, dessen Kopf nicht größer als ein Tischtennisball ist, wird vom Kaiser zum Oberbonzen ernannt.

(19) An dem Tag, als das Paket auf Lummerland ankam, gaben die Bewohner dem Waisenkind den Namen Jim Knopf.

Auch wenn kanonische Relativsätze regelmäßig Attributsätze darstellen, gilt nicht, dass Relativsätze per se attributiv verwendet werden. So modifizieren die sog. weiterführenden Relativsätze, vgl. Artikel 12 in diesem Band, Abschnitt 4.2, keinen nominalen Ausdruck, sondern sind – je nach Analysevariante in verschiedener Weise – mit einer sententialen Größe verknüpft. Sie können daher nicht als Attributsätze eingestuft werden. Auch sog. Verbzweit-Relativsätze, vgl. Artikel 12 in diesem Band, Abschnitt 4.1, erfüllen das Kriterium der nominalen syntaktischen Anbindung nicht und sollten deswegen ebenfalls nicht zu den Attributsätzen gerechnet werden.

Ein erwähnenswerter Sonderfall hinsichtlich ihres attributiven Status sind abhängige Sätze, die gemeinsam mit einem sog. Korrelat auftreten, wobei das Korrelat eine Argumentposition des übergeordneten Verbs zu realisieren scheint:

(20) Das Sams bedauert es sehr, dass schon wieder eine Woche verstrichen ist.

(21) Herr Taschenbier freut sich darüber, dass das Sams zurückgekommen ist.

Eine vergleichbare Konstellation lässt sich bei bestimmten adverbialen Bestimmungen beobachten, bei denen ein abhängiger Satz als Gliedteil zu einem Pronominaladverb oder einem gleichwertigen Ausdruck auftritt.

(22) Herr Taschenbier gewinnt dadurch Selbstvertrauen, dass das Sams ihm alle Wünsche erfüllt.

(23) Das Leben von Herrn Taschenbier hat sich deswegen verändert, weil das Sams am Samstag bei ihm geblieben ist.

Der Korrelat-Fall wird nach einer anderen, zweiten Auffassung, vgl. Helbig/Buscha (1998), derart verallgemeinert, dass angenommen wird, dass sich alle Nebensätze attributiv auf ein im übergeordneten Satz vorhandenes Korrelat beziehen, das aber ggf. phonologisch unrealisiert bleibt. Demnach gelten alle Nebensätze als Attributsätze. Ein solcher Ansatz fasst nicht nur die Klasse der Attributsätze insgesamt zu weit, sondern wird auch den Korrelatkonstruktionen in (20) bis (23) nicht gerecht. Breindl (1989) differenziert Korrelate in Abhängigkeit von ihrem referentiellen Status als Platzhalter und Bezugselemente und beurteilt nur abhängige Sätze zu korrelativen Bezugselementen wie (22) und (23) als Attributsätze. In Fällen wie (21) hingegen, in denen das Korrelat nach Breindl (1989) als Platzhalter analysiert werden muss, fungiert der abhängige Satz als Gliedsatz und somit nicht als Attributsatz. Für eine ausführliche Darstellung dieses Zusammenhangs siehe Artikel 21 in diesem Band. Auch in (20) ist der abhängige Satz nach gängigen Vorstellungen kein Attributsatz, sondern ein Argumentsatz. Das Korrelat wird als ein nicht-referentielles Strukturelement analysiert, das gemeinsam mit dem abhängigen Satz eine diskontinuierliche Konstituente bildet und eine Argumentposition des Verbs besetzt. Handelt es sich bei dem entsprechenden Korrelat aber um einen phorischen referentiellen Ausdruck, der die Argumentstelle des übergeordneten Verbs selbständig saturiert, dann ist es angebracht, den abhängigen Satz als explikatives Attribut einzuordnen, vgl. bspw. Fabricius-Hansen (1981), Sonnenberg (1992), Zifonun et al. (1997), Engel (2004) u.a. Wann diese Konstellation im Einzelnen vorliegt, ist jedoch verbklassen- und kontextabhängig, vgl. hierzu Pütz (1975) und Axel/Holler/Trompelt (i.Ersch.).

Nach einer dritten Herangehensweise, vgl. Eisenberg (2006: 266ff.), weisen Nomina anders als Verben und Adjektive keine valenzbestimmte Anzahl von Komplementpositionen auf, weswegen Attribute hinsichtlich ihres syntaktischen Status generell nicht als Komplemente oder Adjunkte einzustufen sind. Nomina stellen lediglich Positionen für Modifikatoren bereit; entsprechend sind Attribute generell Modifikatoren. Da die Zahl der Modifikatorpositionen unbestimmt ist, ist eine Unterscheidung zwischen obligatorischen und fakultativen Attributen nicht angezeigt. Hinzu kommt, dass Nomina im Gegensatz zu Verben und Adjektiven syntaktisch nicht nach ihrer Stellenanzahl subkategorisierbar sind und dass eine feste Zuordnung semantischer Rollen zu syntaktischen Positionen wie bei verbalen oder adjektivischen Argumentstrukturen für Nomina nicht möglich ist. Offen bleibt nach diesem Ansatz, wie die Forderungen, die gewisse Nomen an die Form eines Attributsatzes stellen, im Detail modelliert werden können, wenn zugleich angenommen wird, dass Nomina prinzipiell keinen Subkategorisierungsrahmen bzw. keine Argumentstruktur aufweisen. Im Falle von Nominalisierungen wird allerdings auf die Valenzeigenschaften des entsprechenden Verbs und auf den Nominalisierungstyp verwiesen.

Ein dazu alternativer, vierter Ansatz (vgl. Fabricius-Hansen/von Stechow 1989) unterscheidet Nominalerweiterungen dezidiert danach, ob sie vom Nomen subkategorisiert und thematisch markiert werden und demnach als Komplemente fungieren oder ob dies nicht der Fall ist und sie Adjunktstatus haben und deswegen Attribute sind. In Anlehnung an Bech (1957) werden diese beiden Konstruktionstypen als implikativ oder explikativ bezeichnet. Für die Unterscheidung spricht, dass beide Konstruktionstypen ein unterschiedliches syntaktisches und semantisches Verhalten zeigen. Im explikativen Fall kann das Kopfnomen beispielsweise von der Nominalerweiterung prädiziert werden, nicht jedoch im implikativen Fall, wie der Kontrast zwischen (24) und (25) belegt.

(24) Der Gedanke, dass ich dich beleidigt habe, beunruhigt mich.

→ Dass ich dich beleidigt habe, ist ein Gedanke, der mich beunruhigt.
[Fabricius-Hansen/von Stechow 1989]

(25) Der Versuch, sie umzustimmen, muss misslingen.

→ *Sie umzustimmen, ist ein Versuch, der misslingen muss.
[Fabricius-Hansen/von Stechow 1989]

Anders als Eisenberg (2006) gehen Fabricius-Hansen/von Stechow (1989) davon aus, dass sich das unterschiedliche syntaktische und semantische Verhalten explikativer Nomina wie z.B. *Fähigkeit, Frage, Gedanke, Möglichkeit* einerseits und implikativer Nomina wie z.B. *Bewusstsein, Versuch, Zweifel* andererseits aus verschiedenen Argumentstrukturen erklären lässt. Da explikative Nomina keine interne Rolle vergeben, sondern nur ein externes Argument aufweisen, können ihre Nominalerweiterungen nur als Attribute und nicht als Komplemente behandelt werden. Implikative Nomina hingegen subkategorisieren und thetamarkieren mindestens ein internes Argument, das entsprechend als Komplement dient.

3 Zur Stellung der Attributsätze

Innerhalb der Nominalphrase folgen Attributsätze allen übrigen Nominalerweiterungen, wie beispielsweise Genitiv- und Präpositionalattributen. Die postnominale Abfolge der Attributsätze untereinander unterliegt aber keinen strikten oberflächensyntaktischen Regularitäten, auch wenn sich in der Literatur mitunter die Behauptung findet, Relativsätze müssten argumentrealisierenden Attributsätzen folgen. Eisenberg (2006: 419) gibt (26) und (27) als Gegenbeispiele dazu an.

(26) das Versprechen, das Jutta dir gegeben hat, dass Andreas hilft

(27) das Versprechen, dass Andreas hilft, das Jutta dir gegeben hat

Allerdings kann im konkreten Fall die Veränderung der Abfolge der Attributsätze mit einem Bedeutungsunterschied hinsichtlich der jeweils präferierten Lesart einhergehen:

(28) der Beleg, dass der Beweis falsch war, den Max bereits veröffentlicht hatte

(29) der Beleg, den Max bereits veröffentlicht hatte, dass der Beweis falsch war

Während (28) präferiert so interpretiert wird, dass der falsche Beweis bereits veröffentlicht ist, wird (29) bevorzugt so verstanden, dass der Beleg für den falschen Beweis bereits veröffentlicht ist. Beide Lesarten unterscheiden sich nur darin, welcher Nominalausdruck, *Beweis* oder *Beleg*, als Bezugsgröße des Relativsatzes fungiert. Die jeweilige Präferenz hat vor allem prozessurale Gründe. Aus der psycholinguistischen Forschung ist beispielsweise bekannt, dass eine näher stehende NP leichter als Bezugsgröße für einen Relativsatz zugänglich ist.

Topologisch unterscheiden sich Attributsätze von anderen Nebensatztypen darin, dass sie mittelfeldfähig sind, wie der Kontrast zwischen (30) und (31) illustriert.

(30) Herr Taschenbier hat alle blauen Punkte, die das Sams im Gesicht hatte, weg gewünscht.

(31) *Das Sams hat alle Punkte, weil Herr Taschenbier viele Wünsche hatte, verloren.

Wie andere Nebensätze auch können Attributsätze im Vorfeld oder Nachfeld positioniert werden. Im ersten Fall muss aber zugleich der nominale Bezugsausdruck gemeinsam mit dem Attributsatz topikalisiert werden. Die Restriktion, dass der nominale Bezugsausdruck mit dem Attributsatz versetzt werden muss, gilt für Herausstellungen ins Nachfeld nicht generell. Allerdings belegt (34), dass auch die Nachfeldstellung nicht unbeschränkt möglich ist, wenn sich der herausgestellte Relativsatz auf den nominalen Ausdruck *der Scheinriese* beziehen soll. Welche semantisch-pragmatischen Bedingungen hier genau am Werk sind, ist noch nicht abschließend untersucht. Allerdings ist bekannt, dass die (Nicht-) Restriktivität des Attributsatzes seine Stellungsfreiheit beeinflusst. Siehe hierzu auch die Diskussion in Artikel 12 in diesem Band, Abschnitt 2.3.

(32) Den Scheinriesen, der mit zunehmender Entfernung immer größer schien, als er war, stellte Jim Knopf als lebendigen Leuchtturm ein.

(33) Jim Knopf stellte als lebendigen Leuchtturm den Scheinriesen ein, der mit zunehmender Entfernung immer größer schien, als er war.

(34) *Den Scheinriesen stellte Jim Knopf als lebendigen Leuchtturm ein, der mit zunehmender Entfernung immer größer schien, als er war.

4 Zur Bedeutung der Attributsätze

Attributsätze verbalisieren Sachverhalte, die sich auf nominale Konstituenten beziehen. Sie schreiben den jeweiligen Nomina bestimmte Eigenschaften oder Beziehungen zu. Grundsätzlich kann zwischen der sog. determinierenden und der sog. explizierenden Attribution unterschieden werden. „Bei der determinierenden Attribution wird eine Konstituente durch eine Sachverhaltsbeschreibung charakterisiert, die ihr zusätzliche Merkmale zuordnet. Diese zusätzlichen Merkmale können in einer direkten Einschränkung oder Erläuterung oder in einem Vergleich vermittelt werden. [...] Bei der explizierenden Attribution wird einer Konstituente, die selbst eine Eigenschaft oder eine Beziehung bezeichnet, eine Sachverhaltsbeschreibung zugeordnet, die denselben Zustand, dasselbe Verhältnis oder denselben Vorgang der Wirklichkeit unter einem anderen Gesichtspunkt erfaßt und auf diese Weise den Inhalt der attribuierten Konstituente erschließt." [Heidolph et al. 1981: 827f.]

Determinierende Attributsätze werden semantisch hinsichtlich ihrer (Nicht-)Restriktivität unterschieden. Während restriktive Attributsätze dazu dienen, die Extension des Nomens, auf das sich der Attributsatz bezieht, zu beschränken und damit den Referenzbereich zu verkleinern, enthalten nicht-restriktive Attributsätze zusätzliche erläuternde Information. Die determinierende Attribution wird typischerweise durch Relativsätze[1] ausgedrückt, kann aber auch durch Konjunktionalsätze realisiert werden. Wie (35) und (36) belegen, können Konjunktionalsätze ebenfalls entweder einschränkend oder erläuternd interpretiert werden.

(35) An dem Tag, als das Sams zu Herrn Taschenbier zurückkam, war er sehr glücklich.

(36) Diese eine Woche, als das Sams da war, war für alle sehr aufregend.

Konjunktionalsätze können adverbialen Charakter haben und beispielsweise eine lokale, temporale, kausale oder modale Beziehung zwischen Attributsatz und attribuiertem Nomen etablieren.

(37) Jedes Mal, wenn Herr Taschenbier sich etwas wünscht, verschwindet ein Wunschpunkt beim Sams.

(38) Den Grund, weshalb Jim Knopf Waise ist, kennt keiner.

---

1 Für eine ausführliche Diskussion (nicht-)restriktiver Relativsätze siehe Artikel 12 in diesem Band, Abschnitt 3.

Einen besonderen Fall der modalen Einordnung stellen die sog. *wie*-eingeleiteten Vergleichssätze dar.

(39) Alle Kinder wünschen sich so rote Stachelhaare, wie das Sams sie hat.

Sätze wie (39) sind nur dann grammatisch, wenn die attribuierte Konstituente im Vergleichssatz pronominal wiederholt wird. Das ist ein Hinweis darauf, dass es sich nicht um einen Relativsatz handeln kann, vgl. Zifonun (2001: 98).

Explizierende Sachverhaltsbeschreibungen werden durch Konjunktionalsätze ausgedrückt, die häufig durch *dass* eingeleitet sind. In Abhängigkeit vom jeweiligen Nomen können aber auch andere Konjunktionen (*ob*, *w*-Elemente) vorkommen. Satzwertige Infinitkonstruktionen können ebenfalls als explikative Attributsätze auftreten. Explizierende Attributsätze nehmen im Gegensatz zu determinierenden Attributsätzen nicht auf Individuen, sondern auf Sachverhalte Bezug. Sie beschreiben den vom Nomen bezeichneten Sachverhalt und ordnen diesen ein. Fabricius-Hansen/von Stechow (1989) nehmen an, dass Attribute als explikative Nominalerweiterungen von einem nicht sichtbaren externen Argument des Kopfes prädiziert werden und somit den Kopf modifizieren. Implikative Nominalerweiterungen hingegen werden als Komplemente über Funktionalapplikation mit dem Kopfnomen verknüpft.

5 Literatur

Axel, K./Holler, A./Trompelt, H. (i. E.): Correlative *Es* vs. *Das* in German: An Empirical Perspective. In: Schwabe, K./Meinunger, A./Frey, W. (Hgg.), Inner-sentential Propositional Pro-forms. Amsterdam: Benjamins.

Bech, G. (1955/57): Studien über das deutsche verbum infinitum. 2 Bde. København. [2. Aufl. 1983 Tübingen: Niemeyer].

Breindl, E. (1989): Präpositionalobjekte und Präpositionalobjektsätze im Deutschen. Tübingen: Niemeyer.

Duden-Grammatik (2005): Duden. Die Grammatik. Bd. IV. 7. Aufl. Hg von der Dudenredaktion Mannheim: Dudenverlag.

Eisenberg, P. (2006): Grundriss der deutschen Grammatik 3. Aufl. Stuttgart: Metzler.

Engel, U. (2004): Deutsche Grammatik. Neubearbeitung. München: Iudicium.

Fabricius-Hansen, C. (1981). Was ist nun wieder ein Korrelat? Gedanken zur Rehabilitierung eines naiven Nebensatzbegriffs. In: Kopenhagener Beiträge zur germanistischen Linguistik 18, 1–45.

Fabricius-Hansen, C./Stechow, A. von (1989): Explikative und implikative Nominalerweiterungen. In: Zeitschrift für Sprachwissenschaft 8, 173–205.

Heidolph, K.E./Flämig, W./Motsch, W. (Hgg.) (1981): Grundzüge einer deutschen Grammatik. Berlin: Akademie Verlag.

Helbig, G./Buscha, J. (1998): Deutsche Grammatik. Ein Handbuch für den Ausländerunterricht. 18. Aufl. Leipzig: Langenscheidt.

Pütz, H. (1975): Über die Syntax der Pronominalform „es" im modernen Deutsch. Tübingen: Narr.
Sonnenberg, B. (1992): Korrelate im Deutschen. Tübingen: Niemeyer.
Zifonun, G. (2001): Grammatik des Deutschen im europäischen Vergleich: Der Relativsatz. Mannheim: Institut für Deutsche Sprache.
Zifonun, G./Hoffmann, L./Strecker, B. et al. (1997): Grammatik der deutschen Sprache. Berlin: de Gruyter.

Anke Holler

25 Koordination und Subordination

1 Einführung
2 Koordination
3 Subordination
4 Parenthese
5 Text und Diskurs
6 Literatur

1 Einführung

Ausgehend von der Theorie der topologischen Felder (grundlegend dazu Bech 1955/57, Höhle 1986) kann der Begriff des *einfachen Satzes* im Deutschen in erster Annäherung wie folgt gefasst werden: Jeder einfache Satz ist charakterisiert durch ein zusammenhängendes *Kohärenzfeld* bestehend aus linker Satzklammer, Mittelfeld und rechter Satzklammer; das Kohärenzfeld enthält mindestens ein Verb. Mit dieser topologischen Charakterisierung ist intuitiv wie formal offensichtlich, dass in (1a) und (1b) je zwei einfache Sätze zu einem *komplexen Satz* verknüpft sind: In beiden Fällen sind je zwei unabhängige Kohärenzfelder identifizierbar.

(1)   a. Bart fährt Skateboard und seine Schwester spielt Saxophon.
     b. Homer erzählt überall, dass seine Tochter Saxophon spielt.

Ebenso offensichtlich ist intuitiv, dass die Art der Verknüpfung der beiden Sätze jeweils wesentlich verschieden ist: Während sie in (1a) weitgehend gleichberechtigt nebeneinander stehen, ist in (1b) der *dass*-eingeleitete Satz dem Erstsatz untergeordnet. Entsprechend spricht man in Fällen wie (1a) von *Gleichordnung*, *Koordination* oder *Parataxe*, in Fällen wie (1b) von *Unterordnung*, *Subordination* oder *Hypotaxe*.

Auch diese Intuition ist auf den ersten Blick durch einfache operationale Kriterien formal begründbar:

1. *Verbstellung und Konjunktion*. In (1b) induziert die Konjunktion *dass* Endstellung des finiten Verbs *spielt*. Konjunktionen dieser Art werden *subordinierend* (*Subjunktionen*) genannt. Die Konjunktion *und* in (1a) dagegen lässt die Stellung des Finitums unberührt und heißt *koordinierend*.

2. *Selektion*. In (1b) ist der *dass*-Satz Objekt zum Verb *erzählt*, wird also von diesem selegiert. Der *dass*-Satz ist damit dem Verb *erzählt* und folglich auch dem von diesem Verb aufgespannten Satz formal untergeordnet und insofern als Teil dieses Satzes aufzufassen.

3. *Pronomenbindung.* Dass der *dass*-Satz in (1b) – im Gegensatz zum zweiten *Konjunkt* in (1a) – (auch) rein strukturell Teil des ersten Satzes ist, lässt sich an der Bindung von Pronomen in Variablenfunktion festmachen. Ersetzt man in (1a) und (1b) die Subjekte jeweils durch den Quantor *keiner*, dann zeigt sich, dass nur bei Subordination Bindung solcher Pronomen über die jeweiligen Satzgrenzen hinweg möglich ist, vgl. (2).

(2) a. *Keiner* fährt Skateboard und #*seine* Schwester spielt Saxophon.
  b. *Keiner* erzählt überall, dass √*seine* Tochter Saxophon spielt.

1.1 Subordination und Integration

Unter der Annahme, dass Pronomenbindung der strukturell-asymmetrischen Bedingung des *c-Kommando* unterliegt (vgl. z. B. Reinhart 1976, Sternefeld 2006), folgt aus dessen Definition, dass der Schwesterknoten des Quantors *keiner* den *dass*-Satz in (2b) strukturell *dominiert*, dieser also echter Teil des ersten Satzes ist, vgl. hierzu die Definition der strukturellen Integration (kurz: *Integration*) in (I) und das illustrierende Schema (3a). In diesem Fall bezeichnet man S2 auch als in S1 *eingebettet*.

(I) S2 ist genau dann in S1 *integriert* (*eingebettet*), wenn der minimale Satzknoten von S1 den maximalen Satzknoten von S2 dominiert.

(3) a. S1   b. S0

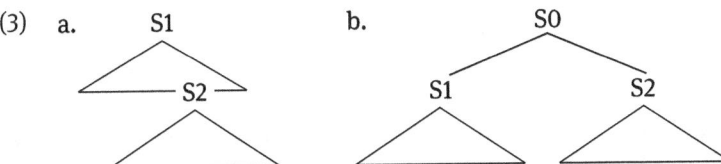

Der Kontrast in (2) führt weiter zu der Annahme, dass in (2a) der Zweitsatz gerade nicht in den Erstsatz integriert, sondern von diesem strukturell unabhängig ist, vgl. (3b). Dies legt nahe, die Unterscheidung Koordination vs. Subordination auf den Integrationsbegriff zurückzuführen:

(H1) S2 ist S1 genau dann *subordiniert*, wenn S2 in S1 integriert ist.

1.2 Selektion und Modifikation

(H1) ist eine intuitiv eingängige Definition von Subordination und (indirekt) Koordination, sie ist jedoch nicht unproblematisch, wie an zwei Beispielen illustriert werden soll. Das erste sind implikative *und*-Konstruktionen (IUK) wie (4a) (siehe Artikel 16 in diesem Band):

(4) a. Bart war so nett und trug den Müll raus.
    b. Bart war so nett, den Müll rauszutragen.

Betrachtet man die IUK in (4a) zunächst isoliert, dann scheint aufgrund der Konjunktion *und* klar eine Koordination vorzuliegen. Aus der topologischen Definition des einfachen Satzes folgt außerdem, dass in (4a) zwei satzwertige Ausdrücke verknüpft sind (auch wenn im Zweitkonjunkt das Subjekt fehlt). Der Kontrast mit (4b) zeigt nun allerdings, dass die IUK in (4a) mit einer Infinitivkonstruktion alterniert, in der diese Objekt des implikativen Prädikats *so nett* ist, von diesem also selegiert wird. Eine entsprechende Selektionsbeziehung liegt inhaltlich auch in (4a) vor. Bei der Diskussion von (1) wurde aber argumentiert, dass eine Selektionsbeziehung ein Subordinationsverhältnis etabliert. Andererseits verhält sich die IUK in (4a) jedoch in vielerlei Hinsicht wie eine echte Koordination (vgl. Reis 1993) – eine (scheinbar) paradoxe Situation.

Dieser Widerspruch löst sich auf, wenn der Selektionsbegriff ausdifferenziert wird in *syntaktische* Selektion einerseits und *semantische* Selektion andererseits. Syntaktische Selektion liegt vor bei semantischer Selektion unter *syntaktischer Rektion*, eine strukturelle Beziehung zwischen einem regierenden (Regens) und einem regierten Ausdruck, in der der regierte Ausdruck *per definitionem* Teil der maximalen Projektion des Regens ist (Chomsky 1981). Folglich impliziert nur syntaktische Selektion *notwendigerweise* Integration, nicht aber semantische Selektion.

Kommen wir zurück zu unserem Beispiel. In (4a) sind die Phrasen *war so nett* und *trug den Müll raus* entsprechend der Struktur in (3b) miteinander koordiniert (beide greifen dabei in derselben Weise auf ein gemeinsames externes Subjekt zu). Das Zweitkonjunkt wird in dieser Struktur zwar durch einen Ausdruck des Erstkonjunkts selegiert, aber eben nur im semantischen, nicht im syntaktischen Sinne; es liegt folglich keine Rektion und damit auch keine strukturelle Integration vor.

Umgekehrt gibt es mit Adverbialsätzen wie dem *weil*-Satz in *Keiner trägt den Müll runter, nur weil er sich beliebt machen will* Sätze, die zwar strukturell integriert sind (*keiner* bindet das Pronomen *er* im *weil*-Satz), aber dennoch durch kein Element ihres Trägersatzes syntaktisch oder semantisch selegiert (siehe Artikel 23 in diesem Band und Abschnitt 3 unten). Tatsächlich geht in diesen Fällen die

Beziehung vom Adverbialsatz aus, indem dieser seinen Trägersatz modifiziert. Unter *Modifikation* wird hier eine semantische Beziehung verstanden, in der der Adverbialsatz auf einem Teilausdruck des Trägersatzes operiert und diesen inhaltlich (modal, kausal, temporal, etc.) näher bestimmt. Adverbialsätze verändern den semantischen Typ ihres Modifikanden nicht und sind formal als Funktionen von Bedeutungen des Typs σ in Bedeutungen desselben Typs aufzufassen (sind also vom modifizierenden Typ ⟨σ,σ⟩). Im nominalen Bereich ist das Pendant der Relativsatz (der seine Bezugsphrase in restriktiver oder nicht-restriktiver Weise modifiziert, vgl. hierzu auch die Diskussion in Abschnitt 3.2.2 unten).

Selektion und Modifikation sind grundsätzlich verschiedene Prozesse, können aber dennoch gemeinsam als Basis für eine (vorläufige) Definition des Subordinationsbegriffs dienen, vgl. (H2).

(H2) S2 ist genau dann S1 *subordiniert*, wenn
    a. ein Teilausdruck von S1 S2 *syntaktisch selegiert*
    b. oder S2 (einen Teilausdruck von) S1 *modifiziert*.

Dass auch (H2) seine Schwierigkeiten hat, illustriert ein zweites Beispiel, weiterführende Relativsätze (WR) wie (5a) (siehe Artikel 12 in diesem Band).

(5)   a. Bart liegt immer falsch, was ihn wahnsinnig ärgert.
      b. Bart liegt immer falsch und das ärgert ihn wahnsinnig.

Hier ist die bei (H2) erforderliche Abgrenzung von Koordination und Modifikation nicht unproblematisch: Der Vergleich des WR in (5a) mit (5b) zeigt, dass (5a) mit einer Koordination alterniert, in der zwar keines der Konjunkte (syntaktisch) selegiert wird, sie aber doch über einen anaphorischen Bezug (*das*) miteinander verschränkt sind. Dies legt einerseits nahe, dass auch der entsprechende Relativmarker *was* in (5a) als Anapher fungiert, und zeigt andererseits, dass dieser anaphorische Prozess grundsätzlich mit Koordinationsstrukturen kompatibel ist. Dass Pronomen im WR nicht durch Quantoren des Erstsatzes gebunden werden können (vgl. *keiner liegt immer richtig, was #ihn wahnsinnig ärgert*), deutet ebenfalls auf eine koordinierende Struktur wie (3b) hin. Damit ist der WR aber offenbar *nicht integriert* und auch nicht subordiniert im Sinne von (H1). Weiter wird der WR durch keinen Ausdruck des Erstsatzes (syntaktisch) selegiert, und bei anaphorischer Analyse von *was* (vgl. z. B. Holler 2005, 2008) ist der WR semantisch propositional (Typ *p*) und damit auch nicht modifizierend (also nicht vom Typ ⟨σ,σ⟩). Folglich liegt auch nach (H2) keine Subordination vor. Andererseits möchte man den WR in (5a) aufgrund der Endstellung des Finitums doch als subordiniert auffassen.

    Aber wie ließe sich der WR in (5a), in Abgrenzung zur Koordination in (5b), als subordiniert klassifizieren, ohne über die bisherigen Kriterien hinauszugehen? Eine Strategie wäre, die anaphorische Analyse von *was* zugunsten der klassischen Analyse von Relativpronomen aufzugeben. Dies ergäbe den modifizierenden Typ ⟨p,p⟩ für den WR, und damit würde (H2), nicht aber (H1), wieder greifen. Diese Strategie führt jedoch in eine Sackgasse: Zum einen modifizieren WRs nicht nur propositionale Ausdrücke, zum anderen wird die Konjunktion *und* im Allgemeinen als eine Relation zwischen zwei Propositionen aufgefasst, ist also vom Typ ⟨p,⟨p,p⟩⟩. Damit ist aber in der Struktur *S1 und S2* der *und*-eingeleitete Satz *und S2* formal ebenfalls vom modifizierenden Typ ⟨p,p⟩ (vgl. Abschnitt 2). Der semantische Modifikationsbegriff kann also hier die gewünschte Abgrenzung alleine nicht leisten.

1.3 Abhängigkeit und Verbstellung

Für die Definition eines Subordinationsbegriffs, der weiterführende Relativsätze mit einbegreift, benötigen wir also ein Kriterium über die in (H1) bzw. (H2) benutzten hinaus, das auch die Abgrenzung von weiterführenden Relativsätzen zur Koordination leistet. Intuitiv scheint der Unterschied zwischen beiden klar: Das Zweitkonjunkt in (5b) ist vom Erstsatz in einem noch zu präzisierenden Sinne unabhängig; der weiterführende Relativsatz in (5a) dagegen hängt von seinem Vorgängersatz ab.

Der damit erforderliche Begriff der *Abhängigkeit* lässt sich strukturell wie in (A) definieren:

(A) S2 ist genau dann von S1 *(unmittelbar) abhängig*, wenn der maximale [!] Satzknoten von S1 den maximalen Satzknoten von S2 dominiert (und dabei kein dritter Satzknoten S3 interveniert).

Die Definition in (A) wird durch viele Strukturen erfüllt, aber lediglich die Adjunktionsstruktur in (6) beschreibt die für weiterführende Relativsätze charakteristische Situation, dass S2 zwar im Sinne von (I) nicht in S1 integriert ist, aber dennoch im Sinne von (A) von seinem Vorgängersatz abhängt (vgl. auch Holler 2008). Wird diese Adjunktionsstruktur also als für weiterführende Relativsätze konstitutiv betrachtet, dann ist auch die Abgrenzung des weiterführenden Relativsatzes von der Koordination leistbar: Wie auch immer die strukturelle Analyse der Koordination genau aussieht, es besteht (mit sehr großer Wahrscheinlichkeit) keine Dominanzrelation zwischen Erst- und Zweitkonjunkt und folglich ist das Zweitkonjunkt weder in das Erstkonjunkt integriert, noch von diesem abhängig.

(6)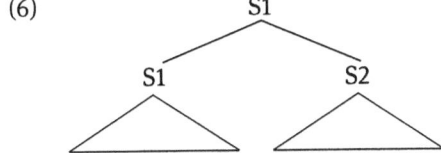

Adjunktion an S1 garantiert also Abhängigkeit von S1. Adjunktion an einen Teilausdruck von S1 garantiert ebenfalls Abhängigkeit von S1, gleichzeitig ist S2 dann aber in S1 strukturell integriert. Tatsächlich folgt aus den Definitionen (I) und (A) sogar, dass jeder in einen Satz S1 integrierte Satz S2 auch von S1 abhängig ist. Integration beinhaltet also Abhängigkeit (aber Abhängigkeit nicht notwendig Integration). Damit kann Subordination im Sinne von (H1) zu (H3) verallgemeinert werden:

(H3) S2 ist S1 genau dann *subordiniert*, wenn S2 von S1 abhängig ist.

Bleibt die Frage, welche Rolle die Verbstellung in diesem Zusammenhang spielt. Da Verbendsätze (VE-Sätze) in kanonischer Verwendung abhängig auftreten, liegt die Hypothese nahe, dass VE-Stellung mit Abhängigkeit bzw. gemäß (H3) mit Subordination gesetzmäßig korreliert. Augenscheinliche subordinative Gegenbeispiele (d.h. abhängige V1-/V2-Sätze; zu selbständigen VE-Sätzen siehe Artikel 4, 10 in diesem Band) werden wir in Abschnitt 3 auch unter der Perspektive der Abhängigkeitshypothese diskutieren.

1.4 Selbständigkeit und der Wurzelsatzbegriff

Ebenso naheliegend wäre im letzten Abschnitt die Hypothese gewesen, dass VE-Stellung Unselbständigkeit signalisiert. Tatsächlich ist nicht unmittelbar klar, wie sich die Begriffe Unselbständigkeit und Abhängigkeit zueinander verhalten: Jeder abhängige Satz ist sicher unselbständig. Ist aber auch jeder unselbständige Satz abhängig, sind beide Begriffe also koextensional? Mit Blick auf Abschnitt 5 scheint es sinnvoll, Unselbständigkeit als eigenständigen und etwas weiter gefassten Begriff zu definieren, vgl. (U).

(U) S ist genau dann *syntaktisch selbständig*, wenn der maximale Satzknoten von S von keinem (anderen) Knoten dominiert wird.

Aus (U) folgt direkt, dass jeder abhängige Satz unselbständig ist (er wird nach Definition von einem anderen Satzknoten dominiert). Nach (U) können aber auch unabhängige Sätze unselbständig sein, z.B. die Konjunkte einer Koordination: In jeder Koordinationstheorie werden diese strukturell verknüpft (vgl. dazu Abschnitt 2) und damit von mindestens einem anderen Knoten dominiert. Selbständig ist, wenn überhaupt, lediglich die Koordination als Ganze. Relevant wird diese Annahme in Abschnitt 5, wo gezeigt werden wird, dass sich durch Konjunktionen verknüpfte Sätze in der Sprachverarbeitung anders verhalten als entsprechende Sequenzen von nicht (overt) verbundenen (selbständigen) Sätzen im Text.

Ein weiterer Begriff, der für die Definition von Koordination und Subordination zwar nicht unmittelbar relevant ist, aber in späteren Abschnitten (vgl. hierzu vor allem Abschnitt 2.3 und Abschnitt 3.2) eine große Rolle spielen wird, ist der Begriff des *Wurzelsatzes*. Zunächst ist man versucht, den Wurzelsatz über den obigen Begriff der Selbständigkeit zu definieren. Tatsächlich weisen aber nicht nur selbständige Sätze wurzelsatztypische Eigenschaften auf, sondern auch zum Beispiel Konjunkte einer selbständigen Koordination oder auch weiterführende Relativsätze. Die folgende Definition trägt dieser empirischen Generalisierung Rechnung:

(W) Ein Satz S ist genau dann ein *Wurzelsatz*,
 wenn S in keinen Satz S' im Sinne von (I) integriert ist.

1.5 Zusammenfassung und Ausblick

Es sollte deutlich geworden sein, dass es schwierig, wenn nicht unmöglich ist, die Begriffe Koordination und Subordination an einem einzelnen Kriterium festzumachen (siehe auch Reich et al. 2009), vielmehr lassen sich diese Begriffe nur *strukturbezogen*, relativ zu einem theoretischen Rahmen mit entsprechenden Festlegungen bezüglich der Repräsentation syntaktischer Strukturen, von Selektionsbeziehungen etc. präzisieren.

Tatsächlich lässt die strukturbezogene Definition für viele Fälle offen, wie diese im Einzelnen zu behandeln sind. Dies betrifft auf Seiten der Subordination z.B. abhängige V1- und V2-Sätze (vgl. hierzu Abschnitt 3); auf Seiten der Koordination sind dies Fälle wie die so genannten OM-Sätze (kurz für *One more*-Sätze, vgl. unten (14)), Pseudo-Imperative oder auch die Asymmetrische Koordination (vgl. Abschnitt 2). Ein besonders schwieriger Fall ist sicher die Parenthese (vgl. Abschnitt 4). In all diesen Fällen wird zunächst über relevante Eigenschaften etabliert werden müssen, ob die Sätze als strukturell integriert bzw. abhängig zu betrachten sind. Die dabei entscheidenden Eigenschaften können von Fall zu Fall variieren, auch können weitere distinktive Eigenschaften mit Fügungsrelevanz hinzutreten. In diesem Sinne können Subordination und Koordination durchaus als auf Familienähnlichkeit basierende prototypische Begriffe aufgefasst werden (vgl. Fabricius-Hansen 1992). Letztlich wird aber in strukturbasierten Modellen immer eine strukturbezogene Analyse gegeben werden müssen, die zugleich eine kategoriale Einordnung beinhaltet.

In den folgenden Abschnitten werden mit Bezug auf die strukturelle Hypothese (H3) die für die Kategorisierung relevanten Phänomene vorgestellt und diskutiert. Weiter wird in diesem Rahmen untersucht, ob verschiedene Arten und Grade struktureller Integriertheit unterschieden werden müssen und wo, wenn überhaupt, die Grenze zwischen Koordination und Subordination – und Parenthese – zu ziehen ist. Abschließend wird das Verhältnis der syntaktischen Begriffe Subordination und Koordination zu ihren Pendants auf diskursstruktureller Ebene zu klären sein.

2 Koordination

Ausgehend von der in Abschnitt 1 entwickelten Hypothese (H3) lassen sich die Begriffe Koordination und Subordination primär über den Begriff der Abhängigkeit voneinander abgrenzen: Ein subordinierter Satz ist in einem noch näher zu spezifizierenden Sinne von einem anderen Satz (seinem Bezugssatz) abhängig, ein koordinierter Satz nicht. Dies zeigt sich in dessen interner wie externer Syntax: Subordinierende Konjunktionen sind mit Endstellung des Finitums verbunden, koordinierende Konjunktionen lassen die Stellung des Finitums unberührt; der subordinierte Satz ist Teil seines Bezugssatzes, die Konjunkte einer Koordination sind dagegen grundsätzlich voneinander unabhängig, siehe die schematischen Darstellungen in (3a) und (6) sowie in (3b). Koordination und Subordination unterscheiden sich damit vor allem dadurch, dass Subordination inhärent asymmetrisch, Koordination dagegen (typischerweise) symmetrisch strukturiert ist.

2.1 Koordination und Symmetrie

Diese zentrale Eigenschaft der Koordination kann mit Höhle (1991) auf eine Homogenitätsbedingung wie (7) zurückgeführt werden:

(7) *Homogenität (Substitution salva grammaticalitate)*
Sei $\psi(S1\ \&\ S2)$ eine Koordination der Sätze S1 und S2 im Kontext von ψ. Ist $\psi(S1\ \&\ S2)$ grammatisch, dann auch $\psi(S1)$ und $\psi(S2)$.

Etwas einfacher formuliert besagt Homogenität, dass in einer Koordination jedes einzelne Konjunkt die Koordination ohne Verlust der Grammatikalität ersetzen kann. Eine unmittelbare Konsequenz aus (7) ist die Tatsache, dass ein sprachlicher Ausdruck, der einen grammatischen Bezug zu einem der Konjunkte bzw. zu einem Ausdruck in einem der Konjunkte aufweist, exakt die gleiche Beziehung auch zu allen anderen (entsprechenden Ausdrücken in den anderen) Konjunkten aufweisen muss; oder etwas bildhafter formuliert: Sententiale Koordinationen erlauben Bewegung aus der Koordination heraus nur dann, wenn sie gleichzeitig aus allen Konjunkten heraus erfolgt, also „across the board" (kurz: ATB). Diese auf Ross (1967) zurückgehende Beschränkung wird durch den Kontrast in (8) illustriert.

(8) a. Wen hat [Schalke *t* gefeuert] und [Wolfsburg *t* eingestellt]?
 b. *Wen hat [Schalke *t* gefeuert] und [Wolfsburg Magath eingestellt]?

Das Symmetrieverhalten der Koordination scheint auch für die Lizenzierung bestimmter Ellipsetypen eine notwendige Bedingung darzustellen. So kann im Erstkonjunkt einer Koordination am rechten Rand sprachliches Material unter phonologischer und semantischer Identität mit sprachlichem Material am rechten Rand des Zweitkonjunkts ausgelassen werden, vgl. (9a). Dieser Ellipsetyp wird mit *Right Node Raising* (RNR), *rechts-periphere Ellipse* oder auch *Linkstilgung* bezeichnet. Linkstilgung scheint grundsätzlich bei Subordination ausgeschlossen, vgl. (9b).

(9) a. Sie ist hin-gefahren und er ist zurückgefahren.
 b. *dass sie hin-gefahren ist, weil er zurückgefahren ist.

Während bei Linkstilgung die Ellipse auf das Erstkonjunkt zielt, zielt sie bei Gapping auf das zweite Konjunkt und betrifft primär das Finitum. Auch Gapping scheint auf Koordination beschränkt, vgl. (10b).

(10) a. Sie will hinlaufen und er will hinfahren.
 b. *dass sie hinlaufen will, obwohl er hinfahren will.

Die scheinbare Auslassung sprachlichen Materials am linken Rand des Zweitkonjunkts (*Rechtstilgung*) ist bei genauerer Betrachtung tatsächlich ein Fall phrasaler Koordination, vgl. (11) (siehe z.B. Reich 2011).

(11) a. Viele sind in Urlaub gefahren und viele möchten sich erholen.
 b. Viele [[sind in Urlaub gefahren] und [möchten sich erholen]]

Für Linkstilgung (Postal 1974) und Gapping (Johnson 1996) wurden Analysen auf der Basis von ATB-Bewegung vorgeschlagen, die mit (7) erklären würden, warum Linkstilgung und Gapping auf Koordinationen beschränkt zu sein scheinen. Diese Analysen wurden jedoch stark in Zweifel gezogen, da zum einen Linkstilgung auch Nichtkonstituenten betrifft (vgl. z.B. Hartmann 2002) und zum anderen ATB-Bewegung für Gapping in deutschen Nebensätzen falsche Vorhersagen macht (Reich 2007).

Nicht mit der Homogenitätsbedingung zu verwechseln ist die Frage, ob die Konjunkte einer Koordination permutiert werden können. Die Semantik der Konjunktionen *und* und *oder* sagt dies zwar voraus, es wurde aber früh beobachtet (vgl. z.B. Grice 1975, Posner 1979), dass die Konjunktabfolge sehr wohl relevant sein kann: So ist sicherlich eine Situation vorstellbar, in der ein Sprecher gleichzeitig (12a) und (12b) behauptet, auch wenn (12b) formal die Negation von (12a) darstellt. Dies ist aber nur dann erklärbar, wenn die temporale Implikatur *(... und dann ...)* innerhalb des Antezedens des Konditionals lokal verarbeitet wird. Implikaturen können folglich die Permutierbarkeit von Konjunkten blockieren.

(12) a. Wenn sie heiraten und ein Kind bekommen, freu ich mich.
b. Wenn sie ein Kind bekommen und heiraten, freu ich mich nicht.

(13) a. Er glaubt, er ist immer nett und dass ihn alle dafür lieben.
b. #Er glaubt, dass er immer nett ist und alle lieben ihn dafür.

Auch im Fall von (13a) ist die Homogenitätsbedingung erfüllt, da das Verb *glauben* sowohl V2-Sätze als auch *dass*-Sätze einbettet. Dennoch können die Konjunkte in dieser Lesart schlecht permutiert werden, vgl. (13b).

2.2 Koordination und Asymmetrie

Das Beispiel (13a) zeigt u. a., dass die Homogenitätsbedingung keineswegs impliziert, dass nur syntaktisch oder semantisch „Gleichartiges" koordiniert werden kann (Schachter 1977), auch wenn das tatsächlich häufig so ist; sie beinhaltet vielmehr lediglich Beschränkungen für die externe Syntax (die Koordination von Gleichartigem zumindest begünstigt). Dass dies empirisch richtig ist, zeigen die OM-Sätze (14) (vgl. z.B. Culicover 1972) und die Pseudo-Koordinationen (15) (vgl. z.B. Franke 2008, Eckardt 2011).

(14) a. One more can of beer and I'm leaving.
b. Jetzt noch einen Absacker und dann geh ich ins Bett.

(15) a. Schließ die Tür und ich geb Dir einen Kuss.
b. Gib mir was ab oder ich verpetze Dich bei Mama.

Während OM-Sätze *prima facie* cross-kategoriale Koordinationen einer NP mit einem Satz sind, unterscheiden sich Pseudo-Koordinationen im Satztyp: ein Imperativsatz, gefolgt von einem Deklarativ. Von besonderem Interesse ist dabei, dass diese Beispiele eine konditionale Interpretation haben können (14) bzw. haben müssen (15). So wird (15a) interpretiert als *wenn du die Tür schließt, geb ich dir einen Kuss* und (15b) als *wenn du mir nichts abgibst, verpetze ich Dich bei Mama.*

Auf der Basis von Bindungsdaten und negativen Polaritätselementen (NPI) argumentieren Culicover/Jackendoff (1997), dass Fälle wie (15a) zwar syntaktisch koordinierend, aber auf einer konzeptuellen Ebene subordinierend sind, da wie bei Konditionalsätzen im Erstkonjunkt NPIs lizenziert und Pronomen gebunden werden können; nicht so bei Disjunktionen, die daher als sowohl syntaktisch wie auch konzeptuell koordinierend gelten; vgl. die Kontraste in (16).

(16) a. Say anything *and/*or* I'll call the police.
 b. Give him$_i$ enough bribes *and/*or*
 every senator$_i$ will vote for the president's proposal.

Die konditionale Interpretation wird in der Regel auf einen modalen Operator zurückgeführt, der durch das Erstkonjunkt beschränkt wird – sei dies ein Generizitätsoperator *Gen* (z. B. Culicover/Jackendoff 1997), die mit der imperativischen Verbmorphologie verbundene modale Notwendigkeit (wie in Schwager 2006, Eckardt 2011) oder das Konzept des kontrafaktischen Konditionals (wie in Wöllstein 2008).

Anders als OM-Sätze und Pseudo-Koordinationen entsprechen die Fälle in (17) nicht der Homogenitätsbedingung (7): So kann das Zweitkonjunkt in (17a) aufgrund des fehlenden Subjekts nicht alleine stehen und in (17b) aufgrund der V2-Stellung nicht das Antezedens eines Konditionals ersetzen; in (17c) kumulieren beide Faktoren. Heißen Koordinationen, die der Homogenitätsbedingung (7) entsprechen, symmetrisch, dann sind die Fälle in (17) als asymmetrisch zu bezeichnen (vgl. z. B. Höhle 1990, Reich 2009 und Artikel 16 in diesem Band). (17a) wird auch unter SLF-Koordination (Subjekt-Lücke in einer Frontierten Struktur) diskutiert (vgl. Höhle 1983, Wunderlich 1988).

(17) a. In den Wald ging der Jäger und fing einen Hasen.
 b. Wenn du nach Hause kommst und die Polizei steht vor der Tür
 c. Wenn du nach Hause kommst und siehst die Polizei vor der Tür

Die Asymmetrie dieser Koordinationen ist kein Artefakt der Bedingung (7), sondern findet ihren Niederschlag auch im Extraktions- und Bindungsverhalten: So kann das Objekt *die Unterlagen* in (18a) nur asymmetrisch aus dem Erstkonjunkt topikalisiert werden, und das quantifikationelle Subjekt *keiner* in (18b) kann das Pronomen *sich* im Zweitkonjunkt binden (vgl. Höhle 1983, 1990).

(18) a. Die Unterlagen brachte ich ins Büro und zeigte *(sie) den Kollegen.
 b. Sicher klaut keiner$_i$ die Unterlagen und zeigt sich$_i$ dann selbst an.

Letzteres lässt darauf schließen, dass das Zweitkonjunkt einer SLFK in den Erstsatz integriert ist. Integration bedeutet hier nicht notwendig Subordination, da auch phrasale Koordination integriert ist und eine (asymmetrische) Form der VP-

Koordination vorliegen könnte (vgl. z.B. Höhle 1990). Strebt man eine Definition des Koordinationsbegriffs an, ist der Status der SLFK dennoch entscheidend: Wird die SLFK als eine Form der Koordination aufgefasst, dann charakterisiert die Homogenitätsbedingung nur Eigenschaften einer wichtigen Teilklasse. Kann aber argumentiert werden, dass die SLFK strukturell ganz anders zu analysieren ist, eröffnet sich die Möglichkeit, den Koordinationsbegriff über die Homogenitätsbedingung zu fassen. In (7) ist, aus gutem Grund, eine vorsichtige Formulierung gewählt.

2.3 Koordination und ihre strukturelle Deutung

Kommen wir damit zu der Frage, wie die in (3b) angedeutete Struktur der (symmetrischen) Koordination präzisiert werden kann. Traditionell wird die Koordination häufig als eine exozentrische Konstruktion aufgefasst, in der (syntaktisch) gleichartige Phrasen über eine koordinierende Konjunktion zu einer komplexen Phrase verknüpft werden. Dabei wird zuweilen eine ternäre Struktur angenommen, vgl. z.B. Jackendoff (1977) und (19a).

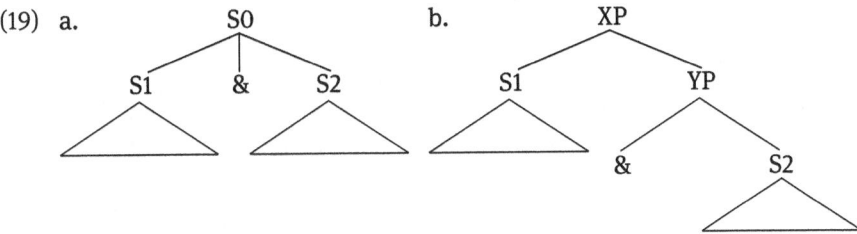

Dass die Konjunktion gemeinsam mit dem Zweitkonjunkt nachgestellt (20a) und parenthetisch eingeschoben werden kann (20b), spricht jedoch eher für eine binäre Analyse wie (19b), in der Konjunktion und Zweitkonjunkt eine Konstituente bilden (vgl. Ross 1967). Auch topologisch gehört die Konjunktion damit enger zum Zweitkonjunkt und leitet dieses ein, ohne jedoch dessen interne Syntax zu beeinflussen (Höhle 1986). Koordinierende Konjunktionen zeigen damit janusköpfiges Verhalten: Als Satzeinleiter sind sie Teil der Topologie des Zweitkonjunkts; in Bezug auf dessen interne Syntax verhalten sie sich aber eher, als ob sie vor dem Zweitkonjunkt stehen würden.

(20) a. Dass van Gaal Gomez einsetzte, überraschte, *und dass er traf*.
b. Van Gaal setzte wieder, *und das überraschte alle*, auf Gomez.

Bei einer phrasalen Analyse stellt sich die Frage, von welcher Kategorie die Konstituenten XP und YP sind. Von den vielen möglichen Antworten werden in der

Literatur in der Regel nur zwei ernsthaft diskutiert. Diese haben gemeinsam, dass die Konjunktion *und* einer funktionalen Kategorie „&" angehört, die eine Koordinationsphrase „&P" aufspannt. Dabei wird entweder die Projektion in dem Sinne als vollständig bzw. kanonisch aufgefasst, dass das Erstkonjunkt den Spezifikator und das Zweitkonjunkt das Komplement zum Kopf & darstellt, vgl. z.B. Johannessen (1998) und (21a); oder & selegiert nach Annahme lediglich sein Komplement und die so resultierende &P adjungiert an das erste Konjunkt, vgl. z.B. Munn (1992) und (21b). Beide Strukturierungen tragen dabei über rekursive Einbettung der Tatsache Rechnung, dass Koordination iteriert werden kann (*Anna lernt Spanisch, Dieter Italienisch und Michael Russisch*). Dass bei Rekursion im Deutschen nur die letzte der koordinierenden Konjunktionen overt realisiert wird, folgt nicht aus der Struktur und muss unabhängig stipuliert werden.

(21) a.   b.

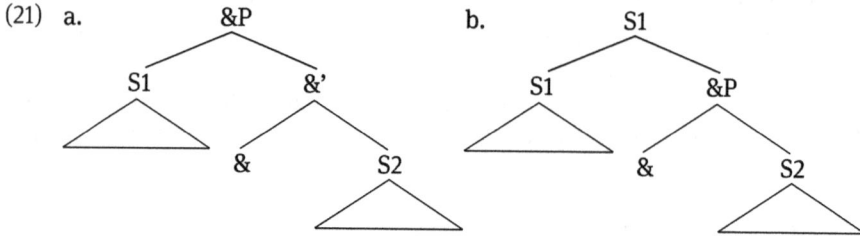

Aus der Struktur (21b) ergibt sich nun aber direkt ein Abgrenzungsproblem gegenüber der Subordination: Sowohl Koordination wie auch Subordination liegen grundsätzlich asymmetrische Strukturen zugrunde, die (zumindest wenn man von den Bezeichnungen der einzelnen Knoten absieht) strukturell ununterscheidbar sind. Darüber hinaus erfüllt (21b) offenbar – analog zum weiterführenden Relativsatz (5a) – Bedingung (A) für Subordination: Der maximale Satzknoten von S1 dominiert den maximalen Satzknoten von S2 (und zwar unabhängig davon, ob & als Teil von S2 aufgefasst wird oder nicht). Möchte man obige Annahmen nicht aufgeben, kann folglich nur die Struktur in (21a) eine mögliche Analyse für Koordinationen sein (oder eine exozentrische Struktur im Sinne von z.B. Höhle 1991). In dieser Struktur ist jedes einzelne Konjunkt unabhängig und unselbständig.

2.4 Koordinierende Konjunktionen

Möchte man an Struktur (21b) für Koordinationen festhalten, könnte man argumentieren, dass letztlich die links-periphere Struktur der Schwester von S1 den Ausschlag gibt, ob eine Struktur (trotz struktureller Unterordnung unter S1) als subordiniert oder als koordiniert gilt: S2 wäre dann genau dann subordiniert, wenn die einleitende Konjunktion als echter Teil von S2 aufzufassen wäre, also von S2 dominiert wird. Dies würde aber erstens dazu führen, dass das Strukturkriterium (A) komplett ausgehebelt wird, und zweitens legt es zumindest nahe, dass koordinierende Konjunktionen eine einheitliche Klasse bilden. Tatsächlich ist das Gegenteil der Fall: Während *und*, *oder* und *sondern* zwar topologisch immer vor dem Zweitkonjunkt stehen, kann *aber* in das Zweitkonjunkt integriert werden (*er will es, kann aber nicht*); *noch* als Teil der Konjunktion *weder-noch* muss sogar integriert werden (*weder will er es, *noch er kann es*). *Noch* und integriertes *aber* sind damit weder koordinierende noch subordinierende Konjunktionen im klassischen Sinne, sondern adverbiale Konnektoren (vgl. Pasch *et al.* 2003), die – wie *jedoch, wohl aber* oder auch das Vorfeld-*doch* – über die leere Konjunktion Ø koordinative Verknüpfungen etablieren. Deutlich wird dies nicht zuletzt an der Möglichkeit von ATB-Bewegung und Linkstilgung:

(22) a. Wen lädt sie zur Veranstaltung ein, er aber wieder aus?
 b. Weder kann er noch will er an der Veranstaltung teilnehmen.

Die Konjunktion *denn* hat dagegen eher Einzelgängerstatus: Gemeinsam mit klassischen koordinierenden Konjunktionen wie *und* hat sie, dass sie vor ihrem Zweitkonjunkt steht und keinen Einfluss auf dessen Form hat, weder auf dessen Verbstellung, noch auf dessen Satztyp, vgl. (23).

(23) a. Wir sollten ihm verzeihen, denn wir machen ja auch Fehler.
 b. Das war erwartbar, denn hat er schon mal was richtig gemacht?
 c. Ich bleib zu Hause, denn warum in die Ferne schweifen?

Andererseits nimmt *denn* nur Sätze mit Wurzelstatus als Zweitkonjunkt, d.h. das Resultat einer *denn*-Verknüpfung ist nicht einbettbar, vgl. (24b).

(24) a. Hans hat immer Recht, denn er ist der Chef.
 b. *Alle glauben [Hans hat immer Recht, denn er ist der Chef]

Darüber hinaus sind koordinationstypische Ellipsen wie Linkstilgung (25a) und Gapping (25b) ausgeschlossen; ebenso ATB-Bewegung (25c).

(25) a. *Hans darf, denn er muss sogar den Chef rauskehren.
 b. *Hans hat immer Recht, denn er die besseren Argumente.
 c. *Wer hat immer Recht, denn ist der Chef?

Weitgehend parallel verhält sich V2-einleitendes *weil*, das entsprechend in Höhle (1986) gemeinsam mit *denn* die Klasse der parordinierenden (= nicht koordinierenden, aber beiordnenden) Konjunktionen bildet.
 Im Fall der SLF-Koordination wurde die Unmöglichkeit von ATB-Bewegung und Koordinationsellipse mit der Annahme einer Adjunktionsstruktur in Zusam-

menhang gebracht (vgl. Büring/Hartmann 1998 und Artikel 16 in diesem Band). Diese Argumentation aufgreifend, könnte für *denn*-Sätze eine Struktur der Art (6) angenommen werden, in der *denn* an S2 adjungiert. Dies würde analog die Daten in (25) erklären und *denn*-Sätze in die Nähe von Subordinationen wie z.B. die weiterführenden Relativsätze rücken. Ohne weitere Annahmen kann eine solche Analyse aber nicht erklären, wieso *denn*-Sätze nicht eingebettet vorkommen, wieso sie Wurzelstatus haben müssen. Dies wiederum – und die Satztypvariabilität in (23) – würde aus der Annahme folgen, dass *denn* eine Art Diskurspartikel darstellt, die im Diskurs (konzeptuell) selbständige Einheiten verknüpft. Dafür spricht, dass *denn*- (und *weil*-V2-Sätze) die Illokution des vorangegangenen Satzes in ihren Skopus nehmen können, vgl. (26) und z.B. Günthner (1993).

(26) Räumt jetzt auf, denn wir kriegen gleich Besuch!

In neueren syntaktischen Ansätzen können beide Ebenen über die Annahme einer für Wurzelsätze spezifischen funktionalen Projektion ForceP (bzw. SD für *Speaker Deixis*) miteinander verschränkt werden, die von Konjunktionen wie *denn* selegiert wird (vgl. z.B. Haegeman 2006). Alternativ sind hier aber durchaus auch diskursstrukturelle Lösungen vorstellbar (siehe Abschnitt 5).

3 Subordination

Wie in Abschnitt 1 skizziert, etabliert Subordination ein *Abhängigkeits*verhältnis zwischen Teilsätzen (H3); dabei ist der subordinierte Teilsatz (fortan: Nebensatz/NS) in den übergeordneten Teilsatz (fortan: Bezugssatz) entweder *integriert*, was einem *Einbettungs*verhältnis entspricht (3a), oder *nicht integriert*, was einem *Adjunktions*verhältnis entspricht (6). (Da eingebettete Sätze Konstituenten des Bezugssatzes sind, werden sie im Unterschied zu bloß adjungierten NS auch als *Gliedsätze* bezeichnet.)

Mit den genannten Fügungsarten korrelieren formale und semantische Charakteristika: Abhängige Teilsätze enthalten im Defaultfall Einleitungselemente, die VE-Stellung bewirken, ±Integriertheit geht mit ±Existenz eines Modifikations- bzw. (syntaktischen) Selektionsbezugs des NS zum Bezugssatz (bzw. einem Teilausdruck davon) einher (H1)-(H2). Daraus ergeben sich erste Zuordnungen der traditionell unterschiedenen NS-Gruppen zu den Hauptfügungsarten: Integriert sind aufgrund von (syntaktischer) Selektion Komplementsätze, aufgrund von Modifikation Adverbial- und ‚Attribut'-Sätze, unintegriert sind auf jeden Fall weiterführende Relativsätze (WR) und *weil*-V2-Sätze. Im Folgenden soll dieses noch grobe Bild verfeinert werden.

3.1 Evidenzen für ±Integriertheit

Haupteigenschaft unintegrierter NS (uNS) ist, dass ihr Fehlen den Bezugssatz syntaktisch/semantisch nicht tangiert: Anders als integrierte NS erfüllen sie weder von Ausdrücken des Bezugssatzes gesetzte syntaktische Bedingungen, noch beeinflussen sie dessen propositionalen Gehalt. Die Adjunktionsstruktur (6) spiegelt das adäquat, insofern der uNS als Adjunkt zwar Teil des Bezugssatzes, dabei aber (egal ob rechts oder links) nur extern, eben ‚unintegriert' angebunden ist.

Ob eine solche Adjunktionsstruktur vorliegt, lässt sich an verschiedensten strukturabhängigen Phänomenen überprüfen; die wichtigsten werden hier, (weitestgehend) an WR, illustriert: Adjungierte Sätze = uNS erlauben keine Variablenbindung (s.o. Abschnitt 1.1); von parenthetischer Verwendung abgesehen sind sie auf satz*externe* Positionen links wie rechts beschränkt (27)-(28); auch sind sie stets außerhalb des Skopus (der ebenfalls von c-Kommando abhängt) skopusfähiger Elemente im Bezugssatz, z.B. Negation (29). Prosodisch haben uNS und Bezugssatz notwendig separate Fokus-Hintergrund-Gliederungen (30), mit (optionaler) Pausenmarkierung; sie bilden also separate Informationseinheiten (im Sinne von Brandt 1990, 1994). Diese pragmatische Eigenständigkeit von uNS manifestiert sich auch im Auftreten von Einstellungsadverbien, Modalpartikeln, Performativanzeiger *hiermit* und sonstigen illokutionsrelevanten Mitteln (31), die nur begrenzt mit dem Bezugssatz pragmatisch harmonieren; zudem sind prototypische uNS wurzelsatzgebunden, d.h. nicht einbettbar (32). (Zu diesen und weiteren Diagnostika siehe Haegeman 1991 ff., Reis 1997, Holler 2005 ff., Frey 2011).

(27) a. Paul kauft, was Sue gefällt, worüber ich mich wundere.
b. *Paul kauft, worüber ich mich wundere, was Sue gefällt.

(28) a. So sehr er auch flehte, Sue blieb hart.
b. *So sehr er auch flehte, blieb Sue hart.

(29) Paul tut nichts, was Sue ärgert.
(WR-Lesart: Sue ärgert sich, integrierte Lesart: Sue ärgert sich nicht)

(30) a. Paul TUT nichts, was Sue ÄRgert.
b. Paul TUT nichts, was Sue ärgert. / Paul tut nichts, was Sue ÄRgert.
(a: √ WR-Lesart, b: *WR-Lesart, √integrierte Lesart)

(31) a. Ich habe genug, weshalb ich hiermit kündige.
b. Paul kommt, was ja hoffentlich niemanden stört, oder?

(32) Weil Paul glaubte, er sei ein Genie, was andere lächerlich fanden ...
(WR nicht Teil von Pauls Glaube, sondern Sprecherassertion)

Wie leicht nachprüfbar, verhalten sich *dass*-Komplementsätze, unser Musterbeispiel für integrierte NS, in all diesen Hinsichten gegensätzlich zu WR, und dabei genau so, wie es die ihnen zugeschriebene Einbettungsstruktur (3a) erwarten lässt. Von daher hat die Unterscheidung ±integrierter Subordination zumindest für zwei NS-Teilklassen empirische Relevanz. Zu überprüfen ist nun, wie sich die weiteren NS-Klassen hierzu verhalten.

3.2 NS-Klassen und ±Integriertheit

3.2.1 Komplementsätze (KS)

Darunter fallen alle NS, die vom Hauptprädikat ihres Bezugssatzes syntaktisch selegiert sind, also hauptsächlich Subjekt- und Objektsätze. Der Form nach sind sie infinit oder finit, wenn finit, von Komplementierern (*dass, ob*, begrenzt *wie*) oder interrogativen w-Ausdrücken mit ‚Satzglied'-Geltung eingeleitet. Infinite wie eingeleitete KS sind stets Verbletzt; statt *dass*-Komplementen können unter geeigneten Matrixprädikaten V2-NS auftreten. (Auch Nominalphrasen können, abhängig von entsprechenden Nomina, NS gleicher Form enthalten, worauf wir hier nicht eingehen; vgl. hierzu z.B. Fabricius-Hansen/von Stechow 1989.)

Nach (H2) sollten alle KS integriert sein, also ‚Gliedsätze'. Das ist im Kern richtig, in einigen Punkten aber erörterungsbedürftig:

1. Ein nur scheinbares Problem bildet die *Extraposition*, d.h. Nachfeldstellung von KS (bzw. NS generell), oft verbunden mit Auftreten eines sog. Platzhalters oder Korrelats im Mittelfeld, siehe (33a). Obwohl Nachfeldstellung oft als weniger integriert gilt als Mittelfeldstellung, ist sie es nicht: Nach allen diagnostischen Indizien sind NS in beiden Stellungen voll integriert, vgl. (33a) und (33b) etwa hinsichtlich Negationsskopus, Bindungs- und FHG-Verhalten. (Zum Problem einer entsprechenden Extrapositionsanalyse, vgl. Sternefeld 2006: Kap.III.8, Haider 2010: Kap.5.)

(33) a. KEINer$_i$ hat damit gerechnet, dass er$_i$ verliert.
　　　b. KEINer$_i$ hat damit, dass er$_i$ verliert, gerechnet.

2. Anders dagegen uneingeleitete V2-NS wie [*Paul glaubt,*] *er sei genial*. Auf den ersten Blick verhalten sie sich genau wie *dass*-Komplemente: Sie sind weder weglassbar noch wurzelsatzgebunden, ihr Bindungs- und FHG-Verhalten ist integriert. Weitere signifikante Gliedsatzeigenschaften fehlen jedoch: V2-NS erlauben u.a. keine Vorfeld- und Mittelfeldstellung, keine Platzhalter und Korrelate,

keine *und zwar*-Anfügung, keine Bezugssatzellipse bei Antwort-Verwendung, und nur begrenzt Einbezug in den Skopus von Bezugssatzelementen (siehe Reis 1997). Will man sie dennoch als syntaktische Komplemente analysieren (so Meinunger 2004, Truckenbrodt 2006), sind nichtsyntaktische bzw. unabhängige Erklärungen für diese Eigenheiten vonnöten; da diese bisher nur teilweise vorliegen, ist die syntaktische Erfassung des partiell integrierten Verhaltens durch eine ‚tiefe' VP-Adjunktionsanalyse von V2-NS (siehe Reis 1997) nach wie vor eine plausible Alternative. Mit (H2) ist diese aber verträglich, denn V2-NS sind nie *syntaktisch* selegiert, sondern semantisch lizenziert; d.h. sie können bei semantisch geeignetem Matrixprädikat aufgrund ihrer Strukturbedeutung für die vom jeweiligen Prädikat syntaktisch selegierten NS (in der Regel *dass*-KS) substituieren. (Entsprechend erfüllen sie dessen Selektionsforderung ‚nichtkanonisch', d.h. rein inhaltlich, nicht unter Rektion.)

V2-NS werden oft generell als subordinierte Haupt- bzw. Wurzelsätze verbucht (etwa in Auer 1998, für einen kritischen Überblick siehe Heycock 2006). Zumindest für V2-NS in Argumentfunktion ist das unplausibel, da sie beliebig tief einbettbar sind (*Paul bedauert, dass …, dass Sue glaubt, er lüge*), und, entgegen herrschender Meinung, auch nicht immer hauptakzentuiert. (Für die in Freywald 2008 diskutierten *dass*-V2-Fälle scheint das anders zu sein.)

3. Einschlägig ist dagegen, dass in allen KS-Typen je nach Matrixprädikat Modalpartikeln (MP) auftreten können (34) (wobei ungeklärt ist, wie weit der Bereich zulässiger Matrixprädikate über Kommunikationsverben hinausgeht, siehe etwa Thurmair 1989 vs. Coniglio 2011), denn diese Elemente interagieren mit Illokution und Kontext, sind also wurzelsatztypisch.

(34) a. Keinem fiel auf, dass er ja eigentlich schon längst hätte gehen können.
 b. Ihm schien, er könne das doch eigentlich besser.
 c. Er glaubt, doch so ein toller Hecht zu sein.
 d. Er überlegte, ob es denn nicht auch anders ginge.

Tatsächlich gibt es zusätzliche Indizien für *pragmatische* Wurzelsatzgeltung der betreffenden KS; insbesondere sind sie (relativ zum jeweiligen Matrixsatz) notwendig fokussiert. Ob damit aber auch eine *syntaktische* Annäherung an unintegrierte NS einhergeht, ist zweifelhaft: Alle wesentlichen Kriterien integrierten bzw. Gliedsatzverhaltens scheinen auch für MP-haltige KS erfüllt, was (34a) für Bindung, FHG-Einheit und Skopusausdehnung illustriert; auch bilden sie gliedsatztypische Antworten mit Bezugssatzellipse (*Was fiel keinem auf? – Dass er ja schon längst hätte gehen können*). Das schließt rein syntaktische Erklärungsansätze für solche Fälle (siehe Haegeman 2006, Coniglio 2011) aus.

4. Bei selegierten Infinitkonstruktionen schließlich treten, abhängig von Matrixprädikat, Infinitform und Kontrolle vs. Anhebung, zwei Integriertheitstypen auf, einerseits die sog. ‚inkohärente' Anknüpfung der (satzwertigen) Infinitivkonstruktion, die der integrierten Anknüpfung finiter KS entspricht, andererseits die sog. ‚kohärente' Verknüpfung mit dem Matrixsatz, die Verschmelzung beider in einen Einfachsatz bewirkt, d.h. es liegt topologisch nur ein Mittelfeld vor. (Grundlegend hierzu Bech 1955/57, zur neueren Diskussion vgl. Sternefeld 2006, Haider 2010.)

3.2.2 ‚Attribut'-Sätze und Verwandtes

Darunter fallen alle NS, die Teilausdrücke des Bezugssatzes modifizieren, sowie formale Abarten davon, also einerseits adnominale und sonstige Relativsätze (RS), andererseits auf Komparativ- und *so*-Phrasen bezogene Vergleichssätze und Korrelat-bezogene NS generell (*deshalb ... weil, insofern ... als, dadurch ... dass,* etc.) Letztere verhalten sich durchweg integriert (zu Besonderheiten sog. Korrelativkonstruktionen, vgl. Speyer 2011), weshalb wir die Diskussion auf die diesbezüglich vielfältigen RS beschränken (siehe hierzu auch Artikel 12 in diesem Band).

Traditionell werden RS eingeteilt in *restriktive* RS, die den Bereich ihres Bezugsausdrucks einschränken, hier (35a-c) (wobei in (35b) der Bezugsausdruck ins w-Relativum inkorporiert ist), und *nichtrestriktive* RS, die das nicht tun, hier (35d-f). (Zu Bezeichnungen und Zuordnungen vgl. auch Artikel 12, 24 in diesem Band.)

(35) a. Die(jenigen) Schwaben, die sparsam sind, sind reich. (restriktiver RS)
 b. Wer sparsam ist, ist reich. (freier RS)
 c. Ich kenne Schwaben, die sind ganz arm. (V2-RS)
 d. Die(se) Schwaben, die sparsam sind, sind reich. (appositiver RS)
 e. Da traf er einen Winzer, bei dem er dann auch Wein kaufte. (weiterf. d-RS)
 f. Die Schwaben sind sparsam, womit sie gut fahren. (weiterf. w-RS)

Da Restriktivität eine Modifikationsrelation ist, sollten nach (H2) (35a-c) integriert, (35d-f) unintegriert sein. Über diese Zweiteilung ist im Einzelnen jedoch beträchtlich hinauszugehen:

1. Beim zentralen restriktiven RS-Typ (35a) kann der Bezugsausdruck in verschiedenster Art determiniert/quantifiziert, insbesondere auch negiert sein (umfassend hierzu z.B. Blühdorn 2007); alle für *dass*-KS geltenden Integrationskriterien sind erfüllt, gleich ob der RS adjazent oder extraponiert ist. Letzteres gilt auch, unbeschadet ihrer sonstigen Eigenheiten, für freie RS wie (35b). Anders sog.

V2-RS wie (35c) (siehe Gärtner 2001): Zwar sind sie unleugbar restriktiv und bilden mit dem Bezugssatz eine FHG-Einheit, auch ist Einbezug in den Skopus nichtnegativer Bezugssatzausdrücke möglich. Bindung in den V2-RS ist jedoch schlecht, absolute Endstellung obligatorisch und zweifelsfreie Einbettung unmöglich; als Bezugsausdrücke sind nur schwache Indefinita erlaubt und als Relativpronomina nur – als solche umdeutbare – d-Demonstrativa. Zusammengenommen passt das zu keinem der vorher behandelten NS-Fügungstypen, vielmehr ist eine Zwitterstruktur anzunehmen: Sog. V2-RS sind syntaktisch keine NS, sondern Zweitkonjunkte einer Art (prosodisch integrierter) asyndetischer Koordinationsstruktur (vgl. Gärtner 2001).

2. Was nichtrestriktive RS angeht (siehe Brandt 1990, Holler 2005), verhalten sich weiterführende d-RS genau wie w-RS, also kanonisch unintegriert. Auch appositive RS tun das; es gibt aber strukturrelevante Unterschiede: Während d-/w-RS prädikats- bzw. satzbezogen sind, von der Funktion her ‚weiterführend' und entsprechend nachgestellt, sind appositive RS syntaktisch wie funktional adnominal; entsprechend stark tendieren sie zu DP-adjazenter Position. Im Unterschied zur CP-Adjunktionsstruktur (6) für weiterführende RS wird deshalb für appositive RS immer wieder eine DP-Adjunktionsanalyse vorgeschlagen (siehe zuletzt Holler 2007). Das erfasst die genannten Unterschiede; die obligatorische prosodische und pragmatische Selbständigkeit ist allerdings auf dieser Basis nicht leicht erklärbar. Auf jeden Fall ist damit die Adjunktionsanalyse restriktiver RS zu überdenken; ob der Unterschied zu appositiven RS via DP-interne vs. -externe Adjunktion zu repräsentieren ist, oder via Einstufung restriktiver RS als D-Komplemente (vgl. Sternefeld 2006: Kap. III.7), lassen wir offen.

3.2.3 Adverbialsätze und Verwandtes

Adverbialsätze (AS) sind NS, die eine semantische Relation zum übergeordneten Bezugssatz kodieren, sei es dass sie (i) ihn propositional modifizieren, oder (ii) eine nichtmodifizierende Relation zu seiner Proposition (bzw. dem darauf basierenden Sprechakt) stiften. Die entsprechenden Relationen werden meist durch Subjunktionen (z. T. auch spezifische phrasale Mittel) angezeigt, die Finitheit und VE-Stellung induzieren; es gibt jedoch auch (mit *ohne, statt, um*) eingeleitete adverbiale Infinitivkonstruktionen und eingeleitete V2-AS, vor allem die notorischen *weil*-V2-Fälle. Weiter finden sich uneingeleitete AS in V1- wie (randweise) V2-Form (siehe hierzu Altmann 1997).

Die Fülle adverbialer Relationen und Ausdrucksmittel ist in Zifonun et al. (1997), Pittner (1999), Pasch et al. (2003) umfassend behandelt (siehe auch Artikel 13, 23 in diesem Band). Hier wollen wir lediglich die Integrationsverhältnisse anhand exemplarischer AS-Fälle skizzieren.

Nach (H2) sollten modifizierende AS integriert sein, nichtmodifizierende unintegriert. Im Grundsatz stimmt das, doch ist im Einzelnen weiter zu differenzieren:

3.2.3.1 Modifizierende Adverbialsätze

Als solche, und entsprechend integriert, treten Temporal-, Kausal-, Konditional-, Final-, Konsekutiv- und Modalsätze (und entsprechende Infinitivkonstruktionen) auf, vgl. etwa Bindungs-, FHG-, Skopus- und Stellungsverhalten von (36a-c):

(36) a. Keiner$_i$ darf nur denken, wenn er$_i$ ARbeitet.
　　 b. Schon als er KAM, gab es Pfiffe. / Es gab schon Pfiffe, als er KAM.
　　 c. Fast jeder wechselt nur, um voranzukommen.

Dieses Verhalten ist allerdings auf ±finite AS mit subjunktionaler Einleitung und Verbletzt beschränkt – ohne dass diese Form Integriertheit garantierte, vgl. die unterschiedlich ausgelösten Desintegrationseffekte (1–4):

1. Enthalten subjunktional eingeleitete AS Modalpartikeln (37), so führt das, wie leicht nachzuprüfen, u. a. zu prosodischer Desintegration und obligatorischer Nachstellung; auch das Modifikationsverhältnis zum Bezugssatz wird fraglich. Hinzu kommt mögliche quasi-appositive, unintegrierte Anknüpfung an gewisse adverbiale Bestimmungen (37c).

(37) a. Er schwieg (*deshalb), weil er wohl Angst vor Selbstbelastung hatte.
　　 b. Er beeilte sich, um bloß nichts zu verpassen.
　　 c. Endlich half er/Er kam im März, als es aber halt schon zu spät war.

2. Auch gewisse inhaltliche Modifizierungen der adverbialen Relation (meist mithilfe der inhaltlichen Teilsatzfüllung) bewirken Desintegration: So sind epistemisch begründende *weil*-VE-Sätze stets unintegriert (falls der AS die epistemische Relation allein induziert – epistemischer Matrixsatz führt zu Integriertheit, vgl. *schon weil das Licht brennt, muss jemand da sein*), ebenso deren illokutionsbegründende Varianten (38a,b). Gleiches gilt für faktive Varianten von *wenn*-Konditionalen (38c) oder auf Unerwartetheit bzw. Fastkoinzidenz hinauslaufende Modifikationen der *als*-Relation (38d) (siehe Reis 2011).

(38) a. Er WAR (*deshalb) nicht da, weil alles UNberührt ist.
　　 b. Bist du krank? Weil du so schwitzst.
　　 c. Wenn's ohneHIN zu spät ist, könnt ihr's auch LASsen.
　　 d. Er war (kaum) im Büro, als (schon/plötzlich) das TElefon klingelte.

3. Einige Subjunktionen induzieren per se Unintegriertheit, trotz semantischer Nähe zu integrationsfähigen Subjunktionen: Paradebeispiel dafür ist *da* (vs. *weil*) (nach Pasch et al. 2003 nur semantisch, u.E. auch syntaktisch/prosodisch unintegriert), vgl. (39a). Ähnlich verhält sich auch *so dass* (vs. *so ... dass*), ebenso sind kausale wie finale *dass*-eingeleitete AS, vgl. (39b,c), zumindest partiell unintegriert.

(39) a. Paul kann (*deshalb) nicht KOMmen, da er KRANK ist.
 b. Du bist blöd, dass du nachgibst.
 c. Er passt auf, dass er nicht hinfällt.

4. Bei korrelatloser Mittelfeldstellung zeigen AS jeden Typs Anzeichen von Unintegriertheit (möglicherweise handelt es sich dabei um Parenthesen), also auch subjunktional eingeleitete (z.T. elliptisch verkürzbare) AS, vgl. (40).

(40) a. Alle hörten, wenn/als/während Paul SANG, andächtig ZU.
 b. Paul spendete, da/weil er WOHLhabend war, ein VerMÖgen.

Die weiteren Formvarianten prinzipiell integrationsfähiger AS sind alle unintegriert, jedoch uneinheitlich:

5. Uneingeleitete Varianten: V1-Alternanten zu (integrierten) *wenn*-Konditionalen sind, bei gleicher Modifikationsrelation, syntaktisch-prosodisch unintegriert (siehe Reis/Wöllstein 2010), aber tief einbettbar. Die (seltenen) V2-Alternanten zu (integrierten) konsekutiven *dass*-Sätzen (*er sang so schön, ich hätte weinen können*) dagegen verhalten sich, genau wie V2-RS, als syntaktisch unintegrierte Teilsätze einer prosodisch integrierten, dabei wurzelsatzgebundenen parataktischen Struktur (siehe Reis 2012).

6. Die sog. *weil*-V2-Varianten, egal ob propositional (also modifizierend!), epistemisch oder sprechaktbegründend verwendet (41), haben alle kanonischen Unintegriertheitsmerkmale (siehe Antomo/Steinbach 2010). Anders als bei den bisher behandelten unintegrierten Verbletzt- und V2-NS ist ihre Satztypform jedoch variabel (42).

(41) a. Wir waren gestern baden, weil das Wetter war so schön.
 b. Paul war baden, weil sein Badezeug ist ganz nass.
 c. Geht ihr baden? Weil ich würde gern mitkommen.

(42) Paul hat geerbt,
 a. weil überleg mal, wie großzügig er neuerdings ist.
 b. weil woher sonst soll die Prachtvilla kommen?
 c. weil würde er sonst dauernd verreisen können?

Entsprechend muss auch die Analyse dieser *weil*-Fälle (und ähnlich gelagerter eingeleiteter V2-Fälle, siehe Altmann 1997) eine andere sein, nämlich genau die, wie oben gesagt (Abschnitt 2.3), die der semantisch wie syntaktisch völlig parallelen *denn*-Konstruktion zukommt (siehe dazu Abschnitt 5).

3.2.3.2 Nichtmodifizierende Adverbialsätze

Dazu gehören einerseits propositionsbezogene AS-Typen, z.B. adversative, konzessive und irrelevanzkonditionale (43), für die es durchweg spezifische Subjunktionen gibt, andererseits epistemisch-begründende und sonstwie illokutionsbezogene Typen, bei denen (an sich modifikationelle) Subjunktionen mit inhaltlicher Füllung der Teilsätze zusammenwirken, vgl. die *weil*-AS (41b,c) sowie (44). Beide Typen erfordern unintegrierte Konstruktion (was bei *während-*, *wenn-* oder *weil*-AS disambiguierend wirkt).

(43)   a. Dort ist Wüste, während hier alles blüht.
         Während hier alles blüht, ist dort Wüste. / *dort ist Wüste.
    b. Wir hoffen weiterhin, obwohl es schwer fällt.
         Obwohl es schwer fällt, hoffen wir weiterhin./ wir hoffen weiterhin.
    c. Wir kommen, ob es passt oder nicht.
         Ob es passt oder nicht, wir kommen / *kommen wir.

(44)   a. Wenn Paul anruft, der Plan ist genehmigt. / *ist der Plan genehmigt.
    b. Wenn ich unterbrechen darf, wir können essen. / *können wir essen.
    c. Um ehrlich zu sein, ich kündige. / *kündige ich.
    d. Damit das klar ist, ich kündige / *kündige ich.

Diese AS-Typen sind umfassend behandelt (siehe Haegeman 1991ff. zu sog. ‚peripheren' AS; fürs Deutsche siehe z.B. König/Van der Auwera 1988, Günthner 1999, d'Avis 2004, Breindl 2009, Frey 2011). Unserem bisherigen Bild unintegrierter NS fügen sie wichtige positionelle Differenzierungen hinzu: (i) Es gibt uNS, die typabhängig nicht nur rechts-, sondern auch linksperipher stehen, und zwar fakultativ (43) oder obligatorisch (44). (ii) Linksperipher sind zwei Positionen möglich, (unmittelbar) präfinit vs. linksaußen; diese sind jedoch nicht frei wählbar: So müssen die AS (43c), (44a-d) linksaußen und (43a) präfinit stehen; (43b) erlaubt beides.

Für die Verteilung nach (i) wie (ii) scheint vor allem die Art der AS-Relation relevant. Gesetzmäßige Zuordnungen sind allerdings selten; die Regel sind mehr oder minder starke Tendenzen bis hin zu Einzelfestlegungen (z.B. adversative *während*-AS gibt es präfinit und nachgestellt, adversative *wogegen*-AS nur nachgestellt). Insbesondere treten gewöhnlich links außen stehende illokutionsbezogene AS wie (44) z.T. auch präfinit auf (45), und propositionsbezogene links außen, siehe u. a. (43b,c). Zudem können auch klar integrierte AS in diese syntaktisch-prosodisch eindeutigste unintegrierte Position wechseln (46), wenn auch beschränkt und stets mit stilistischem Effekt. (Zum rechtsperipheren Gegenstück, dem ebenfalls unintegrierten ‚Nachtrag', siehe Altmann 1981.)

(45) Wenn du mich fragst, die Aktien steigen bald. / steigen die Aktien bald.

(46) a. Wenn das mein Hund wäre, er bekäme keinen Zucker.
  b. Auch als man Latein nicht mehr sprach – lernen musste man es.

Bleibt zu fragen, inwieweit diesen positionellen Unterschieden unterschiedliche Unintegriertheitstypen entsprechen. Unkontrovers scheint, auch nach Maßgabe der Unintegriertheitsindizien, die AS links außen mit den unintegrierten NS rechts außen zu einem einzigen, *satzexternen* Unintegriertheitstyp im Sinne von (6) zusammenzufassen (zu (vor allem diskursstrukturellen) Strukturalternativen, vgl. Haegeman et al. 2008 und Abschnitt 5). Damit wird auch zwischen Linksaußenposition und (durch resumptive d-Pronomen besetzter) Linksversetzungsposition als ±satzextern unterschieden, was syntaktisch wie prosodisch berechtigt ist. Schwierig ist dagegen die Einordnung der präfiniten Fälle: Nach Frey (2011) stehen sie, obwohl eindeutig unintegriert, satzintern im Vorfeld, was der üblichen Auffassung des Vorfelds als Integrationsposition widerspricht. Da unabhängige Evidenz für den implizierten Unterschied zu Unintegriertheitstypen im Sinne von (6) fehlt, sind Vorbehalte am Platz; andererseits führt Beibehaltung der Standardannahmen zu Vorfeld und ±Integrationsstruktur zur ihrerseits kontroversen Annahme V1-deklarativer Bezugssätze für präfinite Fälle (so Reis/Wöllstein 2010). Da NS-‚Voranstellung' generell noch Fragen aufwirft (siehe Moulton 2009), lassen wir diesen Punkt offen.

3.3 Folgerungen für den Subordinationsbegriff

In 3.2 hat sich gezeigt, dass neben kanonisch integrierten und unintegrierten NS viele Spielarten von ±Integriertheit existieren. Daraus ergeben sich interessante Folgerungen für den Subordinationsbegriff:

1. Das Koordinations-Subordinations-Verhältnis wird häufig als gradient aufgefasst, wobei nach Graden der (Un-)Integriertheit skaliert wird (siehe vor allem Lehmann 1988, Matthiessen/Thompson 1988, Raible 1992). Dies verlangt, dass sich die ±Integrations-relevanten Form- und Inhaltsfaktoren so ordnen lassen, dass ±Teilhabe an diesen Faktoren eine Skala der Fügungsphänomene ergibt. Hierzu passt der o.a. Befund nur wenig, denn quer zu den obersten Regulari-

täten – Integration impliziert Modifikations- oder Komplementrelation zum Bezugssatz; Nichtbestehen dieser Relationen impliziert Nichtintegration – gibt es obligatorische (MP-haltige AS, V1- und V2-AS) und (stilistisch genutzte) fakultative Unintegriertheit trotz Modifikationsrelation, s. o. (45); zudem führen gleiche Bedingungen (vgl. MP-Einschub, Uneingeleitetheit) zu stärkerer Desintegration bei AS als bei KS. Auch positionell sind ±integrierte NS nicht gradient strukturiert, das zeigt einerseits die z.T. arbiträre Verteilung unintegrierter NS auf die linken Unintegriertheitspositionen, andererseits der fehlende Einfluss von Binnen- vs. Außenstellung (Extraposition) auf den Integrationsgrad integrierter NS. Analoges gilt für Formunterschiede: Entgegen mancher Meinung (etwa Lehmann 1988, Raible 1992) sind Infinitkonstruktionen nicht von vornherein integrierter als finite NS, sondern treten genau wie diese ±integriert auf; quasi-koordinative Fälle wie *Er fuhr nach Italien, um schließlich in Neapel zu landen* sind syntaktisch-prosodisch sogar völlig unintegriert (jedoch nicht wurzelsatzgebunden). V2 fördert zwar, wie allgemein unterstellt, Unintegriertheit (ebenso V1), aber V2-KS, V2-RS, V2-AS, sog. *weil*-V2-AS, V1-AS sind je verschieden strukturiert, z.T. nur partiell unintegriert. Insgesamt spricht das gegen Gradienz als strukturrelevantes Prinzip der Satzfügung; vielmehr ergeben sich die verschiedenen Fügungstypen aus der Rekonstruktion der verschiedenen Arten von NS-Verhalten im Rahmen der Gesamtgrammatik.

2. Gegen VE-Stellung als Korrelat der Subordinationsrelation werden immer wieder V1- und V2-NS als Gegenbeispiele angeführt. In 3.2 zeigte sich jedoch, dass diese entweder parataktische Strukturen sind (V2-RS, V2-AS, *weil*-V2-AS) oder aber für eingeleitete VE-Sätze unter angebbaren (in der Regel semantischen) Bedingungen substituieren (V2-KS, V1-AS); in keinem Fall sind sie die allein möglichen NS-Formen. Von daher sind tatsächlich nur VE-Sätze ‚geborene' Nebensätze. Dass VE-Stellung per se Subordination indiziert, bestätigt nicht zuletzt das bekannte Faktum, dass sich interrogative w-Ausdrücke in Wurzelsätzen mit V2-Stellung, in NS mit VE-Stellung verbinden, was heißt: VE-Stellung wird nicht vom Einleitungselement induziert sondern direkt von Subordination.

4 Parenthese

In vollständige Sätze können Ausdrücke verschiedenen Typs – von Wörtern bis Sätzen – eingeschoben werden (47); die inhaltlichen Beziehungen dieser (hier kursivierten) Einschübe bzw. ‚Parenthesen' zum Trägersatz reichen von nicht vorhanden (47a) über existent, vgl. das Charakterisierungsverhältnis in (47b), bis eng, vgl. das Quasi-Komplementverhältnis in (47c-d).

(47) a. Ich komme jetzt *Vorsicht, da sind Wespen!* zum nächsten Punkt.
  b. Er ist *ganz klar / so sehen das alle / wen wunderts?* der Beste.
  c. Hier *glaube ich / scheint es* wohnt keiner.
  d. Hier wohnt keiner *glaube ich / scheint es.*

Entsprechend uneinheitlich erscheint dieser Fügungstyp: Fälle wie (47a) legen nahe, dass Parenthesen rein linear mit dem Trägersatz verbunden, also (wie auch immer außergrammatisch bewirkte) Interpolationen sind; bei Fällen wie (47b-d) überwiegt dagegen die Ähnlichkeit mit innergrammatischen Teilsatzbeziehungen, was quasi-parataktische bzw. Adjunktionsanalysen für (47b) und Komplement (und Bewegungs)-Analysen für (47c-d) motivierte. Außer- wie innergrammatische Analysen finden sich jedoch auch verallgemeinert auf alle Parenthesetypen; Konsens gibt es bisher nicht.

Zur Strukturfrage und allen sonstigen grammatisch-pragmatischen Aspekten von Parenthesen bieten Dehé/Kovalova (2007) und Dehé (2009a) einen umfassenden aktuellen Überblick. Wir beschränken uns deshalb auf zwei unter Satzfügungsperspektive besonders wichtige Punkte:

1. Parenthesen wie in (47a-b) weisen alle kanonischen Unintegriertheitsmerkmale auf; von daher erstaunt nicht, dass auch unintegrierte NS-Typen aus 3.2, etwa appositive RS, oft als parenthetisch eingestuft werden. Da aber nicht klar ist, ob zwischen ±parenthetischer Unintegriertheit strukturell zu trennen ist (auch für unintegrierte NS gibt es innergrammatische wie außer- bzw. diskursgrammatische Analysen, siehe Holler 2007, Haegeman et al. 2008), noch prosodisch eindeutige Distinktionsmerkmale vorzuliegen scheinen (vgl. vor allem Dehé 2009b), ist das vielleicht ein Scheingegensatz, zumindest bzgl. Satzfügung. Beim jetzigen Forschungsstand muss das offen bleiben.

2. Parenthesen wie (47c-d) vs. (47a-b) werden oft als ±integriert unterschieden, auch prosodisch; dafür präsentiert Dehé (2009b) überzeugende Evidenz. Unklar ist jedoch fürs Deutsche, was alles zu den integrierten Parenthesen zählt (nur V1-Fälle wie (47c-d) oder auch *wie-, so-* und *was*-eingeleitete Einschübe?), vor allem aber die syntaktische Analyse von V1-Fällen wie (47c): Einerseits werden sie als Extraktionen aus subordinierten V2-NS analysiert, andererseits als präfinite Parenthesen analog zu form- und verhaltensgleich scheinenden postfiniten Parenthesen wie (47d) (siehe Reis 2002); dafür dass beide Analysen ihren Anwendungsbereich haben, argumentiert Viesel (2011). Wir lassen diesen Streitpunkt ebenfalls offen; dass er die Nähe zwischen Parenthese und Subordination auch für integrierte Fälle manifestiert, dürfte evident sein.

5 Text und Diskurs

Betrachtet man eine Sequenz zweier nicht über Konjunktionen verbundener einfacher Sätze wie in (48), dann sind zwei Dinge offensichtlich:

(48) Hans ist aufgewacht. Das Telefon hat geklingelt.

Erstens stehen die beiden Sätze inhaltlich nicht unverbunden nebeneinander, sondern werden in kohärenter Weise aufeinander bezogen, eine *Kohärenz-* bzw. *Diskursrelation R* wird zwischen den Sätzen etabliert. Zweitens ist nicht unbedingt eindeutig, welche Diskursrelation zwischen den Sätzen etabliert wird: (48) kann im Sinne von (49a) als eine Abfolge zweier Ereignisse verstanden werden, oder im Sinne von (49b) als eine Begründung für das Aufwachen von Hans.

(49) a. Hans ist aufgewacht und das Telefon hat geklingelt.
b. Hans ist aufgewacht, denn das Telefon hat geklingelt.

Die Beobachtung, dass (48) in seiner Interpretation weniger eingeschränkt ist als (49a), führt Carston (1993) auf die Annahme zurück, dass (49a) als eine einzelne konzeptuelle Einheit zu verarbeiten ist, während in (48) zwei grundsätzlich unabhängige konzeptuelle Einheiten vorliegen. Syntaktisches Korrelat dieser Unterscheidung ist der Begriff der Selbständigkeit: Ist man gewillt zwischen Satz- und Diskursgrammatik zu trennen, dann markiert die Verknüpfung selbständiger Einheiten den Übergang.

Im Diskurs stellt sich erneut die Frage, *wie* zwei Einheiten miteinander verknüpft werden. Beispiele wie in (50) zeigen, dass auch auf dieser Ebene Sätze intuitiv entweder gleichberechtigt nebeneinander stehen (50a), oder einer dem anderen in einem zu spezifizierenden Sinne untergeordnet ist: So ist in (50b) der zweite Satz dem ersten insofern inhaltlich untergeordnet, als er eine Erklärung für das Aufwachen liefert.

(50) a. Alle lieben Charlie. Keiner liebt Alan.
b. Hans ist aufgewacht. Der Wecker hat geklingelt.

In Modellen wie der in Mann/Thompson (1988) entwickelten *Rhetorical Structure Theory* (RST) oder der in Asher/Lascarides (2003) dargestellten *Segmented Discourse Representation Theory* (SDRT), die Diskursstrukturen explizit über gerichtete Graphen repräsentieren, kann diese Intuition formal repräsentiert werden. So wird in der RST bei Verknüpfungen im Diskurs zwischen *Nuklei* und *Satelliten* unterschieden, wobei Satelliten immer von einem Nukleus abhängen, Nuklei aber auch ohne einen Satelliten auftreten können. In (50b) spielt der zweite Satz die Rolle des Satelliten zum ersten, vgl. (51b), in (50a) werden zwei Nuklei verbunden, vgl. (51a).

(51) a. 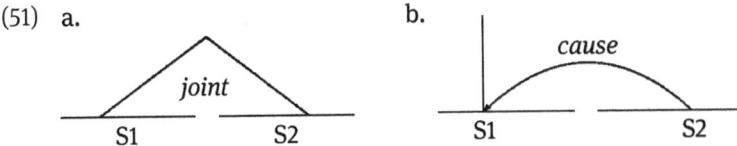   b.

Die SDRT verwendet eine etwas andere Notation, die einer vergleichbaren Intuition Rechung trägt: Diskursrelationen wie *explanation* in (50b) werden als subordinierend aufgefasst und durch eine vertikale Struktur dargestellt, vgl. (52b). Diskursrelationen wie *continuation* oder *contrast* in (50a) werden dagegen als koordinierend aufgefasst und durch eine horizontale Struktur dargestellt, vgl. (52a) und z.B. Hobbs (1985), Asher (1993).

(52) a. 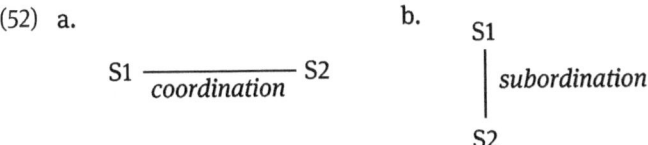   b.

Welche Relationen jeweils angenommen werden und in welche Klasse sie jeweils fallen, unterscheidet sich von Ansatz zu Ansatz. Die Diskursrelation *background* beispielsweise wird in RST als eine Nukleus/Satellite-Relation, in SDRT aber als eine koordinierende Relation aufgefasst. Dies zeigt, dass entweder die fragliche Relation jeweils anders zu verstehen ist oder dass die Strukturen in (51) und (52) leicht Unterschiedliches meinen. In jedem Fall stellt sich die Frage, auf welcher Grundlage entschieden werden kann, ob eine Relation nun in die eine oder die andere Klasse fällt.

Asher/Vieu (2005) greifen exakt dieses Problem auf und schlagen einen prototypischen Ansatz auf der Basis von insgesamt vier Testverfahren vor. An dieser Stelle werden lediglich zwei Testverfahren exemplarisch und vereinfacht dargestellt. Ausgehend von der Annahme, dass Sätze in einem Diskurs nur an die rechte Diskursgrenze andocken können (*Right Frontier Constraint*), kann folgendes Kriterium formuliert werden:

(53) *Diskurserweiterung.* Kann S3 an S1 andocken, ist S2 S1 subordiniert. Kann S3 nur an S2 andocken, sind S1 und S2 koordiniert.

a.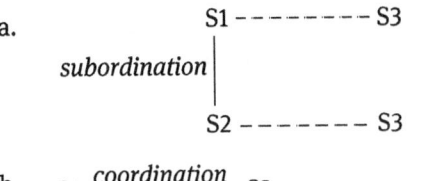

b.

Dieses Kriterium macht sich zunutze, dass nach Annahme bei Subordination beide Sätze Teil der rechten Diskursgrenze sind, bei Koordination dagegen das Zweitkonjunkt den Zugriff auf das Erstkonjunkt blockiert. Tatsächlich kann in (50b) der erste Satz durchaus durch *er rieb sich die Augen* inhaltlich fortgeführt werden. In (50a) ist eine Fortführung wie *er ist halt so charmant* dagegen vergleichsweise problematisch, was auch an der Schwierigkeit des anaphorischen Bezugs festzumachen ist.

Der zweite Test bezieht sich indirekt auf den Begriff des Diskurstopiks. Hinter diesem Begriff steht die Intuition, dass sich ganze Diskursabschnitte auf eine konkrete Fragestellung beziehen, eine *Quaestio* im Sinne von Klein/von Stutterheim (1987) bzw. eine *Question under Discussion* (QUD) im Sinne von van Kuppevelt (1995) oder Roberts (1996). Fragen bzw. Diskurstopiks wird eine diskursstrukturierende Funktion zugebilligt, wobei der Bezug eines Satzes zu seinem Diskurstopik immer ein Subordinationsverhältnis konstituiert. Innerhalb der SDRT wird eine Diskursrelation *continuation* angenommen, die den fortführenden Bezug auf ein und dasselbe Diskurstopik kodiert. Diese wird als eine koordinierende Relation betrachtet (so wie zwei Teilantworten auf dieselbe Frage intuitiv gleichrangig zu sein scheinen). Ausgenützt werden kann dies in zweierlei Hinsicht: 1. Sind S2 und S3 über *continuation* verbunden sowie über eine weitere Diskursrelation *D*, dann ist (mit größter Wahrscheinlichkeit) auch *D* eine koordinierende Relation. 2. Ist außerdem S2 mit S1 nicht über *continuation* verknüpft, sondern über eine Relation *R*, dann ist *R* eine subordinierende Relation, vgl. (54).

(54) *Continuation.* Angenommen S1 und S2 sind nicht über *continuation* verknüpft, dafür aber S2 und S3. In diesem Fall ist S2 S1 subordiniert.

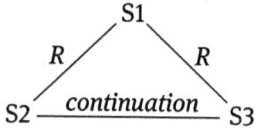

In dieser Weise können Diskursrelationen nun in ko- und subordinierende Relationen klassifiziert werden. Nach Asher/Lascarides (2003) sind neben *continuation* und *background* auch *consequence*, *narration* und *contrast* koordinierend, während z.B. *explanation* und *elaboration* subordinierend sind. Wie die Relationen vom Rezipienten inferiert werden, ist eine noch offene und komplexe Frage. Es ist davon auszugehen, dass dies ein multifaktorieller und möglicherweise auch bidirektionaler Prozess ist, der neben allgemeinem Weltwissen, Scripts, Frames und Implikaturen auch diskursstrukturelle Faktoren einbezieht. Konjunktionaladverbien wie *dann* (narration), *folglich* (result) oder auch *zum Beispiel* (elaboration) werden häufig als Indikatoren für bestimmte Relationen betrachtet.

Wird der diskursstrukturelle Ansatz – wie das tatsächlich sowohl in der RST als auch in der SDRT der Fall ist – auf unselbständige Satzeinheiten generalisiert, dann sind offenbar auch koordinierende und subordinierende Konjunktionen als Indikatoren für Diskurs- oder besser Kohärenzrelationen aufzufassen: So würde z. B. *weil* die Relation *explanation* signalisieren, *aber* die Relation *contrast*; *und* könnte möglicherweise generell koordinierende Relationen markieren (Txurruka 2003). Damit stellt sich natürlich die Frage nach dem Verhältnis von Ko- und Subordination im Diskurs zu Ko- und Subordination in der Satzgrammatik. Fallen beide Begriffe zusammen? Dass dem nicht so ist, zeigen *for* im Englischen und *denn* im Deutschen: Beide Konjunktionen sind syntaktisch parordinierend (beiordnend), kodieren aber diskursstrukturell die subordinierende Relation *explanation* (vgl. z. B. Asher/Vieu 2005; für das Deutsche Blühdorn 2008). Diese Asymmetrie zwischen syntaktischen und diskursstrukturellen Eigenschaften ist sicher die Basis für eine Erklärung des besonderen Verhaltens von *denn*.

Im Bereich ko- und subordinierender Konjunktionen zielt die Redeweise von der Kodierung rhetorischer Relationen – von einigen Ausnahmen wie *und* einmal abgesehen – auf die Bedeutung der Konjunktionen (im weiteren Sinne). Nach Lang (1977, 1991) ist für die Bedeutung koordinierender Konjunktionen charakteristisch, dass die Konjunkte unter eine sog. *gemeinsame Einordnungsinstanz* (einen *Common Integrator*) fallen. So ist die Äußerung *sie kam mit Mann und Hut* auffälliger als die Äußerung *sie kam mit Mann und Kind*, da nur im letzteren Fall beide Konjunkte unter einen naheliegenden Oberbegriff fallen (*Familie*). Bei Satzkoordinationen ist der *Common Integrator* nach Lang (1977, 1991) mit einer w-Frage zu identifizieren, die als ein Topik im obigen Sinne aufgefasst werden kann. Dies deutet darauf hin, dass Koordination im Diskurs und Semantik der Koordination letztlich zwei Seiten einer Medaille beleuchten. Eine (wenn nicht die) Besonderheit der Konjunktion *denn* besteht unter dieser Perspektive also darin, dass sie syntaktisch beiordnend, aber semantisch unterordnend ist.

Die Untersuchung rhetorischer Relationen und diskursiver Strukturen ist eine vergleichsweise junge Disziplin, bei der viele interessante Fragen noch offen sind. So ist zum Beispiel bei näherer Betrachtung der Status rhetorischer Relationen keineswegs offensichtlich: Haben diese eine eigene Realität oder sind sie nur Artefakt anderer pragmatischer Prozesse wie der Auflösung anaphorischer Beziehungen und dem Ziehen konversationeller Schlüsse? Wenn man ihnen eine eigene Realität zubilligt, lässt sich dann die Unterscheidung in koordinative und subordinative Diskursstrukturen tatsächlich aufrechterhalten und vor allem auch sauber definieren? Und was verknüpfen rhetorische Relationen eigentlich? Propositionen? Oder lediglich illokutiv eigenständige Einheiten, also Sprechakte? So wichtig diese Fragen sind, mögliche Antworten konnten hier nur angedeutet werden.

6 Literatur

Altmann, H. (1981): Formen der „Herausstellung" im Deutschen: Rechtsversetzung, Linksversetzung, Freies Thema und verwandte Konstruktionen. Tübingen: Niemeyer.
Altmann, H. (1997): Verbstellungsprobleme bei subordinierten Sätzen in der deutschen Sprache. In: Dürscheid, C./Ramers, K.-H./Schwarz, M. (Hgg.), Syntax im Fokus. Festschrift für Heinz Vater. Tübingen: Niemeyer, 69–84.
Antomo, M./Steinbach, M. (2010): Desintegration und Interpretation. *Weil*-V2-Sätze an der Schnittstelle zwischen Syntax, Semantik und Pragmatik. In: Zeitschrift für Sprachwissenschaft 29, 1–38.
Asher, N. (1993): Reference to Abstract Objects in Discourse. Dordrecht: Kluwer.
Asher, N./Lascarides, A. (Hgg.) (2003): Logics of Conversation. Cambridge: Cambridge University Press.
Asher, N./Vieu, L. (2005): Subordinating and Coordinating Discourse Relations. In: Lingua 115, 591–610.
Auer, P. (1998): Zwischen Parataxe und Hypotaxe: ‚Abhängige Hauptsätze' im Gesprochenen und Geschriebenen Deutsch. In: Zeitschrift für Germanistische Linguistik 26, 284–307.
Bech, G. (1955/57): Studien über das deutsche verbum infinitum. 2 Bde. København. [2. Aufl. 1983 Tübingen: Niemeyer]
Blühdorn, H. (2007): Zur Struktur und Interpretation von Relativsätzen. In: Deutsche Sprache 35, 287–314.
Blühdorn, H. (2008): Subordination and Coordination in Syntax, Semantics and Discourse: Evidence from the Study of Connectives. In: Fabricius-Hansen, C./Ramm, W. (Hgg.), ‚Subordination' vs. ‚Coordination' in Sentence and Text. Amsterdam: Benjamins, 59–85.
Brandt, M. (1990): Weiterführende Nebensätze. Zu ihrer Syntax, Semantik und Pragmatik. Stockholm: Almqvist & Wiksell.
Brandt, M. (1994): Subordination und Parenthese als Mittel der Informationsstrukturierung in Texten. In: Sprache & Pragmatik 32, 1–38.
Breindl, E. (2009): Fehler mit System und Fehler im System. Topologische Varianten bei Konnektoren. In: Konopka, M./Strecker, B. (Hgg.), Deutsche Grammatik – Regeln, Normen, Sprachgebrauch. Berlin: de Gruyter, 274–306.
Büring, D./Hartmann, K. (1998): Asymmetrische Koordination. In: Linguistische Berichte 174, 172–201.
Carston, R. (1993): Conjunction, Explanation and Relevance. In: Lingua 90, 27–48.
Chomsky, N. (1981): Lectures on Government and Binding. Dordrecht: Foris.
Coniglio, M. (2011): Die Syntax der deutschen Modalpartikeln: Ihre Distribution und Lizenzierung in Haupt- und Nebensätzen. Berlin: Akademie Verlag.
Culicover, P.W. (1972): OM-Sentences. In: Foundations of Language 8, 199–236.
Culicover, P.W./Jackendoff, R. (1997): Semantic Subordination Despite Syntactic Coordination. In: Linguistic Inquiry 28, 195–217.
d'Avis, F.-J. (2004): In Front of the Prefield – Inside or Outside the Clause? In: Lohnstein, H./Trissler, S. (Hgg.), The Syntax and Semantics of the Left Periphery. Berlin: de Gruyter, 139–177.
Dehé, N. (2009a): Parentheticals. In: Cummings, L. (Hg.), The Pragmatics Encyclopedia. London: Routledge, 307–309.
Dehé, N. (2009b): Clausal Parentheticals, Intonational Phrasing, and Prosodic Theory. In: Journal of Linguistics 45, 569–615.
Dehé, N./Kavalova, Y. (Hgg.) (2007): Parentheticals. Amsterdam: Benjamins.

Eckardt, R. (2011): Imperatives as Future Plans. In: Reich, I./Meinelt, E./Pauly, D. (Hgg.), Proceedings of Sinn und Bedeutung 15. Saarbrücken: universaar, 209–223.
Fabricius-Hansen, C. (1992): Subordination. In: Hoffmann, L. (Hg.), Deutsche Syntax. Ansichten und Aussichten. Berlin: de Gruyter, 458–483.
Fabricius-Hansen, C./Stechow, A. von (1989): Explikative und implikative Nominalerweiterungen im Deutschen. In: Zeitschrift für Sprachwissenschaft 8, 173–205.
Franke, M. (2008): Pseudo-Imperatives and Other Cases of Conditional Conjunction and Conjunctive Disjunction. In: Fabricius-Hansen, C./Ramm, W. (Hgg.), ‚Subordination' vs. ‚Coordination' in Sentence and Text. Amsterdam: Benjamins, 255–279.
Frey, Werner (2011): Peripheral Adverbial Clauses, their Licensing, and the Prefield in German. In: Breindl, E./Ferraresi, G./Volodina, A. (Hgg.), Satzverknüpfung – Zur Interaktion von Form, Bedeutung und Diskursfunktion. Berlin: de Gruyter, 41–77.
Freywald, U. (2008): Zur Syntax und Funktion von *dass*-Sätzen mit Verbzweitstellung. In: Deutsche Sprache 36, 246–285.
Gärtner, H.-M. (2001): Are there V2 Relative Clauses in German? In: Journal of Comparative Germanic Linguistics 3, 97–141.
Grice, H. (1975): Logic and Conversation. In: Cole, P./Morgan, J.L. (Hgg.), Speech Acts. Syntax and Semantics 3. New York: Academic Press, 41–58.
Günthner, S. (1993): weil – man kann es ja wissenschaftlich untersuchen. Diskurspragmatische Aspekte der Wortstellung in WEIL-Sätzen. In: Linguistische Berichte 143, 37–59.
Günthner, S. (1999): *Wenn*-Sätze im Vor-Vorfeld. Ihre Formen und Funktionen in der gesprochenen Sprache. In: Deutsche Sprache 27, 209–235.
Haegeman, Liliane [1991] (2008): Parenthetical Adverbials: The Radical Orphanage Approach. In: Shaer, B./Cook, P./Frey, W./Maienborn, C. (Hgg.), Dislocated Elements in Discourse. Syntactic, Semantic, and Pragmatic Perspectives. London: Routledge, 580–611.
Haegeman, L. (2003): Conditional Clauses: External and Internal Syntax. In: Mind and Language 18, 317–339.
Haegeman, L. (2006): Conditionals, Factives, and the Left Periphery. In: Lingua 116, 1651–1669.
Haegeman, L./Shaer, B./Frey, W. (2008): Postscript. Problems and Solutions for Orphan Analyses. In: Shaer, B./Cook, P./Frey, W./Maienborn, C. (Hgg.), Dislocated Elements in Discourse. Syntactic, Semantic, and Pragmatic Perspectives. London: Routledge, 348–363.
Haider, H. (2010): The Syntax of German. Cambridge: Cambridge University Press.
Hartmann, K. (2002): Right Node Raising and Gapping. Interface Conditions on Prosodic Deletion. Amsterdam: Benjamins.
Heycock, C. (2006): Embedded Root Phenomena. In: Everaert, H./Riemsdijk, H. van (Hgg.), The Blackwell Companion to Syntax. Vol. 2. Oxford: Blackwell, 174–209.
Hobbs, J. (1985): On the Coherence and Structure of Discourse. Report CSLI-85-37. Stanford: CSLI.
Höhle, T.N. (1983): Subjektlücken in Koordinationen. Manuskript, Universität Tübingen.
Höhle, T.N. (1986): Der Begriff ‚Mittelfeld': Anmerkungen über die Theorie der topologischen Felder. In: Weiss, E./Wiegand, H.E./Reis, M. (Hgg.), Textlinguistik contra Stilistik. Tübingen: Niemeyer, 329–340.
Höhle, T.N. (1990): Assumptions About Asymmetric Coordination in German. In: Mascaró, J./Nespor, M. (Hgg.), Grammar in Progress. Glow Essays for Henk van Riemsdijk. Dordrecht: Foris, 221–235.
Höhle, T.N. (1991): On Reconstruction and Coordination. In: Haider, H./Netter, K. (Hgg.), Representation and Derivation in the Theory of Grammar. Dordrecht: Kluwer, 139–197.

Holler, A. (2005): Weiterführende Relativsätze. Empirische und theoretische Aspekte. Berlin: Akademie Verlag.

Holler, A. (2007): Uniform oder different? Zum syntaktischen Status nicht-restriktiver Relativsätze. In: Deutsche Sprache 35, 250–270.

Holler, A. (2008): German Dependent Clauses from a Constraint-Based Perspective. In: Fabricius-Hansen, C./Ramm, W. (Hgg.), ‚Subordination' vs. ‚Coordination' in Sentence and Text. Amsterdam: Benjamins, 187–216.

Jackendoff, R. (1977): X' Syntax. Cambridge, MA.: MIT Press.

Johannessen, J.B. (1998): Coordination. Oxford: Oxford University Press.

Johnson, K. (1996): In Search of the English Middle Field. Manuskript, University of Massachusetts/Amherst.

Kehler, A. (2004): Discourse Coherence. In: Horn, L.R./Ward, G.N. (Hgg.), Handbook of Pragmatics. Oxford: Blackwell. 241–265.

Klein, W./Stutterheim, C. von (1987): Quaestio und referentielle Bewegung in Erzählungen. In: Linguistische Berichte 109, 163–183.

König, E./Auwera, J. van der (1988): Clause Integration in German and Dutch Conditionals, Concessive Conditionals, and Concessives. In: Haiman, J./Thompson, S.A. (Hgg.), Clause Combining in Grammar and Discourse. Amsterdam: Benjamins, 101–133.

Kuppevelt, J. van (1995): Main Structure and Side Structure in Discourse. In: Linguistics 33, 809–833.

Lang, E. (1977): Semantik der koordinativen Verknüpfung. Berlin: Akademie Verlag.

Lang, E. (1991): Koordinierende Konjunktionen. In: Stechow, A. von/Wunderlich, D. (Hgg.), Semantik. Ein internationales Handbuch zeitgenössischer Forschung. Berlin: de Gruyter, 597–623.

Lehmann, Ch. (1988): Towards a Typology of Clause Linkage. In: Haiman, J./Thompson, S.A. (Hgg.) (1988), Clause Combining in Grammar and Discourse. Amsterdam: Benjamins, 181–225.

Mann, W. C./Thompson, S.A. (1988): Rhetorical Structure Theory: Toward a Functional Theory of Text Organization. In: Text 8, 243–281.

Matthiessen, C./Thompson, S.A. (1988): The Structure of Discourse and ‚Subordination'. In: Haiman, J./Thompson, S.A. (Hgg.), Clause Combining in Grammar and Discourse. Amsterdam: Benjamins, 275–329.

Meinunger, A. (2004): Verb Position, Verbal Mood and the Anchoring (Potential) of Sentences. In: Lohnstein, H./Trissler, S. (Hgg.), The Syntax and Semantics of the Left Periphery. Berlin: de Gruyter, 313–341.

Moulton, K. (2009): Natural Selection and the Syntax of Clausal Complementation. PhD Dissertation University of Massachusetts/Amherst.

Munn, A. (1992): A Null Operator Analysis of ATB Gaps. In: The Linguistic Review 9, 1–26.

Pasch, R./Brauße, U./Breindl, E./Waßner, U.H. (2003): Handbuch der deutschen Konnektoren. Linguistische Grundlagen der Beschreibung und syntaktische Merkmale der deutschen Satzverknüpfer (Konjunktionen, Satzadverbien und Partikeln). Berlin: de Gruyter.

Pittner, K. (1999): Adverbiale im Deutschen. Untersuchungen zu ihrer Stellung und Interpretation. Tübingen: Stauffenburg.

Posner, R. (1979): Bedeutung und Gebrauch der Satzverknüpfer in den natürlichen Sprachen. In: Grewendorf, G. (Hg.), Sprechakttheorie und Semantik. Frankfurt/Main: Suhrkamp, 345–385.

Postal (1974): On Raising. Cambridge, MA: MIT Press.

Raible, W. (1992): Junktion. Eine Dimension der Sprache und ihre Realisierungsformen zwischen Aggregation und Integration. Heidelberg: Winter.

Reich, I. (2007): Toward a Uniform Analysis of Short Answers and Gapping. In: Schwabe, K./Winkler, S. (Hgg.), On Information Structure, Meaning and Form. Amsterdam: Benjamins, 467–484.

Reich, I. (2009): Asymmetrische Koordination im Deutschen. Tübingen: Stauffenburg.
Reich, I. (2011): Ellipsis. In: Maienborn, C./Heusinger, K. von /Portner, P. (Hgg.), Semantics: An International Handbook of Natural Language Meaning. Vol. 2. Berlin: de Gruyter, 1849–1874.
Reich, I./Reis, M./Ehrich, V./Fortmann, C. (2009): Einführung. In: Ehrich, V./Fortmann, C./Reich, I./Reis, M. (Hgg.), Koordination und Subordination im Deutschen. Linguistische Berichte, Sonderheft 16. Hamburg: Buske, 5–20.
Reinhart, T. (1976): The Syntactic Domain of Anaphora. PhD Dissertation, MIT.
Reis, M. (1993): Satzfügung und kommunikative Gewichtung: Zur Grammatik und Pragmatik von Neben- vs. Unterordnung am Beispiel ‚implikativer' *und*-Konstruktionen im Deutschen. In: Reis, M. (Hg.), Wortstellung und Informationsstruktur. Tübingen: Niemeyer, 203–249.
Reis, M. (1997): Zum syntaktischen Status unselbständiger Verbzweit-Sätze. In: Dürscheid, C./Ramers, K.-H./Schwarz, M. (Hgg.), Syntax im Fokus. Festschrift für Heinz Vater. Tübingen: Niemeyer, 121–144.
Reis, M. (2002): *Wh*-movement and Integrated Parenthetical Constructions. In: Zwart, J.-W./Abraham, W. (Hgg.), Studies in Comparative Germanic Syntax. Proceedings from the 15th Workshop on Comparative Germanic Syntax. Amsterdam: Benjamins, 3–40.
Reis, M. (2011): *Kaum*-Gefüge im Deutschen – Grammatik und Pragmatik. In: Zeitschrift für Germanistische Linguistik 39, 317–355.
Reis, M. (2012): Adverbial V2 in German? Vortragsmanuskript zur Tagung „(Mis-) Matches in Clause Linkage", 13./14. 04. 2012, ZAS Berlin.
Reis, M./Wöllstein, A. (2010): Zur Grammatik (vor allem) konditionaler Verb-erst-Gefüge im Deutschen. In: Zeitschrift für Sprachwissenschaft 29, 111–180.
Roberts, C. (1996): Information Structure in Discourse: Towards an Integrated Formal Theory of Pragmatics. In: Yoon, J.-H./Kathol, A. (Hgg.), OSU Working Papers in Linguistics No. 49: Papers in Semantics, Ohio State University, 91–136.
Ross, J. R. (1967): Constraints on Variables in Syntax. PhD Dissertation, MIT.
Schachter, P. (1977): Constraints on Coordination. In: Language 53, 86–103.
Schwager, M. (2006): Interpreting Imperatives. Dissertation, Universität Frankfurt/Main.
Speyer, A. (2011): Je stärker der Fokus, desto geringer die Einbettung? Zum Status des *je*-Satzes in *je-desto*-Gefügen. In: Linguistische Berichte 225, 43–61.
Thurmair, M. (1989): Modalpartikeln und ihre Kombinationen. Tübingen: Niemeyer.
Sternefeld, W. (2006): Syntax. Eine morphologisch motivierte generative Beschreibung des Deutschen. 2 Bde. Tübingen: Stauffenburg.
Truckenbrodt, H. (2006): On the Semantic Motivation of Syntactic Verb Movement to C. In: Theoretical Linguistics 32, 257–306.
Txurruka, I.G. (2003): The Natural Language Conjunction *and*. In: Linguistics and Philosophy 26, 255–285.
Viesel, Y. (2011): *glaubt er, glaub ich, glaub*. Integrierte V1-Parenthesen, Extraktion aus V2-Komplementen, Grammatikalisierung. In: Linguistische Berichte 226, 129–169.
Wöllstein, A. (2008): Konzepte der Satzkonnexion. Tübingen: Stauffenburg.
Wunderlich, Dieter (1988): Some Problems of Coordination in German. In: Reyle, U./Rohrer, C. (Hgg.), Natural Language Parsing and Linguistic Theories. Dordrecht: Reidel, 289–316.
Zifonun, G./Hoffmann, L./Strecker, B. et al. (1997): Grammatik der deutschen Sprache. 3 Bde. Berlin: de Gruyter.

Ingo Reich und Marga Reis

26 Satztyp, Prosodie und Intonation

1 Einleitung
2 Fokus und Satzmodus
3 Defaultbetonung und Anfangsbetonung in Exklamativsätzen
4 Intonationsphrasen, Wurzelsätze und Sprechakte
5 Die Satzmelodie und ihre Bedeutung
6 Zusammenfassung
7 Literatur

1 Einleitung

Das Thema dieses Artikels sind Zusammenhänge der Satztypen mit der Prosodie (womit ich hier die Betonung und Phrasierung meine) und der Intonation (also der Satzmelodie).

Ein Satzmodus gemäß Altmann (1987, 1993) wird konstituiert durch die Assoziierung eines Formtyps, also einer Kombination formaler Merkmale, mit einem Funktionstyp, der die ausgedrückte propositionale Grundeinstellung charakterisiert. Die formalen Merkmale umfassen nach Altmann Stellungseigenschaften (insbesondere Verbstellung und Vorfeldbesetzung), das Vorhandensein bestimmter Arten (Kategorien) von Ausdrücken (etwa Fragewörter oder Modalpartikel), die Verbmorphologie, sowie eine Reihe intonatorischer Merkmale. Letztere umfassen bei Altmann (1987) den Hauptakzent, die Pausenstruktur, sowie eine Feingliederung von Intonationskonturen.

Die dem vorliegenden Artikel zugrunde liegende Perspektive sieht Altmanns Vorschlag als einen wichtigen Schritt auf dem Weg zu einem modularen Verständnis der Assoziation von Form und Funktion. In der in diesem Artikel zugrunde gelegten Perspektive würde jedes formale Element (etwa die Verbmorphologie, wie auch die Verbstellung) eine eigene semantisch-pragmatische Beschränkung mit sich bringen. Die Summe dieser Beschränkungen in einem von Altmann beschriebenen Formtyp würde dann die Äußerung auf den von Altmann beschriebenen Funktionstyp festlegen.

In diesem Artikel werden insbesondere die Beiträge der Intonation in ihrem eigenen Recht diskutiert, und es wird zum Teil auch ihre Unabhängigkeit von anderen satztyprelevanten Elementen herausgearbeitet.

Dieser Artikel führt in vier Schritten grundlegende Elemente der Prosodie und Intonation ein: 1. Fokus (Abschnitt 2), 2. Akzentuierung und Normalbetonung (Abschnitt 3), 3. Intonationsphrasen und Satzbetonung (Abschnitt 4),

4. Satzmelodie (Abschnitt 5). Nach der jeweiligen Einführung dieser Elemente werden ein oder zwei Interaktionen mit Satztypen diskutiert: zu 1. der Vorschlag, Fokus sei von Illokutionsoperatoren gebunden (Jacobs 1984); ebenfalls zu 1. immanenter Fokus in Fragesätzen; zu 2. die Anfangsbetonung in Exklamativsätzen; zu 3. einen möglichen Zusammenhang zwischen Satzbetonung und Sprechakten; zu 4. illokutionäre Bedeutungsbeiträge von finalem Anstieg und finalem Fall in der Satzmelodie, sowie expressive Intonation in Exklamativsätzen.

2 Fokus und Satzmodus

In Abschnitt 2.1 wird der Effekt des Fokus auf die Intonation eingeführt. In Abschnitt 2.2 wird ein von Jacobs (1984) vorgeschlagener Bezug des Fokus zu Illokutionstypoperatoren kritisch beleuchtet. In Abschnitt 2.3 wird der immanente Fokus in Interrogativsätzen kurz diskutiert.

2.1 Der Effekt des Fokus

Der Fokus ist ein zentraler Faktor bei der Festlegung der Hauptbetonung eines Satzes. In (1a,b) ist die Konstituente, die die jeweils erfragte Information liefert, mit F markiert. Die Hauptbetonung des Satzes (doppelt unterstrichen) liegt jeweils in dieser F-markierten Konstituente.

(1) a. Wer mag Bohnen?   [Peter]$_F$ mag Bohnen,
     b. Was mag Peter?   Peter mag [Bohnen]$_F$

Jackendoff (1972) hat das Merkmal F eingeführt und das Prinzip formuliert, dass die Hauptbetonung eines Satzes im Fokus, also in der F-markierten Konstituente, liegt. Ich nenne dieses Prinzip hier F-BETONUNG:

(2) F-BETONUNG (Jackendoff 1972)
     Die Hauptbetonung des Satzes muss in der fokussierten Konstituente liegen.

2.2 Ist Fokus an den Illokutionstyp gekoppelt? Der Vorschlag von Jacobs (1984)

Jacobs (1984) hat vorgeschlagen, dass der Fokus stets relativ zu einem formalgrammatischen Skopusoperator interpretiert wird. Der Skopusbereich umfasst den Fokus und den dazugehörigen Hintergrund. Der Hintergrund ist gemäß Jacobs die im Kontext vorgegebene alte Information, vor der der Fokus anderen Elementen gegenübergestellt wird. Der Skopusoperator kann eine fokussensitive Partikel wie *nur* oder *sogar* sein, wie in (3a), oder die Negation. In der Abwesenheit so eines fokussensitiven Elements, so Jacobs Vorschlag, wird der Fokus mit Bezug auf die Illokutionstypoperatoren ASS (Aussage), ERO (Frage) und DIR (Aufforderung) interpretiert, wie in (3b) angedeutet. Der Hintergrund ist also [Xs Schwester] in (3a) und [Peter besucht Xs Schwester] in (3b).

(3) a. Peter besucht nur$_1$ [Gerdas]$_{F,1}$ Schwester.
    b. Wessen Schwester besucht Peter?
       ASS$_1$ Peter besucht [Gerdas]$_{F,1}$ Schwester.

Jacobs Argument hierfür ist konzeptuell: Es ist eleganter und einheitlicher, wenn jeder Fokus in Bezug auf einen semantischen Bereichsoperator interpretiert wird. Später wurde in der Theorie von Rooth (1992), die viel verwendet wird, auf andere Weise jedem Fokus ein Skopus zugeordnet. Wie von Jacobs vorgeschlagen hat in dieser Theorie jeder Fokus einen grammatischen Skopusoperator. Allerdings ist der Skopus bei Rooth abstrakt und in keinem Fall von einem Illokutionstypoperator abhängig. Rooth verwendet dafür den Skopusoperator ~. In (4a) geht ~ eine interpretative Verbindung mit der fokussensitiven Partikel ein, die hier durch Koindizierung angedeutet ist. In (4b) wird der Fokus ebenfalls mit Bezug auf den Skopusoperator ~ interpretiert. In der Alternativensemantik von Rooth (1992) markiert ~ den Bereich, über den Alternativen berechnet werden. In Jacobs Terminologie wäre das der Fokus und der dazugehörige Hintergrund zusammengenommen. In (4a) etwa geht es um Alternativen der Form ‚Xs Schwester' (‚Xs Schwester' ist der Hintergrund bei Jacobs), also {Claudias Schwester, Marias Schwester, etc.}, jeweils mit vom Fokus verschiedenen Einsetzungen für das fokussierte Element *Gerda*. Die Interaktion mit *nur* ist derart, dass mit dem Satz assertiert wird, dass der Satz für solche Alternativen zu ‚Gerdas Schwester' falsch ist. In (4b) werden die Alternativen entsprechend dem Skopusoperator ~ über den ganzen Satz berechnet. Es sind Alternativen der Form ‚Peter besucht Xs Schwester' (dies entspricht wiederum dem Hintergrund bei Jacobs), also {Peter besucht Claudias Schwester, Peter besucht Marias Schwester etc.}, wieder jeweils mit vom Fokus verschiedenen Einsetzungen für das fokussierte Element *Gerda*. Die Semantik von ~ und F erfordert hier, dass der Kontext eine oder mehrere solche Alternativen liefert. Dies wird in (4b) als durch die vorangehende Frage erfüllt gesehen, deren Bedeutung genau solch eine Menge von möglichen Antworten aufspannt.

(4) a. Peter besucht nur₁ ~₁ [[Gerdas]_F Schwester]
     b. Wessen Schwester besucht Peter?
        ~ [Peter besucht [Gerdas]_F Schwester]

Einen Grund, dass ~ dabei formal an die Assertion gebunden sein müsste, gibt es m.E. nicht. Einen Eindruck von der Unabhängigkeit der beiden Dimensionen kann man in (5) bekommen. Auch hier bezieht sich die durch ~ markierte Konstituente auf die Frage im Kontext. Allerdings fällt sie nicht mit der Assertion des Satzes zusammen.

(5) Wessen Schwester besucht Peter?
     Wir können nach einem Bericht von Maria ausschließen,
     dass ~ [Peter [Gerdas]_F Schwester besucht]

Jacobs (1984) stellte sich auf den Standpunkt, dass sein Vorschlag korrekt vorhersagt, dass ein Fokus ohne fokussensitive Partikel stets mit weitestem Skopus, also dem Skopus des Illokutionstypoperators, interpretiert wird. Das ist allerdings nicht kompatibel mit (5). Weitester Skopus wäre ~ [Wir können nach einem Bericht von Maria ausschließen, dass Peter [Gerdas]_F Schwester besucht]. Hier müsste alles bis auf *Gerda* vorerwähnt sein (bzw. es müsste Alternativen der Form ‚Wir können nach Marias Bericht ausschließen, dass Peter Xs Schwester besucht' geben). Dies leistet der Kontext nicht, und es ist auch intuitiv klar, dass dem Kontext nicht zugeschrieben wird, dass dort bereits über das geredet wurde, was wir gemäß einem Bericht von Maria ausschließen können. Ein weiteres Beispiel für ~ ohne fokussensitive Partikel und ohne weitesten Skopus ist (6), in leichter Abwandlung eines Beispiels von Rooth (1992). Hier kann der Hintergrund der beiden Foki jeweils nicht größer sein als [ein(en) X Farmer]. Dieser Hintergrund wird in beiden Fällen weder von einem fokussensitiven Operator noch von einem Illokutionstypoperator abgeschlossen.

(6) ~ [ein amerikanischer_F Farmer] besuchte ~ [einen kanadischen_F Farmer]

Der Vorschlag von Jacobs zu beispielsweise (4b) geht mit der plausiblen Intuition einher, dass der Fokus die neue und daher eigentlich assertierte Information ist, und dass dadurch Fokus und Assertion verbunden wären. Dies ergibt sich m.E. aber auch, wenn die beiden Komponenten, Fokus und Assertion, unabhängig voneinander operieren. Fokus und Assertion nehmen beide auf den Redehintergrund (Stalnaker 1978 ‚common ground') Bezug, das geteilte Wissen von Sprecher und Adressat. Die Fokus-Hintergrund-Struktur erfordert die Vorerwähntheit des

Hintergrunds. Dies muss, wie alle Präsuppositionen, gemäß Stalnaker im einfachsten Fall im Redehintergrund erfüllt sein. In der Antwort in (4b) muss also auf Grund des Fokus bereits etwas der Form ‚Peter besuchte Xs Schwester' vorerwähnt sein. Die Assertion fügt nach Stalnaker (1978) die assertierte Proposition dem Redehintergrund hinzu (falls der Adressat nicht Einspruch erhebt). Auch wenn die Assertion dabei die gesamte Proposition ‚dass Peter Gerdas Schwester besucht' (ohne Untergliederung durch den Fokus) dem Redehintergrund hinzufügt, ergibt sich durch die gleichzeitige und unabhängige Interpretation des Fokus, dass der im Redehintergrund neue Teil der assertierten Proposition der Fokus *Gerda* ist.

Jacobs Vorschlag war in dem Sinne richtungsweisend, als heute nach allgemeiner Auffassung jeder Fokus einen formalen Skopus hat. Mit Bezug auf das Thema dieses Artikels ist mein Eindruck allerdings, dass es keine Evidenz dafür gibt, dass Fokus prinzipiell an Illokutionstypoperatoren gebunden ist. Allerdings werde ich in Abschnitt 3 auf einen ähnlichen Zusammenhang zwischen Sprechakten und Satzbetonung zurückkommen.

2.3 Spezielle Fokus-Effekte in Fragen

Fragen zeigen zum Teil ungewöhnliche prosodische Betonungseffekte auf w-Wörtern oder anderen fragespezifischen Elementen. So ist es gemäß Reis (1991) ein immanentes Merkmal von Echofragen, dass das w-Wort die Satzbetonung trägt (siehe auch Artikel 5 in diesem Band). (7) ist ein Beispiel.

(7) Du hast wem die Zeitung vorgelesen?

Ähnlich findet sich in den w-in-situ-Sprachen Japanisch und Türkisch Fokusprosodie auf den w-Wörtern in situ (Ishihara 2003, Göksel/Kerslake 2005).

Alternative Fragen wie (8a) erfordern immanent Satzbetonung auf den Alternativen (Han/Romero 2004a,b, Truckenbrodt 2013). In (8a) hat die Alternativenfrage die möglichen Antworten {du hast Hans die Zeitung vorgelesen, du hast Peter die Zeitung vorgelesen}. Fällt die Satzbetonung außerhalb der Disjunktion wie in (8b), so bleibt nur eine Lesart als ja/nein-Frage. Formal sind die möglichen Antworten dabei: {ich habe einem von beiden die Zeitung vorgelesen („ja"), habe ich nicht („nein")}, wobei es sich oft anbietet, zusätzliche Information anzugeben: „Ja, dem Peter".

(8) a. Hast du Hans oder Peter die Zeitung vorgelesen?
    b. Hast du Hans oder Peter die Zeitung vorgelesen?

In Fragen mit w-Bewegung gibt es keinen vergleichbaren Effekt des Anziehens der Satzbetonung auf den w-Wörtern. Dies ist in (9) illustriert, wo die Satzbetonung jeweils außerhalb des w-Wortes liegt. Allerdings sind die w-Wörter bei einer multiplen w-Frage akzentuiert, im Gegensatz zu den Vorkommen in einfachen w-Fragen und als indefinite Pronomen (vgl. Haida 2007, Truckenbrodt 2012a, 2013).

(9) a. Ich frage mich, wen sie mag.
    b. Ich frage mich, wer wo ein Zimmer reserviert hat.

Sprachübergreifend haben Sabel (2006) und Haida (2007) viele Sprachen zusammengetragen, in denen Fokus und w-Phrasen eine natürliche Klasse bilden. Gemäß Haida (2007) ist ein immanentes F-Merkmal bei Fragen syntaktisch und semantisch Teil der interrogativen Struktur. Seine Interpretation hat nichts mit der Informationsstruktur zu tun. Haida schlägt vor, dass dieses immanente F-Merkmal Exhaustivität zur Frage beiträgt.

In Truckenbrodt (2013) wird eine umfassende Theorie zur Rolle von immanentem F in Fragesätzen entwickelt. Diese Theorie folgt der allgemeinen Perspektive von Haida, dass immanentes F in Fragesätzen syntaktisch und semantisch Teil der interrogativen Struktur ist. Die Semantik folgt aber nicht Haidas Vorschlag der Exhaustivität. Vielmehr wird, Cable (2010) folgend, die Rolle von F in beiden Fällen darin gesehen, die Position der Variation in Alternativen (in einem weiteren Sinne) anzuzeigen. Bei den Fragen sind diese ‚Alternativen' die möglichen Antworten, die die Fragebedeutung konstituieren (Hamblin 1973). In dieser Perspektive ist das frageimmanente F-Merkmal identisch mit dem bekannten w-Merkmal in w-Wörtern und w-Phrasen, nur dass F in seiner frageimmanenten Funktion nicht relativ zu ~, sondern relativ zu einem Frage-Skopusoperator interpretiert wird. In (10a) wird es relativ zum Echofrageoperator EQ interpretiert. In (10b) erscheint es auf den Alternativen und in (10c) wiederum an den w-Wörtern; in beiden Fällen wird es relativ zu einem Frageoperator Q interpretiert. (11) ist eine verallgemeinerte Formulierung der Anziehung der Betonung durch den Fokus. Sie erfordert korrekt Satzbetonung in der F-markierten Konstituente in (10a,b). Für (10c) werden unabhängige Argumente gegeben, dass der w-Bewegung eine spezielle Version des Agreements zwischen Q und F (Chomsky 2000) vorausgeht. Eine Konsequenz dieses speziellen Agreements ist das Kopieren des Q-Merkmals an das F-Merkmal, wie in (10d). In Truckenbrodt (2013) wird postuliert, dass der Agreement-Mechanismus eine Alternative zur Erfüllung von (11) ist. Man kann es aber auch so sehen, dass (11) in (10d) trivial erfüllt ist, da die w-Phrase hier sowohl mit F als auch mit Q markiert ist, sodass F trivialerweise die stärkste Betonung in der verkleinerten Q-Domäne, nämlich der w-Phrase, trägt.

(10) a. EQ Du hast [wem]_F die Zeitung vorgelesen?   EQ: Echo-Frage-Operator
       b. Q Hast du [Hans oder Peter]_F die Zeitung vorgelesen?
       c. Q [wer]_F hat [wo]_F ein Zimmer reserviert
       d. Q [wer]_{F-Q} hat [wo]_{F-Q} ein Zimmer reserviert

(11)   F erhält die stärkste Betonung im Bereich seines Skopusoperators (~, Q, EQ).

Für Details sei der Leser auf Truckenbrodt (2013) verwiesen.

3 Defaultbetonung und Anfangsbetonung in Exklamativsätzen

In Abschnitt 3.1 werden Elemente der Defaultbetonung in weitem Fokus eingeführt. In Abschnitt 3.2 wird mit Bezug darauf die Möglichkeit der Anfangsbetonung in Exklamativsätzen diskutiert.

3.1 Defaultbetonung: Zur Rolle der Syntax in der Betonungszuweisung

Ist der Fokus größer, wie in (12b,c) und (13b), so genügt es nicht mehr, festzulegen, dass die Hauptbetonung im Fokus liegt, denn das ist nicht genug, um (13b) auszuschließen. Hier müssen weitere Annahmen zwischen dem Fokus und der genauen Position der Hauptbetonung in ihm vermitteln.

(12) a. Wen hat Peter eingeladen?   Peter hat [Maria]_F eingeladen
       b. Was hat Peter gemacht?   Peter hat [Maria eingeladen]_F
       c. Was ist geschehen?   [Peter hat Maria eingeladen]_F

(13) a. Wer hat Maria eingeladen?   [Peter]_F hat Maria eingeladen
       b. Was ist geschehen?   # [Peter hat Maria eingeladen]_F

Es gab unterschiedliche Vorschläge, diesen Zusammenhang zu analysieren.
Der Ansatz der Fokusprojektion beispielsweise (etwa Höhle 1982, von Stechow/Uhmann 1986) postulierte, dass F auf dem Wort mit Satzbetonung eingeführt wird, und von dort nach oben perkolieren/projizieren kann: F kann vom Objekt zur VP (von (12a) zu (12b)) und von der VP zum Satz perkolieren (von (12b) und (12c)), aber nicht vom Subjekt zum Satz ((13a) zu (13b)).
In dieser Analyse wird allerdings nicht eingefangen, dass ein Satz mehrere Akzente tragen kann, und dass die Satzbetonung (von marginalen Ausnahmen abgesehen) stets auf den rechtesten dieser Akzente fällt. In (12c) sieht man solch

einen zusätzlichen Akzent auf *Peter*. In Abbildung 1 ist eine Satzmelodie eines Satzes mit vier Akzenten gezeigt. Der Sprecher aus Baden-Württemberg hat ein im Süden typisches Tonmuster verwendet. Jeder Akzent ist durch einen starken Anstieg der Tonhöhe markiert und der letzte Akzent durch ein Abfallen der Tonhöhe (Truckenbrodt 2002, 2004, 2007a).

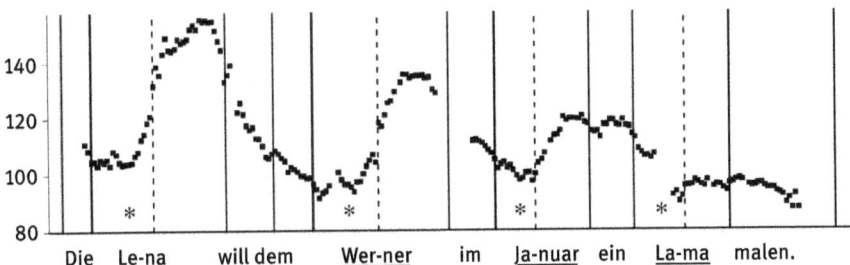

Abb. 1: F0-Kontur für *Die Lena will dem Werner im Januar ein Lama malen*, adaptiert von Truckenbrodt (2007a), Sprecher TL. Der Satz wurde als Antwort auf die Frage Was gibt's Neues? gelesen. Wortgrenzen sind mit durchgehenden Linien gekennzeichnet, akzentuierte Silben sind zusätzlich durch gestrichelte Linien abgegrenzt und mit einem ‚*' markiert.

Die Satzprosodie ist also eigentlich komplexer, und die Satzbetonung ist nur ein, mit der Akzentuierung integrierter, Aspekt davon.[1] Die Verfolgung solcher komplexerer Aspekte der Satzprosodie, über die Hauptbetonung des Satzes hinaus, hat viele Autoren zu folgender Perspektive geführt: Die Satzprosodie ist als Default unabhängig vom Fokus und nur mit Bezug auf die syntaktische Struktur definiert. Fokus kann dann gegebenenfalls Abweichungen von dieser Defaultprosodie erzwingen. Diese Perspektive findet sich in klassischen Arbeiten wie Bierwisch (1966), Kiparsky (1966), Chomsky/Halle (1968), Jackendoff (1972), Liberman/Prince (1977) und Pheby (1981). Spätere einflussreiche Arbeiten in dieser Perspektive umfassen Jacobs (1993) und Cinque (1993). Auch das Forschungsgebiet der prosodischen Phonologie, in dem zumeist Phonologen sprachübergreifend an der Satzprosodie forschen, von Nespor/Vogel (1986) sowie Selkirk (1980, 1986) bis hin zu Selkirk (2008, 2011), nimmt diese Perspektive ein. Hier wird an einen Vorschlag für das Englische, Deutsche und Niederländische von Gussenhoven (1983, 1992) angeknüpft, der in Uhmann (1991) im Detail auf das Deutsche angewandt wurde. In dieser Analyse werden zwei prosodische Ebenen unter-

---

1 Der genauere Vorschlag von Selkirk (1995) leitete auch die Positionen der Akzente aus der Perkolation von F-Merkmalen ab. Ich greife das hier nicht auf, zumal diese Theorie im Detail von Büring (2006) kritisiert wurde, und inzwischen nicht mehr von der Autorin verfolgt wird (s. Selkirk 2008).

schieden: die der Akzentzuweisung einerseits, und die der Verstärkung des letzten Akzents zur Satzbetonung. Die Analyse lässt sich wie in (14) darstellen. Der Satz ist in eine Reihe von Akzentphrasen gegliedert, die jeweils eine prominente Silbe der Akzentzuweisung mit einem ‚x' markieren. Auf der nächsthöheren prosodischen Ebene der Intonationsphrase ist der rechteste Akzent verstärkt. In (14) sind Akzente und Satzbetonung zusätzlich durch Unterstreichen gekennzeichnet (akzentuierte Wörter sind unterstrichen, das Wort mit Satzbetonung ist doppelt unterstrichen).

(14) (x   ) Intonationsphrase
   (x)(x)(x)(x   ) Akzentphrasen
   Die <u>Lena</u> will dem <u>Werner</u> im <u>Januar</u> ein <u>Lama</u> malen.

Gussenhoven (1983, 1992) formulierte eine deskriptive Regel der Akzentzuweisung. Etwas vereinfacht werden innerhalb eines Fokus alle Argumente und Adjunkte akzentuiert, sowie das Prädikat, i.e. Verb, wenn es nicht neben einem akzentuierten Argument steht. Eine einfache Generalisierung hinter dieser Aufzählung wurde in Truckenbrodt (1995, 2006b, 2007b) vorgeschlagen:

(15) Akzentzuweisung durch STRESS-XP:
   Jede lexikalische XP muss einen Akzent enthalten.
   (Akzente werden dabei minimal zugewiesen, um diese Bedingung zu erfüllen.)

Die nicht-pronominalen Satzglieder [$_{DP}$ die [$_{NP}$ Lena]] und [$_{PP}$ im [$_{NP}$ Januar]] erhalten einen Akzent auf [$_{NP}$ Lena] bzw. auf [$_{NP}$ Januar], da diese NPs die Bedingung in (15) erfüllen müssen. Alle vier Akzente in (14) werden in dieser Weise in einer NP auf dem Nomen zugewiesen:

(16) Die [$_{NP}$ <u>Lena</u>] will dem [$_{NP}$ <u>Werner</u>] im [$_{NP}$ <u>Januar</u>] ein [$_{NP}$ <u>Lama</u>] malen.

Die zusätzliche Frage, wann das Verb akzentuiert ist, wird durch Anwendung von STRESS-XP in (15) auf die VP beantwortet. Die Analyse nimmt ihren Ausgangspunkt in der klassischen Annahme zur Phrasenstruktur, dass die unmarkierte Reihenfolge ‚Adjunkt vor Argument' in (17a) daher kommt, dass das Argument innerhalb der VP steht, und das Adjunkt in einem relevanten Sinne außerhalb der VP, sei es adjungiert an die VP ([$_{VP}$ Adjunkt [$_{VP}$ ...]]) oder in einer unabhängigen funktionalen Projektion über der VP. Der unabhängig zugewiesene Akzent im Objekt in (17a,b), auf *Eis*, erfüllt nun auch STRESS-XP für die VP, denn er liegt ja auch innerhalb der VP. Somit muss hier kein zusätzlicher Akzent auf dem Verb zugewiesen werden. Das Adjunkt in (17c,d,e) aber steht im relevanten Sinne außerhalb der VP. Der Akzent auf dem Wort *Pause* kann daher nicht STRESS-XP für die VP erfüllen. Daher ist in der VP ein zusätzlicher Akzent nötig. Das Pronomen in (17c) ist akzentzurückweisend, und so fällt der Akzent der VP in (17c-e) auf das Verb.

(17) Was will Lena machen? Sie will ...
   a. in der [$_{NP}$ Pause] [$_{VP}$ ein [$_{NP}$ Eis] essen]
   b.   [$_{VP}$ ein [$_{NP}$ Eis] essen]
   c. in der [$_{NP}$ Pause] [$_{VP}$ etwas   essen]
   d. in der [$_{NP}$ Pause] [$_{VP}$ essen]
   e. in der [$_{NP}$ Pause] [$_{VP}$ schlafen]

Auf diese Weise sagt STRESS-XP korrekt aus unabhängigen Eigenschaften der Phrasenstruktur vorher, dass Verben neben einem betonten Argument wie in (17a,b) nicht akzentuiert werden, anderenfalls, wie in (17c-e), aber akzentuiert werden (s. dazu auch Krifka 1984 und Jacobs 1993).

In allen diskutierten Fällen wird die Satzbetonung durch Verstärkung des rechtesten Akzents zugewiesen:

(18) RECHTSVERSTÄRKUNG (Uhmann 1991)
    Der letzte Akzent der Intonationsphrase wird verstärkt.

Soweit also liefert die Kombination aus STRESS-XP und RECHTSVERSTÄRKUNG eine einfache Analyse der Satzprosodie, soweit kein enger Fokus interveniert. Bei engem Fokus wie in (13a) erzwingt dann F-BETONUNG eine Abweichung von dem durch STRESS-XP und RECHTSVERSTÄRKUNG definierten Muster. Hinzu kommt, dass Akzente des Default-Musters außerhalb eines Fokus unterdrückt werden: Vor dem Fokus werden Akzente nur noch optional zugewiesen; so kann *Peter* in (12a,b) optional einen Akzent tragen. Nach dem Fokus werden gar keine Akzente mehr zugewiesen. So wird in (13a) kein Akzent auf *Maria* zugewiesen. Diese Unterdrückung von Akzenten ist in (19) zusammengefasst.

(19) Fokusprosodie im Deutschen:
   a. Der Fokus zieht die Hauptbetonung des Satzes auf sich (F-BETONUNG).
   b. Nach dem Fokus wird kein Akzent zugewiesen, i.e. STRESS-XP ist hier unterdrückt.
   c. Vor dem Fokus sind die von Stress-XP erforderten Akzente optional.

(19b) kann als ein sekundärer Effekt von F-BETONUNG in Interaktion mit Rechtsverstärkung analysiert werden (Uhmann 1991, Truckenbrodt 1995). Gleichzeitig benötigt man sowieso ein zusätzliches Prinzip, welches auf kontextuell gegebenen Konstituenten Betonung eliminiert. Die Satzteile vor und nach dem Fokus in (12) und (13) sind (durch die Frage) kontextuell gegeben und so ist aus diesem unabhängigen Grund ihre Akzentuierung eingeschränkt (Féry/Samek-Lodovici 2006, siehe auch Büring 2009, Selkirk 2008, Féry/Ishihara 2009).

3.2 Initiale Betonung in manchen Exklamativsätzen

Rosengren (1992) vertritt die Ansicht, dass Exklamativsätze keinen durch grammatische Merkmale definierten Satztyp konstituieren. Im Zusammenhang mit der Prosodie und Intonation ist von Interesse, dass Exklamativsätze regelmäßig von intonatorischen Veränderungen begleitet sind (Batliner 1988). In diesem Abschnitt greife ich dabei eine Tendenz zur Anfangsbetonung heraus (Batliner 1988, Rosengren 1992, Altmann 1993, auch im Englischen beobachtet in Schubiger 1961, Bolinger 1986: 83). Steht dahinter eine grammatische Beschränkung, die Exklamativsatzstatus mit Betonung verbindet? Dann wäre Exklamativsatzstatus zumindest mit dieser intonatorischen Möglichkeit korreliert. Bei Rosengren (1992) sind solche intonatorischen Eigenschaften zwar nicht relevant für die Satztypen. Allgemeiner aber können wir uns fragen, ob es ein Merkmal wie [+exkl] in der Grammatik geben muss, damit die Ausnahmeregel für Anfangsbetonung darauf referieren kann.

Ich diskutiere hier einen Aspekt der Anfangsbetonung in Exklamativsätzen. Er zeigt meines Erachtens, dass Anfangsbetonung nicht generell durch Exklamativsatzstatus lizenziert wird. Relevant dabei ist eine Unterscheidung, die ich von d'Avis (2002) übernehme. D'Avis entwickelt diese Unterscheidung für W-Exklamative. Ich zeige hier, dass die Unterscheidung auch für nicht-interrogative Exklamativsätze gilt und entwickle sie im Folgenden ein Stück weit für diese. Ich nenne die beiden relevanten Lesarten ‚Emotion zu implizitem Grad' (EIG) wie in (20) (d'Avis: ‚degree reading') vs. ‚Emotion zu Proposition' (EP) wie in (21) (d'Avis: ‚non-degree reading'). Der Unterschied ist, dass in (20a,b) ein impliziter (hoher) Grad an Schönheit des Singens Erstaunen auslöst (in (20c) paraphrasiert), während (21a,b) keinen solchen Grad in der Interpretation umfassen können. Das Erstaunen bezieht sich hier nur darauf, dass Peter überhaupt schön singen kann, wie in der Paraphrase (21c). Deklarativsätze wie in (20a,b) können EIG ausdrücken. An (21a,b) sieht man im Vergleich, dass selbständige *dass*-Sätze das nicht können: Sie haben nur die EP-Lesart, keine EIG-Lesart.

(20) a. Der <u>Peter</u> kann schön singen!
 b. <u>Der</u> kann schön singen!
 c. S drückt Erstaunen darüber aus, in welchem Maße schön der (Peter) singen kann.

(21) a. Dass der Peter schön singen kann!
 b. Dass der schön singen kann!
 c. S drückt Erstaunen darüber aus, dass der (Peter) schön singen kann.

Ein Korrelat der EIG-Lesart ist die umgangssprachliche Möglichkeit, *mal* oder *vielleicht* einzufügen, wobei *mal* eine andere Bedeutung als *einmal* hat und *vielleicht* nicht seine übliche zweifelnde Bedeutung. Diese umgangssprachlichen Optionen sind möglicherweise auch dialektal beschränkt.

(22) a. Der kann *vielleicht/mal* schön singen!
  b. ?? Dass der *vielleicht/mal* schön singen kann!

EIG kommt nur mit impliziten Graden vor und wird durch explizite Gradangaben blockiert. In (23) fixiert *so* deiktisch einen Grad und in (24) gibt *sehr* einen expliziten Grad vor. In beiden Fällen liegt formal EP vor, ‚Emotion zu einer Proposition', wobei die Proposition einen durch *so* bzw. *sehr* fixierten Grad umfasst. Dabei sehen wir in (23b) und (24b), dass EP auch mit Deklarativsätzen möglich ist.

(23) a. Dass der (*vielleicht/*mal) so schön singen kann!
  b. Der kann (*vielleicht/*mal) so schön singen!

(24) a. Dass der (*vielleicht/*mal) sehr schön singen kann!
  b. Der kann (*vielleicht/*mal) sehr schön singen!

Die Unterscheidung zwischen EP und EIG ist für die Betonung wichtig: EP zeigt nur Normalbetonung, wie in (25) und (26). EIG erlaubt auch Normalbetonung wie in (27a), aber lizenziert außerdem unerwartete Anfangsbetonung, wie in (27b,c).

(25) a. Dass der [$_{NP}$ Peter] schön [$_{VP}$ [$_{VP}$ singen] kann]!
  b. # Dass der Peter schön singen kann!   (nur kontrastiv)
  c. # Dass der schön singen kann!   (nur kontrastiv)

(26) a. Der [$_{NP}$ Peter] kann so schön [$_{VP}$ singen]!
  b. # Der Peter kann so schön singen!   (nur kontrastiv)
  c. # Der kann so schön singen!   (nur kontrastiv)

(27) a. Der [$_{NP}$ Peter] kann schön [$_{VP}$ singen]!   (EIG-Lesart möglich)
  b. Der Peter kann schön [$_{VP}$ singen]!   (EIG-Lesart ohne Kontrast möglich)
  c. Der kann schön [$_{VP}$ singen]!   (EIG-Lesart ohne Kontrast möglich)

Die Grammatik muss von daher eine Regel oder Beschränkung der Anfangsbetonung wie (28) umfassen.

(28) EIG → anstelle der Rechtsverstärkung wird optional der erste Akzent der Intonationsphrase verstärkt.

Entscheidend für unsere Ausgangsfrage ist, dass die Anfangsbetonung wie in (28) durch EIG ausgelöst wird: EIG ist also eine grammatische Eigenschaft, auf die die Betonungsregel referieren können muss. Exklamativsatzstatus allgemeiner (EIG und EP zusammengenommen) ist andererseits keine Eigenschaft, auf die die Regel der Anfangsbetonung referieren können müsste.

4 Intonationsphrasen, Wurzelsätze und Sprechakte

4.1 Wurzelsätze, Intonationsphrasen und Satzbetonung

Manche Satzgefüge zeigen eine einzige Satzbetonung, wie in (29), andere zeigen zwei, wie in (30). In der germanistischen Literatur wird manchmal davon ausgegangen, dass jede solche Hauptbetonung einer Fokus-Hintergrund-Gliederung (FHG) entspricht, sodass in (29) eine FHG, in (30) zwei FHGs vorliegen.

(29) a. [Maria und Peter sagen, dass Hans im August nach Berlin kommt]
    b. [Maria liest das Buch, das ihr der Peter empfohlen hat]

(30) a. [Dass Hans nicht nach Berlin kommt], [bereitet Maria Sorgen]
    b. [Hans kommt im August nach Berlin], [denn er will mal wieder Peter besuchen]

Der vorliegende Artikel orientiert sich weiterhin an der sprachübergreifenden Literatur zur prosodischen Phonologie. Danach würde der Unterschied zwischen (29) und (30) als der Unterschied zwischen einer Intonationsphrase und zwei Intonationsphrasen gesehen (Nespor/Vogel 1986, Selkirk 2005). Man vergleiche dazu (31): Lange syntaktische Konstituenten wie das Subjekt in (31b) neigen dazu, separate Intonationsphrasen zu bilden. Hier ließe sich in meiner Einschätzung kaum rechtfertigen, dass ein Unterschied in der Anzahl der FHGs vorliegt.

(31) a. [Der Aufseher hat dem Zebra Futter gegeben]
    b. [Der Aufseher mit dem blauen Overall und der lustigen Mütze] [hat dem Zebra Futter gegeben]

Intonationsphrasen werden im Folgenden auch als *I-Phrasen* bezeichnet. Die *Satzbetonung* wird als formaler Begriff verwendet, der die stärkste Betonung einer I-Phrase benennt. Dies wird weiterhin durch doppelte Unterstreichung angezeigt. Gemäß des Prinzips der RECHTSVERSTÄRKUNG enthält jede I-Phrase genau eine Satzbetonung (und zwar auf dem rechtesten Akzent). Von Interesse im Zusammenhang mit dem Thema dieses Artikels sind dann Zusammenhänge zwischen abhängigen Sätzen und I-Phrasen bzw. der Satzbetonung.

Downing (1970) hat mit einer Untersuchung obligatorischer Pausen (äquivalent zu I-Phrasengrenzen) im Englischen etabliert, dass Wurzelsätze („root clauses') I-Phrasengrenzen einführen. Da seither auch eingebettete Wurzelsätze entdeckt wurden (Hooper/Tompson 1973, Heycock 2006), die dieses prosodische Verhalten allerdings nicht teilen, würde man Downings Beobachtung heute auf uneingebettete Wurzelsätze beziehen."

(32) Ein uneingebetteter Wurzelsatz wird links und rechts durch I-Phrasengrenzen abgetrennt.

Ein uneingebetteter Wurzelsatz ist dabei ein Satz, der nicht in ein höheres Prädikat eingebettet ist. Koordinierte Hauptsätze wie in (33a) sind also separate uneingebettete Wurzelsätze. Downing hat argumentiert, dass Parenthesen und appositive Relativsätze nicht Teil des uneingebetteten Wurzelsatzes sind (für spätere Argumentation in dieselbe Richtung, siehe McCawley 1982 und Safir 1986) und entsprechend von Intonationsphrasengrenzen abgegrenzt werden. Deutsche Beispiele sind in (33b,c) gezeigt.

(33) a. [der Aufseher hat dem Zebra Futter gegeben][und das Zebra hat es dankbar gefressen]
  b. [der Peter hat dem Hans], [soweit wir das beurteilen können], [nie eine Andeutung darüber gemacht]
  c. [der Peter hat dem Hans], [der ja nur selten da war], [nie eine Andeutung darüber gemacht]

Einschübe, die in diesem Sinne nicht Teil des uneingebetteten Wurzelsatzes sind, erlauben auch nicht in anderen Hinsichten durch die Prosodie und Informationsstruktur diagnostiziert zu werden. Zum einen ist es nicht möglich, dass der Fokus des Gesamtsatzes auf oder in so einen Einschub fällt, wie in (34b) und (35b) gezeigt. Die a.-Beispiele sind Vergleichsfälle: In normalen Satzgefügen kann der Fokus des Gesamtsatzes auf eine beliebige Konstituente gelegt werden.

(34) Wer glaubt, dass der Peter nichts davon gewusst hat?
  a. [wir]$_F$ glauben, dass der Peter nichts davon gewusst hat.
  b. * Der Peter hat, glauben [wir]$_P$, nichts davon gewusst.

(35) Welche Studentin wurde geprüft?
  a. Es wurde die Studentin, die [rote Haare hat]$_P$ geprüft.
  Was lässt sich über Maria sagen, außer dass sie geprüft wurde?
  b. * Es wurde die Studentin, die ja [rote Haare hat]$_P$ geprüft.

4.2 Assertionen und Satzbetonung

Betrachten wir dann die Elemente, die vom Wurzelsatz ausgegrenzt sind und die von daher keinen Fokus tragen können, der den Wurzelsatz als Hintergrund nimmt. Sie scheinen sich in zwei Klassen unterteilen zu lassen. In der einen Klasse sind Elemente, die eine Domäne für Satzbetonung konstituieren, die unabhängig vom Wurzelsatz und zusätzlich zu diesem Satzbetonung tragen müssen. Dabei ist weder die Satzbetonung des Wurzelsatzes noch die Satzbetonung des zusätzlichen Elements entbehrlich. Reis (1997) formuliert dies mit Bezug auf zwei Fokus-Hintergrund-Gliederungen. Dabei ist die zweifache Satzbetonung auch dann unentbehrlich, wenn eines der betreffenden Elemente kontextuell gegeben ist. In diese Klasse gehören appositive Relativsätze wie in (36) und weiterführende Relativsätze wie in (37).

(36) a. Es wurde Maria geprüft, die übrigens rote Haare hat.
 b. * Es wurde Maria geprüft, die übrigens rote Haare hat.
 c. * Es wurde Maria geprüft, die übrigens rote Haare hat.

(37) a. Maria wurde geprüft, woraufhin sie sehr erleichtert war.
 b. * Maria wurde geprüft, woraufhin sie sehr erleichtert war.
 c. * Maria wurde geprüft, woraufhin sie sehr erleichtert war.

In der anderen Klasse sind Elemente, die nicht selbst Satzbetonung benötigen und oft keine inhärente Satzbetonung tragen. Bei diesen Elementen scheint es auch nicht ausgeschlossen zu sein, dass der Wurzelsatz ohne Satzbetonung steht, wenn er kontextuell gegeben ist, sodass dann nur das zusätzliche Element Satzbetonung trägt. Hierzu gehören Parenthesen wie in (38) und die von Reis (1997) untersuchten freien *dass*-Sätze wie in (39). Reis (1997) formuliert den Unterschied so, dass freie *dass*-Sätze in die Fokus-Hintergrund-Gliederung des Bezugssatzes integriert sind.

(38) a. Peter/Peter hat, glauben wir, nichts davon gewusst.
 b. (Manche glauben, dass Peter nichts davon gewusst hat.)
   (?) Ja, Peter hat, glauben wir, nichts davon gewusst.

(39) a. Fritz muss verrückt sein, dass er kommt.
 b. (Ist Fritz verrückt geworden?)
   (?) Ja, er muss verrückt sein, dass er kommt.

Eine erste tentative Hypothese zu dieser Unterscheidung hat Ähnlichkeit mit dem von Jacobs (1984) postulierten Zusammenhang, der oben diskutiert wurde. Die Hypothese ist, dass jede Assertion Satzbetonung tragen muss. Es scheint, dass die appositiven und die weiterführenden Relativsätze in (36) und (37) jeweils eigene, vom Hauptsatz unabhängige Assertionen konstituieren (s. dazu auch Reis 1997, 2006). Entsprechend sind sie auch eigene, vom Hauptsatz unabhängige Domänen der Zuweisung von Satzbetonung. Auf der anderen Seite ist es plausibel zu postulieren, dass weder die Parenthese in (38) noch der freie *dass*-Satz in (39) eigene Assertionen konstituieren. Hier würde es eher scheinen, dass diese Elemente zusammen mit dem Hauptsatz eine komplexe Assertion konstituieren. Die gerade formulierte Hypothese würde daraus korrekt ableiten, dass sie auch zusammen mit dem Hauptsatz eine Domäne der Satzbetonung konstituieren, in dem Sinne, dass die Grammatik hier nur ein Minimum von einer Satzbetonung erzwingt.

Es gibt zwei Gründe, dabei die Assertion mit Satzbetonung und nicht wie bei Jacobs (1984) mit der Fokus-Hintergrund-Gliederung zu korrelieren, auf die auch Reis (1997) Bezug nimmt. Zum einen ist die Fokus-Hintergrund-Gliederung nicht systematisch an Satzbetonung gekoppelt. Die Fokus-Hintergrund-Gliederung verschiebt bei genauerer Betrachtung (s. Truckenbrodt 1995) nur die stärkste Betonung (die aber nicht Satzbetonung sein muss) im Skopus ~ des Fokus auf den Fokus. So wird in (6) der Default [ein amerikanischer Farmer] durch den Fokus zu ~[ein amerikanischer$_F$ Farmer], ohne dass die Satzbetonung betroffen ist. Daher würde eine Kopplung von Assertion und Fokus-Hintergrund-Gliederung gar nicht stark genug sein, den postulierten Effekt abzuleiten, denn sie würde keine Satzbetonung erzwingen. Der zweite Grund ist, dass beispielsweise die Parenthese in (34) bereits soweit desintegriert ist, dass sie keine Fokus-Hintergrund-Gliederung über Parenthese und Hauptsatz hinweg erlaubt. In (38) aber sehen wir, dass Hauptsatz und Parenthese zusammen eine Domäne für Satzbetonung bilden. Die Domäne der Fokus-Hintergrund-Gliederung und die Domäne für Satzbetonung scheinen sich hier also zu unterscheiden. Der Unterschied ist darstellbar mit dem Vorschlag von Féry/Samek-Lodovici (2006), dass kontextuell gegebene Konstituenten mit G markiert werden, und dass diese informationsstrukturelle Markierung den Effekt hat, betonungsabweisend zu sein. So ergibt sich in (38b) die Struktur [Peter]$_G$ [hat]$_G$, [glauben]$_G$ wir, [nichts davon gewusst]$_G$. Wichtig ist, dass Informationsstruktur (hier: G) in diesem Fall lokal zugewiesen werden kann, und nicht die Grenze zwischen Hauptsatz und Parenthese überbrücken muss. Der prosodische Effekt allerdings ist, dass die von der Assertion erforderte Satzbetonung nun auf das einzige nicht kontextuell gegebene Element im Bereich der komplexen Assertion fällt.

Im Zusammenhang mit den hier entwickelten Verhältnissen sei auf Reis (1997) für die Entwicklung unterschiedlicher Grade von Abhängigkeit verwiesen, auf Reis/Wöllstein (2010) für satzinitiale abhängige V1-Sätze, auf die Unterscheidung zwischen zentralen und peripheren Adverbialsätzen bei Haegeman (2004) und auf eine Verfeinerung dieser Unterscheidung bei Frey (2011).

5 Die Satzmelodie und ihre Bedeutung

In Abschnitt 5.1 wird Hintergrund zur Analyse der Satzmelodie eingeführt. In Abschnitt 5.2 wird eine Analyse der Bedeutung von fallender vs. steigender finaler Melodie in der Intonationsphrase dargestellt. In Abschnitt 5.3 werden Interaktionen dieser Melodiebedeutung mit deutschen Satztypen diskutiert. In Abschnitt 5.4 wird auf die expressive Intonation bei Exklamativsätzen eingegangen.

5.1 Zur Analyse der Satzmelodie

Die F0-Kontur aus Abbildung 1 wird in Abbildung 2 noch einmal gezeigt. Darunter ist in Abbildung 2 die prosodische Analyse angegeben, sowie eine tonale Analyse der Satzmelodie durch tiefe (L) und hohe (H) Töne (aus dem Englischen *l(ow)* und *h(igh)*).

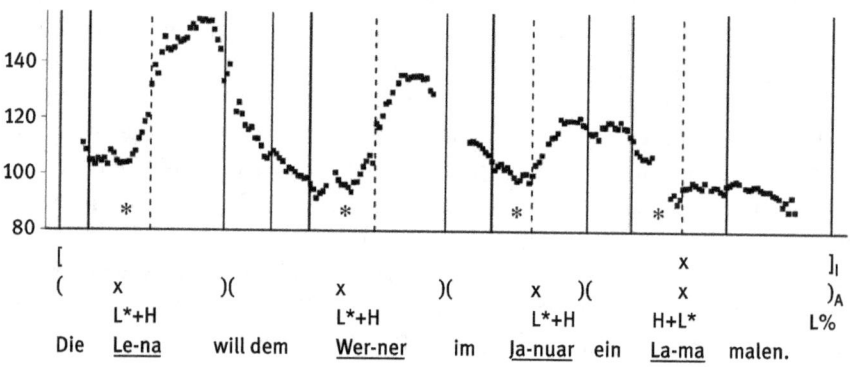

Abb. 2: Wiederholung der F0-Kontur aus Abbildung 1, hier mit prosodischer und tonaler Analyse.

Die tonale Analyse folgt Pierrehumbert (1980) und deren Anwendungen auf das Deutsche in Féry (1993), Uhmann (1991), Grabe (1998), Grice/Baumann (2002), Truckenbrodt (2002, 2004, 2007a) und anderen. Die Anstiege auf den nicht-finalen Akzenten werden als L*+H Akzenttöne analysiert, bestehend aus einem tiefen Anfangspunkt auf der betonten Silbe (in der Analyse durch L* definiert), und einen hohen Endpunkt in der Folge davon (durch +H definiert). Auf dem letzten Akzent findet sich ein H+L* Abfall, mit einem hohen Punkt vor der betonten Silbe (durch H+ definiert) und wieder einem tiefen Punkt in der betonten Silbe (durch L* definiert). Wie erwähnt ist diese Aufnahme von einem Sprecher aus Baden-Württemberg. In der Mitte und im Norden Deutschlands sind auch H* Akzenttöne (also Gipfel auf der betonten Silbe) häufig (Grice/Baumann 2002). Gemäß der Duden-Grammatik (2006) sind sie der Normalfall des Standarddeutschen in Aussagen.

Außer Akzenttönen umfasst die Theorie Grenztöne insbesondere am Ende prosodischer Einheiten wie der Intonationsphrase. Grice/Baumann (2002) unterscheiden für das Deutsche drei Grenztonkombinationen, die in steigenden Konturen vorkommen, (H-(H)%, H-^H%, L-H%) von einer Kombination (L-(L)%), die zur fallenden Grenzmarkierung führt. Sie weisen diesen keine Bedeutungen zu. In ihrer Sammlung von Verwendungen von Kombinationen aus Akzenttönen und Grenztönen kommt die tiefe Kombination L-(L)% in Aussage, W-Frage und Aufforderung vor, und die steigenden Kombinationen in ja/nein-Fragen (wobei die Kombination L-H% mit einem höflichen Angebot in Form einer ja/nein-Frage gezeigt wird) und zur Markierung von Fortsetzung.

Im Folgenden vereinfache ich die steigenden Konturen zu [/] und fallende Konturen zu [\], um eine einfache Theorie zu deren Bedeutungen darzustellen.

Für phonetische Untersuchungen von Details der steigenden und fallenden Konturen bei verschiedenen Satzmodi im Deutschen sei hier auch auf die Beiträge in Altmann/Batliner/Oppenrieder (1989) verwiesen, deren Analyse allerdings einen anderen Weg verfolgt als die Bemerkungen hier.

5.2 Bedeutungen für den finalen Anstieg und den finalen Fall

In Truckenbrodt (2012b) greife ich für das Englische Vorschläge zu Intonationsbedeutungen aus Pierrehumbert/Hirschberg (1990) und Bartels (1999) auf und entwickle diese weiter. Dabei hat der englische Akzentton H* (der oft in fallenden Konturen vorkommt) eine assertive Bedeutung und ein englischer Grenzton H- (der oft in steigenden Konturen vorkommt) eine fragende Bedeutung. Dies übertrage ich im Folgenden auf das Deutsche, indem ich für [\] im Deutschen die Bedeutung des englischen H* übernehme und für [/] die Bedeutung des englischen H-. Diese Übertragung ist tentativ und bestimmt vereinfachend. Andererseits scheint es mir nützlich, dieses System hier auf diese Weise anzubieten, da es in seiner Einfachheit auch intuitiv und ohne experimentelle Studien einsetzbar ist, und dabei konkreter und spezifischer als andere mir bekannte Vorschläge die Beiträge der Intonation zu unterschiedlichen Satztypen verständlich oder zumindest diskutierbar macht. Das System sieht ab von der Markierung der Fortsetzung durch [/] und konzentriert sich auf die finale Markierung unterschiedlicher Satztypen.

Ein wichtiger Baustein der Theorie ist die Annahme von Bartels (1999), dass Intonationsbedeutungen auf salienten Propositionen operieren. Saliente Propositionen müssen nicht unbedingt Bestandteile der wörtlichen Bedeutung eines Satzes sein. Beispielsweise ist im Zusammenhang mit der Frage *Wer singt?* die

Proposition *dass jemand singt* salient, da sie implikiert ist (Jacobs 1991); sie ist aber nicht Teil der wörtlichen Bedeutung der Frage. Es wird dann angenommen, dass am Ende der Frage *Wer singt?* die Proposition *dass jemand singt* salient ist, und dass diese Proposition von der Intonationskontur am Ende der Frage *Wer singt?* als Bezugspunkt der Intonationsbedeutungen fungieren kann. Im Falle einer Aussage wie *Maria singt* wird die wörtliche Bedeutung, dass Maria singt, als eine besonders saliente Proposition angesehen. Dass Intonationsbedeutungen auf salienten Propositionen operieren, ist in (40a) formuliert. Mit [\] drückt der Sprecher eine assertive Einstellung zu so einer salienten Proposition aus, wie in (40b) formuliert. Dies basiert auf der assertiven Intonationsbedeutung des englischen H* bei Pierrehumbert/Hirschberg (1990), die von der Duden-Grammatik (2006) auch für das Deutsche angenommen wird, bzw. des englischen L- bei Bartels (1999). Mit [/] drückt der Sprecher eine fragende Einstellung zu solch einer salienten Proposition aus, wie in (40b). Dies basiert auf einer Modifikation des englischsprachigen Systems, die in Truckenbrodt (2012b) entwickelt wird. In der Literatur wird [/] (bzw. die Bestandteile dieses Anstiegs) ansonsten nicht mit dem Sprechakte der Frage assoziiert, da er nur in manchen Fragetypen vorkommt (siehe unten). Die Neuerung bei Truckenbrodt (2012) ist eine spezialisierte Fragebedeutung für den Anstieg, unter Verwendung von Bartels salienten Propositionen. Diese Fragebedeutung markiert nicht jeden Sprechakt der Frage, sondern besagt lediglich, dass der Sprecher mit Bezug auf eine saliente Proposition fragt, ob sie wahr oder falsch ist.

(40) Bedeutungen von [\] und [/] im Deutschen:
   a. [\] und [/] am Ende eines Wurzelsatzes operieren semantisch auf einer im Zusammenhang mit dem Wurzelsatz salienten Proposition p.
   b. Mit [\] drückt der Sprecher aus, dass er zu p eine assertive Einstellung hat, i.e. p als wahr darstellen will. („Ich sage, dass *p*").
   c. Mit [/] drückt der Sprecher aus, dass er zu p eine fragende Einstellung hat, i.e. vom Adressaten wissen will, ob p wahr ist. („Sag mir, ob *p*")

Betrachten wir dazu zwei Beispiele.

(41) Maria und Peter sitzen in der Kneipe. Peter will bestellen.
   a. Peter zu Maria: [Kaffee][/]   [/]: Sag mir ob *du Kaffee willst*.
   Maria nickt.
   b. Peter zum Kellner: [Zwei Kaffee (bitte)][\]   [\]: Ich sage, dass *wir 2 K. kriegen*.

In (41a) drückt Peter mit [/] aus, dass er von Maria wissen will, ob eine im Zusammenhang mit ‚Kaffee' saliente Proposition wahr ist. Dies ergibt für beide Sinn, wenn Peter mit [/] Maria fragt, ob sie Kaffee will. Als saliente Proposition, deren Wahrheit Peter von Maria wissen will, wird also ‚Du (Maria) willst Kaffee' ergänzt. Das wird in (41a) rechts als „Sag mir, ob du Kaffee willst" paraphrasiert, wobei der Anteil von [/] unterstrichen ist, und die saliente Proposition kursiv geschrieben ist. In (41b) drückt Peter mit [\] gegenüber dem Kellner aus, dass er eine saliente Proposition im Zusammenhang mit „zwei Kaffee (bitte)" als assertiert verstanden haben will. Das ergibt für beide Sinn, wenn Peter mit seiner Äußerung zwei Kaffee bestellen will. Als saliente Proposition, die Peter assertiert, wird also eine Proposition in der Art von ‚Wir kriegen (bitte) zwei Kaffee' unterstellt. Dies ist wieder auf der rechten Seite paraphrasiert. Der genaue Wortlaut der ergänzten Proposition ist dabei nicht entscheidend, solange es sich um die kontextuell inferierbare Bestellung des Kaffees in einem assertiven (im Gegensatz zu einem fragenden) Modus handelt. Die Beispiele zeigen die Flexibilität der hier verwendeten Intonationsbedeutungen: Der Bezug auf saliente Propositionen erlaubt kontextuelle Ergänzungen soweit keine ausgesprochenen Propositionen im Vordergrund stehen. Bei den elliptischen Beispielen scheint das sinnvoll zu sein. Gleichzeitig ist eine genaue Angabe der Bedeutungen von [/] und [\] möglich.

Die hier vertretenen Intonationsbedeutungen lassen sich gut bei einfachen Interrogativsätzen motivieren. Während bei einer ja/nein-Frage wie in (42a) ein Anstieg natürlich ist, ist bei einer alternativen Frage wie in (42b) ein finaler Fall obligatorisch. Verwendet man hier statt dessen einen Anstieg wie in (42c), so ist es keine alternative Frage mehr, sondern eine ja/nein-Frage. Die Erklärung basiert darauf, dass Interrogativsätze selber keine propositionale Bedeutung haben (sondern eine vom semantischen Typ her komplexere Bedeutung), sodass [/] und [\] hier nach anderen salienten Propositionen suchen, welche im Zusammenhang mit der Fragbedeutung indirekt ins Spiel kommen. Die folgenden Ausführungen folgen dabei Bartels (1999), was die jeweils salienten Propositionen angeht. In (42a-c) ist jeweils die primäre Fragebedeutung angegeben (also die wörtliche Bedeutung der Frage in ihrer Interpretation im Kontext, ohne den Beitrag der Intonation) und dazu die Bedeutung, die von der Intonation beigetragen wird. Die Intonationsbedeutungen führen dabei zu je eigenen Sprechakten, die parallel zu, und gleichzeitig mit den Sprechakten, die sich aus der wörtlichen Bedeutung des Satzes ergeben, vollzogen werden. Dabei gehe ich davon aus, dass wir einen Satz nur dann als geglückte Äußerung betrachten, wenn sich die zentralen Intentionen des Sprechers durch den Hörer rekonstruieren lassen, d. h. hier: wenn sich die Sprechaktkomponenten rekonstruierbar zum Ausdruck einer kohärenten Sprecherabsicht ergänzen. Eine Diskussion der einzelnen Beispiele folgt.

(42) a. Regnet es [/]
Fragebedeutung: Sag mir, ob es regnet.
[/]: Sag mir, ob *es regnet.*
([\] wäre: (#)Ich sage, dass *es regnet.*)

b. Willst du Tee oder Kaffee [\]   (alternative Frage)
Fragebedeutung: Sag mir welches von beiden du willst.
Präsupposition/Implikatur dabei: Du willst eines von beiden.
[\]: Ich sage, dass *du eines von beiden willst.*
([/] wäre: #Sag mir, ob *du eines von beiden willst.*)

c. Willst du Tee oder Kaffee [/]   (ja/nein-Frage)
Fragebedeutung: Sag mir ob du eines von beiden willst
[/]: Sag mir, ob *du eines von beiden willst.*
([\] wäre: #Ich sage, dass *du eines von beiden willst.*

In (42a) ist eine besonders saliente Proposition *Es regnet.* Hier ist [/] besonders kompatibel mit der Fragebedeutung, da es diese verdoppelt, wie in (42a) gezeigt. Die Verwendung von [\] würde anzeigen, dass der Sprecher diese Proposition für wahr hält. Dies liefe der fragenden Absicht des Satzes entgegen.

Mögliche Antworten in (42b) sind ‚Tee' bzw. ‚Kaffee'. Mögliche Antworten in (42c) sind ‚Ja (Tee/Kaffee/beides)' oder ‚Nein'. Die unterschiedlichen Antwortmöglichkeiten zeigen, dass alternative Frage und ja/nein-Frage semantisch unterschiedlich sind, jenseits der Intonation. Dabei präsupponiert oder impliziert der Sprecher bei der alternativen Frage (42b), dass der Adressat entweder Tee oder Kaffee will, also dass gilt *Du willst Tee oder Kaffee.* Diese Proposition ist hier besonders salient. Daher ist hier [\] angemessen. Wird statt dessen [/] gewählt, so gerät die dadurch ausgedrückte Bedeutung in einen Widerspruch zur Interpretation der alternativen Frage, wie in (42b) gezeigt. Somit ist [/] nur mit der Interpretation als ja/nein-Frage wie in (42c) kompatibel. Hier wird wieder die Fragebedeutung durch die Intonationsbedeutung verdoppelt.

Auch bei w-Fragen wie in (43) bewährt sich dieser Ansatz.

(43) a. Los, sag schon. Wen hast du gesehen [\]
Fragebedeutung: Sag mir, wen du gesehen hast.
[\]: Ich sage, dass *du jemanden gesehen hast.*

b. [Höflicher:] Wen hast du gesehen [/]
Fragebedeutung: Sag mir, wen du gesehen hast.
[/]: Sag mir, ob *du jemanden gesehen hast.*   Oder:
[/]: Sag mir, ob *du mir sagst/sagen willst/sagen kannst, wen du gesehen hast.*

Hier ist eine besonders saliente Proposition die Existenzimplikatur der w-Frage. Für ‚Wen hast du gesehen?' ist das die Implikatur ‚Du hast jemanden gesehen'. Da diese normalerweise impliziert wird, also vom Sprecher als wahr ausgegeben wird, ergibt sich durch ihre Markierung mit [\] der Normalfall der fallenden Intonation der w-Frage. [\] findet sich bei w-Fragen insbesondere auch in Kontexten, in denen der Sprecher auf einer Antwort besteht, wie in (43a). Wie in Truckenbrodt (2012b) gezeigt, ist die existentielle Implikatur der w-Frage allgemeiner eine Implikatur, dass es eine wahre Antwort gibt. Mit der Wahl von [\] kann der Sprecher daher auch ein Bestehen auf einer wahren Antwort ausdrücken. Steigende Intonation wie in (43b) wirkt höflicher. Wie in (43b) gezeigt, lässt sich dies in der Analyse darauf beziehen, dass entweder die Implikatur, dass es eine wahre Antwort gibt, zur Disposition gestellt wird, oder die Beantwortung der Frage durch den Adressaten. (Ich nehme an, dass diese letztere Möglichkeit bei alternativen Fragen wie (42b) nicht zum Tragen kommt, da dort die saliente Proposition ‚Du willst Tee oder Kaffee' im Vordergrund steht. W-Fragen haben durch das w-Element keine solche ‚overte' saliente Proposition, sodass hier mehr andere saliente Propositionen in den Blick kommen.)

5.3 Weitere Interaktionen mit Satztypen

Echofragen zeigen oft einen hohen finalen Anstieg, wie in (44).

(44) A: Ich habe Kirginsky gesehen.
     B: Du hast wen gesehen? [/]

In Truckenbrodt (2012) argumentiere ich für folgende Einordnung dieses Anstiegs. Die vorangehende Assertion führt gemäß Stalnaker (1978) dazu, dass die assertierte Proposition dem Redehintergrund von Sprecher und Adressat (also dem geteilten Wissen der beiden) hinzugefügt wird, falls der Adressat nicht Einspruch erhebt. Die Echo-Frage will nun aber gerade signalisieren, dass der vorher assertierte Gehalt nicht in den Redehintergrund eingegangen ist, insofern der Adressat sie nicht glaubt oder nicht verstanden hat. Es bedarf dazu also eines klaren Zeichens des Einspruchs durch den Adressaten. Das Erfragen des vorher assertierten Gehalts (Wen hast du gesehen?) würde zwar indirekt auch die Schlussfolgerung erlauben, dass der vorher assertierte Gehalt nicht verstanden wurde. Die Analyse postuliert aber, dass dieses Zeichen zu indirekt wäre und nicht stark genug, den unterstellten Erfolg der vorangehenden Assertion (dass der Gehalt nun Redehintergrund ist) zu verhindern. Die Analyse postuliert, dass die steigende Intonation der Echofrage hier ein klareres und hinreichendes Zeichen des Einspruchs darstellt. Dies kommt so zustande, dass [/] hier auf einer von zwei salienten Propositionen operiert: Entweder auf dem vorangegangenen Sprechakt ([/]: <u>Sag mir, ob</u> *du behauptest, dass du Kirginsky gesehen hast*) oder auf einer entsprechenden existentielle Implikatur ([/]: <u>Sag mir, ob</u> *du behauptest, dass du jemanden gesehen hast*). Dies scheint mir auch vor dem Hintergrund des Vorschlags von Jacobs (1991) plausibel, dass die primäre Interpretation der Echo-Frage Sprechaktkomponenten des vorangehenden Sprechaktes enthält. Gemäß diesem Vorschlag wären die Bedeutungskomponenten der Echofrage von B in (44) wie in (45) dargestellt.

(45) A: Ich habe Kirginsky gesehen.
    B: Du hast <u>wen</u> gesehen? [/]
    Echofragebedeutung: Sag mir, von wem$_i$ DU SAGST dass du ihn$_i$ gesehen hast.
    [/]: <u>Sag mir, ob</u> du sagst *dass du Kirginsky gesehen hast*.   Oder:
    [/]: <u>Sag mir, ob</u> du sagst *dass du jemanden gesehen hast*.

Echofragen haben nicht immer steigende Intonation (Reis 1991). Fallende Intonation kommt wie in (46) vor, wenn der Bezug eines Pronomens unklar ist (Bolinger 1978, Rando 1980, Bartels 1999).

(46) A: Ich habe ihn gesehen.
    B: Du hast <u>wen</u> gesehen [\]
    Echofragbedeutung: Sag mir, von wem DU SAGST, dass du ihn gesehen hast.
    [\]: <u>Ich sage (i.e. habe verstanden), dass</u> (DU SAGST DASS) *du jemanden gesehen hast*.

Hier braucht die vorherige Äußerung nicht in Frage gestellt zu werden. Man kann davon ausgehen, dass man sie mit einem vorläufigen Pronomenbezug (‚der, den du meinst') gelten lässt, und dass mit der Echofrage dieser nicht verstandene Bezug erfragt wird. In diesem Fall fehlt die Motivation für einen Anstieg wie in (45), und es ist im Gegenteil klarer, wenn der Sprecher mit [\] signalisiert, dass die Äußerung an sich verstanden worden ist.

Rückfragen wie (47) und (48) können gemäß Altmann (1987) zu allen adressatenorientierten Satztypen (Assertion, Frage, Imperativ) auftreten, und enden in einem besonders hohen Anstieg der Intonation. Altmann sieht ihre primäre Motivation im Anzweiflung oder Kritisieren der Berechtigung des Adressaten, den Sprechakt auszuführen.

(47) A. Die Bayern spielen eben schlecht.
    B. Die Bayern spielen schlecht?! (Wie kannst du das behaupten?)
(48) A. Wie spielen die Bayern denn?
    B. Wie spielen die Bayern?! (Wie kannst du so eine Frage stellen?)

Diesen Bezug auf den Sprechakt greift die hier verfolgte Analyse auf: Der Bezugspunkt von [/] ist, ähnlich wie bei Echofragen, die saliente Proposition, die den vorangegangenen Sprechakt zum Inhalt hat. So lässt sich die Bedeutung des Anstiegs in (47) in der hier verfolgten Analyse paraphrasieren als ‚Sagst du, dass die Bayern schlecht spielen?' und in (48) als ‚Fragst du, wie die Bayern spielen?'. Die Intonation trägt also den Aspekt der Rückfrage nach dem vorangegangenen Sprechakt und damit deren Anzweifeln oder deren Kritik.

Selbständige VL-Fragen wie in (49) transportieren anders als direkte V1/V2-Fragen keine klare Antworterwartung (Thurmair 1989, Artikel 10 in diesem Band). Sie haben in fragender Funktion einen finalen Anstieg (Oppenrieder 1989). Wie in (49a) gezeigt lässt sich das bei *ob*-VL-Fragen direkt auf die zur Debatte gestellte Proposition beziehen. Bei w-VL-Fragen wie in (49b) ist wie gezeigt ein Umweg über das Infragestellen einer Antworterwartung in der hier verfolgten Theorie notwendig. Dieser ist als Möglichkeit auch bei (49a) hinzugefügt, und ist im Prinzip ähnlich der Analyse des Anstiegs bei w-Fragen wie in (43b).

(49) a. Ob es hier was zu trinken gibt? [/]
  [/]: Ich frage, ob *es hier was zu trinken gibt.*
  [/]: Ich frage, ob *du mir sagen kannst, ob es hier was zu trinken gibt.*
 b. Was es hier wohl zu trinken gibt? [/]
  [/]: Ich frage, ob *du mir sagen kannst, was es hier wohl zu trinken gibt.*

Dieser Anstieg scheint bei w-VL-Fragen wie (49b) fast obligatorisch zu sein, anders als bei direkten w-Fragen wie in (43). Es wäre nicht unplausibel, den Grund dafür darin zu sehen, dass direkte w-Fragen eine primäre Bedeutung haben, die auch ohne steigende Intonation zu einem Sprechakt der Frage führt, während diese Komponente den selbständigen VL-Fragen fehlt. Bei Letzteren würde der fragende Aspekt dann ausschließlich durch den Beitrag der Intonation zustande kommen und wäre somit für die fragende Interpretation notwendig (s. dazu auch den Artikel 10 zu selbständigen VL-Sätzen).

Selbständige VL-Interrogativsätze kommen auch zitierend vor, wie in (50), wo der Inhalt einer vorherigen Frage noch einmal geklärt wird (Oppenrieder 1989, Artikel 10 in diesem Band). Hier korreliert die Abwesenheit eines Anstiegs mit der Abwesenheit einer Frage durch den Sprecher des VL-Satzes. Eine plausible Analyse wäre wie in (50), dass [\] hier auf dem zitierten Sprechakt operiert.

(50) A: Was hast du zu Hause zu essen?
 B: Wie bitte?
 A/C: Was du zu Hause zu essen hast [\]
  [\]: Ich sage, dass *A gefragt hat, was du zu Hause zu essen hast.*

Bei *Assertionen* wie in (51) liefert die Intonation in der hier verfolgten Analyse einen assertiven Aspekt der Interpretation.

(51) Ich habe um drei Uhr Zeit [\]
 [\]: <u>Ich sage, dass</u> *ich um drei Uhr Zeit habe.*

Assertionen sind aber auch wie in (52) mit gleichzeitiger Frageintonation möglich.

(52) A: Wann wollen wir uns treffen?
 B: Ich hätte um drei Uhr Zeit? [/]
 [/]: <u>Sag mir, ob</u> *du da auch kannst.*

Hier wird man davon ausgehen wollen, dass der deklarative V2-Satz auch unabhängig eine Assertion konstituieren kann, und dass die Intonation eine zusätzliche Frage generiert. Da der propositionale Gehalt assertiert ist, muss sich [/] eine andere saliente Proposition suchen. Im vorliegenden Fall ist diese im Kontext bereits angelegt, und so ergibt sich eine sinnvolle Interpretation.

Diese Fälle sind von *deklarativen Fragen* wie (53) zu unterscheiden, die ebenfalls die deklarative Satzform mit fragender Intonation kombinieren. Diese genügen zusätzlichen Beschränkungen, die gemäß Gunlogson (2001) aus der deklarativen Satzform stammen (s. auch Truckenbrodt 2006a zu deren Herleitung im Deutschen). Für die Zwecke dieses Artikels mag es genügen, dass [/] hier entweder wie in (53a) oder wie in (53b) den fragenden Aspekt der deklarativen Frage generieren kann.

(53) A: Der König von Frankreich hat eine Glatze.
 B: Frankreich ist eine Monarchie? [/]
 a. [/]: <u>Sag mir, ob</u> *Frankreich eine Monarchie ist.*
 b. [/]: <u>Sag mir, ob</u> *du gesagt hast, dass Frankreich eine Monarchie ist.*

Siehe auch Artikel 5 zu Gemeinsamkeiten von Echo-Fragen und deklarativen Fragen.

Insgesamt scheinen sich die Komponenten der hier dargestellten Theorie der Intonationsbedeutungen zu bewähren. Zum einen lässt sich die Ableitung von fragenden Sprechakten in vielen Fällen auf [/] beziehen. Zum anderen lässt sich die Verteilung von finalem Anstieg und Abfall in vielen anderen Satztypen verstehen. Wichtig dabei ist oft die Flexibilität, die durch den Bezug auf saliente Propositionen zustande kommt. So wird auch der Bezug auf einen zitierten oder geechoten Sprechakt möglich.

5.4 Die expressive Intonation bei Exklamativsätzen

Eine Reihe perzeptueller Untersuchungen der Intonation in Exklamativsätzen wurde in Batliner (1988) vorgelegt. Außer der oben bereits diskutierten Möglichkeit der Anfangsbetonung dokumentiert Batliner folgende Faktoren, die die Perzeption von Exklamativsätzen im Gegensatz zu Aussagesätzen auslöst. Ein höherer Gipfel auf dem Hauptakzent, der mit größerer Dauer der akzentuierten Silbe einhergeht, löst die Perzeption als Exklamativsatz aus. Außerdem führen phonetisch spätere Gipfel (bei gleicher betonten Silbe) zur Wahrnehmung als Exklamativsatz. Batliner formuliert dazu zwei Hypothesen: Zum einen könnte es sein, dass eine vom Kontext nicht motivierte Abweichung von der normalen Aussageintonation zur Einordnung als Exklamativsatz führt. Zum anderen könnte es sein, dass der späte Gipfel zu einem perzeptiven Eindruck größerer Dauer führt, sodass das zentralen Merkmal alleine die Kombination aus höherem Gipfel und größerer Dauer ist. Dabei ist es möglich, dass die größere Dauer ein natürliches Korrelat der höheren Gipfel ist, mit dem allzu schnelle Tonhöhenbewegungen vermieden werden.

Höhere Gipfel werden in Bolinger (1986) allgemeiner als ein Ausdruck größerer Involviertheit des Sprechers gesehen (siehe dazu auch Hirschberg/Ward 1992). Insgesamt haben wir also Evidenz, dass die Intonation von Exklamativsätzen sich (über die Möglichkeit der Anfangsbetonung hinaus) von der von Aussagesätzen insbesondere durch den Ausdruck zusätzlicher Involviertheit (hier im Sinne von emotionaler Involviertheit) durch größere Tonhöhe auf der Silbe mit der Hauptbetonung zeigt, wobei weitere phonetische Korrelate von Nachdruck oder Involviertheit nicht ausgeschlossen sind. Ich ordne dies hier als einen nicht phonologisch (oder anderweitig grammatisch) repräsentierten Ausdruck des Sprecherengagements ein, und ziehe im Folgenden eine tentative Verbindung zu anderen nichtlinguistischen Ausdrucksmöglichkeiten.

Die oben diskutierten Bedeutungen von steigender [/] und fallender [\] Intonation scheinen die Referenz auf saliente Propositionen mit außerlinguistischen Gesten zu teilen.

(54) Hans: Maria hat den Auftrag erhalten./!
 Peter: (macht eine anerkennende Miene und Kopfbewegung)

In (54) drückt Peter Anerkennung aus, und zwar Anerkennung dafür, dass Maria den Auftrag erhalten hat. Wie mit einem Sprechakt vollzieht er mit dieser Geste eine Handlung. Was er dabei ausdrückt nimmt Bezug auf eine im Kontext saliente Proposition, nämlich dass Maria den Auftrag erhalten hat. Wo Gestik und Mimik darauf angelegt sind, dem Gegenüber etwas zu signalisieren (Anerkennung, Freude, Zustimmung, Missbilligung, Ablehnung, etc.) scheint sich die signalisierte Botschaft häufig auf so eine saliente Proposition zu beziehen.

Hier wird auch die expressive Intonation von Exklamativsätzen und verwandten Äußerungen diesem Bereich zugeordnet. Nehmen wir an, dass bereits Hans in (54) mit einem besonders hohen Gipfel auf der Hauptbetonung zeigt, dass er etwas Zusätzliches signalisieren will, und dazu mit anderen Elementen seines Tonfalls oder seiner Melodie (oder auch mit seiner Mimik oder Gestik) klar macht, ob es sich dabei um Freude, Staunen oder Bewunderung handelt. Wir können die Kombination aus unerwartet hohem Gipfel und anderen Zeichen als eine Geste des Staunens, der Freude oder der Bewunderung einordnen, die in diesem Fall gleichzeitig mit der Äußerung des Satzes vollzogen wird. Hans kann damit beispielsweise zum Ausdruck bringen, dass er über die saliente Proposition staunt, wobei die saliente Proposition der Gehalt des gleichzeitig geäußerten Satzes *Maria hat den Auftrag erhalten* ist.

Die im Deklarativsatz angelegte Assertion bleibt dabei erhalten. Die exklamative Äußerung von Hans bleibt eine Assertion des Satzgehalts, die den Hörer Peter in dieser Hinsicht informiert. Hans könnte nicht statt dessen einen *dass*-Satz verwenden um diese Information einzuführen, auch dann nicht, wenn er mit expressiver Intonation versehen ist. Der selbständige *dass*-Satz würde seinen faktiven Bezug zu einer bekannten Tatsache erhalten und somit seinen nicht-assertiven Charakter (siehe Kapitel 10). Es ergibt sich somit folgendes Bild. Zur Assertion mit einem Deklarativsatz kann der Sprecher einen gestisch-intonatorischen Akt hinzufügen. Der Sprecher assertiert den Gehalt und drückt gleichzeitig eine Emotion zu ihm aus. Im Falle des selbständigen *dass*-Satzes ist von der Satzform her kein Sprechakt angelegt, sondern lediglich der Bezug auf eine bekannte Tatsache. Hier ist der primäre Akt, die primäre Handlung des Sprechers, das gestisch-intonatorische Ausdrücken einer Emotion zum salienten Satzgehalt.

Von hier aus kommen wir in den Kernbereich der exklamativen Äußerungen, wenn wir annehmen, dass in diesem Kernbereich ein kontextuell fixierter hoher Grad ein Teil der salienten Proposition ist, und als eigentlicher Grund des Staunens präsentiert und erkannt wird. Dieser Grad kann in einem w-Element flexibel angelegt sein (*Wie schön sie singen kann!* sowie, m. E. eine Assertion der Proposition mit dem hohen Grad, *Wie schön kann sie singen!*). Er kann in einem deiktischen *so* liegen (*Die kann so schön singen! Dass die so schön singen kann!*). Oder er kann als EIG (Emotion zu implizitem Grad) im Deklarativsatz angelegt sein und Anfangsbetonung erlauben (*Die kann schön singen!*). Die Rolle der expressiven Intonation scheint in diesem Kernbereich dieselbe zu sein wie in den vorher diskutierten Fällen: Sie fügt den Ausdruck einer Emotion dem ggf. in der Satzform angelegten Sprechakt hinzu. Sofern kein solcher in der Satzform angelegter Sprechakt existiert (*Dass die so schön singen kann!*) ist der gestisch-intonatorische Akt des Ausdrückens einer Emotion die primäre mit der Äußerung vollzogene Handlung.

Eine interessante Konsequenz dieser Sichtweise ist, dass der kontextuell fixierte hohe Grad nicht grammatisch oder kompositional-semantisch repräsentiert sein muss. Es würde gemäß den Ausführungen hier genügen, dass eine Grad-Variable grammatisch vorgegeben ist, bei der ein hoher Grad dann als Teil der salienten Proposition (die ja nicht kompositional-semantisch ist) angesetzt wird, auf die sich der Ausdruck der Emotion wie Staunen bezieht. Auf diese Weise könnte sich in diesem gerade außerhalb der Grammatik liegenden Bereich die Kombination aus hohem Grad und Ausdruck des Erstaunens konstituieren, die als exklamativ im engeren Sinne gesehen wird. Somit wäre auch das Fixieren eines hohen Grades bei Exklamativsätzen kein exklamativsatzspezifischer grammatischer Mechanismus.

Zusammenfassend ergibt sich folgendes Bild. Neben phonologisch repräsentierten Intonationskonturen wie [/] und [\] scheinen auch außerlinguistische Gesten Bezug auf saliente Propositionen zu nehmen. Expressive Intonation scheint im typischen Fall einen höheren Gipfel auf der Hauptbetonung zu umfassen, und lässt sich als solch eine außerlinguistische Geste begreifen. Der Sprecher vollzieht mit ihr die Handlung, eine Emotion zu einer salienten Proposition auszudrücken. Im Kernbereich der Exklamativsätze umfasst die saliente Proposition dabei einen kontextuell bestimmten hohen Grad, der auf grammatisch angelegten Gradvariablen fußt. Gibt es keinen in der Satzform angelegten Sprechakt, so kann dieser gestisch-intonatorische Akt die primäre Handlung des Sprechers mit seiner Äußerung sein.

6 Zusammenfassung

Fokus zieht die Hauptbetonung eines Satzes auf sich (F-BETONUNG). Fokus ist nicht an Illokutionstypen gebunden. Fragen können prosodische Effekte einer satztypimmanenten F-Markierung enhalten, die mit Bezug auf den Fragesatz (nicht durch Informationsstruktur) interpretiert wird.

Soweit dies nicht durch den Fokus verhindert wird, erhält jede lexikalische XP einen Akzent (STRESS-XP). Der rechteste Akzent in der Intonationsphrase wird zur Satzbetonung verstärkt (RECHTSVERSTÄRKUNG). Anfangsbetonung bei Exklamativsätzen ist reserviert für eine Klasse von Exklamativsätzen, bei der sich das exklamativ ausgedrückte Staunen auf einen nicht mit einem Wort bezeichneten hohen Grad bezieht.

Wurzelsätze werden von Intonationsphrasengrenzen abgetrennt. Parenthesen und appositive Relativsätze sind nicht Teil des Wurzelsatzes, von dem sie abhängig sind. Denkbar ist aber, dass uneingebettete Wurzelsätze mit Sprechakten korrelieren.

Finale Intonationsmarkierungen [/] und [\] operieren auf salienten Propositionen p und führen zu eigenen Sprechaktkomponenten, die ggf. zu anderen Sprechaktkomponenten der Äußerung hinzukommen. Dabei wird p durch [\] assertiert. [/] fragt, ob p wahr ist. In der Abwesenheit anderer Sprechaktkomponenten (insbesondere bei selbständigen VL-Sätzen) können sie auch die primäre sprachliche Handlung einer Äußerung konstituieren.

Expressive Intonation bei Exklamativsätzen lässt sich als nicht in der Grammatik verankerte Geste begreifen, die wie [/] und [\] auf einer salienten Proposition operiert. Auch sie kann alleine die primäre Handlung einer Äußerung konstituieren.

7 Literatur

Altmann, H. (1987): Zur Problematik der Konstitution von Satzmodi als Formtypen. In: Meibauer, J. (Hg.), Satzmodus zwischen Grammatik und Pragmatik. Tübingen: Niemeyer, 22–56.
Altmann, H./Batliner, A./Oppenrieder, W. (Hgg.) (1989): Zur Intonation von Modus und Fokus im Deutschen. Tübingen: Niemeyer.
Altmann, H. (1993): Satzmodus. In: Jacobs, J./von Stechow, A./Sternefeld, W./Vennemann, T. (Hgg.), Syntax. Ein internationales Handbuch zeitgenössischer Forschung. Berlin: de Gruyter, 1006–1029.
Bolinger, D.L. (1978): Asking More than One Thing at a Time. In: Hiz, H. (Hg.), Questions. Dordrecht: Reidel, 107–150.
Bartels, C. (1999): The Intonation of English Statements and Questions. A Compositional Interpretation. New York: Garland.
Batliner, A. (1988): Der Exklamativ: Mehr als Aussage oder doch nur mehr oder weniger Aussage? Experimente zur Rolle von Höhe und Position des F^0-Gipfels. In: Altmann, H. (Hg.), Intonationsforschungen. Tübingen: Niemeyer, 243–272.
Bierwisch, M. (1966): Regeln für die Intonation deutscher Sätze. In: Studia Grammatica 7, 99–201.
Bolinger, D. (1986): Intonation and its Parts: Melody in Spoken English. Palo Alto: Stanford University Press.
Büring, D. (2006): Focus Projection and Default Prominence. In: Molnár, V./Winkler, S. (Hgg.), The Architecture of Focus. Berlin: Mouton de Gruyter, 321–346.
Büring, D. (2009): Towards a Typology of Focus Realization. In: Zimmermann, M./Féry, S. (Hgg.), Information Structure. Oxford: Oxford University Press, 177–205.
Cable, S. (2010): The Grammar of Q. Oxford: Oxford University Press.
Chomsky, N. (2000): Minimalist Inquiries: The Framework. In: Martin, R./Michaels, D./Uriagereka, J. (Hgg.), Step by Step: Essays on Minimalism in Honor of Howard Lasnik. Cambridge, MA: MIT Press, 89–155.
Chomsky, N./Halle, M. (1968): The Sound Pattern of English. New York: Harper and Row.
Cinque, G. (1993): A Null Theory of Phrase and Compound Stress. In: Linguistic Inquiry 24, 239–297.

d'Avis, F.J. (2002): On the Interpretation of wh-Clauses in Exclamative Environments. In: Theoretical Linguistics 28, 5–31.
Downing, B.T. (1970): Syntactic Structure and Phonological Phrasing in English. PhD Dissertation, The University of Texas.
Duden-Grammatik (2006): Duden. Die Grammatik. 7. Aufl. Hg von der Dudenredaktion. Mannheim: Dudenverlag.
Féry, C. (1993): German Intonational Patterns. Tübingen: Niemeyer.
Féry, C./Samek-Lodovici, V. (2006): Focus Projection and Prosodic Prominence in Nested Foci. In: Language 82, 131–150.
Féry, C./Ishihara, S. (2009): The Phonology of Second Occurrence Focus. In: Journal of Linguistics 45, 285–313.
Frey, W. (2011): Peripheral Adverbial Clauses, their Licensing and the Prefield in German. In: Breindl, E./Ferraresi, G./Volodina, A. (Hgg.), Satzverknüpfung – zur Interaktion von Form, Bedeutung und Diskursfunktion. Berlin: de Gruyter, 41–77.
Göksel, A./Kerslake, C. (2005): Turkish: A Comprehensive Grammar. London: Routledge.
Grabe, E. (1998): Comparative Intonational Phonology: English and German. PhD Dissertation, Universiteit Nijmegen.
Grice, M./Baumann, S. (2002): Deutsche Intonation und GToBI. In: Linguistische Berichte 191, 267–298.
Gunlogson, C. (2001): True to Form: Rising and Falling Declaratives as Questions in English. PhD Dissertation, University of California.
Gussenhoven, C. (1983): Focus, Mode and the Nucleus. In: Journal of Linguistics 19, 377–417.
Gussenhoven, C. (1992): Sentence Accents and Argument Structure. In: Roca, I. (Hg.), Thematic Structure, its Role in Grammar. Berlin: Foris, 79–106.
Haegeman, L. (2004): Topicalization, CLLD and the Left Periphery. In: Maienborn, C./Frey, W./Shaer, B. (Hgg.), ZAS Papers in Linguistics 35: Proceedings of the Dislocated Elements Workshop. ZAS Berlin, 157–192.
Haida, A. (2007): The Indefiniteness and Focusing of Wh-words. Dissertation, Humboldt Universität zu Berlin.
Hamblin, C.L. (1973): Questions in Montague English. In: Foundations of Language 10, 41–53.
Han, C./Romero, M. (2004a): The Syntax of Whether/Q ... or Questions: Ellipsis Combined with Movement. In: Natural Language & Linguistic Theory 22, 527–564.
Han, C./Romero, M. (2004b): Disjunction, Focus and Scope. In: Linguistic Inquiry 35, 179–217.
Heycock, C. (2006): Embedded Root Phenomena. In: Everaert, M./Riemsdijk, H. van (Hgg.), The Blackwell companion to syntax. Vol. 2. Oxford: Blackwell, 174–209.
Hirschberg, J./Ward, G. (1992): The Influence of Pitch Range, Duration, Amplitude and Spectral Features on the Interpretation of the Rise-fall-rise Intonation Contour in English. In: Journal of Phonetics 20, 241–251.
Hooper, J.B./Thompson, S.A. (1973): On the Applicability of Root Transformation. In: Linguistic Inquiry 4, 465–497.
Höhle, T. (1982): Explikation für „normale Betonung" und „normale Wortstellung". In: Abraham, W. (Hg.), Satzglieder des Deutschen. Tübingen: Narr, 75–153.
Ishihara, S. (2003): Intonation and Interface Conditions. PhD Dissertation, MIT.
Jackendoff, R.S. (1972): Semantic Interpretation in Generative Grammar. Cambridge, MA: MIT Press.
Jacobs, J. (1984): Funktionale Satzperspektive und Illokutionssemantik. In: Linguistische Berichte 91, 25–58.

Jacobs, J. (1991): Implikaturen und „alte Information" in w-Fragen. In: Reis, M./Rosengren, I. (Hgg.), Fragesätze und Fragen. Tübingen: Niemeyer, 201–222.
Jacobs, J. (1993): Integration. In: Reis, M. (Hg.), Wortstellung und Informationsstruktur. Tübingen: Niemeyer, 63–116.
Kiparsky, P. (1966): Über den deutschen Akzent. In: Studia Grammatica 7, 69–98.
Krifka, M. (1984): Focus, Topic, syntaktische Struktur und semantische Interpretation. Manuskript, Universität München.
Liberman, M./Prince, A. (1977): On Stress and Linguistic Rhythm. In: Linguistic Inquiry 8, 249–336.
McCawley, J.D. (1982): Parentheticals and Discontinuous Constituent Structure. In: Linguistic Inquiry 13, 91–106.
Nespor, M./Vogel, I. (1986): Prosodic Phonology. Dordrecht: Foris.
Oppenrieder, W. (1989): Selbständige Verb-letzt-Sätze: Ihr Platz im Satzmodussystem und ihre intonatorische Kennzeichnung. In: Altmann, H. (Hg.), Zur Intonation von Modus und Fokus im Deutschen. Tübingen: Niemeyer, 163–244.
Pheby, J. (1981): Phonologie: Intonation. In: Heidolph, K.E. et al. (Hgg.), Grundzüge einer deutschen Grammatik. Berlin: Akademie Verlag, 839–897.
Pierrehumbert, J./Hirschberg, J. (1990): The Meaning of Intonational Contours in the Interpretation of Discourse. In: Cohen, P.R./ Morgan, J./Pollack, M.E. (Hgg.), Intentions in Communication. Cambridge, MA: MIT Press, 271–311.
Pierrehumbert, J.B. (1980): The Phonology and Phonetics of English Intonation. PhD Dissertation, Massachusetts Institute of Technology, Cambridge, MA.
Rando, E. (1980): Intonation in Discourse. In: Waugh, L.R./Schooneveld, C.H. van (Hgg.), The Melody of Language. Baltimore, MD: University Park Press, 243–277.
Reis, M. (1991): Echo-w-Sätze und Echo-w-Fragen. In: Reis, M./Rosengren, I. (Hgg.), Fragesätze und Fragen. Tübingen: Niemeyer, 49–76.
Reis, M. (1997): Zum syntaktischen Status unselbständiger Verbzweit-Sätze. In: Dürscheid, C./ Ramers, K.-J. (Hgg.), Sprache im Fokus. Festschrift für Heinz Vater zum 65. Geburtstag. Tübingen: Niemeyer, 121–144.
Reis, M. (2006): Is German V-to-C Movement Really Semantically Motivated? Some Empirical Problems. In: Theoretical Linguistics 32, 369–380.
Reis, M./Wöllstein, A. (2010): Zur Grammatik (vor allem) konditionaler V1-Gefüge im Deutschen. In: Zeitschrift für Sprachwissenschaft 29, 111–179.
Rooth, M. (1992): A Theory of Focus Interpretation. In: Natural Language Semantics 1, 75–116.
Rosengren, I. (1992): Zur Grammatik und Pragmatik der Exklamation. In: Rosengren, I. (Hg.), Satz und Illokution. Bd. I. Tübingen: Niemeyer, 263–306.
Sabel, J. (2006): Typologie des W-Fragesatzes. In: Linguistische Berichte 206, 147–194.
Safir, K. (1986): Relative Clauses in a Theory of Binding and Levels. In: Linguistic Inquiry 17, 663–689.
Schubiger, M. (1961): The Interplay and Cooperation of Word Order and Intonation in English. In: Abercrombie, D./Fry, D.B./MacCarthy P.A.D./Scott, N.C./Trim, J.L.M. (Hgg.), In Honor of Daniel Jones. London: Longman, 255–265.
Selkirk, E. (1980): Prosodic Domains in Phonology: Sanskrit Revisited. In: Aronoff, M./ Kean, M.-L. (Hgg.), Juncture: A Collection of Original Papers. Saratoga, CA: Anma Libri, 107–129.
Selkirk, E. (1986): On Derived Domains in Sentence Phonology. In: Phonology Yearbook 3, 371–405.

Selkirk, E. (1995): Sentence Prosody: Intonation, Stress, and Phrasing. In: Goldsmith, J. (Hg.), The Handbook of Phonological Theory. Cambridge, MA: Blackwell, 550–569.
Selkirk, E. (2005): Comments on Intonational Phrasing in English. In: Frota, S./Vigário, M./ João Freitas, M. (Hgg.), Prosodies. With Special Reference to Iberian Languages. Berlin: Mouton de Gruyter, 11–58.
Selkirk, E. (2008): Contrastive Focus, Givenness, and the Unmarked Status of „Discourse New". In: Acta Liguistica Hungarica 55, 331–346.
Selkirk, E. (2011): The Syntax-phonology Interface. In: Goldsmith, J. Riggle, J./Yu, A. (Hgg.), The Handbook of Phonological Theory, 2nd ed. Oxford: Blackwell, 435–484.
Stalnaker, R. (1978): Assertion. In: Cole, P. (Hg.), Syntax and Semantics: Bd. IX: Pragmatics. New York: Academic Press, 315–332.
Stechow, A. von/Uhmann, S. (1986): Some Remarks on Focus Projection. In: Abraham, W./ de Meij, S. (Hgg.), Topic, Focus, and Configurationality. Amsterdam: Benjamins, 295–320.
Thurmair, M. (1989): Modalpartikeln und ihre Kombinationen. Tübingen: Niemeyer.
Truckenbrodt, H. (1995): Phonological Phrases: Their Relation to Syntax, Focus, and Prominence. PhD Dissertation, Massachusetts Institute of Technology, Cambridge, MA.
Truckenbrodt, H. (2002): Upstep and Embedded Register Levels. In: Phonology 19, 77–120.
Truckenbrodt, H. (2004): Final Lowering in Non-final Position. In: Journal of Phonetics 32, 313–348.
Truckenbrodt, H. (2006a): On the Semantic Motivation of Syntactic Verb Movement to C in German. In: Theoretical Linguistics 32, 257–306.
Truckenbrodt, H. (2006b): Phrasal Stress. In: Brown, K. (Hg.), The Encyclopedia of Languages and Linguistics, 2nd ed. Vol. 9. Oxford: Elsevier, 572–579.
Truckenbrodt, H. (2007a): Upstep of Edge Tones and of Nuclear Accents. In: Gussenhoven, C./ Riad, T. (Hgg.), Tones and Tunes. Vol. 2: Experimental Studies in Word and Sentence Prosody. Berlin: Mouton de Gruyter, 349–386.
Truckenbrodt, H. (2007b): The Syntax-phonology Interface. In: de Lacy, P. (Hg.), The Cambridge Handbook of Phonology. Cambridge: Cambridge University Press, 435–456.
Truckenbrodt, H. (2012a): On the Prosody of German wh-Questions. In: Elordieta, G./Prieto, P. (Hgg.), Prosody and Meaning. Berlin: Mouton de Gruyter, 73–118.
Truckenbrodt, H. (2012b): Semantics of Intonation. In: Maienborn, C./Heusinger, K. von/Portner, P. (Hgg.), Handbook of Semantics. Berlin: de Gruyter, 2039–2069.
Truckenbrodt, H. (2013): An Analysis of Prosodic F-effects in Interrogatives: Prosody, Syntax and Semantics. In: Lingua 124, 131–175.
Uhmann, S. (1991): Fokusphonologie. Tübingen: Niemeyer.

Hubert Truckenbrodt

27 Satztyp und Korrelat/Platzhalter/Bezugsausdruck

1 Einleitung
2 Definition und Beispiele
3 Korrelate und Gliedsätze
4 Korrelate und Gliedteilsätze
5 Ausblick
6 Quellenverzeichnis
7 Literatur

1 Einleitung

Hypotaktische Strukturen, die aus einem Matrix- und mindestens einem Nebensatz bzw. einer satzwertigen Infinitivkonstruktion[1] bestehen, können und müssen oft durch funktionale Elemente verbunden sein. Dies betrifft auch attributive Strukturen, die sich ohnehin auf einen Kern beziehen. Die funktionalen Elemente – Korrelat, Platzhalter und Bezugsausdruck – erfüllen Funktionen im Satzgefüge, die oft vielschichtig sind und mehr als nur grammatische Information enthalten können. Korrelate bzw. Platzhalter verbleiben im Matrixsatz, während die subordinierte Struktur ins Nachfeld des Matrixsatzes gestellt wird (Extraposition). Bei Erstposition des Nebensatzes bzw. der satzwertigen IK ergeben sich, je nach Art der Verbindung, verschiedenartige Konstellationen. Bezugsausdrücke und subordinierte Strukturen können dagegen innerhalb des Satzgefüges verschiedene Positionen einnehmen. Die Frage der Obligatorik bzw. Fakultativität der Korrelate sowie der Nebensatztyp stellen ebenso einen Teil der Thematik dar.

2 Definition und Beispiele

Eine Definition der Termini Korrelat/Platzhalter/Bezugsausdruck ist an ihre Funktion und oft auch an ihre intonatorischen Eigenschaften gebunden. Korrelate lassen sich definieren als Ausdrücke, die morphologisch aus verschiedenen

---

[1] Im weiteren Verlauf als IK abgekürzt.

Wortarten stammen (*es, dafür, deshalb, derjenige* ...), die syntaktisch eine Entsprechung von Gliedsätzen im Matrixsatz darstellen, also valenzgesteuert sind, und als Anschlusselemente zwischen übergeordneten und untergeordneten Strukturen fungieren. Im Standardfall verbleiben sie als Platzhalter im Matrixsatz, während der Teilsatz, den sie vertreten, extraponiert wird. Sie sind teilweise stellungsbedingt, manche sind obligatorisch, andere fakultativ. Die Frage der Setzung hängt mit grammatischen und semanto-pragmatischen Faktoren zusammen.

Als eine Besonderheit der deutschen Grammatik werden Korrelate bereits von Klassikern wie Sütterlin (1918: 419; „Korrelativa und Formwörter"), Blatz (1900: 779; „Korrelate des Nebensatzes") oder Behaghel (1928: 746 ff.; „Stütze") behandelt, um dann mehr oder weniger in Vergessenheit zu geraten. Durch die Beschreibung der verschiedenen *es*-Funktionen (Pütz 1975) und der Infinitivkonstruktionen (Hyvärinen 1982) wird die Korrelat-Problematik wieder aktuell.

Der Begriff Korrelat wird bekanntlich in der Fachliteratur unterschiedlich verwendet.[2] Manche Autoren bzw. Grammatiken setzen ihn bewusst als Terminus ein, was ein Blick ins jeweilige Register und in die entsprechenden Stellen verrät (Duden-Grammatik 2009: 823, 1054ff., IDS-Grammatik[3] 1997: 1475–1494, Eisenberg 2004: 328ff., Engel 2009: 137). Zu beachten ist allerdings, dass oft auch bei einer bewussten Verwendung des Terminus keine saubere Trennung zwischen Korrelat/Platzhalter/Bezugsausdruck erfolgt.

So wird im Lexikon der Sprachwissenschaft (Bußmann 2002: 383) beim Terminus Korrelat auf den Terminus Platzhalter-Element verwiesen. Schlägt man nach, wird Platzhalter-Element als „*dummy-element*; – auch: Korrelat" erklärt. Hierbei wird jedoch auch auf die Verbindung mit dem Phänomen „Extraposition" hingewiesen. In generativen Rahmen werden Termini wie Korrelat/Platzhalter und Extraposition von Haus aus gebraucht (Fries 1985, Reis 1985: 289ff., Scherpenisse 1985: 328).

Breindl (1989: 167 und Artikel 21 in diesem Band) differenziert Platzhalter (Gliedsatzmuster, nicht-akzentuiertes Korrelat) von Bezugselementen (Gliedteilsatzmuster, akzentuiertes Korrelat), indem sie die Begriffe in Opposition zueinander stellt. Im Zusammenhang mit der Charakterisierung des Konstruktionstyps Extraposition wird in Altmann (1981: 65) bereits darauf hingewiesen,

---

2 Eine Forschungsgeschichte des Terminus Korrelat würde den Rahmen des Beitrags sprengen. Dazu siehe Sonnenberg (1992: 4–13).
3 IDS-Grammatik = Zifonun et al. (1997).

dass „man sinnvollerweise zwischen der Extraposition von Gliedsätzen und der Extraposition von Gliedteilsätzen [...] unterscheidet" und dass es Übergänge zwischen beiden Typen gibt, „und zwar dort, wo das Bezugselement sich einem Platzhalter (von Form und Semantik her) annähert". Altmann/Hofmann (2008: 106–108) unterscheiden ebenso die Termini Korrelat/Platzhalter/Bezugsausdruck dahingehend, dass ein Korrelat als der übergeordnete Ausdruck für alle Arten von Entsprechungen von untergeordneten Sätzen in übergeordneten Sätzen gesehen wird. Ein Platzhalter dagegen wird definiert als eine Art von Korrelat, und zwar eines, das nur bei Extraposition von obligatorischen Gliedsätzen auftreten muss oder kann. Ein Bezugsausdruck kommt in Verbindung mit Gliedteilsätzen vor und fungiert als deren Nukleus.[4] Die IDS-Grammatik verwendet eine eigene Terminologie, spricht von Korrelatverbindung (Korrelat+Gliedsätze/satzwertige IK) und auch davon, dass Korrelate akzentuiert oder nicht akzentuiert vorkommen können. Akzentuierungstendenzen haben jedoch auf die kategoriale Einordnung (Korrelat/Platzhalter/Bezugsausdruck) keinen Einfluss (1997: 1487–1490). Ein Korrelat ist ein Teil einer Korrelatverbindung, der andere Teil ist ein/e Gliedsatz/satzwertige IK. Der Ausdruck Platzhalter wird gebraucht, ähnlich wie in der Duden-Grammatik, um das Expletive-*es* (Vorfeld-*es*) zu erklären, das als eine reine Stellungseinheit beschrieben wird (*Es klappert die Mühle am rauschenden Bach*, 1997: 1082). Der Terminus Bezugsausdruck erscheint nicht im Register, vereinzelt findet man die Ausdrücke Bezugseinheit/-nomen bzw. -adjektiv (1997: 1652ff., z.B. bei der Beschreibung von Attributsätzen).

Wegener diskutiert in Artikel 18 und 19 des vorliegenden Bandes ausführlich den syntaktischen Status der Dativ- bzw. der Genitivobjektsätze und macht eine kategoriale Einordnung der funktionalen Elemente, die den Nebensatzanschluss leisten, in diesem Fall der Demonstrative *dem* und *dessen*, von der Betonung und den Stellungseigenschaften abhängig. Dabei, ähnlich wie in Breindl (1989, Artikel 21 in diesem Band) oder Altmann (1981, 2008), werden Korrelate von Bezugsausdrücken unterschieden.

Folgende tabellarische Zusammenfassung zeigt, ob und wie die Termini in einigen aktuellen Grammatiken und Handbüchern verwendet werden:

---

4 Hierzu ausführlicher Abschnitt 3.1.4. des vorliegenden Beitrags.

Werke	Korrelat	Platzhalter	Bezugsausdruck
Altmann/Hofmann 2008	als Oberbegriff	bei Extraposition von Gliedsätzen	bei Gliedteilsätzen
Breindl 1989/ Artikel 21	als Oberbegriff	Gliedsatzakzentmuster, nicht-akzentuiert	Gliedteilsatzakzentmuster, akzentuiert
Bußmann 2002	Korrelat → Platzhalter-Element	dummy-Element; – auch: Korrelat	x (Bezugselement: weit gefasst)
Engel 2009	Reflex der eingebetteten Konstruktion im Obersatz	x	(Bezugselement: Relativsatz)
IDS-Grammatik 1997	Korrelat/Korrelatverbindung (bei extrap. Gliedsatz/IK oder in resumptiver Stellung)	Expletives-es (=Vorfeld-es)	(Bezugseinheit: Attributsatz)
Paranhos Zitterbart 2002	Korrelat/Korrelatverbindung (bei extrap. Gliedsatz/IK oder in resumptiver Stellung)	x	Komplex Bezugsausdruck (Substantiv) +K orrelat+Attributsatz)
Wegener (Artikel 18/19)	Korrelat = Platzhalter	Gliedsatzakzentmuster, nicht-akzentuiert	Gliedteilsatzakzentmuster, akzentuiert

Im vorliegenden Beitrag wird die Verbindung „Korrelat+Nebensatz/IK" bzw. „Bezugsausdruck (Substantiv) + Korrelat + Gliedteilsatz" *Korrelatverbindung* genannt. Mit dem Terminus Korrelatverbindung wird die diskontinuierliche Belegung einer einzigen Komplement- bzw. Argumentstelle charakterisiert. Diskontinuierliche Strukturen sind in der deutschen Sprache nicht selten und können in weiteren Bereichen belegt werden wie in der Morphologie (Zirkumfixe wie *Gesing-e* oder *ge-leg-t*) oder auch im Syntaxbereich (Quantorenfloating wie *Geld* ist noch *einiges da.*). Die Charakterisierung der Konstruktion als Korrelatverbindung ist ein Vorschlag, der die Frage, welche Einheit die Komplement- bzw. Argumentstelle besetzt, das Korrelat oder der NS/die IK, zu beantworten versucht. In der Fachliteratur werden die Betonung der in Frage kommenden Ausdrücke (*dem, dafür, daran, ..., dessen*) und ihre Stellung im komplexen Satz als Kriterien für eine eindeutige Bestimmung herangezogen. Eine endgültige Festlegung bezüglich des Nebensatzstatus (Glied- oder Gliedteilsätze?) ist jedoch wegen der Datenlage und anhand der genannten Kriterien nicht unproblematisch. Weitere unterscheidende Merkmale wie die Subkategorisierung des Nebensatztyps oder die Fakultativität bezüglich der Korrelatsetzung sind für eine Analyse genauso relevant.[5] Korrelate sind funktionale Ausdrücke, die ...

(a) ... aus verschiedenen Wortarten stammen,
(b) ... eine Entsprechung von Teilsätzen im Matrixsatz darstellen,
(c) ... als Anschlusselemente zwischen Teilsatz und Matrixsatz fungieren und
(d) ... referentiell oder nicht-referentiell verwendet werden können.

Im Relativsatzbereich werden pronominale Ausdrücke, die lexikalisch nicht besetzt sind, auch als Korrelate gesehen (vgl. Abschnitt 4.1.). Ein *Bezugsausdruck* kommt in Verbindung mit Gliedteilsätzen vor und fungiert als deren Nukleus. Mitunter werden Bezugsausdruck und Teilsatz mittels Korrelaten angeschlossen (vgl. (7)). Der Ausdruck *Platzhalter* wird nicht in Opposition zu *Bezugsausdruck* verwendet, sondern, gemäß dem Usus, um die rein syntaktische Rolle vom Korrelat *es* zu betonen.

Die Menge der mitbeteiligten Nebensätze ist funktional sehr heterogen. Dies motiviert ein Heranziehen des Skalamodells mit dem Zweck, eine Hierarchie der zu untersuchenden Bereiche zu etablieren. So werden die korrelierten Nebensätze nach ihrer syntaktischen Funktion aufgeteilt, was sich in der kleinen Auswahl von Beispielsätzen widerspiegelt. Diese sind so ausgewählt, dass einige Nebensatztypen repräsentiert sind, die im systematischen Teil bezüglich der Obligatorik der Elemente thematisiert werden.

(1) Schließlich war es ihm schon einmal gelungen, die Wellen der großen Politik zu seinem eigenen Vorteil zu reiten. (HA, 02. 01. 09: 3)
= Korrelat *es* + Gliedsatz (satzwertige IK als Subjekt)

(2) So vermeidet er es bei der Pfarrversammlung, Öl ins Feuer zu gießen. (MM, 30. 05. 09: 21)
= Korrelat *es* + Gliedsatz (satzwertige IK als Akkusativobjekt)

(3) Selbst für die Kinder war es kein Tag wie jeder andere. Die Erzieherinnen hatten mit ihnen darüber gesprochen, dass man an diesem Tag Spenden sammelt für Menschen, denen es nicht so gut geht wie ihnen. (MM, 23. 03. 09: 18)
= Korrelat *darüber* + Gliedsatz (dass-Satz als Präpositionalobjektsatz)
= Bezugsausdruck (Substantiv) + Gliedteilsatz (d-Relativsatz als Attributsatz)

---

[5] Vgl. hierzu verschiedene Beiträge in diesem Band (18, 19 und 21) und die ausführliche Diskussion im Abschnitt 3.1.4. des vorliegenden Beitrags.

(4) Guido Westerwelle ist nur deshalb noch nicht gestürzt, weil der Partei ein Nachfolger fehlt. (Spo, 22. 12. 10)
= Korrelat *deshalb* + Gliedsatz (*weil*-Satz als Angabesatz)

(5) Immer mehr Bürger ärgern sich, dass sich Leistung nicht mehr lohnt, dass derjenige, der arbeitet, der Dumme ist, dass die Mittelschicht belastet statt entlastet wird. (HA, 16. 01. 09: 4)
= Korrelat *derjenige* + Gliedteilsatz (*d*-Relativsatz als Attributsatz)

(6) Nur wer bis zum Ende des Jahres ein Niedrig-Energiehaus baut oder kauft, dem hilft der Bund mit einer Erhöhung der Eigenheimzulage von 400 Mark pro Jahr. (FR, 15. 05. 98: 14)
= Gliedsatz (freier *w*-Relativsatz als Dativobjektsatz) + Korrelat *dem*

(7) Angst davor, dass der Vater wieder zuschlägt, wenn er den Bruder abholt. (HA, 21. 08. 09)
= Bezugsausdruck (Substantiv) + Korrelat + Gliedteilsatz (*dass*-Attributsatz)

(8) Die kurzen, nüchternen Protokolle bieten eine ungewohnte Perspektive auf einen Krieg, der länger gedauert hat als der Zweite Weltkrieg. (Spo, 22. 10. 10)
= Bezugsausdruck (Art.+Substantiv) + Gliedteilsatz (*d*-Relativsatz als Attributsatz)

3 Korrelate und Gliedsätze

Gliedsätze sind Teilsätze, die die Funktion eines Satzgliedes erfüllen. Sie können eingeleitet und uneingeleitet vorkommen. Einleitungselemente, die die Verbletztstellung steuern, sind reine Subjunktionen wie *dass* und *ob*, adverbiale Subjunktionen wie *wenn, weil, obwohl* ..., *d*- und *w*-Relativa wie *der, wer, was, welche* (mit Satzgliedfunktion) und adverbiale Relativa wie *wo, wie* ... (mit Satzgliedfunktion). Verbzweitsätze und Verberstsätze kommen uneingeleitet vor. Den Kernbereich der korrelativen Subordination stellen Gliedsätze in der Funktion von Ergänzungen und Adverbialen dar.[6]

---

6 Vgl. folgende Artikel in diesem Band: 12, 13, 15, 17, 18, 19, 20, 21, 22, 23, 24.

3.1 Korrelate und Ergänzungssätze

In Betracht kommen Subjekt-, Akkusativobjekt- und Präpositionalobjektsätze, aber auch periphere Strukturen wie Genitiv- oder Dativobjektsätze sind ein Teil des Abschnitts (vgl. hierzu die entsprechenden Beiträge in diesem Band). Nebensatz- und Prädikatstyp sind Faktoren, die interagieren: Der Satztyp ist insofern relevant, als der Valenzträger für einen bestimmten Satztyp subkategorisiert ist. Umgekehrt ist die kategoriale Füllung des Nebensatzes wichtig für die Bestimmung des Satztyps. Ferner sind diese zwei Punkte für die Frage der Obligatorik/Fakultativität des Korrelats im Matrixsatz in jeder Hinsicht maßgebend. Sie werden deswegen in der Analyse stets berücksichtigt, ohne dass jedoch eine systematische und durchgehende Aufteilung nach Nebensatz- und Prädikatstyp erfolgen wird.

Das Setzen des Korrelats berücksichtigt sowohl die Reihenfolge und die Qualität der Elemente der kategorialen Füllung der Matrixsätze als auch den Typ des angeschlossenen Nebensatzes. Man kann hier von Tendenzen, aber nicht von festen Regeln sprechen. So erscheint ein *dass*-Satz korrelatfreundlicher als andere Satztypen, weil er faktische Sachverhalte denotiert. Auf der anderen Seite kann behauptet werden, dass satzwertige IK, die in ihre Matrixsätze stark integriert sind, sich korrelatabweisend verhalten. Die Sprachwirklichkeit kann jedoch dies so leicht widerlegen, dass es adäquater ist, nicht von Regularitäten zu sprechen.

3.1.1 Subjektsätze und Akkusativobjektsätze

Als kanonisches Korrelat fungiert das Pronomen *es* (vgl. Belege (1) und (2)). Das Demonstrativum *das* kann vereinzelt eine Korrelatfunktion erfüllen, jedoch ist dabei mit einer Veränderung der intonatorischen Eigenschaften und somit der Bedeutung des komplexen Satzes zu rechnen: Das Extrapositionsmuster wäre nicht mehr gegeben und die Konstruktion müsste als eine Rechtsversetzungskonstruktion gelesen werden.[7] An der Satzspitze kann *es* ausschließlich Subjektsätze korrelieren, dabei ist die Korrelatfunktion des Ausdrucks nicht immer eindeutig.

---

7 (i) Die Europäische Kommission lehnt es ab, die Informationswirtschaft mit SubventiÓnen zu fördern. (SZ, 13. 1. 97: 21)
 = intonatorisches Muster der Extraposition.
(ii) Die Europäische Kommission lehnt *das* Áb, die Informationswirtschaft mit SubventiÓnen zu fördern.
 = intonatorisches Muster der Rechtsversetzungskonstruktion.
Vgl. hierzu Altmann (1981: 188–191, 201f.) und Averintseva-Klisch (2009: 15–42).

(9) Es war nicht zu erwarten, daß die chinesische Regierung der amerikanischen Außenministerin irgendwelche Zugeständnisse in Sachen Wahrung der Menschenrechte machen würde. (FAZ, 3. 3. 99: 16)

Bei unmarkierter Wortstellung (Matrixsatz vor extraponiertem Gliedsatz, vgl. (9)) ist es vertretbar, *es* aufgrund seines syntaktischen Verhaltens als Korrelat im Sinne von Platzhalter einzustufen, denn *es* fällt bei Topikalisierung des Nebensatzes weg (9a). Auf der anderen Seite zeigt (9b), dass bei einer anderen Vorfeldbesetzung das Korrelat ebenso entfallen kann:

(9) a. Daß die chinesische Regierung [...] irgendwelche Zugeständnisse [...] machen würde, war nicht zu erwarten.
b. Deshalb/schließlich war nicht zu erwarten, daß ...

Somit verhält sich das *es* in (9) nicht nur als ein Korrelat im Sinne von Platzhalter, sondern auch als ein Vorfeld-*es*, das bei einer weiteren Vorfeldfüllung entfällt.[8] Ein ‚echtes' Korrelat *es* findet sich z.B. in Beleg (1). Das Korrelat fällt bei einer anderen Vorfeldbesetzung (hier *schließlich*) nicht weg und verhält sich bei der Umstellprobe (Topikalisierung des Subjektsatzes) wie ein echter Platzhalter:

(1') Die Wellen der großen Politik ... zu reiten, war ihm ... schon einmal gelungen.

3.1.1.1 Subjektsätze: Korrelat, Valenzträger und Nebensatztyp

Eine Setzung des Korrelats ist bei Subjektsätzen selten grammatisch erforderlich, in manchen Fällen wird sie sogar vermieden (ausführlich Paranhos Zitterbart 2002: 170ff.). Exemplarisch werden an dieser Stelle einige Konstruktionen kommentiert. Einen Spezialfall bilden unpersönliche Konstruktionen mit dem Verb *scheinen* + *dass*-Satz, bei denen weder der kategoriale Status des Ausdrucks *es* noch der des Nebensatzes endgültig geklärt sind (Olsen 1981: 117ff, Eisenberg 2004: 364, Diewald 2000: 333–355, Paranhos Zitterbart 2002: 167ff.).

(a) *Es* als Konstitutivteil[9] von modalen Konstruktionen mit „offener" Bedeutung: Obligatorisch ist *es* in Korrelatverbindungen, die aus *es* + *können/mögen* + *sein*

---

8 *Es* meldete sich eine Frauenstimme > Eine Frauenstimme meldete sich = Vorfeld-*es*.
9 Die Begriffe ‚konstitutiv' bzw. ‚strukturell' werden hier differenziert gebraucht. ‚Konstitutiv' beschreibt etwas, das als Bestandteil der Konstruktion gesehen werden muss, während mit ‚strukturell' etwas beschrieben wird, das von den grammatischen Umständen bedingt wird. So ist *es* in Spaltsätzen und in modalen Konstruktionen mit „offener" Bedeutung ‚konstitutiv'. Ein Vorfeld-*es* hingegen ist lediglich ‚strukturell' bedingt, denn es kann bei anderweitiger Vorfeldfüllung wegfallen.

bestehen.[10] Im Vorfeld fungiert *es* pragmatisch als Rhemaexponent für den Nebensatz bzw. als Thematisierungspartikel und ist stellungsbedingt, d.h. strukturell obligatorisch. Bei anderweitiger Vorfeldfüllung (11), kann *es* im Mittelfeld nicht wegfallen.

(10) Es kann sein, dass es Veränderungen innerhalb des Vereins gibt. (MM, 16. 04. 10: 12)

(11) Deshalb könnte es gut sein, / *Deshalb könnte gut sein, dass Griechenland zwar eisern spart, aber dennoch die Ziele nicht erreicht [...]. (HA, 12. 02. 10)

Das obligatorische Korrelat fungiert als ein Marker, der grammatisch die Bedeutung der Konstruktion kennzeichnet. Mit Formulierungen wie *es kann sein/es mag sein* +Subjektsatz/satzwertige IK gibt der Sprecher zu verstehen, dass er für den Inhalt der Nebensatzaussage nicht bürgt. Dieses „Sich-nicht-Festlegen" bezüglich des Faktizitätswertes der Aussage wird dann durch die besondere Konstruktion markiert. In Kopulakonstruktionen mit dem Modalverb *müssen*, das die modale Relation ‚notwendig' voraussetzt, oder mit dem Modalitätsverb *sein zu* + Infinitiv, das die modalen Relationen ‚notwendig' und ‚möglich' zulassen kann (IDS-Grammatik 1997: 1897 f.), ist das Korrelat dagegen nicht konstitutiv. Es kommen verschiedene Nebensatztypen vor.

(12) Wenn es zu einem Militärschlag kommt, dann muss klar sein, dass wir an der Seite unserer europäischen und amerikanischen Verbündeten stehen. (NZ, 04. 01. 03)

(13) Um 12 Uhr mittags endet die Transferperiode des Sommers, dann muss klar sein, wer die Angriffsreihen des HSV verstärken soll. (HM, 31. 08. 06: 25)

(14) Gleichwohl ist zu spüren, dass Landwirtschaft für Jens, Lars und Marko nicht nur eine technische Sache ist. (HA, 20. 02. 08: 8)

(15) Am Ende ist zu überlegen, ob sich die Anschaffung eines Gasfahrzeugs wirklich lohnt. (MM, 02. 02. 08: 30)

(b) *Es* als Konstitutivteil von Spaltsätzen: Spaltsätze (und Sperrsätze) sind syntaktische Strukturen, die durch ihre Form im Gesamtsatz gleichzeitig zwei Höhepunkte schaffen, was sie für Kontrast und Korrektur geeignet macht. Die Reihen-

---

10 Strukturen wie (i) sind grammatisch als elliptische Strukturen zu verstehen.
(i) Mag [kann] sein, dass das Schicksal deshalb genau an diesem Tag besondere Kapriolen schlägt. (HM, 02. 01. 2010: 2)
Semantisch-pragmatisch fungieren sie als eine Art Kommentar des Sprechers zur Aussage.

folge Matrixsatz + extraponierter Nebensatz ist obligatorisch und entspricht einer Linearität in ihrer syntaktischen Struktur, die konstitutiv ist.

(16) Es ist die Enge, die einen fertigmacht. (DSp 43/2010: 160)

Bei Spaltsätzen kann *es* nicht fehlen, Ausnahmen hierzu sind Konstruktionen mit freiem Relativsatz (invertierter Pseudo-Cleft-Satz) (Engel 1991: 297, Altmann 2009: 13–34):

(17) Lesen ist (es), was dir fehlt. (Engel, Deutsche Grammatik, 1991: 297)

(c) Hinweis auf neue Information vs. *es* als Vorerwähntheitssignal: Ein häufiges syntaktisches Muster, in dem verschiedene Nebensatztypen vertreten sind, ist der unkorrelierte Gebrauch mit einem Thematisierungsausdruck in Erstposition, der gewissermaßen das Vorfeld-*es* ersetzt. *Es* ist dabei fakultativ, der Matrixsatz kann mehrere Arten der kategorialen Füllung enthalten. Die Thematisierungsausdrücke in Topikposition stammen aus verschiedenen Klassen wie prädikativ verwendeten Substantiven (*Aufgabe, Unverschämtheit, ...*) bzw. Adjektiven (*angenehm, bedauerlich, normal, ...*) oder Adverbien (*gleichwohl, nur, ...*).

(18) Möglich ist aber auch, dass eine Person von außen kommt. [...]. (MM, 29. 03. 10: 8)

(19) Fraglich war nach dem ersten Prozesstag, ob der Junge mit dem Plastikgriff der Hundeleine getroffen wurde. (MM, 16. 12. 08: 23)

(20) Die Frage nach Sieg oder Niederlage war zu diesem Zeitpunkt bereits entschieden – fraglich war nur noch, mit welchem Vorsprung die Viernheimer Damen das Spiel beenden würden. (MM, 13. 10. 09: 19)

(21) [...], und mir ist nicht ganz begreiflich, warum er das nicht konsequent macht. (MM, 03. 07. 09: 3)

Ferner ist der Wegfall des Korrelats bei den sogenannten emotionalen Verben möglich. Dabei handelt es sich um Prädikate mit faktivem Gebrauch, die emotionale Relationen zwischen als wahr vorausgesetzen Sachverhalten und Personen thematisieren wie *ärgern, aufregen, deprimieren, freuen, stören, ...*[11]

---

[11] Hinsichtlich des Gebrauchs der Pronominaladverbien als Korrelate hat bereits Paul darauf hingewiesen, dass die „Vermittlung" fehlen kann nach „Ausdrücken der seelischen Vorgänge" wie „*gedenken, sich erinnern, sich freuen, sich wundern, sich rühmen, trauern, jammern, frohlocken, prahlen, ...*" (vgl. Paul 1920: 241 f.).

(22) Bei seinem aktuellen Kampf gegen den neuen Weg ärgert ihn besonders, daß das Forstamt den Pachtvertrag [...] gekündigt hat. (SZ, 23. 2. 95: 42)

All diese Konstruktionen sind grammatisch. Die Nicht-Setzung weist jedoch auf eine markiertere und gehobenere syntaktische Konstruktion hin und hat eine spezielle Bedeutung: Grammatisch distanziert sie sich von dem strukturell erwarteten Muster „*es* im Vorfeld des Matrixsatzes + extraponierter Subjektsatz" und vom Muster „Thematisierungsausdruck im Vorfeld des Matrixsatzes + *es* im Mittelfeld des Matrixsatzes + extraponierter Subjektsatz". Pragmatisch deutet sie auf neue Information hin. Dies wird deutlich, wenn man die Belege (20) oder (23) näher betrachtet, und erklärt auch die Variation der Muster im Beleg (23).

(23) Es ist wichtig, dass man über solche Täter spricht. Jeder hat eine schwierige Phase oder Probleme in der Familie – wichtig ist aber, dass man als ganze Klasse zuhört, einfach da ist. (HM, 24. 04. 10: 18)

Eine Setzung im Mittelfeld bedeutet dagegen, dass das Korrelat *es* eine weitere pragmatische Funktion übernimmt: Damit wird nämlich auf Vorerwähntes im Text hingewiesen. Dazu passt auch der Gebrauch des Konnektors *außerdem* im Matrixsatz des Belegs (24). Prototypische Funktionen wie Progressionsindikator/ Rhemaexponent bleiben dabei erhalten.

(24) Ungerecht ist es außerdem, daß Spieler von einem ins andere EU-Land ablösefrei wechseln dürfen, [...]. (SZ, 17. 2. 96: 49)

(25) Hat es Sie eigentlich nie geärgert, dass die Kritiker Ihnen immer wieder vorgehalten haben, [...]? (MM, 17. 04. 09: 28)

Denkbar ist auch, dass prosodisch-rhythmische Faktoren die Setzung motivieren (vgl. *wichtig ist, dass* vs. *wichtig ist es, dass*).

(d) Korrelierte „freie" Relativsätze? Extraponierte freie Relativsätze werden im Normalfall direkt angeschlossen, d.h. ohne Korrelate im Matrixsatz. Allerdings kommen einige Teilsätze tatsächlich korreliert vor.

(26) Er sagte, dass es absolut gigantisch sei, was sie geleistet hätten. (DSp, 39/06: 164)

(27) Niemand interessiert es weniger, was die deutsche oder internationale Presse über ihn herauszufinden meint, als Berlusconi selbst. (DSp, 28/03: 8)

Werden sie ins Vorfeld gestellt, so fällt das Korrelat weg:

(26') Was sie geleistet hätten, sei absolut gigantisch.

(27') Was die deutsche Presse herauszufinden meint, interessiert niemand ...

Hier handelt es sich offensichtlich um korrelierte Relativsätze, die ein Korrelat *es* (hier im Sinne von Platzhalter), das durch *das*[12] substituierbar ist, im Matrixsatz aufweisen.

Einen anderen Fall stellen Konstruktionen wie (6) dar.

(6)   Nur wer [...] ein Niedrig-Energiehaus baut oder kauft, dem hilft der Bund [...].

Sind die resumptiven Ausdrücke als Korrelate zu betrachten oder handelt es sich dabei um Linksversetzungskonstruktionen mit doppelter Vorfeldbesetzung? Die Bezeichnung der Ausdrücke als Korrelate, die gut in die Definition des vorliegenden Beitrags passt (vgl. Abschnitt 2), ermöglicht eine einheitliche Beschreibung des Phänomens, denn bei einer Nicht-Setzung des Demonstrativums (in Fällen von Übereinstimmung zwischen den Kasusforderungen des Matrix- und des Nebensatzverbs) kann nicht von einer Linksversetzung gesprochen werden (*Wer rastet, rostet* vs. *Wer rastet, der rostet*, vgl. hierzu Paranhos Zitterbart 2008: 207–217).

3.1.1.2 Akkusativobjektsätze: Korrelat, Valenzträger und Nebensatztyp

Als korrelative Elemente kommen das Pronomen *es* und die Demonstrativa *das/dies* in Frage, wobei diese Ausdrücke nicht die gleichen topologischen bzw. intonatorischen Bedingungen erfüllen. Das akkusativische *es* kann bekanntlich in keiner syntaktischen Funktion in Erstposition stehen, während die beiden Demonstrativa dies leisten. Die Setzung eines Demonstrativs ist somit einerseits die einzige Möglichkeit für eine Korrelation im Vorfeld, andererseits kann dann kaum von Extraposition gesprochen werden, eher von der Auflösung einer Pronominalisierung. Außerdem ist zwischen den Teilsätzen keine progrediente Intonation gegeben. Ferner ist das Vorfeld eine markierte Position für das direkte Objekt.

(28)   „Das/*es können Sie sich gar nicht vorstellen, wie schwer so ein Gang sein kann", sagte Gisela Mayer, [...]. (Spo, 16. 09. 10)

Es in Platzhalterfunktion ist nur im Mittelfeld möglich, wo auch die Demonstrativa stehen können. Dabei verhalten sie sich nicht als einfache Platzhalter (29a), sondern auch als deiktische Ausdrücke. Die abhängigen Konstruktionen erfüllen dann das intonatorische Muster der Rechtsversetzungskonstruktion ((29b), (29c)).

---

12 Zu den veränderten Akzentbedingungen in der *das*-Konstruktion vgl. Fußnote 7.

(29) a. Er schätzte es, sich einfach treiben zu lassen. (BZ, 30. 01. 10)
b. Er schätzte das/dies, sich einfach treiben zu lassen.
c. Das/dies schätzte er, sich einfach treiben zu lassen.

Die Setzung des Korrelats *es* ist selten grammatisch erforderlich (vgl. Köhler 1976: 186ff., Ulvestad/Bergenholtz 1983: 18, Paranhos Zitterbart 2002: 85–96), exemplarisch werden einige Fälle dargelegt.

Es kann Konstruktionen disambiguieren, die in Verbindung mit Prädikaten wie *es bedauern, es begrüßen, es ertragen, es genießen, es hassen,* ... vorkommen. Diese ‚Einstellungsverben'[13] (Pütz 1975: 79, Sandberg 1998: 125) werden verwendet, um den propositionalen Gehalt des Nebensatzes zu kommentieren. Daneben gibt es noch deren Homonyme wie *bedauern, begrüßen* usw., die meistens unkorreliert konstruiert werden. Der Unterschied im Gebrauch wird bei folgendem Vergleich eindeutig, diverse Nebensatztypen kommen vor.

(30) Ein Fachmann schätzte, dass etwa beim Umbau des Niedersachsen-Stadions zur AWD-Arena „70 bis 80 Prozent regionale Handwerker im Einsatz waren". (HA, 03. 04. 09: 14)
= ungefähr berechnen, annehmen

(31) Die Schauspielerin schätzte es als „coole Sache", ihren Namen nahe den Sternen ihrer berühmten Verwandten zu finden. (MM, 05. 02. 04)
= etwas wertschätzen

(32) Aber Pascal schätzt es, wenn jüngere Kandidaten mitmischen. (MM, 28. 10. 09: 18) = etwas wertschätzen

Bei Konstruktionen, die von Verbpaaren abhängen, die Rektionsvarianten und dadurch bedingte Bedeutungsunterschiede aufweisen wie *glauben/glauben an, berichten/berichten von/über,* ..., wird das Korrelat *es* nicht gesetzt. Die Eindeutigkeit der Konstruktion wird dann von Korrelaten für Präpositionalobjektsätze gewährleistet, die folglich als Disambiguierungsmarker fungieren. Als Pronominaladverbien enthalten sie nämlich die Präposition, die für die Verdeutlichung des Präpositionalkasus und der intendierten Lesart des Verbs notwendig ist: *etwas erkennen/etwas an etwas erkennen*.

(33) Dabei erkennt man meist schnell, ob das Produkt gut oder schlecht ankommt.
(BZ, 06. 01. 10) = unkorrelierter Akkusativobjektsatz

---

13 Semantische Klasse von Prädikaten, die auch als propositionale Attitüdeverben bekannt sind.

(34) Die guten Wurzeln erkennt man daran, dass sie hart sind [...]. (HA, 13. 01. 09: 17)
= korrelierter Präpositionalobjektsatz

3.1.2 Dativobjektsätze: Das Korrelat als Disambiguierungsmarker

Dativobjektsätze und ihre Korrelationsmöglichkeiten werden in der Fachliteratur kaum erwähnt (vgl. jedoch Hyvärinen 1982: 36, IDS-Grammatik 1997: 1089, Eisenberg 2004: 328 ff., Artikel 19 in diesem Band). Der Grund ist die Inkompatibilität zwischen der semantischen Rolle des Dativobjekts, der des „Betroffenen", weitgehend an das Merkmal [+HUM] gebunden, und propositionsfundierten Aussagen, die Sachverhalte charakterisieren. Es gibt jedoch Prädikate wie z. B. *zustimmen*, die diverse Teilsätze subkategorisieren können.[14] Dabei ist das Dativobjekt nicht mehr mit dem Merkmal „Person" versehen und es entstehen verschiedene Lesarten für das Verb. Als Korrelat fungiert das Demonstrativum *dem*, das nicht als Kern der Konstruktion auftreten und somit nicht als Bezugsausdruck gesehen werden kann, wie (35c) zeigt.

(35) a. Die Besuchergruppe stimmte dem zu, daß möglichst bald ein wohnortnahes Wohnheim errichtet werden müßte. (RZ, 26. 01. 99)
b. Daß möglichst bald ein wohnortnahes Wohnheim errichtet werden müßte, dem stimmte die Besuchergruppe zu.
c. *Dem, dass möglichst bald [...] errichtet werden müßte, stimmte [...].

Das Korrelat sorgt dafür, dass die Konstruktion syntaktisch eindeutig wird, erfüllt somit die Funktion einer Dekodierungshilfe. Die progrediente Intonation zwischen Matrix und Nebensatz/IK spricht für das Extrapositionsmuster. Wird der Nebensatz topikalisiert, verhält sich das Korrelat in resumptiver Stellung als eine echte wiederaufnehmende Proform (Muster einer Linksversetzungskonstruktion). In (36) bzw. (37) fehlt jedoch das Dativobjekt. *Zustimmen* wird als ein Verbum dicendi gebraucht, das als *zustimmend sagen/zustimmend erlauben* paraphrasiert werden kann, der Inhalt des Nebensatzes fungiert dabei als „indirekte

---

14 *Zustimmen* kann auch Präpositionalobjektsätze subkategorisieren, wobei das Korrelat fakultativ ist:
(i) Ich kann Helmut-Meier Mannhart aber nur [*darin*] zustimmen, daß Anspruchsdenken die Staats- und Sozialhaushalte in eine kaum mehr finanzierbare Höhe getrieben hat. (SZ, 23. 11. 96: 19).
Das Dativobjekt kommt hier in seiner gewöhnlichen semantischen Rolle vor, eine syntaktische Bestimmung des Nebensatzes ist deshalb einfach.

Rede". In diesem Zusammenhang erwägt Wegener (Artikel 19 in diesem Band) einen beginnenden Rektionswandel (von Dativ- zu Akkusativrektion), was zu hiesiger Deutung (wie auch in Paranhos Zitterbart 2002) passen würde.

(36) [...]; sie stimmte zu, die Organe ihres Sohnes israelischen Kindern zu spenden. (HM, 03. 05. 09: 52–53)

(37) Und um die „Transformers"-Schöne [...] für sich zu gewinnen, stimmte Brian sogar zu, dass die Lizenz zum Fremdgehen nur einseitig gilt. (HM, 02. 08. 09: 55)

Freie Relativsätze können ebenso als Dativobjektsätze fungieren, vgl. dazu Beleg (6).

3.1.3 Genitivobjektsätze: Korrelat, Valenzträger und Nebensatztyp

Genitivobjektsätze sind selten. Sie werden vor allem von Verben des Sich-Erinnerns und des Beschuldigens subkategorisiert (Engel 2009: 140), als Korrelat fungiert das Demonstrativum *dessen*, die Setzung ist fakultativ, scheint bei *dass*-Sätzen plausibler zu sein, da sie faktische Sachverhalte denotieren.

(38) Dessen Vorsitzende Inga Grätz hatte in jedem Geschäft mal vorbeigeschaut und sich vergewissert, wie der Besuch war. (MM, 03. 07. 07)

(39) Nach solchen Sätzen lächelt er [...] und vergewissert sich mit einem neugierigen Blick, ob sein Gegenüber alles verstanden hat. (MM, 26. 06. 08: 26)

(40) Wie die Ermittlungen ergaben, hatte sich der Mann [dessen] vergewissert, dass alle Kunden das Geschäft verlassen hatten. (MM, 19. 03. 09: 17)

Valenzträger wie *sich erinnern* oder *sich entsinnen* lassen auch Präpositionalobjektsätze zu. Dabei können unkorrelierte Sätze syntaktisch zweideutig sein, zumal das Korrelat daran fakultativ ist. Die Setzung disambiguiert die Konstruktionen.

(41) Dabei kann er sich nicht [dessen/daran] entsinnen, etwas für 80 Euro gekauft zu haben. (NN, 30. 12. 09: 17)

(42) Ich kann mich gut daran entsinnen, dass wir früher mit Schneeschiebern und Besen uns eben diese Eisfläche vom Schnee befreit hatten, [...]. (BZ, 03. 02. 06)

In der Gegenwartsprache findet man überwiegend Belege von Genitivobjektsätzen ohne Korrelat, dabei wird der präpositionale Kasus bevorzugt. Dies erklärt sich wahrscheinlich mit der allgemeinen Tendenz des Deutschen von einer synthetischen zu einer analytischen Sprachgestaltung überzugehen.

3.1.4 Präpositionalobjektsätze: Korrelat, Valenzträger und Nebensatztyp

Als Korrelate fungieren hierzu D-Pronominaladverbien wie *darin, damit, dafür, dazu* usw. Wegen ihrer Morphologie zählen sie im Ergänzungsbereich zu den interessantesten Korrelaten, denn sie enthalten einen wesentlichen Bestandteil des den Matrixsatz regierenden Ausdrucks, nämlich die Präposition, die für die intendierte Lesart des Prädikats zuständig ist. Dass diese Korrelate dennoch nicht immer obligatorisch sind, macht ihre Setzung bzw. Nicht-Setzung umso rätselhafter. Einmalig ist auch ihre Thematisierbarkeit und kontrastive Akzentuierbarkeit. Es stehen grundsätzlich drei Korrelat-Akzentmuster zur Verfügung, nämlich der Neutralakzent (*daRAN, daFÜR*, vgl. 43)), der Kontrastakzent (*DAran, DAfür*, vgl. (44)) und der implizite Kontrastakzent (*daFÜR* und nicht *daGEGEN*), selbst wenn es syntaktische Konstellationen geben kann, bei denen das eine oder das andere Akzentmuster eindeutig bevorzugt wird.

(43) Die Stadt hatte ihre Maßnahme da<u>MIT</u> begründet, <u>dass durch die „chaotische Parkerei" [...] Feuerwehrzufahrten blockiert waren.</u> (MM, 13. 04. 07)

(44) Die reformkritischen Ärzte hatten ihre Ablehnung der Primarschule vor allem <u>DA</u>mit begründet, <u>dass es für Mediziner schwer wird,</u> [...]. (HM, 11. 05. 10:8)

Die Akzentuierung ist eine instabile Größe und kann je nach kategorialer Füllung des Matrixsatzes variieren (vgl. (44) mit FHG-sensitivem Element[15] *vor allem* vs. (43)). Dies motiviert jedoch nicht eine differenzierte Analyse des Pronominaladverbs (Platzhalter oder Bezugsausdruck?) bzw. der abhängigen Konstruktionen (Gliedsatz oder Gliedteilsatz?). Sie sind als Gliedsätze zu betrachten, die von Prädikaten zugelassen werden, die ein Präpositionalobjekt als Argument haben (IDS-Grammatik 1997: 1484ff und Paranhos Zitterbart 2002: 103ff). Dafür sprechen einige Argumente:

(a) die Form des Nicht-Korrelat-Teiles der Korrelatverbindung, die vom übergeordneten Valenzträger bestimmt ist, was bedeutet, dass der Valenzträger bestimmt, ob ein *dass*-Satz, ein *ob*-Satz oder eine IK gesetzt wird:

---

[15] FHG = Fokus-Hintergrund-Gliederung. FHG-sensitive Elemente sind nach Jacobs (1988: 97) Ausdrücke wie Gradpartikeln, Satzadverbiale oder Einstellungsverben, die als FHG-Operatoren die FHG eines Satzes beeinflussen können. Vgl. hierzu auch Altmann (2007: 357–385).

(45) a. Ich habe damit gerechnet, dass sie kommt/*ob sie kommt/*sie zu kommen.
b. Ich habe damit, dass sie kommt, gerechnet. (MF, Kontaktstellung)
c. Damit, dass sie kommt, habe ich gerechnet. (Korrelat+Teilsatz im VF)

(b) das Stellungsverhalten von einigen Nebensätzen/satzwertigen IK. Während manche Korrelatverbindungen in der Reihenfolge Korrelat + Teilsatz/IK zusammen im Vorfeld und eventuell in Kontaktposition im Mittelfeld stehen können (45b,c), was für eine Interpretation als Bezugsausdruck + Gliedteilsatz sprechen würde, leisten andere Korrelatverbindungen dies nicht. Korrelat + Konsekutivsatz ((59), (60) und (61)) oder korrelierte Dativobjektsätze (35) verhalten sich diesbezüglich anders. Konsekutivsätze werden obligatorisch extraponiert, Beleg (35c) zeigt, dass eine Vorfeldstellung der Korrelatverbindung nicht möglich ist.

(c) die Fakultativität bezüglich der Korrelatsetzung: Für die Präpositionalobjektsätze/IK als Präpositionalobjekt, die unkorreliert vorkommen (vgl. (52)), würde nur die Interpretation als Gliedsatz/gliedsatzwertige IK gelten.

Eine entgegengesetzte Position wird z.B. in Breindl (1989: 167 und Artikel 21 in diesem Band), Altmann/Hofmann (2008: 106f.) und Wegener (Artikel 19 in diesem band) vertreten. Dabei ändere sich je nach Akzentmuster des Pronominaladverbs sowohl dessen kategorialer Status (Korrelat/Bezugsausdruck) als auch der der abhängigen Konstruktionen (Gliedsatz/Gliedteilsatz).[16] Eine solche Analyse wertet jedoch das Pronominaladverb zum Kopf der Konstruktion auf bzw. degradiert die abhängigen Nebensätze/IK zu Gliedteilsätzen und ist mit der obigen Argumentation nicht vereinbar.

Als Valenzträger für Präpositionalobjektsätze kommen zwei- oder dreiwertige Verben, Adjektive in prädikativen Strukturen und komplexe Prädikate in Frage, diverse Nebensatztypen kommen vor.

---

16 Vgl. Altmann/Hofmann (2008: 107):
(i) Martin hat ganz fest daMIT/DAmit gerechnet seit einiger Zeit, dass Becker die Sache vor Gericht bringen würde.
(= Präpositionalobjektsatz in Extraposition mit Platzhalter daMIT oder Bezugsausdruck DAmit mit extraponiertem Attributsatz, dazu ausgeklammertes Temporal-Adverbial).
Diesbezüglich spricht die IDS-Grammatik (1997: 1484) zuerst von einer Akzentuierungstendenz bzw. -obligatorik für die Korrelate, differenziert jedoch gleich danach zwischen ‚sachverhaltskorrelierenden' und ‚nicht-sachverhaltskorrelierenden Verwendungsweisen' von Prädikaten wie *bestehen in, liegen an/in* usw. Bei der ersten Möglichkeit sei das Kontrastakzentmuster obligatorisch, bei der zweiten nicht.

Disambiguierungsmarker vs. pragmatische Setzung
Eine Setzung des Korrelats kann verschiedene Konstruktionen bezüglich des Valenzträgers disambiguieren wie bei *erkennen/erkennen an, erzählen/erzählen von/über, drohen/drohen mit* ..., vgl. auch (33), (34). Relationale Verben wie *abhängen von, basieren auf, folgen aus* ..., die Doppelgliedsatzverbkonstruktionen erlauben, profitieren auch davon. Werden die zwei Gliedsätze gleichzeitig ausgebaut, so wird das Korrelat als Garant der intendierten Lesart des Prädikats gesetzt, die Serialisierung unterstützt eine adäquate Interpretation des komplexen Satzes. Die Setzung ist obligatorisch.

(46) Dass dies niemanden weiter zu stören scheint, liegt vielleicht daran, dass die Farbigen am Kap immer schon eine Sonderrolle spielten. (MM, 02. 01. 10: 11)

(47) Das liegt nicht daran, wie er starb. (MM, 06. 01. 10: 4)

Bei zweiwertigen, emotionalen Verben wie *sich ärgern/beklagen/jubeln/freuen über*, ... bezeichnet der PO-Satz den Gegenstand der Emotion, die beim Subjektsreferenten eine Reaktion hervorruft, wobei er die affizierte Instanz ist. Die Prädikate können u. U. als Verba dicendi gelesen werden, eine Setzung des Korrelats ist fakultativ, kommt oft vor, insofern sie weitere pragmatische Möglichkeiten für den Satz eröffnen kann, so z.B. den Kontrastakzent des Korrelats (48).

(48) Er hat sich vor allem DArüber geärgert, dass der Rat dem Losungsschreiber Georg Alt die Übersetzung des Werkes übertragen wollte. (NN, 31. 01. 09: 13)

Unkorrelierte Konstruktionen bieten dagegen eine neutrale Lesart.

(49) Wie oft haben wir uns schon geärgert, dass etwas aus Mannheim abgewandert ist, abgezogen wurde – eine Firma, [...]. (MM, 17. 02. 10: 20)

Dreiwertige Verben der Handlungssteuerung wie *auffordern/ermahnen/überreden/zwingen zu*, ... lassen Mittelfeldintegration des Infinitivs zu, was für eine enge Bindung zwischen Matrixsatz und IK spricht und die Nicht-Setzung erklären kann.

(50) Sie hat ihn gezwungen zu gehen/sie hat ihn zu gehen gezwungen.

Auch die hohe Assertionskraft der Prädikate spricht für die Nicht-Setzung. Belege mit Korrelat sind selten.

(51) Erfahrungen in anderen Einkaufszentren hätten die Verantwortlichen dazu gezwungen, die Geschwindigkeit des Gefährts bereits bei der Hälfte abzuriegeln. (MM, 05. 06. 09: 18)

Bei zweiwertigen Verben des Strebens und des Sich-Beteiligens (Holmlander 1979: 71) wie sich *bemühen/sorgen um, kämpfen um*, ... finden sich überwiegend Belege von unkorrelierten IK, *dass*-Sätze kommen, dann erwartungsgemäß korreliert, selten vor.

(52) Chinesische Autobauer haben sich in den vergangenen Monaten verstärkt bemüht, am europäischen Markt einzusteigen. (MM, 26. 01. 10: 8)

(53) Sie habe sich darum bemüht, dass das Ausstellungsfahrzeug auch zu ihrer Schule komme. (MM 23. 04. 10: 33)

3.2 Korrelate und Angabesätze: pragmatische vs. grammatische Setzung

Außer dem gewohnten Muster „Korrelat im Mittelfeld des Matrixsatzes + Extraposition des Nebensatzes/IK", (vgl. (4) und (54)), ergeben sich bei der Operator-Subordination weitere typischere Serialisierungsmodelle (56). Entsprechend der Adverbialsemantik ist die Menge der korrelativen Ausdrücke heterogen: *da, dort, damals, jetzt, soweit, dann, genau dann, dennoch, derart, darum, so, so ... doch, ...*.[17] Syntaktische Fügungen wie *im Falle, dass* oder *aus dem Grund, weil* kommen ebenso als korrelative Ausdrücke in Frage. Semantisch unspezifisch sind *so* oder *da*. Ferner ist das Zusammenspiel von Subjunktoren und Korrelaten (*wenn/dann, immer wenn/dann*) und umgekehrt (*dann/wenn*) interessant. Korrelatverbindungen wie in (54) sind formal von attributiven Strukturen wie (55) schwer zu unterscheiden. Befindet sich das Korrelat im Mittelfeld des Matrixsatzes, so ist die Korrelation deutlich zu erkennen.[18] In (55) fungiert *dort* dagegen als Bezugsausdruck, trägt den stärksten Akzent innerhalb des Nebensatzes und steht im Skopus des All-Operators *überall*.

(54) [...] dass erfolgreiche freie Gruppen [...] stets dort gedeihen, wo auch qualitativ hochstehendes [...] Stadttheater gemacht wird. (MM, 05. 01. 08: 27)

(55) Überall dort, wo der Kinderkommissar Leon im Schaufenster auftaucht, wird geholfen, [...]. (MM, 18. 05. 10: 15)

---

17 Vgl. Blatz (1900: 1020–1026), Tesnière (1959: Kap. 258, 260), Tarvainen (1981: 67), Sonnenberg (1992: 260f.), IDS-Grammatik (1997: 1490–1494), Paranhos Zitterbart (2002: 139–165), Eisenberg (2004: 332ff.), Engel (2009: 143f.).
18 Vgl. hierzu auch korrelierte Gliedsätze in adverbialer Funktion:
(i) Das Opfer hatte zuletzt dort gewohnt, wo es aufgefunden wurde. (MM, 17. 04. 00)

Die typische Stellung für Korrelate im Angabesatzbereich ist jedoch die resumptive Spitzenstellung (56). Dabei fungieren die Ausdrücke als echte wiederaufnehmende Proformen (Muster einer Linksversetzungskonstruktion). Die Setzung ist meistens fakultativ, d. h. nur pragmatisch relevant. In (56) z. B. enthält der Nebensatz eine Referenz auf einen Sprechakt, dessen Geltungsanspruch im Matrixsatz kommentiert wird. Wird ein Korrelat gesetzt, so verbindet es Antezedens (NS) und Konsequens (MS), indem es den ersten Teil der Aussage wiederaufnimmt.

(56) Wenn eine Aktie steigt, (dann) sollte man sie besser nicht verkaufen, [...]. (HA, 04. 01. 10)

Eine Klassifikation der Ausdrücke in resumptiver Spitzenstellung als Korrelate ist in solchen Fällen vorteilhaft, denn dadurch wird das Problem einer „doppelten" Vorfeldbesetzung entschärft: Im Vorfeld des Matrixsatzes steht nur *eine* (diskontinuierliche) Konstituente.

Die Setzung eines Korrelats kann diverse Gründe haben. Während die Ausdrücke bei uneingeleiteten Verberstsätzen, die ohnehin nicht über ein eindeutiges Subordinationszeichen verfügen, für syntaktische Klarheit sorgen (57), sind sie bei Proportionalsätzen als konstitutive Elemente zu betrachten (Einleitungselement *je* und Korrelate *desto/umso*). In diesem Fall ist die Setzung obligatorisch (58).

(57) Schauen wir uns die wahren Herren unserer Tage an, dann fällt vor allem ihr offener Hemdkragen auf. (MM, 05. 01. 10: 32)

(58) Je mehr Hersteller Geräte mit der Software verkaufen, desto öfter klicken die Nutzer auf Werbung in Google-Diensten. (HA, 06. 01. 10)

Konsekutivsätze, die wegen ihrer Semantik obligatorisch extraponiert werden, sind als kategorienvariable einzustufen. Eingeleitet durch *sodass* fungieren sie als Angabe zum Matrixsatz (59), haben Gliedsatzstatus und repräsentieren die Folgerung der im Matrixsatz formulierten Ursache.

(59) „Wir haben *[so] im Training ohnehin beide Modelle *[so] genutzt, sodass [so dass] uns das Verbot nicht beeinflussen wird", sagte der Österreicher. (Spo, 26. 11. 10)

Steht jedoch der Ausdruck *so* im Matrixsatz, ergeben sich zwei Muster ((60), (61)), der *dass*-Satz repräsentiert die Folge.

(60) Die Bienen haben sich dieses Jahr so vermehrt, dass ... (Hörbeleg)
   so ist ein Korrelat, der *dass*-Satz ein Gliedsatz (Angabe zum Matrixsatz)

(61) Angelina Jolie wirkt so perfekt, dass es fast unheimlich ist. (Spo, 5. 12. 10)

so ist Teil einer Adjektivphrase und zugleich Bezugsausdruck, der *dass*-Satz ein Gliedteilsatz (*dass*-Attributsatz)

4 Korrelate und Gliedteilsätze

4.1 Korrelate und *d-/w*-Relativsätze

Relativsätze – ausgenommen die freien Relativsätze – sind Gliedteilsätze und beziehen sich auf ein Bezugsnomen. Ist das Bezugsnomen jedoch nicht vorhanden, so ist dies nach Lehmann (1984: 293ff.) auf zweierlei zurückzuführen, nämlich auf eine Weglassung (62)[19] oder auf eine pronominale Besetzung des Nukleus (63). In beiden Fällen kann von Korrelation gesprochen werden, denn der Ausdruck, mit dem der Relativsatz das ‚höhere Nominal' (Bezugsnomen + Relativsatz, Lehmann 1984: 44) konstituiert, hält syntaktisch den Platz für das Bezugsnomen.

(62) Und wieder verliert der, der immer verliert: Prince Charles, [...]. (DSp 47/10: 130)

(63) Jemand, dessen Gesicht ich nie gesehen habe, tritt ein.

(5) Immer mehr Bürger ärgern sich, dass sich Leistung nicht mehr lohnt, dass derjenige, der arbeitet, der Dumme ist, dass die Mittelschicht belastet statt entlastet wird. (HA, 16. 01. 09: 4)

Als Korrelate fungieren hauptsächlich Demonstrativ- (*der, derjenige, solcher, derselbe*) und Indefinitpronomina (*einer, jeder, niemand, einigen, etwas, nichts, manches, ...*). Diese sind, als Nukleus-Surrogate, immer obligatorisch und dürfen nicht wegfallen.[20] Einen Relativsatz (Gliedteilsatz) mit Bezugsausdruck (Substantiv) zeigt (8).

(8) Die kurzen, nüchternen Protokolle bieten eine ungewohnte Perspektive auf einen Krieg, der länger gedauert hat als der Zweite Weltkrieg.

Eine weitere Art der Korrelation, die Relativsätze betrifft, findet sich mit den wiederaufnehmenden Korrelaten für „freie" Relativsätze, die jedoch als Gliedsätze

---

[19] Vgl. hierzu auch *Der Herr, den wir gestern beim Konsul trafen, ist Kanalarbeiter* > *Der, den wir gestern beim Konsul trafen, ist Kanalarbeiter* (Lehmann, 1984: 293).
[20] Durch das Stellungsverhalten der Korrelatverbindung können die Pronomina auch als Bezugsausdrücke betrachtet werden.

einzustufen sind. Die Korrelate befinden sich in resumptiver Spitzenstellung und sind teilweise obligatorisch (vgl. (6)).[21] Ausnahmen hierzu bilden die Konstruktionen mit dem Korrelat *es*, die in Abschnitt 3.1.1.1 ((26) und (27)) bereits dargestellt wurden.

4.2 Korrelate und korrelierte Attributsätze/IK

Hierbei handelt es sich um komplexere Strukturen des Typs Bezugsausdruck (Substantiv) + Korrelat + Attributsatz. Als Kerne der attributiven Strukturen fungieren Abstrakta, als Korrelate Pronominaladverbien wie *daran, dafür, ...*. Als Nebensätze kommen *dass-, ob-, w*-Sätze und attributive IK vor.

Das Korrelat: grammatische vs. semantische Setzung
Die attributiven Strukturen können je nach regierendem Substantiv formselektiert sein. So treten z. B. nach der IDS-Grammatik (1997: 1978 f.) bei Substantiven wie *Frage, Kontrolle, Zweifel, ... ob-* und *w*-Sätze auf (vgl. (64)). Das Korrelat kann jedoch dabei helfen, solche formalen Einschränkungen zu überwinden (vgl. den *dass*-Satz in (65)).

(64) Und es mehren sich Zweifel, ob die drei weltweiten Branchenführer [...] überhaupt eine erfolgversprechende Zukunft haben. (MM, 02. 01. 10: 9)

(65) Zudem herrschten Zweifel daran, dass der Käufer über die nötige Erfahrung verfügt, Hummer zu steuern. (MM, 26. 02. 10: 7)

Die Setzung des Korrelats ist grammatisch nicht obligatorisch, sie sorgt aber dafür, dass für den Kern eine differenziertere und spezifischere Lesart entsteht ((64) vs. (66)).

(66) Letzte Zweifel daran, ob sie wirklich tot sind, bleiben. (BZ, 04. 05. 10)

In diesem Sinne kann das Korrelat als obligatorisch eingestuft werden. Es fungiert als Garant der intendierten Lesart des Kerns, zumal es die Präposition enthält, die eine Präzisierung der Beziehung zwischen Substantiv und abhängiger Struktur ausdrückt. Die Nicht-Setzung setzt dagegen eine absolute Interpretation des Kerns voraus.

---

21 Einige Korrelate sind fakultativ, werden aber trotzdem gesetzt, vgl. *Wer rastet, (der) rostet*. Dazu ausführlich Pittner (1991, 1995) und Paranhos Zitterbart (2008).

(67) Die Entscheidung, ob sie schon spielen wird, liegt alleine bei unserem Trainer Lucky [...]. (MM, 16. 01. 10: 12)

(68) Andererseits gibt es aber auch noch keine Entscheidung dafür, auf jedwede militärische Intervention zu verzichten. (MM, 18. 04. 06)

(69) Die Entscheidung darüber, ob der Verhaftete freigelassen wird oder nicht, trifft der Ermittlungsrichter. (MM, 25. 03. 10: 16)

5 Ausblick

Zusammenfassend kann festgehalten werden, dass sich die Anschlusselemente zwischen Teilsatz/IK und Matrixsatz bzw. Nukleus und Teilsatz/IK einheitlich als Korrelate beschreiben lassen, die als Teil einer Korrelatverbindung vorkommen. Eine saubere Trennung der zwei Typen Platzhalter und Bezugsausdruck, die sich an Stellungseigenschaften und Akzentmustern orientiert (vgl. *daMIT* vs. *DAmit*), ist wegen der Datenlage nicht unproblematisch. Ferner zeigt sich, dass die Setzung/Nicht-Setzung von Korrelaten unabhängig vom Nebensatztyp verschiedene Zwecke erfüllen kann, die sich von der prosodisch-rhythmischen, über die grammatische bis hin zur semantischen und zur pragmatischen Ebene erstrecken können.

6 Quellenverzeichnis (überwiegend aus Cosmas II)

BZ = Braunschweiger Zeitung
DSp = DER SPIEGEL
FAZ = Frank. Allg. Zeitung
FR = Frankfurter Rundschau
HA = Hannoversche Allgemeine
HM = Hamburger Morgenpost

MM = Mannheimer Morgen
NN = Nürnberger Nachrichten
NZ = Nürnberger Zeitung
RZ = Rhein-Zeitung
Spo = SPIEGEL ONLINE
SZ = Süddeutsche Zeitung

7 Literatur

Altmann, H. (1981): Formen der „Herausstellung" im Deutschen. Rechtsversetzung, Linksversetzung, Freies Thema und verwandte Konstruktionen. Tübingen: Niemeyer.
Altmann, H. (2007): Gradpartikel. In: Hoffmann, L. (Hg.), Handbuch der deutschen Wortarten. Berlin: de Gruyter. 357–385.
Altmann, H./Hofmann, U. (2008): Topologie fürs Examen. Verbstellung, Klammerstruktur, Stellungsfelder, Satzglied- und Wortstellung. 2., überarb. und erg. Aufl. Göttingen: Vandenhoeck & Ruprecht.

Altmann, H. (2009): Clefts (Spaltsätze) und Pseudoclefts (Sperrsätze) im Deutschen. In: Brdar-Szabó, R./Knipf-Komlósi, E./Péteri, A. (Hgg.), An der Grenze zwischen Grammatik und Pragmatik. Frankfurt/Main: Lang, 13-34.

Averintseva-Klisch, M. (2009): Rechte Satzperipherie im Diskurs. Die NP-Rechtsversetzung im Deutschen. Tübingen: Stauffenburg.

Behaghel, O. (1928): Deutsche Syntax. Eine geschichtliche Darstellung. Bd III: Die Satzgebilde. Heidelberg: Carl Winters Universitätsbuchhandlung.

Blatz, F. (1900): Neuhochdeutsche Grammatik mit Berücksichtigung der historischen Entwickelung der Deutschen Sprache. 3. Aufl. 2 Bde. Karlsruhe: J. Lang's Verlagsbuchhandlung.

Breindl, E. (1989): Präpositionalobjekte und Präpositionalobjektsätze im Deutschen. Tübingen: Niemeyer.

Bußmann, H. (2002): Lexikon der Sprachwissenschaft. 3., aktual. und erw. Aufl. Stuttgart: Kröner.

Diewald, G. (2000): „Scheinen" als Faktizitätsmarker. In: Habermann, M./Müller, P.O./Naumann, B. (Hgg.), Wortschatz und Orthographie in Geschichte und Gegenwart: Festschrift für Horst Haider Munske zum 65. Geburtstag. Tübingen: Niemeyer.

Duden-Grammatik (2009). Duden. Die Grammatik. Unentbehrlich für richtiges Deutsch. 8. Aufl. Hg. von der Dudenredaktion. Mannheim: Dudenverlag.

Eisenberg, P. (2004): Grundriss der deutschen Grammatik. 2 Bde. Stuttgart: Metzler.

Engel, U. (1991): Deutsche Grammatik. 2., verbess. Aufl. Heidelberg: Julius Groos.

Engel, U. (2010): Deutsche Grammatik. Neubearbeitung. München: Iudicium.

Fries, N. (1985): Über S'. In: Zeitschrift für Sprachwissenschaft 4, 156-200.

Holmlander, I. (1979): Zur Distribution und Leistung des Pronominaladverbs. Das Pronominaladverb als Bezugselement eines das Verb ergänzenden Nebensatzes/Infinitivs. Uppsala: Studia Germanistica Upsaliensia 21.

Hyvärinen, I. (1982): Zum Korrelat des deutschen Infinitivs. Oulu Universität: Veröffentlichungen des Instituts für germanische Philologie.

Jacobs, J. (1988): Fokus-Hintergrund-Gliederung und Grammatik. In: Altmann, H. (Hg.), Intonationsforschungen. Tübingen: Niemeyer, 89-134.

Köhler, K.-H. (1976): Zum Problem der Korrelate in Gliedsätzen. In: Schuhmacher, H. (Hg.), Untersuchungen zur Verbvalenz. Eine Dokumentation über die Arbeit an einem deutschen Valenzlexikon. Tübingen: Narr, 174-239.

Lehmann, C. (1984): Der Relativsatz. Typologie seiner Strukturen. Theorie seiner Funktionen. Kompendium seiner Grammatik. Tübingen: Narr.

Olsen, S. (1981): Problems of *seem/scheinen* Constructions and their Implications for the Theory of Predicate Sentential Complementation. Tübingen: Niemeyer.

Paranhos Zitterbart, J. (2002a): Zur Mittelfeldfähigkeit des Korrelats es in Verbindung mit Subjektsätzen. In: Sprachwissenschaft 27, 149-195.

Paranhos Zitterbart, J. (2002b): Zur korrelativen Subordination im Deutschen. Tübingen: Niemeyer.

Paranhos Zitterbart, J. (2008): Freie Relativsätze in Vorfeld-Position. In: Pittner, K. (Hg.), Beiträge zu Sprache und Sprachen 6. Vorträge der 16. Gesus-Tagung. München: LINCOM, 207-217.

Paul, H. (1920): Deutsche Grammatik. Bd. IV: Syntax (zweite Hälfte). Halle/Saale: Niemeyer. [5. Auflage 1959]

Pittner, K. (1991): Freie Relativsätze und die Kasushierarchie. In: Feldbusch, E./Pogarell, R./Weiß, C. (Hgg.), Neue Fragen der Linguistik. Akten des 25. Linguistischen Kolloquiums in Paderborn. Bd. I. Tübingen: Niemeyer, 341-347.

Pittner, K. (1995): Regeln für die Bildung von freien Relativsätzen. Eine Antwort an Oddleif Leirbukt. In: DaF 32, 195–200.

Pütz, H. (1975): Über die Syntax der Pronominalform „es" im modernen Deutsch. Tübingen: Narr.

Reis, M. (1985): Satzeinleitende Strukturen im Deutschen. Über COMP, Haupt- und Nebensätze, w-Bewegung und die Doppelkopfanalyse. In: Abraham, W. (Hg.), Erklärende Syntax des Deutschen. Tübingen: Narr, 271–311.

Sandberg, B. (1998): Zum es bei transitiven Verben vor satzförmigem Akkusativobjekt. Tübingen: Narr.

Scherpenisse, W. (1985): Die Satzstrukturen des Deutschen und Niederländischen im Rahmen der GB-Theorie. Eine Reaktion auf Marga Reis' Doppelkopfkritik. In: Abraham, W. (Hg.), Erklärende Syntax des Deutschen. Tübingen: Narr, 313–334.

Sonnenberg, B. (1992): Korrelate im Deutschen: Beschreibung, Geschichte und Grammatiktheorie. Tübingen: Niemeyer.

Sütterlin, L. (1918): Die deutsche Sprache der Gegenwart. Ihre Laute, Wörter, Wortformen und Sätze. 4., verbess. Aufl. Leipzig: R. Voigtländer Verlag.

Tarvainen, K. (1981): Einführung in die Dependenzgrammatik. Tübingen: Niemeyer.

Tesnière, L. (1959): Éléments de syntaxe structurale. Paris: Klincksiek.

Ulvestad, B./Bergenholtz, H. (1979): *Es* als „Vorgreifer" eines Objektsatzes. Teil I. In: Deutsche Sprache 7, 97–116.

Ulvestad, B./Bergenholtz, H. (1983): *Es* als „Vorgreifer" eines Objektsatzes. Teil II. In: Deutsche Sprache 11, 1–26.

Zifonun, G./Hoffmann, L./Strecker, B. et al. (1997): Grammatik der deutschen Sprache. 3 Bde. Berlin: de Gruyter.

Jussara Paranhos Zitterbart

28 Satztyp und Modalpartikeln

1 Was sind Modalpartikeln?
2 Modalpartikeln und Satzmodus
3 Zusammenfassende Bemerkungen und offene Fragen
4 Literatur

1 Was sind Modalpartikeln?

Modalpartikeln sind Ausdrücke wie die unterstrichenen in den angeführten Beispielen:

(1) Der ist aber/vielleicht dünn geworden!
(2) Was sollen wir denn/nur/bloß/eigentlich jetzt machen?
(3) Hast du denn/eigentlich/auch/etwa die Seidenbluse in die Waschmaschine gesteckt?
(4) Mach doch/mal/ruhig/nur/bloß/ja das Radio an!
(5) Dillinger kommt ja/doch/eben/halt heute später.

Die Elemente der Wortart Modalpartikel[1] sind in der Literatur nicht kanonisch fest. Häufig wird eine Kerngruppe angenommen, deren Elemente die zentralen Charakteristika teilen: *aber, auch, bloß, denn, doch, eben, eigentlich, etwa, halt, ja, mal, nur, ruhig, schon, vielleicht* und *wohl*. Manchmal werden *eigentlich* und/oder *ruhig* ausgeschlossen oder *einfach* dazugenommen; umstritten sind auch *eh/ sowieso, überhaupt, noch, erst*. Zu ergänzen ist eine erstaunliche Anzahl von regionalen bzw. dialektalen Modalpartikeln (etwa *man, fei, eh, lei* etc.; s. auch Altmann 2005); daneben wird der ethische Dativ *mir/dir* als Modalpartikel klassifiziert (Wegener 1989, Thurmair 1989, Jacobs 1991, dagegen nun Gutzmann 2007) und *nicht* (Thurmair 1989, Zifonun et al. 1997, dagegen Meibauer 1990 und Roguska 2008); Scholz (1991) nimmt *wenigstens* als Modalpartikel in Optativsätzen an, die Duden-Grammatik (2005: 599) erwähnt *gefälligst* in Aufforderungen, Pittner (2009) argumentiert für Modalpartikel-Status von *wieder* in w-Ergänzungs-

---

[1] Die hier als Modalpartikeln bezeichneten Elemente werden häufig auch Abtönungspartikeln genannt; in der neueren, theoretisch orientierten Literatur (z.B. Zimmermann 2004) wird der Terminus „Diskurspartikeln" eingeführt; in einigen anderen Publikationen (z.B. Zifonun et al. 1997, Hoffmann 2007) wird Modalpartikel parallel und bedeutungsdifferenziert zu Abtönungspartikel verwendet. Die meisten Forscher betrachten Modalpartikeln als eigene Wortart (vgl. die ausführliche Diskussion bei Meibauer 1994: 28ff. oder Diewald 2007).

fragen; bei Autenrieth (2002) werden *einfach, schlicht* und *glatt* diskutiert, denen allerdings der Modalpartikel-Status abgesprochen wird. Generell ist die Wortart der Modalpartikel keine geschlossene Klasse, sondern kann sich vermutlich durch weitere Grammatikalisierungsprozesse erweitern und verändern. Außerdem gibt es offensichtlich typischere und weniger typische Modalpartikeln.

Als Eigenschaften der Modalpartikeln werden in der Literatur im Allgemeinen folgende genannt (vgl. dazu z. B. Helbig 1988, Thurmair 1989: 21 ff., Meibauer 1994: 29 ff., Diewald 2007: 124 ff.):

(a) Modalpartikeln sind unflektiert.
(b) Modalpartikeln sind unbetont bzw. unbetonbar. Allgemein als Ausnahmen anerkannt sind die betonten Vorkommen von *ja* und *bloß* (wie in: *Komm JA/ BLOSS rechtzeitig heim!*). Insbesondere Meibauer (1994) argumentiert aber dafür, dass die betonten Varianten von *doch, schon* (und *ja*) sowie *eigentlich, denn* und *eh* als Modalpartikeln zu bezeichnen sind, welche aufgrund eines Kontrastakzents eine kontrastive Interpretation erfahren („modaler Konstrast"; vgl. auch Gutzmann 2010). Ob die Gesamtheit der Eigenschaften der solchermaßen akzentuierten Partikeln aber Grund genug ist, sie als Modalpartikeln zu klassifizieren, wird in der Forschungsliteratur uneinheitlich beurteilt.
(c) Modalpartikeln sind fakultative Elemente, d. h. ihr Weglassen macht Sätze nicht ungrammatisch und verändert den Wahrheitswert nicht. Das wird darauf zurückgeführt, dass die Modalpartikeln nicht zur propositionalen Bedeutung eines Satzes gehören. Fakultativität gilt aber nicht unter allen Umständen (s. Abschnitt 2.1.2 und 2.1.3).
(d) Modalpartikeln sind nicht satzgliedfähig/nicht phrasenfähig, nicht erfragbar und nicht pronominalisierbar.
(e) Modalpartikeln haben Satzskopus, sie beziehen sich auf den ganzen Satz.
(f) Modalpartikeln können nicht negiert werden (und auch in keiner Weise kontrastiert oder thematisiert werden – dagegen aber Meibauer 1994).
(g) Modalpartikeln stehen nur im Mittelfeld und dort im Allgemeinen vor dem Rhema. Die Mittelfeldposition und damit auch das Vorfeldverbot gelten meist als definierendes Kriterium für Modalpartikeln (s. z. B. Thurmair 1989: 25 ff., Meibauer 1994: 29 ff., Ormelius-Sandblom 1997: 32 ff., Wegener 1998: 41 f., Abraham 1991, 2009, Moroni 2010).[2] Eine Ausnahme im Hinblick auf

---

[2] Abraham (1991 und öfter) geht sogar davon aus, dass Modalpartikeln nur in Sprachen mit strukturellem Mittelfeld vorkommen – eine Annahme, die etwa Molnar (2002: 120) mit Bezug auf das Ungarische anzweifelt und Autenrieth (2002: 142 f., 154 ff., 238) mit diachronen Daten wider-

die Mittelfeldbeschränkung stellt das Vorkommen fragetypischer Modalpartikeln nach w-Wörtern dar (s. Thurmair 1989: 26, Meibauer 1994: 29 oder Kwon 2005: 16ff.), deren Entstehung und Analyse noch nicht geklärt ist.

(6) Warum bloß haben wir uns darauf eingelassen? (Cosmas)
(7) Wer nur hat diesem Spion den Auftrag erteilt ...? (Cosmas)

Innerhalb des Mittelfelds ist die Stellung der Modalpartikeln gerade in letzter Zeit vielfach genauer analysiert worden; relevant dabei sind insbesondere die Stellungsbedingungen im Zusammenhang mit rhematischen Elementen und mit Topik und Fokus (vgl. dazu Moroni 2010), aber auch das Zusammenwirken mit anderen Elementen wie Adverbien oder Pronomen (vgl. dazu Coniglio 2007 und Cardinaletti 2007).

(h) Modalpartikeln sind satzmodusabhängig; in welchem Satztyp sie auftreten, ist für jede Modalpartikel spezifisch.[3] Die Satzmodusabhängigkeit (für Wegener 1998: 42 ein Modalpartikeln definierendes Kriterium) spielt in vielen der synchronen Untersuchungen, gerade bei den semantisch-pragmatisch orientierten eine mehr oder weniger große Rolle – allerdings basieren die entsprechenden Ausführungen oft nicht auf einem systematischen und theoretisch fundierten Satzmoduskonzept, so dass die Aussagen hinsichtlich der Modalpartikeln und ihrer Satzmodusbeziehung nicht immer ergiebig und oft widersprüchlich sind (ausführlich dazu s. Abschnitt 2.1).

(i) Modalpartikeln sind (mit bestimmten Beschränkungen) untereinander kombinierbar (vgl. dazu genauer Thurmair 1989: 203ff.); es lassen sich Zweier- und Mehrfachkombinationen nachweisen, lineare Reihungen und sogenannte offene Kombinationen. Fußend auf den Ergebnissen von Thurmair geht Abraham (1995, 2009) davon aus, dass sich die Modalpartikeln

---

legt. Gegen die Mittelfeldbeschränkung argumentiert einzig Imo (2008) am Beispiel von *halt* mit Daten aus der gesprochenen Sprache, denen zufolge *halt* in Vorfeld und Nachfeld ebenfalls zulässig ist. Diese Befunde können entweder so gedeutet werden, dass hier die Kategoriengrenzen der Modalpartikel unscharf sind oder dass im Zuge eines Grammatikalisierungsprozesses syntaktische Restriktionen abgebaut werden.

3 Diewald (2008) argumentiert dafür, dass die Satzmodusrestriktion nur einen notwendigen Zwischenschritt auf dem Weg zur grammatischen Kategorie „Modalpartikel" darstellt und meint, dass die Partikeln dabei seien, „bestimmte Satzmodusrestriktionen zu verlieren" (2008: 41); sie belegt dies am Beispiel der diachronen Entwicklung von *ruhig*, das seinen Anwendungsbereich vom Imperativ (im 18. Jhdt) auf den höflichen Konjunktiv, auf Deklarativsätze mit Modalverben bis zu Hortativen in der zweiten Hälfte des 20. Jhdts. ausgedehnt habe. Tatsächlich handelt es sich aber in allen Fällen um funktional ähnliche Vorkommen, nämlich Aufforderungen – von einem Verlust der Satzmodusrestriktionen sollte man m. E. erst sprechen, wenn ein qualitativ anderer Wechsel vorläge: wenn *ruhig* etwa auch in Fragen auftauchen könnte.

auf Grund ihres eingeschränkten Stellungsverhaltens in Modalpartikel-Kombinationen in drei syntaktische Stellungsklassen einteilen lassen, die ihre Position in der linearen Reihung festlegen.

Semantisch-pragmatisch wird den Modalpartikeln in ihrer Gesamtheit und in den vielfältigen Einzelanalysen eine Reihe von Eigenschaften zugeschrieben: Sie sind Synsemantika ohne referentielle Semantik und tragen nichts zum Wahrheitswert bei, sind daher nicht-propositional; sie sind Einstellungsausdrücke, die die Einstellung des Sprechers zur Äußerung kennzeichnen; sie modifizieren den Illokutionstyp (Jacobs 1991); sie dienen wesentlich dazu, eine Äußerung in den Kontext oder in die Situation einzubinden, sie werden deshalb auch als metapragmatische Instruktionen bezeichnet. Konkret können Sprecher durch den Gebrauch von Modalpartikeln auf gemeinsames Vorwissen verweisen (in vielen neueren Ansätzen wird hier das Konzept des *Common Ground* herangezogen), Erwartungen oder Annahmen andeuten, das Gesagte verstärken oder abschwächen. Dabei muss man aber differenzieren zwischen den Eigenschaften der Wortart als solcher und Idiosynkrasien, die sich meist durch die Grammatikalisierungsprozesse erklären lassen, die die verschiedenen Modalpartikeln durchlaufen haben. Hier stellt die einschlägige Literatur seit den Anfängen der Modalpartikel-Forschung (vgl. z.B. Franck 1980) eine Fülle an überzeugenden Analysen bereit. Eine Reihe neuerer Arbeiten, die sich mit semantischen Aspekten beschäftigen, versuchen, die vorliegenden Erkenntnisse über einzelne Modalpartikeln in unterschiedlichen formalen Theorien darzustellen (etwa Ormelius-Sandblom 1997, König 1997, Karagjosova 2004, Zimmermann 2004, Gutzmann 2008), deren Wert meist theorieintern zu sehen ist und die oft der Komplexität der Daten nicht gerecht werden.

Ein wesentliches Kennzeichen von Modalpartikeln ist ihre Polyfunktionalität, d.h. die Partikeln liegen – mit Ausnahme von *halt* – alle auch in anderen (Partikel-)Funktionen vor, wobei die Abgrenzung oft nicht ganz einfach ist: So ist z.B. *aber* Modalpartikel und Konjunktion, *bloß* und *nur* sind Modalpartikeln, Gradpartikeln und Konjunktionaladverbien, *denn* ist Modalpartikel und Konjunktion, *eben* und *schon* sind Modalpartikeln, Gradpartikeln und Temporaladverbien, *eigentlich* und *vielleicht* Modalpartikeln und Satzadverbien und so weiter.

Diese Eigenschaften sind auch auf die Entstehung von Modalpartikeln zurückzuführen: gut erforscht ist, dass und wie Modalpartikeln durch Grammatikalisierung entstanden sind (vgl. dazu bereits die ersten diachronen Untersuchungen bei Hentschel 1986, dann Abraham 1991, Meibauer 1994: 158 ff., Diewald 1997, Wegener 1998, Autenrieth 2002, Molnar 2002).

2 Modalpartikeln und Satzmodus

Satzmodusabhängigkeit ist eines der charakteristischen Kennzeichen für Modalpartikeln. Zunächst soll ein Überblick über die Distribution der Modalpartikeln auf die einzelnen Satzmodi gegeben werden, wobei hier das Konzept der Satzmodi nach Altmann (1993) zugrunde liegt: Es ist somit davon auszugehen, dass Satzmodus ein komplexes sprachliches Zeichen mit Formseite und Funktionsseite ist, wobei jeder Formtyp eine bestimmte Funktion erfüllt, insofern als seine Strukturbedeutung in die Festlegung des sprachlichen Handlungstyps eingeht. Der Funktionstyp ist also die rein strukturelle Bedeutung – unabhängig vom Beitrag der jeweiligen lexikalischen Füllung und unabhängig vom Kontext. Die Formtypen werden durch verschiedene Markierungsebenen bestimmt: eine morphosyntaktische Ebene (Verbstellung, Verbmodus, Vorfeldbesetzung), eine Ebene der kategorialen Füllung und eine Ebene der intonatorischen Merkmale; Modalpartikeln gehören zum zweiten Merkmalkomplex. Die Äußerungsbedeutung und damit die spezifische Illokution entsteht im konkreten Äußerungskontext.

Das Altmannsche Satzmoduskonzept bietet sich für diese Darstellung aus verschiedenen Gründen an: Zum einen wird hier systematisch und empirisch abgesichert die Ebene der intonatorischen Merkmale berücksichtigt. Dies ist in anderen Konzepten nicht der Fall (vgl. etwa Brandt et al. 1992), für eine differenzierte Darstellung des Satzmodusbereichs aber m. E. unerlässlich (– schon die Abgrenzung zwischen *Sie*-Imperativen und Entscheidungsfragen ist ohne die Berücksichtigung der Intonation nicht möglich und auch Exklamative lassen sich ‚intonationsfrei' nicht adäquat bestimmen). Außerdem ist das Altmannsche Konzept datenorientiert und umfassend und wird mit seiner empirisch basierten Differenziertheit dem Spektrum der Modalpartikeln, ihren Funktionen und Restriktionen gerecht – was sich z.B. in der wohl begründeten Annahme von Optativ- und Exklamativsätzen zeigt.

2.1 Distribution der Modalpartikeln auf die einzelnen Satzmodi

Die folgende Übersicht zeigt die Distribution der weitgehend unstrittigen Modalpartikeln (wo nötig auch Kombinationen) auf die verschiedenen Satzmodi (Verb-Erst/Verb-Zweit-/Verb-Letzt-Typen) – zu Sonderfällen s. Abschnitt 2.1.4 (vgl. auch Altmann/Hahnemann 2010: 158, Kwon 2005: 181ff.).

Satzmodus	V-1-Satztypen	V-2-Satztypen	V-L-Satztypen
1. Deklarativmodus	V-1-Deklarativsatz: *doch*	V-2-Deklarativsatz: *auch, doch, eben, halt, ja, mal, ruhig, schon, wohl*	*wo*-V-L-Deklarativsatz: *doch*
2. Interrogativmodus	V-1-Interrogativsatz: *auch, denn, eigentlich, etwa, mal, vielleicht, wohl*		*ob*-V-L-Interrogativsatz: *wohl*
		w-V-2-Interrogativsatz: *auch, bloß, denn, doch, eigentlich, nur, schon, wohl*	*w*-V-L-Interrogativsatz: *bloß, nur, wohl*
3. Imperativmodus	V-1- und V-2-Imperativsatz: *auch, bloß, doch, eben, halt, JA, mal, nur, ruhig, schon*		*dass*-V-L-Imperativsatz: *auch, bloß, JA, nur* *ob*-V-L-Imperativsatz: *wohl*
4. Optativmodus	V-1-Optativsatz: *bloß, doch, nur*		*wenn*-V-L-Optativsatz: *bloß, doch, nur* *dass*-V-L-Optativsatz: *doch*
5. Exklamativmodus	V-1- und V-2-Exklamativsatz: *aber, vielleicht*		*dass*-V-L-Exklamativsatz: *(aber)auch, doch*
		w-V-2-Exklamativsatz: *(aber)auch, bloß, doch, nur*	*w*-V-L-Exklamativsatz: *(aber)auch, bloß, doch, nur*

In der Forschungsliteratur wird die Satzmodusdistribution der Modalpartikeln nicht immer einheitlich dargestellt; das liegt daran ...
- dass bestimmte Partikeln im Einzelfall nicht als Modalpartikeln berücksichtigt werden;
- dass bestimmte Partikeln in Satzmodi als Modalpartikeln gewertet werden, aber dort möglicherweise keine Modalpartikel-Funktion haben: Das betrifft zum Beispiel das umstrittene *wohl* in Deklarativsätzen (das dort nur schwer gegen Satzadverbien wie *vermutlich* abzugrenzen ist) – wohingegen *wohl* unstrittig Modalpartikel in *ob*-Interrogativsätzen ist; das betrifft auch *vielleicht* in Entscheidungsinterrogativsätzen, das in manchen Satzadverb-Funktion hat, in anderen Modalpartikel-Funktion, wohingegen *vielleicht* in Exklamativsätzen unzweifelhaft Modalpartikel, in Deklarativsätzen unzweifelhaft Satzadverb ist; ähnlich problematisch die Aussage, *aber* könne in direktiven Sprechakten auftreten, wo es aber vermutlich keine Modalpartikel ist;

– dass die Satzmodi-Klassifikation nicht systematisch und konsequent ist: das betrifft z.b. die häufige Feststellung, *ja* könne in „Ausrufesätzen" auftreten (vgl. etwa Duden-Grammatik 2005: 598f.), was dort mit Beispielen wie *Die haben ja geraucht!* belegt wird. Exklamativsätze im Sinne Altmanns (1993) sind das nicht (vgl. dagegen *DIE haben vielleicht geraucht!*);
– dass oft sehr spezifische Kontextbedingungen nötig sind, damit eine Modalpartikel in einer bestimmten Struktur zulässig wird: das betrifft z.b. das Auftreten von *mal* oder *ruhig* in formalen Deklarativsätzen (s.u.).

An der angeführten Übersicht über die Verteilung der Modalpartikeln in den verschiedenen Satzmodi ist folgendes bemerkenswert:
– alle hier aufgeführten Satzmodi lassen grundsätzlich Modalpartikeln zu, d.h. es gibt keinen Satzmodus, in dem keine Modalpartikeln auftreten können (s. aber Abschnitt 2.1.4 für die Randtypen);
– es gibt keine Modalpartikel, die in allen Satzmodi zulässig ist;
– es gibt keinen Satzmodus, der alle Modalpartikeln zuließe;
– Modalpartikeln sind nicht ‚automatisch' in allen Formtypen eines Satzmodus möglich: z.B. *eigentlich* oder *denn* nicht in allen Interrogativsätzen;
– die Menge der Modalpartikeln ist grundsätzlich in den Verb-Erst-/Verb-Zweit-Sätzen größer als in den Verb-Letzt-Sätzen; dabei handelt es sich nicht immer um eine Teilmenge: vgl. *wohl* in *ob*-Imperativsätzen oder *doch* in *dass*-Exklamativsätzen.

Um die Funktionen der Modalpartikeln als ganzer Kategorie im Zusammenhang mit der Satzmodusdistribution bzw. die Funktion einiger spezifischer Modalpartikeln analytisch genauer zu bestimmen, bietet es sich an, die Satzmodi in drei Gruppen zusammenzufassen (angelegt so auch bei Altmann (1993: 1027f.) oder Altmann/Hahnemann (2010: 158ff.)): die Grundtypen, die marginalen Satzmodi und die spezialisierten Verb-Letzt-Typen.

2.1.1 Die Grundtypen

Zu den Grundtypen zählen Verb-Zweit-Deklarativsatz, Interrogativsatz (Ergänzungs- und Entscheidungsinterrogativsatz) und Imperativsatz (Verb-Erst oder Verb-Zweit). In diesen fünf Grundtypen sind relativ viele verschiedene Modalpartikeln zulässig (insgesamt alle der hier als Modalpartikel bezeichneten Elemente) – und keine Modalpartikel ist obligatorisch. Die generelle Funktion der Modalpartikeln im Hinblick auf den Satzmodus ist eine satzmodusspezifizierende. So spezifizieren die unterschiedlichen Modalpartikeln in Verb-Zweit-

Deklarativsätzen die damit verbundene Aussage in verschiedener, je spezifischer Hinsicht, indem sie insbesondere die kontextuellen Bezüge und die Einbettung sowie den Bezug auf gemeinsames Wissen (*Common Ground*) verdeutlichen. Damit werden auch die möglichen Kontexte eingegrenzt:

(8) (Heute gibts Gemüseauflauf.) Ina isst ja kein Fleisch.
(9) (Du kannst keinen Gänsebraten machen.) Ina isst doch kein Fleisch.
(10) (Klar, dass sie den Teller nicht leer isst.) Ina isst eben kein Fleisch.

Die Modalpartikel *ja* knüpft in Beispielen wie (8) an gemeinsames Wissen an, *doch* (9) verweist ebenfalls auf gemeinsames Wissen, das aber dem Gesprächspartner momentan möglicherweise nicht präsent ist, *eben* markiert Wissen als offensichtlich.[4] Aufgrund dieser je spezifischen Bedeutung der einzelnen Modalpartikeln können die entsprechenden Äußerungen dann spezifischere Illokutionen anzeigen: *doch*-Äußerungen z.B. Vorwürfe, *eben*-Äußerungen abschließende Begründungen etc. D.h. es gilt als generelle Funktion in den Grundtypen: Modalpartikeln spezifizieren den Satzmodus.

Das gilt im Prinzip auch für das Auftreten von aufforderungstypischen Modalpartikeln wie *mal* und *ruhig* im Formtyp Deklarativsatz, auch sie sind satzmodusspezifizierend: Hier kommt aber eine spezielle Bedingung dazu, insofern sie nur zulässig sind, wenn die entsprechenden Äußerungen durch verschiedene Mittel (Modalverben, meist *können*, Adressatenbezug, Zukunftsbezug etc., d.h. durch einen spezifischen propositionalen Gehalt) bereits als Aufforderungen interpretierbar sind; vgl.:

(11) Du könntest mal die Schuhe putzen.
(12) Sie können ruhig rauchen, das ist hier nicht verboten.

Für den Interrogativmodus ist in der Übersicht oben zunächst auffallend, dass die Menge der Modalpartikeln in den beiden Formtypen nicht deckungsgleich ist: So erscheint *etwa* nicht in w-Interrogativsätzen und *bloß* oder *nur* nicht in Entscheidungsinterrogativsätzen. Was die generelle Funktion betrifft, so sind aber auch hier die Modalpartikeln satzmodusspezifizierend, d.h. die jeweilige Modalpartikel spezifiziert einen bestimmten Typ von Frage:[5] Bei *etwa* und *auch* in Entschei-

---

4 Im einzelnen sind die Funktionen der Modalpartikeln natürlich spezifischer zu fassen, was in der Spezialliteratur auch ausführlich beschrieben wird – hier geht es nur um generellere Funktionszuschreibungen in Bezug auf den Satzmodus.
5 „Satzmodusspezifizierend" umfasst in meinem Verständnis auch das Verstärken oder Abschwächen der propositionalen Grundeinstellung (anders Kwon (2005: 229f.), der Verstärken, Abschwächen und Spezifizieren unter einer generellen „satzmoduskonvertierenden" Funktion zusammenfasst).

dungsfragen sind es Fragen mit einer bestimmten Antwortpräferenz, *bloß* und *nur* können verstärkte Fragen kennzeichnen, an denen der Sprecher besonderes Interesse hat; Fragen mit *denn* knüpfen an den vorangegangenen Kontext an, Fragen mit *eigentlich* tun dies gerade nicht; manche Modalpartikeln, z.B. *etwa* oder *vielleicht*, können auch eine Interpretation als rhetorische Frage anzeigen (zu *schon* und *auch* s.u.).

Ein Spezialfall sind auch hier Entscheidungsinterrogativsätze, in denen *mal* auftritt. Diese Modalpartikel ist nur zulässig, wenn die Sätze Aufforderungsinterpretation ermöglichen. Wenn es sich um ambige Äußerungen handelt, die sowohl Frage- als auch Aufforderungsinterpretation zulassen, dann bekommen die Modalpartikeln eine satzmodusdifferenzierende bzw. satzmodusdisambiguierende Funktion (ein Sonderfall der satzmodusspezifizierenden Funktion); vgl.:

(13) a. Kannst du mir <u>denn</u> 50 Euro leihen? (Frage) vs.
     b. Kannst du mir <u>mal</u> 50 Euro leihen? (Aufforderung)

Ein Spezialfall liegt vor mit der Modalpartikel *schon* im *w*-Verb-Zweit-Interrogativsatz: Solche Fragen (z.B. *Wer liest das schon?*) sind immer rhetorische Fragen und damit indirekte Behauptungen mit allen einschlägigen Implikationen (vgl. Meibauer 1986). Aber auch hier sollte man davon ausgehen, dass *schon* lediglich satzmodusspezifizierende Funktion hat (vgl. dagegen Kwon 2005: 102ff., 229).

Spezifisch sind auch Ergänzungsinterrogativsätze, die *doch* zulassen: Mit ihnen wird ein Sachverhalt erfragt, der dem Sprecher eigentlich bekannt ist, den er nur in diesem Moment nicht präsent hat:

(14) Wie heißt <u>doch</u> gleich diese blonde ZDF-Sprecherin?

In Imperativsätzen haben die Modalpartikeln generell ebenfalls eine satzmodusspezifizierende Funktion: so verändern die Modalpartikeln, die in Verb-Erst- (bzw. Verb-Zweit-)Imperativsätzen[6] auftreten, diese von allgemeinen, unmarkierten Aufforderungen hin zu Erlaubnissen, Drohungen, Warnungen, Ratschlägen etc.; vgl.:

(15) Mach mal die Tür auf!
(16) Mach bloß/JA die Tür auf!
(17) Mach eben/halt die Tür auf!
(18) Mach schon die Tür auf!

---

[6] Grundsätzlich ist die Verbstellung im Imperativsatz variabel, aber nur, solange der Imperativ morphologisch zweifelsfrei als solcher zu erkennen ist. Insofern ist die Verb-Erst-Stellung bei den Imperativsätzen die mit dem größeren Anwendungsbereich und die typische.

Alle Modalpartikeln haben also in den fünf Satzmodus-Grundtypen die generelle Funktion, den Satzmodus zu spezifizieren. Verbunden damit sind gegebenenfalls eine spezifische Intonation und auch je unterschiedliche Kontexte.

Da die einzelnen Satzmodi aber doch auch spezifische Modalpartikeln aufweisen – die Distribution ist ja nicht beliebig –, lässt sich mindestens für manche der Modalpartikeln auch eine satzmodusindizierende Funktion nachweisen: Dies gilt ganz offensichtlich für *denn*, *eigentlich* oder *etwa*, die Fragen indizieren, oder für *mal* und *ruhig*, die Aufforderungen indizieren. (Gemeint ist damit eine typische Verbindung: Die Modalpartikel *denn* indiziert, dass es sich um eine Frage handelt – aber natürlich können Fragen problemlos ohne *denn* (und überhaupt ohne eine Modalpartikel) gebildet werden.) Andere Modalpartikeln sind da allerdings weniger eindeutig.

Einige der im Vorangegangenen beschriebenen Fälle zeigen auch, dass die Satzmoduscharakterisierungen für das Auftreten von Modalpartikeln in etlichen Fällen verfeinert werden müssten: das betrifft diejenigen w-Interrogativsätze, in denen *doch* zulässig ist, oder diejenigen Deklarativsätze, in denen *mal* und *ruhig* auftreten können.

2.1.2 Die marginalen Satzmodi Optativ und Exklamativ

Die Existenz dieser beiden Satzmodi soll hier nicht eingehender diskutiert werden, aber gerade auch die Modalpartikel-Distribution liefert sehr plausible Argumente dafür.[7] Bestimmt werden sie hier im Sinne des Altmannschen Satzmodusmodells. Was die Modalpartikel-Distribution betrifft, fällt auf, dass dort zum einen grundsätzlich weniger Modalpartikeln auftreten, und zum anderen die Unterschiede zwischen den Verb-Erst-/Verb-Zweit-Typen einerseits und den Verb-Letzt-Typen andererseits hinsichtlich der Modalpartikeln deutlich geringer sind als bei den Grundtypen Deklarativ-, Interrogativ- und Imperativmodus. Hinzu kommt, dass der Status der Modalpartikeln als fakultative Elemente in Einzelfällen diskutierbar ist.

Bei den Optativsätzen (und zwar in der Verb-Erst- oder Verb-Letzt-Variante gleichermaßen) treten *doch*, *nur* und etwas seltener *bloß*, oft auch in Kombination, auf (vgl. 19). Funktionale bzw. semantische oder pragmatische Unterschiede

---

[7] Die Nichtberücksichtigung der Modalpartikeln schwächt meines Erachtens z. B. die Argumentation bei Marillier (2004) oder d'Avis (2001, 2004). Der Versuch, selbständige w-Exklamativsätze genau wie eingebettete sententiale Strukturen erfassen zu wollen (d'Avis 2001: 5f) erweist sich genau dann als problematisch, wenn man die Zulässigkeit (oder eben Nicht-Zulässigkeit) der Modalpartikeln berücksichtigt.

zwischen diesen Modalpartikeln sind in den Optativsätzen nicht überzeugend nachzuweisen, wenn auch die Funktion der Modalpartikel *doch* einerseits und *bloß/nur* andererseits unterschiedlich entsteht (vgl. dazu z. B. Scholz 1991: 255 ff.).

(19) Wäre doch/nur/bloß/doch nur/doch bloß schönes Wetter!

Andererseits sind die (wenigen) Modalpartikeln in den Optativsätzen hoch frequent: die einschlägige Literatur (etwa Scholz 1991, Altmann 1993, Kwon 2005, Molnar 2002) bezeichnet das Vorkommen einer Modalpartikel in Optativätzen als fast obligatorisch. Genauer argumentiert Scholz (1991: 122f.) so, dass im Falle der Optativsätze die intonatorischen Merkmale zur Kennzeichnung nicht ausreichen, so dass die Verb-Erst-(wie auch die Verb-Letzt-)Optativsätze auf die „formtypkonstituierende" Funktion der für sie typischen Modalpartikel-Gruppe angewiesen sind. Es ist also plausibel, davon auszugehen, dass *doch*, *bloß* und *nur* in Optativsätzen satzmoduskonstituierend sind.[8] Der prototypische Optativsatz enthält eine Modalpartikel.

Für den Status als satzmoduskonstituierende Modalpartikeln lassen sich weiter – im Unterschied zu den Grundtypen – als Argumente anführen, dass die Unterschiede zwischen den einzelnen Modalpartikeln gering sind (wichtig ist, dass überhaupt eine optativsatztypische Modalpartikel auftaucht) und dass die Unterschiede zwischen den Sätzen mit und ohne Modalpartikel in der Satzmoduskonstitution liegen und nicht – wie in den Grundtypen – in anderen Aspekten der Modalpartikel-Bedeutung, etwa Sprechereinstellung, Kontextbezug o. ä. Beides deutet auf eine stark grammatische Funktion der betreffenden Modalpartikeln hin.

Für den zweiten marginalen Satztyp, den der Exklamativsätze, sind hier zwei Formtypen anzuführen, Verb-Erst-/Verb-Zweit-Exklamativsatz (vgl. 20) und w-Exklamativsatz:

(20) Ist die vielleicht dünn!/Die ist vielleicht dünn!

Wie bei den Optativsätzen ist auch hier die Menge der möglichen Modalpartikeln relativ klein (*aber/vielleicht* im ersten Typ und *doch*, *bloß*, *nur* sowie (*aber*) *auch* im w-Exklamativsatz); auch hier sind die Bedeutungsunterschiede zwischen den einzelnen Modalpartikeln relativ gering: Für *aber* und *vielleicht* wurde in der Literatur kein wesentlicher Bedeutungsunterschied überzeugend nachgewiesen,

---

8 In eine ähnliche Richtung geht der Vorschlag von Jacobs (2008: 28 f.), der für diese und für *wenn*-Optativsätze eine komplexe Konstruktion aus Modalpartikeln und anderen Kennzeichen wie Konjunktiv II ansetzt. Zu den Formaspekten derartiger Konstruktionen würde auch die Intonation zählen. Grosz (Artikel 7 in diesem Band) argumentiert v. a. aufgrund sprachvergleichender Daten dafür, dass *nur* und *bloß* in Optativsätzen Gradpartikel seien.

aufgrund dessen man von unterschiedlich spezifizierten Exklamativen sprechen könnte, Unterschiede deuten sich allenfalls im Hörerbezug und in der Tendenz an (vgl. Thurmair (1989: 190 ff.) und die dort angegebene Literatur). Beide Modalpartikeln sind auf jeden Fall exklamativsatztypisch und dienen vor allem dazu, den Exklamativ als solchen zu identifizieren. Aber auch hier finden sich Fälle, in denen keine Modalpartikel vorhanden ist, allerdings sind dann andere Satzmodusindikatoren besonders gut ausgeprägt: *aber* und *vielleicht* sind also weniger satzmoduskonstituierend als *doch/bloß/nur* im Optativ, aber sie sind mindestens satzmodusidentifizierend.[9]

Bei *w*-Exklamativsätzen können *doch*, *bloß* und *nur*, daneben *aber auch* auftreten:

(21) Was sind wir doch/aber auch/bloß/nur für blöde Kerle!

Spezifische Bedeutungsunterschiede zwischen diesen Modalpartikeln lassen sich nicht feststellen: Auch sind die Modalpartikeln in den *w*-Exklamativsätzen nicht besonders häufig (vgl. Näf 1996: 140). Offensichtlich hat der *w*-Exklamativ genügend unabhängige Indizierungsmerkmale und ist wesentlich weniger auf die satzmodusindizierende Funktion der Modalpartikel *doch* bzw. *bloß/nur* angewiesen. Zum einen mag dies daran liegen, dass die Verbstellung ein disambiguierendes Kennzeichen ist; dies vermutet jedenfalls Oppenrieder (1989), der (wie auch Altmann) davon ausgeht, dass bei den Exklamativen die Verb-Erst-Variante die unmarkierte ist, bei den Fragen dagegen die Verb-Zweit-Variante – eine These, die Näf (1996) durch sein Korpus allerdings widerlegt sieht. Zum anderen aber ist die spezifische Struktur der *w*-Exklamativsätze *wie/was für ein* + graduierendes Adjektiv oder sonst ein wertendes Element bzw. *was für ein* in Verbindung mit der typischen Intonation (Akzent auf dem bewerteten Element) ein relativ klares Satzmodus-Kennzeichen. Überraschend ist aber, dass gerade die Modalpartikel *doch* im *w*-Exklamativ die typischste zu sein scheint, die ja in *w*-Fragen nur sehr eingeschränkt möglich ist – dies sehe ich wiederum als Indiz für die satzmodusindizierende Funktion (d. h. ‚*w*-Element + *doch*' ist typischerweise Exklamativ; dagegen ‚*w*-Element + *denn*' ist typischerweise Frage).

Bei der Gruppe der marginalen Satzmodi Optativ und Exklamativ ist also die Menge der jeweils zulässigen Modalpartikeln geringer als in den Grundtypen,

---

[9] Näf (2006) hingegen findet in 267 Verb-Erst-Exklamativsätzen keine Modalpartikel. Dies ist überraschend – könnte aber durch die spezifische korpuslinguistische Herangehensweise erklärt werden, wonach Näf in einer ganz bestimmten Textmenge (vornehmlich schriftliche Zeitungstexte) mit einer sogenannten „Anfragezuspitzung" nach Strukturen gesucht hat, die ganz bestimmte syntaktische Charakteristika aufweisen (etwa *bin ich* am Satzanfang). Inwieweit man diesen Befund generalisieren kann, soll hier offen bleiben.

die Bedeutungsunterschiede zwischen den einzelnen zulässigen Modalpartikeln sind denkbar gering, auch ist der Unterschied zwischen der Satzmodusbedeutung von Verb-Letzt und Nicht-Verb-Letzt relativ gering, was sicher auch daran liegt, dass die Typen an sich schon recht spezifisch sind – d.h. auch die Modalpartikeln könnten überhaupt weniger die Funktion haben, innerhalb dieser Satzmodi noch weiter zu differenzieren, sondern haben eher die Funktion, den Satzmodus zu identifizieren oder gar zu konstituieren. Dabei lässt sich (bezogen auf die Verb-Erst-/Verb-Zweit-Variante) offensichtlich eine Abstufung feststellen: In Optativsätzen sind die jeweiligen Modalpartikeln satzmoduskonstituierend, bei den Satz-Exklamativen sind die Modalpartikeln deutlich und typischerweise satzmodusidentifizierend und bei den w-Exklamativen können sie als satzmodusidentifizierendes oder auch -indizierendes Mittel auftreten.

2.1.3 Die spezialisierten Verb-Letzt-Typen

Bei den Verb-Letzt-Typen handelt es sich um Sätze, die von Subjunktoren wie *dass, ob* oder *wenn* eingeleitet werden und deshalb das Verb in Endposition haben, die aber illokutiv als selbständig gewertet werden (vgl. dazu Weuster 1983, Oppenrieder 1989, Meibauer 1989, Winkler 1992, Altmann 1993, Kwon 2005). Eine ganz wesentliche Rolle in der Argumentation hinsichtlich der selbständigen Verb-Letzt-Sätze spielen die Modalpartikeln: Einerseits sind sie in vielen Fällen (fast) obligatorisch, d.h. erst durch das Auftreten eines Elements der Klasse der Modalpartikeln sind die entsprechenden Strukturen unzweifelhaft als selbständig zu werten, andererseits gilt im Allgemeinen die Möglichkeit des Auftretens von Modalpartikeln als Indiz für illokutive Selbständigkeit. Modalpartikeln sind also generell einerseits nötig, um überhaupt die illokutive Selbständigkeit zu gewährleisten (wie (22) zeigt), und zum anderen sind bestimmte Modalpartikeln nötig, um die jeweilige Illokution zu verdeutlichen, da die Einleitungselemente oft nicht klar genug sind (z.B. bei *dass*; vgl. Oppenrieder 1989: 194 ff.):

(22) a. Wenn der Willi käme (könnte er uns bestimmt helfen).
b. Wenn der Willi doch käme!

Die Übersicht oben zeigt, dass im Prinzip jedem Modus auch eine Verb-Letzt-Variante zugeordnet werden kann. Grundsätzlich gelten die Verb-Letzt-Typen (auf jeden Fall die, die den Grundtypen Deklarativ, Interrogativ und Imperativ zugeordnet werden) als spezialisiertere Varianten. Das spiegelt sich auch in der Distribution der Modalpartikeln: Es ist nur eine Teilmenge, die bei Deklarativ, Interrogativ und Imperativ in den jeweiligen Verb-Letzt-Formen zulässig ist. Bei den marginalen Satzmodi Optativ und Exklamativ ist der Unterschied zwischen Verb-

Erst-/-Zweit- und Verb-Letzt-Typen gering – hinsichtlich der Spezialisiertheit einerseits und der Modalpartikel-Distribution andererseits.

Zu den Typen im Einzelnen: Mit dem *wo*-Verb-Letzt-Deklarativsatz liegt ein sehr spezieller selbständiger Verb-Letzt-Deklarativsatz vor (vgl. 23), dessen Existenz noch in Altmann (1993: 1020) überhaupt bezweifelt wird. Die Modalpartikel *doch* (manchmal auch in Kombination mit *auch*) ist hier obligatorisch, sonst kann dieser Satz nicht illokutiv selbständig sein (vgl. dazu auch Kwon 2005: 20f., 183ff.). *Doch* ist hier also satzmoduskonstituierend. Gleiches gilt für den ebenfalls peripheren Verb-Erst-Deklarativsatz (vgl. 24) (vgl. Pittner 2007 und Önnerfors 1997). Auch hier ist *doch* obligatorisch und zweifellos satzmoduskonstituierend.

(23) Natürlich geht sie zu dem Empfang. Wo sie doch ein neues Kostüm gekauft hat.

(24) Aufs Amüsante ist man leicht zu programmieren, zumal in einer Freitagnacht im August. Signalisierte doch der Thementitel der Gesprächsrunde Ironie und lief doch als Auftakt nochmal jener fabelhafte Loriot-Sketch. (SZ)

Bei den beiden Verb-Letzt-Interrogativsätzen (mit *ob* bzw. *w*-Wort als Einleitungselement) wird für die *ob*-Variante die Modalpartikel *wohl* oft als nahezu obligatorisch gesehen (vgl. Kwon 2005: 183 und Altmann/Hahnemann 2010: 163), allerdings scheinen *ob*-Sätze mit der entsprechenden Intonation auch ohne Modalpartikeln möglich.

(25) Ob das wohl gut geht?

Für die *w*-Verb-Letzt-Interrogativsätze dagegen ist eine der Modalpartikeln *bloß*, *nur* oder *wohl* „nahezu obligatorisch"; vgl. Kwon (2005: 183) und schon Oppenrieder (1989: 183), der dies damit begründet, dass die intonatorische Form offenbar kein genügend sicheres Unterscheidungsmerkmal darstellt, und die Verbstellung als Unterscheidungskriterium[10] ebenfalls nicht greift. In *w*-Verb-Letzt-Strukturen sind diese Modalpartikeln demnach ebenfalls satzmoduskonstituierend:

(26) Wer das bloß/nur/wohl erfunden hat?

---

[10] Oppenrieder (1989) geht – wie auch Altmann (1993) – davon aus, dass bei selbständigen *w*-Sätzen die Differenzierung Interrogation vs. Exklamativ typischerweise über die Verbstellung erfolgt, insofern Interrogativsätze Verb-Zweit aufweisen und Exklamativsätze typischerweise Verb-Letzt.

Bei beiden Typen ist die Verb-Letzt-Variante eine spezialisierte Form: Es handelt sich immer um deliberative Fragen, d.h. Fragen, die der Sprecher eher an sich selbst richtet, bei denen die Antwortverpflichtung für den Hörer aufgehoben ist (vgl. dazu genauer Truckenbrodt 2004). Diese Verb-Letzt-Fragen lassen nur eine Teilmenge der fragetypischen Modalpartikeln zu – insbesondere ist auffällig, dass die typischste Frage-Modalpartikel (nämlich *denn*) nicht auftreten kann.

Ein von der Forschung meines Wissens noch kaum beachtetes Problem ergibt sich in diesem Zusammenhang aber hinsichtlich der Abgrenzung zu Äußerungen im Kontext der Indirekten Rede. Als selbständige Sätze sind sowohl *ob*- als auch *w*-Verb-Letzt-Interrogativsätze im Kontext der Indirekten Rede möglich und dort treten dann die typischen Fragepartikeln durchaus wieder auf (s. ausführlich Abschnitt 2.1.4). Für das Vorkommen von *etwa* im *ob*-Interrogativsatz, das nur bei Altmann (2005: 173 und Kwon 2005: 183) erwähnt wird, stellt sich z.B. die Frage, ob es sich nicht um Indirekte Rede handelt. Hier sind noch genauere Untersuchungen zur Abgrenzung und generell zu Modalpartikeln im Kontext der Indirekten Rede erforderlich; die bei Oppenrieder (1989) angeführten Abgrenzungskriterien für illokutiv selbständige Verb-Letzt-Sätze (Nicht-Einbettbarkeit, keine Rekonstruktion von Matrixprädikaten) reichen hierfür nicht aus.

Verb-Letzt-Imperativsätze treten mit *dass* und *ob* auf: *dass*-Imperativsätze lassen – im Vergleich mit Verb-Erst-Imperativsätzen – ebenfalls nur eine eingeschränkte Menge von Modalpartikeln zu: *auch, bloß, JA* und *nur JA* (vgl. (27) und (28)). *Dass*-Imperativsätze sind wie alle Verb-Letzt-Varianten der Grundtypen ebenfalls spezialisierte Typen; es handelt sich um starke Aufforderungen in dem Sinne, dass eine „Warnung vor den Folgen impliziert ist, die bei einer Nicht-Befolgung der Anweisung ... drohen" (Oppenrieder 1989: 196).

(27) Dass du bloß dein Geld nicht verlierst!
(28) Dass du nur JA jeden Tag übst!

Modalpartikeln sind hier (so Kwon 2005: 183) nahezu obligatorisch; sie sind auf jeden Fall im prototypischen *dass*-Imperativsatz vorhanden, also durchaus satzmodusidentifizierend: zum einen Modalpartikeln generell, um überhaupt die illokutive Selbständigkeit zu gewährleisten und zum anderen dieses spezielle Set, um den Imperativmodus festzulegen, was das Einleitungselement *dass* ja nicht zweifelsfrei macht, genauso wenig wie die Verbmorphologie. Bei *dass*-Verb-Letzt-Strukturen wird mithilfe der Modalpartikeln und des Akzents zwischen Imperativ und Exklamativ disambiguiert, *dass*-Imperativ und *dass*-Optativ werden vor allem mit Hilfe der Verbmorphologie voneinander unterschieden. Aber auch hier sind die Modalpartikeln komplementär verteilt – was sich gerade an *doch* zeigt, das interessanterweise eben nicht in der *dass*-Aufforderung auftreten kann.

Im *ob*-Imperativsatz, mit dem starke, ultimative Aufforderungen bezeichnet werden, ist die Modalpartikel *wohl* nach Oppenrieder (1989: 191) obligatorisch (s. auch Altmann 1993: 1021 und Kwon 2005: 163).

(29) Ob du wohl gleich deinen Mund hältst!

Auffallend ist hier, dass die einzige zulässige Modalpartikel *wohl* ist und damit gerade eine nicht aufforderungstypische Modalpartikel und dass *wohl* genau diejenige Modalpartikel ist, die im *ob*-Interrogativsatz die Fragelesart festlegt, also satzmodusidentifizierend ist. Hinzuweisen ist noch darauf, dass es dazu eine uneingeleitete Verb-Erst-Variante (mit fakultativem *wohl*) gibt (vgl. dazu auch Zimmermann 2004: 276f.):

(30) Hältst du (wohl) gleich den Mund!

Optativsätze treten als Verb-Letzt-Varianten mit dem Einleitungselement *wenn* (oder veraltet *dass*) auf (z.B. *Wenn sie doch bloß gezahlt hätte!*); in beiden Fällen ist, wie schon erwähnt, eine Modalpartikel (*doch*, *bloß* oder *nur*) nahezu obligatorisch und damit satzmoduskonstituierend. Diese Funktion ist bei den *wenn*-Verb-Letzt-Sätzen noch stärker ausgeprägt als bei den Verb-Erst-Optativsätzen: Die Struktur ‚*wenn* + *doch/bloß/nur*' konstituiert zweifelsfrei einen Wunsch.

Bei den *dass*-Verb-Letzt-Exklamativen sind nach Oppenrieder (1989: 216ff.) zwei Typen zu unterscheiden: solche, die ein graduierendes *so* oder einen quantifizierenden Ausdruck enthalten (vgl. 31) und nicht-graduierende. Nur erstere können Modalpartikeln enthalten und tun dies auch meistens (Kwon (2005: 223) nennt sie „nahezu obligatorisch"), dabei handelt es sich häufig um die Kombination *aber auch*, daneben kommen *auch* und *doch* vor. Die Modalpartikeln sind also in diesen Fällen satzmodusidentifizierend.

(31) Dabei hatte der Gute doch nur der Magd Rosa nachgestellt. Dass die aber auch so humorlos ist! (Cosmas)

In *w*-Verb-Letzt-Exklamativsätzen finden sich *doch* sowie die Kombination *aber auch* (vgl. 32) und – selten und eher untypisch (s. Kwon 2005: 13) – *bloß* und *nur*. Die Modalpartikeln sind, mehr noch als in der Verb-Zweit-Variante, keineswegs obligatorisch, sie treten nach den Korpus-Untersuchungen von Näf (1996) kaum auf. Die *w*-Verb-Letzt-Exklamativsätze sind von anderen Satzmodi offenbar deutlich genug unterschieden, so dass hier die satzmodusidentifizierende Funktion der Modalpartikeln nicht erforderlich ist.

(32) Was für ein komischer Vogel der doch/aber auch ist!

Die *w*-exklamativsatztypische Modalpartikel *doch* ist hier allerdings – wie schon erwähnt – mindestens satzmodusindizierend.

Unklar sind *w*-Verb-Letzt-Sätze mit *schon* (vgl. 33), die entweder als rhetorische Fragen oder als Exklamative eingeordnet werden können (so Oppenrieder (1989: 181) und Kwon (2005: 104), Meibauer (1994: 187) und Ormelius-Sandblom (1997: 30) kategorisieren als *w*-Exklamativ):

(33) Wie die schon angezogen war!

Unklar sind auch Vorkommen mit *als ob* und fakultativem *schon*, die von Oppenrieder (1989: 205ff.) als rhetorische Vergleiche bezeichnet werden, bei denen er den Status als Deklarativsatz bzw. Exlamativsatz diskutiert – und sie letztlich ersteren zuordnet. Die Modalpartikel *schon* selbst ist als satzmodusidentifizierend anzusehen.

(34) Als ob ich hier schon etwas zu sagen hätte!

Zusammenfassend lässt sich sagen, dass die Modalpartikeln für die selbständigen Verb-Letzt-Sätze in jedem Fall eine noch wichtigere Rolle spielen als in den Verb-Erst-/Verb-Zweit-Satzmodi: Sie sind in vielen Fällen nahezu obligatorisch[11], insofern nur durch sie die Strukturen überhaupt illokutiv selbständig werden, und in vielen Fällen sind auch ganz spezifische Modalpartikeln nahezu obligatorisch – Modalpartikeln sind hier also im Allgemeinen satzmoduskonstituierend (und in wenigen anderen Fällen satzmodusidentifizierend).

2.1.4 Modalpartikeln in Randtypen, Nebensätzen und in der Indirekten Rede

(a) *Modalpartikeln in Randtypen*: Die Zulässigkeit von Modalpartikeln in den Randtypen ist unterschiedlich: Für die Assertive Frage, die einen Mischtyp darstellt (Verb-Zweit-Stellung wie im Deklarativsatz und steigende Intonation wie im Entscheidungsinterrogativsatz), wird meist angenommen, dass Modalpartikeln auftreten können (*doch*, oft auch in Kombination mit *wohl*, und *doch wohl nicht etwa*; vgl. dagegen Altmann 1993: 1022; 2005: 173):

(35) Sie haben den Katalog doch bis zur Eröffnung fertig?
(36) Du hast doch nicht etwa das ganze Geld verspielt?

In der Echofrage (womit hier ein ganzes Bündel von Äußerungen bezeichnet werden soll; zur genaueren Differenzierung s. Altmann 1993, Reis 1991) treten keine

---

11 Die Rede von „nahezu obligatorisch" soll den Umstand kennzeichnen, dass die prototypische Struktur die Modalpartikel enthält und dass im Falle des Fehlens dieses Mittels ein erhöhtes Maß an anderen indizierenden Kennzeichen auftreten muss.

Modalpartikeln auf; Altmann (2005: 173) lässt lediglich Wiederholungen aus Vorgängeräußerungen zu (anders aber Reis 1991). Erklärt werden könnte die Modalpartikel-Restriktion insbesondere mit der spezifischen Sequenzierung dieser verschiedenen Strukturen.

Im Alternativfragesatz, der aus koordinativen Verknüpfungen von Verb-Erst-Interrogativsätzen mit spezifischen intonatorischen Merkmalen besteht (Altmann 1993: 1021), können im ersten Konjunkt Modalpartikeln auftreten, nämlich die fragetypischen *denn* oder *eigentlich* (die Gründe für die Beschränkung auf das erste Konjunkt sind noch unklar):

(37) Brauche ich das eigentlich alles, oder gehts auch günstiger? (Cosmas)

Infinite Hauptsatzstrukturen (vgl. auch Altmann/Hahnemann 2010: 165) umfassen unterschiedliche illokutiv selbständige, relativ spezialisierte Äußerungen, die funktional meist Aufforderungen oder Fragen darstellen. Die Zulässigkeit von Modalpartikeln ist eingeschränkt: Aufforderungen mit Infinitiv, mit Infinitiv und nominalem/pronominalen Subjekt und die „nominalen Aufforderungen" (Oppenrieder 1989: 197) lassen etliche aufforderungstypische Modalpartikeln zu (vgl. 38–41), Aufforderungen in Form von Partizipien nicht, Fragen in infiniter Form wiederum schon (vgl. 42), die Strukturen Nominalphrase (mit *und*) und Infinitiv lassen ebenfalls keine Modalpartikeln zu.

(38) Und jetzt JA nicht kucken!
(39) Alle mal aufstehen!
(40) Das passt so gar nicht ins momentane Bild der angeschlagenen Schweiz: sich nur ja ducken, nur ja kein Selbstbewusstsein ... (Cosmas)
(41) Nur/bloss/JA keine Panik!
(42) Wozu denn/bloß/eigentlich hingehen?

In Strukturen mit *und ob/und w-* können ebenfalls keine Modalpartikeln auftreten (vgl. Oppenrieder 1989: 208 ff.). Die Nicht-Zulässigkeit der Modalpartikeln könnte auch hier an den speziellen Sequenzierungseigenschaften der entsprechenden Äußerungen liegen.

(b) *Modalpartikeln in Nebensätzen*: Modalpartikeln mit ihrer Satzmodussensitivität sind nur in Sätzen mit eigenständiger Illokution möglich und dürften deshalb in Nebensätzen nicht auftreten. Tatsächlich aber sind sie in bestimmten Nebensätzen zulässig (ansatzweise analysiert bei Thurmair 1989: 73 ff., genauer jetzt Kwon 2005 und Coniglio 2009), was sich umgekehrt dann auch so deuten lässt, dass diese Nebensätze eigenständige illokutive Kraft haben. Interessant sind dabei zwei Aspekte: In welchen Typen von Nebensätzen können überhaupt Modalpartikeln auftreten und welche Modalpartikeln sind das? Aus der sehr detaillierten Analyse von Kwon (2005: vgl. insbesondere für *ja* 39 ff. und die zusammenfassende Übersicht S. 184), ergeben sich folgende Tendenzen: Modalpartikeln treten in Ergänzungssätzen auf, in sehr vielen Typen von Adverbialsätzen und auch in Attributsätzen. Die Ergänzungssätze, die Kwon anführt, lassen sich vielfach dem Bereich der Indirekten Rede zuordnen (s. u.) und damit erklärt sich auch die Distribution der Modalpartikeln (*w*-Sätze etwa enthalten *denn, bloß, nur* oder *wohl, ob*-Sätze *denn, etwa* oder *wohl*). In den Adverbialsätzen sind im Wesentlichen die deklarativsatztypischen Modalpartikeln *ja, doch, eben, halt* und zum Teil *schon* zu finden, aber in Finalsätzen (mit *damit*) und in entsprechenden *um-zu*-Infinitiven kommen die (imperativtypischen) *nur, JA* und *bloß* vor – am häufigsten die Kombination *nur JA*; vgl. (43):

(43) Damit der Markt nur ja möglichst stabil bleibt, unternimmt die Agentur alle Anstrengungen. (Cosmas)

Auch wenn Modalpartikeln in Nebensätzen zulässig sind, bezeichnet Kwon (2005) diese dennoch als illokutiv unselbständig; Coniglio (2009) dagegen sieht die entsprechenden Sätze als eigenständige Sätze mit illokutiver Kraft und argumentiert plausibel für die These, dass Modalpartikeln in nichtfaktiven Komplementsätzen (wie auch in indirekten Fragesätzen) zulässig sind, in faktiven Komplementsätzen dagegen nicht zulässig sind, d. h. in solchen Sätzen, die ein Faktum enthalten, dessen Wahrheit vorausgesetzt wird, weshalb kein Platz für subjektive Sprechereinstellung und damit Modalpartikeln sei.

(c) *Modalpartikeln in der Indirekten Rede*: Die Frage nach den Möglichkeiten des Auftretens von Modalpartikeln in Indirekter Rede impliziert einen funktionalen Zugang. Interessant ist hier zum einen, ob überhaupt Modalpartikeln wiedergegeben werden können: Hier sind die Aussagen in der Literatur nicht einheitlich. Während Thurmair (1989: 75) postuliert, alle Modalpartikeln seien in der Indirekten Rede möglich, meinen Zifonun et al. (1997: 1759), dass Modalpartikeln in der Regel nicht mit übernommen würden, „jedoch können bestimmte Partikeln auch erscheinen" (ähnliche Restriktionen sehen auch Altmann (1993) und daran anknüpfend Graf (2007) sowie d'Avis (2007)). Das Problematische am Auftreten von Modalpartikeln in Indirekter Rede ist, dass nicht klar ist, ob Modalpartikeln als Teil der wiedergegebenen Originaläußerung oder als interpretierende Zutat des aktualen Sprechers zu sehen sind – das gilt im Übrigen genauso für andere wertende Ausdrücke (Gesprächspartikeln, Interjektionen, sprecherorientierte Satzadverbien). Falls aber Modalpartikeln in der Indirekten Rede wiedergegeben werden können – was nach den Daten der Fall ist – dann ist aufschlussreich, welche das sind, ob es z. B. hier Restriktionen gibt. Letzteres schließlich wirkt zurück auf die Frage, in welchen mindestens formal untergeordneten Sätzen welche Modalpartikeln auftreten können. Und schließlich ist die Frage auch relevant im Hinblick auf die Möglichkeiten der Wiedergabe von Satzmodi.[12]

Redewiedergabe kann in drei syntaktischen Strukturen erfolgen, nämlich:

(a) eingebettet und untergeordnet, mit *dass* oder einer anderen Konjunktion, mit Verbum dicendi (vgl. 44);
(b) nicht eingebettet, aber unselbständig: Verb-Zweit/Verb-Erst, Verbum dicendi (vgl. 45);
(c) sogenannte „unabhängige Indirekte Rede", manchmal auch als „Berichtete Rede" bezeichnet (vgl. 46). Hier ist die Kontexteinbettung entscheidend: Aus dem Kontext muss ableitbar sein, dass Redewiedergabe stattfindet. Außerdem tritt in aller Regel (als wichtigstes Signal) Konjunktiv auf.

(44) Lena sagte, <u>dass der Zug (ja) schon abgefahren sei</u>.
(45) Lena sagte, <u>der Zug sei (ja) schon abgefahren</u>.
(46) Lena redete lange auf ihn ein, dass das so nicht mehr weiterginge. Er sei ja wieder einmal zu spät gekommen. <u>Der Zug sei (ja) schon abgefahren.</u>

Weiter kann man davon ausgehen, dass in diesen drei syntaktischen Typen mindestens für die Satzmodus-Grundtypen Deklarativ, Interrogativ und Imperativ in der Indirekten Rede die jeweils typischen Modalpartikeln zulässig sind, wie exemplarisch folgende Interrogativsatz-Beispiele belegen:

(47) Man habe sie gefragt, ob sie denn/eigentlich/etwa glücklich sei.
(48) Man wollte von ihr wissen, wann sie denn/eigentlich kommen könne.
(49) Kurz vor der Silberhochzeit stehe sie, erzählte die Frau. Und seit 25 Jahren habe sie ein Konto, von dem ihr Mann nichts wisse. <u>Ob das nun etwa herauskomme?</u> (Cosmas)
(50) „Hey Joe, bau uns doch einen Swimmingpool", ruft einer der Häftlinge, der schweissgebadet auf seiner Pritsche in einem der Zelte liegt. Arpaio macht eine abweisende Handbewegung und tritt auf ihn zu. <u>Weshalb er denn hier sei?</u> Drogen. Wie lange? (Cosmas)

Ausgehend von solchen Belegen bedeutet dies einmal, dass im Kontext der Indirekten Rede in Ergänzungssätzen alle Modalpartikeln möglich sind und zum anderen, dass es gerade beim letzten Typ (Bsp. 46) – mindestens bei den Fragen –

---

[12] Dies kann hier nur angedeutet werden: Für Indirekte Rede gilt die Forderung nach Fairness (Wiedergabe der Sprechereinstellung) und Transparenz (formale Form sollte rekonstruierbar sein). Dies ist ohnehin nur bei den Verb-Erst-/Verb-Zweit-Typen überhaupt möglich. Weiter wird meist davon ausgegangen (z. B. Zifonun et al. 1997: 1757), dass Optativ und Exklamativ gar nicht in der Indirekten Rede auftreten können.

auch Abgrenzungsprobleme zu den selbständigen Verb-Letzt-Sätzen gibt. Pragmatisch auffallend ist, dass hier offensichtlich relativ problemlos mit den Modalpartikeln Einstellungsausdrücke wiedergegeben werden können: in größerem Umfang, als es die o.a. Aussagen in der Literatur vermuten lassen und offensichtlich auch besser als andere Einstellungsausdrücke (Interjektionen etwa). Das lässt auf einen stärker grammatikalisierteren Status der Modalpartikeln schließen. Der gesamte Komplex bedarf aber noch weiterer Untersuchungen.

3 Zusammenfassende Bemerkungen und offene Fragen

Nach wie vor ist nicht eindeutig geklärt, ob die Möglichkeit des Auftretens von Modalpartikeln von rein formalen oder von funktionalen bzw. illokutiven Aspekten gesteuert wird. Thurmair (1993) hat aufgrund diverser Charakteristika für Formtypgesteuertheit plädiert – d.h. dass bereits auf der ersten formalen Ebene entschieden wird, ob eine Modalpartikel zulässig ist oder nicht. Diese Ansicht teilen auch Altmann (1993) und Kwon (2005: 182ff.) sowie Molnar (2002: 85, 114), die zusätzlich eine Reihe diachroner Argumente (etwa für *schon* und *doch*) anführt (vgl. dagegen Abraham 1995 und kritisch auch Ickler 1994, Zimmermann 2004 wiederum schlägt vor, zwischen satztypmodifizierenden Modalpartikeln (wie *wohl*) und sprechaktmodifizierenden (wie *ja*) zu unterscheiden; daran anschließend auch Gutzmann 2008: 158ff.). Im Einzelnen sind einige der wesentlichen synchronen Argumente (s. genauer Thurmair 1993): Die eingeschränkte Menge von Modalpartikeln in Verb-Letzt-Typen gegenüber den ihnen in der Grundfunktion entsprechenden Verb-Zweit- bzw. Verb-Erst-Typen; hier liegen Restriktionen vor, die sich nur selten damit erklären lassen, dass eine Modalpartikel in ihrer Bedeutung nicht zu den funktional spezialisierten Verb-Letzt-Varianten ‚passt'. Ein weiteres Argument für Formtypgesteuertheit ist die Tatsache, dass das Set von Modalpartikeln in den beiden Interrogativsatztypen und den beiden Exklamativsatztypen recht unterschiedlich ist – es hingegen Überschneidungen zwischen den Modalpartikeln im w-Interrogativsatz und w-Exklamativsatz gibt. Ein weiteres Argument ist der satzmoduskonstituierende Charakter einiger Modalpartikeln – etwa in den Optativsätzen: wenn Modalpartikeln bereits für die Konstitution eines Satzmodus relevant sind, dann kann ihr Auftreten nicht vom Illokutionstyp gesteuert sein. Auch das Verhalten einzelner Modalpartikeln, wie *wohl* oder *doch*, ist ein Argument.

Die vorangegangene Betrachtung der Distribution und der Funktion der Modalpartikeln in den verschiedenen Satzmodi hat ergeben, dass die Modalpartikeln in Bezug auf Satzmodus unterschiedliche Aufgaben haben, die auch vom Status des jeweiligen Satzmodus abhängen: in den Grundtypen sind Modalpartikeln in jedem Fall (nur) satzmodusspezifizierend, d.h. die Satzmodus-Grundbedeutung wird durch eine Modalpartikel spezifiziert. In den marginalen Satzmodi Optativ und Exklamativ sowie in den Verb-Letzt-Typen haben Modalpartikeln entweder satzmoduskonstituierende oder – etwas weniger stark – satzmodusidentifizierende Funktion; d.h. die üblichen Satzmodusindizierungsmittel (morphosyntaktische Merkmale, kategoriale Füllung, intonatorische Mittel) sind oft nicht stark genug oder nicht eindeutig genug – deshalb müssen Modalpartikeln entsprechende Funktionen übernehmen. Das deckt sich mit der Aussage von Altmann (2005: 172): „Je randständiger ein Satztyp ist, desto mehr tendieren die Modalpartikeln dazu, nahezu obligatorisch zu werden und mehr zur Identifizierung des Satztyps als zur Differenzierung der pragmatischen Funktion beizutragen, sich also den (obligatorischen) Moduspartikeln anzunähern."

Entsprechend dieser graduell unterschiedlichen Funktionen der Modalpartikeln in den jeweiligen Satzmodi divergiert auch der Status der Modalpartikeln als mehr oder weniger stark grammatische Elemente: Satzmoduskonstituierende Modalpartikeln können als Elemente mit einer rein grammatischen Funktion (nämlich der Konstitution eines Satzmodus),[13] angesehen werden, satzmodusidentifizierende Modalpartikeln sind dies etwas weniger (ihre grammatische Funktion ist die eindeutige Identifizierung und Bestimmung eines Satzmodus) und noch weniger sind dies die satzmodusspezifizierenden Modalpartikeln, die mehr an pragmatischer Funktion aufweisen. Schließlich wurde hier noch eine satzmodusindizierende Funktion angenommen, die im Sinne einer prototypischen Allianz einer Modalpartikel mit einem Satzmodus zu verstehen ist, so dass diese Modalpartikel dann mit ihrem Auftreten einen entsprechenden Satzmodus indiziert (etwa *denn* Fragen oder *mal* Aufforderungen). Damit ist aber keine spezifische grammatische Funktion verbunden.

In diesem Zusammenhang stellt sich auch die von Altmann (1993) aufgeworfene Frage, ob die deutschen Modalpartikeln (oder einige davon) Moduspartikeln seien bzw. zu solchen würden.[14] In Frage kommen m.E. dafür entweder die satzmoduskonstituierenden (und evtl. satzmodusidentifizierenden) Modalpartikeln

---

13 Damit löst sich auch das bei Kwon (2005: 187f.) angesprochene Problem, mit für den Formtypaufbau obligatorischen Modalpartikeln sei ein semantisches bzw. pragmatisches Merkmal mit einbezogen: die Modalpartikeln sind dann keine semantischen oder pragmatischen Elemente, sondern rein grammatische (vgl. auch Altmann (1993: 1008), der vorschlägt, Modalpartikeln als Grammeme zu werten).
14 Vgl. auch Szczepaniak (Artikel 32 in diesem Band), die für das Ahd. Reste einer Satzmoduspartikel (*inu* als Interrogativpartikel) annimmt.

(also etwa *doch, bloß, nur* in Optativsätzen, *aber, vielleicht* in Exklamativsätzen, *wohl* in *ob*-Interrogativsätzen), da diese für die Konstituierung eines Satzmodus unerlässlich oder mindestens zentral sind. Auf der anderen Seite könnte man auch besonders stark satzmodusindizierende Modalpartikeln als Kandidaten für den Status einer Moduspartikel werten – *denn* als Frageanzeiger oder *mal* als Aufforderungsindikator. Entschieden kann diese Frage hier nicht werden – in jedem Fall hätten solche Moduspartikeln im gegenwärtigen Deutschen einen anderen Status als in anderen Sprachen.

Mit der hier vorgeschlagenen sehr fein differenzierten Funktionsbeschreibung der Modalpartikeln ist auch impliziert, dass die Leistungen bzw. Funktionen der Modalpartikeln im Hinblick auf den Satzmodus unterschiedlich sind (davon gehen auch Molnar 2002 oder Kwon 2005 aus), und zwar sowohl einzelner Modalpartikeln als auch einer Modalpartikel in verschiedenen Umgebungen, d.h. in unterschiedlichen Strukturen. Dies aber ist angesichts der Entstehungsgeschichte von Modalpartikeln nicht weiter überraschend.

4 Literatur

Abraham, W. (1991): The Grammaticalization of the German Modal Particles. In: Traugott, E./Heine, B. (Hgg.), Approaches to Grammaticalization. Vol. II. Amsterdam: Benjamins, 331–380.
Abraham, W. (1995): Wieso stehen nicht alle Modalpartikel in allen Satzformen? Die Nullhypothese. In: Deutsche Sprache 23, 124–146.
Abraham, W. (2009): Die Urmasse von Modalität und ihre Ausgliederung. In: Abraham, W./Leiss, E. (Hgg.), Modalität. Tübingen: Stauffenburg, 251–302.
Altmann, H. (1993): Satzmodus. In: Jacobs, J./Stechow. A. von/Sternefeld, W./Vennemann, T. (Hgg.), Syntax. Ein internationales Handbuch zeitgenössischer Forschung. Berlin: de Gruyter, 1006–1029.
Altmann, H. (2005): Modalpartikeln und Satzmodus im Nordmittelbairischen. In: Kanz, U./Wildfeuer, A. (Hgg.), Kreuther Kräuterbuschen. Regensburg: edition vulpes, 171–191.
Altmann, H./Hahnemann, S. (2010): Prüfungswissen Syntax. Göttingen: Vandenhoeck & Ruprecht.
Autenrieth, T. (2002): Heterosemie und Grammatikalisierung bei Modalpartikeln. Tübingen: Niemeyer.
Brandt, M./Reis, M./Rosengren, I./Zimmermann, I. (1992): Satztyp, Satzmodus und Illokution. In: Rosengren, I. (Hg.), Satz und Illokution. Bd. I. Tübingen: Niemeyer, 1–90.
Cardinaletti, A. (2007): Für eine syntaktische Analyse von Modalpartikeln. In: Thüne, E.-M./Ortu, F. (Hgg.), Gesprochene Sprache – Partikeln. Frankfurt/Main: Lang, 89–101.
Coniglio, M. (2007): Deutsche Modalpartikeln: Ein Vorschlag zu ihrer syntaktischen Analyse. In: Thüne, E.-M./Ortu, F. (Hgg.), Gesprochene Sprache – Partikeln. Frankfurt/Main: Lang, 103–113.
Coniglio, M. (2009): Deutsche Modalpartikeln in Haupt- und Nebensätzen. In: Abraham, W./Leiss, E. (Hgg.), Modalität. Tübingen: Stauffenburg, 191–221.

d'Avis, F. (2001): Über ‚w-Exklamativsätze' im Deutschen. Tübingen: Niemeyer.
d'Avis, F. (2004): Exklamative Prädikate und w-Sätze. In: Krause, M./Ruge, N. (Hgg.), *Das war echt spitze!* Zur Exklamation im heutigen Deutsch. Tübingen: Stauffenburg, 109–125.
d'Avis, F. (2007): Zitat und Sprecherbezug. In: Brendel, E./Meibauer, J./Steinbach, M. (Hgg.), Zitat und Bedeutung. Linguistische Berichte, Sonderheft 15. Hamburg: Buske, 67–88.
Diewald, G. (1997): Grammatikalisierung. Tübingen: Niemeyer.
Diewald, G. (2007): Abtönungspartikel. In: Hoffmann, L. (Hg.), Handbuch der deutschen Wortarten. Berlin: de Gruyter, 117–141.
Diewald, G. (2008): Die Funktion „idiomatischer" Konstruktionen bei Grammatikalisierungsprozessen – illustriert am Beispiel der Modalpartikel *ruhig*. In: Stefanowitsch, A./Fischer, K. (Hgg.), Konstruktionsgrammatik. Bd. II. Tübingen: Stauffenburg, 33–57.
Duden (2005): Die Grammatik. 7. Aufl. Mannheim: Bibliographisches Institut
Franck, D. (1980): Grammatik und Konversation. Stilistische Pragmatik des Dialogs und die Bedeutung deutscher Modalpartikeln. Königstein/Taunus: Scriptor.
Graf, C. (2007): Echo und Zitat. In: Brendel, E./Meibauer, J./Steinbach, M. (Hgg.), Zitat und Bedeutung. Linguistische Berichte, Sonderheft 15. Hamburg: Buske, 89–109.
Gutzmann, D. (2007): Eine Implikatur konventioneller Art: Der Dativus Ethicus. In: Linguistische Berichte 211, 277–308.
Gutzmann, D. (2008): On the Interaction of Sentence Mood and Modal Particles in German. MA Arbeit, Universität Mainz.
Gutzmann, D. (2010): Betonte Modalpartikeln und Verumfokus. In: Harden, T./Hentschel, E. (Hgg.), 40 Jahre Partikelforschung. Tübingen: Stauffenburg, 119–138.
Helbig, G. (1988): Lexikon deutscher Partikeln. Leipzig: VEB.
Hentschel, E. (1986): Funktion und Geschichte deutscher Partikeln. Tübingen: Niemeyer.
Hoffmann, L. (Hg.) (2007): Handbuch der deutschen Wortarten. Berlin: de Gruyter.
Ickler, T. (1994): Zur Bedeutung der sogenannten ‚Modalpartikeln'. In: Sprachwissenschaft 19, 274–404.
Imo, W. (2008): Individuelle Konstrukte oder Vorboten einer neuen Konstruktion? Stellungsvarianten der Modalpartikel *halt* im Vor- und Nachfeld. In: Stefanowitsch, A./Fischer, K. (Hgg.), Konstruktionsgrammatik. Bd. II. Tübingen: Stauffenburg, 135–155.
Jacobs, J. (1991): On the Semantics of Modal Particles. In: Abraham, W. (Hg.), Discourse Particles. Amsterdam: Benjamins, 141–162.
Jacobs, J. (2008): Wozu Konstruktionen? In: Linguistische Berichte 213, 3–44.
Karagjosova, E. (2004): The Meaning and Function of German Modal Particles. Dissertation, Universität des Saarlands.
König, E. (1997): Zur Bedeutung von Modalpartikeln im Deutschen: Ein Neuansatz im Rahmen der Relevanztheorie. In: Germanistische Linguistik 136, 57–75.
Kwon, Min-Jae (2005): Modalpartikeln und Satzmodus. Universität München. [http://edoc.ub.unimuenchen.de/4877/1/Kwon_Min-Jae.pdf]
Marillier, J. (2004): Zur Definition der Exklamativsätze. In: Krause, M./Ruge, N. (Hgg.), *Das war echt spitze!* Zur Exklamation im heutigen Deutsch. Tübingen: Stauffenburg, 49–65.
Meibauer, J. (1986): Rhetorische Fragen. Tübingen: Niemeyer.
Meibauer, J. (1989): *Ob sie wohl kommt?* – Zum Satzmodus von selbständigen Sätzen mit Endstellung des finiten Verbs. In: Katny, A. (Hg.), Studien zur kontrastiven Linguistik und literarischen Übersetzung. Frankfurt/Main: Lang, 11–31.
Meibauer, J. (1990): Sentence Mood, Lexical Categorial Filling, and Non-propositional *nicht* in German. In: Linguistische Berichte 130, 441–465.

Meibauer, J. (1994): Modaler Kontrast und konzeptuelle Verschiebung. Tübingen: Niemeyer.
Molnar, A. (2002): Die Grammatikalisierung deutscher Modalpartikeln. Fallstudien. Frankfurt/Main: Lang.
Moroni, M. (2010): Modalpartikeln zwischen Syntax, Prosodie und Informationsstruktur. Frankfurt/Main: Lang.
Näf, A. (1996): Die w-Exklamativsätze im Deutschen – zugleich ein Plädoyer für eine Rehabilitierung der Empirie in der Sprachwissenschaft. In: Zeitschrift für germanistische Linguistik 24, 135–152.
Näf, A. (2006): Satzarten unterscheiden – Kann das der Computer? Syntaktische Explorationen anhand von COSMAS II. In: Linguistik online 28, 85–107.
Önnerfors, O. (1997): Verb-Erst-Deklarativsätze. Grammatik und Pragmatik. Stockholm: Almquist & Wiksell.
Oppenrieder, W. (1989): Selbständige Verb-Letzt-Sätze: Ihr Platz im Satzmodussystem und ihre intonatorische Kennzeichnung. In: Altmann, H./Batliner, A./Oppenrieder, W. (Hgg.), Zur Intonation von Modus und Fokus im Deutschen. Tübingen: Niemeyer, 163–244.
Ormelius-Sandblom, E. (1997): Die Modalpartikeln *ja*, *doch* und *schon*. Stockholm: Almquist & Wiksell.
Pittner, K. (2007): Dialog in der Grammatik: *Doch* in Kausalsätzen mit Verbererststellung. In: Döring, S./Geilfuß-Wolfgang, J. (Hgg.), Von der Pragmatik zur Grammatik. Leipzig: Universitätsverlag, 39–56.
Pittner, K. (2009): *Wieder* als Modalpartikel. In: Zeitschrift für germanistische Linguistik 37, 296–314.
Reis, M. (1991): Echo-w-Sätze und Echo-w-Fragen. In: Reis, M./Rosengren, I. (Hgg.), Fragesätze und Fragen. Tübingen: Niemeyer, 49–76.
Roguska, M. (2008): Exklamation und Negation. Berlin: Logos.
Scholz, U. (1991): Wunschsätze im Deutschen – Formale und funktionale Beschreibung. Tübingen: Niemeyer.
Thurmair, M. (1989): Modalpartikeln und ihre Kombinationen. Tübingen: Niemeyer.
Thurmair, M. (1993): Äußerungsform oder Äußerungsfunktion? Zu den Bedingungen für das Auftreten von Modalpartikeln. In: Deutsche Sprache 21, 22–43.
Truckenbrodt, H. (2004): Zur Strukturbedeutung von Interrogativsätzen. In: Linguistische Berichte 199, 313–330.
Wegener, H. (1989): Eine Modalpartikel besonderer Art: Der Dativus Ethicus. In: Weydt, H. (Hg.), Sprechen mit Partikeln. Berlin: de Gruyter, 56–73.
Wegener, H. (1998): Zur Grammatikalisierung von Modalpartikeln. In: Barz, I./Öhlschläger, G. (Hgg.), Zwischen Grammatik und Lexikon. Tübingen: Niemeyer, 37–55.
Weuster, E. (1983): Nicht-eingebettete Satztypen mit Verb-Endstellung im Deutschen. In: Olszok, K./Weuster, E. (Hgg.), Zur Wortstellungsproblematik im Deutschen. Tübingen: Narr.
Winkler, E. (1992): Modalpartikeln in selbständig verwendeten Verbendsätzen. In: Zeitschrift für Phonetik, Sprachwissenschaft und Kommunikationsforschung 45, 30–48.
Zifonun, G./Hoffmann, L./Strecker, B. et al. (1997): Grammatik der deutschen Sprache. 3 Bde. Berlin: de Gruyter.
Zimmermann, M. (2004): Zum *Wohl*: Diskurspartikeln als Satztypmodifikatoren. In: Linguistische Berichte 199, 253–286.

Maria Thurmair

29 Satztypen und die linke/ rechte Peripherie

1 Satztyp und Satzperipherie
2 Die Satzperipherie im topologischen Modell und in der klassischen X-bar-Theorie
3 Die erweiterte linke Satzperipherie in einem Split-C Modell
4 Das Verb-Zweit-Problem
5 Die linke Satzperipherie und die Diversität von w-Bewegung
6 Die rechte Satzperipherie
7 Literatur

1 Satztyp und Satzperipherie

Die Frage, ob eine funktionsunabhängige Definition sentenzialer Strukturtypen wie Deklarativ, Imperativ oder Interrogativ möglich ist, kennzeichnet die Theoriedebatte sowohl in Phonologie, Morphologie und Syntax als auch in Semantik und Pragmatik. Natürliche Sprachen unterscheiden sich sowohl darin, welche Funktionsunterschiede sie grammatisch markieren, als auch darin, mit welcher Art grammatischer Markierung sie funktionale Unterschiede ausdrücken. Variation zeigt sich auch bei der Frage, auf welche Weise natürliche Sprachen morphosyntaktische Kodierungen für ein und dieselbe Funktion grammatisch realisieren. Angesichts der konzeptuellen Schwierigkeiten, Formtypen und Funktionstypen einander zuzuordnen, postuliert Meibauer (1987), dass der Zusammenhang zwischen Kategorien wie Satzart, Verbmodus und anderen Modusindikatoren mit den durch sie ausgedrückten Einstellungs- und Sprechakttypen nur zu erforschen ist, wenn zwischen den verschiedenen grammatischen, semantischen und pragmatischen Beschreibungsebenen hinreichende methodische Differenzierungen vorgenommen werden. Eine entsprechende methodische Differenzierung wird in Zaefferer (1987, 2006) vorgeschlagen. Unter einem „Satztyp" wird dort der pure Formtyp eines Satzes verstanden, d. h. der Träger einer bestimmten strukturellen Information. Der Begriff „Satzart" wird dann denjenigen Klassen von Satztypen zugeordnet, die als Formtypen mit bestimmten, nach semantischen Kriterien zu charakterisierenden Sprechhandlungstypen ‚charakteristischerweise' korreliert sind. Um die verschiedenen grammatischen Eigenschaften eines Formtyps (also eines Satztyps) adäquat bestimmen zu können, ist eine grammatiktheoretische Systematisierung erforderlich, die den Bezug auf abstrakte Beschreibungskategorien verlangt. In neueren Forschungen wird davon ausgegangen, dass im Bereich der Morphosyntax die funktionalen Merkmale eines universellen Inventars funktionaler Kategorien die Grundlage für eine grammatische Bestimmung von Satztypen liefern (Rizzi 1997, Cinque 1999, Chomsky 2001). Dabei spielt die Interaktion der drei strukturellen Domänen (a) thematische Domäne, (b) Flexionsdomäne, (c) Komplementiererdomäne eine wesentliche Rolle. Insbesondere das Zusammenspiel von verbalen Moduskategorien mit den Eigenschaften des Komplementierersystems ist dabei von entscheidender Bedeutung. In allen Domänen ist Variation zu beobachten. Mit der Variation der an der Satzperipherie lokalisierten Komplementiererdomäne und ihrer Relevanz für die Bestimmung von Satztypen befasst sich der vorliegende Artikel. Er untersucht das grammatische Instrumentarium, mit dem diese Domäne an der rechten bzw. linken Peripherie des Satzes zur Markierung von Satztypen beiträgt, indem sie Landeplätze für Satztyp-relevante Operatoren (w-Wörter, Relativpronomina, Fokusmarkierer, Topikmarkierer etc.) bereitstellt und mit Hilfe spezifischer Komplementiererkategorien die Selektion spezifischer Satztypen repräsentiert.

2 Die Satzperipherie im topologischen Modell und in der klassischen X-bar-Theorie

Der deutsche Satz weist eine Klammerstruktur auf, die durch die Verbteile im finiten Hauptsatz etabliert ist:

(1) a. Den Gesetzentwurf **lehnte** der Senat in seiner gestrigen Sitzung **ab**.
 b. **Lehnte** der Senat in seiner gestrigen Sitzung den Gesetzentwurf **ab**?

Diese Klammerstruktur etabliert drei topologische Felder, die in dem sog. „topologischen Modell" des deutschen Satzes ihren theoretischen Niederschlag gefunden haben (LSK/RSK = linke bzw. rechte Satzklammer) (Reis 1980, Höhle 1983, Altmann/Hofmann 2004):

(2) | Vorfeld | LSK | Mittelfeld | RSK | Nachfeld |
| Den Gesetzentwurf | **lehnte** | der Senat | **ab**. | |

In konjunktional eingeleiteten finiten Nebensätzen wird die Satzklammer von der Nebensatz-einleitenden Konjunktion und dem finiten Verb gebildet:

(3) | Vorfeld | LSK | Mittelfeld | RSK | Nachfeld |
| | dass | der Senat den Gesetzentwurf | **ablehnte** | |

Ob sich die infiniten Verbteile in Beispielen wie (4) in der rechten Satzklammer oder im Mittelfeld befinden, ist nicht unumstritten:

(4) a. Den Gesetzentwurf **hat** der Senat **abgelehnt**.
 b. dass der Senat den Gesetzentwurf **abgelehnt** hat.

Die (wenn auch marginale) Möglichkeit, dass zwischen Partizip und Auxiliar phrasales Material intervenieren kann, deutet darauf hin, dass diese beiden Elemente keine komplexe lexikalische Kategorie bilden, so dass nur der finite Verbteil in der rechten Satzklammer zu lokalisieren wäre (Sabel 2000):

(5) a. ?dass niemand überzeugt davon war.
 b. ?dass viele Menschen heutzutage bedroht davon sind.

Die traditionelle Grammatik nimmt an, dass auch die infiniten Verbteile die rechte Satzklammer besetzen.

Im Nachfeld stehen u.a. finite Satzkomplemente (6), extraponierte Kategorien (7) oder rechtsversetzte Elemente (8) (Altmann 1981):

(6) a. Auf Anfrage teilte der Senat mit, dass er den Gesetzentwurf ablehnen werde.
 b. Die Presse fand nicht heraus, ob der Senat den Gesetzentwurf ablehnen werde.

(7) a. Der Senat lehnte den Gesetzentwurf ab, den die Demokratische Partei eingebracht hatte.
 b. Viele Republikaner reihten sich wieder ein in die Front der Ablehnung.

(8) Der Senat lehnte ihn ab, den Gesetzentwurf.

Im Vorfeld steht in der Regel genau eine Konstituente, deren Vorfeldstatus nicht notwendigerweise durch ihre diskurssemantische Rolle determiniert ist, d.h. die Vorfeldposition ist neutral bzgl. der Topik- oder Fokuseigenschaft des Vorfeldelements. Die für den Satztyp relevanten syntaktischen Merkmale werden im allgemeinen mit Elementen der linken Satzklammer (finites Verb, Komplementierer) assoziiert, da die diskurssemantische Rolle eines Satzes – soweit sie syntaktisch bedingt ist – durch diese Eigenschaften determiniert wird.

In einer X-bar theoretischen Satzstruktur lassen sich die topologischen Kategorien wie folgt abbilden: Das Vorfeld entspricht der Spezifikatorposition von CP; die linke Satzklammer entspricht der funktionalen Position C^0; die rechte Satzklammer wird in der Regel dem funktionalen Kopf Infl zugeordnet, während das Nachfeld in der X-bar Theorie durch rechtsadjungierte Kategorien repräsentiert werden kann:

(9)   *Vorfeld*   *LSK*   *Mittelfeld*   *RSK*   *Nachfeld*

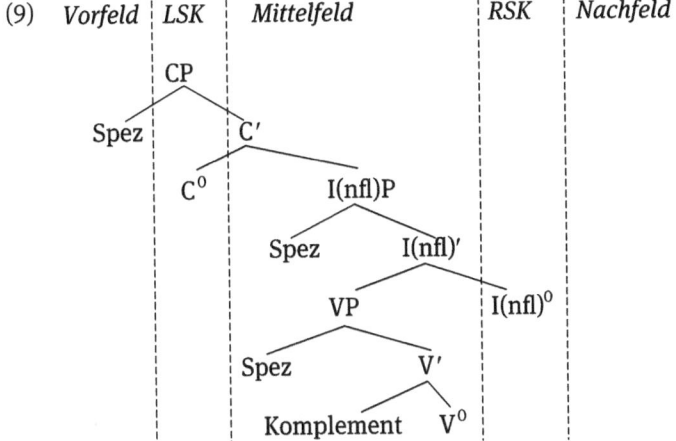

Die syntaktische Markierung des Satztyps wird in dieser Theorie durch Eigenschaften der funktionalen Kategorie C repräsentiert.

3 Die erweiterte linke Satzperipherie in einem Split-C Modell

Im topologischen Modell ist der Begriff „linke Satzperipherie" nicht gebräuchlich. In der generativen Syntax subsumiert man unter diesen Begriff alle Konstituenten, die der IP vorangehen. In einer CP-Struktur repräsentieren demnach C⁰ und die Spezifikatorposition von CP die linke Satzperipherie. Allerdings zeigen schon im Deutschen Konstruktionen wie Linksversetzung, dass das Vorfeld des topologischen Modells bzw. der Spezifikator von CP nicht genügend phrasale linksperiphere Positionen zur Verfügung stellen, um sowohl die linksversetzte Konstituente als auch das vorangestellte resumptive Pronomen in das jeweilige Satzmodell integrieren zu können (abgesehen von anderen schwer erklärbaren Mehrfachbesetzungen des Vorfelds):

(10)   Den Gesetzentwurf zur Armeereform, den lehnte der Senat ab.

Dasselbe gilt für sog. „nicht-integrierte" Adverbialausdrücke, die nicht im Mittelfeld vorkommen, wie in (11) (Haegeman/Shaer/Frey 2009) oder Vor-Vorfeld-Elemente, die nicht im Vorfeld vorkommen, wie in (12) (d'Avis 2004):

(11)   a.   Wenn du Durst hast, im Kühlschrank ist ein Bier.
         b.   ??Im Kühlschrank hob dir deine Mutter, wenn du Durst hast, ein Bier auf.

(12) a. Wen immer du einlädst, ich komme nicht.
b. *Wen immer du einlädst, komme ich nicht.

Auch für Fokuspartikel des Deutschen wie *nur, auch* und *sogar* wurde angenommen (Büring/Hartmann 2001), dass sie Verb-Dritt-Strukturen generieren können, so dass in Sätzen wie (13) zwar die vorangestellte PP, nicht aber die Fokuspartikel im Spezifikator von CP lokalisiert ist (cf. allerdings Reis 2005 zu einer gegenteiligen Auffassung):

(13) Sogar gegen den Gesetzentwurf hat der Senat gestimmt.

Noch deutlicher als im Deutschen zeigt sich in anderen Sprachen, dass sich mit nur einer XP-Position in der linken Satzperipherie die grammatischen Strukturen der diversen Satztypen nicht adäquat analysieren lassen. Im Italienischen geht nicht nur klitische Linksversetzung (14), sondern auch kontrastive Fokussierung (15) mit Voranstellung einer:

(14) Il tuo libro, lo   ho   letto.   [Italienisch]
     dein Buch   es   ich-habe gelesen

(15) IL TUO LIBRO,   ho   letto   (non quello di Umberto).
     Dein Buch   ich-habe gelesen (nicht das von Umberto)

Diese beiden Konstruktionstypen können kombiniert werden, und Linksversetzung kann mehrfach vorkommen:

(16) Credo   che   domani, a Gianni,   QUESTO gli dovremmo   dire.
     ich-glaube dass morgen dem Gianni   dies   ihm wir-müssten sagen

Die folgenden Beispiele zeigen Distributionsunterschiede zwischen Relativ-Operatoren und Frage-Operatoren, die nur durch mehrfache linksperiphere XP-Positionen repräsentiert werden können (Rizzi 1997):

(17) a. un uomo a cui, il premio Nobel   lo   daranno   senz'altro.
        ein Mann dem   den Nobelpreis   ihn sie-werden-geben sicherlich
        ‚ein Mann, dem sie sicherlich den Nobelpreis geben werden'
     b. *un uomo, il premio Nobel, a cui lo daranno senz'altro.

(18) a. *A chi, il premio Nobel, lo   daranno?
        wem   den Nobelpreis   ihn   sie-werden-geben
     b. Il premio Nobel, a chi lo   daranno?
        den Nobelpreis wem   ihn   sie-werden-geben
        ‚Den Nobelpreis, wem werden sie den geben?'

(17) zeigt, dass Relativ-Operatoren linksversetzten Elementen vorangehen müssen, während (18) illustriert, dass dies bei w-Operatoren genau umgekehrt ist. Nimmt man an, dass die Zielposition linksversetzter Elemente konstant ist, dann benötigt man zwei unterschiedliche linksperiphere Zielpositionen für Relativ-Operatoren und w-Operatoren.

In zahlreichen Sprachen ist in einem w-ex-situ-Interrogativsatz kontrastive Fokussierung ausgeschlossen, was sich an einer komplementären Distribution von w-Elementen und kontrastivem Fokus zeigt (Kiss 1995, Lipták 2001). Am Ungarischen lässt sich diese Generalisierung wie folgt illustrieren (vgl. Lipták 2001: 50).

(19) a. PÉTERT hívtam meg. [Ungarisch]
Peter-acc einlud-1sg PV (präverb)
‚Es war Peter, den ich einlud.'
b. Kit hívtál meg?
wen einludst-2sg PV
c. *PÉTERT ki hívta meg?
Peter-acc wer einlud-3sg PV
d. *Ki PÉTERT hívta meg?

Die Komplementarität von w-Bewegung und kontrastiver Fokusbewegung hat zu der Hypothese geführt, dass w-Bewegung und kontrastive Fokusbewegung dieselbe Zielposition ansteuern. Es sieht also so aus, als sei für die Repräsentation der durch Fokussierung, Topikalisierung, w-Voranstellung, Relativ-Voranstellung, Verb-Voranstellung, Komplementierertyp etc. determinierten Satztypen eine ‚einfache' linke Peripherie, die nur aus einer Komplementiererposition und einer phrasalen Position besteht, nicht ausreichend. Wenn die in Matrixsätzen ermittelte Generalisierung über die komplementäre Verteilung von Fokusbewegung und w-Bewegung korrekt ist, dann zeigt die am Italienischen beobachtete Kookkurrenz von w-Bewegung und Fokusbewegung in indirekten w-Fragen (unter der Voraussetzung, dass die Fokusposition konstant ist), dass vorangestellte w-Elemente in Matrixsätzen des Italienischen eine andere XP-Position einnehmen als in eingebetteten Interrogativsätzen (Rizzi 1997, 2001):

(20) a. ? Mi domando A GIANNI che cosa abbiano detto (non a Piero).
ich-frage mich dem Gianni was sie-haben gesagt (nicht dem Piero)
b. *? Mi domando che cosa A GIANNI abbiano detto (non a Piero).

An den Beispielen (10)–(20) zeigt sich, dass die linke Satzperipherie zur Repräsentation unterschiedlicher Satztypen mehr phrasale Positionen enthalten muss als vom topologischen Modell oder der klassischen X-bar-theoretischen CP-Struktur zur Verfügung gestellt. Dass es sich bei diesen Positionen um funktionale Projektionen handeln muss, kann durch die Beobachtung motiviert werden, dass in zahlreichen Sprachen das System linksperipherer Köpfe lexikalisch realisiert ist. Wird beispielsweise in der afrikanischen Sprache Tuki der Satztyp w-Frage durch Voranstellung einer w-Phrase (w-ex-situ) realisiert, dann folgt der w-Phrase (im Gegensatz zu einer Realisierung w-in-situ) ein Fokusmarkierer, der offenkundig den Kopf einer Fokusphrase lexikalisiert (Biloa 1995). In der afrikanischen Sprache Gungbe wird nicht nur der Kopf einer linksperipheren Fokusphrase sondern auch der Kopf einer linksperipheren Topikphrase durch entsprechende Partikel lexikalisiert (Aboh 2004).

Selbst wenn es also im Deutschen nicht offenkundig ist, dass die linke Peripherie mehr umfasst als das Vorfeld und die linke Satzklammer, so wird sich im folgenden zeigen, dass es selbst im Deutschen Indizien dafür gibt, dass eine adäquate syntaktische Repräsentation von Satztypen ebenfalls eine erweiterte linke Satzperipherie annehmen muss.

Wenn der Typ eines Satzes maßgeblich durch Eigenschaften der Komplementiererposition determiniert wird, so ist zu berücksichtigen, dass diese Position nicht uniform ist, sondern sich in mehreren linksperipheren Kopfpositionen manifestiert. Dies zeigt sich an dem Phänomen mehrfacher Komplementierer, wie es etwa aus Relativsätzen des Bairischen bekannt ist:

(21) dea Mo   dea **wo dass** des gsogt hot.   [Bairisch]
     der Mann   der wo dass das gesagt hat

In bestimmten Varietäten des Holländischen kann das vorangestellte w-Element in indirekten w-Fragen von zwei Komplementierern gefolgt werden (Hoekstra 1993):

(22) Ze   weet   wie **of dat** hij had willen opbellen.   [Holländische
     Sie weiß   wen ob dass   er   hat wollen anrufen   Varietät]
     ‚Sie weiß, wen er anrufen wollte.'

In eingebetten Interrogativen des Spanischen kann nach verba dicendi dem Interrogativ-Komplementierer ein weiterer Komplementierer vorangehen (vgl. Suñer 1994):

(23) Me   preguntaron   **que si**   tus   amigos   [Spanisch]
     mich sie-fragten   dass ob   deine   Freunde
     ya   te   visitaron   en   Granada.
     schon dich   besuchten   in   Granada

In den norditalienischen Dialekten von Ligurien und Turin können finite deklarative Satzkomplemente von zwei „dass"-Komplementierern eingeleitet werden, zwischen denen ein linksversetztes Element intervenieren kann (Paoli 2003):

(24) A   Teeja   a   credda che   a   Maria ch'a   [Ligurisch]
     die Theresa sie glaubt dass die Maria dass+sie
     parta   duman.
     abreist morgen
     ‚Theresa glaubt, dass Maria morgen abreist.'

Entsprechende Beispiele sind unter bestimmten diskursgrammatischen Bedingungen auch im Deutschen möglich, was die Hypothese nahelegt, dass es im Prinzip auch im Deutschen zwei Komplementiererpositionen geben kann. Durch diese markierte Möglichkeit wird offenkundig ein Satztyp lizenziert, der im Gegensatz zu einer geläufigen Generalisierung Linksversetzung im komplementierer-eingeleiteten Nebensatz erlaubt.

(25) a. Hans bedauert, dass dem Studenten aus München, dass dem keiner geholfen hat.
     b. *Hans bedauert, dass dem Studenten aus München dem keiner geholfen hat.
     c. *Hans bedauert, dem Studenten aus München, dass dem keiner geholfen hat.

Schließlich zeigen Distributionsunterschiede bei finiten und infiniten Komplementierern des Italienischen, dass die linke Satzperipherie X^0-Positionen für unterschiedliche Arten von Komplementierern enthalten muss (Rizzi 1997):

(26) a. Credo   che   il tuo libro, loro lo apprezzerebbero   [Italienisch]
     ich-glaube dass dein Buch sie   es würden-schätzen
     molto.
     sehr
     ‚Ich glaube, dass sie dein Buch sehr schätzen würden.'
     b. *Credo, il tuo libro, che loro lo apprezzerebbero molto.

(27) a. *Credo   di   il tuo libro, apprezzarlo molto.
     ich-glaube zu dein Buch   schätzen-es   sehr
     b. Credo, il tuo libro, di apprezzarlo molto.
     ‚Ich glaube, dein Buch sehr zu schätzen.'

Die Beispiele in (26) und (27) zeigen, dass ein linksversetztes Element dem finiten Komplementierer *che* (‚dass') folgen, dem infiniten Komplementierer *di* (‚zu') aber vorangehen muss. Unter der Voraussetzung, dass das linksversetzte Element in beiden Fällen dieselbe Position einnimmt, ist zu schließen, dass die beiden Komplementierer unterschiedliche Positionen besetzen. Dass Komplementierer in der Tat unterschiedliche Positionen in der linken Satzperipherie besetzen können, wird durch eine Beobachtung über den Satztyp der w-Frage bestätigt.

Sprachen, in denen Komplementierer mit einem w-Element-ex-situ kookkurrieren können, lassen sich danach unterscheiden, ob der Komplementierer dem w-Element vorangeht, wie etwa im Ungarischen oder im Kashmiri, oder ob er dem w-Element folgt, wie etwa im Bairischen oder im Norwegischen (zu Kashmiri vgl. Bhatt 1999: 159f und zu Norwegisch Taraldsen 1986: 8):

(28) a. tse chay khabar **ki** **kyaa** kor tem. [Kashmiri]
 du aux wissen dass was tat er
 ‚Du weißt, was er getan hat.'
 b. *tse chay khabar **kyaa ki** kor tem.
 du aux wissen was dass er tat

(29) Vi vet **hvem som** ikke skjønte dette spørsmålet. [Norwegisch]
 wir wissen wer dass nicht verstand diese Frage

(30) I mecht wissen **wea dass** des gsogt hod. [Bairisch]
 ich möchte wissen wer dass das gesagt hat

Bhatt/Yoon (1991) unterscheiden daher zwischen Komplementierern, deren alleinige Funktion darin besteht, Subordination zu markieren („reine Subordinatoren"), und Komplementierern, die sowohl Subordination signalisieren als auch der Satztypmarkierung dienen („Modus-Komplementierer"). Erstere nehmen in der Regel eine höhere Position in der linken Satzperipherie ein als letztere, was sich z.B. in einer Verb-Zweit-Sprache wie dem Zimbrischen darin niederschlägt, dass einem reinen Subordinierer ein Vorfeld-Expletiv folgen kann (cf. dazu Abschnitt 4).

Die oben angeführten empirischen Phänomene zeigen, dass die dem Subjekt vorangehende linksperiphere Domäne des Satzes mehr Positionen umfassen muss als vom topologischen Modell und der klassischen X-bar Theorie zur Verfügung gestellt. Dass dieser Bedarf an syntaktischer Struktur nicht etwa durch mehrfache Adjunktion an die höchste Projektion des Mittelfeldes (AgrsP bzw. IP) adäquat erfüllt werden kann, lässt sich wie folgt begründen (Rizzi 2012). Diskurssemantische Kategorien wie Topik und Fokus weisen in der linken Satzperipherie eine feste Reihenfolge auf, während mehrfache Adjunktion keine Reihenfolgerestriktionen mit sich bringt. Des weiteren treten in der linken Satzperipherie zahlreicher Sprachen overte Topik- bzw. Fokus-Köpfe auf, deren distributionale Eigenschaften von einer Adjunktionsanalyse nicht repräsentiert werden können. Schließlich gibt es in vielen Sprachen eine Beschränkung, der zufolge die linke Satzperipherie nicht mehr als genau ein Topikelement bzw. genau ein Fokuselement enthalten kann; Adjunktion impliziert jedoch freie Rekursion. Rizzi (1997, 2001) hat daher vorgeschlagen, dass die linke Satzperipherie durch eine Reihe von funktionalen Projektionen zu erweitern ist, die zum einen eine Schnittstellenfunktion, zum anderen eine diskurssemantische Funktion ausüben. Die Schnittstellenfunktion bezieht sich einerseits auf den Satztyp (deklarativ, interrogativ, relativ, exklamativ etc.), wie er durch eine übergeordnete selegierende Struktur oder den Diskurskontext determiniert ist. Diese Schnittstelle wird durch die bei Rizzi strukturell höchste Projektion ForceP repräsentiert. Eine weitere Schnittstellenfunktion bezieht sich auf die im Satz ausgedrückte Proposition und dabei insbesondere auf deren verbale Eigenschaften wie Finitheit, Temporalität, Modalität etc. Sie wird repräsentiert durch die Projektion FinP, die das syntaktische Korrelat der Proposition, nämlich AgrsP bzw. IP, unmittelbar dominiert. Diese beiden Schnittstellenprojektionen bringen zwei Komplementiererpositionen mit sich, mit denen sich nicht nur die Existenz doppelter Komplementierer, sondern auch der Unterschied zwischen ‚hohen' und ‚tiefen' Komplementierern repräsentieren lässt. Die Schnittstellenprojektionen bilden den Rahmen für die diskurssemantischen Projektionen TopikP, FokusP und WhP, bei deren struktureller Repräsentation sich Rizzi an den Daten des Italienischen orientiert: Topikprojektionen kommen (in rekursiver Weise) sowohl oberhalb als auch unterhalb der Fokusprojektion vor, die als Zielposition für kontrastive Fokusbewegung und w-Bewegung (im Matrixsatz) fungiert, während WhP die Position von w-Elementen in eingebetteten Interrogativ-Sätzen repräsentiert. Mit diesen empirischen und konzeptuellen Argumenten lässt sich eine erweiterte Struktur der linken Satzperipherie begründen, die folgendermaßen aussieht:

(31)

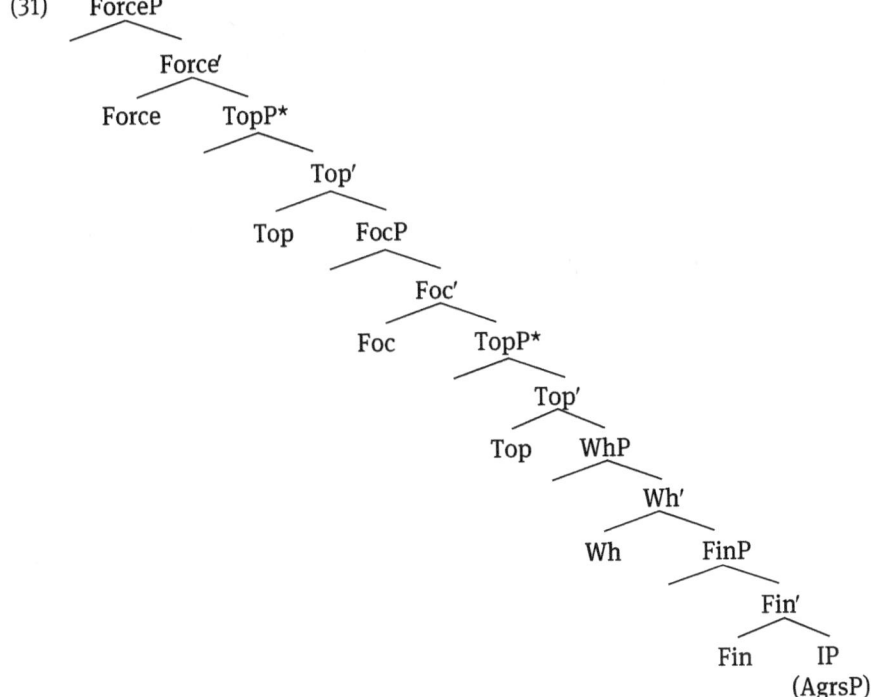

Die diskurssemantischen, d.h. auf die Repräsentation von Skopus und Informationsstruktur bezogenen Funktionen der linken Satzperipherie korrespondieren mit interpretativen Eigenschaften des „Mittelfeldes". Diese beziehen sich auf die Argumentstruktur, d.h. die syntaktische Repräsentation von thematischen Rollen, und folgen den strukturellen Erfordernissen der semantischen Selektion. Die Verbindung zwischen diesen beiden Domänen der syntaktischen Repräsentation wird nach traditioneller generativer Auffassung durch das Konzept der syntaktischen Bewegung etabliert. Syntaktische Bewegung in die linke Satzperipherie wird durch morphosyntaktische Merkmale linksperipherer Köpfe ausgelöst, die – wie z.B. im Fall der w-Bewegung – eine satztypmarkierende Funktion haben.

4 Das Verb-Zweit-Problem

Es stellt sich die Frage, ob eine erweiterte linke Satzperipherie auch für germanische Verb-Zweit-Sprachen anzunehmen ist, bei denen die Stellung des finiten Verbs eine satztypmarkierende linksperiphere Position einnimmt, die eine komplementäre Distribution mit satztypmarkierenden Komplementierern aufweist und vor der in der Regel genau eine Konstituente auftreten kann. Zu dieser Frage sind zwei Bemerkungen angebracht. Zum einen spricht die oberflächenstrukturelle Absenz mehrerer Vorfeld-XPs nicht gegen die Annahme einer erweiterten linken Satzperipherie. So wie es nicht gegen Cinques (1999) Hierarchie funktionaler Adverb-Projektionen spricht, dass nicht alle Sprachen diese Hierarchien overt realisieren, so ist auch die Annahme der Split-C Theorie durchaus mit der Beobachtung verträglich, dass unterschiedliche Sprachen unterschiedliche Bereiche der linken Satzperipherie aktivieren. Ein speziell auf das Deutsche ausgerichteter Strukturvorschlag zur erweiterten linken Satzperipherie findet sich beispielsweise in Frey (2005).

Die zweite Bemerkung betrifft den Status von Verb-Zweit-Sprachen. Dieser Status ist alles andere als klar, da die sogenannte lineare Verb-Zweit-Restriktion nur ein Merkmal in einem Konglomerat von Eigenschaften ist, die den Verb-Zweit-Status konstituieren. Berücksichtigt man nämlich auch andere Verb-Zweit-Charakteristika wie z.B. die sogenannte germanische Subjektinversion oder Hauptsatz-Nebensatz-Asymmetrien wie sie im Deutschen und in den kontinentalskandinavischen Sprachen zu beobachten sind, dann zeigt sich, dass Verb-Zweit-Sprachen durchaus auch Verb-Dritt, Verb-Viert etc. aufweisen können. Der Begriff der Verb-Zweit-Sprache ist also unklar, da er nichts darüber aussagt, in welcher linksperipheren Kopfposition sich das finite Verb im deklarativen Hauptsatz befindet. Charakterisiert man diesen Begriff aber lediglich durch die Annahme, dass das finite Verb eine Kopfposition der linken Satzperipherie ein-

nimmt, dann impliziert der Begriff der Verb-Zweit-Sprache keineswegs eine lineare Verb-Zweit-Beschränkung.
   In der Tat zeigt etwa eine Sprache wie das Altitalienische zwar die für Verb-Zweit-Sprachen charakteristische Subjektinversion, lässt aber in deklarativen Hauptsätzen durchaus mehrere Konstituenten vor dem finiten Verb zu (Poletto 2010). Über Phänomene wie Linksversetzung hinaus lässt sich auch in germanischen Sprachen wie dem Althochdeutschen, dem Altenglischen oder dem Zimbrischen der vemeintliche Konflikt zwischen der Verletzung der linearen Verb-Zweit-Restriktion und der Erfüllung anderer Verb-Zweit-Charakteristika beobachten (zu Althochdeutsch vgl. *Isidor* 457 (Fuß 2008: 57) und *Isidor* 464 (Axel 2007: 221) und zu Zimbrisch (Panieri et al. 2006: 307, 309)):

(32) a. [Dhea uuehhun]   [auur]   [in heilegim quhidim]   [Althochdeutsch]
        die   Wochen   jedoch   in heiliger   Sprache
        arfullant sibun   iaar.
        erfüllen sieben Jahre
     b. endi bidhiu iu   chiuuisso quham **christ**.
        und daher schon sicherlich kam Christ
        ‚Und das ist der Grund warum Christus sicherlich schon gekommen ist.'

(33) a. Pit fadige dar maurar **hatt** augemacht 'z   haus.   [Zimbrisch]
        mit Mühe   der Maurer hat   gebaut   das   Haus
     b. Gestarn hatt-**ar** gisekk in has.
        gestern hat-er   gesehen den Hasen

In Bezug auf Verb-Zweit-Konfigurationen stellt sich also die Frage, in welcher Kopfposition der linken Satzperipherie das in ‚Verb-Zweit'-Stellung befindliche finite Verb zu lokalisieren ist und ob das in den diversen Verb-Zweit-Sprachen jeweils dieselbe Position ist. Wenn sich zeigen lässt, dass die letztere Frage negativ zu beantworten ist, dann ist nicht nur zu schließen, dass Verb-Zweit-Sprachen eine grundlegende typologische Variation aufweisen, es ist auch weitere Evidenz für die Annahme erbracht, dass eine adäquate Analyse von Satztypen auf eine erweiterte linke Satzperipherie rekurrieren muss. Analoges gilt für den Nachweis, dass Komplementierer nicht immer dieselbe Kopfposition in der linken Satzperipherie einnehmen.
   Dass sogar in ein und derselben Verb-Zweit-Sprache Komplementierer unterschiedliche Positionen besetzen können, zeigt wiederum die Verb-Zweit-Sprache Zimbrisch (Luserner Varietät). Die entsprechende Evidenz kommt von der Distribution der Diskurspartikel *da* (,da'). Diese Partikel, deren pragmatische Funktion darin besteht, einen Sachverhalt in den Vordergrund zu rücken, erscheint in deklarativen Hauptsätzen enklitisch am finiten Verb (vgl. Panieri et al. 2006: 317):

(34) a. Alle   sunta   han-**da**   gelaütet die klokkng.
       jeden Sonntag haben-Part geläutet die Glocken
    b. Alle   sunta   laütn-**da**   die klokkng.
       jeden Sonntag läuten-Part die Glocken
    c. *Alle sunta **da** laütn die klokkng.

In konjunktional eingeleiteten Nebensätzen hängt die Distribution dieser Partikel von dem Komplementierertyp ab, der den Nebensatz einleitet. Es gibt zwei unterschiedliche Klassen von Komplementierern in dieser Sprache: Komplementierer vom *ke*-Typ und Komplementierer vom *az*-Typ (Grewendorf 2010, Grewendorf/Poletto 2011). Wird ein Nebensatz von einem Komplementierer des *ke*-Typs eingeleitet, erscheint die Partikel *da* am finiten Verb (35); wird er von einem Komplementierer des *az*-Typs eingeleitet, erscheint die Partikel am Komplementierer (36):

(35) a. Dar Mario hatt khött ke alle sunta han-**da** gelaütet
       der Mario hat gesagt dass jeden Sonntag haben-Part geläutet
       die klokkng.
       die Glocken
    b. *I boas ke **da** khint di nona.
       Ich weiß dass Part kommt die Großmutter

(36) a. Da soin vortgont ena **az-ta-s** niamat barn.
       die sind fortgegangen ohne dass-Part-es niemand bemerkte
    b. *Da soin vortgont ena az niamat **barn-da-z**.

Offenkundig gibt es im Zimbrischen eine spezifische Interaktion zwischen der Position des finiten Verbs und der Position von Komplementierern des *az*-Typs, die an die Situation im Deutschen erinnert: Das finite Verb steht in komplementärer Distribution mit Komplementierern vom *az*-Typ. Dies gilt nicht für Komplementierer des *ke*-Typs, die offenkundig Nebensätze mit Hauptsatz-Verbstellung einleiten und damit Komplementierern gleichen, die man auch in den Verb-Zweit-Sprachen Isländisch, Jiddisch und Kashmiri findet. Eine Bestätigung für diese Generalisierung liefert die Beobachtung, dass dem Komplementierer in Nebensätzen der letzteren Art ein Vorfeld-*es* folgen kann, was bei Nebensätzen mit Komplementierern des *az*-Typs nicht möglich ist:

(37) a. Dar Mario hatt khött ke 'z han-da gelaütet die klokkng
       der Mario hat gesagt dass es haben-Part geläutet die Glocken
       alle sunta.
       jeden Sonntag

b. *Dar Mario hatt geböllt   az   'z han-da   gelaütet die
   der Mario hat gewünscht dass es haben-Part geläutet die
   klokkng alle   sunta.
   Glocken jeden Sonntag

Die Tatsache, dass die für Verb-Zweit-Sprachen typische Hauptsatz-Nebensatz-Asymmetrie nur bei *az*-Komplementierern, nicht aber bei *ke*-Komplementierern zu beobachten ist, zeigt, dass Komplementierer des *ke*-Typs eine Position besetzen, die von der linksperipheren Zielposition des finiten Verbs verschieden ist. Mehrere unterschiedliche Positionen für Komplementierer stehen aber nur in einem erweiterten Modell der linken Satzperipherie zur Verfügung.

Die Frage ist, ob man aus der zur Situation im Deutschen analogen Komplementarität von *az*-Komplementierern und dem finiten Verb schließen kann, dass die Verb-Zweit-Konfiguration in den beiden Sprachen identisch ist. Im Folgenden wird gezeigt, dass dies nicht der Fall ist, dass die Verb-Zweit-Konfigurationen der beiden Sprachen also entgegen allem Augenschein unterschiedliche Kopfpositionen in der linken Satzperipherie betreffen. Ein erstes Argument für diesen Unterschied resultiert aus der relativen Position des finiten Verbs und der Partikel *da*. Diese Partikel ist in einer linksperipheren Position lokalisiert, die sich oberhalb der linksperipheren Zielposition von Topik und kontrastivem Fokus befindet. Dies zeigen die Beispiele (38) und (39):

(38) Dar libar bo da   I   in   Gianni za   on   get
     das Buch wo Part ich dem Gianni schon habe gegeben

(39) a. Dar libar bo da-r   IN   GIANNI hat get
        das Buch wo Part-er dem Gianni hat gegeben
     b. *Dar libar bo IN GIANNI dar hat get

Aus der linksperipheren Position der Diskurspartikel *da* lässt sich dann schließen, dass sich das finite Verb in Sätzen wie (40) in einer Kopfposition befindet, die strukturell höher ist als die linksperiphere Topikposition:

(40) a. Alle   sunta   han-**da**   gelaütet die klokkng
        jeden Sonntag haben-Part geläutet die Glocken
     b. Alle   sunta   laütn-**da**   die klokkng
        jeden Sonntag läuten-Part die Glocken

Die nahe liegende Hypothese lautet, dass sich das finite Verb in Sätzen wie (40) in der Force-Position befindet. Diese Hypothese impliziert, dass das Vorfeld-*es* des Zimbrischen in Sätzen wie (41) im Spezifikator von ForceP lokalisiert ist.

(41) 'Z han-da   geläutet die klokkng alle   sunta.
    es haben-Part geläutet die Glocken jeden Sonntag

Für die Stellung von *ke*-Komplementierern im Zimbrischen (cf. Beispiel (37a)) ist dann eine Position für Subordinierer anzunehmen, die oberhalb von ForceP anzusiedeln ist.

Unabhängige Evidenz für die Richtigkeit der Vorfeld-Hypothese zum Zimbrischen lässt sich aus dem Nachweis gewinnen (Grewendorf 2010), dass ein linksversetztes Element nur dann die Verb-Zweit-Restriktion erfüllen kann, wenn es vorher in eine linksperiphere Topik-Position bewegt worden ist. Die Grammatikalität des zimbrischen Beispiels (42) folgt dann aus der Annahme, dass das linksversetzte Element *in libar* (,das Buch') auf seinem Weg in das Vorfeld die tiefer liegende Topikposition passiert hat:

(42) Dar hatt-mar khött, ke in libar koaft-ar-en morgn.   [Zimbrisch]
    er hat-mir gesagt dass das Buch kauft-er-es morgen

Betrachtet man demgegenüber das Deutsche, so sprechen mehrere Fakten dafür, dass sowohl die Vorfeldposition als auch die Verb-Zweit-Position im Deutschen in FinP anzusiedeln sind. Zum einen ist zu beobachten, dass ein linksversetztes Element im Deutschen dem Vorfeld-*es* vorangeht, wie (43) zeigt:

(43) Den Studenten, es hat den keiner gesehen.

Weitere Evidenz ergibt sich, wenn man vor dem Hintergrund der bereits festgestellten Komplementarität von Verb-Zweit und dem Komplementierer *dass* den Kontrast in (44) betrachtet:

(44) a. ?Er hat gesagt, den Studenten, dass den jemand geküsst hat.
    b. *Er hat gesagt, dass den Studenten, den jemand geküsst hat.

Linksversetzung in einem *dass*-Komplement ist völlig ungrammatisch, wenn die linksversetzte Konstituente dem Komplementierer folgt (44b), und zwar unabhängig davon, ob das finite Verb im *dass*-Satz die Endstellung oder die Zweitstellung einnimmt (cf. Altmann 1981: 147). Geht das linksversetzte Element allerdings dem Komplementierer voran wie in (44a), dann resultiert (nach einem Brückenverb) ein deutlich besseres Ergebnis (wie auch in Frey 2005 und Shaer 2009 beobachtet).

Die Hypothese, dass sich Vorfeld- und Verb-Zweit-Position im Deutschen in FinP befinden, erhält weitere Bestätigung durch die Beobachtung, dass ein linksversetztes Element im deutschen deklarativen Hauptsatz die Vorfeldposition nur dann einnehmen kann, wenn es in einen höheren Satz bewegt worden ist, wie der Kontrast zwischen (45a) (als Deklarativsatz) und (46) zeigt:

(45) a. *Den Studenten hat Maria den geküsst.
 b. Den Studenten, den hat Maria geküsst.
 c. Den Studenten, Maria hat den geküsst.

(46) [Den Studenten]$_i$ glaubt Hans, [den$_i$ hat keiner gelobt].

Vor dem Hintergrund des in Grewendorf (2010) erbrachten Nachweises erklärt sich dieser Kontrast dadurch, dass die linksperiphere Topikposition im Deutschen strukturell höher ist als die Vorfeldposition, so dass die Restriktion „Vorfeldpositionierung erst nach Topik-Positionierung" nur dann erfüllt werden kann, wenn ein linksversetztes Element eine Vorfeldposition im nächsthöheren Satz ansteuert.

Der Vergleich zwischen dem Deutschen und dem Zimbrischen legt den Schluss nahe, dass es zwei unterschiedliche Typen von Verb-Zweit-Sprachen gibt. Dieser typologische Unterschied ist darauf zurückzuführen, dass in Verb-Zweit-Sprachen unterschiedliche Bereiche der linken Satzperipherie aktiviert sein können, so dass sich Verb-Zweit-Sprachen darin unterscheiden können, (a) welche Position als Vorfeld fungiert, (b) welche Position als Verb-Zweit-Position fungiert, (c) ob die lineare Verb-Zweit-Restriktion erfüllt ist, (d) ob eine Asymmetrie zwischen Hauptsätzen und eingebetteten Sätzen vorliegt. Je nachdem, wie diese Fragen zu beantworten sind, resultieren entweder ‚hohe' Verb-Zweit-Sprachen wie das Zimbrische oder ‚niedrige' Verb-Zweit-Sprachen wie das Deutsche. Die relevanten Unterschiede lassen sich wie folgt zusammenfassen:

(47) *Hohe Verb-Zweit-Sprachen (Typ Zimbrisch)*
 a. Die Vorfeldposition ist SpecForceP.
 b. Die Verb-Zweit-Position ist Force.
 c. Es gibt keine lineare Verb-Zweit-Restriktion.
 d. Eine strukturelle Asymmetrie zwischen Haupt- und Nebensätzen gibt es nur bei einem spezifischen Typ von Komplementierer.

(48) *Niedrige Verb-Zweit-Sprachen (Typ Deutsch)*
 a. Die Vorfeldposition ist SpecFinP.
 b. Die Verb-Zweit-Position ist Fin.
 c. Es gibt (mit wenigen Ausnahmen) eine lineare Verb-Zweit-Restriktion.
 d. Eine strukturelle Asymmetrie zwischen Haupt- und Nebensätzen gibt es bei allen Komplementierern.

5 Die linke Satzperipherie und die Diversität von w-Bewegung

Wie sich an der Komplementarität von kontrastivem Fokus und w-Voranstellung in italienischen Hauptsätzen gezeigt hat, gibt es Evidenz für die Annahme, dass die Zielposition von w-Bewegung im Italienischen die Spezifikatorposition der linksperipheren FokP ist. Das Nicht-Vorliegen dieser Komplementarität in eingebetteten w-Fragen legt die Hypothese nahe, dass w-Bewegung in eingebetteten Interrogativen des Italienischen eine andere Position ansteuert als FokP. Auch im Ungarischen lässt sich eine Komplementarität von w-Bewegung und Fokusvoranstellung beobachten, und vorangestellte Topik-Elemente gehen auch in dieser Sprache einer vorangestellten w-Phrase voran. Es ist daher anzunehmen, dass w-Bewegung auch im Ungarischen in die Spezifikatorposition von FokP erfolgt. Im Deutschen gehen linksversetzte Elemente ebenfalls einer vorangestellten w-Phrase voran:

(49) Den Studenten, wer hat den gestern kritisiert?

Diese Beobachtung ist zwar mit der Annahme verträglich, dass sich das präponierte w-Element auch in deutschen Hauptsätzen in FokP befindet; es gibt jedoch unabhängige Evidenz, die gegen diese Annahme spricht (Grewendorf 2011). Zum einen zeigt das Deutsche keine Komplementarität von w-Bewegung und kontrastivem Fokus; zum anderen ist w-Bewegung im Deutschen nicht mit jenen Eigenschaften assoziiert, die für eine Operatorbewegung charakteristisch sind. So zeigt (kurze) w-Bewegung im Deutschen in der Regel weder einen Superioritätseffekt (50) noch löst sie einen Schwachen Crossover-Effekt aus (51):

(50) a. Wer hat wen kritisiert?
b. Wen hat wer kritisiert?

(51) a. *Seine$_i$ Mutter hat [DEM STUDENTEN]$_i$ einen Käsekuchen gebacken.
b. Wem$_i$ hat seine$_i$ Mutter einen Käsekuchen gebacken?

Die Abwesenheit dieser für Operatorbewegung typischen Eigenschaften legt die Hypothese nahe, dass (kurze) overte w-Bewegung im Deutschen nicht die Spezifikatorposition von FokP sondern die Spezifikatorposition von FinP, also das Vorfeld, ansteuert.

Auch in Bezug auf w-Bewegung lässt sich also eine Variation beobachten, die nur in einer erweiterten linken Satzperipherie repräsentierbar ist. Interessante Daten des Zimbrischen zeigen sogar, dass die bislang dargestellte Expansion der linken Satzperipherie einer Erweiterung bedarf. In dieser Sprache gilt eine Generalisierung (Grewendorf 2010, Grewendorf/Poletto 2011), derzufolge komplexe w-Elemente in eingebetteten w-Fragen eine Position einnehmen, die strukturell höher sein muss als ForceP. Für einfache w-Elemente gilt dies optional, man vergleiche (52a) und (52b) (vgl. Panieri et al. 2006: 347, 349):

(52) a. Bar bizzan nèt benn 'z khèmmen-da   [Zimbrisch]
    wir wissen nicht wann es kommen-Part
    di khindar vo schual haüt.
    die Kinder von Schule heute
  b. Bar bizzan ber da nèt åschauget di diarn.
    wir wissen wer Part nicht anschaut das Mädchen

In (52a) zeigt die Position der Partikel *da*, dass sich das finite Verb in Force und das Vorfeld-Expletiv im Spezifikator der ForceP befindet. Dann muss sich das w-Element *benn* offenkundig in einer höheren Position befinden als SpecForceP. In (52b) zeigt die Position der Partikel *da*, dass das Verb in einer tieferen Position steht als Force. Auch das w-Element kann sich daher in diesem Fall in einer tieferen Position befinden als in (52a). Da es w-Elemente mit topikalen Eigenschaften sind, die im Zimbrischen eine Position oberhalb von ForceP einnehmen, ist zu schließen, dass es zwischen der Position des Subordinators und ForceP eine Topik-artige Projektion gibt, in der das hohe w-Element lokalisiert ist. Diese Hypothese erfährt eine unabhängige Bestätigung durch Stowell/Beghellis (1994) Nachweis, dass auch für Quantorenphrasen mit spezifischer Referenz eine linksperiphere Position („ReferentialP') anzunehmen ist, die oberhalb der Root-CP anzusiedeln ist.

    W-Bewegung in anderen Sprachen liefert weitere Evidenz für eine derartige hohe Position von w-Elementen. Im umgangssprachlichen Bulgarisch, einer Sprache, die mehrfache w-Voranstellung aufweist, können w-Elemente topikale Eigenschaften aufweisen und dann von einem resumptiven Klitikum wieder aufgenommen werden. Derartige w-Elemente gehen obligatorisch allen anderen vorangestellten w-Elementen voran und zwar auch dann, wenn die ansonsten geltende Superioritätsbeschränkung eine andere Reihenfolge verlangen würde. Beispielsweise kann die Regel, dass ein w-Subjekt einem w-Objekt vorangehen muss, außer Kraft gesetzt werden, wenn das w-Objekt klitisch verdoppelt ist wie in (53) (vgl. Jaeger 2004: 214):

(53) Kogo koj go običa?   [Bulgarisch]
    wen wer ihn liebt
    'Wer liebt wen?'

Eine Analyse von (53) ergibt sich aus der Tatsache, dass im Bulgarischen nur Topikphrasen vorangestellten w-Elementen vorangehen können. Da klitische Verdoppelung Topikalität indiziert, ist zu schließen, dass auch das klitisch verdoppelte w-Element in (53) Topik-Eigenschaften besitzt und in einer hohen Topik-artigen Projektion in der linken Satzperipherie lokalisiert ist.

6 Die rechte Satzperipherie

Wenn von der rechten Satzperipherie die Rede sein soll, ist eine Unterscheidung zu treffen. Unter der rechten Satzperipherie kann man das Spiegelbild der linken Satzperipherie verstehen, wie es in Sprachen zu beobachten ist, die satzfinale Komplementierer aufweisen. Man könnte in diesem Fall von einem an der rechten Satzperipherie befindlichen „Vorfeld" sprechen. Von einer rechten Satzperipherie kann man aber auch in Bezug auf Sprachen mit satzinitialen Komplementierern sprechen und sich dabei auf die rechte Satzdomäne beziehen, die nicht mehr dem Mittelfeld zuzurechnen ist. Im Folgenden geht es zunächst um die rechte Satzperipherie im ersteren Sinne.

6.1 Die rechte Satzperipherie bei satzfinaler Komplementation

Es gibt Sprachen wie Usbekisch, Bengali, Oriya, Assamesisch, Marathi, Dakkhini-Hindi, die sowohl über satzinitiale als auch über satzfinale Komplementierer verfügen, die also ein hybrides Komplementierersystem aufweisen. Dies sei an der SOV-Sprache Bengali illustriert (vgl. Bayer 1999:245):

(54) a. chele-Ta [[or baba aS -be] **bole**] Sune-che [Bengali]
   Junge-CF sein Vater kommen -Fut3 dass hören-Pts3
   ‚Der Junge hat gehört, dass sein Vater kommen wird.'
 b. chele-Ta Sune-che [**je** [or baba aS -be]]
   Junge-CF hören-Pts3 dass sein Vater kommen Fut3
   ‚Der Junge hat gehört, dass sein Vater kommen wird.'

Beispiele wie (54) haben die Generalisierung nahe gelegt, dass finite Satzkomplemente mit einem satzinitialen Komplementierer eine postverbale Position und finite Satzkomplemente mit satzfinalem Komplementierer eine präverbale Position einnehmen. Gegen diese Generalisierung sprechen Sprachen wie Lakota (Sioux), Hopi, Mojave, Wichita, Yaqui (Uto-Aztekisch) und Latein, in denen Satzkomplemente mit finalem Komplementierer auch postverbal vorkommen (vgl. Dryer 1980: 137):

(55) a. tuisi tu?i [ke hu   hamut bwiika].   [Yaqui]
       sehr gut dass diese Frau singen
       ‚Es ist sehr gut, dass diese Frau singt.'
    b. tuisi tu?i [hu   hamut bwika-**kai**].
       sehr gut diese Frau singen-sub
       ‚Es ist sehr gut, dass diese Frau singt.'

Wie die Satzperipherie in Sprachen mit hybridem Komplementierersystem zu analysieren ist, hängt wesentlich davon ab, welchen morpho-syntaktischen Status die jeweiligen Komplementierer besitzen. Während Inaba (2007) die Auffassung vertritt, dass der syntaktische Status von *ki* im Lakota unklar ist, weist Bayer (1999) darauf hin, dass satzfinale Komplementierer sich von satzinitialen Komplementierern darin unterscheiden, dass sie fast durchweg grammatikalisierte Verbalformen darstellen, die von verba dicendi abgeleitet sind. Bayer vertritt des Weiteren die Auffassung, dass der satzinitiale Komplementierer *je* des Bengali einen reinen Subordinierer im Sinne von Bhatt/Yoon (1991) darstellt, und formuliert die Generalisierung, dass finite Komplemente, die nicht in der selegierten Position, in einer SOV-Sprache also nicht präverbal, generiert sind, von einem reinen Subordinierer eingeleitet sind, der in einer hohen linksperipheren Position lokalisiert ist. Die diesbezügliche Erklärung lautet, dass diese nicht-selektionale Konfiguration eine strikte Adjazenz von Matrixverb und satzinitialem Komplementierer verlange.

Während der syntaktische Status linksperipherer und rechtsperipherer Komplementierer in hybriden Komplementierersprachen weitgehend ungeklärt ist, ist für die konsistent kopffinale Sprache Japanisch eine Analyse für ein rechtsperipheres Komplementierersystem vorgelegt worden (Saito 2012), die eindeutigere Aufschlüsse über die detaillierte Struktur einer rechten Satzperipherie liefert. Das Japanische verfügt über drei satzfinale, satztypmarkierende Komplementierer: *to*, *ka* und *no*. *To* ist der Komplementierer für Paraphrasen oder Berichte einer direkten Rede und erscheint typischerweise unter Brückenverben. *Ka* ist der Komplementierer für Fragen, und *no* ist der Komplementierer für Propositionen (unter Verben, die Ereignisse, Zustände oder Handlungen selegieren). Diese Komplementierer können auch zusammen in ein und demselben Satz vorkommen und unterliegen dabei den folgenden Kookkurrenzrestriktionen. Sie erscheinen immer in der Reihenfolge *no-ka-to*, wie in Beispiel (56) illustriert (vgl. Saito 2012):

(56) Taaro-wa [$_{CP}$ kare-no imooto-ga soko-ni ita (**no**) **ka** (**to**)] [Japanisch]
     T.-Top   er-Gen   Schwester- da-in   war
                            Nom
     minna-ni tazuneta.
     alle-Dat fragte
     ‚Taroo fragte alle, ob seine Schwester da war.'

Auch *ka* und *to* können in dieser Reihenfolge und unter Matrixverben, die die Einleitung einer direkten Rede erlauben, zusammen vorkommen, wobei der Komplementierer *to* für die Selektion zwischen Matrixverb und dem interrogativen Komplementierer *ka* transparent ist. Auch die Folge *no-ka* ist möglich. Diese Reihenfolgebeschränkungen für Komplementiererkongruenz legen nahe, dass das Japanische über eine rekursive CP-Struktur verfügt, deren höchster Repräsentant den rechtsperipheren Kopf *to* und deren niedrigster Repräsentant den rechtsperipheren Kopf *no* aufweist. Der Nachweis, dass das Komplement des Komplementierers *no* eine overte Tempusmarkierung besitzen muss, führt Saito (2012) zu dem Schluss, dass dieser Komplementierer in einer rechtsperipheren Fin-Position lokalisiert ist, und aus der Tatsache, dass der Komplementierer *ka* mit einem interrogativen Satztyp assoziiert ist, wird geschlossen, dass dieser Komplementierer im Kopf der ForceP anzusiedeln ist. Schließlich ordnet Saito den Komplementierer *to* einer Report-Phrase zu, die als eine Entsprechung zu der linksperipheren Subordiniererposition angesehen werden kann. Es ergibt sich daher eine strukturelle Organisation der rechten Satzperipherie, die sich als Spiegelbild von Rizzis linker Satzperipherie erweist:

(57) [... [... [... Fin (*no*)] Force (*ka*)] Report (*to*)]

Schließlich zeigt Saito (2012), dass thematische (also nicht-kontrastive) Topikelemente, die nach traditioneller Auffassung nur am Anfang von Matrixsätzen auftreten können, auch in eingebetteten Sätzen möglich sind und zwar dann, wenn diese durch einen *to*-Komplementierer oder einen *ka*-Komplementierer eingeleitet sind. Demgegenüber sind sie in CPs, die lediglich von einem *no*-Komplementierer eingeleitet sind, nicht lizenziert. Saito schließt aus diesen Beobachtungen, dass es in der rechten Satzperipherie des Japanischen einen (rekursiven) Topik-Kopf gibt, der oberhalb des Fin-Kopfes *no* und unterhalb des Force-Kopfes *ka* zu positionieren ist, so dass sich die rechte Satzperipherie des Japanischen wie folgt darstellt:

(58) [$_{ReportP}$ [$_{ForceP}$ [$_{TopP}$ thematische Topiks [$_{FinP}$ [$_{TP}$ ...] Fin (*no*)] Top] Force (*ka*)] Report (*to*)]

Das japanische System der rechten Satzperipherie weist damit eine bemerkenswerte Ähnlichkeit mit Rizzis linker Satzperipherie auf, wobei – abgesehen von der linearen Folge – lediglich zwei Unterschiede festzustellen sind. Der eine betrifft die Existenz eines Report-Kopfes im Japanischen; der andere betrifft die Absenz eines Fokus-Kopfes im Japanischen. Bezüglich des ersten Unterschieds zeigte sich bereits bei der Analyse der linken Satzperipherie an dem Unterschied zwischen Zimbrisch und Deutsch, dass die Existenz eines Subordinierers offenkundig Gegenstand parametrischer Variation ist. Was den zweiten Unterschied betrifft, so zeigte sich bereits an dem Kontrast zwischen Italienisch/Ungarisch auf der einen und Deutsch auf der anderen Seite, dass Sprachen darin variieren können, ob sie über overte Fokusbewegung verfügen und somit ein Fokuskopf in der linken bzw. rechten Satzperipherie anzunehmen ist.

6.2 Die rechte Satzperipherie bei satzinitialer Komplementation

Die rechte Satzperipherie in Sprachen wie Deutsch zeigt alles andere als eine geordnete Strukturierung. Weder ist klar, welche strukturelle Position rechtsperiphere Elemente einnehmen noch wie sie dorthin gelangen. Bei Zugrundelegung des topologischen Modells ist nicht einmal klar, was zur rechten Satzperipherie zu rechnen ist. Umfasst diese nur das Nachfeld oder ist auch die rechte Satzklammer als Bestandteil der rechten Peripherie anzusehen? In einem CP-Modell scheint klar, dass die der rechten Satzklammer entsprechende Infl-Position eher dem Mittelfeld als der rechten Satzperipherie zuzurechnen ist.

Altmann (1981) unterscheidet mehrere Formen der Herausstellung nach rechts: Rechtsversetzung, vokativische NP, Wiederholung, Apposition, Parenthese, Extraposition. Für das Freie Thema gibt es keine rechtsperiphere Entsprechung, und Ausklammerung bzw. Nachtrag werden von Altmann selbst nicht als Formen der Herausstellung angesehen. Der Begriff der Herausstellung impliziert keine Hypothesen über Bewegung oder Basisgenerierung. Da sich die diesbezügliche Debatte primär auf Extrapositionsphänomene bezieht und da der Integrationsstatus von vokativischer NP, Wiederholung, Apposition und Parenthese unklar ist, werden im Folgenden nur Rechtsversetzung und Extraposition näher betrachtet.

Die deskriptiven Eigenschaften der Rechtsversetzung sind in Altmann (1981) ausführlich beschrieben. Diese Form der Herausstellung ist charakterisiert durch ein resumptives Pronomen, das in Kasus, Genus, Numerus und ggf. Präposition mit dem koreferenten rechtsversetzten Ausdruck übereinstimmt, wobei zwischen dem Satz, der das resumptive Pronomen enthält, und dem rechtsversetzten Ausdruck kein Gliedsatz intervenieren darf. Die Grenzen des rechtsversetzten Elements sind durch deutliche Pausen markiert, und sein Intonationsverlauf wiederholt, geringfügig modifiziert, Tonmuster des vorausgehenden Satzes:

(59) a. Und haben sie die bestanden↑, die Lehre↑.
 b. Er hat ihr zugehört→, der Kanzlerin→.
 c. *Er hat ihr gesagt, dass er sie verehrt, der Kanzlerin.

Da Spezifikatorpositionen selbst in strikt kopffinalen Sprachen linksperipher sind, ist anzunehmen, dass Rechtsversetzung als Adjunktion zu analysieren ist.

Mit welcher Art von Argumenten zu diskutieren ist, wo sich diese Adjunktionsposition befindet und ob das rechtsversetzte Element per Bewegung oder Basisgenerierung dorthin gelangt, soll exemplarisch an der Extrapositionsdebatte illustriert werden.

Nach Prinzip-C der Bindungstheorie (Chomsky 1995) dürfen referentielle Ausdrücke, wie z. B. Nominalphrasen, nicht von einem koreferenten Ausdruck in Argumentposition (Subjektposition oder Objektposition) c-kommandiert werden. Verletzungen dieses Prinzips wie in (60) haben zu der Annahme geführt (Reinhart 1983), dass das extraponierte Satzkomplement im c-Kommandobereich des pronominalen Objekts lokalisiert ist (also im Schwesterknoten des pronominalen Objekts enthalten ist):

(60) *weil er ihr$_i$ gesagt hat, dass er die Kanzlerin$_i$ verehrt.

Nimmt man allerdings an, dass das extraponierte Satzkomplement an VP adjungiert ist, so ist man mit einer Reihe von Problemen konfrontiert. Zum einen kann man dann entgegen dem Nachweis von Sabel (2000) nicht mehr annehmen, dass es V-nach-Infl-Anhebung im Deutschen gibt; zum anderen verhält sich ein extraponiertes Satzkomplement im Deutschen in Bezug auf Extraktionsphänomene eher wie ein Element in Argumentposition:

(61) a. Wen$_i$ hast du angenommen, dass er t$_i$ verehrt?
 b. *Wen$_i$ hast du, dass er t$_i$ verehrt, angenommen?

Andererseits scheint die Tatsache, dass dem postverbalen Satzkomplement ein extraponierter Relativsatz vorangehen kann, dagegen zu sprechen, dass sich dieses Komplement in einer Argumentposition befindet:

(62) weil Schweinsteiger [einem Mann t$_i$] gesagt hat, [den er gut kannte]$_i$ [dass er die Kanzlerin verehrt].

Die Situation scheint sich angesichts von Beispielen wie (63) (Grewendorf 1988) noch weiter zu verkomplizieren:

(63) a. Jeder [der nur ein bisschen Verständnis für Marias$_i$ Lage hat] würde ihr$_i$ in dieser Situation beistehen.
 b. Jeder t$_j$ würde ihr$_i$ in dieser Situation beistehen [der nur ein bisschen Verständnis für Marias$_i$ Lage hat]$_j$.

Die Tatsache, dass das Pronomen in (63b) mit der NP *Marias* in dem extraponierten Relativsatz ohne Prinzip-C-Verletzung koreferent sein kann, scheint zu zeigen, dass der Relativsatz an eine höhere Projektion adjungiert sein muss als VP. Nimmt man allerdings an, dass die relevante Bindungskonfiguration in (60) und (63b) in der rekonstruierten Satzstruktur besteht (also in der Konfiguration vor

Extraposition) (Büring/Hartmann 1997), dann sind diese Daten für die Frage nach der Zielposition von Extraposition nicht relevant. Eine Rekonstruktionsanalyse impliziert allerdings, dass in diesen Beispielen syntaktische Bewegung vorliegt, und gegen diese Konsequenz spricht nicht nur der Kontrast in (61). Auch Topikalisierungsdaten wie (64) sind gegen eine Bewegungsanalyse der Extraposition vorgebracht worden:

(64) a. weil er nie gesagt hat, [dass er sie verehrt].
　　 b. [Gesagt, dass er sie verehrt], hat er nie.
　　 c. *[Dass er sie verehrt, gesagt], hat er nie.
　　 d. *weil er nie gesagt, dass er sie verehrt, hat.

Wie (64d) zeigt, ist das Satzkomplement in einer postverbalen Argumentposition ungrammatisch. Die ungrammatische VP-Topikalisierung in (64c) zeigt aber, dass das Satzkomplement auch nicht in einer präverbalen Argumentposition generiert sein kann. (64a) und (64b) scheinen daher zu zeigen, dass das Satzkomplement an die VP des Auxiliars adjungiert sein muss. Man beachte allerdings, dass diese Hypothese wiederum voraussetzt, dass es im Deutschen keine V-zu-Infl-Anhebung gibt.

Dass die Bewegungsanalyse der Extraposition in eine Reihe von Dilemmata führt, scheint eine Hypothese aus Chomsky (1995) zu bestätigen, die bereits in Ross (1967) angedeutet ist. Dieser Hypothese zufolge handelt es sich bei Phänomenen wie Extraposition nicht um syntaktische Regeln im eigentlichen Sinne, sondern um ‚stilistische' Phänomene, die in einer postsyntaktischen Komponente, nämlich einer phonologischen Komponente, zu analysieren sind. Diese Idee wurde in Truckenbrodt (1995) und Inaba (2007) aufgegriffen und zur Lösung einiger Extrapositionsprobleme des Deutschen herangezogen. Truckenbrodt (1995) geht davon aus, dass die Ungrammatikalität von (64d) nicht zeige, dass das finite Satzkomplement sich nicht in postverbaler Argumentposition befinde, da diese Ungrammatikalität durch eine postsyntaktische prosodische Restriktion zu erkären ist. Inaba (2007) hat argumentiert, dass die Grammatikalität von Beispiel (64a) nicht zeige, dass sich das postverbale Satzkomplement nicht in einer Argumentposition befindet. Wie Truckenbrodt analysiert er die Extraposition von deutschen Relativsätzen als eine postsyntaktische Operation, die durch postsyntaktische Linearisierungsregeln und nicht durch kernsyntaktische Bewegungsrestriktionen beschränkt ist. Ein erstes Argument für diese Analyse besteht in der Beobachtung, dass die Beziehung zwischen Bezugswort und Relativsatz nicht durch Lokalitätsbeschränkungen sondern durch Linearisierungsbeschränkungen determiniert ist (Lenerz 1977, Inaba 2007):

(65) a. Maria hat [dem Professor t_j] [den Studenten t_i] vorgestellt, [der gerade neu angefangen hat]$_{i,*j}$.
　　b. Maria hat [den Studenten t_i] [dem Professor t_j] vorgestellt, [der gerade neu angefangen hat]$_{*i,j}$.
　　c. *Peter hat [der Frau t] eine Rose geschenkt, [die schwanger war].
　　d. *Maria hat [dem Bekannten t] die Kollegen vorgestellt [der gerade im Lotto gewonnen hat].

Nimmt man in (65) die Basisfolge IO-DO an, dann ist in (65b) das direkte Objekt vor das indirekte Objekt gescrambelt worden, so dass sich das indirekte Objekt in (65a) und (65b) in derselben Position befindet. Dann ist der Kontrast zwischen (65a) und (65b) aber nicht durch einen strukturellen Unterschied zu erklären. Nimmt man die Basisfolge DO-IO an, dann ist das indirekte Objekt in (65a) gescrambelt worden, und das direkte Objekt befindet sich in (65a) und (65b) in derselben strukturellen Position. (65c) zeigt, dass Belebtheit für den relevanten Kontrast keine Rolle spielt. (65d) zeigt schließlich, dass Altmanns (1981) morphologische Restriktion, wonach zwischen Bezugs-NP und Relativsatz keine NP intervenieren darf, die aufgrund der morphologischen Markierung ebenfalls als Bezugselement in Frage käme, zu schwach ist, da die intervenierende NP in (65d) nicht als Bezugselement in Frage kommt.

　　Ein zweites Argument besteht in der Beobachtung, dass zwei extraponierte Relativsätze eine Überkreuzungskonfiguration aufweisen, obwohl syntaktische Lokalitätsrestriktionen eine Nesting-Konfiguration erwarten ließen (Haider 1994, Sternefeld 2009: 783):

(66) a. Sie hat [jedem t_i] [etwas t_j] gegeben [der sie gebeten hat]$_i$ [das ihm nützte]$_j$.

　　b. ??Sie hat [jedem t_i] [etwas t_j] gegeben [das ihm nützte]$_j$ [der sie gebeten hat]$_i$.

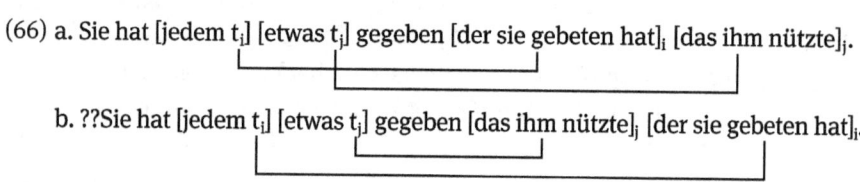

Wenn sich daher die Auffassung aufrecht erhalten lässt, dass sich postverbale finite Satzkomplemente im Deutschen in einer Argumentposition befinden und die Gesetzmäßigkeiten der Extraposition durch postsyntaktische Restriktionen determiniert sind, dann ist zu schließen, dass es in Sprachen wie Deutsch eine der linken Satzperipherie vergleichbare, syntaktisch strukturierte rechte Satzperipherie nicht gibt.

7 Literatur

Aboh, E.O. (2004): Topic and Focus Within D. In: Cornips, L./Doetjes, J. (Hgg.), Linguistics in the Netherlands 21. Amsterdam: Benjamins, 1–12.
Altmann, H. (1981): Formen der „Herausstellung" im Deutschen. Tübingen: Niemeyer.
Altmann H./Hofmann U. (2004): Topologie fürs Examen. Wiesbaden: VS Verlag für Sozialwissenschaften.
Axel, K. (2007): Studies on Old High German Syntax. Amsterdam: Benjamins.
Bayer, J. (1999): Final Complementizers in Hybrid Languages. In: Journal of Linguistics 35, 233–271.
Bhatt, R.M. (1999): Verb Movement and the Syntax of Kashmiri. Dordrecht: Kluwer.
Bhatt, R.M./Yoon, J. (1991): On the Composition of COMP and Parameters of V2. In: Bates, D. (Hg.), Proceedings of the 10th West Coast Conference on Formal Linguistics (WCCFL), 41–53.
Biloa, E. (1995): Functional Categories and the Syntax of Focus in Tuki. Newcastle: LINCOM.
Büring, D./Hartmann, K. (1997): Doing the Right Thing. In: The Linguistic Review 14, 1–42.
Büring, D./Hartmann, K. (2001): The Syntax and Semantics of Focus-Sensitive Particles in German. In: Natural Language and Linguistic Theory 19, 229–281.
Chomsky, N. (1995): The Minimalist Program. Cambridge, MA: MIT Press.
Chomsky, N. (2001): Derivation by Phase. In: Kenstowicz, M. (Hg.), Ken Hale. A Life in Language. Cambridg, MA: MIT Press, 1–52.
Cinque, G. (1999): Adverbs and Functional Heads. Oxford: Oxford University Press.
d'Avis, F. J. (2004): In Front of the Prefield – Inside or Outside the Clause. In: Lohnstein, H./Trissler, S. (Hgg.), The Syntax and Semantics of the Left Sentence Periphery. Berlin: Mouton de Gruyter, 139–177.
Dryer, M.S. (1980): The Positional Tendencies of Sentential Noun Phrases in Universal Grammar. In: The Canadian Journal of Linguistics 25, 123–195.
Frey, W. (2005): Zur Syntax der linken Peripherie im Deutschen. In: d'Avis, F.J. (Hg.), Deutsche Syntax: Empirie und Theorie, 147–171.
Fuß, E. (2008): Word Order and Language Change. On the Interface between Syntax and Morphology. Habilitationschrift, Universität Frankfurt.
Grewendorf, G. (1988): Aspekte der deutschen Syntax. Tübingen: Narr.
Grewendorf, G. (2010): On the Typology of Verb Second. In: Hanneforth, T./Fanselow, G. (Hgg.), Language and Logos. Berlin: Akademie Verlag, 70–94.
Grewendorf, G.(2011): Wh-movement as Topic Movement. In: Brugè, L. et al. (Hgg.), Functional Heads. Oxford: Oxford University Press, 55–68.
Grewendorf, G./Poletto, C. (2011): Hidden Verb Second: The Case of Cimbrian. In: Putnam, M. (Hg.), Studies on German-Language Islands. Amsterdam: Benjamins, 301–346.
Haegeman, L./Shaer, B./Frey, W. (2009): Postscript: Problems and Solutions for Orphan Analyses. In: Shaer, B./Cook, P./Frey, W./Maienborn, C. (Hgg.), Dislocated Elements in Discourse. New York: Routledge, 348–365.
Haider, H. (1994): Detached Clauses – The Later the Deeper. Arbeitspapiere des SFB 340 Nr. 41, Universität Stuttgart und Universität Tübingen.
Hoekstra, E. (1993): Dialectal Variation Inside CP as Parametric Variation. In: Abraham, W./Bayer, J. (Hgg.), Dialektsyntax. Linguistischen Berichte, Sonderheft 5. Opladen: Westdeutscher Verlag, 161–179.
Höhle, T.N. (1983): Topologische Felder. Teil I und II, Manuskript, Universität Köln.
Inaba, J. (2007): Die Syntax der Satzkomplementierung. Zur Struktur des Nachfeldes im Deutschen Berlin: Akademie Verlag.

Jaeger, T.F. (2004): Topicality and Superiority in Bulgarian WH-Questions. In: Arnaudova, O. et al. (Hgg.), Annual Workshop on Formal Approaches to Slavic Languages, The Ottawa Meeting 2003. Ann Arbor: Michigan Slavic Publications.
Kiss, K.É. (1995): Discourse Configurational Languages. Oxford: Oxford University Press.
Lenerz, J. (1977): Zur Abfolge nominaler Satzglieder im Deutschen. Tübingen: Narr.
Lipták, A. (2001): On the Syntax of Wh-items in Hungarian. Universiteit Leiden: LOT.
Meibauer, J. (1987): Probleme einer Theorie des Satzmodus. In: Meibauer, J. (Hg.), Satzmodus zwischen Grammatik und Pragmatik. Tübingen: Niemeyer, 1–21.
Noonan, M. (1985): Complementation. In: Shopen, T. (Hg.), Language Typology and Syntactic Description. Cambridge: Cambridge University Press, 42–140.
Panieri, L./Pedrazza, M./Nicolussi Baiz, A./Hipp, S./Pruner, C. (2006): *Bar lirnen z' schraiba un zo reda az be biar*. Grammatik der zimbrischen Sprache von Lusérn. Trentino-Südtirol: Kulturinstitut Lusérn.
Paoli, S. (2003): Mapping out the Left Periphery of the Clause: Evidence from North-Western Italian Varieties. In: Quer, J./Schroten, J./Scoretti, M./Steemann, P./Verheugd, E. (Hgg.), Romance Languages and Linguistic Theory. Amsterdam: Benjamins, 263–277.
Poletto, C. (2010): Quantifier, Topic and Focus Movement: A View on Old Italian Object Preposing. In: Linguistische Berichte 224, 441–465.
Reinhart, T. (1983): Anaphora and Semantic Interpretation. London: Croom Helm.
Reis, M. (1980): On Justifying Topological Frames: ‚Positional Fields' and the Order of Nonverbal Elements in German. In: DRLAV 22/23, 61–85.
Reis, M. (2005): On the Syntax of so-called Focus Particles in German – A Reply to Büring and Hartmann 2001. In: Natural Language and Linguistic Theory 23, 459–483.
Rizzi, L. (1997): The Fine Structure of the Left Periphery. In: Haegeman, L. (Hg.), Elements of Grammar. Dordrecht: Kluwer, 281–337.
Rizzi, L. (2001): On the Position ‚Int(errogative)' in the Left Periphery. In: Cinque, G./Salvi, G. (Hgg.), Current Studies in Italian Syntax. Amsterdam: Elsevier, 287–296.
Rizzi, L. (2012): Delimitation Effects and the Cartography of the Left Periphery. In: Grewendorf, G./Zimmermann, T.E. (Hgg.), Discourse and Grammar. From Sentence Types to Lexical Categories. Berlin: de Gruyter Mouton, 115–145.
Ross, J. R. (1967): Constraints on Variables in Syntax. PhD Dissertation, MIT.
Sabel, J. (2000): Das Verbstellungsproblem im Deutschen: Synchronie und Diachronie. In: Deutsche Sprache 28, 1–24.
Shaer, B. (2009): German and English Left-Peripheral Elements and the ‚Orphan' Analysis of Non-Integration. In: Shaer, B./Cook, P./Frey, W./Maienborn, C. (Hgg.), Dislocated Elements in Discourse, New York: Routledge, 366–397.
Saito, M. (2012): Sentence Types and the Japanese Right Periphery. In: Grewendorf, G./Zimmermann, T.E. (Hgg.), Discourse and Grammar. From Sentence Types to Lexical Categories. Berlin: de Gruyter Mouton, 147–175.
Sternefeld, W. (2009): Syntax. Bd. II. Tübingen: Stauffenburg.
Stowell, T./Beghelli, F. (1994): The Direction of Quantifier Movement. Paper Presented at the GLOW Conference, Vienna.
Suñer, M. (1994): Verb Movement and the Licensing of Argumental Wh-Phrases in Spanish. In: Natural Language and Linguistic Theory 12, 335–372.
Taraldsen, K.T. (1986): On Verb Second and the Functional Content of Syntactic Categories. In: Haider, H./Prinzhorn, M. (Hgg.), Verb Second Phenomena in Germanic Languages. Dordrecht: Foris, 7–25.

Truckenbrodt, H. (1995): Extraposition from NP and Prosodic Structure. In: Beckman, J.N. (Hgg.), Proceedings of the North East Linguistic Society 25, 503–517.

Zaefferer, D. (1987): Satztypen, Satzarten, Satzmodi – Was Konditionale (auch) mit Interrogativen zu tun haben. In: Meibauer, J. (Hg.), Satzmodus zwischen Grammatik und Pragmatik. Tübingen: Niemeyer, 259–285.

Zaefferer, D. (2006): Conceptualizing Sentence Mood – Two Decades Later. In: Brandt, P./Fuß, E. (Hgg.), Form, Structure, Grammar. A Festschrift Presented to Günther Grewendorf on Occasion of His 60th Birthday. Berlin: Akademie Verlag, 367–382.

Günther Grewendorf

30 Satztyp und Semantik

1 Das Konzept Satztyp
2 Erwartungen an eine semantische Theorie
3 Semantische Enkodierung von Satzmodus
4 Enkodierung
5 Satztypen und logische Beziehungen
6 Zusammenfassung
7 Literatur

1 Das Konzept Satztyp

1.1 Satztypen als Form-Funktions-Paare

Als Grundlage für die folgende Diskussion der Beziehung zwischen Satztyp und Semantik stütze ich mich auf Sadock/Zwickys (1985) Verständnis von Satztypen als Paaren von Formtypen und prototypischen Funktionen, das ich zunächst kurz einführen und dann zur semantischen Theoriebildung in Beziehung setzen möchte.

Während nach wie vor relativ wenig Einigkeit über den theoretischen Hintergrund von Satztypen besteht (siehe Artikel 1), gibt es eine zumindest hinsichtlich der Haupttypen relativ klare intuitive Verwendung. Grammatiken beliebiger Sprachen klassifizieren eigenständige Sätze zu Paradigmen wie in (1) für das Deutsche exemplifiziert. Die hier angeführten Typen werden meist als (Verb-Zweit-)Deklarativsätze, (1a), (polare Verb-Erst-)Interrogativsätze, (1b), Imperativsätze (1c), (Verb-Zweit-)w-Interrogativsätze, (1d), (Verb-Letzt-w)Exklamativsätze, (1e), Optativsätze, (1f), und (polare) Verb-Letzt-Interrogativsätze, (1g), bezeichnet.

(1)   a. Du erforscht Satztypen.
     b. Erforscht du Satztypen?
     c. Erforsche Satztypen!
     d. Wer erforscht Satztypen?
     e. Wie du Satztypen erforscht!
     f. Wenn du doch Satztypen erforschtest!
     g. Ob Du Satztypen erforscht?

Die für eine solche Klassifikation angegebenen Kriterien betreffen grammatische (also syntaktische, morphologische und eventuell phonologische) Eigenschaften, abstrahieren jedoch (idealerweise) von lexikalischem Material. Abhängig von der betreffenden Sprache umfassen die relevanten Kriterien etwa die Position des Verbs (z. B. Deutsch), die Flexionsform des Verbs (Deutsch, Finnisch, ...), die An- oder Abwesenheit von w-Elementen (Deutsch, Englisch, ...), spezifische Partikel (Koreanisch, Japanisch, ...), etc. Lexikalische Elemente werden generell nicht für die Klassifikation herangezogen, gerade im Bereich der Diskurspartikel ist dies nicht immer leicht zu entscheiden (siehe Artikel 28). Nach wie vor umstritten ist, inwieweit intonatorische Eigenschaften für die Konstitution von Satztypen relevant sind, ob also beispielsweise (1a) mit fallender und mit steigender Intonation als zwei getrennte Satztypen kategorisiert werden sollten. Für ein konkretes Beispiel einer auf das Deutsche bezogenen einzelsprachlichen Klassifikation sei auf Altmann (1993) verwiesen.

An diesem Punkt mag das Phänomen des Satztyps als rein syntaktisch-morphologisches Konzept motiviert erscheinen. Allerdings erklären diese rein formalen Kriterien weder, weshalb genau diese Satztypen unterschieden werden, noch, wie eine sprachübergreifende Zuordnung zu den entsprechenden Typen geleistet werden kann, oder weshalb beispielsweise w- und polare Interrogativsätze gerne zur Kategorie der Interrogativsätze zusammengefasst werden. Eine Klassifikation nach Satztypen im intendierten Sinne muss daher Bezug nehmen auf in irgendeiner Art mit diesen Formtypen korrelierende semantische oder funktionale Aspekte. Die mit Formtypen selbständiger Sätze korrelierenden Funktionstypen werden im Rahmen der auf Austin (1962) und Searle (1969) basierenden Sprechakttheorie als verschiedene illokutionäre Kräfte, Illokutionstypen oder Sprechakttypen bezeichnet. Analog dazu unterscheidet eine spieltheoretische Analyse unterschiedliche konversationelle Züge (*conversational moves*; cf. Merin 1985). Im Folgenden werde ich zur Klassifikation der Funktionstypen (v. a. wegen der weiteren Verbreitung in der Linguistik) auf die detaillierte (wenn auch in der Wahl der Kriterien teilweise arbiträre) sprechakttheoretische Taxonomie von Searle and Vanderveken (1985) zurückgreifen.

Die Motivation, Satztypen zu unterscheiden und als zusammengehörige Typen zu identifizieren, ist also entweder durch gemeinsame Bedeutungsaspekte gegeben oder durch bestimmte mit ihnen assoziierte funktionale Aspekte. Um die grammatische Theoriebildung von solchen rein pragmatischen Konzepten frei zu halten,[1]

---

[1] Bierwisch (1980) benennt als ‚Ursünde der Sprechakttheorie' die Ausweitung der linguistischen Theoriebildung auf eine Analyse des sprachlichen Handelns, das ihm zu Folge erst im Rahmen einer voll ausgearbeiteten Theorie des (rationalen) Handelns analysiert werden kann.

mag man zunächst geneigt sein, die Klassifikation an genuin semantischen Kriterien festzumachen.[2] Hier steht man aber unmittelbar vor dem Problem, dass die Bedeutung von sprachlichen Ausdrücken *per se* nicht greifbar ist: während wir unterschiedliche Form und Funktionstypen beobachten, können wir Bedeutungen nur indirekt aus dem jeweiligen kommunikativen Potenzial oder der kognitiven Signifikanz sprachlicher Ausdrücke für sich genommen und in Relation zu anderen Ausdrücken erschließen und modellieren. Sollten wir uns entscheiden, Satztypen jeweils spezifische Bedeutung zuzuschreiben, – was inzwischen als Standardmeinung der linguistischen Theoriebildung zu gelten hat und wofür ich im Folgenden einige Argumente anführen werde –, so muss diese erst im Rahmen der semantischen Analyse der jeweiligen Formtypen erschlossen werden und kann nicht als Kriterium vorausgesetzt werden, um Formtypen zu individuieren und in eine klassifikatorische Hierarchie einzupassen.

Ich werde daher an einer feinkörnigen Unterscheidung wie etwa jener von Altmann festhalten, und die jeweils mit diesen Formtypen assoziierten Funktionen zur weiteren Klassifikation (z.B. einer Zusammenfassung zu *Satzmodi*, Altmann zufolge verschiedene Formtypen mit gleicher Funktion)[3] und zur sprachübergreifenden Individuation heranziehen. Satztypen sind demzufolge Paare aus einem Formtyp und einer Funktion. Allerdings ist die Beziehung zwischen Formtypen und Funktionen ganz offensichtlich in beiderlei Hinsicht nicht eindeutig (z.B. Sadock/Zwicky 1985, Altmann 1993, Brandt/Reis/Rosengren/Zimmermann 1992): wenngleich Deklarativsätze besonders gut für Assertionen geeignet scheinen, können sie natürlich auch für Aufforderungen, Erlaubnisse, Versprechen und vieles mehr verwendet werden. Gleichzeitig können Imperative, die offenbar besonders gut für Aufforderungen geeignet sind, auch als Wünsche, Erlaubnisse, Ratschläge, etc. verwendet werden. Die entscheidende, einen Satztyp konstituierende Beziehung zwischen Form und Funktion ist daher offensichtlich nur prototypisch: konkrete Äußerungen weichen gerne davon ab.

Die praktische Individuation eigenständiger Form-Funktionspaare ist aufgrund von teilweise relativ subtilen Nuancen im Funktionspotenzial oder der

---

[2] Vgl. Brandt/Reis/Rosengren/Zimmermann (1992) für Kritik an der ‚Satztypenproliferation' durch die Altmannsche oberflächenstrukturell orientierte Klassifikation; Xrakovskij (2001) und Mastop (2005) für semantische Definitionen des Satztyps ‚Imperativ'.

[3] Man beachte, dass der Begriff ‚Satzmodus' auf teils diffizile Art und Weise uneinheitlich verwendet wird: für Altmann bezeichnet ‚Satzmodus' ein komplexes sprachliches Zeichen mit verschiedenen Ausprägungen auf der Formseite, einer grammatischen Bedeutung und einem kommunikativen Funktionspontenzial; Brandt/Reis/Rosengren/Zimmermann (1992) verstehen darunter hingegen das semantische Gegenstück des Satztyps bzw. [die] Vermittlungsinstanz zwischen dem Satztyp und seinem Illokutionspotenzial (S. 2).

nicht eindeutig auf grammatische Merkmale festlegbaren Unterschiede im Formtyp nicht immer völlig unproblematisch, vergleiche beispielsweise die in unterschiedlichem Ausmaß in der Literatur diskutierten Konstruktionen in (2):

(2) a. Du erforscht Satztypen?   [steigende Intonation]
    b. Hat Hans (etwa) nicht Maria gesehen?
    c. Hab bitte nicht noch eine Vase zerbrochen!
    d. Had   je   mond   maar   gehouden!
       Hättest du Mund PRT   gehalten.PP
       ‚Hättest Du mal den Mund gehalten!'   [Niederländisch]

Im Gegensatz zu Deklarativsätzen mit fallender Intonation können beispielsweise *rising declaratives* (cf. (2a); Bartels 1999, Gunlogson 2003 für Englisch) nicht für Assertionen verwendet werden. Allerdings sind sie auch nicht in beliebigen Kontexten als Entscheidungsfragen verwendbar: Gunlogson (2003) zufolge sind sie auf Kontexte beschränkt, in denen der Adressat bereits öffentlich auf die positive Antwort festgelegt ist. In (2b) beschränkt die vor dem Objekt positionierte Negation den Interrogativsatz auf Kontexte, in denen der Sprecher seine Erwartung einer positiven Antwort durch den Adressaten in Frage gestellt sieht (für Englisch, Romero/Han 2004). Auch dies erlaubt keine Verwendung als neutrale Informationsfrage. Während (2c) imperativische Morphosyntax (Flexionsform, Verbstellung) aufweist, sind Sätze dieser Art aufgrund der Perfektmorphologie nicht als Aufforderungen verwendbar.[4] Sie scheinen also aufgrund der grammatischen Markierung für eine andere Verwendung (plausibel: Wunsch) markiert zu sein als Imperativsätze. Ähnliches lässt sich für typischerweise als Tadel verwendete niederländische Sätze wie (2d) mit offensichtlicher Kombination aus Imperativmorphosyntax und Vergangenheitsbezug feststellen (cf. Mastop 2005). Mit Sadock/Zwicky (1985) können solche Typen als *minor clause types* (Altmann 1993: *Randtypen*) in das Satztypenparadigma aufgenommen werden. Aufgabe der formalen und inhaltlichen Analyse bleibt es dann, ihre Beziehung zu verwandten Haupttypen zu klären.

Problematisch für die Klassifikation sind auch Sätze, die alle Merkmale von Deklarativsätzen aufweisen, aufgrund der Anwesenheit des tokenreflexiven Adverbials *hiermit* jedoch nur zur Ausführung eines durch den lexikalischen Gehalt bestimmten (und in vielen Fällen nicht-assertiven) Sprechaktes verwendet werden können (*explizit Performative*). Im Englischen findet sich auf dem performativen Verb (*ask* in (3b)) auch eine besondere aspektuelle Markierung (*Simple Pre-*

---

[4] Es sei denn, das Perfekt wird als von einer zukünftigen Referenzzeit abhängig ausgewertet (‚wenn ich morgen heimkomme').

sent mit nicht stativischen, nicht punktuellen Prädikaten), die in den meisten Kontexten[5] nicht-assertive Verwendung erzwingt, cf. (3b).

(3) a. Ich bitte dich hiermit, mich nächstes Mal früher zu benachrichtigen.
    b. I hereby ask you to tell me the truth.

Normalerweise werden Sätze dieser Art nicht als eigener Satztyp klassifiziert, sondern als Spezialfall von Deklarativen behandelt.

Das Satztypenparadigma wie bislang dargestellt ist eine Unterscheidung von eigenständig vorkommenden Formtypen. Allerdings finden sich – zumindest deskriptiv – zu einigen der Satztypenunterscheidungen Entsprechungen auf eingebetteter Ebene, beispielsweise werden die Komplementsätze in (4a) und (4b) normalerweise als eingebettete Deklarative und Interrogative bezeichnet.

(4) a. Maria weiß, dass das Paket angekommen ist.
    b. Maria weiß, ob das Paket angekommen ist.

Abgesehen davon lässt sich beobachten, dass einige Formtypen, deren selbständige Vorkommen als bestimmte Satztypen identifiziert wurden, auch in eingebetteten Positionen auftreten, vgl. (5a) zu (4a), (5b) zu (4b) und (6).

(5) a. Dass das Paket angekommen ist!
    b. Ob das Paket angekommen ist?

(6) a. Das Paket ist angekommen.
    b. Maria glaubt, das Paket ist angekommen.

Dabei fällt auf, dass gerade der auf Hauptsatzebene unmarkierte Verb-Zweit-Deklarativsatz (cf. (6a)) in eingebetteter Position stärker restringiert ist hinsichtlich der möglichen einbettenden Matrixprädikate. Im Gegensatz dazu sind die in eingebetter Position ‚unmarkierten' – d.h. mit einer großen Bandbreite an Matrixprädikaten kombinierbaren – Sätze, die mit Komplementierern eingeleitet werden, als Matrixsätze funktional stark restringiert (cf. (5)). Der Formtyp des *dass*-Verb-Letzt-Satzes scheint selbständig nur für expressive oder direktive Sprechakte verwendbar, während er unter einer weiten Palette von Matrixprädikaten einbettbar ist. Ähnliches gilt für den selbständig typischerweise für einen bestimmten Typ vorsichtiger Vermutung verwendeten *ob*-Verb-Letzt-Satz, der ebenfalls mit einer Bandbreite von Matrixprädikten verwendbar ist, die weit über die Beschreibung solcher Funktionen hinausgeht.

---

5 Cf. Kaufmann (2005) für mögliche andere Lesarten und eine Analyse von Englischem Simple Present als Notwendigkeitsoperator.

1.2 Form-Funktions-Paare und semantische Theoriebildung

Die Theorie sprachlicher Bedeutung scheint mir angesichts des in Abschnitt 1.1 umrissenen Problembereichs vor allem zur Mitarbeit an der Klärung der folgenden Fragestellungen herausgefordert:

(a) **Universelle Restriktionen**

Sadock/Zwicky (1985) beobachten, dass sprachübergreifend fast durchgehend zumindest Deklarativsätze, Interrogativsätze und Imperativsätze unterschieden werden.

(a) Gibt es weitere universelle Regularitäten im Satztypeninventar?
(b) Wodurch ergeben sich diese Regularitäten?

(b) **Enkodierung von Satztypen** (Kaufmann 2012: *Problem of Clause Type Encoding*, CTE)

Gegeben eine Sprache *L* und ihr Satztypeninventar: welche(r) Teil(e) der Grammatik von *L* leisten die Enkodierung der Korrelation zwischen Formtyp und prototypischer Funktion?

(c) **Äußerungsfunktion** (Kaufmann 2012: *Problem of Assigning Speech Acts to Utterances*, ASA)

Gegeben eine Äußerung eines sprachlichen Ausdrucks in einembestimmten Satztyp. Was legt fest, welche Funktion dieser Ausdruck in seinem Äußerungskontext übernimmt, und welche Rolle spielt dabei der Satztyp des geäußerten Ausdrucks?

(d) **Einbettung**

Welcher Zusammenhang besteht zwischen den eigenständigen und eingebetteten Vorkommnissen von als Satztypen klassifizierten Formtypen, und welcher Zusammenhang besteht zwischen Satztypen und ihnen zugeordneten eingebetteten Korrelaten?

(e) **Satztypen und logische Beziehungen**

Welche logischen Beziehungen bestehen zwischen Vertretern eines Satztyps bzw. zwischen Vertretern verschiedener Satztypen?

(f) Satztypen an der Syntax-Semantik-Schnittstelle

Kann die mit den Formtypen assoziierte Bedeutung kompositional aus einzelnen grammatischen Eigenschaften hergeleitet werden, oder wird sie durch ein bestimmtes formales Element (Operator/syntaktisches Merkmal) eingeführt?

Während zur ersten Fragestellung erst relativ wenige Erkenntnisse präsentiert wurden, gibt es umfangreiche Literatur zu den weiteren Fragekomplexen, auf die ich mich daher auch in der folgenden Diskussion konzentrieren werde.

Ein besonderes Problem der Diskussion von Satztyp und Semantik generell besteht in ihrer Grenzstellung zwischen den linguistischen Formmodulen, der linguistischen und philosophischen Semantik und Pragmatik, der philosophischen und mathematischen Logik und der Künstlichen Intelligenz mit ihren jeweils spezifischen Hintergrundannahmen und Erklärungszielen. Wenngleich ich im Folgenden einige wenige Aspekte aus Nachbardisziplinen erwähnen werde, muss ich mich in erster Linie dennoch auf die Theoriebildung in der linguistischen Semantik konzentrieren. Gerade die Satzmodustheorie in den linguistisch orientierten Teilbereichen der formalen Semantik (und auch formalen Pragmatik) der letzten Jahrzehnte zeigt allerdings eine vermehrte Konzentration auf einzelne Satzmodi. Dabei ist zu beobachten, dass erst in den letzten Jahren nach Deklarativsätzen und Interrogativsätzen auch Imperativsätze, Exklamativsätze, Optativsätze und verschiedene Randtypen in den Fokus der Forschung gerückt wurden (siehe die entsprechenden Artikel in diesem Band)[6]. Als Ausnahmen zu erwähnen sind diesbezüglich vor allem die den ersten Punkt (Universalität) betreffende Diskussion von Paul Portner und Raffaella Zanuttini (z.B. Portner/Zanuttini 1999, Pak/Portner/Zanuttini 2004) und die Diskussion um die kompositionale Enkodierung von Satztypen (insbesondere Truckenbrodt 2006 und Reaktionen im selben Band).

---

[6] Für frühe Einzelstudien zu nicht deklarativen, nicht-interrogativen Satztypen sei auf die einzelnen Beiträge verwiesen. Generell bleibt festzuhalten, dass beispielsweise das Referenzwerk von von Stechow/Wunderlich (1991) lediglich dem Interrogativsatz einen eigenen Beitrag zugesteht, während Maienborn/Heusinger/Portner (2011) zusätzlich immerhin einen Beitrag zum Imperativsatz enthält.

2 Erwartungen an eine semantische Theorie

2.1 Klärung der Zuständigkeiten

Die Ausdrücke in Paradigma (1) sind zweifelsfrei syntaktisch korrekte Ausdrücke des Deutschen. Da wir uns zudem leicht Kontexte vorstellen können, in denen sie angemessen verwendet werden, liegt kein Hinweis auf inhärente semantische Undefiniertheit vor, wie sie beispielsweise für Präsuppositionsverletzungen angenommen werden könnte. Es besteht daher die begründete Erwartung an eine semantische Theorie des Deutschen, dass sie auch diesen Ausdrücken Bedeutung zuweist (analog für Satztypparadigma und semantische Interpretation jeder anderen natürlichen Sprache).

Diese grundsätzliche Überlegung ist jedoch neutral hinsichtlich dessen, ob die semantische Theorie darüberhinaus auch einen Beitrag leisten sollte zur Erklärung, wie die Korrelation zwischen Formtyp und prototypischem Funktionstyp enkodiert wird (Kaufmanns (2012) Problem of *Clause Type Encoding*, CTE), und wie die tatsächliche Funktion einer konkreten Äußerung abgeleitet werden kann (Kaufmanns (2012) Problem of *Assigning Speech Acts to Utterances*, ASA), oder ob die Semantik gar universelle Regularitäten im Satztypeninventar vorhersagen sollte. Antworten insbesondere auf CTE reflektieren und betreffen die Beziehung zwischen selbständigen und eingebetteten Sätzen sowie die Konzeption der Syntax-Semantik-Schnittstelle. Die korrekte Erfassung satztypspezifischer Folgerungsbeziehungen wird wiederum von manchen Autoren als Leitprinzip einer Semantik von Satztypen angesehen. Die grundlegende Frage, ob semantische Bedeutung bei der Enkodierung von Satztypen eine Rolle spielt, kann mit Grewendorf/Zaefferer (1991) als spezielle Form der allgemeineren *Modularitätsfrage* gesehen werden, ob nämlich das Phänomen von Satztypen und Satzmodi in den Bereich der Semantik oder der Pragmatik fällt.[7]

Eine pragmatische Antwort auf die Modularitätsfrage gibt die *Satzradikaltheorie* (Stenius 1967), die unterscheidet zwischen einem über Satztypen hinweg invarianten Satzradikal (für (1) beispielsweise der Proposition ‚dass du Satztypen erforscht') und einem Satztypoperator, dessen Interpretation Teil der Pragmatik ist. Diese Auffassung ist inspiriert von Freges Unterscheidung zwischen *Urteils-*

---

[7] Dabei muss Semantik im Sinne von Cresswells (1973: 238) ‚semantic pragmatics' verstanden werden: Bedeutung wird als Funktion von Kontexten zu Intensionen aufgefasst, wodurch bestimmte Regularitäten des kontextuellen Beitrags Teil der Bedeutung sind. Dies kontrastiert mit Montagues (1974b) Sichtweise von ‚semantics' als Bereich jener Bedeutungsaspekte, die unabhängig von den Parametern eines Äußerungskontextes beschrieben werden können.

strich und *Gedanken* (weitergedacht in Wittgensteins (1953) *Bildtheorie*) und lässt sich schematisch wie in (7) darstellen. Die Aufgabe der Semantik ist hier mit der Analyse des Satzradikals beendet, die Analyse des Satzmodusoperators obliegt der Pragmatik.

(7)
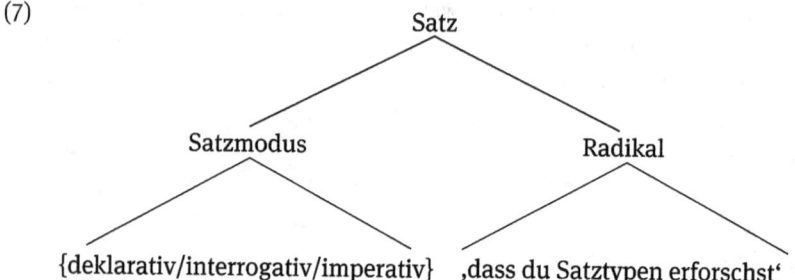

Frege selbst muss demgegenüber als Vertreter einer Sichtweise gesehen werden, nach der die Semantik keineswegs blind ist für die Unterschiede zwischen den einzelnen Satztypen: ihm zufolge drücken zwar Deklarativsätze und polare Interrogativsätze einen Gedanken (grob: eine Proposition) aus, nicht jedoch Imperativsätze (Frege 1918). Genau wie bei Stenius wird also zwischen einem pragmatischen Satztypoperator und einem genuin semantischen Teil unterschieden, der semantische Teil (die Interpretation des Radikals) reflektiert jedoch zumindest teilweise die Unterschiede zwischen den einzelnen Satztypen.

In einem weiteren Schritt kann dieser Reflex von satztypspezifischen Eigenschaften im semantischen Teil der Interpretation auch aktiv für die Enkodierung von Satztypen nutzbar gemacht werden. Eine Theorie, die annimmt, dass die funktionsspezifischen Eigenschaften von Satztypen durch einen Satztypoperator repräsentiert sind, kann die Auswahl möglicher Operatoren für einen bestimmten Satztyp durch die semantischen Eigenschaften des Satzradikals bestimmen lassen. Krifka (2002, 2004) nimmt beispielsweise einen Assertionsoperator an, der mit Propositionen kombiniert wird, und Command- und Permission-Operatoren, die mit Propositionen oder Eigenschaften kombiniert werden. Wenn die Satzradikale von Deklarativ- und Imperativsätzen sich nun genau in diesem Sinne im logischen Typ unterscheiden, kann die bekannte Restriktion von Imperativen auf nicht-assertive Funktionen erklärt werden. Han (1998) schlägt vor, dass Imperative einen bestimmten Typ *irrealis*-markierter Propositionen denotieren, die mit einem Direktivmerkmal kombiniert werden. Während Han die Behandlung des Direktivmerkmals jedoch in den Aufgabenbereich der Pragmatik schiebt, gibt Krifka über die semantische Restriktion auf die Kombinationsmöglichkeiten zwischen Radikalen und Satztypoperatoren hinaus auch eine explizit semantische Interpretation der Satztypoperatoren.

Als Argument für die ‚Abtrennung' des satztypspezifischen Beitrags wird traditionell angeführt, dass die damit verbundenen Funktions- und teilweise auch bereits Formspezifika einen Endpunkt der Rekursion markieren: sie scheinen nicht im Skopus anderer Operatoren aufzutreten (so nimmt z. B. Negation intuitiv immer engen Skopus, vgl. (8)). Diese Spezifika scheinen zudem auf genau eine solche Markierung pro Satz beschränkt.

(8) Geh nicht!
    a. ≈ eine Aufforderung, nicht zu gehen
    b. ≠ die Abwesenheit einer Aufforderung, zu gehen

Gegen die Annahme, die semantische Theorie könne generell blind sein für die Unterschiede zwischen den einzelnen Satztypen, spricht aber zunächst einmal die Schwierigkeit, tatsächlich allen Satztypen einen gemeinsamen semantischen Kern zuzuweisen. Während beispielsweise Deklarativsatz und polarer Interrogativsatz intuitiv dieselbe Proposition ‚enthalten' (z. B. ‚dass jemand geht' in (9a) und (9b)), bleibt unklar, wie w-Interrogativsätze einbezogen werden können (cf. Lewis 1972).

(9) a. Jemand geht nicht.
    b. Geht jemand nicht?
    c. Wer geht nicht?

Darüberhinaus bieten auch die eingebetteten Pendants satztypspezifischer Unterscheidungen Evidenz dafür, dass Satztypen in irgendeiner Form von der semantischen Theoriebildung reflektiert werden sollten. Des Weiteren werden sprachliche Ausdrücke auch außerhalb normaler Äußerungskontexte (z.B. bei Mikrophontests oder in Grammatiklehrbüchern) allein aufgrund ihrer Form immer noch als mit einer prototypischen Funktion verbunden erkannt, wenngleich in solchen Kontexten keine entsprechenden Handlungen stattfinden (McGinn 1977). Als letztes Argument für eine semantische Lösung der Satztypenkodierung kann ein Desiderat hinsichtlich der Syntax-Semantik-Schnittstelle angeführt werden: idealerweise sollten über Satztypgrenzen hinweg geteilte Formelemente in gleicher Weise an der Assoziierung der jeweils prototypischen Bedeutung teilhaben. Ist nun Satztyp ein semantisches Phänomen, so steht das gesamte Inventar der (kompositionellen) semantischen Interpretation zur Verfügung, um einen solchen uniformen Bedeutungsbeitrag zu sichern; eine rein pragmatische Behandlung dürfte demgegenüber bislang nicht ausgearbeitete Annahmen über eine Syntax-Pragmatik-Schnittstelle erfordern (Kaufmann 2012).

    Diese Überlegungen entsprechen dem klaren Primat einer semantischen Satztypenanalyse in der modernen linguistischen Theoriebildung. Die sich daraus ergebende Herausforderung lässt sich folgendermaßen auf den Punkt bringen: die Formtypen des Satzmodusparadigmas sind in einer Weise konventionell mit ihren prototypischen Funktionen verbunden, die an den Aufgabenbereich der Semantik gemahnt. Gleichzeitig sind aber diese mit den sprachlichen Ausdrücken verbundenen Inhalte zumindest intuitiv nicht von der Art, wie sie zumindest im Rahmen der statischen Semantik durch Standardmethoden ermittelt werden (siehe Abschnitt 3.1). Dieser Befund erfährt jedoch eine Neubewertung vor dem Hintergrund der dynamischen Semantik (siehe Abschnitt 3.2) und eng an die Semantik angeschlossener Diskursmodelle (siehe Abschnitt 3.3), die eine generelle Aufweichung der Grenze von Bedeutung und Gebrauch nach sich ziehen.

Ehe wir uns jedoch der Frage zuwenden, was die Natur der semantischen Interpretation ist, die einen Beitrag zur Enkodierung eines Satztypenparadigmas leistet oder diese gar vollständig übernimmt, ist es sinnvoll, die Beziehung zwischen CTE und ASA zu hinterfragen.

2.2 Prototypische und tatsächliche Funktionen: CTE vs. ASA

Wie auch immer das Denotat der einzelnen Satztypen gewählt wird, so sieht die stärkste mögliche Position bezüglich CTE jeden Formtyp qua semantischer Bedeutung (also unabhängig vom Verwendungskontext) fest mit der als jeweils prototypisch identifizierten Funktion assoziiert. Diese Sichtweise wird beispielsweise von Searle (1975) vertreten. Eine vereinfachte Version seiner *Hypothese der wörtlichen Satztypenbedeutung* („Literal Meaning Hypothesis') ist in (10) gegeben:[8]

(10) *Die Hypothese der wörtlichen Satztypenbedeutung:*
Für jede natürliche Sprache L gibt es eine Funktion F, die jedem Paar aus satzwertiger logischer Form e und einem Äußerungskontext c, einen Sprechakttyp k zuweist.
Enthält e ein performatives Präfix, gilt $F(e) = k$ wobei k der vom performativen Verb im Präfix benannte Sprechakttyp ist. Andernfalls
$F(e)$ = Frage, wenn e ein Interrogativsatz ist,
$F(e)$ = Aufforderung, wenn e ein Imperativsatz ist,
$F(e)$ = Assertion, wenn e ein Deklarativsatz ist.

---

[8] Searle zufolge wird eine Menge von Sprechakten zugewiesen, die zumindest den wörtlich enkodierten enthält, aber auch mögliche weitere, die zugleich als indirekte Sprechakte zustandekommen. Für eine präzise Formulierung und kritische Diskussion, vgl. Gazdar (1981).

Während diese Sichtweise eine klare Antwort auf CTE liefert, erweist sie sich für ASA als problematisch. Jede Abweichung von der prototypischen Verwendung muss als *indirekter Sprechakt* gesehen werden, der unter dieser Formulierung zusätzlich zum eigentlichen Sprechakt ausgeführt wird. Die notorischen Verwendungen von (11a) als Aufforderung oder Bitte werden demnach als eine Fragehandlung mit zusätzlicher (pragmatisch inferierter) Aufforderungshandlung abgeleitet. Evidenz für die Ko-Existenz von direktem und – gewissermaßen in den Vordergrund gerücktem (Bierwisch 1980) – indirektem Sprechakt liefert generell die Möglichkeit, tatsächlich auch auf den dieser Sichtweise zufolge grammatisch enkodierten direkten Sprechakt Bezug zu nehmen. So kann beispielsweise (11a) mit (11b) beantwortet werden (Asher/Lascarides 2001 modellieren solche Äußerungen als komplexe Sprechakte mit zwei gleichberechtigten Funktionsaspekten).[9]

(11) a. Could you pass me the salt, please?
 b. Sure, here you are.

Es zeigt sich jedoch, dass die mit einigen Satztypen assoziierte Funktionsvielfalt sich in relevanter Hinsicht von klassischen indirekten Sprechakten wie (11) unterscheidet. So weisen beispielsweise Imperative, die als Ratschläge oder Wünsche verwendet und nach der Hypothese der wörtlichen Satztypbedeutung somit als indirekt klassifiziert werden, gerade nicht dieses doppelte Reaktionspotenzial auf. Unter den beiden in der Literatur zumeist vorgeschlagenen direktiven Spezifikationen von Imperativen als entweder Aufforderungen oder Befehle sollte (je nach Sichtweise) zumindest (13a) oder (13b) eine kohärente Reaktion darstellen. Für Imperativsätze, die als Ratschläge oder Wünsche verwendet werden, wie es aufgrund des lexikalischen Materials für (12a) und (12b) naheliegt, sind jedoch beide gleichermaßen unangebracht. Dies lässt eine Konstruktion einer solchen Verwendung als auf einer Aufforderung oder einem Befehl ‚mitreitender' Zusatzsprechakt zumindest problematisch erscheinen.

(12) a. Nimm besser die Strassenbahn.
 b. Werd mir bitte bloß nicht krank!
(13) a. Gerne.
 b. Kommandier mich nicht rum.

Es bietet sich daher an, die Prototypikalität der durch das Satztypenparadigma ausgedrückten Verbindung ernstzunehmen und eine schwächere Art der Verbin-

---

[9] Cf. Gazdar (1981) für Referenzen auf die ursprünglichen Beobachtungen und Kritik an diesem Analysetyp.

dung zu wählen. Beispielsweise kann die Assoziation durch eine Default Logik (im Sinne der *Segmented Discourse Representation Theory*, SDRT, Asher/Lascarides 2003) geleistet werden, wobei bestimmte kontextuelle Eigenschaften die Zuweisung der Default-Funktion blockieren und dadurch die Selektion einer anderen Funktion ermöglichen. Eine andere Möglichkeit besteht darin, durch die Grammatik eine in sprechakttheoretischer Hinsicht unterspezifizierte Bedeutung zuzuweisen, die dann im jeweiligen Kontext nach unabhängig anzugebenden Prinzipien mit Gehalt gefüllt wird. Welche Funktion als prototypisch klassifiziert wird, hängt dann davon ab, welche Spezifikation sich in unmarkierten kontextuellen Konstellationen ergeben, d. h. in Äußerungssituationen, die möglichst wenig davon abweichen, was man normalerweise über die sprachliche Interaktion von Sprechern und Hörern vorauszusetzen bereit ist. Solche Theorien werden z. B. von Kaufmann (2012) und Condoravdi/Lauer (2010b) für Imperative vorgeschlagen. Die radikalste Sichtweise einer solchen unterspezifizierten Assoziation hebt die Unterscheidung zwischen direkten und indirekten Sprechakten an sich auf. Äußerungen erhalten ihre Funktion im Zusammenspiel von wörtlicher Bedeutung und kontextuellen Gegebenheiten, die Entfernung von der als prototypisch und daher in jedem Falle als direkt empfundenen Verwendung ist rein graduell (Condoravdi/Lauer 2010a): Im Gegensatz dazu hält Kaufmann (2012) am Konzept des indirekten Sprechaktes fest und argumentiert, dass diese an den erwähnten multiplen Reaktionsmöglichkeiten und an möglichen pragmatischen Zusatzeffekten (oft (Un)Höflichkeit) festzumachen sind.

Das Problem weiterer, nicht durch Indirektheit ausgezeichneter Verwendungen besteht übrigens nicht für alle Satztypen in gleichem Ausmaß: während es für Deklarativsätze und Imperativsätze ein weites Verwendungsspektrum gibt, ist die (im oben ausgeführten Sinne ‚direkte') Verwendung von Interrogativsätzen und insbesondere von Exklamativ- und Optativsätzen wesentlich eingeschränkter, was sich auch in den unterschiedlichen Schwerpunktsetzungen der Theoriebildung zu den jeweiligen einzelnen Satztypen niederschlägt (siehe die entsprechenden Artikel in diesem Band).

3 Semantische Enkodierung von Satzmodus

Im Folgenden möchte ich unterschiedliche Ansätze beleuchten, die versuchen, der semantischen Komponente der Grammatik einen entscheidenden Beitrag an der Enkodierung von Satztypenparadigmen zuzuweisen: Die Verbindung der Formtypen mit ihrer jeweiligen prototypischen Funktion soll in diesen Ansätzen durch die semantische (also: wörtliche) Bedeutung des Formtyps geleistet werden.

Dabei werde ich zunächst auf die spezifischen Probleme und Strategien der statischen Semantik eingehen, diesen dann die Möglichkeiten eines dynamischen Frameworks gegenüberstellen und schließlich auf die für beide Auffassungen entscheidenden Annahmen über das jeweils zugrundeliegende Diskursmodell eingehen.

3.1 Statische Semantik

Standardversionen statischer Bedeutungstheorien gehen bei der Ermittlung der Bedeutung natürlich-sprachlicher Ausdrücke davon aus, dass die *Referenz* bestimmter Ausdrücke anhand der Intuitionen kompetenter Sprachverwender ermittelt werden kann: (Deklarativ-)Sätze beziehen sich auf Wahrheitswerte und (bestimmte) Nominalphrasen (Eigennamen, Kennzeichnungen) beziehen sich auf Entitäten. Die Bedeutung weiterer Ausdrücke kann in Abhängigkeit davon als der Beitrag erschlossen werden, den diese zur Bedeutung bereits interpretierter komplexer Ausdrücke leisten. Um den rein extensionalen Rahmen zu verlassen, wird ausgenützt, dass kompetente Sprecher nicht nur – bei Vorliegen der dafür nötigen Information über die Auswertungswelt – den Wahrheitswert eines bestimmten Satzes nennen können, sondern dass sie insbesondere auch fähig sind, anzugeben, unter welchen Bedingungen der betreffende Satz wahr ist. Das Hauptaugenmerk statisch semantischer Theorien liegt somit in der Ermittlung der korrekten *Wahrheitsbedingungen* von Sätzen und des Beitrags einzelner Ausdrücke zu diesen.

Diese Herangehensweise erweist sich jedoch als bestenfalls unzureichend angesichts der Aufgabe, Satztypenparadigmen zu enkodieren. Zunächst ist festzustellen, dass der Referenzbegriff auf Satzebene nicht leicht auszuweiten ist: Freges ursprüngliche Annahme, dass Deklarativsätze sich – in Analogie zur Referenz von Eigennamen auf den Namensträger – auf ‚das Wahre' und ‚das Falsche' beziehen, mag schon den Intuitionen zuwiderlaufen und erhält ihre Leistungsfähigkeit wohl eher aus der Möglichkeit, Wahrheitsbedingungen zu modellieren als binäre Unterscheidung von Situationen (möglichen Welten), auf die der Satz zutrifft, und solchen, auf die er nicht zutrifft. Für Nicht-Deklarativsätze ist eine solche Klassifikation nach wahr oder falsch jedoch kaum zu leisten. Eine Möglichkeit besteht daher darin, ihnen andere Werte mit entsprechendem Typ zuzuweisen, und ihre Bedeutung dementsprechend als Erfüllungsbedingungen, Antwortbedingungen, etc. zu erfassen (Montague 1974b).

Solche alternative Werte wurden vor allem für Imperative vorgeschlagen, wobei sowohl ‚erfüllt'/‚nicht erfüllt' als auch ‚*in force*'/‚*not in force*' (Segerberg 1990, Charlow 2010) Anwendung finden. Solche Ansätze müssen in erster Linie erklären, wie sub-sententielle Ausdrücke zu dem Aufbau solcher unterschiedlicher ‚Endwerte' beitragen, wie die unterschiedlichen ‚Endwerte' kombiniert werden können, wieso bestimmten Wertetypen jeweils eine prototypische Verwendung zugeordnet ist, und wie in bestimmten Äußerungskontexten andere Verwendungen hervorgerufen werden können. Zur Erfassung feinkörnigerer Funktionsunterschiede (wie z. B. Verb-Zweit- vs. Verb-Letzt-Interrogativsätze) scheinen unterschiedliche Referenzwerte zudem ungeeignet.

Alternativ kann die Referenz des Deklarativsatzes auf einen Wahrheitswert als die für die Enkodierung von Satztyp entscheidende Ebene semantischer Bedeutung hinterfragt werden. Man könnte beispielsweise davon ausgehen, dass Sätze direkt auf Funktionstypen, beispielsweise den ihrer prototypischen Verwendung, referieren. Doch diese Annahme ist im Rahmen einer statischen Theorie schwer zu operationalisieren: selbstverständlich gibt es Ausdrücke, die sich auf Sprechakttypen (z. B. das Nomen *Assertion*) oder konkrete Sprechakte (z. B. *Marias Begrüßung durch den Uni-Präsidenten*) beziehen. In welchem anderen Sinne Sprechakte (oder Sprechakttypen) jedoch die Bedeutung sprachlicher Ausdrücke darstellen könnten, bleibt unklar, und die beschriebene Referenzbeziehung erweist sich per se als unzureichend, den Zusammenhang zwischen Form und Funktion zu erklären (wie an den non-sententialen Beispielen unmittelbar deutlich wird).

Eine andere Möglichkeit besteht darin, die zugänglichen Intuitionen über Wahrheitsbedingungen auf die Sprechaktebene zu heben. Dies geschieht im Rahmen von so genannten *Vollbeschreibungen* (Egli 1976). Dabei werden eigenständige Sätze an explizit performative Äußerungen angeglichen, die die Art ihrer Verwendung mitzubenennen scheinen (*Performativhypothese*). Diese Angleichung geschieht entweder bereits auf syntaktischer Ebene (Katz/Postal 1964, Ross 1970, Sadock 1974) oder erst als Teil der semantischen Interpretation (Lewis 1972).[10]

(14) a. Es regnet.
b. Ich behaupte, dass es regnet.

(15) a. Regnet es?
b. Ich frage (dich), ob es regnet.

(16) a. Geh jetzt!
b. Ich fordere dich auf, jetzt zu gehen.

---

10 Vertreter dieser Analyse weisen auf bestimmte syntaktische Reflexe hin, die durch die Annahme eines explizit in der Syntax präsenten performativen Präfixes erklärt werden könnten. Levinson (1983) für detaillierte Kritik. Cf. Speas/Tenny (2003) für eine stärker semantisch motivierte rezente Variante der Performativhypothese und Gärtner/Steinbach (2003) für Kritik daran.

Eine unmittelbare Lösung im Rahmen der statischen Semantik erhalten wir durch die Annahme solcher Äquivalenzen natürlich nur, wenn Sätze wie (16a) an (16b) angeglichen werden und somit beide die entsprechenden Wahrheitsbedingungen ausdrücken. Die angenommene Äquivalenz ist allerdings problematisch für Deklarativsätze: die intuitiv relevante Wahrheitsbedingung für (14a) ist schließlich gerade nicht die im Rahmen einer Behauptung des Satzes selbstverifizierende und offensichtlich von (14b) ausgedrückte, sondern eine, die direkt die Wetterlage am relevanten Ort betrifft. Weitere Probleme ergeben sich dadurch, dass der Wahrheitsbezug ursprünglich für explizit Performative selbst angezweifelt wurde (Austin 1962), und nicht völlig klar ist, ob und wenn ja wie aus diesen die relevante Funktion abgeleitet werden kann (Searle 1989). Schließlich ist auch zu bemerken, dass eine solche Analyse Probleme haben dürfte, die feinkörnigen Funktionsunterschiede adäquat zu erfassen, die nicht den Unterschieden zwischen gängigen performativen Präfixen entsprechen; Optative und Exklamative können überhaupt nicht als explizit Performative realisiert werden.

Problemen mit unmittelbar sprechaktbezogenen Bedeutungselementen als Teil statischer semantischer Denotate kann auch durch eine Bewegung in die Gegenrichtung begegnet werden: Hausser (1980) weist darauf hin, dass ein formal-semantisches Framework – er folgt Montague (1974a) – neben den atomaren Typen e und t noch eine Vielzahl funktionaler Typen anerkennt, und argumentiert dafür, die volle Bandbreite möglicher logischer Typen für die Enkodierung von Satztypen zu nützen. So sollen nun Interrogativsätze als Mengen von Propositionen < st; t > und Imperativsätze als Eigenschaften < e; t > enkodiert werden. Der logische Typ von Fragen als Mengen von Propositionen geht auf die einflussreichen Arbeiten von Hamblin (1973) und Karttunen (1977) zu Fragesemantik in der Montague-Grammatik zurück. Diese Arbeiten nützen für Interrogativsätze den Bezug zwischen Fragen und Antworten aus, indem sie erstere als die Menge aller möglichen (Hamblin) oder wahren (Karttunen) Antworten interpretieren. Die Karttunen-Bedeutung von (17a) ausgewertet in Welt w ist demnach die Menge in (17b):

(17) a. Wer kommt auf die Party?
 b. $\{p \mid \exists x[x \in D_e \, \& \, p(w) = 1 \, \& \, p = \lambda w'.\text{kommt-auf-die-Party}_{w'}(x)]\}$

Diese Analyse von Interrogativsätzen über ihre Beziehung zu Antworten erweist sich als besonders fruchtbar angesichts der Tatsache, dass Interrogativsätze eingebettete Entsprechungen besitzen, die sich ebenfalls sehr gut mit diesen Annahmen erfassen lassen (für eine entscheidende Weiterentwicklung siehe Groenendijk/Stokhof (1984) und Artikel 3 für Details).

Solche ‚genuin semantischen' Bedeutungen, die frei sind von in irgendeiner Weise handlungsbezogenen Konzepten, sind jedoch ihrerseits nicht unproblematisch. Bierwisch (1980) kritisiert, dass beispielsweise die Annahme einer

Eigenschaftsdenotation für Imperative zu kurz greift, um den prototypisch auffordernden Charakter zu erklären, der etwa Verbalphrasen mit derselben Denotation fehlt. Er argumentiert, dass Satztypen im Gegensatz zu Haussers Denotaten bestimmte Einstellungen des Sprechers enkodieren („pre-reflexive ways of appreciating actual or possible states of affairs', Bierwisch 1980). Als spezifische Semantik des Imperativs wird beispielsweise eine Komponente ‚I want' eingeführt. Deklarativsätze sind demgegenüber unterspezifiziert, können aber auch mit dieser imperativischen Komponente verbunden werden. Bierwisch sieht explizit die Aufgabe der linguistischen Theoriebildung damit erfüllt, die grammatisch enkodierten Sprechereinstellungen für jeden Satztyp als Teil der semantischen Äußerungsbedeutung zu modellieren. Die Analyse der sich dafür ergebenden Verwendungsmöglichkeiten muss einer Theorie der sozialen Interaktion überantwortet werden. Die Möglichkeit, jeden Satztyp mit bestimmten Sprechereinstellungen zu assoziieren, ist jedoch immer wieder angezweifelt worden (vgl. z. B. Brandt/Reis/Rosengren/Zimmermann 1992). Gerade für Imperative, für die die Assoziation mit Sprecherwünschen auf den ersten Blick sehr vielversprechend erscheint, ist wiederholt beobachtet worden, dass beispielsweise Ratschläge keine derartige Festlegung des Sprechers erfordern:

(18) A: Wie komme ich nach Rüsselsheim?
B: Nimm die S8.

In Kontrast zu Bierwisch schlägt Hausser selbst vor, Satztypen zusätzlich zu ihrer semantischen Bedeutung noch mit Gebrauchsregeln zu versehen (in gewisser Weise ist dies also parallel zu Freges Auffassung, dass Satztypen unterschiedliche Denotate besitzen können, dies jedoch keinen direkten Einfluss auf ihre Verwendungsmöglichkeiten nimmt). Während Hausser selbst dies nicht als Teil der semantischen Theoriebildung versteht, kann natürlich auch argumentiert werden, dass diese ‚Zusatzangabe' als konventionell mit einem bestimmten Formelement assoziierter Teil linguistischer Theoriebildung einfach ein weiterer Aspekt der semantischen Bedeutung ist. In dieser Hinsicht kann man wohl die – inhaltlich den Bierwisch'schen Einstellungen näher stehenden Spezifikationen von Zaefferer (1979) verstehen. Auch Truckenbrodt (2006) assoziiert die herkömmliche Denotation (z. B. die mit einem Deklarativsatz assoziierte Wahrheitsbedingung) mit einem ‚Indexmerkmal', das die Art der Verankerung des semantischen Objektes im Kontext steuern soll. Unabhängig vom genauen Inhalt der funktionsbezogenen Ebene (Sprechakt- oder Einstellungsspezifikationen), vermeiden solche mehrdimensionalen Theorien die Probleme der Vollbeschreibung, dass nämlich der intuitiv als Inhalt eines Sprechaktes empfundene Anteil mit dem handlungs- oder einstellungsspezifizierenden auf eine Ebene gestellt wird und somit gleichermaßen im Diskurs als Bezugsobjekt zur Verfügung stehen sollte (beispielsweise als Antezedens für *Das ist (nicht) wahr; was du gesagt hast*, etc.). Allerdings ist nicht immer klar, wie diese Spezifikationen tatsächlich den Schritt zur Handlung leisten, und auch, wie der Zusammenhang zwischen prototypischen und anderen Verwendungen zu erklären ist (ASA).[11]

3.2 Dynamische Semantik

Viele der Probleme der statischen Semantik scheinen auf Anhieb zu verschwinden, wenn man das Funktionsspektrum dynamischer Theorien in Anspruch nimmt (Kamp 1981, Heim 1982, Groenendijk/Stokhof 1991).[12] Diese legen den Fokus nicht so sehr auf den Bezug eines Satzes für sich (unter Belegung bestimmter kontextueller Parameter), sondern argumentieren, dass die Bedeutung eines Satzes sich nur in seiner Interaktion mit dem Kontext erklären lässt: die Bedeutung eines Satzes ist sein *Kontextveränderungspotenzial* (*context change potenzial*). Im Gegensatz zu Wahrheitsbedingungen ist dies nun eine Kategorie, die auf alle Satztypen anwendbar ist.

Allerdings sind die dynamischen Theorien zunächst an Prinzipien der Anaphorik interessiert und modellieren den Informationszuwachs unter Berücksichtigung inbesondere von anaphorischen Bezügen auf Indefinita über Satzgrenzen hinweg (cf. (19a)) oder gegenläufig zur syntaktischen C-Command-Domänen (Eselssätze, cf. (19b)).

(19) a. A man$_i$ was walking in the park. He$_i$ whistled.
b. Wenn ein Bauer$_i$ einen Esel$_j$ besitzt, schlägt er$_i$ ihn$_j$.

Sowohl Heim (1982) als auch Kamp/Reyle (1993) lassen Sätze sukzessive Diskursrepräsentationen aufbauen, wobei Diskursreferenten (Variablen für die Entitäten, auf die im Diskurs Bezug genommen wird, oder über die quantifiziert wird) über Satzgrenzen hinweg mit Information angereichert werden können. Solche Repräsentationen können dann nicht mehr nur gegenüber einer Welt interpretiert werden, sondern verlangen gleichzeitig eine Variablenbelegung, die die (uneingebet-

---

[11] Unter Abstraktion von vielen konzeptuellen und terminologischen Unterschieden darf vielleicht auch die Behandlung von Satztypen in der Situationssemantik als eine solche mehrdimensionale Analyse gesehen werden: Äußerungen werden als Charakterisierungen der Äußerungssituation interpretiert, wobei parallel zum inhaltlichen Aspekt auch Eigenschaften des Äußerungskontextes und des ausgeführten Sprechaktes repräsentiert werden (vgl. Ginzburg 1996, Ginzburg/Sag 2000 und Referenzen dort).
[12] Die Auffassung insbesondere der Discourse Representation Theory (DRT) (cf. Kamp/Reyle 1993) als einer inhärent dynamischen Theorie ist allerdings nicht unumstritten, cf. Geurts (1998).

teten) Diskursreferenten auf Entitäten in der Auswertungswelt abbildet. Je mehr Information verzeichnet wird, desto mehr anfänglich noch mögliche Variablenbelegungen werden ausgeschlossen. Wenn man davon ausgeht, dass die im Diskurs gegebene Menge von Variablenbelegungen, die mit der bereits geteilten Information kompatibel sind, durch den Zugewinn von Information immer weiter eingeschränkt wird, erhält man eine Repräsentation für den Zuwachs von Information. Es zeigt sich also ein stark informationsorientierter Bezug auch der dynamischen Semantik, die es daher auch nicht ohne zusätzliche Annahmen erlaubt, geeignete Kontextveränderungspotenziale für nicht-deklarative Satztypen zu modellieren, wenn deren Funktionsspektrum – zumindest intuitiv – nicht unmittelbar durch das Konzept des Informationsaustausches charakterisiert werden kann.

Parallel zur Entwicklung der an Informationszustände gekoppelten dynamischen Semantik finden sich jedoch gerade auch in der philosophischen und logischen Literatur Modelle für Aufforderungen oder Erlaubnisse als Veränderungen kontextueller Konstellationen. So nimmt beispielsweise Hamblin (1971) an, dass Kontexte sprachlichen Handelns mit *Commitment Slates* assoziiert sind, die nicht nur epistemische, sondern auch deontische Verpflichtungen verzeichnen, die die Kommunikationsteilnehmer durch die Ausführung und Akzeptanz verschiedener Sprechakte eingegangen sind. Allerdings liegt das Hauptaugenmerk in der in diese Richtung einschlägigen Theoriebildung auf dem Erfassen der funktionalen Kategorien, die ja bekanntlich von jeweils unterschiedlichen Satztypen ausgeführt werden können. Der entscheidende Aspekt scheint dabei nicht unbedingt die dynamische Konzeption der Bedeutung selbst, als vielmehr ein explizites formales Modell von auch nicht-epistemischen Aspekten der Diskurssituation zu sein. Im folgenden Abschnitt werde ich daher versuchen zu skizzieren, inwieweit Annahmen über die Diskurssituation mit den möglichen Interpretationen sprachlicher Objekte und ihren Verwendungspotenzialen interagieren.

3.3 Modelle der interaktiven Situation

Als grundlegende Arbeit einer Annahme zum Zusammenspiel von (genuin) semantischer Bedeutung und diskursiver Verwendung muss wohl Stalnaker (1978) angesehen werden. Er geht von der traditionellen Bedeutung von Deklarativsätzen, also Wahrheitsbedingungen (bzw. den durch diese beschriebenen möglichen Welten), aus und entwirft ein Diskursmodell zu ihrer Verwendung in Assertionen. Dazu wird angenommen, dass jede Kommunikationssituation eine Menge von Propositionen determiniert (den *Common Ground*), auf die Sprecher und Hörer sich gemeinsam festgelegt haben, in dem Sinne, dass sie diese als öffentlich wechselseitig geteilte Annahmen voraussetzen (*mutual joint belief*). Mit dem Ausdrücken einer Proposition gibt ein Sprecher zu verstehen, dass diese zum Common Ground hinzugefügt werden soll. Sieht man das Ziel einer Kommunkation im gemeinsamen Informationsgewinn, d.h. im Ausschließen alternativer (nicht auf die tatsächliche Welt zutreffender) Sachverhalte, so kann die Schnittmenge des Common Grounds (das *Context Set*) als die Menge der potentiellen Kandidaten für die tatsächliche Welt verstanden werden. Eine erfolgreiche Assertion, deren Inhalt vom Addressaten als wahr akzeptiert wird, verengt dieses auf seinen Schnitt mit der assertierten Proposition: Das Modell des Common Grounds zusammen mit einer Default-Regel, was es bedeutet, eine Proposition auszudrücken (Vorschlag zum Update des Common Grounds) vermag also einen Zusammenhang herzustellen zwischen einem genuin semantischen Denotat – einer (charakteristischen Funktion einer) Menge möglicher Welten – und der damit verbundenen prototypischen Funktion. Eine Übersetzung in ein genuin dynamisches Modell kann unmittelbar geliefert werden, indem die Defaultregel in die Bedeutung des Deklarativsatzes eingebaut wird: statt einer Proposition denotiert ein solcher dann eine Funktion vom Ausgangskontext in einen Resultatskontext, dessen Common Ground sich durch das Hinzufügen der im Ausgangskontext ausgedrückten Proposition von jenem des Ausgangskontexts unterscheidet.

Ausgehend von Stalnakers Assertionsmodell kann die Frage gestellt werden, (*i*) ob eine Erklärung gefunden werden kann für andere Verwendungen von Deklarativsätzen, und (*ii*) ob das Modell für andere Sprechakttypen verallgemeinert werden kann. Zum einen lässt sich argumentieren, dass ein Interrogativsatz eine Partitionierung des Context Sets nach der Menge der möglichen Antworten bewirkt, und dass der sich dadurch ergebende ‚instabile Diskurszustand' (Krifka 2001) der Auflösung durch eine Antwort bedarf (dies kann modelliert werden als Elimination möglichst vieler Zellen außer jener, die genau die Welten aus dem Context Set enthält, die mit der tatsächlichen Welt darin übereinstimmen, was die wahre Antwort ist). Eine explizit dynamische Implementation dieser Idee findet sich im Framework der *Inquisitive Semantics* (ausgehend von Groenendijk/ Roelofsen 2009): der spezifische Aspekt von Satztypen steht hier allerdings im Hintergrund gegenüber der generellen Diskursfunktion, verschiedene epistemische Möglichkeiten zu unterscheiden und somit ‚die entsprechende Frage' aufzuwerfen – Interrogativsätze und Disjunktionen sind gleichermaßen ‚inquisitiv', i.e. partitionierend.[13] Bestimmte Untertypen von Deklarativ- und Interrogativsät-

---

13 Die rezentesten Versionen des Frameworks versuchen, den satztypenspezifischen Unterschied in der Diskursfunktion durch die Hinzunahme einer weiteren Ebene von ‚aufmerksamkeitssteuerndem Inhalt' (*attentive content*) zu erfassen, vgl. Ciardelli/Groenendijk/Roelofsen (2010).

zen können möglicherweise durch spezifische Annahmen über den Ausgangszustand des Common Ground erfasst werden. Problematischer erweist sich eine Übertragung auf Imperative, Exklamative und Optative, die alle nicht primär dem Informationsaustausch zu dienen scheinen.

Eine naheliegende Möglichkeit, die direkt an die Diskursmodelle für Befehle und Erlaubnisse anknüpft, besteht darin, weitere Speicherstellen vorzusehen, beispielsweise die von Lewis (1979) eingeführte *Permissibility Sphere*, die in Analogie zum Context Set, das über epistemische Zugänglichkeit ermittelt wird, die deontisch zugänglichen Welten enthält. Ein dynamisches Modell kann Imperative dann beispielsweise mit dem Kontextveränderungspotenzial verbinden, die Permissiblity Sphere des Ausgangskontexts in eine neue, auf die Ausführung des Imperativs restringierte Menge zu überführen. Auch für Fragen kann angenommen werden, dass diese getrennt ‚abgelegt' werden, so schlagen beispielsweise Ginzburg (1994) und Roberts (1996) die Existenz eines *Question Sets* vor, in dem abzuarbeitende Fragen gespeichert werden. Angesichts der Entsprechung von statischer Bedeutung plus Default-Operation und dynamischer Bedeutung, wie sie für Stalnakers Theorie der Assertion festgestellt werden konnte, stellt sich die Frage, inwieweit dies auf weitere Satztypen und ihren Bezug zu spezifischen Speicherstellen auszuweiten ist. Portner (2005) schlägt eine radikale Ausweitung der statischen Sichtweise vor, indem er (wie schon Hausser) annimmt, dass Deklarativsätze Propositionen, Imperativsätze Eigenschaften und Interrogativsätze Mengen von Propositionen denotieren. Diesen entsprichen in der Diskursrepräsentation jeweils der Common Ground (eine Menge von Propositionen), ein Question Set (eine Menge von Mengen von Propositionen, die es zu beantworten gilt) und für jeden Teilnehmer eine *To Do-List* (eine Menge von Eigenschaften, die er – der gemeinsamen Übereinkunft nach – zu realisieren streben sollte, um als rationales und kooperatives Wesen beurteilt zu werden). Durch die Übereinstimmung im logischen Typ zwischen den Denotaten der einzelnen Satztypen und den von den jeweiligen Speicherstellen verwalteten Objekten ist für jeden Satztyp festgelegt, welche Speicherstelle Sätze dieses Typs anreichern und mit welcher Diskursfunktion sie somit assoziiert sind.

Diese Vermittlung durch den bloßen logischen Typ trifft jedoch immer noch die Kritik, dass sprachliche Elemente gleichen logischen Typs nicht unbedingt dieselbe prototypische Verwendung besitzen müssen. Portner (2009) trägt dem Rechnung, indem er den Formtyp des Imperativs zusätzlich zur Eigenschaftsinterpretation auch mit einer Gebrauchsbedingung assoziiert: Imperative aktualisieren qua ihres Formtyps die To Do-List des Addressaten. Wenngleich dies als eine Art Zweiebenen-Semantik (siehe Abschnitt 3.1) implementiert ist, erlaubt Portners formale Repräsentation der kontextuellen Gegebenheiten unmittelbar die Übersetzung in eine dynamische Bedeutung: Imperative könnten auch direkt mit dem Kontextveränderungspotenzial assoziiert werden, die To Do-List des Ausgangskontexts um die durch den Imperativ ausgedrückte Eigenschaft zu erweitern (cf. Kaufmann 2012).

Während die zusätzlichen Speicherstellen sich als hilfreich erweisen, um bestimmte Satztypen auf nicht-assertive Funktionen festzulegen und ihren Beitrag formal zu modellieren, stellen sich einige grundlegende Fragen zu ihrem jeweiligen Status. Zum einen erfordert eine solche getrennte Repräsentation von epistemischer, deontischer und anderer Information jeweils Rückmeldungen an andere Komponenten (insbesondere die epistemische): ein erfolgreicher Befehl engt nicht nur die Permissibility Sphere ein, sondern lässt es auch zum geteilten Glauben werden, dass ein solcher Befehl gegeben wurde (Portner (2007) für eine Implementation zu Imperativen; Roberts (1996) für Fragen). Des Weiteren modelliert der Common Ground explizit die epistemische Unsicherheit in einem gegebenen Kontext. Nun kann aber insbesondere auch epistemische Unsicherheit bestehen darüber, was geboten ist, oder welche Fragen gerade abgearbeitet werden. Es bleibt unklar, wie dies mit der Existenz einer bestimmten Permissibility Sphere, bestimmter To Do-Lists für die einzelnen Diskursteilnehmer oder einem bestimmten Question Set zu vereinen ist. Zuletzt stellt sich die Frage, inwieweit das Verwendungsspektrum eines Satztyps durch eine bestimmte Speicherstelle modelliert werden kann (Portner begegnet dem für Imperative, indem er die To Do-List nach verschiedenen modalen Abtönungen ordnet: was befohlen ist, was empfohlen ist, was im Interesse des Adressaten selbst liegt). Schwager (2006)/Kaufmann (2012) schlägt angesichts dieser Schwierigkeiten vor, für Imperative auf eine getrennte Speicherstelle zu verzichten (*Uniform* statt *Split Representationalism*). Sie analysiert Imperative als modalisierte Propositionen, die zwar das Context Set modifizieren, aber aufgrund einer zusätzlichen propositionalen Bedeutungskomponente von assertorischer Verwendung ausgeschlossen bleiben (cf. Kaufmann 2012 für Details).

Kein Problem einer solchen Rückkopplung stellt sich für die Aufspaltung des Common Grounds, die Gunlogson (2003) für die Analyse von Deklarativsätzen mit steigender Intonation (*rising declaratives*) annimmt: um die Restriktion auf Kontexte zu erfassen, in denen der Adressat sich bereits öffentlich auf die entsprechende Proposition festgelegt hat, werden die öffentlichen Festlegungen von Sprecher und Adressat getrennt modelliert und aktualisiert – Stalnaker's Common Ground kann jedoch daraus jederzeit abgelesen werden.

4 Enkodierung

Nimmt man, wie in Abschnitt 2.1 argumentiert, an, dass der Satztyp in der semantischen Interpretation reflektiert ist, so stellt sich die Frage, auf welche Weise dies zustandekommt. Hier ist zunächst zu klären, ob die satztypenspezifische Bedeutungskomponente an einem bestimmten formalen Element festzumachen ist (Satztypoperator/-merkmal), oder aber, ob sie aus einem kompositionalen Zusammenspiel unterschiedlicher formaler Merkmale abgeleitet werden soll.

4.1 Satztypenoperatoren oder Merkmale

Für die Annahme eines bestimmten den Satztyp determinierenden Formelements wird oft damit argumentiert, dass die Tatsache, dass jeder Satz genau einen Satztyp realisiert, durch die obligatorische Anwesenheit eines den Satztyp festlegenden Formelements in einer links-peripheren Satzposition erklärt werden kann. Die Präsenz spezifischer Satztypoperatoren oder satztypspezifischer Merkmale kann darüber hinaus zur Erklärung von bestimmten Formeigenschaften herangezogen werden, die für den jeweiligen Formtyp konstitutiv sind (Bewegung des finiten Verbs, Bewegung von w-Phrasen; vgl. auch Abschnitt 3.1 zur Performativhypothese, die von Katz/Postal (1964) durch ein satztypenspezifisches Merkmal enkodiert wird). Auch bestimmte semantische Effekte können an der Anwesenheit einer satztypenspezifischen Operatorenbedeutung festgemacht werden. Die Annahme, dass der Satztypenoperator obligatorisch weitesten Skopus nimmt, repräsentiert unmittelbar, dass der satztypspezifische semantische Beitrag nicht in den Skopus anderer Operatoren geraten, also beispielsweise nicht negiert werden kann – dazu bleibt allerdings zu bemerken, dass eine unabhängig motivierte Erklärung einer solchen Skopusrestriktion noch aussteht (cf. Han 1998 für einen Vorschlag).

Schließlich bietet die Enkodierung durch ein bestimmtes Formelement den Vorteil, dass die satztypenspezifische Semantik direkt durch andere Elemente modifiziert werden kann. Zimmermann (2004) argumentiert beispielsweise, dass die deutsche Diskurspartikel *wohl* mit einem in einer linksperipheren Spezifikatorposition (Force) realisierten Satztypenmerkmal (cf. Rizzi 1997) interagiert. Sowohl *decl* als auch *int* (für Deklarativsätze und Interrogativsätze) enkodieren Zimmermann zufolge die Verankerung hinsichtlich einer epistemischen Basis, wobei Operatoren in der Spezifikatorposition von ForceP die Stärke der entsprechenden Festlegung modifizieren. Während per Default ein koverter Operator absolute Sicherheit enkodiert, drückt *wohl* als alternative overte Belegung eine schwächere Festlegung aus.

4.2 Kompositioneller Aufbau

Alternativ zu einer Analyse mit satztypenspezifischen Operatoren oder Merkmalen kann die satztypenspezifische Bedeutung kompositionell aus den Interpretationen verschiedener grammatischen Formelemente aufgebaut werden. Gegenüber der Enkodierung durch ein bestimmtes Formelement bietet die kompositionelle Ableitung der Satztypenbedeutung den Vorteil, dass Formelemente, die über Satztypen hinweg auftreten, über Satztypgrenzen hinweg einheitlich analysiert werden können. Dies ist besonders attraktiv für Randtypen, die oft auf Einzelsprachen beschränkt sind.

Die Annahme bietet auch Vorteile, wenn die satztypenspezifische Bedeutung mit anderen grammatischen Aspekten wie insbesondere Fokussierung, Tempus, Modus oder Aspekt interagiert. Romero/Han (2004) interpretieren beispielsweise die vorangestellte Negation, die die Form eines polaren Interrogativsatzes für eine Rückversicherungsfrage zu markieren scheint, aus der Kombination von Interrogativbedeutung und Verum-Fokus-Markierung. Dies erzeugt eine bestimmte metasprachliche Interpretation, aus der als Implikatur die beobachtete Erwartungshaltung des Sprechers abgeleitet wird. Mastop (2005) und Kaufmann (2012) leiten aus der Kombination ihrer jeweiligen Annahmen für Imperative und Past-Tense ab, weshalb ‚past-imperatives' des Niederländischen als Ausdruck des Tadels verwendet werden. Kaufmann/Poschmann (2011) diskutieren w-Interrogative mit Imperativmorphologie in rhetorischer Verwendung als Evidenz gegen die Entsprechung von Interrogativ- und Imperativsyntax und jeweils entsprechenden Satztypoperatoren.

Diese Behandlung von Randtypen als kompositionell aus den Teilen abgeleitet ist besonders attraktiv, wenn Satztypen tatsächlich, wie hier angenommen, nur als Korrelationen zwischen Formtypen und prototypischen Verwendungen abgeleitet werden können. Wenn Satztypen kompositionell interpretiert werden und der Output dieser kompositionellen Interpretation sowohl prototypische als auch spezifische Äußerungsfunktionen bestimmt, so steht keine tiefergehende theoretische Annahme hinter der Entscheidung, ob zwei formal ähnliche, aber mit unterschiedlichen prototypischen Funktionen assoziierte Strukturen als zwei Satztypen aufzufassen sind, oder aber als zwei Ausprägungen ein und desselben Satztyps. Die Interpretation ist bestimmt durch das Zusammenspiel der grammatischen Merkmale und bestimmt ihrerseits die prototypische Funktion, die entweder als Spezialfall bzw. insignifikante, vorhersagbare Abweichung von der eines formverwandten Haupttyps gewertet wird oder aber das entsprechende grammatische Merkmalsset als Formseite eines eigenen Satztyps auszeichnet. Ist jedoch jeder Satztyp durch einen bestimmten Operator markiert, so entspricht der Unterscheidung zweier Satztypen die Annahme zweier unterschiedlicher Satztypoperatoren. Insbesondere die Existenz sprachspezifischer Randtypen erscheint in diesem Zusammenhang problematisch (beispielsweise für Lernbarkeitsargumente).

Die Umsetzung der intuitiv wünschenswerten Annahme, abstrakte grammatische Formmerkmale über Satztypen hinweg einheitlich zu interpretieren, ist jedoch nicht unbedingt leicht zu leisten und gestaltet sich um so schwieriger, je mehr unterschiedliche Satztypen ein bestimmtes Merkmal zu enkodieren hilft. Ein besonders ambitionierter Versuch zur Satztypenmarkierung des Deutschen findet sich in Truckenbrodt (2006), der die Bewegung des finiten Verbs in seine spezifische linksperiphere funktionale Position (angenommen: C-Kopf) mit satztypspezifizierender Bedeutung assoziiert sieht:[14] ihm zufolge lassen sich die unterschiedlichen Satztypen des Deutschen herleiten, wenn angenommen wird, dass ein finites Verb im Indikativ oder Konjunktiv II in C oder die +w-Markierung der CP einen epistemischen Bezug ausdrücken (eine Veränderung des Common Grounds soll erzielt werden), Personenflexion in C hingegen einen Bezug zum Addressaten herstellt. Zusätzlich zu ihrer Bedeutung auf der Ebene der Wahrheitsbedingungen drücken die einzelnen Satztypen somit unterschiedliche Instantiierungen des folgenden Schemas aus ‚S wants (from x) (that it is common ground) that/whether ...' (Truckenbrodt beizeichnet dies als *Kontextindizes*) und steuern so die Einbindung der Äußerung in den Kontext (Truckenbrodt 2006: 265, siehe Gärtner 2006, Plunze and Zimmermann 2006, Portner 2006, Potts 2006, Reis 2006 und Zaefferer 2006 für kritische Evaluation der empirischen Vorhersagen und Kritik an möglicherweise in der Analyse versteckten Mehrdeutigkeiten).

5 Satztypen und logische Beziehungen

Eine interessante Fragestellung für die Semantik von Satztypen ist schließlich auch noch jene nach den logischen Beziehungen zwischen unterschiedlichen Vertretern ein und desselben Satztyps sowie zwischen Satztypen. Deklarativsätze stechen hier klar hervor, da für sie eine reiche Tradition existiert zu den logischen Beziehungen, wie sie sich aus den Bedeutungen der logischen Konnektive (*und, oder, nicht, wenn-dann*), der Quantoren, sowie der semantischen Relationen zwischen lexikalischen Ausdrücken ergeben. Für keinen der anderen Satztypen existiert eine auch nur annährend so ausführliche, geschweige denn einheitliche Literatur zu diesem Thema. Die ebenfalls relativ ausführliche Diskussion zu Im-

---

[14] Vergleiche auch Lohnstein (2000) für den Versuch einer kompositionalen Satztypenenkodierung für das Deutsche über Verbbewegung und Vorfeldbesetzung.

perativen ist oft nicht eigentlich an diesem Satztyp interessiert (im Sinne des in Abschnitt 1.1 dargelegten formbasierten Verständnisses), sondern bezieht sich auf direktive Äußerungen oder Entwicklung und Anwendung von Systemen der deontischen Logik. Die Bewertungen möglicher Analogien zur deklarativen Folgerungsbeziehung hängen natürlich davon ab, was als relevante semantische Bewertung anderer Satztypen gesehen wird.

(20) a. Wer war auf der Party?
 b. Welcher Student war auf der Party?

Während beispielsweise eine vollständige Antwort auf (20a) insbesondere auch eine vollständige Antwort auf (20b) darstellt, ist nicht klar, dass die Sprechereinstellung, wissen zu wollen, wer auf der Party war, die Sprechereinstellung impliziert, wissen zu wollen, welcher Student auf der Party war.

Im Zusammenhang mit nicht-deklarativen Satztypen fällt generell die deutlich eingeschränkte Kombinierbarkeit durch die logischen Konnektive auf (cf. Krifka 2001). Konjunktive Verbindungen scheinen großteils unproblematisch, Negation scheint jedoch immer engen Skopus zu nehmen, und Disjunktionen erhalten teilweise eine etwas markierte Interpretation als *Sprechaktkorrektur*.

(21) a. Wer hat angerufen, und was ist in dieser Kiste?
 b. Nimm dir einen Tee und gib dem Baby noch Milch.
 c. Wenn er doch angerufen hätte, und wenn sie nicht schon wieder vergessen hätte, Milch zu kaufen!

(22) a. ?Wer hat angerufen, oder was ist in dieser Kiste?
 b. ?Dass er das schon wieder vergessen hat, oder dass er immer wieder versucht, mich anzurufen!

Imperative sind demgegenüber dafür bekannt, völlig unmarkierte Disjunktionen zu erlauben, die jedoch angeblich andere Folgerungsmuster zeigen als Deklarativsätze. Ross (1967) argumentiert, dass zwar (23b) aus (23a) folgt, nicht aber (24b) aus (24a) (*Ross' Paradox*):

(23) a. He posted the letter.
 b. He posted the letter or he burnt it.

(24) a. Post the letter!
 b. Post the letter or burn it.

Diese Beobachtungen müssen jedoch neu bewertet werden im Kontext der wesentlich weiterreichenden Frage, ob natürlichsprachliche Disjunktionen überhaupt als ∨ der klassischen Aussagenlogik interpretiert werden sollten (u. A. Kamp 1973, Zimmermann 2000). Diese Überlegungen stellen auch die Gültigkeit von (23b) in Frage und erlauben es, (24b) als eine Spielart des generelleren Problems von Free Choice–Disjunktionen zu sehen. Auch (25b) scheint beispielsweise eine Lesart zu besitzen, die dem Adressaten die Wahl zwischen den beiden in den Disjunkten genannten Handlungsalternativen freistellt (vgl. Barker 2009 für einen rezenten Vorschlag unter Verwendung einer ressourcen-sensitiven Logik).

(25) a. You may take an apple.
　　 b. You may take an apple or you may take a pear.

Konditionalsätze erlauben zumindest auf den ersten Blick eine Vielzahl möglicher Satztypen im Konsequens, wobei unterschieden werden muss zwischen hypothetischen (wie in (26)) und sprechaktbezogenen Konditionalen (Relevanzkonditionale, faktivische Konditionale), cf. Iatridou (1991); für satztypspezifische Effekte in Relevanzkonditionalen, cf. Hara (2012).

(26) a. Wenn es regnet, wo findet die Party statt?
　　 b. Wenn du freundlich zu ihm bist, hilft dir jeder Professor.

(27) a. Wenn Du hungrig bist, es sind noch Kekse im Schrank.
　　 b. Wenn du ihn doch so gerne magst, warum hilfst du ihm nicht?

Gerade für die hypothetischen Konditionale sind die Skopusverhältnisse nicht immer eindeutig klar (zu Konditionalen mit Interrogativenkonsequens, Isaacs/Rawlins (2008); mit Imperativkonsequens, Kaufmann/Schwager (2011) und jeweils die Referenzen dort).

Orthogonal dazu ist die Ähnlichkeit der Antezedenten zu Interrogativen in Wortstellung, einleitendem Komplementierer, oder w-Einleitung (Unconditionals, cf. Rawlins 2008).

(28) a. Regnet es, bleiben wir daheim.
　　 b. If it rains we'll stay home.
　　 c. I don't know if it will rain.
　　 d. Was er auch sagt, wir bleiben daheim.

Noch immer ungeklärt ist das Phänomen von (teilweise) satztypengemischten Koordinationen, die konditionale Lesarten erhalten (cf. Kaufmann 2012 und Referenzen dort):

(29) a. Du machst/Mach einen Schritt nach links und du fliegst die Treppe hinunter.
　　 b. Komm sofort her oder ich rede kein Wort mehr mit dir.

Besonders vielversprechend für die Evaluation der zugewiesenen Interpretation erweist sich schließlich die Frage nach dem Bezug zwischen unterschiedlichen Satztypen im Diskurs. Wie bereits angesprochen, hat sich die Frage-Antwort-Beziehung als hilfreich zur Analyse von Interrogativsätzen erwiesen, in dem Sinne, dass Interrogativsätze über Bezug auf die sie resolvierenden Antworten gedeutet werden können. Kaufmann (2012) schlägt vor, diese Erkenntnisse auch auf Interrogativ-Imperativ-Paare auszudehnen:

(30) A: Soll ich den Bus nehmen oder mit der Bahn fahren?
 B. Fahr mit dem Bus.

In einem letzten Schritt kann auch überlegt werden, welche Aufschlüsse mögliche Reaktionen (Antwortpartikel, Zurückweisungen, Akzeptanzausdrücke) über die Semantik von Satztypen liefern können. Bierwisch (1980) argumentiert in einer Fußnote, dass Reaktionen wie *Das ist wahr* eher eine Frage der kommunikativen Funktion als des semantischen Gehalts sind. Farkas and Bruce (2009) entwickeln ein Diskursmodell zur Verarbeitung von Antwortpartikeln.

6 Zusammenfassung

Diese kurze Darstellung sollte, basierend auf der Konzeption von Satztypen als Paare von Satzformen mit prototypischen Funktionen, aufzeigen, welche besonderen Fragestellungen das Phänomen für die semantische Theoriebildung aufweist. Nach generellen Argumenten für einen prinzipiellen Reflex von Satzmodus in der semantischen Theoriebildung habe ich spezifische Probleme und Lösungsstrategien in statischer und dynamischer Semantik verglichen und die Bedeutung der theoretischen Modellierung der Diskurssituation herausgestrichen. Im letzten Teil habe ich versucht, einen kurzen Abriss zu geben über spezifische logische Beziehungen jeweils zwischen den Vertretern der verschiedenen Satztypen und über Satztypgrenzen hinweg.

7 Literatur

Altmann, H. (1993): Satzmodus. In: Jacobs, J./ Stechow, A. von/Sternefeld, W./Venneman T. (Hgg.), Syntax. Ein internationales Handbuch der zeitgenössischen Forschung. Berlin: de Gruyter, 1006–1029. [Teilweise bereits als Version von 1990 besprochen.]
Asher, N./Lascarides, A. (2001): Indirect Speech Acts. Synthese 128, 182–228.
Asher, N./Lascarides, A. (2003): Logics of Conversation. Cambridge: Cambridge University Press.
Austin, J.L. (1962): How to do Things with Words. Cambridge, MA: Harvard University Press.

Barker, C. (2009): Free Choice Permission as Resource-sensitive Reasoning. In: Semantics and Pragmatics 3, 1-38.

Bartels, C. (1999): The Intonation of English Statements and Questions. A Compositional Interpretation. Outstanding Dissertations in Linguistics. New York: Garland.

Bierwisch, M. (1980): Semantic Structure and Illocutionary Force. In: Searle, J. (Hg.), Speech Act Theory and Pragmatics. Dordrecht: Reidel.

Brandt, M./Reis, M./Rosengren, I./Zimmermann, I. (1992): Satztyp, Satzmodus und Illokution. In: Rosengren, I. (Hg.), Satz und Illokution. Volume 1. Tübingen: Niemeyer, 1-90.

Charlow, N. (2010): The Varieties of Expressivism. Manuskript, University of Toronto.

Ciardelli, I./Groenendijk, J./Roelofsen, F. (2010): Information, Issues, and Attention. A Preliminary Version of the Paper was Presented at SALT 09. The Current Version is Dated July 5, 2010.

Condoravdi, C./Lauer, S. (2010a): Performative Verbs and Performative Acts. To appear in Proceedings of Sinn und Bedeutung 15, Saarbrücken, Germany.

Condoravdi, C./Lauer, S. (2010b): Speaking of Preferences: Imperative and Desiderative Assertions in Context Speaking of Possibility and Time. Talk at ‚The 7th Workshop on Inferential Mechanisms and their Linguistic Manifestation', University of Göttingen, Germany.

Cresswell, M.J. (1973): Logic and Languages. London: Methuen & Co.

Egli, U. (1976): Zur Semantik des Dialogs. Arbeitspapier des SFB 99, Universtiät Konstanz.

Farkas, D./Bruce, K.B. (2009): On Reaction to Assertions and Polar Questions. In: Journal of Semantics 27, 81-118.

Frege, G. (1918): Der Gedanke. Eine logische Untersuchung. Beiträge zur Philosophie des deutschen Idealismus 2, 58-77.

Gärtner, H.-M. (2006): Germanic V-in-C: Some Riddles. In: Theoretical Linguistics 32, 381-386.

Gärtner, H.-M./Steinbach, M. (2003): A Skeptical Note on the Syntax of Speech Acts and Point of View. In: Brandt, P./Fuss, E. (Hgg.), Form, Structure, and Grammar. A Festschrift Presented to Günther Grewendorf on Occasion of His 60th Birthday. Berlin: Akademie Verlag, 313-322.

Gazdar, G. (1981): Speech Act Assignment. In: Joshi, A./Webber, B./Sag, I. (Hg.), Elements of Discourse Understanding. Cambridge: Cambridge University Press, 64-83.

Geurts, B. (1998): Presuppositions and Anaphors in Attitude Contexts. In: Linguistics and Philosophy 21, 545-601.

Ginzburg, J. (1994): An Update Semantics for Dialogue. In: Bunt, H./Muskens, R./Rentier, G. (Hgg.), Proceedings of the First International Workshop on Computational Semantics. Tilburg, The Netherlands.

Ginzburg, J. (1996): Interrogatives: Questions, Facts and Dialogue. In: Lappin, S. (Hg.), The Handbook of Contemporary Semantic Theory. Oxford: Blackwell, 385-422.

Ginzburg, J./Sag, I. (2000): Interrogative Investigations: The Form, Meaning, and Use of English Interrogatives. Stanford: CSLI Publications.

Grewendorf, G./Zaefferer, D. (1991): Theorie der Satzmodi. In: Stechow, A. von/Wunderlich, D. (Hgg.), Semantik. Ein internationales Handbuch der zeitgenössischen Forschung. Berlin: de Gruyter, 270-286.

Groenendijk, J./Roelofsen, F. (2009): Inquisitive Semantics and Pragmatics. Presented at the Stanford Workshop on Language, Communication and Rational Agency, May 30-31, 2009.

Groenendijk, J./Stokhof, M. (1984): Studies on the Semantics of Questions and the Pragmatics of Answers. PhD Dissertation, University of Amsterdam.

Groenendijk, J./Stokhof, M. (1991): Dynamic Predicate Logic. In: Linguistics and Philosophy 14, 39-100.

Gunlogson, C. (2003): True to Form: Rising and Falling Declaratives as Questions in English. New York: Routledge.
Hamblin, C.L. (1971): Mathematical Models of Discourse. In: Theoria 37, 130–155.
Hamblin, C.L. (1973): Questions in Montague English. In: Foundations of Language 10, 41–53.
Han, C.-H. (1998): The Structure and Interpretation of Imperatives. PhD Dissertation, University of Pennsylvania. (Published: Garland 2000).
Hara, Y. (2012): Questions are Immediate Issues. Manuskript, City University of Hong Kong.
Hausser, R. (1980): Surface Compositionality and the Semantics of Mood. In: Searle, J./Kiefer, F./Bierwisch, M. (Hgg.), Speech Act Theory and Pragmatics. Vol. II. Dordrecht: Reidel, 71–95.
Heim, I. (1982): The Semantics of Definite and Indefinite Noun Phrases. PhD Dissertation, University of Massachusetts, Amherst.
Iatridou, S. (1991): Topics in Conditionals. PhD Dissertation, MIT, Cambridge, Massachusetts. Distributed by MIT Working Papers in Linguistics.
Isaacs, J./Rawlins, K. (2008): Conditional Questions. In: Journal of Semantics 25, 269–319.
Kamp, H. (1973): Free Choice Permission. In: Proceedings of the Aristotelian Society 74, 57–74.
Kamp, H. (1981): A Theory of Truth and Semantic Representation. In: Groenendijk, J./Janssen, T./Stokhof, M. (Hgg.), Formal Methods in the Study of Language. Amsterdam: Mathematisch Centrum, 277–322.
Kamp, H./Reyle, U. (1993): From Discourse to Logic. Dordrecht: Kluwer.
Karttunen, L. (1977): Syntax and Semantics of Questions. In: Linguistics and Philosophy 1, 3–44.
Katz, J./Postal, P.M. (1964): An Integrated Theory of Linguistic Descriptions. Cambridge, MA: MIT Press.
Kaufmann, M. (2012): Interpreting Imperatives. Berlin/Heidelberg: Springer.
Kaufmann, M./Poschmann, C. (2011): Reported Imperatives and Echoquestions. Manuskript, Universität Frankfurt und Universität Göttingen.
Kaufmann, S. (2005): Conditional Predictions. In: Linguistics and Philosophy 28, 181–231.
Kaufmann, S./Schwager, M. (2011): A Unified Analysis of Conditional Imperatives. In: Cormany, E./Ito, S./Lutz, D. (Hgg.), Proceedings of Semantics and Linguistic Theory (SALT) 19, 239–259.
Krifka, M. (2001): Quantifying Into Question Acts. In: Natural Language Semantics 9, 1–40.
Krifka, M. (2002): Embedded Speech Acts. Talk at ‚In the Mood', Frankfurt, June 2002.
Krifka, M. (2004): Conjunction and Disjunction of Imperatives. Talk at ‚(In)subordination', Berlin, ZAS, November 2004.
Levinson, S.C. (1983): Pragmatics. Cambridge: Cambridge University Press.
Lewis, D. (1972): General Semantics. In: Davidson, D./Harman, G. (Hgg.), Semantics of Natural Language. Dordrecht: Reidel, 169–217.
Lewis, D. (1979): A Problem About Permission. In: Saarinen, E./Hilpinen, R./ Niiniluoto, I./ Hintikka, M.P. (Hgg.), Essays in Honor of Jaakko Hintikka. Dordrecht: Reidel. Manuscript from 1970.
Lohnstein, H. (2000): Satzmodus – kompositionell. Berlin: Akademie Verlag.
Maienborn, C./ Heusinger, K. von/Portner, P. (2011): Semantics: An International Handbook of Natural Language Meaning. Berlin: Mouton de Gruyter.
Mastop, R. (2005): What can you do? PhD Dissertation, ILLC Amsterdam.
McGinn, C. (1977): Semantics for Nonindicative Sentences. In: Philosophical Studies 32, 301–311.
Merin, A. (1985): Elementary Social Relations, Duality Principles, and Modal Paradigmata: Sociomorph Structures of English Grammar. PhD Dissertation, University of Sussex.

Montague, R. (1974a): Formal Philosophy. Selected Papers of Richard Montague. New Haven: Yale University Press.

Montague, R. (1974b): The Proper Treatment of Quantification in English. In: Formal Philosophy. Selected Papers of Richard Montague. New Haven: Yale University Press, 247–270.

Pak, M./Portner, P./Zanuttini, R. (2004): Deriving Clause Types: Focusing on Korean. In: Proceedings of the Linguistics Society of Korea 2004. Yonsei Institute of Language and Information Studies, 359–368.

Plunze, C./Zimmermann, T.E. (2006): On Truckenbrodt on Interrogatives. In: Theoretical Linguistics 32, 321–333.

Portner, P. (2005): The Semantics of Imperatives within a Theory of Clause Types. In: Watanabe, K./Young, R.B. (Hgg.), Proceedings of SALT 14. New York: CLC Publications.

Portner, P. (2006): Dependent Contexts in Grammar and in Discourse: German Verb Movement from the Perspective of the Theory of Mood Selection. In: Theoretical Linguistics 32, 353–368.

Portner, P. (2007): Imperatives and Modals. In: Natural Language Semantics 15, 351–383.

Portner, P. (2009): Modality. Oxford: Oxford University Press.

Portner, P./Zanuttini, R. (1999): The Notion of Clause Type: Some Considerations from Exclamatives. In: Smith, C. (Hg.), Spoken and Written Texts, WorkshopProceedings January 29–31, 1999. Austin: Texas Linguistics Forum.

Potts, C. (2006): How far can Pragmatic Mechanisms Take us? In: Theoretical Linguistics 32, 307–320.

Rawlins, K. (2008): (Un)conditionals: An Investigation in the Syntax and Semantics of Conditional Structures. PhD Dissertation, UCSC.

Reis, M. (2006): Is German V-to-C Movement Really Semantically Motivated? Some Empirical Problems. In: Theoretical Linguistics 3, 369–380.

Rizzi, L. (1997): The Fine Structure of the Left Periphery. In: Haegeman, L. (Hg.), Elements of Grammar. Dordrecht: Kluwer, 281–337.

Roberts, C. (1996): Information Structure in Discourse: Towards an Integrated Formal Theory of Pragmatics. OSU Working Papers in Linguistics 49, 34–70.

Romero, M./Han, C.-H. (2004): On Negative yes/no Questions. In: Linguistics and Philosophy 27, 609–658.

Ross, J. (1967): Constraints on Variables in Syntax. PhD Dissertation, MIT. Distributed by Indiana University Linguisitcs Club (Bloomington).

Ross, J. (1970): On Declarative Sentences. In: Jacobs, R./Rosenbaum, P. (Hgg.), Readings in English Transformational Grammar. Waltham, MA: Ginn, 222–272.

Sadock, J.M. (1974): Towards a Linguistic Theory of Speech Acts. New York: Academic Press.

Sadock, J.M./Zwicky, A.M. (1985): Speech Act Distinctions in Syntax. In: Shopen, T. (Hg.), Language Typology and Syntactic Description. Vol. I. Cambridge: Cambridge University Press, 155–196.

Schwager, M. (2006): Interpreting Imperatives. Ph.D. Thesis, University of Frankfurt/Main.

Searle, J. (1969): Speech Acts: An Essay in the Philosophy of Language. Cambridge: Cambridge University Press.

Searle, J./Vanderveken, D. (1985): Foundations of Illocutionary Logic. Cambridge: Cambridge University Press.

Searle, J.R. (1975): Indirect Speech Acts. In: Cole, P./Morgan, J. (Hgg.), Syntax and Semantics. Bd. III: Speech Acts. New York: Academic Press, 59–82.

Searle, J.R. (1989): How Performatives Work. In: Linguistics and Philosophy 12, 535–558.

Segerberg, K. (1990): Validity and Satisfaction in Imperative Logic. In: Notre Dame Journal of Formal Logic 31, 203–221.
Speas, P./Tenny, C. (2003): Configurational Properties of Point of View Roles. In: DiSciullo, A.M. (Hg.), Asymmetry in Grammar. Amsterdam: Benjamins, 315–343.
Stalnaker, R. (1978): Assertion. In: Cole, P. (Hg.), Syntax and Semantics. Bd. IX: Pragmatics. New York: Academic Press, 315–332.
Stechow, A. von/Wunderlich, D. (1991): Semantik. Ein internationales Handbuch der zeitgenössischen Forschung. Berlin: de Gruyter.
Stenius, E. (1967): Mood and Language Game. In: Synthese 17, 254–274.
Truckenbrodt, H. (2006): On the Semantic Motivation of Syntactic Verb Movement to C in German. In: Theoretical Linguistics 32, 257–306.
Wittgenstein, L. (1953): Philosophische Untersuchungen. Frankfurt/Main: Suhrkamp.
Xrakovskij, V.S. (2001): Typologoy of Imperative Constructions. München: LINCOM.
Zaefferer, D. (1979): Sprechakttypen in einer Montague-Grammatik. Ein modelltheoretischer Ansatz zur Behandlung illokutionrer Rollen. In: Grewendorf, G. (Hg.), Sprechakttheorie und Semantik. Frankfurt/Main: Suhrkamp, 386–417.
Zaefferer, D. (2006): Types, Moods, and Force Potentials: Towards a Comprehensive Account of German Sentence Mood Meanings. In: Theoretical Linguistics 32, 335–351.
Zimmermann, M. (2004): Zum ‚Wohl': Diskurspartikeln als Satztypmodifikatoren. In: Linguistische Berichte 199, 253–286.
Zimmermann, T.E. (2000): Free Choice Disjunctions and Epistemic Possibility. In: Natural Language Semantics 8, 255–290.

Magdalena Kaufmann

31 Satztyp und Pragmatik

1 Satztyp, Satzmodus, Illokution
2 Von der Grammatik zur Illokution
3 Von der Illokution zur Grammatik
4 Weitere Probleme
5 Zusammenfassung
6 Literatur

1 Satztyp, Satzmodus, Illokution

In der deutschen Forschung zu den Satztypen hat man sich implizit oder explizit an Modellen orientiert, die zwischen verschiedenen Modulen (Komponenten, Ebenen) der Sprachbeschreibung unterscheiden und diesen Modulen bestimmte Einheiten zuordnen. Der Satztyp gehört zur Satzgrammatik, der Satzmodus zur Satzsemantik, die Illokution zur Pragmatik. Zum Beispiel ist der typische Deklarativsatz wie *Hans backt Pizza* unter anderem durch V2-Stellung und fallende Intonation gekennzeichnet; es wird mit ihm normalerweise der Glaube des Sprechers, dass ein bestimmter Sachverhalt wahr ist, ausgedrückt; schließlich kann man mit ihm einen assertiven Sprechakt ausführen. Solche modularen Modelle werden zum Beispiel von Wunderlich (1976), Bierwisch (1980) und Brandt et al. (1992) angenommen. Die Forschungsstrategie ist im Prinzip klar:

- Finde eine Menge von Satztypen, die durch eine Menge bestimmter grammatischer Eigenschaften bestimmt sind. Neben reduktionistischen Ansätzen, die nur vier fundamentale Satztypen annehmen (Deklarativsatz, W- und E-Interrogativsatz, Imperativsatz), gibt es auch Ansätze, die mehr Satztypen annehmen. Dies hängt unter anderem von der Art und Gewichtung der formalen Merkmale ab, die man ansetzt.
- Beschreibe diese Satztypen, indem du sie als semantische Objekte verstehst, das heißt, ihren Satzmodus bestimmst. Abhängig von bestimmten Überzeugungen über Satzsemantik, werden verschiedene semantische Größen wie zum Beispiel Sprechereinstellungen oder Arten der Referenz auf Sachverhalte angenommen, die spezifisch für bestimmte Satztypen sind. Solche Größen werden oft durch einen semantischen Operator symbolisiert, der die verwendungsunabhängige Bedeutung repräsentiert.
- Zeige, wie Äußerungen, die einen bestimmten Satztyp und Satzmodus aufweisen, in einem bestimmten Kontext als Sprechakt verstanden werden. Hier wird gemeinhin eine Klassifikation von Illokutionen angenommen (z.B. Searle

1982a), welche durch ein noch zu klärendes Verfahren auf Äußerungen, die einen bestimmten Satztyp und Satzmodus aufweisen, zu beziehen sind.

Die skizzierte Analyserichtung geht oft davon aus, dass Satztypen ein bestimmtes Illokutionspotenzial haben. Welche Illokution sich konkret mit einem Satztyp verknüpft, ist dann eine Sache des Kontexts.

In der Tradition der Sprechakttheorie, die den Begriff des Sprechakts bzw. der Illokution analysiert und im Allgemeinen als zentrale Teiltheorie der Pragmatik aufgefasst wird, ist eine andere Analyserichtung vorzufinden. Hier geht man von der einzelnen Illokution aus und fragt danach, woran ein Hörer diese erkennen kann. Die einflussreiche Antwort von Searle (1971) war, dass ein Hörer die entsprechende Illokution einer Äußerung an ihren illokutionären Indikatoren erkennen kann. Illokutionäre Indikatoren sind solche sprachlichen Mittel, die aufgrund ihrer Semantik einen Hinweis auf die Illokution geben. Dies sind zum Beispiel Satztypen oder lexikalische Mittel, etwa performative Verben wie *versprechen* oder Adverbien wie *bitte*. Wenn solche Ansätze auch eine Vorstellung von der Vielfalt der Satztypen in einer Sprache haben können, so spielt diese in der Analyse kaum eine systematische Rolle. Man vergleiche etwa neben Searle (1971) die Ansätze von Wilson/Sperber (1988), Alston (2000) und Jary (2010). Was die Forscher in dieser Analyserichtung vor allem interessiert, ist die Illokutionszuweisung, d.h. wie Hörer eine Äußerung hinsichtlich einer bestimmten illokutionären Geltung interpretieren können.

Während der Bereich der Sprechakte aus guten Gründen als zentraler Bereich der Pragmatik betrachtet wird und zweifellos ein fundamentaler Bezug zwischen Satztypen und Illokutionen besteht, erschöpft sich die Pragmatik jedoch nicht in diesem Bereich. Zu fragen ist daher, was unter Pragmatik zu verstehen ist. Dazu gibt es eine reichhaltige Literatur (u.a. Horn/Ward 2004, Mey 2009, Cummings 2010, Allan/Jaszczolt 2012) mit naturgemäß unterschiedlichen Auffassungen. In diesem Beitrag wird Pragmatik als jene sprachwissenschaftliche Disziplin aufgefasst, die kontextabhängige Aspekte der Bedeutung sprachlicher Ausdrücke untersucht (vgl. Levinson 1983, Meibauer 2001). Pragmatik soll eine Disziplin sein, die möglichst gut hinsichtlich der Semantik abgegrenzt ist; sie soll die Möglichkeit bieten, Schnittstellen zur Grammatik wie auch zu einzelnen grammatischen Teilgebieten zu beschreiben; sie soll intern strukturiert sein. Die letztgenannte Forderung wird typischerweise dadurch eingelöst, dass man pragmatische Teilgebiete identifiziert. Als solche pragmatische Teilgebiete kann man mindestens Deixis und Referenz, Sprechakt, Präsupposition, Implikatur, Informationsstruktur und Konversationsstruktur nennen. In jüngster Zeit haben sich als weitere Gebiete Definitheit und Indefinitheit (Abbott 2004) sowie Höflichkeit (Terkourafi 2012) herausgebildet. Die Affinität dieser Gebiete zu Satztypen und Satzmodi ist unterschiedlich groß, wohl am geringsten in Bezug auf Definitheit/Indefinitheit (vgl. aber Krifka 2011: 1771f.).

Zwar werden pragmatische Phänomene in diesen Bereichen auf grammatische oder lexikalische Strukturen bezogen, aber es gibt kein einheitliches Grammatik- oder Semantikmodell, das vorausgesetzt werden kann. Über die Interaktion zwischen den pragmatischen Teilgebieten, z.B. die Beziehung zwischen Sprechakttheorie und Implikaturentheorie, weiß man wenig. Zwar wird oft ein lineares Modell Grammatik > Semantik > Pragmatik angenommen, aber unter dem Gesichtspunkt der Sprachverarbeitung ist dies nicht unbedingt zwingend, da es auch gute Gründe für parallele Modelle gibt.

In diesem Beitrag wird ein problemorientierter Überblick über das Verhältnis von Satztypen zu einigen pragmatischen Teilgebieten, insbesondere dem Sprechakt und der Implikatur, gegeben. Unter Satztypen verstehe ich, in Anlehnung an Altmann (1993a), grammatisch bestimmte Einheiten, bei denen phonologische, morphologische, syntaktische, und semantische Strukturen eine Rolle spielen. Unterschieden werden in diesem Ansatz der Deklarativsatztyp, der E- und W-Interrogativsatztyp, der Imperativsatztyp, der Optativsatztyp und der Exklamativsatztyp. Auf Kritik an diesem Konzept bzw. auf alternative Ansichten wird da eingegangen, wo es für die Sache, das Verhältnis von Satztyp und Pragmatik, eine Rolle spielt.

Selbstverständlich bestehen auch Bezüge zwischen den Satztypen und den pragmatischen Teilgebieten der Deixis und Referenz (z.B. bei den Subjektpronomen in Imperativsätzen), der Präsupposition (vgl. Stalnaker 1979, 2002), der Informationsstruktur (vgl. Altmann 1993b), der Konversationsstruktur (vgl. Selting 1991) sowie der Höflichkeit (z.B. beim Unhöflichkeitspotenzial von Imperativsätzen), obgleich nicht alle diese Bezüge gleich stark den Kern der Beziehung zwischen Satztyp und Pragmatik betreffen. Die genannten Bezüge können hier aus Platzgründen nicht systematisch behandelt werden, finden zum Teil aber an passenden Stellen Erwähnung.

Im nächsten Abschnitt gehe ich zunächst auf einige Ansätze in der germanistischen Linguistik ein, die eine Theorie über den Zusammenhang zwischen Satztyp bzw. Satzmodus und Illokution formulieren. Ich unterscheide dabei grob zwischen generativen und nicht-generativen Ansätzen. In Abschnitt 3 wechsele ich die Perspektive und betrachte den Satztyp aus der Sicht der aktuellen Auseinandersetzung zwischen Kontextualismus und Minimalismus. Als zentrales Problem erweist sich das immer noch ungelöste Problem des indirekten Sprechakts. Auch die Beziehung zwischen Satztyp und Implikatur wird kaum erforscht. In Abschnitt 4 werden zwei Problembereiche kurz betrachtet, die in mehreren Hinsichten Aufschlüsse über das Verhältnis von Satztypen und Pragmatik geben können.

2 Von der Grammatik zur Illokution

Man kann mit Reis (1999) zwischen sog. Zuordnungsansätzen (‚correspondence approach') und Ableitungsansätzen (‚derivational approach') unterscheiden (siehe auch Artikel 8 in diesem Band). Zuordnungsansätze gehen von einem Verhältnis zwischen Satztypen und Illokution aus, das einen gewissen Spielraum zur Entfaltung pragmatischer Schlüsse eröffnet. In diesem Sinne sind die Ansätze von Altmann (1993a) und Harnish (1994) Zuordnungsansätze (Reis 1999: 198 nennt auch noch Bierwisch 1980). Ableitungsansätze sind solche, die das illokutive Potenzial möglichst strikt aus der Morphosyntax des jeweiligen Satztyps ableiten wollen. In diesem Sinne sind Brandt et al. (1992), Lohnstein (2000) und Truckenbrodt (2004, 2006a, b) Ableitungsansätze. Anders als Reis (1999: 225) gehe ich jedoch nicht davon aus, dass Ableitungsansätze den Zuordnungsansätzen im Sinne einer produktiven Forschungsstrategie per se überlegen sind. Es ist eher so, dass beide Ansätze unterschiedlichen grammatischen und pragmatischen Traditionen Rechnung tragen. Auch „Ableitungsansätze" nehmen gewisse Zuordnungen vor, und „Zuordnungsansätze" haben auch einen Ableitungsanspruch. Der Unterschied scheint mir mehr in dem jeweiligen modell-theoretischen Hintergrund zu liegen und ich spreche daher sehr grob von nicht-generativen und generativen Ansätzen.

2.1 Nicht-generative Ansätze

Altmann (1993a: 1007) geht davon aus, dass der Satzmodus „ein komplexes sprachliches Zeichen mit einer Formseite, normalerweise eine oder mehrere satzförmige Strukturen mit angebbaren formalen Eigenschaften, und einer Funktionsseite, also der Beitrag dieser Struktur(en) zum Ausdruck propositionaler Einstellungen [...] oder zur Ausführung sprachlicher Handlungen" darstellt. Die Kombination von Formseite und Funktionsseite ist ein Echo des Saussureschen Zeichenbegriffs.

Diese Sichtweise hat bestimmte Vorteile. Altmann (1993a) kann durch eine Kombinatorik von Merkmalen auf den vier Ebenen (i) Reihenfolgemerkmale, (ii) morphologische Merkmale, (iii) kategoriale Merkmale und (iv) intonatorische Merkmale viele unterschiedliche Satztypen ermitteln, die dann unter dem Aspekt ihrer Funktion gebündelt werden. Zum Beispiel können die formal recht unterschiedlichen Satztypen des Exklamativsatzes unter dem Gesichtspunkt der Einstellung ‚Sprecher ist erstaunt, in welchem Maße p der Fall ist' aufeinander bezogen werden.

Ein Nachteil ist Reis (1999: 203–204, 227) zufolge die „Proliferation" des Satztypeninventars, da man leicht mehr als 50 Satztypen annehmen müsse. Dies ist jedoch kein sehr starkes Argument (wie auch der Vergleich mit der Wortartenklassifikation zeigt), da dies erstens empirisch gerechtfertigt sein könnte und zweitens sogar Vorteile in Bezug auf die Schnittstelle zur Pragmatik bieten könnte.

Nachteile dieses Ansatzes sind nach Meinung mancher Kritiker die Annahme von „Mischtypen" wie zum Beispiel der assertiven Frage. Neben einer allgemeinen methodologischen Skepsis gegenüber gemischten Kategorien (man vgl. die Debatte um das Affixoid in der Wortbildung) manifestiert sich hier der Wunsch nach mehr „Ableitung".

Auch ist der syntaktische Status der Distribution von Modalpartikeln auf bestimmte Satztypen (als Fall der „kategorialen Füllung") sowie die generelle Einbeziehung von Akzent und Intonation umstritten. Die meisten generativen Ansätze wie zum Beispiel Brandt et al. (1992) lehnen den Status von Akzent und Intonation als satztypenbestimmende Mittel unter Bezug auf bestimmte Modellvorstellungen (z. B. die Theorie von „Government and Binding") rundheraus ab. Schließlich ist das Problem des Illokutionspotenzials bzw. der Illokutionszuweisung in diesem Ansatz nicht ausgearbeitet, sondern nur – in Anlehnung an Vorstellungen von Bierwisch (1980) und Grewendorf/Zaefferer (1991) – skizziert.

Bei Harnish (1994) wird die Zuordnung von Form und Funktion über Verträglichkeitsbedingungen (‚compatibility conditions') geregelt. Verträglich sein muss sowohl der Satztyp mit der ausgedrückten Einstellung, als auch die ausgedrückte Einstellung mit der intendierten Illokution. Harnish (1994) findet, dass in vielen Ansätzen die Verbindung zwischen der Form und der Funktion als zu eng betrachtet wird: Alles, was man seiner Meinung nach benötigt, ist Kompatibilität zwischen den jeweiligen Beschreibungsgrößen. Dadurch wird ein größerer Spielraum für das pragmatische Schließen eröffnet. Diese Analyse ließe sich im Prinzip auf das Deutsche übertragen.

In gewissem Sinn kann Altmann (1993a) als Konstruktionsgrammatiker avant la lettre gelten. Dass ein nicht-generativer Ansatz nicht vollkommen weit hergeholt ist, zeigt Jacobs (2008: 28–32) am Fall des *wenn*-eingeleiteten Optativsatz *Wenn ich ihr nur geglaubt hätte!* (vgl. Artikel 7 in diesem Band). Weil in solchen Sätzen die Modalpartikel obligatorisch ist, sei eine projektionistische Analyse (wie etwa in der generativen Grammatik) dazu gezwungen, einen leeren funktionalen Kopf anzunehmen, der erstens all die Merkmale enthält, die mit den Merkmalen der Modalpartikel in einer Spezifizierer-Position übereinstimmen, der zweitens eine Verbalphrase als Komplement erhält, und drittens seine Merkmale zu einer Agreement-Phrase projiziert. Aber für eine solche Lösung, wiewohl technisch denkbar, fehle jede Evidenz. Vielmehr sei das optative Illokutionspotenzial ein Resultat mehrerer Satzeigenschaften und könne nicht ausschließlich auf das Wirken der Modalpartikel zurückgeführt werden; nötig sind die Konjunktion *wenn*, das Verb im Konjunktiv II und eine Modalpartikel aus der Menge {*nur, doch, bloß*}. Entsprechend hält Jacobs (2008: 31f.) fest: „Die MP, die Konjunktion und der Konjunktiv II signalisieren *zusammen* das optative Illokutionspotenzial. Dieser Bedeutungsaspekt wird also nicht durch ein einzelnes Wort oder Morphem, sondern durch das gleichzeitige Vorliegen mehrerer auf verschiedene Strukturpositionen verteilter Wörter/Morpheme angezeigt. Eine solche multiexponentielle Markierung eines Bedeutungsaspekts [...] kann im projektionistischen Rahmen als solche nicht erfasst werden, sondern muß mehr oder weniger künstlich zu einer mono-exponentiellen Markierung heruntergespielt werden [...]." (Jacobs 2008: 31f.). Reis (1999: 224–225) sieht deutlich, dass auch ein konstruktionistischer Ansatz „derivationell" sein kann und dass der derivationelle Ansatz im Hinblick auf manche Konstruktionen (z. B. den direktiven Charakter der Konstruktion *Aufgepasst!*) an seine Grenzen stoßen könnte.

2.2 Generative Ansätze

In generativen Ansätzen geht man davon aus, dass durch eine möglichst enge Modellierung des Verhältnisses zwischen Satztyp, Satzmodus und Illokution die Erklärungskapazität des generativen Modells (in einer seiner Ausprägungen, z. B. Government and Binding, Minimalismus) erhöht wird. Dies kann im Extremfall dazu führen, dass es im syntaktischen Strukturbaum eine strukturell höchste Projektion ForceP (Force-Phrase) gibt (Rizzi 1997, Platzack/Rosengren (1997/1998), Artikel 29 in diesem Band).

Die am meisten verbreitete Idee im Rahmen von generativen Ansätzen ist aber sicherlich, die Komplementierer-Position an den Satztyp bzw. Satzmodus zu binden. Insbesondere w-Merkmale oder Finitheitsmerkmale stehen in dieser Position. So argumentieren Brandt et al. (1992), dass das w-Merkmal eine entscheidende Rolle spiele. Dieses Merkmal benötige man in der Syntax ohnehin, um die Selektion von Nebensätzen durch Matrixsatzprädikate erklären zu können. So selegieren die gleichen Prädikate, die abhängige W-Interrogativsätze einbetten können, auch abhängige E-Interrogativsätze (*Ich weiß nicht, was Justin getestet hat/ob Justin etwas getestet hat*). Dieses w-Merkmal leistet nun gute Dienste bei der Abgrenzung von Satztypen, zum Beispiel wird dem V1-Deklarativsatz das Merkmal [-w], dem E-Interrogativsatz das Merkmal [+w] zugewiesen. Darüber hinaus korrespondieren diese Merkmale mit gewissen semantischen Operatoren, also dem Existenzoperator bei Deklarativsätzen und dem OFFEN-Operator bei Interrogativsätzen. Die Annahme solcher Operatoren kann sogar eine Wirkung auf die Sprechaktklassifikation haben; so nehmen Brandt et al. (1992) an, dass wegen ihrer epistemischen Offenheit sowohl assertive Sprechakte als auch Fragen zu den „Darstellungshandlungen" gehören.

Einen anderen Ansatz verfolgt Lohnstein (2007 und Artikel 3 in diesem Band). Für ihn ist der Verbmodus des finiten Verbs (welches in Hauptsätzen in der linken Satzklammer oder in der C-Position steht), eine entscheidende Größe. Der Verbmodus gibt nämlich Aufschluss darüber, wie propositionale Gehalte an eine Evaluationsdomäne bzw. den Diskurskontext anzubinden sind. So beziehen sich der Indikativ und der Konjunktiv II auf epistemische Inhalte, und der Imperativ und Konjunktiv I auf faktische Inhalte. Zwar ist nur der Imperativsatz eindeutig durch den Verbmodus Imperativ markiert, aber auch die anderen Verbmodi tragen zur Konstitution der satzmodusspezifischen propositionalen Gehalte bei.

Es zeigt sich, dass auch in generativen Ansätzen eine gewisse „Zuordnung" von Entitäten stattfindet, zum Beispiel von Merkmalen zu Positionen oder von Operatoren zu Merkmalen.

Während Brandt et al. (1992) von einer bestimmten Satzstruktur für die jeweiligen Satztypen ausgehen, die dann semantisch interpretiert wird, motiviert Truckenbrodt (2006b) die Satzstruktur durch die Semantik. Truckenbrodt (2006b: 394) geht davon aus, dass V-zu-C-Bewegung, d. h. die Positionierung des finiten Verbs in der linken Satzklammer, durch ein [-WH]-Element ausgelöst wird, das einem sichtbaren Element in der phonetischen Form angefügt wird; Imperativsätze bilden dabei eine Ausnahme. [-WH] kann auch einem *dass*-Komplementierer angefügt werden, dann unterbleibt die V-zu-C-Bewegung. Oder es steht unter dem finiten Verb, dann bewegt sich dieses in die C-Position.

[+/-WH]-Elemente erhalten eine epistemische Interpretation (Truckenbrodt 2006b: 395): „A visible specification of [+/-WH] in C or SPEC, CP at LF triggers a presupposition that looks for an epistemic context. The proposition p is embedded in that epistemic context."

Truckenbrodt versteht den Kontext mit Stalnaker (1979) als Common Ground (CG), d.h. als Menge der von S und H geteilten Überzeugungen zu einem bestimmten Zeitpunkt in der Konversation. Der Common Ground kann formal als Kontextmenge, d.h. als eine Menge von möglichen Welten, dargestellt werden. Durch Assertionen wird dieser Menge eine neue Information hinzugefügt. Präsuppositionen müssen im Common Ground erfüllt werden (Truckenbrodt 2006a: 262f.). Wie kann man sich die an das [+/-WH]-Merkmal gebundene Präsupposition vorstellen? Truckenbrodt (2006b: 395) erläutert dies an dem Beispiel des Deklarativsatzes *Es regnet* (vgl. 1a), wobei die Regel unter (1b) vorausgesetzt wird (Truckenbrodt 2006b: 394):

(1) a. Es [-WH]regnet.
   ‚S/A/ ... glaubt/weiß/nimmt an ... dass es regnet.'
   b. [*Root Rule*] Utterances (more generally: communicative acts) are interpreted as
   purposeful, i.e. expressing a volition on the part of the speaker:
   CG → CG + „Deont$_S$" (...).

Truckenbrodt (2006b: 394) erläutert zu dieser Regel, dass die Bedeutung der Äußerung im Skopus dieses Willensausdrucks zu interpretieren sei. Für *Es regnet* würde sich dann die Bedeutung ‚S möchte, dass A weiß, dass S glaubt, dass es regnet' ergeben.

Das sieht stark nach einer Glückensbedingung für Assertive aus, wie sie etwa Searle (1971) vorgeschlagen hat. Truckenbrodts Anspruch ist es, eine Theorie der Illokutionszuweisung vorzulegen, aber die Ausführungen dazu, wie eine korrekte Interpretation eines geäußerten Imperativsatzes zum Beispiel als Einladung erfolgt, sind eher impressionistisch (Truckenbrodt 2006a: 266–268). Es bleibt im Grunde bei einer bloßen Festlegung des Illokutionspotenzials, wobei Probleme der Indirektheit ebenfalls nicht berücksichtigt werden.

3 Von der Illokution zur Grammatik

Es ist eine Standardbeobachtung, dass es kein 1:1-Verhältnis zwischen Satztypen und Illokutionen gibt (Reis 1999: 196–197). Typischerweise wird dieser Befund zum Anlass genommen, „naive" Zuordnungen wie zum Beispiel „Der Imperativsatz dient dem Ausdruck direktiver Illokutionen" usw. zurückzuweisen. Dass die mangelnde 1:1-Zuordnung aber eine fundamentale theoretische Erklärung verlangt, wird eher selten anerkannt. Wären nicht Sprachen, in denen es grundsätzlich nur *einen* Satztyp, z. B. den Deklarativsatz gibt, viel ökonomischer? Die benötigten Illokutionen könnten dann via performative Verben oder den Kontext abgeleitet werden. Auf der anderen Seite könnte man sich auch Sprachen vorstellen, in denen jede Illokution durch genau einen Satztyp kodiert wird – doch auch solche Sprachen scheint es nicht zu geben. Die Problematik führt uns in den Bereich der pragmatischen Unterscheidung zwischen direkter und indirekter Verwendung eines Satzes und in die Erläuterung des Begriffs der kontextabhängigen Bedeutung (und damit der Erläuterung, was ein Kontext ist).

Nimmt man die Perspektive der Pragmatik ein, möchte man zum Beispiel eine Illokution ‚Ausruf' annehmen (vgl. Roguska 2008). Es ist eine legitime Frage, durch welche Satztypen oder Konstruktionen ein Ausruf in einer Sprache realisiert werden kann. Es stellt sich heraus, dass dazu eine Reihe von unterschiedlichen Satztypen oder Konstruktionen geeignet sind. Wenn man nun insistiert, dass es einen morphosyntaktisch definierten Satztyp Exklamativsatz gar nicht gibt (vgl. Rosengren 1992, Reis 1999, Roguska 2008 und Artikel 8 in diesem Band) – „Exklamativsätze" sind eigentlich Deklarativ- oder Interrogativsätze – ist der Erklärung der Beziehung zwischen der Illokution Ausruf und dem grammatisch relevanten Formenspektrum auch nicht gedient. Ein Stück weit kann daher eine pragmatische Perspektive auf Satztypen andere Prioritäten setzen als eine derivationelle oder minimalistische Sicht (vgl. Michaelis 2001, König/Siemund 2007 und Artikel 36 in diesem Band).

In der aktuellen theoretischen Diskussion in der Pragmatik spielt der Blick auf die „illokutionären Indikatoren" – und der Satztyp wird implizit als ein solcher angenommen – keine große Rolle. Die Diskussion in der Pragmatik ist vielmehr durch die Auseinandersetzung zwischen semantisch-minimalistischen und pragmatisch-kontextualistischen Ansätzen und der Frage nach der richtigen Abgrenzung zwischen Semantik und Pragmatik bestimmt. In diesen Debatten bezieht man sich meist auf den Deklarativsatz; andere Satztypen geraten nur gelegentlich und unsystematisch in den Blick. Darüber hinaus hat man das fundamentale Problem des indirekten Sprechakts kaum beachtet (siehe aber Kissine 2012) und man hat, was angesichts der Bedeutung der Implikaturentheorie erstaunen mag, wenig zum Verhältnis von Satztypen und Implikaturen zu sagen.

3.1 Semantik/Pragmatik-Schnittstelle

Borg (2010) skizziert die folgenden fünf Ansätze zur Semantik/Pragmatik-Unterscheidung, nämlich Minimale Semantik, Indexikalismus, Kontextualismus, Hinzugefügter-Parameter Ansatz und Okkasionalismus. Ich referiere knapp diese Skizze und gehe dann auf Levinsons (2000) Ansatz ein.
  – Minimale Semantik: Minimale Semantik ist die Sicht, dass formale Semantik sich mit den Wahrheitsbedingungen von Propositionen beschäftigt, die die Kompositionalität und damit die syntaktische Struktur eines Satzes reflektieren. Die einzigen syntaktisch relevanten kontext-sensitiven Ausdrücke sind deiktische Elemente, so dass Minimale Semantik nicht vollkommen kontextfrei ist. Bedeutungsaspekte, die nicht durch Wahrheitsbedingungen erfasst werden, werden durch die Pragmatik abgedeckt. Grice (1989) ist nach dieser Sicht ein Vertreter der Minimalen Semantik. Andere minimale Semantiker sind Borg (2004) und Cappelen/Lepore (2005).
  Einen aktuellen Überblick über minimal-semantische Analysen zu den Interrogativsätzen gibt Krifka (2011), zu den Imperativsätzen siehe Han (2011). Vergleiche dazu auch Lohnstein (Artikel 3 in diesem Band) und Kaufmann

(Artikel 30 in diesem Band) sowie Kaufmann (2011). Während in diesen Ansätzen im Allgemeinen akzeptiert wird, dass es keine 1:1-Beziehung zwischen Satztyp und Illokution gibt, steht nicht dieser Aspekt, sondern die Rekonstruktion einer kontextunabhängigen Bedeutung, z.B. bei den W-Interrogativsätzen die Beziehung zwischen der propositionalen Funktion und einer möglichen kongruenten Antwort, im Fokus des Erkenntnisinteresses.

- Indexikalismus: Indexikalismus unterscheidet sich von der minimalen Semantik dadurch, dass der Anteil syntaktisch lizenzierter Kontextsensitivität ausgeweitet wird (Borg 2010: 98–99). So gibt es Ansätze, in denen weitere „versteckte" indexikalische Variablen angenommen werden. Eine entsprechende Position wird von Stanley (2000, 2005a, b) vertreten.
- Kontextualismus: Kontextualismus ist die Sicht, dass pragmatische Prinzipien bei der Bestimmung von Wahrheitsbedingungen aktiv sind. Es wird bestritten, dass der Weg zur Semantik ausschließlich über die Syntax führt (Borg 2010: 99–100). Vertreter eines solchen Ansatzes sind unter anderem Levinson (2000), Sperber/Wilson ([1986] 1995), Carston (2002), Jaszczolt (2005), Recanati (2010). Man kann sagen, dass trotz aller Unterschiede im Einzelnen die pragmatische Mehrheitsmeinung eine kontextualistische ist. Kontextualistische, post-grice'sche Ansätze konzentrieren sich meist auf Deklarativsätze (siehe aber Wilson/Sperber 1988); die Ableitung indirekter Illokutionen wird meist wie die sonstiger Implikaturen betrachtet.
- Hinzugefügter-Parameter-Ansatz: Der Hinzugefügte-Parameter-Ansatz („Added-Parameters-Approach') behandelt kontextuelles Material wenigstens in einigen Fällen als etwas, was zur Wahrheitsbewertung einer Proposition beiträgt (Borg 2010: 100). Dies gilt zum Beispiel in Bezug auf kontextsensitive Prädikate wie *reich* oder *groß*. Die *Pizza ist groß* kann wahr in einer Situation sein und falsch in einer anderen. Der Nicht-indexikalische Kontextualismus von MacFarlane (2007, 2009) nimmt an, dass solche Sätze keine kontext-invarianten Propositionen haben.
- Schließlich weist der Okkasionalismus die Idee zurück, dass man nur einen sprachlich ausgedrückten Inhalt ausfüllen (oder anreichern) müsse, um auf den vom Sprecher intendierten vollständigen Inhalt zu stoßen. Ein solcher kontext-unabhängiger Inhalt sei nämlich inexistent (Borg 2010: 103). Okkasionalismus ist die radikale Auffassung in der Tradition des späten Wittgenstein, dass es gar keine kontext-unabhängige Bedeutung gebe. Alle Bedeutungen sind grundsätzlich kontextabhängig, weil sie eben nur in Kontexten entstehen. Selbst wenn Äußerungen angereichert werden (zum Beispiel im Fall fehlender Konstituenten wie im Fall von *Ich habe [heute] noch nicht gefrühstückt*), sind diese angereicherten Bedeutungen noch kontextabhängig (cf. Travis 1989). In der Konsequenz des Okkasionalismus liegt es auch, keine

fixen Satzmodi anzunehmen; dagegen hat er mit Problemen der indirekten Illokution im Prinzip weniger Schwierigkeiten, weil diese ja in konkreten Gebrauchssituationen ermittelt werden können.

Borg (2010: 103) schließt ihren kritischen Überblick mit der Bemerkung, „it is really the old warhorses of formal semantics and use-based theories of meaning which remain standing." In der Behandlung der Beziehung zwischen Satztypen und Illokutionen müssen aber beide Perspektiven integriert werden, so dass die Suche nach der Trennungslinie zwischen Semantik und Pragmatik von der genauen Analyse des Satztypenspektrums profitieren dürfte.

In Levinson's (2000: 188) kontextualistischem Modell wird zwischen präsemantischer und postsemantischer Pragmatik unterschieden:

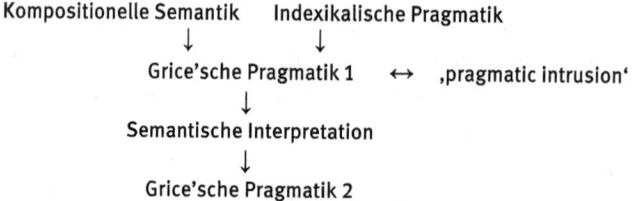

Abb.1: Präsemantische und postsemantische Pragmatik (Levinson 2000)

Die Indexikalische Pragmatik und die Grice'sche Pragmatik 1 sind präsemantische pragmatische Komponenten, während die Grice'sche Pragmatik 2 eine postsemantische Komponente ist. Die Grice'sche Pragmatik 1 betrifft Generalisierte Konversationelle Implikaturen (Disambiguierung, Fixierung der Referenz, usw.), während die Grice'sche Pragmatik 2 sich mit Partikularisierten Konversationellen Implikaturen (Indirektheit, Ironie, Tropen, usw.) beschäftigt.

Über die Abfolge dieser Prozesse ist damit nichts gesagt und es kann sich durchaus um eine einzige pragmatische Komponente handeln. Wichtig ist, dass Implikaturen einen Einfluss auf die Grice'sche Pragmatik 1 haben können und damit präsemantisch sind. Damit liegt ein Eindringen der Pragmatik in den Bereich des Gesagten (‚what is said') vor, denn damit in der Semantischen Interpretation Wahrheitsbedingungen berechnet werden können, müssen pragmatische Prozesse schon abgelaufen sein.

Unter ‚Pragmatic Intrusion' versteht Levinson (2000: 198) das Phänomen, dass Implikaturen einen wesentlichen Beitrag zu den Wahrheitsbedingungen leisten. Insbesondere geht es dabei um ‚Intrusive Constructions' wie z. B. Komparativkonstruktionen, Konditionalsätze und metasprachliche Negation, bei denen die Wahrheitsbedingungen des Ganzen von den Implikaturen ihrer Teile abhängig sind (Levinson 2000: 198). Es gibt verschiedene terminologische bzw. theoretische Vorschläge, dem Phänomen der pragmatisch gesteuerten Anreicherung gerecht zu werden: ‚explicature' (Carston 2002, Capone 2009, Carston 2010), ‚impliciture' (Bach 1999, Garrett/Harnish 2009, Bach 2010), ‚pragmatic intrusion' (Levinson 2000), oder ‚intuitive content' (Recanati 2004).

In dieser ganzen Debatte spielt der Satztyp/Satzmodus so gut wie keine Rolle. Die Standardannahme ist, dass Satztypen in der kompositionellen Semantik behandelt werden. Im Ansatz von Levinson (2000) ist Indirektheit (also auch indirekte Sprechakte) in der Grice'schen Pragmatik 2 zu verorten; Carston (2002) und Recanati (2010: 129–141) scheinen sich des Problems gar nicht bewusst zu sein. Damit vernachlässigen sie aber einen für die Pragmatik ganz zentralen Bezug zwischen Illokution und grammatisch kodiertem Satztyp/Satzmodus.

Am Beispiel des appositiven Relativsatzes kann man die komplexe grammatisch-pragmatische Beziehung zwischen (Neben-) Satztyp und Illokution, d.h. den Bezug zur Semantik-Pragmatik-Schnittstelle, gut veranschaulichen. Pragmatische Eigenschaften von appositiven Relativsätzen (ARS) sind immer wieder, vor allem in Abgrenzung zu den als eher semantisch begriffenen Eigenschaften von restriktiven Relativsätzen (RRS), angeführt worden, aber bisher nicht systematisch in einer pragmatischen Theorie mit definierten Schnittstellen zur Semantik, Syntax und Phonologie behandelt worden (vgl. Blühdorn 2007, Birkner 2008: 13–100).

(2)   a. Alle Elefanten, die ja bekanntlich grau sind, fressen Bohnen. (appositiver Relativsatz)
       b. Diejenigen Elefanten, die grau sind, fressen Bohnen.(restriktiver Relativsatz)

So gilt als prominente pragmatische Eigenschaft von ARS, dass sie informationsstrukturell im Hintergrund des Trägersatzes sind (Lehmann 1984: 273). Oft wird dies auch so ausgedrückt, dass sie eine Nebeninformation liefern, dass ihr Inhalt präsupponiert ist, oder dass sie etwas „Zusätzliches" aussagen (Holler 2005: 55) bzw. eine zusätzliche Bedeutungsdimension, z.B. diejenige der konventionellen Implikatur im Sinne von Potts (2005), einführen. ARS weisen eine eigene Fokus-Hintergrund-Gliederung mit den entsprechenden phonologischen Korrelaten auf (Lötscher 1998, Holler 2007: 253ff.). ARS haben eine eigene Proposition (Brandt 1990) und sind illokutionär selbstständig (Holler 2007: 254f.); sie enthalten einen Kommentar zum Trägersatz bzw. sind mit anderen Funktionen, z.B. solchen der Kontinuativität, Relevanz und Subjektivität (Loock 2007) oder solchen der Ironie (Livnat 2004) verknüpft.

Typischerweise werden als Aspekte, die im Standardfall mit der ARS-Lesart korrelieren, genannt: (a) die Art der Bezugs-NP (Personalpronomen der 1. und 2. Ps. sowie Eigennamen; Demonstrative mit *dies*- und *jen*-, vgl. Birkner 2008:

34f.), (b) die Selektion bestimmter lexikalischer Indikatoren (Modalpartikeln wie *ja*, Diskurspartikeln wie *übrigens*, Satzadverbien wie *bekanntlich*), die landläufig auch als Appositivitätstest verwendet wird, (c) die referenzielle Funktion der Bezugs-NP (bei RRS Einschränkung der Menge möglicher Referenzobjekte, bei ARS Spezifizierung des bereits identifizierten Bezugsnomens), (d) der Skopus von dessen Determinans (RRS stehen im Skopus des gleichen Determinans wie das Bezugsnomen, ARS stehen außerhalb davon, vgl. Lehmann 1984: 263), sowie (e) die Referenzialität des Relativpronomens (bei RRS gebundene Variable, bei ARS referenziell, vgl. Lehmann 1984: 270ff., Holler 2005: 50ff.). Das letztgenannte Kriterium hebt Blühdorn (2007) als besonders verlässlich hervor.

Doch während diese Größen einen Einfluss auf die Lesart als ARS haben können, reichen sie in vielen Fällen nicht aus, um die intendierte Lesart eindeutig zu bestimmen. Zum Beispiel kann die Ambiguität von *Sie hat vier Töchter, die Rechtsanwältinnen wurden* nur kontextabhängig aufgelöst werden (Birkner 2008: 33). Insgesamt zeigt sich, dass pragmatische Aspekte von ARS in der Forschungsliteratur immer wieder genannt werden, dass es aber keine systematische Analyse gibt, die das pragmatische Profil von ARS im Vergleich mit RRS zuverlässig beschreibt und in der Grammatik-Pragmatik-Interaktion verortet.

Auffällig ist auch, dass die Beziehung zwischen Satztyp/Satzmodus und Implikatur vernachlässigt wird (Meibauer 2006). Solche Beziehungen gibt es zum Beispiel bei den von Levinson (2000) behandelten Konditionalsätzen, aber auch bei den Konzessivsätzen (d'Avis 2012). Weitere Fälle werden im Abschnitt 3.3 erwähnt bzw. diskutiert.

Die Interaktion zwischen Satztyp, Wahrheitsbedingungen und konversationeller Implikatur kann am Beispiel der Konzessivsätze verdeutlicht werden (d'Avis 2012). Nach Standardannahmen ist die gesamte konzessive Konstruktion (also Antezedens und Konsequens) wahr, wenn Matrixsatz und eingebetteter Satz beide wahr sind (König 1988, Pasch 1994), vgl. (3a):

(3) a. Ken hat die ganze Nacht gearbeitet, obwohl er todmüde war.
   b. #Obwohl Ken gestern zwei Flaschen Wein getrunken hat, hat er heute Kopfschmerzen.
   c. Ken leidet an Kopfschmerzen und ihm geht es nur gut, wenn er viel Alkohol trinkt. Aber heute hat er Kopfschmerzen, obwohl er gestern zwei Flaschen Wein getrunken hat.

Der konzessive Konnektor *obwohl* bringt allerdings noch eine zusätzliche Bedeutung ins Spiel, die mit den Annahmen des Sprechers über das zusammenhängt, was er für normal hält. Zum Beispiel ist es eine normale Annahme, dass jemand, der todmüde ist, nicht die ganze Nacht arbeitet. Aus solchen Normalitätsannahmen ist die pragmatische Unakzeptabilität (markiert mit dem Rautenzeichen) von

(3b) zu erklären. Bei (pragmatischer) Anreicherung des Kontexts kann der Text jedoch akzeptabel werden, wie in (3c) deutlich wird. Daher kommt die Frage auf, ob die zusätzliche, durch Normalitätsannahmen induzierte Bedeutung zum Bereich des Gesagten (und damit zu den Wahrheitsbedingungen) oder Implikatierten gehört.

Über die Gründe der Vernachlässigung des Bezugs zwischen Satztyp und Implikatur in der Debatte zwischen Minimalismus und Kontextualismus kann hier nur spekuliert werden. Vielleicht spielt eine Rolle, dass Implikaturen sich immer auf Äußerungen beziehen und Äußerungen immer bestimmte Illokutionen haben; für das Konzept der Implikatur schien der Begriff des Satztyps/Satzmodus irrelevant zu sein. Hinzu kommt eine gewisse Vermischung der Begriffe der indirekten Illokution und der Implikatur. Schon Searle (1982b) hatte in seiner Ableitung der indirekten Sprechakte Elemente der Implikaturentheorie, nämlich das Kooperationsprinzip und die Relevanzmaxime, implementiert; andere Forscher haben das, was Searle die primäre Illokution nennt, als Implikatur behandelt. Die Begriffe des (indirekten) Sprechakts und der Implikatur sind jedoch unabhängig motiviert.

3.2 Indirekte Sprechakte

Schon in der traditionellen Benennung der Satztypen (wie zum Beispiel „Aufforderungssatz") ist die Idee angelegt, dass Satztypen (oder „Satzarten") auf Funktionen im Sprachgebrauch bezogen sind. Seit der Entwicklung der Sprechakttheorie geht man von einem Arsenal von Sprechakttypen (Illokutionen) aus, die direkt oder indirekt mit dem Satztyp einer Äußerung verbunden sind. Im größten Teil der Sprechakttheorie spielt dieser Bezug aber nahezu keine Rolle, zumal die üblichen Sprechakttaxonomien keine Parallelität zu den vorhandenen Satztypentaxonomien erkennen lassen. So nehmen die meisten Ansätze nur implizit einen Bezug zwischen Deklarativsatz – Behauptung, E- und W-Interrogativsatz – Frage, Imperativsatz – Aufforderung, Optativsatz – Ausdruck eines Wunschs, Exklamativsatz – Ausruf an und arbeiten den Bezug von Illokutionen zu konkreten Formentsprechungen (abgesehen von signifikanten „illokutionären Indikatoren", wie z. B. Diskurspartikeln) kaum heraus. Auf der anderen Seite wird rasch erkannt und betont (wie auch in der formalen Semantik gang und gäbe), dass es keine 1:1-Zuordnung gebe. Wenn es diese aber nicht gibt, ist auch nicht klar, wie man überhaupt eine direkte Verwendung motivieren kann.

Man sieht an der skizzierten Gegenüberstellung, dass es für viele Sprechakttypen (z. B. das Versprechen, den Gruß, die Taufe) keinen eigenen Satztyp gibt.

Deklarativsätze kodieren auch nicht nur eine Illokution, sondern sind mit einer ganzen Klasse von Sprechakten (assertive Illokutionen: Behauptung, Feststellung, Voraussage ...) kompatibel (vgl. Searle 1982a). Das ist mit dem intuitiven Begriff des „Illokutionspotenzials" eines Satztyps gemeint.

Auf der Seite der Satztypen könnte es auch feinere Satztypenunterscheidungen geben, die für bestimmte Sprechakttypen relevant sind. So könnte man einen disjunktiven Interrogativsatztyp (*Willst du Tee oder Kaffee?*) annehmen, der mit einer Illokution ‚Alternativfrage' einhergeht (vgl. Krifka 2011). Es ist daher deutlich, dass das Standardbild in jeder Hinsicht ein zu grobes ist: Der Notwendigkeit einer differenzierteren Beschreibung der Satztypen entspricht die Notwendigkeit einer feineren Sprechaktklassifikation (vgl. Searle 1982a, Searle/Vanderveken, Bach/Harnish 1979, Rolf 1997, Alston 2000, Zaefferer 2001), wobei besonders auf solche taxonomischen Ansätze hinzuweisen ist, die den Bezug zu Satztypen stärker herausarbeiten (Wunderlich 1986, Zaefferer 2001). Darüber hinaus ist zu erklären, warum die beiden Systeme so verschieden aussehen, warum es also z. B. irreale Wunschsätze gibt, aber keine Versprechenssätze (Hinweis von H. Altmann).

Während für viele Äußerungssituationen die Standardzuordnung gilt, gilt sie für andere nicht. Zum Beispiel kann man mit einer Äußerung wie *Kannst Du mir die Datei runterladen?* sowohl eine Frage stellen als auch eine Aufforderung machen. Es gibt also keine 1:1-Beziehung zwischen Satztyp und Sprechakttyp; die Beziehung kann sowohl direkt sein (wenn *Hans backt eine Pizza* eine Behauptung ist), als auch indirekt (wie wenn mit einem Interrogativsatz eine Aufforderung assoziiert ist). Altmann (1993a) redet in diesem Zusammenhang von „gerader" und „ungerader" Bedeutung.

Das Problem ist als solches bekannt, aber es wird nicht gelöst. In generativen wie in nicht-generativen Ansätzen nimmt man gerne einen „Sprung" von der Ebene der Semantik zur Ebene des Sprechakts an. Kontextfaktoren können so stark sein, dass sie die Semantik eines Satztyps deaktivieren. Der Mechanismus, der dies schafft, ist vermutlich einer der pragmatischen Inferenz, vielleicht vom Typ der konversationellen Implikatur (Searle 1982b, Bach/Harnish 1979). Zum Beispiel wird der E-Interrogativsatz *Können Sie mir sagen, wo das Kurhaus ist?* pragmatisch wie eine Ergänzungsfrage *Wo ist das Kurhaus?* interpretiert. Auslöser dieser Uminterpretation ist die Erkenntnis des Angesprochenen, dass nicht sein Wissen per se von Interesse ist, sondern die Mitteilung dieses Wissens. Andere Forscher haben Indirektheit mit Blockierung in Zusammenhang gebracht (Asher/Lascarides 2001); in einem indirekten Sprechakt ist die direkte Bedeutung aus verschiedenen Gründen „blockiert". Mit Sicherheit spielt auch der Aspekt der Höflichkeit eine Rolle bei der Erklärung der indirekten Sprechakte (vgl. Meibauer 2001: 114 ff., Terkourafi 2012).

Zwei Verfahren, sich dem Problem zu nähern, müssen erwähnt werden. Das eine ist, die Semantik von Satztypen so allgemein anzusetzen, dass zum Beispiel die Äußerung eines Imperativsatzes kompatibel mit der Realisierung der unterschiedlichen Sprechakte der Bitte, Drohung, des Ratschlags usw. ist (Artikel 6 in diesem Band, Kaufmann 2011, Kissine 2012). Zum Beispiel wäre das Element der Zukunftsbezogenheit (eine zukünftige mögliche Welt) so ein generelles Element eines imperativischen Satzmodus. Ein anderer Ansatz ist, für viele Fälle der Indirektheit von Standardisierung auszugehen (vgl. Morgan 1978, Bach/Harnish 1979). So könnte man die Frage *Könnte ich mal das Salz haben?* als standardisiert oder konventionell festgelegt für die Aufforderung betrachten, so dass eine Uminterpretation des E-Interrogativsatzes entfallen würde.

Das Problem der Umdeutung von Sprechakten kann damit aber nicht gelöst werden. Bei rhetorischen Fragen wie zum Beispiel *Wer will das schon?* muss eine fragesspezifische Semantik zugrundegelegt werden (zu dieser siehe Artikel 3 in diesem Band und Krifka 2011). Dennoch, wenn diese Frage als rhetorische begriffen wird, handelt es sich eher um eine Behauptung (Meibauer 1986). Man muss also erklären, inwiefern eine mit einem bestimmten Satztyp verbundene semantische Repräsentation deaktiviert werden kann. Auch neuere Arbeiten wie Kissine (2010) und Jary (2010) haben hier keine überzeugende Lösung anzubieten.

Dass indirekte Sprechakte von Anreicherung abhängig sein können, lässt sich an einem Beispiel zeigen, das auf Travis (1989: 18–19) zurückgeht (vgl. Borg 2010: 96, die es als ein typisches „Kontextwechselargument" im Sinne von Cappelen/Lepore 2005 präsentiert). Die Leserin und der Leser mögen sich ein Szenario mit einem Kühlschrank vorstellen, der nur eine kleine Milchpfütze enthält. Nun vergleiche man die beiden folgenden Kontexte (meine Übersetzung – im Englischen ist die verwendete Konstruktion *There is milk in the fridge*).

(4) a. Kontext 1: Hugo rührt niedergeschlagen in einer Tasse schwarzen Kaffees. Als Odile das bemerkt, sagt sie *Im Kühlschrank ist Milch*.
     b. Kontext 2: Hugo hat den Kühlschrank gereinigt. Odile öffnet die Kühlschranktür und sagt *Im Kühlschrank ist Milch*.

Während die Äußerung von Odile in beiden Kontexten die gleiche ist, können sich die Wahrheitswerte unterscheiden. Im ersten Kontext ist das Gesagte falsch, im zweiten Kontext wahr. Dies hängt damit zusammen, dass im ersten Kontext *milk* so angereichert werden muss, dass es so etwas wie ‚milk in a bottle that can be used for coffee' bedeutet. Mit dieser Anreicherung wiederum sind unterschiedliche Sprechakte verknüpft, nämlich Ratschlag vs. Vorwurf.

3.3 Implikaturen

Soweit ich sehe, ist das Konzept der Implikatur in der bisherigen linguistischen Forschung zum Satztyp/Satzmodus insbesondere an den folgenden Satztypen diskutiert worden: (a) W-Interrogativsätze: die Existenzimplikatur (Reis 1991, Jacobs 1991, Meibauer 1991); (b) negierte E-Interrogativsätze: nicht-propositionale Negation (Meibauer 1990, Portner/Zanuttini 2000, Romero/Han 2003, Repp, erscheint); (c) (W)-Echosätze: Ableitung der Fragegeltung (Reis 1991, 1992 und Artikel 5 in diesem Band); (d) Infinite Nominativkonstruktionen: Ableitung der Modalbedeutung (Reis 1995); (e) negierte W-Exklamativsätze: nicht-propositionale Negation (Portner/Zanuttini 2000, Roguska 2008). Zu dieser Liste ließen sich auch noch Konditionalsätze und Konzessivsätze hinzufügen (siehe oben). Aus Platzgründen gehe ich hier nur auf (i) die negierten E-Interrogativsätze und die W-Exklamativsätze sowie (ii) die (W-)Echosätze ein.

(i) *Negierte Interrogativsätze und W-Exklamativsätze*: Ein konkretes Modell des Satztyp-Implikatur-Verhältnisses entwickeln Portner/Zanuttini (2000) anhand negierter Interrogativsätze und Exklamativsätze (vgl. auch Zanuttini/Portner 2003). In mehreren Sprachen gibt es Negationsausdrücke, welche anscheinend keine negierende Kraft haben, wenn sie in bestimmten Satztypen vorkommen. Hier betrachten wir Beispiele aus dem Deutschen. In (5a) finden wir eine Ambiguität zwischen einer negierenden und einer „modalen" Lesart:

(5) a. Ist das nicht interessant? (E-Interrogativsatz)
　　 b. Was weiß sie nicht alles! (W-Exklamativsatz)

Im Prinzip gibt es zwei Strategien, diese Ausdrücke zu analysieren. Die erste besteht darin, diese Art der Negation als nicht-negierend, nicht-propositional oder expletiv von der normalen Negation abzugrenzen. Für das Deutsche wurde z.B. angenommen, dass es sich bei dem entsprechenden *nicht* keineswegs um das Negationselement, sondern um eine zu diesem homonyme Modalpartikel handele (Brauße 1994).

Die zweite besteht darin, durchaus von dem gewöhnlichen Negationselement und seiner Negationsbedeutung auszugehen, aber bestimmte semantische und/oder pragmatische Mechanismen der Umdeutung anzunehmen, die zu dem nicht-negierenden, „modalen" Effekt führen, den wir in Sätzen wie unter (5) beobachten können. Diese Annahme habe ich in Meibauer (1990) vertreten.

Beide Ansätze müssen u.a. erklären können, (a) warum nicht-propositionales *nicht* nicht betonbar ist, (b) warum es in E-Interrogativsätzen rechtsadjazent zum Finitum auftreten kann und dort nicht-ambig ist (c) warum es nicht zu *kein* verschmelzen kann, (d) wie es in W-Exklamativsätzen mit *alles* interagiert, und

(e) last but not least, welche Affinität es zu E-Interrogativsätzen und W-Exklamativsätzen hat.

Der Ansatz von Portner/Zanuttini (2000), bezogen auf das Paduanische, baut auf dem Ansatz von Meibauer (1990) auf. Portner und Zanuttini gehen davon aus, dass Exklamative grundsätzlich faktiv (= nicht beantwortbar) sind. Ein faktiver Operator besetzt in Exklamativsätzen eine CP^2-Position; W-Interrogativsätze besitzen nur eine CP^1-Position, in die sich das *w*-Element bewegt. Ferner wird eine Karttunen-Semantik zugrunde gelegt, d. h. die Bedeutung von Interrogativsätzen besteht in der Menge der wahren Antworten (Karttunen 1977). Das Negationselement (im Paduanischen das Element *no*) löst eine konventionelle Implikatur aus, derzufolge das niedrigste Element aus einer kontextuell gegebenen Skala alternativer Elemente wahr ist. Zum Beispiel ergibt sich in einem bestimmten Kontext für den W-Exklamativsatz *Cossa no gehe dise-lo!* (,Was für Dinge er ihm erzählt!') die folgende Skala (*no* ist das Negationselement, *lo* ist ein Subjektklitikum):

(6) <er erzählte nicht, das er einen Mord beging; er erzählte nicht, dass er Eheprobleme hat; er erzählte nicht, dass er seinen Nachbarn nicht ausstehen kann; er erzählte nicht, dass es ein schöner Tag ist>

Auf der Skala in (6) sind die einzelnen Elemente nach Erwartbarkeit (,expectedness') geordnet. Das linke (niedrigste) Element ist am wenigstens erwartbar, das rechte Element am meisten erwartbar. Die konventionelle Implikatur ist in diesem Fall, dass das linke Element wahr ist. Es wird aber nicht gesagt (im Sinne von ,what is said'), dass er einen Mord begangen hat, es wird (konventionell) implikatiert. Der Bedeutungsbeitrag von *no* ist ganz klar negierend. Es kann sich also nicht um eine expletive Negation handeln.

Die Skalen variieren in Abhängigkeit von dem jeweiligen Satztyp (also W-Interrogativ vs. W-Exklamativ) bzw. dessen Struktur. Damit wird ein direkter Zusammenhang zwischen der Implikatur von Sätzen und ihrer unterschiedlichen Satzstruktur angenommen, der empirisch überprüfbar sein sollte.

Einige Schwierigkeiten, die sich in Bezug auf diesen Ansatz abzeichnen, sollen hier angedeutet werden (vgl. ausführlich Roguska 2008). Erstens ist für das Deutsche umstritten, ob es überhaupt einen eigenen Satztyp Exklamativsatz gibt. Zum Beispiel vertritt d'Avis (2001 und Artikel 8 in diesem Band) die Auffassung, dass sogenannte W-Exklamativsätze eigentlich W-Interrogativsätze sind. Bestimmte syntaktische, lexikalische und prosodische Eigenschaften dieser Sätze ermöglichen ihre Verwendung als Exklamationen (Ausrufe).

Zweitens ist fraglich, ob Faktivität das entscheidende Kriterium für Exklamativsätze ist, und dieses Kriterium ein Korrelat in der syntaktischen Struktur von Exklamativsätzen hat (vgl. Abels 2010). Man könnte hier argumentieren, dass die

Nicht-Beantwortbarkeit (wenn sie denn zutrifft) ausschließlich eine semantische oder pragmatische Angelegenheit ist. Darüber hinaus scheint das härteste Argument für einen eigenen Satztyp Exklamativsatz im Deutschen der (nicht-fokussierende) Exklamativakzent zu sein, der aber für die Konstitution von Satztypen in generativen Ansätzen keine Rolle spielt (z.B. Rosengren 1992).

Ob es sich bei den oben angesprochenen Implikaturen um konventionelle Implikaturen handelt, muss ebenfalls überprüft werden, zumal der Begriff der konventionellen Implikatur selbst ungeklärt ist (Bach 1999, Potts 2005, McCready 2010). Ferner ist zu fragen, ob es sich überhaupt um Implikaturen handelt, oder nicht vielmehr um Explikaturen, also Fälle angereicherter Bedeutung (Carston 2002). Auch der Vorgang der Gewinnung relevanter Skalen aus dem Gesprächskontext muss näher untersucht werden.

(ii) *Echo-W-Sätze*: Die Echo-W-Sätze wie z.B. *Du hast WEN gesehen?* als Antwort auf die Mitteilung *Ich habe gestern Madonna gesehen* sind für Reis (1991, 1992 und Artikel 5 in diesem Band) kein eigener Satztyp, kein W-Interrogativsatztyp und kein ‚Mischtyp', sondern es handelt sich um „reguläre Vertreter beliebiger Satztypen"; die Echo-Fragegeltung wird als konversationelle Implikatur gedeutet, die über eine durch das w-Wort angezeigte und hervorgehobene Offenheitskomponente abgeleitet wird. Reis (1991: 72) schlägt einen pragmatischen Schlussprozess zur Ableitung des Fragecharakters vor, wobei sie auf generelle Prinzipien wie „Wer X als Mangel empfindet, wünscht, daß nicht-X" und „Wünsche soll man erfüllen, wenn dem nichts entgegensteht" rekurriert und auf die Grice'sche Quantitäts- und Relevanzmaxime anspielt.

Problematisch ist dabei zweierlei: Einmal scheinen auch ganz normale W-Interrogativsätze mit dieser Ableitung kompatibel zu sein; dann ist aber auch unklar, inwiefern Echo-W-Sätze immer diese Fragegeltung aufweisen, was der Idee der Implikatur klar zuwiderläuft.

Gegen Reis argumentiert Oppenrieder (1991), dass es sich bei dem W-Echo-Satz um einen Mischtyp handelt, für welchen eine eigene intonatorische Form kennzeichnend ist. Umstritten bzw. ungeklärt ist hier nicht nur, inwiefern intonatorische Eigenschaften bei der Satztypenbestimmung ausschließlich pragmatisch von Interesse sind, sondern auch welchen Status die entsprechenden Implikaturen haben sollen (z.B. als konventionelle vs. konversationelle Implikaturen). Auch die Übertragbarkeit auf andere Fälle, z.B. auf die sog. Sekundärfragen/assertiven Fragen wie *Du kommst doch?*, muss in diesem Zusammenhang überprüft werden (vgl. Gunlogson 2001, Poschmann 2009). Insgesamt wird deutlich, dass das Konzept der Implikatur zum Teil als ein bloßes Hilfskonzept eingesetzt wird. In Meibauer (2009) habe ich gezeigt, dass die Auslösung von Implikaturen in bestimmten Standardfällen wie der skalaren Implikatur oder

der äquativen Tautologie satztypenabhängig ist, so dass es durchaus Anlass zu einer systematischeren Reflexion des Bezugs zwischen Implikatur und Satztyp gibt.

4 Weitere Probleme

4.1 Explizit performative Äußerungen

Searle (1971) geht in seiner Sprechakttheorie davon aus, dass es für jede Illokution gewisse illokutionäre Indikatoren gibt, also solche sprachlichen Mittel, mit denen ein Hörer erkennen kann, welche Illokution der Sprecher intendiert hat. Der Satztyp ist für ihn ein solcher illokutionärer Indikator. Ein weiterer ist das performative Verb, wie zum Beispiel *Ich verspreche Dir, zur Party zu kommen*, das schon aufgrund seiner lexikalischen Bedeutung einen Bezug zur Illokution des Versprechens aufweist. Man beachte, dass der Satztyp explizit performativer Konstruktionen typischerweise der Deklarativsatz ist. Man sieht daran, dass es zu einem Indizierungskonflikt kommen kann, da ja Deklarativsätze normalerweise assertive Sprechakte indizieren. Man hat argumentiert, dass die einen Indikatoren (explizit performativ gebrauchte Verben) die anderen (Satztypen) unter gewissen Bedingungen dominieren können (Sökeland 1980).

Entsprechend gibt es eine langjährige Forschung zu der Frage, ob explizit performative Konstruktionen als direkt oder indirekt aufzufassen sind (vgl. Bach 1975, Bach/Harnish 1992, Reimer 1995, Searle 1989, Grewendorf 2002). Zum Beispiel wurde vermutet, dass alle explizit performativen Sprechakte zugleich Feststellungen seien (Bach 1975), oder dass sie zugleich Deklarationen seien (Searle 1989). Unter anderem spielt bei dieser Debatte eine Rolle, ob es eine Ambiguität zwischen der performativen und der deskriptiven Lesart geben kann und welcher Rolle der selbstbezügliche Indikator *hiermit* dabei hat. Eine gute Übersicht über das Performativitätspuzzle findet sich bei Harnish (2007).

4.2 Verum-Fokus

Ein zuerst von Höhle (1992) beschriebenes Phänomen, das an der Schnittstelle zwischen Satztyp und Informationsstruktur liegt, ist der Verum-Fokus. Unter Verum-Fokus versteht Höhle (1992: 112) eine Art von Fokus, dessen Aufgabe die „Hervorhebung der Bekundung der Wahrheit eines Gedankens" ist. Dies sieht man zum Beispiel in der Antwort *Ollie HAT die Katze gefüttert* auf die Frage *Ist es wirklich wahr, dass Ollie die Katze gefüttert hat?* Verum-Fokus kommt auch bei

E-Interrogativsätzen und W-Interrogativsätzen vor, wobei der Fokusakzent immer auf dem finiten Verb liegt. Darüber hinaus kann der Verum-Fokus in unselbstständigen *dass-*, *w-* und *d*-eingeleiteten Sätzen stehen, wobei entweder das Einleitungselement oder das Finitum fokussiert wird.

Die generelle Frage ist, ob es ein Bedeutungselement „VERUM" gibt, das sich qua Akzent auf dem finiten Verb oder den Einleitungselementen manifestiert, wo dieses Element in der syntaktischen und semantischen Struktur zu lokalisieren ist und wie es mit der „Bekundungsfunktion" zusammenhängt.

Lohnstein (2012) argumentiert, dass VERUM sich weder auf Finitheitsmerkmale des Verbs noch auf Eigenschaften der Einleitungselemente beziehen lasse. Vielmehr sei der Verum-Fokus ein Kontrastfokus, dessen Aufgabe es sei, Alternativen in der Diskurssituation zu reduzieren (vgl. auch Repp, erscheint). Es ließe sich auch argumentieren, dass Verum-Fokus mit dem Grad der Verpflichtung des Sprechers auf den propositionalen Gehalt zu tun hat. (Eine Verum-Analyse nehmen auch Romero/Han 2003 bei der Analyse englischer negierter E-Interrogativsätze an; zur Kritik siehe Roguska 2008: 150.).

5 Zusammenfassung

Als fundamentales Problem bei der Modellierung des Verhältnisses zwischen Satztyp, Satzmodus und Illokution wurde dargestellt, dass es einerseits keine 1:1-Beziehung zwischen Satztyp und Illokution gibt, dass anderseits diese mangelnde Beziehung ein massives Erklärungsproblem zeitigt. Dies gilt aus der Perspektive der Grammatiktheorie, gleich ob generative oder nicht-generative, Zuordnungs- oder Derivationsansätze, genauso wie aus der Perspektive der Pragmatiktheorie, die sich zu sehr auf das Problem der unterdeterminierten Propositionen (typischerweise von Deklarativsätzen) kapriziert hat, ohne dem Problem des Satzmodus (der durch den Satztyp kodierten Bedeutung) größere Beachtung zu schenken. Neben einer Reflexion des Problems der Illokutionszuweisung und der Reflexion der Beziehung zwischen Satztyp und Implikatur scheint eine genauere theoretische Reflexion des Kontextbegriffs angebracht (vgl. Meibauer 2012a, b), denn dieser wird oft einfach vorausgesetzt, ohne genau begründet zu werden. Für die Beschreibung der direkten versus indirekten Geltung von Sprechakten ist dies aber fahrlässig. Es ist zu hoffen, dass Fortschritte in der experimentellen Pragmatik uns nähere Aufschlüsse über die Interpretation von Satztypen mit Sprechaktgeltung in Kontexten geben können. Die derzeitige Orientierung an der Grice'schen Unterscheidung zwischen ‚what is said' und ‚what is implicated' (siehe Doran et al. 2012) erscheint manchmal als Rückschritt gegenüber klassischen Modellierungsversuchen des Verhältnisses zwischen

Satztyp und Sprechakt/Implikatur, ob sie nun eher die Perspektive der Grammatik oder die der Pragmatik einnehmen.

6 Literatur

Abels, K. (2010): Factivity in Exclamatives is a Presupposition. In: Studia Linguistica 64, 141–157.
Abbott, B. (2004): Definiteness and Indefiniteness. In: Horn, L.R./Ward, G. (Hgg.), The Handbook of Pragmatics. Oxford: Blackwell, 122–149.
Allan, K./Jaszczolt, K.M. (Hgg.) (2012): The Cambridge Handbook of Pragmatics. Cambridge: Cambridge University Press.
Alston, W.P. (2000): Illocutionary Acts and Sentence Meaning. Ithaca, NY: Cornell University Press.
Altmann, H. (1993a): Satzmodus. In: Jacobs, J./ Stechow, A. von/Sternefeld, W./Vennemann, T. (Hgg.), Syntax. Ein internationales Handbuch zeitgenössischer Forschung. Berlin: de Gruyter, 1006–1029.
Altmann, H. (1993b): Fokus-Hintergrund-Gliederung und Satzmodus. In: Reis, M. (Hg.), Wortstellung und Informationsstruktur. Tübingen: Niemeyer, 1–38.
Asher, N./Lascarides, A. (2001): Indirect Speech Acts. In: Synthese 128, 183–228.
Bach, K. (1975): Performatives are Statements too. In: Philosophical Studies 28, 229–236.
Bach, K. (1999): The Myth of Conventional Implicature. In: Linguistics and Philosophy 22, 327–366.
Bach, K. (2010): Impliciture vs Explicature: What's the Difference? In: Soria, B./Romero, E. (Hgg.), Explicit Communication. Robyn Carston's Pragmatics. Basingstoke: Palgrave Macmillan, 126–137.
Bach, K./Harnish, R.M. (1979): Linguistic Communication and Speech Acts. Cambridge, MA.: MIT Press.
Bach, K./Harnish, R.M. (1992): How performatives really work: A reply to Searle. In: Linguistics and Philosophy 15, 93–110.
Beyssade, C./Marandin, J.-M. (2006): The Speech Act Assignment Problem Revisited: Disentangling Speaker's Commitment from Speaker's Call on Addressee. In: Bonami, O./Cabredo Hofherr, P. (Hgg.), Empirical Issues in Syntax and Semantics 6. Paris: CSSP, 37–68.
Bierwisch, M. (1980): Semantic Structure and Illocutionary Force. In: Searle, J.R./Kiefer, F./Bierwisch, M. (Hgg.), Speech Act Theory and Pragmatics. Dordrecht: Reidel, 1–35.
Birkner, K. (2008): Relativ(satz)konstruktionen im gesprochenen Deutsch. Syntaktische, prosodische, semantische und pragmatische Aspekte. Berlin/New York: de Gruyter.
Blühdorn, H. (2008): Zur Struktur und Interpretation von Relativsätzen. In: Deutsche Sprache 35, 287–314.
Borg, E. (2004): Minimal semantics. Oxford: Oxford University Press.
Borg, E. (2010): Meaning and Context: A Survey of a Contemporary Debate. In: Whiting, D. (Hg.), The Later Wittgenstein on Language. Basingstoke: Palgrave Macmillan, 96–113.
Brandt, M. (1990): Weiterführende Nebensätze: Zu ihrer Syntax, Semantik und Pragmatik. Stockholm: Almqvist & Wiksell.
Brandt, M./Reis, M./Rosengren, I./Zimmermann, I. (1992): Satztyp, Satzmodus und Illokution. In: Rosengren, I. (Hg.), Satz und Illokution. Bd. I. Tübingen: Niemeyer, 1–90.
Brauße, U. (1994): Lexikalische Funktionen der Synsemantika. Tübingen: Narr.
Capone, A. (2009): Are Explicatures Cancellable? Toward a Theory of the Speaker's Intentionality. In: Intercultural Pragmatics 6 (1), 55–84.

Cappelen, H./Lepore, E. (2005): Insensitive Semantics: A Defense of Semantic Minimalism and Speech Act Pluralism. Oxford: Blackwell.

Carston, R. (2002): Thoughts and Utterances. The Pragmatics of Explicit Communication. Oxford: Blackwell.

Carston, R. (2010): Explicit Communication and ‚Free' Pragmatic Enrichment. In: Soria, B./Romero, E. (Hgg.), Explicit Communication. Robyn Carston's Pragmatics. Basingstoke: Palgrave Macmillan, 217–285.

Cummings, L. (Hg.), (2010): The Pragmatics Encyclopedia. London/New York: Routledge.

d'Avis, F. (2001): Über w-Exklamativsätze im Deutschen. Tübingen: Niemeyer.

d'Avis, F. (2012): Normalität und Sprache – Normalvorstellungen und ihre Rolle in bestimmten Konstruktionen des Deutschen. Unveröffentlichtes Manuskript, Johannes Gutenberg-Universität Mainz.

Doran, R./Ward, G./Larson, M./McNabb, Y./Baler, R.E. (2012): A Novel Experimental Paradigm for Distinguishing Between What is Said and What is Implicated. In: Language 88, 124–154.

Gärtner, H.-M. (2002): On the Force of V2 Declaratives. In: Theoretical Linguistics 28, 33–42.

Garrett, M./Harnish, R.M. (2009): Q-Phenomena, I-Phenomena and Impliciture: Some Experimental Pragmatics. In: International Review of Pragmatics 1, 84–117.

Gazdar, G. (1981): Speech Act Assignment. In: Joshi, A./Webber, B./Sag, I. (Hgg.), Elements of Discourse Understanding. Cambridge: Cambridge University Press, 64–83.

Grewendorf, G./Zaefferer, D. (1991): Theorien der Satzmodi. In: Stechow, A. von/Wunderlich, D. (Hgg.), Semantik. Ein internationales Handbuch der zeitgenössischen Forschung. Berlin: de Gruyter, 270–286.

Grewendorf, G. (2002): How Performatives don't Work. In: Grewendorf, G./Meggle, G. (Hgg.), Speech Acts, Mind, and Social Reality. Discussions with John R. Searle. Dordrecht: Kluwer, 25–39.

Grice, P. (1989 [1975]): Logic and Conversation. In: Grice, P., Studies in the Way of Words. Cambridge, Mass.: Harvard University Press, 22–40.

Gunlogson, C. (2001): True to Form: Rising and Falling Declaratives as Questions in English. PhD Diss. University of California at Santa Cruz.

Gutzmann, D. (2011): *Ob einer wohl recht hat?* Zwei Satzmodustheorien für das Deutsche im Vergleich. In: Deutsche Sprache 39, 65–84.

Han, C.-H. (2011): Imperatives. In: Heusinger, K. von/Maienborn, C./Portner, P. (Hgg.), Semantics. An International Handbook of Natural Language Meaning. Vol. 2. Berlin: de Gruyter Mouton, 1785–1804.

Harnish, R.M. (1994): Mood, Meaning and Speech Acts. In: Tsohatzidis, S.L. (Hg.), Foundations of Speech Act Theory. London: Routledge, 407–459.

Harnish, R.M. (2007): Performative Utterances: Seven Puzzles. In: Lodz Papers in Pragmatics 3, 3–21.

Höhle, T.N. (1992): Über Verum-Fokus im Deutschen. In: Jacobs, J. (Hg.), Informationsstruktur und Grammatik (Linguistische Berichte, Sonderheft 4). Opladen: Westdeutscher Verlag, 112–141.

Holler, A. (2005): Weiterführende Relativsätze. Empirische und theoretische Aspekte. Berlin: Akademie Verlag.

Holler, A. (2007): Uniform oder different? Zum syntaktischen Status nicht-restriktiver Relativsätze. In: Deutsche Sprache 35, 250–270.

Horn, L.R./Ward, G. (Hgg.) (2004): The Handbook of Pragmatics. Oxford: Blackwell.

Jacobs, J. (1991): Implikaturen und ‚alte Information' in w-Fragen. In: Reis, M./Rosengren, I. (Hgg.), Fragesätze und Fragen. Tübingen: Niemeyer, 201–221.

Jacobs, J. (2008): Wozu Konstruktionen? In: Linguistische Berichte 213, 3–44.
Jary, M. (2010): Assertion. Basingstoke: Palgrave Macmillan.
Jaszczolt, K.M. (2005): Default Semantics: Foundations of a Compositional Theory of Acts of Communication. Oxford: Oxford University Press.
Karttunen, L. (1977): Syntax and Semantics of Questions. In: Linguistics and Philosophy 1, 3–44.
Kaufmann, M. (2011): Interpreting Imperatives. Heidelberg: Springer.
Kissine, M. (2012): Sentences, Utterances, and Speech Acts. In: Allan, K./Jaszczolt, K.M. (Hgg.), The Cambridge Handbook of Pragmatics. Cambridge: Cambridge University Press, 169–190.
König, E. (1988): Concessive Connectives and Concessive Sentences: Cross Linguistic Regularities and Pragmatic Principles. In: Hawkins, J. (Hg.), Explaining Language Universals. Oxford: Basil Blackwell, 145–185.
König, E./Siemund, P. (2007): Speech Act Distinctions in Grammar. In: Shopen, T. (Hg.), Language Typology and Syntactic Description. Cambridge: Cambridge University Press, 276–324.
Krifka, M. (2011): Questions. In: Heusinger, K. von/Maienborn, C./Portner, P. (Hgg.), Semantics. An International Handbook of Natural Language Meaning. Vol. 2. Berlin: de Gruyter Mouton, 1742–1784.
Lehmann, C. (1984): Der Relativsatz: Typologie seiner Strukturen, Theorie seiner Funktionen, Kompendium seiner Grammatik. Tübingen: Narr.
Levinson, S. (1983): Pragmatics. Cambridge: Cambridge University Press.
Levinson, S. (2000): Presumptive Meanings. The Theory of Generalized Conversational Implicature. Cambridge, Mass.: MIT Press.
Livnat, Z. (2004): On Verbal Irony, Meta-linguistic Knowledge and Echoic Interpretation. In: Pragmatics & Cognition 12, 57–70.
Lötscher, A. (1998): Die textlinguistische Interpretation von Relativsätzen. In: Deutsche Sprache 26, 97–120.
Lohnstein, H. (2000): Satzmodus – kompositionell. Zur Parametrisierung der Modusphrase im Deutschen. Berlin: Akademie Verlag.
Lohnstein, H. (2007): On Clause Types and Sentential Force. In: Linguistische Berichte 209, 63–86.
Lohnstein, H. (2012): Verumfokus – Satzmodus – Wahrheit. In: Blühdorn, H./Lohnstein, H. (Hgg.), Wahrheit – Fokus – Negation. Linguistische Berichte, Sonderheft 18. Hamburg: Buske, 31–67.
Loock, R. (2007): Appositive Relative Clauses and their Functions in Discourse. In: Journal of Pragmatics 39, 336–362.
MacFarlane, J. (2007): Semantic Minimalism and Nonindexical Contextualism. In: Preyer, G./Peter, G. (Hgg.), Context-Sensitivity and Semantic Minimalism: New Essays on Semantics and Pragmatics. Oxford: Oxford University Press, 240–50.
MacFarlane, J. (2009): Nonindexical Contextualism. In: Synthese 166, 231–250.
McCready, E. (2010): Varieties of Conventional Implicature. In: Semantics & Pragmatics 3, 1–57.
Meibauer, J. (1986): Rhetorische Fragen. Tübingen: Niemeyer.
Meibauer, J. (1990): Sentence Mood, Lexical Categorial Filling and Non-propositional *nicht* in German. In: Linguistische Berichte 130, 441–465.
Meibauer, J. (1991): Existenzimplikaturen bei rhetorischen W-Fragen. In: Reis, M./Rosengren, I. (Hgg.), Fragen und Fragesätze. Tübingen: Niemeyer, 223–242.
Meibauer, J. (2001): Pragmatik. Eine Einführung. 2. Aufl. Tübingen: Stauffenburg.

Meibauer, J. (2006): Implicature. In: Brown, K. (Hg.), Encyclopedia of Language and Linguistics. 2nd ed. Vol. 5. Oxford: Elsevier, 568–580.
Meibauer, J. (2009): Satzmodus und Implikatur. In: Brdar-Szabó, R./Knipf-Komlósi, E./Péteri, A. (Hgg.), An der Grenze zwischen Grammatik und Pragmatik. Frankfurt/Main: Lang, 133–149.
Meibauer, J. (2012a): Pragmatic Evidence, Context, and Story Design. An Essay on Recent Developments in Experimental Pragmatics. In: Language Sciences 34, 768–776.
Meibauer, J. (2012b): What is a Context? Theoretical and Empirical Evidence. In: Finkbeiner, R./Meibauer, J./Schumacher, P.B. (Hgg.), What is a Context? Linguistic Approaches and Challenges. Amsterdam: Benjamins, 9–32.
Mey, J.L. (Hg.) (2009): Concise Encyclopedia of Pragmatics. 2nd ed. Amsterdam: Elsevier.
Michaelis, L. (2001): Exclamative Constructions. In: Haspelmath, M./König, E./Österreicher, W./Raible, W. (Hgg.), Language Typology and Language Universals. Berlin: de Gruyter, 1038–1050.
Morgan, J.L. (1978): Two Types of Convention in Indirect Speech Acts. In: Cole, P. (Hg.), Syntax and Semantics. Bd. IX: Pragmatics. New York: Academic Press, 261–280.
Oppenrieder, W. (1991): Zur intonatorischen Form deutscher Fragesätze. In: Reis, M./Rosengren, I. (Hgg.), Fragesätze und Fragen. Tübingen: Niemeyer, 243–261.
Pasch, R. (1994): Konzessivität von *wenn*-Konstruktionen. Tübingen: Narr.
Platzack, C./Rosengren, I. (1998): On the Subject of Imperatives. A Minimalist Account of the Imperative Clause. In: Journal of Comparative Germanic Linguistics 1, 177–224.
Portner, P./Zanuttini, R. (2000): The Force of Negation in Wh Exclamatives and Interrogatives. In: Horn, L.R./Kato, Y. (Hg.), Negation and Polarity: Syntactic and Semantic Perspectives. Oxford: Oxford University Press, 193–231.
Poschmann, C. (2009): Echo-Fragen. Eine fokusbasierte Metarepräsentationsanalyse. Dissertation, Johannes Gutenberg-Universität Mainz.
Potts, C. (2005): The Logic of Conventional Implicature. Oxford: Oxford University Press.
Recanati, F. (2004): Literal Meaning. Cambridge: Cambridge University Press.
Recanati, F. (2010): Truth-conditional Pragmatics. Cambridge: Cambridge University Press, 1–26.
Reimer, M. (1995): Performative Utterances. A Reply to Bach and Harnish. In: Linguistics and Philosophy 18, 655–675.
Reis, M. (1991): Echo-w-Sätze und Echo-w-Fragen. In: Reis, M./Rosengren, I. (Hgg.), Fragesätze und Fragen. Tübingen: Niemeyer, 49–76.
Reis, M. (1992): Zur Grammatik und Pragmatik von Echo-w-Fragen. In: Rosengren, I. (Hg.), Satz und Illokution. Bd. I. Tübingen: Niemeyer, 213–262.
Reis, M. (1995): Über infinite Nominativkonstruktionen im Deutschen. In: Önnerfors, O. (Hg.), Festvorträge anläßlich des 60. Geburtstags von Inger Rosengren (= Sonderheft von Sprache und Pragmatik.). Lund, 114–156.
Reis, M. (1999): On Sentence Types in German. An Enquiry into the Relationship between Grammar and Pragmatics. In: Interdisciplinary Journal for Germanic Linguistics and Semiotic Analysis 4, 195–236.
Repp, S. (i.E.): Common Ground Management: Modal Particles, Illocutionary Negation and VERUM. In: Gutzmann, D./Gärtner, H.-M. (Hgg.), Expressives and Beyond. Explorations of Conventional Non-Truth-Conditional Meaning. Oxford: Oxford University Press.
Rizzi, L. (1997): The Fine Structure of the Left Periphery. In: Haegeman, L. (Hg.), Elements of Grammar. Dordrecht: Kluwer, 281–337.
Roguska, M. (2008): Exklamation und Negation. Berlin: Logos.

Rolf, E. (1997): Illokutionäre Kräfte. Grundbegriffe der Illokutionslogik. Opladen: Westdeutscher Verlag.
Romero, M./Han, C.-H. (2003): On Negative Yes/No Questions. In: Linguistics and Philosophy 27, 609–658.
Rosengren, I. (1992): Zur Grammatik und Pragmatik der Exklamation. In: Rosengren, I. (Hg.), Satz und Illokution. Bd. I. Tübingen: Niemeyer, 263–306.
Searle, J.R. (1971): Sprechakte. Ein sprachphilosophischer Essay. Frankfurt/Main: Suhrkamp.
Searle, J.R. (1982a): Eine Taxonomie illokutionärer Akte. In: Searle, J.R., Ausdruck und Bedeutung. Frankfurt/Main: Suhrkamp, 17–50.
Searle, J.R. (1982b): Indirekte Sprechakte. In: Searle, J.R., Ausdruck und Bedeutung. Frankfurt/Main: Suhrkamp, 51–79.
Searle, J.R. (1989): How Performatives Work. In: Linguistics and Philosophy 12, 535–558.
Searle, J.R./Vanderveken, D. (1985): Foundations of Illocutionary Logic. Cambridge: Cambridge University Press.
Selting, M. (1991): W-Fragen in konversationellen Frage-Antwort-Sequenzen. In: Reis, M./Rosengren, I. (Hgg.), Fragesätze und Fragen. Tübingen: Niemeyer, 263–288.
Sökeland, W. (1980): Indirektheit von Sprechhandlungen. Eine linguistische Untersuchung. Tübingen: Niemeyer.
Sperber, D./Wilson, D. ([1986] 1995): Relevance: Communication and Cognition. Oxford: Blackwell.
Stalnaker, R. (1979): Assertion. In: Cole, P. (Hg.), Syntax and Semantics. Bd. IX: Pragmatics. New York: Academic Press, 315–332.
Stalnaker, R. (2002): Common Ground. In: Linguistics and Philosophy 25, 701–721.
Stanley, J. (2000): Context and Logical Form. In: Linguistics and Philosophy 23, 391–434.
Stanley, J. (2005a): Semantics in Context. In: Preyer, G./Peter, G. (Hgg.), Contextualism in Philosophy: Knowledge, Meaning, and Truth. Oxford: Oxford University Press, 221–253.
Stanley, J. (2005b): Language in Context. Oxford: Oxford University Press.
Terkourafi, M. (2012): Politeness and Pragmatics. In: Allan, K./Jaszczolt, K.M. (Hgg.), The Cambridge Handbook of Pragmatics. Cambridge: Cambridge University Press, 617–637.
Travis, C. (1989): The Use of Sense. Oxford: Oxford University Press.
Truckenbrodt, H. (2004): Zur Strukturbedeutung von Interrogativsätzen. In: Linguistische Berichte 199, 313–350.
Truckenbrodt, H. (2006a): On the Semantic Motivation of Syntactic Verb Movement to C in German. In: Theoretical Linguistics 32, 257–306.
Truckenbrodt, H. (2006b): Replies to the Comments by Gärtner, Plunze and Zimmermann, Portner, Potts, Reis, and Zaefferer. In: Theoretical Linguistics 32, 387–410.
Wilson, D./Sperber, D. (1988): Mood and the Analysis of Non-declarative Sentences. In: Dancy, J./Moravcsik, J.M.E./Taylor, C.C.W. (Hgg.), Human Agency: Language, Duty, and Value. Stanford: Stanford University Press, 77–101.
Wunderlich, D. (1976): Studien zur Sprechakttheorie. Frankfurt/Main: Suhrkamp.
Zaefferer, D. (2001): Deconstructing a Classical Classification: A Typological Look at Searle's Concept of Illocution Type. In: Revue Internationale de Philosophie 2, 209–225.
Zanuttini, R./Portner, P. (2003): Exclamative Clauses: At the Syntax-Semantics Interface. In: Language 79, 39–81.

Jörg Meibauer

32 Satztyp und Sprachwandel

1 Einleitung
2 Satztypen als grammatische Konstruktionen
3 Sprachwandel auf den Markierungsebenen
4 Theoretische Probleme
5 Zusammenfassung
6 Literatur

1 Einleitung

Das heutige Standarddeutsch verfügt über hochgradig entwickelte (grammatikalisierte) Satztypen, d.h. ausdrucksseitige Repräsentationen von elementaren Illokutionen: Behauptungen, Fragen und Aufforderungen sowie ferner auch Wünschen und Ausrufen (s. Altmann 1987, 1993, Meibauer 1999, Hengeveld 2004). Formal werden neben dem deklarativen, interrogativen und imperativen auch der optative und der exklamative Funktionstyp[1] (sog. Satzmodus) markiert.

Tabelle 1 zeigt jedoch, dass sich die einzelnen Formtypen im Deutschen auf komplexe Weise ergeben – und zwar aus der Kombination von morphologischen, syntaktischen und intonatorischen Eigenschaften, die für sich genommen uneindeutig sind (Altmann 1987, 1993). So reicht die Zweitstellung der finiten (indikativischen) Verbform allein nicht zur eindeutigen Markierung eines Deklarativsatzes aus, da sie bspw. auch in Interrogativsätzen (genauer: Ergänzungsfragen) auftritt, die ebenfalls mit fallender Intonation geäußert werden. Erst durch die Besetzung der präfiniten Position (durch das Subjektspronomen bzw. das w-Wort) werden beide Strukturen unterschieden:

---

[1] Bei den Funktionstypen handelt es sich um die strukturelle Bedeutung der einzelnen Satztypen, die vom sprachlichen und außersprachlichen Äußerungskontext unabhängig ist. Nur wenn die konkrete Verwendungssituation passt, wird bspw. ein Deklarativsatz *Sie kommt nach Mainz* ‚gerade‘, d.h. als direkter assertiver Sprechakt interpretiert. Bei indirekten Sprechakten erfolgt die ‚ungerade‘ Interpretation, d.h. eine Anpassung der Äußerungsbedeutung an den Kontext. So kann derselbe Satz zum Ausdruck des Versprechens verwendet werden (Altmann 1993: 1008ff.).

Tabelle 1: Satztypen als Kombination von formalen Merkmalen

Deklarativsatz	Interrogativsatz (Ergänzungsfrage)
Sie kommt nach Mainz.	*Wann kommt sie nach Mainz?*
1) Verb-Zweit-Stellung	
2) finites Verb im Indikativ Präsens	
3) fallende Intonation	
4) präfinites Subjektspronomen	4) präfinites *w*-Wort (*wann*)

Diese komplexen Merkmalskombinationen kristallisieren sich in der Geschichte des Deutschen heraus. Dies wird durch den Wandel von der freien (pragmatisch gesteuerten) zur festen Wortstellung gefördert. Zentral ist dabei der Stellungswandel des finiten Verbs, der sich in der Reduktion der möglichen Positionen im Satz äußert. Zudem werden die Kombinationsmöglichkeiten einzelner Merkmalsausprägungen (u. a. der Verbstellungstypen) eingeschränkt, so dass bspw. in Interrogativsätzen das *w*-Wort mit Verb-Zweit-Stellung auftritt, während *ob*-eingeleitete unabhängige Fragen nur die Verb-Letzt-Stellung zulassen. Schließlich kommt es im Zuge der Obligatorisierung von bestimmten Satzelementen wie Subjektspronomina dazu, dass sie zur Unterscheidung einzelner Satztypen beitragen. Das Subjektspronomen ist nur in Imperativsätzen der 2. Person nicht obligatorisch, weswegen sein Fehlen den Imperativsatz kennzeichnet: *Ihr kommt nach Mainz* vs. *Kommt nach Mainz!*

Den einzelnen Funktionstypen ist im Deutschen eine unterschiedliche Anzahl von Formtypen zugeordnet. Sie weisen also verschiedene formale Variationsgrade auf. Deklarativsätze sind formal am deutlichsten herausgebildet. Sie lassen neben der unmarkierten Verb-Zweit-Stellung lediglich die Verb-Erst-Stellung (u. a. in Witzen) zu, während zu Beginn der deutschen Sprachgeschichte das Verb in Deklarativsätzen verschiedene Positionen im Satz einnehmen konnte. Es gibt also nur zwei deklarative Satztypen, aber bspw. vier verschiedene Formtypen der Exklamativsätze (s. Artikel 8 in diesem Band). Darüber hinaus stellen selbstständige Verb-Letzt-Sätze markierte Strukturen dar, auf deren funktionale Entwicklung im Beitrag eingegangen wird.

2 Satztypen als grammatische Konstruktionen

In diesem Beitrag wird die Herausbildung von Satztypen als Form-Funktion-Korrespondenzen beschrieben, die einen Fall von Grammatikalisierung darstellen. Als Grammatikalisierung bezeichnet man allgemein solche Prozesse, in denen grammatische Zeichen (u. a. Flexionsendungen) entstehen. Meist handelt es sich dabei um den Wandel eines freien lexikalischen zum gebundenen grammatischen Zeichen (s. u.a. Lehmann 1995 [1982], Diewald 1997, Szczepaniak ²2011). Auf einen solchen Übergang aus dem Lexikon in die Grammatik lassen sich viele Flexionsmorpheme zurückführen. So hat sich das präteritale Dentalsuffix -*te* in *lach-te* im Germanischen aus dem Vollverb *tun* entwickelt.

Grammatikalisierungen können jedoch auch zur Entwicklung von komplexen grammatischen Zeichen, sog. grammatischen Konstruktionen, führen (s. u.a. Lehmann 1982: 406, Croft 2001, Traugott 2003). Zu solchen gehören im Deutschen u.a. analytische Verbformen wie das *haben*-Perfekt. Die Konstruktion, bestehend aus dem Hilfsverb *haben* und dem Partizip eines Vollverbs (z.B. *gelacht* oder *geschlafen*), dient (ähnlich wie das Dentalsuffix -*te*) zum Ausdruck der Vergangenheit. Beliebige lexikalische Verbalstämme können in die komplexe Struktur *haben ge-x-t* bzw. *ge-x-en* wie in eine Backform „gegossen" werden, um bezüglich der Tempusinformation spezifiziert werden. Charakteristisch für grammatische Konstruktionen ist die sog. Nicht-Kompositionalität (s. u.a. Goldberg 1995: 1–7): Ihre Gesamtbedeutung (hier: Vergangenheit) ergibt sich nicht aus der Summe der Bedeutung von Einzelgliedern, d.h. das Verb *haben* liefert nicht alleine die Tempusinformation, sondern erst in Kooperation mit der Partizipform *ge-x-t* bzw. *ge-x-en* (vgl. *Sie hat eine Katze* vs. *Sie hat eine Katze gefunden*). Umgekehrt ist die Partizipform kein ausreichender Perfektmarker, da sie auch in anderen Konstruktionen (z.B. im Passiv) benutzt wird, vgl. *Sie hat die Katze gewaschen* vs. *Sie wurde gewaschen*. Somit stellen grammatische Konstruktionen konventionalisierte Form-Funktions-Paare dar. Der komplexen Gesamtform (*haben ge-x-t/ge-x-en*) ist eine Funktion zugeordnet.

Die diachrone Entwicklung der Satztypen bildet einen ähnlichen Fall von Grammatikalisierung. Sie hat dazu geführt, dass im heutigen Deutsch einzelne Funktionstypen mit bestimmten Strukturen (Bündeln von formalen Eigenschaften) assoziiert sind (s. Altmann 1993).

Die Satztypen stellen (unterschiedlich stark entwickelte) grammatische Konstruktionen dar. Sie sind nicht-kompositionell, denn sie bündeln mehrere ambige Merkmalsausprägungen, so dass der Ausdruck erst in Kooperation entsteht. So ist bspw. die Verb-Zweit-Stellung uneindeutig, weil sie sowohl im Verb-Zweit-Deklarativsatz als auch im Verb-Zweit-Interrogativsatz auftritt (vgl. Tabelle 1). Zur Disambiguierung trägt u.a. der satzinitiale w-Ausdruck bei, den sich Ergänzungsfragen allerdings u.a. mit Verb-Letzt-Exklamativsätzen teilen:

Sie kommt nach Mainz.	*Wer kommt nach Mainz?*	*Wer da doch immer nach Mainz kommt!*
Deklarativsatz	E-Interrogativsatz	Exklamativsatz
Verb-Zweit-Stellung	Verb-Zweit-Stellung	
	+ satzinitialer *w*-Ausdruck	satzinitialer *w*-Ausdruck

Abbildung 1: Satztypen als Bündel ambiger Formeigenschaften (Beispiel)

Der Sprachwandel, der zur Herausbildung der Satztypen geführt hat, umfasst eine Reihe von unabhängigen Prozessen wie Verfestigung der Verbposition oder Obligatorisierung der Subjektspronomina. In Anlehnung an Ronneberger-Sibold (1991) kann man also die Satztypen als Ergebnis einer „Verschwörung" heterogener Entwicklungen betrachten.

3 Sprachwandel auf den Markierungsebenen

Im Folgenden wird die Entwicklung der Satztypen auf den einzelnen Markierungsebenen betrachtet, wobei die intonatorischen Merkmale aus methodischen Gründen ausgeklammert werden müssen, denn historische Belege lassen keine Schlüsse über die satzmelodischen Muster zu. Generell gewinnen syntaktische Mittel, die Reihenfolge und die kategorialen Merkmale, als satztypkonstituierende Eigenschaften zunehmend an Bedeutung. Die morphologischen (Flexions-)Merkmale verlieren hingegen ihre Eindeutigkeit, so dass bspw. die entstehenden Synkretismen wie bei *kommt* (3.Sg.Ind. oder 2.Pl.Ind. oder 2.Pl.Imp.) nicht mehr satztypunterscheidend sind (*Sie kommt, Ihr kommt* vs. *Kommt!*).

3.1 Reihenfolgeeigenschaften

3.1.1 Die Verbstellung im Neuhochdeutschen und die illokutionäre Kraft

Für die neuhochdeutschen (nhd.) Satztypen spielt die Verbstellung eine zentrale Rolle. Dies spiegelt auch die Terminologie wider, die zwischen drei verbstellungsbezogenen Satzformen unterscheidet (Altmann 1993):

Verb-Zweit-Satz: Ich wasche mir die Hände, Wer wäscht sich hier die Hände?
Verb-Erst-Satz: Wasch dir die Hände!, Wäschst du dir die Hände?
Verb-Letzt-Satz: Ich frage mich, <u>ob sie heute kommt</u>.

Die Verbstellung wird in der Geschichte des Deutschen zunehmend grammatikalisiert, d. h. die Stellungsvarianz des Verbs wird in einzelnen funktionalen Bereichen zugunsten bestimmter Positionen abgebaut (s. u. a. Szczepaniak ²2011). Auf diese Weise wird die Verbstellung zu einem zentralen (wenn auch immer noch ambigen) Merkmal der illokutiven Funktion (Askedal 1996):

In unselbstständigen Sätzen (Nebensätzen) setzte sich die Verb-Letzt-Stellung durch. Nebensätze werden jedoch im Folgenden aus der Betrachtung ausgenommen, da sie nicht nur syntaktisch, sondern auch pragmatisch vom Hauptsatz abhängig sind. Sie ordnen sich der illokutiven Kraft des Hauptsatzes unter:

(1)   Weißt du, [dass sie nach Mainz kommt]? (Interrogativsatz)

(2)   Ich habe gehört, [dass sie nach Mainz kommt]. (Deklarativsatz)

Die Verb-Letzt-Stellung grenzt die illokutiv unselbstständigen Sätze von den selbstständigen ab. Zu betonen ist aber, dass sie kein zuverlässiger Marker der illokutionären Unselbstständigkeit ist, da sie in Kombination mit einem entsprechenden Einleitungselement und intonatorischen Merkmalen auch in selbstständigen Sätzen möglich ist, z. B. *Ob sie wohl nach Mainz kommt?* oder *Wenn sie nur nach Mainz käme!* Zugleich ist die Verb-Erst- und Verb-Zweit-Stellung in unselbstständigen Sätzen nicht ausgeschlossen, was man bspw. im Falle der vorangestellten Verb-Erst-Konditionalsätze auf ihre Entstehung aus direkten Fragesätzen zurückführen kann, z. B. *Wäre er rechtzeitig gekommen, hätten wir den früheren Zug nehmen können* (s. Abschnitt 4). Darüber hinaus sind bei Verben des Sprechens und Denkens Verb-Zweit-Objektsätze möglich (*Ich dachte, sie kommt rechtzeitig*).[2]

Die Distribution der Verbstellung in selbstständigen Sätzen ist äußerst komplex. Beschränkt man sich jedoch auf die drei Hauptfunktionstypen, so zeigt sich eine gegensätzliche Verteilung der Verb-Erst- und Verb-Zweit-Stellung (s. Tabelle 2): Das Verb steht in Deklarativsätzen, die – vereinfacht gesagt – die Welt beschreiben, gewöhnlich an zweiter Stelle. Spitzenstellung markiert Entscheidungsinterrogativ- und Imperativsätze, die den Wunsch des Sprechers zum Ausdruck bringen, dass etwas der Fall sein möge. Die Endstellung ist in Hauptsätzen für besondere Aufgaben reserviert: So drücken Verb-Letzt-Interrogativsätze deliberative Fragen aus, die keine Antwort erfordern. Imperativische verbfinale *dass*-Sätze werden verwendet, um eine bekannte Aufforderung zu bekräftigen, z. B. *Dass du mir ja bald nach Hause kommst!* (s. Artikel 10 in diesem Band und Abschnitt 4).

---

2 Die uneingeleiteten V2-Objektsätze stellen indirekte Aussagesätze dar, deren Illokution vom Sprechaktverb im Hauptsatz (nicht vom Sprecher wie in unabhängigen Sätzen) bestimmt wird.

Tabelle 2: Basisillokutionen und die Verbstellungsdistribution (s. Wöllstein 2010: 7)

Deklarativsatz	Interrogativsatz	Imperativsatz
Verb-Zweit	Verb-Zweit	(Verb-Zweit)
(Verb-Erst)	Verb-Erst	Verb-Erst
	(Verb-Letzt)	(Verb-Letzt)

3.1.2 Der Verbstellungswandel in Deklarativsätzen

In der Entwicklung der Satztypen kommt der Reduktion der ursprünglichen Verbstellungsvarianz in den Deklarativsätzen ein besonderes Gewicht zu. Interessanterweise lassen Deklarativsätze im Althochdeutschen (Ahd.) eine hohe Verbstellungsvariation zu, wobei die Verb-Zweit-Struktur bereits sehr stark herausgebildet ist und dominiert (Admoni 1990, Dittmer 1992, Dittmer/Dittmer 1998, Greule 2000, Axel 2009). So tritt das Verb in der Isidor-Übersetzung, dem ältesten großen ahd. Sprachdenkmal aus dem frühen 9. Jh., in drei Viertel aller Deklarativsätze an zweiter Stelle auf (Lippert 1974). Bei Notker (10./11. Jh.) überwiegt die Zweitstellung noch deutlicher und bei Williram (11. Jh.) sind andere Verbstellungen nicht mehr bezeugt (Held 1903: 114, Brodführer 1906: 31). Im Mittelhochdeutschen (Mhd.) sind Abweichungen von der Zweitstellung im Deklarativsatz v. a. in der Verssprache zu finden (v. a. im Nibelungenlied, s. Admoni 1990: 127, Ebert 1978: 38, Lühr 2005, Paul ^{25}2007: 449f.).

Interessant ist aus heutiger Sicht die Verbspitzenposition in den ahd. Deklarativsätzen. Sie zeugt davon, dass die Verbstellung zu Beginn der deutschen Sprachgeschichte nicht fest, sondern pragmatisch gesteuert, d.h. von der Diskurs- bzw. Informationsstruktur abhängig war (Dryer 1995: 1062). Mit der Verbstellung konnten pragmatische Informationen bezüglich des Bekanntheitsgrades des Referenten zum Ausdruck gebracht werden, zumal das Ahd. noch nicht über ein vollständig ausgebildetes Artikelsystem verfügte. So tritt das finite Verb bei der Einführung eines neuen Referenten in den ahd. Texten meist an erster Stelle auf. Auf diese Weise wird die Neuinformation, der neue Referent (Rhema), nicht am Anfang des Satzes geliefert, der für alte Informationen (darunter bekannte Referenten, also Thema) reserviert ist. So beginnt der Satz in (3), anders als im Nhd., mit dem finiten Verb. Der noch unbekannte Referent *sum uuitua* ‚eine gewisse Witwe' steht postverbal. Im Gegensatz zum Nhd. muss die präverbale Position nicht besetzt sein. Heute tritt an dieser Stelle das expletive *es* auf (Hinterhölzl/Petrova/Solf 2005, Petrova/Solf 2008, Donhauser/Petrova 2009, Hinterhölzl/Petrova 2005, 2011).

(3) uuas thar ouh sum   uuitua/ In thero burgi (T 201,2–3)
    war da   auch eine gewisse Witwe in der Stadt
    ‚Es war dort auch eine Witwe in dieser Stadt.'

Die Verb-Erst-Struktur solcher Präsentativ- und Existentialsätze wird im Mhd. durch die Einführung des expletiven satzinitialen *es* abgebaut, vgl. *Es war einmal eine Witwe* (s. Abschnitt 3.2.2). *Es* besetzt damit die Vorfeldposition, die sich seit dem Ahd. allmählich zur obligatorisch zu besetzenden Stelle des Deklarativsatzes entwickelt.

Eine breite Anwendung findet die Verb-Erst-Stellung im Ahd. auch als Signal dafür, dass sich im Diskurs ein (überraschender oder plötzlicher) Situationswechsel abspielt. Solche Sätze treten häufig am Anfang eines neuen Diskursabschnitts auf (Petrova/Solf 2008). Sie enthalten vorzugsweise telische (ingressive, resultative und punktuelle) Bewegungsverben, z.B. *kommen* wie in (4), aber auch verba dicendi wie *sagen*, *fragen* oder *antworten* (Petrova 2011).

(4) quam thara gotes engil (T 35,32)
    kam   da   Gottes Engel
    ‚Da kam Gottes Engel'

Diese Struktur wird im Mhd. selten verwendet, lebt dann aber Ende des 15. Jhs. wieder auf und ist im Frühnhd. reichlich belegt (Maurer 1924: 183, Behaghel 1932: 37 ff., Önnerfors 1997: 10, 224–231, Axel 2007). Heute kommt sie u.a. in Witzen – keinesfalls nur an deren Anfang – vor, z.B. *Fragt 'ne Ameise 'nen Elefanten* oder *Kommt ein Mann zum Arzt*. Sie ist jedoch nicht auf Witze beschränkt, sondern wird v.a. in der gesprochenen Sprache gebraucht, um in narrativen Texten Expressivität zu erzeugen (Önnerfors 1993, 1997):

(5) Ich wurd dann hier als Peppone bezeichnet. Kommt ein Kumpel, das Kirchenblatt hat er mir gebracht. (aus Önnerfors 1997: 101)

Zu Beginn der deutschen Sprachgeschichte existierte noch die Option, das Verb im Deklarativsatz später bzw. sogar am Satzende zu platzieren. Diese Strukturen sind v.a. in älteren Sprachdenkmälern des 9. Jhs. (Isidor, Tatian) bezeugt (Schrodt 2004: 201, Ramers 2005, Axel 2007: 201, Lötscher 2009). Die häufigste Abweichung ist die Verb-Dritt-Stellung, die durch die Voranstellung von unbetonten Pronomina, z.B. *ih* ‚ich' in (6), und Adverbien, Satzadverbien oder Adverbialphrasen entsteht, vgl. (7).

(6) Erino portun <u>ih</u> firchnussu (I 3,2)
    Eherne Pforte <u>ich</u> zerstöre
    ‚Die eherne Pforte zerstöre ich'

(7) thaz giscrib iz êristen uuard gitan / In syriu (...) (T 35, 10–11)
 diese Aufzeichnung zum ersten Mal wurde gemacht in Syrien
 ‚Diese Aufzeichnung wurde zum ersten Mal in Syrien (...) gemacht.'

In Schriften von Notker und Williram (d. h. im 10. und 11. Jh.) kommt die Verb-Spät- oder Verb-End-Stellung nur noch sehr selten vor (Näf 1979, Brodführer 1906). Im Mhd. gerät sie schließlich fast außer Gebrauch und tritt eher metrisch bedingt in poetischen Werken auf. Im 15. und 16. Jh. wird sie von Humanisten und lateinisch Gebildeten als Ausdruck des gehobenen Sprachstils gebraucht (Lenerz 1985b, Ebert 1986, Ebert et al. 1993).

Außer Betracht bleibt in dieser Darstellung der Positionswandel der infiniten Prädikatsteile, da sie keine satztypunterscheidende Funktion übernehmen, vgl. *Sie ist nach Mainz gekommen* vs. *Ist sie nach Mainz gekommen?* Die zunehmende Tendenz zur Distanzstellung führt im Frühnhd. zur Herausbildung der Hauptsatzklammer (s. u. a. Schildt 1976, Härd ²2003).

3.1.3 Der Verbstellungswandel in Interrogativsätzen

In Entscheidungsfragesätzen (E-Interrogativsätzen) zeichnet sich bereits im Ahd. eine starke Tendenz zur Spitzenstellung des Verbs ab (Näf 1979, Dittmer/Dittmer 1998, Axel 2007, Petrova/Solf 2009). Abweichungen davon ergeben sich meist nur durch die Voranstellung der Interrogativpartikel *inu* (mit vielen Varianten, darunter *eno*), die v. a. in der Tatianübersetzung (erste Hälfte des 9. Jhs.) für eine hohe Frequenz der Verb-Zweit-Stellung sorgt, die auch abweichend von der lateinischen Übersetzungsvorlage erzeugt wurde.

(8) Eno tuot her thanne managerun zeichan (T 169,15)
 INU tut er denn viele Zeichen
 ‚Tut er denn nicht viele Zeichen?'
 lat.: numquid plura signa faci&

Allerdings ist die Interrogativpartikel auf Übersetzungstexte beschränkt, wo sie als direktes Äquivalent der lateinischen Fragepartikel (im vorliegenden Beispiel *numquid*) dient. Sie fehlt in den autochthonen Texten und Nachdichtungen, weswegen Petrova/Solf (2009) die Existenz einer Verb-Zweit-Entscheidungsfrage mit satzinitialer Interrogativpartikel als nicht gesichert ansehen (zu Moduspartikeln s. Abschnitt 3.2.1).

Verb-Zweit-Entscheidungsfragen, in denen dem finiten Verb (meist) eine syntaktische Konstituente wie Subjekt oder Objekt (zuweilen in Kombination mit der Fragepartikel) vorangeht, sind im Ahd. sehr selten. Meist fungieren sie als rhetorische Fragen. Diese haben vielmehr eine assertive Funktion und bringen die Stellung des Sprechers zum Gesagten (z. B. Verwunderung) zum Ausdruck, z. B. *thu bist meistar / israhelo Inti thu niuueist thiz* ‚Du bist der Lehrer Israels und du weißt das nicht?' (T 197, 4–5, zitiert nach Petrova/Solf 2009: 20). Interessanterweise sind solche sog. assertiven Fragen, in denen eine für Interrogativsätze typische steigende Intonation mit der Verb-Zweit-Stellung kombiniert wird, auch im heutigen Deutsch in spezifischen Kontexten zugelassen (Altmann 1993: 1022). Sie werden als Rück- oder Nachfragen genutzt, wenn der Hörer eine Äußerung nicht verstanden hat, z. B. *Die Bayern spielen schlecht?*, oder wenn er sich wundert wie in *Du gehst einkaufen?* oder *Du weißt es nicht?* Eine authentische, d. h. nicht auf eine lateinische Übersetzungsvorlage zurückführbare Verb-Spät-Stellung ist schon im Ahd. kaum belegt.

Die Obligatorisierung der Verb-Zweit-Stellung in Ergänzungsfragen (*w*-Interrogativsätzen) ist bereits im Ahd. sehr weit fortgeschritten. Eine davon abweichende Spät-Stellung des Verbs ist äußerst selten belegt. Petrova/Solf (2009) zählen insgesamt fünf Belege aus dem Isidor und Tatian auf. Bei Notker kommt das Verb (wie im heutigen Deutsch) bereits regelmäßig nach dem *w*-Ausdruck (Näf 1979: 162ff.).

Direkte Fragesätze mit einleitendem *ob* sind seit dem Ahd. belegt. Im Tatian steht das Verb bis auf wenige Ausnahmen nach dem Subjekt (Bernhardt/Davis 1997: 61f.), während die von Paul ([25]2007: 431) zitierten selbstständigen *ob*-Fragesätze im Mhd. bereits die heute obligatorische Verb-Letzt-Stellung aufweisen.

(9) *Althochdeutsch:* trohtin, oba uuir slahemes in suerte (T 297, 25–26)
‚O Herr, schlagen wir mit dem Schwert/sollen wir mit dem Schwert schlagen?'

(10) *Mittelhochdeutsch:* op sîn wirt iht mit im var? (Pz 23, 11)
‚War sein Gastgeber nicht mit ihm?'

3.1.4 Die Imperativ-, Exklamativ- und Optativsätze

In Imperativsätzen überwiegt schon im Ahd. die Verb-Erst-Stellung (Schrodt 2004: 200, Axel 2007: 56ff., Cichosz 2010: 125ff.). Abweichend davon können dem Verb jedoch nicht nur Konjunktionen wie *inti* ‚und', die Imperativpartikel *nū* oder die Negationspartikel *ni*, sondern auch, wie u. a. im Tatian belegt, Adverbiale sowie expressiv gesetzte Subjektspronomina wie in (11) vorangehen (Bernhardt/Davis 1997: 39). Die optionale Setzung des Subjektspronomens kann auch im heutigen Deutsch Verb-Zweit-Stellung bewirken, vgl. *Du klingele dreimal!* (Meibauer 1999: 74).

(11) Ir uuarlihho hor& ratissa / sauuentes (T 111, 3–4)
‚Hört ihr nun das Gleichnis vom Säemann'

Exklamativsätze, die keinen einleitenden w-Ausdruck enthalten, sind schon im Tatian und bei Notker nicht durch die Verbstellung von den Deklarativ- bzw. Interrogativsätzen zu unterscheiden, vgl. nhd. *Die kommt aber häufig nach Mainz!* (V2-Exklamativsatz) vs. *Sie kommt aber häufig nach Mainz* (V2-Deklarativsatz) (Näf 1979, Bernhardt/Davis 1997: 49f.).

Wird der ahd. Satz durch einen w-Ausdruck eingeleitet, kann diesem das Verb direkt folgen. Viel häufiger ist jedoch die Später- bzw. Endstellung (sog. Nachzweitstellung) wie in (12) belegt (Näf 1979, Schrodt 2004, Lühr 2009).

(12) uuio uuunderlih din namo ist in allero uuerlte (NP 29.3)
‚Wie herrlich dein Name ist in der ganzen Welt'

Aus der bisher einzigen systematischen Untersuchung von Näf (1992) geht hervor, dass die Verbstellung in den eingeleiteten Exklamativsätzen im Mhd. variabel ist. So tritt das finite Verb in Gottfried von Strassburgs „Tristan und Isold" (um 1210) in drei Viertel aller eingeleiteten Exklamativsätze an zweiter Stelle (vgl. nhd. *Wie laut ist es hier!*). Dabei ist die Verb-Zweit-Stellung auf den häufigsten Typus, den *wie*-eingeleiteten Exklamativsatz beschränkt, während die (viel weniger frequenten) *daz*- und *waz*-Sätze die Nachzweitstellung verlangen. Zum Nhd. hin setzte sich nur in den *dass*-Sätzen die Endstellung durch, während die *wie*-, aber auch *was*-Sätze Verb-Zweit- und Verb-Letzt-Stellung zulassen.

In nicht-eingeleiteten Optativsätzen herrscht seit dem Ahd. die Spitzenstellung des Verbs, s. (13). In den wenigen Belegen für *daz*-eingeleitete Optativsätze ist die Später- bzw. Endstellung des Verbs anfänglich nicht zwingend (Wunder 1965, Paul ^{25}2007: 431).

(13) Ni missigiangin wir so fram (O II 6,31)
‚Hätten wir doch nicht einen so schlimmen Fehler begangen!' (zitiert nach Petrova 2008: 98)

(14) thaz wir ni kertin thanana uz! (O II 11,44)
‚Dass wir nie daraus ziehen würden!'

(15) ir helde, daz iuch got bewar (Pz 389,14)
‚Ihr Helden, dass euch Gott behüte'

3.1.5 Stellung der w-Ausdrücke in Interrogativsätzen

Die w-Ausdrücke werden bereits im Ahd. satzinitial positioniert. Ausnahmen, in denen dem Fragewort ein Satzglied vorangeht, sind nur in der ahd. Übersetzungsliteratur belegt, wo sie die Wortfolge des lateinischen Originals imitieren (Petrova/Solf 2009).

Die regelmäßige Satzanfangsstellung der Fragewörter ist – wie die ahd. Wortstellung insgesamt – informationsstrukturell bedingt. Die Fragewörter werden als Fokuselemente vorangestellt (Hinterhölzl/Petrova/Solf 2005). Ihre Initialstellung wird dann im Zuge der Satztypengrammatikalisierung als konstituierende Eigenschaft der W-Interrogativsätze und Exklamativsätze reanalysiert.

3.2 Kategoriale Merkmale

3.2.1 Wandel der Modal- zu Satzmoduspartikeln

Die Aufgabe von Moduspartikeln besteht darin, den Satzmodus zu signalisieren. Es handelt sich dabei um overte (direkte) Satzmodusmarker, die bspw. eine Frage als solche markieren. Sie treten (prototypischerweise) obligatorisch auf und sind auf einen bestimmten Satztyp beschränkt. Dabei stehen sie gewöhnlich an der Satzperipherie (satzinitial bzw. satzfinal) und weisen eine starke Tendenz zur Klise auf. In den (indo-)europäischen Sprachen sind v. a. Interrogativpartikeln verbreitet, z.B. die Partikel *-li* im Russischen (Péteri 2011). Es ist davon auszugehen, dass das Indoeuropäische über ein System von Moduspartikeln verfügte, das im Ahd. noch (resthaft) vorhanden ist. So enthalten ahd. Entscheidungs- (und seltener Ergänzungs-)Fragen die Interrogativpartikel *inu*, die jedoch nicht (mehr) obligatorisch ist, s. (16). Belegt ist sie v. a. in der ahd. Übersetzungsliteratur des 9. Jhs. (v. a. im Tatian). Im Spätahd. wurde sie nur noch sporadisch von Notker verwendet und ist dann auf dem Wege ins Mhd. letztendlich ganz geschwunden. Die Existenz der Deklarativpartikel *jā/ja* und Imperativpartikel *nu* ist im Ahd. umstritten (Behaghel 1932: 40, Ramers 2005, Axel 2007, Petrova/Solf 2009).

(16) *Althochdeutsche Interrogativsätze (Entscheidungsfragen)*
    a. *mit Moduspartikel*
        Eno bin ich iudeus (T 306,10)
        ENO bin ich Jude
        ‚Bin ich Jude?'
        lat.: numquid ego iudeus sum

b. *ohne Moduspartikel*
Bist thu helias (T 47,12)
‚Bist du Elias?'
lat.: helias es tú

Mit der Entwicklung von Satztypen als komplexen Merkmalsbündeln vollzieht sich im Deutschen der Übergang von der overten zur coverten (indirekten) Modusmarkierung.

Interessanterweise zeigen im heutigen Deutsch einzelne Modalpartikeln[3] (auch Abtönungspartikeln) eine gewisse Affinität zu bestimmten Satzmodi (Thurmair 1989, Molnár 2002, Diewald 2007, Diewald 2008). So treten nicht alle der 15 Kernmodalpartikeln (*aber, auch, bloß, denn, doch, eben, eigentlich, etwa, halt, ja, mal, nur, schon, vielleicht* und *wohl*) gleichermaßen in allen Satztypen auf. Die Modalpartikel *ja* ist auf Behauptungen, Aufforderungen und Ausrufe beschränkt, während *wohl* in Aussagen und Fragen möglich ist. *Halt* tritt v. a. in Behauptungen auf, wohingegen *aber* nur in Ausrufen verwendet wird. Manche Modalpartikeln „spezialisieren" sich also auf bestimmte Satzmodi. Solange sie jedoch mit unterschiedlichen Satzmodi kompatibel, dabei fakultativ und sogar in unselbstständigen Sätzen (z. B. *ja* und *doch* in Kausalsätzen) zulässig sind, können sie nur als Hilfsmerkmale zur Markierung von Satztypen dienen (Altmann 1993).

Während bspw. Imperativsätze (unabhängig von der Verbstellung) viele Modalpartikeln zulassen (darunter *auch, bloß, ja, mal* und *nur*), stehen in Optativsätzen ausschließlich *bloß, doch* und *nur*, s. (19)-(20). Diese kleine Gruppe der Modalpartikeln gehört in heutigen Verb-Letzt-Optativsätzen sogar obligatorisch dazu. Hier kann im Deutschen eine noch nicht abgeschlossene Entwicklung hin zur Moduspartikel, genauer Optativpartikel, beobachtet werden. So beginnt im Ahd. zunächst die Grammatikalisierung der Modalpartikel *doch* (zur Grammatikalisierung von Modalpartikeln s. u. a. Diewald 1997, Wegener 1998, Autenrieth 2002, Molnár 2002): Neben der ursprünglichen Funktion eines adversativen bzw. konzessiven (Konjunktional-)Adverbs (nhd. *jedoch* und *dennoch*) bildet ahd. *thoh* die Modalpartikelfunktion heraus. Sie tritt interessanterweise in finalen Nebensätzen mit optativer Bedeutung auf, um den Gegensatz zwischen Wunsch und bestehender Wirklichkeit zu signalisieren, s. (17). Im Mhd. ist sie als fakultativer Bestandteil der Verb-Erst-Optativsätze wie in (18) belegt (Hentschel 1986: 112,

---

[3] Primär dienen Modalpartikeln dazu, auf eine präsupponierte, jedoch nicht explizit versprachlichte Proposition zu verweisen. So drückt die partikelhaltige Äußerung *Deutsch ist eben schwer* aus, dass sich der Sprecher auf die präsupponierte (d. h. vorausgesetzte) Proposition ‚Deutsch ist schwer' bezieht, die er im aktuellen Diskurs für relevant hält und sie daher äußern möchte (Diewald 2007).

Meibauer 1994: 104–131, Molnár 2002: 112). Mit ihrer Obligatorisierung wird *doch* (neben *bloß* und *nur*) zum satztypkonstituierenden Merkmal der optativen Verb-Letzt-Sätze und trägt dazu bei, den Optativ- vom Konditionalnebensatz zu unterscheiden, s. (19)-(20).

(17) (...) joh sie thar lerta filu fram
 io gidago fora thiu thaz sie irkantin thoh bi thiu
 thaz er uuas druhtin heilant (O IV, 1, 11–13)
 ‚und lehrte sie dort immerzu, jeden Tag dafür, damit sie erkannten doch daran, dass er war der Herr Heiland' (Hentschel 1986: 97)

(18) Het ich von dirre sumerzit
 doch zwene tage und eine guote nacht
 mit ir zu redenne ane nit (Heinrich von Rugge, zitiert nach Hentschel 1986: 112)
 ‚Hätt' ich von dieser Sommerzeit doch zwei Tage und eine gute Nacht, mit ihr zu reden ohne Groll.'

(19) a. Wenn er bloß/doch/nur aufhören würde zu reden! (Optativsatz)
 b. Wenn er aufhören würde zu reden, ... (Konditionalnebensatz)

(20) a. Würde er bloß/doch/nur aufhören zu reden! (Optativsatz)
 b. Würde er aufhören zu reden, ... (Konditionalnebensatz)

Die Modalpartikel *nur* ist seit dem 16. Jh. in abhängigen *dass*-Objektsätzen belegt, die einen Wunsch ausdrücken (*Ich wolte, dasz ich nur todt wäre*) und seit dem 17. Jh. in Verb-Erst-Wunschsätzen (*o hett ich nur gethan kein sünd*; s. Diewald 1997: 96). Auch die jüngste der drei Partikeln, *bloß*, die erst im 19. Jh. entstanden ist, wird allmählich in die optative Struktur eingebunden (Diewald 1997: 87).

Die Herausbildung der Verb-Letzt-Optativsätze ist bisher nicht systematisch erforscht. Die Grammatiken weisen darauf hin, dass der heute wenig gebrauchte, veraltete *dass*-Satz seit dem Ahd. existiert (s. Abschnitt 3.1.4 und 3.2.2). Über die Entwicklung des *wenn*-Satzes liegen keine gesicherten Erkenntnisse vor. Es ist zu vermuten, dass seine Entwicklung eng mit der Obligatorisierung der Modalpartikeln einhergeht.

Doch, *bloß*, *nur* können (mit Einschränkung) als Optativpartikeln bezeichnet werden. Im Gegensatz zu voll ausgebildeten Moduspartikeln sind sie nicht auf diesen Satzmodus beschränkt: *Bloß* und *nur* gehören zu der Partikelgruppe, die im *dass*-Verb-Letzt-Imperativsatz auftreten müssen. *Nur* kann fakultativ auch in *w*-Interrogativsätzen verwendet werden.

3.2.2 Obligatorisierung der Subjektspronomina

Im Nhd. setzen sich Imperativsätze von allen anderen Satztypen dadurch ab, dass die Setzung des Subjektspronomens bei Verben in der 2. Person nicht obligatorisch ist und emphatisch wirkt, vgl. *Koch bitte die Suppe!* vs. *Du koch die Suppe!* oder *Koch du die Suppe!* In allen anderen Satztypen hat sich das Subjektspronomen zum obligatorischen Teilmarker entwickelt. Es wird nicht nur referenziell verwendet, d.h. um auf einen spezifischen Referenten wie *sie* in (21) zu verweisen, sondern auch nicht-referenziell, v.a. in Verbindung mit unpersönlichen Verben wie in (22) und sogar als syntaktischer Platzhalter wie in (23)-(25).

(21) Sie spricht nicht darüber.

(22) Es regnet.

(23) Es wurde die ganze Nacht getanzt.

(24) Es ist noch Suppe im Topf.

(25) Es war einmal eine Witwe.

Das referenzielle Subjektspronomen (1./2.Sg.) kann im heutigen Standarddeutsch nur dann ausgelassen werden, wenn es wie in (26) im Vorfeld steht und nicht-rhematisch verwendet wird, sog. *topic*-drop (Volodina 2009). In nebengeordnetem Satz ist die Auslassung eines referenzidentischen Subjekts möglich, s. (27):

(26) (Ich) Hab Hans schon angerufen.

(27) Sie kam und siegte.

Das frühe Ahd. gehört aufgrund der häufigen Nullrealisierung der Subjektspronomina (sog. Nullsubjekte) zu den (zumindest partiellen) *pro*-drop-Sprachen (Held 1903, Eggenberger 1961, Harbert 1999, Axel 2005, Szczepaniak ²2011). Subjektlose Sätze sind zu Beginn der deutschen Sprachgeschichte nicht auf bestimmte Satztypen beschränkt. Das Nebeneinander von subjektlosen und subjekthaltigen Strukturen betrifft alle Sätze, auch die Imperativsätze.

Die zunehmende Durchsetzung der Subjektspronomina verläuft jedoch u.a. syntaktisch gesteuert. Zum einen setzen sich overte Subjekte in unselbstständigen Sätzen früher durch als in selbstständigen. Im ahd. Isidor sind nur 9% aller Nebensätze subjektlos, während sich im Hauptsatz die overten und Nullsubjekte die Waage halten. Bei Otfrid enthalten schon ca. 75% aller Hauptsätze ein overtes Subjekt. Obwohl die Obligatorisierung der referenziellen Subjektspronomina im Spätahd. schon weit fortgeschritten ist, sind subjektlose Hauptsätze vereinzelt noch im 17. Jh. belegt (Volodina 2009). Zum anderen ist die Nichtrealisierung der

Subjektspronomina im ahd. Hauptsatz von der Verbposition abhängig. Sie ist hauptsächlich beim vorangestellten Verb, d.h. im Mittelfeld möglich, so dass *pro*-*drop* auf verbinitiale Sätze sowie Verb-Zweit-Sätze mit anders (z.B. mit *w*-Wort) besetztem Vorfeld beschränkt ist (Axel 2005). Häufig handelt es sich dabei um diskurspragmatisch gesteuerte Subjektauslassungen, die innerhalb einer Erzählsequenz die Referenzidentität signalisieren (Sonderegger 1979: 267).

Von der zunehmenden Obligatorisierung der Subjektspronomina sind bereits im Ahd. unpersönliche Konstruktionen, d.h. solche mit nullwertigen Prädikaten betroffen (Hennig 1957, Dal ³1966: 77f., 166ff., Bishop 1977, Lenerz 1985b, Betten 1987: 124, Große 1990, Schrodt 2004). So setzt sich bei Witterungsverben das expletive *iz* ‚es' schon im Laufe des Ahd. durch, z.B. *iz regenot* ‚es regnet'. Auch Verben für Zeitausdrücke *iz abandet* ‚es wird Abend' (T 332,3), *iz nahtet* ‚es wird Nacht' (NB 1, 19,5) treten selten subjektlos auf. Bei Verben für körperliche und geistige Zustände setzte sich *es* im Laufe der deutschen Sprachgeschichte nur im Vorfeld durch, im Mittelfeld kann es auch heute fehlen (*Es graut mir vor dir* vs. *Mir graut (es) vor dir*).

Seit Notker lässt sich hauptsächlich in Nebensätzen ein weiterer Typus des expletiven *iz* beobachten, das als syntaktischer Platzhalter bezeichnet wird, z.B. *daz iz philologia uuas* ‚dass es die Philologie war' (NMC I, 33, 18). In unabhängigen Präsentativ- und Existentialsätzen tritt das satzeröffnende *es* seit dem Mhd. hinzu, z.B. *ez wuohs in Burgonden ein vil edel magedîn* ‚es wuchs ein edles Mädchen im Land der Burgunden' (NL I, 2) (Dal ³1966: 77). Dieses expletive *es* ist im heutigen Deutsch nur im Vorfeld obligatorisch. Bei anderweitiger Vorfeldbesetzung sind Sätze mit Verben der körperlichen und geistigen Zustände fakultativ und im unpersönlichen Passiv obligatorisch subjektlos, z.B. *Gestern wurde viel diskutiert* (zum *pro*-drop und zum expletiven *es* in deutschen Dialekten s. Weiß 1998, 2005, Rabanus 2008 und Axel/Weiß, im Druck).

3.2.3 Einleitungselemente in selbstständigen Verb-Letzt-Sätzen

Im Nhd. können mit *dass* verbfinale Imperativ-, Optativ- und Exklamativsätze gebildet werden. Zur Einleitung von realen und irrealen Optativsätzen wird *dass* (in Kombination mit einem Verb im Konj.Präs. bzw. Konj.Prät.) schon im Ahd. verwendet. Bei Otfrid stehen solche Wunschsätze in Parenthesen, d.h. sie werden in einen Trägersatz als Schreiberkommentar eingeschoben (Wunder 1965: 234ff., Greule 1998). Aufgrund der breiten Semantik von ahd. *daz*, das u.a. auch Finalnebensätze einleiten kann, sind Optativsätze häufig von Finalnebensätzen nicht formal zu trennen, vgl. ahd. *iltun al bi gahin thaz sie nan gisahin* ‚Sie eilten alle sofort, um ihn zu sehen' (O II 14,94). Im folgenden Beispiel (28) kann der *daz*-Satz sowohl als unabhängiger (kommentierender) Optativsatz (*Dass du es nur wüsstest*) als auch als Finalsatz (*Er tat es, damit du es weißt*) interpretiert werden. Dafür, dass es sich um eine unabhängige Parenthese handelt, spricht v. a. die Tatsache, dass das Verb im Trägersatz keine Handlung bezeichnet, die als Ziel den Inhalt des *daz*-Satzes hätte. Satan verführt Jesus nicht, damit der Leser das erfährt:

(28) Thaz det er, thaz thu iz uuessis, thih thara ingegin rustis,
uuant er hiar in libe thin ahtit io zi nide. (O II 3, 61–62)
‚Das tat er, dass du es nur wüsstest, dass du dich gegen ihn rüstest,
weil er dich hier in diesem Leben aus Neid verfolgen wird.'

(29) Er lerta unsih joh zeinta, thaz druhtin unser meinta
(thaz uuir ni kertin thanana uz!) thaz sines lichamen hus (O II 11, 43–44)
‚Er lehrte uns und verkündete, dass unser Herr meinte
(dass wir nie daraus ziehen würden!) das Haus seines Leibs'

Im Mhd. können *daz*-eingeleitete Hauptsätze (in Verbindung mit Konj.Präs.) Wünsche oder Aufforderungen ausdrücken (zu diesen und anderen Formen von eingeleiteten und nicht eingeleiteten Optativsätzen s. Behaghel 1928: 432, Paul [25]2007: 300, 410, 431). In *daz*-eingeleiteten Exklamativsätzen tritt das Verb im Indikativ auf.

(30) *Optativsatz:* daz dû vervluochet sîst (Er 5916)
‚Du sollst verflucht sein!'

(31) *Exklamativsatz:* daz dû niht eine wîle mohtest bîten! (Wa 83, 11)
‚Dass du nicht etwas warten konntest!'

Zur Einleitung von Exklamativsätzen ist *wie* seit dem Ahd. belegt (Näf 1979, Schrodt 2004: 204, Lühr 2009):

(32) uuio uuunderlih din namo ist in allero uuerlte (NP 29.3)
‚Wie herrlich dein Name ist in der ganzen Welt'

Im Mhd. ist *wie* die häufigste Einleitung für Exklamativsätze. So beobachtet Näf (1992), dass mehr als drei Viertel aller siebzig Exklamativsätze in Gottfried von Strassburgs „Tristan und Isold" (um 1210) das satzinitiale *wie* enthalten, während *daz*- und v. a. *waz*-Sätze selten auftreten.

Selbstständige Fragesätze mit einleitendem *ob* sind bereits seit dem Ahd. belegt (s. Abschnitt 3.1.4). Gleichzeitig dient *ob* auch als Subjunktion für indirekte Fragesätze und Konditional- und Konzessivsätze (Dal [3]1966: 214f., Wunder 1965: 282ff.). Abschnitt 4 wird näher auf die Entstehung der selbstständigen *ob*-Verb-Letzt-Sätze eingehen.

3.3 Morphologische Merkmale

Aufgrund von vielen Synkretismen tragen die verbalen Flexionsformen heute nur geringfügig zur Konstituierung der Satztypen bei (Altmann 1993). Dies betrifft nicht nur den Konjunktiv I, der bis auf die 3.Sg. mit dem Indikativparadigma übereinstimmt (eine Ausnahme bildet das Verb *sein*). Auch im Indikativ Präsens sind alle Formen bis auf 1. und 2.Sg. uneindeutig, so dass das Subjektspronomen (wenn vorhanden) zur Disambiguierung herangezogen wird, z.B. *wir/sie kommen, sie/er/ihr kommt*. Darüber hinaus stimmt die 2.Pl. im Indikativ und Imperativ (*kommt*) überein. Durch die *e*-Apokope fallen 1.Sg.Präs.Ind. und 2.Sg.Imp. bei starken Verben ohne Hebung (*ich komm'* und *komm!*) und bei schwachen Verben formal zusammen. Da die Imperativformen damit uneindeutig sind, reichen sie allein nicht aus, um Imperativsätze zu markieren.

Die heutigen Synkretismen entstehen im Laufe der Sprachgeschichte als Resultat von phonologischen und morphologischen Ausgleichprozessen. Dagegen enthalten die ahd. verbalen Flexionsparadigmen nur ganz wenige uneindeutige Formen: Betrachtet man zunächst Tabelle 3 horizontal, so stellt man fest, dass sich die Indikativ- und Konjunktivformen im Präsens und Präteritum (heute Konj. I und II) nie formal überschneiden. Im Unterschied zum heutigen Deutsch ist der Konjunktiv formal deutlich vom Indikativ getrennt. Nur vertikal treten gleiche Formen in der 1. und 3. Sg.Prät. Ind. (*suohta*) und in der 1. und 3. Sg.Prät. Konj. (*suohti*) auf.

Tabelle 3: Die Flexion des schwachen Verbs *suohen* im Althochdeutschen

	Indikativ Präsens	Konjunktiv Präsens	Indikativ Präteritum	Konjunktiv Präteritum
1.Sg.	*suochu*	*suochē*	*suohta*	*suohti*
2.Sg.	*suochis(t)*	*suochēs(t)*	*suohtōs(t)*	*suohtīs(t)*
3.Sg.	*suochit*	*suochē*	*suohta*	*suohti*
1.Pl.	*suochemēs*	*suochēm(ēs)*	*suohtum(ēs)*	*suohtīm(ēs)*
2.Pl.	*suochet*	*suochēt*	*suohtut*	*suohtīt*
3.Pl.	*suochent*	*suochēn*	*suohtun*	*suohtīn*

Die Abschwächung der Nebensilben, die sich in der Reduktion der unbetonten Vokale zu Schwa, z.B. ahd. *suochu* > nhd. *suche* (1.Sg.Ind.Präs.), im Abbau der dreisilbigen Formen, z.B. ahd. *suochemēs* > mhd. *suochen* > nhd. *suchen* (1.Pl.Ind.Präs.) und in der Vereinfachung von auslautenden Konsonantenclustern, z.B. ahd. *suochent* > mhd. *suochent* > nhd. *suchen* (3.Pl.Ind.Präs.) äußerte, führte letztendlich dazu, dass schon im Mhd. die meisten der heutigen Synkretismen entstanden sind.

Vergleicht man jedoch die Beteiligung der einzelnen Verbmodi an der Bildung von Satztypen, so stellt man fest, dass sich diese vom Alt- zum Nhd. nur geringfügig geändert hat (Petrova 2008). Es sind drei bewahrende bzw. innovative Entwicklungen vom Alt- zum Nhd. hervorzuheben:

Erstens: In realen Wunschsätzen, d.h. in Gebeten, Segenssprüchen und Glückwunschäußerungen, wird seit dem Ahd. der Konjunktiv Präsens (heute Konj. I) gebraucht. Irreale Wunschsätze enthalten kontinuierlich den Konjunktiv Präteritum (heute Konj. II), s. Wunder (1965: 234 ff.), Petrova (2008).

(33) druhtin hohe mo thaz guat (Ad Ludowicum 6)
‚Gott vermehre sein Glück!' (zitiert nach Petrova 2008: 97)

(34) Ni missigiangin uuir so fram (O II 6, 31)
‚Hätten wir doch nicht einen so schlimmen Fehler begangen!' (zitiert nach Petrova 2008: 98)

Zweitens: In Imperativsätzen tritt im Ahd. neben dem Imperativ auch der Konjunktiv Präsens auf. Im folgenden Beispiel fordert der Engel Josef auf, das Leben Jesu zu beschützen. Im ersten Satz steht das Verb im Imperativ, die Folgesätze enthalten hingegen den Konjunktiv Präsens, der heute mit dem Modalverb *sollen* wiedergegeben werden kann:

(35) Hugi filu harto thero minero uuorto
in herzen giuuaro wartes, thaz thu uns thia fruma haltes (O I 19, 11–12)
‚Beachte ernstlich meine Worte; mit ganzem Herzen sollst du darauf bedacht sein, dass du für uns diese Gabe [= das Jesuskind] bewahren sollst'
(Übers. in Anlehnung an Petrova 2008: 100)

Der Konjunktiv I wird im heutigen Deutsch nur noch in den Imperativsätzen der 3.Sg. (den sog. „Heischesätzen") verwendet, wobei er hier in der Umgangssprache durch die 2.Sg.Imp. abgelöst wird (Altmann 1993: 1014):

(36) In dhesemu quhide ni bluchisoe eoman ...(I 3, 6)
‚Bei diesem Satz zweifele niemand daran ...' (zitiert nach Petrova 2008: 100f.)

(37) Sage mir keiner/Sag mir keiner, er hätte nichts gewusst! (Altmann 1993: 1014)

Drittens: Adhortative Aufforderungen werden im Ahd. mit der anfangs noch eindeutigen Form der 1.Pl.Präs.Konj. gebildet (Petrova 2008: 105). Mit dem formalen Zusammenfall mit der 1.Pl.Präs.Ind. verliert der Adhortativsatz (38) dieses flexionsmorphologische Merkmal, so dass er sich heute vom E-Interrogativsatz (39) und V1-Exklamativsatz (40) nur noch durch zum Teil feine intonatorische Merkmale unterscheidet. Beim Verb *sein* wird die formal distinkte Konjunktivform *seien* in der heutigen Umgangssprache durch das indikativische *sind* ersetzt (Altmann 1993: 1014):

(38) *Adhortativsatz:* Geben wir uns (doch mal) Illusionen hin!

(39) *E-Interrogativsatz:* Geben wir uns Illusionen hin?

(40) *V1-Exklamativsatz:* Geben wir uns (vielleicht) Illusionen hin!

4 Theoretische Probleme

Vor dem Hintergrund, dass sich die Verb-Letzt-Stellung in der deutschen Sprachgeschichte allmählich zum Merkmal der syntaktischen Abhängigkeit entwickelt hat, wird die Existenz der selbstständigen Verb-Letzt-Sätze besonders interessant. Dabei wird in der Forschungsliteratur zur synchronen Syntax vielerorts darauf hingewiesen, dass diese Sätze nicht als elliptisch anzusehen sind, d. h. sie werden nicht durch die Tilgung eines übergeordneten Satzes abgeleitet (zur Übersicht s. Artikel 10 in diesem Band). Zur historischen Entwicklung der Verb-Letzt-Sätze fehlen bisher entsprechende Untersuchungen. Historische Daten sprechen jedoch dafür, dass sich diese Satztypen allmählich und nicht etwa abrupt durch die Ellipse des Trägersatzes herausgebildet haben. Dies wird im Folgenden am *ob*-Verb-Letzt-Interrogativsatz gezeigt.

Im Ahd. leitet *ob* sowohl selbstständige als auch unselbstständige Fragesätze ein (s. Abschnitt 3.1.4 und 3.2.3). Es dient also einerseits als Interrogativpartikel in Entscheidungsfragesätzen, anderseits als Subjunktion. Interessanterweise unterscheiden sich beide Satztypen hinsichtlich der Verbstellung: In selbstständigen *ob*-Fragesätzen folgt das Verb im Ahd. dem Subjekt, während die eingebetteten Fragen Spätstellung des Verbs aufweisen. Zudem leitet *ob* im Ahd. Konditional- und Konzessivsätze ein (Wunder 1965, Bernhardt/Davis 1997).

(41) *Selbstständige ob-Interrogativsätze:*
Quadun imo: trohtin, oba uuir slahemes in suerte (T 297, 25–26)
‚Sie sagten ihm: „O Herr, schlagen wir mit dem Schwert/sollen wir mit dem Schwert schlagen?"'

(42) *Unselbstständige ob-Interrogativsätze:*
Fragetun (...) oba thiu selba blinti fon sunton sinen uuurti (O III 20, 3–4)
‚Sie fragten (...), ob diese Blindheit von seinen Sünden kam.'

(43) *Konditionalsätze:*
Thia hant duat si furi sar, ob iaman ramet es thar (O III 1, 35)
‚Ihre Hand hält sie [=die Mutter] davor, wenn jemand es [=das Kind] angreift.'

(44) *Konzessivsätze:*
Ob ih iz sagen (...) iu, ir ni giloubet thoh bi thiu (O III 22, 15)
‚Auch wenn ich es euch sage, so glaubt ihr mir dennoch nicht.'

Anhand der Daten kann der Grammatikalisierungspfad von *ob*-Sätzen nachgezeichnet werden. Wie auch Dal (³1966: 214) vermutet, entwickelt sich *ob* wahrscheinlich aus dem noch im Ahd. existierenden Substantiv *iba* ‚Zweifel' zunächst zur Interrogativpartikel in selbstständigen Sätzen. Stand ein solcher Satz in direkter Nachbarschaft zum Satz mit Verba declarandi (*sagen, sprechen, fragen*) oder Verba sentiendi (*denken, zweifeln*), konnte diese ursprünglich parataktische Folge wie in (41) als hypotaktische reanalysiert werden. Dies führte dazu, dass der ursprünglich selbstständige *ob*-Satz zum abhängigen herabgestuft wurde, etwa *Sie sagten/fragten, ob sie mit dem Schwert schlagen sollen.*

Ein weiteres Argument für die Existenz von unabhängigen *ob*-Fragesätzen ist die Grammatikalisierung von *ob* als konditionale, anschließend als konzessive Subjunktion. Auch hier führt der Grammatikalisierungspfad von der Parataxe zur Hypotaxe: Im ersten Schritt wird eine selbstständige Frage im konkreten Diskurs beantwortet, woran eine Schlussfolgerung angeschlossen werden kann. Im weiteren Schritt wird die bejahende Antwort vorausgesetzt, so dass letztendlich der Fragesatz als Bedingung für den Folgesatz verstanden und dann als Konditionalsatz reanalysiert wird, etwa *Kommst du? – (Ja!) – Dann können wir sofort anfangen* > *Kommst du, dann können wir sofort anfangen* (Heine/Kuteva 2002: 249, Hopper/ Traugott 2003: 179 ff., van den Nest 2010). Anschließend kann sich die konditionale Subjunktion zur konzessiven weiterentwickeln (s. König/van der Auwera 1988).

Der selbstständige *ob*-Fragesatz unterliegt in der Geschichte des Deutschen einer weiteren formalen und funktionalen Entwicklung. Zum einen weist er seit dem Mhd. – ähnlich wie der *ob*-Nebensatz – die Tendenz zur Verb-Letzt-Stellung auf, die sich zum Nhd. hin durchsetzt:

(45) *Mittelhochdeutsch:* op sîn wirt iht mit im var? (Pz 23, 11)
‚War sein Gastgeber nicht mit ihm?'

Zum anderen nimmt er – möglicherweise unter dem Einfluss des formalen Wandels – die Funktion einer deliberativen Frage auf, auf die keine Antwort erwartet wird, z. B. *Ob sie noch ihre Brille trägt?* (= ‚Ich möchte wissen/Ich frage mich selbst, ob sie noch ihre Brille trägt', s. Artikel 10 in diesem Band). Diese teilt er heute mit dem formal ähnlichen *w*-Verb-Letzt-Interrogativsatz (*Wen sie wohl einlädt?* = ‚Ich frage mich, wen sie einlädt'). Wie Truckenbrodt (Artikel 10 in diesem Band) beobachtet, unterscheidet sich die Gruppe der selbstständigen Verb-Letzt-Sätze in ihrer Verwendungsweise von Verb-Erst- und Verb-Zweit-Sätzen. Die prototypischen Verwendungsweisen der Verb-Erst- und Verb-Zweit-Sätze sind Behauptungen, Fragen an einen Adressaten und Aufforderungen. Verb-Letzt-Sätze drücken hingegen exklamative Äußerungen, deliberative Fragen, Wünsche u. Ä. aus. Im Zuge des Sprachwandels werden also mit der Makrostruktur „Einleitungswort + Verb-Letzt-Stellung" verschiedene Randfunktionen assoziiert. Es steht zu vermuten, dass der funktionale Wandel des *ob*-Verb-Letzt-Satzes durch die formale Entwicklung im Nebensatz beeinflusst wird, die dazu führt, dass Satzeinleiter wie *ob* die finale Verbstellung verlangen.

5 Zusammenfassung

Der Sprachwandel führt zur Herausbildung von Satztypen, die auf mehreren Ebenen, d.h. auf komplexe Weise markiert werden. Es bilden sich mehrere ambige Satztypmarker heraus, die in Kombination den Ausdruck von Satzmodi leisten. Die indirekte (koverte) Markierung löst die ältere Schicht von Moduspartikeln ab, die einst ein overtes (direktes) Satzmodussystem bildeten. Während im Ahd. noch die Interrogativpartikel *inu* allein den Satzmodus signalisieren konnte, wird der E-Interrogativsatz heute durch die Kombination aus (1) der Verb-Erst-Stellung, (2) dem postfiniten Subjekt(spronomen), (3) der indikativischen Verbform und (4) dem steigenden Intonationsverlauf konstituiert. Damit stellen Satztypen komplexe grammatische Konstruktionen zum Ausdruck des Satzmodus dar.

Die Herausbildung von Satztypen stellt eine Grammatikalisierung dar, in der sich für bestimmte Funktionstypen Ausdrucksformen entwickeln. Dabei weisen einzelne Satzmodi unterschiedliche Grammatikalisierungsgrade auf: Am weitesten fortgeschritten ist die Grammatikalisierung im Bereich des deklarativen Satzmodus. Für diesen wird im unmarkierten Fall der V2-Deklarativsatz verwendet. Für die zwei weiteren Grundmodi, den interrogativen und den imperativen, stehen ebenfalls weit entwickelte Formen zur Verfügung. Der Ausdruck von Ausrufen und Wünschen ist hingegen sehr variabel, d.h. am wenigsten grammatikalisiert.

Interessanterweise bilden Satztypen mit Merkmalen der syntaktischen Abhängigkeit (*dass, ob, wenn* und *w*-Ausdrücke als Einleiter + Verb-Letzt-Stellung) eine Makrostruktur, die mit Randfunktionen assoziiert wird. Die bisher unerforschte Entwicklung dieser Form-Funktion-Korrespondenz wirft spannende Fragen auf, die zu künftigen Aufgaben der historischen Syntax gehören.

6 Literatur

6.1 Primärliteratur

Er = Hartmann von Aue: Erec. Hrsg. v. M. G. Scholz. Übers. v. S. Held. Frankfurt/Main 2004.
I = Der althochdeutsche Isidor. Nach der Pariser Handschrift und den Monseer Fragmenten. Neu hrsg. v. H. Eggers. Tübingen 1964.
NB = Notker der Deutsche: Boethius „De consolatione philosophiae". Hrsg. v. P.W. Tax. Tübingen 1986.
NMC = Notker der Deutsche: Martianus Capella „De nuptiis philologiae et Mercurii". Hrsg. v. J.C. King. Tübingen 1979.
NP = Notker der Deutsche: Der Psalter. Hrsg. v. P.W. Tax. Tübingen 1979.
NL = Das Nibelungenlied. Hrsg., übers. u. m. e. Anh. vers. v. H. Brackert. 26. Aufl. Frankfurt/Main 2000.
O = Otfrid von Weissenburg: Evangelienbuch. Hrsg. und bearb. v. W. Kleiber u. Mitarb. v. R. Heuser. Tübingen 2004.
Pz = Wolfram von Eschenbach: Parzival. Studienausgabe. Mhd. Text nach der 6. Ausg. v. K. Lachmann. Übers. v. P. Knecht. Einführung zum Text v. B. Schirok. Berlin/New York 1998.
T = Die lateinisch-althochdeutsche Tatianbilingue Stiftsbibliothek St. Gallen Cod. 56. Hrsg. v. A. Masser u. Mitarb. v. E. De Felip-Jaud. Göttingen 1994.
Wa = Walther von der Vogelweide. Hrsg. v. K. Lachmann. 13., aufgrund der 10. v. C. v. Kraus bearb. Ausg. neu hrsg. v. H. Kuhn. Berlin 1965.

6.2 Sekundärliteratur

Admoni, W. (1990): Historische Syntax des Deutschen. Tübingen: Niemeyer.
Altmann, H. (1987): Zur Problematik der Konstitution von Satzmodi als Formtypen. In: Meibauer, J. (Hg.), Satzmodus zwischen Grammatik und Pragmatik. Referate anlässlich der 8. Jahrestagung der Deutschen Gesellschaft für Sprachwissenschaft, Heidelberg 1986. Tübingen: Niemeyer, 22–65.
Altmann, H. (1993): Satzmodus. In: Jacobs, J./ Stechow, A. von/Sternefeld, W./Vennemann, T. (Hgg.), Syntax. Ein internationales Handbuch zeitgenössischer Forschung. Berlin: de Gruyter, 1006–1029.
Askedal, J.O. (1996): Überlegungen zum Deutschen als sprachtypologischem „Mischtyp". In: Lang, E./Zifonun, G. (Hgg.), Deutsch-typologisch. Berlin: de Gruyter, 369–383.
Autenrieth, T. (2002): Heterosemie und Grammatikalisierung bei Modalpartikeln. Eine synchrone und diachrone Studie anhand von *eben, halt, e(ech r)t, einfach, schlicht* und *glatt*. Tübingen: Niemeyer.
Axel, K. (2005): Null Subjects and Verb Placement in Old High German. In: Kepser, S./Reis, M. (Hgg.), Linguistic Evidence. Empirical, Theoretical and Computational Perspectives. Berlin: Mouton de Gruyter, 27–48.
Axel, K. (2007): Studies on Old High German Syntax. Left Sentence Periphery, Verb Placement and Verb-second. Amsterdam: Benjamins.
Axel, K. (2009): The Verb-second Property in Old High German. Different Ways of Filling the Prefield. In: Hinterhölzl, R./Petrova, S. (Hgg.), Information Structure and Language

Change. New Approaches to Word Order Variation in Germanic. Berlin: de Gruyter, 17–44.
Axel, K./Weiß, H. (i.E.): Pro-drop in the History of German. From Old High German to the Modern Dialects. In: Gallmann, P./Wratil, M. (Hgg.), Empty Pronouns. Berlin: Mouton de Gruyter.
Behaghel, O. (1928): Deutsche Syntax. Eine geschichtliche Darstellung. Bd. III: Die Satzgebilde. Heidelberg: Winter.
Behaghel, O. (1932): Deutsche Syntax. Eine geschichtliche Darstellung. Bd. IV: Wortstellung. Periodenbau. Heidelberg: Winter.
Bernhardt, K.A./Graeme, D. (1997): The Word Order of Old High German. Lewiston: Edwin Mellen Press.
Betten, A. (1987): Grundzüge der Prosasyntax. Stilprägende Entwicklungen vom Althochdeutschen zum Neuhochdeutschen. Tübingen: Niemeyer.
Bishop, H.M. (1977): The „Subjectless" Sentences of Old High German. PhD Dissertation University of California, Berkley.
Brodführer, E. (1906): Beiträge zur Syntax Willirams, unter besonderer Berücksichtigung der Wortstellung. Halle/Saale: Karras.
Cichosz, A. (2010): The Influence of Text Type on Word Order of Old Germanic Languages. A Corpus-Based Contrastive Study of Old English and Old High German. Frankfurt/Main: Lang.
Croft, W. (2001): Radical Construction Grammar. Syntactic Theory in Typological Perspective. Oxford: Oxford University Press.
Dal, I. (1966): Kurze deutsche Syntax. 3. Aufl. Tübingen: Niemeyer.
Diewald, G. (1997): Grammatikalisierung: Eine Einführung in Sein und Werden grammatischer Formen. Tübingen: Niemeyer.
Diewald, G. (2007): Abtönungspartikel. In: Hoffmann, L. (Hg), Handbuch der deutschen Wortarten. Berlin: de Gruyter, 117–141.
Diewald, G. (2008): The Catalytic Function of Constructional Restrictions in Grammaticalization. In: Verhoeven, E./Skopeteas, S./Shin, Y.-M./Nishina, Y./Helmbrecht, J. (Hgg.), Studies on Grammaticalization. Berlin: de Gruyter, 219–239.
Dittmer, A./Dittmer, E. (1998): Studien zur Wortstellung. Satzgliedstellung in der althochdeutschen Tatianübersetzung. Göttingen: Vandenhoeck & Ruprecht.
Dittmer, E. (1992): Die Wortstellung im AHD Tatian. Althochdeutsch. In: Desportes, Y. (Hg.), Syntax und Semantik. Akten des Lyoner Kolloquiums zur Syntax und Semantik des Althochdeutschen. 1.–3. März 1990. Lyon: Centre d'Etudes Linguistiques Jacques Goudet, 247–258.
Donhauser, K./Petrova, S. (2009): Die Rolle des Adverbs *tho* bei der Generalisierung von Verbzweit im Deutschen. In: Dannerer, M./Mauser, P./Scheutz, H./Weiss, A. (Hgg.), Gesprochen – geschrieben – gedichtet. Variation und Transformation von Sprache. Berlin: Erich Schmidt, 11–24.
Dryer, M. (1995): Word Order Typology. In: Jacobs, J./ Stechow, A. von/Sternefeld, W./Vennemann, T. (Hgg.), Syntax. Ein internationales Handbuch zeitgenössischer Forschung. Berlin: de Gruyter, 1050–1065.
Ebert, R.P. (1978): Historische Syntax des Deutschen. Stuttgart: Metzler.
Ebert, R.P. (1986): Historische Syntax des Deutschen. Bd. II: 1300–1750. Frankfurt/Main: Lang.
Ebert, R.P./Reichmann, O./Solms, H.-J./Wegera, K.-P. (1993): Frühneuhochdeutsche Grammatik. Tübingen: Niemeyer.
Eggenberger, J. (1961): Das Subjektspronomen im Althochdeutschen. Ein syntaktischer Beitrag zur Frühgeschichte des deutschen Schrifttums. Chur: Sulser.

Goldberg, A. (1995): Constructions. A Construction Grammar Approach to Argument Structure. Chicago: University of Chicago Press.

Greule, A. (1998): Zwischen Syntax und Textgrammatik: Die Parenthese bei Otfrid von Weißenburg. In: Askedal, J.O. (Hg.), Historische germanische und deutsche Syntax. Akten des internationalen Symposiums anlässlich des 100. Geburtstages von Ingerid Dal, Oslo, 27. 9.–1. 10. 1995. Frankfurt/Main: Lang, 193–205.

Greule, A. (2000): Syntax des Althochdeutschen. In: Besch, W. et al. (Hgg.), Sprachgeschichte. Ein Handbuch zur Geschichte der deutschen Sprache und ihrer Erforschung. Berlin: de Gruyter, 1207–1213.

Große, R. (1990): Funktionen des Pronomens *iz* im Althochdeutschen. In: Betten, A. (Hg.), Neuere Forschungen zur historischen Syntax des Deutschen. Referate der Internationalen Fachkonferenz Eichstätt 1989. Tübingen: Niemeyer, 29–38.

Harbert, W. (1999): *Erino portun ich firchnussu*. In: Carr, G.F./Harbert, W./Zhang, L. (Hgg.), Interdigitations. Frankfurt/Main, 257–268.

Härd, J.E. (2003): Hauptaspekte der syntaktischen Entwicklung in der Geschichte des Deutschen. In: Besch, W./Betten, A./ Reichmann, O./Sonderegger, S. (Hgg.), Sprachgeschichte. Ein Handbuch zur Geschichte der deutschen Sprache und ihrer Erforschung. 2. Aufl. 4. Teilband. Berlin: de Gruyter, 2569–2582.

Heine, B./Kuteva, T. (2002): World Lexicon of Grammaticalization. Cambridge: Cambridge University Press.

Held, K. (1903): Das Verbum ohne pronominales Subjekt in der älteren deutschen Sprache. Berlin: Mayer & Müller.

Hengeveld, K. (2004): Illocution, Mood, and Modality. In: Booij, G./Lehmann, C./Mugdan, J./Skopeteas, S. (Hgg.), Morphologie. Ein internationales Handbuch zur Flexion und Wortbildung. Berlin: de Gruyter, 1190–1201.

Hennig, J.D. (1957): Studien zum Subjekt impersonal gebrauchter Verben im Althochdeutschen und Altniederdeutschen unter Berücksichtigung gotischer und altwestnordischer Zeugnisse. Dissertation Universität Göttingen.

Hentschel, E. (1986): Funktion und Geschichte deutscher Partikeln. *Ja, doch, halt* und *eben*. Tübingen: Niemeyer.

Hinterhölzl, R./Petrova, S./Solf, M. (2005): Diskurspragmatische Faktoren für Topikalität und Verbstellung in der althochdeutschen Tatianübersetzung (9. Jh.). In: Ishihara, S./Schmitz, M./Schwarz, A. (Hgg.), Approaches and Findings in Oral, Written and Gestural Language, Interdisciplinary Studies on Information Structure (ISIS) 3. Potsdam: Universitätsverlag Potsdam, 143–182.

Hinterhölzl, R./Petrova, S. (2005): Rhetorical Relations and Verb Placement in Old High German Tatian translation (9th century). In: Stede, M./Chiarcos, C./Grabski, M./Lagerwerf, L. (Hgg.), Salience in Discourse. Multidisciplinary approaches to discourse. Münster: Stichting/Nodus, 71–79.

Hinterhölzl, R./Petrova, S. (2011): Rhetorical Relations and Verb Placement in Old High German Tatian. In: Chiarcos, C./ Claus, B./Grabski, M. (Hgg.), Salience. Multidisciplinary Perspectives on its Function in Discourse. Berlin: de Gruyter, 173–201.

Hopper, P./Traugott, E. (2003): Grammaticalization. Cambridge: Cambridge University Press.

König, E./Auwera, J. van der (1988): Clause Integration in German and Dutch Conditionals, Concessive Conditionals, and Concessives. In: Haiman, J./Thompson, S.A. (Hgg.), Clause Combining in Grammar and Discourse. Amsterdam: Benjamins, 101–133.

Lehmann, C. (1995 [1982]): Thoughts on Grammaticalization. Revised and Expanded Version. First Published Edition. München: LINCOM.

Lenerz, J. (1985a): Diachronic Syntax. Verb Position and COMP in German. In: Toman, J. (Hg.), Studies in German Grammar. Dordrecht: Fortis, 103–132.

Lenerz, J. (1985b): Zur Theorie des syntaktischen Wandels. Das expletive *es* in der Geschichte des Deutschen. In: Abraham, W. (Hg.), Erklärende Syntax des Deutschen. Tübingen: Narr, 99–136.

Lippert, J. (1974): Beiträge zur Technik und Syntax althochdeutscher Übersetzungen unter besonderer Berücksichtigung der Isidorgruppe und des althochdeutschen Tatian. München: Fink.

Lötscher, A. (2009): Verb Placement and Information Structure in the OHG Gospel Harmony by Otfrid von Weissenburg. In: Hinterhölzl, R./Petrova, S. (Hgg.), Information Structure and Language Change. New Approaches to Word Order Variation in Germanic. Berlin: Mouton de Gruyter, 281–321.

Lühr, R. (2005): Topikalisierung in Metrik und Prosa im älteren Deutsch. In: Simmler, F. (Hg.), Syntax. Althochdeutsch – Mittelhochdeutsch. Eine Gegenüberstellung von Metrik und Prosa. Akten zum Internationalen Kongress an der Freien Universität Berlin 26. bis 29. Mai 2004. Berliner Sprachwissenschaftliche Studien 7, 177–191.

Lühr, R. (2009): Translating Information Structure: A Study of Notker's Translation of Boethius's Latin De Consolatione Philosophiae into Old High German. In: Hinterhölzl, R./Petrova, S. (Hgg.), Information Structure and Language Change. New Approaches to Word Order Variation in Germanic. Berlin: Mouton de Gruyter, 323–366.

Maurer, F. (1924): Zur Anfangsstellung des Verbs im Deutschen. In: Horn, W. (Hg.), Beiträge zur germanischen Sprachwissenschaft. Festschrift für O. Behaghel. Heidelberg: Winter, 141–184.

Meibauer, J. (1994): Modaler Kontrast und konzeptuelle Verschiebung. Studien zur Syntax und Semantik deutscher Modalpartikeln. Tübingen: Niemeyer.

Meibauer, J. (1999): Pragmatik. Tübingen: Stauffenburg.

Meineke, E./Schwerdt, J. (2001): Einführung ins Althochdeutsche. Paderborn: Schöning.

Molnár, A. (2002): Die Grammatikalisierung deutscher Modalpartikeln. Fallstudien. Frankfurt/Main: Lang.

Näf, A. (1979): Die Wortstellung in Notkers Consolatio. Untersuchungen zur Syntax und Übersetzungstechnik. Berlin: de Gruyter.

Näf, A. (1992): *Herre, wie bin ich mit liebe alsus verirret!* Zu den Exklamativsätzen in Gottfrieds „Tristan". In: Zeitschrift für germanistische Linguistik 20, 37–63.

Nest, D. van den (2010): Should Conditionals be Emergent ... Asyndetic Subordination in German and English as a Challenge to Grammaticalization Research. In: Linden, A. van/Verstraete, J.-C./Davidse, K. (Hgg.), Formal Evidence in Grammaticalization Research. Amsterdam: Benjamins, 93–136.

Önnerfors, O. (1993): Über narrative Verb-erst-Deklarativsätze im Deutschen. In: Sprache und Pragmatik 31, 1–52.

Önnerfors, O. (1997): Verb-erst-Deklarativsätze. Grammatik und Pragmatik. Stockholm: Almqvist & Wiksell.

Paul, H. (2007): Mittelhochdeutsche Grammatik. Neu bearbeitet von T. Klein, H.-J. Solms und K.-P. Wegera. Mit einer Syntax von I. Schöbler neubearbeitet und erweitert von H.-P. Prell. 25. Aufl. Tübingen: Niemeyer.

Péteri, A. (2011): Interrogativpartikeln und Modalpartikeln. Ihre Abgrenzung in ausgewählten

europäischen Sprachen. In: Harsányi, M. (Hg.), Germanistische Studien VIII. Wissenschaftliche Beiträge der Károly-Eszterházy-Hochschule. Eger: EKF Líceum, 93–108.
Petrova, S. (2008): Die Interaktion von Tempus und Modus. Studien zur Entwicklungsgeschichte des deutschen Konjunktivs. Heidelberg: Winter.
Petrova, S./Solf, M. (2009): Zur Entwicklung von Verbzweit im Fragesatz. Die Evidenz des Althochdeutschen. In: Beiträge zur Geschichte der deutschen Sprache und Literatur 131, 1–49.
Petrova, S. (2011): Modeling Word Order Variation in Discourse. On the Pragmatic Properties of VS Order in Old High German. In: Velo, E. (Hg.), Indo-European Syntax and Pragmatics. Comparative Approaches. Sonderheft von Oslo Studies in Language 3, 209–228.
Petrova, S./Solf, M. (2008): Rhetorical Relations and Verb Placement in Early Germanic: A Cross Linguistic Study. In: Fabricius-Hansen, C./Ramm, W. (Hgg.), ‚Subordination' Versus ‚Coordination' in Sentence and Text: A Cross-linguistic Perspective. Amsterdam: Benjamins, 329–351.
Rabanus, S. (2008): Morphologisches Minimum. Distinktionen und Synkretismen im Minimalsatz hochdeutscher Dialekte. Stuttgart: Steiner.
Ramers, K.H. (2005): Verbstellung im Althochdeutschen. In: Zeitschrift für germanistische Linguistik 33, 78–91.
Ronneberger-Sibold, E. (1991): Funktionale Betrachtungen zu Diskontinuität und Klammerbildung im Deutschen. In: Boretzky, N./Enninger, W./ Jeßing, B./Stolz, T. (Hgg.), Sprachwandel und seine Prinzipien. Bochum: Universitätsverlag Dr. N. Brockmeyer, 206–236.
Schildt, J. (1976): Zur Ausbildung des Satzrahmens. In: Kettmann, G./Schildt, J. (Hgg.), Zur Ausbildung der Norm in der deutschen Literatursprache auf der syntaktischen Ebene (1470–1730). Berlin: Akademie Verlag, 235–284.
Schrodt, R. (2004): Althochdeutsche Grammatik. Bd. II: Syntax. Tübingen: Niemeyer.
Sonderegger S. (1979): Gründzüge deutscher Sprachgeschichte. Diachronie des Sprachsystems. Bd. I: Einführung – Genealogie – Konstanten. Berlin: de Gruyter.
Szczepaniak, R. (2011): Grammatikalisierung im Deutschen. Eine Einführung. 2. Aufl. Tübingen: Narr.
Thurmair, M. (1989): Modalpartikeln und ihre Kombinationen. Tübingen: Niemeyer.
Traugott, E.C. (2003): Constructions in Grammaticalization. In: Joseph, B./Janda, R.D. (Hgg.), The Handbook of Historical Linguistics. Oxford: Blackwell, 624–647.
Volodina, A. (2009): Pro-drop im frühen Neuhochdeutschen. In: Brandt, G./Hünecke, R. (Hgg.), Historische Soziolinguistik des Deutschen. Bd. IX: Neue Forschungsansätze – Fallstudien – Reflexe konzeptueller Mündlichkeit in Schriftzeugnissen verschiedener soziofunktionaler Gruppen. Internationale Fachtagung Dresden 8.–9. 09. 2008. (S.A.G.). Stuttgart: Akademischer Verlag, 51–66.
Wegener, H. (1998): Zur Grammatikalisierung von Modalpartikeln. In: Barz, I./Öhlschläger, G. (Hgg.), Zwischen Grammatik und Lexikon. Tübingen: Niemeyer, 37–55.
Weiß, H. (1998): Syntax des Bairischen. Tübingen: Niemeyer.
Weiß, H. (2005): Inflected Complementizers in Continental West Germanic Dialects. In: Zeitschrift für Dialektologie und Linguistik 72, 148–166.
Wöllstein, A. (2010): Topologisches Satzmodell. Heidelberg: Winter.
Wunder, D. (1965): Der Nebensatz bei Otfrid. Untersuchungen zur Syntax des deutschen Nebensatzes. Heidelberg: Winter.

Renata Szczepaniak

33 Satztyp und Dialekt

1   Einleitung
2   Satztypen in deutschen Dialekten
3   Selbständige Sätze
4   Nebensätze
5   Zusammenfassung
6   Literatur

1 Einleitung

In der Linguistik gibt es zwar immer noch keine allgemein verbindlichen Definitionen der Begriffe Sprache und Dialekt (Weiß 2009), aber der Status von Dialekten als linguistische Untersuchungsobjekte hat sich in den letzten Jahren radikal geändert. Dies betrifft besonders die Syntax und damit auch den Forschungsbereich, zu dem die Satztypen gehören. Angestoßen durch Impulse vor allem aus der generativen Syntax hat sich die Dialektsyntax inzwischen zu einem äußerst virulenten Forschungsfeld entwickelt, auf dem Linguisten unterschiedlichster Provenienz tätig sind (Weiß 2004, Kortmann 2010). Von dieser regen Forschungstätigkeit hat allerdings das Thema Satztyp und Dialekt noch nicht profitiert: Von vereinzelten Ausnahmen wie Altmann (2006) und Bayer (2012) oder bestimmten relativ gut untersuchten Phänomenen (Doppel-COMP, Relativsätze) abgesehen, gibt es praktisch keine Spezialforschung zu den meisten Aspekten des Themas. Die folgende Darstellung stützt sich daher in erheblichem Maße auch auf Beobachtungen und Erkenntnisse, die sich in älterer und neuerer Forschung in anderen Zusammenhängen ergeben haben.[1]

---

[1] Sofern bei Beispielsätzen keine Belegquelle angegeben ist, entstammen sie meiner nativen Bairischkompetenz. Darauf wurde jedoch nur in Ausnahmefällen zurückgegriffen, d.h. bei unstrittigen und offensichtlichen Fällen. Die Schreibung der Belege folgt weitgehend den Quellen, aus denen sie stammen. Für wertvolle Hinweise danke ich E. Brandner (Konstanz) und H. Altmann (Penzberg), sowie Agnes Jäger, Thomas Strobel, Ewa Trutkowski und Melani Wratil (alle Frankfurt am Main).

2 Satztypen in deutschen Dialekten

Ganz generell lässt sich sagen, dass sämtliche Satztypen, die im Standarddeutschen vorkommen, auch in den Dialekten präsent sind, wenn auch mitunter in unterschiedlicher Ausprägung (worauf in der folgenden Darstellung das Hauptaugenmerk liegen wird).

Was nun selbständige Sätze anbetrifft, lassen sich im Sinne von Altmann (1993) Satztypen definieren als Formtypen des Satzmodus, d.h. auf formal-struktureller Basis unterschiedene Satzarten mit Bezug auf bestimmte Funktionen wie Aussage, Frage usw.

Als formale Unterscheidungskriterien sind nach Altmann (1993) relevant:
(i) Reihenfolgemerkmale (Verbstellungstypen)
(ii) Morphologische Merkmale (Verbmodus)
(iii) Kategorielle Merkmale
(iv) Intonatorische Merkmale

Qua formaler und funktionaler Aspekte können somit fünf grundlegende Satztypen (jeweils mit mehreren Subtypen) differenziert werden:

1) Deklarativsatz
2) Imperativsatz
3) Interrogativsatz
4) Optativsatz
5) Exklamativsatz

Die ersten drei Typen gelten als Haupttypen, die in den Abschnitten 3.1.–3.3 gesondert beschrieben werden. Für die beiden marginalen Typen Optativ- und Exklamativsatz werden in Abschnitt 3.4 einige vereinzelte Beobachtungen referiert. Abschnitt 4 befasst sich mit den unselbständigen Satztypen Komplement-, Adverbial- und Relativsatz.

3 Selbständige Sätze

3.1 Deklarativsätze

Aussage- bzw. Deklarativsätze haben im Deutschen in der Hauptsache die Form von Verbzweit- und Verberst-Sätzen (Altmann 1993), wobei der erste Typ unmarkiert und der zweite „funktional hochgradig spezialisiert(er)" (Altmann 1993:

1020) ist. Die Dialekte des Deutschen zeigen ein völlig identisches Bild. Im unmarkierten Fall weist der Deklarativsatz Verbzweitstellung auf (mbair. Beispiele):

(1)   a der war imma schõ a bissal seitsam
        der war immer schon ein bisschen seltsam
    b do han'ma ois Kinda imma higanga
        da sind wir als Kinder immer hingegangen

Umstritten ist der Status von Verberst-Deklarativen.[2] Altmann (2006: 175) zufolge fehlt er im Bairischen ganz, nach anderen Autoren kommt er aber durchaus vor. So nennt ihn Schiepek (1908: 503) für das Egerländische, eine nordbairische Varietät, häufig „in der Fortsetzung der Erzählung". Der Literaturüberblick bei Patocka (1997: 197 ff.) zeigt denn auch deutlich, dass der Verberst-Deklarativsatz in der Dialektologie gerne mit der Textsorte *Erzählung* in Verbindung gebracht wird. Damit erklärt sich auch die unterschiedliche Auffassung von Altmann (2006), da er einen ganz spezfischen Typ von Verberst-Deklarativ meint, der „als Schlußsatz einer Argumentationssequenz benutzt [wird], um einen Sachverhalt mitzuteilen, der die gesamte Argumentationskette motiviert" (Altmann 1993: 1020). Als Beispiel aus dem Standard wird in Altmann (2006: 182) folgender Beleg angeführt:

(2)   Aber diesmal hat's mich ganz persönlich und direkt getroffen, **bin ich doch auch einer von diesen faulen, feigen und vaterlandslosen Egoisten.**

Dieser Typus von Verberst-Deklarativ unterscheidet sich nun in der Tat von dem in der Dialektologie als häufig bekannten Typus, der in narrativen Sequenzen vorkommt und wohl seine Hauptfunktion darstellt. Ob der von Altmann (2006) für das Bairische explizit ausgeschlossene Typus dialektal überhaupt nicht auftritt, müsste erst durch eine dialekt-vergleichende Studie erwiesen werden. Ein weiterer Spezialtyp, der zumindest in dem Korpus des österreichischen Bairischen bei Patocka (1997: 204) öfters belegt ist, wird von sog. „redeankündigenden Sätzen" wie (3a-d) gebildet. Neben dem Verbum dicendum *sagen* sind in der redeankündigenden Konstruktion vereinzelt auch noch andere Verben wie *sich denken* belegt (3d).

(3)   a Såg i: Låß da Zäät ...
        ‚Sag ich: Lass dir Zeit'
    b Sågt a: Schàà, daß d ààßekummst
        ‚Sagt er: Schau, dass du hinauskommst'

---

[2] Hier sind nur echte Verberst-Deklarative gemeint. Koordinationsellipsen oder Topik-drop-Sätze, die beide ebenfalls ein leeres Vorfeld und damit Verberst-Stellung aufweisen, sind nicht relevant für die Diskussion im Haupttext.

c Sågt s, do deaf i drai Tåg nix healaicha
 ‚Sagt sie, da darf ich drei Tage nichts verleihen'
d Denkt a si: Nå, wås is n då los?
 ‚Denkt er sich: Na, was ist denn da los?'

3.2 Imperativsätze

Formal ist der Haupttypus des Imperativsatzes durch die Imperativmorphologie des Verbs definiert (vgl. Artikel 6 in diesem Band). Im Deutschen existiert jedoch eine spezifische Imperativmorphologie nur in der 2. Person Singular. Weitere, allerdings fakultative Charakteristika sind die Verberststellung und das Fehlen des pronominalen Subjekts. Die Weglassbarkeit des Subjektpronomens zeichnet auch die 2. Person Plural als Imperativ aus. Als imperativische Sonderformen existieren noch der Adhortativ (1. Person Plural) sowie der Höflichkeitsimperativ.

In den Dialekten gibt es hierzu keine wesentlichen Unterschiede. Eine spezifische Imperativmorphologie ist ebenfalls nur in der 2. Person Singular anzutreffen (4a), wenn auch manchmal eine vom Standard abweichende. Im Bairischen z. B. lautet der Imperativ vom Verb *sein* regional überwiegend *bi* (4b) und nicht *sei* – aber es finden sich regional auch Formen wie *bisch(d)* in Teilen Bayerisch-Schwabens oder gar *bin* (vgl. König/Renn 2005: 76f.). In der 2. Person Plural ist die Morphologie identisch mit dem Indikativ, selbst im Bairischen (4c), wo mit *-ts* eine vom übrigen deutschen Sprachgebiet unterschiedliche Endung existiert (Weiß 2005b). Das scheint auch für andere flexivische Neuerungen der 2. Person Plural zu gelten: Dort, wo sich im Zuge der Bildung eines Einheitsplurals eine neue Flexionsendung in der 2. Person Plural bildete, scheint diese häufig, vielleicht sogar systematisch auf den Imperativ übertragen worden zu sein (vgl. Schirmunski 1962: 521ff.). Die in (4d-e) angeführten Beispiele sind aus Schirmunski (1962: 523) entnommen.

(4) a Bleib ja weg!
 b Bi ja stad!
  ‚Sei ja still!'
 c Gehts weg!
  ‚Geht weg!'
 d węrfən (Lothringisch)
  ‚werft!'
 e nāmə (Elsässisch)
  ‚nehmt!'

Wie erwähnt ist das Subjektpronomen beim Imperativ fakultativ, was generell auch für die Dialekte gilt. Die Setzung eines Pronomens hat in den Dialekten einen unterschiedlichen Status: In vielen Dialekten geschieht das „ohne jede nebenbedeutung [sic!]" (Reis 1894: 510), bewirkt also nicht zwangsläufig eine kontrastive Fokussierung des Imperativsubjekts (ähnlich Schiepek 1908: 161, Staedele 1927: 46). Dagegen steht im Südhessischen lt. Mottausch (2009: 232) eines, „wenn die Person besonders hervorgehoben werden soll". Auch Dützmann (1939: 16f.) erwähnt für das Ostlüneburgische Kontrastfokus bei Setzung eines Subjektpronomens, zudem „in affektbetonter Rede": „nü dóud zi dat heißt ‚euer Sträuben nützt nichts; ihr sollt das tun!'" (ebd.), wobei im letzteren Fall der Satzakzent auf dem Verb liegt, nicht auf dem Pronomen. Wird ein Subjektpronomen verwendet, so kann das immer nur eine Vollform sein. Unbetonte oder klitische Pronomen sind ausgeschlossen (Reis 1894, Staedele 1927). Für Reis (1894: 510) ist das „ein beweis dafür, dass ursprünglich allerdings ein besonderer ton auf dem pronomen geruht hat", d. h. wohl in allen Dialekten mit der Setzung des Subjektpronomens früher Kontrastfokus einher ging. Dass das Subjektpronomen nicht als Klitikon bzw. unbetont realisiert werden kann, ist synchron als Indiz zu werten, dass es nicht deakzentuiert werden kann, was aber nicht mehr zwangsläufig mit Kontrastfokus assoziiert sein muss (H. Altmann, pers. Mitteilung).

Zur „Verstärkung" oder „Abschwächung" können dialektal verschiedene Ausdrucksmittel verwendet werden. In der Hauptsache sind das wie im (umgangssprachlichen) Hochdeutschen auch Modalpartikeln (vgl. Altmann 2006), wobei es in vielen Dialekten ganz spezifische Modalpartikeln gibt. Für das Bairische kann man in diesem Zusammenhang die Modalpartikel *fai* erwähnen, für die schon Schiepek (1908: 162) bemerkt, sie bewirke eine „dringlichere und vertraulichere [Färbung]" des Befehls/der Aufforderung usw. Besonders bemerkenswert ist die von Staedele (1927: 61) beschriebene verstärkende Funktion von *oder*: „*odər* dient beim Imperativ als Verstärkung: šdill odər!".

Eine Besonderheit, die noch genannt werden soll, wird von Mottausch (2009: 232) für das Südhessische erwähnt. Imperative, die der Form nach 2. Person Singular sind, können mit einem Subjekt der 3. Person Singular konstruiert werden, wobei allerdings nur das Indefinitum *eine(r)* (5a, b) sowie das d-Pronomen *der/die/das* (5c) möglich ist.[3]

(5) a ʃaf əmo:l ɔ:ns sɔu wi dɛ: do:
Schaffe mal einer wie der da
‚Es soll/möge einer arbeiten wie der da'

---

3 Vgl. Wratil (Artikel 6 in diesem Band) für ähnliche Konstruktionen im Standarddeutschen.

b do gug əmo:l ɔ:ni he:
   da schaue mal eine her
c dɛ ʃaf əmo:l
   der schaffe mal

Synchron liegt hier die Imperativform der 2. Person Singular vor, sie geht historisch lt. Mottausch (2009: 201, 232) jedoch auf Formen des Konjunktiv Präsens (vgl. auch formelhafte Wendungen wie *Helf dir Gott*) zurück.

Beim Adhortativ (1. Person Plural) wird, anders als beim Imperativ der 2. Person Singular/Plural, in der Regel das enklitische Pronomen verwendet, vgl. Schiepek (1908: 161): „sétzmə sé!" ‚Setzen wir uns'.[4] Wenn beim Adhortativ das bair. Enklitikum *-mə* auch als Flexiv analysiert werden könnte, wie das für den Indikativ möglich ist (Weiß 2005b), dann würde der Adhortativ im Bairischen sogar ohne Subjektpronomen konstruiert werden. Da in den älteren Dialektbeschreibungen auf den Adhortativ nicht eingegangen wird, scheinen sonst keine Besonderheiten zu existieren.

Ähnliches gilt wohl auch für den Höflichkeits- oder Sie-Imperativ. Im Bairischen wird das enklitische Pronomen verwendet (*Hoidn'S eara Mai!* ‚Halten Sie ihren Mund!') und in anderen Dialekten das unbetonte Pronomen (z. B. Zürichdeutsch: *losed Si!* ‚Hören Sie!', Weber 1987: 179) – vermutlich deswegen, weil keine klitische Form existiert. In einigen Dialekten hat sich beim Höflichkeitsimperativ eine Numerusdistinktion herausgebildet, insofern als der Sie-Imperativ nur im Singular verwendet wird, im Plural dagegen die 2. Person Plural, die alte und ursprünglich numerusindifferente Höflichkeitsform der Dialekte (Simon 2003: 168 ff.). In diesen Dialekten existiert im Plural formal also kein Höflichkeitsimperativ. Dagegen ist vereinzelt in der verbalen Flexion die Höflichkeitsform generell und damit auch die des Imperativs distinkt von der Form der 3. Person Plural: So stehen sich in manchen Varietäten des Bairischen *singan'S* ‚Singen Sie!' und *(Heid) singand's (oba ned schee)* ‚Heute singen sie aber nicht schön' gegenüber (Simon 2003: 182 f.).

3.3 Interrogativsätze

Interrogativsätze können entweder Entscheidungsfragen oder w-Fragen sein. Formale Charakteristika von Entscheidungsfragen sind in erster Linie die Verberststellung und eine spezifische Frageintonation, und von w-Fragen die Prä-

---

[4] Zur Verwendung von *sich* statt *uns* als Reflexivum der 1. Person Plural vgl. Schirmunski (1962: 452).

senz eines w-Pronomens im Vorfeld sowie Verbzweitstellung – letzteres Merkmal macht die Differenz zu eingebetteten w-Fragen aus (vgl. Abschnitt 4.1). Spezialformen (vgl. Altmann 1993) sind der *ob*-Verbletzt-Interrogativsatz (deliberative Frage), der w-Verbletzt-Interrogativsatz sowie die assertive Frage (Verbzweit in Kombination mit steigendem Tonverlauf).

Die Beispiele in (6a-e) zeigen die vollständige Parallelität zwischen Standard und Dialekt.

(6) a Gesd'(an) schõ ins Bedd?
   Gehst denn schon ins Bett?
 b Wos hosd'n gsogd?
   Was hast denn gesagt?
 c Ob des stimmt?
 d Wer des nur wieda eikaafd hod?
   Wer das nur wieder eingekauft hat
 e Der Adenauer lebd nõ?
   Der A. lebt noch?

Dennoch existieren einige interessante Unterschiede zwischen Standarddeutsch und Dialekten bzgl. der Interrogativsatzbildung. In Bezug auf Interrogativsätze sind ein besonders ausgeprägtes Charakteristikum Modalpartikeln, die in Dialekten wesentlich häufiger und vielfältiger vorkommen als in der Standardsprache und dort wohl auch weiter grammatikalisiert sind, d. h. in bestimmten Fragesatztypen mehr oder weniger obligatorisch auftreten (Moduspartikeln). Leider ist die linguistische Forschung dazu insgesamt erst in den Anfängen, doch gibt es einerseits sporadische Hinweise darauf in älteren Dialektgrammatiken, sowie andererseits zumindest für das Bairische neuere linguistische Arbeiten (Altmann 2006, Bayer 2012, Weiß 1998, 2002).

Vollständig grammatikalisiert ist in manchen Dialekten vermutlich allein die Partikel *denn*. Laut Weise (1900: 25) nehmen „Begriffs- und Satzfragen [...] häufig Fragepartikeln zu sich, z.B. *enn, wohl, etwa, doch nicht*." Da Weise (1900: 25) jedoch vermerkt, dass diese Partikeln „[j]e nach Wortstellung und Gebrauchsweise [...] verschiedene Bedeutungsnüancierungen" bewirken, muss man davon ausgehen, dass die meisten von ihnen wohl eher nicht in dem Sinne grammatikalisiert sein dürften, dass sie für den Satztyp Interrogativsatz (bzw. eine Subklasse davon) obligatorisch sind, also einerseits ihr Fehlen den Fragesatz ungrammatisch machen würde und andererseits ihr Vorhandensein keinen Beitrag zur Äußerungsbedeutung leisten würde. Aus Weises Beschreibung geht nicht ganz klar hervor, ob das in der Altenburger Mundart wenigstens auf *denn* zutrifft. Aber es könnte aus zwei Gründen der Fall sein, dass *denn* in dieser thüringischen Mundart ein reiner Satztypanzeiger ist. Zum einen verfügt es als einzige Partikel über eine klitische Form – nämlich (en)n –, die z.B. in Altenburg auch die alleinige Form ist, d.h. eine Vollform *denn* existiert vielerorts im Thüringischen gar nicht mehr (wie auch im Bairischen, vgl. Weiß 1998). Zum anderen vermutet Weise (1900: 25), dass *enn* gar nicht die klitische Form von *denn* sei, sondern auf die althochdeutsche Fragepartikel *ëno* zurückgehe. Diese Vermutung ist sicherlich falsch, da *ëno* eine satzinitiale Partikel war (Axel 2007: 41ff.), während *enn* in der Wackernagel-Position[5] erscheint, wie den Beispielsätzen bei Weise (1900: 25) – etwa *Wo bin ichn?* – zu entnehmen ist. Trotzdem weist diese Vermutung der Partikel *enn* einen Sonderstatus zu. Dass das Klitikon *enn* im Altenburgischen obligatorisch (gewesen) zu sein scheint, wird auch durch die Tatsache nahegelegt, dass es bei Fragesätzen, die Weise in anderen Zusammenhängen anführt, praktisch nie fehlt (z.B. Weise (1900: 82): *Was für einen Topf soll ich'n bringen?* oder Weise (1900: 83): *Was denkst du'n wohl, wie alt dass ich bin?*).

Manchmal sind die klitischen Formen die einzigen im jeweiligen Dialekt, manchmal existiert daneben auch noch die (meist schwachtonige) Vollform. So erwähnt Steitz (1981: 313) aus dem Saarbrücker Saarländischen w-Fragen mit klitischer (7a) und Vollform (7b) von *denn*, wobei kein Bedeutungsunterschied angegeben wird. Die beiden Formen weisen jedoch eine unterschiedliche Wortstellung auf, da nur die klitische Form in der Wackernagelposition erlaubt ist.

(7) a /vo: 'is ən di: ʃɛ:r/
    wo ist denn die Schere
  b /vo: 'is di: ʃɛ:r dan/
    wo ist die Schere denn

Im Südhessischen kommen auch beide Formen vor, weisen aber im Unterschied zum Saarländischen eine klar unterschiedliche Distribution auf (Mottausch 2009: 323f., 331ff.). Die klitische Form *ən* ist beschränkt auf direkte w-Fragen und ist dort „praktisch obligatorisch" (Mottausch 2009: 323). Wird jedoch die (unbetonte) Vollform *dɔn* verwendet, geht sie mit „stärkerem Nachdruck" (ebd.) einher. In Entscheidungsfragen ist nur die Vollform möglich, aber nicht obligatorisch.

In anderen Dialekten scheint dagegen überhaupt keine Grammatikalisierung von *denn* stattgefunden zu haben, da die Partikel weder obligatorisch noch neutral bzgl. der Äußerungsbedeutung ist. So bemerkt Staedele (1927: 27) für die alemannische Mundart von Stahringen: „węə, wa werden gern durch das Adverb dęnn verstärkt: *wa wit dęnn?* [,was willst denn?'] (in Verärgerung)".

---

5 Unter der Wackernagel-Position versteht man die Position, die unmittelbar auf das finite Verb in Hauptsätzen bzw. auf die Konjunktion in Nebensätzen folgt, d.h. unmittelbar auf C° bzw. die linke Satzklammer (Weiß 1998).

Im Bairischen ist nachweislich eine vollständige Grammatikalisierung eingetreten, worauf Weiß (1998: 97; 2002) hingewiesen hat. Wie erwähnt, existiert im Bairischen nur mehr eine klitische Form (*a*)*n*, die sowohl in Entscheidungsfragen (8a) wie in w-Fragen (8b) erscheint. In Entscheidungsfragen ist die Partikel jedoch fakultativ und auch nicht neutral bzgl. der Äußerungsbedeutung, insofern als die Variante mit Partikel ein Erstaunen, eine Verwunderung etc. des Fragers zum Ausdruck bringt, während die partikellose Variante bei normaler Frageintonation eine reine Informationsfrage ist (Bayer 2012). In w-Fragen ist die klitische Partikel dagegen obligatorisch und neutral bzgl. der Äußerungsbedeutung (8b). Ohne das Klitikon ist die w-Frage entweder ungrammatisch (8c) oder es liegt eine Echofrage vor, was dann durch einen Akzent auf das w-Pronomen markiert werden muss (8d).

(8) a Gesd'(an) schõ ins Bedd?
     Gehst [du] denn schon ins Bett?
   b Wos hosd'n gsogd?
     Was hast [du] denn gesagt?
   c *Wos hosd gsogd?
     Was hast [du] gesagt?
   d WOS hosd gsogd
     Was hast [du] gesagt?

Da eine Vollform von *denn* fehlt, wird eine andere Modalpartikel verwendet: *nou/nã* ‚nach(her)' (Bayer 2012). Mit ihr wird wie mit der Vollform *denn* in anderen Dialekten ein Erstaunen/eine Verwunderung ausgedrückt: Was die Kompatibilität mit (*a*)*n* betrifft, so scheint es eine gewisse Mikrovariation innerhalb des Bairischen zu geben, insofern in manchen Varietäten beide inkompatibel sind (vgl. 9b nach Bayer 2012), in anderen jedoch nicht (vgl. 9c mit meiner Akzeptabalitätsbeurteilung).

(9) a Wou hom nou däi g'wohnt?
     Wo haben nachher die gewohnt
   b *Wou homnan nou däi g'wohnt?
     Wo haben denn nachher die gewohnt
   c Wo hamman nã däi g'wohnt?
     Wo haben denn nachher die gewohnt

In der Analyse von Bayer (2012) im theoretischen Rahmen des Minimalismus wird davon ausgegangen, dass die Modalpartikeln den Kopf einer Partikelphrase (PrtP) bilden, die zwischen FinP und VP situiert ist. Die Funktionsdifferenz zwischen (*a*)*n* und *nou* wird über unterschiedliche Merkmale erklärt: Beide verfügen über ein nicht-interpretierbares Fragemodus-Merkmal [uQForce] und *nou* zusätzlich noch über ein (interpretierbares) CONCERN-Merkmal – daher ist mit Äußerungen wie (9a) oben immer ein Erstaunen/eine Verwunderung verbunden. Für diejenigen bairischen Varietäten, in denen (*a*)*n* und *nou* kompatibel sind (vgl. 9c oben), muss man annehmen, dass in der Satzstruktur zwei PrtPs projiziert werden, in den anderen dagegen nur eine PrtP, um die (*a*)*n* und *nou* konkurrieren.

Eine für deutsche Dialekte wahrscheinlich singuläre Besonderheit beschreibt Frey (2010). In bestimmten innerschweizer Dialekten gibt es bei w-Verbzweit-Fragen die Option, das w-Pronomen am Satzende zu wiederholen (10a-c). Dabei gibt es keine Restriktionen bzgl. der syntaktischen Funktion des w-Pronomens. An (10a-b) ist auch erkennbar, dass das w-Doppel tatsächlich am Satzende platziert ist, da es rechts von der rechten Satzklammer steht. In Echo-w-Fragen, in denen das w-Pronomen in seiner Basisposition verbleibt und stark betont wird, ist die w-Verdoppelung nicht möglich (10e).

(10) a   Wer [isch da gsi] wer?
         Wer ist da gewesen wer
     b   Wiä [wotsch das machä] wiä?
         Wie wolltest das machen wie
     c   Was [isch de der gsi go machä] was?
         Was ist da der gewesen gehen machen was?
     d   Wiä [wotsch das (*wiä) machä?]
         Wie wolltest das (wie) machen
     e   Dü [chasch WO mitgaa] (*wo)?
         Du kannst wo mitgehen (wo)?

Im Mittelfeld, d. h. in der Basisposition des w-Pronomens, ist kein Doppel erlaubt. Damit ist eine Analyse ausgeschlossen, nach der hier beide Kopien des w-Pronomens in der Basis- und in der Landeposition (in SpecCP bzw. dem Vorfeld) phonetisiert werden. Nach Frey (2010) handelt es sich bei dem w-Doppel im Nachfeld um ein Frage-Tag, also eine Art Anhängsel, mit dem ein nicht-neutraler emotionaler Zustand des Sprechers (von Neugier bis Gereiztheit) signalisiert sowie die Frage-Illokution verstärkt wird.

Vor allem in den innerschweizer Dialekten von Uri, Obwalden und Nidwalden wird die w-Verdoppelung häufig gebraucht und sogar gegenüber der Variante ohne Verdoppelung präferiert. Sprecher aus dem Kanton Schwyz gebrauchen die w-Verdoppelung dagegen nur in bestimmten Situationen, in denen (eher weiche) pragmatische Bedingungen die Verdoppelung lizensieren.[6] Eine gewisse

---

6 Vgl. Frey (2010: 37): „z.B. Vertrautheit der Gesprächspartner (Familien-, Freundeskreis), die sprachliche Umgebung (ob Gesprächspartner den gleichen Dialekt sprechen oder nicht) oder

Mirkovariation ist auch bzgl. des Fragesatztyps zu beobachten: „Es sieht so aus, dass die w-Verdoppelung in rhetorischen Fragen grundsätzlich im Obwaldner und Nidwaldner Dialekten genauso gut akzeptabel ist wie in echten Fragen. In Urner und Schwyzer Dialekten besteht die Tendenz, die Verdoppelung in solchen w-Fragen zu akzeptieren, wenn sie von Emotionen begleitet sind" (Frey 2010: 44). Auch die Silbenzahl des w-Pronomens kann ein kritischer Faktor sein, so werden in Uri nur einsilbige w-Pronomen gedoppelt, in Nidwalden dagegen auch zweisilbige (Frey 2010: 49).

Das in gewisser Weise gegenteilige Phänomen – w-drop – ist in Dialekten ebenfalls belegt. Zumindest im Bairischen (vgl. Bayer 2010, i.Dr.) kann unter bestimmten Bedingungen das w-Pronomen *was* weggelassen werden (11a-d). Die Nominativform *wer* ist jedoch nicht dropbar (vgl. 11e) – wie auch nicht die obliquen Formen *wem* oder *wen*.

(11) a {wos/__} is'n do los?
        Was ist denn da los?
     b {wos/__} deats'n es do?
        Was tut-denn ihr da?
     c {wos/__} schaust-n so deppert!?
        Was (= warum) schaust-denn so dumm?
     d {wos/__} hannan de:s fia oa?
        Was sind-denn das für welche?
     e __ is'n des?
        = Was ist denn das?
        ≠ Wer ist denn das?

W-drop ist beschränkt auf ein eher nachlässiges Sprachregister und es geht „typischerweise auch um den Ausdruck von Irritation und Vorwurf durch den Sprecher" (Bayer, i.Dr.). Nach Bayer (2010, i.Dr.) wird w-drop formal durch den klitischen Interrogativmarker *-n* lizensiert, durch den die Sätze eindeutig als w-Interrogativsätze ausgewiesen werden (s.o.), so dass eine Verwechslung mit anderen Satztypen, die ebenfalls Verberststellung aufweisen, ausgeschlossen ist.

---

auch die Situation allgemein in dem Sinne, dass Sprecher manchmal mangelndes bzw. grosses Interesse beim Fragen haben können".

3.4 Marginale Typen: Optativ- und Exklamativsätze

Optativsätze sind entweder Verberst-Sätze oder *dass*- bzw. *wenn*-Verbletzt-Sätze (Altmann 1993). Der *dass*-Verbletzt-Wunschsatz gilt im Deutschen generell als veraltet (Altmann 1993) und im Bairischen fehlt er laut Altmann (2006: 175) ganz. Mottausch (2009: 340) erwähnt für das Südhessische *dass*-Verbletzt-Wunschsätze, meint damit aber offensichtlich etwas anderes, da nach seiner Definition „kein Konjunktiv" vorkommt, obwohl doch der Konjunktiv II ein wichtiges Unterscheidungskriterium z. B. gegenüber dem *dass*-Verbletzt-Imperativsatz ist (Altmann 1993: 1025).

Exklamativsätze können viele Formen haben: Verberst-/Verbzweitsätze, *dass*-Verbletzt-Exklamativsätze, w-Verbzweit-/Verbend-Sätze (Altmann 1993). Alle diese Formtypen kommen auch in den Dialekten vor: Eine Darstellung für das Nordmittelbairische bietet Altmann (2006) und für das Südhessische Mottausch (2009: 334–338), ohne dass sie irgendwelche besonderen Abweichungen oder Besonderheiten gegenüber dem Standarddeutschen erwähnen.

Bei w-Exklamativen erwähnt jedoch Staedele (1927: 27) für das Niederalemannische von Stahringen eine besondere Konstruktion: „In Ausrufen tritt zu *wa* [‚was'] gern die Verstärkung *goggęǝ*: *goggęǝ wa dęǝ widǝr will*" (‚Was der wieder will!'). Eine ähnliche expressive Konstruktion ist im Bairischen mit *geh* (= Imperativ 2. Person Singular) möglich: *geh was mechd'a-r'an iatz scho wida!*. Sowohl im Alemannischen wie auch im Bairischen scheint nicht unbedingt eine deutliche Intonationspause zwischen der interjektionsartigen Verwendung von *goggęǝ/geh* sowie dem eigentlichen Exklamativsatz notwendig zu sein.

Die Verwendung von Interjektionen zur Verstärkung bzw. Spezifizierung der expressiven Wirkung von Exklamativsätzen scheint in Dialekten überhaupt weit verbreitet zu sein. Ältere Monographien zur Dialektsyntax bieten regelmäßig mehr oder weniger umfangreiche Listen von Interjektionen mit zahlreichen Belegen, die überwiegend Exklamativsätze sind (vgl. Schiepek 1899–1908: 77–112, Weise 1900: 24f., Staedele 1927: 59–62). Die Interjektionen können dabei intonatorische Merkmale der folgenden Exklamativsätze übernehmen (H. Altmann, pers. Mitteilung).

4 Nebensätze

Es ist ein häufig anzutreffender Topos, dass der Dialekt die Parataxe gegenüber der Hypotaxe bevorzuge, und sicherlich ist es eine korrekte Beschreibung der Verhältnisse, wenn man bei Labouvie (1938: 73) liest: „Die oft unheimlich anmutenden Schachtelsätze, wie wir sie nicht selten im Schriftdeutschen vorfinden

[...], sind der Mundart fremd". Doch der eigentliche Grund, der diesem Kontrast zugrunde liegt, ist die mediale Differenz: Dialekte sind prototypischerweise gesprochene Sprachen und unterliegen daher z.B. den wesentlich stärkeren Beschränkungen durch das Arbeitsgedächtnis als der typischerweise geschriebene Standard (vgl. dazu Weiß 2005a). Wenn man so will, handelt es sich hier im Wesentlichen um einen Performanzunterschied und nicht um einen, der im syntaktischen System selbst seine Ursache hätte. So gilt auch für den Bereich der Nebensätze, dass kein kategorieller Unterschied zwischen Standard und Dialekten besteht, sondern nur ein gradueller.

4.1 Komplementsätze

Unter dem Terminus Komplementsatz werden hier Ergänzungssätze sowie subordinierte Entscheidungs- und w-Fragen zusammengefasst.

Deklarative Ergänzungssätze haben auch im Dialekt im Normalfall die Form von *dass*-Sätzen.[7] Sie können unterschiedliche syntaktische Funktionen erfüllen: Subjekt (12a), Objekt (12b) und präpositionales Objekt (12c):

(12) a   das's do nã kimd, gfreid me
        Dass-sie doch noch kommt, freut mich
    b   i han'ma's dengd, das's do nã kimd
        Ich habe-mir-es gedacht, dass sie doch noch kommt
    c   i han'me gfreid, das's do nã kema is
        Ich habe-mich gefreut, dass sie doch noch gekommen ist

Das ist also völlig parallel zum Standarddeutschen. Genau wie dort kann man annehmen, dass der Komplementsatz strukturell einer Complementizer Phrase (CP) bzw. im kartografischen Ansatz einer FinP (Finite Phrase) entspricht, deren Kopfposition vom Komplementierer eingenommen wird.

Es gibt allerdings in vielen Dialekten Abweichungen, was die Form des Komplementierers betrifft. Neben lexikalischen Varianten von *dass* – weitverbreitet ist die d-lose Form *as* wie im Südfränkischen (13a) und anderswo – begegnet man auch *wa(s)* und *wie* in der Funktion von *dass* (13b-d):

---

7 Unter sog. Brückenverben (vgl. zu dem Begriff generell Haider 1993: 72ff.) sind auch in Dialekten Verbzweit-Komplementsätze möglich, vgl.
(i)   I woaß, du mogst des ned
      Ich weiß, du magst das nicht
Zu dem Phänomen im Standard vgl. allgemein Auer (1998).

(13) a guk emool, was for en scheinen schnobaart *as* deer hot
        (Roedder 1936: 265)
        Guck einmal, was für einen schönen Schnurbart dass der hat
   b veyśtu den nit *voz* unz Ari zu gihert   (Kühnert/Wagner 2004: 278)
      Weißt-du denn nicht, was Ari zu uns gehört
   c I gloub nid *wo/wa/was* er chunt   (Penner 1993: 206)
      Ich glaube nicht, wo/wa(s) er kommt
   d Dr Pfarer het gseit, *wi*-n-es nid guet syg, we me d'Warheit suech
      z'verbärge   (Hodler 1969: 623)
      Der Pfarrer hat gesagt, dass es nicht gut sei, wenn man die Wahrheit versucht zu verbergen

Häufig gelten dafür bestimmte Restriktionen: So ist im Berndeutschen der w-Komplementierer offenbar nur bei Neg-Raising-Konstruktionen möglich bzw. unter NPI-Prädikaten (Penner 1993) erlaubt. Eine ähnliche Restriktion gilt heute im Jiddischen, wo der Komplementierer nur von „faktiv-emotive[n] Verben" (Kühnert/Wagner 2004: 278) wie *bedauern* lizensiert wird, während in Texten des frühen 19. Jahrhunderts *was* noch „regelmäßig" erscheint (ebd.). Diese d-/w-Alternation je nach Polarität des Matrixprädikats erinnert an die Distribution der alt- bzw. mittelhochdeutschen Vergleichspartikel *thanne/danne* und ihrer „NPI-Variante" (Jäger 2010: 470) *wan*.

Im Schweizerdeutschen (und wahrscheinlich nur dort) kommen auch Komplementsätze mit Verberst-Stellung vor (Lötscher 1997):

(14) a Guet, sind Si doo
        ‚Es ist gut, dass Sie da sind'
   b S'isch schaad, isch es scho Friitag
      ‚Es ist schade, dass es schon Freitag ist'

Verberst-Komplementsätze kommen nur unter ganz bestimmten Umständen vor: Sie sind beschränkt auf „emotional-bewertende" (Lötscher 1997: 88) Matrixprädikate und nur erlaubt, wenn sie im Nachfeld stehen. Lötscher (1997) nennt noch weitere Restriktionen, die die Akzeptabilität von Verberst-Komplementsätzen erhöhen oder vermindern können, die beiden genannten sind aber absolut obligatorisch.

Subordinierte w-Sätze weisen dialektal eine Besonderheit auf, da die w-Pronomen zusammen mit dem Komplementierer *dass* auftreten können. Das Phänomen ist zwar hauptsächlich als bairisches Spezifikum bekannt, findet sich aber so gut wie in allen deutschen Dialekten. (15a, b) sind aus dem Bairischen, (15c) (= 13a) aus dem Südfränkischen.

(15) a I woaß aa ned, wer **dass** do gwen is
Ich weiß auch nicht, wer dass da gewesen ist
b I woaß aa ned, warum **dass**'a so fria ganga is
Ich weiß auch nicht, warum dass-er so früh gegangen ist
c guk emool, was for en scheinen schnobaart **as** deer hot
(Roedder 1936: 265)
Guck einmal, was für einen schönen Schnurbart dass der hat

Das Phänomen kann als in allen deutschen Dialekten existent angesehen werden. Es gibt allerdings Mikrovariation bzgl. bestimmter Vorkommensrestriktionen. So ist häufig eine Korrelation zur Länge/Schwere des w-Ausdrucks zu beobachten (Bayer/Brandner 2008): Einsilbige w-Pronomen (*wer, was*) sind häufiger inkompatibel mit *dass* als zweisilbige und diese wiederum häufiger als komplexe w-Phrasen (wie in 15c). Das Ergebnis von Bayer/Brandner (2008) findet auch Bestätigung durch Beobachtungen in diversen Ortsgrammatiken. So stellt etwa Roedder (1936: 265f.) für das Südfränkische fest: „Nach wie *kann*, nach was für ein, welcher, wieso *muß* daß gebraucht werden".

In der theoretischen Syntax zählt dieses Phänomen zu den *doubly filled COMP phenomena*. Die bairischen Doppel-COMP-Phänomene sind von Bayer (1984) in die theoretische Forschung eingeführt worden und haben dort mit dazu beigetragen, Annahmen über die universelle Struktur der linken Satzperipherie zu bestätigen. Danach kann man davon ausgehen, dass sich das w-Pronomen bzw. die w-Phrase im Spezifikator der CP befindet und diese besetzt sein kann, auch wenn C° mit einem Komplementierer lexikalisch gefüllt ist, was ursprünglich für Sprachen wie Englisch zumindest als unmöglich angenommen wurde (Bayer 1984). In letzter Zeit ist das Phänomen wieder diskutiert worden: Z. B. gehen Bayer/Brandner (2008) davon aus, dass der C-Kopf eine mögliche Landeposition für w-Pronomen wie *wer/was* ist, woraus sich ihre Inkompatibiltät mit *dass* in manchen Dialekten erklärt, während andere eine Analyse mit PF-Tilgung von *dass* präferieren (Weiß 1998: 27–33, 2004).

Eingebettete Entscheidungsfragen werden im Dialekt überwiegend wie im Standard mit *ob* eingeleitet. Allerdings ist in manchen Dialekten auch eine andere Möglichkeit bezeugt, nämlich *was* in der Funktion von *ob*. Das ist überall im Niederdeutschen (Zimmermann 2011) der Fall (16a), begegnet aber gelegentlich auch in oberdeutschen Dialekten wie dem Bairischen (16b):

(16) a Ik weet nich, wat de Bodder al smolten is (Zimmermann 2011: 230)
Ich weiß nicht, was (= ob) die Butter schon geschmolzen ist
b wer woaß, wos si d Dora vo mia no oamal fohrn loußt (Lühr 1989: 269)
Wer weiß, was (= ob) sich die Dora von mir noch einmal fahren läßt

Die Konjunktion *was* ist dialektal also polyfunktional: Sie kann Relativsätze, deklarative wie interrogativische Komplementsätze einleiten.

4.2 Adverbialsätze

Das Doppel-COMP-Phänomen zeigt sich (scheinbar) auch bei Adverbialsätzen und stellt auf den ersten Blick den offensichtlichsten Unterschied zum Standard dar. Im Hochdeutschen gehen Adverbialkonjunktionen wie *bevor, bis, nachdem, seitdem* und andere auf Präpositionen bzw. Präpsositionalphrasen zurück. Dialektal ist es nicht unüblich, dass diese „Konjunktionen" zusammen mit *dass* konstruiert werden und so scheinbar komplexe Konjunktionen bilden. Das ist im Niederdeutschen (Appel 2007) ebenso anzutreffen wie in mittel- (Weise 1900, Mottausch 2009) und oberdeutschen Dialekten (Staedele 1927, Weiß 1998). (16a, b) sind bair. Beispiele (Weiß 1998: 34):

(16) a bis dass dea kimd, vagehd vej Zeid
bis dass der kommt, vergeht viel Zeit
b seitdem dass'a koa Bia mehr dringd, gehd's eam wieda bessa
seitdem dass er kein Bier mehr trinkt, geht es ihm wieder besser

In diesen Fällen liegen aber keine echten Doppel-COMP-Konstruktionen vor (Weiß 1998: 33–36): Der *dass*-Satz ist entweder das Komplement zur Präposition (17a) oder ein explikativer Relativsatz innerhalb der Komplement-NP (17b).

(17) a [$_{PP}$ [$_{P°}$ bis] [$_{CP}$ dass ...]]
b [$_{PP}$ [$_{P°}$ seit] [$_{NP}$ [$_{N°}$ dem] [$_{CP}$ dass ...]]]

Diese Adverbialsätze sind in den Dialekten also eigentlich (Teil von) Präpositionalphrasen. Das gilt aber nicht für alle Adverbialsätze: Kausale *weil*- und konditionale/temporale *wenn*-Sätze sind CPs und keine PPs. Das ist daran erkennbar, dass diese Konjunktionen nicht mit *dass* kombinierbar sind.[8]

Interessant ist auch, dass Dialekte diese Konstruktionsmöglichkeit dazu nutzen, ‚echte' Konjunktionen aus dem Standarddeutschen wie *trotzdem* oder *obwohl* in ihr System zu integrieren: im Bairischen (vgl. Lühr 1989) können die beiden die originär bair. Konjunktion *zamtdem* ersetzen und komplexe Konjunk-

---

[8] Bei Weise (1900: 137) findet sich jedoch ein Beleg für die Kookkurrenz von kausalem *weil* mit *dass* („Die spielen nicht in der Lotterie, weil dass sie dumm sind"). Ob ein Zusammenhang damit besteht, dass in Altenburg diese Konjunktion auch noch temporal verwendet wird (vgl. Weise 1900: 137), ist schwer zu sagen.

tionen der Form *trotzdem/obwohl dass* bilden (vgl. Weiß 1998: 35f. zu möglichen Strukturanalysen).

4.3 Relativsätze

Im Bereich der Relativsätze zeigen sich größere Unterschiede zum Standarddeutschen, wenn auch wieder nicht auf der strukturellen Ebene. Im Standarddeutschen werden Relativsätze mit Relativpronomen eingeleitet: Restriktive wie appositive Relativsätze mit einem d-Pronomen (18a, b) und freie Relativsätze mit einem w-Pronomen (18c).

(18) a der Mann, der gestern da war
 b Otto, der gestern übrigens da war
 c wer gestern schon da war, wird heute nicht nochmals kommen

Restriktive und appositive Relativsätze (beide unterscheiden sich auch im Dialekt nicht) werden dialektal in vielfältiger Weise gebildet (vgl. für eine detaillierte Übersicht Fleischer 2004, 2005). Den Haupttypus stellt die Bildung dar, in der der Relativsatz mit einem auf einem w-Pronomen basierenden Komplementierer eingeleitet wird, der entweder *wo* oder *was* lautet. Beide Relativsatz-Komplementierer können zusammen mit einem d-Pronomen verwendet werden. Um nur zwei konkrete Beispiele anzuführen: So ist im Südhessischen *wo* im Gebrauch (Mottausch 2009: 68ff.) und im Nordbairischen (Schiepek 1899–1908: 51ff.) *was*, beide optional mit einem d-Pronomen:

(19) a də maiɐ, (de:m) wu: di fra: fɔd is gəla:fə
 Der Maier, dem wo die Frau fort ist gelaufen
 b də maiɐ, mid de:m sɔnə fra: wu: iʃ gəblaurəd hɛb
 Der Maier, mit dem seiner Frau wo ich geplaudert habe
 c Röslen ..., was oben am hohlen Wege stehn
 Rosen ..., die oben am hohlen Wege stehen
 d Mei Häusl ..., dös wos dorten unten ... steht
 Mein Häuschen, das was dort unten steht
 e s Hulz, ás deən wos dös g'màcht is
 Das Holz, aus dem was das gemacht ist

In alem. Dialekten werden in Relativsätzen keine d-Pronomen verwendet, anstatt dessen steht im Satzinnern ein resumptives Personalpronomen in identischer syntaktischer Funktion. Das ist in schweizerdeutschen Dialekten für indirekte und präpositionale Objekte der Fall (Fleischer 2005).

(20) a Dä Ma, woni im s Mässer gä ha
        Der Mann, wo ich ihm das Messer gegeben habe
     d die Lyt wo mer iber si gschwätzt händ
        Die Leute, wo wir über sie geredet haben

In diesen Dialekten existieren überhaupt keine Relativpronomen, d.h., wird ein Subjekt oder ein direktes Objekt relativiert, wird der Relativsatz allein mit *wo* eingeleitet (Fleischer 2005). In den meisten deutschen Dialekten ist die Resumptivstrategie nicht vorhanden, die Distribution von d-Pronomen ist aber vergleichbar mit der von Resumptivpronomen: Das d-Pronomen fehlt im Nominativ und Akkusativ meistens, während es im Dativ präferiert und im Obliquus (also zusammen mit einer Präposition) obligatorisch ist.[9]

Freie Relativsätze werden überwiegend wie im Standard mit w-Pronomen gebildet (21a, b). In der Regel sind w-Pronomen in freien Relativsätzen nicht mit dem Komplementierer *dass* kompatibel (zumindest werden solche Fälle in Dialektbeschreibungen nicht erwähnt), im Bairischen jedoch scheint ein w-Pronomen zumindest marginal verträglich damit zu sein (vgl. 21c). Vereinzelt gibt es aber noch die sprachgeschichtlich eigentlich ältere Form freier Relativsätze mit d-Pronomen. Mottausch (2009: 73) erwähnt sie für das Südhessische (vgl. 21d), wobei hier allerdings von der Bildung ein regulärer *wo*-Relativsatz vorliegt – was auch Labouvie (1938: 74) für Dillingen an der Saar erwähnt. Auch für manche Sprecher des Bairischen (H. Altmann, pers. Mitteilung) ist dieser Konstruktionstyp möglich, wobei sogar optional der Komplementierer *dass* hinzugefügt werden kann (vgl. 21e):[10]

(21) a weə sō ęəbbəs sagə ka, hęt kǫə ānin dəfu   (Staedele 1927: 29)
        Wer so etwas sagen kann, hat keine Ahnung davon
     b wɛ dɛs o: hod gʃdeld, dɛ: sel ...   (Mottausch 2009: 73)
        Wer das an hat gestellt, der soll ...
     c wem dass des zvei is, kann aa wenger zoin
        Wem dass das zuviel ist, kann auch weniger zahlen
     d dɛ: wu dɛs gəmɔ:xd hod, dɛ: sel ...
        Der wo das gemacht hat, der soll
     e dem wo dass des zvei is, kann aa wenger zoin
        Dem wo dass das zuviel ist, kann auch weniger zahlen

---

9 Eine Art Resumptivstrategie ist in den meisten Dialekten aber mit Pronominaladverbien möglich, vgl. *der Baum, wo ich dir gestern davon erzählt habe* (aus Weise 1900: 77).
10 Was bei *wo*-Relativsätzen im Bairischen generell möglich ist, vgl. *dea Mā, dea wo dass des gsogd hod* ‚der Mann, der wo dass das gesagt hat'.

Im Bairischen scheinen nach Ausweis von (21c) freie Relativsätze Parallelen zu eingebetteten w-Fragen haben, was auch in anderen Dialekten zu beobachten ist. In der stark dialektal geprägten Leipziger Umgangssprache ist die Partikel /də/ (< *da*) in beiden Satztypen (quasi) obligatorisch (vgl. Baumgärtner 1959: 99):

(22) a wär de dsuhärn will, där mech mainswächn dsuhärn
       Wer da zuhören will, der mag meinetwegen zuhören
    b mir is gans schnube, wär de das wider gemach had
       Mir ist ganz schnuppe, wer da das wieder gemacht hat

Der „Gebrauch von *da* [...] in Relativsätzen" (Ebert 1978: 23) ist seit dem Althochdeutschen belegt, zunächst in von d-Pronomen eingeleiteten und dann auch verallgemeinert auf freie Relativsätze mit w-Pronomen. In manchen Dialekten ist die Partikel *da* zudem für eingebettete w-Fragen grammatikalisiert worden. Es scheint also, dass freie Relativsätze in deutschen Dialekten entweder mit *wo/was*-Relativsätzen oder mit indirekten w-Fragen parallel gehen, je nachdem, ob d- oder w-Pronomen verwendet werden.

5 Zusammenfassung

Das Satztypsystem der Dialekte ist, wie aus der obigen Darstellung deutlich geworden sein sollte, funktional nahezu völlig parallel zum Standarddeutschen. An der Oberfläche sind zwar zahlreiche Abweichungen und generell eine größere Vielfalt in den Dialekten zu beobachten, satzstrukturell gibt es aber keine fundamentale Differenz. Auch dort, wo die Abweichung scheinbar strukturell ist, ist sie es in Wirklichkeit nicht. So wurde früher gelegentlich in der Tatsache, dass bei eingebetteten w-Fragen im Dialekt gleichzeitig beide CP-Positionen (Spezifikator und Kopf) besetzt sein können, im Standard aber nicht, eine tieferliegende Differenz gesehen. Nach Weiß (1998: 27–33) liegt aber eher ein oberflächlicher Unterschied vor, insofern im Standard eine generelle PF-Tilgung von *dass* im Kontext eines w-Ausdrucks in SpecCP stattfindet, in Dialekten dagegen nur eine optionale. Eine strukturelle Differenz ist selbst in diesen Fällen unwahrscheinlich.

6 Literatur

Altmann, H. (1993): Satzmodus. In: Jacobs, J./ Stechow, A. von/Sternefeld, W./Vennemann, T. (Hgg.), Syntax. Ein internationales Handbuch zeitgenössischer Forschung. Berlin: de Gruyter, 1006–1029.
Altmann, H. (2006): Modalpartikeln und Satzmodus im Nordmittelbairischen. In: Kanz, U./ Wildfeuer, A. (Hgg.), Kreuther Kräuterbuschen. Beiträge zur 9. Bayer.-österr. Dialektologentagung in Wildbad Kreuth, September 2004. Regensburg: edition vulpes, 171–191.
Appel, H.-W. (2007): Untersuchungen zur Syntax niederdeutscher Dialekte. Frankfurt/Main: Lang.
Auer, P. (1998): Zwischen Parataxe und Hypotaxe: ‚abhängige Hauptsätze' im Gesprochenen und Geschriebenen Deutsch. In: Zeitschrift für Germanistische Linguistik 26, 284–307.
Axel, K. (2007): Studies in Old High German Syntax. Left Sentence Periphery, Verb Placement, and Verb-second. Amsterdam: Benjamins.
Baumgärtner, K. (1959): Zur Syntax der Umgangssprache in Leipzig. Berlin: Akademie Verlag.
Bayer, J. (1984): COMP in Bavarian Syntax. In: The Linguistic Review 3, 209–274.
Bayer, J. (2010): Wh-drop and Recoverability. In: Zwart, J.-W./de Vries, M. (Hgg.), Structure Preserved: Studies in Syntax for Jan Koster. Amsterdam: Benjamins, 31–40.
Bayer, J. (2012): From Modal Particle to Interrogative Marker: A Study of German *denn*. In: Brugé, L./Cardinaletti, A./Giusti, G./Munaro, N./Poletto, C. (Hgg.), Functional Heads. New York: Oxford University Press, 13–28.
Bayer, J. (i. Dr.): W-Frage, Fragepartikel und W-drop im Bairischen. In: Harnisch, R./Graßl, S./Spannbauer-Pollmann, R. (Hgg.), Strömungen in der Entwicklung der Dialekte und ihrer Erforschung. Beiträge zur 11. Bayerisch-Österreichischen Dialektologentagung in Passau, September 2010. Regensburg: edition vulpes.
Bayer, J./Brandner, E. (2008): Wie oberflächlich ist die syntaktische Variation zwischen Dialekten? – Doubly-filled COMP Revisited. In: Patocka, F./Seiler, G. (Hgg.), Dialektale Morphologie, dialektale Syntax. Vienna: Praesens, 9–25.
Dützmann, H. (1939): Syntax von Nomen und Verb im Ostlüneburgischen auf Grund der Mundart von Kaarßen. In: Zeitschrift für Mundartforschung 15, 1–24.
Ebert, R.P. (1978): Historische Syntax des Deutschen. Stuttgart: Metzler.
Fleischer, J. (2004): A Typology of Relative Clauses in German Dialects. In: Kortmann, B. (Hg.), Dialectology Meets Typology. Dialect Grammar from a Cross-linguistic Perspective. Berlin: Mouton de Gruyter, 211–243.
Fleischer, J. (2005): Relativsätze in den Dialekten des Deutschen: Vergleich und Typologie. In: Christen, H. (Hg.), Dialektologie an der Jahrtausendwende. Linguistik online 24, 171–186.
Frey, N. (2010): Verdoppelung des w-Wortes im Schweizerdeutschen. Dissertation, Universität Zürich. Bern: Selbstverlag.
Haider, H. (1993): Deutsche Syntax – generativ. Tübingen: Narr.
Jäger, A. (2010): Der Komparativzyklus und die Position der Vergleichspartikeln. In: Linguistische Berichte 224, 467–493.
König, W./Renn M. (2005): Kleiner Bayerischer Sprachatlas. München: Deutscher Taschenbuch Verlag.
Kortmann, B. (2010): Areal Variation in Syntax. In: Auer, P./Schmidt, J.E. (Hgg.), Language and Space: An International Handbook of Linguistic Variation. Vol. 1: Theories and Methods. Berlin: Mouton de Gruyter, 837–864.

Kühnert, H./Wagner, E.-M. (2004): Konnektive in der diachronen Entwicklung des Jiddischen. In: Kozianka, M./Lühr, R./ Zeilfelder, S. (Hgg.), Indogermanistik – Germanistik – Linguistik. Hamburg: Verlag Dr. Kovač, 261–299.

Labouvie, E. (1938): Studien zur Syntax der Mundart von Dillingen an der Saar. Marburg: N. G. Erwert'sche Verlagsbuchhandlung.

Lötscher, A. (1997): „Guet sind Si doo" – Verbstellungsprobleme bei Ergänzungssätzen im Schweizerdeutschen. In: Ruoff, A./Löffelad, P. (Hgg.), Syntax und Stilistik der Alltagsprache. Beiträge der 12. Arbeitstagung zur alemannischen Dialektologie. Tübingen: Niemeyer, 85–95.

Lühr, R. (1989): Zu System und Genese der nebensatzeinleitenden Konjunktionen im heutigen Bairischen. In: Koller, E./Wegstein, W./Wolf, N.R. (Hgg.), Bayerisch-österreichische Dialektforschung. Würzburger Arbeitstagung 1986. Würzburg: Königshausen & Neumann, 264–282

Mottausch, K.-H. (2009): Historische Syntax des Südhessischen auf der Grundlage der Mundart von Lorsch. Hamburg: Verlag Dr. Kovač.

Patocka, F. (1997): Satzgliedstellung in den bairischen Dialekten Österreichs. Frankfurt/Main: Lang.

Penner, Z. (1993): W-Morphology in the COMP System of Bernese Swiss German and the Licensing of Empty Operators in the Prefield Position. In: Abraham, W./Bayer, J. (Hgg.), Dialektsyntax. Linguistische Berichte, Sonderheft 5. Opladen: Westdeutscher Verlag, 201–212.

Reis, H. (1894): Syntaktische Studien im Anschluss an die Mundart von Mainz. In: Beiträge zur Geschichte der deutschen Sprache und Literatur 18, 475–510.

Roedder, E. (1936): Volkssprache und Wortschatz des Badischen Frankenlandes. Dargestellt auf Grund der Mundart von Oberschefflenz. New York: Modern Language Association of America.

Schiepek, J. (1899–1908): Der Satzbau der Egerländer Mundart. 2 Tle. Prag: Verlag des Vereines für Geschichte der Deutschen in Böhmen.

Schirmunski, V.M. (1962): Deutsche Mundartkunde. Vergleichende Laut- und Formenlehre der deutschen Mundarten. Berlin: Akademie Verlag.

Simon, H. (2003): Für eine grammatische Kategorie ‚Respekt' im Deutschen. Synchronie, Diachronie und Typologie der deutschen Anredepronomina. Tübingen: Niemeyer.

Staedele, A. (1927): Syntax der Mundart von Stahringen. Lahr i.Br.: Moritz Schauenburg.

Steitz, L. (1981) Grammatik der Saarbrücker Mundart. Saarbrücken: Saarbrücker Druckerei und Verlag.

Weber, A. (1987): Zürichdeutsche Grammatik. Ein Wegweiser zur guten Mundart. Zürich: Verlag Hans Rohr.

Weise, O. (1900): Syntax der Altenburger Mundart. Leipzig: Breitkopf und Härtel.

Weiß, H. (1998): Syntax des Bairischen. Studien zur Grammatik einer natürlichen Sprache. Tübingen: Niemeyer.

Weiß, H. (2002): Three Types of Negation. A Case Study in Bavarian. In: Barbiers, S./Cornips, L./Kleij, S. van der (Hgg.), Syntactic Microvariation. Meertens Institute Electronic Publications in Linguistics (MIEPiL). Vol. II, 305–332.

Weiß, H. (2004): Vom Nutzen der Dialektsyntax. In: Patocka, F./Wiesinger, P. (Hgg.), Morphologie und Syntax deutscher Dialekte und historische Dialektologie des Deutschen. Beiträge zum 1. Kongress der Internationalen Gesellschaft für Dialektologie des Deutschen, Marburg/Lahn, 5.–8. März 2003. Wien: Edition Präsens, 21–41.

Weiß, H. (2005a): Von den vier Lebensaltern einer Standardsprache. Zur Rolle von Spracherwerb und Medialität. In: Deutsche Sprache 33, 289–307.
Weiß, H. (2005b): Inflected Complementizers in Continental West Germanic Dialects. In: Zeitschrift für Dialektologie und Linguistik 72, 148–166.
Weiß, H. (2009): How to Define Dialect and Language. A Proposal for Further Discussion. In: Linguistische Berichte 219, 251–270.
Zimmermann, M. (2011): On the Functional Architecture of DP and the Feature Content of Pronominal Quantifiers in Low German. In: Journal of Comparative Germanic Linguistics 14, 203–240.

Helmut Weiß

34 Satztypen und Gebärdensprache

1 Einleitung
2 Nichtmanuelle Komponenten in Gebärdensprachen
3 Deklarativsätze
4 Interrogativsätze
5 Imperativsätze
6 Subordinierte Sätze und Role Shift
7 Grammatikalisierung
8 Zusammenfassung: Satztypen und Modalität
9 Notationskonventionen
10 Literatur

1 Einleitung

Satztypen in verschiedenen Sprachen zu untersuchen, schließt unweigerlich die Perspektive auf Gebärdensprachen mit ein. Neben den verschiedenen Lautsprachen aus der oral-auditiven Modalität ist auch die visuell-manuelle Modalität mit ihrer Vielfalt an Gebärdensprachen für die linguistische Forschung nicht nur Satztypen betreffend wissenschaftlich besonders interessant. Erst durch die Berücksichtigung von Gebärdensprachen sind verlässliche Vorhersagen über das menschliche Sprachvermögen, über Strukturen und Verwendungen natürlicher menschlicher Sprachen und über sprachliche Universalien möglich (vgl. Meier 2002, Aronoff et al. 2005, Sandler/Lillo-Martin 2006, Steinbach 2007).

Gebärdensprachen sind mehrdimensionale Sprachen, die mit unterschiedlichen Artikulatoren (Hände, Arme, Oberkörper, Kopf und Gesicht) grammatische Informationen in einem dreidimensionalen Gebärdenraum übermitteln. Durch die Möglichkeit, unterschiedliche lexikalische und grammatische Informationen simultan zu realisieren, wird die relative Langsamkeit der gebärdensprachlichen Artikulatoren gegenüber den lautsprachlichen Artikulatoren spätestens auf der Satzebene kompensiert. Gebärdensprachen haben ein den Lautsprachen vergleichbares komplexes grammatisches System. Jede Gebärdensprache hat eine jeweils eigene Grammatik – aufgrund der spezifischen Modalität gibt es allerdings trotz starker typologischer Variationen auch faszinierende Gemeinsamkeiten zwischen den einzelnen Sprachen. Die Gebärdensprachforschung ermöglicht daher auch einen Einblick in sprachliche Universalien, die modalitäts-(un)abhängig getestet werden können (vgl. Perniss et al. 2007).

Der Schwerpunkt der linguistischen Forschung zu Satztypen in Gebärdensprachen liegt eindeutig auf W-Interrogativsätzen. Dies hat unter anderem mit den typologischen Besonderheiten dieses Satztyps zu tun, insbesondere mit der in vielen Gebärdensprachen gängigen Rechtsbewegung von W-Ausdrücken. Aus diesem Grund werden wir uns in diesem Kapitel ebenfalls ausführlich mit W-Interrogativsätzen beschäftigen. Daneben werden wir aber auch auf andere selbstständige Satztypen und auf einige nicht selbstständige Nebensätze eingehen. Bei der Diskussion der Interrogativsätze beziehen wir uns ausführlich auf die beiden Übersichtsartikel von Zeshan (2004a) und Cecchetto (2012). Die Darstellung der Nebensätze bezieht sich unter anderem auf den Handbuchartikel von Tang (2012).

In diesem Kapitel diskutieren wir vor allem Daten aus der Deutschen Gebärdensprache (DGS) – an einigen Stellen werden wir darüber hinaus Beispiele aus anderen Gebärdensprachen in die Diskussion miteinbeziehen. Dabei werden wir die verschiedenen Satztypen und damit zusammenhängend exemplarisch auch Phänomene wie Role Shift, eine modalitätsspezifische Art der Redewiedergabe, und die Grammatikalisierung von Fragepartikeln, subordinierenden Konjunktionen und prosodischen Markern diskutieren. Diese nichtmanuellen prosodischen Markierungen, die im Gegensatz zu den manuellen Elementen nicht mit den Händen und Armen realisiert werden, sondern mit dem Oberkörper, dem Kopf und dem Gesicht, spielen bei der Realisierung von Satztypen und subordinierenden Strukturen eine essentielle Rolle. Daher werden wir im folgenden Kapitel zunächst eine kurze Einführung in die nichtmanuellen Komponenten in Gebärdensprachen geben, bevor wir in den Kapiteln 3 bis 5 die drei Grundtypen Deklarativsatz, Interrogativsatz und Imperativsatz vorstellen. Kapitel 6 befasst sich mit subordinierten Sätzen wie Komplementsätzen, Relativsätzen und Adverbialsätzen und schließt auch Role Shift mit ein. In Kapitel 7 diskutieren wir einige für Satztypen relevante Grammatikalisierungsprozesse, die teilweise modalitätsspezifische Eigenschaften aufweisen (vgl. auch Artikel 32 zu Satztypen und Sprachwandel). Welche Besonderheiten Satztypen in Gebärdensprachen für die Modalitätsdebatte aufweisen, wird in Kapitel 8 diskutiert. Dort werden abschließend auch die wichtigsten Ergebnisse des Artikels kurz zusammengefasst. Die Notationskonventionen für die Glossierung der gebärdensprachlichen Beispiele sind in Abschnitt 9 zu finden.

2 Nichtmanuelle Komponenten in Gebärdensprachen

Die Mehrdimensionalität von Gebärdensprachen ist einerseits auf den dreidimensionalen Gebärdenraum vor dem Oberkörper des Signers zurückzuführen, der für die Ausführung von Gebärden genutzt wird (vgl. Abbildung 1), andererseits auf die zeitliche Komponente von Sprache an sich (vierte Dimension).

Abb. 1: Gebärdenraum

Eine weitere modalitätsspezifische Besonderheit von Gebärdensprachen ist die Möglichkeit, grammatische Eigenschaften mithilfe verschiedener Artikulatoren simultan zu realisieren. Dies gilt sowohl für die Kombination manueller Komponenten (so kann beispielsweise eine bestimmte Handform mit einer bestimmten Bewegung simultan kombiniert werden), wie auch für die Kombination von manuellen und nichtmanuellen Komponenten. Zu Letzteren gehören unter anderem Bewegungen des Oberkörpers, des Kopfes, der Augenbrauen und der Augen. Jede bisher untersuchte Gebärdensprache nutzt diese Möglichkeit des sogenannten Layerings, also des Übereinanderlegens von linguistischer Information. Dies betrifft alle Ebenen der Grammatik von der Phonologie über die Morphologie und Syntax bis hin zur Semantik und Pragmatik (vgl. Wilbur 2000, Pfau/Quer 2010, Sandler 2012). In den nächsten Abschnitten werden wir zeigen, dass diese nichtmanuellen Komponenten insbesondere bei der Markierung von Satztypen eine zentrale Rolle spielen.

Auf der Ebene des Lexikons ist die lexikalische Mimik ein inhärenter Teil von manchen Gebärden. Bei der Ausführung der Gebärde VOR-KURZEM muss beispielsweise die Zungenspitze im Mundwinkel zu sehen sein. Andere nichtmanuelle Markierungen werden adjektivisch und adverbial verwendet, wie die nichtmanuelle Negation, die in DGS als Kopfschütteln realisiert wird (vgl. Pfau 2008). Auf syntaktischer Ebene ist vor allem die nichtmanuelle Realisierung von Satztypen relevant, die wir in den folgenden Abschnitten noch ausführlich besprechen werden. Auf der Diskursebene werden informationsstrukturelle Einheiten wie Topik und Fokus sowie expressive Bedeutungen mithilfe von nichtmanuellen Markierern realisiert (vgl. Herrmann 2012, Wilbur 2012).

Hervorzuheben ist, dass zwar alle bisher untersuchten Gebärdensprachen nichtmanuelle Komponenten aufweisen, die Art und Weise der Ausführung und die Funktion einzelner Komponenten jedoch sprachspezifisch sind. Dies lässt sich gut anhand der nichtmanuellen Negation illustrieren (vgl. Zeshan 2004b, 2006). In vielen Gebärdensprachen ist die nichtmanuelle Negation ein Kopfschütteln, das sich nach sprachspezifischen Prinzipien über bestimmte Konstituenten ausbreitet. Es gibt nun aber zum einen auch Gebärdensprachen wie die Türkische Gebärdensprache (TİD) oder die Griechische Gebärdensprache (GSL), die einen *backward head tilt*, also ein Nach-hinten-Kippen des Kopfes, als nichtmanuelle Negation verwenden. Andere Gebärdensprachen wie die Chinesische Gebärdensprache (CSL) verwenden zudem einen negativen Gesichtsausdruck als nichtmanuelle Markierung. Zum anderen sind die Beschränkungen für die Kombination von Negationsgebärden und nichtmanuellen Negationsmarkierungen in verschiedenen Gebärdensprachen sehr unterschiedlich. In manchen Gebärdensprachen wie DGS ist die manuelle Negationsgebärde NICHT optional, in anderen wie der Italienischen Gebärdensprache (LIS) ist die nichtmanuelle Negation dagegen optional (vgl. Pfau 2008).

Zahlreiche linguistische und psycholinguistische Studien haben gezeigt, dass sich grammatische nichtmanuelle Markierungen in vielerlei Hinsicht von gestischer und affektiver Mimik und Oberkörperbewegung unterscheiden. Im Gegensatz zu Letzteren haben grammatische Markierungen eine klare Funktion sowie eindeutige Anfangs- und Endpunkte. Der grammatisch determinierte Skopus mancher Markierungen kann sich darüber hinaus von Gebärdensprache zu Gebärdensprache unterscheiden. Zudem verfügen Muttersprachler/innen über einheitliche Intuitionen zu grammatischen nichtmanuellen Markierungen und psycholinguistische Studien belegen, dass diese anders verarbeitet werden als gestische oder affektive Mimik (vgl. Reilly et al. 1990, Corina et al. 1999, Emmorey 1999, Wilbur 2003).

Für Satztypen und subordinierende Strukturen ist besonders der Skopus von mimischen Markierungen relevant. Beispiel (1) stellt einen Deklarativ- und einen E-Interrogativsatz in DGS gegenüber. Beide unterscheiden sich nur durch die mimische Markierung. In den folgenden Beispielen werden Gebärden generell in Kapitälchen notiert. Die jeweilige nichtmanuelle Markierung wird oberhalb der Linie angezeigt. Der Buchstabe ‚e' in (1b) steht für ein Bündel verschiedener nichtmanueller Markierungen, in diesem Fall hochgezogene Augenbrauen und ein vorgeneigter Kopf. Die Länge der Linie gibt den Skopus der nichtmanuellen Markierung an – in (1b) begleitet die mimische Markierung demnach den gesamten Satz (vgl. auch Kapitel 4.1 zu E-Interrogativsätzen und die Notationskonventionen in Abschnitt 9).

(1) a. GESTERN SCHULE TIM BUCH NEU LES [DGS]
,Gestern hat Tim in der Schule ein neues Buch gelesen.'

                             e
b. GESTERN SCHULE TIM BUCH NEU LES
,Hat Tim gestern in der Schule ein neues Buch gelesen?'

3 Deklarativsätze

Wie in Lautsprachen bilden auch in Gebärdensprachen Deklarativsätze den unmarkierten Satztyp. Somit zeigen sich hier keine satztypenspezifischen nichtmanuellen Markierungen. Der Deklarativsatz in Beispiel (1a) weist im Gegensatz zum E-Interrogativsatz in (1b) eine neutrale Mimik auf. Nichtmanuelle Markierungen in Deklarativsätzen übernehmen grundsätzlich andere Funktionen wie die Markierung der Informationsstruktur oder die Realisierung von expressiver Bedeutung.

Die Grundwortstellung für Deklarativsätze in DGS wird allgemein mit einer SOV-Folge angegeben (vgl. Glück/Pfau 1998, Happ/Vorköper 2006, Steinbach 2007). Temporal- und Lokaladverbiale stehen grundsätzlich satzinitial und das indirekte Objekt steht vor dem direkten. Damit können wir für DGS von folgender etwas vereinfachten syntaktischen Grundstruktur ausgehen:

(2) Temporaladverbiale > Lokaladverbiale > Subjekt > Indirektes Objekt > Direktes Objekt > Prädikat

SOV gilt für Haupt- und Nebensatzstrukturen, wobei der Matrixsatz dem eingebetteten Satz üblicherweise vorangeht. Eine Umstellung ist anders als im Deutschen eher selten zu finden (Konditionalsätze bilden hierzu eine Ausnahme). Einbettungen werden häufig nichtmanuell markiert, da in DGS wenige lexikalische Subjunktionen vorhanden sind (vgl. Abschnitt 6).

Ein gebärdensprachspezifisches Prinzip, welches die Wortordnung in Deklarativsätzen beeinflussen kann, ist das sogenannte Figur-Grund-Prinzip, das besagt, dass Satzglieder, die auf große unbewegliche Objekte referieren, vor Satzgliedern stehen, die auf kleine bewegliche Objekte referieren.

(3) a. SOFA BLAU POSS₁ HUND LIEG-AUF-CL_TIER   [DGS]
   ‚Mein Hund liegt auf dem blauen Sofa.'
   ‚Auf dem blauen Sofa liegt mein Hund.'
 b. INDEX₁ TISCH BLUMENVASE STELL-AUF-CL_VASE
   ‚Ich stelle die Blumenvase auf den Tisch.'

Je nachdem wie viele inanimate Argumente in einem Satz vorkommen, welche Größe und Beweglichkeit die entsprechenden Objekte haben, sind unterschiedliche Wortordnungen möglich bzw. werden bestimmte Abfolgen geblockt (vgl. Happ/Vorköper 2006).

Ein zweites gängiges Wortstellungsprinzip in Gebärdensprachen, das so auch in vielen Lautsprachen auftritt, ist das Topik-Kommentar-Prinzip, das in Beispiel (4) aus der Amerikanischen Gebärdensprache (ASL) illustriert ist (vgl. Wilbur 2012). In Topik-Kommentar-Strukturen steht das Topik des Satzes in satzinitialer Position. Zudem wird die topikalisierte Konstituenten nichtmanuell markiert. Die typische Markierung in ASL sind hochgezogene Augenbrauen. Zudem kann je nach Topikart noch eine bestimmte Kopfbewegung hinzukommen.[1]

                    ___t___
(4)   VEGETABLE JOHN LIKE CORN   [ASL]
   ‚Was Gemüse angeht, John mag Mais.'

Auch wenn die syntaktische Grundstruktur von Deklarativsätzen in Grammatiken und syntaktischen Analysen verschiedener Gebärdensprachen oft als gegeben vorausgesetzt wird, sind Fragen zur unmarkierten Wortstellung häufig empirisch noch nicht eindeutig geklärt (vgl. auch Leeson/Saeed 2012).

4 Interrogativsätze

Die verschiedenen Typen von Interrogativsätzen sind in der Gebärdensprachforschung vor allem unter syntaktischen und prosodischen Gesichtspunkten eingehend untersucht worden (vgl. Petronio/Lillo-Martin 1997, Neidle et al. 2000, Zeshan 2004a, Sandler/Lillo-Martin 2006, Šarac et al. 2007, Cecchetto 2012). Bei

---

1 Wilbur (2012: 472) verwendet hier die Notation ‚tm2' für die Glossierung der nichtmanuellen Topikmarkierung, die sie wie folgt beschreibt: „Raised eyebrows; single head movement where head first tilts back then moves downward; constituent is base-generated." Da wir nicht weiter auf unterschiedliche Topikarten eingehen, verwenden wir hier der Einfachheit halber nur ‚t' für Topik.

diesen Untersuchungen stehen drei Punkte im Mittelpunkt: (i) Die Syntax von W-Interrogativsätzen, (ii) die nichtmanuelle Markierung von Interrogativsätzen und (iii) die Fragewortparadigmen in verschiedenen Gebärdensprachen. Wir beginnen mit E-Interrogativsätzen (Abschnitt 4.1) und diskutieren dann etwas ausführlicher W-Interrogativsätze (Abschnitt 4.2). In diesem Zusammenhang behandeln wir auch Fragewortparadigmen in Gebärdensprachen. In Abschnitt 4.3 gehen wir auf interessante Fälle von W-Interrogativsätzen ohne W-Ausdruck ein.

4.1 E-Interrogativsätze

In DGS haben E-Interrogativsätze die gleiche Satzstruktur wie Deklarativsätze, werden jedoch nichtmanuell von hochgezogenen Augenbrauen und einem leicht vorgeneigten Kopf begleitet. In Beispiel (5) haben wir die nichtmanuelle Markierung von E-Interrogativsätzen wie in (1b) als ‚e' glossiert. Die Mimik hat Skopus über den gesamten Satz, was in (5) durch die durchgezogene Linie oberhalb der Glossen angezeigt wird.

```
                                            e
(5)  TIM DEUTSCHE GEBÄRDENSPRACHE LERN                           [DGS]
     ‚Lernt Tim die Deutsche Gebärdensprache?'
```

Alle bisher untersuchten Gebärdensprachen verwenden sehr ähnliche nichtmanuelle Komponenten zur Markierung von E-Interrogativsätzen. Neben den schon erwähnten hochgezogenen Augenbrauen und dem leicht vorgeneigtem Kopf werden in typologischen Studien auch ein vorgeneigter Oberkörper, weit geöffnete Augen und Augenkontakt mit dem Adressaten genannt (vgl. Zeshan 2004a: 19). In den einzelnen Gebärdensprachen werden unterschiedliche Kombinationen dieser Komponenten verwendet, wobei die hochgezogenen Augenbrauen die prototypische Markierung von E-Interrogativsätzen darstellen und diese somit klar von W-Interrogativsätzen abgrenzen, die typischerweise mit heruntergezogenen Augenbrauen gebildet werden (vgl. dazu den nächsten Abschnitt). Die folgende Tabelle, die Cecchetto (2012) entnommen ist, gibt einen Überblick über Studien zu E-Interrogativsätzen in unterschiedlichen Gebärdensprachen.

Tab. 1: Überblick über bisherige Forschungsarbeiten zu E-Interrogativsätzen in Gebärdensprachen (vgl. Cecchetto 2012)

American Sign Language (ASL):	Wilbur/Patschke (1999)
Australian Sign Language (Auslan):	Johnston/Schembri (2007)
Austrian Sign Language (ÖGS):	Šarac/Schalber/Alibašić/Wilbur (2007)
Brazilian Sign Language (LSB):	Quadros (2006)
British Sign Language (BSL):	Sutton-Spence/Woll (1999)
Catalan Sign Language (LSC):	Quer et al. (2005)
Croatian Sign Language (HZJ):	Šarac/Wilbur (2006)
Flemish Sign Language (VGT):	van Herreweghe/Vermeerbergen (2006)
Finnish Sign Language (FinSL):	Savolainen (2006)
Hong-Kong Sign Language (HKSL):	Tang (2006)
Israeli Sign Language (IsSL):	Meir (2004)
Indo-Pakistani Sign Language (IPSL):	Zeshan (2004a)
Japanese Sign Language (NS):	Morgan (2006)
Quebec Sign Language (LSQ):	Dubuisson et al. (1994)
New Zealand Sign Language (NZSL):	McKee (2006)
Sign Language of the Netherlands (NGT):	Coerts (1992)
Spanish Sign Language (LSE):	Herrero (2009)
Turkish Sign Language (TİD):	Zeshan (2006)

Die nichtmanuellen Markierungen können als eine gebärdensprachspezifische Entsprechung zur Intonation in Lautsprachen gesehen werden (vgl. Sandler 2012). In E-Interrogativsätzen erfüllen die nichtmanuellen Komponenten dieselbe Funktion wie die Frageintonation in Lautsprachen. In vielen Lautsprachen wie beispielsweise dem Italienischen werden E-Interrogativsätze ebenfalls nur intonatorisch markiert. Anders als im deutschen Beispiel (6b) wird im Italienischen keine spezifische Wortstellung zur Kennzeichnung von E-Interrogativsätzen verwendet. Wie in (1) ergibt sich der Unterschied zwischen einem Deklarativsatz und einem E-Interrogativsatz alleine aus der Intonation (vgl. Dryer 2009a und Artikel 36 und 37 in diesem Band – Beispiel (6c) ist Artikel 37 entnommen).

(6) a. Anton kommt morgen.
  b. Kommt Anton morgen?
  c. Antonio viene   domani . / ?
     Antonio komm-3SG morgen
     Deklarativ: [\] (i.e. ‚Antonio kommt morgen.')
     Interrogativ: [∫] oder [/] (i.e. ‚Kommt Antonio morgen?')

Da Gebärdensprachen dieselbe visuell-manuelle Modalität nutzen wie Gesten, haben sie die Möglichkeit, manuelle und nichtmanuelle Gesten in die Grammatik zu integrieren und als funktionale Elemente zu grammatikalisieren. Ein Beispiel für eine grammatikalisierte nichtmanuelle Geste sind die hochgezogen Augenbrauen, die einen E-Interrogativsatz markieren. Daneben gibt es auch grammatikalisierte manuelle Gesten. In manchen Gebärdensprachen wie der Hongkong Gebärdensprache (HKSL), der Finnischen Gebärdensprache (FinSL), der Türkischen Gebärdensprache (TİD) oder der Niederländischen Gebärdensprache (NGT) werden manuelle Fragepartikeln zur Markierung von E-Interrogativsätzen verwendet (vgl. Zeshan 2004a). Manche Gebärdensprachen wie z.B. NGT gebrauchen Fragepartikeln darüber hinaus auch in W-Interrogativsätzen. Die Fragepartikel erscheint typischerweise in satzfinaler Position und wird zusätzlich zu den nichtmanuellen Makierungen von E-Interrogativsätzen und W-Interrogativsätzen verwendet, wie die Fragepartikel PALM-UP in den beiden Beispiele in (7) zeigt (Beispiel (7a) ist Smith 2004 entnommen, Beispiel (7b) Pfau/Steinbach 2006). In Abschnitt 7 werden wir genauer auf die Grammatikalisierung von Fragepartikeln in Gebärdensprachen eingehen.

(7) a. $\overline{\text{INDEX}_3 \text{ PARTY CANCEL INDEX}_3 \text{ PALM-UP}}^{\text{e}}$ [NGT]
‚Hat er die Party abgesagt?'

b. $\overline{\text{MARKET BUY WHAT PALM-UP}}^{\text{w}}$
‚Was hast du auf dem Markt gekauft?'

Fragepartikeln sind auch in vielen Lautsprachen zu finden. Im World Atlas of Language Structures werden 522 Sprachen aufgelistet, die über Fragepartikeln verfügen (dies ist mehr als die Hälfte der untersuchten Sprachen). In den meisten Lautsprachen treten Fragepartikeln ebenfalls häufig in satzfinaler Position oder als verbale Klitika auf (vgl. Dryer 2009b und Artikel 36 und 37 in diesem Band).

Zusammenfassend lässt sich festhalten, dass Gebärdensprachen ähnliche Strategien zur Markierung von E-Interrogativsätzen verwenden wie Lautsprachen. In beiden Modalitäten sind Intonation und Fragepartikeln zwei gängige Arten, E-Interrogativsätze von den entsprechenden Deklarativsätzen abzugrenzen.

4.2 W-Interrogativsätze

Die Forschung zur Syntax von verschiedenen Gebärdensprachen wurde stark von der Analyse von W-Interrogativsätzen geprägt. Aufgrund der besonderen Stellungsmöglichkeiten von W-Ausdrücken und der Distribution der nichtmanuellen Markierungen wurden unterschiedliche Analysen vorgeschlagen, die bis heute kontrovers diskutiert werden. Dabei wurden zum einen die nichtmanuellen Merkmale bei W-Interrogativsätzen als Evidenz für oder gegen eine bestimmte syntaktische Analyse verwendet. Zum anderen ist die in Gebärdensprachen übliche Bewegung von W-Ausdrücken in eine satzfinale Position oder deren Verdoppelung, nicht nur für die typologische Forschung essentiell, sondern auch für neuere generative Analysen. Zudem sind W-Interrogativsätze auch für die aktuelle Diskussion, ob nichtmanuelle Markierungen in Gebärdensprachen besser in einem prosodischen oder syntaktisch basierten Ansatz zu analysieren sind, von entscheidender Relevanz (vgl. Zeshan 2004a, Sandler/Lillo-Martin 2006).

Welche besonderen formalen Eigenschaften haben W-Interrogativsätze in Gebärdensprachen? Zunächst ist festzuhalten, dass in vielen Gebärdensprachen der W-Ausdruck in verschiedenen Positionen vorkommen kann: in situ, satzfinal, satzinitial und als Dopplung satzinitial und satzfinal, wobei sich Gebärdensprachen in den genutzten Möglichkeiten unterscheiden (vgl. Cecchetto 2012: 307). Der letzten Option (Verdopplung) liegt ein interessantes Phänomen zugrunde, das in vielen verschiedenen Gebärdensprachen zu finden ist. Das sogenannte ‚Doubling' tritt nämlich nicht nur bei W-Ausdrücken auf, sondern auch bei anderen Wortarten wie beispielsweise Pronomen, Modalverben und Quantoren, die in vielen Gebärdensprachen ebenfalls in satzfinaler Position gedoppelt werden können (typischerweise in Fokusstrukturen und Interrogativ- und Imperativsätzen). Die Verdopplung ist allerdings auf einfache Gebärden beschränkt. Dies bedeutet, dass in W-Interrogtivsätzen nur einfache W-Ausdrücke wie WER oder WAS verdoppelt werden können, nicht aber komplexe W-Ausdrücke wie HAUS WAS (‚welches Haus') oder COMPUTER WELCHER (‚welcher Computer').

Die Beispiele in (8) zeigen die drei möglichen Varianten für W-Interrogativsätze in DGS. Der W-Ausdruck kann in satzfinaler (8a), satzinitialer (8b) und gedoppelt in beiden Positionen (8c) vorkommen. Die nichtmanuelle Markierung für W-Interrogativsätze in DGS besteht hauptsächlich aus heruntergezogenen Augenbrauen und einem leicht nach vorne gebeugten Oberkörper und ist hier mit einem kleinen ‚w' oberhalb der Linie notiert, die in diesem Beispiel wieder den Skopus der nichtmanuellen Markierung anzeigt.

(8) a. $\overline{\text{TIM EMMA ZUSAMMEN WHISKY TRINK WO}}^{\text{w}}$ [DGS]

b. $\overline{\text{WO TIM EMMA ZUSAMMEN WHISKY TRINK}}^{\text{w}}$

c. $\overline{\text{WO TIM EMMA ZUSAMMEN WHISKY TRINK WO}}^{\text{w}}$
‚Wo trinken Tim und Emma zusammen Whisky?'

Die Position der W-Ausdrücke und der Skopus der nichtmanuellen Markierer unterliegen teilweise sprachspezifischen Beschränkungen. Da nichtmanuelle Komponenten in neueren syntaktischen Analysen als Manifestierung syntaktischer Merkmale in funktionalen Projektionen analysiert werden, sind sowohl die

Positionen des W-Ausdrucks als auch der Skopus der Augenbrauenbewegung der Ausgangspunkt für verschiedene Theorien der syntaktischen Struktur von W-Interrogativsätzen im Speziellen und der Satzstrukturen von Gebärdensprachen im Allgemeinen. Diese Debatte wird im Folgenden kurz vorgestellt (für eine ausführliche Diskussion, vgl. Cecchetto 2012 und Sandler/Lillo-Martin 2006).

Neidle et al. (1998, 2000) nehmen eine rechtsperiphere CP und eine Rechtsbewegung des W-Elements nach Spec,CP an. Der satzinitiale W-Ausdruck wird in dieser Theorie als basisgeneriertes Wh-Topik analysiert. Ein Problem für diese Analyse ist die starke Beschränkung der satzfinalen Position auf einfache W-Ausdrücke. In der Literatur finden sich nur wenige Beispiele mit komplexen satzfinalen W-Phrasen, deren Grammatikalität überdies kontrovers beurteilt wird. Zudem ist die Rechtsbewegung von W-Ausdrücken typologisch sehr ungewöhnlich (vgl. Dreyer 2009c).

Im Gegensatz zu Neidle et al. (1998, 2000) argumentieren Petronio/Lillo-Martin (1997) und Sandler/Lillo-Martin (2006) für eine linksverzweigte Spec,CP-Position. Ein Grund für diese Analyse ist, dass aus typologischer Perspektive Rechtsbewegung von W-Ausdrücken die Ausnahme darstellt. Das W-Element in satzfinaler Position wird in dieser Theorie als eine mit [+wh] und Fokus assoziierte Kopie in C° analysiert. Damit kann das Phänomen des ‚Doubling' adäquat erklärt werden, das auf einfache W-Ausdrücke beschränkt ist. Die satzfinale Kopie besetzt damit dieselbe Position wie interrogative Konnektoren in eingebetteten Sätzen, die in vielen Sprachen zu finden sind. Bei einem satzfinalen W-Element ohne Verdopplung gehen die Autorinnen von einem leeren W-Ausdruck in der satzinitialen Position aus. Ein Problem dieser Analyse ist allerdings, dass sie vorhersagt, dass in Gebärdensprachen genauso wie in Lautsprachen die Linksbewegung von W-Ausdrücken die bevorzugte Option ist, da der satzinitiale W-Ausdruck die für die W-Bewegung vorgesehene kanonische Spec,CP-Position besetzt. Im Gegensatz dazu wird der satzfinale W-Ausdruck in einer Kopfposition (C°) als Kopie basisgeneriert. Die Datenlage scheint nun aber eher dafür zu sprechen, dass die satzfinale Position die unmarkierte Position für W-Ausdrücke in Gebärdensprachen ist.

Insgesamt ist die Datengrundlage bei beiden Positionen der Debatte nicht einheitlich, so dass bisher noch keine verlässliche Überprüfung stattfinden konnte. Neben diesen Analysen gibt es neuere Ansätze, die an eine der beiden Positionen anknüpfen. Cecchetto et al. (2009) erarbeiten für die Italienische Gebärdensprache (LIS) eine an die Rechtsbewegung anknüpfende Analyse, die W-Bewegung und prosodische Markierung kombiniert. Sie gehen explizit davon aus, dass Rechtsbewegung in Gebärdensprachen – entgegen der universellen Annahme von linksgerichteter W-Bewegung – ein Modalitätseffekt ist. Die Autoren zeigen, dass die nichtmanuellen Markierer in LIS die Relation zwischen dem W-Ausdruck und seiner Spur markieren und sich damit je nach Basisposition des

W-Ausdrucks mehr oder weniger weit über den Satz ausbreiten. Aufgrund der schon erwähnten Simultanität von Gebärdensprachen kann diese Relation anders als in Lautsprachen problemlos mithilfe nichtmanueller Artikulatoren prosodisch markiert werden.

Eine Alternative, die auf der Linksbewegungsanalyse aufbaut, ist die Annahme von Remnant Movement. Nach dieser Theorie unterscheiden sich Laut- und Gebärdensprachen nicht in den ihnen zugrundeliegenden syntaktischen Strukturen, sondern in den bewegten Konstituenten und der Art der Bewegung. Aboh et al. (2005) und Aboh/Pfau (2011) nehmen eine linksverzweigte CP an, in der der W-Ausdruck die linksköpfige C°-Position besetzt. Die satzfinale Position des W-Ausdrucks wird mithilfe von Remnant Movement des gesamten Satzes (ohne den W-Ausdruck) abgeleitet: Der ganze Satz wird über den nun finalen W-Ausdruck in C° hinweg in eine höhere funktionale Spezifikatorposition bewegt.

Wie schon erwähnt werden für alle Analysen nichtmanuelle Markierungen und deren Ausbreitung als Evidenz herangezogen. Nichtmanuelle Markierungen werden also immer wieder als Ausbuchstabierung syntaktischer Merkmale interpretiert und deren Skopus, ergo c-Kommandodomänen, gilt als Begründung für bestimmte syntaktische Strukturen. Sandler (1999) und Sandler/Lillo-Martin (2006) heben dagegen den prosodischen Charakter dieser mimischen Elemente hervor und verweisen auf pragmatisch beeinflusste Variationen der nichtmanuellen Komponenten wie beispielsweise unterschiedliche mimische Markierungen auf W-Interrogativsätzen, also syntaktisch festgelegten Satzarten, in Abhängigkeit vom Kontext. Zudem zeigen nicht-isomorphe syntaktische und prosodische Phrasen, bestimmte prosodische Prozesse sowie die kompositionale Analyse von einzelnen nichtmanuellen Markierern wie Augenbrauen-, Kopf- und Oberkörperbewegung und deren Bedeutung, dass Gebärdensprachen einen unschätzbaren Beitrag zur aktuellen Debatte um die Schnittstelle zwischen Syntax und Prosodie leisten.

Ein weiterer typologisch interessanter Punkt bei der Analye von W-Interrogativsätzen in Gebärdensprachen sind die Fragewortparadigmen, bei denen es wie in Lautsprachen auch eine große Variation gibt. DGS gehört zu den Gebärdensprachen mit einem umfangreichen Fragewortparadigma, das die Gebärden in (9) umfasst.

(9) WAS, WER, WIE, WARUM, WANN, WO, WOHIN

Die Gebärde für ‚wen' und ‚wem' setzt sich aus der Gebärde WER und dem DGS-spezifischen Kongruenzmarker PAM zusammen (i.e. WER+PAM), der zur Markierung der Objektkongruenz verwendet wird (zu PAM vgl. Steinbach/Pfau 2007). Die Gebärde für WIEVIEL besteht aus der Gebärde ZAHL und den nichtmanuellen Markierern für W-Interrogativsätze.

Andere Gebärdensprachen haben im Gegensatz zu DGS sehr kleine Fragewortparadigmen, die teilweise wie in IPSL nur aus einer generellen Fragegebärde mit der Bedeutung ‚was' (G-WH in IPSL, vgl. Abbildung 2 aus Aboh et al. 2005) bestehen (vgl. auch Abschnitt 7 zur Grammatikalisierung von manuellen Fragemarkierern).

Abb. 2: Generelle Fragegebärde G-WH in IPSL

Zeshan (2004a) unterscheidet in ihrer umfassenden typologischen Studie die folgenden drei Typen von Fragewortparadigmen. Alle drei haben ein generelles Fragewort, das typischerweise die Bedeutung ‚was' hat. Je nach Typ enthält das Paradigma dann noch mehrere lexikalisierte Fragewörter mit einer spezifischen Bedeutung wie ‚wer', ‚wie' oder ‚warum'.

(i) Das Paradigma besteht lediglich aus einem einzigen generellen Fragewort, das mit anderen nicht-interrogativen Gebärden kombiniert werden kann, um eine spezifischere Bedeutung zu erzeugen. Solche Paradigmen finden sich in IPSL, wo z. B. GESICHT und G-WH ‚wer' bedeutet und ZEIT und G-WH ‚wann'.

(ii) Das Paradigma besteht aus einem generellen Fragewort und einigen spezifischen Fragewörtern (z. B. für ‚wie' und ‚warum'). In Paradigmen dieser Art wird das generelle Fragewort nur für die lexikalischen Lücken im Paradigma verwendet. Ein solches Paradigma gibt es zum Beispiel in der Brasilianischen Gebärdensprache (LSB).

(iii) Das Paradigma umfasst neben dem generellen Fragewort eine größere Menge an spezifischen Fragewörtern zu denen typischerweise Gebärden für ‚was', ‚wer', ‚wo' und ‚wann' gehören. Solche Paradigmen sind zum Beispiel in DGS und ASL zu finden.

4.3 W-Interrogativsätze ohne W-Ausdruck

Neben normalen W-Interrogativsätzen mit einem satzfinalen und/oder satzinitialen W-Ausdruck gibt es in Gebärdensprachen noch eine besondere Gruppe von W-Interrogativsätzen. Beispiele wie (10a) aus ASL und (10b) aus DGS sind deshalb so spannend, weil sie keinen W-Ausdruck aufweisen, aber dennoch als W-Interrogativsatz interpretiert werden (vgl. Petronio/Lillo-Martin 1997, Sandler/Lillo-Martin 2006, Happ/Vorköper 2006).

(10) a. $\overline{\text{TIME}}^{w}$ [ASL]
 ‚Wieviel Uhr ist es?'

 b. $\overline{\text{POSS}_2\ \text{HUND ALT}}^{w}$ [DGS]
 ‚Wie alt ist dein Hund?'

Auf den ersten Blick könnte man dieses Phänomen am ehesten mit dem Mischtyp der assertiven Fragen in Lautsprachen vergleichen (vgl. dazu Artikel 5 in diesem Band). Die Satzstruktur gleicht einem normalen Deklarativsatz. Die Intonation, die einem W-Interrogativsatz entspricht, ist verantwortlich für die interrogative Interpretation. Wie bei assertiven Fragen in Lautsprachen scheint hier also ebenso ein Mischtyp vorzuliegen: Die Syntax folgt in ASL, DGS und anderen Gebärdensprachen jeweils der unmarkierten Wortordnung eines Deklarativsatzes. Die nichtmanuelle Markierung stammt aber von einem Interrogativsatz. Es gibt allerdings auch zwei wesentliche Unterschiede zu assertiven Fragen. So stammt zum einen die nichtmanuelle Markierung ‚w' nicht von einem E-, sondern von einem W-Interrogativsatz. Zum anderen liegen in (10), im Gegensatz zu entsprechenden assertiven Fragen in Lautsprachen, keine markierten (assertiven) Entscheidungsfragen vor, sondern unmarkierte, der nichtmanuellen Markierung entsprechende Ergänzungsfragen. Eine Alternative zu der Analyse als Mischtyp ist die Annahme eines leeren W-Ausdrucks. Die nichtmanuelle Markierung wird in diesem Ansatz von einem W-Operator ausgelöst, der aber keine W-Bewegung erzwingt. Nach dieser Analyse sind die Sätze in (10) formal normale W-Interrogativsätze (vgl. Petronio/Lillo-Martin 1997).

Die Debatte, ob sich die Markierung und ihr Skopus syntaktisch mit einem koverten W-Operator erklären lassen (vgl. Aarons 1994, Petronio/Lillo-Martin 1997) oder ob die nichtmanuellen Elemente eher mit semantischen und pragmatischen Aspekten des interrogativen Satzmodus zusammenhängen, zeigt, dass es generell zwei unterschiedliche Sichtweisen auf die Analyse der nichtmanuellen Markierer gibt. Im Gegensatz zur syntaktischen kann eine prosodische Analyse sowohl die Mimik der W-Interrogativsätze ohne W-Wort als auch die fehlende

Interrogativmimik bei der Einbettung von [+W]-Komplementen erklären (vgl. Sandler/Lillo-Martin 2006).

Wie in den Beispielen in (10) zu sehen ist, enthalten W-Interrogativsätze ohne W-Ausdruck typischerweise skalare Ausdrücke. Die Skalarität der entsprechenden Adjektive kann sich in der Ausführung der Gebärde spiegeln. Im Gegensatz zu *alt* oder *jung* in (10b), die mit einer einfachen Abwärtsbewegung an der Wange bzw. am Kinn gebärdet werden, werden bei anderen skalaren Adjektiven wie *lang*, *groß* oder *dick* die modalitätsspezifischen Besonderheiten des Gebärdenraums genutzt, indem die Gebärde im Gebärdenraum auf einer horizontalen oder vertikalen Skala ausgeführt wird. In diesem Fall werden W-Interrogativsätze ohne W-Ausdruck nicht nur wie in (10) mit den für W-Interrogativsätze spezifischen nichtmanuellen Markierungen gebärdet, sondern auch mit einer manuellen Modifikation der Gebärde für das entsprechende skalare Adjektiv. So werden in Beispiel (11) zwei Alternativen aus der im Gebärdenraum repräsentierten Skala des jeweiligen Adjektivs ausgewählt und durch eine Bewegung miteinander verbunden. In (11) bewegt sich beispielsweise die flache B-Hand auf der Seite des Kopfes einmal kurz von oben nach unten (vgl. Happ/Vorköper 2006: 335).

(11) $\overline{\text{POSS}_1 \text{ HAAR LANG (1) LANG (2)}}^{\text{w}}$ [DGS]
‚Wie lang ist dein Haar?'

5 Imperativsätze

Im Gegensatz zu der umfangreichen Literatur zu Interrogativsätzen gibt es nur sehr wenige Arbeiten, die sich mit Imperativsätzen in Gebärdensprachen befassen (vgl. unter anderem Zeshan 2003, Johnston/Schembri 2007, Happ/Vorköper 2006, Cecchetto 2012). Die wenigen typischen Eigenschaften von Imperativsätzen, die in der Literatur erwähnt werden, sind entweder syntaktisch oder prosodisch. Darüber hinaus scheinen manche Gebärdensprachen auch über lexikalische Markierer zu verfügen. Eine übliche syntaktische Strategie, die auch in Lautsprachen auftritt, scheint das Auslassen des Subjekts zu sein. Daneben findet sich aber auch die gegenläufige Strategie, das Subjekt in satzfinaler Postion zu verdoppeln. Spezifische lexikalische Partikeln zur Markierung von Imperativen sind für IPSL und LIS belegt. In LIS kann beispielsweise am Satzende eine Gebärde, die als HANDS-FOREWARD glossiert wird, zur Markierung eines Imperativsatzes verwendet werden. Bei dieser Gebärde handelt es sich sehr wahrscheinlich, wie bei den in Abschnitt 4.2 diskutierten Fragepartikeln, ebenfalls um eine grammatikalisierte Geste (vgl. Abschnitt 7 zur Grammatikalisierung von Gesten).

Die mit Abstand häufigsten Markierer, die in der Literatur genannt werden, sind allerdings prosodisch. Dazu gehören neben zusammengezogenen Augenbrauen und geschürzten Lippen vor allem ein schnelleres und akzentuierteres Gebärden, bei dem das Gebärdenende stärker betont wird, und ein direkter Blickkontakt mit dem Adressaten. Die Veränderung der Art des Gebärdens kann dabei entweder den gesamten Imperativsatz betreffen oder nur das Verb. Imperativsätze scheinen demnach in Gebärdensprachen hauptsächlich nichtmanuell markiert zu werden, eine Strategie, die wie schon gesehen auch bei den anderen Satztypen häufig zu finden ist. Es ist allerdings noch weitere Forschung nötig, bevor sich ein umfassendes Bild von Imperativsätzen in Gebärdensprachen erstellen lässt.

6 Subordinierende Sätze und Role Shift

Wie in allen natürlichen Sprachen gibt es auch in Gebärdensprachen eingebettete Strukturen. Rekursivität ist dementsprechend ebenso eine inhärente Eigenschaft von Gebärdensprachen wie von Lautsprachen. Eine Schwierigkeit bei der Analyse von subordinierenden Strukturen ist, dass in vielen Gebärdensprachen wenige manuelle subordinierende Konnektoren vorhanden sind. Stattdessen wird Einbettung in Gebärdensprachen oft nichtmanuell markiert. Da man lange Zeit nur die manuelle Ebene betrachtet hat, wurden viele subordinierende Strukturen nicht erkannt. In diesem Abschnitt stellen wir kurz einige wichtige Nebensatztypen vor. Neben den Komplementsätzen gehen wir auf Relativsätze und auf zwei Adverbialsatztypen (Kausalsätze und Konditionalsätze) ein.

Beispiel (12) zeigt einen Objektkomplementsatz in DGS. Die Wortstellung in subordinierenden Strukturen ist SOV und entspricht damit der von einfachen Deklarativsätzen (vgl. Abschnitt 3). In DGS folgt der subordinierte Satz in der Regel dem Matrixsatz (wie bereits erwähnt stellen Konditionalsätze eine Ausnahme dar). Der Doppelpunkt steht für eine prosodische Pause zwischen Matrix- und Nebensatz.

(12) EMMA GLAUB: TIM NIEMALS GEBÄRDENSPRACHE LERN [DGS]
,Emma glaubt, dass Tim niemals Gebärdensprache lernt.'

Einbettung kann mittels prosodischer Markierungen und der Ausbreitung nichtmanueller Elemente von Koordination oder biklausalen Satzgefügen unterschieden werden. Zudem gibt es die Möglichkeit, über bestimmte Tests wie beispielsweise Extraktion, Topikalisierung oder Pronomenkopie den subordinierenden Charakter dieser Strukturen zu überprüfen. Die Adaption der verschiedenen Testverfahren ist jedoch nicht auf alle Gebärdensprachen gleichermaßen übertragbar (vgl. Tang 2012).

Neben Komplementsätzen gibt es in Gebärdensprachen auch attributiv verwendete Nebensätze. Dabei unterscheiden Gebärdensprachen ebenso wie Lautsprachen zwischen kopfexternen und kopfinternen Relativsätzen. Für ASL wird beispielsweise angenommen, dass sowohl kopfinterne wie auch kopfexterne Strukturen existieren. Dabei zeigt der Skopus der nichtmanuellen Markierung (hochgezogene Augenbrauen, nach hinten geneigter Kopf und hochgezogene Oberlippe) an, welcher Relativsatztyp vorliegt. Relativpronomen sind nicht vorhanden, es kann aber optional eine Relativsatzkonjunktion verwendet werden (vgl. Liddel 1978, Tang 2012). Zudem gibt es in verschiedenen Gebärdensprachen eine große Variation in Bezug auf post- und pränominale Relativsätze, Strukturen mit und ohne Relativpronomen und verschiedene Beschränkungen für die syntaktische Position von Relativsätzen. Für LIS präsentieren Cecchetto et al. (2006) eine Analyse von Relativsätzen als kopfinterne Korrelativkonstruktionen, die dem Matrixsatz wie in (13a) stets vorangehen. PE (oder *prorel*) ist ein obligatorischer satzfinaler Relativsatzmarkierer. Die nichtmanuelle Markierung ‚rel' besteht unter anderem aus hochgezogenen Augenbrauen (vgl. auch Branchini/Donati 2009).

(13) a. [[MARIA BOY$_i$ KISS PE$_i$]$_{CP}$ $\overline{pro_i}$ LEAVE DONE]$_{CP}$ [LIS]
‚Maria küsste einen/den Jungen, der gegangen ist.'

b. GESTERN [MANN (IX$_3$) [$\overline{\text{RPRO-H}_3\text{ KATZE STREICHEL}}$]$_{CP}$]$_{DP}$ ANKOMM   [DGS]
‚Der Mann, der die Katze streichelt, ist gestern angekommen.'

Anders als in LIS stehen die kopfexternen Relativsätze in DGS wie in Beispiel (13b) obligatorisch postnominal. Die Relativpronomen besetzen dabei wie im Deutschen die satzinitiale Position. Hinzu kommt eine obligatorische nichtmanuelle Markierung ‚rel' auf dem Relativpronomen, die wie die Topikmarkierung aus hochgezogenen Augenbrauen besteht. Interessanterweise gibt es in DGS zwei unterschiedliche Relativpronomen: das erste Relativpronomen RPRO-H hat das Merkmal [+human] und wird ausschließlich für Menschen verwendet. Das zweite Relativpronomen RPRO-NH referiert auf nichtmenschliche Entitäten und wird für Objekte und Tiere verwendet (vgl. Pfau/Steinbach 2005). Zusammenfassend lässt sich sagen, dass für alle Gebärdensprachen nichtmanuell prosodische Markierungen für Relativsätze relevant sind. Die jeweilige Kombination mit eventuellen manuellen Relativmarkierern und die syntaktischen Strukturen von Relativsätzen sind jedoch sprachspezifisch.

Adverbialsätze werden auch in Gebärdensprachen typischerweise mit einem satzeinleitenden subordinierenden Konnektor gebildet, der die semantische Relation (z. B. temporal oder kausal) zum Hautpsatz ausdrückt. Der Kausalsatz in

(14a) wird beispielsweise von der Subjunktion GRUND eingeleitet, die sich aus dem entsprechenden Nomen entwickelt hat (vgl. Abschnitt 7 zur Grammatikalisierung von GRUND). Konditionalsätze haben ebenfalls eine satzeinleitende Konjunktion KOND, die in DGS auf unterschiedliche Art realisiert werden kann. Darüber hinaus spielen bei Konditionalsätzen die nichtmanuellen Markierer wieder eine entscheidende Rolle: Der Konditionalsatz wird mit hochgezogenen Augenbrauen markiert („k" in Beispiel (14b)). Der zugehörige Hauptsatz kann zudem mit einem Heben und Senken des Kopfes, das sich ebenfalls über den gesamten Satz ausbreitet, markiert werden.

(14) a. INDEX$_1$ TRAURIG GRUND POSS$_1$ HUND STERB [DGS]
‚Ich bin traurig weil mein Hund gestorben ist.'

                                              k

b. KOND BAUER INDEX$_{3a}$ BESITZ$_{3a}$ ESEL – INDEX$_{3a\ 3a}$SCHLAG$_{3b}$
‚Wenn ein Bauer einen Esel besitzt, dann schlägt er ihn.'

Eine weitere typische Form der Einbettung ist die Redewiedergabe. Eigene Äußerungen und Gedanken sowie Gesagtes und Gedachtes von anderen Personen wiederzugeben, ist eine universelle Eigenschaft von Sprache. Zunächst gibt es in Gebärdensprachen wie in Lautsprachen die Form der indirekten Rede, in der ein Verb des Sagens oder Meinens einen Nebensatz selegiert, der die Proposition der wiedergegebenen Äußerung ausdrückt (vgl. Beispiel (15) aus Herrmann/Steinbach 2007).

(15) LENA$_3$ SAG: INDEX$_3$ GERN BUCH++ LES [DGS]
‚Lena sagt, dass sie gerne Bücher liest.'

Daneben exisiert in Gebärdensprachen mit dem Phänomen Role Shift eine modalitätsspezifische Art der Rede- und Gedankenwiedergabe, die es ermöglicht, die Äußerungen und Gedanken von Personen wiederzugeben, indem man in die Rolle der jeweiligen Signer schlüpft. Im folgenden kleinen Dialog in (16) ist Lena zunächst die Signerin der wiedergegebenen Äußerung und Anna ihre Adressatin. Wird die Äußerung von Lena mit Role Shift wiedergegeben, neigt sich der Oberkörper der Signerin leicht zu der Seite des Gebärdenraums, an dem die Signerin der wiedergegebenen Äußerung, also Lena, im Gebärdenraum verankert ist (vgl. auch Abbildung 3). Außerdem werden Oberkörper, Kopf und Blick auf die Seite ausgerichtet, auf der die Adressatin der wiedergegebenen Äußerung, also Anna, verankert ist (vgl. Lillo-Martin 1995, Quer 2005, 2011, Herrmann/Steinbach 2012). („rs" steht für Role Shift und umfasst im folgenden Beispiel das Bündel der oben genannten nichtmanuellen Markierungen).

(16) a. LENA INDEX$_{3a}$ ANNA INDEX$_{3b}$ $_{3a}$BESCHEID$_{3b}$: $\overline{_1\text{HELF}_2}^{\text{rs}}$ [DGS]
,Lena hat zu Anna gesagt: „Ich helfe dir."'

b. $\overline{\overline{\text{WARUM }_2\text{HELF}_1\text{ WARUM}}^{\text{rs}}}^{\text{w}}$
,(Anna antwortet:) „Warum hilfst du mir?"'

Die Reaktion von Anna auf Lenas Äußerung lässt sich nun im Role Shift einfach durch ein Drehen des Oberkörpers und Kopfes und durch ein Verändern der Blickrichtung wiedergeben. Dies ist in Beispiel (16b) und in Abbildung 3 zu sehen. Auf diese Weise können in Gebärdensprachen Diskurse zwischen zwei Signern durch nichtmanuelle Markierung der Originaläußerungen einfach und effektiv wiedergegeben werden. Wir haben in Abschnitt 2 schon erwähnt, dass Gebärdensprachen über die modalitätsspezifische Möglichkeit verfügen, grammatische Merkmale simultan zu realisieren. Da verschiedene nichtmanuelle Komponenten miteinander kombiniert werden können, enthält die wiedergegebene Äußerung normalerweise alle relevanten Informationen – einschließlich der nötigen Satztypeninformation. Aus diesem Grund ist im Role Shift auch der einleitende Matrixsatz, der Informationen über Signer, Adressat und Satztyp enthält, überflüssig.

Die nichtmanuelle Ausrichtung kongruiert wie in Abbildung 3 illustriert mit den referentiellen Raumpunkten, an denen die Diskursreferenten des Signers und des Adressaten der wiedergegebenen Äußerung pronominal verankert sind. Deshalb kann Role Shift analog zur manuellen Kongruenzmarkierung bei Verben auch als nichtmanuelles Kongruenzphänomen analysiert werden (vgl. Herrmann/Steinbach 2012).

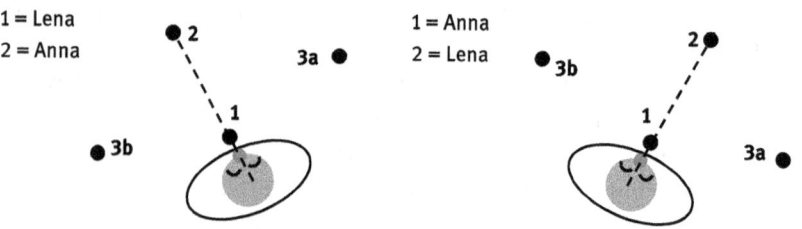

Abb. 3: Nichtmanuelle Merkmale bei Role Shift (vgl. Herrmann/Steinbach 2007: 161)

Eine Besonderheit von Role Shift ist, dass indexikalische Ausdrücke wie ICH und DU angepasst und im geshifteten Kontext interpretiert werden. Dies gilt auch für Kongruenzverben wie $_1$HELF$_2$ und $_2$HELF$_1$ in (16). In dieser Hinsicht gleicht Role Shift direkter Rede. Role Shift ist jedoch nicht mit direkter Rede gleichzusetzen, da nicht alle indexikalischen Ausdrücke im Skopus von Role Shift interpretiert werden. Temporale und lokale indexikalische Ausdrücke werden beispielsweise nicht notwendigerweise geshiftet, so dass die wiedergegebene Äußerung von der Originaläußerung abweichen kann (vgl. Quer 2011, Hübl/Steinbach 2012). Außerdem verhalten sich Sätze im Role Shift syntaktisch eher wie abhängige Nebensätze (vgl. Lillo-Martin 1995). Des Weiteren ist Role Shift nicht nur auf Redewiedergabe beschränkt, sondern kann zu einem gewissen Grad auch zur Wiedergabe von bestimmten Handlungen einer Person genutzt werden (so genannte Constructed Action). (17) ist ein Beispiel aus der Fabel „Der Hirtenjunge und der Wolf", in dem der Signer mithilfe von Constructed Action (,CA' in der Glosse) das Verhalten des Hirtenjungen imitiert. Wie bei Role Shift schlüpft auch bei Constructed Action der Erzähler in die Rolle des Protagonisten. Im Gegensatz zu Role Shift werden aber keine Äußerungen eines anderen Signers wiedergegeben, sondern die Handlungen eines Protagonisten. Bei Constructed Action verschmelzen Gebärden und Gestik.

(17) JUNGE CA$_{\text{steh halt stock in rechter hand}}$ AUFPASS CA$_{\text{steh halt stock schaut umher}}$ [DGS]
,Der Hirtenjunge steht dort mit einem Stock in der rechten Hand. Er hütet die Schafherde und schaut dabei umher.'

Zusammenfassend kann festgehalten werden, dass Role Shift eine modalitätsspezifische Mischform zwischen indirekter und direkter Rede ist. Role Shift hat sich zum einen aus der gebärdensprachspezifischen Nutzung des Gebärdenraums entwickelt. Zum anderen hat Role Shift wie Constructed Action einen gestischen Ursprung. Da Gebärden dieselbe Modalität verwenden wie Gesten, können Gebärdensprachen gestische Elemente direkt in die Grammatik integrieren (vgl. Herrmann/Steinbach 2012). Auf die Entwicklung grammatischer Markierer aus Gebärden und Gesten gehen wir im nächsten Abschnitt noch etwas genauer ein.

7 Grammatikalisierung

Gebärdensprachen unterliegen wie Lautsprachen auch einem historischen Wandel und verändern sich aufgrund äußerer und innerer Einflüsse. Zu den äußeren Einflüssen gehören Standardisierungsprozesse und Sprachkontakt (vgl. Brentari 2001, Schembri/Johnston 2012). Gebärdensprachen entlehnen sich beispielsweise Gebärden aus anderen Gebärdensprachen. Darüber hinaus können sie sich auch modalitätsübergreifend so genannte Mundbilder aus Lautsprachen entlehnen. Diese Mundbilder sind nichtmanuelle Elemente, die vor allem bei Nomen verwendet werden und in manchen Gebärdensprachen eine distinktive Funktion haben (vgl. Boyes Braem/Sutton-Spence 2001). Grammatikinterne Veränderungen sind zum Beispiel phonologische Vereinfachung von Gebärden und die Grammatikalisierung von Funktionswörtern und Affixen (vgl. Pfau/Steinbach 2011, Janzen 2012). Im Folgenden werden wir einige Grammatikalisierungsprozesse vorstellen, die für die historische Analyse von Satztypen von besonderer Bedeutung sind. Für eine ausführliche Diskussion der methodischen Probleme, die sich für die diachrone Gebärdensprachlinguistik ergeben, verweisen wir auf Pfau/Steinbach (2006).

In Gebärdensprachen lassen sich weitgehend dieselben Grammatikalisierungsprozesse beobachten wie in Lautsprachen. Daneben gibt es aber auch zwei Besonderheiten. Zum einen gibt es in Gebärdensprachen fast keine Grammatikalisierungen von Affixen (so genannte Schritt-2-Grammatikalisierungen). Aronoff et al. (2005) argumentieren, dass dies mit den spezifischen Eigenschaften der visuell-manuellen Modalität zu tun hat: Gebärdensprachen bevorzugen eine simultane Morphologie gegenüber einer sequentiellen. Aus diesem Grund ist die Ausbildung von sequentiellen Flexions- und Derivationsaffixen nicht üblich. Zum anderen verwenden Gebärdensprachen, wie am Ende des vorherigen Abschnitts schon erwähnt, dieselbe Modalität wie Gesten. Damit liegt eine direkte Schnittstelle zur Gestik vor, die die Integration und die Grammatikalisierung von Gesten in Gebärdensprachen ermöglicht. Im Bereich der Satztypen zeigen sich interessanterweise Beispiele sowohl für modalitätsunabhängige Grammatikalisierungsprozesse als auch für die Grammatikalisierung von Gesten.

Die Grammatikalisierung von kausalen Konnektoren ist modalitätsunabhängig. In DGS hat sich der Konnektor GRUND in (18b) aus dem entsprechenden Nomen in (18a) entwickelt. Im Gegensatz zum Nomen hat der Konnektor eine andere Bedeutung, eine andere syntaktische Distribution und wird in einer phonologisch reduzierten Form gebärdet (vgl. Pfau/Steinbach 2006). Die Grammatikalisierung von kausalen Konnektoren aus entsprechenden Nomen wie ‚Grund', ‚Sache' oder ‚Ort' ist in vielen Lautsprachen zu beobachten. Ein bekanntes Beispiel ist die Entwicklung von *because* im Englischen.

(18) a. GRUND INDEX$_1$ VERSTEH   [DGS]
     ‚Ich versteh den Grund nicht.'
   b. INDEX$_1$ TRAURIG GRUND POSS$_1$ HUND STERB
     ‚Ich bin traurig weil mein Hund gestorben ist.'

DGS verfügt noch über einen zweiten kausalen Konnektor, der sich aus der Fragegebärde WARUM entwickelt hat, die in DGS auch als Diskursmarkierer für kausale Diskursrelationen verwendet wird. Der kausale Konnektor geht wahrscheinlich auf den entsprechenden Diskursmarkierer zurück. Es scheint zudem so zu sein, dass der Unterschied zwischen den beiden kausalen Konnektoren GRUND und

WARUM dem Unterschied zwischen *because* und *since* im Englischen entspricht. WARUM scheint ein weniger stark integrierender Konnektor zu sein als GRUND und ist daher auch semantisch flexibler.

Ein modalitätsspezifischer Fall der Grammatikalisierung einer manuellen Gebärde liegt bei der in Abschnitt 4.2 diskutierten Fragepartikel G-WH vor. In diesem Fall ist der Ursprung der Grammatikalisierung keine Gebärde wie beispielsweise GRUND in (18a), sondern eine Geste, die in der umgebenden hörenden Gemeinschaft verwendet wird. Fragepartikeln werden in vielen Gebärdensprachen verwendet und gehen typischerweise auf eine Palm-up-Geste zurück. Im Gegensatz zu der Geste erfüllen die Fragepartikeln eine spezifische grammatische Funktion und haben eine festgelegte syntaktische Distribution. Die phonologische Form der Gebärde variiert von Gebärdensprache zu Gebärdensprache (vgl. Pfau/Steinbach 2006).

Besonders interessant ist die Grammatikalisierung von nichtmanuellen Markierern, die teilweise mit der Entwicklung von Intonationsmustern in Lautsprachen verglichen werden kann (vgl. Gussenhoven 2004, Pfau/Steinbach 2006). Die angehobenen Augenbrauen, die die wichtigste nichtmanuelle Markierung von E-Interrogativsätzen sind, haben sich beispielsweise wie in (19) illustriert aus einer kommunikativen nichtmanuellen Frageste entwickelt. In einem zweiten Schritt wurde dieser Markierer dann weiter grammatikalisiert zu einem Topik-Marker (vgl. Janzen 1999). Wir haben darüber hinaus in Abschnitt 6 gesehen, dass sich die hochgezogenen Augenbrauen noch weiter zu einem Markierer für Relativ- und Konditionalsätze entwickelt haben.

In E-Interrogativsätzen wird das Anheben der Augenbrauen mit einem leichten Vorbeugen des Oberkörpers als Aufforderung zu Antworten verbunden. Beide nichtmanuellen Markierungen sind wie in Abschnitt 4.1 vorgestellt die konventionellen Markierer für E-Interrogativsätze in vielen Gebärdensprachen. Bei der Topikmarkierung werden die angehobenen Augenbrauen hingegen mit einem leicht zurückgelehnten Oberkörper verbunden. Sowohl der E-Interrogativsatzmarker wie auch der Topikmarker haben dabei eine festgelegte syntaktische Distribution und eine klare pragmatische Funktion.

(19) kommunikative Frageste → E-Interrogativsatzmarker → Topikmarker

Ein weiteres Beispiel für die Grammatikalisierung von nichtmanuellen Gesten ist die Markierung von Role Shift und Constructed Action. Gebärdensprachen nutzen auch hier systematisch eine gestische Quelle (das Drehen des Oberkörpers und Kopfes und das Ändern der Blickrichtung), die in der umgebenden hörenden Gemeinschaft zu finden ist und vor allem in mündlichen Erzählungen genutzt wird (vgl. Tannen 1989, Lillo-Martin 2012). Anders als in Gebärdensprachen kann eine Role-Shift-Geste in Lautsprachen nicht Teil der Grammatik werden, da Gestik und Lautsprachen zwei völlig verschiedene Modalitäten nutzen. Gebärdensprachen können dagegen solche gestischen Elemente grammatikalisieren und damit in das grammatische System integrieren. Wie im vorherigen Abschnitt erläutert hat sich Role Shift in Gebärdensprachen zu einem grammatischen Marker entwickelt, der die räumliche Grammatik und die Möglichkeit, grammatische Merkmale simultan zu realisieren, optimal nutzt. So kongruiert Role Shift einerseits mit den Raumpunkten im Gebärdenraum, an denen die Diskursreferenten des Signers und des Adressaten der wiedergegebenen Äußerung verortet sind. Andererseits können die nichtmanuellen Markierer für Role Shift problemlos mit anderen manuellen und nichtmanuellen Komponenten kombiniert werden, so dass eine effektive Konstruktion für die Redewiedergabe vorliegt (vgl. Herrmann/Steinbach 2012). In Lautsprachen gibt es ein vergleichbares gestisches Phänomen. Hier kann die Veränderung der Stimme genutzt werden, um anzuzeigen, dass es sich um Redwiedergabe handelt, d.h. dass der Sprecher in die Rolle eines anderen Sprechers schlüpft und ein Kontextshift vorliegt (vgl. Günthner 1999). In diesem Fall nutzen Gestik und Grammatik dieselbe Modalität. Trotzdem scheint in Lautsprachen die Veränderung der Stimme nicht so systematisch genutzt zu werden, wie Role Shift in Gebärdensprachen, so dass auch keine Grammatikalisierung dieser lautlichen Gestik zu beobachten ist.

8 Zusammenfassung: Satztypen und Modalität

In diesem Artikel haben wir verschiedene Satztypen in Gebärdensprachen vorgestellt, wobei wir sowohl auf selbstständige Satztypen als auch auf nicht selbstständige Nebensätze eingegangen sind. Es hat sich gezeigt, dass Gebärdensprachen wie Lautsprachen auch über unterschiedliche Satztypen verfügen. Die drei Grundtypen werden lexikalisch, syntaktisch und prosodisch (nichtmanuell) markiert. Bei den Nebensätzen gibt es subordinierende Konnektoren und prosodische Markierer für Einbettung. In dieser Hinsicht unterscheiden sich Gebärdensprachen nicht von Lautsprachen.

Modalitätsspezifische Eigenschaften finden sich auf der einen Seite in der Syntax von W-Interrogativsätzen. Im Gegensatz zu den meisten Lautsprachen verfügen Gebärdensprachen über mehrere Positionen für die W-Bewegung. Typologisch besonders interessant sind dabei die beiden Optionen, W-Ausdrücke in die satzfinale Position zu bewegen und die Verdopplung von W-Ausdrücken in satzinitialer und satzfinaler Position. Auf der anderen Seite verwenden Gebärdensprachen insgesamt weniger syntaktische und dafür mehr prosodische Markierungen als viele Lautsprachen. Dies gilt für die selbstständigen Satztypen genauso wie für eingebettete Nebensätze. Zwei Gründe dafür dürften die modalitätsspezifische Möglichkeit der simultanen Realisierung von grammatischen Merkmalen sein (dies gilt insbesondere für die Option, mehrere nichtmanuelle Markierer übereinander zu lagern) und die Besonderheit, nichtmanuelle Gesten zu grammatikalisieren. Letzteres ist in Gebärdensprachen möglich, da Gestik und Gebärdensprachen dieselbe visuell-manuelle Modalität verwenden.

Abschließend sei noch darauf hingewiesen, dass mehr typologische Forschung zu Satztypen in Gebärdensprachen erforderlich ist, um einen umfassenden Überblick über universelle und modalitätsspezifische Eigenschaften von Satztypen zu erhalten, der auch eine tragfähige empirische Grundlage für die theoretische Modellierung von Satztypen in Gebärdensprachen an den Schnittstellen zwischen Syntax, Semantik und Pragmatik bietet. Dies schließt repräsentative Studien zu Deklarativsätzen, Imperativsätzen und Mischtypen wie beispielsweise Echofragen und rhetorische Fragen ein, aber auch psycholinguistische Studien zum Erwerb und zur Verarbeitung von Satztypen.

9 Notationskonventionen

GEBÄRDE	Gebärden werden in den Glossen in Kapitälchen notiert. Bei Wortarten, die im Deutschen flektiert werden, wird in der Transkription der Wortstamm verwendet.
$_1$GEBÄRDE$_3$	Tiefergestellte Zahlen stehen für Punkte im Gebärdenraum, die bei Pronominalisierung und bei Verbkongruenz verwendet werden.
INDEX$_X$	Zeigegebärde, die zur lokalen Verankerung von Diskursreferenten im Gebärdenraum und zur Wiederaufnahme von Diskursreferenten verwendet wird. Die Indizes geben an, ob eine deiktische Verwendung (i.e. erste Person (INDEX$_1$) und zweite Person (INDEX$_2$)) oder eine anaphorische Verwendung (i.e. dritte Person (INDEX$_{3a}$, INDEX$_{3b}$, ...)) vorliegt.
POSS$_X$	Possessivpronomen. Die Indizes spezifizieren wieder die Art der Verwendung (POSS$_1$ = mein, etc., vgl. INDEX).
GEBÄRDE-GEBÄRDE	Mit Bindestrich verknüpfte Wörter werden mit einer Gebärde ausgedrückt.
GEBÄRDE++	Ein ‚+' steht für die grammatische Reduplikation einer Gebärde, die beispielsweise bei der Pluralbildung oder der Aspektmarkierung relevant ist.
CL$_\alpha$	Steht für einen Klassifikator. ‚α' spezifiziert die Eigenschaften, die der Klassifikator näher bestimmt.

CA_Handlung	Steht für Constructed Action. Die wiedergegebene Handlung wird in der tiefergestellten Beschreibung notiert.

Der Skopus von nichtmanuellen grammatischen Markierungen wie Augenbrauenbewegung oder Kopfschütteln wird mithilfe von Linien über den Glossen angegeben. Die Art der nichtmanuellen Markierung wird über der Linie markiert.

_____ t	Markierung von *Topiks*: In DGS markieren angehobene Augenbrauen und ein leicht nach hinten gebeugter Kopf ein Topik.
_____ w	Markierung für einen *W-Interrogativsatz*: In DGS werden W-Interrogativsätze mit gesenkten Augenbrauen und mit leicht vorgebeugtem Kopf gebärdet.
_____ e	Markierung für einen *E-Interrogativsatz*: In DGS werden E-Interrogativsätze mit angehobenen Augenbrauen und mit leicht vorgebeugtem Kopf gebärdet.
_____ n	Markierung der *nichtmanuellen Negation*: In DGS wird die nichtmanuelle Negation durch ein horizontales Kopfschütteln mit einem negativen Gesichtsausdruck realisiert.
_____ k	Markierung von *Konditionalsätzen*: In DGS wird ein Konditionalsatz mit angehobenen Augenbrauen markiert.
_____ rel	Markierung von *Relativsätzen*: In DGS wird das Relativpronomen mit angehobenen Augenbrauen markiert.
_____ rs	Markierung von *Role Shift*: Bei Role Shift neigt sich der Oberkörper leicht zu der Seite des Gebärdenraums, an dem der Signer der wiedergegebenen Äußerung im Gebärdenraum verankert ist. Zudem werden Oberkörper, Kopf und Blick auf die Seite ausgerichtet, auf der der Adressat verankert ist.

10 Literatur

Aarons, D. (1994): Aspects of the Syntax of American Sign Language. PhD. Dissertation, Boston University.

Aboh, E./Pfau, R./Zeshan, U. (2005): When a Wh-Word Is Not a Wh-Word: The Case of Indian Sign Language. In: Bhattacharya, T. (Hg.), The Yearbook of South Asian Languages and Linguistics 2005. Berlin: Mouton de Gruyter, 11–43.

Aboh, E./Pfau, R. (2011): What's a Wh-Word Got to Do with It? In: Benincà, P./Munaro, N. (Hgg.), Mapping the Left Periphery: The Cartography of Syntactic Structures, Vol. 5. Oxford: Oxford University Press, 91–124.

Aronoff, M./Meir, I./Sandler, W. (2005): The Paradox of Sign Language Morphology. In: Language 81, 301–344.
Boyes Braem, P./Sutton-Spence, R. (Hgg.) (2001): The Hands are the Head of the Mouth: The Mouth as Articulator in Sign Languages. Hamburg: Signum.
Branchini, C./Donati, C. (2009): Relatively Different: Italian Sign Language Relative Clauses in a Typological Perspective. In: Lipták, A. (Hg.), Correlatives Cross-Linguistically. Amsterdam: Benjamins, 157–194.
Brentari, D. (Hg.) (2001): Foreign Vocabulary in Sign Languages. A Cross-linguistic Investigation of Word Formation. Mahwah, NJ: Erlbaum.
Cecchetto, C. (2012): Sentence Types. In: Pfau, R./Steinbach, M./Woll, B. (Hgg.), Sign Language. An International Handbook. Berlin: Mouton de Gruyter, 292–315.
Cecchetto, C./Geraci, C./Zucchi, S. (2006): Strategies of Relativization in Italian Sign Language. In: Natural Language and Linguistic Theory 24, 945–975.
Cecchetto, C./Geraci, C./Zucchi, S. (2009): Another Way to Mark Syntactic Dependencies. The Case for Right Peripheral Specifiers in Sign Languages. In: Language 85, 278–320.
Coerts, J. (1992): Nonmanual Grammatical Markers. An Analysis of Interrogatives, Negations and Topicalisations in Sign Language of the Netherlands. PhD Dissertation, University of Amsterdam.
Corina, D./Bellugi, U./Reilly, J. (1999): Neuropsychological Studies of Linguistic and Affective Facial Expressions in Deaf Signers. In: Language and Speech 42, 307–331.
Dryer, M.S. (2009a): Polar Questions. In: Haspelmath, M./Dryer, M.S./Gil, D./Comrie, B. (Hgg.), The World Atlas of Language Structures Online. München: Max Planck Digital Library, Chapter 116. [http://wals.info/feature/116]
Dryer, M.S. (2009b): Position of Polar Question Particles. In: Haspelmath, M./Dryer, M.S./Gil, D./Comrie, B. (Hgg.), The World Atlas of Language Structures Online. München: Max Planck Digital Library, Chapter 92. [http://wals.info/feature/92]
Dryer, M.S. (2009c): Position of Interrogative Phrases in Content Questions. In: Haspelmath, M./Dryer, M.S./Gil, D./Comrie, B. (Hgg.), The World Atlas of Language Structures Online. München: Max Planck Digital Library, Chapter 93. [http://wals.info/feature/93]
Dubuisson, C./Miller, C./Pinsonneault, D. (1994): Question Sign Position in LSQ (Québec Sign Language). In: Ahlgren, I./Bergman, B./Brennan, M. (Hgg.), Perspectives on Sign Language Structure. Durham: International Sign Linguistics Association and Deaf Studies Research Unit, University of Durham, 89–104.
Emmorey, K. (1999): Do Signers Gesture? In: Messing, L.S./Campbell, R. (Hgg.), Gesture, Speech, and Sign. Oxford: Oxford University Press, 133–159.
Glück, S./Pfau, R. (1998): On Classifying Classification as a Class of Inflection in German Sign Language. In: Cambier-Langeveld, T./Lipták, A./Redford, M. (Hgg.), Proceedings of ConSOLE 6. Leiden: SOLE, 59–74
Günthner, S. (1999): Polyphony and the ‚Layering of Voices' in Reported Dialogues: An Analysis of the Use of Prosodic Devices in Everyday Reported Speech. In: Journal of Pragmatics 31, 685–708.
Gussenhoven, C. (2004): The Phonology of Tone and Intonation. Cambridge: Cambridge University Press.
Happ, D./Vorköper, M.-O. (2006): Deutsche Gebärdensprache. Ein Lehr- und Arbeitsbuch. Frankfurt/Main: Fachhochschulverlag.
Herrero, Á. (2009): Gramática Didáctica de la Lengua de Signos Española. Madrid: Ediciones SM-CNSE.

Herreweghe, M. van/Vermeerbergen, M. (2006): Interrogatives and Negatives in Flemish Sign Language. In: Zeshan, U. (Hg.), Interrogative and Negative Constructions in Sign Languages. Nijmegen: Ishara Press, 225–257.

Herrmann, A. (2012): Prosody in German Sign Language. In: Elordieta, G./Prieto, P. (Hgg.), Prosody and Meaning. Berlin: Mouton de Gruyter, 349–380.

Herrmann, A./Steinbach, M. (2007): Wenn ‚ich' nicht ich ist: Redewiedergabe in Gebärdensprachen. In: Brendel, E./Meibauer, J./Steinbach, M. (Hgg.), Zitat und Bedeutung. Linguistische Berichte, Sonderheft 15. Hamburg: Buske, 153–179.

Herrmann, A./Steinbach, M. (2012): Quotation in Sign Languages – A Visible Context Shift. In: Alphen, I. van/Buchstaller, I. (Hgg.), Quotatives: Cross-linguistic and Cross Disciplinary Perspectives. Amsterdam: Benjamins, 203–228.

Hübl, A./Steinbach, M. (2012): Quotation Across Modalities. Shifting Contexts in Sign and Spoken Languages. Manuskript, Universität Göttingen.

Janzen, T. (1999): The Grammaticization of Topics in American Sign Language. In: Studies in Language 23, 271–306

Janzen, T. (2012): Lexikalization and Grammaticalization. In: Pfau, R./Steinbach, M./Woll, B. (Hgg.), Sign Language. An International Handbook. Berlin: Mouton de Gruyter, 816–841.

Johnston, T./Schembri, A. (2007): Australian Sign Language: An Introduction to Australian Sign Language Linguistics. Cambridge: Cambridge University Press.

Leeson, L./Saeed, J. (2012): Word Order. In: Pfau, R./Steinbach, M./Woll, B. (Hgg.), Sign Language. An International Handbook. Berlin: Mouton de Gruyter, 245–265.

Liddell, S.K. (1978): Nonmanual Signals and Relative Clauses in American Sign Language. In: Siple, P. (Hg.), Understanding Language Through Sign Language Research. New York: Academic Press, 59–90.

Lillo-Martin, D. (1995): The Point of View Predicate in American Sign Language. In: Emmorey, K./Reilly, J. (Hgg.), Language, Gesture, and Space. Hillsdale, NJ: Erlbaum, 155–170.

Lillo-Martin, D. (2012): Utterance Reports and Constructed Action. In: Pfau, R./Steinbach, M./Woll, B. (Hgg.), Sign Language. An International Handbook. Berlin: Mouton de Gruyter, 365–387.

McKee, R. (2006): Aspects of Interrogatives and Negation in New Zealand Sign Language. In: Zeshan, U. (Hg.), Interrogative and Negative Constructions in Sign Languages. Nijmegen: Ishara Press, 70–90.

Meier, R.P. (2002): Why Different, why the Same? Explaining Effects and Non-Effects of Modality upon Linguistic Structure in Sign and Speech. In: Meier, R.P./Cormier, K./Quinto-Pozos, D. (Hgg.), Modality and Structure in Signed and Spoken Languages. Cambridge: Cambridge University Press, 1–25.

Meir, I. (2004): Question and Negation in Israeli Sign Language. In: Sign Language & Linguistics 7, 97–124.

Morgan, M. (2006): Interrogatives and Negatives in Japanese Sign Language (JSL). In: Zeshan, U. (Hg.), Interrogative and Negative Constructions in Sign Languages. Nijmegen: Ishara Press, 91–127.

Neidle, C./MacLaughlin,D./Lee,R. G./Bahan, B./Kegli, J. (1998): Wh-Questions in ASL: A Case for Rightward Movement, American Sign Language Linguistic Research Project Reports, Report no. 6. [http://www.bu.edu/asllrp/reports.html]

Neidle, C./Kegl, J./MacLaughlin, D./Bahan, B./Lee, R. G. (2000): The Syntax of American Sign Language: Functional Categories and Hierarchical Structure. Cambridge, MA: MIT Press.

Perniss, P./Pfau, R./Steinbach, M. (2007): Can't you See the Difference? Sources of Variation in Sign Language Structure. In: Perniss, P./Pfau, R./Steinbach, M. (Hgg.), Visible Variation: Comparative Studies on Sign Language Structure. Berlin: Mouton de Gruyter, 1–34.

Petronio, K./Lillo-Martin, D. (1997): Wh-Movement and the Position of Spec-CP: Evidence from American Sign Language. In: Language 73, 18–57.

Pfau, R. (2008): The Grammar of Headshake: A Typological Perspective on German Sign Language Negation. In: Linguistics in Amsterdam 2008, 37–74.

Pfau, R./Quer, J. (2010): Nonmanuals: Their Prosodic and Grammatical Roles. In: Brentari, D. (Hg.), Sign Languages (Cambridge Language Surveys). Cambridge: Cambridge University Press, 381–402.

Pfau, R./Steinbach, M. (2005): Relative Clauses in German Sign Language: Extraposition and Reconstruction. In: Bateman, L./Ussery, C. (Hgg.), Proceedings of the Thirty-Fifth Annual Meeting of the North East Linguistic Society, Vol. 2. Amherst, MA: GLSA, 507–521.

Pfau, R./Steinbach, M. (2006): Modality-Independent and Modality-Specific Aspects of Grammaticalization in Sign Languages. In: Linguistics in Potsdam 24, 5–97.

Pfau, R./Steinbach, M. (2011): Grammaticalization in Sign Languages. In: Heine, B./Narrog, H. (Hgg.), Handbook of Grammaticalization. Oxford: Oxford University Press, 681–693.

Quadros, R. M. de (2006): Questions in Brazilian Sign Language (LSB). In: Zeshan, U. (Hg.), Interrogative and Negative Constructions in Sign Languages. Nijmegen: Ishara Press, 270–283.

Quer, J. (2005): Context Shift and Indexical Variables in Sign Languages. In: Georgala, E./Howell, J. (Hgg.), Proceedings from Semantics and Linguistic Theory 15. Itaca, NY: CLS Publications, 152–168.

Quer, J. (2011): Reporting and Quoting in Signed Discourse. In: Brendel, E./Meibauer, J/Steinbach, M. (Hgg.), Understanding Quotation. Berlin: Mouton de Gruyter, 277–302.

Sandler, W. (1989): Prosody in Two Natural Language Modalities. In: Language and Speech 42, 127–142.

Sandler, W./Lillo-Martin, D. (2006): Sign Language and Linguistic Universals. Cambridge: Cambridge University Press.

Šarac, N./Schalber, K./Alibašić, T./Wilbur, R. (2007): Crosslinguistic Comparison of Interrogatives in Croatian, Austrian and American Sign Languages. In: Perniss, P./Pfau, R./Steinbach, M. (Hgg.), Visible Variation: Comparative Studies on Sign Language Structure. Berlin: Mouton de Gruyter, 207–244.

Šarac Kuhn, N./Wilbur, R. (2006): Interrogative Structures in Croatian Sign Language: Polar and Content Questions. In: Sign Language & Linguistics 9, 151–167.

Savolainen, L. (2006): Interrogatives and Negatives in Finnish Sign Language: An Overview. In: Zeshan, U. (Hg.), Interrogative and Negative Constructions in Sign Languages. Nijmegen: Ishara Press, 284–302.

Schembri, A./Johnston, T. (2012): Sociolinguistic Aspects of Variation and Change. In: Pfau, R./Steinbach, M./Woll, B. (Hgg.), Sign Language. An International Handbook. Berlin: Mouton de Gruyter, 788–816.

Smith, D. (2004): The Layering of Syntactic Non-manual Markers in Sign Language of the Netherlands: Possibilities and Constraints. MA Arbeit, University of Amsterdam.

Steinbach, M. (2007): Gebärdensprache. In: Steinbach et al. (Hgg.), Schnittstellen der germanistischen Linguistik. Stuttgart: Metzler, 137–185.

Steinbach, M./Pfau, R. (2007): Grammaticalization of Auxiliaries in Sign Languages. In: Perniss, P./Pfau, R./Steinbach, M. (Hgg.), Visible Variation: Comparative Studies on Sign Language Structure. Berlin: Mouton de Gruyter, 303–339.

Sutton-Spence, R./Woll, B. (1999): The Linguistics of British Sign Language: An Introduction. Cambridge: Cambridge University Press.
Tang, G. (2006): Questions and Negation in Hong Kong Sign Language. In: Zeshan, U. (Hg.), Interrogative and Negative Constructions in Sign Languages. Nijmegen: Ishara Press, 198–224.
Tang, G. (2012): Coordination and Subordination. In: Pfau, R./Steinbach, M./Woll, B. (Hgg.), Sign Language. An International Handbook. Berlin: Mouton de Gruyter, 340–365.
Tannen, D. (1989): Talking Voices: Repetition, Dialogue, and Imagery in Conversational Discourse. Cambridge: Cambridge University Press.
Wilbur, R. (2000): Phonological and Prosodic Layering of Nonmanuals in American Sign Language. In: Emmorey, K./Lane, H. (Hgg.), The Signs of Language Revisited: Festschrift for Ursula Bellugi and Edward Klima. Mahwah, NJ: Erlbaum, 213–244.
Wilbur, R. (2003): Modality and the Structure of Language. In: Marschark, M./Spencer, P.E. (Hgg.), Oxford Handbook of Deaf Studies, Language, and Education. Oxford: Oxford University Press, 332–346.
Wilbur, R. (2012): Information Structure. In: Pfau, R./Steinbach, M./Woll, B. (Hgg.), Sign Language. An International Handbook. Berlin: Mouton de Gruyter, 462–489.
Wilbur, R./Patschke, C. (1999): Syntactic Correlates of Brow Raise in ASL. In: Sign Language & Linguistics 2, 40.
Zeshan, U. (2003): Indo-Pakistani Sign Language Grammar: A Typological Outline. In: Sign Language Studies 3, 157–212.
Zeshan, U. (2004a): Interrogative Constructions in Sign Languages – Cross-linguistic perspectives. In: Language 80, 7–39.
Zeshan, U. (2004b): Hand, Head, and Face: Negative Constructions in Sign Languages. In: Linguistic Typology 8, 1–58.
Zeshan, U. (2006): Negative and Interrogatives Structures in Turkish Sign Language (TID). In: Zeshan, U. (Hg.), Interrogative and Negative Constructions in Sign Languages. Nijmegen: Ishara Press, 128–164.

Annika Herrmann und Markus Steinbach

35 Satztyp und Spracherwerb

1 Einführung
2 Satztypen-Auszeichnung im Deutschen
3 Entwicklung einzelner Satztyp-relevanter Faktoren
4 Zusammenfassung
5 Literatur

1 Einführung

Die Frage nach dem Zusammenhang von Satztyp – Satzmodus – Sprechakt aus der Erwerbsperspektive anzugehen, heißt, sich neben dem linguistischen Beschreibungsproblem noch ein ganzes Bündel erwerbstheoretischer und empirieimmanenter Probleme einzuhandeln: Welche Satztypen werden angenommen, was sind die definierenden Faktoren für einzelne Satztypen, wie schlagen sich diese Faktoren im frühen Sprachgebrauch nieder und ab wann kann von Satztypen bzw. einem differenzierenden System von Satztypen im Erwerbsverlauf gesprochen werden? Die Satztypthematik bewegt sich an einer Schnittstelle, die lexikalisch-morphologische, syntaktische, semantische und intonatorisch/prosodische Informationen zusammenführt, welche ihrerseits Rahmenbedingungen hinsichtlich möglicher Funktionen spezifiziert. Wo soll man da anfangen? Auf der anderen Seite bietet diese Komplexität auch einen besonderen Zugang zu Erwerbsdaten, da sich hier die Perspektive verschiebt zur Frage: Wo fangen denn Kinder an? Wie kennzeichnen Kinder in frühen Stadien des Erwerbs die Funktionen ihrer Äußerungen bzw. welche formalen Markierungen gehen mit welchen Nutzungsfunktionen einher?

Einige grundlegende spracherwerbsspezifische Anmerkungen vorweg erleichtern möglicherweise das Verständnis:

1. Kindersprache ist nicht defizitäre Erwachsenensprache, sondern basiert auf ineinander übergehenden, eigenständigen Erwerbssystemen. Diese entwickeln sich in einem stufenförmig modellierbaren Prozess, der in seiner Erwerbsrichtung sowohl vom Input (genauer gesagt dem *Intake*), als auch vom individuellen und aktuellen Systemzustand determiniert wird. Den Faktor Motivation können wir im Erstspracherwerb als interindividuell homogen gegeben voraussetzen, d.h. dass der Antrieb, kommunizieren zu wollen, bei nicht beeinträchtigten Kindern grundsätzlich gegeben ist. Für die Erwerbsbeschreibung folgen wir hier der Konzeption in Dimroth et al. (2003), welche zwischen

den strukturellen Domänen *topic – linking – predicate* unterscheidet und daraus ein L1/L2 übergreifendes Modell zur Erfassung von Lernersprachen entwickelt.[1]

2. Kindersprachliche Äußerungen sind diskursgebunden, tragen illokutionäre Kraft und bekommen daher aus zielsprachlicher Interpretationsperspektive einen „Satz"-Modus zugeordnet auf der Grundlage der wahrgenommenen linguistischen Kennzeichnungsfaktoren innerhalb eines linguistischen Ko- und Kontexts. Inwieweit sprachliche Äußerungen eines Kleinkindes in unverständlichen Selbstgesprächen oder bei Sprachspielen ebenso ein Satzmodus zu unterstellen ist, sei dahingestellt.

Eine erfolgreiche, weil zielsprachenadäquatere Kennzeichnungssystematik setzt sich dabei eher durch, als idiosynkratische, also individuell-kreative Lösungen, die eher zufällig oder über langes Insistieren der Kinder vom Gesprächspartner in ihrer Funktion überhaupt erkannt werden können. Ein Beispiel für eine nur schwer verständliche Kopplung von Form und Funktion stellen Frageversatzstücke wie *das heißt* mit fallender Intonation dar, die von Interaktionspartnern, die mit der Familiensprache des Kindes[2] nicht vertraut sind, nicht in ihrer kommunikativen Relevanz erkannt werden. Eindeutige Hilfestellungen der Eltern bei der Übersetzung dieser auffälligen Kinderäußerungen zeigen, dass diese idiosynkratischen Form-Funktions-Gebilde zumindest für einen bestimmten Erwerbszeitraum systematisch sind. Es ist daher grundsätzlich zwischen möglichen satztypindizierenden Realisationsformen und den zielsprachlichen Realisationsformen zu unterscheiden. Kindersprache besteht also nicht aus einer reinen Untermenge der Zielsprache, die sich allmählich entfaltet, sondern bewegt sich in einem Modellierungsraum der Zuordnung universalgrammatischer Mittel zu bestimmten Funktionstypen über die zielsprachlichen Möglichkeiten hinaus.

---

1 Die Entwicklung von Lernersprachen startet mit einer rein pragmatischen Validierungsmöglichkeit, der holistischen Phase, und schreitet dann über die Phase der lexikalischen Validierung in der *conceptual ordering stage* hin zur zielsprachenadäquaten grammatischen Validierung mittels der Finitheitskomponente in der *finite linking stage*.
2 Als Familiensprache wird die im Familienkreis gesprochene Sprache bezeichnet, die sich zum einen durch lexikalische Eigenheiten und idiosynkratische Benennungen auszeichnet, die nur den Familienmitgliedern bekannt sind, und die zum anderen durch eigene Sprach- und Dialektmischungen in bilingualen Familien geprägt ist. Die Familiensprache eines Kindes ist die erste Sprachkonvention, in die ein Kind hineinwächst und die es aktiv mitgestaltet. Im Laufe des Spracherwerbs erweitert sich die Adressatengruppe und damit auch das Kommunikationsverhalten hin zu außerfamiliären Personen, zur peer-group, zu Einkaufsgesprächen mit Fremden bis hin zum öffentlichen Sprechen und dem Ausbau der Schriftsprache.

3. Zu Beginn sind Lautäußerungen von Säuglingen und Kleinkindern grundsätzlich auffordernder Natur für ihre Umwelt; Schreien drückt den Ruf nach einer Veränderung aus (Ruf nach Nahrung, nach Lageveränderung, nach Zuwendung etc.). Auch als Selbstausdruck eigener Befindlichkeit werden sie von den Bezugspersonen dennoch als deontisch-imperativisch verstanden. Je differenzierter das Schreien wird, desto vielfältiger wird auch der Interpretationsraum seitens der Bezugspersonen. Im Laufe des ersten Lebensjahres kommen auch Lautäußerungen hinzu, die ein sinnfreies, spielerisches Training des Vokaltraktes beinhalten (*babbling*-Phase mit Silbenreduplikationen) sowie Lautäußerungen, die durch positive Grundstimmungen hervorgerufen werden wie bspw. Gurren. Hinsichtlich der präverbalen Phase des Säuglings werden verschiedene Proto-Sprechakte diskutiert; neben den basalen Akten des Proto-Deklarativs zur Aufmerksamkeitslenkung und des Proto-Imperativs zur Handlungsaufforderung (siehe dazu Bates et al. 1975) ist ein interaktiver Austausch über u. a. folgende Handlungstypen beobachtet und vorgeschlagen worden: Aufforderungen, Grüßen, Austausch von Objekten, Bestätigen, Antworten, Protestieren und Kommentieren (siehe Carpenter et al. 1983). Die Ausdifferenzierung pragmatischer Akte beginnt folglich nicht erst mit der Sprache, sondern die Sprache ergänzt zunächst und erweitert später ein bereits vorhandenes, breites Spektrum an intentionalen Interaktionen.

In der Ein-„Wort"-Phase, der *one-unit stage*, ist eine Äußerung wie *Mama* illokutionär noch stark unterdeterminiert und kann als Frage, Aufforderung oder Benennung gedeutet werden, je nach An- oder Abwesenheit der Mutter bzw. einer geeigneten Abbildung (Bilderbuch, Foto) in der jeweiligen Situation. Unabhängig davon, was exakt gemeint ist, kann das Kind in jedem Fall mit einer Reaktion seitens des Gegenübers rechnen, eine Interaktionskultur aller Bezugspersonen vorausgesetzt. Ein auffordernder Charakter ist also der kindlichen Äußerung immanent.[3] Die jeweilige Realisierung der globalen Intonationskontur kann dazu weitere differenzierende Anhaltspunkte liefern, ein starker Reaktionsdruck seitens der Interaktionsperson bleibt grundsätzlich erhalten: eine Bestätigung/Korrektur, Beantwortung, Tröstung etc. wird eingefordert. Wir müssen uns folglich auf die Suche nach Indizien für einen Deklarativsatz oder einen unzweifelhaften Interrogativsatz machen, wenn wir die Anfänge der Satztypkennzeichnung angehen.

---

[3] Deontische Relationen treten im verbalen Spracherwerb vor epistemischen auf; diverse Erklärungsversuche heben in diesem Zusammenhang entweder auf strukturelle Unterschiede oder kognitive Entwicklungsdifferenzen ab (s. unter anderem Papafragou 2002). Aus dieser Perspektive stellen daher Fragen die ersten Kinderäußerungen dar, die sicher zu den epistemisch auszuwertenden Formaten zu rechnen sind.

4. Das, was linguistische Theorien als Standardfall bzw. prototypisch erachten, geht auf die Analyse der Zielsprache, also des Erwachsenensystems zurück und spiegelt damit nicht die Lernerperspektive in der Ontogenese. Ein schlagendes Beispiel bildet hierzu der Satztyp Deklarativsatz, der beim Nachdenken über Satztypen typischerweise den neutralen Ausgangspunkt darstellt. Im Erwerbsgeschehen stellt der Deklarativsatz als Satztyp nicht die Basis dar, sondern impliziert schon einen Entwicklungsschritt hin zur Fokussierung auf die Darstellungsfunktion der Zeichen und löst sich so aus den frühen proto-imperativischen Äußerungen. Für Kinder ist es ein weiter Weg, bis sie grammatisch eindeutig gekennzeichnete Aussagen über die Welt treffen können, da hierzu u.a. Form und Funktion der Kategorie „Finitheit" entwickelt sein muss.

Im Folgenden werden wir uns zunächst skizzenhaft mit der Auszeichnung der Satztypen im deutschen Zielsystem auseinandersetzen, um anschließend diejenigen formalen Merkmale, die mit der Satztypauszeichnung in Verbindung gebracht werden, unter der Erwerbsperspektive näher zu beleuchten. Die Diskussion beschränkt sich dabei primär auf die Abgrenzung zwischen den Grundtypen Interrogativsatz, Deklarativsatz und Imperativsatz. Die Randtypen Optativsatz (Wunschsatz) und Exklamativsatz (Ausrufesatz) klammern wir aus, da zunächst weniger relevant für die Kindersprache; ebenso die Sonderfälle der einzelnen Grundtypen wie z.B. Echo-w-Fragen oder Deklarativsätze mit dem Verb an erster Stelle, die u.a. Witzanfänge signalisieren können.

2 Satztypen-Auszeichnung im Deutschen

Welche Möglichkeiten zur Satztyp-Kennzeichnung stehen dem Deutschen zur Verfügung? Diskutiert werden in diesem Zusammenhang folgende Bereiche:[4]

(i)   intonatorische Kennzeichnung (Akzentverteilung und Tonhöhenverlauf, bes. Offset-Markierung)

---

[4] Für die uns interessierende Frage nach dem Erwerb von Satztypen kann das Merkmal Interpunktion, da schriftgebunden, ausgeklammert werden, auch wenn es zu den satzmodusrelevanten Faktoren zu rechnen ist (siehe dazu Primus 1997). Die Liste der zu betrachtenden Merkmalsebenen korreliert nicht zufällig mit den Spezies-spezifischen Möglichkeiten der Kommunikation, hier zusammengestellt in Tomasello (1995: 150): „All groups of human beings have the same vocal-auditory channel, which requires them to communicate their experiences by expressing symbols linearly, one at a time. Given these ‚constraints', all groups of human beings have at their disposal some combination of four and only four linguistic devices for communicating experience: individual symbols (lexical items), markers on symbols (grammatical morphology), ordering patterns of symbols (word order), and prosodic variations of speech (e.g., stress, intonation) (Bates/MacWhinney, 1982)."

(ii) lexikalische Kennzeichnung (w-Elemente, satzmodusrelevante Partikeln etc.)
(iii) morpho-syntaktische Kennzeichnung (Verbmodi, TAM-System, d.h. tense-aspect-mood, Satzstellung, insbes. Finitumsstellung und Vorfeldbesetzung)

Zu berücksichtigen ist dabei, dass nicht jede Satztyp-Spezifizierung eines Satzes diesen automatisch zu einem Illokutionsträger macht, wenn wir an den Fall von subordinierten Nebensätzen denken. Einerseits setzt die Entfaltung illokutionärer Kraft eine eigenständige Diskursanbindung voraus; auf der anderen Seite gilt für den Erwerb, dass keine sprachliche Kinderäußerung illokutionslos gesprochen oder interpretiert werden kann. Die Entkopplung von Satztypauszeichnung und Illokutionsausübung muss folglich im Zusammenhang mit eingebetteten Sätzen erst erworben werden.

Die Relation zwischen Satztyp, Satzmodus und Illokution ist komplex und kann nicht über ein 1:1 Verhältnis abgebildet werden, siehe dazu Altmann (1987, 1993), Brandt et al. (1992) und Lohnstein (2000). Die obige Reihenfolge der Faktoren (i) bis (iii) entspricht ganz grob der Auftretensreihenfolge im Erwerb, wobei alle drei Bereiche stark miteinander interagieren und der Ausbau jedes einzelnen Bereiches durchaus seine Zeit braucht. Altersangaben für beispielsweise den Ausbau der Modalität bis zum feinkörnigen Zielsystem reichen bis zum Beginn der Pubertät (11–12 Jahre bei Coates 1988 für das Englische). Die nachfolgende Darstellung isoliert die einzelnen Faktoren, um ihren Beitrag zur Konstitution der Satztypen zunächst im Zielsystem grob zu skizzieren und anschließend im Erstspracherwerb zu untersuchen. Es sei am Rande bemerkt, dass die Entwicklung im Zweitsprachenerwerb z.T. erheblich von der Erstsprachentwicklung abweichen kann, worauf wir an dieser Stelle jedoch nicht näher eingehen können (siehe Rost-Roth, 2008). Die Diskussion der Daten konzentriert sich auf die Produktion spontansprachlicher Äußerungen im Erstspracherwerb des Deutschen und nimmt, wo vorhanden, auch auf Studien zum Sprachverständnis Bezug.

3 Entwicklung einzelner Satztyp-relevanter Faktoren

3.1 Intonation

3.1.1 Charakterisierung der Zielsprache

Die Betrachtung der Intonation steht mit Blick auf Entwicklung der Satztypen hier an prominenter Stelle, da diese Merkmalsebene im Gegensatz zur lexikalischen oder syntaktischen Ebene zwingend mit jeder Äußerung verbunden ist;

Sprechen ohne prosodische und intonatorische Komponente ist nicht möglich.[5] Die intonatorische Kennzeichnung stellt somit den ersten potentiellen Funktionsindikator in der Kindersprache dar und spielt bei der funktionalen Erschließung kindlicher Äußerungen seitens der Erwachsenen eine tragende Rolle. Die Funktionen der Intonation reichen von affektiven/paralinguistischen Ebenen (Theorie der biologischen Codes) über die Codierung von Emotionen hin zu den intentionalen/linguistischen Ebenen der Semantik und Pragmatik (Codierung von Thema-Rhema Strukturen und Sprechakten); für eine Diskussion der einzelnen Codes und schematische Übersicht dazu siehe Grünloh (2011: 29).

Zentral für die hier behandelte Problematik des Erwerbs der Satztypen ist naheliegenderweise die Abgrenzung von Nicht-Fragen und Fragen, also auf Satztypebene die Abgrenzung von Imperativsätzen/Deklarativsätzen zu Interrogativsätzen unter dem Aspekt der Intonation. Für die hiesigen Zwecke beschränken wir uns folglich auf diese Ebene und hier auch nur auf die Betrachtung des Offset-Verhaltens, welches sich vereinfachend in ansteigend, fallend oder progredient, also gleichbleibend, einteilen lässt.[6] Die Rolle der steigenden Intonationskontur am Ende einer Äußerung variiert in Abhängigkeit von der Untersuchungsperspektive: Ausgehend von Altmann (1987) und darauf aufbauenden Studien steht der modulare Charakter der Satzmoduskonstitution im Vordergrund, der dem Tonmuster dann eine satzmodusdistinktive Rolle zuschreibt, wenn die übrigen grammatischen Markierungselemente eine Zuordnung nicht in ausreichendem Maße leisten (siehe auch u. a. Altmann 1988b, Batliner 1988, Luukko-Vinchenzo 1988).[7] Es muss hinzugefügt werden, dass sich die intonatorische Ebene in diesem Ansatz nicht auf diese, der Grammatik dienende Funktion beschränkt. Andere Untersuchungen ordnen der steigenden Intonationskontur selbst eine erotetische, also an die Fragefunktion gebundene Illokution zu (s. Klein 1982, Rehbock 1992) bis hin zu einer Korrelationsannahme zwischen *rise* und einer abstrakten Diskursbedeutung „Unabgeschlossenheit" (s. Féry 1993, Gretsch 2000). Aus funktionaler Perspektive wurde auch vorgeschlagen, den *rise* als konversationsanalytischen Hinweis auf neufokussierende, nicht-einschrän-

---

5 Zum Zusammenhang von Intonation und Satztyp siehe Artikel 26 in diesem Band.

6 „Intonatorisch lässt sich der Satzmodus insbesondere durch die Grenztöne (initial oder final) einer Äußerung festlegen." (Wunderlich 1988: 2)

7 „Interessanter erscheint mir die Feststellung, daß das Markierungssystem insgesamt ungemein flexibel ist, daß es also keineswegs mit festen Merkmalsmengen arbeitet, sondern mit variablen Merkmalsmengen, wobei allerdings TRADING RELATIONS zwischen den einzelnen Merkmalsebenen (auch innerhalb der Intonation) bestehen." (Hervorhebung im Original Altmann 1988b: 13)

kende Fragen[8] zu interpretieren: „[...] die letzte Tonhöhenbewegung unterscheidet nicht grammatisch relevante Satzarten/Satzmodi, sondern interaktiv relevante Aktivitätstypen in der konversationellen Interaktion, die auch je unterschiedliche sequentielle Implikationen für die konditionell relevante Antwort haben." (Selting 1993: 99).

Für die Zielsprache gilt also, dass der rechte Rand der Intonationskontur eine differenzierende Rolle spielt, es aber keinesfalls eine simple Zuweisung von Offset-Verhalten zu Satztypen gibt, was allein schon angesichts der Realisierungsmöglichkeiten in deutschen Interrogativsätzen geboten ist. Eine steigende Intonationskontur ist daher nicht als exklusives Fragemerkmal anzusehen, sondern indiziert eine OFFEN-Markierung, deren einzelsprachliche Realisierung verschieden parametrisiert sein kann. So können Interrogative in manchen Sprachen systematisch mit fallender Kontur markiert werden, auch wenn das eher eine einzelsprachliche Ausnahmeerscheinung ist, wie die Sprache Macushi[9] zeigt (s. Abbot 1991). Interrogative müssen folglich – weder einzelsprachlich homogen, noch universal betrachtet – zwingend mit einem *rise* markiert werden. Für das Englische zeigt dazu Bolinger (1989: 143): „One can calculate probabilities, but there are no defining connections between intonation and question type." Umgekehrt gilt auch, dass der diskurspragmatische Bedeutungsanteil des *rise* einzelsprachlicher Variation unterliegt. Dies verdeutlicht der Fall des schwyzerdütschen Tags *oder*, welches satzfinal mit einem ausgeprägten *rise* gesprochen wird, ohne Offenheit zu implizieren (siehe Féry 1993: 107, Fußnote 8). Ein prosodisches Offset-Merkmal ist folglich weder auf Satzmodusebene noch auf der Sprechaktebene

---

[8] Neufokussierend in Abgrenzung zu einschränkend weiterführenden Fragen, die mit fallender Intonationskontur verbunden sind, siehe dazu Selting 1993: „Meine Gesamtanalyse konversationeller Fragen ergab, daß konversationelle Fragen mit unterschiedlichen semantischen Beziehungen zum Vorgängerturn (Neufokussierung versus Fokusweiterführung) und unterschiedlicher letzter Tonhöhenbewegung unterschiedliche Fragetypen konstituieren, die auch unterschiedliche sequentielle Implikationen für die konditionell relevante Antwort nahelegen. Diese Bedeutung und Implikation wird weitgehend einheitlich durch die letzte Tonhöhenbewegung bei unterschiedlichen syntaktischen Satztypen und semantischen Beziehungen zum Vorgängerturn signalisiert. Wenn diese Analyse zutrifft, dann ergibt sich daraus, daß die Prosodie konversationeller Fragen, insbesondere die Wahl und Konstitution der letzten Tonhöhenbewegung wie auch anderer prosodischer Strukturen, *unabhängig* von der Syntax der Äußerung ist." (Selting 1993: 130)

[9] Abbot beschreibt eine Sprache aus der Amazonasregion, die Interrogative vermittels eines Intonationsmusters markieren, „which is high pitch with stress on the penultimate syllable and a low final syllable. It is a very sharp fall." (Abbott 1991: 46). Weitere Beispiele zu einem systematisch fallenden Tonmuster für Fragen finden sich in Luukko-Vinchenzo (1988: 140ff.) und Hofbauer (2004: 44, Fußnote 42).

einfach zuzuordnen (s. a. die Argumentation in Hofbauer 2004: 22f; schärfer dazu Selting 1993: 122ff.).[10] Andere Ansätze verlagern die Korrelationsebene auf die Ebene der Sprechereinstellung und Affektivität (s. Pheby 1975, Merin 1983) und betonen damit, dass die Intonation einen Mehrwert liefert, der auf der Ebene des Satzmodus oder des Sprechakts nicht berücksichtigt werden kann.

Aus Sicht der Zielsprache können wir festhalten, dass das Offset-Verhalten einen Beitrag zur diskurspragmatischen Ebene leistet, in seiner Interpretation aber nicht darauf beschränkt sein muss, sondern vor allem auch auf weiteren Ebenen, siehe Sprechereinstellung, ausgewertet wird. Die Annahme einer OFFEN-Kennzeichnung auf diskurspragmatischer Ebene ist dabei von der Auszeichnung der Unabgeschlossenheit auf phonologischer Ebene abzugrenzen, wie die funktionale Unterscheidungsnotwendigkeit zwischen steigendem und progredientem Tonhöhenverlauf zeigt. Wir erwähnen diesen Fall hier, da er für die Produktion kindlicher Fragen relevant ist. Zur Illustration eignen sich Minimalpaare aus Listenaufzählungen[11], die Gretsch (2000: 112f) entnommen sind:

(1) A: Zur Party kommen Rosa, Marcus, Jorunn und Kerstin.
     B: [Und Valéria] rise

(2) B: [Und Valéria] prog

(3) B: [Und Valéria] fall

Während die steigende Intonation eine Person zur Liste hinzufügt, über deren potentiellen Teilnahmestatus aber noch verhandelt werden muss, weist die progrediente Intonation die Liste als erweiterbar aus, ohne den Teilnehmerstatus der zusätzlichen Person in Zweifel zu ziehen. Im ersten Fall verweist die OFFEN-Kennzeichnung auch auf die Offenheit der elliptischen Aussage im Sinne der Sprecherunsicherheit, die Äußerung ist phonologisch jedoch abgeschlossen; im zweiten Fall gibt es keine OFFEN-Kennzeichnung, der Sachverhalt wird als nicht verhandelbar präsentiert, die phonologische Unabgeschlossenheit zeichnet jedoch die Liste als unvollständig aus. Im letzten Fall unter (3) schließt das fallende Intonationsmuster sowohl die Liste als auch die Verhandelbarkeit der Proposition. Auch bei zusätzlicher, lexikalischer Kennzeichnung der Unabgeschlossenheit einer Liste darf der minimale Bedeutungsanteil des Offset-Verhaltens bei aller Variabilität der Interpretation nicht im Widerspruch zur Äußerungsfunktion

---

10 Selting (1993: 123) findet folgende Häufigkeitsverteilung in ihrem Korpus: W-Fragen fallend: 42, W-Fragen steigend: 46, V1-Fragen fallend 14, V1-Fragen steigend: 51. „Die Zuschreibung von unmarkierten und markierten Varianten der Fragesatztypen läßt sich anhand empirischer Daten aus meinen Konversationen weder quantitativ noch qualitativ rechtfertigen" (ebd.)

11 Das Listen-typische Intonationsmuster wird bspw. in Essen (1964, 42f.) beschrieben.

stehen. So ist die Vervollständigungsfrage *Zur Party kommen Rosa, Marcus, Jorunn und?* grundsätzlich nicht mit fallender Intonationskontur verträglich.[12]

3.1.2 Kindersprache

Nachdem das Angebot an potentiellen Korrelationsebenen der Intonationskontur sehr groß ist, stellt sich die Frage, wie Kinder dieses komplexe Zuordnungsproblem lösen. Im Gegensatz zu den Faktoren der Wortstellung, des Auftretens von Partikeln und W-Wörtern oder der Flexionsmorphologie ist die intonatorische Komponente in allen Äußerungen unabdingbar und auch schon in der prälinguistischen Phase für funktionale Unterscheidungen konstitutiv. Im sich entwickelnden kindlichen Sprachsystem kann die Intonationskontur (auch hier wieder simplifizierend nur die Offset-Komponente) interindividuell wie intraindividuell verschiedene Funktionen übernehmen – auch wenn zunächst von einer prototypischen Interrogativkennzeichnung mittels steigender Kontur ab der Einwortphase (besser *one-unit* Phase) ausgegangen wird, die mit wachsender Ausdifferenzierung der Grammatik zu relativieren ist. In frühen Verschriftlichungen von Kinderäußerungen (Stern 1928: 26) bis zu Transkripten wie Felix (1980) steht am Äußerungsende ein Interpunktionszeichen, welches schon aufgrund der Notationskonvention eine Korrelation von Satztyp und hinzuinterpretierter, da nicht separat kodierter Intonationskontur erzwingt. Somit kommen für unseren Blickwinkel eigentlich nur intonations-kodierte Daten in Frage, d.h. zumindest Transkripte mit Offset-Annotation. Klare Aussagen zur Funktion der Offset-Markierung lassen sich idealerweise dann treffen, wenn im individuellen Erwerbsverlauf gravierende Veränderungen sichtbar werden, die zur Kennzeichnung von Entwicklungsphasen herangezogen werden können. Hierzu sind Längsschnitt- und Querschnittsdaten notwendig, die diese intraindividuellen, aber auch interindividuellen Entwicklungen belegen.[13]

Die Daten von Wode (1976) und Felix (1980) sind in diesem Zusammenhang mit dem Schluss vereinbar, dass steigende Intonation zumindest anfänglich als

---

12 Aus Gründen der Darstellung wird hier auf eine genauere Diskussion von Akzenttönen, Grenztönen sowie Intonationskonturen verzichtet und für die Erwerbsbetrachtung grob simplifizierend auf die basalen Konturtypen steigender Verlauf, progredienter Verlauf und fallender Verlauf reduziert.
13 Die international vernetzte Datenbank des CHILDES-Projekts (Child Language Data Exchange System) empfiehlt die Transaktion von Kinderdaten in IPA-Notationen zusammen mit Audio- und Videoinformationen, siehe dazu auch die Ausführungen des CHAT-Manuals, welches das jetzt verwendete Transkriptionsformat beschreibt (MacWhinney 20012: 16).

Modalitätsmarker für Interrogative verwendet wird (siehe Tracy 1991: 133f.), wie das in Kretschmer (1938) und Hermann (1942) noch vertreten wird. Verfeinerte Methoden der intonationsunabhängigen Funktionsanalyse tragen das ihre dazu bei, dass die Bandbreite der beobachteten Korrelationen von intonatorischen Formen und Funktionen in der Kindersprache gewachsen ist. So stellt Hofbauer (2004) in einer Studie, die sich explizit dem Zusammenhang von Fragesatzmodus und Intonation im Erwerb widmet, fest, „dass Fragen intonatorisch schon früh anders markiert werden als andere Sprechaktklassen, wenngleich die Unterschiede quantitativer, nicht qualitativer Natur sind: Steigende Endtöne überwiegen, es treten aber auch andere Endkonturen auf" (ebd.: 157). Die Datenlage zeigt aber auch, „dass Kinder schon früh feine intonatorische Unterschiede ziehen, die mit Formen und Funktionen zusammenhängen. Über den Status der intonatorischen Markierungen von Fragesätzen im Deutschen gibt die Untersuchung allerdings keine Auskunft." (ebd.: 159). Daraus lassen sich zwei Dinge schließen: Erstens bilden die bisher zusammengetragenen empirischen Daten quantitativ gesehen noch keine ausreichende Masse, um statistisch angemessene Aussagen über Korrelationen für den Erwerb des Deutschen treffen zu können. Zweitens bleibt somit nur der mühsame Weg, die intraindividuelle Systematik im Erwerbsgeschehen eines Kindes herauszukristallisieren, um Puzzleteil für Puzzleteil den möglichen Erwerbsraum auszuloten und diesen anderen Erwerbsverläufen gegenüber zu stellen.[14]

Darüber hinaus müssen wir uns im Klaren sein, dass die vorliegende Empirie über unsere erwachsenensprachliche Erwartungshaltung und damit durch die Brille der Zielsprache im einzelnen Konversationsgeschehen interpretiert wird. So liegen bspw. auch kaum Daten zur ungestörten Kind-Kind Interaktion in diesem Altersbereich vor. Aus der Erwachsenenperspektive wird nur über das Scheitern eines kindlichen Fragesprechaktes und anschließendes Insistieren explizit, was eine zielsprachlich abweichende frühe kindliche Frage sein könnte, wie das weiter unten folgende Beispiel unter (5) illustriert. Damit wird das erwachsenensprachliche Ohr zu einem Filter, welcher nützlicherweise die kindliche Kreativität auf die Zielsprache hin einschränkt, aber umgekehrt eben auch nur sehr eingeschränkt die kindliche Kreativität wahrnehmen kann. Dieser Filter lässt in frühen Phasen des Erwerbs nur steigende Intonationskonturen als Fragen zu, weil nur auf diese angemessen mit einer Antwort des erwachsenen Gesprächspartners reagiert wird. Einschlägige Beispiele dazu liefern die frühen Lückenformate des Kindes Valle (Tübinger Korpus, siehe Tracy 1991, Gretsch 2000), der diesen spe-

---

14 Dazu gehören dann auch bilinguale Analysen wie in Gut (2000) oder Untersuchungen zur Sprachentwicklung bei spracherwerbsgestörten Kindern wie in Herrmann (2005), die hier nicht weiter behandelt werden können.

ziellen Äußerungstyp um den zweiten Geburtstag herum durchgängig mit fallender Intonationskontur produziert. In seinen Nachfragen erhöht er vermittels der Intonationskontur den Antwortdruck über progredienten Offset:

(4) Valle02 (1;11)   Valle nimmt Kugelschreiberverschluss vom Schreibtisch
    Valle: da is der   des da is –   des da –
    Erw: Des is von einem Kugelschreiber der Verschluss.

Ebenso finden sich reine XP-Fragen bei Valle, die mit fallender Kontur geäußert werden und damit ununterscheidbar von Imperativen werden, wie der folgende Dialog exemplifiziert: Valle: *hämmerle* – Erw: *Hier isses.* (Valle 2;0).

Nicht-eingeweihte oder abgelenkte Interaktionspartner evozierten bei Valle insistierende Äußerungswiederholungen mit variierter Intonationskontur (Bsp. aus Gretsch 2000: 177):

(5) Valle03, 2;0   (Valle bringt Figur mit Wackelkopf)
    Mu: Wie geht's'n deinem Zahn, Agnes?   V: des aist
    Ag: Hm, so ganz gut.   V: des AIST
    Mu: Siehscht nix mehr a do. War's die Seite?   V: des AIST/
    Mu: Doch a ganz kleines bisserl is noch geschwollen. V: dis AIST/ DES aist/
    Ag: (wendet sich Valle zu) Oh, was denn des?   V: le (=Valle) machdat
    Ag: Was ist denn das? Das wackelt da.

Valles Tonmuster für frühe Ergänzungsfragen, ausgedrückt über fokale Ellipsen, ist bei ihm folglich der *fall*, was mit dem prototypischen, zielsprachlichen Tonmuster zwar übereinstimmt, seine unvollständigen Ergänzungsfragen aber auch nur schwer als solche erkennbar macht. Erst mit dem Erwerb der zielsprachlichen w-V2 Struktur kippt das System zugunsten einer häufiger steigenden Intonationskontur bei Fragen. Prototypische Korrelationen in der Zielsprache bilden damit nicht immer einen hilfreichen Ausgangspunkt im individuellen Erwerbssystem, wenn andere satzmodusmarkierende Merkmale noch nicht in ausreichender Menge zur Verfügung stehen.[15] Andere Kinderdaten weisen hingegen eher das

---

15 Siehe dazu auch die einschlägigen Beispiele von Julia aus Tracy (1991: 120).), die ein inverses Problem charakterisieren:
(a) J. (1;7;28) schaut zu ihrer Puppe Mäxchen, die auf ihrem Schaukelpferd sitzt.   bauz/ ..fall/
    T. Der soll fallen?
(b) J. trägt Stoffaffen, rennt damit zum Bett   daREIN/ .. Äffchen/
(c) J. isst Joghurt.   JOko/ .. Essen/
Hier wird offensichtlich, dass steigende Intonation auch zur Aufrechterhaltung von Aufmerksamkeit/Interaktionsinteresse genutzt werden kann und sich erfolgreiche intonatorische Routi-

prototypische Muster der Hörersicht auf, welches frühe kindliche Fragen mit hohem Offset verbindet.

Folgt man der Literatur wie z.B. Wode (1976), Tracy (1991), Penner (1994), Gretsch (2000) und Hofbauer (2004) zur Differenzierung von Fragen zu anderen Sprechakten im Spracherwerb, finden sich Unterschiede hinsichtlich der individuellen Funktionszuordnungen des *rise*, aber eine Mehrheit der Erwerbsverläufe spricht für eine prototypische Verbindung zwischen steigender Kontur und Fragefunktion. Wird der nicht-prototypische Weg hin zur Fragemarkierung beschritten, muss das auf die lexikalisch-strukturelle Ebene beschränkte Kodierungspotential stark genug sein, um vom Interaktionspartner als Frage-Illokution erkannt zu werden. Wenn dazu noch auf die Verwendung von lexikalischen W-Elementen verzichtet wird, bilden fokale Ellipsen durch ihre Lückenauszeichnung (*XP – Finitum – Lücke*) einen frühen, strukturellen Marker und können funktional als Alternative zu Ergänzungsfragen verwendet werden, ohne selbst vom Satztyp her interrogativ ausgezeichnet zu sein. Im Gegensatz dazu repräsentieren andere Formate, die durch die Auslassung des lexikalischen W-Materials in *W*-V2-Sätzen entstehen und daher unter dem Begriff *w-drop* Strukturen[16] bekannt wurden, nur einen sehr schwachen strukturellen Marker (W – Finitum – (*denn*) VP). Diese Formate treten fast durchgängig mit der satzmodusindizierenden Partikel *denn* auf und werden mit steigender Intonation realisiert, um den strukturell schwächeren Marker auszugleichen. Andersherum gesagt, w-drop Strukturen mit fallender Intonation sind bisher noch nicht als eine mögliche Entwicklungsphase beschrieben worden.

Zusammenfassend können wir festhalten, dass der Offset-Faktor der Intonationskontur nicht notwendig für die frühe Fragekennzeichnung ist, aber im prototypischen Fall dafür verwendet wird. Die Intonationskontur kann folglich bei der Mehrzahl der empirischen Erwerbsverläufe als primär funktionsrelevant kategorisiert werden und verliert erst mit der Diversifizierung des Fragetyps ‚Ergänzungsfrage', also mit der produktiven Verwendung verschiedener W-Elemente, ihre anfänglich zentrale illokutionsanzeigende Rolle. Es ist dabei aber auch zu berücksichtigen, dass frühe Fragen, die als einzigen strukturellen Marker über

---

nen verselbständigen können, bis neue Systemkonstellationen plus eine kritische Masse an Intake eine Neubewertung auslösen. Möglicherweise handelt es sich auch um frühe Fälle von Gesprächsentwicklungsinitiativen (zu diesem Terminus s. Selting 1993: 128).

16 Für die Häufigkeit dieser Struktur spricht auch folgende Bemerkung bei Stern & Stern (1928/1975: 213f, Rechtschreibung des Originals): „Wie schon einige dieser Beispiele zeigen, wird bei solchen ersten Fragesätzen das Fragewort selbst „was", „wer", „wo" nicht immer deutlich ausgesprochen; ja es muß sogar als das häufigere gelten, daß der Fragesinn eher über die Sprachschwelle tritt als das Fragewort. Tonfall, Wortstellung und Zusammenhang genügen auch hier fast immer, um den Charakter der Frage zweifellos zu machen."

eine fallende Intonation verfügen, zunächst einmal nur schwer als solche erkennbar wären, wie die Daten des Kindes Valle zeigten. Ein starkes intonatorisches Element, um einen Reaktionsdruck zu erzeugen, stellt das progrediente Tonmuster dar, welches dafür von Kindern auch schon früh eingesetzt wird, wie die Wiederholungssequenz in Beispiel (4) zeigt.

Bisher wurde zum einen der Beitrag der intonatorischen Ebene sehr eindimensional behandelt, indem wir uns auf das Offset-Verhalten konzentrierten, zum anderen wurden paralinguistische Ebenen wie Mimik oder Gestik ausgeblendet, die zweifellos ebenfalls zur Codierung/Decodierung des kommunikativen Gesamtsignals beitragen. Diese körperliche Seite der Kommunikation wird innerhalb des universalgrammatischen Paradigmas der Spracherwerbsforschung eher stiefmütterlich behandelt, obwohl sie gerade unter der Erwerbsperspektive den primären Aspekt darstellt. Unter dem Paradigma der Kognitionslinguistik bzw. dem gebrauchsbasierten Ansatz des Spracherwerbs wird dieser ursprünglichen Priorität des Körperlichen (Zeigegestik) und seiner kognitiven Entwicklungskorrelate (geteilte Aufmerksamkeit) innerhalb eines Gesamtbildes sozio-kultureller Entwicklung Rechnung getragen. Unsere Spezies-eigene Besonderheit, die Absichten anderer erkennen zu können und damit auch über einen sozial unterfütterten Begriff der kommunikativen Relevanz zu verfügen, ermöglicht einen erweiterten Blick auf den Spracherwerb und beantwortet u. a. auch die Frage warum verbale Sprache um den ersten Geburtstag herum auftritt (siehe Tomasello 2000a).

Mit der Rolle der Intonation innerhalb dieses gebrauchsbasierten Paradigmas hat sich Grünloh (2011) auseinandergesetzt. Seine Untersuchungen fokussieren dabei auf die Thema-Rhema Ebene bzw. konzentrieren sich auf die Frage, inwieweit Kinder die referentielle Funktion der Intonation für sich in Rezeption und Produktion nutzbar machen.[17] Unter der Annahme, dass die Intonation einen Aspekt des formalen Teils einer Konstruktion darstellt, der die Funktion des Sprechakts mit anderen formalen Aspekten determiniert (siehe Tomasello 2000b: 66), lässt sich aus den Ergebnissen Grünlohs schließen, dass im Alter von 20 Monaten Kleinkinder die funktionale Ebene der Intonation bzgl. der Zuordnung alter vs.

---

[17] Zu den hier relevanten Ergebnissen aus Grünloh (2011) zählen die folgenden drei Faktoren der intonatorischen Realisierung, die die Verbindung zur biologischen wie sozialen Komponente des gebrauchsbasierten Ansatzes explizieren: die konventionelle Form, der geteilte Wissenshintergrund der Interaktionspartner und emotionsgebundene biologische Universalien der Vokalisierung wie beispielsweise eine besondere Sprechweise bei Aufgeregtheit: [...] „people tend to be excited about new things, excitement results in certain bodily expressions e.g., hand gestures, pointing, faster breathing, more air in the lungs, accentuation and so on. As they try to talk about new things, bodily expressions become part of the intentional message." (Grünloh 2011: 140f.)

neuer Information als einen relevanten Faktor erkennen, ohne sie schon zielsprachenadäquat in ihrer Breite erschlossen zu haben: Alte Information wird anhand der intonatorischen Indikatoren („a low pitched accent and deaccentuation") gut erkannt, wohingegen neue Information nicht über die intonatorische Ebene allein erschlossen werden kann, sondern nur vermittels zusätzlicher Signale wie Körpersprache oder weitere lexikalische Hinweise (Grünloh 2011: 136f). Die Daten zur Produktion stammen von etwas älteren Probanden und zeigen, dass zunächst bekannte und neue Information nicht intonatorisch unterschieden wird (Alter von 2;6). Im Alter von 3 Jahren wird vermehrt auf die Deakzentuierung zur Kennzeichnung von bekanntem Material gesetzt (siehe Grünloh 2011: 139). Die Sensitivität für die linguistisch relevante Nutzung der Intonation ist ab dem Alter von 2 Jahren vorhanden und wird dann sukzessive ausgebaut, was unsere obige Interpretation stützt.

3.2 Satztyp-relevante lexikalische Elemente

3.2.1 Zielsprache

Unter diese Rubrik fallen bei der Satztyp-Satzmodus-Diskussion neben anderen Elementen W-Ausdrücke (*wer, wo, was, wohin, weswegen* ...), Modalpartikeln[18] (*denn, wohl* ...) und Komplementierer (*weil, dass, ob, wenn* ...), deren Bedeutungskomponenten, im Zusammenklang mit dem jeweiligen Satzmodus, einen modalitätsrelevanten Einfluss auf die Interpretation eines sprachlichen Ausdrucks ausüben. Zu diesen relevanten Bereichen sind der Faktualitätsgehalt sowie deontische oder dynamische Relationen zu zählen (für eine Kategorisierung der Modalität siehe Palmer 2001).[19]

Was die Kategorie der W-Wörter und W-Phrasen betrifft, so bilden diese in ihrem jeweiligen Verwendungskontext obligatorische Elemente, die im einfachen Fall[20] – und nur diesen betrachten wir hier – das Vorfeld eines V2-Satzes besetzen

---

18 Zu Modalpartikeln s. a. Meibauer (1994). Die Modalpartikeln *ja, doch, schon* werden u. a. in Ormelius-Sandblom (1997) bzw. *ja, doch, eben/halt, auch, schon, denn, etwa, bloß, nur, aber, vielleicht* und *wohl* in Kwon (2005) mit Blick auf das Satzmodussystem genauer diskutiert.
19 Palmer (2001) unterscheidet dabei die Bereiche der (i) propositionalen Modalität mit epistemischer (Faktualitätsgehalt) oder evidentieller (Art der Informationsakquise) Relation und (ii) der Event Modalität mit deontischer (Permissiv vs. Obligativ) oder dynamischer (Können vs. Wollen) Relation.
20 Multiple W-Fragen, Echo-w-Fragen und andere Spezialfälle können hier nicht behandelt werden. Auch den Bereich der Entscheidungsfragen sparen wir aus.

sowie mit einer interrogativen Satztypauszeichnung einhergehen (siehe Brandt et al. 1992).

Modalpartikeln[21] sind im Gegensatz dazu deutlich schwerer zu fassen. Zumindest bei den zentralen Satztypen Deklarativsatz, Interrogativsatz und Imperativsatz sind" Modalpartikeln fakultativ. Sie stehen bevorzugt im Mittelfeld, können keinen Satzgliedstatus einnehmen, sind nicht modifizierbar und tragen keinen propositionsrelevanten Informationsgehalt. Wie der Bedeutungsgehalt von Modalpartikeln erfasst werden kann, ist problematisch und kann retrospektiv als Kontroverse zwischen Bedeutungsmaximalisten und -minimalisten rekonstruiert werden.[22] Einen deutlichen Zusammenhang zwischen Illokution und Modalpartikel stellt schon Helbig (1977) her, der diese Partikelkategorie explizit als Illokutionstypindikator bezeichnet. Jacobs (1991) schwächt dies mit Verweis auf die empirisch komplexere Ausgangslage u.a. der Modalpartikel *ja* auf den Begriff der Illokutionstyp*modifikatoren* ab. Andere sehen in den Modalpartikeln Elemente, die der Einstellung eines Sprechers in Bezug zur Proposition Ausdruck verleihen.

Festzuhalten ist, dass ohne größeres Kontextwissen plus das Wissen um Akzentuierungsstruktur und Intonationskontur eine präzise Abgrenzung gegenüber der Ausprägung als Gradpartikel, Vergleichspartikel, Temporaladverb etc. nicht zu leisten ist. Konzentrieren wir uns daher auf eine verhältnismäßig einfache Modalpartikel, die auch früh im Erwerb vorkommt: die Modalpartikel *denn*. Sie tritt primär in Fragesätzen der Form V1 oder w-V2 auf mit folgendem Bedeutungskern, folgt man dem bedeutungsminimalistischen Ansatz aus Kwon (2005): „*Denn* nimmt auf den Handlungszusammenhang, auf den Kontext einer Fragehandlung Bezug und wird in Fragen verwendet, die an vorausgehende verbale oder nichtverbale Handlungen des Gesprächspartners anknüpfen und nach dem Grund, den Voraussetzungen bzw. einer Erklärung für diese fragen. Besonders die *w*-V-2-Fragesätze knüpfen oft nicht an Handlungen des Hörers an, sondern allgemeiner an Aspekte der Sprechsituation und zielen auf Ergänzung bzw. weitere Spezifizierung einer bereits verfügbaren Information ab." (Kwon 2005: 114)

Unter dem Stichwort Komplementierer finden sich nebensatzeinleitende Elemente, die vereinfacht gesprochen deklarative (*dass*) oder interrogative (*ob*) Modalität im Fall der Komplementsätze tragen und im Fall der Adverbialsätze Bedeutungskomponenten wie kausal, final, temporal etc. beisteuern. Im unmarkierten Fall sind komplementierereingeleitete Verbletztsätze unselbständig und verfügen über keine eigene illokutionäre Kraft. In manchen der markiert auftre-

---

21 Siehe dazu auch Artikel 28 in diesem Band.
22 Für einen Überblick siehe Moroni (2010), für einen dezidiert bedeutungsminimalistischen Ansatz siehe Kwon (2005).

tenden, selbständigen Verbletztsätze mit entsprechendem Diskurskonnex gelten bestimmte Modalpartikeln als obligatorisch; nachdem diese jedoch in den betrachteten Kindersprachkorpora keine Rolle spielen, werden diese hier nicht weiter betrachtet.

3.2.2 Kindersprache

Die Komplexität der Bedeutungs- und Funktionserschließung im Zusammenhang mit Faktoren aus dem nächsten Unterkapitel, wie Verbmodus, Finitheit und Finitumsstellung, hat eine Vielfalt an Lösungsansätzen hervorgebracht, die hier nicht einzeln Erwähnung finden können (siehe dazu u.a. Fritzenschaft et al. 1990, Tracy 1994, Penner 1994, Nederstigt 2001). Im folgenden Abschnitt werden daher einzelne lexikalische Elemente angeführt, die relevante Informationen zur Satzmoduskonstitution beitragen oder verkürzt gesagt als Träger der Satzmodusinformation fungieren, um der lexikalischen Perspektive näher zu kommen. Für die Diskussion des lexikalischen Materials wird das Erwerbsmodell von Dimroth et al. (2003) zugrunde gelegt, welches von den Lernerstadien (i) bis (iii) ausgeht: (i) Stufe der holistischen Kennzeichnung, (ii) Stufe der konzeptuellen Ordnung und (iii) Stufe der finiten Kennzeichnung. Das Modell wurde in der Auseinandersetzung mit einem umfangreichen Korpus aus L1-Lernern (Deutsch und Niederländisch) sowie L2-Lernern (Marokkanisch-Arabisch und Niederländisch, Türkisch-Niederländisch, Türkisch-Deutsch, Italienisch-Deutsch, Polnisch-Deutsch und Russisch-Deutsch) entwickelt und wird in der Diskussion der Beispiele zur lexikalischen Kennzeichnung des Satztyps/Satzmodus sukzessive näher erläutert.

(i) Stufe der holistischen Kennzeichnung
Betrachtet man Elemente wie *nein* und *bitte*, so kommen in einer frühen Phase des Erwerbs[23] diese Lexeme nur rechts- oder linksperipher in den Äußerungen vor, distinktiv hierfür sind zunächst alle Dreiwort-Äußerungen, aber auch die Positionierungsmöglichkeiten in Zweiwort-Äußerungen: *nein da sitze , nein milch , auto nein* (jeweils Benny 2;2 aus Dimroth et al. 2003: 73) und *kuche habe bib/* (Benny 2;2, ebd.: 75). Die Lexeme *nein* oder *bitte* haben hierbei einen weiten Skopus über die Satzaussage und sind insofern Träger des Satzmodus bzw. illokutionärer Indikatoren, als sie im Fall von *bitte* explizit, im Fall von *nein* im Sinne von „ich möchte nicht" modal implizit den Satzmodus auf holistische Art anzei-

---

23 Die Daten für das Deutsche und das Niederländische umfassen das Alter 1;7 bis 2;2.

gen. Während der holistischen Stufe signalisieren also einzelne lexikalische Elemente den Satzmodus, welche in dieser Form nicht in der Zielsprache verwendet werden können. Diese frühen Markierungselemente rahmen die Satzaussage ein und bilden eine Klammer um sie, so dass sie die Funktion eines Modusoperators übernehmen. Die am Ende der Äußerung stehenden Offset-Markierungen ‚/' und ‚ ' weisen darauf hin, dass in den obigen Fällen die Intonation und der lexikalische Satzmodusoperator auf ein Sprechaktziel hin kooperieren.

Zur gleichen Zeit treten auch w+XP Strukturen auf, die eine analoge Klammerung aufweisen: *wo der MANN* (Mirko, 2;4), *woda ANDe mann mita di:bamütze* (= wo der andere Mann mit der Schiebermütze, Valle 2;1) siehe Gretsch (2000: 186 und : 166). Diese sind hinsichtlich der Ausformung der Nominalphrase unter Umständen schon recht komplex, zeigen aber die gleiche holistische Form der Satzmoduskonstitution. Das w-Element kann dabei auch in Passepartout-Form auftreten, also semantisch unterspezifiziert und dann als reiner Interrogativitätsmarker. Alternativ verwenden Kinder statt des isolierten w-Elements auch Formeln wie [vo:zə]+XP (siehe Tracy 1994: 20), die monomorphemischen Elementstatus aufweisen, wenn nur diese gefrorene Form belegt ist.

W-Elemente und Modalpartikeln liefern sich dabei zu Beginn des Frage(-satz)erwerbs ein spannendes Kopf an Kopf-Rennen. Die Salienz dieser beiden Lexemklassen scheint derart variieren zu können, dass wir im Stadium der Mehrwortäußerungen im Alter von knapp zwei bis gut zweieinhalb Jahren die sogar intraindividuell koexistenten Frageformate *isn das/* auf der einen Seite und *wo-də bobo/* (Stephanie 1;9 aus Tracy 1991: 299) auf der anderen Seite antreffen. Das klitisierte oder explizite *denn* ist in Oberflächen-V1-Formaten mit ausgelassenem W-Lexem im Vorfeld praktisch obligatorisch: *MACHsnda* (Stephanie 1;10 aus Tracy 1991: 306) als Vorläuferformat oder auch *sitz du denn?* oder *macht die mami denn?* (Bernie 2;7 nach Felix 1980: 96f.). Gerade bei letzterem Beispiel ist die periphere Stellung des *denn* wiederum auffällig und kann als Beleg für den übergeordneten, auf die Satzmodalität abzielenden Operatorstatus gewertet werden, wobei die restliche Satzstruktur schon eine in spätere Erwerbsstadien verweisende Komplexität aufweist. Die Bedeutungskomponente der Modalpartikel *denn* ist zu diesem frühen Zeitpunkt der holistischen Kennzeichnung noch nicht auf das reaktive Interaktionsmoment eingeschränkt bzw. die obige Formulierung von Kwon (2005) ist hier nicht ausreichend trennscharf und könnte nur über experimentelle Untersuchungen in ihrer Entwicklungsrolle beleuchtet werden.

Zusammenfassend zeigt sich, dass die holistische Kennzeichnung eine differenzierte Sprechakt-Zuordnung ermöglicht, indem sie die unterspezifizierte intonatorische Markierung auf lexikalischer Ebene um eindeutige Satzmodusträger ergänzt. Als über die Gesamtaussage operierende Elemente können diese in ikonischer Weise nur satzperipher auftreten. Die verschiedenen präverbalen kommunikativen Akte können über eine geschlossene Klasse lexikalischer Markierungselemente zum Ausdruck gebracht werden.

(ii) Stufe der konzeptuellen Ordnung

Diese Stufe ist dadurch gekennzeichnet, dass sich die basale Informationsstrukturierung Topik plus Satzaussage direkt in der topologischen Ordnung niederschlägt.[24] Das Topik leistet dabei die Verankerung innerhalb des lokalen, zeitlichen und referentiellen Koordinatensystems und tritt satzinitial auf. Dazu gehört also die Identifizierung dessen, worüber gesprochen wird sowie die Angabe temporaler (obligatorisch) und lokaler (fakultativ) Information. Das Prädikat (*predicate*) steht demgegenüber satzfinal. Topik und Prädikat können über ein satzmodusrelevantes lexikalisches Element in verschiedener Weise aufeinander bezogen werden, bei Dimroth et al. (2003: 76 ff.) *link* oder *linking device* genannt, also verbindendes Element. Das verbindende Element *linking* „is the complex of operations which allows the speaker to assert, question or request a state of affairs in relation to a topic. [...] Its function is to validate the relation between the state of affairs described in the predication part of this proposition and its topic, which necessarily comprises a temporal reference point and perhaps other components, [...]." (ebd.: 70)

Diese Verbinder bilden eine besondere Klasse lexikalischer Elemente, die positive oder negative Assertion und weitere illokutionäre und modalitätsbezogene Ausdruckskräfte entfalten. Der Standardfall der positiven Assertion benötigt dabei keine besondere Kennzeichnung, hier kann das verbindende Element leer bleiben: *ganz hase 0 kaputt* (Benny 2;9). Bei negativer Assertion wandert das negierende Element von der vorigen Außenposition nun in die Position des Verbinders und nimmt die lexikalische Gestalt des satzinternen Negationselements *nicht* an, hier in einer dialektalen Variante: *mich net kitzele* (Benny 2;9); beide Beispiele aus Dimroth et al. (2003: 78).

Ein weiteres, viel verwendetes Lexem stellt *auch* in diesem Zusammenhang dar, welches als Finitumsvorläufer in dieser besonderen Position satztypkopierende Funktion übernehmen kann, wie in *mama auch spielplatz ich auch will kaffee* (jeweils Benny 2;2 aus Dimroth et al. 2003: 80).

---

24 Eine ganz anders motivierte, aber dennoch verwandte Konzeption findet sich im kompositionellen Satzmodussystem in Lohnstein (2000): So „liegt mit dem Fassen des Gedankens eine Bipartition, eine Satzfrage vor. Diese Partition kann reduziert oder erweitert werden bzw. unmodifiziert bleiben. Wird sie reduziert, so resultiert ein Urteil; wird sie erweitert, so resultiert eine Ergänzungsfrage; bleibt sie unmodifiziert, so ergibt sich eine Entscheidungsfrage. Durch Hinzufügen des jeweiligen Objekts zum Diskurskontext wird das Urteil kundgetan bzw. in Frage gestellt." (Lohnstein 2000: 82)

„The additive particle expresses that in relation to a previously mentioned assertion the same predicate holds for another topical element, too. In child language, this results most often in an imperative/volitonal interpretation for the respective utterances, whereas the adult data contain more additive assertions proper." (ebd.: 80)

Auch modale Ausdrücke finden als Verbinder Verwendung und bilden neben dem Element *auch* eine Brücke hin zur V2-Struktur mit finiten Vollverben:

(6)	Topik	Verbinder	Prädikat	
a.	i	will	da sitz	Benny 2;2
b.	ich Valle	will möcht	einen gelben	Valle 1;11
c.	nein, ich	willnet	sitza	Benny 2;9
d.	dann ich	kann	bum bum bum	Benny 2;9
e.	den	damanich (=kann man nicht)	essen	Valle 1;11
f.	da hier	müssen'se	hin	Valle 1;11
g.	flugzeug AUTO	muss nich	tankt werden –	Valle 1;11

Die modale Vielfalt, aber auch die strikte Topik-Sortierung lässt sich aus den obigen Beispielen unmittelbar ablesen. Die Satzmodus-Kennzeichnung findet sich auf dieser Stufe lexikalisiert in einer ikonischen Position wieder, die das Topik (linker Hand) mit dem Prädikat (rechter Hand) verbindet. Die Beispiele zeigen auch den Versatzstückcharakter des Verbinders, der berechtigte Zweifel an der Unabhängigkeit der finiten Komponente aufkommen lässt, zumal finite Vollverben fehlen.

Auf der Stufe der konzeptuellen Ordnung wird also die Bifurkation zwischen topikalischen Elementen und prädikativen Elementen sinnfällig. Die Lexikalisierung eines verbindenden Elements zwischen diesen beiden Polen bildet einen wichtigen Meilenstein in der Entwicklung hin zur deutschen Satzstruktur.[25] Die Klasse der lexikalischen Verbinder verändert und erweitert sich, wobei besonders das Satztyp-kopierende Element *auch* hervorzuheben ist, da es in Position und Funktion als *der* Vorläufer des Finitums gelten kann. Hinsichtlich der Verortung der Stadien in einzelnen Entwicklungsverläufen wird der aufmerksame Leser die zeitlichen Überschneidungen in den Altersangaben bemerkt haben. Die

---

25 Das Tracysche Meilenstein-Modell (siehe Tracy 2000 und 2008) differenziert in ihrer Multiwort-Phase, dem Meilenstein II, nicht zwischen der holistischen Stufe und der Stufe der konzeptuellen Ordnung, da nur das Vorhandensein des Finitums die Phase III von der vorigen Phase II trennt.

Übergänge zwischen den Stadien sind fließend und bisweilen sind sogar einzelne Äußerungen von der Koexistenz zweier stadienspezifischer Strukturen geprägt, wie das Beispiel (6c) belegt. Im gesamten Erwerbsgeschehen, bezogen auf mehrere L1 und L2 Korpora lässt sich jedoch eine grundsätzliche Abfolge zwischen (i), (ii) und (iii) ausmachen. Im Zweitspracherwerb stellt die Stufe der konzeptuellen Ordnung darüber hinaus eine häufige Fossilisierungsstufe, besser Stabilisierungsstufe dar: *jetzt mein Bruder auch zweiundzwanzig jahre* (Janka 2.4), *in italia nix mark* (Marcello 1.1), *meine kind nix in schul* (Angelina 1.1), *rote mann noch bier trinken* (Ivan), alle Beispiele aus Dimroth et al. (2003: 79 ff.).

(iii) Stufe der finiten Kennzeichnung

Die Kategorie der Finitheit in Kombination mit ihrer topologischen Stellung ist zuständig für die Auswertungsbedingungen seitens des Satzkerns bzw. Prädikats in Abhängigkeit von Vorkommen und Art der Vorfeldbesetzung; s. Klein (1998 und 2006).

Besondere Aufmerksamkeit verdienen gerade stadienübergreifende Äußerungen mit Minimalpaarcharakter, da sie in ihrer Koexistenz die über die Zielsprache hinausgehenden Möglichkeiten des Lerners, aber auch seine Suche nach der korrekten Form für einen Sprechakt in mehreren Variationen dokumentieren: *da weggegangen is was is da denn weggegangen - da weggegangen is* (Valle 2;3 aus Gretsch 2000: 168). Die jeweilige Verteilung der Modalpartikel *denn* in den obigen Beispielen illustriert den satztypanzeigenden Charakter dieser Modalpartikel, die auch in der Zielsprache fast obligatorisch ist. Der Fehlgriff bezüglich des w-Pronomens belegt den Passepartout-Charakter der früh vorkommenden w-Pronomen *wo* und *was*. Hervorhebenswert ist im Zusammenhang mit der dritten Stufe die Positionierung der Kopula *is* in Relation zum Partizip *weggegangen*. Während die frühen fokal elliptischen Lückenformate, die auf einem Aussagesatz mit offensichtlicher Leerstelle beruhen und daher durchgängig ein besetztes Topik-Element und ein finites Element aufweisen, als unvollständige Sätze einen antworterzeugenden Reaktionsdruck ausüben, ist die mittlere Variante mit overtem w-Vorkommen von einer zielsprachlichen Serialisierung geprägt, die als Satzmodus-Indikatoren eben jenes w-Element und eine Modalpartikel vorweisen kann. Alle acht der in Gretsch (2000) untersuchten Erwerbsverläufe variieren zwar in ihrer Fokussierung auf w-Elemente oder eine Lückenformatsstruktur, es finden sich aber keine Gegenbeispiele zur Hypothese, dass *denn* bzw. eine klitisierte Form davon, als frühe Interrogativsatz-anzeigende Modalpartikel fungiert.

Interessant ist in diesem Zusammenhang, dass alle drei Fragevarianten mit fallendem Tonmuster realisiert werden. Aus Valles Perspektive hat das Lückenformat der ersten und dritten Variante ein ausreichend Frage-induzierendes Moment, um ohne intonatorische Stützung auszukommen. Diese Beispiele zeigen zusätzlich, wie weit ein Sprachlerner sich dabei vom zielsprachlichen Vorbild entfernen kann. In der Argumentation in Tracy (1991, 1994) ziehen Sprachlerner aus der strukturellen Unvereinbarkeit koexistierender Formate die Kraft, sich neue Meta-Ebenen zu erschließen – im obigen Fall wäre damit beispielsweise die Etablierung der IP (*inflectional phrase*) verbunden.

Auch Formen wie die Beispiele *was hast du da denn* (Lisa 2;1 aus Gretsch 2000: 183) oder *was MACHT das wieder/* (Stephanie 2;1 nach Tracy 1991: 322) zeigen eine zielsprachliche Satzstellung mit finitem Verb in V2-Stellung und sind trotz ihres frühen Auftretens schon Belege für die dritte Stufe der finiten und damit zielsprachlichen Kennzeichnung. Das w-Lexem unterstützt dabei die Ausbildung der V2-Positionierung des Verbinders bzw. späteren finiten Elements: es finden sich keinerlei Belege für eine mehrfache Topikbesetzung analog zu den Fällen unter (6), wenn ein w-Element anwesend ist.

(iv) Stufe der Komplementierer und komplexer Sätze

Diese Stufe wird hier aus expositorischen Zwecken hinzugefügt und ist in der Modellierung von Dimroth et al. (2003) ausgespart, ohne explizit ausgeschlossen zu werden. Es entspricht dem Meilenstein IV der Erwerbsstufen nach Tracy (Tracy 2008) und betrifft die Entwicklung von Nebensätzen. Komplementierer stellen dazu die lexikalischen Wegbereiter schlechthin dar, da sie neben der neuartigen semantischen Komponente die mühsam gewonnene V2-Serialisierung durcheinander bringen. Auch wenn vereinzelt außerordentlich frühe Komplementierervorkommen dokumentiert wurden, fällt der Ausbau des Komplementierersystems und der dazugehörigen Nebensatzarten in das Alter zwischen zwei (frühe Lerner) bis vier Jahren (siehe Rothweiler 1993, Fritzenschaft et al. 1990, d'Avis/Gretsch 1994). Es zeigt sich dabei eine enge Verzahnung von adverbialen Nebensätzen und Komplementsätzen; Relativsätze treten im typischen Fall etwas später auf.

Bei einem sprachlich sehr frühreifen Kind sind allerdings vereinzelte Relativsätze schon im Alter von 1;11 dokumentiert (*des is ein stall wo man drauf sitzen kann* Valle 1;11.25 aus Fritzenschaft et al. 1990: 124). Interessant ist hierbei der Auseinanderfall von strukturorientierten Lernern und lexemorientierten Lernern, wie auch schon in Rothweiler (1993) beschrieben. Erstere produzieren VE-Strukturen ohne Komplementierer wie im folgenden Dialog (d'Avis/Gretsch 1994: 59), mit hier naheliegender kausaler Interpretation:

(7) Erw: Warum soll's ich nicht machen? Max (3;06.11)
    Max: ich alleine kann

Letzterer Lernertyp konzentriert sich zunächst auf die Realisation der Komplementierer, ohne sich um die topologisch-strukturelle Seite der Nebensätze zu kümmern:

(8) Erw: Ein grünes Haus und ein rotes Dach. Das ist aber ein bisschen schmal, das Haus?
Paul: n nein des ist nich zu weil hoch   Paul (3:05.27)

Abweichungen auf struktureller oder lexikalischer Ebene finden sich zum Teil über einen längeren Zeitraum (bis zu 20 Monate sind dokumentiert, in diesem Fall beim Lerner Max). Bei Beispiel (7) wird zusätzlich deutlich, dass die frühen Nebensatzkonstruktionen über dialogisch aufgeteilte Matrixsatz plus „Neben"satz-Strukturen erworben werden; die Erwachsenenäußerung bietet vor allem in Frage-Antwort Sequenzen ein ideales Gerüst dafür. Beispiel (8) verdeutlicht darüber hinaus, dass die verdoppelte Komplexität bei verschachtelten Strukturen u. U. hohe Verarbeitungs- und Realisationskosten verursacht. Für die Komplementsätze können frühe Konstruktionen mit *gucken, ob* als einschlägiges Vorläuferformat gelten.

Satztyp-relevante Positionen werden von Kindern dabei als solche erkannt und obligatorisch besetzt. Fehlt das passende lexikalische Trägermaterial dazu, führt dies zu Äußerungen mit phonetisch undifferenzierten Lückenfüllern an der linken Peripherie. Diese Platzhalter finden sich (i) in der Komplementiererposition und (ii) in der vorangestellten Finitumsposition:

(9) Erw: Warum – was ist da passiert?   Max11 (3;0.16) (d'Avis/Gretsch 1994: 92)
Max: ʔene fisch TOT is

(10) Erw: Was glaubst du auch?   Max23 (3;6.20) (Fritzenschaft et al. 1990: 89)
Max: ʔn hier den RÄUber drin is

(11) *ich əəə schnell was* [...]   Max11 (3;0.16) (ebd.: 91)

(12) *ich əəə ein hose maln*   Max11 (3;0.16) (ebd.: 91)

Diese Platzhalter sind in ihrer Systematik ein erstes grammatisches Indiz für die Suche nach expliziter Satztypauszeichnung, indem sie ausschließlich die reine Strukturposition realisieren – ohne weiteren semantischen Bedeutungsgehalt.

3.3 Verbmodus, Finitheit und Satzstellung

3.3.1 Zielsprache

Mit zunehmender Komplexität des Systems sind nun die Einzelteile im Gesamtpuzzle des Satzmodus zu verorten und zu bewerten. Neben der Intonation und den satztyprelevanten Einzelausdrücken muss dazu nun das Zentrum der Satzmoduskonstitution, das (finite) Verb und seine Positionierung, näher betrachtet werden. Die verbbezogenen Anteile zur Satzmodusspezifikation umfassen (i) die Verbmorphologie, vor allem die Unterscheidung zwischen infiniten und finiten Verben und hier zwischen –e- und –t-Flexion, die auf bestimmte Auswertungsdomänen[26] hinweist, (ii) den semantischen Beitrag des Verbs selbst, der bei Modalverben und anderen Verbklassen z. B. auch mit Selektionsbeschränkungen hinsichtlich möglicher Komplementsatzauszeichnungen einhergeht, und (iii) die Positionierung des flektierten Verbs, welche qua V1/V2/VE Stellung[27] ein weiteres, differenzierendes Auswertungsindiz beinhaltet. Diverse Aspekte, das Finitum und seine Positionierung betreffend, wurden dazu schon in den vorigen Abschnitten entfaltet.

3.3.1 Kindersprache

Die Verbmorphologie bietet im Deutschen einen ersten Anhaltspunkt, von der Origo[28] differente Verzeitungen oder auch Modalitäten (Irrealis) zu markieren (siehe dazu Gretsch 2004): Finite Verbauszeichnungen verorten die Origo, die infinite Verbauszeichnung <–en> verweist auf Distanz zur Origo. Die Einzelsprachen differieren hierbei in der Art und Weise, welche Distanzmarkierung primär ist, entweder der temporale oder der modale Aspekt (vgl. das Deutsche vs. die Entwicklung im Inuktitut[29]. Hinsichtlich der Verbmorphologie ist relevant, wie salient die einzelnen sprachlichen Formen sind – welche Formen bieten sich als potentielle Markierungsträger überhaupt an? Das Englische als eine flexionsmorphologisch deprivierte Sprache muss in seiner Ontogenese auf lexikalische

---

26 Siehe dazu die Ausführungen zur Verbflexion und seiner interpretativen Komponente in Lohnstein/Bredel (2001) und (2003).
27 Hinsichtlich der Stellungsmöglichkeiten im Deutschen wird von einer Differenzierung zwischen Verberstsätzen (V1), Verbzweitsätzen (V2) und Verbletztsätzen (VE) ausgegangen.
28 Mit Origo wird die Standard-Koordinatensetzung der topikalischen Elemente der Zeit, des Ortes und der Entität bezeichnet: das Jetzt, das Hier und das Ich.
29 Für eine detaillierte Beschreibung der Sprachentwicklung im Inuktitut, einer polysynthetischen Sprache aus dem eskimo-aleutischen Sprachraum, s. Swift 2004.

Mittel zurückgreifen, um temporale/modale Distanz zur Origo zu schaffen, was die Beliebtheit der *wanna*-Konstruktion für das Irrealis/*future/modal*-Referenzcluster unter englischsprachigen Kindern erklärt. In Aspekt-markierenden Sprachen wie dem Russischen beginnt die explizite Ausdifferenzierung mit der Merkmalsauszeichnung Perfektiv vs. Imperfektiv. Salienz und primäre Funktion gehen in der Sprachentwicklung zügig eine Bindung ein.

Die nachfolgende Übersicht über das allgemeine Entwicklungsgeschehen gibt in seiner Beispielvielfalt aufschlussreiche Hinweise zu den hier relevanten Punkten (i) Verbmodus, (ii) Finitheit und (iii) Satzstellung, die sich am Besten in ihrer Interaktion betrachten lassen (Tabelle nach Tracy 2008: 83 mit diversen Ergänzungen von PG):[30]

Tabelle 1: Entwicklungsabfolge bei Verbmodus, Finitheit und Satzstellung

Vorfeld	V2-Position/ Komplementierer	Mittelfeld		Verbalkomplex
			ab	
			weg	
		Hämmerle		
			Tür	auf
		Mama	Bus	fahren
		da	Ball	rein
		nein,	da	sitze[n]
		kuche		habe[n], bitte
Tracy	AUCH	Buch	einräum/	
des	auch noch	eine Hose	rausmachalen	
Julia	auch	einen gelben	anguckenn	
mich	net (=nicht)	einen gelben	kitzele (infinit)	
Ich	əəə		malen	
Ich Valle	will möcht			
Jetzt	geh	ich	hoch	
	sitz	du denn	is	
	ʔn	hier den Räuber	is	
	]ene	drin	malt	
Lisa	hat	Fisch tot	sauber macht	
[V]alle	hat	was [d]en boden		

---

[30] Da die Beispiele von verschiedenen Kindern mit unterschiedlichen Entwicklungsgeschwindigkeiten stammen, würden Altersangaben hier nur zur Verwirrung beitragen. Die Tabelle soll die grundsätzliche Entwicklungsabfolge verdeutlichen und verweist in ihren Zeilenblöcken auf die oben diskutierten Stufen und ihre fließenden Übergänge bspw. bei den phonetischen Platzhaltern.

Vorfeld	V2-Position/ Komplementierer	Mittelfeld	Verbalkomplex
Valle	hat		probiert, NF(ob des pfeift)

Im Deutschen verläuft die Entwicklung topologisch gesprochen folglich von rechts nach links. Sobald kindersprachliche Äußerungen aus mehr als einem Element bestehen, fällt dabei auf, dass die Anordnung der Elemente nicht beliebig ist – zumindest in Sprachen mit starken Stellungsbeschränkungen wie dem Deutschen und anderen indo-europäischen Sprachen. Wie im letzten Abschnitt unter 3.2 gezeigt, können Platzhalter einen wichtigen Beitrag zum Aufbau der grammatischen Struktur leisten, siehe dazu die kursivierten Elemente in der Tabelle. Eine besondere Rolle kommt den Verbpartikeln zu, die noch vor den eigentlichen Verben Handlungen ausdrücken und als Resultativpartikel, wie das obige *auf,* einen Valenzrahmen für Komplemente eröffnen (hier: *Tür*). In Abhängigkeit von der Aktionsart des Verbs, ob es also telisch, d.h. auf ein Ziel ausgerichtet ist, und ob es eine durative vs. punktuelle Handlung beschreibt, ergeben sich unterschiedliche Interpretationspräferenzen, die aber noch nicht über eine pragmatisch unabhängige, tempussetzende Kraft, geschweige denn über ein unabhängiges Validierungspotential verfügen.

Einen, wenn nicht *den* gravierenden Erwerbsschritt stellt im weiteren Verlauf die Entdeckung der funktionsgebundenen Serialisierungsgesetzmäßigkeit der Zielsprache dar: nach Dimroth et al. (2003) der direkten Abbildung der basalen *topic-linking-predicate* Anordnung. Zentral dabei ist die Kategorie der Finiheit bzw. ihrer Entwicklungsvorläufer, die das Bindeglied zwischen den topikalischen Koordinatensetzungen, der Satztypauszeichnung mittels des Verbinders und des Prädikats darstellt. Interessant ist in diesem Zusammenhang das Auftreten der additiven Partikel *auch* als Wegbereiter des Finitums, was u.a. die Zuordnung dieses besonderen Lexems zur Finitumsspalte in der obigen Übersicht erklärt. Unter der Annahme, dass die Partikel *auch* den Kopf einer eigenen Fokuspartikelphrase bildet, wird für diese Analyse auch in Penner et al. (1999) und Penner et al. (2000) plädiert.[31]

---

[31] Für eine Entwicklungsstudie zur Fokuspartikel *auch* in L1 s. Nederstigt (2001); für eine umfassende Analyse auch mit Blick auf L2-Lerner s. Dimroth (2004). Die Argumentation findet sich zusammengefasst in Tracy (2000: 29): „Wenn nun die Fokuspartikel (FP) qua Kopf eine nichtfinite Verbalphrase als Komplement selegiert, fügen sich zum ersten Mal zwei elementare Baupläne zusammen, und kindliche Sätze werden im Grunde in diesem Moment bereits potentiell unendlich. Da mit dem auch-Kopf zugleich eine Spezifikatorposition oberhalb der VP eröffnet wird,

Neben dem angesprochenen V2-Effekt kann die Fokuspartikel *auch* als kopierendes Element der Validierungskraft aus der Vorgängeräußerung analysiert werden und damit verstärkt auf die mit dieser Position verbundene, funktionelle Aufgabe hinweisen (siehe Dimroth et al 2003: 80f.). Die Zäsur zwischen topikalischen Elementen und dem Prädikat übernehmen daneben die lexikalischen Validierungsmarker – nun allerdings in neuer und damit strukturell relevanter Position, wie das Bsp. *mich net kitzele* (Benny 2;9) illustriert. Diese konzeptuelle Ordnung bereitet somit dem Finitum und seinen vielfältigen Aufgaben den Weg. Eine weitere Entwicklungsstufe bedeutet die Produktion komplexer, eingebetteter Sätze, die die finitumsgebundene Satztypauszeichnung von ihrer unmittelbaren illokutionären Kraft vermittels der Subordination entkoppeln können.

Damit eröffnet sich die Welt der strukturellen Satztypauszeichnung, die sich in Anlehnung an Lohnstein (2000) auf die nun sichtbaren positionellen und flexionsgebundenen Unterschiede stützen kann und dank des Finitums über eine eigenständige Urteilskraft in Form eines grammatischen Validierungsmarkers verfügt. Auf die weitere Entwicklung hin zur Konjunktiv II Verwendung über die *würde*-Form im Alternativrealis des *homo ludens* (Spiel-Realis) und der noch späteren Konjunktiv I Verwendung kann hier nur lückenhaft hingewiesen werden. Ebenso kann hier auf die weitere Entfaltung sprachlicher Kompetenzen vermittels der intensiven Rezeptionserlebnisse in Vorlesesituationen, die weitere Parallelwelten eröffnen, nicht näher eingegangen werden. Es muss der Hinweis genügen, dass das frühe Hineinwachsen in eine Schriftkultur die damit einhergehende Registererweiterung hin zum Ausbau der konzeptionellen Schriftlichkeit erst ermöglicht, die die grammatische Vielfalt einer Sprache auslotet. Im Gegensatz zur hier diskutierten reinen Mündlichkeit des frühen Spracherwerbs kann erst die Auseinandersetzung mit der Schrift eine Reflexion über Kategorien wie Satztyp oder Satzmodus ermöglichen und damit einen Band wie den vorliegenden verwirklichen. Das Nachdenken über Sprache in den verschiedenen linguistischen Disziplinen setzt voraus, dass die Fixierung durch die Schrift die Sprache ihrer Flüchtigkeit enthebt.

---

kann sich schon mehrere Monate vor den echten (i.e. zielsprachlichen) Verbzweiteffekten des deutschen Hauptsatzes ein AUCH-zweit-Effekt ergeben, da sich beliebige Konstituenten, aber eben immer nur eine, in die Spezifikatorposition vor auch (i.e. in ein auch-Vorfeld) bewegen können, [...]." [Aus dem Text]

4 Zusammenfassung

Die Entwicklung der Satztypmarkierung und ihrer funktionalen Korrelate ist ein langer Prozess, der auf der Formseite die Bereiche (i) der Intonation, insbesondere der Offset-Markierung, (ii) der Entdeckung funktionsunterstützender lexikalischer Elemente wie bspw. w-Elemente oder satzmodusanzeigende Partikeln wie *denn* und (iii) die Entschlüsselung des komplexen Zusammenspiels von Finitumsauszeichnung, Finitumspositionierung und Vorfeldbesetzung umfasst. Diese Reihung entspricht im Groben auch dem Auftreten einschlägiger Markierungen im Erwerb. Am Anfang steht die rein intonatorische Kennzeichnung, die die präverbalen kommunikativen Akte in erste Sprechakte überführt. Im weiteren Verlauf kommen lexikalische Elemente hinzu, die nun den kindlichen Sprecher differenzierter in die Lage versetzen, formale Kennzeichner für spezifische Sprechakte zu finden. Zunächst treten diese frühen satzmodusmarkierenden Elemente an der Satzperipherie auf und kennzeichnen so die holistische Stufe. Im Zuge der Trennung von topikalischen Elementen vom Rest des Satzes werden diese Elemente bzw. ihre Weiterentwicklungen eingesetzt, um das Topik vom Prädikat zu trennen: der Finitumsvorläufer des Verbinders (*linking device*) entsteht auf der Stufe der konzeptuellen Ordnung. Neben den semantischen Eigenschaften des Verbinders bspw. modale Information zu tragen (*will/willnet*) wird nun auch die Positionierung des Elements wichtig. Satztyp-relevante Information manifestiert sich an der Schnittstelle zwischen topikalem und prädikativem Material.

In einem weiteren Erwerbsschritt wird diese Information auf das abstrakte grammatische Element des Finitums konzentriert, welches zielsprachlich die Validierungsoperation auf der Stufe der finiten Kennzeichnung übernimmt. Abschließend fehlt nur noch die Trennung von grammatischer Satztypauszeichnung und unmittelbarer diskurspragmatischer Auswirkung, wie im Fall von eingebetteten Sätzen. Hierfür signalisieren Komplementierer den besonderen Status der Abhängigkeit und führen zu einer Reorganisation der Finitumsstellung.

Im Verlauf der hier skizzierten Entwicklung werden die Satztyp-relevanten Markierungsmöglichkeiten vorhergehender Stufen nicht einfach obsolet, sondern sie werden freigesetzt für weitere Markierungsebenen oder komplexe Interaktionen, die somit eine feiner werdende funktionale Differenzierung auf der Formseite sukzessive unterstützen. Die anzutreffende Koexistenz der Stufen in bestimmten Entwicklungsphasen zusammen mit zielsprachendivergenten Markierungskonstellationen wie bei Valles unverständlichen Informationsfragen (*des heißt*) mit auffällig fallendem Tonmuster sorgen dafür, dass die Kindersprache einerseits formenreicher ist als die Zielsprache, dieser Reichtum als Ausdruck kindlicher Kreativität aber auch seinen Preis hat: ab und an wird man nicht verstanden und muss dann nach alternativen Formen suchen.

5 Literatur

Abbott, M. (1991): Macushi. In: Derbyshire, D.C./Pullum, G.K. (Hgg.), Handbook of Amazonian Languages. Vol. 3. Berlin: Mouton de Gruyter. 23–160.
Altmann, H. (1987): Zur Problematik der Konstitution von Satzmodi als Formtypen. In: Meibauer, J. (Hg.), Satzmodus zwischen Grammatik und Pragmatik. Tübingen: Niemeyer, 22–56.
Altmann, H. (Hg.) (1988a): Intonationsforschungen. Tübingen: Niemeyer.
Altmann, H. (1988b): Satzmodus und Intonation. In: Studien zum Satzmodus II. Linguistische Studien, Reihe A, Arbeitsberichte 185. Akademie der Wissenschaften der DDR – Zentralinstitut für Sprachwissenschaft, 1–17.
Altmann, H. (1993): Satzmodus. In: Jacobs, J./Stechow, A. von/Sternefeld, W./Vennemann, T. (Hgg.), Handbuch der Syntax. Ein internationales Handbuch der zeitgenössischen Forschung. Berlin: de Gruyter, 1006–1029.
Bates, E./Camaioni, L./Volterra, V. (1975): The Acquisition of Performatives Prior to Speech. Merrill-Palmer Quartely 21, 205–226.
Batliner, A. (1988): Produktion und Prädiktion. Die Rolle intonatorischer und anderer Merkmale bei der Bestimmung des Satzmodus. In: Altmann, H. (Hg.), Intonationsforschungen. Tübingen: Niemeyer, 207–221.
Bolinger, D. (1989): Intonation and its Uses. Stanford: Stanford University Press.
Brandt, M./Reis, M./Rosengren, I./Zimmermann, I. (1992): Satztyp, Satzmodus und Illokution. In: Rosengren, I. (Hg.), Satz und Illokution. Bd. I. Tübingen: Niemeyer, 1–90.
Carpenter, R.L./Masterfeorge, M.A./Coggins, T.E. (1983): The Acquisition of Communicative Intentions in Infants Eight to Fifteen Months of Age. In: Language and Speech 26, 101–116.
Coates, J. (1988): The Acquisition of the Meanings of Modality in Children Aged Eight and Twelve. In: Journal of Child Language 15, 425–434.
Davis, E.A. (1932): The Form and Function of Children's Questions. In: Child Development 3, 57–74.
d'Avis, F.-J./Gretsch, P. (1994): Variations on „Variation" – On the Acquisition of Complementizers in German. In: Tracy, R./Lattey, E. (Hgg.), How Tolerant is Universal Grammar? Tübingen: Niemeyer. 59–110.
Dimroth, C./Gretsch, P./Jordens, P./Perdue, C./Starren, M. (2003): Finiteness in Germanic Languages. A Stage-model for First and Second Language Development. In: Dimroth, C./Starren, M. (Hgg.), Information Structure and the Dynamics of Language Acquisition. Amsterdam: Benjamins, 65–94.
Dimroth, C. (2004): Fokuspartikeln und Informationsgliederung im Deutschen. Tübingen: Stauffenberg.
Essen, O.v. (1964): Grundzüge der Hochdeutschen Satzintonation. Ratingen, Düsseldorf: Henn Verlag.
Felix, S. (1980): Cognition and Language Development: A German Child's Acquisition of Question Words. In: Nehls, D. (Hg.), Studies in Language Acquisition. Heidelberg: Gross, 91–109.

Féry, C. (1993): German Intonational Patterns. Tübingen: Niemeyer.
Fritzenschaft, A./Gawlitzek-Maiwald, I./Tracy, R./Winkler, S. (1990): Wege zur komplexen Syntax. In: Zeitschrift für Sprachwissenschaft 9, 52–134.
Gretsch, P. (2000): Fokale Ellipsen in Erwachsenen- und Kindersprache. Tübingen: Niemeyer.
Gretsch, P. (2004): What does Finiteness Mean to Children? A Cross-linguistic Perspective on Root Infinitives. In: Linguistics 42, 419–468.
Grünloh, T. (2011): Intonation in Language Acquisition. Evidence from German. Dissertation Universität Köln. [http://kups.ub.uni-koeln.de/4138/]
Helbig, G. (1977): Partikeln als illokutive Indikatoren im Dialog. In: DaF 1, 30–44.
Hermann, E. (1942) Probleme der Frage, Nachrichten von der Akademie der Wissenschaften in Göttingen, Philologisch-Historische Klasse, 1942. Nr. 3. Göttingen: Vandenhoeck & Ruprecht.
Hofbauer, C. (2004): Der Erwerb des Fragesatzmodus unter besonderer Berücksichtigung der Intonation. Dissertation Ludwig-Maximilians-Universität München. [http://edoc.ub.uni-muenchen.de/7201/1/Hofbauer_Christiane.pdf].
Jacobs, J. (1991): On the Semantics of Modal Particles. In: Abraham, W. (Hg.), Discourse Particles: Descriptive and Theoretical Investigations on the Logical, Syntactic, and Pragmatic Properties of Discourse Particles in German. Berlin: Mouton de Gruyter, 141–162.
Klein, W. (1982): Einige Bemerkungen zur Frageintonation. In: Deutsche Sprache 4, 289–310.
Klein, W. (1998): Assertion and Finiteness. In: Dittmar, N./Penner, Z. (Hgg.), Issues in the Theory of Language Acquisition: Essays in Honor of Jürgen Weissenborn. Frankfurt/Main: Lang, 225–245.
Klein, W. (2006): On Finiteness. In: Geenhoven, V. van (Hg.), Semantics in Acquisition. Dordrecht: Springer, 245–272.
Kwon, M.-J. (2005): Modalpartikeln und Satzmodus. Untersuchungen zur Syntax, Semantik und Pragmatik der deutschen Modalpartikeln. Dissertation, Ludwig-Maximilians-Universität München. [http://edoc.ub.uni-muenchen.de/4877/1/Kwon_Min-Jae.pdf]
Lohnstein, H. (2000): Satzmodus – kompositionell. Zur Parametrisierung der Modusphrase im Deutschen. Berlin: Akademie Verlag.
Lohnstein, H./Bredel, U. (2001): Zur Ableitung von Tempus und Modus in der deutschen Verbflexion. In: Zeitschrift für Sprachwissenschaft 20, 218–250.
Lohnstein, H./Bredel, U. (2003): Zur Verankerung von Sprecher und Hörer im verbalen Paradigma des Deutschen. In: Hoffmann, L. (Hg.), Funktionale Syntax – Die pragmatische Perspektive. Berlin: de Gruyter, 122–154.
Luuko-Vinchenzo, L. (1988): Formen von Fragen und Funktionen von Fragesätzen. Eine deutsch-finnische kontrastive Studie unter besonderer Berücksichtigung der Intonation. Tübingen: Niemeyer.
MacWhinney, B. (2000/2012): The CHILDES-Project: Tools for Analyzing Talk. 3rd ed. Mahwah, NJ: Erlbaum. [http://childes.psy.cmu.edn/mannar/CHAT.pdf]
Meibauer, J. (1994): Modaler Kontrast und konzeptuelle Verschiebung: Studien zur Syntax und Semantik deutscher Modalpartikeln. Tübingen: Niemeyer.
Merin, A. (1983): Where it's at (is what English Intonation is About). In: Chicago Linguistic Society (CLS) 19, 283–298.
Moroni, M.C. (2010): Modalpartikeln zwischen Syntax, Prosodie und Informationsstruktur. Frankfurt/Main: Lang.
Nederstigt, U. (2001): *Auch* and *noch* in Child and Adult German. Berlin: Mouton de Gruyter.

Ormelius-Sandblom, E. (1997): Die Modalpartikeln *ja, doch* und *schon*. Zu ihrer Syntax, Semantik und Pragmatik. Lunder germanistische Forschungen 61. Stockholm: Almqvist & Wiksell.

Papafragou, A. (2002): Modality and Theory of Mind: Perspectives from Language Development and Autism. In: Barbiers, S./Beukema, W./Wurff, W. van der (Hgg.), Modality and its Interaction with the Verbal System. Amsterdam: Benjamins, 184–204.

Penner, Z. (1994): Asking Questions without CPs? On the Acquisition of Root wh-questions in Bernese Swiss German and Standard German. In: Hoekstra, T./Schwartz, B.D. (Hgg.), Language Acquisition Studies in Generative Grammar. Amsterdam: Benjamins, 177–214.

Penner, Z./Wermke, K./Weissenborn, J./Wymann, K. (1999): Prävention, Früherkennung und Frühintervention bei Spracherwerbsstörungen. In: Paediatrica 10, 19–26.

Penner, Z./Tracy, R./Weissenborn, J. (2000): Where Scrambling Begins: Triggering Object Scrambling at the Early Stage in German and Bernese Swiss German. In: Hamann, C./Powers, S. (Hgg.), The Berne Volume: Papers from the Workshop on L1-L2-Acquisition of Clause-Internal Rules, Scrambling, and Cliticization. Dordrecht: Kluwer, 127–164.

Pheby, J. (1975): Intonation und Grammatik im Deutschen. Berlin: Akademie Verlag.

Rehbock, H. (1992): Fragen stellen – zur Interpretation des Interrogativsatzmodus. In: Rosengren, I. (Hg.), Satz und Illokution. Bd. I. Tübingen: Niemeyer.

Rost-Roth, M. (2008): Der zweitsprachliche Erwerb der Interrogation. Theoretische Implikationen und empirische Befunde. In: Ahrenholz, B./Bredel, U./Klein, W./Rost-Roth, M./Skiba, R. (Hgg.), Empirische Forschung und Theoriebildung. Beiträge aus Soziolinguistik, Gesprochene-Sprach- und Zweitspracherwerbsforschung. Festschrift für Norbert Dittmar zum 65. Geburtstag. Frankfurt/Main: Lang, 307–321.

Rothweiler, M. (1993): Der Erwerb von Nebensätzen im Deutschen. Eine Pilotstudie. Tübingen: Niemeyer.

Selting, M. (1993): Phonologie der Intonation: Probleme bisheriger Modelle und Konsequenzen einer neuen interpretativ-phonologischen Analyse. In: Zeitschrift für Sprachwissenschaft 11, 99–138.

Stern, C./Stern, W. (1928/1975): Die Kindersprache: Eine psychologische und sprachtheoretische Untersuchung. Unveränderter Nachdruck der vierten, neubearbeiteten Auflage Leipzig 1928. Darmstadt: Wissenschaftliche Buchgesellschaft.

Swift, M. (2004): Time in Child Inuktitut: A Developmental Study of an Eskimo-Aleut Language. Berlin: de Gruyter.

Tomasello, M. (1992): The Social Bases of Language Acquisition. In: Social Development 1, 67–87.

Tomasello, M. (1995): Language is not an Instinct. In: Cognitive Development 10, 131–156.

Tomasello, M. (2000a): The Social-pragmatic Theory of Word Learning. In: Pragmatics 10, 401–414.

Tomasello, M. (2000b): Do Young Children have Adult Syntactic Competence? In: Cognition 74, 209–253.

Tracy, R. (1991): Sprachliche Strukturentwicklung. Linguistische und kognitionspsychologische Aspekte einer Theorie des Erstspracherwerbs. Tübingen: Narr.

Tracy, R. (1994): Raising Questions: Formal and Functional Aspects of the Acquisition of Wh-Questions in German. In: Tracy, R./Lattey, E. (Hgg.), How Tolerant Is Universal Grammar? Essays on Language Learnability and Language Variation. Tübingen: Niemeyer, 1–34.

Tracy, R. (2000): Sprache und Sprachentwicklung: Was wird erworben? In: Grimm, H. (Hg.), Enzyklopädie der Psychologie. Bd. III: Sprachentwicklung. Göttingen: Hogrefe, 3–39.

Tracy, R. (2008): Wie Kinder Sprachen lernen: Und wie wir sie dabei unterstützen können. Tübingen: Francke.
Wode, H. (1976): Some Stages in the Acquisition of Questions by Monolingual Children. In: Word 27, 261–310.
Wunderlich, D. (1988): Der Ton macht die Melodie – Zur Phonologie der Intonation des Deutschen. In: Altmann, H. (Hg.), Intonationsforschungen. Tübingen: Niemeyer, 1–40.

Petra Gretsch

36 Satztyp und Typologie

1. Einleitung
2. Zur Identifizierung von Satztypen
3. Primäre Satztypen
4. Insubordination und Stellung des Exklamativs
5. Universelle Tendenzen und Zusammenhänge
6. Abschließenden Bemerkungen
7. Literatur

1 Einleitung[1]

Typologie und einzelsprachliche Grammatikschreibung stehen in einem engen Wechselverhältnis und sind stark aufeinander angewiesen. Neben Korpora, Experimenten, geeigneten Fragebögen und ihrer Beantwortung bilden einzelsprachliche Grammatiken das Rohmaterial für eine Typologie, wobei die für die Einzelsprache relevanten Verallgemeinerungen, d. h. Informationen über die „innere Form" einer Sprache, nur in einer guten Grammatik zu finden sind. Die Typologie wiederum liefert der einzelsprachlichen Grammatographie durch ihre Unterscheidungen von Mustern und Grenzen der Variation zwischen Sprachen einen Orientierungsrahmen für die Einordnung der Strukturen einer bestimmten Sprache in den Raum des Möglichen und für eine Differenzierung zwischen weit verbreiteten allgemeineren Zügen und den für eine Sprache charakteristischen Eigenschaften.

Der folgende Beitrag versucht einen solchen allgemeinen Orientierungsrahmen speziell für die in den anderen Beiträgen gelieferten Beschreibungen des Deutschen zu liefern und gleichzeitig nach der Rolle des Deutschen für eine Typologie von Satztypen zu fragen. Es versteht sich von selbst, dass dieser Versuch einer typologischen Fundierung für eine Diskussion des Systems von Satztypen im Deutschen auf dem Stand der aktuellen Diskussion sein muss.

Eine zentrale Frage einer übereinzelsprachlich orientierten Typologie der Satztypen betrifft deren Identifikation. Da ein wesentliches Ziel typologischer Untersuchungen darin besteht, die vorherrschenden Muster in den Sprachen der Welt zu kartographieren und gleichermaßen deren Grenzbereiche abzustecken, benötigen wir für den grammatischen Bereich der Satztypen Erken-

---

[1] Ekkehard König bedankt sich beim *Freiburg Institute of Advanced Studies* für die ihm im Wintersemester 2010/11 gewährte Gastfreundschaft.

nungsmerkmale, die auch für einen übereinzelsprachlichen Vergleich geeignet sind.

Wir gehen zunächst einmal von der in linguistischen Beschreibungen allgemein und auch in anderen Beiträgen dieses Bandes getroffenen Annahme aus, dass Satztypen als eine Assoziation von Formmerkmalen (Wortstellung, Partikeln, Fragewörter, usw.) mit einem auf der semantischen Ebene anzusiedelnden Satzmodus (deklarativ, interrogativ, imperativ, usw.) zu begreifen sind, wobei die Satzmodi wiederum ein noch näher zu bestimmendes illokutives Potential eröffnen, also die Verwendung der Satztypen für Assertionen, Beschuldigungen, Fragen, Aufforderungen, Bitten, Einladungen, usw. im Wesentlichen bestimmen. Damit stellt sich natürlich Frage, wie viele Satztypen in den Sprachen der Welt im Allgemeinen unterschieden werden können und auf welchen Eigenschaften diese Unterscheidungen beruhen, d.h. welche Kriterien für ihre Unterscheidung und damit auch Identifikation wesentlich sind. Daran schließt die Frage an, ob Haupttypen und Nebentypen von Satzmodi zu unterscheiden sind, d.h. ob eine hierarchisch organisierte Subklassifikation von Satztypen möglich und sinnvoll ist.

Die übereinzelsprachliche – und letztlich auch die einzelsprachliche – Identifikation von Satztypen ist nicht trivial, da mehrere Formmerkmale verschiedener sprachlicher Beschreibungsebenen (Phonologie, Morphologie, Syntax) miteinander interagieren können.[2] So werden zum Beispiel im Deutschen Interrogativsätze für Ergänzungsfragen durch ein Fragewort, eine besondere Wortstellung sowie einen vom Deklarativsatz abweichenden Intonationsverlauf signalisiert. Die verwendeten Formmerkmale unterscheiden sich zwischen den Sprachen sehr stark.[3] Selbst wenn man von der in König/Siemund (2007: 285) getroffenen Annahme ausgeht, dass Deklarativsätze in der Regel unmarkiert und vor allem über die Grundwortstellung (SVO, SOV, usw.) zu identifizieren sind, ergibt sich für das Deutsche unmittelbar das Problem, dass in dieser Sprache die Wortstellung in Nebensätzen (d.h. SOV) als grundlegend angesehen wird, Satz-

---

[2] Wir unterstellen hier die Annahme, dass sich Satztypen durch eine näher zu bestimmende Anzahl von notwendigen Formmerkmalen hinreichend definieren lassen. Wir lassen allerdings offen, ob Satztypen eher im Sinne einer Merkmalstheorie oder einer Prototypentheorie zu fassen sind (vgl. Panther/Köpcke 2008).
[3] Croft (1994: 464) schlägt die folgende Taxonomie der entsprechenden Formmerkmale vor: (i) Intonationsverlauf, (ii) Änderung in der Anordnung der Konstituenten, (iii) die Positionierung von Elementen in salienten Satzpositionen (Anfang, Ende, zweite Position), (iv) Auslassung oder Einfügung von Konstituenten, (v) Veränderung des Verbs. Den ersten beiden Strategien wird eine besondere Bedeutung zugesprochen, da sie den Satz als Ganzes betreffen, obwohl die Veränderung der Konstituentenfolge im Vergleich zur Auslassung und Einfügung von Elementen übereinzelsprachlich weniger weit verbreitet ist.

typen und assoziierte Satzmodi jedoch auf der Hauptsatzebene verortet werden. Dabei muss man im Blick behalten, dass das Deutsche eine ausgesprochen gut erforschte Sprache ist, insbesondere im Bereich der Satztypen. Für weniger erforschte Sprachen dürfte demnach selbst die Identifikation der unmarkierten Deklarativsätze eine Herausforderung sein. Wenn wir nun aber nicht einmal bei den Deklarativsätzen auf eine eindeutige Identifzierbarkeit hoffen können, dann werden die Probleme bei den anderen Satztypen umso gravierender sein.

Mit unserem Beitrag verfolgen wir im Wesentlichen zwei Ziele. Auf der einen Seite möchten wir einen übereinzelsprachlich inspirierten Beitrag liefern, der methodische Hilfestellungen bei der Identifizierung und Beschreibung von Satztypen gibt. In diesem Teil werden wir uns auf eine Exkursion durch die Satztypen in den Sprachen der Welt begeben und die Formmerkmale, die zu deren Kodierung eingesetzt werden, zusammenfassend beschreiben. Dabei werden wir versuchen, die Relevanz der übereinzelsprachlichen Beobachtungen für die Analyse des Deutschen herauszuarbeiten. Auf der anderen Seite wollen wir uns mit universellen Tendenzen und Zusammenhängen in diesem grammatischen Bereich beschäftigen. Ausgehend von der Annahme, dass es übereinzelsprachliche Verallgemeinerungen gibt, fragen wir, ob und welche Satztypen in allen bzw. den meisten Sprachen anzutreffen sind, ob es präferierte Kodierungsmechanismen gibt, wie diese zu erklären sind, und ob es universelle Zusammenhänge zwischen Satztypen und deren Formmerkmalen gibt. Insbesondere in Hinblick auf den letzten Punkt gibt es in der Literatur eine Reihe von viel diskutieren Hypothesen, die wir hier einer genaueren empirischen Überprüfung unterziehen wollen.

2 Zur Identifizierung von Satztypen

Drei Haupttypen von Satzmodi werden in den meisten traditionellen und neueren Grammatiken unterschieden, denen in vielen Schriftsystemen unterschiedliche Interpunktionszeichen und drei völlig verschiedenen Funktionen entsprechen: Weltzustände zu beschreiben, Informationen über die Welt einzuholen und Aufträge zur Veränderung von Weltzuständen zu geben. Entsprechend gingen auch frühere Versuche, eine Typologie von Satzmodi zu entwickeln (Sadock/Zwicky 1985, König/Siemund 2007) davon aus, dass eine solche Dreierunterscheidung in vielen, wenn nicht in allen Sprachen gemacht werden konnte. Und diese Erwartung wurde weitgehend durch die Daten bestätigt. Was allerdings nicht bestätigt wurde, war die damit verbundene Annahme, dass die relevanten Formmerkmale (Affixe, Partikeln, Wortstellungsmuster, etc.), die diese drei Grundtypen klar identifizieren, ein System von alternativen Wahlmöglichkeiten bilden (vgl. Abbildung 1).

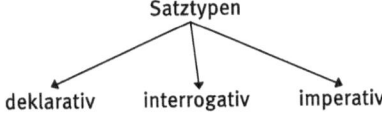

Abbildung 1: Drei Hauptsatztypen

In einigen wenigen Sprachen bilden morphologische Markierungen zwar solche Systeme von alternativen Wahlmöglichkeiten (z.B. Japanisch, Inuktitut, Nama Hottentot, Koreanisch), die weitaus häufigeren Fälle sehen jedoch anders aus:
- Es werden nur zwei der genannten drei Typen klar unterschieden: So fehlt eine klare Markierung von polaren Interrogativsätzen im Chalcatongo Mixtec, im Hayu, im Nêlêmwa, im Tuvaluischen, und auch im Italienischen, und es gibt keine auf direktive Sprechakte fixierte Imperative im Yagua, Manam, Amele und im Mandarin.
- In vielen Fällen werden die Formmerkmale für die drei Satztypen zu unterschiedlichen paradigmatischen Oppositionen gerechnet. So wird der Imperativ oft in Opposition zu Indikativ und Konjunktiv gesetzt und zu einem System des grammatischen Modus („mood') gerechnet.
- An Stelle von equipollenten Oppositionen, in den alle drei Typen durch bestimmte Formelemente ausgedrückt werden, finden wir privative Oppositionen, d.h. ein Typ unterscheidet sich von einem anderen lediglich durch die Abwesenheit eines Merkmals. Polare Interrogative sind z.B. morphologisch und intonatorisch unmarkiert im Yélî Dnye und unterscheiden sich von Deklarativsätzen nur durch die Abwesenheit der Deklarativmarkierung (Levinson 2010).
- Das Kriterium der equipollenten Opposition liefert uns mehr als eine Dreierunterscheidung. Ein klares Beispiel ist das Kwaza, eine südamerikanische Sprache, für die die Frage einer genetischen Klassifizierung noch ungeklärt ist (vgl. van der Voort 2004). In dieser Sprache stehen 8 verschiedene Affixe in Opposition zueinander:

In seiner umfassenden Grammatik des Kwaza (eine in Brasilien gesprochene Sprache) unterscheidet van der Voort vier durch Affixe markierte Haupttypen von Satzmodi (deklarativ, interrogativ, persuasiv, prohibitiv), von denen die letzten zwei (persuasiv und prohibitiv) jeweils drei Untertypen umfassen (van den Voort 2004: 283ff.):

(i)   deklarativ: -ki, -tse;
(ii) interrogativ: -re;
(iii) persuasiv: 2SG/PL imperativ: -ra
                    1PL.INCL, 3SG/PL exhortativ-kausativ: -ni
                    1SG, 1PL.EXCL volitiv: -my
(iv) prohibitiv   negative imperativ: -ky-
                    negative exhortativ: -(i)ni-
                    monitiv: -tsi

Kwaza (van den Voort 2004)
(1) mã-Ø-ki   deklarativ
    rufen-3-DEC
    ‚Er/sie/es ruft/rief; Sie rufen/riefen.'
(2) tsũ'hũ   pĕrĕjã-xa-re   interrogativ
    was   sprechen-2-INT
    ‚Was sagst Du?'
(3) ka'we   kui-Ø-'ra   2. Person imperativ
    Kaffee   trinken-2SG-IMP
    ‚Trink Kaffee!'
(4) ka'we   kui-'ni   exhortativ
    Kaffee   trinken-EXH
    ‚Lasst ihn Kaffee trinken!'
(5) ka'we   kui-da-mỹ   volitiv
    Kaffee   trinken-1SG-VOL
    ‚Ich werde Kaffee trinken.'

Wie aus den o. a. Beispielen und den Angaben zu den Restriktionen für die einzelnen Subtypen hervorgeht, handelt es sich jedoch bei dem Modus ‚Persuasiv' um das Gegenstück zum Imperativ in vielen anderen Sprachen. Für die 2. Person (SG und PL), für die 3. Person (SG und PL), die 1. Person PL und für die 1. Person SG findet man in dieser Sprache unterschiedliche Formen, d.h. die bekannten Bedeutungsunterschiede zwischen Flexionsformen eines Imperativs werden an der Oberfläche markiert. Dass ‚imperativische Formen' in Verbindung mit unterschiedlichen Adressaten unterschiedliche Bedeutungen haben und daher oft unterschiedlich bezeichnet werden, lässt sich auch durch die folgenden Beispiele für das Deutsche zeigen:

(6) a. Komm/kommt herein! (2. Person) → direktiv/imperativ
     b. Lasst uns beginnen! Lasst sie eintreten! (1. Person PL inklusiv; 3. Person) → hortativ
     c. Lass mich folgenden Vorschlag machen. (1. Person) → volitiv

Hier finden wir für das Hilfsverb *lassen* zwar die im Deutschen verfügbaren Imperativformen (Sg und PL), aber die mitverstandenen Subjekte für die Hauptverben und somit die Adressaten für die entsprechenden direktiven Sprechakte werden durch Pronomina der ersten oder der dritten Person bezeichnet.

Auch für diese deutschen Beispiele wäre die Gesamtbezeichnung ‚persuasiv' und die o. g. Unterbezeichnungen durchaus sinnvoll. Die drei Untertypen für den Modus ‚Persuasiv' im Kwaza sind somit auf die unterschiedlichen Interaktionen eines Modus ‚Imperativ' (= ‚Persuasiv') mit verschiedenen Personen als Adressaten zurückzuführen. Was den vierten Modus ‚Prohibitiv' anbelangt, so sind dies letztlich die Negationen der Untertypen des persuasiven Modus. Dass es für negierte Imperative verschiedene Formen gibt, ist eine weit verbreitete Erscheinung in den Sprachen der Welt (vgl. van der Auwera/Lejeune 2008). Somit könnte das System von Satztypen bzw. Satzmodi auch im Kwaza letztlich auf die bekannten drei Haupttypen zurückgeführt werden. Ob dies angesichts der beobachteten formalen Differenzierungen die beste Analyse für das Kwaza ist, soll hier offen bleiben. Hier ging es lediglich darum, das Gemeinsame herauszuarbeiten, das eine Sprache mit einem formal differenzierteren Modussystem mit Sprachen verbindet, die wie das Deutsche weniger formale Differenzierungen aufweisen. Ebenso wenig ist die Beobachtung, dass in manchen Sprachen lediglich zwei Grundtypen unterschieden werden, ein Argument gegen die grundsätzliche Annahme von drei Satzmodi. In diesen Sprachen kann z. T. die Intonation eine differenzierende Rolle übernehmen, und andererseits sind Überlappungen von Satztypen bei bestimmten Personenkennzeichnungen ohnehin eine weit verbreitet Erscheinung (vgl. (7a)). Und schließlich können in allen Fällen Deklarativsätze, die geringeres Wissen des Sprechers gegenüber dem Adressaten verraten, als Fragen interpretiert werden, ebenso wie Aussagen über künftige Handlungen des Adressaten als Aufträge, Anweisungen, etc. interpretierbar sind (vgl. (7b-c)):

(7) a. Kommen Sie mit? Kommen Sie mit!
    b. Deine Frau ist sicher krank. Du hast Schmerzen?
    c. Du wirst den Rasen mähen.

3 Primäre Satztypen

Nachdem wir nunmehr begründet haben, dass die Unterscheidung von drei Satzmodi zumindest eine in den Sprachen der Welt weit verbreitete, wenn nicht universelle Erscheinung und somit als Ausgangspunkt auch für einzelsprachliche Beschreibungen sinnvoll ist, können wir kurz auf den Raum und die Grenzen möglicher Variation in der formalen Kodierung von Satztypen eingehen.

3.1 Deklarativsätze

Über die spezifischen Eigenschaften von Deklarativsätzen findet man meist nur wenig in einzelsprachlichen Grammatiken. So gibt es typischerweise spezielle Kapitel zu den Interrogativsätzen und Imperativen, aber kein analoges Kapitel zu Deklarativsätzen.[4] Die entsprechenden Informationen finden sich implizit in Aussagen über spezielle grammatische Bereiche. Alle Aussagen der anderen Kapitel, die über die Eigenschaften von Phrasen hinausgehen, sind gleichsam implizit auf Deklarativsätze bezogen.

Diese Asymmetrie in der Beschreibung der Satztypen hängt mit dem besonderen (unmarkierten) Status von Deklarativsätzen zusammen: Sie sind der häufigste Satztyp, sie weisen die wenigsten Restriktionen in ihrer Kombinierbarkeit und ihrer Distribution auf und ihre Anordnung von Konstituenten wird meist als Grundwortstellung einer Sprache angesehen. Außerdem lassen sich sämtliche Sprechakttypen durch Deklarativsätze ausdrücken und auch explizite Performativsätze haben typischerweise die Form von Deklarativsätzen (vgl. König/Siemund 2007: 285). Schließlich sind Deklarativsätze auch in dem Sinn fundamental, als sich sehr oft die anderen Typen von ihnen ableiten lassen.

Die Frequenz deklarativer Satztypen in Korpora natürlicher Sprache – im Vergleich zu den anderen hier unterschiedenen Satztypen – ist überraschend hoch. In der britischen Komponente des *International Corpus of English* (ICE-GB) finden sich z. B. 56 044 Hauptsätze, von denen 4549 als interrogativ, 1601 als imperativ und lediglich 11 als exklamativ klassifiziert sind (6 Sätze sind zudem als subjunktiv klassifiziert). Das bedeutet, dass 49 877 (ca. 89 Prozent) der im Korpus vorhandenen Hauptsätze Deklarativsätze sind (vgl. Tabelle 1, Siemund 2003).[5]

Tabelle 1: Verteilung der Satztypen in ICE-GB

ICE-GB	main clauses	interrogative	imperative	exclamative	subjunctive
number	56 044	4549	1601	11	6
percent	100	8,1	2,9	0,02	0,01

---

4 Die neue Grammatik von Lichtenberk (2008) – *A Grammar of Toqabaqita* – ist ein klares Beispiel.

5 Das ICE-GB ist vollständig geparst und syntaktisch annotiert. Deshalb sind die hier gemachten Aussagen zur Frequenz möglich. Damit verbunden ist natürlich keine Aussage über die Funktion der entsprechenden Sätze. Wir gehen davon aus, dass sich in anderen Sprachen ähnliche Verteilungen finden lassen. ICE-GB enthält ca. eine Million Wörter, die in etwa zu gleichen Teilen der geschriebenen bzw. der gesprochenen Sprache entnommen sind.

Alle der genannten Eigenschaften können auch zur Identifizierung von Deklarativsätzen herangezogen werden, ebenso wie ihre generelle Verwendbarkeit für assertive Sprechakte ('representatives/assertives' in der Typologie von Searle 1976). Darüber hinaus sind natürlich auch formale Eigenschaften für die übereinzelsprachliche Charakterisierung dieses Satztyps relevant, die erst in der Gegenüberstellung zu den anderen Satztypen sichtbar werden: Finitheit des Verbs, die Modalität des Realis ausgedrückt durch den Indikativ, spezielle Deklarativsuffixe (z. B. -ta im Koreanischen, -a im Thai), die Interaktion mit Markierungen für Evidentialität und natürlich auch die Reihenfolge der Konstituenten eines Satzes (Wortstellung).[6]

In vielen germanischen Sprachen werden Satztypen durch Wortstellung unterschieden und auch im Deutschen ist dieses Kriterium für die Identifizierung von Deklarativsätzen sehr relevant. Da ja im Deutschen die Grundwortstellung im Hauptsatz und im eingeleiteten Nebensatz unterschiedlich ist (TVX vs. SOV) und auch Verbeststrukturen unter bestimmten Bedingungen als Deklarativsätze verwendet werden können (vgl. (8c)), ergeben sich hier interessante Probleme, die in den vorausgehenden Artikeln in diesem Band diskutiert werden (vgl. Reis 1999).

(8)   a. Karl hat ein Buch gekauft.
     b. Ich habe gehört, dass Karl ein Buch gekauft hat.
     c. Kommt ein Mann in Nordirland in eine Kneipe und verlangt ein Bier.

Für das Deutsche kann man zudem noch bestimmte Modalpartikeln wie z. B. *doch* (deklarativ oder imperativ) und unbetontes *ja* zur Identifizierung von Deklarativsätzen heranziehen, da diese nicht mit den anderen Satztypen kombinierbar sind (vgl. Thurmair 1989):

(9)   a. Paul verdient doch schon so viel Geld.
     b. *Verdient doch Paul schon so viel Geld?

Analog kann man andere Modalpartikeln (z. B. *denn*) als Indikatoren für Interrogativsätze betrachten.

---

[6] Als Markierungen für Evidentialität werden Indikatoren bezeichnet, die die Quelle für die Evidenz einer Aussage (visuell, Hörensagen, Inferenz, etc.) angeben (vgl. Aikhenvald 2004, König/Siemund 2007: 288 ff.). Für das Deutsche könnte man die Modalpartikel *ja* als Evidentialmarkierer betrachten, da sie u. a. auf visuelle Evidenz Bezug nimmt: *Der Kleine kann ja schon schwimmen!*

3.2 Interrogativsätze

Interrogativsätze können insbesondere durch Gegenüberstellung zu Deklarativsätzen identifiziert und charakterisiert werden. Ihr Verwendungspotential umfasst vor allem verschiedene Typen von Fragen. Als Untertypen werden generell polare Interrogativa („Ja-nein-Fragen') von parametrischen Interrogativa („Informationsfragen') und von disjunktiven Interrogativa („Alternativfragen') unterschieden.

In Arbeiten zur intra-linguistischen Mikrovariation werden jedoch noch eine Reihe von weiteren Typen unterschieden (vgl. Obenauer 2006), für die sich allerdings im zwischensprachlichen Vergleich nur schwer eine Vergleichbarkeit etablieren lässt:

(10) a. Wo zum Teufel ist mein Schlüssel?
b. Wo bleibt nur der Postbote?
c. Was ist denn los?

3.2.1 Polare Interrogativa

Bei diesem Haupttypus lässt sich eine begrenzte Zahl von Strategien unterscheiden, durch die in den meisten Sprachen der Welt polare Interrogativa von Deklarativa differenziert werden. Die in König/Siemund (2007) angeführte Liste (Markierung durch Intonation, durch Partikeln, durch Wortstellung, durch Flexion, durch negative Disjunktion und durch sog. tags) entspricht auch dem neueren Stand unserer Erkenntnisse. Mehrere dieser Strategien lassen sich auch im Deutschen beobachten:

(11) a. Du kommst mit?
b. Kommst Du mit?
c. Du kommst mit, nich(t)/gell/ja/wa/wohl?

Durch neuere Studien liegen mittlerweile sehr verlässliche Daten zur Verteilung dieser Markierungsstrategien in den Sprachen der Welt vor. Dryer (2008a) findet in einer umfangreichen Stichprobe von Sprachen die folgenden Verteilungen (vgl. Tabelle 2). Aus der Perspektive des Deutschen ist bemerkenswert, dass es in dieser Stichprobe neben dem Deutschen lediglich 11 weitere Sprachen gibt, die polare Interrogativsätze durch Wortstellung markieren.

Fragepartikeln treten vorzugsweise am Satzende auf. Dryer (2008b) beobachtet in einer Stichprobe von 777 Sprachen 273 mit satzfinalen Fragepartikeln und 118 mit satzinitialen Partikeln. 309 der untersuchten Sprachen verfügen über

Tabelle 2: Markierungsstrategien für polare Interrogativa in Dryer (2008a)

Markierungsstrategien	Anzahl an Sprachen
Fragepartikeln	522
Verbmorphologie	154
Kombination aus Fragepartikeln und Verbmorphologie	12
Wortstellung	12
Auslassung eines Deklarativmorphems	4
Intonation	137
keine Unterscheidung von Deklarativ- und Interrogativsätzen[7]	1
Gesamt	842

keine Fragepartikeln. In den verbleibenden Sprachen finden sich die Fragepartikeln in anderen Positionen, wobei der zweiten Position im Satz (Wackernagelposition) eine besondere Rolle zukommt.

Obwohl das Deutsche in der Regel nicht zu den Sprachen mit Interrogativpartikeln gezählt wird, findet man in vielen Regiolekten Partikeln oder auch multimorphematische Einheiten, die in finaler Stellung von Deklarativsätzen diese als Fragen charakterisieren (vgl. (11c)).

Durch steigenden Intonationsverlauf markierte Deklarativsätze sind nicht unbedingt als Interrogativa zu bezeichnen. Fragen des Typs (11a) sind bezogen auf die signalisierten Erwartungen keine neutralen Fragen, sondern drücken eine Antworterwartung aus („checking question", vgl. Gunlogson 2001). Eine weit verbreitete Annahme über die Form und Rolle von Intonation in Fragesätzen bzw. Fragen wurde in neueren Untersuchungen widerlegt, nämlich die Annahme, dass die Intonation in diesen Fällen immer steigend sei und sich dies durch die allgemeine kommunikative Offenheit eines steigenden Intonationsverlaufs erklären ließe. In einer Reihe von Untersuchungen hat Rialland (2009) gezeigt, dass polare Interrogativa im „Sudanic belt" einen fallenden oder tiefen Intonationsverlauf haben, mit „breathy voice" und einem tiefen Ton am Ende. Dieser Intonationsverlauf für Interrogativa wird für 57 Fälle aus seiner Datensammlung von 117 afrikanischen Sprachen von 3 großen Familien (phyla) nachgewiesen.

Zu den neueren Erkenntnissen über Interrogativsätze gehört auch die Beobachtung, dass interrogative Partikeln oft mit Fokussierung interagieren. Im Finnischen werden polare Interrogativa durch die Partikel -ko/-kö gekennzeichnet, die mit verschiedenen Konstituenten kombinierbar ist, die dann fokussiert wer-

---

[7] Das Chalcatongo Mixtec (Mexico) ist die Sprache aus der Stichprobe, in der polare Interrogativa keinerlei formale Markierung haben, die sie von Deklarativsätzen unterscheidet.

den (wie auch im Russischen und Türkischen). Bei einer neutralen Frage wird das Verb fokussiert:[8]

Finnisch (Miestamo 2007)
(12) a. Fido   haukku-u   parvekkee-lla   ‚Fido bellt auf dem Balkon.'
         Fido   bell-3SG   Balkon-ADE
     b. Haukku-u-ko Fido parvekkee-lla? ‚Bellt Fido auf dem Balkon?'
                                          (neutral)
     c. Fido-ko haukku-u parvekkee-lla? ‚Ist es Fido, der da auf dem Balkon bellt?'
     d. Parvekkee-lla-ko Fido haukku-u? ‚Bellt Fido etwa auf dem Balkon?'

3.2.2 Parametrische Interrogativa (Informationsfragen)

Wesentliche Parameter in der Kodierung von sog. parametrischen Interrogativa (‚content interrogatives') sind die Stellung der Fragewörter (*in situ* oder am Satzanfang), die Frage der Position dieser Fragewörter bei mehrfachem Vorkommen in einem Satz und die Frage nach der Interaktion von Fragewörtern mit anderen grammatischen Kategorien (vgl. Grewendorf 2001).

Hinsichtlich der Positionierung der Fragewörter gibt es in den Sprachen der Welt eine klare Tendenz, diese in Interrogativsätzen in der Position zu belassen, in der die entsprechenden Konstituenten in Deklarativsätzen anzutreffen sind (*in situ*). Dryer (2008c) untersucht diesen Parameter in einer Stichprobe von 803 Sprachen und findet dort nur 241 Sprachen, die Fragewörter in die Initialposition des Satzes stellen („Wh-Movement"), wozu auch das Deutsche gehört.[9]

Was die Interaktion von Fragewörtern mit anderen Kategorien anbelangt, so wurde u. a. die Frage diskutiert, für welche Wortklassen und welche Begriffe Fragewörter in den Sprachen der Welt zu finden sind. Zur ersten Frage ist zunächst einmal zu konstatieren, dass Fragewörter für Numeralia (Kardinalzahlen) öfter zu

---

[8] Im Prinzip ließen sich an dieser Stelle noch verschiedene andere Phänomene diskutieren, die für Entscheidungsfragen relevant sind (z. B. Antwortsysteme). Der interessierte Leser sei auf die entsprechenden Teile in Sadock/Zwicky (1985), Siemund (2001) und König/Siemund (2007) verwiesen.

[9] Bei der Anwesenheit von mehreren Fragewörtern in einem Satz findet man ebenfalls stark divergierende Eigenschaften bezüglich ihrer Wortstellung. Verschiedene slawische Sprachen stellen Fragewörter uneingeschränkt an den Satzanfang, wohingegen im Deutschen und Englischen nur ein Fragewort satzinitial auftritt und weitere Fragewörter *in situ* bleiben: *Wer tanzte wann mit wem?* (vgl. Siemund 2001: 1023–1025).

finden sind als für Ordinalzahlen. Im Deutschen finden wir beides (*wie viel – der wievielte*), im Englischen nur den ersten Fall (*how many*). Außerdem wurde für die Sprachen Ozeaniens immer wieder beobachtet, dass sie Fragewörter für Verben haben, eine Möglichkeit, die in europäischen Sprachen völlig fehlt (vgl. Moyse-Faurie 1995, 1997):

East-Futunan (Moyse-Faurie 1997: 172f.)
(13) e   fia   ou   toe
     NPAST be.how much your children
     ‚How many children do you have?'

Bali-Vitu, New Britain (Lynch et al. 2002: 385)
(14) ee,   mi-ri   tazianga?
     now, IRR-HYP3 do.what
     ‚What could he do?'

Beobachtungen dieser Art wurden in einem Überblicksartikel von Hagège (2008) zusammengefasst und diskutiert. Auf der Basis dieser Beobachtungen postulieren wir hier eine Hierarchie der Verfügbarkeit von Fragewörtern, die auf Wortklassenunterscheidungen basiert (vgl. (15)). Die Fragewörter in (16) illustrieren diese Hierarchie für das Deutsche.

(15)   NP > ADV > Adj/Det > Num/Cardinal > Ordinal > V > Prep

(16)   wer, was; wann, wo, warum; welcher; wie viel; der wievielte
       (finn. monesko)

Von links nach rechts gelesen zeigt diese Hierarchie eine abnehmende Wahrscheinlichkeit in der Verfügbarkeit eines Frageworts für eine bestimmte Wortklasse an, von rechts nach links gelesen besagt sie, dass für irgendeinen Punkt auf der Skala die Existenz eines Frageworts für die entsprechende Wortklasse auch die Existenz der Fälle weiter nach links impliziert. Fragewörter, die zur Wortklasse der Präpositionen gerechnet werden könnten, sind bisher noch nicht überzeugend nachgewiesen worden, interrogative Verben sind dokumentiert, aber selten, Interrogativpronomina für Ordinalzahlen findet man in weniger Sprachen als solche für die übrigen Klassen, usw. Fragewörter übernehmen vielfach auch die Funktion von Indefinitpronomina, u.a. auch im Deutschen, wie die folgenden Beispiele zeigen:

(17) a. Da kommt wer. ‚Da kommt jemand.'
b. Ich höre was. ‚Ich höre etwas.'
c. Er hat das Auto wo gegen gefahren. ‚Er hat das Auto irgendwo gegen gefahren.'

Im Deutschen sind die indefiniten Verwendungen von Fragewörtern im Wesentlichen auf *wer* bzw. *was* beschränkt und schließen die adverbialen Fragewörter nur marginal mit ein (17c). Ein Satz wie *Sie wird mich wann heiraten* im Sinne von ‚Sie wird mich irgendwann heiraten' ist nur schwer kontextualisierbar und als ungrammatisch anzusehen. Die indefiniten Verwendungen sind zudem eher dem gesprochenen Register zuzuordnen. Haspelmath (1997, 2008) zeigt, dass in anderen Sprachen wesentlich systematischere Verbindungen zwischen Fragewörtern und Indefinitpronomina bestehen. Mit 194 aus einer Stichprobe von 326 Sprachen handelt es sich dabei um eine durchaus weit verbreitete Erscheinung.[10]

Was die Interaktion von Fragewörtern mit begrifflichen Kategorien anbelangt, so ist die folgende Hierarchie auf der Basis von 50 Sprachen formuliert worden (Mackenzie 2009: 1134). Es wird dabei angenommen, dass die Hierarchie in (18) einen Anstieg in „kognitiver Komplexität" widerspiegelt:

(18) INDIVIDUAL > LOCATION > TIME > MANNER > QUANTITY > REASON

Diese Hierarchie besagt, dass die Verfügbarkeit von einfachen Fragewörtern für semantische Begriffe nach rechts hin abnimmt. Mit anderen Worten, wenn eine Sprache ein einfaches Fragewort für eine Stelle in der Hierarchie hat, hat sie auch solche Wörter für alle Begriffe weiter links. Allerdings findet Mackenzie (2009: 1145ff.) nur relativ schwache statistische Evidenz für diese Hierarchie in seiner Stichprobe. Wie aus dieser Beschreibung deutlich wird, sind diese Verallgemeinerungen der Sprachtypologie leicht falsifizierbar und können dann bestenfalls als generelle Tendenzen betrachtet werden.

---

10 Gärtner (2009) argumentiert für einen Zusammenhang zwischen indefiniten Verwendungen von Fragewörtern und eingebetteten nicht-finiten Interrogativsätzen, die z.B. im Englischen möglich (*Mary suddenly remembered where to find the keys*), im Deutschen jedoch ausgeschlossen sind (*Maria erinnerte sich plötzlich wo die Schlüssel (zu) finden*). Im Gegensatz zum Englischen erlaubt das Deutsche die indefiniten Verwendungen von Fragewörtern.

3.2.3 Zur Funktion von Interrogativsätzen

In direkter Verwendung sind Interrogativsätze mit der Funktion der Informationsgewinnung verknüpft, und zwar der Gewinnung von Wahrheitswerten in Bezug auf eine Proposition bei polaren Interrogativa bzw. inhaltlicher Information (Individuen, Zeit, Ort, usw.) bei parametrischen Interrogativa. Die Funktion von Interrogativsätzen wird in den Beiträgen zu Enfield/Stivers/Levinson (2010) in Frage-Antwort-Sequenzen anhand einer Stichprobe von zehn Sprachen untersucht. Die Ergebnisse dieser Untersuchungen zeigen, dass die Informationsgewinnung eine wesentliche Funktion von Interrogativesätzen ist (sowohl polare als auch parametrische Interrogativa), es daneben jedoch noch verschiedene andere Funktionen gibt, die ebenfalls stark frequent vertreten sind. Beide Typen von Interrogativa findet man z.B. in der Funktion der Äußerungsreparatur, um eine Wiederholung der vorangehenden Äußerung auszulösen. Beim Nachsuchen von Bestätigungen findet man hingegen hauptsächlich polare Interrogativa. Obwohl diese und andere Funktionen anscheinend in allen Sprachen von Interrogativa übernommen werden können, gibt es starke distributionelle Unterschiede in der von Enfield/Stivers/Levinson (2010) untersuchten Stichprobe.

3.3 Imperative

Imperative unterscheiden sich fundamental von den beiden anderen Satztypen und so überrascht es letztlich nicht, dass die in Abbildung 1 formulierte Erwartung über die Kodierung der drei Satztypen von den meisten Sprachen nicht erfüllt wird. Ein grundlegender Unterschied besteht darin, dass in Beschreibungen von sehr vielen Sprachen nur von zwei bzw. drei Imperativformen die Rede ist: 2. Person Singular, 2. Person Plural und in wenigen Fällen auch 2. Person Dual. Anders ausgedrückt, wenn eine Sprache überhaupt auf den Vollzug von direktiven Sprechakten spezialisierte Satztypen hat, dann sind es an Hörer gerichtete Satzformen. Diese Formen sind meistens Teil des gleichen Paradigmas. Darüber hinaus können auch Formen, die direktive Sprechakte ausdrücken (d.h. nicht-kanonische Imperative), die nicht an Adressaten gerichtet sind, Teil desselben Paradigmas sein wie an Adressaten gerichtete Imperative. Dies ist z.B. im Ungarischen, im Evenki, im Kobon und mit Ausnahme der 1. Person auch im Finnischen der Fall (vgl. Tabelle 3).

Van der Auwera/Dobrushina/Goussev (2008) sprechen bei einer sprachlichen Organisation wie im Finnischen von ‚maximalen imperativ-hortativen Systemen' und stellen diesen sog. ‚minimale' Systeme gegenüber, in denen lediglich

Tabelle 3: Das Imperativsystem im Finnischen

Finnisch Person/Numerus	sanoa	‚sagen, reden'
1SG	–	
2SG	sano	‚Rede!'
3SG	sano-koon	‚Er möge reden'
1PL inklusiv	sano-kaamme	‚Lasst uns reden'
2PL	sano-kaa	‚Redet!'
3Pl	sano-koot	‚Lasst sie reden'

die 2. Person Singular besonders markiert ist, wobei für die anderen Personen und Numeri durchaus alternative Markierungsstrategien möglich sind. Innerhalb dieses Klassifizierungsrahmens nimmt das Deutsche eine Zwischenstellung ein (weder minimal noch maximal), da der Imperativ in der 2. Person Singular und Plural morphologisch markiert wird (*find-e das Geschenk, find-et das Geschenk*) und für die anderen Personen davon verschiedene Markierungstrategien zur Verfügung stehen (*Lasst uns/ihn/sie das Geschenk finden*). Van der Auwera/Dobrushina/Goussev (2008) finden in ihrer 375 Sprachen umfassenden Stichprobe 201 Sprachen, die sich in Bezug auf die Markierung des Imperativs in etwa wie das Deutsche verhalten, d.h. weder ein maximales noch ein minimales System besitzen. 133 Sprachen verfügen über maximale Systeme, wohingegen lediglich 20 Sprachen ein minimales System haben.

In den meisten Sprachen finden wir jedoch Formen, die zu anderen Paradigmen gehören und für die daher auch häufig andere Bezeichnungen gewählt werden: So ist für die 1. Person Plural (inklusiv) als mitverstandenem Subjekt der auszuführenden Handlung die Bezeichnung ‚Hortativ' üblich (vgl. Xrakovsky 2001), für nicht-kanonische Imperative der 3. Person Singular oder Plural die Bezeichnung ‚Optativ' oder ‚Jussiv' und wenn es überhaupt eine entsprechende Form für die 1. Person Singular gibt, dann wird sie oft als ‚Volitiv' (Bitte um Erlaubnis) bezeichnet, wie oben für das Kwaza gezeigt wurde. Wie in (6) gezeigt wurde, werden die nicht-kanonischen Imperative im Deutschen durch kanonische Imperative mit dem Verb *lassen* bzw. durch den Konjunktiv gebildet.

Sofern man die Extension der Kategorie des Imperativs auf die 2. Person einschränkt, wird deutlich, dass die überwiegende Mehrzahl der Sprachen, die den Imperativ morphologisch markieren, über formale Exponenten für Singular und Plural verfügt (292 Sprachen in der Stichprobe von van der Auwera/Lejeune 2008). Das Deutsche verortet sich in den 42 Sprachen, die lediglich über einen besonderen Exponenten für die 2. Person Singular verfügen. Van der Auwera/Lejeune (2008) berichten nur von zwei Sprachen, die einen morphologischen Imperativ in der 2. Person Plural besitzen, jedoch nicht im Singular, was in Hinblick

auf die zentrale Funktion von Imperativen durchaus unseren Erwartungen entspricht.
Nicht alle Sprachen haben einen speziellen imperativen Satztyp und bei der Interaktion von Imperativen mit der Kategorie Person zeigen sich ebenfalls bestimmte Präferenzen und Restriktionen. Kanonische Imperative (2. Person) sind am häufigsten, nicht-kanonische Imperative der 1. Person Singular bzw. 1. Person Plural exklusiv sind am seltensten. Insgesamt kann man etwa die folgende Hierarchie für die Interaktion des Imperativs mit der Kategorie Person formulieren:

(19) 2SG > 2PL > 1PL.INCL > 3SG/PL > 1SG/PL.EXCL (vgl. Aikhenvald 2010: 76)

Die Zentralität der an Adressaten gerichteten Imperative, die keine Parallele bei anderen Satztypen hat, und die damit verbundene Unterscheidung zwischen ‚kanonischen' und ‚nicht-kanonischen' Imperativen ist eine zentrale Basis jeder typologischen oder einzelsprachlichen Beschreibung von Imperativen. Die Muster und Grenzen der Variation sind für kanonische und nicht-kanonische Imperative getrennt zu beschreiben. Aus analogen Gründen ist auch eine Trennung zwischen nicht-negierten und negierten Imperativen vorzunehmen.

Kanonische Imperative können durch viele formale Mittel gekennzeichnet sein: durch Flexion, durch Partikeln, durch Subtraktion, durch Klitika oder spezielle Pronomina und durch prosodische Mittel (Ton). In vielen Sprachen ist der Imperativ die einfachste aller Flexionsformen des Verbs und z.B. mit dem Verbstamm identisch (vgl. dt. *geh*-!). Im Allgemeinen zeigen Imperativformen weniger Kombinatorik mit anderen Kategorien, wie z.B. mit Aspekt. Allerdings sind Unterscheidungen von Imperativformen temporaler Art (‚handle jetzt' vs. ‚handle später!') und lokaler Art (‚handle hier' vs. ‚handle dort!') durchaus weit verbreitet (vgl. Aikhenvald 2010: Kap. 4). Eine in Afrika (afro-asiatische Familie) weit verbreitete Erscheinung sind Suppletivformen für besonders häufige Verben (‚come', ‚go', ‚do', ‚take', etc.), d.h. von Verben, die lediglich eine Imperativform haben (vgl. Veselinova 2006).

Im Deutschen werden direktive Sprechakte häufig durch nicht-finite Strukturen realisiert, insbesondere bei Instruktionen, d.h. in Kontexten, in denen kein direkter Adressat zur Verfügung steht.

(20) a. Den Rasen nicht betreten. / Hier nicht rauchen.
      b. Die Suppe umrühren und abschmecken.

Angesichts der besonderen Enkodierungsstrategien, die man übereinzelsprachlich für negative direktive Sprechakte findet, erscheint es durchaus sinnvoll, eine Kategorie des Prohibitivs (d.h. des negativen Imperativ) anzunehmen. Allerdings ist der Prohibitiv nicht immer klar vom Imperativ abgrenzbar, da sich die Unterschiede bei der Kodierung zum Teil lediglich auf die Negation beziehen. In ihrer typologischen Studie zum Prohibitiv unterscheiden van der Auwera/Lejeune (2008) vier Enkodierungsstrategien für diese Kategorie, nämlich (i) Imperativ plus normale Negation, (ii) Imperativ plus spezielle Negation, (iii) spezieller Imperativ plus normale Negation und (iv) spezieller Imperativ plus spezielle Negation. Es ist offensichtlich, dass die vierte Strategie besser vom positiven Imperativ abgrenzbar ist und einem prototypischen Prohibitiv am nächsten kommt. Mit einem Anteil von 145 von 495 Sprachen in der Stichprobe von van der Auwera/Lejeune (2008) ist die vierte Strategie relativ häufig vertreten (zum Vergleich: (i): 113 Sprachen, (ii) 182 Sprachen, (iii) 55 Sprachen)).

4 Insubordination und Stellung des Exklamativs

Neben den drei bisher grundlegenden Satztypen kann man in allen Sprachen auch noch eine große Zahl von weiteren Satztypen unterscheiden, als Untertypen von Deklarativsätzen, Interrogativsätzen und Imperativen, oder einfach als speziellere Satztypen („minor clause types'). Auch in diesen Fällen sind bestimmte formale Eigenschaften mit einem bestimmten illokutiven Potential assoziiert. Wenn man diese spezielleren Satztypen mit den drei Haupttypen auf eine Stufe stellt, dann erhält man als Gesamtergebnis eine sehr große Zahl an Satztypen für eine Sprache (vgl. Altmann 1987, 1993). Von den grundlegenden drei Satztypen unterscheiden sich jedoch diese Untertypen und spezielleren Satztypen dadurch, dass ihr Verwendungspotential wesentlich enger ist und oft auf einen speziellen Sprechakt festgelegt ist.[11] Aus einer vergleichenden, typologischen Perspektive kann man außerdem feststellen, dass sowohl in der Form als auch im Verwendungspotential die Unterschiede zwischen den Sprachen wesentlich größer sind als bei den drei grundlegenden Typen. Selbst zwischen genetisch eng verwandten Sprachen bestehen große Unterschiede, wie die folgenden Beispiele und ihre Entsprechungen im Deutschen zeigen:

---

[11] Für das Türkische kann man z. B. ein imprekatives Suffix annehmen, dass auf den Ausdruck von Verwünschungen spezialisiert ist und sich auf eine Futurmarkierung zurückführen lässt: Türkisch (Lewis 1967: 115)
(i) ev-in yıkıl-ası
    Haus-2POSS zerstört.sein-FUT
    ‚Möge dein Haus zerstört werden.'

Französisch
(21) a. Et si on allait au cinéma ce soir? ‚Lass uns doch heute Abend ins Kino gehen.'
b. Qu'il soit prudent en prenant la route! ‚Er soll ja vorsichtig sein, wenn er losfährt.'
c. Pourvu que tu puisses venir ce soir à ma fête! ‚Hoffentlich kannst du heute Abend zu meinem Fest kommen.'

Englisch
(22) a. Why don't you come over for a drink this evening? ‚Komm doch heute Abend auf ein Glas vorbei.'
b. How about going out for a drink? ‚Wollen wir noch ein Glas trinken gehen?'

(23) a. Wenn Sie mir mal das Salz reichen könnten.
b. Ob ich mir mal deinen Schirm leihen dürfte?

Zudem sind in diesem Bereich relevante Daten für einen umfassenden Vergleich sehr schwer zu erheben. Insofern ist es nicht überraschend, dass es kaum vergleichende Untersuchungen zu den spezielleren Satztypen gibt. In König/Siemund (2007: 316 ff.) finden sich bescheidene Anfänge zu Echofragen, Antworten und infinite Hauptsätze des Typs (24), für die sich noch keine allgemein akzeptierte Bezeichnung etabliert hat:

(24) a. Ich deinen Hund ausführen? Warum nicht/Niemals.
b. Der Kerl und Geld spenden? Das glaubst du doch selbst nicht.

Außerdem werden aus noch näher zu erläuternden Gründen Exklamativa unter den spezielleren Satztypen behandelt.

Die Möglichkeit einer wesentlich besseren vergleichenden Systematisierung solcher Konstruktionen ergibt sich jedoch, wenn man nicht von einer Vergleichbarkeit einzelner, übereinzelsprachlich zu identifizierender Konstruktionstypen wie z.B. (24) ausgeht, sondern die hier erwähnten Phänomene als Manifestationen dessen betrachtet, was Evans (2007) als ‚Insubordination' bezeichnet hat, als konventionalisierten Gebrauch von ursprünglich subordinierten Strukturen. Ausgangspunkt einer Typologie ist dann die Tatsache, dass es sich in allen Fällen um Strukturen handelt, die normalerweise nicht in Hauptsätzen, sondern in Nebensätzen auftauchen und in vielfältiger Weise reduziert sein können.

In seiner Pionierstudie zu einer Typologie der Insubordination hat Evans (2007) gezeigt, dass solche Konstruktionen vor allem drei Funktionen haben: (a) sie werden als direktive Sprechakte verwendet, (b) sie drücken bestimmte modale Rahmen aus (deontisch, evidentiell, exklamativ, etc.) und (c) sie kennzeichnen verschiedene Diskurskontexte. Ihre historische Entwicklung lässt sich durch die folgenden 4 Stufen charakterisieren:

(25) subordinierte Konstruktion > Ellipse des Hauptsatzes > Einschränkung der Interpretation > Reanalyse als unabhängiger Hauptsatz

Formale Indikatoren des ursprünglich subordinierten Charakters dieser Konstruktionen sind:

1. Ellipse des Hauptsatzes, sowie weitere Reduzierungen, wie z. B. in (26);
2. spezielle subordinierte Verbformen, wie der Konjunktiv oder der Infinitiv;
3. der Gebrauch von Komplementierelementen (Konjunktionen), wie in Beispiel (27);
4. die für Subordination typische Stellung von Konstituenten (vgl. (24), (26) und (27)).

(26) Wenn Sie mir mal das Salz reichen könnten (wäre ich sehr zufrieden).

(27) Dass ich das noch erleben darf.

Diese Merkmale können auch in Kombination auftauchen. In Konditionalsätzen des Typs (26) ist natürlich auch eine andere Fortführung möglich („wäre ich unzufrieden"), aber in der Entwicklung solcher Direktiva, erfolgt eine Spezialisierung auf angemessene Reaktionen des Sprechers je nach Verhalten des Adressaten. (*Wenn Du das noch einmal machst/noch ein Wort sagst ...*)

Auf dem eben skizzierten Hintergrund ergibt sich auch eine neue Möglichkeit, Exklamativsät-ze einzuordnen. Exklamativsätze sind häufig als parametrisierte Interrogativa (,Wh-questions') bezeichnet und analysiert worden, die bereits die Antwort auf die gestellte Frage enthalten (,self-answering questions'). Und in der Tat enthalten diese Satztypen in einer großen Zahl von Sprachen sehr oft ein Interrogativpronomen.

Nichtsdestoweniger gibt es eine Reihe von überzeugenden Gründen, Exklamativsätze als spezielle Satztypen (,minor sentence types') und nicht als primären Satztyp zu betrachten (vgl. König/Siemund 2007: 316). Unsere Auffassung nach lassen sie sich als Fälle von konventionalisierter Insubordination im Sinne von Evans (2007) einordnen. Für eine solche Analyse sprechen die folgenden Argumente:

(a) Für den expressiven Sprechakt einer Exklamation können zumindest in sehr vielen Sprachen eine ganze Reihe von sehr unterschiedlichen Formen verwendet werden (vgl. Michaelis 2001, Zanuttini/Portner 2003, Merin/Nikolaeva 2008, Moyse-Faurie 2010):

(28) a. Dieses Buch ist so interessant! Du bist aber groß geworden! (Deklarativsatz)
   b. Was ist das für ein herrlicher Tag! (parametrischer Interrogativsatz)
   c. Ist sie nicht wunderschön. Hast DU GLÜCK gehabt! (polarer Interrogativsatz)
   d. Sieh dir diese herrlichen Blüten an! (Imperativsatz)
   e. Diese Augen! Diese Stimme! Ihr Gesang! Wundervoll! (Nominalphrasen)

Englisch
(29) The speed they drive on the freeway! (NPs mit Relativsätzen)

Französisch
(30) C'est incroyable comment elle nous traite! (komplexe Sätze)
   ‚Es ist unglaublich wie sie uns behandelt!'

Tuvalisch (Besnier 2000: 40)
(31) te   mooko mai o   te   matagi! (possessive NPs)
   SPEC cold   DIR POSS SPEC wind
   ‚Die Kälte hierher des Windes!' (‚Wie angenehm kühl der Wind hierher weht!')

(b) Ein spezifischer Formtyp ‚Exklamativ' lässt sich aus diesen Sätzen nicht ableiten. In allen o.g. Fällen handelt es sich um Beispiele für die drei primären Satztypen, z.T. auch um reduzierte Formen. Das Gemeinsame von Exklamativsätzen scheint also nicht in gemeinsamen Formmerkmalen, sondern eher in einer gemeinsamen oder zumindest ähnlichen Funktion und Bedeutung zu bestehen (vgl. Michaelis 2001).

(c) Die o.a. Liste von möglichen Exklamativkonstruktionen ist keinesfalls vollständig. Daneben gibt es im Deutschen, wie in anderen Sprachen, noch eine ganze Reihe von Formmerkmalen, die deutlich auf eine Entwicklung aus subordinierten Strukturen hinweisen:

(32) a. Wen der alles kennt!
   b. Dass sie mich so behandeln konnte!
   c. (Bist du müde?) Und ob (ich müde bin)! (vgl. auch schwed. *Om* ‚Und ob!');
   d. Wenn mir das einer von zehn Jahren erzählt hätte!

Die Beispiele in (32) sind durch einleitende Komplementierelemente und durch die Stellung des Verbs klar als reduzierte Nebensätze gekennzeichnet. In allen Fällen handelt es sich um ursprünglich einbettbare Sätze mit einem der drei primären Satzmodi: interrogativ ((32a), (32c), deklarativ ((32b), (32d)).

Ähnlich wie im Deutschen (vgl. (28)) gibt es auch im Englischen vielfältige Ausdrucksmittel für exklamative Sprechakte, u.a. Deklarativsätze, Interrogativsätze, NPn, eingebettete Sätze. Nichtsdestoweniger geht man in den gängigen Grammatiken des Englischen (Quirk et al. 1985, Huddleston/Pullum 2002) davon aus, dass es sich bei mit *what a* und *how* eingeleiteten Exklamativkonstruktionen um einen eigenständigen Satztyp handelt, da solche Sätze die Wortstellung von Deklarativsätzen haben (33), nur unter faktive Prädikate eingebettet werden können (34) und mit Ausnahme von *what* und *how* keine anderen Fragewörter zulassen (35).

Englisch
(33) What a fool he is.

(34) a. John knows what a fool he is.
 b. *John wonders what a fool he is.

(35) *When he came! / *Why he does not like it!

Aus synchronen Erwägungen heraus scheint es also überzeugende Evidenz für die Annahme eines Exklamativsatztyps im Englischen zu geben. Betrachtet man demgegenüber, wie diese Exklamativkonstruktionen in authentischen Datenkorpora verwendet werden, ergibt sich ein anderes Bild, da z.B. *what*-Exklamativa in der überwiegenden Mehrzahl der Fälle als reduzierte, verblose Konstruktionen verwendet werden. Siemund (2003) zeigt aufgrund einer quantitativen Untersuchung von *what*-Exklamativa im *British National Corpus*, dass die verblosen reduzierten Fälle fast 80 Prozent aller Vorkommen ausmachen (vgl. Tabelle 4).

Tabelle 4: What-Exklamativa im British National Corpus

what-Exklamativa

Konstruktion	#	Beispiel	%	cum %
NP	323	What a blizzard!	45.37	77.68
APNP	147	What a good idea!	20.65	
NPINF	62	What a way to make money!	8.71	
NPCP	21	What a good thing she wasn't male!	2.95	
BE	100	What a fool I was!	14.04	20.22
CLAUSE	27	What a trick you played on him!	3.79	
HAVE	17	What a nice face she has!	2.39	
null	9	What a horrible!	1.26	
INT	6	What a piece of work is a man!	0.84	
Total	712		100.00	

In lediglich 20 Prozent aller Vorkommen enthalten *what*-Exklamativa ein overt realisiertes Verb, wobei der Hauptteil auf das Verb *be* entfällt und nur 3.79 Prozent der Fälle andere Verben als *be* und *have* ausmachen. Für *how*-Exklamativa kann Siemund (2003) ähnliche Verteilungen zeigen.

Aus diesen Beobachtungen ergibt sich eindeutig, dass es sich bei Exklamativsätzen nicht um einen primären Satztyp handelt, sondern entweder um spezielle Verwendungen eines der drei primären Satztypen oder um reduzierte subordinierte Sätze, also um Fälle von konventionalisierter Insubordination. Somit sind die sog. Exklamativsätze als spezielle Verwendungen einer der drei Haupttypen zu analysieren oder als spezielle, sekundäre Satztypen.

5 Universelle Tendenzen und Zusammenhänge

Neben der Erforschung der Muster und Grenzen der übereinzelsprachlichen Variation hat die Sprachtypologie auch ein Interesse an der Entdeckung universeller Gesetze des Sprachbaus und deren Erklärung. Hinter diesem Forschungsinteresse steht die Annahme, dass die Eigenschaften einer konkreten Sprache nicht willkürlich aus dem Spektrum der möglichen Eigenschaften gewählt werden, sondern dass es Abhängigkeiten zwischen diesen Eigenschaften gibt, die die Architektur von Sprachen systematisch beschränken. Solche Abhängigkeiten sind u. a. ausführlich im Bereich der Wortstellung diskutiert worden, aber auch in unserem Beitrag haben wir mit den in (15) und (19) formulierten implikationellen Hierarchien bereits Beschränkungen bei der Kodierung von Fragewörtern und Imperativen formuliert.

Wir werden diese Diskussion im Folgenden noch einmal aufgreifen, vertiefen und einige seit mehreren Jahrzehnten in der Literatur anzutreffende implikationelle Beziehungen anhand von neueren, umfangreichen quantitativen Daten auf ihre Korrektheit prüfen. Dabei lässt sich – wie schon vorher für andere – auch für den hier behandelten Untersuchungsbereich zeigen, dass sprachliche Eigenschaften durchaus miteinander korrelieren können, dass es jedoch keine robusten Abhängigkeiten gibt.

Wir beschränken uns hier auf die Diskussion von drei Bereichen, nämlich (i) die Stellung von Fragepartikeln, (ii) die Position von Fragewörtern im Satz, und (iii) Markierungen im Bereich des Imperativs. Als Datengrundlage wählen wir die entsprechenden Kapitel des *World Atlas of Language Structures* (Haspelmath et al. 2008).

5.1 Fragepartikeln und Wortstellung

In der Literatur ist verschiedentlich ein Zusammenhang zwischen der Grundwortstellung einer Sprache und der Position von Interrogativpartikeln formuliert worden, sofern eine Sprache über entsprechende Marker verfügt (vgl. Ultan 1978). So ist verschiedentlich beobachtet worden, dass Interrogativpartikeln in verbfinalen Sprachen, wie z. B. dem Japanischen, hinter dem Verb und damit am Satzende positioniert sind. Die entsprechende Verallgemeinerung lautet: Wenn eine Sprache über OV-Wortstellung verfügt, dann folgen Interrogativpartikeln dem Verb oder sind satzfinal.

Wir haben diesen Zusammenhang anhand des von Dryer (2008b,d) zur Verfügung gestellten Datenmaterials geprüft und können ihn wenigstens in Form einer Tendenz bestätigen (vgl. Tabelle 5). Bei der Bewertung der 34 Ausnahmen muss man beachten, dass die Anzahl der Sprachen in der Stichprobe mit initialen Interrogativpartikeln (118) unter denen mit finalen Partikeln (273) liegt, so dass diese in etwa um Faktor zwei höher liegen.[12]

Tabelle 5: Position von Interrogativpartikeln in Relation zur Wortstellung

			Position von Interrogativpartikeln		
Stellung von Objekt und Verb		Gesamt	Initial 118	Final 273	Zweite Position 45
	OV	640	34	127	19
	VO	640	75	135	18

Wie wir bereits ausgeführt haben, wird die Inversion von Subjekt und Verb neben Interrogativpartikeln ebenfalls zur Markierung von Interrogativsätzen eingesetzt, auch wenn diese Strategie sehr selten ist. Ultan (1978) schlägt vor, dass man von der Inversion in Interrogativsätzen Rückschlüsse auf die Grundwortstellung ziehen kann, in der dann das Subjekt vor dem Verb zu finden ist (d.h. die Inversion von Subjekt und Verb in Interrogativsätzen impliziert SV-Grundwortstellung). Diese Hypothese wird durch die Daten von Dryer (2008a,e) klar gestützt: Von den 12 Sprachen in seiner Stichprobe von 522 Sprachen, die polare Interrogativa mittels Subjekt-Verb-Inversion markieren, sind 11 mit einer SV-

---

[12] Die online über http://wals.info zur Verfügung gestellte Version des *World Atlas of Language Structures* lässt die Kombination von zwei Merkmalen und damit die Überprüfung implikationeller Zusammenhänge zu.

Grundwortstellung klassifiziert, während eine Sprache keine dominante Wortstellung hat.[13]

5.2 Stellung der Fragewörter

Eine weitere Verallgemeinerung betrifft die Position von Fragewörtern im Satz, die – wie bereits angesprochen – entweder satzinitial auftreten können, oder in der syntaktischen Position der Konstituente erscheinen, die sie inhaltlich ersetzen (d.h. *in situ*). Greenberg (1963: 83, #12) und Ultan (1978c: 231) haben behauptet, dass Fragewörter in verbinitialen Sprachen fast immer in der ersten Position im Satz erscheinen. Mit anderen Worten, VSO-Grundwortstellung impliziert satzinitiale Fragewörter.

Auch dieser Zusammenhang lässt sich mit den von Dryer (2008c,f) zur Verfügung gestellten Daten überprüfen (vgl. Tabelle 6). In der entsprechenden Stichprobe finden wir 16 Sprachen, die der Hypothese widersprechen, und 42 Sprachen, die sie bestätigen, wobei man wiederum beachten muss, dass die Anzahl der Sprachen mit nicht-initialen Fragewörtern mehr als doppelt so hoch ist wie die mit initialen Fragewörtern. Wir können weiterhin beobachten, dass verbfinale Sprachen zu nicht-initialen Fragewörtern tendieren.

Tabelle 6: Position von Fragewörtern in Relation zur Wortstellung

			Position von Fragewörtern	
			Initial	Nicht-initial
Stellung von Subjekt, Objekt und Verb		Gesamt	241	542
	SOV	497	52	225
	VSO	85	42	16

Aus den von Dryer (2008c) zur Verfügung gestellten Daten und der Unterscheidung zwischen initialen und nicht-initialen Fragewörtern lässt sich indirekt eine Bestätigung für das von Hawkins (1999: 273) postulierte „Question-word Movement Universal" ableiten, demgemäß Fragewörter grundsätzlich nach links bewegt werden, und nicht nach rechts.

---

[13] Das Deutsche ist in Dryer (2008e) als SV-Sprache klassifiziert.

5.3 Imperativ und untergeordnete Modi

Wesentliche implikationelle Zusammenhänge sind schließlich auch noch zwischen dem Imperativ und damit semantisch verwandten Kategorien (oder Unterkategorien) wie dem Optativ oder dem Hortativ gesehen worden, die man etwas vereinfachend so zusammenfassen kann, dass man von der Existenz der Unterkategorien auf die Existenz eines Imperativs schließen kann. Entsprechende Verallgemeinerungen finden sich z. B. in Hengeveld et al. (2007) für eine Stichprobe brasilianischer Sprachen. Ein möglicher Zusammenhang zwischen dem Optativ und dem Imperativ lässt sich anhand der Beiträge von Dobrushina/van der Auwera/Goussev (2008) und van der Auwera/Lejeune (2008) für den *World Atlas of Language Structures* testen, wobei sich dafür, abgesehen von drei Ausnahmen, eine Bestätigung ergibt. Nichtsdestoweniger ist, wie wir anfangs ausgeführt haben, die Definition dieser Kategorien kompliziert, wenig einheitlich und wird durch eine starke Überlappung mit anderen Kategorien (wie z. B. dem Subjunktiv) zusätzlich erschwert.

6 Abschließende Bemerkungen

Die vorausgehenden Ausführungen sollten sowohl den typologischen Rahmen skizzieren, in den eine Beschreibung des Deutschen eingeordnet werden kann, als auch den Beitrag des Deutschen zu diesem Rahmen. Durch diese Erörterungen sollte auch deutlich werden, in welcher Weise eine typologische Fundierung in der Beschreibung einer Einzelsprache eine Unterscheidung zwischen weitverbreitenden und charakteristischen Eigenschaften ermöglicht. Wesentliche Eigenschaften einer Sprache lassen sich nur auf dem Hintergrund typologischer Muster und Verallgemeinerungen herausarbeiten.

7 Literatur

Altmann, H. (1987): Zur Problematik der Konstitution von Satzmodi als Formtypen. In: Meibauer, J. (Hg.), Satzmodus zwischen Grammatik und Pragmatik. Tübingen: Niemeyer, 22–56.
Altmann, H. (1993): Satzmodi. In: Jacobs, J./Stechow, A. von/Sternefeld, W./Vennemann, T. (Hgg.), Syntax. Ein internationales Handbuch zeitgenössischer Forschung. Berlin: de Gruyter, 1006–1029.
Aikhenvald, A.Y. (2004): Evidentiality. Oxford: Oxford University Press.
Aikhenvald, A.Y. (2010) Imperatives and Commands. Oxford: Oxford University Press.

Auwera, J. van der /Lejeune, L. (2008): The Morphological Imperative. In: Haspelmath, M./ Dryer, M./Gil, D./Comrie, B. (Hgg.), The World Atlas of Language Structures Online. München: Max Planck Digital Library, Chapter 70. [http://wals.info/feature/70]
Auwera, J. van der/Dobrushina, N./Goussev, V. (2008): Imperative-hortative Systems. In: Haspelmath, M./Dryer, M./Gil, D./Comrie, B. (Hgg.), The World Atlas of Language Structures Online. München: Max Planck Digital Library, Chapter 72. [http://wals.info/feature/72]
Croft, W. (1994): Speech Act Classification, Language Typology and Cognition. In: Tsohatzidis, S.L. (Hg.), Foundations of Speech Acts Theory. Philosophical and Linguistics Perspectives. London: Routledge, 460–477.
Dobrushina N./Auwera, J. van der/Goussev, V. (2008): The Optative. In: Haspelmath, M./ Dryer, M./Gil, D./Comrie, B. (Hgg.), The World Atlas of Language Structures Online. München: Max Planck Digital Library, Chapter 73. [http://wals.info/feature/73]
Dryer, M. (2008a): Polar Questions. In: Haspelmath, M./Dryer, M./Gil, D./Comrie, B. (Hgg.), The World Atlas of Language Structures Online. München: Max Planck Digital Library, Chapter 116. [http://wals.info/feature/116]
Dryer, M. (2008b): Position of Polar Question Particles. In: Haspelmath, M./Dryer, M./Gil, D./Comrie, B. (Hgg.), The World Atlas of Language Structures Online. München: Max Planck Digital Library, Chapter 92. [http://wals.info/feature/92]
Dryer, M. (2008c): Position of Interrogative Phrases in Content Questions. In: Haspelmath, M./Dryer, M./Gil, D./Comrie, B. (Hgg.), The World Atlas of Language Structures Online. München: Max Planck Digital Library, Chapter 93. [http://wals.info/feature/93]
Dryer, M. (2008d): Order of Object and Verb. In: Haspelmath, M./Dryer, M./Gil, D./Comrie, B. (Hgg.), The World Atlas of Language Structures Online. München: Max Planck Digital Library, Chapter 83. [http://wals.info/feature/83]
Dryer, M. (2008e): Order of Subject and Verb. In: Haspelmath, M./Dryer, M./Gil, D./Comrie, B. (Hgg.), The World Atlas of Language Structures Online. München: Max Planck Digital Library, Chapter 83. [http://wals.info/feature/82]
Dryer, M. (2008f): Order of Subject, Object and Verb. In: Haspelmath, M./Dryer, M./Gil, D. / Comrie, B. (Hgg.), The World Atlas of Language Structures Online. München: Max Planck Digital Library, Chapter 81. [http://wals.info/feature/81]
Enfield, N.J./Stivers, T./Levinson, S. (2010): Question-response Sequences in Conversation Across Ten Languages. In: Special Issue Section of the Journal of Pragmatics 42, 2615–2619.
Evans, Nicholas (2007): Insubordination and its Uses. In: Nikolaeva, I. (Hg.), Finiteness: Theoretical and Empirical Foundations. Oxford: Oxford University Press, 366–431.
Gärtner, H.-M. (2009): More on the Indefinite-interrogative Affinity: The View from Embedded Non-finite Interrogatives. In: Linguistic Typology 13, 1–37.
Greenberg, J. (1963): Some Universals of Grammar, with Particular Reference to the Order of Meaningful Elements. In: Greenberg (Hg.), Universals of Language. Cambridge, MA: MIT Press, 73–113.
Grewendorf, G. (2001): Multiple wh-fronting. In: Linguistic Inquiry 32, 87–122.
Gunlogson, C. (2001): True to Form: The Meaning and Use of Declaratives in English. PhD Dissertation, UCSC.
Hagège, C. (2008): Towards a Typology of Interrogative Verbs. In: Linguistic Typology 12, 1–44.
Haspelmath, M. (1997): Indefinite Pronouns. Oxford: Clarendon Press.
Haspelmath, M. (2008): Indefinite Pronouns. In: Haspelmath, M./Dryer, M./Gil, D./Comrie, B.

(Hgg.), The World Atlas of Language Structures Online. München: Max Planck Digital Library, Chapter 46. [http://wals.info/feature/46]

Haspelmath, M./Dryer, M./Gil, D./Comrie, B. (Hgg.) (2008a): The World Atlas of Language Structures Online. München: Max Planck Digital Library. [http://wals.info]

Hawkins, J. (1999): Processing Complexity and Filler-gap Dependencies Across Grammars. In: Language 75, 244–285.

Huddleston, R.D./Pullum, G.K. (2002): The Cambridge Grammar of the English Language. Cambridge: Cambridge University Press.

Hengeveld, K./Bechara, E.N./Camacho R.G. et al. (2007): Basic Illocutions in the Native Languages of Brazil. In: Alfa: Revista de linguistica. 51, 70–90.

König, E./Siemund, P. (2007): Speech Act Distinctions in Grammar. In: Shopen, T. (Hg.), Language Typology and Syntactic Description. Cambridge: Cambridge University Press, 276–324.

Levinson, S. (2010): Questions and Responses in Yélî Dnye, the Papuan Language of Rossel Island. In: Journal of Pragmatics 42, 2741–2755.

Lewis, G.L. (1967): Turkish Grammar. Oxford: Oxford University Press.

Lichtenberk, F. (2008): A Grammar of Tobaqaqita, 2 Bde. Berlin: Mouton de Gruyter.

Lynch, J./Ross, M./Crowley T. (2002): The Oceanic Languages. Curzon: Curzon Family Series.

Mackenzie, J.L. (2009): Content Interrogatives in a Sample of 50 languages. In: Lingua. 119, 1131–1163.

Merin, A./Nikolaeva, I. (2008): Exclamatives as a Universal Speech Act Category. Online publication: www.Semanticsarchive.net/Archive/jUwMmYx/info.txt.

Michaelis, L.A. (2001): Exclamative Constructions. In: Haspelmath, M./König, E./Oesterreicher, W./Raible, W. (Hgg.), Language Typology and Language Universals. Berlin: de Gruyter, 1038–1050.

Miestamo, M. (2007): Towards a Typology of Polar Interrogatives, Paper given at ALT 7, Paris.

Moyse-Faurie, C. (1995): Le xârâcùù, langue de Thio-Canala. Paris: Peeters.

Moyse-Faurie, C. (1997): Grammaire du futunien. Nouméa: CTRDP.

Moyse-Faurie, C. (2010): Nominalization and Exclamation in Oceanic languages. In: Moyse, C./Sabel, J. (Hgg.), Morphosyntactic Aspects of Oceanic Languages. Berlin: Mouton de Gruyter, 135–160.

Obenauer, H.-G. (2006): Special Interrogatives, Left Periphery, wh-doubling and (Apparently) Optional Elements. In: Doietjes, J./Gonzàlez. P. (Hgg.), Romance Languages and Linguistic Theory 2004. Amsterdam: Benjamins, 247–273.

Panther, K./Köpcke, K.-M. (2008): A Prototype Approach to Sentences and Sentence Types. In: Annual Review of Cognitive Linguistics 6, 83–112.

Quirk, R./Greenbaum, S./Leech, G./Svartvik, J. (1985): A Comprehensive Grammar of the English Language. London: Longman.

Reis, M. (1999): On Sentence Types in German: An Enquiry Into the Relationship Between Grammar and Pragmatics. In: Interdisciplinary Journal for Germanic Linguistics and Semiotic Analysis 4, 195–236.

Rialland, A. (2009): African Lax Question Prosody: Its Realization and Geographic Distribution. In: Lingua 119, 928–949.

Sadock, J.M./Zwicky, A.M. (1985): Speech Act Distinctions in Syntax. In: Shopen, T. (Hg.), Language Typology and Syntactic Description. Cambridge: Cambridge University Press, 155–196.

Searle, J. (1976): The Classification of Illocutionary Acts. In: Language in Society 5, 1–24.

Siemund, P. (2001): Interrogative Constructions. In: Haspelmath, M./König, E./Oesterreicher, W./ Raible, W. (Hgg.), Language Typology and Language Universals. Berlin: de Gruyter, 1010–1028.
Siemund, P. (2003): Is there an Exclamative Sentence Type in English? Handout of a talk given at Universität Osnabrück, 10 April 2003.
Thurmair, M. (1989): Modalpartikeln und ihre Kombinationen. Tübingen: Niemeyer.
Ultan, R. (1978): Some General Characteristics of Interrogative Systems. In: Greenberg, J.H. (Hg.), Universal of Human Language. Stanford, CA: Stanford University Press, 211–248.
Veselinova, L.N. (2006): Suppletion in Verb Paradigms. Amsterdam: Benjamins.
Voort, H. van der (2004): A Grammar of *Kwaza*. Berlin: Mouton de Gruyter.
Xrakovskij, V.S. (2001): Hortative Constructions. In: Haspelmath, M./König, E./Oesterreicher, W./Raible, W. (Hgg.), Language Typology and Language Universals. Berlin: de Gruyter, 1028–1038.
Zanuttini, R./Portner, P. (2003): Exclamative Clauses: At the Syntax-Semantics Interface. In: Language 79, 39–81.

Ekkehard König und Peter Siemund

37 Satztypen und Sprachkontrast[1]

1 Vorbemerkungen
2 Interrogativsätze im Sprachkontrast
3 Imperativsätze im Sprachkontrast
4 Fazit
5 Literatur

1 Vorbemerkungen

Im vorliegenden Beitrag wird ein Überblick über die wichtigsten Interrogativ- und über Imperativsatztypen in europäischen Sprachen gegeben. Der neutrale Deklarativsatz, mit dem eine sachliche Feststellung ohne pragmatische Sonderfunktionen realisiert wird, wird dabei als der unmarkierte Defaultsatzmodus angesehen, der stets als Vergleichsgrundlage für die behandelten Interrogativ- und Imperativsätze dient. Die peripheren Satzmodi bleiben hier mangels ausreichender einschlägiger Beschreibungen in den meisten einzelsprachlichen Linguistiken unberücksichtigt. Nur am Rande werden ferner die Modalpartikeln behandelt, die zwar in den modalpartikelreichen Sprachen als sekundäre Hilfsmittel bei der Satzmodusmarkierung angesehen werden können, deren funktionale Vielfalt aber die vorliegenden Grenzen weit überschreitet.

Die Interrogativ- und die Imperativsätze, die in den letzten Jahrzehnten sowohl in den einzelsprachlichen Linguistiken als auch sprachvergleichend intensiv erforscht wurden, geben einen guten Anlass, trotz großer idiosynkratischer Unterschiede, die mit unterschiedlicher Genealogie, mit unterschiedlichen sprachtypologischen Gegebenheiten sowie auch mit idiosynkratischen Entwicklungen zu erklären sind, auf einer hohen Abstraktionsebene bestimmte gemeinsame Prinzipien der Markierung erkennen zu lassen, die teilweise aus den funktionalen Besonderheiten der gegebenen Satzmodi resultieren, teilweise aber einen wesentlichen Beitrag für die europäische Linguistik liefern. Dass gerade in der Markierung einer so grundlegenden sprachlichen Kategorie wie des Satzmodus gemeinsame Prinzipien zu erkennen sind, weist wohl auf die vielfältigen inneren Zusammenhänge im europäischen Sprach- und Kulturraum hin und zeigt Europa als ein sprachliches Areal mit starker und komplexer Binnen-

---

[1] Angefertigt mit der Unterstützung des Ungarischen Nationalfonds Wissenschaftlicher Forschung (Projektnummer OTKA NN79763) sowie des János-Bolyai-Forschungsstipendiums der Ungarischen Akademie der Wissenschaften.

differenzierung einerseits, jedoch auch mit intensiven Sprach- und Kulturkontakten und daraus resultierenden erkennbaren Konvergenztendenzen andererseits.

Unter diesem Aspekt sind die europäischen Sprachen nicht-indogermanischen Ursprungs, also die finno-ugrischen sowie das Türkische, besonders interessant. Ferner sollen in den behandelten exemplarischen Beispielen die großen Sprachfamilien von Europa, die germanischen, die romanischen und die slawischen Sprachen in einem ausgewogenen Verhältnis vertreten, aber sporadisch auch Beispiele aus anderen Sprachen genommen werden. Das Herangehen ist deskriptiv in dem Sinne, dass zwar verschiedene linguistische Theorien berücksichtigt werden, die Beschreibung aber nicht einer bestimmten Forschungstradition verpflichtet ist.

2 Interrogativsätze im Sprachkontrast

22.1 Beispiele mit Erläuterung[2]

Türkisch
(1) Adınızı   sorabilir   **mi**yim?
    Name-Akk   frag-kann-PRAES   INT-1SG
    ‚Darf ich Ihren Namen erfragen?'

(2) Ali dün   İstanbul'a   gitti   **mi**?
    Ali gestern   Istanbul-nach   geh-PAST   INT
    ‚Ging Ali gestern nach Istanbul?'

(3) Uygun   **mu**?
    Ordnung   INT
    ‚In Ordnung?'

(4) En hesaplı şekilde   Berlin'e   **nasıl** gidebilirim   acaba?
    Auf die günstigste Art Berlin-nach wie   komm-kann-PRAES-1SG eigentlich
    ‚Wie kann ich eigentlich am günstigsten nach Berlin fahren?'

Der türkische Entscheidungsinterrogativsatz wird mit dem obligatorischen Interrogativmorphem *mi* (phonetische Variante wegen Vokalharmonie: *mu*) markiert. Es steht mehrheitlich in der Verbform integriert und verhält sich dadurch als Suffix. Nach präteritalen Verbformen sowie nach Nomina ist es partikelähnlich. Die

---

[2] Die aufgeführten Beispiele stammen aus einschlägigen Grammatiken.

Interrogativphrasen stehen im Türkischen ‚in situ', d. h. in der Position, in der im Antwortsatz die als Antwort geltende Phrase steht. Sie ist bei neutraler Akzentuierung des Satzes meistens die dem Verb vorangehende Position.

Finnisch
(5) Oli**ko** huono päivä?
    War-INT schlimm Tag
    ‚War das ein schlimmer Tag?'

(6) Ylihuomenna**ko** sinulla on syntymäpäivä?
    übermorgen-INT dich-auf ist Geburtstag
    ‚Hast du übermorgen Geburtstag?'

(7) **Mihin** sä oot menossa?
    Wohin du sein-2SG Gang-in
    ‚Wohin gehst du?'

Im Finnischen gibt es im Entscheidungsinterrogativsatz eine obligatorische Interrogativpartikel (-*ko*, phonetische Variante nach Vokalharmonie -*kö*), die meistens ans Verb klitisiert wird, manchmal an andere Konstituenten, und in diesen Fällen gilt es auch als Fokusmerkmal. Die mit –*ko* versehene Konstituente steht satzinitial wie auch die Interrogativphrase im Ergänzungsinterrogativsatz.[3]

Ungarisch
(8) Adott Péter egy almát Marinak? [/\][1]
    Geb-PAST-3SG Peter ein Apfel-Akk Maria-Dat
    ‚Gab Peter Maria einen Apfel?'
    Adott-e Péter egy almát Marinak? [\]
    Geb-PAST-3SG-INT Peter ein Apfel-Akk Maria-Dat
    ‚Gab Peter Maria einen Apfel?'

(9) A mai előadást Chomsky tartotta?
    ART heutig Vortrag-Akk Chomsky halt-PAST-3SG
    ‚Den heutigen Vortrag, hat Chomsky ihn gehalten?'
    Chomsky a mai előadást tartotta?
    ‚Chomsky – hat er gerade den heutigen Vortrag gehalten?'

---

3 Legende: [\] = fallender Intonationsschluss; [/] = steigender Intonationsschluss; [/\] = steigend-fallender Intonationsschluss. In diesem letzten Fall steigt die Tonhöhe auf der vorletzten Sprechsilbe, während sie auf der letzten fällt.

(10) **Ki** tartotta a mai előadást?
Wer halt-PAST-3SG ART heutig Vortrag-Akk
‚Wer hat den heutigen Vortrag gehalten?'

(11) A mai előadást **ki** tartotta?
nicht aber: ***Ki** a mai előadást tartotta. *A mai előadást tartotta **ki**.

Im ungarischen Entscheidungsinterrogativsatz liegt eine optionale Interrogativpartikel (-e) vor, die sich komplementär zur steigend-fallenden Interrogativintonation verhält. Sie wird stets ans Verb klitisiert, nur im Falle sog. nominaler Prädikate (d.h. in verblosen zweigliedrigen Strukturen) an ein Nomen. Die Interrogativphrasen stehen im ungarischen Ergänzungsinterrogativsatz obligatorisch linksadjazent zum Verb. Eine Besonderheit des Ungarischen stellt die pragmatisch motivierte Variabilität der Wortstellung dar, wobei der ersten Satzhälfte bis zum Verb besondere pragmatische Funktionen zukommen.

Russisch
(12) Ты пойдешь на концерт . / ?
Du geh-PERF-2SG auf Konzert
‚Du gehst / Gehst du ins Konzert . / ?'

(13) Пойдешь **ли** ты на концерт?
Geh-PERF-2SG INT du auf Konzert
‚Gehst du ins Konzert?'
Алеша пойдет **ли** на концерт?
Alescha geh-PERF-3SG INT auf Konzert
‚Der Alescha, geht der ins Konzert?'

(14) **Когда** можно получить деньги?
Wann möglich bekommen Geld
‚Wann kann man das Geld bekommen?'
Деньги **когда** можно получить?
Geld wann möglich bekommen
‚Das Geld, wann kann man es bekommen?'

Im russischen Entscheidungsinterrogativsatz ist die klitische Interrogativpartikel li optional. Ihre Benutzung wirkt jedoch auf die Reihenfolge im Satz zurück. Der ohne li realisierte Entscheidungsinterrogativsatz hat die gleiche Wortstellung wie der Deklarativsatz, der interrogative Charakter wird nur intonatorisch markiert. Die Wortstellung im Entscheidungsinterrogativsatz mit der Interrogativpartikel li ist hingegen analog der Reihenfolge im Ergänzungsinterrogativsatz.

Albanisch

(15) Ju jeni afarist . / ? Deklarativ: [\], Interrogativ: [/]
 Ihr sein-2PL Geschäftsmann
 ‚Sie sind / Sind Sie Geschäftsmann . / ?'

(16) A mund t'ju sjell menynë? [\] oder [/]
 INT könn- ihr bring-2PL Speisekarte
 ‚Können Sie mir die Speisekarte bringen?'

(17) Kur niset treni tjetër?
 Wann fährt Zug nächster
 ‚Wann fährt der nächste Zug?'

Auch im Albanischen ist die Interrogativpartikel im Entscheidungsinterrogativsatz optional. Eine Besonderheit unter den europäischen Sprachen ist ihre satzinitiale Position. Der Entscheidungsinterrogativsatz ohne Interrogativpartikel wird nur intonatorisch markiert, der mit Partikel weist jedoch eine dem Ergänzungsinterrogativsatz ähnliche invertierte Verb-Subjekt-Wortstellung auf.

Englisch

(18) Do you read?[4]

(19) Gaf ye the chyld any thyng?[4]
 Geb-2PL du ART Kind etwas

(20) Why do you look on me? / Why look you so upon me?[5]

Im Englischen liegt bekanntermaßen ein Interrogativauxiliar (*do*) vor, das jedoch – wie im Folgenden gezeigt wird – nicht als kategoriales Interrogativmerkmal angesehen werden soll, sondern als Platzhalter, der die invertierte interrogative Wortstellung zu sichern hat. Das zeigen auch die sprachhistorischen Beispiele, aufgrund deren für frühere Perioden des Englischen eine dem Deutschen ähnliche Reihenfolge zu postulieren ist.

Italienisch

(21) Antonio viene domani . / ? Deklarativ: [\]; Interrogativ: [_/ ̄] oder [/]
 Antonio komm-3SG morgen
 ‚Antonio kommt morgen. / Kommt Antonio morgen?'

---

[4] Mittelenglisch; Beispiel von Millwald (1996²:190).
[5] Beide Belege von Shakespeare. Zitiert nach Millward (1996: 279).

(22) **Quanto** costa l'ingresso?
  Wieviel kostet ART Eintritt
  ‚Wie viel kostet der Eintritt?'
  L'ingresso, **quanto** costa?
  ‚Der Eintritt, wie viel kostet der?'

Der italienische Entscheidungsinterrogativsatz wird nur intonatorisch markiert, wobei mit der Intonation außer der Markierung des Interrogativsatzes auch feine pragmatische Nuancen ausgedrückt werden können. Die Interrogativphrase steht im Ergänzungsinterrogativsatz satzinitial, nur extraponierte Phrasen können ihr vorangehen.

2.2 Markierungsebenen

Im Gegensatz zum Deutschen, wo das Hauptmerkmal der neutralen Entscheidungsinterrogativsätze (im Folgenden: EntI) die vom Default-Deklarativsatz abweichende Reihenfolge mit Erststellung des Finitums ist, werden EntI in vielen europäischen Sprachen mit (obligatorischen oder optionalen) Interrogativpartikeln markiert.[6] Die wichtigsten Beispiele für eine interrogative Wortstellung stellen eben germanische Sprachen dar, u. a. das Deutsche. Die Ergänzungsinterrogativsätze (im Folgenden: ErgI) weisen weniger Variabilität auf: Dort sind die Hauptmerkmale in den natürlichen Sprachen im Allgemeinen, so auch in Europa, die phrasenwertigen Interrogativa.

Das pauschale Bild lässt sich jedoch dadurch differenzieren, dass Interrogativsätze in den meisten Sprachen nicht nur mit einem Merkmal, sondern mit einem Bündel von Merkmalen markiert werden, in denen obligatorische und optionale bzw. auch primäre und sekundäre, tertiäre usw. Merkmale zu unterscheiden sind. Die Kombination dieser Merkmale weist eine Vielfalt idiosynkratisch geregelter Muster auf und lässt ein jeweils einzelsprachliches System interrogativer Satztypen erkennen. So sind Reihenfolgeregeln zwar vor allem in bestimmten germanischen Sprachen als primäre und stark grammatikalisierte EntI-Merkmale einzustufen, mindestens tendenziell weisen aber mehrere andere Sprachen (z.B. das Ungarische) eine markierte Wortstellung im EntI auf. Ebenso spielt auch die Satzintonation in vielen Sprachen eine wesentliche Rolle, aber nur in wenigen

---

6 Dies stimmt mit allgemeinen Tendenzen unter den natürlichen Sprachen überein. Laut WALS ist die Markierung des EntI mit Interrogativpartikeln das häufigste Markierungsmittel in den bisher untersuchten natürlichen Sprachen, während die Reihenfolge als Hauptmerkmal nur relativ selten vorkommt.

europäischen Sprachen gilt sie als alleiniges Interrogativmerkmal (z. B. im Italienischen).

2.2.1 Morphologische Merkmale

Morphologische Markierung des EntI liegt unter den europäischen Sprachen nur im Türkischen vor, auch dort mit einem gewissen Übergang zur kategorialen Markierung (Johanson 2003: 927f.). Das Interrogativmorphem *mi* gliedert sich meistens in die Verbform ein, auch wenn sie in der Rechtschreibung oft getrennt geschrieben wird. Dies zeigt sich einerseits in der Vokalharmonie mit dem Stammvokal, andererseits in seiner Position zwischen dem Tempussuffix und dem Personalsuffix (Beispiel 1). Neben bestimmten Verbformen sowie neben nicht-verbalen Konstituenten (Beispiele 2 und 3) verhält sich das Morphem wie eine klitische Partikel. Auch in diesem Fall weist es Vokalharmonie auf, geht aber dem Personalsuffix nicht voran.

2.2.2 Kategoriale Merkmale

EntI werden in den europäischen Sprachen häufig mit Interrogativpartikeln markiert. Im Finnischen gibt es eine obligatorische enklitische Interrogativpartikel (Hakulinen 1960), die in der Rechtschreibung mit der Wortform zusammengeschrieben wird, Vokalharmonie mit dem Stammvokal aufweist, aber bei Verben hinter dem Personalsuffix steht (Beispiele 5 und 6). Sie ist das alleinige Interrogativmerkmal, es gibt nämlich bis auf einige umstrittene umgangssprachliche Fälle (Iivonen 2001) keine interrogative Intonation: EntI werden mit der gleichen fallenden Defaultintonation realisiert wie neutrale Deklarativsätze.[7]

In den meisten europäischen Sprachen sind Interrogativpartikeln optional, wirken eng mit anderen Interrogativmerkmalen zusammen und sind konstitutiv für die Untertypen des EntI. Im Ungarischen verhält sich die klitische Interrogativpartikel -*e*, die meistens ans Finitum klitisiert und in der Rechtschreibung mit Bindestrich geschrieben wird, komplementär zur interrogativen Intonation. Neu-

---

7 Nach Iivonen (1998: 319) werden direkte Fragen im Allgemeinen auf einem höheren Anfangston eingeleitet als Feststellungen. Es ist aber fraglich, ob dies als Interrogativmerkmal anzusehen ist oder als eine sekundäre prosodische Markierung der pragmatischen Einordnung der Äußerung.

trale EntI werden entweder mit der Interrogativintonation markiert oder mit der Interrogativpartikel *-e*, allerdings wird im zweiten Fall die fallende Defaultintonation realisiert (Beispiel 8). Obligatorisch ist die Verwendung der Interrogativpartikel im eingebetteten Interrogativsatz (Keszler/Lengyel 2008: 108), weil er sich im Ungarischen weder in der Konjunktion noch in anderen Strukturmerkmalen vom eingebetteten Deklarativsatz unterscheidet.[8]

Im Russischen liegt eine optionale enklitische Interrogativpartikel *li* vor, deren Benutzung zwar keinen Einfluss auf die intonatorische Realisierung des EntI ausübt, jedoch eine relevante Rückwirkung auf die Reihenfolgemerkmale des Satzes hat (Beispiele 12 und 13), indem die mit der Interrogativpartikel versehene Konstituente mehrheitlich satzinitial steht (vgl. ausführlicher in den nächsten Kapiteln). Sie kommt häufig in neutralen EntI vor, kann aber der Frage auch eine pragmatische Färbung verleihen, z. B. in Richtung einer rhetorischen oder deliberativen Frage (Švedova 1980: 726).

Das Albanische verfügt über eine optionale satzinitale Interrogativpartikel, nämlich *a*. EntI mit der Interrogativpartikel können sowohl mit als auch ohne Interrogativintonation, ohne sie aber nur mit steigendem Tonhöhenverlauf realisiert werden (Beispiele 15 und 16). EntI mit Interrogativpartikel weisen mindestens tendenziell auch andere Wortstellungsregularitäten auf, stellen also einen eigenständigen interrogativen Satztyp dar. Ferner scheint auch die Wahl zwischen dem EntI mit oder ohne Partikel nicht ganz fakultativ zu sein: Typischerweise wird die Interrogativpartikel in EntI benutzt, die Modalverben oder modalisierte Verben bzw. sonstige Modalausdrücke enthalten.

Im englischen EntI liegt kein kategoriales Merkmal vor. Das satzinitiale *do* kann nicht als Interrogativauxiliar betrachtet werden, weil es im Falle eines anderen Hilfsverbs oder Modalverbs ausbleibt. Grimshaw (1995) weist nach, dass es ein Expletivum ist, mit dem aus syntaktischen Gründen eine leere Kopfposition gefüllt wird.

Problematisch ist die Abgrenzung der Interrogativpartikeln von den in Interrogativsätzen auftretenden Modalpartikeln (Altmann 1993: 1012). Letztere spielen im Deutschen, aber auch in anderen Sprachen (z. B. im Ungarischen, Finnischen, Türkischen und auch im Russischen) eine wichtige Rolle. Die beiden Typen von Partikeln setzen einander aber innerhalb eines Sprachsystems nicht voraus. Das klassische Latein verfügte z. B. bekanntermaßen über mehrere Interrogativpartikeln, jedoch über keine Modalpartikeln, während das Gegenwartsdeutsch den

---

[8] Die Interrogativpartikel *-e* und die steigend-fallende Interrogativintonation können in hochmarkierten Fällen kombiniert werden, dies ist allerdings sehr selten und ist unbedingt mit einer Echo-Interpretation verbunden.

umgekehrten Fall darstellt, obwohl das Deutsche unter diesem Aspekt einen Typuswechsel erlebte. Das Althochdeutsche bediente sich noch der Interrogativpartikeln *inu, enu ununu* usw.,[9] während sich Modalpartikeln erst gegen Ende der mittelhochdeutschen bzw. in der frühneuhochdeutschen Periode grammatikalisiert haben (Axel 2007: 41 ff., Abraham 1991, Autenrieth 2002). Eine klare Trennung der beiden Kategorien auf semantischer Basis scheint nicht möglich zu sein, weil Interrogativpartikeln auch bestimmte Antworterwartungen, ferner auch einen Echocharakter bzw. Rhetorizität zum Ausdruck bringen können (vgl. lat. *num* oder russ. *li*), während sich auch Modalpartikeln zu einem Übergang zu den Interrogativpartikeln entwickeln können wie z.B. dt. *denn* in ErgI (vgl. Thurmair 1991). Ein formal-grammatischer Unterschied zwischen Modalpartikeln und Interrogativpartikeln besteht darin, dass erstere meistens ohne eine relevante Rückwirkung auf die Satzstruktur bzw. auf den Satztyp weglassbar sind, während letztere im Allgemeinen mit anderen satztyprelevanten Merkmalen interagieren (vgl. unten).

Die kategorialen Merkmale des ErgI sind in den europäischen Sprachen ziemlich einheitlich. In den indogermanischen Sprachen gehen Interrogativa auf die gemeinsame indogermanische Wurzel [kv-] zurück, vgl. lat. *quis, quid* usw. In den germanischen Sprachen entwickelte sich infolge der ersten Lautverschiebung die [hv-]-Wurzel. Im Gegenwartsdeutsch fangen Interrogativa im Schriftbild mit *w-*, im Englischen mit *wh-* an, damit bilden sie auch phonetisch eine einheitliche Formklasse.[10] In den slawischen und romanischen Sprachen bzw. auch im Albanischen sind für sie die konsonantischen Anfänge [kv-] und [k-], oder auch palatalisierte Formen mit [s-], [ʃ-] und [tʃ-] charakteristisch, vgl. russ. *kto* ‚wer', *što* ‚was', *kuda* ‚wohin',[11] *kogda* ‚wann', *kak* ‚wie'; ital. *chi* ‚wer', *che* ‚was' *quando* ‚wann', *come* ‚wie',[12] alb. *kush* ‚wer', *ç'/ç'ka* ‚was', *ku* ‚wo', *kur* ‚wann', *ç'farë* ‚wie'. Schon sehr früh, in der vorliterarischen Zeit, verfestigte sich in den indogermanischen Sprachen der Unterschied zwischen den Interrogativpronomina und den Interrogativadverbien. Die Morphologie der Interrogativpronomina ist idiosynkratisch durch das einzelsprachliche Deklinationssystem geregelt, so verfügen z.B. russ. *kto* und *što* wie auch andere Pronomina über sechs Kasusformen, während das englische *who* nur die veraltete Deklinationsform *whom* hat, die in der

---

9 Beispiele (zitiert von Axel 2007): **eno** *habet ir uuaz muoses* ‚Habt ihr was zu essen?' (Tatian); **Inu** *ni angil nist anaebanchiliih gote?* ‚Ist ein Angel nicht identisch mit Gott?' (Isidor).
10 Sie werden auch häufig *w*-Elemente, *w*-Phrasen, *wh*-phrases usw. genannt.
11 Der stimmhafte Konsonant am Anfang von russ. *gd'e* ‚wo' ist die Folge einer späteren Assimilation.
12 Eine Ausnahme ist die Interrogativphrase *dove* ‚wo', die auf lat. *de ŭbi* ‚von wo' zurückgeht.

Gegenwartssprache auch selten benutzt wird. Für komplexe markierte thematische Rollen sind komplexe Interrogativa entstanden (meistens durch die Kombination einer Präposition und einem einfachen Interrogativum), vgl. engl. *from where*, russ. *otkuda*, ital. *da dove*, alb. *nga cili*).

In den finnougrischen Sprachen bilden die Interrogativa drei Formklassen, die auf die wohl schon im Gemeinuralischen vorhandene semantische Trichotomie menschlich – sachlich – umstandsbezogen zurückgehen (die entsprechenden rekonstruierten Wortstämme waren *ke-, *mi- und *ko-), vgl. finn. *kuka* ‚wer‘, *mika* ‚was‘, *koska* ‚wann‘, ung. *ki* ‚wer‘, *mi* ‚was‘, *hol* ‚wo‘. In der finnischen und der ungarischen Gegenwartssprache ist diese Trichotomie nur noch teilweise erkennbar, weil mehrere Interrogativadverbien mit dem mi-Stamm gebildet werden, vgl. ung. *mikor* ‚wann‘, *miért* ‚warum‘. Diese späteren Entwicklungen sind adverbial suffigierte Formen des sachlichen Interrogativpronomens *mi*. Im Finnischen liegen sogar Parallelformen mit dem *mi-* und dem *ko-*Stamm vor: *milloin(ka) / koska* ‚wann‘, *miten(kä) / kuinka* ‚wie‘. Im Türkischen liegt eine ähnliche Trichotomie vor. Die einfachen Interrogativa *kim* ‚wer‘, *ha* ‚was‘ und *ne* (kontextgebunden: ‚warum‘, ‚wozu‘, ‚wie‘, ‚welch-‘) können mit verschiedenen Suffixen kombiniert werden. Interessant ist es, dass für zwei grundlegende thematische Rollen, für die lokale und temporale, keine einfachen Interrogativa vorhanden sind. Erstere wird mit der komplexen Form *nerede* ‚wo‘, letztere mit einer periphrastischen Form *ne vakit/ne zaman* ‚in welcher Zeit‘ erfragt.

2.2.3 Reihenfolgemerkmale

Reihenfolgemerkmale gelten nur in einer kleinen Gruppe natürlicher Sprachen als primäre Satztypmerkmale. Am wesentlichsten sind sie in den germanischen Sprachen, darunter besonders im Deutschen. Die Verb-zweit-/Verb-erst-Opposition entwickelte sich schon ziemlich früh (Axel 2007: 40). Verb-erst-Stellung wurde zum Hauptmerkmal des EntI im Gegensatz zum neutralen Deklarativsatz. Diese Stellungsregularität hat eine gewisse informationsstrukturelle Begründung dadurch, dass der Deklarativsatz im neutralen Fall eine Topik-Kommentar-Struktur aufweist, wobei die Erstposition vor dem Finitum für die Topikkonstituente reserviert ist. Dagegen verfügen neutrale EntI über keine Topik-Kommentar-Gliederung, damit erklärt sich das Fehlen einer Position vor dem Finitum. Matrix-EntI mit Verb-zweit- oder Verb-letzt-Stellung stellen hochspezialisierte Nebentypen dar[13] und sind für das Sprachsystem des Deutschen eher marginal. ErgI sind im

---

13 Sie sind meistens assertive bzw. Echo-Interrogativsätze.

Deutschen Verb-zweit-Sätze mit obligatorischer Initialposition der w-Phrase. Nur in multiplen bzw. in Echo-ErgI kann eine Interrogativphrase satzmedial stehen, im ersten Typ aus strukturellen Gründen, weil das deutsche Vorfeld auf eine Phrase beschränkt ist, während die Zuordnung der Echo-ErgI zu den Interrogativsätzen umstritten ist (vgl. Reis 1992 und Artikel 5 in diesem Band). Nach Brandt/ Reis/Rosengren/Zimmermann (1992) sei die Erstposition auf der Ebene der Logischen Form in allen Interrogativsätzen für den Interrogativoperator reserviert, der im ErgI mit der w-Phrase realisiert werde (damit erklären sie die obligatorische Erstposition der w-Phrase im ErgI), im EntI jedoch phonetisch stumm bleibe, aber die Bewegung einer Phrase in diese Position blockiere.

Die Verb-erst-/Verb-zweit-Opposition ist auch im Englischen ziemlich stabil, sie kann jedoch durch bestimmte Topikalisierungs- bzw. Fokussierungsbewegungen verletzt werden, die im Deutschen nicht möglich sind (Haegeman/Guéron 1999). Das *do*-Expletivum bildete sich im Frühneuenglischen (1500–1800) heraus, im Alt- und Mittelenglischen war die EntI-Serialisierung analog dem heutigen Deutsch. Bei Shakespeare kommen Verb-erst-EntI und *do*-Periphrase noch in freier Variation vor (Beispiele 19 und 20).

In den nicht-germanischen europäischen Sprachen liegt im Allgemeinen eine grammatisch weniger determinierte Serialisierung vor, systembedingte satztypabhängige Oppositionen lassen sich mehrheitlich nicht erkennen. Bestimmte Tendenzen in der Wortstellung der Interrogativsätze sind jedoch dadurch motiviert, dass die Interrogativpartikeln (wenn es sie gibt) bzw. die Interrogativphrasen häufig, wenn auch nicht unbedingt ausnahmslos, in bestimmten markierten Positionen der linearen Satzstruktur stehen. Interrogativpartikeln sind in den natürlichen Sprachen nach allgemeinen Beobachtungen meistens satzinitial oder satzfinal. Interrogativphrasen stehen, weil sie außer der Operatorfunktion auch eine Phrasenfunktion ausüben, entweder in situ (wo sich im Antwortsatz die als Antwort geltende Phrase befindet) oder werden in Initialposition bewegt (Ackema/Neeleman 1998). Ein besonderes Problem stellen dabei die sog. multiplen Interrogativsätze dar, die eine graduelle Abstufung der europäischen Sprachen unter diesem Aspekt zeigen (Grewendorf 2001). Ferner kann die Reihenfolge auch durch das Vorhandensein einer festgelegten Fokusposition beeinflusst werden, weil erfragte Informationen eo ipso fokussiert sein sollen.

Im Finnischen stehen die mit der klitischen Interrogativpartikel versehenen Konstituenten wie auch Interrogativphrasen satzinitial und sind dadurch zugleich auch fokussiert. Rechts vom Interrogativoperator lassen sich weder im EntI noch im ErgI weitere spezifische Stellungsregularitäten des Interrogativsatzes erkennen. Das Russische zeichnet sich auch durch die Initialstellung der mit der klitischen Interrogativpartikel versehenen Konstituente sowie auch der Interrogativphrase (bis auf einige markierte Ausnahmen) aus. Obwohl eine der wenigen

Wortstellungsregeln im Russischen darin besteht, dass unbetonte Subjektspronomina dem Finitum vorangehen sollen, findet sich im EntI mit Interrogativpartikel ausnahmsweise invertierte Wortstellung, weil nur dadurch die Initialstellung des Finitums mit der klitischen Interrogativpartikel ermöglicht wird. Im Albanischen steht die Interrogativpartikel satzinitial, ebenso wie die Interrogativphrasen. Nach der Partikel bzw. der Interrogativphrase steht invertierte Wortstellung, im Unterschied zu dem nicht eingeleiteten Interrogativsatz, dessen Serialisierung mit der des Deklarativsatzes übereinstimmt (Fiedler 2003: 793). Im Türkischen wird das Interrogativmorphem meistens in die Verbform integriert und steht damit satzfinal. Wenn aber mit dem partikelähnlichen Morphem eine nicht verbale Konstituente fokussiert wird, befindet es sich in der zweiten Satzhälfte meistens vor dem Finitum. An der gleichen Stelle stehen auch die Interrogativphrasen im türkischen ErgI. Insgesamt zeigen die Interrogativpartikel bzw. im Falle einer klitischen Partikel die mit der Partikel versehene Konstituente hinsichtlich ihrer Reihenfolge in den meisten europäischen Sprachen eine Korrelation mit der Stelle der Interrogativphrase im ErgI.

Die morphologisch bzw. lexikalisch-kategorial unmarkierten EntI heben sich hingegen außer in den germanischen Sprachen meistens durch keine besonderen Reihenfolgemerkmale vom Deklarativsatz ab. Die Beispiele (12), (15) und (21) zeigen, dass es sowohl im Russischen wie auch im Italienischen und im Albanischen möglich ist, Sätze allein durch die Intonation als EntI zu markieren. Im Italienischen stellt dies sogar die einzige Markierung dar.

Besonderer Behandlung bedarf unter diesem Aspekt die Serialisierung im Ungarischen, wo die lineare Abfolge grammatisch weitgehend undeterminiert ist. Festgelegt ist hingegen die Position der mit dem Satzakzent versehenen Fokusphrase. Sie steht obligatorisch unmittelbar vor dem Finitum. Phrasen vor der Fokusphrase werden gewöhnlich als Topik interpretiert. Hinter dem Finitum können die Phrasen in beliebiger Reihenfolge variiert werden. Die vereinfachte Grundformel Topik-Fokus-Finitum-XP[14] gilt für alle Satztypen.

Damit kann eine Konstituente im Ungarischen auch im Interrogativsatz durch ein einfaches Wortstellungsmittel topikalisiert werden (zur theoretischen Problematisierung vgl. unten). Wenn eine oder mehrere Phrasen mit Referenzfunktion der präverbalen Fokusphrase vorangehen, werden sie als Topik interpretiert. Topiklos ist der EntI (ähnlich wie der Deklarativsatz) gdw. die präverbale Fokusphrase oder das fokussierte Finitum satzinitial steht. Laut Korpusuntersuchungen ist Topikalisierung im EntI jedoch ein markierter Fall mit ca. 15 % Häufigkeit. Die überwiegende Mehrheit der EntI fängt mit der fokussierten Konstitu-

---

[14] Zu einer erweiterten und differenzierten Beschreibung vgl. É. Kiss (2002).

ente an, darunter sind die häufigsten diejenigen, in denen das Finitum fokussiert wird.¹⁵ So ist der häufigste Typ (der neutrale Grundtyp) des EntI auch im Ungarischen der V1-EntI, während Deklarativsätze, da sie nur im Ausnahmefall topiklos sind, im Ungarischen ebenso wie im Deutschen mehrheitlich mit einer NP oder AdvP eingeleitet werden.

Die Interrogativphrase steht im ungarischen ErgI obligatorisch in der präverbalen Fokusposition.¹⁶ Topikphrasen vor ihr (19) kommen ebenso selten vor wie im EntI, so fangen mehr als 80% mit der Interrogativphrase an, nach dem das Finitum steht (18). Unverkennbar sind dabei Konvergenztendenzen zwischen zwei genealogisch und typologisch sehr unterschiedlichen, jedoch areal eng verbundenen Kontaktsprachen. Satztypmarkierungen, die im Deutschen systembedingte Oppositionen darstellen, lassen sich im Ungarischen tendenziell im Sprachgebrauch erkennen (Bassola 2001: 30f.).

2.2.4 Intonatorische Merkmale

Bis jetzt ist es in der einschlägigen Forschung nicht befriedigend geklärt, ob durch die Intonation Interrogativsatztypen oder der pragmatische Funktionstyp ‚Frage' markiert werden (Altmann 1993, Selting 1995). Im Deutschen wie auch in den meisten europäischen Sprachen ist für den EntI eine steigende oder hohe Intonation am Satzende bzw. nahe dem Satzende charakteristisch, wobei diese Intonation mehrheitlich nicht das alleinige Merkmal des EntI darstellt, sondern mit einem oder mehreren anderen Merkmalen kombiniert wird. Da ErgI durch die Interrogativphrase eindeutig markiert werden, werden sie meistens mit der gleichen fallenden Defaultintonation realisiert wie Deklarativsätze, können aber auch einen steigenden Intonationsschluss aufweisen, der der Frage verschiedene pragmatische Färbungen verleiht. Im Italienischen ist dies sogar die unmarkierte Intonation von ErgI.

Besonders interessant sind Sprachen mit davon abweichender Intonation. Im Finnischen liegt – wie schon erwähnt – keine interrogative Intonation vor, sowohl Deklarativ- als auch Interrogativsätze werden mit fallender Intonation realisiert. Im Ungarischen ist die Intonation in dem lexikalisch-kategorial nicht markierten EntI steigend-fallend, d.h. die Tonhöhe steigt bis zur vorletzten

---

15 Damit kann zum Ausdruck kommen, dass der ganze Satzinhalt ohne besondere weitere Schwerpunktsetzungen auf die gleiche Weise in Frage gestellt wird.
16 É. Kiss (2002) erklärt dies damit, dass die Interrogativphrase *eo ipso* über ein Fokusmerkmal verfüge.

Sprechsilbe, fällt aber auf der letzten Silbe bis zur tiefsten Tonlage des Sprechers. Dieser Intonationstyp soll jedoch als Variante der steigenden Intonation betrachtet werden, einerseits weil der Höhepunkt der Intonation auf eine Silbe fällt, die meistens nicht akzentuiert ist und wo auch sonst kein hoher Ton zu erwarten wäre, wodurch also der Intonationsgipfel an der vorletzten Silbe das akustisch gut wahrnehmbare Merkmal des Interrogativsatzes darstellt, andererseits weil in einsilbigen und zweisilbigen Realisierungen, in denen der steigend-fallende Typ mangels ausreichender Sequenzlänge nicht möglich ist, eine steigende Intonation realisiert wird. Zu verwechseln ist diese Melodie mit der Defaultintonation des Deklarativsatzes, wenn am Satzende ein zweisilbiges Lexemwort steht (im Ungarischen liegt strenge Initialakzentuierung vor), wodurch die vorletzte Sprechsilbe mit einer Akzentstelle zusammenfällt. Die Untersuchungen von Gósy/Terken (1994) bestätigen, dass in diesem Fall zusätzliche prosodische Merkmale (z.B. ein größerer Tonumfang im EntI im Gegensatz zu einem starken Druckakzent im Deklarativsatz) zur eindeutigen EntI-Markierung herangezogen werden.

Intonatorische Minimalpaare gibt es auch im Russischen und im Italienischen. In beiden Sprachen hängt die Intonation auch stark mit der Satzakzentuierung zusammen. Nach Švedova (1980: 97ff.) werden russische EntI mit einer sehr ähnlichen Intonationskonstruktion markiert wie Deklarativsätze, indem der intonatorische Gipfel jeweils auf die Fokussilbe falle und der Ton danach fallend sei. Der Unterschied bestehe darin, dass der Ton auf der Fokussilbe im ersten Fall fallend, im zweiten steigend sei. Es werden wohl aber auch zusätzliche prosodische Mittel zur Verdeutlichung herangezogen, z.B. ein größerer Tonumfang im Falle des Interrogativsatzes. Im Italienischen wird der Ton bei neutraler Satzakzentuierung meistens am Finitum erhoben, bei Fokussierung einer nominalen oder adverbialen Konstituente an der jeweiligen Satzakzentstelle und danach bleibt er hoch.[17]

Im Russischen und Italienischen wird also nicht nur der Satztyp mit der Intonation markiert, sondern auch der Fokus des Interrogativsatzes. Im Finnischen und im Türkischen wird die gleiche Funktion durch die Positionierung der klitischen Interrogativpartikel, im Ungarischen durch die präverbale Stellung der fokussierten Phrase (begleitet mit einem Druckakzent) erfüllt. Im Deutschen

---

17 (i) *Viene   Antonio?* Typ a): ⌐   Typ b): /
       Komm-3SG Antonio ‚Kommt Antonio?' ‚Ist Antonio derjenige, der kommt?'
Interlandi/Romano (2005: 273f.) weisen darüber hinaus auch auf große dialektal bedingte Unterschiede in der interrogativen Intonation im italienischen Sprachraum hin.

wird die Fokusphrase mit dem durch einen Steigton gekennzeichneten Satzakzent markiert, aber mehr oder weniger unabhängig von der interrogativen Intonation, die erst am Satzende durch einen Hochton realisiert wird. Die gleiche Funktion – die Markierung des Fragefokus – wird also in den europäischen Sprachen auf verschiedenen Ebenen zum Ausdruck gebracht: entweder mit der Positionierung der Interrogativpartikel oder mit der Positionierung der für die interrogative Intonation charakteristischen steigenden Strecke der Intonation oder mit einem von der Interrogativintonation mehr oder weniger unabhängig realisierten Satzakzent.

2.3 Funktionale Besonderheit

Infolge unterschiedlicher Markierungsmöglichkeiten ergeben sich auch unterschiedliche Möglichkeiten der Informationsstrukturierung im Interrogativsatz. Deutsche Interrogativsätze können im Normalfall kein Topik haben, was sich in der Verb-erst-Stellung im EntI bzw. in der obligatorischen Initialstellung der Interrogativphrase im ErgI manifestiert. Interrogativsätze mit einer Nominal- oder Adverbialphrase im Vorfeld stellen Übergangstypen dar. Ein Topik können die deutschen Interrogativsätze nur mit einer sog. Herausstellungs- bzw. Cleft-Struktur realisieren (Altmann 2009). Das Topik steht außerhalb der Skopusdomäne des Interrogativoperators, wird selber nicht in Frage gestellt, es stellt die gemeinsame Basis von Sprecher und Hörer dar. Es wird als Grundlage für die Fragestellung festgelegt, in Bezug darauf wird die Frage gestellt. Die Herausstellung stellt wohl ein allgemein verbreitetes Mittel natürlicher Sprachen dar (s. z.B. 34). In einigen Sprachen lässt sich die Topikalisierung einer Konstituente im Interrogativsatz jedoch auch mit einfachen Reihenfolgemerkmalen ausdrücken, obwohl die satzinitiale Position einer nominalen oder adverbialen Konstituente allein noch nicht unbedingt als Zeichen für ihre Topikfunktion zu betrachten ist.[18]

Für die Topikalisierung im Interrogativsatz ist besonders die ungarische lineare Satzstruktur geeignet. Beim ersten Satz im Beispiel (9) wissen Sprecher und Hörer beide Bescheid, dass heute ein Vortrag stattgefunden hat und der Sprecher fragt in diesem Zusammenhang, ob Chomsky derjenige war, der ihn gehalten hat. Im zweiten Satz besteht die gemeinsame Grundlage darin, dass Chom-

---

[18] Im Türkischen z.B. überhaupt nicht. Im Russischen oder im Albanischen haben EntI ohne Interrogativpartikel in neutralen Verwendungskontexten – wie gezeigt – die gleiche Reihenfolge wie Deklarativsätze (Beispiele 12 und 15), so sind sie nicht mit einer besonderen pragmatischen Interpretation verbunden.

sky für die gegebene Sprechsituation ins Blickfeld von Sprecher und Hörer geraten ist und der Sprecher in diesem Zusammenhang fragt, ob er gerade den heutigen Vortrag gehalten hat. Als topiklos werden die ungarischen EntI interpretiert, wenn das Finitum selbst satzinitial ist oder vor dem Finitum nur die fokussierte (auch satzakzentuierte) Phrase steht.[19] Im ErgI steht die Interrogativphrase obligatorisch in der präverbalen Fokusposition. Bei ihrer satzinitialen Stellung ist der Satz topiklos (Beispiel 10), ihm vorangehende referierende Phrasen werden jedoch als Topik interpretiert (Bespiel 11). Der ungarische Interrogativsatz kann also durch einfache Wortstellungsmittel eine feine Nuancierung in Bezug auf die ko- und kontextuelle Einbettung der Frage ausdrücken. Im russischen EntI mit Interrogativpartikel bzw. auch im ErgI kann ein Topik auch mit einer markierten Wortstellung realisiert werden. Diese Satztypen fangen im unmarkierten Fall mit Finitum+Interrogativpartikel bzw. mit der Interrogativphrase an. Im markierten Fall kann ihnen aber eine nominale oder adverbiale Konstituente vorangehen, die als Topik interpretiert wird (Beispiele 13 und 14).

Allerdings ist die Möglichkeit der Topikalisierung einer Konstituente im Interrogativsatz in den meisten Sprachen ziemlich begrenzt und dadurch kommen markierte Sondertypen zustande.

---

19 Zum Beispiel:
(i) Tartott ma Chomsky előadást?
    Halt-PAST-3SG heute Chomsky Vortrag-Akk
    ‚Hat Chomsky heute einen Vortrag gehalten?'
(ii) Chomsky tartott ma előadást?
    Chomsky halt-PAST-3SG heute Vortrag-Akk
    ‚Hat CHOMsky heute einen Vortrag gehalten?'

3 Imperativsätze im Sprachkontrast

3.1 Beispiele mit Erläuterung

Türkisch
(23) Yaz-ø! (2SG)   Yaziniz! (2PL)
    ‚Schreib!'   ‚Schreibt!'
    Yazsin! (3SG)   Yazsinlor! (3PL)
    ‚er/sie soll schreiben'
    ‚sie sollen schreiben'
(24) Yaz**ma**!   Yaz**ma**yiniz!
    ‚Schreib nicht!' ‚Schreibt nicht!'

Im Türkischen gibt es Imperativformen in der 2. und 3. Person Singular und Plural. IMP 2SG stimmt mit dem Verbstamm überein. Die negierten Imperativformen, die sog. Prohibitive, werden mit einem zusätzlichen Negationssuffix zwischen Stammmorphem und Personalsuffix markiert.

Finnisch
(25) Hoida-ø   asia!
    Sorg-IMP-2SG   Sache-AkkII.
    ‚Kümmere dich um die Angelegenheit!'
    Autta**kaa**   itseänne!
    Helf-IMP-2PL   sich selbst-2PL
    ‚Helft euch selbst!'
    Hoita**ko**on   johtaja asian!
    Sorg-IMP-3SG Chef Sache-AkkI.
    ‚Kümmere sich der Chef um die Sache!'
(26) Älä ole ...!   Äl**kää**mme olko ...!
    NEG sein-IMP-2SG NEG-IMP-1PL sein-IMP
    ‚Sei nicht ...!'
    ‚Seien wir nicht ...!'

Das Finnische verfügt über ein beinahe vollständiges Imperativparadigma, in dem nur die Form für 1SG fehlt. Es teilt sich in zwei Teilparadigmen. 1. und 2. Person Plural werden mit dem Suffix –*ka* gebildet (Imperativ I), die drittpersonigen Formen mit dem Suffix –*ko* (Imperativ II). Bei realisiertem Akkusativobjekt werden neben den beiden Imperativen unterschiedliche Akkusativformen (Akkusativ I und Akkusativ II) realisiert. Prohibitivform werden mit einem Negationsauxiliar gebildet.

Ungarisch:
(27) Várj-ø! (2SG) (Nebenform: Vár-j-ál!)   Vár-j-atok! (2PL)
    ‚Warte!'   ‚Wartet!'
    ??Várjak! (1SG)   Várjunk! (1PL)
    ‚Ich soll warten'¹⁹   ‚Warten wir!'
    Várjon! (3SG)   Várjanak! (3PL)
    ‚er/sie soll warten'   ‚sie sollen warten!'

(28) Ne   várj!
    NEG   wart-IMP-2SG

(29) Miskolcra megyek. / Menj   Miskolcra!
    Miskolc-auf geh-1SG geh-IMP-2SG   Miskolc-auf
    ‚Ich fahre / Fahr nach Miskolc!'
    Megvárom. /   Várjad **meg**!
    PERF-wart-1SG-DEF   Wart-IMP-2SG-DEF PERF
    ‚Ich warte, bis es fertig wird. / Warte, bis es fertig wird!'

Das Imperativparadigma des Ungarischen ist vollständig, weil das Imperativsuffix –*j*– mit allen Personalsuffixen kombiniert werden kann. IMP 2SG wird in der Leitform ohne Personalsuffix realisiert. Die Verwendung von 1SG ist eingeschränkt. Prohibitivsätze werden mit der Prohibitivpartikel *ne* (die sich von der Negationspartikel *nem* ‚nicht' unterscheidet) und mit einer regelmäßigen Imperativform gebildet. Der ungarische Imperativsatz hat ferner auch eigene Reihenfolgeregeln, was die Stellung der Fokusphrase sowie der Verbpartikel anbelangt.

Russisch
(30) Пой-ø! (2SG, IMPERF)   Спой-ø! (2SG, PERF)
    ‚Sing!'   ‚Sing mal!'
    Пойте! (2PL, IMPERF)   Спойте! (2PL, PERF)
    ‚Singt!'   ‚Singt mal!'

(31) Давай поем!
    PART sing-IND-1PL
    ‚Singen wir; Lasst uns singen!'
    Пусть он поет!   Пусть они поют!
    PART er sing-IND-3SG   PART sie sing-IND-3PL
    ‚er soll singen'   ‚sie sollen singen'

---

20 Mit der Partikel *hadd* ist die erstpersonige Imperativform zweifelsohne richtig: *Hadd várjak!* ‚Lass mich warten!'

Das Russische verfügt nur über zweitpersonige Imperativformen. Aus imperfektiven Verben gebildete Imperativformen haben einen Befehlscharakter, während die aus perfektiven Verben gebildeten abgeschwächt und beiläufig wirken. Für nicht-zweitpersonige Formen liegen periphrastische Strukturen mit einer Imperativpartikel und der Indikativform des Verbs vor. Eigene Prohibitivformen gibt es nicht.

Englisch
(32) Read! (vs. You read.)

(33) Let me tell you ...
      Let's go!

Das Hauptmerkmal des englischen Imperativsatzes ist die obligatorische Subjekteliminierung. Nicht-zweitpersonige Formen können periphrastisch gebildet werden. In Prohibitivsätzen wird das gleiche Negationsauxiliar (*don't*) benutzt wie in anderen negierten Sätzen.

Italienisch
(34) Parla-ø! (2SG)   Scriv-i! (2SG)
      ‚Sprich!'   ‚Schreib!'
      Parlate! (2PL)   Scrivete! (2PL)
      ‚Sprecht!'   ‚Schreibt!'

(35) Parliamo!   Scriviamo!
      sprech-KONJ-1PL   schreib-KONJ-1PL
      ‚Sprechen wir!'   ‚Schreiben wir!'
      Parli!   Scriva!
      sprech-KONJ-3SG   schreib-KONJ-3SG
      ‚Sprechen Sie!'   ‚Schreiben Sie!'
      Parlino!   Scrivano!
      sprech-KONJ-3PL   schreib-KONJ-3SG
      ‚Sprechen Sie(Pl)!'   ‚Schreiben Sie(Pl)!'

(36) Non parlare!   Non scrivere!
      NEG sprech-INF   NEG schreib-INF
      ‚Sprich nicht!'   ‚Schreib nicht!'

Im Italienischen gibt es auch nur zweitpersonige Imperativformen, während die anderen (1PL sowie 3SG und 3PL) periphrastisch mit dem entsprechenden Konjunktiv ausgedrückt werden können. Prohibitive werden mit der Negationspartikel und dem Infinitiv des Verbs ausgedrückt.

3.2 Markierungsebenen

Imperativsätze sind in den europäischen Sprachen eng mit dem Verbmodus Imperativ verbunden. Insofern spielt die morphologische Markierung eine ausgezeichnete Rolle. In den indogermanischen Sprachen liegt mehrheitlich ein morphologisch markierter Imperativ in 2SG vor, daraus kann i.A. die Form für 2PL gebildet werden.[21] Fehlende Formen des Paradigmas werden meistens durch konjunktivische Formen ersetzt (manchmal auch durch Optativ- oder Futurformen), dabei besonders die Höflichkeits- und Distanzformen, die funktional zweitpersonig sind, indem mit ihnen der Kommunikationspartner angesprochen wird, aber entweder mit Verbformen in 3SG oder 3PL zum Ausdruck gebracht werden.[22] Einen Sondertyp bildet in den meisten europäischen Sprachen der Adhortativ, der sich auf eine Gruppe, bestehend aus dem (den) Sprecher(n) und dem (den) Partner(n), bezieht, z.B. *Gehen wir!*. Die nicht-indogermanischen agglutinierenden Sprachen bilden den Imperativ mit einem Suffix und verfügen mit gewissen Einschränkungen über ein vollständiges Imperativparadigma, sind also fähig, auch nicht zweitpersonige Imperativsätze mit dem Imperativ des Verbs zu markieren.

Die anderen Markierungsebenen können für die Imperativsatztypen insofern relevant sein, als einerseits Imperativformen sich nicht immer eindeutig von anderen Verbformen abheben, andererseits für fehlende Formen im Imperativparadigma periphrastische Konstruktionen eingesetzt werden können. Subjekttilgung im Imperativsatz (angesehen als ein kategoriales Merkmal) ist häufig, jedoch idiosynkratisch unterschiedlich streng geregelt. Im Englischen ist sie obligatorisch und bildet mangels fehlender Möglichkeiten morphologischer Markierung das Hauptmerkmal des Imperativsatzes, während in vielen Sprachen die Subjektrealisierung zumindest in markierten Fällen zugelassen ist. Imperativsätze neigen allgemein zur Verb-erst-Struktur, diese Tendenz ist jedoch in den europäischen Sprachen mit unterschiedlicher Stärke zu beobachten. Ferner stellen negierte Imperativsätze, die sog. Prohibitivsätze, oft einen eigenständigen Satztyp dar, der entweder auf besondere Weise morphologisch markiert wird (mit einer besonderen Verbform) oder auch lexikalisch-kategorial (z.B. mit einem Auxiliar oder mit einer Partikel).

---

[21] Im Deutschen sind nur die Formen für 2SG eindeutig als imperativisch markiert, vgl. *Lies!*; *Schreib!*. Die Pluralformen *Lest! Schreibt!* fallen formal mit dem Indikativ überein, so ist in 2PL außer der Verbform auch die Subjekttilgung, d.h. ein kategoriales Merkmal, entscheidend.
[22] Auch 2PL wird häufig als Höflichkeitsform benutzt, z.B. im Russischen, im Albanischen, teilweise auch im Italienischen.

3.2.1 Morphologische Merkmale

Der Imperativ 2SG fällt in den meisten europäischen Sprachen mit dem suffixlosen Verbstamm zusammen,[23] dies sogar auch in agglutinierenden Sprachen (außer dem Ungarischen). Im Türkischen wird IMP 2SG suffixlos realisiert, die weiteren Formen, 2PL sowie 3SG und 3PL werden mit imperativischen Personalsuffixen ausgedrückt. Im Finnischen kann der vokalische Verbstamm im IMP 2SG in der gesprochenen Realisierung mit einem sog. Glottalklusil abgeschlossen werden (4), der aber schriftlich unmarkiert bleibt und auch mündlich nicht konsequent realisiert wird. IMP 2SG fällt damit bei bestimmten Stammtypen mit IND 3SG zusammen (Winkler 1989: 31). IMP 1PL und 2PL werden mit dem Imperativsuffix -kA-[24] (sog. Imperativ I.), drittpersonige Formen mit dem Suffix -kO- (Imperativ II., 7) realisiert. Beide stehen zwischen Verbstamm und Personalsuffix und weisen Vokalharmonie mit dem Stamm auf. Imperativ-I- und Imperativ-II-Sätze bilden Satztypen mit teilweise unterschiedlichen kategorialen und syntaktischen Merkmalen. Im Ungarischen wird ein vollständiges Imperativparadigma mit dem zwischen Stammmorphem und Personalsuffix stehenden Imperativsuffix -j- gebildet, das sich mit dem auslautenden Stammkonsonanten zu einem langen Konsonanten verschmelzen kann und auf diese Weise nicht immer akustisch hörbar realisiert wird.[25] Die Personalsuffixe stimmen mehrheitlich mit denen im Indikativ überein, 2SG wird aber ohne Personalsuffix realisiert (mit einer suffixhaltigen Nebenform), 3SG hingegen, die im Indikativ suffixlos ist, bekommt ein Personalsuffix. Dadurch ist im Imperativ die 2SG die unmarkierte Grundform des Paradigmas, im Indikativ hingegen die 3SG.[26]

Im Russischen stimmt IMP 2SG wieder mit dem Verbstamm überein, 2PL wird zusätzlich mit dem Affix -te gebildet. Letztere stellt zugleich die Höflichkeitsform dar. Somit gibt es in anderen Personen keine morphologischen Imperativformen, auch keine Parallelformen, der Adhortativ sowie indirekte Aufforderungen gegenüber einer dritten Person werden mit Partikeln ausgedrückt. Eine besondere Möglichkeit der slawischen Sprachen besteht in der systematischen Bildungs-

---

23 Oder wird mit einem besonderen affixlosen Imperativstamm gebildet, z.B. im Neugriechischen, vgl. Fries (2002: 63).
24 Die Großschreibung des Vokals weist auf Alternationen infolge der Vokalharmonie hin.
25 Z.B.: *olvas* ,les-' + -*j*- = *Olvass!* ,Lies!'.
26 Auch in 1SG ist eine Imperativform vorhanden, deren Benutzung jedoch stark eingeschränkt ist, z.B. auf Interrogativsätze wie *Olvassak?* ,Soll ich lesen?' sowie auf indirekte eingebettete Aufforderungen (vgl.2.2.3.). 1Pl ist die Adhortativform, 3SG und 3PL stellen einerseits die Höflichkeitsformen dar, andererseits können sie auch als an eine dritte Person gerichtete Aufforderungen gelten.

möglichkeit der Imperativformen aus beiden Verbpaaren des slawischen Aspektsystems, wobei im Imperativ die aspektuelle Bedeutung durch eine pragmatische Färbungsmöglichkeit weitgehend in den Hintergrund gedrängt wird. Imperfektive Verben wirken im Imperativ kategorisch, bis hin zu einem Befehl, perfektive hingegen eher höflich und beiläufig. Mit dem perfektiven Verb wird also eine mit der Wirkung der deutschen Modalpartikel *mal* vergleichbare Färbung ausgedrückt. Wohl gehen beide Techniken auf die Assoziation Einmaligkeit → Beiläufigkeit zurück.

Im Italienischen liegt Imperativ in 2SG und in 2PL vor. Ersterer stimmt bei Verben mit *a-* und *i*-Stämmen mit dem Stammmorphem überein, während Verben der *e*-Stammklasse den Imperativ ausnahmsweise mit einer *i*-Endung bilden. Letzterer wird zusätzlich mit dem Suffix *-te* markiert und dient auch als kollektive Höflichkeitsform. Auch die drittpersonigen Formen funktionieren als Höflichkeitsformen, bei ihnen wie auch in 1PL (Adhortativ) wird der entsprechende Konjunktiv als Ersatzform benutzt. Es gibt Überschneidungen mit dem Deklarativsatz, weil bei Verben mit dem *a*-Stamm IMP 2SG und IND 3SG zusammenfallen und bei anderen Verben sowie bei allen Verben in 1PL und 2PL der Imperativ bzw. der Ersatzkonjunktiv die gleichen morphologischen Formen aufweisen wie der entsprechende Indikativ. Da das Italienische zugleich eine Pro-Drop-Sprache ist und auch keine Satzmoduspartikeln hat, können Imperativsätze häufig erst durch eine Kontextanalyse identifiziert werden. Prohibitivsätze in 2SG werden nicht mit dem Imperativ, sondern mit dem Infinitiv des Verbs gebildet.

3.2.2 Kategoriale Merkmale

Das häufigste kategoriale Merkmal ist die Subjekttilgung, die im Englischen obligatorisch und das einzige Merkmal ist, in den meisten anderen Sprachen den unmarkierten Imperativsatz charakterisiert. In den Pro-Drop-Sprachen (Türkisch, Ungarisch, Italienisch), in denen das pronominale Subjekt auch im unmarkierten Deklarativsatz nicht realisiert wird, ist sie jedoch kein identifizierendes Merkmal. Ferner werden auch Prohibitivsätze und nicht zweitpersonige Imperativsätze häufig kategorial, z. B. mit einem Auxiliar oder mit einer besonderen Imperativpartikel markiert.

Finnische Imperativsätze in 2SG/PL sowie in 1PL (Imperativ I.) sind in der Regel subjektlos bzw. nur das Personalsuffix zeigt die Person des Subjektes an. Das Akkusativobjekt wird mit dem Akk.II. realisiert, der mit der Nominativform übereinstimmt. Im Finnischen wird in Sätzen ohne syntaktisch realisiertes Subjekt auch in anderen Satztypen Akk.II. benutzt, in Sätzen mit realisiertem Subjekt jedoch der mit dem Akkusativsuffix markierte AkkI. Die Besonderheit der Imperativ-I-Sätze besteht darin, dass bei syntaktischer Realisierung des Subjektspronomens das Akkusativobjekt auch mit AkkII. realisiert wird. In Imperativ-II-Sätzen (3SG/PL) wird das Subjekt realisiert, das Akkusativobjekt steht in AkkI. Prohibitivsätze werden mit dem Negationsauxiliar *älä* markiert, wobei das Imperativsuffix sowohl am Auxiliar als auch am Vollverb realisiert wird.

Im Ungarischen spielt die kategoriale Markierung einerseits im Prohibitivsatz eine Rolle (statt der allgemeinen Negationspartikel *nem* wird neben imperativischen Verbformen *ne* verwendet). Andererseits werden nicht zweitpersonige Imperativsätze außer der Imperativform häufig auch mit der Partikel *hadd* markiert, in 1SG ist sie sogar obligatorisch. Ähnliche Partikeln liegen auch im Russichen vor (*pust'* und *davaj*), sie werden mangels einer dritt- bzw. erstpersonigen Imperativform und einer konjunktivischen Parallelform mit indikativischen Verbformen kombiniert und dienen als alleinige Merkmale nicht zweitpersoniger Imperativsätze.

3.2.3 Reihenfolgemerkmale

Als allgemeine Tendenz für die Imperativsätze gilt in den anderen europäischen Sprachen ebenso wie im Deutschen die Verbeststellung, die jedoch aus besonderen informationsstrukturellen Gründen (z.B. bei besonderer Hervorhebung) meistens auch verletzt werden kann. Da Imperativsätze i.A. morphologisch und kategorial eindeutig markiert sind, spielt die Reihenfolge eher eine untergeordnete Rolle.

Im Ungarischen kann jedoch die Reihenfolge eine besondere Rolle spielen. Der Imperativ kann nämlich auch in eingebetteten Sätzen zum Ausdruck indirekter Aufforderungen auftreten, aber in den gleichen eingebetteten Sätzen auch eine konjunktivische Lesart haben und als Merkmal des Finalsatzes dienen (*Azt mondta, hogy várjak.* ‚Er/sie sagte, ich solle warten' vs. *Leültem, hogy várjak.* ‚Ich setzte mich, um zu warten'). Andererseits liegen aus phonetischen Gründen viele Überschneidungen mit dem Indikativ vor (*nézzük* ‚wir sehen es/sehen wir es!'). Zur Disambiguierung entstanden besondere Serialisierungsregeln. Die Fokusphrase, die im Deklarativ- und im Interrogativsatz stets präverbal steht, kann im Imperativsatz mit Ausnahme eines kontrastiven Fokus auch postverbal auftreten (Beispiel 29). Verbpartikeln,[27] die im Deklarativsatz präverbal stehen (mit Zusammenschreibung), wenn das Verb selbst fokussiert und postverbal (mit Getrennt-

---

[27] Im Ungarischen sind Partikelverben besonders häufig, mit Verbpartikeln kann die Bedeutung des Verbs sehr fein differenziert werden.

schreibung), wenn eine andere Phrase vor dem Verb fokussiert wird, stehen in Imperativsätzen stets postverbal (Beispiel 30). Diese Reihenfolgeregeln sichern einerseits die Position des Verbs an oder nahe dem Satzanfang, während die gewöhnliche Verbposition in Deklarativsätzen die Satzmitte ist, andererseits gelten auch als Identifizierungsmerkmale in morphologisch nicht eindeutig markierten Imperativsätzen.

3.2.4 Intonatorische Merkmale

Die Relevanz der suprasegmentalen Ebene für die Markierung der Imperativsätze in den europäischen Sprachen ist beim Stand der gegenwärtigen Forschung weitgehend ungeklärt. Höchstwahrscheinlich spielt sie im Vergleich mit der Markierung des Interrogativsatzes meistens eher eine untergeordnete Rolle. Intonatorisch-prosodische Merkmale können besonders für die pragmatische Färbung von Imperativsätzen verantwortlich sein, so werden Befehle vorhersagbar anders realisiert als höfliche bzw. zurückhaltende Bitten. Es ist jedoch auch nicht auszuschließen, dass die Intonation in bestimmten Sprachen eventuell auch in der Markierung von Imperativsatztypen eine Rolle spielen kann, in diese Richtung liegen aber bis heute nur sporadische Forschungsergebnisse vor.

3.3 Funktionale Besonderheit

Unter kontrastivem Aspekt verdienen die nicht zweitpersonigen Imperativsätze besonderer Aufmerksamkeit. Birjulin/Hrakovskij (2001) unterscheiden insgesamt 17 mathematisch mögliche Variationen unter dem Aspekt, wer unter dem Sprecher/den Sprechern, dem Hörer/den Hörern bzw. dritten Personen der/die Verpflichtete der Aufforderung ist. Europäische Sprachen verfügten über grammatische Ausdrucksmittel jeweils nur für einige, idiosynkratisch bestimmte Fälle, andere können nur paraphrasiert werden. Mit drittpersonigen Formen werden eine oder mehrere dritte Person(en) zu einer Handlung veranlasst, wobei der Kommunikationspartner daran als die hintergründige, vermittelnde, unterstützende, anregende oder duldende Person mittelbar beteiligt ist. Mit 1PL, mit dem Adhortativ, wird eine Aufforderung an eine Gruppe gerichtet, in der der Sprecher selber Mitglied ist. Fraglich ist, ob 1SG, also ‚Selbstaufforderung', überhaupt eine reale Möglichkeit der natürlichen Sprachen darstellt.

Die indogermanischen europäischen Sprachen stellen zu den nicht-zweitpersönigen Aufforderungen mehrheitlich nur periphrastische Mittel, z. B. Konjunktivformen zur Verfügung,[28] im Deutschen wirken auch diese Ersatzformen archaisch wie z. B. der Satz *Der Bote trete ein und überbringe seine Botschaft*.[29] Nicht zweitpersonige Imperativformen liegen in den nicht indogermanischen europäischen Sprachen vor, eine Form für 1SG nur im Ungarischen. Eine Konstruktion mit dem Verb mit der Bedeutung ‚lassen' entwickelt sich jedoch in zahlreichen Sprachen zur Imperativ-Ersatzform. Im Englischen dient das Auxiliar *let* als Ausdrucksmittel für die hintergründige Rolle des Partners in Aufforderungen, deren Verpflichteter nicht er selber ist. Im Adhortativ (Beispiel 33) wird der Ausdruck *let's* wegen der Univerbierung schon als Satzmoduspartikel betrachtet (Quirk u. a. 1985: 148), wobei diese Form auch einen Bedeutungsunterschied im Vergleich mit der vollen Form *let us* aufweist: letztere bedeutet, dass ein oder mehrere Partner, die selber keine Verpflichtete der Handlung sind, den Vollzug der Handlung erlauben sollen, erstere hingegen, dass die ganze Gruppe, also Sprecher, Partner und eventuell auch Dritte gemeinsam zur Handlung aufgefordert werden. Im Deutschen ist die lexikalische Bedeutung von *lassen* in ähnlichen Konstruktionen mehrheitlich stark zu fühlen, in einigen Fällen, besonders im Adhortativ hat es sich aber schon zu einem Imperativauxiliar grammatikalisiert (vgl. *Lasset uns beten!* als Übersetzung für lat. *Oremus!*).

Im Ungarischen entwickelte sich eine Imperativpartikel, *hadd*, aus der Konjugationsform IMP 2SG des Verbs *hagy* ‚lassen'. Die Partikel lässt sich mit allen Imperativformen der Verben kombinieren außer 2SG und 2PL und hat im Satz eine feste Stelle vor dem finiten Verb, obwohl sie als Partikel nicht als Fokus interpretiert werden kann. Sie tritt in nicht zweitpersonigen Imperativsätzen häufig auf, verbindlich ist sie in 1SG. Dies lässt sich wohl damit erklären, dass eine Imperativform ohne *hadd* als Selbstaufforderung in einer gewöhnlichen Kommunikationssituation keine sinnvolle Interpretation erlaubt. Mit *hadd* wird jedoch die hintergründige unterstützende, duldende usw. Rolle des Kommunikationspartners angedeutet, wodurch die erstpersonige Aufforderung sozusagen ‚legitimiert' wird.

Eine ähnliche Entwicklung zeigt die russische Imperativpartikel *pust'* aus dem Verb *pust'it'* ‚lassen'[30], womit besonders drittpersonige Imperativsätze mar-

---

[28] Zum Vergleich: Laut WALS verfügen ca. 78 % der natürlichen Sprachen über einen Imperativverbmodus in 2. Person (Chapter 70) und etwa 46 % darüber hinaus auch über eine morphologisch markierte Verbkategorie für nicht zweitpersonige Aufforderungen.
[29] Beispiel von Weinrich (1993: 265). In der Gegenwartssprache könnte es mit dem Satz *Sagen Sie dem Mann, er soll reinkommen und seine Sachen vortragen* paraphrasiert, womit der Doppelcharakter der nicht zweitpersonigen Aufforderungen, nämlich die vermittelnde Rolle des Partners sowie die Verpflichtung der dritten Person explizit zum Ausdruck kommt.
[30] Nebenform: *puskaj* aus der Imperativform des imperfektiven Verbs *puskat'*.

kiert werden, während für Adhortativsätze die Partikel *davaj* aus dem Verb *davat'* ‚geben' reserviert ist.

4 Fazit

Die europäischen Sprachen zeigen hinsichtlich der Satztypenmarkierung große Vielfalt, dabei wirken in jedem Fall die morphologischen, lexikalisch-kategorialen, Reihenfolge- und intonatorischen Merkmale stets auf komplexe Weise zusammen. Die Markierungstechniken entsprechen größtenteils den allgemeinen genealogischen und typologischen Gegebenheiten der betreffenden Sprachen. So bevorzugen die finno-ugrischen Sprachen sowie auch das Türkische in erster Linie Suffixe bzw. klitische Satzmoduspartikeln. Auch in den slawischen Sprachen spielen Satzmoduspartikeln eine große Rolle. Die germanischen und romanischen Sprachen bauen stärker auf Reihenfolge- bzw. intonatorische Merkmale.

Die in den natürlichen Sprachen vorhandenen Markierungstechniken des Entscheidungsinterrogativsatzes sind unter den europäischen Sprachen auch belegt. Beim Ergänzungsinterrogativsatz deutet hingegen trotz idiosynkratischer Unterschiede sowohl der mehr oder weniger einheitliche phonetische Bestand als auch das syntaktische Verhalten der Interrogativa in den indogermanischen Sprachen ihre gemeinsame Herkunft an. Denen steht in den nicht indogermanischen Sprachen die charakteristische Trichotomie der Interrogativa gegenüber.

Eine Einheitlichkeit der indogermanischen Sprachen zeigt sich auch in der Markierung der zweitpersonigen Imperativsätze mit dem Verbmodus Imperativ sowie der nicht zweitpersonigen Imperativsätze mit Ersatzformen (Konjunktiv, Optativ, auch Partikeln). Im Gegensatz dazu weisen die nicht indogermanischen Sprachen mehrheitlich Imperativsuffixe auf, die mit (beinahe) allen Personalsuffixen kombinierbar sind.

Das Deutsche zeichnet sich unter den europäischen Sprachen insbesondere durch die Relevanz der Reihenfolge, bedingt durch die drei bekannten Verbstellungstypen, aus. Ferner ist das Deutsche modalpartikelreich, verfügt aber über keine Satzmoduspartikeln.

Trotz der großen Vielfalt der Markierungstechniken lassen sich auch wohl kulturell bzw. areal bedingte, häufig – wenn auch nicht ausnahmslos – belegbare Ähnlichkeiten beobachten wie z. B. ähnliche Fokussierungstechniken im Interrogativsatz durch die Stelle der Interrogativpartikel bzw. durch die steigende Strecke der Intonation, bestimmte Wortfolgetendenzen wie Verb-erst-Stellung in einigen Interrogativsatztypen bzw. auch im Imperativsatz oder die Periphrase nicht zweitpersoniger Imperativsätze mit einem Hilfswort (Auxiliarverb oder Partikel), das auf die Imperativform des Verbs mit der Bedeutung ‚lassen' zurückgeht.

5 Literatur

Abraham, W. (1991): The Grammaticalization of the German Modal Particles. In: Traugott, E.C./ Heine, B. (Hgg.), Approaches to Grammaticalization. Bd. II. Amsterdam: Benjamins, 331–380.
Ackema, P./Neeleman, A. (1998): WHOT? In: Barbosa, P./Fox, D./Hagstrom, P./McGinnis, M./ Pesetsky, D. (Hgg.), Is the Best Good Enough? Optimality and Competition in Syntax. Cambridge/MA: MIT Working Papers in Linguistics, 15–35.
Altmann, H. (1993): Satzmodus. In: Jacobs/Stechow, A. von/Sternefeld, W./Venneman, T. (Hgg.), Syntax. Ein internationales Handbuch der zeitgenössischen Forschung. Berlin: de Gruyter, 1006–1029.
Altmann, H. (2009): Cleft- und Pseudocleft-Sätze (Spalt- und Sperrsätze) im Deutschen. In: Brdar-Szabó, R./Knipf-Komlósi, E./Péteri, A. (Hgg.), An der Grenze zwischen Grammatik und Pragmatik. Frankfurt/Main: Lang, 13–34.
Autenrieth, T. (2002): Heterosemie und Grammatikalisierung bei Modalpartikeln. Tübingen: Niemeyer.
Axel, K. (2007): Studies on Old High German Syntax. Left Sentence Periphery, Verb Placement and Verb-second. Amsterdam: Benjamins.
Bassola P. (2001): Wortstellung Deutsch – Ungarisch. In: Bassola P./Engel, U./Gaca, A./ Velde, M. van de (Hgg.), Wortstellung im Sprachvergleich (deutsch – niederländisch – polnisch – ungarisch). Tübingen: Julius Groos, 9–62.
Birjulin, L. A./Hrakovskij, V.S. (2001): Imperative Sentences: Theoretical Problems. In: Hrakovskij, V.S. (Hg.), Typology of Imperative Constructions. München: LINCOM, 3–50.
Brandt, M./Reis, M./Rosengren, I./Zimmermann, I. (1992): Satztyp, Satzmodus und Illokution. In: Rosengren, I. (Hg.), Satz und Illokution. Bd. I. Tübingen: Niemeyer, 1–90.
Fiedler, W. (2003): Albanisch. In: Roelcke, T. (Hg.), Variationstypologie. Variation Typology. Ein sprachtypologisches Handbuch der europäischen Sprachen in Geschichte und Gegenwart. Berlin: de Gruyter, 749–797.
Fries, N. (2002): Imperativ-Morphologie kontrastiv Deutsch – Neugriechisch. In: Wegener, H. (Hg.), Deutsch kontrastiv. Typologisch-vergleichende Untersuchungen zur deutschen Grammatik. Tübingen: Stauffenburg, 63–86.
Gósy, M./Terken, J. (1994): Question Marking in Hungarian: Timing and Height of Pitch Peaks. In: Journal of Phonetics 22, 269–281.
Grewendorf, G. (2001): Multiple wh-fronting. In: Linguistic Inquiry 23, 87–122.
Grimshaw, J. (1995): Projection, Heads and Optimality. Manuskript, Rutgers University. [http://roa.rutgers.edu/files/68-0000/roa-68-grimshaw-3.pdf]
Haegeman, L./Guéron, J. (1999): English Grammar. A Generative Perspective. Oxford: Blackwell.
Hakulinen, L. (1960): Handbuch der Finnischen Sprache. Wiesbaden: Harrassowitz.
Haspelmath, M./Dryer, M./Gil, D./Comrie, B. (Hgg.) (2008): The World Atlas of Language Structures Online. München: Max Planck Digital Library. [http://wals.info]

Iivonen, A. (1998): Intonation in Finnish. In: Hirst, D./di Cristo, A. (Hgg.), Intonation Systems. A Survey of Twenty Languages. Cambridge: Cambridge University Press, 311–327.
Iivonen, A. (2001): Intonation of Finnish Questions. In: Dommelen, W.A. van/Thorstein, F. (Hgg.), Nordic Prosody. Proceedings of the VIIIth Conference, Trondheim 2000. Frankfurt/Main: Lang, 137–151.
Interlandi, G. M./Romano, A. (2005): Variabilità geo-socio-prosodica. Dati linguistici e statistici. In: Géolinguistique 3, 259–280.
Johanson, L. (2003): Türkisch. In: Roelcke, T. (Hg.), Variationstypologie. Variation Typology. Ein sprachtypologisches Handbuch der europäischen Sprachen in Geschichte und Gegenwart. Berlin: de Gruyter, 919–944.
Keszler, B./Lengyel, K. (2009): Ungarische Grammatik. Hamburg: Buske.
Kiss, J. (2003): Ungarisch. In: Roelcke, T. (Hg.) Variationstypologie. Variation Typology. Ein sprachtypologisches Handbuch der europäischen Sprachen in Geschichte und Gegenwart. Berlin: de Gruyter, 905–918.
Kiss, K.É. (2002): Syntax of Hungarian. Cambridge: Cambridge University Press.
Millward, C.M. (1996): A Biography of the English Language. Forth Worth: Harcourt Brace College Publishers.
Quirk, R./Greenbaum, S./Leech, G./Svartivik, J. (1985): A Comprehensive Grammar of the English Language. London: Longman.
Reis, M. (1992): Zur Grammatik und Pragmatik von Echo-w-Fragen. In: Rosengren, I. (Hg.), Satz und Illokution. Bd. I. Tübingen: Niemeyer, 213–261.
Roelcke, T. (Hg.) (2003): Variationstypologie. Variation Typology. Ein sprachtypologisches Handbuch der europäischen Sprachen in Geschichte und Gegenwart. Berlin: de Gruyter.
Selting, M. (1995): Prosodie im Gespräch. Aspekte einer interaktionalen Phonologie der Konversation. Tübingen: Niemeyer.
Švedova, N. Ju. (1980): (Шведова, Н. Ю. (1980): Русская грамматика. Том II. Синтаксис.) Russische Grammatik. Bd. II. Syntax. (Москва: Издательство Наука.)
Thurmair, M. (1991): Zum Gebrauch der Modalpartikel ‚denn' in Fragesätzen. Eine korpusbasierte Untersuchung. In: Klein, E./Puradier Duteil, F./Wagner, K.H. (Hg.), Betriebslinguistik und Linguistikbetrieb. Akten des 24. Linguistischen Kolloquiums, Bremen 1989. Tübingen: Niemeyer, 377–387.
[WALS] vgl. Haspelmath, M. et al. (2008)
Weinrich, H. (1993): Textgrammatik der deutschen Sprache. Mannheim: Dudenverlag.
Winkler, E. (1989): Der Satzmodus „Imperativsatz" im Deutschen und Finnischen. Tübingen: Niemeyer.

Attila Péteri

38 Satztyp und Didaktik

1 Einführung
2 Satztypen in der Schule: Form und Funktion
3 Sprachbeherrschung, Sprachreflexion und sprachliche Kompetenz
4 Zusammenfassung
5 Literatur

1 Einführung

Obwohl es offenkundig ist, dass der zentrale Gegenstand des schulischen Sprachunterrichts die Sprache selbst ist, werden im Unterricht in den sprachlichen Fächern Deutsch, Englisch oder Französisch sprach- und grammatikbezogene Aspekte viel zu oft stiefmütterlich behandelt. Dies gilt insbesondere für den Erstsprachunterricht in der Sekundarstufe 1 und 2. Zugleich entwickelt sich momentan an den Hochschulen im Zuge der Reform der Lehramtsstudiengänge eine neue Diskussion über die Rolle und die Zielsetzung der Grammatikausbildung (vgl. hierzu Frentz/Lehmann 2003, Becker/Peschel 2006, Bredel 2007, Köpcke/Ziegler 2008). Diese Diskussion ist maßgeblich geleitet durch die Frage nach dem Sinn und dem Zweck des schulischen Grammatikunterrichts. Insbesondere geht es um die Bestimmung der für die Schule relevanten grammatischen Themen und deren didaktische Reduktion und Progression sowie um die Festlegung der einzelnen Lernziele und Kompetenzen, die im schulischen Grammatikunterricht erworben werden sollen. Dass schulischer Sprach- und Grammatikunterricht darauf zielt, Schülerinnen und Schüler zu befähigen, Sprachen mündlich und schriftlich kognitiv und kommunikativ kompetent zu nutzen, ist im Allgemeinen unstrittig. Wie dieses Ziel am besten zu erreichen ist und welche Rolle dabei den sprachreflexiven Kompetenzen, insbesondere auch der Fähigkeit zur eigenständigen grammatischen Analyse von Sprache(n), zukommt, wird mitunter kontrovers diskutiert. Ebenso ist die Diskussion über die geeigneten, beispielsweise auch fächerübergreifenden Methoden des Sprach- und Grammatikunterrichts alles andere als abgeschlossen (vgl. Eisenberg/Menzel 1995, Gornik 2003, Klotz 2004, Bredel 2007, Antomo/Steinbach 2009, Rothstein 2010).

Die Satztypen stellen einen besonders interessanten Teilbereich der Grammatik dar, der sich als Gegenstand für den schulischen Sprach- und Grammatikunterricht anbietet. Zum einen vereinen Satztypen als zentrale strukturelle Einheiten der Kommunikation in sich vielfältige formale und funktionale Aspekte der Sprachbeschreibung, weswegen sie sowohl für einen formal wie auch für einen funktional orientierten Sprachunterricht optimal geeignet sind; zum anderen können Satztypen aufgrund ihrer sehr unterschiedlichen Formmerkmale, ihrer breiten Variation und ihrer flexiblen Beziehung von Form und Funktion gute Einblicke in den Aufbau der Grammatik und die Natur menschlicher Kommunikation geben.

Da dieser Artikel in einem linguistischen Handbuch erscheint, nehmen wir hier eine sprachwissenschaftliche Perspektive auf didaktische Fragestellungen ein. Unser Schwerpunkt liegt somit nicht auf der didaktischen Methodik oder der konkreten didaktischen Umsetzung des Themas ‚Satztypen' im schulischen Alltag, sondern auf Problembereichen, die an der Schnittstelle zwischen linguistischer Forschung und didaktischer Anwendung liegen. Wir konzentrieren uns darauf, warum das Thema ‚Satztypen' für einen modernen Grammatikunterricht interessant ist, was es leisten kann und welche grammatischen Eigenschaften der Satztypen in welcher Weise Berücksichtigung finden sollten.

Als abschließender Artikel in einem linguistischen Handbuch eignet sich der Artikel besonders gut, um zum einen die vielfältigen Diskussionen und Ergebnisse in den vorangegangenen Artikeln teilweise zusammenzuführen und zum anderen anhand des Beispiels der Deutschdidaktik eine Brücke in die anwendungsorientierte Linguistik zu schlagen. Der Artikel ist wie folgt aufgebaut: Im nächsten Abschnitt diskutieren wir anhand unterschiedlicher Satztypen verschiedene Dimensionen der schulischen Sprachreflexion. Im Mittelpunkt stehen hier das Verhältnis zwischen Form und Funktion, die Interaktion unterschiedlicher grammatischer Ebenen sowie sprachtypologische Aspekte. Zudem werden wir, bezogen auf die Satztypen, auf die Problematik der (schul-)grammatischen Terminologie eingehen. In Abschnitt 3 erweitern wir die Perspektive und diskutieren grundlegende Fragen eines modernen Grammatikunterrichts in der Schule. In Abschnitt 4 fassen wir dann abschließend die wichtigsten Ergebnisse zusammen.

2 Satztypen in der Schule: Form und Funktion

Wie bereits erwähnt, eignen sich Satztypen in besonderer Weise für den Bereich der Sprachreflexion im schulischen Grammatikunterricht. In den einzelnen Artikeln dieses Bandes wird ausführlich dargestellt, dass Satztypen vielfältige formale Eigenschaften, eine semantische Strukturbedeutung und sehr unterschiedliche pragmatische Verwendungsweisen haben. Satztypen stellen daher eine der zentralen Einheiten der Grammatik dar und bilden die strukturelle Grundlage für das Ausführen von Sprechakten. Satztypen sind so gesehen grammatische Schlüssel, mit denen die Türen zu sprachlichen Handlungen geöffnet werden.

2.1 Satztypen als komplexe sprachliche Einheiten

Abbildung 1 illustriert, dass die Satztypen auf den unterschiedlichen Ebenen des Sprachsystems jeweils Spezifika aufweisen, d. h. sie sind komplexe grammatische Einheiten mit jeweils identifizierbaren lexikalischen, morphologischen, syntaktischen und prosodischen Eigenschaften sowie einer korrespondierenden Strukturbedeutung. Damit einher geht ein bestimmtes pragmatisches Sprechaktpotenzial, das auch durch kontextuelle Einbettung und pragmatische Anreicherung (z. B. bei indirekten Sprechakten) restringiert ist.[1,2]

Funktion		
	Pragmatik	Sprechakt (Behauptung, Frage, Aufforderung, ...)
		Implizitheit und Indirektheit (pragmatische Anreicherung)
	Semantik	Satzmodus[1] (Deklarativ, Interrogativ, Imperativ, ...)
Form		
	Prosodie	Spezifische Intonationsmuster
	Syntax	Verbstellung (Verb-Erst, Verb-Zweit, Verb-Letzt)
		Vorfeldbesetzung (±w-Ausdruck)
	Morphologie	Verbmodus (Indikativ, Konjunktiv I und II, Imperativ)
	Lexikon	Modalpartikeln, Subjunktionen, w-Wörter, Korrelate, ...
	Graphematik	Interpunktionszeichen[2]

(rechte Spalte: Grammatik – umfasst Prosodie, Syntax, Morphologie, Lexikon, Graphematik)

Abb. 1: Formale und funktionale Aspekte von Satztypen

Aus Abbildung 1 geht hervor, dass Satztypen aufgrund ihrer Komplexität ein herausfordernder Gegenstand für die didaktische Vermittlung sind, denn das

---

[1] Der Begriff ‚Satzmodus' wird in der Forschung sehr unterschiedlich verstanden, vgl. z. B. Artikel 1 und 3 in diesem Band und Grewendorf/Zaefferer 1991, Altmann 1987, 1993, Brandt et al. 1992, Reis 1999). In Abbildung 1 folgen wir einem stark modular organisierten Modell der Sprache und verstehen unter ‚Satzmodus' die Semantik eines Satztyps, da sich eine semantische Definition gut in das modulare Modell in Abbildung 1 einfügt. Daneben gibt es auch syntaktische Definitionen und Definitionen, die Satzmodus als komplexes sprachliches Zeichen mit bestimmten formalen und funktionalen Eigenschaften bestimmen. Abbildung 1 soll aber nicht suggerieren, dass eine semantische Definition für schulgrammatische Fragen die einzig richtige sei und daher verbindlich wäre.

[2] Die Zuordnung der Graphematik ist aus wissenschaftlicher und didaktischer Perspektive nicht trivial. Da Interpunktionszeichen formale Markierer sind, haben wir die Graphematik unter die formalen Aspekte subsumiert. Zudem haben wir sie der Grammatik zugeordnet, obwohl es auch pragmatische Faktoren gibt, die die Interpunktion steuern (für eine ausführliche Diskussion dieses Themas vgl. Bredel/Primus 2007, Primus 2007).

Thema ‚Satztypen' setzt fundierte Kenntnisse der grammatischen Strukturen einer Sprache und ihrer Beschreibungsmodelle voraus. Für die Beschreibung von Satztypen ist beispielsweise das topologische Satzmodell von besonderer Relevanz (vgl. Wöllstein 2010). Umgekehrt setzt die Beschreibung der Verwendung von Interpunktionszeichen im Deutschen ein fundiertes Wissen von Satztypen voraus (vgl. Bredel/Primus 2007, Bredel 2008, 2011). Dies bedeutet insbesondere, dass der Schulunterricht nicht bei der Bestimmung der Satzglieder stehen bleiben kann, sondern auch größere morpho-syntaktische und semantisch-pragmatische Zusammenhänge sowie die dazugehörige Modellbildung in den Blick nehmen muss. Zugleich sind Satztypen gerade wegen ihres aufschlussreichen Verhältnisses zwischen Form und Funktion ein notwendiger Bestandteil des schulischen Sprach- und Grammatikunterrichts. So unausweichlich es ist, dass das Konzept der ‚Wortart' in der Schule thematisiert wird, so selbstverständlich muss das Thema ‚Satztypen' als ein ebenso wichtiges Konzept der Grammatik im schulischen Sprach- und Grammatikunterricht behandelt werden. Hinzu kommt, dass es, wie in Abbildung 1 dargestellt, interessante Zusammenhänge zwischen den beiden Konzepten gibt. Viele Wortarten übernehmen eine zentrale Funktion bei der Markierung von Satztypen und lassen sich letztlich nur in diesem größeren Kontext genau bestimmen. Dies gilt vor allem für Wortarten wie Fragewörter, Partikeln oder Subjunktionen aber auch für die Verben, die zum einen durch ihre Stellung im Satz und zum anderen durch den Verbmodus maßgeblich an der Satztypenmarkierung beteiligt sind.

2.2 Satztypen und Grammatikunterricht

Anhand der Satztypen lassen sich zahlreiche Eigenschaften der Grammatik sehr gut exemplarisch illustrieren: (i) Das Zusammenspiel grammatischer Ebenen bei der Markierung grammatischer Kategorien; (ii) die komplexe Beziehung zwischen der Form und der Funktion einer grammatischen Kategorie; (iii) die damit einhergehende Unschärfe grammatischer Kategorien und (iv) typologische Variationen und sprachspezifische Eigenschaften bei der Markierung grammatischer Kategorien. Letzteres ist vor allem auch für den Zweit- und Fremdsprachunterricht von zentraler Bedeutung, da die Schülerinnen und Schüler im Normalfall die formalen und funktionalen Aspekte der Satztypen in der Zielsprache, die teilweise stark von denen in der Erstsprache abweichen können, noch nicht (vollständig) erworben haben. Im erstsprachlichen Grammatikunterricht kann man hingegen davon ausgehen, dass die Schülerinnen und Schüler vor Eintritt in die Schule die wesentlichen Eigenschaften der Satztypen beherrschen, weswegen der Grammatikunterricht hier direkt auf ihr Sprachvermögen Bezug nehmen kann.

Gerade innerhalb eines kommunikativ orientierten Sprach- und Grammatikunterrichts sind Satztypen an der Schnittstelle zwischen Grammatik und Pragmatik gezielt zur Sprachreflexion und Vermittlung grammatischer Kenntnisse nutzbar. Einige zentrale Lernziele können wie folgt umrissen werden:

- Satztypen sind komplexe Strukturen, die der konkreten Realisierung kommunikativer Bedürfnisse dienen.
- Es gibt eine grammatische Grundlage für die Ausführung von Sprechakten, das Verhältnis zwischen Form und Funktion ist dabei aber nicht so, dass einer Form immer genau eine bestimmte Funktion entspricht und umgekehrt.
- Es gibt Grundtypen, die in allen Sprachen zur Verfügung stehen; einzelne Sprachen haben mehr oder weniger spezielle Rand- und Mischtpyen entwickelt.
- Satztypen können in verschiedenen Sprachen sehr unterschiedliche grammatische Eigenschaften haben.
- Satztypen haben ein bestimmtes Sprechaktpotenzial. Der konkrete Sprechakt kann aber erst in einer bestimmten Äußerungssituation ermittelt werden.
- Das besondere Sprechaktpotenzial von Mischtypen ergibt sich (zumindest teilweise) aus ihren besonderen grammatischen Eigenschaften.
- Ein gutes Verständnis von Satztypen verbessert auch die orthographischen Kompetenzen, indem es den Erwerb von Interpunktionszeichen unsütützt.

Altmann (1987) und Reis (1999) befassen sich in Bezug auf die Satztypen des Deutschen ausführlich mit dem Verhältnis zwischen Form und Funktion. Sie zeigen die Komplexität dieses Zusammenhanges auf und argumentieren für je verschiedene Beschreibungsansätze. Diese Diskussion hier nachzuzeichnen, führte zu weit, zumal die wesentlichen Aspekte dieser Diskussion in den einzelnen Artikeln dieses Handbuchs umfangreich dargestellt sind. An dieser Stelle sollen daher nur einige wenige, aus unserer Sicht für den Schulunterricht relevante Aspekte der Form-Funktions-Beziehung bei Satztypen beschrieben werden.

2.3 Formale und funktionale Aspekte von Satztypen

Im Deutschen sind Verb-Zweit-Deklarativsätze der unmarkierte Satztyp, mit dem typischerweise assertive Sprechakte wie die Behauptung in (1a) vollzogen werden (vgl. Artikel 2 in diesem Band). Mit Deklarativsätzen lassen sich allerdings fast alle Arten von Sprechakten ausführen, sei es implizit wie das Versprechen in (1b) oder explizit wie die performative Frage in (1c).

(1) a. Jörg hat sich gestern einen neuen Audi gekauft.
  b. Du kriegst morgen einen neuen Audi.
  c. Ich frage dich hiermit, warum du einen neuen Audi gekauft hast.

In vielen Sprachen lassen sich aus dem unmarkierten Deklarativsatz andere Satztypen ableiten. So wird im Deutschen beispielsweise ein Interrogativsatz entweder durch eine vorangestellte w-Phrase aus einem Verb-Zweit-Deklarativsatz gebildet (w-Verb-Zweit-Interrogativsatz), oder dadurch, dass das Vorfeld nicht besetzt ist (Verb-Erst-Interrogativsatz).

Betrachtet man das Verhältnis zwischen Deklarativsatz und assertivem Sprechakt etwas genauer, so lässt sich einerseits feststellen, dass Deklarativsätze neben Verb-Zweit-Stellung auch Verb-Erst-Stellung wie in (2a) aufweisen können. Andererseits können assertive Sprechakte auch mit anderen Satztypen wie beispielsweise dem Interrogativsatz in (2b) ausgeführt werden.

(2) a. Kommt ein Mann in eine Kneipe und setzt sich an die Bar.
  b. Wer wird denn bei den Bayern jetzt noch einen Elfmeter schießen?
  c. (Ich) bin kurz weg.
  d. Bei den Bayern wird jetzt niemand mehr einen Elfmeter schießen.

Im Gegensatz zum Verb-Zweit-Deklarativsatz in (1a) liegt bei den Beispielen in (2) eine markierte Form-Funktions-Relation vor. Ein deklarativer Verb-Erst-Satz wie (2a) kann entweder auf einen Verb-Zweit-Satz mit Vorfeldellipse zurückgeführt werden, wie zum Beispiel (2c) illustriert, oder es liegt ein markierter deklarativer Satztyp vor, der spezifische Verwendungsrestriktionen hat. So könnte (2a) zum Beispiel den Beginn eines Witzes anzeigen. Der Interrogativsatz in (2b) ist ebenfalls nicht äquivalent zum entsprechenden Verb-Zweit-Deklarativsatz in (2d). Als sog. rhetorische Frage unterliegt (2b) bestimmten Verwendungsrestriktionen, weswegen er nicht in jedem Kontext den Verb-Zweit-Deklarativsatz ohne Weiteres ersetzen kann.

Dasselbe Form-Funktions-Verhältnis findet sich auch bei Interrogativsätzen und Fragen, die üblicherweise zu den direktiven Sprechakten gerechnet werden. Im Deutschen werden Fragen entweder als Verb-Erst- oder als Verb-Zweit-Sätze realisiert. Im unmarkierten Fall drücken Verb-Erst-Interrogativsätze wie (3a) Entscheidungsfragen aus, Verb-Zweit-Interrogativsätze mit einem w-Ausdruck im Vorfeld wie (3b) Ergänzungsfragen.

(3) a. Hat Jörg einen neuen Audi gekauft?
  b. Warum hat Jörg einen neuen Audi gekauft?

Beispiel (1c) war ein Beleg dafür, dass eine Frage als explizit performativer Sprechakt durch einen Verb-Zweit-Deklarativsatz realisiert werden kann. Umgekehrt kann ein *w*-eingeleiteter Verb-Zweit-Satz wie (2b) dazu dienen, einen assertiven Sprechakt auszuführen und dadurch eine rhetorische Frage zu realisieren. Darüber hinaus können Verb-Letzt-Sätze wie der *ob*-Verb-Letzt-Satz in (4a) eigenständige Fragen ausdrücken (vgl. Artikel 10 in diesem Band), und Verb-Zweit-Sätze können als Fragen interpretiert werden, obwohl kein *w*-Ausdruck im Vorfeld steht. Letzteres trifft beispielsweise auf sog. Echo-Fragen wie in (4b, c) zu, die Formmerkmale von Deklarativsätzen (Vorfeldbesetzung) und Interrogativsätzen (Intonationsmuster) vereinen (vgl. Artikel 5 in diesem Band). In allen diesen Fällen liegen wieder klar markierte Satztypen vor. Diese können nicht in jedem Kontext die entsprechenden unmarkierten Satztypen wie in (3) ersetzen.

(4) a. Ob sich Jörg einen neuen Audi gekauft hat?
    b. Jörg hat sich einen neuen AUdi gekauft?
    c. Jörg hat sich WAS gekauft?

So wie ein Satztyp mehrere Sprechakte realisieren kann, stehen zur Ausführung eines bestimmten Sprechaktes verschiedene Satztypen zur Verfügung. Die Auswahl in (5) illustriert, mit welchen unterschiedlichen Satztypen beispielsweise die Aufforderung, leise zu sein, vollzogen werden kann. Auch hier sind die einzelnen Satztypen – die zugleich Unterschiede im lexikalischen Material aufweisen – funktional nicht äquivalent.

(5) a. Sei doch bitte mal leise!
    b. Würde es dir etwas ausmachen, leise zu sein?
    c. Ich fordere dich hiermit auf, leise zu sein
    d. Geht's auch ein bisschen leiser?
    e. Geht's noch lauter?
    f. Du hältst jetzt deine Klappe!
    g. Ruhe!
    h. ...

Die bisher diskutierten Beispiele zeigen, dass im Verhältnis zwischen der Form und der Funktion eines Satztyps keine einfache 1:1-Zuordnung existiert. Dennoch unterliegt die Zuordnung explizierbaren Regeln. Wie in Abbildung 2 stark vereinfacht für den Verb-Zweit-Deklarativsatz beispielhaft dargestellt, hat das Deutsche ein (grammatikalisiertes) Inventar an unmarkierten Satztypen, mit denen sich konventionalisiert bestimmte sprachliche Handlungen ausführen lassen (durchgezogene Linie). Abweichungen von dieser Zuordnung sind möglich, gehen aber mit vorhersagbaren pragmatischen Markiertheitseffekten einher (gestrichelte Linie).

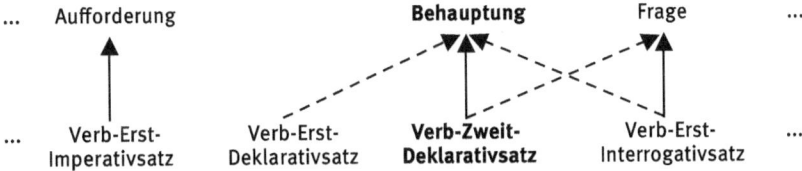

Abb. 2: Verhältnis zwischen Form und Funktion bei Satztypen

Werden Satztypen in der Schule thematisiert, lassen sich auf diese Weise zwei zentrale Aufgaben des Sprachunterrichts bewerkstelligen: Zum einen wird Schülerinnen und Schülern die Gelegenheit gegeben, sprachliche Zusammenhänge zu durchdringen und das Wechselspiel zwischen formalen und funktionalen Aspekten von Äußerungen zu reflektieren; zum anderen hat das Thema insofern einen praktischen Nutzen, als Schülerinnen und Schüler in diesem Bereich ihre kommunikativen Kompetenzen verbessern können, wenn sie lernen, dass dasselbe kommunikative Ziel auf unterschiedlichen Wegen erreicht werden kann und dass bestimmte Strukturen je nach Kontext unterschiedliche kommunikative Bedürfnisse erfüllen.

Satztypen sind darüber hinaus ein geeigneter Unterrichtsgegenstand, um sehr unterschiedliche Aspekte von Sprache und ihrer Verwendung einzuführen und zu illustrieren. Neben dem schon erwähnten Verhältnis zwischen Form und Funktion können anhand der Satztypen auch die unterschiedlichen Ebenen der Grammatik und ihre Interaktion bei der Konstitution von Satztypen im Unterricht erörtert werden (vgl. dazu Artikel 29, 30 und 31 in diesem Band). Wichtig ist dabei vor allem die strukturelle (grammatische) Kodierung von Satztypen. Darüber hinaus spielt aber auch der Unterschied zwischen Haupt- und Nebensätzen und die unterschiedlich starke Integration von Nebensätzen eine zentrale Rolle. Es ist schon deutlich geworden, dass Sätze mit typischer Nebensatzstruktur, wie der *ob*-Verb-Letzt-Satz in (4a), selbständig verwendet werden können. Umgekehrt können Nebensätze auch typische strukturelle Eigenschaften von Hauptsätzen aufweisen. Zwei Beispiele dafür sind der Verb-Zweit-Komplementsatz in (6a) und der sog. weiterführende Verb-Letzt-Relativsatz in (6b), vgl. Reis (1997) und Holler (2005).

(6) a. Ich glaube, Jörg hat sich einen neuen Audi gekauft.
     b. Jörg hat sich einen neuen Audi gekauft, was seinen Nachbarn ärgerte.
     c. ??Es hat geregnet, weil die Straße ganz nass ist.
     d. Es hat geregnet, weil die Straße ist ganz nass.

Nebensätze, die Eigenschaften von Hauptsätzen haben, sind normalerweise weniger stark in ihren Hauptsatz integriert als die entsprechenden Nebensätze mit typischen Nebensatzeigenschaften, vgl. Holler (2008). Damit einher gehen wieder zahlreiche (teilweise subtile) funktionale Unterschiede, wie am Beispielpaar (6c, d) zu erkennen ist.

Neben grammatischen Eigenschaften lassen sich anhand der Satztypen auch kontextabhängige Aspekte sprachlicher Bedeutung und sprachlicher Handlungen sowie der Unterschied zwischen Sagen und Meinen konkretisieren (zur Pragmatik von Satztypen vgl. Artikel 31 in diesem Band). Relevant sind hier implizite Sprechakte wie (1b) und indirekte Sprechakte wie (5b). In beiden Fällen sind pragmatische Anreicherungsprozesse nötig, um zu verstehen, welchen Sprechakt die Sprecherin mit ihrer Äußerung vollzieht. So sagt die Sprecherin zum Beispiel mit allen drei Verb-Zweit-Deklarativsätzen in (7) etwas über ein zukünftiges Ereignis aus, in das jeweils der Adressat involviert ist. Die damit ausgeführten Sprechakte unterscheiden sich hingegen sehr. Bei (7a) handelt es sich um eine Aufforderung oder um einen Befehl, bei (7b) um eine Vorhersage und bei (7c) um ein Versprechen, wobei je nach Kontext auch weitere Interpretationen prinzipiell möglich wären.

(7) a. Du machst jetzt deine Hausaufgaben.
    b. Du fällst morgen sicher nicht durch.
    c. Du bekommst ein neues Auto.

Schließlich eignen sich Satztypen, um Merkmale von Schriftlichkeit und Mündlichkeit im Sprach- und Grammatikunterricht zu thematisieren, wobei unter anderem der Grad der Explizitheit bzw. Implizitheit und damit einerseits das Form-Funktions-Verhältnis und andererseits die Kontextabhängigkeit von Bedeutung vorrangig diskutiert werden können.

Nicht zuletzt sind auch verschiedene Aspekte sprachlicher Variation anhand der Satztypen darstellbar. Dafür sind nicht nur soziolektale Variationen wie Jugendsprachen relevant, sondern auch dialektale (zu Satztyp und Dialekt vgl. Artikel 33 in diesem Band). Die Beispiele in (8), die beide Artikel 33 entnommen sind, zeigen zwei grammatische Besonderheiten der linken Peripherie von Komplement- und Relativsätzen in deutschen Dialekten. Im bairischen Beispiel (8a) ist zu sehen, dass in einem eingebetteten Fragesatz zusätzlich zum satzeinleitenden Frageausdruck auch noch die subordinierende Konjunktion *dass* auftritt. Typisch für Relativsätze in alemannischen Dialekten ist die Verwendung eines satzinternen resumptiven Personalpronomens *im* (,ihm') wie im schweizerdeutschen Beispiel (8b). Dieses Pronomen wird zusammen mit dem satzeinleitenden Relativmarkierer *wo* verwendet. Beide Konstruktionen sind im Standarddeutschen nicht möglich.

(8) a. I   woaß aa ned,   wer dass do gwen   is
        Ich weiß auch nicht, wer dass da gewesen ist
     b. Dä   Ma,   woni im   s Mässer   gä   ha
        Der Mann, wo-ich ihm das Messer gegeben habe

Von besonderem Interesse für den Schulunterricht ist neben der dialektalen Mikrovariation auch die sprachübergreifende Makrovariation. Um diese zu illustrieren, können nahezu beliebige Satztypen aus unterschiedlichen Sprachen herangezogen werden. Die Sätze in (9) geben hierfür ein Beispiel.

(9) a. Was hat Jörg gestern gekauft?   Deutsch
     b. What did Jörg buy yesterday?   Englisch
     c. Que'est-ce que Jörg a acheté hier?   Französisch
     d. (WAS) GESTERN J-Ö-R-G KAUF WAS?   DGS
     e. mariko-san wa nani o kaimashita ka?   Japanisch
        Mariko   was kaufen   Partikel
        ‚Was hat Mariko gekauft?'
     f. Jörg hat sich WAS gekauft?   Deutsch

Ein Vergleich der ersten vier Interrogativsätze in (9a-d) zeigt, dass sie grundlegende Eigenschaften teilen, sich aber auch in einigen Merkmalen unterscheiden. Im Englischen, vgl. (9b), und Französischen, vgl. (9c), steht der Frageausdruck wie im Deutschen, vgl. (9a), in satzinitialer Position (siehe Artikel 3 in diesem Band). Zudem weist das Englische Subjekt-Verb-Inversion auf, so dass in (9b) das Verb wie in (9a) in der zweiten Position steht. Da das Englische im Gegensatz zum Deutschen aber keine Verb-Zweit-Sprache ist, kann in (9b) das Vollverb nicht die zweite Position besetzen. Deshalb muss im Englischen anders als im Deutschen das Hilfsverb *do* eingesetzt werden. Das Französische unterscheidet sich von den beiden Sprachen dadurch, dass nicht einfach der Frageausdruck an den Satzanfang bewegt wird. Stattdessen wird eine komplexe Fragesatzkonstruktion verwendet. Beispiel (9d) zeigt des Weiteren, dass in der Deutschen Gebärdensprache (DGS) anders als im Deutschen, Englischen und Französischen der Frageausdruck normalerweise in die satzfinale Position bewegt wird. Eine Verdopplung des Frageausdrucks in satzinitialer Position ist allerdings auch möglich (vgl. Artikel 34 in diesem Band). Im Japanischen wird der Frageausdruck (‚nani' in (9e)) nicht an eine der beiden peripheren Positionen gestellt. Zudem wird am Satzende die Partikel ‚ka' mit steigender Intonation hinzugefügt (Hinds 1984). Die Option, den Frageausdruck nicht zu bewegen, ist sogar die typologisch häufigste. Der *World Atlas of Language Structures* (Haspelmath et al. 2008) listet 614 Sprachen mit nicht-initialen Frageausdrücken auf, aber nur 264 mit initialen und 23, die über beide Optionen verfügen. Wie oben schon erwähnt (vgl. Beispiel (4c), hier wiederholt als (9f)) kann auch im Deutschen der Frageausdruck in seiner satzinternen Basisposition verbleiben. In diesem Fall liegt dann aber kein unmarkierter Interrogativsatz vor, sondern eben eine markierte Echofrage.

Da einzelne Sprachen Satztypen auf verschiedene Weise markieren, über ein unterschiedliches Repertoire an Satztypen verfügen oder direkte bzw. indirekte Sprechakte teilweise verschieden verwenden, sind die formalen und funktionalen Unterschiede vor allem für den Zweit- und Fremdsprachunterricht sowie für einen integrativen sprachvergleichenden Erstsprachunterricht maßgebend (zur Typologie von Satztypen vgl. Artikel 33, 36 und 37 in diesem Band). In diesen thematischen Zusammenhang gehört dann auch die historische Entwicklung von Satztypen (vgl. Artikel 32 in diesem Band).

2.4 Satztypen in der Schule

Im Bereich der Satztypen gibt es mittlerweile didaktische Entwürfe zu sehr unterschiedlichen Aspekten des Themas. Dies gilt vor allem für die verschiedenen Arten von Nebensätzen und Konjunktionen (vgl. z. B. Menzel 1988, 1998a, 1998b, 1999, Eisenberg/Menzel 1995, Peyer 1998, 2011, Fenske 2003). Aber auch Hauptsätze sind Gegenstand der didaktischen Diskussion. Satzarten sind typischerweise in der Primarstufe im Zusammenhang der Vermittlung von Interpunktionszeichen relevant. Außerdem werden am Ende der Primarstufe und zu Beginn der Sekundarstufe 1 die drei Grundtypen eingeführt (vgl. Kultusministerkonferenz 2004, 2005). Eine systematische Entwicklung des Themas im Laufe der Sekundarstufe 1 und 2 findet dabei allerdings nicht statt. So ist beispielsweise das komplexe Verhältnis zwischen der Form und Funktion von Satztypen eher selten Gegenstand des Unterrichts und wird weder ausreichend problematisiert, noch differenziert behandelt (vgl. Näf 1984, 1995).

Auf die Frage, was sich in der Schule mit einem Wissen über Satzarten und Sprechakte anfangen lässt, gibt Näf (1995) zwei praktische Antworten: Zum einen können Schülerinnen und Schüler anhand kleiner „Fingerübungen" systematische Einblicke in das Verhältnis zwischen Form und Funktion erhalten, indem sie beispielsweise in bestimmten Situationen unterschiedliche Äußerungsmöglichkeiten finden und diese mit verschiedenen Methoden in verschiedener Hinsicht (Satztyp, Betonung, Sprechaktwert, Indirektheit, ...) analysieren. Die Methode baut dabei explizit auf dem sprachlichen Wissen der Schülerinnen und Schüler auf. Zum anderen kann das Thema ‚Satztyp und Sprechakt' in größeren integrativen Unterrichtseinheiten bei der Analyse und Interpretation von Dramentexten praktisch umgesetzt werden. Anhand von Dürrenmatts „Romulus der Grosse" illustriert Näf exemplarisch, wie sich die Analyse sprachlicher Mittel gewinnbringend bei der Textinterpretation einsetzen lässt. Ganz praktisch lassen sich dabei auch prosodische Eigenschaften durch lautes Vorsprechen des Textes thematisieren.

Paul (2000: 48) geht ebenfalls davon aus, „dass im Lernbereich ‚Reflexion über Sprache' nicht nur die Fähigkeit vermittelt werden soll, vollständige Sätze korrekt zu bilden und mit den richtigen Satzschlusszeichen zu versehen, sondern auch die analytische Kompetenz, konkrete Sätze einem grammatischen Konzept zuzuordnen." In einer kleinen empirischen Untersuchung wurden zum einen ausgewählte Schulbücher, Schulgrammatiken und Gebrauchsgrammatiken analysiert und zum anderen mithilfe eines Fragebogens Schülerinnen und Schüler der Oberstufe gebeten, drei Fragen zum Thema ‚Satztypen' zu beantworten. In den Fragen wurden die Schülerinnen und Schüler aufgefordert, die ihnen bekannten Satztypen zu nennen, einige Beispiele Satztypen zuzuordnen und die Kriterien für die Bestimmung von Satztypen zu nennen. Die Ergebnisse der Fragebogenstudie zeigen, dass die Schülerinnen und Schüler weder sicher zwischen Satztyp und Sprechakt unterscheiden, noch über klare grammatische Kriterien zur Bestimmung von Satztypen verfügen (meist wurden vage intonatorische und graphematische Kriterien wie z.B. Interpunktionszeichen genannt). Diese Unsicherheiten spiegeln sich vor allem in den Schulbüchern und Schulgrammatiken, teilweise aber auch in den Gebrauchsgrammatiken (vgl. dazu auch Dieckmann et al. 2000).[3] Paul (2000) schlägt deshalb vor, eine klare Unterscheidung zwischen den Form- und Funktionstypen einzuführen (auch terminologisch, vgl. dazu den nächsten Abschnitt) und anhand von entsprechenden Kontexteinbettungen auch das Verhältnis zwischen der Form und Funktion eines Satztyps zu problematisieren. In höheren Klassen bietet sich das Thema seiner Ansicht nach auch dafür an, Einblicke in die wissenschaftliche grammatische Analyse und Modellierung von Sprache zu gewinnen. Außerdem weist er darauf hin, bei der Behandlung von Satztypen explizit die gesprochene Sprache mit einzubeziehen und so den prosodischen Merkmalen von Satztypen gerecht zu werden. Der letzte Punkt deckt sich mit dem oben angesprochenen Vorschlag von Näf, prosodische Eigenschaften von Satztypen durch lautes Vorsprechen eines Textes in den Unterricht zu integrieren.

---

3 In Praxis Sprache (Westermann, Auflage von 2006) werden Satztypen beispielsweise nur im Schulbuch für das sechste Schuljahr unter dem Thema „Was man mit Sätzen alles erreichen kann" behandelt (Schülerband 6). Satztypen werden dort auf vier Seiten ausschließlich unter einer funktionalen Perspektive eingeführt und mit Satzschlusszeichen in Verbindung gebracht. Nebensätze werden im Schülerband 6 und 7 unter dem Thema „Konjunktionen" und im Schülerband 9 unter dem Thema „Satzglieder und Nebensätze" kurz besprochen.

2.5 Terminologie

Wenn Satztypen Gegenstand des schulischen Unterrichts sind, muss auch die (schul-)grammatische Terminologie in den Blick genommen werden (vgl. Steinig/Huneke 2002, Müller 2003, Bredel 2007, Eichler 2007, Ossner 2012 und die Beiträge in Noack/Ossner 2011). Da Satztypen komplexe grammatische Gebilde mit unterschiedlichen funktionalen Eigenschaften sind, ist es gerade im Schulunterricht wichtig, terminologische Verwirrung zu vermeiden. Dies setzt voraus, dass die unterschiedlichen grammatischen und funktionalen Eigenschaften begrifflich klar getrennt werden. Es ist dabei nützlich, zunächst zwischen formal bestimmten Satztypen und ihren Funktionen zu unterscheiden. Begriffe wie ‚Aussage', ‚Frage' oder ‚Aufforderung' sind Sprechaktbegriffe und damit nicht grammatischer, sondern pragmatischer Natur. Umgekehrt erfassen Begriffe wie ‚Verb-Erst', ‚Verb-Zweit' und ‚Verb-Letzt' bestimmte grammatische Eigenschaften von Satztypen (in diesem Fall die Verbstellung), sind aber, wie oben dargestellt, nicht hinreichend, um Satztypen zu identifizieren.

Aus linguistischer Sicht ist es sinnvoll, die formal bestimmten Satztypen grundsätzlich mit lateinischen Namen zu benennen (Deklarativsatz, Interrogativsatz, Imperativsatz, Exklamativsatz und Optativsatz, vgl. auch Näf (1984)). Auch sonst ist es üblich, Formen lateinisch, Inhalte deutsch zu bezeichnen (z.B. Futur und Zukunft). Weitere Ausdifferenzierung kann man dann durch das Hinzufügen bestimmter grammatischer Eigenschaften wie beispielsweise des Verbstellungstyp erreichen (also Verb-Erst, Verb-Zweit, Verb-Letzt). Damit lässt sich ein Satztyp genauer bezeichnen (also z.B. der Verb-Zweit-Deklarativsatz in (1a) im Gegensatz zum Verb-Erst-Deklarativsatz in (2a)). Für die Schule ist es essentiell, eine einheitliche, in sich konsistente und für Schülerinnen und Schüler nachvollziehbare Terminologie für den schulgrammatischen Unterricht festzulegen, die sowohl wissenschaftlich wie auch didaktisch gut begründet ist und die idealerweise mit der didaktischen Reduktion und Progression der Lerninhalte kompatibel ist. Die Begriffe sollten es Schülerinnen und Schülern ermöglichen, sprachliche Daten adäquat zu beschreiben und die Beziehung zwischen der Form und der Funktion von Satztypen zu erfassen. Darüber hinaus sollten sich die Begriffe auch im Zweit- und Fremdsprachunterricht anwenden lassen.

Im Rahmen aktueller Bestrebungen, die durch die Kultusministerkonferenz (KMK) 1982 festgelegte Terminologie (die zum Beispiel bei der Zulassung von Schulbüchern maßgeblich ist) zu reformieren, wird vorgeschlagen, auf die KMK-Begriffe ‚Satzarten', ‚Aussagesatz', ‚Fragesatz', ‚Wunschsatz' und ‚Ausrufesatz' ganz zu verzichten. Stattdessen werden die Reform-Begriffe ‚Linearstruktur', ‚Feldermodell' (mit den Unterbegriffen: ‚Satzklammer', ‚Vorfeld', ‚Mittelfeld', ‚Nachfeld', ‚Einschub'), ‚Verbzweitsatz', ‚Verberstsatz', ‚Verbletztsatz' vorgeschlagen (Ossner 2012: 118). Die Orientierung am Feldermodell ist zwar zu begrüßen, aber auf den Begriff der Satzart (besser: Satztyp) gänzlich zu verzichten, heißt, das Kind mit dem Bade auszuschütten. Schließlich ist bekannt, dass die Verbstellung nur *ein* satztypenunterscheidendes Merkmal ist. So können beispielsweise Imperativsätze und Entscheidungs-Interrogativsätze gleichermaßen Verberstsätze sein. Will man den Bezug von Satztypen auf funktionale Aspekte (den Satzmodus, den Sprechakt) terminologisch erfassen, ist es sehr viel besser, die alte Rede von den Satzarten (besser: Satztypen) grundsätzlich beizubehalten. Eine behutsame Modernisierung sollte nur darin bestehen, lateinische Begriffe zu wählen und den bei der KMK-Liste ausgelassenen ‚Aufforderungssatz' (besser: ‚Imperativsatz') zu ergänzen.

Abschließend sei noch darauf hingewiesen, dass sich das Problem der korrekten Benennung von linguistischen Objekten nicht nur bei den Satztypen stellt. Auch kleinere Einheiten wie ‚Morphem', ‚Wortart' oder ‚Satzglied' sind notorisch schwer zu benennen. Eine Ursache für die terminologischen Probleme liegt sicher in der Natur des menschlichen sprachlichen Systems. Natürliche Sprachen zeichnen sich gerade durch eine große Flexibilität und Dynamik aus, die eine eindimensionale Kategorisierung grundsätzlich schwierig macht. Entsprechende Grenz- und Zweifelsfälle begegnen den Schülerinnen und Schülern daher in allen Bereichen des Sprachunterrichts, sei es in der Orthographie, bei der Satzgliedanalyse oder eben auch bei der Bestimmung von Satztypen.

3 Sprachbeherrschung, Sprachreflexion und sprachliche Kompetenz

Unbestreitbar gehört die Grammatik in die Schule. Nur ein profundes Wissen über Sprache und ausgeprägte sprachanalytische Fähigkeiten erlauben letztlich einen kompetenten Umgang mit Sprache und einen situationsangemessenen Gebrauch sprachlicher Mittel. Grammatikkenntnisse und die Fähigkeit zur grammatischen Analyse entscheiden mit über das Gelingen sprachproduktiver und sprachrezeptiver Prozesse; sie sind eine Grundvoraussetzung für sprachreflexives Handeln.

Frentz/Lehmann (2003) bringen es auf den Punkt, wenn sie es als ein „sich selbst rechtfertigendes Ziel einer humanen Erziehung" ansehen, die Fähigkeit des Menschen zur kognitiven und kommunikativen Problemlösung mit Hilfe von Sprache auszubilden.

Dabei kann Sprache ganz verschiedene Funktionen übernehmen, weswegen sprachliche Tätigkeit nicht auf den Einsatz eines passenden Sprachwerkzeugs reduziert werden darf. Zwar gehört die Sprache ohne Zweifel zu den Instrumentarien, die der Umsetzung kommunikativer und/oder kognitiver Problemlösestrategien dienen, sprachliche Handlungen können aber darüber hinaus auch selbst die zu bewältigende Aufgabe sein bzw. das zu erreichende Ziel darstellen. Beispielsweise kann eine Bewerbung nicht durch eine nicht-sprachliche Handlung vollzogen werden, sondern nur durch eine sprachliche, wobei der dazu nötige Sprechakt unter anderem durch den (explizit performativen) Deklarativsatz *Hiermit bewerbe ich mich um X.* ausgedrückt werden kann. Weder als Werkzeug, noch als Handlung fungiert Sprache hingegen, wenn sie Objekt der Reflexion ist. Um Sprache in dieser Weise metasprachlich verwenden zu können, ist ein Sprachbewusstsein vonnöten, das sprachliche Kategorien und Begriffe sowie Regularitäten und strukturelle Gegebenheiten verfügbar macht.

Allein die Vielfalt der genannten kognitiven und kommunikativen Tätigkeiten, die Sprache nutzen bzw. voraussetzen, begründet eine vertiefte und systematische Beschäftigung mit Sprache in der Schule. Dabei sollte der Sprachunterricht darauf gerichtet sein, gleichermaßen objektsprachliche und metasprachliche Fähigkeiten und Fertigkeiten bei Schülerinnen und Schülern zu fördern, was insbesondere bedeutet, dass der Reflexion über Sprache ebenso viel Raum gegeben werden muss wie dem Erwerb einer oder mehrerer Sprachen. Wenn es das erklärte übergeordnete Bildungsziel ist, Schülerinnen und Schüler zu befähigen, sprachbezogene kommunikative und kognitive Aufgaben zu lösen und verantwortlich mit Sprache umzugehen, also die eigene sprachliche Tätigkeit zu kontrollieren, muss der schulische Unterricht darauf zielen, dass Schülerinnen und Schüler (i) Sprache(n) beherrschen und (ii) über Sprache bewusst nachdenken und informiert reden können.

Dies lässt sich auch am Beispiel der Satztypen illustrieren: Zum einen müssen Schülerinnen und Schüler in die Lage versetzt werden, das oben skizzierte Spektrum der Satztypen situationsangepasst einzusetzen und Sprechakte entsprechend dem anvisierten kommunikativen Ziel auszuführen, was insbesondere bedeutet, dass sie die satztypbezogenen Form- und Funktions-Beziehungen kennen und kontextabhängig nutzen können. Zum anderen müssen sie sich die Gestalt der Satztypen, ihre formalen und funktionalen Eigenschaften auf allen grammatischen Ebenen, ihre Kontextgebundenheit sowie das Funktionieren pragmatischer Anreicherungsprozesse etc. bewusst machen, um das Sprechaktpotenzial der Satztypen überhaupt erkennen und kontrolliert ausschöpfen zu können. Schülerinnen und Schüler müssen also letztlich befähigt werden, die Satztypen einerseits angemessen zu nutzen und andererseits über sie reflektieren zu können.

Nach neueren Ansätzen konstituieren beide Aspekte sprachliche Kompetenz, womit Sprachbeherrschung und Sprachreflexion zum Bezugsmaßstab für die Vermittlung und Bewertung konkreter sprachlicher Fähigkeiten und Fertigkeiten werden, vgl. Knapp/Lehmann (2006) und Lehmann (2007).

Wie in Holler/Steinbach (i.Ersch.) ausführlich diskutiert, berücksichtigt ein solches umfassendes Konzept der sprachlichen Kompetenz den psychologischen Kompetenzbegriff, wonach Kompetenz verstanden wird als die Summe der domänenspezifischen, kognitiv gesteuerten Fähigkeiten und Fertigkeiten, über die ein Individuum auf Grund seiner genetischen Disposition oder als Ergebnis eines Lernprozesses verfügt und die ihm ein situationsadäquates Verhalten und problemlösendes performatives Handeln ermöglichen, vgl. z.B. White (1959), McClelland (1973), Weinert (2001), Sternberg/Grigorenko (2003). Kompetenz als ein rein sprachtheoretischer Begriff rekurriert hingegen häufig auf das abstrakte Wissen an grammatischen Regeln einer Sprache (grammatische Kompetenz) und die generelle Fähigkeit, eine Äußerung in einem Kontext adäquat zu verwenden (pragmatische Kompetenz), über das ein idealisierter Sprecher/Hörer verfügt, was insbesondere bedeutet, dass vom konkreten Gebrauch dieses abstrakten Wissens bei Produktion und Rezeption ebenso abstrahiert wird wie von der interindividuellen Variation hinsichtlich der Art und dem Umfang dieses Wissens und der Fähigkeit, es anzuwenden (vgl. Chomsky 1965, 1980, Bates 1976). Beide Sichtweisen haben je nach Anwendungsgebiet ihre Berechtigung und Rechtfertigung; für die Zielsetzungen einer didaktischen Umsetzung grammatischer Zusammenhänge hat die psychologische Begriffsbestimmung sicher ihre Vorzüge, zumal sie auch prinzipiell eine Operationalisierung sprachlicher Fähigkeiten und Fertigkeiten gestattet und daher die Messung sprachlicher Kompetenz durch entsprechende Sprachstandstests ermöglicht.

Ein zentraler Aspekt des psychologischen Kompetenzbegriffs ist die Unterscheidung zwischen prozeduraler und reflexiver Kompetenz, die abhängig vom Grad der Bewusstheit vorgenommen wird, d.h. es wird systematisch zwischen mehr oder weniger automatisierten (wenig bewussten) Fertigkeiten einerseits und kontrollierten (hoch bewussten) Fähigkeiten zur Reflexion andererseits unterschieden.

Knapp/Lehmann (2006) und Lehmann (2007) übertragen diesen Grundgedanken auf die sprachliche Kompetenz und definieren diese als zweidimensionales multi-faktorielles Konstrukt, das die zwei Dimensionen (i) kognitive Ebenen der sprachlichen Kompetenz und (ii) Ebenen der Allgemeinheit der Sprachkompetenz umfasst. Die erstgenannte Dimension schließt als Faktoren die Sprechfähigkeit (Modi der sprachlichen Kommunikation wie Mündlichkeit vs. Schriftlichkeit, Flüssigkeit des Sprechens) und die Sprachkenntnis, d.h. das deklarative Wissen über Sprache ein, während die zweitgenannte Dimension die universale semiotische Kompetenz und die sprachspezifische Kompetenz erfasst. Hier ist die

Grammatik und das Wissen über grammatische Einheiten und Strukturen verortet. Siehe dazu auch Holler/Steinbach (i.Ersch.).

Auf der Basis des von Knapp/Lehmann (2006) und Lehmann (2007) vertretenen psychologisch sowie linguistisch motivierten Konzepts der sprachlichen Kompetenz können die Anforderungen an einen systematischen Sprach- und Grammatikunterricht klar formuliert und der Erfolg der didaktischen Realisierung verlässlich evaluiert werden. Einerseits erlaubt es, Grade der sprachlichen Kompetenz empirisch zu ermitteln; andererseits werden die Bereiche Sprachbeherrschung und Sprachreflexion gleichermaßen erfasst. So wird auch der Tatsache Rechnung getragen, dass im erstsprachlichen Unterricht prozedurale Kompetenzen zumindest teilweise schon vorhanden sind, die deklarativen reflexiven Kompetenzen aber erst vermittelt werden müssen, während beim gesteuerten Zweitspracherwerb eher der umgekehrte Fall vorliegt. Das vorgestellte Kompetenzkonzept ist zudem mit der Tatsache vereinbar, dass der Zweit- bzw. Fremdspracherwerb entscheidend von den Strategien des Umgangs mit Sprache geprägt ist, die jeweils im Zuge des Erstspracherwerbs erworben wurden. Daraus ergibt sich eine weitere Motivation dafür, den Sprach- und Grammatikunterricht im Fach Deutsch nicht isoliert vom Fremdsprachunterricht durchzuführen. Vielmehr sollte sichergestellt werden, dass eine konsistente Terminologie und eine sprachübergreifende Systematik in der Beschreibung sprachlicher Einheiten und Strukturen vorgenommen wird. Erst wenn das gewährleistet ist, kann ein kontrastiver Vergleich sprachlicher Phänomene fruchtbringend stattfinden. Dass dies wünschenswert ist, zeigen zum Beispiel die in Abschnitt 3 thematisierten sprachtypologischen Aspekte bei der Ableitung von Satztypen. Gerade im Bereich der Grammatik würde ein fach- und entsprechend sprachübergreifender Unterricht den Schülerinnen und Schülern neue Einsichten ermöglichen und sie befähigen, Kompetenz im Sprachsystem zu erwerben, die nach Knapp/Lehmann (2006) und Lehmann (2007) auch die Diskursebene mit einschließt.

(Angehende) Lehrerinnen und Lehrer müssen so qualifiziert werden, dass sie in der Lage sind, Schülerinnen und Schülern sowohl prozedurale als auch reflexive sprachliche Fähigkeiten und Fertigkeiten zu vermitteln, d. h. sowohl die Fertigkeiten des Sprechens und Verstehens (= Sprachfähigkeit i.e.S.) als auch die rekursive Reflexion über Sprache (= Sprachkenntnis), sowie grundlegende Methoden zur Überprüfung des Erfolgs ihres Erwerbs. Dies setzt ohne Zweifel linguistische und methodische Expertise voraus, die nicht zuletzt an den Hochschulen vermittelt werden muss.

In der linguistischen Forschung hat sich in den letzten zwei Dekaden eine enorme Entwicklung im Bereich der empirischen Datengewinnung vollzogen. Korpuslinguistisch sowie psycho- und neurolinguistisch ermittelte Sprachdaten haben die Theoriebildung maßgeblich beeinflusst. Entsprechend haben sich auch verschiedene Modelle zur Sprachbeschreibung rasant weiterentwickelt. Von diesen wissenschaftlichen Fortschritten hat allerdings nur wenig in den schulischen Sprachunterricht Eingang gefunden. Es steht außer Frage, dass es nicht um eine direkte unreflektierte Übertragung neuerer Forschungsergebnisse in die Schule gehen kann (vgl. Günther 1998, Eisenberg 2004). Dennoch sollte es für einen modernen Sprach- und Grammatikunterricht selbstverständlich sein, neuere Entwicklungen im Fach auch angemessen zu berücksichtigen. Dazu wäre es erforderlich, dass die Linguistik und die Didaktik noch intensiver zusammenarbeiten, um den Transfer zwischen Wissenschaft und Schule nachhaltig zu gewährleisten. Dies betrifft einerseits die neueren Erkenntnisse zu Fragen des Erst- und Zweitspracherwerbs sowie der Mehrsprachigkeit (vgl. einführend dazu z.B. Tracy (2007), Müller et al. (2007)), die zweifellos relevant für die schulische Sprachpraxis sind, auch weil inzwischen verschiedene theoriegeleitete Instrumente zur Sprachstandsmessung zur Verfügung stehen, wie beispielsweise LiSe-DaZ (Schulz/Tracy 2011), SETK 3–5 (Grimm et al. 2010) oder SET 5–10 (Petermann 2012). Andererseits haben neue wissenschaftliche Einsichten in Form und Funktion von Sprache die Modellbildung vorangetrieben. Es sollte im schulischen Sprach- und Grammatikunterricht erkennbar sein, dass diese Fortentwicklungen zumindest indirekt Eingang finden und die Diskussion über sprachliche Gegenstände leiten. Gerade für die Realisierung eines integrativen Deutschunterrichts sind umfangreiche Kenntnisse im Bereich der linguistischen Argumentation vonnöten, wenn vermieden werden soll, dass Integrativität zu Verkürzung führt bzw. sprachliche Zusammenhänge nicht mit der ihnen gebührenden Tiefe behandelt werden. Dies ist auch deswegen wichtig, weil sprachreflexive Kompetenzen auch für viele andere Unterrichtsgegenstände von Bedeutung sind. Der muttersprachliche Grammatikunterricht hat insofern nicht nur klare Bezüge zum Literaturunterricht, sondern auch zu anderen Fächern, wozu neben den fremdsprachlichen Fächern z.B. auch Biologie, Mathematik, Geschichte, Politik und Wirtschaft oder Philosophie gehören (vgl. unter anderem Gnutzmann 1995, Fabb 2002, 2003, Klotz 2004, Kümmerling-Meibauer/Meibauer 2007, Rothstein 2010, 2011). Darüber hinaus ist sprachreflexives Handeln, wie eingangs schon erwähnt, aber auch ein sich selbst rechtfertigendes Ziel humanistischer Bildung, dem in einem modernen Schulunterricht mehr Platz als bisher eingeräumt werden sollte.

4 Zusammenfassung

In diesem Artikel haben wir dafür plädiert, Satztypen im schulischen Sprach- und Grammatikunterricht als einen wichtigen Gegenstand anzusehen, der aus verschiedenen sprachsystematischen Perspektiven beleuchtet werden kann. Die

Bandbreite der Satztypen erlaubt eine interessante Diskussion des Form-Funktions-Verhältnisses in Sprache(n) und des Zusammenspiels verschiedener grammatischer Ebenen.

Die im Artikel erwähnten grammatischen Eigenschaften der Satztypen sollen erste Anregungen dafür geben, welche Themenfelder anhand der Satztypen im Unterricht erörtert werden können. Als eine zentrale kommunikative und linguistische Einheit mit einer hohen grammatischen Komplexität muss den Satztypen sowohl im Erst- als auch im Zweit- bzw. Fremdsprachunterricht genügend Raum gegeben werden, zumal die Satztypen ermöglichen, auch sprachkontrastive Aspekte in der Schule prominent zu behandeln. Insgesamt ist zu erwarten, dass die Schülerinnen und Schüler vom Thema ‚Satztypen' sowohl hinsichtlich ihrer produktiven (kommunikativen) als auch ihrer reflexiven (sprachanalytischen) Fähigkeiten profitieren.

Für die Schule bedeutet dies, dass es eine fundierte didaktische Reduktion des Gegenstands, gute methodische Umsetzungen im Deutsch- und Fremdsprachenunterricht und geeignete didaktische Materialien geben muss. Für die Hochschule bedeutet dies, dass angehende Lehrerinnen und Lehrer in ihrem Studium die Gelegenheit erhalten müssen, sich fundierte Kenntnisse und breitgefächerte Kompetenzen im Bereich der Sprachmodellierung anzueignen. Auch hier sind die Satztypen ein Themenfeld par excellence, um sprachtheoretische Zusammenhänge angemessen darzustellen. Dies setzt selbstverständlich eine angemessene didaktische Umsetzung dieses komplexen Gegenstands voraus, die sowohl für die Schule wie auch – im Rahmen der Lehrerbildung – für die Hochschule vorgenommen werden muss. Ein Ziel, an dem idealerweise die Fachwissenschaft und die Fachdidaktik gemeinsam arbeiten sollten.

5 Literatur

Altmann, H. (1987): Zur Problematik der Konstitution von Satzmodi als Formtypen. In: Meibauer, J. (Hg.), Satzmodus zwischen Grammatik und Pragmatik. Tübingen: Niemeyer, 22–56.

Altmann, H. (1993): Satzmodus. In: Jacobs, J./Stechow, A. von/Sternefeld, W./Vennemann, T. (Hgg.), Syntax. Ein internationales Handbuch zeitgenössischer Forschung Berlin: de Gruyter, 1006–1029.

Antomo, M./Steinbach, M. (2009): Die SprachChecker – mit Sprache spielend arbeiten. In: Bonsen, M./Homeier, W./Tschekan, K./Ubben, L. (Hgg.), Unterrichtsqualität sichern – Sekundarstufe, G 4.3. Stuttgart: Raabe Verlag, 1–24.

Bates, E. (1976): Language and Context: The Acquisition of Pragmatics. New York: Academic Press.

Becker, T./Peschel, C. (2006): Gesteuerter und ungesteuerter Grammatikerwerb. Baltmannsweiler: Schneider Hohengehren.

Brandt, M./Reis, M./Rosengren, I./Zimmermann, I. (1992): Satztyp, Satzmodus und Illokution. In: Rosengren, I. (Hg.), Satz und Illokution. Bd. I. Tübingen: Niemeyer, 1–90.
Bredel, U. (2003): Zwiespältig. Wolfgang Steinig & Hans-Werner Huneke: Einführung in die Sprachdidaktik. Berlin: Erich Schmidt Verlag 2002. In: Didaktik Deutsch 15, 92–98.
Bredel, U. (2007): Sprachbetrachtung und Grammatikunterricht. Paderborn: Schöningh.
Bredel (2008): Die Interpunktion des Deutschen. Ein kompositionelles System zur Online-Steuerung des Lesers. Tübingen: Niemeyer.
Bredel (2011): Interpunktion. Heidelberg: Winter.
Bredel, U./Primus, B. (2007): Komma & Co: Zwiegespräch zwischen Grammatik und Performanz. In: Zeitschrift für Sprachwissenschaft 26, 81–131.
Chomsky, N. (1965): Aspects of the Theory of Syntax. Cambridge, MA: MIT Press.
Chomsky, N. (1980): Rules and Representations. New York: Columbia University Press.
Dieckmann, W./Paul, I./Voigt, G./Zeck, J. (2000): ‚Satzarten' in Gebrauchsgrammatiken des Deutschen. In: Thieroff, R./Tamrat, M./Fuhrhop, N./Teuber, O. (Hgg.), Deutsche Grammatik in Theorie und Praxis. Tübingen: Niemeyer, 247–261.
Eichler, W. (2007): Sprachbewusstheit und grammatisches Wissen – Bemerkungen zu einem lernbegleitenden Grammatikunterricht in der Sekundarstufe. In: Köpcke, K.-M./Ziegler, A. (Hgg.), Grammatik in der Universität und für die Schule. Theorie, Empirie und Modellbildung. Tübingen: Niemeyer, 33–44.
Eisenberg, P. (2004): Wie viel Grammatik braucht die Schule? In: Didaktik Deutsch 17, 4–25.
Eisenberg, P./Menzel, W. (1995): Grammatik-Werkstatt. In: Praxis Deutsch 129, 14–26.
Fabb, N. (2002): Language and Literary Structure. The Linguistic Analysis of Form in Verse and Narrative. Cambridge: Cambridge University Press.
Fabb, N. (2003): Linguistics and Literature. In: Aronoff, M./Rees-Miller, J. (Hgg.), The Handbook of Linguistics. Oxford: Blackwell, 446–465.
Fenske, S. (2003): Unterscheiden von Satzarten. Zuordnen der jeweiligen Satzzeichen. In: Förderschulmagazin 25, 7–8.
Frentz, H./Lehmann, C. (2003): Der gymnasiale Lernbereich ‚Reflexion über Sprache' und das Hochschulzugangsniveau für sprachliche Fächer. In: Didaktik Deutsch 14, 92–98.
Gnutzmann, C. (1995): Sprachbewußtsein („Language Awareness") und integrativer Grammatikunterricht. In: Gnutzmann, C./Königs, F.G. (Hgg.), Perspektiven des Grammatikunterrichts. Tübingen: Narr, 267–284.
Gornik, H. (2003): Methoden des Grammatikunterrichts. In: Bredel, U./Günther, H./Klotz, P./Ossner, J./Siebert-Ott, G. (Hgg.), Didaktik der deutschen Sprache. 2. Teilband. Paderborn: Schöningh, 814–829.
Grewendorf, G./Zaefferer, D. (1991): Theorien der Satzmodi. In: Stechow, A. von/Wunderlich, D. (Hgg.), Semantik. Ein internationales Handbuch der zeitgenössischen Forschung. Berlin: de Gruyter, 270–286.
Grimm, H./Aktas, M./Frevert, S. (2010): Sprachentwicklungstest für drei- bis fünfjährige Kinder. Diagnose von Sprachverarbeitungsfähigkeiten und auditiven Gedächtnisleistungen (SETK 3–5). 2. Aufl. Göttingen: Hogrefe.
Günther, H. (1998): Sprachwissenschaft und Sprachdidaktik. Am Beispiel kleiner und großer Buchstaben im Deutschen. In: Didaktik Deutsch 4, 17–32.
Haspelmath, M./Dryer, M./Gil, D./Comrie, B. (Hgg.) (2008): The World Atlas of Language Structures Online. München: Max Planck Digital Library. [http://wals.info]
Hinds, J. (1984): Japanese. In: Chisholm, W./Milic, L.T./Greppin, J.A.C. (Hgg.), Interrogativity. Amsterdam: Benjamins, 145–188.

Holler, A. (2005): Weiterführende Relativsätze. Empirische und theoretische Aspekte. Berlin: Akademie Verlag.
Holler, A. (2008): German Dependent Clauses from a Constraint-based Perspective. In: Fabricius-Hansen, C./Ramm, W. (Hgg.), Subordination versus Coordination in Sentence and Text. A Cross-linguistic Perspective. Amsterdam: Benjamins, 187–216.
Holler, A./Steinbach, M. (i.E.): Grammar in the Classroom. In: Alexiadou, A./Kiss, T. (Hgg.), Handbook of Syntax. Artikel 63. Berlin: de Gruyter.
Klotz, P. (2004): Integrativer Deutschunterricht. In: Kämper-van den Boogaart, M. (Hg.), Deutsch Didaktik. Leitfaden für die Sekundarstufe I und II. Berlin: Cornelsen, 46–59.
Knapp, K./Lehmann, C. (2006): Sprachliche Kompetenz. In: Neurolinguistik 20, 81–98.
Köpcke, K.-M./Ziegler, A. (Hgg.) (2007): Grammatik in der Universität und für die Schule. Theorie, Empirie und Modellbildung. Tübingen: Niemeyer.
Kultusministerkonferenz (2004): Bildungsstandards im Fach Deutsch für den Mittleren Schulabschluss (Jahrgangsstufe 10). Beschlüsse der Kultusministerkonferenz. Neuwied: Luchterhand.
Kultusministerkonferenz (2005): Bildungsstandards im Fach Deutsch für den Primarbereich (Jahrgangsstufe 4). Beschlüsse der Kultusministerkonferenz. Neuwied: Luchterhand.
Kümmerling-Meibauer, B./Meibauer, J. (2007): Linguistik und Literatur. In: Steinbach, M. et al. (Hgg.), Schnittstellen der germanistischen Linguistik. Stuttgart: Metzler, 257–290.
Lehmann, C. (2007): Linguistic Competence. Theory and Empiry. In: Folia Linguistica 41, 223–278.
McClelland, D.C. (1973): Testing for Competence Rather than for „Intelligence." In: American Psychologist, 28, 1–14.
Menzel, W. (1988): Nebensätze. In: Praxis Deutsch 90, 21–40.
Menzel, W. (1998a): Sätze verbinden. In: Praxis Deutsch 151, 37–41.
Menzel, W. (1998b): Nachdenken über *daß* (*dass*) und *das*. In: Praxis Deutsch 151, 37–41.
Müller, C. (2003): Schulgrammatik und schulgrammatische Terminologie. In: Bredel, U./Günther, H./Klotz, P./Ossner, J./Siebert-Ott, G. (Hgg.), Didaktik der deutschen Sprache. 1. Teilband. Paderborn: Schöningh, 464–475.
Müller, N./Kupisch, T./Schmitz, K./Cantone, K. (2007): Einführung in die Mehrsprachigkeitsforschung. 2. Aufl. Tübingen: Narr.
Näf, A. (1984): Satzarten und Äußerungsarten im Deutschen. Vorschläge zur Begriffsfassung und Terminologie. In: Zeitschrift für germanistische Linguistik 12, 21–44.
Näf, A. (1995): Die Satzarten als Lern- und Reflexionsgegenstand in der Schule. In: Der Deutschunterricht 47, 51–69.
Noack, C./Ossner, J. (Hgg.) (2011): Grammatikunterricht und Grammatikterminologie. Osnabrücker Beiträge zur Sprachtheorie (OBST) 79. Duisburg: Universitätsverlag Rhein-Ruhr.
Ossner, J. (2012): Grammatische Terminologie in der Schule. In: Didaktik Deutsch 32, 111–126.
Paul, I. (2000): „Satzarten" im Lernbereich: Reflexion über Sprache. In: Der Deutschunterricht 52, 48–56.
Petermann, F. (2012): Sprachstandserhebungstest für Kinder im Alter zwischen 5 und 10 Jahren (SET 5–10). 2. Aufl. Göttingen: Hogrefe.
Peyer, A. (1998): Sätze verknüpfen: *und*? *als*? *wegen*? In: Praxis Deutsch 151, 47–54.
Peyer, A. (2011): Sätze untersuchen. Lernerorientierte Sprachreflexion und grammatisches Wissen. Seelze-Velber: Kallmeyer.

Primus, B. (2007): The Typological and Historical Variation of Punctuation Systems. Comma Constraints. In: Written Language & Literacy 10, 103–128.
Reis, M. (1997): Zum syntaktischen Status unselbständiger Verbzweit-Sätze. In: Dürscheid, C./Ramers, K.H./Schwarz, M. (Hgg.), Syntax im Fokus. Tübingen: Niemeyer, 112–144.
Reis, M. (1999): On Sentence Types in German. An Enquiry into the Relationship between Grammar and Pragmatics. In: Interdisciplinary Journal for Germanic Linguistics and Semiotic Analysis 4, 195–236.
Rothstein, B. (2010): Sprachintegrativer Grammatikunterricht. Tübingen: Stauffenburg.
Rothstein, B. (Hg.) (2011): Sprachvergleich in der Schule. Baltmannsweiler: Schneider Hohengehren.
Schulz, P./Tracy, R. (2011): Linguistische Sprachstandserhebung – Deutsch als Zweitsprache (LiSe-DaZ). Göttingen: Hogrefe.
Steinig, W./Huneke, H.-W. (2002): Sprachdidaktik Deutsch. Eine Einführung. Berlin: Schmidt.
Sternberg, R.J./Grigorenko, E. (Hgg.) (2003): The Psychology of Abilities, Competencies, and Expertise. New York: Cambridge University Press.
Tracy, R. (2007): Wie Kinder Sprachen lernen. Und wie wir sie dabei unterstützen können. Tübingen: Francke.
Weinert, F.E. (2001): Concept of Competence: A Conceptual Clarification. In: Rychen, D.S./Salganik, L.H. (Hgg.), Defining and Selecting Key Competencies. Seattle: Hogrefe & Huber, 45–65.
White, R.W. (1959): Motivation Reconsidered. The Concept of Competence. In: Psychological Review 66, 297–333.
Wöllstein, A. (2010): Topologisches Satzmodell. Heidelberg: Winter.

Anke Holler und Markus Steinbach

Adressen der Beiträger

Prof. Dr. Hans Altmann
Sindelsdorfer Str. 73b
D-82377 Penzberg
Hans.Altmann@germanistik.
uni-muenchen.de

Dr. Franz d'Avis
Johannes Gutenberg-Universität
Deutsches Institut
D-55099 Mainz
davisf@uni-mainz.de

Prof. Dr. Katrin Axel-Tober
Universität Tübingen
Deutsches Seminar
Wilhelmstr. 50
D-72074 Tübingen
katrin.axel-tober@ds.
uni-tuebingen.de

Prof. Dr. Eva Breindl
Friedrich-Alexander-Universität
Erlangen-Nürnberg
Department Germanistik
und Komparatistik
Bismarckstraße 1b
D-91054 Erlangen
eva.breindl@ger.phil.uni-erlangen.de

Ulrike Freywald
Universität Potsdam
Institut für Germanistik
Am Neuen Palais 10
D-14469 Potsdam
freywald@uni-potsdam.de

Prof. Dr. Hans-Martin Gärtner
Hungarian Academy of Sciences
Research Institute for Linguistics
P.O. Box 360
H-1394 Budapest
gaertner@nytud.hu

PD Dr. Ljudmila Geist
Universität Stuttgart
Institut für Linguistik/Germanistik
(ILG)
Postfach 10 60 37
D-70049 Stuttgart
Ljudmila.Geist@ling.uni-stuttgart.de

Prof. Dr. Petra Gretsch
Pädagogische Hochschule Freiburg
Institut für deutsche Sprache und
Literatur
Kunzenweg 21
D-79117 Freiburg
petra.gretsch@ph-freiburg.de

Prof. Dr. Günther Grewendorf
Johann Wolfgang Goethe-Universität
Fachbereich Neuere Philologien
Institut für Linguistik
Grüneburgplatz 1
D-60629 Frankfurt
grewendorf@lingua.uni-frankfurt.de

Dr. Patrick G. Grosz
Universität Tübingen
Deutsches Seminar
Wilhelmstr. 50
D-72074 Tübingen
patrick.grosz@uni-tuebingen.de

Dr. Annika Herrmann
Georg-August-Universität
Seminar für Deutsche Philologie
Käte-Hamburger-Weg 3
D-37073 Göttingen
annika.herrmann@phil.
uni-goettingen.de

Prof. Dr. Anke Holler
Georg-August-Universität
Seminar für Deutsche Philologie
Käte-Hamburger-Weg 3
-37073 Göttingen
anke.holler@phil.uni-goettingen.de

Prof. Dr. Magdalena Kaufmann
University of Connecticut
Department of Linguistics
365 Fairfield Way
USA-Storrs, CT 06269-1145
magdalena.kaufmann@uconn.edu

Prof. Dr. Horst Lohnstein
Bergische Universität Wuppertal
Fachbereich A, Germanistik–
Linguistik
Gaußstr. 20
D-42119 Wuppertal
horst.lohnstein@mac.com

Prof. Dr. Jörg Meibauer
Johannes Gutenberg-Universität
Deutsches Institut
D-55099 Mainz
meibauer@uni-mainz.de

PD Dr. Wilhelm Oppenrieder
Ludwig-Maximilians-Universität
München
Department I - Germanistik,
Komparatistik, Nordistik,
Deutsch als Fremdsprache
Schellingstraße 3 / RG
D-80799 München
Wilhelm.Oppenrieder@germanistik.
uni-muenchen.de

PD Dr. Attila Péteri
Eötvös-Loránd-Universität
Germanistisches Institut
Rákóczi út 5
H-1088 Budapest
D-37073 Göttingen
peteria@t-online.hu

Prof. Dr. Karin Pittner
Ruhr-Universität Bochum
Germanistisches Institut
Fakultät für Philologie
D-44780 Bochum
Karin.Pittner@rub.de

apl. Prof. Dr. Irene Rapp
Universität Tübingen
Deutsches Seminar
Wilhelmstr. 50
D-72074 Tübingen
irene.rapp@uni-tuebingen.de

Prof. Dr. Ingo Reich
Universität des Saarlandes
FR 4.1 Germanistik
Postfach 15 11 50
D-66041 Saarbrücken
i.reich@mx.uni-saarland.de

Prof. Dr. Marga Reis
Universität Tübingen
Deutsches Seminar
Wilhelmstr. 50
D-72074 Tübingen
mer@uni-tuebingen.de

Prof. Dr. Peter Siemund
Universität Hamburg
Institut für Anglistik und Amerikanistik
Von-Melle-Park 6
D-20146 Hamburg
peter.siemund@uni-hamburg.de

Prof. Dr. Markus Steinbach
Georg-August-Universität
Seminar für Deutsche Philologie
Käte-Hamburger-Weg 3
D-37073 Göttingen
markus.steinbach@phil.
uni-goettingen.de

Prof. Dr. Renata Szczepaniak
Universität Hamburg
Institut für Germanistik I
Von-Melle-Park 6
D-20146 Hamburg
renata.szczepaniak@uni-hamburg.de

Prof. Dr. Maria Thurmair
Universität Regensburg
Philosophische Fakultät III
Institut für Germanistik, Deutsch als Fremdsprachenphilologie
Universitätsstr. 31
D-93053 Regensburg
maria.thurmair@sprachlit.
uni-regensburg.de

apl. Prof. Dr. Hubert Truckenbrodt
Zentrum für Allgemeine Sprachwissenschaft (ZAS)
Schützenstr. 18
D-10117 Berlin
truckenbrodt@zas.gwz-berlin.de

Prof. Dr. Helmut Weiß
Johann Wolfgang Goethe-Universität
Fachbereich Neuere Philologien
Institut für Linguistik
Grüneburgplatz 1
D-60629 Frankfurt
weiss@lingua.uni-frankfurt.de

Prof. Dr. Heide Wegener
Universität Potsdam
Institut für Germanistik
Am Neuen Palais 10
D-14469 Potsdam
wegener@uni-potsdam.de

Prof. Dr. Angelika Wöllstein
Universität Mannheim
und
Institut für Deutsche Sprache (IDS)
R5, 6-13
D-68161 Mannheim
woellstein@ids-mannheim.de

Dr. Melanie Wratil
Institut für Sprache und Information
Heinrich-Heine-Universität Düsseldorf
Universitätsstr. 1
D-40225 Düsseldorf
wratil@phil.hhu.de

Prof. Dr. Gisela Zifonun
Institut für Deutsche Sprache (IDS)
R5, 6-13
D-68161 Mannheim
gisela.zifonun@web.de

Prof. Dr. Malte Zimmermann
Universität Potsdam
Institut für Linguistik
Karl-Liebknecht-Str. 24-25
D-14476 Potsdam
mazimmer@uni-potsdam.de

Dr. Jussara Paranhos Zitterbart
Friedrich-Alexander-Universität
Erlangen-Nürnberg
Lehrstuhl für Germanistische
Sprachwissenschaft
Bismarckstraße 1
D-91054 Erlangen
jussara.p.zitterbart@ger.phil.uni-erlangen.de

Register

abhängiger Verb-Letzt-Satz, siehe *Verb-Letzt-Satz, abhängiger*
abhängiger Verb-Zweit-Satz, siehe *Verb-Zweit-Satz, abhängiger*
Abhängigkeit, siehe *Integration, Desintegration* 59, 72ff., 138, 234, 271, 281, 318, 365, 374, 378, 460, 477, 508, 530, 534, 541f., 543, 550, 585, 693, 729, 756, 797, 830, 833f., 839, 867
Ableitungsansatz 7, 173f., 715
Adjunkt, Adjunktion 60, 85, 210, 236, 248, 256f., 259, 261, 270, 272f., 289, 308, 330f., 367ff., 396, 501, 521, 528ff., 540f., 549ff., 553, 555, 561, 578, 660, 673f.
Adverbialsatz 272, 302f., 330, 350, 378, 384, 395, 414, 432f., 447, 454f., 459, 463, 476, 479, **501ff.**, 538f., 555f., 558, 585, 645, 779, 801f., 829
Akkusativobjektsatz 377, 400, 403, 405f., 410ff., 415, 417, 432, 438f., 441ff., 453ff., 459, 461, 465, 467, 471, 476, 480, 608, 613f.
Akzent, Akzentuierung, siehe auch *Betonung* 7, 28f., 33, 44ff., 62f., 77, 105f., 110f., 113, 151, 174f., 204, 249f., 276, 278, 282, 308f., 315, 395, 416, 435f., 443, 452, 468, 471ff., **475ff.**, 490, 498, 553, 570, **575ff.**, 581f., 586f., 595, 597, 603ff., 613, 617f., 620, 624, 628, 638, 641, 716, 732, 772, 801, 818, 828f., 876, 887
– Exklamativakzent 7, 33, 36, 45ff., 150, 171, 173f., **177ff.**, 194, 196, 580ff., 730
– Kontrastakzent, kontrastive Betonung 174, 443, 495, 581, 617ff., 628, 657
Albanisch 878, 881f., 885, 888, 893
Alternativfragesatz, Alternativinterrogativsatz 53, 261, 644, 726, 854
Amerikanische Gebärdensprache (ASL) 791, 793, 798f., 802
Anapher, Anaphorizität, anaphorisch 89, 93, 141, 208, 237, **240ff.**, 245, 259, **280ff.**, 294f., 315, 369, 389, 392, 433, 454, 484, 493, 495, 504, 539f., 564f., 697, 809
Anfangsbetonung 571, 580ff., 595ff.

Antwort 24, 30, 45, 51, 53, 57, 69ff., 75ff., 96, 101, 105, 114ff., 152, 193, 220, 235, 237, 241, 259, 278, 385, 505, 528, 553, 564, 573ff., 577, 590f., 635, 683, 691, 695, 699, 705, 721, 729ff., 742, 757, 817, 821, 824, 836, 859, 863f., 876, 884
– Antwortäußerung 409, 444
– Antwortbedingung 91f., 693
– Antwortdruck 825
– Antwort, elliptische 323, 325, 495
– Antworterwartung 80f., 105, 181f., 593, 855, 882
– Antwortfragment 154f.
– Antworthandlung 24, 47
– Antwortmuster 92
– Antwortpartikel 707
– Antwortverpflichtung 641
– Termantwort 225
appositiver Relativsatz, siehe *Relativsatz, appositiver*
Arabisch 162, 830
Argumentstelle 233, 259, **373ff.**, 384, 390f., 393f., 400, 411, 414f., 417, 419, 421, 423f., 434f., 438, 441, 449ff., 453f., 460, 465, 468, 472, 474, 530, 605
Assertion **23ff.**, 31, 35, 41, 49, 69, 80f., 86, 106, 117, 193ff., 238f., 242, 245, 251, 279, 329, 411, 449, 511, 516, 551, 573ff., 584f., 591f., 594, 596, 619, 682f., 688, 690, 694, 698ff., 718, 832f., 847
assertive Frage 30, 34, 40, 52, 105f., 108, 643, 770
Asymmetrie, asymmetrisch 66, 254, 356f., 362, 369, 542, 545f., 565, 662, 665, 667, 852
– asymmetrische Extraktion 60, 364, 366, 370
– asymmetrische Koordination **356ff.**, 364f., 370, 542, 545f.
Attributsatz 13, 248, 272, 312, 387, 389, 391, 412, 415, 435, 450f., 478, **526ff.**, 604ff., 618, 622f., 645
Aufforderung 1, 4, 7, 26f., 30ff., 34, 38, 42, 47, 79f., 86, 90, 98ff. **123ff.**, 179, 215, 218ff., 222f., 238f., 245, 572, 587, 627, 629, 634ff., 641f., 644, 648f., 682f.,

689ff., 698, 725ff., 738, 742, 749, 753, 755, 758, 768, 807, 817, 847, 894, 896ff., 904, 908, 910, 914
Aufforderungssatz, siehe auch *Imperativsatz* 3f., 7, 123, 202, 407, 915
Augenbrauen, siehe *nichtmanuelle Markierung*
Ausruf, siehe auch *Exklamativ* 156, 159, 165, 172, 719f., 725, 729, 738, 749, 758, 775
Ausrufesatz, siehe auch *Exklamativsatz* 3, 172, 633, 818, 914
Aussagesatz, siehe auch *Deklarativsatz* 3, 80, 176, 251, 315, 407, 422, 426, 442, 449, 595, 742, 765, 834, 914
Behauptung, siehe *Assertion*
Bestimmungsfrage 51
Betonung, siehe auch *Akzent* 111, 115, 117, 130, 142, 179, 244, 282, 308f., 416, 435f., 452, **570ff.**, 604f., 912
Bezugsausdruck, siehe auch *Korrelat* 13, 267f., **272ff.**, 279f., 282, 285, 327, 379, 387, 389, 416, 434f., 437, 528, 532, 554f., **602ff.**
Bezugselement, siehe *Bezugsausdruck*
Brasilianische Gebärdensprache (LSB) 798
Chinesische Gebärdensprache (CSL) 789
common ground 68, 216, 444, 519, 573, 630, 634, **698ff.**, 704, 718
complementizer, siehe auch *Komplementierer* 304, 429, 776
CP, siehe *Komplementiererphrase*
das
– Korrelat 258, 260, 415, 432, 435, 449, 452, 454, 471
– Platzhalter 39, 613
– Pronomen 259, 415, 432, 484
dass-Satz 1, 11, 152, 178, 236, 250, 253, 256, 259, 319, 491, 537, 557, 584f., 608, 666, 747, 779
– *dass*-Verb-Letzt-Adverbialsatz 513, 515, 518, 557, 621
– *dass*-Verb-Letzt-Attributsatz 248f., 622f.
– *dass*-Verb-Letzt-Exklamativsatz 176, 178f., 182, 195, 197, 633, 747
– *dass*-Verb-Letzt-Imperativsatz 121f., 742
– *dass*-Verb-Letzt-Objektsatz 148ff., 152, 256ff., 310, 325f., 329, 331, 405, 407f.,

410f., 414, 421ff., 425f., 428, 434, 437, **439ff.**, 444, 448, 459f., 462, 464f., 469f., 478, 536, 545, 606, 616, 620, 750, 776
– *dass*-Verb-Letzt-Optativsatz 148ff., 152, 750
– *dass*-Verb-Letzt-Satz 10, 123, 152, 166, 684, 686
– *dass*-Verb-Letzt-Subjektsatz 257f., 345, 378, 380, 382, 385f., 392, 442, 609, 776
– *dass*-Verb-Zweit-Satz 442, 553
– selbstständiger *dass*-Satz 47, 179, 233f., **237ff.**, 240, 242, 580, 596, 742
Dativobjektsatz 13, 248, 419ff., 604, 607f., 615ff.
Defaultbetonung, siehe auch *Normalbetonung* 570, 576
Deklarativsatz 1, 3ff., 7, 13, **20ff.**, 51, 72, 78, 81, 129, 143, 147, 173, 181, 213, 216ff., 223, 238, 252, 254, 346, 351f., 356, 394, 396, 580f., 596, 629, 632ff., 636, 640, 643, 645, 666, 680, 682f., 685f., **688ff.**, **692ff.**, **698ff.**, **704f.**, 712, 714, **717ff.**, 725f., 731f., **738ff.**, 765f., 786f., **790ff.**, 799, 801, 809, 817f., 820, 829, 847ff., **852ff.**, 862, 866, 874, 877, 879ff., 883, **885ff.**, 895ff., 906ff., 914, 916
deliberative Frage, siehe auch *ob*- und *w-Interrogativsatz* 91, 96, 100, 108, 235, 237, 239, 241, 245, 250, 347, 641, 742, 757f., 770, 881
deontische Interpretation 26, 68, 98, 124ff., 128, 130ff., 215, 224, 308, 347, 375, 698, 700f., 705, 817, 828, 863
Desintegration, desintegriert 2, 9, 11, 306, 323, 334, 508, 556, 560, 585
Deutsche Gebärdensprache (DGS) 785ff., 911
Dialekt 255, 266, 284, 313, 581, 627, 658, 752, **764ff.**, 816, 832, 887, 910f.
Didaktik 903, 919f.
Discourse Representation Theory (DRT) 283, 562, 692, 697
direkte Frage 39, 59, 71, 89, 93, 746, 880
Direktiv 69, 79f., 84, 86, 98, 120ff., 204, 208, 211, 216f., 220, 632, 684, 688, 691, 705, 717, 719, 849ff., 859, 861, 863f., 907
Disjunktion 546, 574, 699, 705f., 854

Diskurspartikel, siehe *Modalpartikel*
Diskursrelation 283f., 365, 562ff., 806
Diskursrepräsentation 385, 697, 700
Doppel-COMP, siehe auch *Komplementierer* und *Split-C* 764, 778f.
d-Relativsatz, siehe auch *Relativsatz* 13, 255, 266, 281f., 286, 294f., 302, 314f., 412, 441, 446ff., 488, 526, 554f., 606f., 732, 780ff.
Dynamische Semantik 690, 693, **697ff.**, 707
Echofrage 13, 30, 34, 39, 62f., **105ff.**, 118, 574f., 591ff., 643, 730, 772f., 809, 818, 828, 863, 883f., 908, 912
– Echo-Effekt **106ff.**
– Echo-Intonation 110
– Echo-w-Frage 62, 106, 111, 773, 818, 828
– Echo-w-Phrase 62f., 117
Einbettung 43, 53, 60, 81, 85, 88, 91, 206f., 209, 218, 226, 271, 279, 281, 324, 329, 330f., 342, 344, 347, 349f., 352f., 377, 380, 385, 390, 395, 462, 548, 550, 552, 555, 634, 685, 790, 800f., 803, 808, 889, 904
Einstellung **2ff.**, 11, 25, 40, **46ff.**, 69, 88, 101, 105, 115, 164, 167, 171, 173, 179, 181ff., 186, 203, 214f., 220, 250, 276, 327, 339, 345, **350ff.**, 375, 377, 381, 404, 407, 420, 444f., 551, 570, 588, 614, 617, 630, 634, 637, 645ff., 652, 696, 705, 712, 715f., 822, 829
Ellipse 8ff., 37, 40, 88, 182, 225, 308, 323, 325, 329f., 338, 396f., 430, 520, 544, 549, 553, 756, 766, 825f., 864, 907
Ellipsenhypothese 84, **88ff.**
Englisch 57f., 64, 112, 136f., 149, 156ff., 162, 196, 202f., 215, 226, 252, 255, 260, 272, 275, 277, 279, 318, 332, 343, 484, 486, **494ff.**, 519, 565, 577, 580, 583, 597f., 663, 681, 683f., 727, 732, 778, 806f., 819, 821, 837f., 856ff., 863, 865f., 878, 881f., 884, 892f., 895, 898, 902, 911
Entscheidungsfrage(satz) 3, 24, 34, 36f., 53, 71f., 87, 89, 105f., 110, 225, 346, 407, 409, 426, 428, 442ff., 520, 631, 683, 745, 748, 756, 769, 771f., 778, 799, 828, 832, 856, 907

epistemisch 11, 53, 56f., 74, 91, 95, 98, 100, 124, 128, 132f., 162, 213, 220, 224, 239, 243, 306, 310, 408, 443ff., 502f., 506, 508, 511, 516, 521, 556ff., **698ff.**, 704, 718, 817, 828
Ergänzungsfrage(satz) 3, 20, 24, 30, 73f., 78, 224, 346, 349, 407, 409, 426ff., 443, 726, 738f., 746, 799, 825f., 832, 847, 907
Erstsprachunterricht, siehe auch *Sprachunterricht* 902, 912, 914
Erwartung 48, 80f., 105, 171f., 175, 178, 181f., 193f., 237, 388, 593, 630, 683, 703, 824, 855
Erwerbsmodell, siehe *Spracherwerb*
es
– expletives *es* 325, 366, 392, 604f.
– Korrelat-*es* 325, 345, 391, 412ff., 432f., 435, 446, 451, 453, 459, 606, 608f., 612ff., 623
– Platzhalter-*es* 39, 259, 379, 384, 391f., 415, 452, 478, 604f., 609
– Pronomen-*es* 325, 391f., 415, 484, 487, 608, 613
– Vorfeld-*es* 41, 345, 604f., 609ff., 621, 664ff.
Exklamativ, siehe auch *Verb-Erst-* und *Verb-Zweit-Exklamativsatz* 7, 21, 23, **42ff.**, 64, 159, 168, 172ff., 177f., 190ff., **194ff.**, 204, 223, 236, 240ff., 245, 250, 255, 380, 386, 396, 580, 596f., 631f., 636, **638ff.**, 646, 648, 661, 695, 700, 729, 738, 758, 775, 852, 862f., 865ff.
Exklamativakzent 7, 33, 36, 45ff., 150, 171, 173f., **177ff.**, 194, 196, 730
Exklamativsatz 3f., 6f., 10, 13, 29, 36, 42, **44ff.**, 143, 149, 156f., 165f., **171ff.**, 237, 239, 241, 396, 445, 466f., 571, 576, 580, 582, 586, **595ff.**, **631ff.**, 637f., 640, 647, 649, 680, 686, 714f., 720, 725, 728ff., 739ff., 752f., 755f., 765, 775, 818, **864ff.**, 914
expletiv, siehe *es*
explikativer Relativsatz, siehe *Relativsatz, explikativ*
explizit performativ, siehe auch *Performativität, performativ* 9, 32, 683, 694f., 731, 907, 916

expressive Intonation 571, 586, **595ff.**
Extraposition, extraponiert 39, 138, 207, 257, 271, 273, **343ff.**, 374, 384ff., 391ff., 395f., 410, 412, 447f., 450, 453f., 461, 469, 472, 477f., 487, 492, 497, 507, 552, 554, 560, **602ff.**, 608f., 611ff., 615, 618, 620f., 654, **673ff.**, 879
– Adverbialsatz 343, 346, 384, 507, 620ff.
– Akkusativobjektsatz 447f., 450, 453f., 608, 613
– Attributsatz 478
– Cleftsatz (Spalt-, Sperrsatz) 492, 497, 611
– Dativobjektsatz 615
– Genitivobjektsatz 410, 412
– Infinitivkonstruktion 207f., **343ff.**, 448
– Prädikativsatz 487, 492, 497
– Präpositionalobjektsatz 461, 469, 472, 477f., 618
– Relativsatz 271, 273, 554, 560
– Subjektsatz 39, 345, 374, 384ff., 391ff., 395, 608f., 612
Faktivität, faktiv 86, 100, **240ff.**, 249, 253, 321, 324, 327f., 343, **346ff.**, 380, 382, 385, 407f., 444, 449, 460, 465, 470, 528, 556, 596, 611, 645, 706, 729, 777, 866
Finitheit, finit 5, 28f., 31, 35f., 53, 56, 64, 68, 84, 87, 98f., 101, **120ff.**, 125, 129f., 134, 137, 142, 151, 167, 172, 176, 180, 186, 204, 208f., 218, 224, 226, 232, 239, 247, 254, 256, 266, 268f., 272, 281, 285f., 293, 295, 304, 308, 312f., 317, 320, 338, 340, 342, 349, 351, 357ff., 362f., 374, 389ff., 393, 396f., 401, 410, 448, 496, 504, 521, 527, 536, 552, 554ff., 560, 653f., 658f., **661ff.**, 669ff., 675f., 702, 704, 717f., 732, 738f., 743, 745, 747, 758, 771, 776, 816, 818, 830, 833ff., 837ff., 841, 853, 861, 898
– Finitum 30, 35f., 38, 45f., 67, 204, 222, 232, 254, 301, 313, 315, 360, 369f., 374, **387ff.**, 394, 536, 539, 543f., 728, 732, 819, 826, 830, 833, 836f., 839ff., 879f., 883, 885ff., 889
– postfinit 561, 758
– präfinit 558f., 561, 738f.
Finitumsvorläufer 832, 841

Finnisch 163, 681, 794, 855f., 859f., 876, 880f., 883f., 886f., 890, 894f.
Finnische Gebärdensprache (FinSL) 794
Fokus 63, 66, 78, 105, 107, 110, 113, 161, 174, 178, 244, 251, 259, 278, 308f., 354, 366, 436, 471, 476, 485, **487ff.**, 494f., 497, 505, 510, **570ff.**, **582ff.**, 597, 629, 654, 657f., 660f., 665, 668, 673, 697, 748, 789, 796, 876, 884, 886, 888, 891, 896, 898
– Fokusakzent, Fokusakzentuierung 45, 48, 105, 111, 174, 178, 323, 452, 454, 486f., 490, 732
– Fokusalternativen 117
– Fokusbereich 129
– Fokusexponent 33, 45, 178, 309, 473, 475, 478
– Fokus-Hintergrund-Gliederung 11, 247, 278, 323, 490, 551, 573, 582, 584f., 617, 723
– Fokuskonstruktion 78f., 492
– Fokuspartikel, siehe auch *Gradpartikel* 323, 330, 469, 473, 476, 478, 505, 509, 512, 515f., 572, 656, 839f.
– Fokusprojektion 476, 576, 661
– Fokusprosodie 574, 579
– Fokussierung, fokussierend, fokussiert, fokussierbar 33, 35, 41, 45f., 77ff., 106, 111, 117, 120, 136, 140, 150, 171, 174, 178f., 244, 271, 320, 330, 365, 415, 435, 437, 465, 473, 476, 478, 486f., 492, 495, 497, 504, 507f., 510, 521, 553, 571f., 656f., 703, 730, 732, 768, 818, 820f., 834, 855f., **884ff.**, 889, 896f., 899
– Fokusstruktur 113f., 305, 795
– Kontrastfokus 497, 732, 768
– Satzfokus 108
– Verum-Fokus 158, 244, 309, 703, 731f.
Frage 2f., 7, 24, 34, 39, 47, 51ff., 59, 62, 67, 69, 71f., **76ff.**, **85ff.**, 89, 91ff., **96ff.**, 100, 105f., 108ff., 113f., 117, 155, 175, 181, 186, 191ff., 196, 219, 221, 235ff., 239, 241, 243, 245, 251f., 262, 333, 359, 409, 429, 445, 495, 509, 512, 564, **572ff.**, **587ff.**, 629, 634f., 638, 641, 648, 690, 695, 699ff., 718, **725ff.**, 730f., 738f., 748f., 756ff., 765, **769ff.**, 794, 798f.,

800, 807, 817, 820ff., 824ff., 829, 847, 851, **854ff.**, 864, 880f., 886, 888f., 904, 906ff.
- Frage-Antwort-Sequenz 45, 77, 79, 707, 836, 859
- Frageoperator 94, 115f., 219, 279, 332, 575

Fragebedeutung 75, 78, 88f., 93, 99, 113, 115, 117, 575, 588ff., 592

Frageelement 53, 113

Frageintonation 29, 204, 594, 769, 772, 793

Fragemarkierer, siehe auch *question tag* 277, 798

Fragepartikel 262, 641, 745, 770f., 787, 794, 800, 807, 854f., 867f.

Fragepronomen, siehe *Fragewort*

Fragesatz 3, 20, 51, 57, 59f., 80, 87, 115, 176, 288f., 429, 444, 466f., 520f., 575, 597, 757, 770f., 774, 822, 824, 826, 829, 855, 910f., 914
- Fragesatz, abhängiger 407, 426, 442ff.
- Fragesatz, direkter 742, 746
- Fragesatz, indirekter 11, 53, 287ff., 311, 314, 408, 410, 424, 426, 428, 442f., 459, 645, 753
- Fragesatz, selbständiger 318, 753
- Fragesatz, unselbständiger 90, 756

Fragesemantik 78, 218f., 695

Fragewort, siehe auch *w-Ausdruck* 445, 570, 748, 792, 797f., 826, 847, 856ff., 866f., 869, 905

Frageziel 51, 59, 61, 111, 115, 191

Französisch 136, 863, 865, 902, 911

freier Relativsatz, siehe *Relativsatz, freier*

fusionierte Interpretation 359, 364

Gebärdenraum 786, 788, 800, 803, 805, 808ff.

Gebärdensprache 13, **786ff.**, 911

Genitivobjektsatz 12f., 248, **400ff.**, 408, 411, **413ff.**, 419, 423, 438, 465, 604, 616

Geste **595ff.**, 793f., 800, **805ff.**, 809

Gestik 595f., **805ff.**, 808f., 827

Gliedsatz 322f., 325, 332f., 400, 415, 435, 441, 452, 471, 501, 521, 530, 550, 552f., **603ff.**, 609, **617ff.**, 673

Gradpartikel, siehe auch *Fokuspartikel* 150, 160ff., 286, 395, 510, 512, 617, 630, 637, 829

Grammatikalisierung 307, 417, 439, 458, 461, 507, 520, 628ff., 739f., 748f., 757f., 771f., 787, 794, 798, 800, 803, 805ff.

Grammatikunterricht 902ff., 910, 918f.

Griechische Gebärdensprache (GSL) 789

Hauptsatz 1, 2, 9f., 13, 54, 59f., 63f., 88, 135, **154ff.**, 165, **202ff.**, 214, 232, 250, 259, 283, 294, 301, 306, 309, 311, 320, 326, 330f., 334, 349f., 425, 430f., 482, 486ff., 492, 497, 508, 518f., 583, 585, 642, 651, 660ff., 682, 716, 740, 743, 749ff., 769, 801, 838, 846f., 850f., 861f., 907ff.

Heischesatz 33, 206, 755

Höflichkeit 121ff., 130ff., 143, 692, 713f., 716, 726, 728, 767ff., 893ff.

Homogenität 356f., 359, 543, 545ff.

Hongkong Gebärdensprache (HKSL) 794

Identitätssatz 484f., 495

Illokution 1ff., 6ff., 52, 79, 85, 95, 100, 124, 126, 215, 220, 222, 225, 238f., 243, 245, 249ff., 277, 306, 310, 331, 333, 350, 352, 359, 550f., 553, 556, 558, 571ff., 597, 628f., 632, 637, 642, 645, 679, 710ff., 717ff., 723f., 729f., 736, 739ff., 771, **816ff.**, 824, 827f., 830, 838

illokutionäres Potenzial 11, 81, 84ff., 91, 95, 125, 234, 350, 352, 682, 713, 716f., 719, 726

Imperativ (Verbmodus), siehe auch *Imperativsatz* 5, 28, 31, 33, 36, 38, 56f., 60f., 64, 105, 120ff., 151, 176, 180, 202, 204, 206, 210ff., 214, 216f., **220ff.**, 237f., 352, 542, 546, 592, 629, 631ff., 639, 641, 645f., 652, 682f., 688, 691f., 693, 696, 700f., 703, 705ff., 718, 727, 738, 742, 748, 754f., 758, 767ff., 775, 800, 817f., 825, 833, 847, **849ff.**, 859ff., 867, 870, 890ff., 898ff., 904

Imperativauxiliar 136, 898

Imperativparadigma 126, 890f., 893f.

Imperativpartikel 746, 748, 892, 895, 898

Imperativsatz 1, 3ff., 10, 13, 20f., 33, 36, 38, 47, 112, 120ff., 129ff., 142f., 147ff., 151, 173, 202, 318, 351f., 407, 545, 632f., 635, 641f., 680, 683, 685f., 688, 690ff., 695, 700, 714, 718ff., 727, 739, 742f., 744, 746, 749f., 754f., 765, 767, 775, 786f.,

795, 800f., 809, 818, 820, 829, 874, 890ff., **895ff.**, 914f.
Implikatur 23f., 80, 128, 163, 165, 279, 503, 512, 545, 564, 590ff., 703, 713f., 720ff., 726, 728ff.
Indikativ 28, 31f., 38, 56f., 101, 121f., 124, **126ff.**, 133, 143, **146ff.**, 164, 167f., 176, 180, 218, 240, 247, 321f., 324, 396, 521, 704, 718, 738f., 753f., 756, 758, 767, 769, 849, 853, **892ff.**, 904
indirekter Sprechakt, siehe *Sprechakt, indirekter*
Indopakistanische Gebärdensprache (IPSL) 793, 798, 800
infinit 8ff., 13, 141, 202f., 205, 207, 232, 268f., 304, 312, 338, 366, 390, 401, 448, 552, 644, 654, 659, 728, 745, 837f., 863
Infinitiv 63f., 101, 121ff., 125, 127, 139, 141f., 202, 203, 204ff., 215f., 218, 223f., 226, 239, 270, 295, 338ff., **341ff.**, 351ff., 369, 372, 375, **382ff.**, 394f., 410, 430, 610, 619, 644f., 864, 892, 895
Infinitivkonstruktion 11, 13, 122, 258, 306, 338ff., 343f., 346, 349f., 352f., 374, 401, 410f., 422, 430, 514f., 527, 538, 554ff., 602f.
Infinitivphrase 378, 380, 390, 396, 405f., 411, 420ff., 429, 441, 448, 459ff., 465, 469f., 475, 477, 513f., 517
Informationsstruktur 174, 275, 278, 281f., 306, 330, 365, 451, 471, 473, 485, 490, 492, 497, 504, 575, 583, 585, 597, 662, 713f., 723, 731, 743, 748, 789f., 832, 883, **888ff.**
Inkohärenz, inkohärent, siehe auch *Kohärenz, kohärent* 338, 347f.
Insubordination 234, 862ff., 867
Integration 1f., 9, 11, 59, 65, 72ff., 99, 138, 153, 156, 167, 225, 234, 269, 271, 281, 318, 322f., 329ff., 359f., 365, 370, 374, 378, 450, 460, 477, 504, 506, 508, 512, 520f., 530, 534, 537f., 540f., 543, 546, 550, 554, 556f., 559f., 585, 617, 671, 754, 756, 804, 831, 839, 907
Intensivierer 130, 190, 195f.
Interpunktion 511, 818, 823, 848, 904ff., 912f.

Interrogativ 29, 52, 55f., 58f., 62, 66, 73f., 80, 101, 114ff., 173, 181, 195f., 203, 205f., 220, 222ff., 233, 236f., 241f., 250f., 262, 267, 307, 311f., 333, 405f., 409, 421f., 428, 441ff., 484, 521, 526, 552, 560, 575, 632, 634, 639, 646, 648, 652, 658, 661, 668, 672, 684, 703, 706f., 709, 729, 738, 758, 774, 779, 793, 796, 799, 821, 823f., 826, 829, 831, 849, 850, 852, 854ff., 857, 859, 864f., 868, 875, **877ff.**, 886ff., 904
Interrogativauxiliar 878, 881
Interrogativmorphem 875, 880, 885, 887
Interrogativpartikel 648, 745, 748, 756ff., 855, 868, 876ff., 884f., 887ff., 899
Interrogativsatz, siehe auch *Verb-Erst-* und *Verb-Zweit-Interrogativsatz* 3f., 6ff., 10, 13, 21, 36, **51ff.**, 59f., 62ff., 66ff., 72, 79ff., **84ff.**, 105, 114ff., 129, 143, 173, 192, 196, 202, 216, 236f., 253ff., 262, 287, 356, 408, 412, 444f., 447, 571, 589, 593, **632ff.**, **640ff.**, 649, 657, **680ff.**, 700ff., 707, 712, 714, 717, 720f., **725ff.**, **738ff.**, 755ff., 765, 769f., 774, **787ff.**, 807f., 810, 817ff., 829, 834, 847, 849, **850ff.**, **852ff.**, 862, 865f., 868, 874ff., 894, 896ff., 907f., 911ff.
Interrogativum 883
Intonation 2f., 5, 7, 85, 90f., 98, 100, 103, 110ff., 115ff., 122, 138, 173f., 205, 305, 323, 326, 570f., **579ff.**, 613, 615, 630, 636ff., 640, 643, 650, 671, 681, 683, 701, 708, 712, 716, 738f., 746, 793f., 799, 811, 816, 819ff., 822ff., 831, 837, 841ff., 851, 854f., 879f., 885ff., 897, 901, 911
Intonationsphrase 570, 578f., 581ff., 586f., 597
Irrelevanzkonditional 33, 302, 321, 511ff., 519f., 558
Italienisch 162, 497, 548, 656ff., 661, 663, 668, 673, 789, 793, 796, 830, 849, 878ff., 885ff., 892f., 895
Italienische Gebärdensprache (LIS) 789, 796, 800, 802
Japanisch 134, 295, 574, 671f., 681, 849, 868, 911
Kausalsatz 504ff., 513, 519, 749, 801f.

Klitik, klitisch 285, 454, 656, 663, 669, 768f., 771f., 774, 877, 880, 884f., 887, 899
Kohärenz, kohärent
- im Text 41, 92, 562, 565, 691
- beim Verb 101, 207ff., 338ff., 383, 411, 448, 475, 536, 554
Kompetenz, siehe *sprachliche Kompetenz*
Komplement 54, 73, 116, 139, 141, 187f., 196, 207, 242, 249, 253, 256, 258, 260f., 272ff., 288, 292f., 307f., 310f., 315, 318f., 327f., 331, 333, 348, 401, 407, 409, 414, 419, 421, 423, 426, 428, 434, 451, 453, 458, 460ff., 470, 472, 475, 482f., 485f., 488, 492ff., 497, 514, 528, 530f., 534, 548, 552f., 555, 560f., 605, 654, 658, 666, 670ff., **674ff.**, 716, 779, 800, 839
Komplementierer, siehe auch *Nullkomplementierer* 5, 28, 42f., 84, 86f., 94, 151f., 167, 209, 225, 249, 254f., 260ff., 272, 284, 304, 313, 315, 378, 406, 422, 442, 525, 547, 651f., **655ff.**, 668ff., 682, 704, 715f., 756, 774ff., 778f., 826f., 833f., 836f., 839
Komplementiererphrase 66, 86, 100, 117, 203, 208ff., 219, 224, 249, 251ff., 261, 272f., 281, 288, 292f., 313, 329ff., 344, 347, 353, 451, 494, 528f., 555, 654f., 657, 669, 671ff., 704, 718, 729, 776, 778f., 782, 796f., 802
Komplementiererwahl 152, 166ff.
Komplementsatz 53ff., 72ff., 85, 101, 147, 251, 253, 256, 260, 286, 318f., 331f., 400, 403, 407, 413f., 417, 419f., 422, 425ff., 432, 434, 437f., 441, 449ff., 454, 458ff., 463, **465ff.**, 471ff., 484, 501, 550, 643, 645, 682, 776, 777, 779, 787, 801f., 829, 835ff., 909
Konditionalsatz 9, 129, 133, **153ff.**, 166, 168, 250, 262, 384, 501, 507f., 511f., 519f., 546, 706, 722, 724, 728, 742, 756f., 790, 801, 803, 807, 810, 864
Konjunktion 129, 134, 233, 259f., 302f., 361, 366, 429, 458, 488f., 501, 505, 526, 534, 536, 538, 540, 542f., 545, 547ff., 562, 564f., 630, 646, 653, 655, 664, 717, 746, 749, 771, 779, 787, 802f., 864, 881, 910, 912f.

Konjunktiv 28, 31f., 56f., 121, 124, 126, 128, 130, 143, 146ff., 163f., 167, 180, 240, 247, 308, 318, 321f., 324, 326f., 382, 385, 468, 521, 629, 637, 646, 704, 717f., 754f., 769, 775, 840, 849, 860, 864, 892f., 895f., 899, 904
Konsekutivsatz 294, 308, **515ff.**, 521, 618, 621
Konstituentenfrage 51
Konstruktionen 739f., 758
Kontextualismus 714, 720f., 725, 727
Kontextveränderungspotenzial 697f., 700f.
Kontrafaktizität, kontrafaktisch 151f., 163, 167f.
Kontrolle 131, 141, 338, 340ff., 345, 348, 353, 410, 429f., 448, 470, 514, 554, 623
- Subjektkontrolle 341, 410, 429, 448, 470, 514
- Objektkontrolle 342, 345, 348, 448
konversationelle Implikatur, siehe *Implikatur*
Konzessivsatz 250, 509ff., 520, 724, 728, 753, 756–757
Koordination 326, **356ff.**, 437, 509, **536ff.**, 564f., 706, 801
Koordinationsellipse 549, 766
Kopula, Kopulasatz 319, 327, 331, 401, 404, 407, 419, 478, **482ff.**, 490, 492ff., 499, 834
Korrelat, siehe auch *Bezugsausdruck, das und es* 85, 215, 259f., 268, 306, 325, 345, 400, 402f., **410ff.**, 422f., 426, **432ff.**, 446f., **450ff.**, 459, 463, 469, **473ff.**, 481, 498, 504, 529f., 534, 554, 560, 562, 581, 595, 602ff., 622ff., 661, 729
linke Satzklammer 233, 255, 304, 312, 317, 654, 658, 771
linke Satzperipherie 66, 294, 315, **655ff.**, 668, 670
Linksversetzung, linksversetzt 35, 49, 129, 257, 268, 306, 322, 326, 331f., 384, 393, 412, 432, 447, 469, 476, 479, 485f., 488, 495, 508, 510, 512, 519, 559, 613, 615, 621, **655ff.**, 663, 666, 668
Makrovariation, siehe auch *Mikrovariation* 911
Mandarin-Chinesisch 57f.

Merkmalskongruenz 349, 353
Mikrovariation, siehe auch *Makrovariation* 772, 778, 854, 911
Minimalismus, siehe auch *Pragmatik* 714, 717, 725, 772
minor clause type 683, 862
Mischtyp 7, 34f., 52, 106, 114ff., 643, 716, 730, 799, 899, 906
Mittelfeld 56, 180, 213f., 233, 249, 256ff., 270f., 301, 304ff., 315, 322, 333, 358, 360f., 370, 374, 379, 392, 395, 412, 416, 436, 446, 448, 452ff., 472, 476f., 479, 504, 510, 512, 536, 552, 554, 557, 610ff., 618, 620, 628, 654ff., 670, 673, 752ff., 829, 838f., 914
Modalität 5, 124, 126, 132f., 217ff., 222, 224, 226, 346, 349, 661, 819, 828f., 831, 837, 853
Modalität, siehe auch *Gebärdensprache* 786ff., 796, 799f., 803ff.
Modalpartikel 5, 8, 40, 42, 46, 48, 90, 92f., 96, 99, 101, 131, 151, 160, 162f., 177, 179f., 183f., 186, 200, 241, 352, 416, 467, 505, 550, 570, **627ff.**, **631ff.**, 638ff., 645ff., 716f., 724, 728, 749f., 768, 772, 829, 831, 834, 853, 895, 902
Modus, siehe auch *Satzmodus* oder *Verbmodus* 21, 38, 67, 100, 114f., 120, 122ff., 132, 134, 136, 139, 142, 147, 151, 164, 167, 216, 222, 240, 247, 396, 407, 483, 589, 598, 639, 653, 703, 705, 849ff.
Morphologie 321, 324, 605, 617, 652, 767, 788, 806, 847, 882, 904
Nachfeld 213f., 254, 256ff., 271f., 301, 304ff., 315, 322, 324, 332f., 338, 374, 379, 391, 395, 410f., 448, 450f., 454, 490, 492, 497f., 510, 512, 516, 532, 552, 602, 629, 653f., 673, 773, 777, 914
Nebensatz 9ff., 164, 247, 252, 258f., 265, 295, 299, 304, 309f., 320, 334, 350f., **405ff.**, 420ff., 424ff., 428f., 432ff., 442f., 447, **450ff.**, 463, 487, 490, 492, 503, 505, 509, 532, 550, 602, 605, **608ff.**, 613f., 620f., 653, 659, 662, 664, 757f., 763, 799, 801, 803, 853
nichtmanuelle Komponente, siehe *nichtmanuelle Markierung*

nichtmanuelle Markierung **788ff.**, 797, 799f., 802ff., 807, 810
Niederländische Gebärdensprache (NGT) 794
Nominativmerkmal 374, 390f., 393ff.
Normalbetonung, siehe auch *Defaultbetonung* 282, 570, 581
Normalität, Normalerwartung 178, 193f.
Norwegisch 162, 660
Nullkomplementierer 255
Nullpronomen 142
Objektsatz 71, 248, 394ff., 402, 405f., 412, 417, 422, 426, 434, 437ff., 446f., **449ff.**, 459, 501, 552
Obligatorisierung 739, 741, 746, 750ff.
ob-Verb-Letzt-Satz 8f., 73, 100, 192, 196, 242, 250, 253ff., 258, 261, 303, 405, 407ff., 421, 426ff., **441ff.**, 459f., 465, 617, 640, 645, 684, 756ff., 908f.
Optativ 147, 152, 154, 158ff., 165, 250, 347, 636, 638f., 646, 648, 695, 700, 716f., 738, 749f., 860, 870, 893, 899
Optativsatz 3f., 6, 8, 13, 143, **146ff.**, 627, 631f., 636f., 639, 642, 647, 649, 680, 686, 692, 714, 716, 725, **746ff.**, 752f., 765, 818, 914
Parallelismusbedingung 72
Parenthese 11, 282, 324, 382, 395, 449, 508, 542f., 557, 560f., 583ff., 587, 673, 752f.
Partition 53, 76f., 80f., 699, 832
Partizip 122, 203f., 223, 338f.
Performativhypothese 694, 702
Performativität, performativ 2, 26, 32f., 88, 135, 204, 217, 219f., 551, 690, 694, 702, 713, 719, 731, 852, 906, 917
Phonologie, phonologisch 7, 28, 110, 139, 260, 269, 272, 275, 281, 292, 340f., 346, 361, 366, 414, 434, 452ff., 529, 544, 577, 582, 595, 597, 652, 675, 681, 714, 723, 754, 788, 806f., 822, 847
Platzhalter, siehe auch *das* und *es* 13, 39, 214, 258f., 373f., 377, 379, 384, 391ff., 395f., 415, 435, 452, 471ff., 478, 530, 552, 602ff., 609, 613, 617f., 624, 751f., 836, 838f., 878
Postponierer 305, 312, 314
Prädikation, Prädikationsrelation 220, 280, 483, 485, 494, 497f.

Prädikativ 12, 211, 310, 318f., 374, 377, 380, 382, 390, 396f., **482ff.**
Pragmatik 5, 12f., 79, 165, 219, 327, 652, 686ff., 712ff., 719ff., 732f., 788, 809, 820, 904, 906, 910
Präposition 55, 249, 285, 303f., 307f., 310, 312f., 315, 352, 390, 401f., 404, 414, 416, 420, 434f., 452, 458f., 463, 467, 471, 474f., 483, 614, 617, 623, 673, 779, 781, 857, 883
Präpositionalobjekt 12, 85, 129, 285, 310, 341f., 344f., 348, 377, 416, 431, 435, 458, **460ff.**, 465, 470, 476, 479, 617, 618
Präpositionalobjektsatz 13, 258, 404, 433, 438, 452, **458ff.**, 606, 608, **614ff.**
Primarstufe, siehe *Schulgrammatik*
PRO (leeres Subjektpronomen) 139, 141ff., 209f., 215f., 218ff., 341f., 345f., 351, 353, 430
propositionale Einstellung, siehe *Einstellung*
Prosodie, prosodisch 7, 12f., 47, 85, 90, 100, 127, 205, 222, 276, 282, 323, 326, 455, 471, 501, 504f., 508, 512, 521, 555ff., 559ff., 570, 574, 577f., 580f., 583, 585, 587, 597, 612, 624, 675, 729, 787, 791, 795ff., 799ff., 808, 815, 820f., 861, 880, 887, 897, 904, 913
Prüfungsfrage 62
question tag 34, 37, 39
Randtypen 633, 643, 683, 686, 703f., 818
Rattenfängereffekt 269f.
rechte Satzklammer 233, 255, 304, 536, 653f., 673
rechte Satzperipherie 670, 672f., 676
Rechtsverstärkung (Prosodie) 579, 581f., 597
Redewiedergabe 468, 646, 787, 803, 805, 808
Referenz, referenziell 80f., 112, 117, 137, 141f., 361, 367, 484f., 492f., 495, 595, 621, 669, 693f., 712ff., 722, 724
Relativpronomen 260, 266ff., 277, 280, 284ff., 294, 296, 307, 312, 317, 412, 431, 446, 487ff., 540, 555, 653, 724, 780f., 802, 810
Relativsatz 9, 11, 258, 260, 266ff., 275, 281f., 284ff., 290, 295f., 311f., 314, 379, 387, 395, 410, 412, 428, 431, 445ff., 451, 467,
477, 487, 502, 527, 529, 531ff., 539f., 542, 548, 550, 554, 584, 604, 612, 621, 656, 672ff., 762f., 777ff., 785, 799f., 808, 833, 863, 908
– appositiv 583f., 597, 725, 780
– d-Relativsatz 13, 486, 606f.
– explikativ 260, 779
– frei 288f., 405f., 412, 421, 441, 446f., 781
– restriktiv 723
– Verb-Zweit 266f., 281
– weiterführend 266f., 272, 275, 282ff., 312, 515f., 529, 539ff., 548, 550, 555
– w-Relativsatz 13, 486, 606f.
Restriktivität 275f., 532f., 554
rhetorische Frage 3, 635, 643, 746, 809, 907f.
rising declarative, siehe *assertive Frage*
Rückversicherungsfrage 88, 703
Russisch 126, 136, 163, 283, 548, 748, 830, 838, 856, 877, 881, 884f., 887ff., 891ff., 898
Satzart 1ff., 20f., 652, 725, 765, 797, 821, 912, 914f.
Satzakzent, Satzbetonung 244, 570f., 574ff., 582ff., 597
Satzeinleiter, siehe *Komplementierer*
Satzfügung 370, 560f.
Satzgliedfunktion 248, 329, 334, 400, 406, 422, 441f., 501, 607
Satzmelodie 33, 570f., 577, 586ff.
Satzmodus 1ff., 8ff., 20ff., 27ff., 33, 36f., 44ff., 60, 63, 67ff., 79f., 111, 115, 123, 203, 206, 208, 226, 250f., 339, 350, 449, 465f., 570f., **631ff.**, 682, 686, 688, 690, 692, 707, **712ff.**, 717f., 723ff., 727f., 732, 738, 758, 765, 799, 815ff., 830ff., 840f., 847, 874, 904, 915
– satzmodusabhängig 30, 629, 631
– satzmodusidentifizierend 638f., 641ff., 648
– satzmodusindizierend 636, 638, 642, 648f., 826
– Satzmoduskonstitution, satzmoduskonstituierend 30, 158, 637ff., 647f., 820, 830f., 837
– Satzmodusmodell 20f., 636

- Satzmodusoperator 688, 831
- Satzmoduspartikel, siehe auch *Modalpartikel* 648, 748, 895, 898f.
- satzmodusspezifizierend 633ff., 648
- Satzmodussystem 10, 12, 28, 49, 123, 203, 208, 214, 217, 758, 828, 832

Satzradikal, Satzradikaltheorie 687f.
Satztypoperator 93, 95, 687f., 702f.
satzwertige Infinitivphrase 420, 429f., 448, 517
Satzwertigkeit 203, **206ff.**, 215, 217, 338f.
Schulgrammatik 4, 904, **913f.**
- Primarstufe 912
- Sekundarstufe 902, 912

Schwedisch 255, 273
Segmented Discourse Representation Theory (SDRT) 562ff., 692
Sekundarstufe, siehe *Schulgrammatik*
Semantik 5, 12f., 27, 58, **69ff.**, 152f., 157, 159, 167, 212, 216ff., 223, 242, 244, 277, 321, 327, 332, 343f., 347, 349, 351, 378, 404, 419ff., 438f., 444, 451, 458, 545, 565, 572, 575, 604, 620f., 630, 652, 680, **686ff.**, 693, 695, 697ff., 707, 712ff., 718, 720ff., 725ff., 731, 752, 788, 809, 820, 904
Simultanität, simultan 424f., 428, 438, 786, 788, 797, 804ff.
Situationssemantik 242, 697
Skopus 53, 58f., 61ff., 115, 161, 192, 221, 227, 290, 323, 331f., 364, 408, 444, 550ff., 556, 572ff., 585, 620, 628, 662, 689, 702, 706, 719, 724, 830, 888
- Gradpartikel 330, 469, 509, 512, 515ff.
- Negation 192, 208, 338, 343, 469, 509, 512, 514ff., 551f., 555, 689, 705
- nichtmanuelle Markierung 789, 792, 795ff., 799, 802, 805, 810
- Operator 58f., 64, 115, 444, 469, 572ff., 620, 689, 702
- Satzadverb 363f., 509, 516

Spaltsatz 287, 392, 486ff., 492, 496ff., 609ff.
Spanisch 141, 162, 548, 658
Spec,CP, siehe auch *Spezifikator* und *Vorfeld* 86, 220, 293, 718, 773, 782, 796
Sperrsatz 287, 486ff., 495, 497f., 610

Spezifikator 64, 66, 208ff., 272, 548, 654ff., 665, 668f., 673, 702, 778, 782, 797, 839f.
Split-C, siehe auch *Double-COMP* 655, 662
Sprachbeherrschung 915ff.
Spracherwerb 12f., 226, **815ff.**, 918f.
Sprachfähigkeit 918
Sprachgeschichte, siehe auch *Sprachwandel* 401ff., 739, 743f., 751f., 754, 756,
Sprachkenntnis 917f.
Sprachkompetenz, sprachliche Kompetenz 32, 840, 902, 906, 909, 913, **915ff.**
Sprachreflexion 903, 906, 915ff.
Sprachunterricht, siehe auch *Grammatikunterricht* 902f., 909, 915f., 919
- Erstsprachunterricht 902, 912, 914, 920
- Fremdsprachunterricht, Zweitsprachunterricht 905, 912, 914, 918, 920

Sprachwandel, siehe auch *Sprachgeschichte* 12f., 402f., 417, 420, 423, **738ff.**, 787
Sprechakt 26, 43, 79, 80, 108, **123ff.**, 130, 135, 143, 156, 202, 220, 226, 276f., 321, 331ff., 519, 555, 557, 565, 571, 574, 582, 588f., 592ff., 621, 632, 647, 683f., 690ff., 705f., **712ff.**, 720, 723f., 731ff., 738, 815, 817, 820ff., 831, 834, 841, 849, 851, 853, 859, 861ff., 866, 903f., 906, 907ff.
- indirekter Sprechakt 690ff., 714, 720, 723, 725ff., 738, 904, 910, 912,
- Sprechaktbezug 321, 502f., 506ff., 513, 516, 519, 521
- Sprechaktklassen, Sprechaktklassifikation 717, 726, 824
- Sprechaktpotenzial 904, 906, 916
- Sprechakttheorie 2, 21f., 79, 681, 713f., 725, 731
- Sprechakttyp 3, 23, 31, 80, 652, 681, 690, 694, 699, 725f., 852
- Sprechereinstellung, siehe *Einstellung*
Sprecherwunsch, siehe *Wunsch*
Statische Semantik 693ff.
Subjekt 12, 36ff., 60, 85, 97, 121, 126, 132, 139ff., 147, 149, 165, 185, 209, 211, 218f., 257f., 285, 304, 308, 338, 340ff., 346, 348, 351f., 358ff., 366, 370, **373f.**, **377f.**, 381, 383, **387ff.**, **396ff.**, 409f., 415, 417f., 430, 435, 439, 443, 448, 451ff., 465ff.,

471, 475f., 481f., 485, 490ff., 501, 514,
538, 546, 552, 576, 582, 606ff., 619, 644,
660, 745f., 751, 756ff., 767f., 776, 781,
790, 800, 851, 860, 868f., 878, 885,
892f., 895f., 911
- Subjektinfinitiv 345, 351
- Subjektlücke 358ff., 366f., 369, 546
- Subjektpronomen 31, 38, 121f., 130, 136,
  141, 179, 184, 215, 714, 738f., 741, 746,
  751f., 754, 767ff., 885, 896
- Subjektsatz 13, 39, 71, 319, 366, **372ff.**,
  459, 472, 608ff.
Subjunktion, Subjunktor 86, 134, 171, 179,
  249, 252ff., 261f., 302ff., 312ff., 317,
  378, 406ff., 422, 425ff., 438, 442f., 459,
  464, 476, 501ff., 507, 509f., 513, 520,
  536, 555ff., 607, 753, 756f., 790, 803,
  904f.
Subjunktionalsatz 302f., 405ff., 411, 421ff.,
  431, 441ff.
Subordination 10, 12, 133ff., 281, 295, 365f.,
  536f., 607, 620, 660, 840, 864
syntaktische Funktion 12, 303, 310ff., 376,
  414, 434, 452f., 455, 459, 463, 467, 482,
  501, 606, 613, 773, 776, 780
Syntax 3, 5, 27, 59, 64ff., 152f., 166, 202f.,
  206ff., 219, 232, 244, 254ff., 261, 274,
  307, 320, 322, 324, 340, 347, 408, 411,
  487, 493, 496, 498, 505, 543, 545, 547,
  576ff., 605, 652f., 655, 683, **686ff.**, 694,
  703, 715, 717, 721, 725, 756, 758, 764,
  775, 778, 788, 792, 794, 797, 799, 808f.,
  821, 847, 904
Terminologie 4, 12, 20, 73, 106, 122, 146, 232,
  259, 302f., 310, 315, 320, 332, 357, 452,
  482, 572, 604, 741, 903, 905, 914, 918
Tilgungsanalyse 93, 235f.
Topik, Topikalisierung, topikalisiert 66, 129,
  139ff., 155, 208f., 213f., 223, 271, 343,
  363, 415f., 436, 461, 485, 490, 492f.,
  495ff., 532, 546, 565, 609, 611, 615, 629,
  654ff., 658, 660f., 665ff., 672, 675, 789,
  791, 796, 801, 810, 832ff., 837, 839ff.,
  884f., 888f.
Topologie, topologische Felder 11, 28, 55f.,
  136, 232f., 254, 270f., 282, 304f., 313f.,
  317, 374, 392, 471, 477, 532, 536, 538,

547ff., 554, 613, 653ff., 660, 673, 832,
834, 836, 839, 905
Türkisch 295, 574, 830, 856, 862, 875f.,
  880ff., 885, 887f., 890, 894f., 899
Türkische Gebärdensprache (TİD) 789, 793f.
Ungarisch 134f., 141, 159, 628, 657, 660,
  668, 673, 859, 874, 876f., 879ff., 891,
  894ff., 898
V1, siehe Verb-Erst
V2, siehe Verb-Zweit
Valenz, Valenzrahmen, Valenzstelle 10, 36,
  272, 310, 315, 374ff., 384, 395, 411, 414,
  434, 441, 449f., 453, 458ff., 471ff., 478f.,
  483, 501, 528, 530, 603, 608ff., 839
Verb-Erst 4, 8f., 10, 12f., 31ff., 38, 40ff.,
  46ff., 87, 89ff., 105, 115f., 120, 129,
  150ff., 158, 166ff., 173f., 178, 236ff., 245,
  254, 317ff., 329ff., 360f., 366, 369,
  378f., 519f., 541f., 555, 557, 560f., 585,
  593, 631, 635ff., 680, 739, 741ff., 746,
  749f., 757f., 829, 831, 837, 883f., 886,
  888, 893, 899, 904, 907, 914
- Verb-Erst-Deklarativsatz 4f., **41f.**, 46, 48,
  181, 329f., 508, 559, 632, 640, 717, 743,
  766, 914
- Verb-Erst-Exklamativsatz 10, 44, 49, 173,
  180ff., 195, 197, 632, 637f., 755f.
- Verb-Erst-Interrogativsatz 4, 87, 90ff.,
  94ff., 129, 181, 333, 632, 644, 680, 743,
  822, 907
- Verb-Erst-Satz 8, 9, 84, 87, 152, 166, 303,
  317, 320, 379, 501, 505, 507ff., 512, 518,
  527, 536ff., 546, 607, 621, 633, 741,
  757f., 765ff., 774ff., 827, 837, 853, 896,
  907, 914f.
Verb-Letzt 4ff., 21, 28, 42ff., **84ff.**, 121ff., 148,
  150, 152, 155, 158, 166ff., 173f., 176, 186,
  189, **232ff.**, **247ff.**, 304, 314, 320, 329,
  332ff., 380, 593, 598, 631, 633, 636f.,
  639ff., 647f., 680, 694, 739ff., 746f.,
  749f., 752, 756f., 883, 904, 908f., 914
Verb-Letzt-Satz 8ff., 21, 28, 42ff., 84, 88ff.,
  91ff., 99, 101, 152, 166, 176, 186, 232ff.,
  247ff., 304, 314, 332, 334, 593, 598, 633,
  639, 641f., 647, 739, 741, 750ff., 756ff.,
  908
- abhängiger Verb-Letzt-Satz 266f., 295

Verbmodus 7, 31, 143, 208, 217, 308, 321, 324, 349, 631, 652, 718, 754, 765, 819, 830, 837f., 893, 899, 904f.
Verbstellungsasymmetrie 254
Verbstellungswandel 743, 745
Verb-Zweit 4f., 8ff., 29, 32ff., 44ff., 105f., 129ff., 134, 140, 150, 167, 173f., 178ff., 194ff., 206, 223, 236ff., 245, 254, 281, 317ff., 324ff., 357, 360ff., 369, 378, 381f., 386, 449, 462, 541f., 545ff., 549ff., 593f., 631ff., 635ff., 654, 660, 662ff., 680, 684, 694, 712, 739f., 752, 757f., 826, 828, 833, 835, 838ff., 883f., 904ff.
– abhängiger Verb-Zweit-Satz 381f., 405f., 411, 422, 430, 441, 449, 541f.
– (un)selbstständiger Verb-Zweit-Satz 320, 331, 468,
– Verb-Zweit-Deklarativsatz 4f., 9f., 206, 633, 680, 684, 740, 743, 747, 758, 906ff., 910, 914
– Verb-Zweit-Exklamativsatz 10, 44, 173f., 178, 180, 182ff., 194ff., 632, 637, 747
– Verb-Zweit-Interrogativsatz 237, 694, 740, 743, 907
– Verb-Zweit-Satz 8f., 13, 29, 32, 38, 45, 182, 194, 236, 239, 245, 281, 318ff., 357, 363, 381f., 462, 541f., 545, 550, 594, 633, 645, 741, 752, 757f., 826ff., 884, 907f.
Vergleichssatz 308, 317, 517f. 534, 554
Verum-Fokus 158, 244, 309, 703, 731f.
VL, siehe *Verb-Letzt*
Vorfeld 21, 28f., 31, 35ff., 45, 56, 129, 140, 154, 180ff., 194, 233, 244, 255, 257f., 270f., 301ff., 313ff., 320, 322f., 329, 332f., 345, 361, 365, 374, 379, 382, 384, 387, 392ff., 416, 436, 443, 448f., 452ff., 468, 472, 476ff., 490, 493, 497f., 506ff., 520, 532, 549, 552, 559, 570, 604f., 609ff., 618, 621, 628ff., 653f., 658, 660, 662ff., 744, 751f., 766, 770, 773, 819, 828, 831, 834, 838ff., 884, 888, 904, 907f., 914
Wackernagel-Position 771, 855
Wahrheit, Wahrheitsbedingung, Wahrheitswert 23, 72, 79, 105, 128, 164, 167, 178f.,

195, 217, 276, 278, 304, 407ff., 426, 428, 438, 442ff., 465, 509, 528, 589, 628, 630, 645, 693ff., 704, 720ff., 731, 859
w-Ausdruck, w-Element, w-Pronomen, siehe auch *Fragewort* 28f., 36, 45, 54, 57, 59ff., 65f., 78, 86, 105f., 108, 111ff., 150, 174, 186ff., 204, 212, 244, 252ff., 257, 286ff., 302, 305, 307, 311f., 315, 317, 363, 378, 380f., 443, 446f., 467, 488f., 512, 526ff., 534, 552, 560, 575, 591, 596, 638, 657f., 660f., 668ff., 681, 702, 729, 740f., 746ff., 758, 770ff., 777ff., 787, 792ff., 808, 819, 826, 828, 831, 834f., 841, 882, 884, 904, 907f.
w-Bewegung 61, 191, 208, 220, 255, 269, 272, 294, 575, 657, 661f., 668f., 796, 799, 808
– Linksbewegung 796f.
– Rechtsbewegung 256ff., 787, 796
– Verdopplung, siehe *w-Verdopplung*
w-Drop 774, 826
w-Element, siehe *w-Ausdruck*
wenn-Satz 152ff. 233, 306, 318ff., 379, 382, 384f., 433, 507f., 512f., 750, 779
w-Exklamativsatz **185ff.**, 396, 636ff., 642, 647, 728f.
w-Interrogativsatz 4, 6, 30, 36, **51ff.**, 86, 93, 105f., 111ff., 115ff., 189ff., 195f., 203, 205, 223, 253ff., 397, 405, 412, 421, 441, 443, 447, 565, 575, 587, 590ff., 634, 636, 638, 647, 657ff., 668f., 680, 689, 703, 714, 717, 721, 725, 728ff., 746, 748, 750, 769ff., 782, 787, 792, 794f., 808, 810, 818, 822, 828
w-Konstruktion 61f., 64, 115, 191
Wortstellung 120, 134, 609, 706, 739, 748, 770f., 790ff., 801, 823, 826, 847f., 852ff., 866ff., 877ff., 881, 884f., 889
w-Phrase, siehe *w-Ausdruck*
w-Relativsatz, siehe *Relativsatz*
Wunsch 32, 42, 96, 98f., 120, 125, 147, 149, 152f., 156, **158ff.**, 165, 168, 218, 222, 238ff., 242ff., 438, 528, 642, 682f., 691, 696, 725, 738, 742, 744, 749f., 753, 758

Wunschsatz, siehe auch *Optativsatz* 3, 148, 180, 237, 726, 752, 755, 818, 914
Wurzelsatz 220, 276, 281f., 542, 550ff., 557, 560, 582ff., 588, 597
w-Verdoppelung 773f., 795f., 808, 911

w-Verb-Letzt-Satz, siehe auch *Verb-Letzt-Satz* 173, 186, 233f., 236, 237, 241f., 245, 640ff., 757
Zimbrisch 660, 663f., 672
Zuordnungsansatz 7, 173f., 715

www.ingramcontent.com/pod-product-compliance
Lightning Source LLC
Chambersburg PA
CBHW052052300426
44117CB00013B/2090